录中国快递业的时光机

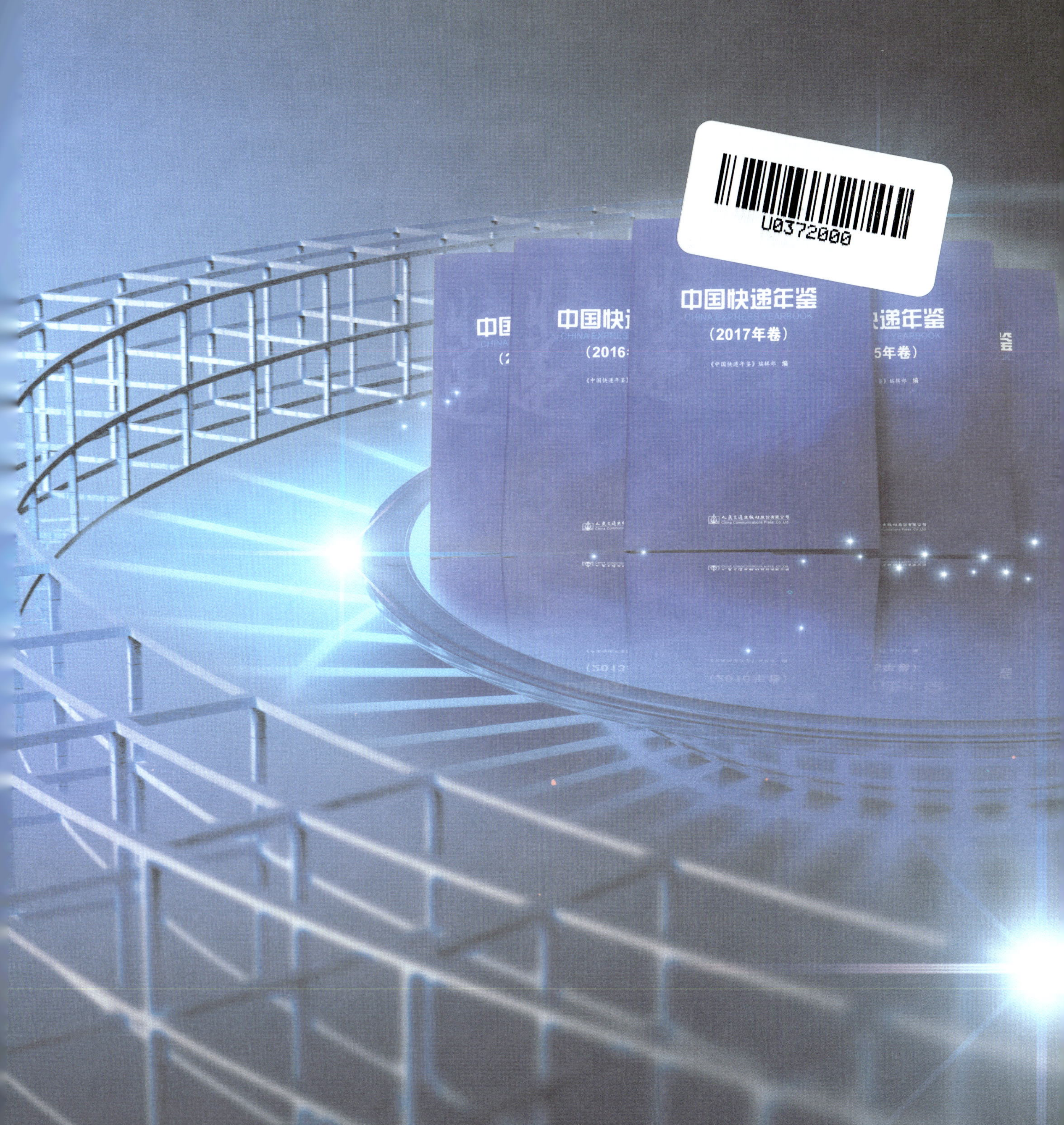

《中国邮政快递报》
微信二维码

《中国邮政快递报》
微博二维码

《快递》杂志
微信二维码

《快递》杂志
微博二维码

地址：北京市西城区北礼士路甲8号
《中国快递年鉴》编辑部
电话：010-88323288/88323297
传真：010-88323269

中国快递年鉴

（2018年卷）

《中国快递年鉴》编辑部　编

人民交通出版社股份有限公司
China Communications Press Co.,Ltd.

内 容 提 要

本年鉴客观记载、全面反映了2018年我国快递业的发展情况以及各地区的进展和主要成就。全书共11部分，分别为：特载、发展概览、发展环境、发展数据、人才建设、市场主体、各地纵览、协会活动、人物志、行业展望和附录。

本书为我国快递领域最具权威的综合性、资料性、史册性工具书，是读者全面了解我国2018年快递领域发展情况的翔实史料，可供快递行业相关人员及其他社会各界人士阅读参考。

图书在版编目(CIP)数据

中国快递年鉴. 2018年卷 /《中国快递年鉴》编辑部编. — 北京：人民交通出版社股份有限公司，2019.10

ISBN 978-7-114-15877-3

Ⅰ. ①中… Ⅱ. ①中… Ⅲ. ①邮件投递—中国—2018—年鉴　Ⅳ. ①F618.1-54

中国版本图书馆 CIP 数据核字(2019)第 222964 号

书　　名：	中国快递年鉴（2018年卷）
著 作 者：	《中国快递年鉴》编辑部
责任编辑：	黎小东
责任校对：	张　贺　赵媛媛
责任印制：	张　凯
出版发行：	人民交通出版社股份有限公司
地　　址：	(100011)北京市朝阳区安定门外外馆斜街3号
网　　址：	http://www.ccpress.com.cn
销售电话：	(010)59757973
总 经 销：	人民交通出版社股份有限公司发行部
经　　销：	各地新华书店
印　　刷：	北京市密东印刷有限公司
开　　本：	880×1230　1/16
印　　张：	52.75
插　　页：	8
字　　数：	1310千
版　　次：	2019年10月　第1版
印　　次：	2019年10月　第1次印刷
书　　号：	ISBN 978-7-114-15877-3
定　　价：	396.00元

(有印刷、装订质量问题的图书，由本公司负责调换)

《中国快递年鉴》编委会

名誉顾问： 马军胜　国家邮政局局长

顾　　问： 戴应军　国家邮政局副局长
　　　　　　刘　君　国家邮政局副局长
　　　　　　杨春光　国家邮政局副局长
　　　　　　赵　民　国家邮政局副局长

主　　任： 沈鸿雁　国家邮政局办公室(外事司)主任

副 主 任： 金京华　国家邮政局政策法规司司长
　　　　　　马旭林　国家邮政局普遍服务司(机要通信司)司长
　　　　　　冯力虎　国家邮政局市场监管司(安全监督管理司)司长
　　　　　　刘良一　国家邮政局人事司司长
　　　　　　张星朝　国家邮政局机关党委常务副书记
　　　　　　曾军山　国家邮政局发展研究中心主任
　　　　　　江明发　国家邮政局邮政业安全中心主任
　　　　　　张小宁　国家邮政局职业技能鉴定指导中心主任
　　　　　　张玉虎　中华全国集邮联合会副会长兼秘书长
　　　　　　孙　康　中国快递协会副会长兼秘书长

编　　委： 王　跃　北京市邮政管理局局长
　　　　　　王　东　天津市邮政管理局局长
　　　　　　訾小春　河北省邮政管理局局长
　　　　　　秦红保　山西省邮政管理局局长
　　　　　　钟奇志　内蒙古自治区邮政管理局局长
　　　　　　刘彦辰　辽宁省邮政管理局局长

巨登照	吉林省邮政管理局局长
周召华	黑龙江省邮政管理局局长
夏　颐	上海市邮政管理局局长
张水芳	江苏省邮政管理局局长
陈　凯	浙江省邮政管理局局长
李　勇	安徽省邮政管理局局长
王文胜	福建省邮政管理局局长
魏遵红	江西省邮政管理局局长
杜继涛	山东省邮政管理局局长
林　虎	河南省邮政管理局局长
唐顺益	湖北省邮政管理局局长
朱汉荣	湖南省邮政管理局局长
周国繁	广东省邮政管理局局长
韦　慧	广西壮族自治区邮政管理局局长
唐健文	海南省邮政管理局局长
周向东	重庆市邮政管理局局长
徐文葛	四川省邮政管理局局长
陈向东	贵州省邮政管理局局长
魏水旺	云南省邮政管理局局长
焦　伟	西藏自治区邮政管理局局长
孙海伟	陕西省邮政管理局局长
孙广明	甘肃省邮政管理局局长
赵群静	青海省邮政管理局局长
李志炜	宁夏回族自治区邮政管理局局长
张建军	新疆维吾尔自治区邮政管理局局长

特邀编委： 赵晓光　国家邮政局原副局长
　　　　　　邢小江　国家邮政局原副局长
　　　　　　詹永枢　浙江省邮政管理局原局长
　　　　　　揭光武　福建省邮政管理局原局长

宗永涛 贵州省邮政管理局原局长

赵和玉 云南省邮政管理局原局长

特邀委员：廖　涛 中国邮政集团公司寄递事业部党委书记、总经理

王　卫 顺丰控股股份有限公司董事长

陈德军 申通快递有限公司董事长兼总裁

喻渭蛟 圆通速递董事局主席、党委书记

聂腾云 上海韵达货运有限公司董事长兼总裁

赖梅松 中通快递董事长

周韶宁 百世集团董事长兼CEO

周少华 百世集团副总裁、百世快递总经理

姚　凯 苏宁物流常务副总裁、天天快递有限公司总裁

崔维星 德邦物流股份有限公司董事长兼总经理

吴　岳 优速物流有限公司董事

《中国快递年鉴》编辑部

中国邮政快递报社　　社　　长：李隽琼

中国邮政快递报社　　副社长：阴志华

成　　员：（按姓氏笔画排序）

　　　　　于继锋　马　赛　王学斌　王　毅　王　伟　付　嘉
　　　　　任国平　李　峰　吴晓明　杨军栋　沈晓燕　张　慧
　　　　　武文静　屈　凯　郭荣健　徐华荣　夏新东　耿　艳
　　　　　矫　捷　曹　丹　董晓云　翟潇潇　戴元元

编辑说明

《中国快递年鉴》是我国快递领域最具权威的综合性、资料性、史册性工具书,旨在客观记载、全面反映我国快递领域发展情况以及各地区每年度取得的最新进展和主要成就,可为读者全面了解我国快递领域的发展提供翔实的史料。

《中国快递年鉴(2018年卷)》着重反映2018年期间我国快递领域的发展情况。全书共11部分,具体内容如下。

1. 特载:包括交通运输部和国家邮政局有关领导的重要讲话及专文专访;

2. 发展概览:包括2018年快递服务发展综述,快递领域十大事件,中国快递发展大事记,各省(区、市)快递发展大事记;

3. 发展环境:包括2018快递市场监管和安全监管情况,2018年市(地)邮政管理工作综述,2018年施行的快递法律规章及规范性文件,快递标准,快递发展相关政策及重要解读,同时还辑录了部分省(区、市)、市(地)关于快递服务的政策法规;

4. 发展数据:包括2018年邮政行业运行情况及发展统计公报,快递服务公众满意度调查结果及邮政业消费者申诉情况通告,快递发展指数报告,以及快递业调查报告;

5. 人才建设:包括2018年快递人才队伍建设概述,以及各骨干企业人才培养特色举措;

6. 市场主体:介绍了2018年快递市场主体发展情况以及我国快递市场10家重点企业发展情况;

7. 各地纵览:介绍了全国各省(区、市)快递市场发展及管理情况;

8. 协会活动:介绍了中国快递协会2018年工作情况;

9. 人物志:介绍了中国梦·邮政情第三届"寻找最美快递员"活动评选出的"最美快递员"中的10位基层快递员和2支团队代表,以及发生在他们身上的感人事迹;

10. 行业展望:介绍了我国快递领域未来的发展趋势;

附录:包括与快递领域有关的重要文件。

《中国快递年鉴(2018年卷)》的出版,得到了国家邮政局各有关部门,各省(区、市)邮政管理部门、中国快递协会及各省(区、市)快递协会、有关快递企业的大力支持。在此,我们向所有为本年鉴编辑出版做出贡献的单位和个人表示衷心感谢!

本年鉴资料内容未包括香港特别行政区、澳门特别行政区和台湾省资料。

《中国快递年鉴》编辑部
2019年6月

重大事件

　　2018年11月9日晚，交通运输部部长李小鹏到北京顺丰速运有限公司、北京邮政速递处理中心，就"双11"业务旺季邮政、快递企业服务保障工作开展调研和座谈。他向奋战在一线的邮政、快递员工和邮政管理干部职工表示慰问，要求邮政管理部门和快递企业迎难而上、真抓实干，切实做好今年"双11"旺季服务保障工作，为服务国民经济发展、满足人民群众日益增长的美好生活需要，不断推动邮政快递行业高质量发展做出新的更大贡献。部党组成员、国家邮政局局长马军胜一同调研和座谈。

《快递暂行条例》于2018年5月1日起施行，这是我国第一部专门针对快递业的行政法规。《条例》的出台，进一步完善了邮政业法津法规体系，为行业改革发展带来了历史性机遇，具有里程碑式的意义。图为2018年2月27日国务院政策例行吹风会对《快递暂行条例（草案）》进行解读。

重大事件

2018年8月22日至25日，国家邮政局党组书记、局长马军胜深入陕西省西安、安康、汉中三市，调研邮政业打好防范化解重大风险、精准脱贫、污染防治三大攻坚战和行业发展情况，强调要以习近平新时代中国特色社会主义思想为指导，坚持以人民为中心的发展思想，生动践行"人民邮政为人民"，努力让人民群众享受到更多邮政业改革发展成果。

2018年11月7日至10日，国家邮政局党组成员、副局长戴应军带队到浙江调研邮政业相关科技发展情况。戴应军指出，要下定决心、增强信心，着力推进政产学研用深度融合，充分发挥产业链优势，引导有关企业及时跟踪了解邮政业发展对科技的需求，加强交流合作，加大研发投入，打通全行业全领域创新网络，以广阔视野谋划和推动科技创新，努力实现更多原创性技术突破，为邮政业转型升级、提质增效、创新发展提供强有力的技术支撑。

重大事件

  2018年11月，国家邮政局党组成员、副局长刘君率调研组赴广西自治区，就邮政业发展情况和快递业务旺季服务保障工作进行专题调研。在防城港，调研组先后深入多个城区和乡村快递网点，并走访了边境贸易互市区、水果指定进境口岸等地。刘君强调，要聚焦口岸发展，深挖本地特色农产品与行业融合发展潜能，引导企业打通进出境通道，服务地方经济民生，要牢固树立总体国家安全观，严防边境地区毒品枪支等通过寄递渠道流入境内。

— 5 —

2018年9月5日至8日,国家邮政局在山东青岛举办全系统纪检干部培训班。局党组成员、副局长杨春光出席开班式并作动员讲话。培训期间,杨春光到青岛、德州等地调研县级邮政监管机构建设运行情况。杨春光对山东省邮政管理局在县级机构建设方面所作的努力和探索予以充分肯定,强调推动县级机构建设工作任重道远、意义重大,下一步要继续开拓创新、主动作为、知难而进、攻坚克难。图为杨春光在山东即墨调研县级邮政监管机构建设运行情况和党建工作。

重大事件

2018年7月，国家邮政局党组成员、副局长赵民率调研组先后赴上海市、海南省，就邮政业绿色发展工作情况进行调研，强调要认真贯彻落实习近平生态文明思想，提高政治站位，统一思想认识，压实主体责任，加快推动快递包装绿色化、减量化和可循环，从治标推向治本，坚定不移地走绿色发展道路，高质量推动绿色邮政建设。图为赵民在上海调研快递绿色包装应用情况。

2018年10月11日,国家邮政局召开2018年第四季度例行新闻发布会,总结回顾改革开放以来邮政业的改革历程和发展成绩。快递业成为新经济的代表和经济发展新动能的重要力量。邮政业是改革开放40年伟大跨越的见证者和推动者。图为集邮爱好者展示《改革开放四十周年》纪念邮票。

　　2018年9月2日下午,率团出席万国邮联第二届特别大会的国家邮政局局长马军胜,在埃塞俄比亚首都亚的斯亚贝巴会见了万国邮联国际局总局长比沙尔·侯赛因和副总局长帕斯卡尔·克里瓦茨,双方就万国邮联特别大会主要议题和进一步加强中国与万国邮联合作发展等进行了会谈。马军胜和侯赛因共同签署了合作意向书,旨在"一带一路"框架下共同推进国际铁路运邮机制建设,改善国际邮政网络的互联互通。根据合作意向书,双方将共同探讨拓展合作领域,加强与相关国际组织合作,推动沿线邮政业务合作和发展。

2018年11月26日,重庆国际邮件互换局铁路口岸中心内,随着集装箱被工作人员缓缓打开,一个来自德国的邮包在经历了1万多公里的长途旅行之后出现在大家面前,经过海关查验、分发处理等程序之后,这些邮件将被及时送达收件人手中。这标志着中欧班列(渝新欧)首次较大规模邮件进口测试圆满成功,我国邮政业服务"一带一路"建设再获重大突破。图为渝新欧运邮班列到达重庆。

2018年1月3日约11时,四川省凉山州邮政分公司在昭觉县"悬崖村"开通了无人机邮路,除了运送党报党刊,还便利了山上村民将农产品外销。图为无人机在悬崖村降落。

2018年5月3日,在人民大会堂举行的第三届"中国梦·邮政情寻找最美快递员"活动揭晓发布会上,李朋璇、陈艳军、赵立杰等10名快递员和圆通速递四川眉山团队、速尔快递上海中心操作团队两个快递员团队荣获"最美快递员"称号。国家邮政局局长马军胜在致辞中指出,快递业之所以能够不断书写新的奇迹,依靠的正是300万从业者在风霜雪雨中最平凡的坚守、最平凡的奉献。图为最美快递员与颁奖嘉宾合影。

重大事件

　　2018年10月15日，国家邮政局召开优秀市（地）邮政管理局局长座谈会。局党组书记、局长马军胜出席会议并讲话，强调要培养造就一支忠诚干净担当的基层领导干部队伍，为新时代邮政业改革发展和建设现代化邮政强国提供坚实组织保障。局党组成员、副局长戴应军宣读相关文件，局党组成员、副局长杨春光主持会议，局党组成员、副局长刘君、赵民出席会议。图为国家邮政局领导与优秀市（地）邮政管理局局长"全家福"。

2018年11月8日,中铁顺丰国际快运有限公司(以下简称"中铁顺丰")表示,公司2018年将新增116条高铁线路,拓展至413条线路,覆盖全国58个城市的69个高铁站。全面扩张高铁"极速达"产品线路网。图为列车长正在高铁快递专用车厢内清点快件数量。

重大事件

　　2018年1月8日，在2018年全国邮政管理工作会议上，国家邮政局作出2018年工作安排，并公布2018年邮政业更贴近民生的七件实事，各级邮政管理部门一年来加强落实，建制村通邮、末端改善、一地一品建设、信用体系建设、用户信息安全、行业绿色发展、改善投递员（快递员）工作环境等工作均取得稳步进展。随着邮政业更贴近民生实事工作推进，快递末端投递服务进一步改善。图为大学生从校园快递服务站领取包裹。

2018年11月11日至16日业务高峰期间，全国邮政、快递企业共处理邮（快）件18.82亿件，同比增长25.8%。截至21日20时，除边远地区外，主要寄递企业揽收的邮（快）件已妥投18.3亿件，妥投率超过97%。其间，全网运行平稳顺畅，基本实现了"全网不瘫痪、重要节点不爆仓"。从统计数据看，快递业务量峰值出现在11月11日，当天处理量达到4.16亿件，比去年增长25.68%，是日常处理量的3.2倍，再次刷新了我国快递最高日处理量的纪录，行业的社会关注度与日俱增。图为中央媒体记者"双11"期间在四川外国语大学快递服务中心采访。

目 录

第一篇 特载

勇于担当　锐意进取　奋力开启新时代交通强国建设新征程
　　——交通运输部党组书记杨传堂在2018年全国邮政管理工作会议上的讲话 ……… 1

高举习近平新时代中国特色社会主义思想伟大旗帜　为建设现代化邮政强国而努力奋斗
　　——国家邮政局局长马军胜在2018年全国邮政管理工作会议上的讲话 ………… 4

抢抓机遇　锐意进取　埋头苦干　为全面建设现代化邮政强国而努力奋斗
　　——国家邮政局局长马军胜在《快递暂行条例》宣贯电视电话会议上的讲话 …… 18

坚持问题导向推进高质量发展　加快建设与小康社会相适应的现代邮政业
　　——国家邮政局局长马军胜第49届世界邮政日致辞 ………………………………… 24

众志成城　协同创新　为邮政业实现高质量发展提供坚强科技支撑
　　——国家邮政局副局长戴应军在邮政业科技创新战略联盟成立大会上的讲话 …… 26

坚持新发展理念　推动高质量发展　奋力开创新时代邮政市场监管工作新局面
　　——国家邮政局副局长刘君在2018年全国邮政市场监管工作会议上的讲话 …… 29

担当新使命　明确新任务　推动新发展　为新时代邮政业高质量发展提供人才支撑保障
　　——国家邮政局副局长杨春光在邮政行业职业技能鉴定座谈会上的讲话 ………… 44

不忘初心　牢记使命　击楫奋进　努力开创邮政业新闻宣传工作新局面
　　——国家邮政局副局长赵民在中国邮政快递报社2018年通联工作会议上的讲话 … 51

第二篇 发展概览

第一章　2018年快递服务发展综述 ……………………………………………… 59
- 2018年全国部分省、市（州）邮政立法情况
- 2018年国家相关部门支持快递发展的部分政策文件
- 2018年全国部分省（区、市）支持快递发展政策

— 1 —

第二章	2018年中国快递领域十大事件	83
第三章	2018年中国快递发展大事记	86
第四章	2018年各省(区、市)快递发展大事记	134

  北京市快递发展大事记 …… 134
  天津市快递发展大事记 …… 141
  河北省快递发展大事记 …… 146
  山西省快递发展大事记 …… 153
  内蒙古自治区快递发展大事记 …… 157
  辽宁省快递发展大事记 …… 161
  吉林省快递发展大事记 …… 166
  黑龙江省快递发展大事记 …… 171
  上海市快递发展大事记 …… 174
  江苏省快递发展大事记 …… 182
  浙江省快递发展大事记 …… 188
  安徽省快递发展大事记 …… 191
  福建省快递发展大事记 …… 198
  江西省快递发展大事记 …… 203
  山东省快递发展大事记 …… 207
  河南省快递发展大事记 …… 210
  湖北省快递发展大事记 …… 212
  湖南省快递发展大事记 …… 216
  广东省快递发展大事记 …… 220
  广西壮族自治区快递发展大事记 …… 225
  海南省快递发展大事记 …… 230
  重庆市快递发展大事记 …… 234
  四川省快递发展大事记 …… 238
  贵州省快递发展大事记 …… 239
  云南省快递发展大事记 …… 241
  西藏自治区快递发展大事记 …… 242
  陕西省快递发展大事记 …… 245
  甘肃省快递发展大事记 …… 249
  青海省快递发展大事记 …… 252
  宁夏回族自治区快递发展大事记 …… 258
  新疆维吾尔自治区快递发展大事记 …… 263

第三篇　发展环境

第一章　2018年快递市场监管和安全监管情况 266

第二章　2018年市(地)邮政管理工作综述 307
● 部分市(地)邮政管理局2018年工作亮点及特色举措

第三章　快递法律规章及规范性文件(2018年施行) 316
快递暂行条例 316
快递业务经营许可管理办法 321
邮件快件实名收寄管理办法 325
快递末端网点备案暂行规定 328

第四章　快递标准(索引) 330
快递封装用品　第1部分：封套 330
快递封装用品　第2部分：包装箱 330
快递封装用品　第3部分：包装袋 330
邮政业信息系统安全等级保护实施指南 330
快递手持终端安全技术要求 330
寄递服务人员基础数据元 330
邮件快件包装填充物技术要求 330
快件集装容器　第2部分：集装袋 330

第五章　快递政策 331
国务院办公厅关于推进电子商务与快递物流协同发展的意见 331
国家邮政局关于印发《邮政行业技术研发中心认定管理暂行办法》的通知 334
国家邮政局关于印发《快递业信用体系建设工作方案》的通知 336
国家邮政局关于印发《全国邮政行业人才培养基地遴选和管理办法》的通知 340
国家邮政局关于提升快递从业人员素质的指导意见 342
国家邮政局关于全面加强生态环境保护坚决打好污染防治攻坚战的实施意见 346
国家邮政局关于印发《快递业绿色包装指南(试行)》的通知 350

第六章　重要政策解读 353
《快递暂行条例》解读 353
《快递业信用管理暂行办法》解读 357
《邮件快件实名收寄管理办法》解读 359
《快递业务经营许可管理办法》修订解读 360

第七章　部分省(区、市)、市(地)关于快递服务的政策法规 ……… 362

  黑龙江省邮政条例 ……… 362

  安徽省邮政条例 ……… 367

  四川省邮政条例 ……… 373

  新疆维吾尔自治区邮政条例 ……… 377

  镇江市快递管理办法 ……… 383

  常州市寄递安全管理办法 ……… 386

  盐城市快递市场管理办法 ……… 391

  南通市快递管理办法 ……… 396

  芜湖市快递管理办法 ……… 398

  淄博市快递网点管理办法 ……… 403

  ● 2018年全国部分市(地)关于快递服务发展的政策文件

第四篇　发展数据

第一章　行业发展数据 ……… 421

  2018年邮政行业运行情况 ……… 421

  2018年邮政行业发展统计公报 ……… 425

第二章　快递服务满意度及时限准时率数据 ……… 430

  国家邮政局关于2018年快递服务满意度调查结果的通告 ……… 430

  国家邮政局关于2018年快递服务时限准时率测试结果的通告 ……… 431

第三章　邮政业消费者申诉情况通告 ……… 433

  国家邮政局关于2018年1月邮政业消费者申诉情况的通告 ……… 433

  国家邮政局关于2018年2月邮政业消费者申诉情况的通告 ……… 437

  国家邮政局关于2018年3月邮政业消费者申诉情况的通告 ……… 443

  国家邮政局关于2018年4月邮政业消费者申诉情况的通告 ……… 450

  国家邮政局关于2018年5月邮政业消费者申诉情况的通告 ……… 456

  国家邮政局关于2018年6月邮政业消费者申诉情况的通告 ……… 462

  国家邮政局关于2018年7月邮政业消费者申诉情况的通告 ……… 468

  国家邮政局关于2018年8月邮政业消费者申诉情况的通告 ……… 473

  国家邮政局关于2018年9月邮政业消费者申诉情况的通告 ……… 479

  国家邮政局关于2018年10月邮政业消费者申诉情况的通告 ……… 485

  国家邮政局关于2018年11月邮政业消费者申诉情况的通告 ……… 490

  国家邮政局关于2018年12月邮政业消费者申诉情况的通告 ……… 496

第四章　2018年中国快递发展指数报告 503
第五章　2018年快递业调查报告 507

第五篇　人才建设

第一章　2018年快递人才队伍建设概述 531
第二章　2018年企业人才培养特色举措 534

第六篇　市场主体

第一章　2018年快递市场主体发展情况综述 540
第二章　2018年各市场主体发展情况 549

　　中国邮政集团公司寄递事业部 549
　　顺丰控股股份有限公司 551
　　中通快递股份有限公司 556
　　圆通速递有限公司 559
　　申通快递有限公司 563
　　韵达控股股份有限公司 568
　　百世快递 571
　　苏宁物流 575
　　优速物流有限公司 581
　　德邦快递 584

第七篇　各地纵览

　　北京市快递市场发展及管理情况 588
　　天津市快递市场发展及管理情况 593
　　河北省快递市场发展及管理情况 598
　　山西省快递市场发展及管理情况 603
　　内蒙古自治区快递市场发展及管理情况 609
　　辽宁省快递市场发展及管理情况 614
　　吉林省快递市场发展及管理情况 619
　　黑龙江省快递市场发展及管理情况 625
　　上海市快递市场发展及管理情况 631

江苏省快递市场发展及管理情况 ………………………………………………………………… 636
浙江省快递市场发展及管理情况 ………………………………………………………………… 644
安徽省快递市场发展及管理情况 ………………………………………………………………… 651
福建省快递市场发展及管理情况 ………………………………………………………………… 656
江西省快递市场发展及管理情况 ………………………………………………………………… 663
山东省快递市场发展及管理情况 ………………………………………………………………… 670
河南省快递市场发展及管理情况 ………………………………………………………………… 675
湖北省快递市场发展及管理情况 ………………………………………………………………… 681
湖南省快递市场发展及管理情况 ………………………………………………………………… 685
广东省快递市场发展及管理情况 ………………………………………………………………… 689
广西壮族自治区快递市场发展及管理情况 ……………………………………………………… 694
海南省快递市场发展及管理情况 ………………………………………………………………… 700
重庆市快递市场发展及管理情况 ………………………………………………………………… 704
四川省快递市场发展及管理情况 ………………………………………………………………… 710
贵州省快递市场发展及管理情况 ………………………………………………………………… 716
云南省快递市场发展及管理情况 ………………………………………………………………… 721
西藏自治区快递市场发展及管理情况 …………………………………………………………… 726
陕西省快递市场发展及管理情况 ………………………………………………………………… 732
甘肃省快递市场发展及管理情况 ………………………………………………………………… 736
青海省快递市场发展及管理情况 ………………………………………………………………… 744
宁夏回族自治区快递市场发展及管理情况 ……………………………………………………… 749
新疆维吾尔自治区快递市场发展及管理情况 …………………………………………………… 755

第八篇 2018年中国快递协会工作综述

统一思想 凝聚力量 推动行业高质量健康发展 ……………………………………………… 762

第九篇 人物志

陈艳军:"我愿意一直坚守在一线" ………………………………………………………………… 769
宋玉凤:"北京,下次见" …………………………………………………………………………… 771
张叔珍:"做好本职工作,担起岗位职责" ………………………………………………………… 772
郑冬冬:那双温暖的大手 …………………………………………………………………………… 773
田追子:"搞发明可以激发干事创业的热情" …………………………………………………… 774

宋学文：让包裹更有温度 ... 775
孙光梅："我为凉山一线农民代言" ... 776
赵立杰：未来云端有无限可能 ... 777
孙季冬："把日常的工作做到极致" ... 778
李朋璇：为家乡努力，我从不放弃 ... 779
速尔上海中心操作团队：放权是为更好积蓄能量 ... 780
圆通四川眉山团队：她们扛起如山责任 ... 781

第十篇　行业展望

2019年中国快递发展趋势 ... 783

附录

一、相关文件（索引） ... 790

中共中央　国务院关于完善促进消费体制机制　进一步激发居民消费潜力的
　若干意见 ... 790

国务院办公厅关于深化产教融合的若干意见 ... 790

国务院印发《关于积极有效利用外资推动经济高质量发展若干措施的通知》 ... 790

国务院关于印发打赢蓝天保卫战三年行动计划的通知 ... 790

国务院关于印发中国（海南）自由贸易试验区总体方案的通知 ... 790

国务院关于印发优化口岸营商环境促进跨境贸易便利化工作方案的通知 ... 790

国务院关于支持自由贸易试验区深化改革创新若干措施的通知 ... 790

商务部办公厅　国家标准委办公室关于印发《网络零售标准化建设工作指引》
　的通知 ... 790

商务部关于推进农商互联助力乡村振兴的通知 ... 790

商务部关于做好农产品产销对接工作的通知 ... 791

工业和信息化部　科技部　环境保护部　交通运输部　商务部　质检总局
　能源局关于印发《新能源汽车动力蓄电池回收利用管理暂行办法》的通知 ... 791

工业和信息化部　发展改革委　财政部　国资委关于印发《促进大中小企业
　融通发展三年行动计划》的通知 ... 791

交通运输部办公厅　公安部办公厅　商务部办公厅关于公布城市绿色货运
　配送示范工程创建城市的通知 ... 791

农业农村部关于大力实施乡村就业创业促进行动的通知 ... 791

教育部等六部门关于印发《职业学校校企合作促进办法》的通知 ………………………… 791

人力资源社会保障部办公厅关于实施失业保险支持技能提升"展翅行动"
　　的通知 ……………………………………………………………………………………… 791

工商总局等27部门关于开展放心消费创建活动营造安全放心消费环境的
　　指导意见 …………………………………………………………………………………… 791

关于推进高铁站周边区域合理开发建设的指导意见 ……………………………………… 791

关于开展2018年国家现代农业产业园创建工作的通知 ………………………………… 791

关于加强对电子商务领域失信问题专项治理工作的通知 ……………………………… 791

关于大力发展实体经济积极稳定和促进就业的指导意见 ……………………………… 791

二、获得《快递业务经营许可证》企业信息（截至2018年4月11日） …………… 792

第一篇 特 载

勇于担当 锐意进取
奋力开启新时代交通强国建设新征程

——交通运输部党组书记杨传堂在2018年全国邮政管理工作会议上的讲话

2018年1月8日

同志们：

很高兴来参加2018年全国邮政管理工作会议，和大家一起回顾总结党的十八大以来我国邮政业改革发展的成果，共同谋划邮政事业未来的发展。

习近平总书记高度重视交通运输发展，多次作出重要指示批示。特别是去年12月19日，习近平总书记、李克强总理及其他中央领导同志对"四好农村路"建设作出重要指示批示。总书记指出，近年来，"四好农村路"建设取得了实实在在的成效，为农村特别是贫困地区带去了人气、财气，也为党在基层凝聚了民心。习近平总书记、李克强总理的重要指示批示，蕴含着鲜明的人民立场和真挚的为民情怀，展示了全党决胜全面建成小康社会的信心和力量。我们要从党和国家事业全局出发，结合邮政工作实际，认真学习领会，提高思想认识，深入贯彻落实。

党的十八大以来，国家邮政局认真贯彻落实党中央、国务院决策部署，深化改革攻坚，奋力开拓创新，开创了邮政业发展的新局面。五年来，邮政业基础性先导性服务性作用更加突出。邮政业业务量年均增速达到37%，支撑网络零售额超过5万亿元，年均新增就业20万人以上。我国已成为全球增长速度最快、发展潜力最大的邮政市场。

转型升级成效显著。科技装备水平明显提升，自动分拣技术世界领先，数据分单和派单技术广泛运用。企业"走出去"步伐加快，跨境寄递、国际物流和海外仓等业务迅速发展。服务水平明显提高。基础设施不断完善，完成空白乡镇局所补建，全国总体实现"乡乡设所、村村通邮"。邮政服务、快递服务产品体系不断丰富，对现代农业、制造业、电子商务等关联产业的服务支撑能力持续增强，消费者满意度持续提升。行业治理能力不断提升。深化体制机制改革，国家、省、市（地）三级邮政管理体系全面确立。全面开放国内包裹快递市场，快递业务经营许可手续不断简化，实现全流程网上办理。坚持依法治邮，邮政法律法规和标准体系不断完善。

2017年，是推进邮政事业发展的重要一年。国家邮政局认真贯彻落实党中央、国务院的战略部署，以供给侧结构性改革为主线，紧紧围绕迎接保障党的十九大召开、学习贯彻党的十九大精神这个重点，各项工作取得了积极进展。一是行业安全形势持续稳定。完善寄递渠道安全管理写作机制，有效落实收寄验视、实名收寄、过机安检"三项制度"，有力完成了党的十九大等重大活动期间寄递渠道的安全保障。二是服务水平再上新台阶。普遍服务能力显著提高，快递进社区进农村、

— 1 —

"上车上船上飞机"等重点工程实现新突破。邮政快递在推动精准扶贫,服务"一带一路"、京津冀协同发展、长江经济带发展等国家战略中取得明显成效。三是法治邮政建设步伐加快。健全法规标准和政策体系,完善普通包裹资费体系结构改革,全面实施"双随机一公开",普遍服务监督和市场监管能力不断增强。四是开放发展水平不断提高。积极推进中欧班列运输邮件快件,主导万国邮联改革方案取得重大突破。成功举办海峡两岸珍邮特展,积极推动粤港澳大湾区邮政合作。五是党的建设全面加强。扎实推进"两学一做"学习教育常态化制度化,不断加强系统巡视工作,持之以恒强化正风肃纪,党风政风行风持续好转。

总的来看,党的十八大以来邮政业发展取得了显著成效,这是党中央、国务院正确领导的结果,是国家邮政局科学谋划、强力推进的结果,是广大干部职工团结奋斗、开拓创新的结果。在此,我代表交通运输部,向以军胜同志为班长的局党组、向全国邮政系统广大干部职工表示衷心的感谢和崇高的敬意!

党的十九大确立了习近平新时代中国特色社会主义思想,阐述了新时代党的历史使命,开启了全面建设社会主义现代化国家新征程。党的十九大报告在总结五年历史性成就和部署工作时,多处涉及包含邮政在内的交通运输领域。特别令人振奋的是,报告提出了建设交通强国的任务要求,这是以习近平同志为核心的党中央对交通运输工作的充分肯定和殷切期望,也是新时代全体交通人为之奋斗的新使命。我们要牢记使命,勇于担当,锐意进取,奋力开启新时代交通强国建设新征程。

2018年中央经济工作会议,明确了以新发展理念为主要内容的习近平新时代中国特色社会主义经济思想,确定了将推动高质量发展作为当前和今后一个时期确定发展思路、制定经济政策、实施宏观调控的根本要求。我们要认真学习领会习近平新时代中国特色社会主义经济思想,坚实以质量为"纲",把高质量发展贯穿落实到交通运输发展的各方面和全过程。按照世界领先、人民满意、有效支撑引领社会主义现代化建设的要求,建设符合具有世界眼光和中国特色的交通强国,走出一条以习近平新时代中国特色社会主义思想为指引的交通强国之路。建设交通强国,必须坚持科学的实施路径,重点推进三大变革:一是推进质量变革,走转型升级的发展道路;二是推进效率变革,走深度融合的发展道路;三是推进动力变革,走创新驱动的发展道路。

邮政业与现代综合交通运输体系紧密相连,是交通强国的重要支撑。站在新的历史起点上,邮政业要进一步找准定位,完善顶层设计,以新的精神状态和奋斗姿态书写好新时代交通强国建设的邮政篇章。对于下一步工作,军胜同志还将进行全面安排部署。在这里,我讲几点意见,与大家共勉。

第一,深化供给侧结构性改革,推动邮政业高质量发展。要加快完善农村和西部地区邮政、快递基础设施网络,加强综合货运枢纽(物流园区)和智能快件箱、公共服务站等服务设施建设。要培育壮大企业主体,优化产业布局,加快拓展冷链、医药递送、仓配一体等服务领域,推进邮政快递与现代产业体系的深度融合。要推广电子运单和情结能源车辆,推进快递包装绿色化、减量化、可循环,推动形成绿色发展方式和生活方式。

第二,践行以人民为中心的发展思想,建设人民满意邮政。要加快普惠邮政建设,构建形成覆盖全国、网络共享、功能集成的普遍服务网络,提升服务的便利化、精细化水平。要坚持不断满足生产和消费领域的多元化、个性化需求,构建便捷高效、技术先进的服务体系。要推进"邮政在乡""快递下乡""快递入区"工程和建制村直接通邮工作,推广"邮政快递+"特色产业扶贫模式,坚决打赢脱贫攻坚战。

第三,切实加强行业监管,营造良好发展环境。要加快完善现代市场体系,建立公平开放、统一透明的邮政市场。要积极转变政府职能,紧紧抓住"放管服"改革这一牛鼻子,最大限度减少审批,强化事中事后监管,优化市场竞争环境。要完善行业法律法规体系,推动出台《快递暂行条例》及配套规章制度。

第四,牢牢守住安全生产底线,坚决防范化解寄递渠道重大风险。要积极开展"绿盾"工程建设,健全完善安全生产法规制度和标准规范,扎实推动安全生产工作信息化、标准化、规范化。要推进安全生产责任体系建设,全面落实企业安全生产主体责任、政府安全监管责任和用户安全用邮责任。要加强寄递渠道安全源头管控,提升隐患排查和应急处置能力,做好重大活动和业务旺季寄递渠道安全服务保障工作。

第五,坚持和加强党的全面领导,切实推进全面从严治党。要坚持用习近平新时代中国特色社会主义思想武装头脑、指导实践、推动工作,做到坚持和发展中国特色社会主义一以贯之,推进党的建设新的伟大工程一以贯之,增强忧患意识、防范风险挑战一以贯之。要深入开展"不忘初心、牢记使命"主题教育,持续推进"两学一做"学习教育常态化制度化。要改进工作作风,持续整治"四风"突出问题特别是形式主义、官僚主义新表现。要深入推进反腐败斗争,强化不敢腐的震慑,扎实不能腐的笼子,增强不敢腐的自觉。

同志们,2018年是全面贯彻落实党的十九大精神的开局之年,是改革开放40周年,也是决胜全面建成小康社会,实施"十三五"规划承前启后的关键一年,"时不我待、只争朝夕",在习近平新时代中国特色社会主义思想指引下,推进邮政工作更上层楼、捷报频传。

春节在即,邮政快递业将迎来新一轮服务保障高峰。希望邮政行业再接再厉,打好开年第一场硬仗。在这里,我代表交通运输部党组,向在座各位同志,并通过你们向邮政系统广大干部职工、离退休老同志和职工家属致以新春的问候!祝大家春节愉快,阖家幸福,工作顺利,万事如意!

高举习近平新时代中国特色社会主义思想伟大旗帜
为建设现代化邮政强国而努力奋斗

——国家邮政局局长马军胜在2018年全国邮政管理工作会议上的讲话

2018年1月8日

同志们：

这次会议的主要任务是：全面贯彻落实习近平新时代中国特色社会主义思想和党的十九大精神，认真学习贯彻中央经济工作会议精神，总结2017年和党的十八大以来主要工作，部署未来3年攻坚任务及2018年重点任务，拼搏创新、砥砺奋进，决胜建成与小康社会相适应的现代邮政业，为建设现代化邮政强国奠定坚实基础。下面，我讲三个方面意见。

一、2017年主要工作和五年来总体回顾

2017年是党的十八大以来我国邮政业发展的收官之年，也是实施"十三五"规划的重要之年。全行业认真学习贯彻习近平新时代中国特色社会主义思想和党的十九大精神，深入贯彻新发展理念，坚持稳中求进工作总基调，以提高发展质量和效益为中心，以深化供给侧结构性改革为主线，按照"打通上下游、拓展产业链、画大同心圆、构建生态圈"工作思路，更加注重创新驱动、优化结构，更加注重补齐短板、联动融合，更加注重服务民生、绿色安全，行业发展态势高位运行持续向好。全年预计完成邮政业业务总量9765亿元，同比增长32%；业务收入6645亿元（不含邮政储蓄银行直接营业收入），同比增长23.5%。其中，快递业务量完成401亿件，同比增长28%；业务收入完成4950亿元，同比增长24.5%。邮政普遍服务和快递服务满意度保持平稳，消费者申诉处理满意率达到98.2%。邮政业在经济社会发展中的作用不断增强，为国家"稳增长、促改革、调结构、惠民生、防风险"政策实施做出了积极贡献。

（一）行业发展环境持续优化。一是服务国家重大战略。完善工作机制，大力推进京津冀、长江经济带邮政业协同发展，印发推进邮政业服务"一带一路"建设指导意见。研究提出雄安新区邮政业发展建设总体思路，启动新区邮政业规划编制并纳入新区专项规划。落实军民融合发展战略，开展邮政业国防交通战备工作。二是深化"放管服"改革。全面完成国家局和省（区、市）局两级"三个清单"编制工作。进一步优化审批和网上办理流程，精简快递业务经营许可批准手续，建立承诺告知制度，快递业务经营省内许可平均时限缩短为13.4个工作日。完善邮政普通包裹资费体系结构改革方案。将规模较大的30家独立经营企业纳入经营邮政通信业务审批范围。三是突出规划引领作用。全面贯彻落实邮政业"十三五"规划，发布和统筹推进区域快递服务规划实施，建立规划实施监测评估机制。四是强化法规标准建设。《快递暂行条例》进入审议阶段。配合全国人大开展电子商务立法。制定邮件快件寄递协议服务安全管理办法、集邮市场备案管理规定，修订邮政机要通信保密管理规定。发布冷链快递服务等6项行业标准。五是完善配套政策保障。深入推进落实《国务院关于促进快递业发展的若干意见》，地方配套政策措施体系基本形成。出台加快推进邮政业供给侧结构性改革意见，推动出台电子商务与快递物流协同发展意见。

（二）供给侧结构性改革逐步深化。一是加强基础设施建设。实施2017年西部和农村地区邮

政普遍服务基础设施建设项目。邮政企业建成仓储配送中心1000余个，新开一级干线汽车邮路153条，建立统一指挥调度体系，实现全网全环节实时监控。全国累计建成邮政便民服务站36.7万个、快递公共投递服务站3.15万个、智能快件箱20.6万组，箱递率提升到7%。快递"上机上车"工程取得新突破，邮政快递包裹占到航空货邮运输量的40%，高铁快递示范线建设、铁路场站设施综合利用等顺利推进。二是推动企业改革创新。邮政企业寄递服务供给侧改革成效明显，聚焦包裹快递业务加快调整业务结构，聚焦农村市场打造全国规模最大的农村综合便民服务平台，聚焦跨境电商服务加快国际业务发展。企业通过收购、重组、上市等方式加快资源整合，上市公司现代企业制度日益完善，市场格局不断优化。三是加快培育新动能。重点企业积极拓展冷链、医药递送等高附加值业务，推出大包裹、快运、云仓、供应链解决方案等新产品，加快向综合寄递物流服务商转型。即时递送、代收代投等新业态为城市寄递服务提供了有益补充。服务制造业、现代农业、跨境电商能力不断增强。快递与制造业协同发展示范项目已达301个，年支撑制造业产值2375亿元，全国农村地区收投快件量超过100亿件，顺丰、圆通、中通和申通等企业采取合资、并购和联盟等方式积极拓展国际网络。四是促进行业科技创新。印发邮政业应用技术研发指南，制定行业技术研发中心认定管理和科技奖励办法。"物流信息互通共享技术及应用"国家工程实验室正式获批成立。全国建成上百个智能化分拨中心，无人仓、无人机和无人车开始尝试应用，行业科技交流日趋频繁。五是打造高素质人才队伍。新增邮政工程、邮政管理两个本科专业，4所现代邮政学院在校生已达1100人。遴选出22个全国职业院校邮政、快递类示范专业点和第二批全国邮政行业人才培养基地。成功举办首届邮政行业职业技能竞赛、第二届全国"互联网+"快递大学生创新创业大赛，行业人才培养和支撑能力进一步提升。

（三）邮政业服务民生成效明显。一是全面贯彻《邮政普遍服务》标准。实现城市包裹按址投递、乡镇5公斤以下包裹按址投递、行政村投递到村邮站，邮件全程时效显著提升。二是大幅提高县级城市党政机关党报当日见报率。实现全部县城当日见报的省份从6个增加到21个，当日见报的县级城市数量达到1472个，全国区县当日见报率提升到80%以上。三是增强服务"三农"和精准扶贫能力。全国建制村直接通邮率达到96%，21个省份基本实现建制村直接通邮。邮政企业新增"邮乐购"站点10.8万个，帮助111万农民增收12亿元；快递企业打造服务现代农业"一地一品"项目905个，江苏沭阳花卉、广西玉林百香果等快递量超千万的龙头品牌不断涌现，邮政、快递企业成为助力农村精准扶贫的重要力量。四是提升快递末端服务能力。主要企业城区自营网点标准化率不断提升，全国高校快递规范服务覆盖率达到95.6%，2697所高校实现快递入校服务。鼓励各地区因地制宜破解末端收派车辆通行难问题，55个城市制定了快递电动三轮车便利通行政策。五是实施放心消费工程。强化"不着地、不抛件、不摆地摊"治理，处理和营业场所离地设施铺设率达到69.7%。全国快递服务满意度达到75.7分，时限准时率达到78.7%，服务质量保持基本稳定。六是提高快递包装绿色化、减量化水平。10部门联合印发关于协同推进快递业绿色包装工作的指导意见。发布封装用生物降解胶带等2项标准。建立快递业绿色包装产业联盟和产学研示范基地，开展绿色包装试点和绿色快递进校园活动。主要品牌快递企业电子运单普及率提升至80%，新能源汽车保有量增加至7158辆，快件平均耗材使用量有所减少。七是改善投递员、快递员工作环境。邮政企业"职工小家"建设水平不断提升。出台加强和改进快递末端服务管理工作的指导意见，压实企业总部管理责任。

（四）依法行政能力稳步增强。一是强化邮政普遍服务监督。严格依法办理邮政普遍服务和邮票发行相关审批工作。开展服务质量、重大题材邮票印制销售等专项检查。颁布机要通信"十三五"规划,开展"回头看"专项行动。经中央批准首次开展全国邮政机要通信工作先进集体先进个人表彰活动。开展服务监测和满意度调查,做好社会监督工作。二是加强邮政市场监管。全面实施"双随机、一公开",加强跨区域协作监管。强化市场主体退出管理,依法清理注销一批非正常经营企业经营许可。稳妥处置福建莆田假海淘案件、电商平台与快递企业纷争事件。推进快递码号统一管理试点。加强国家机关公文寄递管理。继续开展邮政用品用具质量检测。制定快递业信用管理暂行办法和信用评定指标,举办"诚信快递、你我同行"主题宣传活动。三是提升执法综合管理能力。开展法治邮政建设和执法评议考核试点并完善考核指标体系。依法妥善处理行政复议和行政应诉案件,继续做好行业"七五"普法。四是完善行业管理体系。全国县级邮政管理机构达到113个。山东、黑龙江、天津、湖北、安徽、浙江、贵州等13个省(市)和23个市(地)成立邮政业安全中心,支撑保障能力进一步增强。

(五)寄递安全监管水平不断提升。一是健全完善体制机制。落实安全生产责任制,推动成立省、市两级安全生产领导小组,将寄递渠道安全管理工作纳入社会治安综治考评体系。推动企业"五个一"建设,对重点快递企业总部开展安全生产专项督导。印发推进邮政业安全生产领域改革发展的指导意见。"绿盾"工程成功立项并纳入国家重大建设项目库。加强从业人员安全管理和培训。二是推进"三项制度"落实。集中开展寄递安全超常规专项整治,落实禁止寄递物品管理规定,加强对危险化学品、枪支弹药、易燃易爆等违禁物品的验视把关。推广应用实名收寄信息系统,全国实名收寄率超过83%。建立邮政管理、综治、公安和国家安全等部门共同参与的工作机制,强化监管信息共享。推动组建安检培训基地,年新增安检机3000余台,累计超过1.2万台。加强邮政业反恐、禁毒、打击侵权假冒、扫黄打非和濒危野生物种保护等工作。三是强化重大活动安保服务和应急管理。圆满完成党的十九大和"一带一路"国际合作高峰论坛、金砖国家领导人会晤等重大活动寄递安全服务保障及纪念邮票发行工作。扎实做好"双11"等旺季服务保障,在旺季业务量同比增长33%的情况下实现"两不三保"目标。强化邮政业突发事件信息报告和预警提示,有效应对地震、台风等自然灾害和各类突发事件。

(六)国际和港澳台交流合作开创新局面。一是落实"一带一路"建设重点任务。与波兰等6国签署关于响应"一带一路"倡议、加强邮政领域合作的文件。持续推进中欧班列运输邮件快件工作,"渝新欧"班列出口运邮进入常态化运行,积极推动万国邮联国际铁路运邮特设工作组工作,组织召开中欧班列运输国际快件座谈会。二是加大走出去和引进来力度。参与辽宁等7个自贸试验区总体方案制度设计,配合完善上海等4个自贸试验区配套政策,探索开展国际邮件交换、许可审批下放等政策创新,设立泉州、徐州国际邮件互换局,持续提升邮件快件跨境流通效率。三是拓展双多边交流合作。担任万国邮联改革特设组主席国,主导改革方案取得重大突破。成功推动我国候选人连任亚太邮联秘书长。积极参与双多边自贸协定谈判和中欧投资协定谈判,配合完成世贸组织年度贸易政策审议。组织参与第四届京交会和第46届国际少年书信写作比赛,成功举办第二届中国(杭州)国际快递业发展大会。深化与日韩等国家的双边交流机制。四是巩固与港澳台邮政合作成果。认真贯彻新形势下中央对台工作部署,巩固落实《海峡两岸邮政协议》。举办第四届海峡两岸珍邮特展,组织2017年两岸邮政发展研讨会。与香港邮政共同发行香港回归20周年纪念邮票。召开第二届内地与港澳邮政高峰会,推动粤港澳大湾区邮政合作。

(七)全面从严治党向纵深推进。一是持续深化思想理论武装。坚持把迎接党的十九大召开、学习贯彻党的十九大精神作为首要政治任务，旗帜鲜明讲政治，不断强化"四个意识"，坚定"四个自信"。印发国家局党组贯彻落实党委（党组）理论学习中心组学习规则实施办法和学习宣传贯彻党的十九大精神工作方案，以国家局党组中心组集中学习示范带动各级党组织层层跟进。党的十九大召开后，着眼迅速掀起学习贯彻热潮抓好组织实施，突出"六个聚焦"抓好分层培训，围绕行业形象抓好内外宣传，结合转型发展抓好实践转化，促进了学习宣传贯彻的深入开展。二是深入推进"两学一做"学习教育常态化制度化。充分发挥党建工作领导小组作用，成立党建专门机构，召开全系统党建工作交流推进会，形成常态研究、全面推进的新格局。印发总体实施方案和年度具体计划，确立党的一切工作到支部的鲜明导向，严格落实"三会一课"、组织生活会和党建述职考评等制度，总结推广支部工作法。着眼提高能力，分别组织党务、纪检和群团干部培训。评选表彰"两优一先"，大力弘扬正气。三是扎实开展邮政管理系统巡视工作。坚决贯彻落实《中国共产党巡视工作条例》，在驻部纪检组大力支持下完成了16个省（区、市）局党组的政治巡视，发现了党的领导、党的建设、全面从严治党方面存在的突出问题，共分类梳理问题清单549条、措施清单1126条。坚持不等不靠、立行立改，做到件件有落实、事事有结果，16个单位2个月集中整改全部完成，共制定完善制度184项、问责追责43人。通过巡视这个治标之举、治本之策，发现问题、健全制度、督促整改，形成震慑，压实各级党组织和党员领导干部管党治党责任。四是不断加强干部队伍建设。召开全系统人事工作会议。按照"德才兼备、以德为先"要求和"好干部"标准，不断提高选人用人质量，全年累计任免局管干部50人次。组织开展领导干部和公务员双向交流和挂职锻炼，规范干部异地交流任职相关问题。健全干部考核评价机制，强化结果运用。组织新任职干部宪法宣誓。开展全系统处级干部网络培训试点，依托共建院校举办处级干部任职培训班。加强对领导干部和选拔任用监督，落实领导干部个人事项报告制度，全年抽查核实252人次并对发现问题依规处理。进一步加强出国（境）管理，规范国家局机关涉密人员因私出国（境）工作。扎实做好老干部服务工作，关心老干部学习生活。五是持续加强党风廉政建设。召开"以案释纪明纪，严守纪律规矩"警示教育大会，用身边典型案例教育身边的人。抓好新提任领导干部集体廉政谈话，认真做好重大活动、重大节日期间教育提醒、监督检查工作。深入贯彻落实中央八项规定精神，看住重要节点，强化监督检查，防止"四风"反弹回潮。运用"四种形态"让红脸出汗成为常态，督促各级党组纪检组做好问题线索处置和执纪审查等工作，2017年全系统对6名司局级党员领导干部和12名处级及以下党员干部实施党纪政纪处分。六是积极创建行业精神文明。围绕党和国家中心工作，组织开展了一系列丰富多彩、社会影响力大的全国性集邮文化活动。启动第三届"寻找最美快递员"活动，举办"诚信快递、你我同行"演讲比赛和第二届"黑马杯"篮球邀请赛，组织全国文明单位和全国青年文明号评选推荐，上海局、南通邮政分公司、湖北邮政速递物流公司和邮储银行河南分行被评为全国文明单位。马朝立、其美多吉入选"感动交通年度十大人物"。扎实开展全系统定点扶贫工作。适应新形势新要求做好工会和共青团工作。

一年来，我们持续夯实基础建设。不断完善统计报表制度，扩大统计范围，强化数据质量与安全管理。加强全系统财务管理，资金保障能力稳中有升，获财政部预算评比二等奖。扎实开展领导干部离任经济责任审计工作。加快电子政务内网等建设，推动政务信息系统整合共享，加大政府信息公开力度，强化网络安全管理。推动发布《省级以下邮政管理业务用房建设标准》，130个市（地）局办公业务用房得到有效解决。制定国家邮政局自身建设中央预算内投资项目管理办法。全面完成省（区、市）局公务用车改革。健全新闻发布机制，深化媒体合作，有效引导处置突发舆情，讲好邮政业故事。

党的十八大以来的五年，是邮政业发展极不平凡的五年。全行业在以习近平同志为核心的党中央的坚强领导下，按照"五位一体"总体布局和"四个全面"战略布局，坚持稳中求进工作总基调，坚持以新发展理念引领新常态，坚持以供给侧结构性改革为主线，坚持以人民为中心的发展思想，紧紧围绕全面建成与小康社会相适应的现代邮政业目标，研究提出"五个邮政""三向三上""'1+1'到'1+3'""打通上下游、拓展产业链、画大同心圆、构建生态圈"等一系列重大发展战略和政策措施，改革攻坚"四梁八柱"基本确立，治理体系和治理能力现代化进程不断加快，实现了邮政大国的历史性跨越，开启了迈向邮政强国的新征程。

行业规模再上新台阶。 邮政业业务总量年均增速达到37%，业务收入占GDP比重从0.36%提高到0.82%，行业基础性先导性作用更加突出。快递业务量从57亿件增长到401亿件，连续4年稳居世界第一，包裹快递量超过美、日、欧等发达经济体，对世界增长贡献率超过50%，已经成为世界邮政业的动力源和稳定器。

发展质效不断优化。 全国快递专业类物流园区超过230个，湖北国际物流核心枢纽项目进展顺利，行业运营全货机达96架，高铁运输快件工作取得重大进展。科技装备水平突飞猛进，大数据、云计算、物联网、智能分拣等一批行业发展关键共性技术加快应用。行业服务先进制造业、现代农业和跨境网购成效明显，新产品新服务新业态不断涌现，7家企业陆续上市，已形成6家年收入超300亿元的大型企业集团。

对外开放深入推进。 全面开放国内包裹快递市场，营造内外资公平竞争的市场环境。以"一带一路"建设为重点，不断拓展与相关国家交流合作，中欧班列运输邮件快件取得重要进展。快递企业加快在重点国家和地区网络布局，跨境寄递、国际物流和海外仓等业务迅速发展。深度参与国际邮政事务，在全球邮政治理中的话语权显著增强。

公共服务能力水平大幅提升。 完成空白乡镇邮政局所补建，总体实现乡乡设所、村村通邮。快递服务网点乡镇覆盖率短短4年内提高到87%。邮政业扶贫成效明显，带动全国农村地区农副产品进城和工业品下乡超过6000亿元。行业年均服务人次突破1000亿，累计新增就业岗位100万个以上，支撑网络零售交易额超过5万亿元，快件平均单价累计降低三分之一。人民群众用邮的满足感和获得感不断提高。

治理能力显著增强。 健全完善国家、省、市（地）三级邮政管理体系。国务院出台促进快递业发展的政策，产业协同、企业重组、寄递安全、人才培养等多项产业政策相继发布。加快法治邮政建设，形成了较为完备的邮政法律法规体系。切实履行邮政普遍服务监督和邮政市场监管职责，有效开展执法检查和消费者申诉工作。建立健全寄递渠道安全管理联动机制，实施综合治理和属地化管理，确保重大活动、生产旺季寄递渠道安全畅通和行业的稳定发展。

回顾五年来的工作，我们更加深刻体会到：必须始终坚持党对一切工作的领导，把党的领导贯彻落实到邮政业改革发展全过程和各方面，自觉在思想上政治上行动上同以习近平同志为核心的党中央保持高度一致，确保我国邮政业始终沿着正确的道路前进；必须始终坚持以人民为中心的发展理念，贯穿到统筹推进"五位一体"总体布局和协调推进"四个全面"战略布局之中，不断提升人民群众在邮政快递领域的获得感、幸福感和安全感；必须始终坚持充分发挥市场在资源配置中的决定性作用和更好发挥政府作用，适应把握引领经济发展新常态，坚决扫除制约行业持续健康发展的体制机制障碍；必须始终坚持问题导向，以正确的工作策略和方法推进行业改革发展，适应我国经济发展主要矛盾变化，创新和完善宏观调控。

同志们，五年来邮政业改革发展取得的巨大成就，最根本最重要的就在于有以习近平同志为核心的党中央的坚强领导，是国务院正确领导和亲切关怀的结果，是交通运输部直接领导和中央有关部门、地方各级党委政府大力支持的结果，是全行业全系统广大干部员工拼搏实干、负重奋进的结果，更得益于社会各界的理解、帮助和支持。在此，我代表国家邮政局党组，向关心支持邮政业改革发展的各位领导和同志们，向全行业全系统干部员工和离退休老同志致以崇高的敬意和衷心的感谢！

二、贯彻党的十九大精神，全力开启建设现代化邮政强国新征程

党的十九大深刻阐述了新时代中国共产党的历史使命，确立了习近平新时代中国特色社会主义思想的指导思想地位，在党和国家事业发展史上具有划时代的里程碑意义。习近平总书记所作的十九大报告以马克思主义的宽广视野，深刻洞察世界发展大势和中国进步大局，从理论和实践、历史和现实、国际和国内相结合的高度，系统总结了过去五年党和国家事业发生的历史性变革，概括提出了新时代坚持和发展中国特色社会主义的核心思想和基本方略，深刻回答了新时代坚持和发展中国特色社会主义的一系列重大理论和实践问题，描绘了决胜全面建成小康社会、开启全面建设社会主义现代化国家新征程的宏伟蓝图，进一步指明了党和国家事业的前进方向。习近平新时代中国特色社会主义思想是马克思主义中国化的最新成果，是党和人民实践经验和集体智慧的结晶，是中国特色社会主义理论体系的重要组成部分，是全党全国各族人民为实现中华民族伟大复兴而奋斗的行动指南。全行业全系统要把认真学习领会和全面贯彻落实习近平新时代中国特色社会主义思想和党的十九大精神作为首要政治任务和头等大事，切实在学懂、弄通、做实上下功夫。

必须把坚决维护以习近平同志为核心的党中央权威和集中统一领导作为根本政治要求。党中央集中统一领导是党的领导的最高原则。维护习近平总书记的核心地位，就是维护党中央的权威。全系统各级党组织和党员干部必须把坚决维护以习近平同志为核心的党中央权威和集中统一领导放在首位，切实增强政治意识、大局意识、核心意识、看齐意识，自觉忠诚核心、拥戴核心、维护核心，自觉在政治立场、政治方向、政治原则、政治道路上同以习近平同志为核心的党中央保持高度一致，自觉把中央各项决策部署落到实处。

必须把学习习近平新时代中国特色社会主义思想成效转化为推动工作的政治自觉。学习领会习近平新时代中国特色社会主义思想，要体现在思想认识上，落实到实际行动上。要自觉把邮政业改革发展置于新时代中国特色社会主义大局中来思考和谋划，深刻领会中国特色社会主义进入新时代的新论断、我国社会主要矛盾发生变化的新特点、分"两个阶段"全面建设社会主义现代化强国的新目标、党的建设的新要求等，以及给邮政业改革发展带来的新变化、提出的新要求；坚持以问题导向、前瞻眼光和创新思路，深入思考邮政业改革发展的重大问题、重大挑战、重大战略，深入分析行业所处的发展阶段、面临的主要矛盾，既立足长远，谋划好第二个百年奋斗目标的宏伟蓝图，又脚踏实地，做好当前和今后一个时期的工作，在奋力实现"两个一百年"奋斗目标的征程中更好发挥基础性先导性作用。

必须把坚定不移全面从严治党作为政治保证。坚决把党的政治建设摆在首位，始终保持战略定力，绷紧从严从紧这根弦，毫不动摇坚持和加强党的领导，毫不动摇把党组织建设得更加坚强有力。要强化思想理论武装，解决好世界观、人生观、价值观这个"总开关"问题。要进一步严肃党内政治生活，抓好思想教育这个根本，抓好严明纪律这个关键，强化党内制度约束，营造风清气正的良好政治生态。要压紧压实管党治党责任，以更大的力度、更严的要求、更实的举措和坚如磐石的决心,持之以恒正风肃纪,推动系统全面从严治党向纵深发展。

(一)深刻把握新时代主要矛盾,准确判断邮政业发展形势

深刻把握我国社会主要矛盾变化对邮政业的影响以及在邮政业的具体体现,是我们做好工作的前提和基础。党的十九大指出,我国社会主要矛盾已经转化为人民日益增长的美好生活需要和不平衡不充分的发展之间的矛盾,这一矛盾在邮政业表现为人民日益增长的更好用邮需要与行业发展不平衡不充分之间的矛盾。当前,人民群众的基本用邮需求已经得到满足,但日益增长的美好生活需要对邮政业服务提出了更高要求,人们需要更多样化更个性化的产品,更精准更可靠的服务,更全面更丰富的功能,更绿色更智慧的方式。行业发展进入新时代,我国邮政业大而不强的基本业情没有变,进一步提升邮政业发展平衡性和充分性的任务还很艰巨。一是提高行业供给体系质量和效益的任务还很繁重。行业供给体系质量不稳、效益不高,城乡区域供给不平衡,国际化水平低,中高端供给严重不足,新动能占比不大;行业分工不专,主体类型不丰富,末端基础不牢。二是转变发展方式、完善邮政业生态体系的任务还很繁重。实现邮政业与上下游的协调发展、与科技金融人才等要素的协同发展、与社会资源环境的友好发展还有很大的拓展空间,被动发展局面尚未得到根本转变。三是实现行业治理体系和治理能力现代化的任务还很繁重。邮政业产业波及效应日益显现,新业态新模式不断涌现,传统安全和非传统安全风险交织叠加,法规政策标准等制度供给相对滞后,监管力量、专业能力和资源条件不足,协同治理有待加强,诚信文明水平、行业文化等软实力有待丰富提升。

我们要着眼行业发展的历史与现实,深刻认识行业发展新阶段新矛盾的运动规律,积极面对和有效破解发展中的矛盾问题,正确处理好供给与需求、行业与社会、政府与市场、当前与长远、全面与重点的关系,坚持在发展中服务保障民生,在新的起点上推动高质效的现代化邮政业体系建设,努力实现更高质量、更有效率、更加公平、更可持续的发展。

(二)自觉担当新时代历史使命,科学谋划邮政强国新蓝图

党的十九大提出了建设交通强国的宏伟目标,这是以习近平同志为核心的党中央对交通运输工作的充分肯定和殷切期望,也是新时代全体交通人为之奋斗的新使命。邮政业是现代综合交通运输体系的重要组成部分,邮政强国建设是交通强国建设的重要内容,交通强国建设为实现邮政强国提供坚强保障,也提出了具体要求。

国家邮政局党组深入学习领会党的十九大精神,深入分析我国经济社会发展趋势,准确把握全球邮政业发展规律,科学研判邮政业发展的新形势,提出全行业全系统要自觉担当建设社会主义现代化邮政强国的历史使命,以满足人民日益增长的更好用邮需要为目标,以提升邮政业发展的质量和效益为重点,坚定不移贯彻新发展理念,建立现代化的邮政业供给体系、生态体系和治理体系,充分发挥邮政业在国民经济和社会发展中的基础性先导性作用,全面确立在全球邮政业发展中的领先地位,奋力实现由大变强的历史变革。在全面建成与小康社会相适应的现代邮政业基础上,通过"两步走"建成现代化邮政强国。

第一步:到2035年,基本建成现代化邮政强国。到那时,我国邮政业的综合实力、创新能力、协调发展水平显著提高,全要素生产率与世界先进水平相当;基础能力显著增强,面向全球主要国家的服务网络基本建成,功能充分释放,人民群众满意度显著提升;普惠、智慧、安全、诚信、绿色邮政基本建成,协同更加广泛;行业制度体系持续完善,治理体系和治理能力现代化基本实现;形成若干家具有较强国际竞争力的跨国企业;行业在国民经济和社会发展中的基础性先导性作用更加突

出,在世界邮政业发展与治理中具有举足轻重的地位和引领作用。

第二步:到本世纪中叶,全面建成现代化邮政强国。 到那时,我国邮政业的综合实力、创新能力、全球化普惠化水平、诚信文明水平等得到全面跃升,实现行业治理体系和治理能力现代化。邮政业深刻改变人们的生产生活方式,成为国计民生的战略性基础产业,成为建设富强民主文明和谐美丽社会主义现代化强国的重要力量;有数家在全球具有引领和标杆地位的行业企业,成为世界邮政业发展的引领者和全球规则的重要制定者。

(三)集聚力量抓重点补短板强弱项,服务好决胜全面建成小康社会

今后三年是全面建成与小康社会相适的应现代邮政业的决胜期,发展仍然是解决矛盾实现目标的关键所在。我们要以习近平新时代中国特色社会主义思想为指导,在继续推动发展的基础上,把提高发展质量作为根本要求,坚持质量第一、效益优先,着力解决行业发展不平衡不充分的问题,不断满足人民日益增长的更好用邮需要。要全面落实党的十九大各项决策部署,紧扣主要矛盾变化和行业发展特征,贯彻新发展理念,深化供给侧结构性改革,统筹推进"五位一体"总体布局,协调推进"四个全面"战略布局,服务好"七大战略",坚持"打通上下游、拓展产业链、画大同心圆、构建生态圈",突出抓重点、补短板、强弱项,打好防范化解重大风险、精准脱贫、污染防治攻坚战,使与小康社会相适应的现代邮政业得到人民认可、经得起历史检验。

一是贯彻新发展理念,推进高质量发展。 我国经济已由高速增长阶段转向高质量发展阶段,我们要把实现高质量发展作为确定发展思路、制定产业政策、优化行业治理的根本要求,奋力跨越三个关口。要跨越理念关,改变唯业务量、唯增速的政绩观,既重视量的增长,更重视质的提升,让创新成为第一动力,协调成为内生特点,绿色成为普遍形态,开放成为必由之路,共享成为根本目的。要跨越风险关,高质量发展要求行业转变方式、优化结构、转换动力,必然带来一定的转型摩擦、改革阵痛,要坚持稳中求进、保持战略定力、积极有效应对。要跨越能力关,加强中高端供给和基层基础能力建设,提升数字化网络化智能化水平,健全邮政业生态体系,提高全要素生产率、资源利用率和可持续发展能力,满足个性化多样化用邮需求,催生新的用邮需求,实现质量更稳、能力更强、方式更优、联动更广。

二是抓住突出问题,进一步解决短板弱项。 对标与小康社会相适应的现代邮政业目标,我们必须解决末端、国际、绿色、安全等短板弱项。要实施"末端转型升级"行动计划,全力推动末端变革。适应城市治理新要求,加快推进"快递入区"工程,大力发展第三方和智能终端服务体系,实现社会化、集约化、智能化、规范化。进一步落实总部企业对全网安全、质量、稳定的主体责任,治理"加而不盟、连而不锁"。要加快企业走出去步伐,形成面向全球的服务网络。推动提高邮件互换局和快件监管中心效能,畅通邮件快件跨境绿色通道。提升开放水平,支持鼓励企业通过投资并购、战略合作整合全球资源,提供一体化跨境综合服务。要实施"绿色邮政"行动计划,实现到2020年可降解绿色包装材料应用比例达到50%,新能源车辆使用率大幅提升。建立激励导向和制度约束,推动全产业链共同参与,升级设施设备,优化运营组织,培育绿色用邮习惯,逐步形成低消耗、低排放、可循环的发展方式。要实施"安全邮政"行动计划,实现寄递安全保障能力大幅提升。督促企业加大投入,完善操作规范、技术保障和责任体系,全面落实寄递安全"三项制度"。加快"绿盾"工程建设,提升监管数字化、智能化水平。加强支撑体系建设,提高防范及应对多重风险及衍生风险的能力。

三是深化供给侧结构性改革,拓展行业发展格局。 我们要瞄准国际标准,把提高供给体系质

量作为主攻方向,不断增强适应力、创新力和竞争力,推动质量变革、效率变革、动力变革。要丰富服务功能拓宽联动领域,加快培育新动能。聚焦商业流通新趋势,深化与线上线下各类渠道的协同,培育中高端消费的新动能;聚焦服务现代农业,培育生鲜冷链的新动能;聚焦服务制造强国,嵌入工业互联网平台,培育现代供应链的新动能。要实施"邮政业大数据发展"行动计划,加快智慧邮政建设。搭建数据公共服务平台,推动部门、行业和企业间的数据交换共享。鼓励企业加强大数据和人工智能技术建设应用,加强关键共性、前沿引领、物流装备技术的协同创新。要构建多层次的行业人才培养体系,培养行业管理、专业技术、资本运作、国际运营人才。激发和保护企业家精神,培养造就具有战略思维、全球视野、勇于创新的企业家。弘扬劳模精神和工匠精神,建设一支知识型、技能型、创新型劳动者大军。要实施"寄递质量提升"行动计划,擦亮中国寄递名片。健全细化全流程作业规范指南,开展质量、过程、设备的对标监管,建立量化评估和社会公示制度。加大执法力度,对市场乱象不姑息、零容忍。

四是优化空间布局,融入国家重大战略。 我们要进一步优化行业城乡、区域、内外的空间布局,积极服务国家重大战略。要实施"丝路传邮"行动计划,服务"一带一路"建设,形成空陆内外联动、东西双向互济的行业开放发展新格局。加强与相关国际组织和沿线国家的政策沟通,加强邮件快件航空运输网络建设,加快推动中欧班列运输邮件快件工作,打造边贸快递通道。要实施"乡村服务升级"行动计划,服务乡村振兴战略。打造邮政普遍服务和"快递下乡"升级版,发挥连通城乡、贯通一二三产业的优势,支撑农村和农业现代化,促进城乡融合。加快革命老区、民族地区、边疆地区、贫困地区邮政业发展。要实施"城市群寄递服务大同城"行动计划,服务区域协调发展战略。高起点规划、高标准建设雄安新区邮政业,加快推进京津冀、长江经济带、粤港澳大湾区等建设,推动大城市群寄递服务大同城。

五是创新体制机制,提升行业治理水平。 我们要进一步转变政府职能,深化简政放权,创新监管方式,增强政府公信力和执行力,实现要素自由流动、价格反应灵活、竞争公平有序、企业优胜劣汰。要加强制度供给和政策引领。规范对仓配、落地配、驿站等的管理。加快对新业态新模式的政策和技术储备,推动多方共治。加强对邮政业发展趋势、颠覆性技术和商业模式的研究。要支持企业深化改革。推动邮政企业做强做优做大寄递主业,提升创新能力,培育世界一流邮政企业。引导快递企业健全现代企业制度,提高管理效能和发展层次。要以诚信邮政建设为抓手强化事中事后监管。逐步构建守信名单、失信名单和信用异常名单评定管理工作体系,建立完善多部门守信联合激励和失信联合惩戒机制。要发挥投资对优化供给结构的关键性作用。鼓励企业围绕增强核心能力并购投资,支持引导中高端差异化供给资源和要素进入邮政业,加快改善供给体系结构。

六是坚持以人民为中心,更好保障用邮需要。 我们要加快普惠邮政建设,不断满足人民日益增长的美好生活需要。要发挥农村双向流通主渠道的优势,打赢精准脱贫攻坚战。推广"邮政、快递+农村电商+农特产品+农户"产业脱贫模式,融入国家大扶贫格局。扎实做好定点扶贫、对口支援等专项扶贫工作。要推动实现更高水平的寄递服务均等化,全面执行邮政普遍服务标准,支持发达地区达到更高水平,创新解决边远地区用邮难问题,利用邮政综合便民服务平台加强邮快交商合作,便利农村生活。要更深更广便利人民群众生产生活,应用"互联网+寄递+服务业"模式与旅游文化、教育科技、健康养老、体育会展、政务商务等实现更广泛的联动协同,服务智慧社会建设。要强化基层员工的权益保障,改善一线工作环境,健全工资支付保障制度,提升社保等基本权益保障和职业发展保障水平。

新时代要有新气象新作为。我们要切实加强

干部队伍建设,按照"既要政治过硬,也要本领高强"的要求,把政治建设摆在首位,把政治过硬作为"高素质"的第一要求,注重培养专业能力、弘扬专业精神,推动全系统干部队伍履职能力与行业发展阶段相适应。要完善干部考核评价机制,为干部大胆创新探索撑腰鼓劲。

三、2018年工作安排

2018年是全面贯彻落实党的十九大精神的开局之年,是改革开放40周年,是决胜全面建成小康社会、实施"十三五"规划承上启下的关键一年,做好邮政业改革发展各项工作意义重大。今年工作的总体要求是:全面贯彻落实党的十九大和中央经济工作会议精神,以习近平新时代中国特色社会主义思想为指导,牢牢把握稳中求进工作总基调,深入贯彻新发展理念和以人民为中心的发展思想,统筹推进"五位一体"总体布局和协调推进"四个全面"战略布局,按照高质量发展要求,坚持全面从严治党,坚持深化供给侧结构性改革,坚持更好服从服务国家重大战略,着力抓好稳增长、促改革、调结构、惠民生、防风险各项工作,着力建设高质效的邮政业现代化供给体系、生态体系和治理体系,为决胜全面建成小康社会、开启全面建设社会主义现代化国家新征程做出积极贡献。

预计全年邮政业业务总量完成12200亿元,同比增长25%;业务收入完成7775亿元,同比增长17%。其中,快递业务量完成490亿件,同比增长22%;业务收入完成5950亿元,同比增长20%。邮政、快递服务满意度持续提高。重点抓好以下七方面工作:

(一)坚持加强党对邮政管理和行业改革发展各项工作的领导

一是深入抓好党的十九大精神的学习宣传贯彻。着眼学懂、弄通、做实,全面准确学习宣传贯彻党的十九大精神,用习近平新时代中国特色社会主义思想武装头脑,坚决维护党中央权威和集中统一领导。严格按照"十个深刻领会"和"六个聚焦"要求,坚持读原著、学原文、悟原理,紧密结合行业实际抓好集中学习培训,充分利用多种方式积极宣传党的十九大提出的一系列新的重要思想、重要观点、重大论断、重大举措。大力弘扬理论联系实际的学风,全面增强"八个本领",把党的十九大精神转化为深化改革、促进发展的强大动力。

二是大力加强思想建设和组织建设。扎实开展"不忘初心、牢记使命"主题教育,进一步强化"四个意识",坚定"四个自信"。以提升组织力为重点,严格落实"三会一课"等制度规定,积极开展创先争优活动,总结推广支部工作法,组织党务、纪检干部培训。严明政治纪律和政治规矩,积极推进党内民主,增强党内生活的政治性时代性原则性战斗性。扭住"服务中心、建设队伍"两大核心任务,坚持以党的建设引领业务工作协调发展。积极推进党务公开。坚持以党的建设带动群团建设,充分发挥工会、共青团等群团组织作用,继续推进全国文明单位和青年文明号创建。组织第三届"最美快递员"评选。加强离退休干部党组织建设。进一步做好扶贫工作。加大快递企业非公党建工作力度,推动建立和完善370个基层企业党组织,确保基层党组织有效发挥战斗堡垒作用。

三是建设高素质专业化干部队伍。选人用人突出政治标准,注重选拔历经多岗位锻炼、工作实绩突出的干部,把好干部标准落到实处。选优配强各级党组班子,进一步优化班子结构。抓好后备干部和年轻干部培养选拔。组织开展优秀市(地)局长评选工作。探索近距离接触考察干部方法,改进完善干部考察方式。规范开展公务员招录工作,发挥干部补充主渠道作用。健全完善考核机制,探索构建年度考核、平时考核和专项考核相结合的公务员考核体系,更加有效地开展表彰奖励工作。完善干部监督制度,把纪律和规矩挺在前面,开展选人用人工作检查,严防干部带病提拔。加强民主生活会督导工作。规范干部交流,抓好公务员职业道德建设。健全完善干部教育培训制度,依托干部培训机构、网络平台和共建院校开展培训。按照中央统一部署做好养老保险制度改革、完善公务员奖金制度等保障性改革,稳妥组织实施地区附加津贴制度。

四是大力构建良好政治生态。巩固落实中央八项规定精神和实施细则,修订完善具体措施,突出整治形式主义、官僚主义等"四风"问题。把强化政治纪律和组织纪律作为重点,带动六项纪律严起来。坚持问题导向,建立巡视巡察上下联动的监督网,实现对省(区、市)局党组巡视全覆盖,开展对市(地)局党组巡察工作。运用监督执纪"四种形态",持续加强对党员干部日常监督管理,严肃查处违规违纪行为,努力形成重遏制、强高压、长震慑的态势,让党员干部知敬畏、存戒惧、守底线,习惯在接受监督和约束的环境中工作生活。

（二）进一步巩固扩大行业稳中向好发展态势

一是强化战略规划标准引领作用。开展邮政强国战略研究,制订邮政业中长期发展纲要,提出邮政强国建设的基本思路、发展目标和主要举措。细化实化邮政业服务决胜全面建成小康社会、开启全面建设社会主义现代化国家新征程三年行动计划。印发2018年邮政业供给侧结构性改革要点。组织开展邮政业发展"十三五"规划中期评估。在雄安新区总体规划框架下编制发布新区邮政业发展规划,引导支持新区行业基础设施布局建设。开展寄递地址编码编制规则和实名收寄信息交换、视频监控系统接入等标准规范的研制。制定邮政业包装填充物技术要求,推进《快递封装用品》系列国家标准发布实施。加大标准培训宣贯实施力度。

二是推进重大政策、重大工程和重大项目落实。全面落实邮政业服务"一带一路"建设指导意见,加强与沿线国家邮政、快递领域交流合作,与万国邮联签署积极响应"一带一路"建设的倡议。加快推进中欧班列运输邮件快件常态化工作,适时推出专线寄递产品,打造全流程全功能全方位的服务跨境电商综合平台。发挥联席会议机制作用,推动长江经济带邮政业加快发展。持续推进《国务院关于促进快递业发展的若干意见》在各地贯彻落实,进一步发挥和扩大政策效应。抓好"绿盾"工程建设,启动灾备中心土建工程和三级安全监控中心建设,基本完成实名收寄相关系统建设。

三是促进科技创新和技术应用。开展首批行业技术研发中心认定。指导行业开展科技成果评选和奖励。支持企业申报重点实验室、工程实验室、企业技术中心,推动企业在科技成果转化、技术力量储备、创新氛围营造等方面取得实质性进展。引导企业进一步提升设施设备智能化水平,加快建设深度感知的寄递仓储管理系统、高效便捷的末端收投网络、科学有序的分拣调度系统。推广数据分单、数据派单和无人机无人仓等技术应用,主要品牌快递企业电子运单使用率再提高5个百分点。

四是强化人才支撑保障。完善行业职业教育和培训体系,深化产教融合、校企合作,促进供需对接、协同育人,充分发挥共建院校、人才培养基地和示范专业点院校作用,强化人才培养、科学研究、职业培训。继续举办全国快递大学生创新创业大赛。积极稳妥推进行业技能等级认定和国家职业资格制度衔接,加快推进快递工程技术人员职称评审。

（三）进一步促进行业转型提效

一是加强基础设施建设。实施西部和农村地区邮政局所改造工程。引导各地区加快在航空、港口、铁路、高速公路的汇集点建设快递物流园区及分拨中心。持续推进快递"三向""三上"工程。复制推广跨境综试区成熟经验,提升国际快件通关便利化水平。加强国际邮件快件航空运输网络建设,支持有条件的企业海外建仓并鼓励共建共享,提高我国快递品牌的世界竞争力。加快推进湖北国际物流核心枢纽项目建设。推动"高铁+快递"联合运营,扩大"即日达"网络覆盖范围。继续实施"快递入区"工程,推进标准化网点建设,网点标准化率再提升5个百分点,智能快件箱、信包箱箱递率再提高2个百分点。巩固扩大快递进校园成果,全国大中城市基本实现快递进校园规范化。积极参与城乡物流高效配送工程建设,推动更多的城市实现末端投递车辆规范通行。

二是支持邮政企业改革创新。鼓励企业转型升级创新发展,进一步完善公司治理结构,加快技术、产品和服务模式创新。支持企业打造包裹快递和农村电商等业务增长极,强化网络支撑、增强服务能力、做大寄递主业、提升服务品质。推动邮政服务现代农业发展,进一步抓好"一市一品"农特产品进城示范项目,强化自有品牌运营,构建农特产品的垂直服务渠道和区域服务网络,服务精准扶贫。充分发挥国际邮件互换局作用,推动邮政服务跨境电商发展。构建邮政综合服务平台,在邮政与快递、交通、电子商务等开展创新合作的基础上,不断扩展合作范围、领域、内容、方式,推动邮政网络不断向开放、共享、合作的综合服务大平台转换。

三是推进快递企业转型升级。鼓励重点企业开展兼并重组、强强联合,做强优势主业,汇聚发展动能。支持企业创新寄递服务,加快发展冷链、医药等高附加值业务,拓展大包裹、快运、仓配一体、即时递送等新型服务。深入开展系列示范工程建设,开展快递示范城市中期评估,组织创建全国快递示范园区。深化产业间政策联动,贯彻落实关于促进电商与快递物流协同发展的政策。推动"快递下乡"工程换挡升级,打造一批年业务量超千万件的"快递+"金牌项目。深入推动快递与先进制造业联动发展,培育现代供应链能力。

(四)进一步提升行业治理水平

一是加强行业管理制度供给。推动出台《快递暂行条例》,举办条例专题培训、组织编纂条例释义,多层次多形式推动条例宣贯落实。推动《快递业务经营许可管理办法》等配套规章制度修订。修订完善快递末端网点管理制度并实施备案管理,改革年度报告制度。制修订《智能快件箱寄递服务管理办法》。在天津自贸区开展国际快递业务(代理)经营许可审批权下放试点。坚持包容审慎原则,创新对快递新经济新业态的监管方式。建立上下游企业数据交换共享规则体系。全面落实"双随机、一公开",推进邮政行政执法信息系统应用,加快实现由现场监管为主向现场监管和信息监管并重的方式转变。继续做好"七五"普法工作。

二是加强邮政普遍服务和特殊服务监督。全面落实《邮政普遍服务》标准,督导企业按照标准履行邮政普遍服务义务,提高边境、海岛等地区乡镇局所营业服务达标率。2018年新增直接通邮建制村1万个以上,通邮率提高到98%。落实服务质量"两个不一刀切",加强对交通不便边远地区邮政普遍服务的监督保障工作。巩固提升党报当日见报水平。开展邮件时限监测、满意度调查和服务质量考核。依法开展普遍服务"两项审批"、邮票发行管理各项审批和经营邮政通信业务审批。创新监督管理方式,通过试点先行,结合各地实际全面推广邮政普遍服务营业场所分级监管,提升行政管理效能,引导企业提升服务水平。组织开展专项检查,强化机要通信安全监管。推动修订《仿印邮票图案管理办法》,落实纪特邮票发行计划,做好纪念邮票选题和重大题材纪念邮票发行工作。组织开展以反映我国改革开放成果为主题的集邮文化活动。充分发挥社会监督员作用,强化社会监督效果。深入推进军民融合发展,全面开展邮政业国防交通战备工作。

三是强化邮政市场监管。建设国家、省、市权责相适的二级市场分级监管责任体系。加强对品牌企业总部和区域总部的监管,督促企业总部加强对基层企业的管理,着力解决"以罚代管"问题。健全跨区域协作监管机制,组织开展跨区互查。对重大违法行为实施挂牌督办。继续开展放心消费工程,组织"不着地、不抛件、不摆地摊"专项治理。建立实施网上集邮市场巡查制度,严查违法行为。推动信用体系建设,加快信用管理信息系统建设应用,强化守信激励和失信惩戒。加大对主要市场主体服务满意度、服务时效和申诉率的披露力度，继续发布中国快递发展指数。贯彻落实《无证无照经营查处办法》，开展清理整顿。全面实施快递码号统一管理。

（五）进一步强化寄递渠道安全监管

一是加强安全生产领域基础能力建设。 落实关于推进邮政业安全生产领域改革发展的指导意见，全面树立"五严"监管思路。修订《邮政行业安全监督管理办法》《邮政业突发事件应急预案》，推动制定《邮件快件实名收寄管理办法》，出台《邮政业安全信息统计和报告管理办法》。编制重大活动寄递安保、危险化学品和易制爆物品防范等专项应急预案。建立生产安全事故调查分析、典型事故提级调查、跨地区协同调查等制度。

二是督促企业全面落实安全生产主体责任。 落实安全生产法及行业安全监督管理办法，制定加强寄递企业安全生产主体责任的指导意见。全面落实企业法定代表人、实控人第一责任人责任和全员安全生产责任制，健全安全管理机构和安全员、安检员制度。逐步建立网点分级分类监管、隐患排查治理评价、安全生产主体自查自纠等专门制度，加强企业内控安全制度建设，推动企业安全生产标准化建设。强化企业总部对全网安全的管理责任，突出"八有""五个一"制度建设。建立常态化企业总部督导检查机制和隐患排查、风险管理双重工作机制。发挥安委会机制作用，加大联合检查、区域互查和督导力度。

三是加强寄递渠道安全源头管控。 贯彻执行反恐怖主义法及寄递安全管理"三项制度"。严把收寄验视关口，严防涉恐涉毒、枪支弹药、危险化学品和易燃易爆品流入寄递渠道。全面完成实名收寄全覆盖目标。深化落实安检机配置应用，加强安检人员教育培训。发挥寄递渠道安全联合监管机制作用，建立定期案件通报和联合督导制度。加强邮政业反恐、禁毒、打击侵权假冒、扫黄打非和濒危野生物种保护等工作。做好重大活动和业务旺季期间寄递渠道安全保障工作。

（六）进一步推进行业绿色发展

一是着力完善行业绿色发展制度体系。 加强快递绿色包装标准宣贯执行，开展用品用具质量抽检和情况通报。强化宣传引导和教育培训。建立健全绿色低碳循环发展的制度框架体系。加强邮政业能耗和污染物排放测算方法研究，建立相应统计监测机制。

二是着力加快快递包装治理。 深入贯彻落实10部门关于协同推进快递业绿色包装工作的指导意见，大力促进包装减量化、绿色化和可循环。进一步做好绿色包装应用试点，研究形成可行的技术实现路径和政策路径，引导和支持更多企业参与"绿色快递"行动，推广应用可降解塑料袋等环保包装产品，加强物料管理和先进包装技术应用，进一步降低单位快件包装耗材。鼓励企业在周转过程中重复利用各类封装容器，逐步减少使用一次性编织袋。加强包装废弃物的回收处置管理，倡导用户适度包装。

三是着力推进节能减排。 引导企业合理运用各类运输方式，支持甩挂运输、多式联运和绿色递送。鼓励企业优化运输组织和递送路线，在各环节推广使用新能源和清洁能源车辆。鼓励引导企业开展基础设施节能改造，推广应用节水、节电等技术工艺装备，开展绿色网点、绿色分拨中心建设。

（七）进一步推进基础能力建设

一是持续完善行业监管体系。 稳步推进县级机构设置，完善县一级邮政监管机构运转机制。积极推进省级和业务量排名前列的市（地）级城市邮政业安全中心建设。有序推进事业单位改革，组织实施所属事业单位绩效工资制度，研究探索科研事业单位法人治理结构，完善事业单位领导人员管理制度措施。指导行业协会脱钩并加强行业管理。

二是持续提升支撑服务能力。 推进快递许可和统计范围调整的衔接。健全统计数据质量管控体系，完成邮政行业投入产出专项调查，开展统计检查。落实自身建设中央预算内投资项目管理办法,开展2019年投资项目储备、评估和审批。进一步完善部门预算制度,加强绩效管理,提高预算权威性和约束力。充分发挥审计监督职能,有效防范财务风险。积极做好市(地)局公务用车改革。加强电子政务内外网建设,增强"互联网+政务服务"能力,提升政务服务智慧化水平。落实网络安全责任,全力做好重大活动行业网络安保工作。加大政府信息公开力度,做好信息发布和政策解读。扎实做好信访工作。坚持正确的政治方向和舆论导向,充分发挥行业媒体主渠道作用,认真做好党的十九大精神和行业改革发展新闻宣传工作,抓好先进典型宣传,及时回应社会关切,有效引导舆情。加强全系统网站群监测管理。

三是继续加强对外交流合作与港澳台工作。 积极参与中欧投资协定谈判、区域全面经济伙伴关系协定等双多边谈判。配合开展世贸组织贸易政策审议工作。巩固深化双多边和区域性邮政交流机制,拓展邮政领域对外交流合作深度和广度,凝聚沿线国家共同推动邮政业服务"一带一路"建设的广泛共识。做好万国邮联、亚太邮联等国际组织重要会议参会工作。完成万国邮联改革特设工作组主席国工作。统筹做好"万国邮联－世界海关组织全球战略大会"和中国2019年世界邮展筹备工作。深化与港澳邮政交流,加强粤港澳大湾区邮政业区域合作与建设。贯彻中央对台工作方针,加强两岸邮政基层互动交流,组织好两岸全面直接双向通邮十周年相关纪念活动。

同志们,我国邮政业改革发展已经进入了新时代、开启了新征程,任务艰巨、使命光荣。让我们更加紧密地团结在以习近平同志为核心的党中央周围,在习近平新时代中国特色社会主义思想指导下,以永不懈怠的精神状态和一往无前的奋斗姿态,锐意进取、埋头苦干,为全面建成与小康社会相适应的现代邮政业、全面建设现代化邮政强国而努力奋斗!

抢抓机遇　锐意进取　埋头苦干
为全面建设现代化邮政强国而努力奋斗

——国家邮政局局长马军胜在《快递暂行条例》宣贯电视电话会议上的讲话

2018年3月29日

同志们：

下午好！《快递暂行条例》（以下简称《条例》），将于5月1日起正式实施，这是全行业改革发展的大事、喜事，是邮政业发展史上的重要里程碑。《条例》是邮政体制改革以来取得的重要立法成果，体现了党中央、国务院对行业改革发展的亲切关怀和充分肯定。《条例》的出台来之不易，是邮政管理部门团结协作、辛勤付出的结果，是国家有关部门帮助指导、支持推动的结果，也是市场主体和社会各界主动响应、积极配合的结果。在此，我谨代表国家邮政局党组和全行业300万干部职工，向国务院法制部门，以及长期以来关心、支持快递业发展的各有关部门和社会各界表示崇高的敬意和衷心的感谢！

刚才，国务院法制部门负责人甘藏春同志就《条例》的立法背景、立法指导思想、主要内容和贯彻实施责任等作了重要讲话，我们一定要认真学习，深刻领会，抓好落实。下面，我再谈三点意见：

一、充分认识《快递暂行条例》的重大意义

邮政体制改革以来，特别是党的十八大以来，全行业在以习近平同志为核心的党中央的坚强领导下，按照"五位一体"总体布局和"四个全面"战略布局，坚持稳中求进工作总基调，坚持以新发展理念引领新常态，坚持以供给侧结构性改革为主线，紧紧围绕全面建成与小康社会相适应的现代邮政业目标，扎实工作、砥砺奋进，实现了邮政大国的历史性跨越。快递业是推动流通方式转型、促进消费升级的现代化先导性产业，连接着供给侧和需求侧，在稳增长、促改革、调结构、惠民生、防风险等方面发挥着越来越重要的作用。过去的五年，快递业速度规模、质量效益、对外开放水平、公共服务能力显著增强，业务收入占GDP比重超过0.7%，年业务量突破400亿件，连续4年稳居世界第一，包裹快递量超过美、日、欧等发达经济体的总和，对全球行业增长贡献率超过50%，已经成为世界邮政业的动力源和稳定器。当前，我国邮政业改革发展进入了新时代、开启了新征程，行业正处在由大到强转型的重要节点，《快递暂行条例》应运而生，为快递业发展指明了方向、创造了机遇、提供了支撑、理顺了关系、解决了难题，将在促进行业健康发展、维护市场公平竞争秩序、推进行业治理体系和治理能力现代化、保障人民群众合法权益、服务大众创业、万众创新等方面发挥基础性、关键性作用，具有里程碑式的意义。

（一）《条例》出台充分体现了党中央、国务院对行业改革发展工作的高度重视和亲切关怀。

党中央、国务院历来高度重视邮政业改革发展。《条例》从起草到颁布历时四年有余，是邮政体制改革以来的第一部行政法规，也是世界上为数不多的全方位调整快递业法律关系的专门法。《条例》起草过程中，李克强、俞正声、张高丽和马凯等中央领导同志一直十分关心、关注制订情况，多次作出重要指示批示，有力支持了行业健康发展和《条例》起草工作。《条例》连续4年纳入国务院立法计划，国务院常务会议先后2次审议《条例（草案）》，李克强总理对《条例》名称、快递业发展保障、新业态包容审慎监管等重点内容给予亲自

指导。全国政协多次就快递立法进行调研、提出提案,并召开双周协商座谈会,围绕《条例》制定建言献策,俞正声主席给予高度评价,与会政协委员就加快制定快递法律法规提出了很好的意见和建议。党中央、国务院对邮政业的高度重视、亲切关怀和殷切期望,必将极大增强全系统全行业广大干部职工的改革发展信心和进取精神。

《条例》两次向社会公开征求意见,各界普遍反响积极正面,认为制度安排着眼于补齐快递业发展短板,贯穿了包容审慎理念,尤其是在保障发展方面亮点颇多,这也表明一线快递员工、相关市场主体、行业协会、社会公众和有关部门对《条例》内容和对邮政业重要地位的高度认同。

(二)《条例》出台是落实党中央、国务院重大决策部署的重要举措。

党的十九大报告指出,全面依法治国是中国特色社会主义的本质要求和重要保障,是国家治理的一场深刻革命,必须坚持厉行法治。《条例》作为部门规章和地方性法规的上位法,对行业管理和发展进行了一系列创新和务实的制度安排,是对党中央、国务院重大战略决策部署的细化、实化、深化,是落实全面依法治国、建设法治政府的重要抓手。

近年来,国务院先后作出了全面开放国内包裹快递市场的决定,出台了《国务院关于促进快递业发展的若干意见》《国务院办公厅关于推进电子商务与快递物流协同发展的意见》等重要政策,快递发展首次纳入国家"十三五"规划纲要,这一系列重大决策部署的有效贯彻落实,为行业发展奠定了基础、拓宽了空间、提供了机遇。这次《条例》颁布实施将一系列重大决策部署以行政法规的形式固化下来,必将进一步推动行业依法治理,进一步释放快递市场活力。

(三)《条例》出台为推动行业改革发展提供了重要制度安排。

当前,中国特色社会主义已经进入新时代,以习近平同志为核心的党中央团结带领全国各族人民砥砺前行,改革开放和社会主义现代化建设全面开创了新局面。党中央高瞻远瞩、总揽全局,强调必须坚定不移把发展作为党执政兴国的第一要务,要贯彻新发展理念,建设现代化经济体系。包括快递在内的邮政业是基础性、先导性、服务性产业,是实体经济,是交通强国战略的一部分,是现代化经济体系不可或缺的重要组成内容。

《条例》开宗明义强调"促进快递业健康发展"作为首要立法目的,为"发展保障"设置专门一章并提前到第二章,突出促进快递业发展的重要性。《条例》坚持以推进供给侧结构性改革为主线,在支持政策、土地规划、基础设施、末端服务、科技应用、车辆通行、产业协同、便捷通关等方面,大力破解制约行业发展的体制机制问题,极大优化了发展环境;坚持以人民为中心的发展思想,弘扬"人民邮政为人民"理念,致力于让企业、从业人员和消费者都对有关制度安排形成合理预期,更加充分地享受制度红利。《条例》的制度安排坚持质量第一、效益优先,符合客观规律,契合我国迈向邮政强国的实际,是促进发展、保障善治的良法,必将有力推动行业发展实现质量变革、效率变革、动力变革。

(四)《条例》出台为加快政府职能转变提供了重要法制保障。

中央要求着眼于"优化协同高效"目标,深化转职能、转方式、转作风,坚决破除制约使市场在资源配置中起决定性作用、更好发挥政府作用的体制机制弊端,构建起职责明确、依法行政的政府治理体系,提高政府执行力,建设人民满意的服务型政府。

《条例》根据收寄验视、禁止寄递、实名收寄和安全检查制度的执行情况,针对安全监管中存在实际困难,与邮政法、反恐法作了衔接,对寄递安全制度做了全面、细致的安排;明确邮政管理部门开展重点监督检查的内容,在行政法规层面确立了"双随机、一公开"日常抽查制度,强调要充分利用计算机网络等先进技术手段;坚持包容审慎监管、避免用旧办法管理新业态，进一步完善了邮政管理部门的行政处罚职能体系。《条例》颁布实施有利于建立权责统一、权威高效的依法行政体制，推进邮政管理部门严格规范公正文明执法，增强政府公信力和执行力；有利于完善公共服务管理体制，处理好政府和市场关系，使市场在资源配置中起决定性作用和更好发挥政府作用；有利于创新行政管理方式，强化事中事后监管，全面提高政府效率效能，为人民提供优质高效服务。

二、切实抓好《快递暂行条例》宣贯实施各项工作

法律的生命力在于实施，法律的权威也在于实施。作为快递领域的第一部专门行政法规，《条例》是制定有关部门规章和地方性法规规章、出台政策措施、加强监督管理、维护安全运行的重要依据。全系统全行业要积极行动起来，统一认识、团结协作、乘势而上、踏实奋进，全力做好《条例》宣贯实施工作，切实维护《条例》的严肃性和权威性，切实发挥《条例》的规范和保障作用，以快递业健康发展的实践回报党中央、国务院的关怀厚爱和期待。

（一）要统一思想，深入学习《条例》的丰富内容。

《条例》内容丰富实用，各级邮政管理部门要深入学习、深刻领会《条例》的制度安排，提高站位、统一思想认识。要将学习《条例》作为党组中心组学习的重要内容，将思想统一到党中央、国务院对快递业的定位和《条例》的立法宗旨上来，统一到更好地提升市场监管水平上来。要做尊法学法守法用法的模范，着力打造一支综合素质高、专业能力强、勇于担当负责、甘于吃苦奉献的法制工作队伍。要抢抓重大机遇，树立主责意识，强化担当精神，积极主动作为，不等不靠，因地制宜，把《条例》明确的各项工作部署落到实处。要不断深化"放管服"改革，进一步规范省（区、市）局、市（地）局的监管工作，为快递业创造更加有利的发展环境，有效引导行业实现高质量发展。

（二）要周密部署，切实加强《条例》宣贯的组织领导。

国家邮政局成立宣传贯彻《条例》领导小组，由我任组长，赵晓光同志任副组长，统一领导全系统《条例》宣贯工作。各省（区、市）局、市（地）局要加强与地方人民政府及其有关部门沟通协调，建立《条例》推进机制，争取支持政策。要明确工作计划，制定任务清单，细化目标任务，责任到人，将任务清单完成情况作为年度考核重要内容。要抓住《条例》颁布实施重大契机，进一步提振士气、振奋精神，以钉钉子的精神狠抓《条例》落地生根、取得实效。要主动开门搞宣贯，充分发挥邮政管理部门主导作用，注重统筹相关部门的资源力量，发挥中央、地方两个积极性，形成《条例》宣贯实施的合力。

（三）要突出重点，加快推进《条例》配套制度的出台。

要把握节点、重点突破，抓紧建立健全《条例》的各项配套制度规范。要抓紧完成一批急需立法项目。国家局将推动制修订《快递末端网点备案管理暂行规定》《快递业务经营许可管理办法》《邮件快件实名收寄实施办法》，争取4月底前完成。参考北京市有关快递三轮车通行的管理规定，指导各地制定具体办法，今年争取全国一半以上城市建立快递专用电动三轮车规范运输保障机制。今年上半年争取出台《智能快件箱寄递服务管理办法》，制定有关新业态监管的指导意见，并适时开展备案工作。要有序推进邮政管理部门权责清单和《条例》涉及的其他配套制度规范的制修订工作。要牢牢抓住质量这个关键，建立健全公正透明、运转协调、廉洁高效、保障有力的快递业法规制度体系和实施保障体系，确保各项法规制度方向正确、内容科学、程序规范，确保立得住、行得通、管得了，有力促进各级邮政管理部门依法行政水平和能力实现显著提升。

（四）要集中宣传，大力营造《条例》实施的良好氛围。

国家局将通过多种宣传形式，对《条例》进行全方位、系统性地集中宣贯,在全系统、全行业形成学习《条例》、贯彻《条例》的热烈氛围,为《条例》贯彻实施营造良好的舆论环境。前期,国家邮政局和国务院法制部门参加了国务院政策例行吹风会,向媒体介绍《条例(草案)》和快递业发展有关情况。接下来,要通过信息公开、在线访谈等形式就《条例》出台背景、制定过程和主要内容进行广泛宣传。要加强与新华社、《人民日报》、中央广播电视总台等主要媒体深入互动合作,主动发声,形成强声势、成系统、有影响的宣传高潮,提高公众对《条例》了解和认知程度。国家邮政局将会同国务院法制部门组织编写《快递暂行条例释义》,各级邮政管理部门和快递协会要通力合作,组织对本辖区内经营快递业务企业和从业人员的宣传教育培训,帮助他们在服务和作业规范、安全生产、安全驾驶、综合素质等方面达到《条例》及其配套制度规范的要求。

三、以《快递暂行条例》出台为契机推动行业实现高质量发展

当前,我国经济已由高速增长阶段转向高质量发展阶段,正处在转变发展方式、优化经济结构、转换增长动力的攻关期。建设现代化邮政强国,必须要坚持新发展理念,坚定走高质量发展道路,用新理念把握新矛盾、培育新动能、打造新快递、实现新治理。要将《条例》宣贯与学习贯彻党的十九大精神有机结合,与落实《国务院关于促进快递业发展的若干意见》《国务院办公厅关于推进电子商务与快递物流协同发展的意见》等中央一系列重大决策部署有机结合,与邮政强国建设和行业管理部门依法履职有机结合,以《条例》宣贯实施为契机,聚焦满足人民日益增长的更好用邮需要,抓重点、补短板、强弱项、防风险,推动快递业高质量健康发展。

(一)要不断优化行业发展环境。

要以《条例》颁布实施为契机,在规划、政策、标准、人才等方面进一步加大工作力度,取得成效。一是大力推进"放管服"改革,深入开展简政放权、优化服务,全力营造行业发展的良好环境,努力实现"市场机制有效、微观主体有活力、宏观调控有度"。二是推动各地完善国民经济和社会发展规划、城乡规划和土地利用总体规划,支持快递基础设施建设用地需求。三是在省级层面产业支持政策基本全覆盖的基础上,重点推动市、县地方人民政府建立健全促进快递业健康发展的政策措施,推动将符合条件的邮政、快递企业和项目纳入各级财政专项资金支持范围。积极争取地方政府资源倾斜,加强与地方有关部门的沟通协调,在园区建设、智能快件箱推广、车辆统一编号和标识管理等方面推动出台一批针对性、操作性强的专门政策。继续推动出台产业联动、保障寄递渠道安全、国际化发展等方面的政策。四是完善行业标准体系,制修订和落实快递装备、产业协同、生产及信息安全等方面的标准。五是构建多层次行业人才培养体系,建设一批国家级行业人才培养基地,激发和保护企业家精神,弘扬劳模精神和工匠精神,强化人才支撑保障。

(二)要持续深化行业供给侧结构性改革。

要以《条例》颁布实施为契机,对标国际先进标准,把提高供给体系质量作为主攻方向,深化行业供给侧结构性改革,促进社会物流成本降低,增强行业适应力、创新力和竞争力。一是强化快递末端服务创新。推进快递网点标准化建设,打造一批形象统一、设施齐全、服务规范、安全放心的示范网点。推进"快递入区"和"快递进校园"工程,鼓励末端服务集约化、平台化发展,加快社区、高等院校、商务中心、地铁站周边等末端节点布局,加快建设住宅投递、智能快件箱投递和公共服务站投递等模式互为补充的末端投递服务新格局。二是拓展跨境寄递服务网络,编制国际邮件快件航空运输网络布局规划,支持有条件的企业建设海外仓并鼓励共建共享。加强与沿线国家和地区邮政快递领域交流合作,推进中欧班列运输邮件快件常态化,打造全流程全功能全方位的服

务跨境电商综合平台。三是支持寄递服务新业态发展，加快发展冷链、医药、生鲜食品等高附加值业务，拓展大包裹、快运、仓配一体、即时配送等新型服务，打造综合快递物流服务商。四是促进科技创新，加快智慧邮政建设。鼓励企业加强大数据和人工智能技术研发应用，提升设施设备智能化、自动化、专业化水平，推广数据分单派单和无人机、无人车、无人仓技术。推进产业数据规范管理，完善数据保护、开放共享规则。

（三）要大力推动协同创新发展。

要以《条例》颁布实施为契机，进一步打通线上线下，融入生产、流通和消费各个环节，强化合作联动，凝聚行业发展强大合力。一是加强行业基础设施建设，聚焦农村、西部地区和重要枢纽节点，引导各地加快在航空、港口、铁路、高速公路的汇集点建设快递物流园区及分拨中心，进一步完善寄递物流网络。二是加强与综合交通运输有效衔接，积极推动"上车上船上飞机"工程，着力推进业务量较大的重点城市交通运输领域快件处理设施和"绿色通道"建设，航班车次接驳处理与邮政快递网络的深度融合，带动相关产业集聚，提高辐射能力。支持铁路、民航等企业进入寄递市场，进一步增加"高铁+快递"联合运营示范线数量，加快推进湖北国际物流核心枢纽项目建设。三是深化快递服务现代农业，打造一批年业务量超千万件的"快递+"金牌项目。推动快递向西、向下工程换挡升级，保障乡镇快递网点稳定运营，力争年底全国乡镇快递网点覆盖率达到90%。四是推动快递与先进制造业联动发展，服务工业互联网，培育现代供应链能力。五是鼓励快递企业在保护消费者合法权益、寄递物品安全等方面探索引入商业保险服务。

（四）要努力提高行业治理水平。

要以《条例》颁布实施为契机，加强事中事后监管，夯实安全基础，维护市场秩序，保障用户合法权益。一是全面实施市场准入负面清单制度，进一步增强投资环境的开放度、透明度和规范性。

二是全面落实"双随机、一公开"要求，把握《条例》规定的监督检查重点内容，推进执法信息化建设，完善消费者申诉和市场监管衔接联动机制，创新对快递新业态的监管方式。三是持续强化行业安全监管。要增强基础管理能力，加强重点城市安全中心建设，抓好"绿盾"工程建设，建立安全生产"黑名单"、隐患排查治理评价和网点分级分类监管制度，巩固寄递渠道安全综合治理，强化属地管理责任落实。要压实企业主体责任，全面落实企业法定代表人、实控人第一责任人和全员安全生产责任制，突出强化快递加盟企业总部对全网的管理责任，推进企业安全生产标准化建设。要强化收寄验视、实名收寄、过机安检三项安全管理制度落实，年底基本实现实名收寄信息化全覆盖。要开展涉枪涉爆整治，加强应急能力建设，做好业务旺季和重大活动期间寄递渠道安全服务保障工作，确保行业安全稳定运行。四是加快信用体系建设，全面开展市场主体信用档案建立工作，加强与"信用中国""信用交通"平台对接，推进行业诚信文化建设，强化守信激励和失信惩戒。

（五）要更加注重行业绿色发展。

要以《条例》颁布实施为契机，建立完善快递业绿色生产和绿色消费制度体系和政策导向，大力发展绿色邮政，助力人与自然和谐共生的现代化和美丽中国建设。一是落实国家邮政局等10部门关于协同推进快递业绿色包装工作的指导意见，突出创新引领，强化法制保障，加强部门协同，推动建立健全中国特色快递业包装治理体系。二是宣贯新修订发布的《快递封装用品》系列国家标准，大力提高可降解包装材料、笼车、可重复利用中转袋使用率和电子运单普及率，促进包装绿色化、减量化、可循环。三是开展快递绿色包装试点示范工程，推动电商企业使用环保包装，减少过度包装和二次包装，加强快递分拣、运输的规范化管理，推进快递业包装的源头治理和闭环管理。四是推进节能减排，支持企业采用甩挂运输、多式联运等多种运输方式,优化递送路线,推广使用新能源车辆,推动绿色网点和绿色分拨中心建设。

同志们!促进快递业发展是党中央、国务院赋予邮政管理部门的光荣职责。让我们紧密团结在以习近平同志为核心的党中央周围,坚决贯彻执行党中央、国务院的决策部署,坚决做好《快递暂行条例》宣贯实施各项工作,坚决推动法治政府建设和行业持续健康发展,抢抓机遇、锐意进取、埋头苦干,为全面建成与小康社会相适应的现代邮政业、全面建设现代化邮政强国而努力奋斗!

坚持问题导向推进高质量发展
加快建设与小康社会相适应的现代邮政业

——国家邮政局局长马军胜第49届世界邮政日致辞

2018年10月9日

在举国欢庆中华人民共和国69华诞的日子里，我们迎来了第49届世界邮政日。借此机会，我代表国家邮政局，向关心、支持我国邮政业发展的各地区、各部门和社会各界表示崇高的敬意和衷心的感谢！向全世界邮政业的同行们，特别是我国邮政业的广大干部职工致以节日的问候和良好的祝愿！

邮政业是推动流通方式转型、促进消费升级的现代化先导性产业，邮政体系是国家战略性基础设施和社会组织系统，在国民经济中发挥着重要的基础性作用。当前，行业发展的基本面总体向好，仍处于大有作为的重要战略机遇期和快速成长阶段。邮政体制改革以来特别是党的十八大以来，我们始终坚持扭住发展第一要务不放松，真抓实干、务实创新，行业发展环境持续优化，发展质效不断提升，市场主体综合实力明显增强，对外开放深入推进，科技装备水平突飞猛进，闯出了一条符合我国国情独具特色的发展路径。2017年，我国邮政业业务总量完成9764亿元，业务收入完成6623亿元，同比增长分别达到32%和23%。其中快递业务量突破400亿件，连续4年稳居世界第一，年业务量占全球45%以上，对世界快递增长贡献率超过一半。全行业已有7家企业成功改制上市，年支撑网络零售额超5万亿元、直接吸纳就业超20万人。我国邮政业的持续快速健康发展，为世界提供了有益借鉴和成功经验，为全球邮政业转型发展和行业治理贡献了中国智慧和中国方案。

在看到成绩和机遇的同时，我们更要清醒地认识到，我国邮政业大而不强、大而不优的业情尚未改变，提高供给质量和效益的任务还很繁重，转变发展方式、完善行业生态体系的任务还很繁重，实现行业治理体系和治理能力现代化的任务还很繁重。我们必须以习近平新时代中国特色社会主义思想为指导，认真贯彻落实党的十九大精神，坚持"互联网+"方向，坚持问题导向和目标导向，充分发挥市场在资源配置中的决定性作用和更好发挥政府作用，创新经营机制、促进业务转型、完善监管体系、规范市场秩序，推动行业由传统服务向现代服务转变，由规模发展向高质量发展转变，更好地满足人民美好生活需要，更好地服务经济社会发展大局。

第一，**坚持以人民为中心，进一步保障人民群众用邮需要**。要全面履行邮政普遍服务义务，加快实现边远行政村直接通邮目标，支持发达地区达到更高水平，着力解决农村地区用邮均衡问题。要发挥行业优势，融入国家大扶贫格局，推广"寄递+农村电商+农特产品+农户"产业扶贫模式，打好邮政业服务精准脱贫攻坚战。要大力推进邮政快递企业进政务大厅，重点推广"网上办事+网下寄递"模式，化解政务烦苛，更深更广更好便利人民群众办事需要。要强化基层员工的权益保障，改善一线工作环境，提升社保等基本权益保障和职业发展保障水平。

第二，**深化供给侧结构性改革，进一步拓展行业发展格局**。要对标国际先进水平，把提高行业供给体系质量作为主攻方向，持续推动质量变革、效率变革、动力变革。要丰富服务功能拓宽联动领域，聚焦现代农业打造特色农产品"直通车"、聚焦先进制造业探索设立"移动仓库"、聚焦跨境电商建设跨境网购"桥头堡"。要推动大包裹、供应链解决方案、即时配送、众包递送等新产品新业态新模式发展，不断培育壮大新动能。要加快与互联网、大数据、物联网和人工智能等前沿科技深度融合，打造智慧供应链体系。要构建多层次的行业人才培养体系，大力弘扬劳模精神和工匠精神，建设一支知识型、技能型、创新型的劳动者大军。要不断提升寄递服务质量，擦亮中国寄递名片。

第三，持续优化空间布局，进一步服务好国家重大战略。要以"一带一路"建设为契机，积极推进国际寄递网络规划建设，打造覆盖国内外的寄递服务体系，形成空陆内外联动、东西双向互济的开放发展新格局。要大力推进"邮政在乡"和"快递下乡"工程换挡升级，服务国家乡村振兴战略。要落实国家区域发展重大战略，优化产业空间布局，推进京津冀邮政业协同发展，高起点规划、高标准建设雄安新区邮政业，加强长江经济带、粤港澳大湾区邮政业区域合作，提升大城市群寄递服务水平。

第四，善于抓住突出问题，进一步补齐发展中的短板弱项。要全面贯彻落实习近平生态文明思想和绿色发展理念，聚焦绿色化、减量化、可循环目标，坚定不移推进绿色低碳循环发展，打好邮政业污染防治攻坚战。要加快推进"快递入区"工程，大力发展第三方和智能终端服务体系，加快末端转型升级，全力推动末端变革。要贯彻以人民安全为宗旨的总体国家安全观，充分发挥寄递渠道安全联合监管机制作用，全面落实寄递安全"三项制度"，加快"绿盾"工程建设，进一步落实总部企业对全网安全、质量、稳定的主体责任，治理"加而不盟、连而不锁"，助力打赢防范化解重大风险攻坚战。

第五，不断创新体制机制，进一步提升行业现代治理水平。要深化"放管服"改革，创造良好营商环境，增强政府公信力和执行力，实现要素自由流动、价格反应灵活、竞争公平有序、企业优胜劣汰。要坚持包容审慎原则，逐步将新产品新业态新模式纳入行业管理服务范畴。要逐步构建守信名单、失信名单和信用异常名单评定管理工作体系，建立完善多部门守信联合激励和失信联合惩戒机制。要培育世界一流邮政企业，推动邮政企业做强做优做大寄递主业，着力提升创新能力；引导快递企业健全现代企业制度，着力提高管理效能和发展层次。要鼓励企业围绕增强核心能力并购投资，引导支持中高端差异化供给资源和要素进入邮政业。

高质量发展正当其时，携手共圆梦适得其势。新时代正是邮政行业建功立业、大有可为的黄金时代。习近平新时代中国特色社会主义思想的正确指引，以习近平同志为核心的党中央的坚强领导，是激励和鞭策我们砥砺奋进的强大动力源泉。让我们更加紧密地团结在以习近平同志为核心的党中央周围，不忘初心、牢记使命，奋力开创邮政业更加美好的未来，为全面建成与小康社会相适应的现代邮政业而努力奋斗！

众志成城　协同创新
为邮政业实现高质量发展提供坚强科技支撑

——国家邮政局副局长戴应军在邮政业科技创新战略联盟成立大会上的讲话

2018年12月25日

各位嘉宾、各位朋友：

大家上午好！

今天，我们邮政业"政产学研用"99家单位齐聚一堂，在这里召开邮政业科技创新战略联盟成立大会暨第一届科技年会。本次大会主题是，以习近平新时代中国特色社会主义思想为指导，全面贯彻落实习近平总书记关于科技创新重要讲话精神，统一思想，凝聚共识，众志成城，协同创新，为邮政业实现高质量发展提供坚强科技支撑。

国家邮政局对成立邮政业科技创新战略联盟高度重视。会前，我专门向马军胜局长作了汇报，马军胜局长批示"办就办好，办出样子，办出成效"，并要求把这次会开好。借此机会，我谨代表国家邮政局，对有关部委、企业、高校、科研院所长期以来对邮政业发展的支持帮助表示衷心感谢，对联盟成立表示热烈祝贺！按照会议安排，我先作个发言，讲三点意见。

一、以最新理论武装头脑，以邮政强国激发斗志

党中央、国务院高度重视科技创新工作，要求按照"四个全面"战略布局，坚持"创新、协调、绿色、开放、共享"的发展理念，全面实施创新驱动发展战略，激发全社会创新活力，全面建成小康社会，进入创新型国家行列，建设世界科技强国。习近平总书记在党的十九大报告中指出，要加强国家创新体系建设，强化战略科技力量，深化科技体制改革，建立以企业为主体、市场为导向、产学研深度融合的技术创新体系。在今年5月召开的全国科技创新大会上，习近平总书记强调，实施创新驱动发展战略，是应对发展环境变化、把握发展自主权、提高核心竞争力的必然选择，是加快转变经济发展方式、破解经济发展深层次矛盾和问题的必然选择，是更好引领我国经济发展新常态、保持我国经济持续健康发展的必然选择。在今年10月主持中央政治局第九次集体学习时，习近平总书记强调，人工智能是新一轮科技革命和产业变革的重要驱动力量，要深刻认识加快发展新一代人工智能的重大意义，促进其同经济社会发展深度融合，推动我国新一代人工智能健康发展。

习近平总书记关于科技创新的重要论述，对包括邮政业在内的全国科技工作者寄予了殷切希望，并赋予了新的历史使命，是邮政业科技工作的行动指南。党的十九大确定了建设社会主义现代化强国的目标，建设邮政强国是题中应有之意。国家强必须科技强，邮政强也离不开科技的支撑。我们要坚决贯彻落实习近平总书记关于科技创新系列重要讲话精神，紧紧围绕建成与小康社会相适应的现代邮政业目标，充分发挥科技创新在全面创新中的引领作用和企业在科技创新中的主体作用。我们要坚决贯彻落实《"十三五"国家科技创新规划》总体部署和邮政行业科技创新座谈会任务要求，完善体制机制，促进科技创新活力释放，促进行业科技密集降本增效，推动开创邮政业科技创新工作的新局面。我们要坚决贯彻落实《国务院办公厅关于推进电子商务与快递物流协同发展的意见》等文件要求，不断提高科技应用水平，鼓励快递物流企业采用先进技术装备，努力实现服务智能化、生产自动化、协同信息化、运输高效化、运营绿色化、管理科学化，为建设邮政强国贡献力量。

二、以骄人成绩鼓舞士气，以问题导向激发创新

科技创新是深化邮政业供给侧结构性改革的重要依托，是推进邮政业转型升级、提质增效的关键支撑。今年，邮政业业务收入占GDP比重已接近0.9%，快递业务量有望突破500亿件，连续4年稳居世界第一。邮政业科技创新环境显著优化，邮政业科技发展成果不断显现。目前，全国已建成快递专业物流园区323个，大型自动化分拨中心232个。行业拥有快递专用货机110多架，各类汽车数量近30万辆，安检机1.4万台，手持终端（巴枪）176.6万台。无人机邮路、智能快件柜、人脸识别系统等一批技术得以应用，勇于开拓、锐意创新、能够承担起行业科技创新主体责任的一批科技企业相继涌现。中国邮政集团公司建设了一体化技术平台、协同业务平台、板块核心业务平台、集约管理平台、风险管控平台、战略决策平台6大平台260多个信息系统，显著提升了企业管理水平和运营效率。顺丰速运依托互联网和物联网技术、自动化和智能化设备、大数据分析和云计算技术，打造"天网+地网+信息网"三网合一生态系统，形成覆盖国内外的综合物流服务网络，实现运营的精细化管理及可视化监控。京东物流自主研发了全球首个全流程无人仓智能控制系统，能在0.2秒内计算出300多个机器人运行的680亿条可行路径，并做出最佳路由选择。"三通一达"等企业依靠信息技术，有效开展寄递流程监控、辅助分拣、车辆监控、重量核查、成本核算、财务结算等工作，不断创新运营管理模式，提升客户服务水平。这里列举的邮政业科技成果只是点点题，可能挂一漏万，包括现场在座的各家企业都有类似大量科技应用成果，构成了行业高质量发展的主要支撑和科技引领力量。

但是，当前邮政业的科技创新尚有不少不足和短板。一是科技创新的顶层设计仍需加强。邮政业科技创新的指导、督查与协调还需加强，大中小企业共同参与、政产学研用紧密结合的邮政业科技创新工作格局尚未形成，基础性、关键性、前沿性、颠覆性技术和应用场景的研发架构尚未建立，科技创新成果转化机制和高水平的科技智库尚未形成，科技人员的创新活力尚未得到真正激发。二是科学合理的邮政业标准体系仍需完善。邮政业科技创新激发出大量新需求，无人机、无人车、无人仓等智能技术装备，倒逼着新标准出台。为此，我们需要不断完善科学合理的邮政业标准体系，整合强制性标准，优化完善推荐性标准，培育发展团体标准，放开搞活企业标准。三是重点科技项目和课题的研发仍显不足。行业技术装备研发是一座富矿，刚刚起步，大有可为。5G、物联网、人工智能、云计算、大数据等新兴技术正迎面而来，电子面单、自动化分拣、智能化无人仓、智能安检机、新材料新工艺，正迅速研发普及应用。但是现在，行业急需整合优势资源，联合开展攻关，衔接供求关系，以点带面突破。

三、以战略联盟凝聚力量，以密切协作激发活力

中国经济发展进入新常态，国家经济由高速增长向高质量发展转变。中国邮政业将保持高速增长态势，正在步入高质量发展的崭新时期。邮政业科技创新战略联盟的成立，恰逢其时，意义重大。联盟从策划到今天正式成立，历时近1年时间，是政产学研用各方共同的心声、共同的愿望和共同努力的结果。联盟今后的发展，要在国家邮政局的指导下，按照科技部《关于推动产业技术创新战略联盟构建的指导意见》《关于推动产业技术创新战略联盟构建与发展的实施办法》和国家邮政局《关于促进邮政行业科技创新工作的指导意见》等文件精神，主动发挥平台作用、纽带作用和智库三大作用。

第一,要将联盟打造成引领平台。要围绕邮政行业发展需求,组织推动联盟成员开展技术研发深度合作,形成整体作战合力,加快形成行业核心支撑能力,使联盟成为攻克关键技术、研制团体标准和培养专业人才的重要平台。一是平台要注重科技引领。不断跟踪国际上相关领域技术发展方向,确保科技成果的先进性。在行业发展关联度大和带动性强的关键技术领域力争获得重大突破。让邮政快递企业更多地参与重大科技计划项目、技术标准研制,用先进科技促进企业更快成长。二是平台要注重战略协同。推动邮政业加快形成协同作业模式和标准化的协同作业流程,提升协同处理能力。实现与关联产业的信息互通和共享,及时掌握服务需求,高效调配资源,提高服务响应速度,更好推动产业链上下游协同发展。三是平台要注重创新孵化。紧扣邮政业发展重大需求,推动企业、科研机构、高等院校形成多位一体的创新体系,鼓励各创新主体释放创新潜能,加强关键核心共性技术研发,促进科技成果转化应用。

第二,要将联盟打造成重要纽带。一要成为政府与企业之间的纽带。推动行业科技发展与国家战略需求对接,企业诉求与行业政策对接。积极主动与发改委、科技部、工信部、商务部等部门沟通,反映行业科技创新诉求,争取科技创新政策支持。二要成为企业与企业之间的纽带。推动企业交流合作,互利共赢。搭建涵盖基础通用、关键共性、典型应用等多层次多领域的研发架构,建立行业科技创新项目库,引导和支持各类企业、科研院校有效开展科技攻关工作,努力成为竞赛型竞争、协同型攻坚的典范,推动形成大中小企业共同参与、产学研用紧密结合、政府部门有机衔接的行业科技创新工作格局。三要成为科技与市场之间的纽带。充分利用峰会、论坛等为产学研用合作牵线搭桥,推进科技成果转化运用,鼓励科技服务机构为中小企业提供技术信息、技术咨询和技术转让等服务。加强国际科技交流与合作,通过"走出去、引进来",拓宽视野,借鉴经验,提高创新水平。

第三、要将联盟打造成行业智库。联盟要开展邮政行业科技发展战略研究,为行业科技发展明确方向与路径,为邮政行业发展战略、政策、法规和标准建言建议,献计献策,提供及时有效和常规有序的智力支撑。一要开展战略研究。充分利用联盟人才集中、连接市场、信息多元、触角灵敏等优势,开展邮政业科技创新战略研究,明确技术发展路径和方向,为增强我国邮政业科技竞争力和非对称赶超能力提供智力支持。二要做好标准研制。针对尚未制定的邮政行业新技术新应用的标准,特别是在行业生产各环节,组织联盟成员制定团体标准,快速响应技术创新和市场对标准的需求,促进创新成果产业化,为后期相应行业标准、国家标准的制定提供参考借鉴。三要开展咨询合作。充分发挥专家咨询委员会的重要作用,用好用足战略资源,将委员们的宝贵建议转化为科学决策和务实举措,推动邮政业提质提效、创新发展。

同志们,科技驱动发展,创新引领未来。科技创新需要长期积累,不可能一蹴而就,我们要有长远眼光和坚定信心,创造条件,加大投入,激发热情,密切合作,让科技创新为行业发展提供源源不断的动力。我们相信,包括联盟在内的邮政业科技创新力量,将大大丰富邮政业现代化供给体系、生态体系和治理体系内涵,在全面建成小康社会、开启全面建设新时代中国特色社会主义新征程中做出积极贡献!

最后,预祝此次大会圆满成功。谢谢大家。

坚持新发展理念　推动高质量发展
奋力开创新时代邮政市场监管工作新局面

——国家邮政局副局长刘君在2018年全国邮政市场监管工作会议上的讲话

2018年2月27日

同志们：

本次会议的主要任务是：深入学习贯彻习近平新时代中国特色社会主义思想和党的十九大精神，全面贯彻落实中央经济工作会议和2018年全国邮政管理工作会议决策部署，总结回顾2017年和党的十八大以来邮政市场监管工作，研究部署2018年重点任务，统一思想，凝聚力量，奋力开创新时代邮政市场监管工作新局面。下面，我讲三个方面意见。

一、2017年主要工作和五年来总体回顾

2017年，全国各级邮政管理部门深入贯彻党的十八届历次全会和党的十九大精神，坚决落实全国邮政管理工作会议部署，按照"打通上下游、拓展产业链、画大同心圆、构建生态圈"工作思路，坚定不移深化供给侧结构性改革，坚定不移贯彻《国务院关于促进快递业发展的若干意见》。全年快递业务量完成400.6亿件，同比增长28%，业务收入完成4957.1亿元，同比增长24.7%，行业保持高位运行、发展态势持续向好，服务民生实事务实推进，安全基础不断夯实，监管能力明显提升，邮政市场监管各方面工作均取得了良好成效。

（一）深入推进供给侧结构性改革，努力巩固发展态势

一是持续优化行业发展环境。 推动出台《国务院办公厅关于推进电子商务与快递物流协同发展的意见》（以下简称《意见》），在"放管服"改革、管理创新、解决突出矛盾、补齐短板弱项、前瞻性政策设计、推动绿色发展等方面取得一系列重大政策突破。联合多部门出台《城乡高效配送专项行动计划（2017—2020年）》。发布《快递业发展"十三五"规划》，起草雄安新区快递设施布局方案。进一步贯彻落实国务院61号文件。上海、山东、湖南、宁夏等省（区、市）政府先后出台实施意见，省级政策覆盖率达到96.8%。四川眉山、河北廊坊、山东聊城、广东中山等45个市政府先后出台促进快递业发展的专门政策。

二是有力推动产业协同发展。 快递服务现代农业成效显著。全国打造905个"一地一品"项目，江苏宿迁、安徽宿州、广西玉林、陕西宝鸡等9个城市获评"全国快递服务现代农业示范基地"。快递服务制造业继续发力。301个重点示范项目累计产生快件3.51亿件，直接支撑制造业产值2375亿元。跨境引导工程扎实推进。广州、宁波、深圳、重庆等13个跨境电子商务综试区城市持续推动完善快件通关管理，累计完成进口快件1.03亿件，出口快件2.97亿件。

三是有效推进快件"上机上车"。 快递航空运能快速提升。湖北国际物流核心枢纽项目进展顺利，行业运营全货机达96架。南京、无锡、福州、泉州、厦门和成都等城市积极推进航空快件"绿色通道"建设。快递上车工作取得新突破。高铁运邮快件、高铁示范线建设、铁路场站设施综合利用、中欧（俄）班列合作等方面进展顺利，铁总开通高铁图定车63条、高铁动检车15条用于运输快件。

四是继续深化行业科技应用。 智慧快递推动行业升级。数据成为网络建构、路由规划、末端优

化、精准投递的重要支撑。京东、顺丰无人机进展顺利。无人货车进行路试。智能分拣大规模应用，小黄人成为社会新热点。"物流信息互通共享技术及应用"国家工程实验室正式获批成立，安徽南陵被授予"全国快递科技创新实验基地"称号。

(二)持续强化安全基础,保障寄递渠道安全

一是完善安全监管体制机制。落实中央决策部署，出台《关于推进邮政业安全生产领域改革发展的指导意见》，推进邮政业安全生产领域改革发展。印发《邮件快件寄递协议服务安全管理办法(试行)》,制修订《禁止寄递物品管理规定》,发布《邮件快件实名收寄信息技术接口规范指导书(试行)》等4项技术指导规范。寄递渠道安全监管"绿盾"工程项目可研、初步设计概算投资和项目初步设计方案获国家发改委批复。天津、黑龙江、江苏、浙江、安徽、山东、湖北、贵州等13个省(市)局、23个地(市)局已成立邮政业安全中心，安全监管支撑体系建设有力推进。

二是坚决抓好重点问题整治。采取超常规措施，集中力量对重点问题、重点区域、重点环节进行集中整治，开展寄递渠道安全综合整治、安全生产大检查、违法寄递危险化学品整治、易制爆危险化学品和寄递安全专项整治、涉恐隐患排查治理、毒品堵源截流等系列专项行动。分片包干、对口督导，组织开展全覆盖检查。部署开展寄递渠道涉枪涉爆隐患集中整治专项行动。

三是狠抓寄递安全"三项制度"落实。督促企业严格落实收寄验视要求，重点加强危险化学品、枪支弹药、易燃易爆等违禁物品的验视把关。推广应用实名收寄信息系统。全国实名收寄日均业务量9121万件，实名率达到83%。全国已配备到位12247台安检机，投入费用14亿元。组建成立国家局邮政业安全中心安检培训基地。首次对8家企业总部开展专项检查，重点督促落实全网安全管理责任。有序推进寄递渠道反恐、禁毒、打击侵权假冒、知识产权保护和濒危野生动物保护，北京、广东、云南、西藏、新疆等省(区、市)局开展了卓有成效的工作。

四是全力抓好重大活动安全保障和应急处置。以最高标准、超常措施，确保了党的十九大期间寄递渠道万无一失，绝对安全。圆满完成"一带一路"国际合作高峰论坛、金砖国家领导人会晤、第十三届全国运动会、中国共产党与世界政党高层对话会等重大活动寄递安保工作。妥善处理突发事件，积极应对强降雨灾害、四川省阿坝州九寨沟县7.0级地震、台风"天鸽"等自然灾害事件。高效化解丰巢菜鸟、天天京东纷争，稳妥处置福建莆田部分快递企业伪造寄递服务信息协助售假案件。妥善处置圆通公司涉禁止寄递《古兰经》挂图事件、江西邮政违规收寄政治性非法出版物、国通快递干线运输承包商扣押快件、贵州全峰快递聚众讨薪等突发事件。有力落实"两不三保"目标,"双11"旺季期间全行业安全稳定运行。

(三)坚持以人民为中心,全力推进更加贴近民生实事贯彻落实

一是深入推进"快递下乡"工程。全国乡镇快递网点覆盖率进一步提高，达到87.25%。25个省(区、市)覆盖率超90%。其中，辽宁、吉林、黑龙江、浙江、安徽、山东、河南、湖北、湖南等18个省覆盖率达100%。各地区政策面持续发力。江西局推动省政府出台15条措施推进"快递下乡"，浙江局、安徽局联合省农委推进快递服务"三农"，重庆局为"快递下乡"工程争取地方补助资金905万元。

二是有效推进"快递入区"工程。快递末端服务多元格局初步形成，全国已建成快递末端公共服务站3.15万个，投入运营智能快件箱超20.6万组，智能快件箱投递服务占比提升到7%。全国高校快递服务规范化建设成效明显，规范化率达95.6%,2697所高校实现快递入校服务。吉林、江西、河南、重庆、贵州、青海、新疆等22个省(区、市)覆盖率达100%。城市网点标准化建设工作推进效果显著。全国主要品牌企业城区自营网点标准化率达80.43%,宁夏率先达100%,辽宁、福

建、河南、广东、四川、云南等6省超过85%。

三是全面实施"三不"治理。印发《关于开展"不着地、不抛件、不摆地摊"治理工作的指导意见》，全面开展"三不"治理工作，取得良好成效。全国处理、营业场所离地设施铺设率达76.42%，天津、山西、吉林、甘肃4省（市）率先达到100%，河北、内蒙古、上海、江苏、陕西、广东等16省（区、市）超过80%。分拨中心与邮政管理部门视频监控系统联网率达49.68%，天津、海南和甘肃3省（市）率先实现100%。

四是厚植绿色发展理念。组织北京、上海、浙江等8个省（市）局和5家快递企业开展包装绿色化、减量化试点工作，取得有益经验。快递绿色包装联盟成立。新能源车辆加快推广使用，行业保有量上升至7158台。电子运单应用率进一步提升，重点快递企业使用率已超80%。

五是努力改善快递员工作环境。出台《国家邮政局关于加强和改进快递末端服务管理工作的指导意见》，推动企业总部在规范加盟关系、加强"四专建设"、改革"以罚代管"、保障职工权益等方面采取更多实质性举措。"快递员关爱周"活动得到快递企业积极响应。北京"三统一"管理经验进一步推广，全国已有3个省（市）、52个地级市出台快递配送车辆便利通行管理政策。

（四）不断创新监管方法，努力提升监管能力

一是依法履行行政审批职责。"互联网+政务"服务有效推进，实现快递业务经营许可全流程网上审批。2017年快递业务经营许可办理平均时限为13.1个工作日，按时办结率达到98.81%。加强市场主体退出管理。完成对北京中通大盈、北京日益通、上海麦力等异常经营主体的许可注销工作。

二是深化邮政市场放管服改革。完成《快递业务经营许可管理办法》修改草案。推动快递领域工商登记"一照多址"改革。加强研究快递末端网点管理。推进快递企业年度报告公示制度改革。探索在天津自贸区范围内，实施国际快递业务（代理）经营许可审批权下放。加强上市快递企业股权等新领域新问题的政策研究工作。

三是创新事中事后监管机制。加快构建以信用为核心的新型市场监管机制。总结信用体系建设试点经验，印发《快递业信用管理暂行办法》。开展快递码号统一管理试点工作。继续开展快递服务满意度调查和时限准时率测试，2017年全国快递服务满意度得分为75.7分，重点城市间72小时准时率为76.76%，服务质量保持基本稳定。消费者申诉处理满意率达98.2%，为消费者挽回经济损失5719.3万元。

四是提升市场监管规范化水平。全年查处违法违规行为2.34万次，办理邮政市场行政处罚案件1.13万件，全面公开各类邮政市场行政执法信息1.8万条。积极贯彻落实《邮政管理部门随机抽查工作细则（试行）》，大力推行"双随机一公开"。依法为企业出具重大违法行为证明书面意见。加强国家机关公文寄递管理。印发《集邮市场备案管理规定》，完善集邮市场管理信息系统。建立打击假邮票定期会商机制。继续开展邮政用品用具质量检测。

同志们，党的十八大以来的五年，是快递业发展取得历史性成就的五年。发展规模迈上新台阶。快递业务量和业务收入连续5年保持高速增长，2017年分别比2012年增长6倍和3.7倍。自2014年开始，我国快递业务量稳居世界第一。2017年，对全球的贡献率更是达到50%。李克强总理多次点赞，快递业"黑马"变骏马，成为推动流通方式转型、促进消费升级的现代化先导性产业，在国民经济发展中不断贡献出积极力量。

基础能力达到新水平。快递网点已覆盖全部县级以上城市和大部分乡镇，230多个快递物流园区遍布全国。快递企业在日韩和东南亚等重点地区初步形成服务网络，在北美、欧洲和大洋洲等地加快布局，国际化步伐加速迈进。快递业拥有干线车辆超过20万辆，已有3家货运航空公司，包裹占到国内航空货运运输量的40%以上，高铁快

递从梦想走进现实。

发展质效实现新变革。自动化分拣、智能化终端、大数据技术、电子运单广泛应用,快递公共服务站、连锁商业合作、第三方服务平台等创新不断涌现,创新驱动成为潮流。7家快递企业陆续上市,7家快递企业集团年收入超过300亿元,市场主体竞争力显著增强。快递服务满意度从71.7分上升到75.7分,服务质量明显提升。

社会贡献实现新跨越。快递年服务人次突破800亿,年人均快件使用量达29件,累计新增就业岗位超过100万,成为人民群众新开门七件事之一。农村地区年收投快件量超过100亿件,5.9亿农村人口的快递服务需求基本得到满足。快递业年支撑网络零售交易额超过5万亿元,平均单价累计降低三分之一,有效降低物流成本,成为新经济的代表产业。快递业在落实中央"稳增长、促改革、调结构、惠民生、防风险"决策部署方面发挥了积极作用。

同志们,党的十八大以来的五年,更是邮政管理部门勇于担当、锐意进取、奋发有为的五年。发展环境全面优化。《国务院关于促进快递业发展的若干意见》《国务院办公厅关于推进电子商务与快递物流协同发展的意见》为邮政业改革发展举旗定向,省、市人民政府促进快递业发展的专门意见陆续出台。《快递业发展"十三五"规划》明确了到2020年行业发展的重点任务。"快递下乡""快递入区"分别写入中央一号文件和政府工作报告,农村、城市快递服务焕然一新。快递与电子商务协同发展持续深化,快递服务先进制造业扎实推进,快递服务跨境电商蓬勃发展,"1+1"向"1+3"战略空间拓展基本实现。国家局先后与北京、吉林、浙江、上海等省(市)人民政府签署战略合作协议,央地合作打开新局面。福建"闽七条"、北京"三统一"管理模式、广东省快递业发展专项资金通过地方创新为全国破解发展瓶颈提供了有益经验。"中国快递示范城市"、快递服务现代农业示范基地建设充分调动地方政府积极性,成效显著。

行业自我展示的舞台进一步扩大,中国(杭州)国际快递业大会连续成功举办,中国快递行业(国际)发展大会连续亮相京交会,快递"双11"成为服务业新品牌,全年无休成为服务业新标杆。行业发展舆论环境进一步改善,《中国邮政快递报》创刊并实现两次改版,《快递》杂志影响力持续增强,系统网站群建设成效突出,中央媒体正向宣传作用充分发挥,新媒体矩阵不断扩大。

安全基础不断夯实。国家、省、市邮政业安全领导小组全面成立,国家局市场监管司加挂安全监管管理司牌子,邮政业安全监管工作领导机制更加健全。牵头建立寄递渠道安全管理九部门联合机制,推动纳入社会治安综合治理(平安建设)考评体系,开创了齐抓共管、综合治理的工作格局。出台指导意见,全面部署推进邮政业安全生产改革发展工作。推动寄递安全管理写入反恐怖主义法,上升为国家意志。创立收寄验视、实名收寄、过机安检"三项制度",禁寄限寄有章可循,实名收寄和过机安检取得历史性突破,寄递安全管理进入制度化、标准化、规范化、信息化的新阶段。国家局和部分地区安全中心相继成立,安全监管支撑保障能力不断强化。寄递安全保障成为重大活动、重要时期服务国家安全、公共安全、社会安全的重要组成部分,APEC会议、抗战胜利70周年纪念活动、G20杭州峰会、党的十九大等重大活动寄递安全保障任务圆满完成,得到中央领导同志批示肯定。建立健全行业应急预案体系,有力应对自然灾害,妥善处置行业纠纷,高效化解上下游纷争,成为行业发展的稳定器。着眼全局,谋划推进"绿盾"工程,全面增强安全科技支撑后劲。在快递业年均增速高达50%的背景下,有效保障了行业安全平稳运行,发挥了压舱石作用。

监管能力持续提升。市地邮政管理机构相继组建,国家、省、市三级邮政管理体系搭建完成,全国邮政管理工作掀开了崭新一页。邮政法修订实施,《快递暂行条例》审议通过,市场管理、经营许可、安全监督、集邮市场等多部规章修订出台,一系列规范性文件和标准落地实施,行业法规制度体系不断健全。深入贯彻落实"放管服"改革要求,践行简政放权,全面优化简化许可流程,全面开放国内包裹快递市场,取消集邮市场开办许可,有力释放市场活力。建成安全监管、行政执法、经营许可、集邮和用品用具、电商数据平台、企业生产视频管理及消费者申诉等信息系统,信息化应用水平全面提升,邮政市场监管"互联网+政务"迈出坚实步伐。邮政市场监管队伍从小到大,从弱到强,不断走向成熟。专业技能不断提升,作风建设成效显著,执行能力不断增强,成为促进发展、保障安全、强化监管的骨干力量。完善以满意度调查、时限准时率、消费者申诉率为核心的服务质量评价体系,建立质量提升联席会议常态机制,有力引导行业改进服务质量。健全消费者申诉和市场监管衔接联动机制,有效发挥预警作用,及时干预市场异常状况。顺应现代治理趋势,扎实推进行业信用体系建设,积极发挥行业协会作用,努力构建企业自治、行业自律、社会监督、政府监管的社会共治新机制。积极稳妥开展规范清理专项行动,大幅提高主要品牌快递企业自有网络覆盖率,进一步压实企业主体责任,市场秩序明显改善。

回顾五年来的历程,我们深刻体会到,做好邮政市场监管工作,必须始终坚持党的领导这一根本。全国各级邮政管理部门坚决维护以习近平同志为核心的党中央权威和集中统一领导,牢固树立"四个意识",坚定"四个自信",统筹推进"五位一体"总体布局,协调推进"四个全面"战略布局,坚持稳中求进工作总基调,坚持以新发展理念引领新常态,坚持以供给侧结构性改革为主线推动邮政市场监管工作改革发展。在国家局党组的坚强领导下,以全面建成与小康社会相适应的现代邮政业为目标,全力建设"五个邮政",因地制宜、坚定推动"三向""三上",努力引导发展领域由"1+1"向"1+3"转变,自觉践行"打通上下游、拓展产业链、画大同心圆、构建生态圈"发展思路,爬坡过坎、滚石上山,以钉钉子的精神,一锤接着一锤干,一件接着一件办,推动行业发展面貌焕然一新。

回顾五年来的历程,我们深刻体会到,做好邮政市场监管工作,必须始终坚持以人民为中心的发展思想这一初心。把人民对美好生活的向往,作为邮政市场监管工作的初心和落脚点。以人民满意,作为衡量一切工作的标准和我们奋进的目标。按照中央精准扶贫的要求,我们持续推进"快递下乡",不断强化工业品下乡、农产品进城的双向通道作用。短短四年,乡镇快递网点覆盖率已达到近90%。以苏州阳澄湖大闸蟹、烟台大樱桃、玉林百香果等为代表的一大批快递服务现代农业优秀项目脱颖而出。我们努力为广大消费者提供便捷优质的服务,坚决推进"快递入区"工程,快递末端公共服务站加快建设,智能快件箱广泛布局,末端服务网络短板不断补齐。我们持续加强安全监管,通过推动"三项制度"有效实施,为百姓营造出安全稳定的寄递服务环境。我们持续强化服务监督,重点整治群众反应强烈的快件延误、丢失损毁现象,坚决实施快件"不着地、不抛件、不摆地摊"治理,快递服务质量不断提升,用户合法权益得到有效维护。我们着力推动各地完善快递车辆通行管理政策,督促总部落实职工权益,组织开展"最美快递员"评选和关爱快递员活动,基层工作环境不断改善。

回顾五年来的历程,我们深刻体会到,做好邮政市场监管工作,必须始终坚持不断深化改革创新这一方向。行业高速发展的过程,就是邮政市场监管工作不断改革创新的过程。也正是坚定地改革创新,才有力推动了行业的大发展。我们坚持开放理念,始终注重发挥市场对资源配置的决定性作用,牢牢把握简政放权、放管结合、优化服务的根本方向,以创造公平、公正的发展环境为核心,坚持服务型政府的建设目标。我们坚持依法依规监管,持续完善执法程序、严格执法责任、加强执法监督、推进综合执法,监管效能大幅提升。

我们坚持发挥社会共治作用，以我为主，聚力共赢，创新方法，破解难题，为我们克服资源少、力量弱的短板走出一条新路。我们坚持技术创新引领，主动适应行业上下游科技发展新趋势，学习运用大数据管理思维，通过互联网有力助推行业治理体系和治理能力全面提升。我们坚持强化监管队伍建设，凝聚思想，统一认识，形成了勇于拼搏、注重实干的工作作风，为全面落实邮政市场监管五年来的任务提供了不竭的精神动力。

党的十八大以来的五年，是邮政业发展极不平凡的五年，也是邮政市场监管工作务实推进、成效显著的五年。成绩来之不易，这是全系统贯彻落实习近平新时代中国特色社会主义思想和党的十九大精神的结果；是国家局党组坚强有力领导，各级邮政管理部门齐心协力、扎实进取的结果；是全行业干部职工砥砺奋进、服务为民的结果。在此，我代表局党组，向全体邮政管理干部和关心支持邮政市场监管工作的领导和同志们表示衷心的感谢，向奋战在一线的快递员工致以诚挚的慰问和崇高的敬意！

二、推动高质量发展　全面决胜与小康社会相适应的现代邮政业

党的十九大胜利召开，全面开启了中国特色社会主义的新时代。新时代要有新气象新作为。国家局党组要求全系统自觉将邮政业改革发展置于新时代中国特色社会主义大局中思考谋划，深刻领会中国特色社会主义进入新时代的历史意义，深刻认识新时代给邮政业改革发展带来的新变化、提出的新要求。深刻领会主要矛盾变化在邮政业发展中的新体现，牢牢把握人民日益增长的更好用邮需要与行业发展不平衡不充分之间的矛盾，用新理念培育新动能、打造新快递、建设新监管。

要深刻领会"两步走"建成现代化邮政强国的新战略，勇于担当历史使命，以"邮政强国、快递先行"的政治自觉，以时不我待的精神、舍我其谁的担当、开拓进取的气魄，主动参与历史变革，全力拼搏两个15年新征程。到2035年，基本建成现代化邮政强国。到本世纪中叶，全面建成现代化邮政强国。这是全体邮政人的共同梦想，也是指导快递业发展和邮政市场监管工作必须长期坚持的行动纲领。要确保邮政市场监管工作全面服务"两步走"战略大局，我们推进的各项改革发展任务都要服从服务于这个大局。

同志们，"两步走"建成现代化邮政强国，必须要坚持新发展理念，坚定走高质量发展道路，这是我们要长期坚持的工作方向。党的十九大报告旗帜鲜明地提出，我国经济已由高速增长阶段转向高质量发展阶段，正处在转变发展方式、优化经济结构、转换增长动力的攻关期。要求必须坚持质量第一、效益优先，以供给侧结构性改革为主线，推动经济发展质量变革、效率变革、动力变革，提高全要素生产率。习近平总书记在中央经济工作会议上明确强调，高质量发展，就是能够很好满足人民日益增长的美好生活需要的发展，是体现新发展理念的发展，是创新成为第一动力、协调成为内生特点、绿色成为普遍形态、开放成为必由之路、共享成为根本目的的发展。总书记进一步强调，高质量应该是产业体系比较完善，生产组织方式网络化、智能化，创新力、需求捕捉力、品牌影响力、核心竞争力强，产品和服务质量高；不断满足人民群众个性化、多样化，满足不断升级的新需求；应该不断地提高劳动生产效率、资本效率、土地效率、资源效率、环境效率，不断提升科技创新能力，不断提高全要素生产效率。总书记对于高质量发展的阐述高屋建瓴、系统全面，对于我们全面认识、理解、把握、践行高质量发展有着十分重要的意义。

结合行业实际，快递业高质量发展，应该是产品体系科学合理、内涵丰富、用户满意。这就要求我们，要坚持新发展理念，以供给侧结构性改革为主线，努力按照供给需求动态相适的产品思维，推动快递服务结构优化升级。要努力顺应以电子商务为代表的流通业发展新趋势,全面灵活、敏捷快速地适应生产、生活需要,更好地发挥支撑服务主渠道作用。要有效打通上下游,积极拓展产业链,努力成长为"互联网+流通"生态环境中的重要成员,重点企业要加快向快递物流综合运营方向转型,努力提升满足一二三产业多类型需求全域服务能力。要以用户满意为根本导向,细分市场、精研需求、打造品牌,多主体多层次立体化提供符合人民多样化个性化需求的多元产品,较好地解决国内国际、东中西部、城市乡村不同群体的寄递需求,真正做到因时而生,因需而变。

快递业高质量发展,应该是组织运营集约高效、便捷低耗、智能精细。这就要求我们,要坚持按照现代化先导性要求加快建设现代化组织运营体系。要从生产作业组织上充分体现资源利用的集约化、高效化,从揽收到中转、从运输到投递,打造全链条全产业整体效率优先的发展模式。在末端服务转型升级中,要主动适应、牢牢把握现代城市管理规律,按照集约、共享的思路推动服务升级和网络再造,推动快递业成为现代化城市建设管理和城市服务的重要参与者。各市场主体要主动由依赖传统要素投入推动增长,转为以全要素生产率提高带动发展,增加跑道、创新动能、实现跃升,努力成长为新发展理念在快递领域的践行者。要坚持画大同心圆,构建生态圈,积极拥抱智能时代浪潮,在人工智能、大数据、机器人、自动驾驶等领域瞄准世界领先水平,推动信息协同化、服务智能化,推动生产组织的效率变革和动力变革。

快递业高质量发展,应该是寄递服务质量稳定、诚实守信、安全绿色。这就要求我们,要坚持问题导向,深刻剖析用户对服务的核心关切和存在的突出短板,充分认识稳定、可靠对于快递服务高质量发展的重要影响。坚持回归服务初心,全面提升服务标准化,守信重诺,塑造行业良好口碑,擦亮"中国快递"名片。要全面建立质量导向的市场竞争环境,让真正过硬的品牌和服务,在市场中体现好的价值和价格,不再简单以量论英雄、以价格定胜负,推动实现质量变革。让安全成为行业发展的压舱石,全面改善行业安全领域治理能力和治理水平,形成符合快递业发展特征的安全管理模式,企业主体责任全面压实,安全底线红线牢牢守住。让绿色邮政成为行业内生发展方式,在绿色包装、绿色生产、绿色运输等多个方面形成突破,培育建立快递业绿色发展生态圈,成为可持续发展理念的坚定推动者。

快递业高质量发展,应该是监管体系调控有力、依法高效、公平公正。这就要求我们,坚持以发挥市场对资源配置的决定性作用为出发点,以公平公正公开为落脚点,认识、把握快递业发展规律和邮政市场监管工作规律,充分解放思想、实事求是,真正贯彻体现更好地发挥政府作用这个总原则,站高一步、退后一步,健全完善监管体系,全面发挥法律、政策、标准、规划综合效能,为快递业高质量发展保驾护航。要以"市场机制有效、微观主体有活力、宏观调控有度"为导向,谋划部署市场监管各方面工作。要持续深化简政放权,不断释放市场活力,包容审慎实施监管。要深入抓好质量管控,强化事中事后监管,引导行业健康发展。要全面抓好安全领域改革发展,保障行业运行稳定,为行业发展奠定坚实基础。要严格贯彻依法行政,全面落实"双随机一公开"监管,切实提升执法的规范化、标准化水平,营造公平有序的市场环境。

我们深刻地认识到:推动高质量发展的新动能正在不断汇集。党的十九大报告提出的基本方略,描绘了决胜全面建成小康社会、开启全面建设社会主义现代化国家新征程的宏伟蓝图。进入新时代、发展新经济,消费驱动、服务业领跑格局确立,消费结构化、品质化、品牌化发展,农业、制造业、国际贸易、服务业快速升级,快递需求泛在化、高频化成为新趋势。系统持续的政策供给,不断创新的商业模式,已成热土的国内外资本投入和正在一路疾行的科技创新交互融合正在形成全要素驱动新格局。符合高质量发展规律的新快递已经渐具雏形。战略瞄准世界一流、警惕成长陷阱、健全治理体系,产品深层次参与产业分工、延伸产业链条、推动产业联动,网络服务国内国际、兼顾城市农村,服务集约化、社会化、智能化升级发展,信息化、数据化、智能化成为行业发展共识,"一带一路"沿线国家正在成为新的热土。快递业正在向战略升级、产品升级、网络升级、服务升级、科技升级、国际化升级整体迈进。适应高质量发展方向的新监管已打下坚实基础。以协同发展、试点示范、末端治理、质量提升为主要抓手的行业发展措施已经得到全面验证,以严守安全底线、严格源头管控、严格隐患排查、严格行政执法、严防重大事故为主要方向的行业安全管理已初见成效,以转变政府职能、深化"放管服"改革、推进依法行政、履行监管职责、创新监管方式、服务社会发展为主要目标的行业监管能力已经基本形成。

同志们,全国邮政管理工作会议已经吹响了集聚力量服务好决胜全面建成小康社会的总号角。邮政市场监管工作要按照这一部署,深入贯彻新发展理念,坚持问题导向,牢牢把握高质量发展这个总要求,扎实推进局党组提出的一系列行动计划,确保全面决胜小康目标顺利实现。

着力推进"乡村服务升级"行动计划。 全面贯彻落实中央提出的"乡村振兴战略",建设与一二三产业联动发展相适应的快递服务体系。全力打造"快递下乡"升级版,集中多元力量,汇聚多方资源,不断完善符合寄递服务发展需求的基础设施,加快建成覆盖更广、双向畅通、效率更优的服务三农网络,三年内要基本实现乡乡有网点、村村通快递。推广快递服务现代农业成熟模式,做强做实金牌工程,在助力精准扶贫方面发挥更加积极的作用。

着力实施"末端转型升级"行动计划。 要按照公共属性的新定位,加快推动末端服务公共平台建设,推进邮政快递一体化、智能化发展,建设稳定、高效、便捷的末端服务网络。加快推进"入区工程",基本实现快递入校区、社区、商务区无障碍。引导末端服务专业化、公共化、平台化、集约化发展,着力破解服务痛点、难点。以标准化网点建设为抓手,推进寄递服务规范化、标准化。注重对资源的整合利用,因地制宜创新解决城市快递服务在设施、通行、协同方面的问题。进一步推动现代企业制度建设,督促总部落实全网管理责任,加大末端投入,强化全链条一体化管理。

扎实推进"城市群寄递服务大同城"行动计划。 全面落实快递业服务国家区域经济战略功能,加快形成快递业集聚发展新优势。要在各区域城市群加快推动重点发展服务百姓生活,能够满足"即时""限时"需要的同城化快递。紧紧围绕中央关于雄安新区建设和京津冀一体化发展的决策部署,把推动新区快递业基础设施高水平建设和区域一体化发展作为重点任务抓细抓实。积极推动实施长三角邮政业打造"三区"行动计划,进一步发挥对于全国快递业的引领带动作用,为行业高质量发展提供有力示范。

积极实施"丝路传邮"行动计划。 坚持服务我国"一带一路"建设,加快拓展向外发展领域。三年内,要力争实现服务覆盖50%以上的丝绸之路经济带沿线国家。紧抓政策机遇,培育中欧班列快件运输需求,推进业务对接。加强跨境快递发展,在继续做好进境快件服务基础上,加快服务海外能力建设,积极参与跨境电商出口布局,不断完善海外仓储和服务网络建设。积极参与关检汇税便利化、高效化建设,利用好跨境电商综试区有利政策。

全面推动"绿色邮政"行动计划。 推进源头治理,增加绿色快递服务产品供给,提高快递业包装领域资源利用效率,降低包装耗用量,减少环境污染。推动绿色化、减量化、可循环取得明显效果,科技创新和应用水平大幅提升,多部门治理工作格局日益完善。到2020年,可降解绿色包装材料应用比例提高到50%,基本淘汰重金属等特殊物质超标的包装物料。主要快递品牌协议客户电子运单使用率达到90%以上,平均每件快递包装耗材减少10%以上，推广使用中转箱、笼车等设备，编织袋和胶带使用量进一步减少。

全面推进"安全邮政"行动计划。深入贯彻总体国家安全观，树立安全发展理念，弘扬安全至上、生命第一的思想，强化管行业必须管安全、管业务必须管安全、管生产经营必须管安全的意识，筑牢安全底线红线。要切实加强安全基础建设，健全安全工作体制机制。全面落实寄递渠道安全和生产安全主体责任，深入落实寄递安全"三项制度"，全面推动"绿盾"工程建设，切实提升安全生产管理能力，牢牢守住不发生重特大事故和群体性政治性事件的底线，推动行业安全生产专业化和社会共治水平明显提升，科技支撑能力明显增强，基本实现"动态可跟踪、隐患可发现、事件可预警、风险可管控、责任可追溯"，安全监管水平整体提升。

加快实施"邮政业大数据发展"行动计划。加快推动大数据、云计算、人工智能在快递领域的广泛应用，积极发挥新技术、新模式在组织管理全程优化方面的推动作用。注重加强监管部门大数据整合、分析和应用能力，丰富监管手段、创新智慧监管、促进精准施策。推动上下游数据联通共享，推动协同发展水平进一步提升。

坚决实施"寄递服务质量提升"行动计划。以快递业放心消费创建活动为抓手，推动实现快递服务稳定性、可靠性明显提升，全面改善快递服务消费环境。加强快递服务满意度、时限准时率和申诉率披露力度，发挥社会监督作用，引导服务质量持续改善。到2020年，72小时准时率提升至80%，企业主体承诺兑现率达到90%。坚决抓好诚信体系建设，加强行业信用共建共享共治，真正做到"一处失信、处处受限"，努力推动事中事后监管发挥更大效能。严格执行"双随机一公开"监管，加大对服务质量方面违法违规问题的查处力度，切实维护用户合法权益。

三、2018年主要工作

2018年是贯彻党的十九大精神的开局之年，是改革开放40周年，是决胜全面建成小康社会、实施"十三五"规划承上启下的关键一年，今年邮政市场监管工作总的要求是：以习近平新时代中国特色社会主义思想为指导，深入贯彻落实党的十九大精神，按照全国邮政管理工作会议决策部署和"打通上下游、拓展产业链、画大同心圆、构建生态圈"工作思路，坚持新发展理念，以供给侧结构性改革为主线，以推动行业高质量发展为导向，认真贯彻落实《快递暂行条例》《国务院办公厅关于推进电子商务与快递物流协同发展的意见》，促发展、保安全、强监管、优服务、严作风，奋力开创新时代邮政市场监管工作新局面。

（一）深入落实《快递暂行条例》，全力巩固行业发展态势

《快递暂行条例》（以下简称"条例"）作为快递业首部行政法规，在促进发展、保障安全、保护消费者权益和高效监管等方面进行了一系列制度安排，进一步完备了邮政业法律法规体系，具有里程碑式的意义。条例有效改善了运行体系。设定了加盟企业间统一管理、统一服务的责任体系，重塑了快递业加盟责任结构。完善了末端网点备案管理的制度设计。条例全面优化了发展环境。要求地方政府在规划和用地上支持基础设施建设，支持跨境快件便捷通关，鼓励与关联产业融合发展。在快递车辆通行方面更是取得了历史性突破，车辆统一编号和标识管理制度得到了立法保障。条例及时充实了服务规则。规范了快递服务环节中用户和企业的法律关系，在行业内树立了品牌竞争和服务竞争导向。条例扎实巩固了安全责任。全面、细致的安排了寄递安全制度。创造性地规定了第三方委托安检、安检人员背景审查制度。条例科学创新了监管手段。吸收了"放管服"改革和加强事中事后监管的政策成果，明确了对新业态包容审慎的监管原则。

要以条例出台为契机，全力巩固快递业稳中向好的发展态势。充分发挥条例的制度引领作用，加快提高快递业创新能力，推动新兴业态发

展,培育快递产业新动能。注重打造大众创业、万众创新的服务体系,对于新业态,深度用好备案管理制度,补齐"最后一公里"的短板。紧紧抓住条例出台的历史机遇,吸引各类资源进入快递市场,积极推动新模式、新产品和新技术的创新,培育新的行业增长点。积极调动社会共治力量,助力破解行业发展难题。发挥好条例的支撑作用,支持快递业优化升级,激发快递市场主体的活力和创造力。把握好条例的制度导向,引领快递业迈向全球价值链中高端。用好条例的保障手段,加强快递基础设施网络建设,激发和保护企业家精神,鼓励更多社会主体投身快递创新创业。加快邮政管理部门的职能转变,不断提高依法行政能力和行业治理能力。按照"放管服"改革的要求,把该放的坚决放下去,把该管的严格管起来。稳步推进配套规章、规范性文件的制修订,结合条例实施需要,推动完善行业法规体系。各省局要按照国家局部署抓好条例落地,用好顶层设计红利,推动地方出台配套法规、规章和规范性文件。

(二)坚决贯彻落实国办1号文件精神,持续优化行业发展环境

三年来,国家局会同商务部、财政部组织开展电子商务与物流快递协同发展试点工作,取得明显成效。在此基础上,我们会同有关部门推动出台了《意见》。这是党的十九大召开后,中央层面出台的第一份支持快递业发展的政策文件。《意见》坚持问题导向,提出了一系列极具含金量的政策,既是对国务院61号文件的深化落实,更是对新时期快递业高质量发展的具体要求,为快递业发展再次提供了强大推力。全系统务必高度重视,将贯彻《意见》精神,推动各项政策落地,作为贯彻落实党的十九大精神的坚定举措,从以下三个方面发力,抓好工作落实。

一是将贯彻《意见》精神与落实习近平新时代中国特色社会主义思想和党的十九大精神紧密结合。要把《意见》的学习、宣传、贯彻工作作为贯彻习近平新时代中国特色社会主义思想和党的十九大精神的重要内容,深刻领会《意见》出台的精神要义,充分认识党中央、国务院对于快递业改革发展的高度肯定,准确把握以供给侧结构性改革为主线,以高质量发展为导向,促进流通转型、刺激消费升级的总体发展要求。要坚定"互联网+"快递的发展方向,从发展理念、产品定位、网络组织和科技应用等各方面主动适应电子商务的发展需要。要坚定改革开放的基本方向,大力推进"放管服"改革,深入开展简政放权、优化服务,全力营造快递与电子商务协同发展的良好环境,努力实现"市场机制有效、微观主体有活力、宏观调控有度"。要坚定协同发展理念,深入贯彻落实"打通上下游、拓展产业链、画大同心圆、构建生态圈"的工作思路,下决心破除一切影响协同发展的阻碍困难,推动两个产业实现更高水平的协同共赢。

二是将贯彻《意见》精神与落实条例、国务院61号文件紧密结合。《意见》与条例、国务院61号文件相辅相成、有机统一,是中央从不同角度支持快递业发展的政策安排。条例为快递业发展提供了重要的法制保障,国务院61号文件为快递业发展进行了顶层设计、指明了发展方向,《意见》为快递业发展破除瓶颈制约、促进产业协同创造了有利环境。在具体贯彻落实中,对于《意见》和条例、国务院61号文件在车辆通行、绿色发展、诚信建设、安全保障、消费者权益保护等方面的共性要求,各地区要注重融会贯通,打好"组合拳",实现全面突破。对于《意见》提出的个性化任务,要深入调查研究、因地制宜推动工作,需要其他部门牵头开展的任务,要加强协调、共同推动落实。

三是将贯彻《意见》精神与各地实际紧密结合。《意见》的贯彻落实,需要多方合力、上下联动、左右协调、政企协同、共同推动。国家局要加强与发展改革委、国土部、环保部、住建部、交通部、商务部等部门间的协调,推动快件包装绿色化、智能投递设施推广、数据开放共享等方面政策落地。各地要坚持因地制宜,创造性地开展工作。各省(区、市)局要制定落实《意见》的实施方案。

要积极争取地方政府资源倾斜,加强与地方有关部门的沟通协调,在基础设施建设用地、园区建设、车辆统一编号和标识管理等方面抓紧推动出台一批针对性、操作性强的专门政策。

(三)深入推进供给侧结构性改革,推动行业高质量发展

一是加强基础设施网络建设,切实提高服务能力。深入推进"快递入区"工程,强化快递末端服务创新。加快建设住宅投递、智能快件箱投递和公共服务站投递等模式互为补充的末端投递服务新格局。鼓励末端服务集约化、平台化发展,推动新增末端综合服务站3000个。推广智能投递设施,鼓励将推广智能快件箱纳入便民服务、民生工程等项目,加快社区、高等院校、商务中心、地铁站周边等末端节点布局,箱投占比再提升2个百分点。研究制定《智能快件箱寄递服务管理办法》。巩固快递进校园成果,全国大中城市基本实现快递进校园规范化。巩固快递"向西、向下"发展成果,重点保障乡镇快递网点稳定运营,力争年底全国乡镇快递网点覆盖率达到90%。继续做好"一地一品"建设和快递服务现代农业示范项目经验推广,打造一批年业务量超千万件的"快递+"金牌项目,总结形成快递服务现代农业的主要模式。

拓展跨境寄递服务网络。积极参与跨境电商综试区政策制定,复制推广成熟经验。鼓励快递企业积极响应"一带一路"建设要求,加强与沿线国家邮政快递领域交流合作,稳妥推进渝新欧班列运快件。加强国际快件航空运输网络建设,支持有条件的企业海外建仓并鼓励共建共享,提高我国快递品牌的世界竞争力。

建设快递试点示范工程。着力推进快递网点标准化建设,大力推动快递企业贯彻落实《快递营业场所设计基本要求》,打造一批形象统一、设施齐全、服务规范、安全放心的示范网点,全国主要品牌企业城区自营网点标准化率再提升5个百分点。推进快递示范园区创建工作,培育首批全国性快递示范园区,引导各地加快在航空、港口、铁路、高速公路的汇集点建设快递物流园区及分拨中心,形成产业集聚,提高区域辐射能力。开展快递示范城市中期评估,巩固建设成效。

二是提升联动发展效率,增强融合发展能力。加快实施快递"上机上车"工程。调整运输结构,逐步提高铁路等清洁运输方式在快递领域的应用比例,协调推动铁总与快递企业开展"高铁+快递"联合运营,扩大"即日达"网络覆盖范围。支持快递企业在机场周边建设航空快件枢纽和快递园区,提升航空运输能力,加快推进湖北国际物流核心枢纽项目建设。引导企业使用符合标准的配送车型,推动快递配送车辆标准化、厢式化。指导推动各地对快递服务车辆实施统一编号和标识管理,有条件的省(区、市)局要力争率先实现快递配送车辆通行政策辖区全覆盖。深入推动快递与先进制造业联动发展,服务工业互联网,培育现代供应链能力。支持企业创新寄递服务,加快发展冷链、医药、生鲜食品等高附加值业务,拓展大包裹、快运、仓配一体、即时配送等新型服务,打造综合物流服务商。推进产业数据规范管理,完善数据保护、开放共享规则,争取制定相关政策。鼓励快递企业在保护消费者合法权益、寄递物品安全等方面探索引入商业保险服务。

支持快递企业加快技术升级。引导企业进一步提升装备智能化、自动化、专业化水平,加快建设深度感知的寄递仓储管理系统、高效便捷的末端收投网络、科学有序的分拣调度系统。推广数据分单、动态路由管理技术,提升分拣处理效率。继续推广自动化分拨流水线和智能仓储,提升自动化处理水平。鼓励企业综合运用电子商务交易、物流配送等信息,优化调度,减少车辆空载和在途时间。鼓励应用电子运单,引导重点快递企业使用率再提升5个百分点。

三是加快推动绿色快递,促进生态文明建设。推动落实《关于协同推进快递业绿色包装工作的指导意见》,加快推进应用快递绿色包装,继续开

展应用试点。引导各类企业加大对快递绿色包装产品研发、设计和生产投入。支持快递企业使用绿色包装产品或通过快递包装产品绿色认证的包装产品。鼓励主要品牌快递企业和各类环卫企业、回收企业联合开展"快递业+回收业"定向合作试点,鼓励在社区营业网点配备标志清晰的快递包装回收容器,探索包装回收和循环利用。推行简约化、减量化、复用化及精细化包装技术,大力推广环保袋、中转箱、笼车等物料设备,选取5家品牌企业试点环保周转袋,逐步替代一次性编织袋。出台绿色网点和分拨中心评价指导意见,新建改建一批绿色网点和绿色分拨中心。将快递绿色包装和回收再利用相关指标纳入诚信体系建设和"中国快递示范城市"创建内容,鼓励符合条件的快递示范园区建设成为绿色园区。加快新能源车在快递领域的推广使用,年底全行业新能源车数量突破8000辆。各地区要积极引导快递企业在快件揽派、运输环节使用新能源车,推动将快递企业购置新能源车辆纳入地方补贴范围。积极发挥行业协会协调作用,为快递企业集中购置租用新能源车辆争取优惠。

(四)深入推进安全生产领域改革发展,全面夯实行业安全生产工作基础

当前和今后一个时期行业安全生产工作的中心任务,就是深入贯彻落实《国家邮政局关于推进邮政业安全生产领域改革发展的指导意见》,不断健全安全生产治理体系,有效防范和坚决遏制重特大事故、群体性政治性事件发生,实现安全责任事故和死亡人数双下降,促进安全生产形势持续稳定好转。

一是持续健全监管机制,增强基础管理能力。 推动修订《邮政行业安全监督管理办法》,将行业安全领域新情况纳入管理,用好约谈、督办、惩戒措施,用好警示和通报手段。建立安全生产"黑名单"制度,对企业安全生产违法失信行为实施联合惩戒。逐步建立隐患排查治理评价制度。在天津、宁夏、福建等地区推动开展网点分级分类监管试点。强化属地管理责任落实,巩固深化寄递安全综合治理,有效发挥联合监管机制作用,建立定期案件通报和联合督导制度,探索开展邮政管理、公安和国家安全部门联署办公,推动各地将寄递渠道安全管理工作纳入地方社会治安综合治理网格化管理。发挥安委会机制作用,加大联合检查、区域互查和督导力度。建立常态化企业总部督导检查机制。加大支撑能力建设,推动有条件的省局、市地局成立邮政业安全中心。

二是系统压实主体责任,加强安全生产标准化建设。 出台加强企业安全生产主体责任的指导意见,督促企业按照"有机构、有制度、有人员、有经费、有培训、有行动、有检查、有效果"和"五个一"要求,全面落实企业法定代表人、实控人第一责任人和全员安全生产责任制,健全安全管理机构和安全员队伍。全面落实安全生产法、行业安全监督管理办法及《邮政业安全生产设备配置规范》《快递安全生产操作规范》两个强标,突出强化加盟企业总部对全网的管理责任。防止在企业整合、兼并重组过程中,主体责任悬空。大力推进企业安全生产标准化建设,坚持与企业管理创新相结合,切实推动企业安全管理标准化、作业行为标准化、安全设施标准化和现场环境标准化,不断提高本质安全水平。督促企业强化教育培训,6月底前实现本地区从业人员培训全覆盖。督促强化企业生产安全管理,建立企业隐患排查、风险管理双重工作机制,加强生产经营现场管理和过程控制,强化车辆、消防、用电和机械操作等安全管理,重点加强"三合一""多合一"场所、分拨中心、仓配中心等人员密集场所安全隐患整治。加强日常安全监管,通过严格的行政执法检查,提高企业违法违规成本,推动企业主体责任落实。

三是开展涉枪涉爆整治,强化寄递安全防控体系。 坚决贯彻落实中央交办的政治任务,扎实开展寄递渠道涉枪涉爆隐患集中整治专项行动,深化危险化学品综合治理,督促企业严把收寄验视关口,重点加强零散用户交寄物品验视把关。

出台《寄递行业邮件快件安全检查员管理办法》，督促企业加强安检队伍建设，严格执行应检必检要求，落实同城寄递邮件快件过机安检，实现安检机视频监控全覆盖，切实解决设备配备不到位、配而不用、用而不实等问题。集中打击惩治违规收寄涉枪涉爆等禁寄物品行为，关停、取缔无证经营和不符合安全条件的企业，推动建立企业主责、政府监管、社会共治、属地落实的长效治理机制。

四是推进实名收寄信息化工作，打赢全覆盖攻坚战。推动出台《邮件快件实名收寄管理办法》，优化实名监管系统和"安易递"平台，6月底前完成天津、福建实名系统并网管理，联合公安部开发警用版App并试点应用。督促企业加快"企业版"系统全面推广应用，9月底前实现实名信息采集嵌入收寄操作流程，完成自建系统信息安全三级等保建设。组织开展实名收寄信息数据安全防护评估。坚持邮政管理部门牵头，综治、公安和国家安全等部门参与的工作机制，重点加强实名收寄信息系统在京津冀、长三角、珠三角、京广沿线等业务量集中地区和规模较小企业的推广应用。6月底前总体实名率超过90%、主要品牌企业提前完成全覆盖任务，年底前全面实现实名收寄全覆盖。

五是加强应急能力建设，保障行业安全稳定运行。加强安全生产基础能力建设，切实维护人民财产安全，解决深层次矛盾和问题，根本出路就在于创新，关键要靠科技力量，提高应急处置能力，强化处突力量建设，确保一旦有事，能够拉得出、用得上、控得住。修订《邮政业突发事件应急预案》，编制重大活动寄递安保、危险化学品和易燃易爆物品防范等专项预案。出台《邮政业安全信息报告和统计工作规定》，开发统计信息管理系统，推进相关工作制度化、规范化。督促企业及时修订完善应急预案，强化应急处置实训演练。建立生产安全事故调查分析、典型事故提级调查、跨地区协同调查等制度，强化安全生产责任追究。完善灾害性天气预警和预防机制，强化寄递企业安全生产监测及通报，加强与应急管理、交通运输、气象、地震等部门协调联动。做好改革开放40周年纪念、中国国际进口博览会、博鳌亚洲论坛2018年年会、上海合作组织成员国元首理事会第十八次会议、中非合作论坛会议等重大活动和快递业务旺季期间寄递渠道安全保障工作。加强邮政业反恐、禁毒、打击侵权假冒、网络市场监管和濒危物种保护等工作。

（五）加强事中事后监管，全面提升管理效能

一是深入推进简政放权，持续优化市场环境。配合条例修订《快递业务经营许可管理办法》。6月底前出台末端网点备案管理办法并在部分城市试点，下半年全面推开。改革年度报告制度，引入社会监督机制，5月底前完成企业信息公示。优化完善许可管理信息系统功能，实现许可备案事项网上统一办理。积极推进在天津自贸区范围内下放国际许可（代理）改革试点。坚持包容审慎原则，创新对快递新业态的监管方式，对末端收派服务、智能快件箱两种模式，坚持按照现行规则主动开展许可或备案工作。全面实施市场准入负面清单制度，进一步增强投资环境的开放度、透明度和规范性。

二是明晰监督检查职权，全面实施"双随机一公开"监管。认真贯彻国务院有关工作部署，严格执行《国家邮政局双随机抽查工作实施细则》《邮政行政执法信息公开规定》，推动"双随机一公开"监管机制全面落地实施。各地邮政管理部门要全面梳理辖区地方性法规、政府规章，明晰监督检查职权，9月底前制定和公布随机抽查事项清单。各省（区、市）局自行确定本地区随机抽查比例，并报国家局备案。分别制定年度、季度、月度抽查工作计划并严格执行，其中，全年抽查市场主体数量不得少于辖区总数的20%。要按照规定及时公开随机抽查、约谈告诫、责令整改和行政处罚等信息，自觉接受社会监督。

三是聚焦服务质量短板，推进放心消费工程。开展放心消费创建活动，引导和督促品牌企业总部按照"谁提供服务谁负责"的原则,建立完善服务责任追溯机制和赔付维权工作机制,创建全国型示范企业2家,区域型示范企业100家。完善12305申诉体系,强化监管执法保障,加大社会监督和消费教育引导力度,提升邮政业消费矛盾纠纷化解效能,完善消费者申诉和市场监管衔接联动机制,维护用户合法权益,净化快递市场秩序。贯彻落实《无证无照经营查处办法》,对无证经营、超范围经营组织开展快递市场清理整顿行动。持续开展邮件快件"不着地、不抛件、不摆地摊"治理工作,推动离地设备铺设率提升至85%,在有条件的地区开展视频巡查,校区、社区和商区进一步消除"摆地摊"现象。联合有关部门严厉打击虚假签收、刷单、伪造寄递路由信息、倒卖用邮信息等人民群众反映强烈的突出问题。健全完善时限准时率测试、满意度调查、消费者申诉、行政执法和舆情监测五位一体的服务质量监测体系,加大信息披露力度。积极发挥快递服务质量提升联席会议作用,建立与工商、消协等部门沟通协作机制,加大邮政业消费者权益保护工作力度。

深入贯彻落实《国家邮政局关于加强和改进快递末端服务管理工作的指导意见》,针对"加而不盟""连而不锁"问题,督促企业总部建立健全专门服务管控部门、专门服务管控制度与流程、专门基层网点监控信息系统和专门应急处置流程"四专"机制,加强对基层网点的运行管理。督促企业总部进一步完善和末端网点利益分配机制,着力解决增量不增收、内部多重"罚款"等问题。督促企业重视一线从业人员职业保障,切实维护一线员工合法权益。

四是加快建设信用体系,创新监管工作措施。按照快递业信用体系建设工作方案有关部署,全面推开建设工作。制定信用评定委员会工作规定,优化管理系统并抓好培训。健全三级信用体系建设工作领导机构和评定机构,全面开展市场主体信用档案建立工作,落实信用管理关联责任。构建全方位信用信息采集工作体系,拓宽企业端、社会面采集渠道,编制信用评定方案,稳步推进信用信息采集和等级评定。制定年度守信、失信和信用异常标准,发布失信和信用异常名单。完成与"信用中国""信用交通"平台对接,充分发挥联合激励和联合惩戒工作机制作用,强化信用约束。推进行业诚信文化建设,做好诚信主题系列宣传活动,构建诚信建设软环境,厚植行业信用体系建设基础。

(六)全面加强基础建设,不断强化监管能力

一是完善权责分工体系,切实提升监管效能。建设国家、省、市权责相适的三级市场分级监管责任体系。加强督导检查,层层传导压力,层层压实责任。国家邮政局要重点督导检查省局落实全国邮政市场监管重点工作情况,省局要重点督导检查所辖市地局落实执行上级部署情况,逐步形成常态化机制。要坚持上下联动,形成监管合力,加强对企业总部和区域总部的监管,督促企业总部加强对基层企业的管理,压实企业主体责任。国家局以督导跨省(区、市)品牌快递企业总部为重点,加强对重大隐患、重大问题和重大案件的挂牌督办;省局要着重加大对品牌快递企业区域总部的督导力度;市地局要重点落实对属地快递企业、分支机构及末端网点的监管责任。

二是推进市场监管标准化信息化,全面增强工作能力。统筹信用、许可管理系统,建成标准统一的市场主体名录库。优化行政执法管理信息系统,加快推动一线执法人员移动执法设备配备,全面支撑"双随机一公开"监管,全程留痕,接受监督。探索利用视频监控辅助开展行政执法检查。抓好"绿盾"工程建设,启动灾备中心土建工程和三级安全监控中心建设,基本完成实名收寄相关系统建设。整合安全、申诉、信用、执法等系统数据,提高大数据应用能力。全面实施快递码号统一管理。加强集邮市场监管,完善经营主体台账,建立实施集邮市场网上巡查,督促网络交易平台落实监管责任。完善邮政用品用具市场监管制度,加大抽检和行政处罚力度。

三是加强行政执法规范化建设,稳步提高执法水平。全面贯彻落实条例有关制度安排。制修订执法案由,明确法律适用指引。制定邮政市场执法案件指导意见制度,逐步实现执法指导的规范化。开展执法案件评议,采取针对性措施督促各地重视执法管理、提升执法质量。健全执法培训工作机制,探索对初任公务员开展专项执法培训。加强以执法实际操作为核心的常态化案例培训,稳步提升执法水平。开展邮政市场行政执法先进单位和先进个人评选,发挥先进典型的正面激励作用。各省局要强化对省以下机构邮政市场行政执法工作的指导、管理与考核。

四是持续加强队伍建设,不断改进工作作风。要始终把政治建设摆在首位,切实增强干部队伍"四个意识",坚定不移贯彻好党中央、国务院各项决策部署,坚定不移执行好国家局党组各项工作要求,持之以恒反"四风"、转作风,与企业建立"亲""清"的政商关系。驻部纪检组接到不少反映行政许可、市场监管、行政执法方面权力寻租的举报线索,表明目前权力运行监督制约的笼子仍扎得不紧,与中央的要求还有不小差距,我们要把党风廉政建设摆在突出位置,严守底线、敬畏红线,打造干净干事、风清气正的工作氛围。要全面围绕邮政市场监管工作需要,切实增强服务发展、快递许可、安全监管、市场执法等专业本领。国家局将组织开展《意见》落实、绿色发展、末端备案、安全监管、实名收寄、诚信管理等方面培训,不断提升监管能力和水平。要大兴调查研究之风。今年,国家局将针对末端、国际、绿色、安全等短板弱项,围绕末端服务能力提升、快递业务经营许可与新业态监管、强化企业主体责任、信用工作、放心消费等开展专项调研,各级邮政管理部门也要坚持问题导向组织工作调研,推动重点工作更有成效地开展。

同志们,邮政市场监管工作已昂首阔步迈入新时代,任务艰巨、使命光荣。让我们更加紧密地团结在以习近平同志为核心的党中央周围,高举习近平新时代中国特色社会主义思想伟大旗帜,深入贯彻落实全国邮政管理工作会议精神,凝心聚力、锐意进取、真抓实干、奋发有为,为决胜全面建成与小康社会相适应的现代邮政业,全面建设现代化邮政强国做出新的更大贡献。

担当新使命 明确新任务 推动新发展
为新时代邮政业高质量发展提供人才支撑保障

——国家邮政局副局长杨春光在邮政行业职业技能鉴定座谈会上的讲话

2018年7月19日

同志们：

国家局党组十分重视行业人才队伍建设和职业技能鉴定工作。今年5月17日，在全国邮政行业人才工作领导小组会议上，马军胜局长指出，全系统全行业要深入学习贯彻党的十九大报告和习近平总书记有关人才工作的新思想、新论断、新要求，坚定实施"人才强邮"战略，坚持用新时代的新要求来谋划和开展邮政行业人才工作。这次座谈会前，马军胜局长专门作出批示，指出各省对会议期望较大，要求职鉴中心认真务实筹备。7月10日，我专题听取了职鉴中心的汇报，从前期筹备情况看，会议主题明确、内容丰富、安排紧凑，准备比较充分。

这次会议的主要任务是，深入学习习近平新时代中国特色社会主义思想和党的十九大精神，贯彻落实全国邮政管理局长座谈会和全国邮政行业人才工作领导小组会议部署要求，积极推进国家局重点人才工作任务，动员开展快递从业人员素质提升相关工作，统一职鉴转型发展思路，明确职鉴转型发展关键，部署和安排后续行业人才综合支撑服务重点工作。

下面，我讲三个方面的内容：

一、深刻认识新时代人才工作的新使命

党的十九大报告把人才工作放到党和国家工作的重要位置，报告的第十三部分专门论述人才工作，对人才工作提出了新要求。今年两会期间，习近平总书记参加广东代表团审议时强调指出：发展是第一要务，人才是第一资源，创新是第一动力。在7月3日召开的全国组织工作会议的上，习近平总书记又一次强调：千秋基业，人才为本。要加快实施人才强国战略，确立人才引领发展的战略地位，努力建设一支矢志爱国奉献、勇于创新创造的优秀人才队伍。这些重要论述充分体现了党对人才规律的深刻把握和对人才工作的高度重视，也为我们做好新时代邮政行业人才工作提供了根本遵循。

（一）做好行业人才工作，推进行业人才队伍建设是贯彻落实习近平新时代人才工作思想的根本要求。

人才是决定事业成败和国家兴衰的最根本的要素。人才工作一直在党和国家各项工作中占据十分重要的位置。以前在党的相关文件中，最常见的提法就是，人才资源是经济社会发展的第一资源，表明了人才在经济社会发展中所处的特殊位置和极端重要性。党的十九大报告提出：人才是实现民族振兴、赢得国际竞争主动的战略资源。这一重要论断，把人才工作进一步提高到民族振兴和赢得国际竞争主动的高度，把人才与中国共产党的初心与使命直接联系起来，赋予了人才工作更加崇高的使命和更加重要的任务。这是人才工作的新定位，是对人才工作地位和作用的最新论断。去年以来，党中央、国务院和相关部门单位人才工作的政策性文件密集出台，对产业工人队伍建设、人才评价、职业培训、人才培养、素质提升和职业保障等提出明确要求。我们要深入学习习近平新时代人才思想，坚决贯彻落实党和国家有关人才工作的决策部署，用新时代的新要求来谋

划和开展行业人才工作,坚定实施"人才强邮"战略,不断完善人才工作格局,健全人才政策制度,创新人才工作机制,夯实人才发展基础,抓好重点任务落实。

(二)做好行业人才工作,推进人才队伍建设是促进行业高质量发展,建设邮政强国的重要保障。

经济要发展,关键靠人才;产业要振兴,也主要靠人才。人才是建设现代化邮政强国的基础所在。年初的全国邮政管理工作会议深入分析了邮政业发展的形势和趋势,指出今后三年是全面建成与小康社会相适应的现代邮政业的决胜期,也是邮政业贯彻落实新发展理念,促进高质量发展的重要时期。刚刚结束的半年工作会上,马军胜局长再次强调:要坚持问题导向,加快推动行业高质量发展,深入推进"人才强邮"战略,加快高技能、高层次、国际化人才培养引进。行业发展进入新时代,我国邮政业大而不强的基本业情没有变,人民群众日益增长的美好生活需要对邮政业服务提出了更高要求,提高行业供给体系质效、转变行业发展方式的任务还很繁重。未来行业在持续高速发展的基础上,要把提高发展质量作为根本要求,坚持质量第一、效益优先,着力解决行业发展不平衡不充分的问题,不断满足人民日益增长的更好用邮需要。要加强邮政行业、科技创新、现代金融、人力资源等要素的协同发展,主动对接新时代行业高质量发展的新需求新任务,加快构建多层次的行业人才培养体系,造就一批具有战略思维、全球视野、勇于创新的企业家队伍,培养大量经营管理、技术研发、国际运营、资本运作、创新创业等专业人才,建设一支知识型、技能型、创新型劳动者大军。

(三)做好行业人才工作,推进人才队伍建设是提升从业人员素质,促进从业人员全面发展的重要举措。

习近平总书记强调,要牢固树立以人民为中心的发展理念,保证全体劳动者在共建共享发展中有更多获得感,不断促进人的全面发展。近年来,我国邮政业,特别是快递从业人员总体规模不断扩大,能力素质不断提高,为促进行业发展做出了积极贡献。但与新时代经济社会发展和人民群众对更好寄递服务的需求相比,从业队伍还存在职业化专业化程度较低、高层次高技能人才短缺、职业操守职业道德有待提高、诚信合规和综合素质有待提升等问题,部分企业在人员管理上,存在重业务轻管理、重业绩轻权益、重发展轻培训、重考核轻保障等突出问题。特别是一些快递企业存在着一线收派人员工作强度大、工资收入低、劳动保障差、发展空间小、职业形象差等突出问题,从业人员流失率高、稳定性差的问题已经成为影响企业提升服务质量、保证网络完整的主要矛盾。为了推动解决这些问题,6月21日,国家局印发了《关于提升快递从业人员素质的指导意见》。意见是国家局坚持问题导向,为努力解决行业人力资源领域突出矛盾问题而制定的一份十分重要的文件。意见明确了今后一个时期提升快递从业人员素质的指导思想、基本原则、主要目标,提出了十项重点任务和三项保障措施,对加强行业人才评价、强化职业教育、推进在职培训、提升职业保障、改善职业形象等热点重点难点问题作出针对性较强的部署和安排,是今后一个时期开展行业人才工作的重要的指导性文件。我们要认真组织学习,深刻领会,结合实际,抓好落实。

二、准确把握新时代行业人才队伍建设的新任务

党管人才是人才工作的重要原则。党管人才就是要管宏观、管政策、管协调、管服务,包括规划人才发展战略,制定并落实人才发展重大政策,协调各方面力量形成共同参与和推动人才工作的整体合力,努力营造全行业、全社会重视人才工作、支持人才发展的浓厚氛围,逐步形成人才辈出、人尽其才、才尽其用的生动局面。新时期各级邮政管理部门要认真履行指导行业人才队伍建设的光

荣职责,要强化行业人才工作的宏观管理、政策标准制定、公共服务、监督保障等职能,切实把人才工作责任扛在肩上,落实到位。

国家局历来十分重视行业人才队伍建设工作,坚决贯彻执行党中央、国务院决策部署。去年3月,国家局党组成立了全国邮政行业人才工作领导小组。去年5月,在呼和浩特召开的全国人事工作会议上,马军胜局长指出,要统筹推进领导干部队伍、公务员队伍和行业人才队伍建设,深入实施"人才强邮"战略,充分发挥优秀人才在邮政强国建设中的引领作用。今年上半年,国家局党组会、人才工作领导小组会、局长办公会多次研究行业人才工作,分析人才工作形势,讨论行业人才政策制度,决定职鉴机构定位、转型发展方向和支持保障办法等。人事司和相关部门单位也认真按照局党组的决策要求,积极研究行业人才重大关键问题,深入分析论证,相关制度文件密集出台,国家局人才工作格局、制度机制和组织架构日益健全完善。

新时代开启新征程,新使命呼唤新作为。新时代,邮政行业人才工作要高举中国特色社会主义伟大旗帜,全面贯彻落实党的十九大和十九届二中、三中全会精神,以习近平新时代中国特色社会主义思想为指引,坚持党管人才原则,以服务高质量发展为根本,深入实施"人才强邮"战略,大力实施行业人才素质提升、人才培养提速、合作办学牵手工程,全面加强从业人员素质建设,全面提升从业人员服务能力和服务水平,充分调动从业人员干事创业的积极性创造性,加快培养适应行业发展需求的各层各类人才,为决胜全面建成与小康社会相适应的现代邮政业、加快建设现代化邮政强国提供坚强的人力保障和广泛的智力支撑。

新时代,提升快递从业人员素质的目标是:到"十三五"期末,造就一支适应新时代要求,有理想守信念、懂技术会创新、敢担当讲奉献的快递从业人员队伍,队伍结构不断优化,素质明显提升,合法权益得到进一步保障,基本适应行业高质量发展对从业人员素质的要求。**一是制度体系基本形成**。快递领域职业标准建设、快递技能等级认定政策规定、从业人员职业保障和信用建设等管理与服务制度体系不断完善,促进和保障从业人员规范有序健康发展的制度体系基本形成。**二是从业环境明显改善**。行业职业教育与培训体系逐步完善,从业人员基本权利与合法权益有效保障,劳动光荣、技能宝贵、创造伟大的时代风尚更加浓厚,从业人员职业地位、职业荣誉感和行业归属感不断提升。**三是能力素质大幅提高**。"爱岗敬业、诚实守信、服务群众、奉献社会"的职业道德深入人心,"诚信、服务、规范、共享"的行业核心价值理念与精益求精、严谨专注等工匠精神有机融合,涌现一批德技双馨、身心双健的高层次、高技能从业人员。

新时代,邮政行业人才队伍建设要重点抓好六项工作:

一是加强谋划引领。紧扣行业发展大局,围绕邮政强国建设"两步走"的战略目标,高起点谋划人才工作,突出重点加强调研,研究制定更加积极、更加开放、更加有效、适应邮政强国战略的人才政策和措施。勇于探索,开拓创新,进一步服务好行业发展战略。要立足行业贯彻新发展理念、深化供给侧结构性改革的要求,谋划行业人才重大政策、重大工程和重点任务。要建立完善行业人才制度,积极争取相关部门人才政策,切实推动政策实施和措施落地,保障邮政、快递企业和各类人才有更大的获得感。聚焦行业发展重点,大胆谋划实施重大人才项目计划,明确工作目标、具体任务和保障措施,确保人才工作取得实效。

二是加强人才培养。积极推动"四位一体"的邮政行业人才培养体系发挥更大作用,推进行业人才培养供给结构改革。深入推进合作院校建设,统筹开展国家级、省级邮政行业人才培养基地遴选。积极推进现代邮政教育联盟建设,充分发挥共建院校资源优势,强化在高端人才培养、科学研究等方面的支撑作用。深入落实加快发展邮政行业职业教育的指导意见，做好职业院校邮政快递类示范专业点的遴选和建设，引导高等院校加强邮政专业学科建设，支持职业院校开设邮政、快递相关专业。推进校企合作产教融合，探索学校、科研机构、协会和企业联合培养人才模式，继续举办大学生创新创业大赛。

三是加强职业培训。完善职业教育体系，统筹产业发展和人才培养开发规划，构建符合行业发展趋势、覆盖各主体的职业教育和培训体系。充分发挥企业主体作用，着力加强从业人员在职培训，加快培养符合邮政强国建设要求的各类人才。搭建产教协同合作平台，促进产业需求与人才需求的"双向对接"，推动形成优秀人才队伍引领行业发展的局面。深入实施国家专业技术人才知识更新工程，积极申报国家、地方高层次人才评选项目。组织举办专业技术人员高级研修项目，遴选和培养一批创新型行业领军人才，着力打造一支高素质的专业技术人才队伍。

四是加强人才评价。一方面，要强化职业标准建设，主动适应行业职业结构变化，构建多层次的职业标准体系和岗位评价规范体系。研究建立从业人员技能等级认定制度，细化明确职业操守、专业能力和服务作业规范等要求。完善邮政行业职业技能等级标准，健全职业能力建设工作体系，做好职业技能等级认定制度和国家职业资格制度的衔接。另一方面，要加快推进行业工程技术人员职称评审体系建设，加快推进快递工程技术人员职称评审。这项工作马军胜局长高度关注，是今年国家局的一项重点工作。交通运输部和人社部对这项工作也非常重视和支持。开展快递工程技术人员职称评审、支持民营快递企业专业技术人员积极参加职称评审，不仅是深入落实国务院领导同志关于加强快递从业人员职业保障批示精神的需要，也是贯彻落实职称改革精神的要求，有利于促进非公快递企业工程技术人员成长，有利于推动快递新业态发展。后续国家局将组织上海、江苏、浙江、安徽、广东、重庆、陕西等重点省市开展专题调研，抓紧制定完善试点工作方案，积极开展试点，尽快早日为行业工程技术人员提供职称评审服务。

五是加强人才基础。完善职业保障，切实保障从业人员休息休假、社会保险等基本权益，提升从业人员职业地位和职业荣誉。分层分类确定联系服务专家对象，建立行业专家库，发挥决策咨询作用。积极争取人社、教育等部门人才培训、职业教育、基地建设、评比表彰等支持政策、项目资金和补助补贴。大力争取并充分利用国家和地方表彰政策，加大对行业人才的表彰和奖励力度。弘扬劳动光荣、技能宝贵、创造伟大的时代风尚，努力挖掘和宣传行业人才队伍建设的先进经验，营造人才成长环境，充分发挥优秀人才在邮政强国建设中的引领作用。

六是加强组织领导。各级邮政管理部门把人才工作作为一项战略性、基础性工作列入重要议事日程。要切实加强领导，各省要尽快成立人才工作领导小组，健全工作机制，完善工作体系，统筹推进本地人才工作。要强化"一把手"抓"第一资源"的意识，做到重要工作亲自研究、重点问题亲自过问、重大任务亲自督办。要加强与地方党委、政府和相关部门的沟通协调，积极争取政策、整合资源，提升能力，切实加强和改进行业人才工作。

三、大力推进职鉴体系在新时代获得新发展

同志们，政企分开12年来，各级职鉴机构深入实施国家职业资格证书制度，有效支撑快递业务经营许可工作，有力推动了快递技能人才培养，为行业培养了一大批紧缺急需的技能人才，有效保障了行业生产安全和服务质量，对邮政业的发展产生了深远影响。特别是"十二五"时期，在推动邮政业技能人才队伍建设工作中取得了一系列突破性的进展，行业技能人才规模不断扩大，高技能人才增速明显，从业人员素质不断提升，人才培

养质量不断提高,形成了一套具有行业特色的组织体系、标准体系和工作体系,为系统内培养了一批支撑人才工作的专业管理队伍,为行业人才队伍建设立下了汗马功劳,取得的成绩和做出的贡献要充分肯定。

同志们,当前邮政管理体系总体上行政管理和机构编制资源缺乏,人少事多压力大。职鉴中心是很多省局唯一的人才工作支撑机构,国家局党组对职鉴体系和同志们寄予厚望。今后,各级职鉴机构要深入学习贯彻习近平新时代中国特色社会主义思想和党的十九大精神,努力按照局党组提出的新定位、新任务和新要求,积极适应、加快调整,努力支撑。在这里,我强调两个方面的内容。

(一)要统一思想,提高认识,切实把握四个关键。

一要坚决贯彻落实上级决策部署。职鉴战线全体同志要讲政治,顾大局,切实把思想认识统一到中央决策部署和工作要求上来。要坚决贯彻落实党中央、国务院"放管服"改革部署,一丝不苟地执行职业资格改革要求,坚决停止组织以国家职业资格名义开展的各类考试,对国家禁止的考试和收费要坚决执行到位。要加强国家相关法律法规和政策规定的学习研究,强化规矩意识,规范工作程序。要以促进和保障邮政业高质量发展为目标,以提升从业人员素质为主线,加快建立行业职业技能等级认定制度,依法依规组织开展行业人才评价工作,做好与原有国家职业资格制度的衔接。

二要深刻理解工作性质职能定位。领导和管理行业人才工作是邮政管理部门党组织体现党的全面领导的重要内容。指导邮政行业人才队伍建设是各级邮政管理部门的重要职责。包括行业技能人才评价工作在内的行业人才政策标准制定、教育指导、培训引导、评选表彰和激励宣传等工作是邮政管理部门为行业人才提供的支撑性、公益性服务,具有公共服务属性。各级职鉴机构要按照国家局党组确定的"行业人才综合支撑服务机构"的定位,积极探索,大胆拓展,加快职鉴工作的转型发展。各级职鉴机构在转型调整期要将工作的重点放在承接和落实各级邮政管理部门部署和委托的重大人才队伍建设工作项目和重点人才工作任务上来,不断提升能力,强化支撑,做好保障。要通过承担系统内支撑性工作来积累经验、建设队伍、积蓄力量,为向外拓展奠定基础。

三要加快转变观念提升专业能力。要进一步解放思想、提高站位,用动态的眼光、发展的思路,着力破解转型发展的难题。要尽快转变传统、单一的职鉴工作范围、业务内容和运行方式,特别是要彻底改变过去单纯依靠许可、依靠政策、依靠政府的思维定式和发展模式。职鉴中心要想长远发展,必须眼睛向外,开拓行业人才服务市场。要在做好系统内部人才支撑保障工作的同时,积极面向市场,面向行业,向外拓展,扩大人才服务范围,拓展工作领域。要加强学习行业技能人才、专业技术人才和经营管理人才队伍建设所需的各领域专业知识,快速提高应变能力、开拓能力和创新能力,不断提升职业素养和工作水平。

四要努力创新发展拓展空间。要全面分析行业高质量发展对人才工作赋予的新任务新要求,积极满足行业大发展带来的人才需求,加快研究提出行业人才发展新目标,梳理人才综合服务支撑的新内涵,深入拓展职鉴工作新领域,推动行业职鉴工作可持续发展。各职鉴机构要瞄准行业企业、院校和产业链上下游各类主体的人才评价、培训、培养、引进、激励、竞赛等需求,不断增强开拓发展的动力,抓住关键,挖掘资源、发挥优势、主动作为、创新发展。要解放思想、振奋精神,大胆开拓,自强不息,把职鉴机构做大做强,把人才工作开展得有声有色,用自己的双手创造美好未来。

(二)统筹谋划,夯实基础,突出抓好五项重点工作。

一是着力支撑人才评价重点工作。要建立完善行业技能人才评价制度。国家局中心要准确把握国家职业资格改革精神,研究吃透人社部技能等级认定政策,加快提出行业技能人才等级认定制度、组织体系和实施规范等方面的建议,支撑国家局制定邮政行业职业技能等级认定实施方案和配套制度文件。各省要做好政策宣传,推动行业组织、骨干企业和重点合作院校等适时开展职业技能等级认定试点。要积极修改完善快递工程技术人员职称评审标准,提出评审试点工作方案,协助重点省组建快递工程职称评审试点工作班子,上下联动开展调研和试点,争取评审工作早日开花结果。

二是着力加强合作院校人才培养。加强合作院校管理,强化对行业人才培养的引领和指导,更好发挥各类院校功能作用。积极协助解决学科设置、专业建设、实习实训、招生就业等方面的实际困难。国家局中心要配合做好行业人才培养基地、邮政快递示范点专业的管理,积极协调推进教学标准、教学资源库建设,推动职业院校积极开设邮政快递专业,逐步承担行指委秘书处的职责。各省要按照产教融合、校企合作的要求,积极推进合作院校建设,努力搭建人才交流和服务工作平台,定期组织活动,推动合作。

三是着力实施行业重点示范培训。国家局中心要积极开发培训项目,结合行业重大政策宣贯和重要工作安排部署等,组织实施各类企业急需的法规规划、政策标准等宣传解读类培训。要支持合作院校加强专业建设、教材开发、实训基地建设等,积极开展师资骨干高级研修。要探索建设行业专业人才网络培训平台,汇集特色课程和课件资源,为行业提供在线学习和移动培训等服务。各省中心要积极参与各地快递安检员等职业能力培训,主动开拓服务领域,做好支撑。

四是着力搭建行业各类竞赛体系。完善以企业岗位练兵和技术比武为基础、地方竞赛为主体、全国大赛为龙头的邮政行业职业技能竞赛体系。国家局中心要研究建立行业竞赛管理办法,加强对竞赛项目的技术研究,不断提高竞赛组织、技术水平。各地要积极联系,努力协调,主动联合人社、教育、工会和共青团等部门单位共同办赛,推动行业职业纳入地方竞赛体系,争取各级各类荣誉和奖励。要通过竞赛为优秀从业者提供技能等级晋升的快速通道,发现人才,展示形象,宣传先进。

五是着力加强机构建设规范运行。要因地制宜,结合各地实际,推动行业人才支撑机构正规化设置和规范化运行。有法人资格的省中心要积极做实做大,不能长期只是一个空壳机构,徒有一块牌子。要配强领导干部,聘用专职工作人员。要规范人员管理,适度提高聘任人员的薪酬待遇,切实增强归属感和公平感,保证队伍稳定。要严格执行财经纪律,加强预算收支管理,认真落实巡视和审计整改要求。过去职鉴考试形成的收入、积累的资金是开展行业人才工作的宝贵资产,是当前职鉴转型发展的保命钱,要加强管理,严格按规定开支,严禁挪作他用。没有独立设置职鉴机构的省,如江苏、陕西的安全中心,同时承担着职鉴职能,要明确分管领导,安排专兼职人员负责相关工作。其他没有正式机构的省,要以原来设置的内设机构为依托,在人事部门的领导下,明确负责人员,保证工作力量,务实开展工作。各省要加强社会资源整合,调动各方积极性,充分发挥协会、人才培养基地、合作院校、专业培训机构等的作用,协力推动行业人才工作。

在这里要特别强调一下,当前,职鉴体系正处于转型调整的关键时期,困难多,挑战大,经验少,希望各省局要对职鉴工作给予更多的关心,更大的支持。各省局"一把手"要关心重视职鉴工作,支持推进职鉴机构转型发展,以政府购买服务的形式委托职鉴中心承担本省行业人才综合支撑工作。省局人事处、办公室、市场处等部门要帮助为职鉴机构匹配必要工作资源,提供基本保障,解决职鉴中心存在的职能、组织、人员、经费等问题,支持职鉴中心顺利完成转型调整,为行业人才工作长远发展奠定基础。如,省局可明确职鉴中心为本地行业人才综合支撑服务机构,委托职鉴中心承担公务员培训、地方人才数据调查、人才政策研究等工作。再如,明确省内人才工作专项经费,为职鉴机构开展工作提供资金保障,等等。

同志们,邮政业发展进入了新时代,职鉴工作开启了新征程,任务艰巨、使命光荣。让我们更加紧密地团结在以习近平同志为核心的党中央周围,以习近平新时代中国特色社会主义思想为指导,认真贯彻落实国家局党组决策部署,以永不懈怠的精神状态和一往无前的奋斗姿态,锐意进取,勇于创新,奋力书写职鉴机构转型发展的新篇章,努力推动行业人才队伍建设再创新佳绩!

不忘初心　牢记使命　击楫奋进
努力开创邮政业新闻宣传工作新局面

——国家邮政局副局长赵民在中国邮政快递报社2018年通联工作会议上的讲话

2018年8月23日

同志们：

今天我们召开中国邮政快递报社2018年通联工作会议，主要任务是深入贯彻学习新时代中国特色社会主义思想和党的十九大精神，深入学习习近平总书记对加强和改进新闻舆论工作提出的一系列新观点新论断新要求，尤其是第一时间学习习近平总书记在全国宣传思想工作会议上的重要讲话精神，全面贯彻落实国家邮政局党组关于邮政业新闻宣传工作的要求和部署，总结今年行业新闻宣传工作，分析研判形势和挑战，确定明年重点任务，形成全系统合力，为邮政管理工作和行业健康发展提供强有力的新闻舆论保障和支撑。下面，我讲四方面的意见。

一、一年来行业新闻宣传工作总体情况

2017年度报社通联工作会议以来，在国家邮政局党组的坚强领导下，行业新闻宣传战线的广大干部职工认真学习习近平总书记关于党的新闻舆论工作的有关讲话精神，认真贯彻落实中央关于新闻舆论工作的部署要求，牢牢把握正确政治方向和舆论导向，不断整合新闻宣传资源，升级新闻宣传平台，推进媒体更深融合，努力发挥新闻舆论阵地的引领和引导作用，为邮政管理工作和行业发展谱写出了新时代行业新闻事业的新篇章。

（一）坚持一以贯之，始终与重大节点重大主题保持同向而行

一年来，行业新闻宣传工作始终以习近平新时代中国特色社会主义思想为指导，始终坚持高度的政治自觉性和大局观，坚持正确的舆论导向，始终与重大节点、重大主题同向而行，紧紧围绕国家邮政局中心工作和邮政业改革发展重点任务，强化任务落实，拓展工作思路，创新宣传手段，深入宣贯国家邮政局各项重大行业政策与重要工作部署，深刻反映行业发展现状，生动宣传行业一线典型，营造更有利于行业改革发展的良好舆论氛围。行业新闻宣传"上接天线、下接地气"，在党的十九大、全国两会、厦门金砖峰会、上合青岛峰会等重大节点上，在雄安新区建设、"一带一路"建设、乡村振兴战略、三大攻坚战、国办1号文出台、《快递暂行条例》实施、推进行业绿色发展、邮政业更贴近民生7件实事、行业安全平稳运行、迈向高质量发展等重大选题上，全国各地记者站与国家邮政局各传播平台勠力同心，行业媒体与中央媒体同频共振、传统媒体与新兴媒体融合共进，融入国家大局，紧贴时代脉搏，紧跟行业发展，上下齐心、纵横联合，共同讲述行业好故事、传递行业好声音。

（二）坚持变革创新，把握时代脉搏持续推进媒体优化全媒融合

国家邮政局网站紧紧围绕新时代党中央、国务院对政府网站工作的新部署新要求，加强网站宣传，注重舆论引导。上半年，中央政府网转发局网站信息约70篇，人民网、新华网、新浪、腾讯等网络门户和媒体网站转载局网站信息近2100次。同时，深入开展全系统网站群普查支撑工作，全系统未发生一起政府网站被国办通报的情况，特别是宁夏、山西、安徽、黑龙江、内蒙古、吉林、辽宁等省(区)局网站连续多个季度普查均为满分，成绩

— 51 —

不凡,来之不易。在年度政府网站绩效评估中,国家邮政局网站在47个非国务院组成部门的部门和单位网站评估结果中,与证监会并列第8位,在16个部管局网站中连续第五年位列第一。

《中国邮政快递报》在改为"一周三刊"的基础上做到了扩版提质,不断改进完善、换挡升级、加载提速,时效性显著提升,栏目设置更加丰富,报道深度广度不断增强。主要体现在深入宣传中央相关政策、及时传播党组声音和行业发展情况、多元策划专栏和专题报道、紧跟重点事件热点事件等方面。在继续做好邮政管理、邮政和快递企业报道的同时,不断开拓绿色、快运、科技等领域的报道,不断加强与各省(区、市)局的联系,与天津、吉林、上海、江苏、浙江、江西、湖北、四川等多个省(区、市)局合作出版专版、专刊,为其争取地方政策支持提供了有力的舆论支撑。这一年,在印刷纸价格飞速上涨的重压之下,《中国邮政快递报》不忘初心、负重前行,努力服务行业发展,为行业奉上一份用心、温暖、有料的精神食粮。

《快递》杂志一直致力于"做行业的聆听者、观察者、思考者和瞭望者",以更广的维度和更深的视角报道行业相关政策、聚焦行业重点热点。今年以来,杂志"特稿""封面故事"栏目聚焦中央一号文件、2018全国两会、行业三大攻坚战、全国邮政管理工作会议、"最美快递员"评选等重大事件;两"室"一"间"(实验室、会客室、样板间)栏目深耕行业沃土,从城市末端到下乡进村,从行业高质发展到基层员工乡愁,点多面广。在耍好传统"三板斧"的同时,杂志继续向绿色、科技、新业态等领域扩展,并且不忘与各省(区、市)邮政管理局加强联系,目前开办的"样板间""时话""分析研究""直播""资讯""专栏"等栏目向外努力展示各地在行业管理方面取得的经验和成绩。杂志今年还开辟了"舆情室""快人快语"等栏目,加强媒体间的融合,创新新闻宣传方式。

报社媒体融合进入新阶段。2018年以来,报社新媒体事业部不断提高新闻宣传的质量和舆论引导的水平,积极探索媒体的融合发展路径,初步形成了"报、刊、网、微"为一体的全媒体报道格局,在发布信息、舆情引导、服务群众、树立邮政管理部门形象等工作中发挥了重要作用。特别是国家邮政局、报纸和杂志的微信公众号获得一日多次推送的权限,在重大新闻事件上保证及时有效发声,在刊发数量和传播效果上都取得了明显的改善。上半年报、刊微信编发消息超千条,阅读量超1万稿件合计达135条,其中阅读量超10万的消息10条,远超2017年平均水平。目前,报社新媒体覆盖人群接近300万人,成为快递行业甚至整个物流行业的"头雁"新媒体,社会影响力不断提升。

(三)坚持聚力凝神,不断在新闻舆论宣传阵地上强化使命担当

一年来,在国家邮政局党组的正确领导下,在各级邮政管理部门的支持下,报社和各记者站认真学习贯彻习近平总书记系列重要讲话特别是关于新闻舆论工作的讲话精神,按照《国家邮政局党组关于进一步加强邮政业新闻宣传工作的意见》的要求,以强烈的责任感和使命感,坚持围绕中心、服务大局,聚焦习近平新时代中国特色社会主义思想如何在邮政业落地生根,聚焦党中央、国务院的政策如何在邮政业贯彻落实,聚焦行业发展如何与国家大政方针同频共振,聚焦各地邮政业如何助力地方经济社会发展,全力捕捉行业热点焦点话题,为邮政管理工作以及行业发展提供了强有力的舆论支撑保障。在这里我也受军胜同志委托,向全系统从事新闻宣传工作的同事表示真挚的慰问,对支持新闻宣传工作的各单位各部门表示衷心的感谢。

二、认真学习贯彻习近平总书记关于党的新闻舆论工作的重要讲话精神和全国宣传思想工作会议精神,坚持正确的舆论导向,以高度的自觉自信讲好新时代行业故事

党的十八大以来,习近平总书记从"治国理政、定国安邦"的高度科学审视新闻舆论工作,对

加强和改进新闻舆论工作,更好完成新形势下宣传思想工作使命任务,提出了一系列新观点新论断新要求,为新时代新闻舆论工作指明了前进方向,丰富和发展了马克思主义新闻理论。特别是在刚刚结束的全国宣传思想工作会议上,习近平总书记发表重要讲话,站在新时代党和国家事业发展全局的高度,深刻总结了党的十八大以来党的宣传思想工作的历史性成就和历史性变革,深刻阐述了新形势下党的宣传思想工作的历史方位和使命任务,深刻回答了一系列方向性、根本性、全局性、战略性重大问题,对做好新形势下党的宣传思想工作作出重大部署,是指导宣传思想工作的纲领性文献,是做好新形势下宣传思想工作的根本遵循。

全系统尤其是从事行业新闻宣传工作的同志,要深入学习领会习近平总书记重要讲话的丰富精神内涵,以"九个坚持"为根本遵循,以统一思想、凝聚力量为中心环节,以举旗帜、聚民心、育新人、兴文化、展形象为使命任务,树牢"四个意识",坚定"四个自信",坚持"两个维护",自觉用习近平新时代中国特色社会主义思想武装头脑、指导实践、推动工作,以更加坚定的政治信念、更加有效的工作措施、更加饱满的工作热情、更加严谨的工作作风做好新时代行业新闻舆论工作,更好地服务党和国家工作大局,服务好邮政改革发展大局。

同志们,《中共中央关于加强和改进党的新闻舆论工作的意见》是我们学习贯彻落实习近平总书记关于新闻舆论工作的要求、做好新闻舆论工作的指导性文件,《习近平新闻思想讲义(2018年版)》是学习习近平总书记关于新闻舆论工作的重要论述的很好的辅导读物。在学习贯彻落实习近平总书记在全国宣传思想工作会议上的重要讲话精神的过程中,我们要结合学习贯彻《中共中央关于加强和改进党的新闻舆论工作的意见》和学习领会《习近平新闻思想讲义(2018年版)》的重点,力争吃透核心要义,把握精髓实质,以中央精神为指引,进一步做好行业新闻宣传实践。为此,我们需要做到以下几点:

(一)始终坚持行业新闻宣传工作的正确政治方向

习近平总书记在全国宣传思想工作会议上强调,要加强党对宣传思想工作的全面领导,旗帜鲜明坚持党管宣传、党管意识形态。要以党的政治建设为统领,牢固树立"四个意识",坚决维护党中央权威和集中统一领导,牢牢把握正确政治方向。我们知道,党的新闻舆论工作是政治性、政策性很强的工作,讲政治是第一位的,没有清醒的政治头脑,就无法做好党的新闻舆论工作。党的新闻舆论工作也是专门性、专业性很强的工作,没有"几把刷子",履行职责使命就是空话。行业新闻舆论工作者要更好担负起职责和使命,必须强化政治标准,把政治导向、政治要求落实到维护习近平总书记核心地位、维护党中央权威和集中统一领导上来;必须夯实理论根基,完善知识结构,提高政治水平、专业能力和政治意识,全方位提升履职尽责的综合素质。坚持正确的政治方向体现在一项项具体的新闻宣传工作中,体现在一个个具体的细节上。我们的报刊网新媒体,我们每个省(区、市)局以及市(地)局的网站、公众号,都要忠实履行党的新闻舆论工作职责使命,坚持正确政治方向,一方面持续弘扬优秀传统文化,一方面不断深化改革创新,加强队伍建设,牢牢把握正确的政治方向和舆论导向,不断提高理论宣传水平。在此基础之上,我们还要牢牢坚持党性原则,牢牢坚持马克思主义新闻观,把党中央的政策主张和国家邮政局党组的决策部署宣传好,把行业一线的好声音传播好,把行业团结奋进的氛围营造好。

(二)不断提高新闻宣传工作的政治站位

习近平总书记强调,新闻舆论工作者要增强政治家办报意识,在围绕中心、服务大局中找准坐标定位,牢记社会责任,不断解决好"为了谁、依靠谁、我是谁"这个根本问题。党的十九大报告指出"中国特色社会主义进入了新时代",这宣示了我国发展的新的历史方位。新时代意味着新任务、新要求，新方位意味着新起点、新作为。当前，我国社会和邮政业的主要矛盾也都发生了转化。我们要适应新时代的新任务和新要求，旗帜鲜明地提高行业新闻宣传工作的政治站位。我注意到，近期各省局记者站都加大了对本地区行业响应党中央号召、推进精准扶贫、创新发展、绿色发展等工作的宣传力度，也取得了很好的效果。这就是大家提高新闻宣传政治站位的一种体现。习近平总书记在全国宣传思想工作会议上指出，中国特色社会主义进入新时代，必须把统一思想、凝聚力量作为宣传思想工作的中心环节。我们要继续加强对党和国家大政方针在邮政行业特别是各地如何贯彻落实的宣传报道，加强对行业重要发展思路、重大战略规划、重大政策、重大工程在各地如何有效推进的宣传报道，加强对社会关注的行业热点难点问题如何在各地得到解决的宣传报道，及时有效回应社会关切引导舆情，更好地强信心、聚民心、暖人心、筑同心。

（三）切实提升行业新闻宣传工作的能力和水平

习近平总书记高度重视新闻舆论工作能力水平建设。他在"2·19"讲话中指出，做好党的新闻舆论工作，要遵循新闻传播规律，创新方法手段，不断提高能力和水平。在党的十九大报告中，他又强调，要高度重视传播手段建设和创新，提高新闻舆论传播力、引导力、影响力、公信力。在全国宣传思想工作会议上，他进一步对宣传思想干部提出了"不断掌握新知识、熟悉新领域、开拓新视野，增强本领能力，加强调查研究，不断增强脚力、眼力、脑力、笔力"的要求。对新闻舆论工作者来说，政治坚定是做好新闻舆论工作的关键，业务精湛则是立身之本。我们要按照习近平总书记的要求，适应分众化、差异化传播趋势，突出行业特色，精准定位受众，科学设置议题，善于挖掘事实，生动多样表达，有力引导舆论走向；准确把握"时度效"要求，重视"首发效应"，恰当掌握新闻宣传和舆论引导的时机和节奏、密度和尺度，合理运用媒体和宣传方式，增强新闻宣传工作实效性；增强政治家办报意识，提高业务能力，转作风改文风，打造一支政治过硬、本领高强、求实创新、能打胜仗的行业新闻宣传队伍；不断强化创新意识，继续推进宣传创新、管理创新，以及行业媒体创新发展，把创新作为提升履职尽责能力的关键途径、作为推动高质量发展的强劲动力，积极探索新举措新办法，不断提高行业新闻舆论传播力、引导力、影响力、公信力。

三、围绕抓重点补短板强弱项，不断提升行业新闻宣传工作的能力和水平

行业不断发展进步，在国家经济社会生活中扮演的角色、发挥的作用越来越重要。社会各界特别是新闻媒体对邮政业的关注度也到了前所未有的高度。补齐短板弱项，进一步做好新闻宣传工作，对行业而言关乎形象，关乎定位，关乎价值，影响深远，意义重大。

（一）加强沟通协作，形成行业新闻宣传"一盘棋"效应

行业新闻宣传是一项系统性工程，既要凝聚中央媒体、行业媒体、地方媒体、企业新闻宣传队伍等多方力量，也要创新使用广播电视、报刊、网站、新媒体等多种载体；既要充分发挥行业权威媒体纽带作用，提升宣传工作的系统性、整体性、全局性、协同性和前瞻性，又要充分发挥各地记者站新闻信息源头和重要发布渠道的作用，提供基础支撑，展示行业动态，树立行业形象，为发展营造良好舆论环境。我们很高兴地看到，各地都很重视新闻宣传工作，基本都有专门的部门和专业的队伍来负责这项工作。报社在这次会议前做了个调查，结果显示，许多省（区、市）记者站，比如安徽、辽宁等，都有自己的内刊（报）；各地还主动适应新闻传播规律，推出自主运营的官方微博和微信公众号，比如湖北、山东、甘肃、贵州、河南、广西、江苏、山西、上海、辽宁、江西、福建、陕西、新疆

等局,借助新媒体的力量传播行业动态,提升政务信息公开、在线办事、与公众互动的能力,对行业品牌形象的塑造和品牌价值的传播起到了积极作用;一些市(地)局也有了自己的宣传阵地。天津、四川、青海、江西等多地举办了新闻宣传培训班,邀请中国邮政快递报社或地方主流媒体的记者讲授新闻宣传业务知识等内容,提升能力。

报社和各记者站要进一步加强沟通协作,上下一盘棋,形成宣传合力。报社要进一步提升办报办刊水平,在各记者站的大力支持下做好报刊发行工作,及时传达行业主管部门声音,做到上情下达,真实传达邮政、快递企业关注的问题和遇到的困惑,做到下情上传。报社的摸底调查显示,在目前报刊订阅量较高的省份,阅读对象覆盖省市县三级邮政管理部门、地方政府及有关部门、相关院校和企业,成了当地沟通行业发展情况的重要工具。要进一步加大中央媒体和行业媒体资源整合力度,为行业宣传打造更大的宣传平台;进一步建立健全新媒体联动机制,促进多种媒体平台融合。各记者站要加强对行业新闻宣传工作的支撑保障,充分利用好行业权威媒体的宣传平台,建立高效、畅通的沟通机制,及时宣传各地的发展和成就,传递行业正能量,讲述行业好故事。许多省(区、市)记者站在这方面做了卓有成效的工作。去年"双11",北京局组织16家主流媒体通过现场采访、实时连线、微信微博直播等多种方式共采写报道20余篇;云南局联合近10家省市主流媒体,积极开展"双11"新闻宣传工作;湖南局注重突出"小快件,大民生"理念,联合省市主流媒体展现行业发展成绩。《快递暂行条例》实施前夕,吉林局带领快递企业参加政风行风热线栏目,全省邮政管理系统借助纸媒、电视、电台、重点新闻网站及新媒体开展专题宣传37次。重庆局也正在协助进行中央媒体团采访中欧班列(渝新欧)首次大规模邮件进口测试的准备工作。西藏局积极响应报社"邮政业助力精准扶贫、服务乡村振兴"专题约稿和"炎炎夏日'暑'你最美"随手拍活动。

(二)落实网络意识形态工作责任制,提升网上正面宣传和舆论斗争能力

习近平总书记在2016年4月19日召开的网络安全和信息化工作座谈会上指出,网民来自老百姓,老百姓上了网,民意也就上了网。群众在哪儿,我们的领导干部就要到哪儿去。要建设网络良好生态,发挥网络引导舆论、反映民意的作用。在今年4月的全国网络安全和信息化工作会议上,他强调,要提高网络综合治理能力,形成党委领导、政府管理、企业履责、社会监督、网民自律等多主体参与,经济、法律、技术等多种手段相结合的综合治网格局。要加强网上正面宣传,旗帜鲜明坚持正确政治方向、舆论导向、价值取向,用新时代中国特色社会主义思想和党的十九大精神团结、凝聚亿万网民。对于行业新闻宣传工作来说,如何落实总书记的要求,推进网上宣传理念、内容、形式、方法、手段等创新?如何把握好时度效,构建网上网下同心圆,更好凝聚社会共识,巩固全党全国人民团结奋斗的共同思想基础?如何才能充分发挥互联网时代的媒体传播特点,为行业的宣传扩大影响?都是需要我们深入思考的课题。

破解这一系列重大课题,就需要我们拧成一股绳,形成合力。报社要发挥好这个"主阵地"作用。目前报社承担着国家邮政局、报纸、杂志的微博、微信公众号的运行工作,有的记者站也都运行着本地邮政管理部门的"两微"公众号,覆盖人群和影响力不断扩大。如果加上企业公众号的影响人群,有上千万。根据不完全统计,17家记者站运营的官方微博、微信的粉丝数量合计超过了6万个。特别是微信公众号粉丝数量超过5万个,湖北、上海、辽宁、江苏、甘肃、贵州、江西等地均超过4000个。这个庞大的粉丝群体说明什么?说明除了企业外,还有更多的消费者在关注我们。这些宝贵的新媒体资源,如果能够形成以"两微"为主导、覆盖全系统的政务新媒体矩阵,其在政务公开、舆论引导、维护消费者权益等方面的作用将日益突出,影响力也将大大提升。这项工作我觉得

应该加强管理,加快推进,争取早日形成规模,早日形成战斗力,早日发挥作用。

(三)充分利用社会和行业媒体资源,形成合力,扩大行业品牌、服务、产品的传播力度

几年来,全行业已经形成了一种共识,行业的舆论引导是极端重要的问题,我们开展新闻宣传工作的能力与行业的形象是密切相关的命运共同体,一荣俱荣,一损俱损。只有通过大家共同努力,才能推动行业新闻宣传工作上台阶、上水平。

近几年,报社围绕国家邮政局党组的中心工作,多次组织中央媒体走进邮政、快递企业进行专题采访,得到各地的大力支持和积极配合。今年8月,围绕行业开展国际航空邮件快件运输、服务"一带一路"建设的主题,报社在浙江、广东等局记者站的协助下,组织中央媒体记者团到杭州、深圳、义乌等地实地采访,以切身体会感知行业的发展变化,采写编发了一系列鲜活生动的新闻报道,对宣传行业、引导舆论起到积极作用。各省(区、市)记者站也围绕行业发展战略、重点项目,主动策划一系列新闻宣传报道,让广大消费者了解邮政业在服务经济社会发展中发挥的重要作用。例如围绕学习贯彻十九大精神、《快递暂行条例》、绿色快递、安全寄递、诚信服务、世界邮政日、"双11"等选题组织了系列策划和宣传,部分省局还根据自身情况组织了特色宣传活动,如北京经常性开展重大活动安全寄递宣传,内蒙古、福建等突出7件实事落地策划,天津抓住自贸区许可下放的关键点,江苏、山西侧重"快递+农业"的落点,浙江突出"一带一路"的实践,安徽、河南则以最美快递员的宣传为抓手扩大行业宣传影响力,这些策划在扩大行业社会影响力方面都起到了很好的示范作用。

(四)充分认识舆论引导和危机公关的重要性,提升化解重大舆情风险的能力和水平

我们要看到,各地方各企业在面对负面舆情时的应对和信息发布工作还有待完善,危机公关能力还有待提升,舆论工作力量还有待加强。一是对舆情监测的重视程度不够,没有及时发现负面舆情的苗头,应对不及时,反应滞后,甚至有的还试图躲过舆情,导致小概率事件爆发成较大的负面舆情;二是没有建立规范的应对负面舆情的发布制度,有的地方在舆论危机发生后,信息发布渠道不统一,信息发布过于随意,甚至信息发布内容前后矛盾;三是有的地方和企业在舆情发生后表现出不负责任的"傲慢",对于媒体提出的采访需求不回应、不接受、不配合,造成与媒体的关系紧张,记者为完成报道任务,侧面迂回采访或暗访,形成不利于行业的新闻报道。现在,行业已经有7家上市企业,拥有如此之多公众公司,一旦发生负面舆情,对行业的负面影响将成几何倍数增长。

为了加强新闻发布和舆情引导,我们要建立健全新闻发布机制,增强行业新闻宣传的针对性、策略性、计划性和跟进性,要扎实研究舆情监测与舆情应对工作,建立健全指挥、行动、发布三位一体的舆论应急处置工作机制,增强舆论应对能力,做好到新闻发布与应急处置工作同时启动、同步实施,及时答疑解惑、回应社会关切,不断提高突发事件新闻发布工作质量和水平。在过去的几年间,报社在国家邮政局党组的领导下,充分利用有关部门的力量和资源,成功化解了多起重大舆情风险,并且在日常舆情监测方面积累了丰富的经验。报社作为行业新闻宣传的主阵地,要加强和各省邮政管理部门的合作,做好舆情监测和处置工作。

四、紧抓机遇,聚焦重点,凝聚共识,形成合力,奋力谱写新时代行业新闻事业新篇章

当前,国家赋予邮政业"邮政体系是国家战略性基础设施和社会组织系统"的新定位,我国邮政业进入迈向高质量发展实现新突破的崭新阶段。要树立大格局理念,把行业新闻宣传工作与服务国家战略、服务社会民生、推动行业发展结合起来统筹谋划,牢牢站稳人民立场,自觉服从服务于大

局，始终把人民利益摆在至高无上的地位；要树立大责任观念，把握好高站位，在行业发展大局中找准工作定位，紧贴行业发展的脉搏，更好地发挥弘扬主旋律、传播正能量、服务和推动行业发展的重要作用；要树立大视野思维，把握好深影响，充分发挥行业新闻宣传助推器作用，服务行业改革发展中心工作，增强行业新闻宣传的吸引力和影响力，凝聚起促进行业改革发展稳定的舆论力量。

今年是改革开放40周年，40年来特别是党的十八大以来，我国邮政业取得历史性成就、发生历史性变革。站在新的历史起点，全行业正在奋力推进习近平新时代中国特色社会主义思想在邮政业的生动实践，不断推进行业走向新的阶段，推进行业朝着与人民群众相适应的邮政业不断迈进，深入推进供给侧机构性改革，着力提升供给质量，努力绘就一张蹄疾步稳、提质增效的行业改革发展新图景。

为此，我们要立足大局，把握规律，始终保持战略定力，坚持问题导向，统筹谋划，埋头苦干，始终不忘初心，以迎难而上的坚定决心和扎实行动，更好贯彻落实习近平新时代中国特色社会主义思想和党的十九大精神，深入总结改革开放40年来邮政业发展经验，不断开创行业新闻宣传工作新局面。当前和今后一个时期，要重点做好以下八个方面的宣传报道工作。

一是深入做好全系统学习宣传贯彻习近平新时代中国特色社会主义思想和党的十九大精神的报道工作。习近平新时代中国特色社会主义思想和党的十九大报告，为行业发展指明了方向，提供了遵循。其学习宣传贯彻是一项要长期坚持的工作，我们要按照中央要求和国家邮政局党组部署，多渠道、多载体、多形式大力宣传习近平新时代中国特色社会主义思想和十九大精神指引下行业宣贯落实的最新进展，以及行业践行高质量发展的生动实践。

二是深入做好贯彻落实中央重大决策部署的宣传报道。加强对邮政管理部门打好三大攻坚战，坚持防范风险，助力精准扶贫、精准脱贫，治理污染、推动绿色邮政发展，以及服务"一带一路"建设、推动京津冀邮政业协同发展、支持雄安新区邮政业建设与发展、落实长江经济带邮政业发展指导意见、做好重大活动寄递服务安保等工作和成效的宣传报道。

三是深入做好庆祝改革开放40周年相关报道。邮政业伴随着改革开放的40年高速发展，取得巨大发展成果，成为现代服务业的先导性产业之一。我们要抓住国家政策大力支持，技术、资本、人才等多重因素共同驱动下行业加速转型升级的战略机遇期，为行业发展营造更好的舆论氛围。国家邮政局已经下发了通知和方案，各省市要结合自身情况做好宣传。

四是深入做好法律法规和重大政策宣传。如《快递暂行条例》和国办1号文件是宣传重点。抓住《条例》这部发展法、促进法、保障法的要点，加大对条例宣贯、实施和执行的宣传；深入宣传《国务院办公厅关于推进电子商务与快递物流协同发展的意见》（国办1号文）对推进快递物流转型升级、提质增效的重要意义，加大对深入实施"互联网＋流通"行动计划，提高电子商务与快递物流协同发展水平的舆论引导。同时，对于修订后的《快递封装用品》标准做好宣传，引导行业绿色发展。

五是深入做好邮政业更贴近民生7件实事的宣传报道。局党组确定的2018年7件实事，坚持以人民为中心的发展思想，坚持贴近人民群众、效果更实、作用更大；坚持创新驱动、优化结构、补齐短板、服务民生、绿色安全，推进行业高质量发展，是对国家"稳增长、促改革、调结构、惠民生、防风险"的作用进一步发挥，也是邮政管理部门做好"为民办事、为民服务"工作的落脚点和出发点，要以案例带政策，以行动促效果，大力加强宣传报道。

六是深入做好邮政普遍服务、快递服务高质量发展的宣传工作。围绕从2020年到2035年，基本建成人民认可的世界一流的邮政普遍服务，从

2035年到本世纪中叶,全面建成人民满意的世界领先的邮政普遍服务,这个"两步走"的奋斗目标,做好建制村直接通邮、构建邮政综合服务平台、提升党报当日见报水平等宣传报道。围绕国家邮政局提出的推广"寄递+合作社+农产品"模式,打造特色农产品"直通车";发展"寄递+先进制造业",打造先进制造业"移动仓库";推动"寄递+跨境电商",建设跨境网购"桥头堡"的发展定位,加强我国快递服务水平日益提升的宣传报道。

七是深入做好推进行业"放管服"改革向纵深发展方面的报道。围绕进一步转变政府职能,坚持不懈推动"牵一发而动全身"的重点领域和关键环节的改革攻坚的宗旨,加大行业行政审批改革力度、进一步优化营商环境、进一步强化事中事后监管、全面实施"双随机一公开",按照包容审慎原则,对新业态监管要紧紧守住安全底线、推进邮政领域大数据应用共享的要点,推出促进审批更便捷、监管更有效、服务更优质方面的报道。

八是深入做好全系统从严治党和行业精神文明建设的宣传报道。重点宣传邮政管理系统全面落实从严治党要求,切实加强党的政治建设重点任务督查落实,集中开展学习贯彻习近平总书记关于党的政治建设重要指示精神"五个一"系列活动,进一步增强基层党组织和党员干部"四个意识"以及加强非公快递企业党建工作等重要活动成效。准备启动第四届"寻找最美快递员"活动,打造邮政业精神文化建设的明星品牌,为培育和践行社会主义核心价值观提供强劲支撑。

同志们,新时代要有新气象,新理念实现新跨越!让我们更加紧密地团结在以习近平同志为核心的党中央周围,以习近平新时代中国特色社会主义思想为指导,不忘初心,牢记使命,击楫奋进,努力开创邮政业新闻宣传工作的新局面,为全面建成与小康社会相适应的现代邮政业,为实现"两个一百年"的奋斗目标、实现中华民族伟大复兴的中国梦不断做出新的更大贡献。

第二篇 发展概览

第一章 2018年快递服务发展综述

2018年是全面贯彻落实党的十九大精神的开局之年，是改革开放40周年，是决胜全面建成小康社会、实施"十三五"规划承上启下的关键一年。一年来，全行业深入学习贯彻习近平新时代中国特色社会主义思想和党的十九大精神，认真贯彻落实国家局党组各项决策部署，按照"打通上下游、拓展产业链、画大同心圆、构建生态圈"工作思路，迎难而上、扎实工作，围绕"一条例两意见"贯彻落实，促发展、保安全、强监管、优服务、严作风各方面工作都取得了积极成效，朝着实现全面建成与小康社会相适应的现代邮政业目标迈出了坚实步伐。

一、行业影响力和社会关注度继续增强，快递发展利好政策不断出台

快递业是现代服务业的重要组成部分，是推动流通方式转型、促进消费升级的现代化先导性产业。近年来，快递业在降低社会流通成本、支撑电子商务、服务生产生活、扩大就业渠道等方面发挥了不可替代的积极作用。

2018年，我国快递业在国民经济中的基础性作用更加凸显，快递已成为现代社会生产生活不可或缺的组成部分。全年快递业务量完成507.1亿件，连续5年迈上新百亿关口，同比增长26.6%，快递业务收入完成6038.4亿元，同比增长21.8%。全年支撑工业品下乡和农产品进城超7000亿元，支撑超过3500亿元的跨境电子商务贸易，快递网络日益成为全球物流和供应链服务体系的重要组成部分。

2018年，快递业发展继续获得党中央、国务院的关注和重视，各方面利好政策不断出台，社会各界对行业发展的关注热度持续提升。李克强总理在政府工作报告中提出"支持电商和快递发展"。中央一号文件《中共中央 国务院关于实施乡村振兴战略的意见》明确提出："构建农村一二三产业融合发展体系""重点解决农产品销售中的突出问题，加强农产品产后分级、包装、营销，建设现代化农产品冷链仓储物流体系，打造农产品销售公共服务平台，支持供销、邮政及各类企业把服务网点延伸到乡村……加快推进农村流通现代化"。

与此同时，《中共中央 国务院关于全面加强生态环境保护 坚决打好污染防治攻坚战的意见》《中共中央 国务院关于完善促进消费体制机制 进一步激发居民消费潜力的若干意见》《中共中央 国务院乡村振兴战略规划（2018—2022年）》《中共中央 国务院关于建立更加有效的区域协调发展新机制的意见》《国务院关于加强质量认证体系建设促进全面质量管理的意见》《国务院关于积极有效利用外资推动经济高质量发展若干措施的通知》《国务院打赢蓝天保卫战三年行动计划》《国务院中国（海南）自由贸易试验区总体方案》《国务院优化口岸营商环境促进跨境贸易便利化工作方案》《国务院关于支持自由贸易试验区深化改革创新若干措施的通知》《国务院关于做好当前和今后一个时期促进就业工作的若干意见》《中共中央办公厅 国务院办公厅关于提高技术工人待遇的意见》《国务院办公厅关于推进农业高新技术产业示范区建设发展的指导意见》《国务院办公厅关于进一步压缩企业开办时间的意见》《国务院办公厅推进运输结构调整三年行动计划(2018—2020年)》等中央政策文件；原国家工商总局等二十七部门《关于开展放心消费创建活动营造安全放心消费环境的指导意见》，交通运输部、住房和城乡建设部、国家铁路局、中国民航局、国家邮政局等七部门《关于进一步加强和改善老年残疾人出行服务的实施意见》，交通运输部、国家发展改革委、国家邮政局等七部门《关于加快推进旅客联程运输发展的指导意见》，工信部、科技部、环保部、交通运输部等《新能源汽车动力蓄电池回收利用管理暂行办法》，教育部、国家发展改革委、人社部等六部门《职业学校校企合作促进办法》，国家质检总局、工信部、农业部、国家邮政局等七部门《关于开展农产品电商标准体系建设工作的指导意见》，农业农村部《关于大力实施乡村就业创业促进行动的通知》，生态环境部、商务部等八部门《关于开展供应链创新与应用试点的通知》，国家发展改革委、自然资源部、住房城乡建设部、中国铁路总公司《关于推进高铁站周边区域合理开发建设的指导意见》，农业农村部、财政部《关于开展2018年国家现代农业产业园创建工作的通知》，商务部《关于推进农商互联助力乡村振兴的通知》，财政部、税务总局《关于物流企业承租用于大宗商品仓储设施的土地城镇土地使用税优惠政策的通知》，商务部等部门《关于扩大进口促进对外贸易平衡发展的意见》，国家发展改革委、教育部等十七部门《关于大力发展实体经济积极稳定和促进就业的指导意见》，工信部、科技部、生态环境部等七部门《关于做好新能源汽车动力蓄电池回收利用试点工作的通知》，财政部、国家税务总局、工信部、交通运输部《关于节能新能源车船享受车船税优惠政策的通知》，商务部《关于做好农产品产销对接工作的通知》，国家发改委等十九部门《关于发展数字经济稳定并扩大就业的指导意见》，工信部、国家发展改革委、财政部、国资委《促进大中小企业融通发展三年行动计划》等部门联合文件，为快递基础设施建设、产业协同发展、保障寄递渠道安全、绿色发展、加快"走出去"等提供了一系列重要的政策支持。

2018年，《人民日报》、新华社、中央电视台等中央主流媒体对快递业持续关注，全年中央媒体和行业媒体共刊(播)发国家邮政局新闻信息383条(篇)，其中深度报道95篇。6大中央媒体共计刊发183篇，占比47.78%，其中《人民日报》33篇，中央电视台40篇。在行业媒体制作专版、专题报道共17个。2018年，以国家邮政局和邮政业重大活动为节点，做好庆祝改革开放40周年、邮政业服务"一带一路"建设、《快递暂行条例》宣贯、邮政业打好三大攻坚战、绿色发展等重大主题宣传，针对2018年全国邮政管理工作会议、全国两会、第五届京交会、第三届寻找最美快递员活动揭晓发布仪式、2018中国快递"最后一公里"峰会以及快递业务旺季服务保障等重点工作，组织中央及行业媒体参与，进行集中宣传报道，取得了较好的宣传效果。与此同时，全国邮政管理系统积极探索符合时代要求和行业需求的新闻宣传新理念新方式，坚持围绕中心、服务大局，努力推动传统媒体与新兴媒体有效融合。

二、快递业持续健康快速发展，市场规模跃上新台阶

(一)年业务量突破500亿件，业务规模连续五年稳居世界第一

业务规模全球领先。2018年，我国快递服务企业业务量达到507.1亿件，同比增长26.6%。快递业务增量为106.5亿件，快递业务量及增量均创历史新高。我国日均快件处理量达到1.4亿件，最高日处理量达到4.2亿件，同比增长

25.7%。2010—2018年，我国快递业务量年均复合增长率达46.9%，是同期国内生产总值增速的6倍以上，增速居现代服务业前列，是我国新经济的代表行业。我国快递业务量超过美、日、欧发达经济体之和，占全球快递包裹市场份额的一半以上。我国快递业务量规模连续五年稳居世界第一，成为全球快递包裹市场发展的动力源和稳定器。

快递业收入占比持续提升。2018年，快递业务收入超过6000亿元，达到6038.4亿元，同比增长21.8%。快递业务收入占邮政行业业务收入比重为76.4%，同比提高1.5个百分点。快递业务增速是服务业生产指数增速的近3倍，快递业占服务业增加值的比重为1.28%，同比提高0.12个百分点。快递业务收入增速是国内生产总值增速的3.3倍，快递占国内生产总值的比重达0.67%，同比提高0.07个百分点。

使用频率明显增加。2018年，快递企业日均服务2.8亿人次，相当于每天5个人中有1人在使用快递服务。年人均快递使用量为36.4件，同比增加7.6件。年人均快递费用支出432.7元，同比增加76.1元。快递成为衣食住行后又一基本需求。

2010—2018年人均快递使用量和人均快递支出情况

指　　标	2010年	2011年	2012年	2013年	2014年	2015年	2016年	2017年	2018年
人均快递使用量（件）	1.7	2.7	4.2	6.8	10.3	15	22.6	28.8	36.4
人均快递支出情况（元）	42.9	56.3	77.9	106.0	150.4	201.5	287.4	356.6	432.7

（二）稳中有进，快递业务旺季服务保障能力继续稳步提升

2018年"双11"当天，根据国家邮政局监测数据显示，主要电商企业全天共产生快递物流订单13.52亿件，同比增长25.12%；全天各邮政、快递企业共处理4.16亿件，同比增长25.68%，再创历史新高。11月11—16日业务高峰期间，全国邮政、快递企业共处理邮（快）件18.82亿件，同比增长25.8%。截至21日20时，除边远地区外，主要寄递企业揽收的邮（快）件已妥投18.3亿件，妥投率超过97%。其间，全网运行平稳顺畅，基本实现了"全网不瘫痪、重要节点不爆仓"。

从统计数据看，快递业务量峰值出现在11月11日，当天处理量达到4.16亿件，比去年增长25.68%，是日常处理量的3.2倍，再次刷新了我国快递最高日处理量的纪录。13日，进入派件高峰，当日派件总量达到2.5亿件，15日更是攀升至2.85亿件并一直延续至17日。快件包裹揽收、签收时效均略快于去年。在精准预测和效率提升的基础上，1亿件包裹从商家发货到消费者签收的处理时间从2013年的9天减至2.6天，压缩71%。

无论是电商销售成交量，还是产生的物流订单，都刷新了历史纪录，给邮政业带来巨大压力。但是，全行业顶住了压力，实现了"双11"旺季服务的保障目标。

为了迎战旺季，国家邮政局提前谋划，精准预测，指导全行业全力备战。据统计，"双11"期间有超过300万从业人员、110架行业自有全货机投入到旺季服务中，转运中心、车辆等能力扩充了20%。高铁运快递的线路更是突破400条线路，通达60多个城市。同时，国家邮政局还充分利用"错峰发货、均衡推进"机制的基础作用，有效协调各家电商平台延长发货时间，确保上下游放量有序，行业运行平稳。

旺季期间，国家邮政局成立了由局领导带队的多支督导组分赴各地调研督导邮政行业运行情况，激励全行业打赢旺季服务保障攻坚战。同时，还先后发出3次消费提示，公布近期投递量排名前30的城市，并请广大消费者对部分寄递服务时限延长给予理解。

各地邮政管理局也提前筹划部署，成立快递业务旺季服务保障工作领导小组，对本辖区内快件业务量进行预测，并指导企业提前储备运能。旺季期间，他们纷纷走进一线，深入分拨中心、营

业网点督导检查和走访慰问,为当地邮政业从业者加油鼓劲。

作为市场主体,各寄递企业在"双11"前就做足了各种准备。其中,中国邮政两张网的合并全面提升了"双11"服务能力,农村地区服务能力更是上了一个新台阶;顺丰充分发挥多元化运力优势,打出"飞机+高铁"的黄金组合,保障快递时效;申通八大组合拳提升运能,其中包括斥资超40亿元,全面升级中转运力;中通、圆通、韵达、百世也提高自动化水平,并对末端进行了改造;德邦上线智慧车队,全面提升干线车队的运营效率;京东物流推出精准分单平台,提升分单准确率和配送时效……正是有了政企合力,这个业务旺季,全行业给全国人民交上了一份漂亮的答卷。

整个"双11"服务保障呈现出四大特点:

一是科技范儿更浓。 自动分拣机、分拣机器人等智能化设备开始从一线城市向全国各地延伸,从一级转运中心向二级分拣中心乃至快递网点拓展,极大地提高了快件处理效率,提升了服务时效。数据显示,"中国智造"全自动分拣流水线能够节省40%的人力,提高操作效率超过50%。

二是国际化程度更深。 数据显示,"双11"当天,产生跨境进口快件近3300万件,同比增长60%。为助力中国商业实现"买全球、卖全球",行业企业携手海关提升清关效率,有的保税区甚至可以实现"秒级清关";部分企业还在重点海外业务地区提升末端配送能力,目前已有2000余个自提柜覆盖俄罗斯境内的390个城市,极大地提高了海外的履约效率。

三是绿色环保无处不在。 各寄递企业电子运单使用率进一步提升到95%,可降解胶带和可循环包装袋在部分企业中已经成为标配,纸箱回收试点也初见成效。高铁等绿色高效运输方式也得到进一步应用。高铁"复兴号"动车组将每列高铁邮(快)件装载量从500公斤提升到5吨,累计运输邮(快)件超过2万吨。

四是快递小哥心更暖。 由中国邮政快递报社牵头组织的"快递员关爱周"继续举办,共推出了"爱·互助"等六大行动。各寄递企业纷纷响应,在各网点设置了爱心服务专区,为快递员提供便利服务。中国邮政EMS、百世快递也自行推出了类似的活动。

(三)快递市场结构呈现三方面突出特点

在主体结构方面,民营经济发展壮大。 2018年,民营、国有、外资企业业务量占全部快递与包裹市场比重分别为86.2%、12.3%、1.5%,民营、国有、外资企业业务收入占全部快递与包裹市场比重分别为83.6%、11%、5.4%。

市场集中度加速提升。 2018年,快递与包裹服务品牌集中度指数CR8为81.2,同比提高2.5。市场集中度指数CR8在上年反弹后呈现加速提升的态势,提升幅度创历年新高,行业规模经济效应更加显著。我国已形成1家年营业收入超千亿元、5家超500亿元的快递企业集群。

在产品结构方面,同城快递增速平稳。 2018年,同城快递业务量114.1亿件,同比增长23.1%,比行业增速低3.5个百分点。同城快递业务收入完成904.7亿元,同比增长23.6%,比行业增速高1.8个百分点。同城快递业务收入增速高于业务量增速,平均价格回升,同城快递均价为7.9元,同比上涨0.4%。

异地快递主力军作用强化。 2018年,异地快递业务量完成381.9亿件,同比增长27.5%,比行业增速高0.9个百分点。异地业务收入完成3101.9亿元,同比增长23.4%,比行业增速高1.6个百分点。异地业务占比继续提升,异地业务量和业务收入分别占全国的75.3%和51.4%,同比提高0.5个百分点和0.7个百分点。

跨境快递增长迅速。 2018年,快递企业加快走出去步伐,在重点国家和地区网络布局,构建全球寄递网络。海外仓覆盖50多个国家和地区,新增跨境货运航线17条。国际及港澳台快递业务量达到11.1亿件,同比增长34%,比行业整体增速高7.4个百分点。国际及港澳台业务量占比继续提升,占全国的2.2%,同比提高0.1个百分点。实现业务收入585.7亿元,同比增长10.7%。

在区域结构方面,区域发展水平差异较大。 2018年,我国快递业务量超过10亿件的省(区、市)有12个,安徽首次入围,12省份合计完成快递业务量446.6亿件,同比增长25.9%,占全国比重88.1%。其中,广东和浙江两省业务量均超百亿件,共占全国的45.5%,是快递业务的重要增长极。

区域均衡度稳步改善。2018年,东、中、西部地区快递业务均保持了持续稳定的增长势头,中、西部地区业务增长持续提速,市场份额继续上升。全年东部地区完成快递业务量405亿件,同比增长24.6%;实现业务收入4830.8亿元,同比增长20.4%。长三角和珠三角支撑快递业务的半壁江山,业务量和业务收入分别占全国的61%和61.1%,同比提高4.2个百分点和1.6个百分点。中部地区完成快递业务量62.4亿件,同比增长34.8%;实现业务收入678亿元,同比增长26.9%。西部地区完成快递业务量39.7亿件,同比增长35.5%;实现业务收入529.6亿元,同比增长28.9%。东、中、西部地区快递业务量比重分别为79.9%、12.3%和7.8%,快递业务收入比重分别为80%、11.2%和8.8%。与上年同期相比,东部地区快递业务量和收入比重分别下降1.2个百分点和0.9个百分点;中部地区快递业务量和收入比重分别上升0.7个百分点和0.4个百分点;西部地区快递业务量和收入比重均上升0.5个百分点。

(四)行业整体服务能力继续提升

快递航空运能快速提升。 2018年,行业拥有国内快递专用货机116架,同比增加16架。新增"长沙—孟加拉达卡""深圳—新加坡"等17条国际货运航线和"银川—杭州""成都—西安"等6条国内货运航线,部分快递企业通过"包机""包舱"等方式运输快件,快递航空货运量占国内货邮吞吐量比重超过一半。湖北鄂州国际快递物流核心枢纽项目建设有序推进,顺丰航空共开通43个国内主要城市(含港澳台)及金奈、新加坡、纽约等11个国际站点,并投资美国物流服务平台Flexport。圆通启动浙江嘉兴全球航空物流枢纽建设,新增5条国际航线,并联合菜鸟、中国航空参与香港机场国际货运枢纽建设。中通快递与土耳其航空和太平洋航空成立合资公司,布局跨境航空货运通道建设。邮政EMS自有全货机33架,运能接近日均1000吨。申通国际包机业务平稳运行。

专栏1:2018年主要快递企业航空运输情况

邮政EMS 自有全货机33架,运能接近日均1000吨。

顺丰 自有全货机50架,新增9架,租赁飞机16架,共执行航线65条。航空发货量124万吨,同比增长11.7%。顺丰航空货运量占全国货邮总运输量比重23%,航空发货量占顺丰业务量的比重21.5%。顺丰航空共开通43个国内主要城市(含港澳台)及金奈、新加坡、纽约等11个国际站点。

圆通 自有全货机12架,新增2架。开通了郑州—日本东京、义乌—韩国仁川、长沙—菲律宾西亚马尼拉、长沙—孟加拉国达卡、长沙—越南胡志明等国际航线。

韵达 已与全国33家航空货运代理公司开展合作,合作航线500余条,采用航空运输方式的发货量为平均每天14.8万票左右,同比增加23.3%,发货重量平均每天121吨左右。

中通 与土耳其航空和太平洋航空成立合资公司。

铁路运输能力逐步增强。 2018年,快铁合作深入推进,开通高铁快递线路431条,试开行"复兴号"动车组专用车厢运送快件,每列运能从500公斤提高至5吨。快铁合作实现新突破,完成中

欧班列义乌到莫斯科首次快件运输试点，顺丰与中国铁路总公司合资成立中铁顺丰国际快运公司，推动"高铁+快递"联合运营，"高铁极速达"产品已覆盖48个城市，开通205个流向，"高铁顺手寄"产品覆盖34个城市，开通69个高铁车站。

公路运输保障充分。2018年，快递公路运输方式占比仍超过80%，是快件运输的主力。行业新能源车辆保有量超过2万辆。部分快递企业加大车辆自营化力度，中通和申通干线运输车辆自营率分别为81.8%和65.7%。部分快递企业依托快递大数据系统，优化路由网络，顺丰依托智能物流地图系统实现了动态路由规划，申通新增800多条干线运输线路，极大提高了运输效率。部分快递企业与公路运输企业合作，推进偏远地区公路客运班车代运快件试点，探索快件共同运输模式，提高快件公路运输效能。

快递集聚效应显现。2018年，快递园区建设速度加快，全国规划、在建和运营的快递物流园区共计471个，已建成快递物流园区375个，新增52个，2000多家企业入园运营。快递园区服务功能逐步拓展，从快件分拣向仓配一体化发展，从寄递拓展加工、包装等服务，涌现了一批综合型快递物流园区。天津空港经济区物流园、西安邮件处理中心等10个快递物流园区项目列入交通运输部货运枢纽投资补助项目储备库。

专栏2：2018年部分省（区、市）快递园区建设及企业入驻情况

北京　5个快递企业的7个快递站点入驻建国门街道的北京首个政府主导的"快递之家"。14家快递企业的17个站点入驻丰台区大红门地区的快递园区。5家快递企业入驻新街口快递集中分拣中心。

天津　建成快递专业类快递物流园区3个，即空港航空快递物流园、东疆港跨境电商快递物流园和武清电子商务快递物流园。

河北　推进园区项目16个，规划投资149亿元，占地面积465万平方米，其中12家陆续投入运营，入驻企业47家。

山西　建成园区共计15个，园区共入驻快递企业61家，快递业务量日均处理量125.9万件，同比增长10%。

内蒙古　园区共计69个，共入驻快递企业200余家。

辽宁　沈阳、大连、铁岭等地市新建物流园391.1万平方米。37个分拨中心新入驻物流园，日均处理快件330万件。

安徽　园区共计34个，共入驻快递企业22家，快递业务量达到6.9亿件。

山东　园区共计28个，共入驻快递企业151家，园区快递业务量达到14.03亿件。

河南　河南省全国性快递集散交换中心项目已完成，郑州机场邮件快件"绿色通道"建设成效显著。

广东　东莞沙田的菜鸟&递四方国际智慧物流园，年货物吞吐量达10万吨。京东"亚洲一号"东莞麻涌项目是国内最大最先进的自动化立体仓储中心，投资总额12.16亿元。

重庆　京东亚洲1号仓及分拨处理中心、申通快递分拨处理中心已入驻重庆公路物流基地运营，顺丰快递已签约入驻重庆公路物流基地；申通、圆通、中通、百世、天天等主要品牌企业已入驻江津区快递服务中心。

青海　由第三方投资建设的省内第一个快递物流园——青海贵强快递物流园建成并投入使用。

分拣智能化水平提升。 2018年,快递企业加强对全国各地新建、改扩建分拨中心,大力推广全自动分拣技术,购置自动化设备,全国拥有大型快件自动化分拣中心232个。申通等快递企业加强分拨中心直营化,提高网络掌控力度。"中国智造"全自动化分拣流水线可以节省人力40%,提高操作效率超过50%。顺丰最大中转场分拣能力峰值可达15万件/小时,研发投入国内首例以单件承载60公斤AGV机器人等多种自动化设备相融合的自动化分拣系统,实现重货全流程无人化分拣处理。京东在华北上线了自动化冷链分拣中心,将产能提升至同等面积场地的2.5倍。中通快递在广州、成都、武汉、郑州、南昌等多个转运中心上线双层自动分拣系统,每小时能够处理4万~6万件,提高了行业的技术含量和处理效率。京东、百世等快递企业加强"云仓"等智能仓储建设,逐步推进无人仓的规模化应用,实施仓配体化。

专栏3:2018年部分主要快递企业分拨中心建设及改扩建情况

邮政EMS 新扩建哈尔滨分拨中心,改扩建七台河、鹤岗、绥化、双鸭山分拨中心。

顺丰 新建内蒙古、哈尔滨、伊春、黑河、武昌分拨中心。改扩建宜春樟树、西安分拨中心。顺丰拥有9个枢纽级中转场,49个航空、铁路站点,44个中转场已投入使用全自动分拣系统。

中通 新增哈尔滨、咸阳、西安快件分拨中心,改扩建哈尔滨分拨中心。中通快递全国的分拨中心共计86个,其中78个由中通自营。

圆通 新建完成常德、邯郸、长治三个枢纽转运中心,共完成济南、烟台、海口、郑州、杭州等城市合计16个枢纽转运中心的升级改造和扩建,共完成上海、南通、泰州、南昌、广州等城市合计14个枢纽转运中心的搬迁,针对北京、上海等核心城市网络布局特点新增建设运营城配中心5个。圆通共拥有枢纽转运中心67个。

申通 新建哈尔滨、七台河、上海、自贡分拨中心,改扩建北京、天津分拨中心。全网共有转运中心68个,自营转运中心60个,自营率约为88.24%。

韵达 新建赣州分拨中心。全国设立54个枢纽转运中心,枢纽转运中心的自营比例为100%。

百世 新建北京顺义、齐齐哈尔、上饶分拨中心,改扩建黑河、上海、武汉转运中心。

京东 新建哈尔滨分拨中心、华北集散仓。

末端服务形式多元化。 2018年,全国已建成快递末端公共服务站8.2万个,新增近5万个。投入运营智能快件箱27.9万组,新增7.3万组,箱递率达8.7%,同比提高1.9个百分点。末端产品创新不断,中国邮政EMS和京东发布"快递到车"服务,中邮速递易发布人脸识别智能快递柜,丰巢研发出智能快递塔。投递规范化程度提升,全国高校规范收投率达99.2%,其中,河北、江苏等27个省份实现100%全覆盖。全国主要品牌快递企业城区自营网点标准化率达92.7%,同比提高10个百分点,河南、广东、海南、宁夏率先实现100%。江苏、河南部分区域探索共同配送,快递公共投递站、快递超市等多种共同配送形式逐步推广。上门投递、智能快件箱投递和公共投递站投递等模式互为补充的末端投递服务新格局逐步形成,用户消费体验改善。

技术应用提升运行效率。 云计算、大数据、人工智能、物联网等新技术广泛应用,不断提升数字化、自动化、智能化、共享化水平,助推行业从劳动密集型向技术密集型转变。数据分单、数据派单等技术应用,推动行业实现了作业环节和路由管控智能化,结合物流地图实现了路由动态优化,提升了快件转运效率。主要企业大规模推广App应用,大幅提升服务效率和用户体验。企业研发投入加大,顺丰研发投入27.2亿元,同比增长69.8%,韵达研发投入同比增长28.3%,百世研发投入占收入比重提升0.2个百分点。99家快递相关企事业单位和科研院校共同发起邮政业科技创新战略联盟,行业技术研发生态体系逐步优化。

区块链技术从理想变为现实。顺丰对外发布"顺丰医药供应链'方案+'"和"顺丰医院'方案+'"解决方案实现区块链医药溯源落地。京东加入全球区块链货运联盟参与发起成立"物流+区块链技术应用联盟",发布《京东区块链技术白皮书(2018)》,探索区块链在快递物流领域应用场景。中通发布《实体化区块链:内生于中通快递的共创生态系》,这是由国内快递企业发布的首个区块链技术研究报告。

无人技术推广应用。京东配送机器人已经在长沙量产,为城市投递提供了全新的解决方案。顺丰完成国内首次无人机后勤物资运输,陆续推出中小型无人机、水陆两栖无人机、大吨位改装无人机,其无人机机队已初见规模,无人机技术应用解决了特殊场景运输难题,突破地域交通阻隔。京东物流首次公布无人仓标准,顺丰联合中国电科五十四所共同开展大型物流无人机行业技术标准的制定。

(五)快递相关投融资活跃,资本市场整体平稳

快递相关投融资活跃。2018年,我国快递领域投融资主要投资的领域集中在即时配送、快运、末端配送以及转运中心建设,主要呈现四个方面的特点:一是投融资规模较大,即时配送平均1亿元以上,快运平均5亿元以上。二是快递物流领域投资主体比较集中,主要投资者为红杉资本、鼎晖投资、普洛斯、阿里及其控股的菜鸟和云峰基金等。三是被投资方均为细分市场领域的领先企业,中小型快递物流企业投融资事件出现频率减少。四是融资渠道多元化,快递企业发债企业数量增多,8月份顺丰发行20亿元公司债券,11月份圆通发行不超过36.5亿元的可转债,11月份韵达发20亿元中期票据和不超过20亿元超短期融资券等。

资本市场整体平稳。2018年,7家上市快递企业累计完成业务量370.7亿件,同比增长37.3%,比行业整体增速高10.7个百分点,占全行业比重73.1%,同比提高5.7个百分点。受资本市场整体下跌影响,快递板块整体下行,上半年7家快递企业市值之和在5000亿元以上,下半年市值之和在4000亿元左右。7家上市快递企业累计完成经营收入2178.4亿元,同比增长30.2%,比行业增速高8.4个百分点。7家上市快递企业中,6家经营收入超过行业增速,百世、韵达、中通、申通和圆通增速均超过30%。其中,顺丰完成营业收入909.4亿元,占比超过四成。

三、行业发展环境持续优化,发展态势稳中向好

(一)发展环境不断优化,服务国家重大战略扎实有效

一是政策法规体系不断完善。快递业第一部行政法规《快递暂行条例》颁布实施,规定了一系列保障行业发展的制度措施,宣告快递业全面转向高质量发展阶段。配套出版《〈快递暂行条例〉释义》。参与电子商务法立法。修订《快递业务经营许可管理办法》,出台《邮件快件实名收寄管理办法》《快递末端网点备案暂行规定》,起草《智能快件箱寄递服务管理办法》。法律法规体系进一步完善,对推动行业高质量发展发挥重要保障作用。

二是政策扶持力度强劲。优化发展政策环境。国家高度重视快递业发展,先后出台多项政策促进行业发展,涉及快递下乡、交邮协同和绿色发展等领域,行业高质量发展的政策环境持续优化。国务院办公厅印发《关于推进电子商务与快递物流协同发展的意见》,聚焦电子商务与快递物流协同发展面临的制度性障碍和突出矛盾,在深化"放管服"改革、突出管理创新、解决突出矛盾、

加强短板建设、注重前瞻性政策设计、明确绿色发展方向等六大方面具有创新和亮点。浙江等28个省份印发配套文件，巩固快递业改革发展成果。

推动政策落地见效。配合国家发改委、交通运输部、商务部等有关部门制订加快培育壮大行业发展新动能、运输结构调整、城乡高效配送、城市居住区末端设施建设等政策措施，邮政业"最后一公里"设施建设纳入国家基础设施领域补短板支持政策。印发《国家邮政局关于规范快递末端服务车辆管理和使用工作的指导意见》，196个城市出台快递车辆管理政策，浙江、福建、山东、湖北、四川等省政策覆盖率较高。出台《关于加强邮政领域交通战备工作指导意见》，邮政、快递企业积极参与军队后勤服务保障，行业军民融合工作快速起步。印发《2018年深化邮政业供给侧结构性改革工作要点》，从强基础、补短板、提质效、增动能、优环境等五个方面提出了32条具体措施。各省（区、市）邮政管理部门组织落实国家层面出台各项政策，并结合各地的实际情况，积极协调相关部门出台扶持政策，解决快递车辆通行、快递企业用地、快递园区建设和产业协同发展等问题。

三是"放管服"改革进一步深化。 深化"放管服"改革。深入贯彻国务院"放管服"改革精神，落实"五个为""六个一"工作要求。发布施行《快递末端网点备案暂行规定》，明确了末端网点备案的备案主体条件和程序，全国累计完成末端网点备案12.1万个。先后印发《进一步优化快递业务经营许可工作方案》和《国家邮政局关于加强快递业务经营许可优化工作的通知》，进一步优化许可流程，邮政服务5项行政审批时间缩短至法定时限一半，快递许可平均办理时限压缩至12.7个工作日。推进"互联网+政务服务"，基本实现全流程网上办理和"一门、一次网"要求，依法清理3项证明事项。改革企业年度报告制度，加大信息披露力度，社会公众可以通过各级邮政管理部门网站查询报告内容。将国际快递业务（代理）经营许可权下放至天津、广东自由贸易试验区。积极探索新业态监管方式，开展对智能快件箱寄递服务和专业末端收投服务企业的省内许可工作。

四是助力乡村振兴成果丰硕。 "快递下乡"工程被纳入中央脱贫攻坚战三年行动计划。快递网点乡镇覆盖率达92.4%，其中，22个省份覆盖率达100%。业务量超千万件的"快递+"金牌项目达20个，全年农村地区收投快件总量达120亿件，支撑工业品下乡和农产品进城超7000亿元，34个快递服务现代农业项目覆盖国家级贫困县，在助力农村发展、农业增效、农民增收方面发挥了重要作用。

2018年1月2日发布的《中共中央 国务院关于实施乡村振兴战略的意见》中，提出"支持邮政及各类企业把服务网点延伸到乡村，健全农产品产销稳定衔接机制""深入实施电子商务进农村综合示范，加快推进农村流通现代化"，赋予快递业在乡村振兴中的更高的使命和担当。快递企业积极响应"乡村服务升级"行动计划，推动快递服务网络向下延伸，畅通农产品进城和工业品下乡双向流通渠道。

全年涌现出柳州螺蛳粉、宝鸡猕猴桃、攀枝花芒果、砀山酥梨、梅州金柚、黄冈蕲艾等年业务量超千万件的"快递+"金牌农业项目20个，江苏、安徽、福建、山东、湖北、广西均培育出2个以上超千万件"快递+"金牌项目，累计产生快件3.66亿件，带动农业产值超过400亿元。产业扶贫力度不断加大，"寄递+电商+农特产品+农户"脱贫模式作用明显。快递企业打造农业"一地一品"项目905个，覆盖国家级贫困县34个，有效增强了精准脱贫能力。快递业在助力农村发展、农业增效、农民增收方面发挥了重要作用，服务乡村振兴成效渐显。

五是支撑制造强国战略力度加大。 快递企业发展现代供应链业务，加强对制造强国战略支撑。《国务院办公厅关于推进电子商务与快递物流协同发展的意见》（国办发〔2018〕1号）四处提及推动供应链协同，提升协同效率。主要快递企业依托寄递网络拓展产业链、价值链和服务链,逐步形成末端配送、仓配一体化、入厂物流嵌入式电子商务快递等多种服务模式。2018年,快递服务制造业形成318个重点项目,涵盖航天、汽车、电子、制药、服装等多个领域,年产生快递业务量约9.4亿件,直接带动制造业总产值约2269.7亿元。快递企业发展现代供应链进入快车道,顺丰、京东等快递企业加强与供应链企业战略合作,提升服务广度深度。顺丰联合深圳飞马、怡亚通等8家供应链企业成立大数据公司,并以55亿元收购德国邮政敦豪集团在中国内地、中国香港和中国澳门地区供应链业务,获得德国邮政敦豪集团的供应链服务支持、管理经验以及运输和仓库技术方案。

六是服务"一带一路"成效明显。 快递业"走出去"步伐加快。探索中欧班列运快件,完成中欧班列从义乌到莫斯科首次快件运输试点。中欧班列"顺丰号"正式开通,"长安号"开通汉堡至西安精品快递物流专列,圆通增资扩股"义新欧"。快递企业建设多个海外仓在"一带一路"沿线重点国家加快网络布局,寄递时限大幅压缩。拓展两岸快递业务,推进增开两岸速递快捷业务成都封发局,促进两岸邮政快递与电商融合发展。18个"一带一路"重点省份国际快递业务累计完成9.4亿件,同比增长42.4%,高出全国国际业务整体增速5.7个百分点。国际快递网络及海外仓覆盖50多个国家和地区,支撑超过3500亿元的跨境电子商务贸易,快递网络日益成为全球物流和供应链服务体系的重要组成部分。

七是服务区域协同发展作用更加凸显。 京津冀、长三角、珠三角正在形成特色鲜明的区域快递融合发展新格局。京津冀地区快递业改革创新试验区、快交协同发展示范区和北方快递业发展核心区建设积极推进。长三角快递一体化进程不断加快,区域内快递服务要素自由流动、快递服务市场统一开放、快递业产品供给和服务模式创新不断增强。以粤港澳大湾区建设、粤港澳合作、泛珠三角区域合作等为契机,珠三角快递服务制造业、服务跨境电商能力和水平得到有效提升。

八是军民融合加速推进。 发挥网络优势,以军队后勤保障为切入点,挖掘新潜力,服务军民融合发展。主要快递企业积极响应和践行国家军民融合发展战略,拓展后勤军事物流配送新领域。军民合作范围不断拓展。快递业军民融合呈现出整体推进、加速发展的良好势头,为行业融入军事物流体系创造了条件。

(二)供给侧结构性改革深入推进,推动高质量发展取得实效

一是上机上铁工程稳步推进。 快递航空运能快速提升,全国快递专用货机达113架,湖北国际快递物流核心枢纽项目建设有序推进,浙江嘉兴全球航空物流枢纽正式启动建设。推动"高铁+快递"联合运营,"复兴号"动车组专用车厢每列运能从500公斤提高至5吨,快递企业与中国铁路总公司合资成立国际快运有限公司。中欧班列(义乌)探索出口快件测试。

二是协同发展不断深化。 快递与先进制造业深度融合,重点项目达318个,带动制造业总产值约2172.94亿元,产生快递业务量约8.36亿件、业务收入约68.72亿元。新动能不断释放,冷链、医药等高附加值业务和重货、大包裹、快运、仓配一体、即时递送等新兴服务增长迅速。推动行业与电子商务协同发展,年支撑网络零售额6.9万亿元,占社会消费品零售总额比重超过19%。

三是创新科技广泛应用。 全国规划、在建和运营的快递物流园区共计463个,大型自动化分拣中心232个。大批智能分拣设备在行业得到广泛应用,大数据、自动化、无人机、无人仓等成为行业新标签,智慧路由系统提高了运营效能,AI智能客服提供7×24小时实时在线响应,全自动化分拨流水线节省人力40%,操作效率提高50%。

四是绿色发展步伐加快。 落实10部门《关于协同推进快递业绿色包装工作的指导意见》,制修订《快递封装用品》系列国家标准和《邮件快件包装填充物技术要求》等2项行业标准,出台《快递

业绿色包装指南(试行)》。系统总结北京、上海、浙江等8省市和顺丰、京东等5家品牌快递企业开展快递绿色包装应用试点经验,编制了《20年快递绿色包装读本》下发各省邮政管理局和企业。组织申通等6家品牌企业开展可循环中转袋应用试点,举办中国快递绿色包装产业联盟高峰论坛、快递绿色包装进校园等活动。邮政企业启动绿色邮政行动,提出新能源车辆、电子运单、绿色包装材料和绿色金融四项行动目标。顺丰、京东、苏宁等研发应用循环快递箱和可降解包装材料。推动企业通过采取减少过度包装、循环利用纸箱等方式,年节约快递封装用品55亿个。行业电子运单使用率达92%,年节约传统纸质面单314亿张。推广应用新能源和清洁能源车辆、甩挂运输和多式联运,行业新能源汽车保有量超过1.2万辆,新增5000辆。

(三)安全基础水平有效提升,安全形势稳定向好

一是安全责任不断强化。 推动邮政业安全生产领域改革,出台《关于打好防范化解重大风险攻坚战的实施意见》。印发《强化落实企业安全生产主体责任的指导意见》,全面压实企业主体责任。试点安全风险分级分类监管,推进企业安全生产标准化建设,对企业总部开展常态化督导,推动在保障网络安全、服务、稳定方面建立健全"四专"工作机制,履行全网统一管理职责。全面落实综治考评、数据共享、通报反馈、联合督办等各项工作机制,推动部门责任和属地管理责任落实。健全行业监管支撑体系,推进省级以下安全支撑保障机构建设,全国县级邮政管理机构累计达到126个。新增广东、新疆、江西、重庆4个省级和12个市级邮政业安全中心,全国共有19个省份、48个地市、59个县成立安全中心,编制共计805人。

二是"三项制度"落实取得实质性突破。 "三项制度"落实取得实质性突破。邮政管理部门大力推进实名收寄信息化,两次召开寄递企业座谈会,印发专项工作实施方案,出台《邮件快件实名收寄管理办法》,定期通报情况39期。开展实名收寄信息数据安全防护评估,全行业实名率超过99%,基本实现全覆盖目标。采取技术、管理措施推动制度严格落实,督促企业将安检设备置于视频监控范围之内,抓好寄递协议服务安全管理,严格用户审查,落实备案要求。编制安检培训教材,开发安检培训软件,建立安检违禁物品图库。

三是寄递安全综合治理深入推进。 开展涉枪涉爆隐患集中整治专项行动,召开全行业电视电话会议和专项行动座谈会,联合公安部、工信部、安监总局召开新闻发布会,按月通报情况,切实做到有部署、有检查、有落实、有通报、有成效。全国邮政管理部门共出动执法人员16.8万余人次,查堵枪爆物品561件、其他物品10284件;关停企业339家,停业整顿248家、吊销许可6家。指导相关省(区、市)局对陕西"4·27"涉寄递匕首、云南"8·13"涉寄递枪支等案件一查到底,对圆通、申通等涉案企业品牌总部进行约谈。扎实做好寄递渠道反恐禁毒和跨境走私专项工作,与国家禁毒办、海关总署对中国邮政集团公司就国际邮件寄递渠道禁毒和安全管理开展调研,参加禁毒国际会议,督促企业加强禁毒宣传教育。根据国务院有关部署,加强寄递渠道非洲猪瘟疫情防控,配合有关部门扎实做好扫黄打非、侵权假冒、濒危野生动植物保护等专项工作,开展违法寄递危险化学品治理。

四是"绿盾"工程稳步实施。 集中力量攻关"绿盾"工程初步设计工作,推动国家发展改革委正式批复项目概算5.53亿元,推动国家发展改革委和财政部下达2018年投资计划1亿元。完成信息化深化设计和实施方案制定,印发实施"绿盾"工程制度汇编,优化"绿盾"工程组织架构,基本完成项目招标采购工作。正式启动合肥灾备中心机房土建工程。

五是应急管理能力不断加强。 国家邮政局市场监管司设立应急管理处。修订《国家邮政业突发事件应急预案》,编制专项应急预案。有效应对

地震、汛期台风等自然灾害。健全安全生产和应急信息报告制度，全面规范安全信息报告工作。建立信息安全风险评估机制，开展实名收寄数据安全防护评估。

六是重大活动寄递安保任务圆满完成。成立安保工作领导小组，召开专题会议、全行业电视电话会议、"护城河工程"会议，会同公安部、国家安全部联合向社会印发通告，联合中央综治办、公安部、国家安全部组成督导组分赴多省（市）进行专项检查，严格落实安保期间超常规措施。圆满完成全国两会、上合组织青岛峰会、中非论坛北京峰会、首届中国国际进口博览会等全国性重大活动寄递安保任务，实现"四个严防、三确保"目标。天津、河北、浙江、福建、广西、海南、甘肃、宁夏等地圆满完成一系列地方性重大活动寄递安保任务。

（四）更贴近民生实事工作成效显著，人民群众快递服务获得感不断增强

一是末端能力不断增强。全国已建成快递末端公共服务站7.1万个，投入运营智能快件箱27.2万组，箱递率达8.6%。全国高校规范收投率达98.7%，其中，23个省份达100%。全国主要品牌快递企业城区自营网点标准化率达90.6%，河南、海南、宁夏率先实现100%。制定规范快递末端服务车辆管理和使用工作指导意见，199个城市出台管理政策，覆盖率达60%，北京、河北、上海、福建、重庆、甘肃、宁夏实现全覆盖。

二是"放心消费工程"效果明显。持续开展"三不"治理，全国处理场所、营业场所离地设施铺设率达97.41%，天津、山西、内蒙古、辽宁、吉林、上海、江苏、河南、广东、海南、重庆、陕西、甘肃、宁夏等14个省份达100%。定期召开快递服务质量提升联席会议，公布满意度测评、时限测试结果。推动开展申诉体制改革试点，申诉受理与市场监管实现联动，全年共处理申诉202万件，为消费者挽回经济损失6544.9万元，处理满意率达98.6%。

三是快递员关爱工程扎实推进。推动企业规范内部管理，切实保障一线快递员工合法权益。开展关爱快递员系列活动，营造全社会关爱快递员的良好氛围。贯彻落实习近平总书记重要指示精神，联合共青团中央、全国总工会加强快递员联系服务和关爱工作。推动在各大品牌快递企业成立工会组织，旗帜鲜明维护广大快递员合法权益。

（五）邮政管理部门市场监管服务能力全面持续提升

一是法规体系逐步完善。行业立法扎实推进。3月，李克强总理签署国务院令，发布快递业第一部行政法规《快递暂行条例》，以促进快递业持续健康发展为立法重点，规定了一系列保障行业发展的制度措施，给行业改革发展带来了历史性机遇。《快递暂行条例》贯彻了习近平新时代中国特色社会主义思想，是邮政业推动科学立法、民主立法、依法立法的重要实践，从国务院行政法规的高度宣告快递业全面转向高质量发展阶段，具有里程碑的意义。

地方立法持续推进。2018年，修正后的《江苏省邮政条例》《安徽省邮政条例》《四川省邮政条例》和《新疆维吾尔自治区邮政条例》相继施行。地市级层面，《南通市快递管理办法》等正式印发，《镇江市快递管理办法》《淄博市快递网点管理办法》等相继施行。地方性邮政法规出台施行，为加强邮政市场监管和邮政管理部门依法行政奠定了扎实的基础。

二是规划标准取得实效。战略规划构建行业蓝图。谋划邮政强国建设，制定实施邮政业服务决胜全面小康开启新征程三年行动计划，有效衔接交通强国战略。配合开展国家"十三五"规划纲要等规划中期评估，完成全系统规划中期评估工作，印发《邮政业发展"十三五"规划中期评估报告》。完成国家规划纲要、综合交通运输体系发展、促进民族地区和人口较少民族发展、电子商务、电商物流、商贸物流等多部规划涉邮任务中期评估。交邮协同发展重点任务被纳入京津冀交通一体化三年行动计划。印发雄安新区邮政业发展总体思路，街坊中心配置快递集散站等任务被纳入新区规划纲要。

完善行业标准体系。聚焦快递安全、绿色、产业信息互联互通、基础信息等方面，增加重要标准的有效供给。推动发布《快递封装用品　第1部分：封套》《快递封装用品　第2部分：包装箱》《快递封装用品　第3部分：包装袋》等3项国家标准。发布实施《邮政业信息系统安全等级保护实施指南》《快递手持终端安全技术要求》《寄递服务人员基础数据元》《邮件快件包装填充物技术要求》《快件集装容器　第2部分：集装袋》等5项行业标准。举办全国邮政管理系统《快递封装用品》新国家标准和《冷链快递服务》行业标准培训班，促进标准的落地实施。江苏省出台《住宅智能信报箱建设标准》《智能信包箱运营管理服务规范》《智能快件箱运营管理服务规范》等3项地方标准，北京市出台《安全生产登记评定技术规范　第75部分：快递及邮政服务企业》地方标准，地方标准体系不断完善。

三是科技创新稳步推进。促进科技创新与技术应用。印发《邮政行业技术研发中心认定管理暂行办法》，开展首届行业科技成果评选，初步评出一批以电子运单为代表的效益明显、影响广泛的优秀项目。认定公布17家首批邮政行业技术研发中心。实施《邮政业应用技术研发指南》，深入企业调研指导科技工作，推进人工智能技术和北斗导航系统等先进技术成果转化应用。大数据、云计算广泛使用，无人仓、无人机在多家企业投入运营，主要企业大规模推广App应用，大幅提升服务效率和用户体验。主要企业骨干分拨中心基本实现自动化分拣，研发应用智能物流骨干网络规划平台，智能网络规划调度引擎，实现运输网络动态调控，有效增强运力调度能力。

四是监督检查和执法力度加大。推进"双随机、一公开"。补核快递市场主体和执法检查人员名录库，补全审核快递企业信息12万条，健全8.8万家许可企业和分支机构的基础信息，为深入开展"双随机、一公开"监管奠定坚实基础。全面实施"双随机、一公开"监管，全国随机抽查企业7950家次、分支机构8536家次，公开随机抽查结果16486次，约谈告诫信息1416条、责令整改信息3655条、行政处罚信息4171条，随机抽查成为监督检查的重要方式。

规范市场秩序。加大监督检查和行政执法力度，查处违法违规行为1.5万次，约谈告诫1424次，下达整改通知8635件，办理邮政市场行政处罚案件5810件，罚款4162.86万元。对行政执法案件进行评议，开展省级随机督察、跨地区交叉互查。成立行政执法信息系统优化工作小组，研究提出移动执法设备软硬件需求，推动加快设备选型和招标采购程序，推动移动执法应用。开展快递市场清理整顿专项行动，针对无证经营、超范围经营、末端网点不备案等涉证违法的行为进行查处，净化市场秩序。推进快件码号统一管理，印发《关于实施快件码号统一管理的意见》，开发码号管理信息系统，20家主要品牌快递企业提交码号登记申请。

专栏4：2018年部分省（区、市）执法规范化建设情况

天津　深化"放心消费工程"建设，结合五个阶段"双随机"执法检查、群众举报、媒体曝光企业违法违规行为，依法严肃查处未按规定分拣作业、野蛮分拣、抛扔快件等违法违规行为。全力做好邮件快件实名收寄信息系统的推广应用，采取"一个系统录实名""一个标准搞培训""一个季度一通报""一个尺度严执法""一个目标保安全"等"五个一"具体举措，实现全市主要品牌企业实名收寄信息系统全覆盖。

河北　开展《河北省邮政业突发事件应急预案》修订工作，全省11个地（市）均实现行业应急预案上升到市级政府层面。全面实施"双随机、一公开"监管工作机制，指导市局规范约谈程序，启动监管对象网格化工作。申请成为全国第一期"绿盾"工程建设试点单位。

> **吉林** 举办"双随机、一公开"制度现场培训7次，电视电话培训5次，印发《吉林省邮政管理局关于印发〈快递暂行条例〉宣传贯彻工作方案的通知》，深入企业现场解读《快递暂行条例》。
>
> **黑龙江** 双鸭山局为确保"双随机"检查取得实效，坚持检查无预告、督查内容标准化、抽查科学化三项基本原则，制定出台制定《双鸭山市邮政行业安全层级管理方案(试行)》。
>
> **江西** 建立"双随机"抽查制度，建立法律顾问制度。发挥媒体监督作用，加强教育培训力度。省局组织开展业务和执法培训，学习掌握《快递暂行条例》《邮件快件实名收寄管理办法》等新出台的法律法规，规范执法监管行为。
>
> **湖北** 督导各市(州)局建立和完善了本地区市场主体名录库和执法人员名录库，检查内容重点包括寄递安全"三项制度"落实、快递服务质量保障、安全制度和措施执行、营业场所标准化建设等方面。
>
> **重庆** 牵头组织渝北区安监、公安等部门组成联合执法组，对部分重点快递企业处理中心开展联合执法检查。
>
> **云南** 西双版纳、德宏局与边防合作，进驻边境检查站，严格检查过往快递车辆，其他州、市局联合公安、禁毒、国家安全等相关部门，定期对实名登记工作进行检查。开展市场跨区域交叉执法检查活动，多渠道提升执法队伍能力。
>
> **西藏** 那曲局加强与当地公安、工商、文化、安监、消防等执法部门的联合检查机制，全年共开展联合检查12次，推动快递企业"三项制度"和安全生产责任得到有效落实。日喀则局多次联合市公安局、桑珠孜区公安局对全市寄递企业进行全覆盖的摸排检查。

五是全面启动信用体系建设。规范信用信息采集和共享机制，为8万家企业、27万从业人员建立信用档案。成立全国快递业信用评定工作小组，24个省份成立评定委员会。推动建立快递业信用联合奖惩机制，与国家发改委等35个部门签署印发《交通运输工程建设领域守信典型企业实施联合激励合作备忘录》。继续开展"诚信快递、你我同行"3·15主题宣传活动。

六是新业态监管扎实推进。创新新业态监管方式。按照包容审慎原则，严守安全和质量底线，依法开展制度创新。按照特点，将新业态服务划分为智能快件箱寄递服务、专业末端收投服务、互联网平台服务、即时递送服务。按照主体特征，逐步稳妥有序纳入监管。全面启动菜鸟驿站许可工作试点，指导推动智能快件箱和专业末端收投服务省内许可。针对即时递送服务开展专门论证，召开快递创新服务规范管理座谈会，为后续依法监管打下了坚实基础。

四、快递服务评价体系继续完善

2018年，以服务满意度、时限准时率等为主要指标的快递服务质量评价体系持续完善。为持续改进服务质量，促进快递业健康有序发展，国家邮政局委托专业第三方对快递服务满意度进行了调查。调查显示，2018年用户对于快递业的服务总体满意度略有提升，公众满意度保持上升势头，全国重点地区快递服务全程时限较2017年略有延长。

（一）快递服务总体满意度略有提升

2018年快递服务满意度调查范围覆盖50个城市，包括全部省会城市、直辖市以及19个快递业务量较大的重点城市，具体为：北京、天津、石家庄、太原、呼和浩特、沈阳、长春、哈尔滨、上海、南京、杭州、合肥、福州、南昌、济南、郑州、武汉、长沙、广州、南宁、海口、重庆、成都、贵阳、昆明、拉萨、西安、兰州、西宁、银川、乌鲁木齐、大连、苏州、无锡、宁波、金华、温州、芜湖、厦门、泉州、青岛、洛阳、株洲、深圳、东莞、中山、揭阳、桂林、遵义和宝鸡。测试对象为2017年国内快递业务总量排名靠前的10家全网型快递服务品牌，包括：邮政EMS、顺丰速运、圆通速递、中通快递、申通快递、韵达速递、百世快递、京东物流、德邦快递和优速快递。调查由2018年使用过快递服务的用户对受理、揽收、投递、售后和信息5个快递服务环节及22项基本指标进行满意度评价，通过计算机辅助电话访问和在线调查等方式，共获得有效样本91593个。

调查显示，2018年用户对于快递业的服务总体满意度略有提升，公众满意度保持上升势头。2018年快递服务总体满意度得分为75.9分，较2017年上升0.2分；其中，公众满意度得分为81.7分，较2017年上升0.9分，快递服务的公众评价稳中向好；时测满意度得分为70.1分，较2017年下降0.6分。快递企业总体满意度排名依次为：顺丰速运、邮政EMS、京东物流、中通快递、韵达速递、圆通速递、百世快递、申通快递、德邦快递、优速快递。其中，中通快递与邮政EMS的公众满意度上升较为明显。

公众满意度方面，在涉及评价的5项二级指标中，受理环节满意度得分为86.9分，较2017年上升2.3分；揽收环节满意度得分为84.1分，较2017年下降0.3分；投递环节满意度得分为85.1分，较2017年上升4.0分，进步明显；售后环节满意度得分为70.0分；信息服务满意度得分为81.8分。

在涉及评价的22项三级指标中，用户满意度较高的指标是：普通电话下单、送达质量、揽收员服务、智能快件箱投递、派件员服务、网络下单、统一客服下单、封装质量、住宅投递、上门时限、物流信息及时性和准确性、公共服务站下单。满意度有所上升的指标是：送达质量、送达范围感知、派件员服务、统一客服下单、投诉服务、发票服务、时限感知、网络下单、普通电话下单。满意度有所降低的指标是问题件处理服务。

在受理环节，普通电话下单、统一客服下单、网络下单满意度得分分别为88.5分、85.9分、86.0分，与2017年相比均有改善。各快递企业在普通电话下单服务方面差异较小，服务均达到较高水平。网络下单作为一种新型受理方式得到用户认可，但仍有进一步提升空间。在受理环节表现较好的企业有：顺丰速运、中通快递和韵达速递。

在揽收环节，上门时限、封装质量、揽收员服务满意度得分分别为84.1分、85.1分、86.9分，与2017年相比均有一定幅度的下降；快递费用满意度得分为82.4分，与2017年持平；在揽收环节表现较好的企业有：顺丰速运、中通快递、邮政EMS、百世快递。

在投递环节，时限感知、送达质量、送达范围感知、派件员服务满意度得分分别为81.0分、87.6分、82.6分、86.4分，与2017年相比均进步明显；智能快件箱投递满意度得分为86.6分，服务达到较高水平。投递环节表现较好的企业有：顺丰速运、京东物流、中通快递、邮政EMS、韵达速递。

在售后环节，投诉服务与发票服务满意度得分分别为53.3分、82.5分，与2017年相比分别上升3.1分、2.9分，进步明显；问题件处理服务满意度得分为65.7分，较2017年下降2.1分，值得关注；损失赔偿服务满意度得分为61.6分，需进一步提升。售后环节表现较好的企业有：京东物流、顺丰速运、中通快递、邮政EMS和德邦快递。

在信息服务环节，物流信息及时性和准确性、全程信息推送、个人信息安全保护满意度得分分别为83.9分、80.9分、80.4分。信息服务方面表现较好的企业有：京东物流、顺丰速运、中通快递、韵达速递。

在不同区域中，我国中部地区服务表现最好，中、西部地区满意度得分继续上升，表明"快递向西、向下"成效继续显现。其中，东北地区满意度得分较高，华北、华南地区上升明显。用户对城市寄往农村或偏远地区快递服务的满意度得分为

78.0分,较2017年上升3.3分。2018年快递公众满意度得分居前15位的城市是:青岛、洛阳、郑州、沈阳、济南、大连、呼和浩特、石家庄、桂林、长春、天津、芜湖、乌鲁木齐、北京、株洲。

2018年度调查中,还对部分与快递服务紧密相关的事项进行了抽样调查。

在快件签收信息反馈方面,90.9%的受调查用户对快件签收信息反馈有需求。用户对快件签收信息反馈服务的满意度为81.7分。

在快件电子运单使用方面,电子运单的应用程度连续三年持续提高。2018年电子运单应用比例达92%。电子运单服务满意度得分为88.9分,较2017年上升0.6分。

调查还显示,快递企业在应对旺季高峰期、春节假期等特殊时期的服务保障能力不断增强。2018年,用户对特殊时期快递服务满意度得分为80.9分,较2017年上升2.0分。特殊时期服务持续优化。

(二)快递服务时限保持相对稳定

2018年快递服务时限测试方式为系统抽样测试和实际寄递测试,有效样本约400万个。

2018年全国重点地区快递服务全程时限为56.84小时,较2017年延长0.82小时。72小时准时率为78.97%,较2017年提高0.3个百分点。从各月表现来看,6、7、8月时限准时率较高;受电商集中促销影响,11月时限准时率略低;受春节假期及天气影响,1、2月时限准时率全年最低。

寄出地处理环节平均时限为9.22小时,运输环节平均时限为33.96小时,寄达地处理环节平均时限为9.25小时,投递环节平均时限为4.41小时。四个环节中,寄出地处理时限和寄达地处理时限均有改善,运输时限、投递时限有一定延长。

1000公里以下平均时限为44.61小时,较2017年缩短0.06小时;1000~2000公里平均时限为56.19小时,较2017年缩短0.03小时;2000~3000公里平均时限为67.35小时,较2017年延长0.66小时;3000公里以上平均时限为79.08小时,较2017年延长2.68小时。2000公里以下快递时限基本保持稳定,3000公里以上有较为明显的延长。

寄往东部地区的快件平均时限为56.51小时,较2017年缩短0.09小时;寄往中部地区的快件平均时限为58.38小时,较2017年缩短0.3小时;寄往西部地区的快件平均时限为63.56小时,较2017年延长1.21小时。

2018年9家快递服务品牌主要时限指标排名表现

时限 排名	全程时限	寄出地处理时限	运输时限	寄达地处理时限	投递时限	72小时准时率
顺丰速运	1	1	1	1	1	1
邮政EMS	2	3	2	2	2	2
韵达速递	3	2	5	3	7	3
中通快递	4	6	4	4	5	4
圆通速递	5	8	3	6	3	6
申通快递	6	7	7	5	4	7
百世快递	7	5	6	8	6	5
德邦快递	8	9	8	7	8	8
优速快递	9	4	9	9	9	9

五、行业人才队伍建设成效显著

组织召开全国邮政行业人才工作领导小组首次会议,制定印发2018年人才工作要点、《国家邮政局关于提升快递从业人员素质的指导意见》《全国邮政行业人才培养基地遴选和管理办法》。落实国家职称制度改革精神,选取安徽、陕西、上海、重庆、江苏、浙江、广东开展快递工程技术人员职称评审试点工作,截至2018年年底,共有3401人获得初级和中级专业技术职称,具有里程碑式的重要意义。加快培养创新型领军人才,申报推荐"交通运输青年科技英才"12名,交通运输行业高层次技术人才培养项目3名。申报举办1期国家专业技术人员知识更新工程高级研修班。指导举办现代邮政学院院长联席会,推进邮政专业设置,协调做好招生宣传,4所现代邮政学院在校生达1800余人。制定全国邮政职业教育教学指导委员会章程,召开2018年工作会议、高职快递专业教学研讨会、邮政快递类示范专业点建设经验交流会。举办"强邮论坛"、第三届全国"互联网+"快递大学生创新创业大赛,搭建行业人才培养供给侧和产业需求侧有机结合的平台,推动大众创业万众创新在快递领域蓬勃发展,为快递业高质量发展储备生力军。

六、国际和港澳台交流合作开创新局面

一是推进服务"一带一路"建设。与万国邮联签署"一带一路"合作框架意向书,推动万国邮联制定铁路运邮指南。中欧班列邮件可运达欧洲23国,新增义乌、东莞、郑州3个试点城市,重庆实现进口邮件零突破,完成从义乌到莫斯科首次快件运输试点。邮政、快递企业建设多个海外仓,在"一带一路"沿线重点国家加快网络布局,寄递时限大幅压缩。设立太原国际邮件互换局、恢复设立凭祥交换站,全国国际邮件互换局(交换站)达到70个。行业日均跨境寄递业务量超过1000万件。二是深化国际交流合作。圆满完成万国邮联改革特设工作组主席国任务,我国主导的改革方案在万国邮联特别大会顺利通过。认真研判中美经贸摩擦对邮政业影响,参与中欧投资协定、中新自贸协定升级等谈判。配合完成世贸组织对挪威等国家的贸易政策审议。推动重启中欧机制性对话,组织中日、中泰邮政政策对话,与立陶宛、巴基斯坦签署合作文件,国际邮政领域交流合作进一步拓展。三是有序推进港澳台工作。组织两岸全面直接双向通邮10周年纪念活动暨2018两岸邮政发展研讨会。有效拓展两岸邮政和快递业务,推进增开两岸速递快捷业务成都封发局,促进两岸邮政快递与电商融合发展。推进粤港澳大湾区邮政合作。

七、市场主体积极投身公益事业传递行业正能量

2018年,邮政企业和各快递企业在努力提升快递服务质量和水平的同时,积极履行企业社会责任,参与各种公益活动,回报社会,传递爱心和行业正能量。

中国邮政积极持续推进全国爱心包裹项目,组织开展公益包裹活动。 该项目逐步成了深入传播、广泛践行"全民公益"理念的重要载体;逐步搭建了捐赠者与受捐者一对一、点对点的爱心之桥;逐步培育了社会组织动员社会力量参与脱贫攻坚的影响力品牌。2018年,中国邮政以"小包裹、大爱心,圆梦2018"为主题开展系列活动,进一步聚焦建档立卡户集中的深度贫困县和贫困村小学特别是建档立卡贫困家庭学生。

自9月起,中国邮政山东省分公司在全省组织开展了"善行99邮爱传递"公益包裹活动,并通过"腾讯公益一起捐"平台创建了省市县支局邮政线上公益募捐活动队伍2000多支、实现募捐额69000多元,提升了邮政服务形象,扩大了社会影响力。聊城临清分公司在"99公益日"当天,通过悬挂横幅、张贴海报、外拓发放宣传单等形式在网点开展了"温暖贫困家庭传递邮包传递爱"活动。

烟台莱阳分公司借助"月圆中秋邮礼相送"集邮品鉴会,在品鉴会现场进行爱心包裹集中募捐活动,大家纷纷慷慨解囊,为贫困地区的孩子贡献自己的一份力量。济南市分公司借助在山东大厦金色大厅组织中国钱币设计名家见面会的契机,现场进行爱心包裹募捐宣传活动。

顺丰莲花助学"反哺计划"2018年新增2257人。 2018年,顺丰莲花助学15省39县88所高中总计3314名毕业生,考入全国31省257个城市的898所本专科院校,本科升学率72.6%。当年10月,"反哺计划"纳新启动,最终完成纳新2257人,纳新率近80%。"反哺计划"是顺丰莲花助学在大学阶段的延伸,是由高中阶段曾受顺丰莲花助学项目资助的、进入大学就读的学生自发建立、自愿加入、自我管理的全国性大学生社团,顺丰公益基金会对其给予工作指导、资源对接和资金支持。

顺丰公益牵手德视佳,助192名白内障患者重返清晰视界。 3月30日至4月4日,每天都有约100名白内障患者及家属来到甘肃省甘南藏族自治州人民医院,了解国外专家免费治疗白内障的行程、患者需要做的准备,以及手术注意事项等等。4月1日起至4月4日,每天都有约50例经过筛查确认符合救助条件的患者,在医院以及顺丰公益志愿者的妥善安排下,接受德国眼科专家、德视佳眼科集团创始人约根森博士(Dr. Jorgensen)、丹麦眼科专家、LTC和德视佳眼科丹麦哥本哈根中心创始人雅尼克教授(Dr. Jannik Boberg-Ans)、尼泊尔白内障眼科大家比底雅教授(Dr. Bidya)等国外顶尖专家主刀的白内障复明手术。本活动经甘肃省卫生计生委协调,由顺丰公益基金会、德视佳眼科集团(EuroEyes Group)、深圳市跨境电子商务协会共同发起,同时联合甘南州卫生计生委、甘南州人民医院共同实施。项目通过整合各类资源来保障贫困患者得到免费救治。甘南州人民医院自2月27日起在全州启动贫困白内障患者筛查,截至4月2日,累计筛查确认约210名患者符合项目救助条件,最终192名患者如约入院得到免费救治。

申通关注贫困地区教育发展,通过在贫困地区建设公益图书馆、捐建现代化小学、发起助学活动等方式,帮助贫困地区学子获得平等的受教育权。公司持续拓展"吾心为爱"活动覆盖面。截至2018年年底,"吾心为爱"活动共在河南、河北、山东、新疆、贵州、湖南六地设立33个公益图书馆,在改善教育资源的同时,丰富贫困地区学子的生活。公司向顺丰公益基金会捐赠1000万元,发起"莲花助学——申通计划",用于资助家庭困难的高中生。截至2018年年底,"莲花助学——申通计划"共向1757位贫困高中生发放助学金281.12万元。

中通举办"圆梦1+1"爱心助学公益活动。 公司将70余箱爱心物资免费寄递至云南省云龙县和兰坪县中通希望学校、德宏州芒市遮放镇户拉中学、遮放民族中学;向云南省德宏州盈江县新城乡捐赠帮扶项目资金50万元,同时免费承运3万件爱心衣物发至云南省德宏州盈江县,并通过当地红十字会发放到贫困儿童手中;云南省兰坪县中通希望学校于2018年9月投入使用。

韵达在社区基金会设立"助学基金"。 6月22日,"新力杯"首届上海社区基金会公益创投大赛颁奖暨"大手牵小手"签约仪式在上海市金杨社区举行。此次活动由上海市社团局基金会管理处主办。上海韵达公益基金会发起人、名誉理事长出席了签约仪式。签约仪式上,上海韵达公益基金会与上海市社团局基金会管理处签订合作备忘录。根据计划,上海韵达公益基金会将在相关社区基金会设立上海韵达公益基金会"助学基金",资助相关社区家庭遭遇困境的孩子完成学业。

圆通成立专项基金,支持慈善公益活动。 6月,圆通决定从每一票快件的营业收入中提取两分钱,成立圆通专项基金,用于长期开展安老、帮困、扶幼、助学等各项公益性活动。第一笔300万元捐赠款已于1月向上海市慈善基金会青浦区分会捐出。

百世持续开展"百世暖流"系列公益活动。1月,"百世暖流 情系阿克苏"援助新疆阿克苏地区过冬物资公益行动启动,捐助也得到了浙江省民政厅、浙江省慈善联合总会的支持,共募集了一万余件冬衣、3000多册图书等12多吨的爱心物资,交由百世公益,免费运往阿克苏地区。5月,"百世暖流 情系广元——衣路相伴"在杭州启动,此次活动在浙江省民政厅指导下,由浙江省慈善联合总会和浙江省百世慈善公益基金会共同发起,通过省内慈善组织的积极响应参与,各方力量齐献爱心,共济广元,共为广元地区募集1.8万余件衣物鞋袜,价值人民币100万元左右。百世公益也特别开通了浙江到四川广元的专线班车,并对运送的爱心物资进行更加牢固、防震的包装,防止货物在运输途中遭到损坏。

京东组建首个全国性公益无人机救援队。5月9日,由京东无人机组建的首个全国性公益无人机救援队9日正式成立。在当日举行的"社会力量参与汶川抗震救灾十周年"纪念活动仪式上,京东集团与中国灾害防御协会正式签署关于无人机参与救援工作的合作协议。在未来遭遇地震等重大灾害时,京东无人机将发挥自身优势,依托京东公益打造的"1+1"赈灾模式,以及地空一体应急救援系统,积极参与到灾害救援工作中。

2018年全国部分省、市(州)邮政立法情况

省(市)、市(州)	日　期	事　件
天津	2018年3月20日	《天津市促进快递业发展条例》列入2018年天津市人大常委会立法预备提请审议项目
黑龙江	2018年4月26日	黑龙江省第十三届人民代表大会常务委员会第三次会议通过《黑龙江省人民代表大会常务委员会关于废止和修改〈黑龙江省统计监督处罚条例〉等72部地方性法规的决定》,其中对《黑龙江省邮政条例》有关内容予以修正
上海	2018年9月21日	上海市十五届人大常委会公布了立法规划(2018年—2022年),《上海市实施〈中华人民共和国邮政法〉办法》(修改)被列入正式项目。该立法规划分为正式项目、预备项目和调研项目三类;《上海市实施〈中华人民共和国邮政法〉办法》(修改)被列为《为推动经济高质量发展提供法制保障的立法项目》中第一类:条件比较成熟,任期内拟提请审议的正式立法项目
安徽	2018年3月30日	根据2018年3月30日安徽省第十三届人民代表大会常务委员会第二次会议《关于修改和废止部分地方性法规的决定》修正,对《安徽省邮政条例》有关内容予以修正
四川	2018年9月30日	《四川省邮政条例(修正案)》获省第十三届人民代表大会常务委员会第六次会议审议通过
新疆	2018年11月30日	2018年11月30日,新疆维吾尔自治区第十三届人民代表大会常务委员会第七次会议审议通过《新疆维吾尔自治区邮政条例》修订,自2019年1月1日起施行
长春	2018年11月	《长春市邮政条例》修订工作,列入2019年地方性法规立法计划"打包"修订项目,增加安全监管"三项制度"内容
镇江	2018年1月24日	2018年1月18日,江苏省镇江市政府第14次常务会议讨论通过《镇江市快递管理办法》,2018年1月24日予以发布,自2018年3月1日起施行
常州	2018年9月8日	2018年8月31日,江苏省常州市人民政府第20次常务会议审议通过《常州市寄递安全管理办法》,2018年9月8日予以公布,自2018年12月1日起施行
盐城	2018年11月10日	2018年10月6日,江苏省盐城市政府第16次常务会议审议通过《盐城市快递市场管理办法》,2018年11月10日予以公布,自2019年1月1日期施行
南通	2018年12月17日	2018年10月12日,江苏省南通市十五届人民政府第31次常务会议审议通过《南通市快递管理办法》,2018年12月17日予以印发,自2019年2月1日起施行
芜湖	2018年12月27日	2018年12月6日,安徽省芜湖市政府常务会议审议通过《芜湖市快递管理办法》,2018年12月27日予以发布,自2019年3月1日实施

2018年国家相关部门支持快递发展的部分政策文件

部　　委	政策文件名称
中共中央　国务院	中共中央　国务院关于打赢脱贫攻坚战三年行动的指导意见
中共中央　国务院	乡村振兴战略规划(2018－2022年)
中共中央　国务院	中共中央　国务院关于实施乡村振兴战略的意见
中共中央　国务院	中共中央　国务院关于完善促进消费体制机制　进一步激发居民消费潜力的若干意见
中共中央　国务院	中共中央　国务院关于支持海南全面深化改革开放的指导意见
国务院	快递暂行条例(国务院令第697号)
国务院	国务院关于印发中国(海南)自由贸易试验区总体方案的通知(国发〔2018〕34号)
国务院	国务院关于印发优化口岸营商环境促进跨境贸易便利化工作方案的通知(国发〔2018〕37号)
国务院	国务院关于支持自由贸易试验区深化改革创新若干措施的通知(国发〔2018〕38号)
国务院办公厅	国务院办公厅关于推进电子商务与快递物流协同发展的意见(国办发〔2018〕1号)
国务院办公厅	国务院办公厅关于印发推进运输结构调整三年行动计划的通知(国办发〔2018〕91号)
国务院办公厅	国务院办公厅关于保持基础设施领域补短板力度的指导意见(国办发〔2018〕101号)
商务部	商务部关于推进农商互联助力乡村振兴的通知
商务部	商务部关于做好农产品产销对接工作的通知
交通运输部等三部门	交通运输部办公厅　公安部办公厅　商务部办公厅关于公布城市绿色货运配送示范工程创建城市的通知(交办运〔2018〕75号)
农业农村部	农业农村部关于大力实施乡村就业创业促进行动的通知(农加发〔2018〕4号)
教育部等六部门	教育部等六部门关于印发《职业学校校企合作促进办法》的通知(教职成〔2018〕1号)

2018年全国部分省(区、市)支持快递发展政策

省(区、市)	支持政策文件名
北京	北京市人民政府办公厅关于印发市发展改革委等部门制定的《北京市新增产业的禁止和限制目录(2018年版)》的通知(京政办发〔2018〕35号) 北京市商务委员会　北京市发展和改革委员会　北京市规划和国土资源管理委员会　北京市财政局　北京市交通委员会　北京市工商行政管理局　国家税务总局北京市税务局　北京市公安局公安交通管理局　北京市邮政管理局关于推进北京市物流业降本增效的实施意见(京商务物流字〔2018〕15号)
天津	天津市人民政府办公厅关于印发天津市推进电子商务与快递物流协同发展实施方案的通知(津政办发〔2018〕27号) 天津市发展改革委关于做好2018年天津市服务业转型升级专项年度工作计划编报工作的通知(津发改服务〔2018〕52号) 天津市邮政管理局关于印发《天津市贯彻落实〈快递暂行条例〉工作方案》的通知(津邮管〔2018〕35号) 天津市商务委等十二部门关于印发《天津市"津品网上行"行动计划》的通知(津商务电商〔2018〕4号) 天津市商务委、市公安局、市交通运输委、市邮政局、市供销总社关于印发天津市城乡高效配送(2018－2020)重点工作实施方案的通知(津商务流通〔2018〕21号)
河北	关于加快推进现代服务业创新发展的实施意见(冀政发〔2018〕14号) 河北省政府办公厅关于推进电子商务与快递物流协同发展实施意见(冀政办字〔2018〕53号) 《河北省加快电子商务发展行动计划(2018－2020年)》的推动落实方案(冀政办字〔2018〕100号)
山西	山西省人民政府办公厅关于推进点子商务与快递物流协同发展的实施意见(晋政办发〔2018〕88号)
内蒙古	内蒙古自治区人民政府办公厅关于推进电子商务与快递物流协同发展的实施意见(内政办发〔2018〕38号)
辽宁	辽宁省人民政府办公厅关于印发辽宁省推进电子商务与快递物流协同发展实施方案的通知(辽政办发〔2018〕15号)

续上表

省(区、市)	支持政策文件名
辽宁	辽宁省商务厅等9部门《关于推广标准托盘发展单元化物流的实施意见》(辽商零售函〔2018〕168号)
	辽宁省商务厅、公安厅、交通运输厅、邮政管理局、供销合作社关于印发《城乡高效配送专项行动工作方案》的通知(辽商零售函〔2018〕167号)
	辽宁省邮政管理局与省交通运输厅 发展改革委 物价局 公安厅 财政厅 国土资源厅 住建厅 农村经济委员会 商务厅 供销社 扶贫办联合发布《关于稳步推进城乡交通运输一体化提升公共服务水平的实施意见》
吉林	中共吉林省委 吉林省人民政府关于实施乡村振兴战略意见(吉发〔2018〕1号)
	吉林省人民政府关于印发中国(长春)跨境电子商务综合试验区建设实施方案的通知(吉政发〔2018〕35号)
	加快发展冷链物流保障食品安全促进消费升级的实施意见(吉政办发〔2018〕7号)
	吉林省人民政府办公厅关于进一步推进物流降本增效促进实体经济发展的实施意见(吉政办发〔2018〕8号)
	吉林省人民政府办公厅关于进一步扩大和升级信息消费的实施意见(吉政办发〔2018〕13号)
	吉林省人民政府办公厅关于推进供应链创新与应用的实施意见(吉政办发〔2018〕37号)
	吉林省落实推进运输结构调整三年行动计划(2018-2020年)实施方案(吉政办发〔2018〕55号)
	关于开展城乡高效配送专项行动的实施意见(吉商流通发〔2018〕15号)
黑龙江	黑龙江省人民政府关于印发黑龙江省支持对外贸易发展十条措施的通知(黑政规〔2018〕12号)
	黑龙江省人民政府办公厅关于推进电子商务与快递物流协调发展的实施意见(黑政办规〔2018〕33号)
	关于印发《黑龙江省城乡高效配送专项行动实施方案(2018-2020年)》的通知(黑商联发〔2018〕34号)
	关于印发《深化战略合作推进农村流通现代化三年行动计划(2018-2020年)》的通知(黑商联发〔2018〕52号)
上海	上海市公共数据和一网通办管理办法(沪府办发〔2018〕36号)
	上海国际航运中心建设三年行动计划(2018-2020)(沪府办〔2018〕40号)
	关于全面提升民营经济活力 大力促进民营经济健康发展的若干意见(沪委发〔2018〕27号)
	上海市快递设施专项规划(2017-2035年)(沪邮管〔2018〕173号)
	2018年上海市电子商务工作要点(沪商电商〔2018〕180号)
江苏	江苏省政府办公厅关于推进电子商务与快递物流协同发展的实施意见(苏政办发〔2018〕56号)
	关于发展城乡高效配送专项行动的通知(苏商流通〔2018〕115号)
浙江	浙江省人民政府办公厅关于推进电子商务与快递物流协同发展的实施意见(浙政办发〔2018〕120号)
	浙江省邮政管理局、省商务厅、省公安厅、省供销社关于做好城乡高效配送重点工程的通知(浙商务联发〔2018〕82号)
	浙江省邮政管理局、省教育厅关于进一步规范高校校园快递服务工作的通知(浙邮管〔2018〕110号)
	浙江省邮政管理局、省发改委、省科技厅、省经信委、省环保厅、省住建厅、省商务厅、省质监局关于印发《浙江省快递业绿色包装治理行动计划》的通知(浙邮管〔2018〕116号)
安徽	中共安徽省委安徽省人民政府关于推进乡村振兴战略的实施意见(皖发〔2018〕1号)
	安徽省人民政府关于印发加快发展现代服务业若干政策的通知(皖政〔2018〕85号)
	安徽省人民政府办公厅关于印发农村电商全覆盖巩固提升行动方案的通知(皖政办〔2018〕12号)
	安徽省人民政府办公厅关于推进电子商务与快递物流协同发展的实施意见(皖政办〔2018〕13号)
	安徽省人民政府办公厅关于印发支持跨境电子商务发展若干措施的通知(皖政办〔2018〕46号)
福建	福建省人民政府办公厅关于印发福建省推进电子商务与快递物流协同发展实施方案的通知(闽政办〔2018〕23号)
	福建省发展和改革委等5部门关于印发《关于加快推进交通运输服务业发展的若干政策措施》的通知(闽发改服务〔2018〕687号)

续上表

省（区、市）	支持政策文件名
福建	福建省商务厅等19个部门关于印发福建省复制推广跨境电子商务综合试验区成熟经验做法实施方案的通知（闽商务电商〔2018〕1号）
	福建省商务厅等5部门关于印发《福建省城乡高效配送专项行动计划（2018－2020）》的通知（闽商务流通〔2018〕13号）
	福建省公安厅关于进一步改进城市物流配送车辆道路通行管理的通知（闽公综〔2018〕177号）
	福建省邮政管理局关于进一步改进邮政快递车辆便捷通行管理的指导意见（闽邮管〔2018〕195号）
	福建省邮政管理局等8部门关于印发《福建省协同推进邮政快递业绿色包装工作实施方案》的通知（闽邮管〔2018〕255号）
江西	江西省人民政府关于印发中国（南昌）跨境电子商务综合试验区实施方案的通知（赣府字〔2018〕83号）
	江西省人民政府办公厅关于推进电子商务与快递物流协同发展的实施意见（赣府厅发〔2018〕29号）
	江西省财政厅、江西省发改委、江西省商务厅、南昌市人民政府关于印发《江西省航空物流发展奖励暂行办法》的通知（赣财建发〔2018〕13号）
山东	山东省人民政府办公厅印发关于加快发展冷链物流保障食品安全　促进消费升级实施方案的通知（鲁政办发〔2018〕6号）
	山东省人民政府办公厅关于进一步推进物流降本增效促进实体经济发展的通知（鲁政办发〔2018〕22号）
	山东省人民政府办公厅关于推进电子商务与快递物流协同发展的实施意见（鲁政办发〔2018〕36号）
	山东省人民政府办公厅关于加快全省智慧农业发展的意见（鲁政办字〔2018〕142号）
河南	河南省人民政府办公厅关于印发河南省促进物流业转型发展若干措施的通知（豫政办〔2018〕3号）
	关于印发《河南省快递末端网点备案实施方案》的通知（豫邮管〔2018〕59号）
	河南省邮政管理局关于印发《河南省推进快递业绿色包装三年行动计划实施方案（2018－2020年）》的通知（豫邮管〔2018〕79号）
湖北	湖北省人民政府办公厅《关于推进全省多式联运发展的实施意见》（鄂政办发〔2018〕5号）
	湖北省人民政府办公厅《关于进一步推进物流降本增效促进实体经济发展的实施意见》（鄂政办发〔2018〕19号）
	湖北省人民政府办公厅《关于推进电子商务与快递物流协同发展的实施意见》（鄂政办发〔2018〕41号）
	湖北省商务厅、省公安厅、省交通运输厅、省邮政管理局、省供销合作总社《关于开展城乡高效配送专项行动的通知》（鄂商务发〔2018〕48号）
	湖北省商务厅等9部门《关于推广标准托盘发展单元化物流工作的意见》（鄂商务发〔2018〕46号）
湖南	湖南省乡村振兴战略规划（2018－2022年）
	湖南省人民政府关于印发《中国（长沙）跨境电子商务综合试验区实施方案》的通知（湘政发〔2018〕26号）
广东	广东省人民政府办公厅关于印发广东省推进电子商务与快递物流协同发展实施方案的通知（粤府办〔2018〕35号）
	广东省教育厅　广东省邮政管理局关于促进和规范高等学校快递服务进校园工作的意见（粤教后勤函〔2018〕28号）
	广东省邮政管理局　广东省工商行政管理局关于规范快递末端网点备案管理有关事项的通知（粤邮管联〔2018〕3号）
	广东省邮政管理局　广东省人民政府法制办公室关于做好《快递暂行条例》贯彻实施工作的通知（粤邮管联〔2018〕4号）
	关于建立广东省邮政业绿色发展协调机制的意见（粤邮管联〔2018〕5号）

续上表

省(区、市)	支持政策文件名
广西	广西壮族自治区党委、区人民政府关于深入实施大数据战略加快数字广西建设的意见(桂发〔2018〕16号)
	广西壮族自治区人民政府关于印发广西数字经济发展规划(2018—2025年)的通知(桂政发〔2018〕39号)
	广西壮族自治区人民政府办公厅关于印发广西电子商务发展三年行动计划(2018—2020)的通知(桂政发〔2018〕103号)
	广西壮族自治区人民政府办公厅关于印发乡村振兴产业发展基础设施公共服务能力提升三年行动计划(2018—2020年)的通知(桂政办发〔2018〕46号)
	广西壮族自治区人民政府办公厅关于印发推进电子商务与快递物流协同发展实施方案的通知(桂政办发〔2018〕109号)
	广西壮族自治区人民政府办公厅关于印发支持新能源汽车发展若干措施的通知(桂政办发〔2018〕111号)
	关于开展2018年自治区服务业发展专项资金(预留)项目申报工作的通知(桂发改贸服〔2018〕115号)
	广西壮族自治区财政厅关于下达2018年乡村振兴补助资金预算(拨款)的通知(桂财建〔2018〕115号)
海南	海南省人民政府关于进一步促进"四好农村路"高质量发展的若干意见(琼府〔2018〕42号)
	海南省人民政府办公厅关于进一步推进跨境电子商务发展的意见(琼府办〔2018〕50号)
	海南省人民政府办公厅关于印发中国(海口)跨境电子商务综合试验区实施方案的通知(琼府办函〔2018〕392号)
	关于加快推进全省农村物流网络节点体系建设的实施意见(琼交运函〔2018〕545号)
	关于做好2018年省现代物流业发展专项资金申报工作的通知(琼交运管〔2018〕834号)
	关于开展"放心消费在海南"创建活动的工作意见(琼工商消〔2018〕15号)
	关于印发《海南省推进电子商务与快递物流协同发展实施方案》的通知(琼商电〔2018〕612号)
	关于协同推进海南省快递业绿色包装应用工作的实施意见(琼邮管〔2018〕99号)
	关于做好"海南爱心扶贫网"农产品寄递服务保障工作的紧急通知(琼商电〔2018〕446号)
四川	四川省人民政府关于加快推进四川省数字经济与实体经济深度融合发展的实施意见(川府发〔2018〕36号)
	四川省人民政府办公厅关于印发四川省推进电子商务与快递物流协同发展实施方案的通知(川办发〔2018〕42号)
贵州	贵州省人民政府办公厅关于实施城市道路交通文明畅通提升工程的通知(黔府办函〔2018〕34号)
	贵州省人民政府办公厅关于印发贵州省推进电子商务与快递物流协同发展实施方案的通知(黔府办函〔2018〕118号)
	关于深入推进全省快递外卖配送车辆交通安全管理工作的通知(黔公交〔2018〕11号)
云南	云南省人民政府办公厅关于推进电子商务与快递物流协同发展的实施意见(云政办发〔2018〕52号)
西藏	西藏自治区人民政府办公厅关于推进电子商务与快递物流协同发展的实施意见(藏政办发〔2018〕53号)
陕西	陕西省人民政府办公厅关于进一步推进物流降本增效促进实体经济发展的实施意见(陕政办发〔2018〕3号)
	关于推进电子商务与快递物流协同发展的实施意见(陕政办发〔2018〕21号)
甘肃	加快发展现代商贸物流业的意见(甘政办发〔2018〕37号)
	电子商务与快递物流协同发展的实施意见(甘政办发〔2018〕101号)
	甘肃省人民政府办公厅关于印发甘肃省特色农产品冷链物流体系建设实施方案的通知(甘政办发〔2018〕108号)
青海	青海省推进电子商务与快递物流协同发展实施方案(青政办〔2018〕77号)
	关于印发青海省推广标准托盘发展单元化物流实施方案(青商流通字〔2018〕160号)
	关于印发青海省城乡高效配送专项行动实施方案的通知(青商流通字〔2018〕226号)

续上表

省(区、市)	支持政策文件名
宁夏	宁夏回族自治区政府办公厅关于进一步推进物流降本增效促进实体经济发展的实施意见(宁政办规发〔2018〕12号)
	宁夏回族自治区推进电子商务与快递物流协同发展实施方案的通知(宁政办发〔2018〕104号)
	宁夏回族自治区发改委、财政厅关于下达2018年自治区服务业发展引导资金投资计划(第三批)的通知(宁发改服务业(发展)〔2018〕532号)
	宁夏回族自治区商务厅、财政厅印发《关于持续推进农村电商筑梦计划的实施意见》的通知(宁商规发〔2018〕1号)
	宁夏回族自治区财政厅关于批复2018年自治区本级部门预算的通知(宁财(企)发〔2018〕81号)
新疆	新疆维吾尔自治区推进电子商务与快递物流协同发展的实施意见(新政办发〔2018〕80号)

第二章 2018年中国快递领域十大事件

2018年是改革开放40周年。这一年,中国快递业从高速发展转向高质量发展。这一年,行业里大事多,要事多,喜事也多。由《快递》杂志编辑部发起的票选"2018中国快递领域十大事件"得到了网友的积极响应。综合网友的投票,并征求邮政管理部门、行业专家、学者的意见,我们最终推选出"2018中国快递领域十大事件"。

1. 习近平主席新年贺词点赞快递小哥

2018年12月31日,国家主席习近平通过中央广播电视总台和互联网,发表2019年新年贺词,点赞快递小哥。习近平主席在贺词中说:"这个时候,快递小哥、环卫工人、出租车司机以及千千万万的劳动者,还在辛勤工作,我们要感谢这些美好生活的创造者、守护者。大家辛苦了。"习主席的贺词通过电波和网络传遍四面八方,温暖坚定、铿锵有力,让人在冬日里生出阵阵暖意,鼓舞斗志,在行业中引发热烈反响。大家纷纷表示,要努力奔跑追新梦、砥砺奋进建新功。

2. 中国首部专门针对快递业的行政法规《快递暂行条例》出台

2018年2月7日,国务院总理李克强主持召开国务院常务会议,会议通过了《快递暂行条例(草案)》,该《条例》已于2018年5月1日起实施。《条例》在立法位阶上,仅低于《中华人民共和国邮政法》,在邮政业法规体系中处于承上启下的关键位置。作为快递业的首部行政法规,《条例》的出台进一步完备了邮政业法律法规体系,为依法治邮增添了浓墨重彩的一笔,具有里程碑式的意义。此前,国务院总理李克强主持召开座谈会,听取教育、科技、文化、卫生、体育界人士和基层群众代表对《政府工作报告(征求意见稿)》的意见和建议。来自山西临猗县卓里镇的快递员李朋璇作为基层群众代表,应邀走进中南海,当面向总理提了关于快递发展的建议。他的建议在《条例》中也有体现。

3. 全国政协网络议政远程协商关注快递业"绿色发展"

2018年12月17日,中共中央政治局常委、全国政协主席汪洋主持召开全国政协第二次网络议政远程协商会,围绕"推进快递行业绿色发展"建言资政。委员们围绕快递绿色包装如何推进、快递车辆如何更加环保、快递小哥的安全如何保护等话题进行充分议政协商。这也是继2016年第46次双周协商座谈会召开后,全国政协再次聚焦"快递业发展"的议题。15位委员在全国政协机关和北京、江苏、福建、四川等五个会场,以及通过手机或计算机连线方式发了言,200多位委员通过移动履职平台踊跃发表意见。委员们认为,快递业联系千城百业、千家万户,推进快递业绿色发展是一个系统工程,需要标本兼治,综合施策。2018年,为打好邮政业污染防治攻坚战,国家邮政局制定发布了《快递业绿色包装指南(试行)》。

4. 国办1号文聚焦电子商务和快递物流协同发展

2018年1月23日,《国务院办公厅关于推进电子商务与快递物流协同发展的意见》(国办发〔2018〕1号)正式发布,这是继《国务院关于促进快递业发展的若干意见》印发后,国务院层面再次发布指导快递业发展的意见。《意见》强化顶层设计,聚焦电子商务与快递物流协同发展面临的制度性障碍和突出矛盾,针对电商与快递物流协同发展中存在的基础设施不配套、配送车辆通行难、快递末端服务能力不足等问题和矛盾,提出了针对性举措,在深化"放管服"改革、突出管理创新、解决突出矛盾、加强短板建设、注重前瞻性政策设计、明确绿色发展等六大方面提出了具体措施。《意见》的出台对促进快递行业补齐短板,更好地支撑电子商务可持续高质量发展有重大意义。

5. 快递业发展见证改革开放40年伟大跨越

2018年12月1日,中央电视台《新闻联播》播出深度报道《快递业高速发展见证40年伟大跨越》。报道指出,从自行车绿邮包,到专机运输、智能分拣投递,从无到有,再到总量世界第一,40年里,中国快递业用自己的飞速发展见证着国家发生的历史巨变。据国家邮政局数据显示,截至2017年,全行业拥有各类营业网点27.8万处,是1978年的5.6倍。改革开放40年来,全国累计建成快递分拨中心逾千个,快递服务营业网点21万处,投入运营智能快件箱20.6万余组。行业拥有国内快递专用货机113架。快递业对消费增长的贡献率超过30%,对经济增长的间接贡献率超过20%,成为新经济的代表和经济发展新动能的重要力量。

6. 中国快递年业务量突破500亿件

2018年12月28日,根据国家邮政局邮政业安全监管信息系统实时监测,一件从陕西武功寄往北京的快递包裹成为2018年第500亿件快件,是2012年(57亿件)的近9倍,中国快递步入500亿时代。自2014年以来,中国快递业务量连续5年稳居世界第一,超过美、日、欧等发达经济体的总和,成为世界邮政业的动力源和稳定器。2018年,中国快递最高日处理量达到4.16亿件,比上年增长25.68%,再次刷新纪录;全行业继续保持中高速增长,2018年前三季度邮政行业业务总量和业务收入分别突破8000亿件和5000亿元,同比增幅均超过20%。在《财富》2018年世界500强公司名单中,中国邮政以49亿美元的利润继续位居邮政企业榜首。

7. 邮政业助力精准脱贫攻坚战结硕果

2018年8月,《中共中央 国务院关于打赢脱贫攻坚战三年行动的指导意见》正式印发,"加快推进'快递下乡'工程""支持邮政企业把服务网点延伸到贫困村"等邮政业耳熟能详的重大工程被写入其中。国家邮政局积极推动邮政业充分发挥寄递渠道优势,助力精准扶贫,将服务国家乡村振兴战略和精准扶贫列为今年邮政业更贴近民生7件实事之一;国家邮政局定点扶贫村——河北省平泉市哈叭气村提前3年脱贫摘帽。相关数据显示,截至目前已经形成905个"一地一品"特色项目,打造出16个快递服务现代农业示范基地和20个年业务量超千万件的"快递+"金牌项目,有效助力脱贫攻坚和乡村振兴。

8. "最美快递员"走进人民大会堂接受礼赞

2018年5月3日,第三届"中国梦·邮政情寻找最美快递员"活动揭晓发布会在北京人民大会堂举行,李朋璇、陈艳军、赵立杰等10名快递员和圆通速递四川眉山团队、速尔快递上海中心操作团队两个团队荣获"最美快递员"称号。快递员这一群体再次走进象征国家最高荣誉的人民大会堂接受礼赞。第三届"中国梦·邮政情寻找最美快递员"活动2016年11月启动,两轮票选共收到近600万张投票,最终有48位"最美快递员"候选人入围终审环节,这些候选人涵盖19家品牌快递企业和24个省(区、市)。国家邮政局局长马军胜评价说,快递业之所以能够不断书写新的奇迹,依靠的正是300万从业者在风霜雪雨中最平凡的坚守、最平凡的奉献。他们都是"肩上扛道义、脚下破万难"的"最美"代表。

9. 全国快递末端网点备案数量突破12万个

截至2018年年底,全国快递末端网点备案数量已经突破12万个;平均办理时间缩短至1.4个工作日,全面实现全流程在线办理"一网通办"、企业"一次不用跑",邮政业"放管服"改革再上新台阶。国家邮政局按照中央决策部署和会议精神,坚持不懈推动重点领域和关键环节的改革攻坚,施行快递末端网点备案制就是其中一项重要措施。网点备案制度的实施体现了邮政业的包容审慎监管,是行业"放管服"的重要环节,为企业创造了公平可及的生存环境,进一步释放了市场活力。此外,国家邮政局大力推广"网上办事+网下寄递"模式,鼓励邮政业为企业和百姓提供单据、证照、税票等寄递服务,为群众办事提供便利。

10. 资本市场驱动,企业合纵连横

2018年,主要快递企业以求新求变为突破口,加速抢占市场。2018年1月16日,"德邦股份"在上海证券交易所挂牌上市,成为国内首家通过IPO上市的快递企业;7月2日,德邦启动更名,宣布"德邦物流"更名为"德邦快递",主打大件快递产品;8月10日,顺丰控股与夏晖在深圳联合召开发布会,宣布新夏晖公司成立,发力冷链业务;同月29日,中国铁路总公司与顺丰控股共同组建的中铁顺丰国际快运有限公司正式揭牌成立。该合资公司由铁路总公司旗下中铁快运股份有限公司与顺丰控股旗下深圳顺丰泰森控股(集团)有限公司共同组建,双方分别占股55%和45%;10月17日,圆通速递正式对外发布圆通蛟龙集团旗下全新的独立品牌"承诺达特快";10月18日,京东物流宣布正式进入个人快递市场;10月26日,顺丰控股发布公告称,收购敦豪供应链(香港)有限公司和敦豪物流(北京)有限公司100%股权,将整合DPDHL在中国内地、香港和澳门地区的供应链业务。

第三章 2018年中国快递发展大事记

国家邮政局党组召开中心组（扩大）学习会

1月2日，国家邮政局党组召开中心组（扩大）学习会，传达学习中央政治局民主生活会和习近平总书记重要讲话精神，深入学习《习近平谈治国理政》第二卷。局党组书记、局长马军胜主持会议并讲话，强调全系统要坚持学以致用、狠抓落实，推动新时代邮政业改革发展实践。局党组成员、副局长王梅、赵晓光、刘君出席会议，局党组成员、副局长邢小江作交流发言。

国家邮政局召开2018年第1次局务会

1月4日，国家邮政局局长马军胜主持召开2018年第1次局务会议，审议2018年全国邮政管理工作会议报告和邮政业更贴近民生实事，并安排部署新一年工作。局领导赵晓光、刘君、邢小江出席会议。对于已经拉开序幕的2018年工作，马军胜提出五点要求：一是要坚决维护党中央权威和集中统一领导。二是要加强作风建设。三是要提高工作质效。四是要加强学习实践。五是要干净担当、务实为民。

"强邮论坛"在京举办

1月7日，"强邮论坛——邮政快递业高层次人才培养及产业创新发展峰会"在京举办，聚焦行业人才培养与产业创新变革，加强"政产学研用"协同发展，来自高校、政府、协会、企业和媒体的200多名代表参会。论坛由国家邮政局指导，北京邮电大学、南京邮电大学、重庆邮电大学、西安邮电大学联合中国快递协会、中国邮政快递报社共同举办。"强邮论坛"的举办，搭建了行业人才培养供给侧和产业需求侧有机结合的平台，形成了教育部门和行业企业统筹融合、良性互动的发展格局，同时将进一步深化产教融合、校企合作，全面提升邮政行业人力资源质量。

2018年全国邮政管理工作会议在京召开

1月8日，2018年全国邮政管理工作会议在北京召开。会议传达学习了国务院副总理马凯对交通运输工作的重要批示，总结回顾了2017年以及党的十八大以来邮政业的主要工作成绩，全面分析了当前邮政业面临的新形势，科学谋划了新时代邮政强国建设的战略部署，明确提出了2018年邮政工作的总体要求和主要任务，并首次提出要通过"两步走"，到本世纪中叶全面建成现代化邮政强国。交通运输部党组书记杨传堂出席会议并做重要讲话。国家邮政局党组书记、局长马军胜做工作报告。局领导王梅、赵晓光、刘君、邢小江出席会议。中央有关部门的相关负责同志应邀出席会议。

国家邮政局党组对新任职领导干部进行集体廉政谈话

1月8日，在2018年全国邮政管理工作会议召开期间，国家邮政局党组对18名新任职司局级和处级干部进行集体廉政谈话。局党组书记、局长马军胜代表党组要求他们在学习领会党的十九大精神上先学一步、学深一步，始终在政治立场、政治方向、政治原则、政治道路上同以习近平同志为核心的党中央保持高度一致，深刻理解和把握十九大对行业改革发展和邮政管理工作提出的新要求，进一步增强思想自觉和行动自觉，密切联系工作实际，推动新时代邮政事业不断取得新进展。局党组成员、副局长、机关党委书记邢小江主持谈话。

2018年快递企业座谈会在京召开

1月8日下午，国家邮政局举行2018年快递企业座谈会。国家邮政局副局长刘君出席会议并讲话。刘君指出，快递业要深入贯彻党的十九大精神和中央经济工作会议精神，按照新时代新理念实现新发展，着力推动行业高质量发展，着力解决行业发展不平衡、不充分的问题，不断满足人民日益增长的更好用邮需要，为全面建成现代化邮政强国而努力奋斗。

国家邮政局党组对新任职领导干部进行集体廉政谈话

1月8日，在2018年全国邮政管理工作会议召开期间，国家邮政局党组对18名新任职司局级和处级干部进行集体廉政谈话。局党组书记、局长马军胜代表党组要求他们在学习领会党的十九大精神上先学一步、学深一步，始终在政治立场、政治方向、政治原则、政治道路上同以习近平同志为核心的党中央保持高度一致，深刻理解和把握十九大对行业改革发展和邮政管理工作提出的新要求，进一步增强思想自觉和行动自觉，密切联系工作实际，推动新时代邮政事业不断取得新进展。局党组成员、副局长、机关党委书记邢小江主持谈话。

2018年全国邮政管理工作会议圆满闭幕

1月9日上午，2018年全国邮政管理工作会议圆满闭幕。会议总结回顾了2017年以及党的十八大以来邮政业的主要工作成绩，全面分析了当前邮政业面临的新形势，科学谋划了新时代邮政强国建设的战略部署，明确提出了2018年邮政工作的总体要求和主要任务，提出要通过"两步走"，到本世纪中叶全面建成现代化邮政强国。国家邮政局党组书记、局长马军胜出席会议，党组成员、副局长王梅主持，党组成员、副局长赵晓光做总结讲话，党组成员、副局长刘君、邢小江出席。

国家邮政局举行宪法宣誓仪式

1月9日晚，国家邮政局举行宪法宣誓仪式。国家邮政局党组书记、局长马军胜监誓，局党组成员列席。2017年度新任职的省（区、市）局正职领导、国家邮政局机关副处级以上干部和直属单位正职领导、副省级城市局正职领导共25人参加宣誓仪式，2018年全国邮政管理工作会议代表列席宣誓仪式。马军胜代表局党组对新任职干部提出四点要求，一要把牢政治方向，强化党性原则。二要维护宪法权威，践行宣誓诺言。三要时刻忠于职守，依法全面履职。四要做到廉洁奉公，自觉接受监督。

国家邮政局党组审议通过《推进邮政强国建设工作方案》

1月10日，国家邮政局党组召开会议审议通过《推进邮政强国建设工作方案》。局党组书记、局长马军胜主持会议并强调，要切实认识到推进邮政强国建设的重要性，统一思想、提高站位、系统谋划、扎实推进，全面启动邮政强国建设工作。党组成员、副局长王梅、赵晓光、刘君、邢小江出席会议。

国家邮政局传达中纪委驻交通运输部纪检组通知要求

1月10日，国家邮政局党组传达中央纪委驻交通运输部纪检组《关于紧盯2018年元旦春节期间"四风"问题工作的通知》，要求全系统严格落实中央八项规定精神，做好春节期间廉洁自律工作。局党组书记、局长马军胜，党组成员、副局长王梅、赵晓光、刘君出席会议，党组成员、副局长邢小江传达并讲话。

国家邮政局召开离退休干部代表座谈会

1月12日，国家邮政局召开离退休干部代表座谈会,传达2018年全国邮政管理工作会议精神,广泛征求机关离退休老干部对国家邮政局党组的意见。国家邮政局党组成员、副局长、机关党委书记邢小江出席会议并讲话,希望离退休干部继续关心和支持国家邮政局各项工作,继续为行业改革发展贡献智慧和力量。

国家邮政局召开2018年一季度例行新闻发布会

1月12日,国家邮政局召开2018年一季度例行新闻发布会,发布并解读《2017年四季度中国快递发展指数报告》。2017年四季度,中国快递发展指数为208.5,同比提高16.8%,快递业仍处于稳步成长期,呈现出发展态势高位运行,市场结构持续优化,资源要素加速集聚,网络稳步向下延伸,服务能力显著增强的特点,较好地应对了旺季快递服务需求,快递准公共服务属性凸显。

国家邮政局党组召开党员代表征求意见座谈会

1月15日,国家邮政局党组书记、局长马军胜主持召开座谈会,围绕局党组和党组成员在学习贯彻落实习近平新时代中国特色社会主义思想和党的十九大精神、认真执行党中央决策部署、对党忠诚老实、履行全面从严治党责任、大力纠正"四风"、严格执行廉洁自律准则等六方面存在的突出问题,广泛征求局机关和直属单位党员代表的建议和意见,确保2017年度国家邮政局党组民主生活会开出高质量、取得好效果。

国家邮政局邮政业安全中心荣获"年度优秀政务民生机构"奖项

1月15日,国家邮政局邮政业安全中心在微信年度公开课PRO版颁奖晚会上荣获2017年度"优秀年度政务民生机构"奖项。据悉,共有包括国家工商总局消费者权益保护局、国家邮政局邮政业安全中心等单位在内的11个单位获此殊荣,邮政业安全中心2017年全新推出"安易递"小程序并连接微信能力迅速得到推广,效果显著,从而成功在全国数千个参评机构中脱颖而出。

国家邮政局党组传达学习习近平总书记近期重要讲话精神

1月17日,国家邮政局党组书记、局长马军胜主持召开局党组2018年第3次会议,传达学习习近平总书记在学习贯彻党的十九大精神研讨班开班式和在十九届中央纪委二次全会上的重要讲话精神,审议并通过《中共国家邮政局党组关于维护党中央集中统一领导的规定》和《中共国家邮政局党组关于贯彻落实中央八项规定精神的实施细则》。局党组成员、副局长王梅、赵晓光、刘君、邢小江出席会议。中央纪委驻交通运输部负责同志列席会议。

国家邮政局组织召开2018年第1次快递服务质量提升联席会议

1月17日,国家邮政局在顺丰速运有限公司总部组织召开2018年第1次暨2017年第四季度快递服务质量提升联席会议现场会。EMS、顺丰、圆通、申通、中通等22家品牌快递企业总部相关负责人,国家邮政局市场监管司、邮政业安全中心、中国邮政快递报社、中国快递协会相关人员参加会议。国家工商总局消费者权益保护局有关负责人应邀参会。

国家邮政局召开部分企业实名收寄信息系统推广应用工作会议

1月18日,国家邮政局在京召开部分企业实名收寄信息系统推广应用工作会议,研究部署主要品牌以外的二三线跨省网络型寄递企业实名收寄信息系统推广应用工作。会上,市场监管司通报了2017年全国实名收寄信息系统推广应用工作总体情况和2018年推进工作实施方案。邮政业安全中心介绍了目前企业实名收寄信息系统推广应用中存在的主要问题,对加强技术对接保障提出了具体要求。16家企业与会代表围绕如何确保如期实现实名收寄全覆盖目标进行了座谈交流。

国家邮政局公布2018年邮政业更贴近民生7件实事

1月19日,国家邮政局公布2018年邮政业更贴近民生7件实事,包括:推进建制村直接通邮、改善末端投递服务、服务"乡村振兴战略"、实施"放心消费工程"、打造安全用邮环境、提高行业绿色发展水平和加强快递员(投递员)权益保护。

国家邮政局党组传达学习中共十九届二中全会精神

1月22日,国家邮政局党组书记、局长马军胜主持召开局党组2018年第4次会议,传达学习中共十九届二中全会精神。党组成员、副局长王梅、赵晓光、刘君、邢小江出席会议。中央纪委驻交通运输部负责同志列席会议。针对下一步贯彻落实工作,马军胜提出三点要求:一要提升政治站位、增强政治意识,全面领会十九届二中全会精神。二要坚持不懈抓好十九大精神和十九届二中全会精神的学习宣贯落实,深入推动邮政业各项工作取得新成效。三要切实抓好依宪依法行政各项工作,不断提高邮政业依宪依法管理水平。

国家邮政局党组学习《国务院办公厅关于推进电子商务与快递物流协同发展的意见》

1月,《国务院办公厅关于推进电子商务与快递物流协同发展的意见》发布后,国家邮政局党组书记、局长马军胜第一时间主持召开党组会议传达学习,强调国办1号文件提出推进电子商务与快递物流协同发展,是对全行业改革发展的高度肯定,要充分认识《意见》的重大意义,在全系统全行业狠抓学习宣传贯彻工作,结合实际、发力攻坚,落实新发展理念,加强供给侧结构性改革,将真真切切的政策红利转化为实实在在的发展效果,进一步推动新时代快递业加快从高速度增长迈向高质量发展。党组成员、副局长王梅、赵晓光、刘君、邢小江出席会议。中央纪委驻交通运输部负责同志列席会议。

国家邮政局分析研判当前行业运行情况

1月26日,国家邮政局局长马军胜主持召开2018年第1次局长办公会,听取2017年邮政行业经济运行情况汇报,分析研判当前行业运行情况,部署下一阶段重点工作。局领导王梅、赵晓光、刘君、邢小江出席会议。会议还审议并原则通过《邮政行业技术研发中心认定管理暂行办法》《2017年邮政行业投入产出调查方案》《2018年全国邮政普遍服务监督管理工作会议方案》《国家邮政局2018年会议计划》和《国家邮政局2018年培训计划》。

国家邮政局确定2018年工作任务分工

1月26日,国家邮政局局长马军胜主持召开2018年第2次局务会,审议通过2018年邮政管理工作任务目标分解安排。会议还针对两项重点工作作了部署。一是全系统全行业要抓紧学习宣贯《国务院办公厅关于推进电子商务与快递物流协同发展的意见》,全力推动邮政业加快从高速度增长迈向高质量发展。二是要切实做好春节期间服务保障工作,更好满足人民群众寄递服务需求,保持行业发展的良好态势。

国家邮政局推进邮政强国建设领导小组召开第一次会议

1月26日,国家邮政局推进邮政强国建设领导小组召开第一次会议,传达交通运输部推进交通强国建设领导小组第一次会议精神,审议并原则通过推进邮政强国建设中长期发展纲要和三年行动计划编制工作方案等。国家邮政局局长、领导小组组长马军胜主持会议并强调,要坚持以习近平新时代中国特色社会主义思想为指导，深入贯彻落实党的十九大精神，提高政治站位，充分认识邮政强国建设的重要意义，脚踏实地、迎难而上，向邮政强国奋斗目标迈出坚实步伐。副局长、领导小组副组长邢小江出席会议。

国家邮政局党组传达贯彻国务院安全生产委员会全体会议精神

1月26日，国家邮政局党组书记、局长马军胜主持召开2018年第5次党组会议，传达贯彻国务院安全生产委员会全体会议及全国安全生产电视电话会议精神，对下一步邮政行业安全生产工作作出部署，强调要认真学习、深刻领会会议精神，强化措施、压实责任，把会议要求贯穿到工作中去，全力保障行业安全平稳运行。局党组成员、副局长王梅、赵晓光、刘君、邢小江出席会议。中央纪委驻交通运输部负责同志列席会议。

国家邮政局党组召开2017年度民主生活会

1月30日，国家邮政局党组召开2017年度民主生活会，以认真学习领会习近平新时代中国特色社会主义思想、坚定维护以习近平同志为核心的党中央权威和集中统一领导、全面贯彻落实党的十九大各项决策部署为主题，以中央政治局民主生活会为榜样，以党章党规为标尺，对照初心和使命，联系思想和工作实际，联系巡视发现的问题，联系全系统违纪违法案件，进行自我检查、党性分析，开展批评和自我批评。中央第27督导组的全体同志，中央纪委机关、中央纪委驻交通运输部纪检组有关负责同志到会指导，局党组书记、局长马军胜主持会议，局党组成员赵晓光、刘君、邢小江、赵民参加。

马军胜局长慰问云南省邮政业基层干部职工、调研行业发展情况

1月31日下午，国家邮政局党组书记、局长马军胜飞赴云南，慰问在那里全力奋战节前业务旺季的基层一线干部员工。两天多时间里，马军胜一行深入玉溪、普洱、昆明等地了解邮政业拓展产业链、服务地方经济社会发展和精准脱贫等情况，为云南省邮政业改革发展把脉支招。每到一地，马军胜都详细询问当地邮政业发展、基层网点经营运行、助力精准扶贫攻坚、特色农产品寄递等情况，勉励大家新的一年继续振奋精神、鼓足干劲，再来一个"开门红"。

快递小哥被请进了中南海

1月31日，百世快递员李朋璇从中南海出来，激动之情溢于言表，"没想到一名快递小哥能当面向总理提建议，对今后的发展更有信心了！"李朋璇与总理的这次"面对面"发生在当天召开的国务院座谈会中，李克强总理听取科教文卫体界人士和基层群众代表对《政府工作报告（征求意见稿）》的意见和建议。李朋璇作为基层群众代表，当面向总理提了关于快递发展的建议。他提出希望国家推动保险业和快递业深化合作，为生鲜农产品进城保驾护航。此外，李朋璇还提出了关于快递车辆通行等政策的落地问题。

国家邮政局通知要求建立健全"四专"机制

1月31日，针对近期发生的多起快递末端网点运营异常事件，国家邮政局向各省（区、市）邮政管理部门和各快递企业总部下发通知，要求进一步加强快递末端网点服务管理，确保寄递渠道安全、畅通、平稳。通知指出，末端服务是快递服务的重要环节，是快递业发展惠及百姓、服务民生的重要体现。春节前后是保障快递末端网点稳定运营的关键时期，各企业要高度重视，切实做好末端网点服务管理工作。

中央1号文件对邮政、快递提出明确要求

2月4日，倍受期待的2018年"中央1号文件"——《中共中央 国务院关于实施乡村振兴战略的意见》公布，对邮政、快递提出了明确要求。

《意见》指出,重点解决农产品销售中的突出问题,加强农产品产后分级、包装、营销,建设现代化农产品冷链仓储物流体系,打造农产品销售公共服务平台,支持供销、邮政及各类企业把服务网点延伸到乡村,健全农产品产销稳定衔接机制,大力建设具有广泛性的促进农村电子商务发展的基础设施,鼓励支持各类市场主体创新发展基于互联网的新型农业产业模式,深入实施电子商务进农村综合示范,加快推进农村流通现代化。

国家邮政局党组审议通过2018年全国邮政管理系统党风廉政建设工作会议报告

2月5日,国家邮政局党组书记、局长马军胜主持召开2018年第6次党组会议。会议审议并通过2018年全国邮政管理系统党风廉政建设工作会议报告,并就加强纪律建设、全面从严治党工作提出要求,强调要深入贯彻党的十九大、十九届中央纪委二次全会精神和习近平总书记系列重要讲话精神,落实好、发挥好党组主体责任和纪检部门监督责任,推进全系统全面从严治党、党风廉政建设和反腐败工作。局党组成员赵晓光、刘君、邢小江、赵民出席会议。中央纪委驻交通运输部负责同志列席会议。

国家邮政局确定第二批全国邮政行业人才培养基地

2月,国家邮政局印发《关于确定第二批全国邮政行业人才培养基地的通知》,确定南京邮电大学、重庆邮电大学、北京印刷学院、江苏经贸职业技术学院、淮南联合大学、江西交通职业技术学院、淄博职业学院、湖北交通职业技术学院、武汉交通职业学院、甘肃交通职业技术学院、云南邮电学校、唐山劳动技师学院为第二批全国邮政行业人才培养基地。

万国邮联改革特设工作组特别会议在上海召开

2月6日,万国邮联改革特设工作组特别会议在上海召开。万国邮联国际局总局长比沙尔·侯赛因,副总局长帕斯卡尔·克里瓦茨,以及来自中国、法国、新西兰、南非、突尼斯、哥斯达黎加、日本等10个成员国的代表参加了本次会议。国家邮政局局长马军胜出席会议并在开幕式上致辞,副局长赵晓光出席会议。会议期间,马军胜与万国邮联比沙尔·侯赛因局长一行举行了工作会谈。双方就万国邮联改革工作交换了意见,并就共同推进"一带一路"建设和铁路运邮发展进行了广泛探讨。

国务院常务会议原则通过《快递暂行条例(草案)》

2月7日,李克强总理主持召开国务院常务会议,会议通过《快递暂行条例(草案)》。按照国务院要求,条例草案再次向社会征求意见并修改,在促进快递行业发展、保障寄快递安全、保护各方合法权益的基础上,立足包容审慎监管,对快递服务车辆等强制性规定作了调整,完善了无法投递快递的处理程序,增加了鼓励共享末端设施、诚信体系建设等内容。

万国邮联国际局总局长参观上海邮政业

2月7日,万国邮联国际局总局长比沙尔·侯赛因及参会代表在国家邮政局副局长赵晓光陪同下参观了上海邮政业。在京东上海"亚洲一号"智慧物流中心,比沙尔·侯赛因一行参观了高达24米的超大型自动化立体仓库、高密度储存和高速拣货设备以及搬运、分拣、抓取、码垛等各环节机器人处理复杂业务的场景,听取企业发展、运营模式、派送时效等情况介绍,并对"当日达""次日达"等快递服务模式给予高度赞赏。各国邮政官员称赞中国快递和电商发展成就,并表示要将其作为"中国名片"介绍到本国。在拥有近百年历史的上海邮政博物馆,各国邮政官员仔细浏览馆藏史料,了解中国邮政的起源和发展历程。

2018年全国邮政管理系统党风廉政建设工作会议召开

2月8日,2018年全国邮政管理系统党风廉政建设工作会议召开。会议以习近平新时代中国特色社会主义思想为指导,深入学习贯彻党的十九大、十九届二中全会和十九届中央纪委二次全会精神,认真落实中央纪委驻交通运输部纪检组工作部署,总结全系统2017年全面从严治党、党风廉政建设和反腐败工作,部署2018年工作任务。局党组书记、局长马军胜作工作报告。中央纪委驻交通运输部纪检组副组长胡志彬出席会议并讲话。局党组成员、副局长刘君、赵民出席会议,局党组成员、副局长邢小江主持会议。

刘君副局长会见亚太速递商论坛和全球快递协会代表团

2月8日下午,国家邮政局副局长刘君在京会见了以卡斯顿·海斯先生为团长的亚太速递商论坛和全球快递协会代表团一行,双方就中国和国际快递市场的现状和未来发展趋势交换了意见。刘君对代表团一行在中国传统新春佳节前夕的来访表示欢迎。双方还就新近出台的《快递暂行条例》和《国务院办公厅关于推进电子商务与快递协同发展的意见》及规范快递行业的安全生产等问题进行了探讨。

国家邮政局党组传达学习2018年中央1号文件精神

2月,国家邮政局党组书记、局长马军胜主持召开局党组会议,传达学习2018年中央1号文件《中共中央 国务院关于实施乡村振兴战略的意见》精神。局党组成员出席会议。针对下一步贯彻落实工作,会议提出几点要求:一是坚持以人民为中心,狠抓文件贯彻落实。二是充分发挥行业优势,服务乡村振兴战略。三是推动企业改革创新,优化行业空间布局。

2018年寄递渠道安全管理领导小组第一次会议召开

2月11日,2018年寄递渠道安全管理领导小组第一次会议在京召开。领导小组组长、国家邮政局局长马军胜,领导小组副组长、中央综治办三室主任彭波出席会议并讲话。领导小组副组长、国家邮政局副局长刘君主持会议并通报2014年以来寄递渠道安全管理领导小组工作情况。会议强调,要统一认识、密切协作、提升理念、完善机制、创新方法,把安全监管协作机制向纵深推进,推动寄递安全监督管理工作再上新台阶。

国家邮政局召开2018年第2次局长办公会

2月12日,国家邮政局局长马军胜主持召开2018年第2次局长办公会,传达学习国务院常务会议精神,并就深入贯彻落实《国务院办公厅关于推进电子商务与快递物流协同发展的意见》作出再要求再部署。局领导刘君、邢小江、赵民出席会议。会议还审议并原则通过《2018年全国邮政市场监管工作会议方案》和《安全生产监管信息化工程(一期)国家邮政局建设部分项目初步设计变更方案》。

国家邮政局领导慰问离退休老干部

在新春佳节即将到来之际,国家邮政局局领导马军胜、赵晓光、刘君、邢小江和赵民分别慰问盛名环、武士雄、盛汇萍、徐建洲和解畅等离退休老干部,向他们及其家人送去了节日问候和诚挚祝福。

马军胜局长视察首都邮政业节日运行情况

2月13日晚,国家邮政局党组书记、局长马军胜带领局机关有关司室和北京市邮政管理局负责同志视察首都邮政业,了解节日服务和企业生产运营情况,亲切慰问仍旧坚守在岗位上的一线职工,叮嘱企业做好安排、加强保障,让大家都能过上一个欢乐祥和的春节。

国家邮政局党组召开会议

2月26日,国家邮政局党组书记、局长马军胜主持召开局党组会议,传达学习中央有关文件精神,审议并原则通过《国家邮政局党建工作领导小组2018年工作要点》《2018年全国邮政管理系统党风廉政建设工作要点》《中共国家邮政局党组关于贯彻〈中国共产党问责条例〉的实施办法》,强调全系统必须毫不动摇坚持和加强党的领导,必须以更大决心、更大勇气、更大气力抓好系统党建工作,不断推进党的建设新的伟大工程,引领加快邮政大国向现代化邮政强国迈进。局党组成员、副局长刘君、邢小江出席会议。中央纪委驻交通运输部纪检组负责同志列席。

国务院政策例行吹风会详解快递暂行条例草案

2月27日,国家邮政局局长马军胜、国务院法制办工交商事法制司司长张建华出席国务院政策例行吹风会,向媒体介绍快递暂行条例草案和快递业发展有关情况。马军胜表示,快递暂行条例的制度安排符合客观规律,也契合我国迈向邮政强国的实际,是促进发展、保障善治的良法。待条例正式颁布生效后,将在维护市场公平竞争秩序,推进行业治理体系和治理能力现代化,提升行业发展水平,保障人民用邮权益,服务大众创业、万众创新等方面发挥基础性、关键性作用,具有里程碑式的意义。

2018年全国邮政市场监管工作会议在豫召开

2月27日,中原大地天气回暖,进入万物复苏的初春时节。为期两天的2018年全国邮政市场监管工作会议在河南郑州召开。会议深入学习贯彻习近平新时代中国特色社会主义思想和党的十九大精神,全面贯彻落实2018年中央经济工作会议精神和全国邮政管理工作会议决策部署,总结回顾2017年和党的十八大以来邮政市场监管工作,研究部署2018年重点任务。国家邮政局党组成员、副局长刘君出席会议并讲话。

马军胜拜会全国政协副主席、集邮联名誉会长王家瑞

2月28日下午,国家邮政局局长马军胜一行拜会全国政协副主席、中华全国集邮联合会名誉会长王家瑞。王家瑞对邮政业的发展非常关心,一边听取汇报一边询问情况。他希望邮政管理部门要坚持以习近平新时代中国特色社会主义思想为指导,深入贯彻落实党的十九大精神,解决好行业发展中的难点问题,把邮政改革发展各项工作做得更好。

国家邮政局党组传达学习党的十九届三中全会精神

3月2日,国家邮政局党组书记、局长马军胜主持召开党组会议,传达学习党的十九届三中全会会议精神,强调全系统要坚持和加强党的全面领导,深化转职能、转方式、转作风,提高效率效能,确保党中央决策部署在邮政管理系统不折不扣落到实处。局党组成员、副局长赵晓光、刘君、邢小江出席会议。

刘君副局长督导北京全国两会寄递渠道安全服务保障工作

3月5日,国家邮政局党组成员、副局长刘君赴北京市督导检查2018年全国两会寄递安全服务保障工作,要求北京市邮政管理系统和全行业要坚持围绕中心、服务大局,以最高标准、最严部署、最强措施、最佳状态,确保寄递渠道安全平稳畅通,以实际行动为全国两会顺利召开做出贡献。

国家邮政局召开2018年扶贫领导小组工作会议

3月6日,国家邮政局召开2018年扶贫领导小组工作会议,学习传达中央领导同志关于打好精准脱贫攻坚战有关指示精神,总结2017年国家局定点扶贫工作,研究部署2018年重点任务。国

家邮政局党组书记、局扶贫工作领导小组组长马军胜出席会议并讲话。局党组成员、领导小组副组长邢小江主持会议。

国家邮政局党组召开中心组（扩大）学习会

3月9日，国家邮政局党组书记、局长马军胜主持召开局党组中心组（扩大）学习会，围绕"贯彻新发展理念，建设现代化经济体系"重要论述交流学习，深化认识理解，厘清思路举措，深入推进邮政业高质量发展。马军胜局长强调，建设现代化经济体系是长期而艰巨的工作，全系统要认真学习深刻领会努力实践，按照解放思想改革创新的思路不断克难攻坚，不断适应新时代社会主义经济建设的要求，把邮政业改革发展各项工作做好，为国家建设现代化经济体系添砖加瓦。局党组成员、副局长赵晓光、刘君、邢小江、赵民出席会议。

国家邮政局组织召开邮政业消费者投诉申诉工作座谈会

3月9日，在"3·15"国际消费者权益日来临之际，国家邮政局在上海组织召开邮政业消费者投诉申诉工作座谈会。中国邮政EMS、顺丰、圆通、申通、中通等23家品牌快递企业总部相关负责人，国家邮政局市场监管司、邮政业安全中心、中国邮政快递报社、中国快递协会相关人员参加会议。

第九届中日邮政政策对话在日本举行

3月14日，第九届中日邮政政策对话在日本名古屋举行。国家邮政局副局长赵民、日本总务省邮政政策规划司司长卷口英司出席会议并致辞。会上，中日双方代表就邮政行业改革发展与科技创新、安全监管、普遍服务转型和未来发展、快递与电商协调发展等议题进行了探讨，并就行业关注的其他问题做了深入交流。办公室（外事司）、政策法规司、普遍服务司和市场监管司相关人员陪同参加了此次出访。

国家邮政局召开局长办公会

3月14日，国家邮政局局长马军胜主持召开2018年第4次局长办公会，审议并原则通过《2018年深化邮政业供给侧结构性改革工作要点》等文件。局领导赵晓光、刘君、邢小江出席会议。会议强调，全系统要以习近平新时代中国特色社会主义思想和党的十九大精神为指导，按照中央经济工作会议决策部署以及2018年全国邮政管理工作会议安排要求，坚持目标导向和问题导向，继续深化行业供给侧结构性改革。会议还审议了《邮政业"十三五"规划中期评估工作方案》。

全国邮政管理系统2018年巡视工作培训班举办

3月15日，为认真学习贯彻习近平新时代中国特色社会主义思想和党的十九大精神，深入落实党中央关于政治巡视工作新部署新要求，加强邮政管理系统巡视工作队伍建设，为期两天的全国邮政管理系统2018年巡视工作培训班在京开班。国家邮政局党组书记、局长马军胜出席开班式并作动员讲话，强调全系统务必保持政治定力，提升政治巡视站位，把思想认识统一到中央的部署要求上来，坚定不移深化政治巡视，为促进邮政业健康发展提供坚强政治保证。党组成员、副局长邢小江主持开班式。

国家邮政局部署邮政业"十三五"规划中期评估工作

3月16日，国家邮政局召开全系统电视电话会议，动员部署邮政业"十三五"规划中期评估工作，确保规划全面落地和有效实施。局党组成员、副局长邢小江出席会议并讲话。会议强调，邮政业规划中期评估涉及范围广，时间紧、任务重、要求高。对于下一步工作，会议提出三点要求：一是加强组织领导。二是明确工作责任。三是提升评估水平。

马军胜局长在两会"部长通道"回应媒体关切的行业热点话题

3月19日11时,备受关注的2018年全国两会第五场"部长通道"在人民大会堂开启。旁听十三届全国人大一次会议第七次全体会议的国家邮政局局长马军胜第一个亮相,回应热点话题,表达行业发展的愿景和诉求。马军胜说,过去的十年,中国快递的年均增长达到了42%,过去5年达到了47%。2017年的业务量达到了400亿件,占到了全球40%多,比美国、日本、欧盟的快递业务量加起来都要多。"我对中国快递的持续快速发展非常有信心!"马军胜说,"只要政策对头、模式对头、路径对头,再加上大家'撸起袖子加油干',一定会有美好的未来。"

中欧班列运邮(快)件工作领导小组和联合工作组举行全体会议

3月20日,中欧班列运邮(快)件工作领导小组和联合工作组举行第4次全体会议,总结前一阶段工作进展,分析形势任务,对2018年各项工作作出部署要求。国家邮政局副局长赵民出席会议并讲话。外交部、交通运输部、海关总署、国家质检总局、国家铁路局、中国铁路总公司、中国邮政集团公司、义乌市等联合工作组成员单位代表分别在会上发言。

国家邮政局传达学习全国两会精神

3月20日下午,国家邮政局召开全体干部大会,第一时间传达学习第十三届全国人民代表大会第一次会议和政协第十三届全国委员会第一次会议精神,对全国邮政管理系统贯彻落实两会精神进行部署。局党组书记、局长马军胜主持会议并对学习宣贯工作提出要求,局党组成员、副局长邢小江、赵民出席会议。全国政协委员、局普遍服务司司长马旭林传达了两会精神。

邢小江副局长到重庆调研邮政管理系统党建工作

3月,国家邮政局党组成员、副局长、局党建工作领导小组副组长邢小江率调研组到重庆开展邮政行业党建工作专题调研。调研组在重庆市邮政管理局召开座谈会,与市局机关及分局党支部书记代表、基层党务工作者和党员代表等深入展开交流。随后,调研组深入重庆市邮政管理局三分局、重庆圆通快递有限公司、涪陵电子商务产业园等,通过召开座谈会、实地走访和"面对面"交流等方式,重点对非公快递企业党的建设和群团组织建设开展调研。

国家邮政局党组研究部署进一步办好邮政业民生工程

3月25日,国家邮政局党组书记马军胜主持召开局党组会议,研究部署进一步办好邮政业民生工程。他强调,要以习近平新时代中国特色社会主义思想为指引,贯彻落实党的十九大精神,持之以恒反"四风"特别是杜绝官僚主义、形式主义新表现,牢固树立正确的政绩观,把人民群众满意不满意、高兴不高兴作为一切工作的出发点和落脚点,真正把民生工程办成民心工程。党组成员赵晓光、刘君、邢小江、杨春光和赵民出席会议。中央纪委驻交通运输部纪检组有关负责同志列席。

李克强总理签署国务院令公布《快递暂行条例》

3月27日,国务院总理李克强签署国务院令,公布《快递暂行条例》,自2018年5月1日起施行。快递业是服务业的重要组成部分,连接供给侧和消费侧,是推动流通方式转型、促进消费升级的先导产业,在稳增长、调结构、惠民生等方面发挥着重要作用。近年来,我国快递业迅猛发展,快件业务量连续四年居世界第一。为促进快递业健康发展,保障快递安全,保护快递用户合法权益,加强对快递业的监督管理,国务院制定《条例》。

《条例》以促进快递业持续健康发展为重点,规定了一系列保障行业发展的制度措施。立足于守住安全底线,《条例》规定了一系列安全制度。《条例》完善了快递服务规则,明确各方权利义务,保护消费者合法权益。

马军胜局长会见香港代表团

3月28日,国家邮政局局长马军胜在北京会见了香港商务及经济发展局局长邱腾华和香港邮政署署长梁松泰率领的香港代表团一行。双方就内地与香港深化合作等共同关心的话题深入交换了意见。马军胜对香港代表团一行来访表示欢迎,并介绍了内地邮政业改革发展情况。马军胜希望内地与香港进一步密切合作交流,积极协调有关部门,优化工作流程,提升内地、香港至国际区域邮(快)件运输效率,打造绿色通道,促进内地与香港邮政业共同发展。

《快递暂行条例》宣贯全国电视电话会议召开

3月29日,国家邮政局召开全国电视电话会议,全面宣传贯彻将于5月1日起正式实施的《快递暂行条例》。国家邮政局党组书记、局长马军胜,中国快递协会会长、交通运输部原副部长高宏峰,司法部工交商事法制司司长张建华出席会议并讲话。会议由国家邮政局党组成员、副局长赵晓光主持。

马军胜局长调研山东省邮政业发展和行业管理工作

3月30日,国家邮政局党组书记、局长马军胜和党组成员、副局长赵民调研山东省邮政业发展和行业管理工作。马军胜强调,要以习近平新时代中国特色社会主义思想为指导,加快新旧动能转换,推动邮政业高质量发展。在鲁调研期间,马军胜还出席了山东省邮政管理系统干部大会。

国家邮政局党组深入学习习近平总书记重要指示精神

4月2日,国家邮政局党组书记、局长马军胜主持召开党组会议,深入学习习近平总书记重要指示精神,学习领会毛泽东主席批评一些领导干部追求个人名利的重要论述。局党组成员、副局长赵晓光、刘君、邢小江、赵民出席会议。中央纪委驻交通运输部纪检组有关负责同志列席。

国家邮政局党组中心组(扩大)学习会

4月3日,国家邮政局党组召开中心组(扩大)学习会,以电视电话会议的形式组织全系统党员干部认真学习宪法。局党组书记、局长马军胜主持会议并强调,全系统要按照党中央统一部署,以习近平新时代中国特色社会主义思想为指导,深入学习宣传和贯彻实施宪法,增强宪法意识,弘扬宪法精神,维护宪法权威,为实现行业高质量发展、推动邮政强国建设提供坚强法治保障。局党组成员、副局长赵晓光、邢小江、赵民出席会议。

赵晓光副局长会见突尼斯驻华大使

4月4日下午,国家邮政局副局长赵晓光在京会见了突尼斯驻华大使穆罕默德·迪亚·哈立德先生一行,双方就在"一带一路"框架下促进中突两国邮政业合作进行了交流。赵晓光欢迎哈立德大使的来访。他还表示,随着中国改革开放的不断深化,中国邮政业实现了很好的发展,便捷、高效的寄递网络促进了全国范围内的互联互通,方便了人民的生活,为推动中国经济社会发展做出了贡献。国家邮政局愿意在"一带一路"框架下进一步推动两国邮政之间合作,分享发展经验,共享发展成果。

赵民副局长到分管、联系部门调研

4月,国家邮政局党组成员、副局长赵民先后到局办公室、机关服务中心、中国邮政快递报社、北京邮电疗养院等分管联系部门调研。在分别听取分管联系单位主要负责同志工作汇报后，赵民强调，各单位要认真学习领会习近平新时代中国特色社会主义思想和十九大精神，牢固树立"四个意识"，增强"四个自信"，更加自觉地在思想上政治上行动上同以习近平同志为核心的党中央保持高度一致，认真贯彻落实国家局党组各项决策部署，扎实开展好落实好各项任务分工。

马军胜局长会见山西省委常委、常务副省长高建民

4月8日，国家邮政局党组书记、局长马军胜在京会见山西省委常委、常务副省长高建民一行，就推动山西邮政业加快转型升级和更好服务地方经济社会发展交换了意见。马军胜对山西省委、省政府一直以来对邮政业改革发展各项工作给予大力支持表示感谢。他指出，山西省经济社会持续发展为邮政业转型升级提供了有力保障，随着打造内陆地区对外开放新高地重要举措的实施，邮政业发展前景更加广阔。

国家邮政局与立陶宛交通通信部签署谅解备忘录

4月8日至11日，国家邮政局副局长赵晓光率团访问立陶宛共和国。4月9日上午，赵晓光在维尔纽斯与立陶宛交通通信部副部长里卡多斯·德古提斯举行会谈。双方就在"一带一路"倡议下，推动两国邮政行业发展与合作交换了意见，并共同签署了《中华人民共和国国家邮政局与立陶宛共和国交通通信部关于加强邮政和快递领域合作的谅解备忘录》。

邮政业20名同志荣获全国交通技术能手荣誉称号

4月，交通运输部印发《关于授予唐宏超等207名同志全国交通技术能手称号的决定》，陈刚等20人获此殊荣。这是邮政行业一线优秀从业人员首次参加全国交通技术能手评选并获得荣誉，对激励广大从业人员刻苦钻研、锐意进取发挥引领示范作用，对在行业内营造尊才、重才、招才、聚才良好氛围，促进邮政业高技能人才队伍建设，弘扬劳动光荣、技能宝贵、创造伟大时代风尚具有重要意义。

邢小江副局长在贵州开展邮政业"十三五"规划中期评估调研

4月9日至12日，国家邮政局党组成员、副局长邢小江一行赴贵州省调研邮政业"十三五"规划中期评估工作，指导做好相关工作。在黔东南苗族侗族自治州，调研组先后实地察看多个乡镇邮政、快递网点，深入了解建制村直接通邮、快递下乡、网点投资建设和运营管理等情况。实地走访药品销售、农产品加工和食品生产企业，对邮政和快递服务药品下乡、黔货出山等进行了调研。调研期间，邢小江一行会见了黔东南苗族侗族自治州政府负责同志，就邮政业服务地方经济社会发展等交换了意见。

赵晓光副局长访问欧盟和比利时邮电管理局

4月11日至14日，国家邮政局副局长赵晓光于率国家邮政局代表团访问比利时。4月12日，赵晓光一行在布鲁塞尔与欧盟增长总司单一市场、工业和中小企业总局负责人胡伯特·甘姆斯为首的欧盟专家团队举行会谈，双方围绕中欧邮政市场发展、跨境包裹寄递服务监管、欧盟增值税和海关监管政策趋势等议题进行了深入交流。4月13日，赵晓光一行访问了比利时邮电管理局，与该局董事会主席米歇尔·冯·伯灵翰和欧洲邮政服务监管组主席雅克·哈马德，就加强中比两国邮政监管领域合作问题交换了意见。

国家邮政局召开第二季度例行新闻发布会

4月12日，国家邮政局召开例行新闻发布会，发布《2018年3月中国快递发展指数报告》，并通

告2018年第一季度快递服务满意度调查和时限准时率测试结果。数据显示,2018年3月,中国快递发展指数为140.8,同比提高22.8%,其中发展规模指数、服务质量指数、发展能力指数比去年同期均有20%以上的增幅;2018年第一季度,快递服务满意度、快递时效均有提升,公众对春节期间快递服务满意度较高。

国家邮政局分析一季度行业经济运行情况

4月13日,国家邮政局局长马军胜主持召开2018年第5次局长办公会,分析2018第一季度邮政行业经济运行情况,研判当前发展形势,部署下一阶段重点工作。副局长刘君、邢小江出席会议。对下一步重点工作,马军胜要求全行业要做到"七个持续"。一是持续巩固扩大行业稳中向好发展态势。二是持续促进行业转型升级提质增效。三是持续推进2018年邮政业更贴近民生实事。四是持续提升行业治理水平。五是持续强化寄递渠道安全监管。六是持续加快行业绿色发展步伐。七是持续加强党对邮政管理工作的领导。会议原则通过了国家邮政局大学习大调研工作方案,并研究了其他事项。

赵晓光副局长在京会见台湾邮政青年交流团

4月16日,国家邮政局副局长、海峡两岸邮政交流协会副会长赵晓光在北京会见了前来参观访问的台湾邮政青年交流团一行。赵晓光对青年交流团的到来表示欢迎,着重介绍了中国大陆地区邮政业最新发展成果。他表示,两岸邮政青年交流,是加深两岸沟通非常重要的一项活动,迄今已连续组织了多年,双方互派优秀青年代表交流学习,对于促进行业发展和两岸经济社会交流融合具有重要意义。赵晓光希望,交流团在此次参访的基础上,不断深入了解大陆邮政在装备制造、管理、科研等各方面情况,不断深化交流领域,促进两岸邮政共同发展,切实增进两岸同胞民生福祉。

国家邮政局党组传达学习贯彻习近平总书记重要讲话精神

4月19日,国家邮政局党组书记、局长马军胜主持召开局党组会议,传达学习贯彻习近平总书记关于打好精准脱贫攻坚战的重要讲话,以及在庆祝海南建省办经济特区30周年大会上的重要讲话精神。局党组成员、副局长赵晓光、刘君、邢小江、赵民出席会议。对下一阶段扶贫攻坚工作,马军胜要求全行业做到"三个推进"。一是推进贫困地区邮政业基础设施和业务项目建设,发挥行业优势助力精准扶贫。二是推进系统定点扶贫工作,总结经验,同心协力,乘势而上。三是推进抓好扶贫工作责任制的落实,严格扶贫工作考核评估。

"数字驱动的中国快递"精彩亮相首届数字中国建设峰会

4月22日上午,首届数字中国建设峰会在福州开幕。在此次峰会中,数字驱动的中国快递——邮政业大数据安全监管与公共服务平台获得最佳实践大奖,并作为十佳案例,向来自全国各地的嘉宾、媒体进行推介。国家邮政局党组成员、副局长刘君应邀出席峰会开幕式和推介活动,并参观了峰会成果展览,详细了解当前数字中国建设最新进展、亲切慰问国家邮政局峰会工作人员。

刘君副局长调研福建快递末端服务

4月23日至24日,国家邮政局党组成员、副局长刘君一行赴福建省调研快递末端服务和管理,指导做好相关工作。调研组先后实地察看了福州社区快递共享驿站、智能信报箱、顺丰福州金鱼寄递项目部和莆田邮政EMS揽投部,深入了解末端服务和运营、末端网点备案管理、快递电动三轮车通行、电商与快递协同发展、涉枪涉爆整治、邮政机要通信、"扫黄打非"工作开展等情况。调研组还对莆田市寄递业远程视频监控平台和仙游邮政管理局"网格化+寄递安全"平台建设进行了实地调研。

赵民副局长调研北京市邮政行业绿色发展工作

4月25日,国家邮政局党组成员、副局长赵民在北京实地调研邮政行业绿色发展工作。在北京印刷学院,调研组一行参观了绿色印刷包装产业技术研究院和中国印刷博物馆,并与学校领导进行了座谈。下午,赵民一行先后实地调研了京东亚洲一号(北京)仓库、顺丰大兴高米店网点。调研中赵民指出,党中央和国务院高度重视绿色发展,"污染防治"更首次写入政府工作报告成为三大攻坚战之一,坚持绿色发展是推进行业可持续发展的必经之路,全行业要秉持"绿水青山就是金山银山"理念,将推动邮政行业绿色发展作为重要工作内容。

全国邮政管理系统依法行政暨行业法治工作培训班举办

4月25日至27日,全国邮政管理系统依法行政暨行业法治工作培训班在广西南宁举办。举办这次培训班旨在贯彻全面推进依法治国战略布局,落实国家邮政局党组关于法治邮政建设工作部署,深入推进《快递暂行条例》宣贯工作,保障相关制度安排落实到位,促进邮政管理部门严格规范公正文明执法,进一步提高依法治邮能力。国家邮政局党组成员、副局长赵晓光出席开班式并作专题讲座。

国家邮政局召开政府信息公开工作领导小组会议

4月26日,国家邮政局党组成员、副局长赵民主持召开2018年度国家邮政局政府信息公开工作领导小组会议,学习传达《2018年政务公开工作要点》,研究部署国家邮政局政务公开工作,要求进一步深化认识,加强机制和平台建设,不断推进政务公开工作提质增效。国家邮政局保密委员会全体会议同期举行。会议传达了中央有关文件和会议精神,对2018年重点工作进行了部署。

国家邮政局部署2018年两会建议提案办理工作

4月27日,国家邮政局召开2018年全国人大代表建议和全国政协委员提案交办会,传达国务院常务会议、全国人大代表建议交办会和全国政协委员提案交办会精神,总结2017年建议提案办理情况,部署安排2018办理工作。局党组书记、局长马军胜专门作出重要批示:办理建议提案是邮政管理部门的法定职责和政治责任,是邮政管理部门自觉接受监督的重要形式。要高度重视,落实责任,将其列为重点工作积极推进。在办理过程中要主动与代表委员沟通协调,认真办好每一件建议提案,提高办理质量,做到有诺必践,努力解决问题,切实回应社会关切。局党组成员、副局长赵民出席会议并就有关工作作出部署。

国家邮政局组织召开2018年第一季度快递服务质量提升联席会议

4月27日,国家邮政局以现场会的形式在上海韵达货运有限公司总部组织召开2018年第一季度快递服务质量提升联席会议。会上,市场监管司、邮政业安全中心、中国邮政快递报社分别从行政执法、消费者申诉、舆情监测等角度对2018年第一季度各品牌快递企业服务质量情况进行了专项通报,提出改进意见和整改要求。韵达、顺丰、德邦先后分享了快递服务质量提升方面的经验做法。与会企业代表就改进末端服务、提升服务质量和维护快递员权益等进行了热烈讨论,就邮政市场监管工作提出了意见建议。此外,市场监管司通报了全国邮政行业安全生产情况,并对《快递暂行条例》有关内容进行了解读。

国家邮政局传达学习国务院第一次廉政工作会议精神

4月28日,国家邮政局党组书记、局长马军胜主持召开会议,传达学习国务院第一次廉政工作会议精神,要求邮政管理部门做到融会贯通学习,坚决贯彻落实,持续加强作风建设,推动行业改革发展。局党组成员、副局长赵晓光、刘君、邢小江出席会议。

国家邮政局审议通过《快递暂行条例》三项配套制度规范

5月8日,国家邮政局局长马军胜主持召开2018年第6次局长办公会,审议并原则通过《快递末端网点备案暂行规定(草案)》《快递业务经营许可管理办法(修订草案)》和《邮件快件实名收寄管理办法(草案)》等三项《快递暂行条例》配套制度规范,决定按程序发布、上报,并部署下一阶段重点工作。副局长赵晓光、刘君、杨春光和赵民出席会议。

刘君副局长会见美国联邦快递公司亚太区总裁

5月8日上午,国家邮政局副局长刘君在京会见了美国联邦快递公司亚太区总裁蕙嘉琳女士一行。双方就联邦快递在华业务开展情况及中国快递市场的发展等交换了意见。刘君副局长欢迎蕙嘉琳女士一行的来访。他表示,党的十九大以来,为服务国家整体发展规划,服务"一带一路"建设,国家邮政局制定了系列行动计划,坚持新发展理念,坚持以人民为中心,努力推动行业高质量发展,希望企业能够牢固树立安全和绿色发展理念,不断提升服务水平,为中国快递市场的快速、稳定和可持续发展做出贡献。

马军胜局长在京会见澳门邮电局局长刘惠明

5月8日下午,国家邮政局局长马军胜在北京会见了澳门邮电局局长刘惠明一行,就深化双方合作进行了务实高效的交流。马军胜对澳门邮电局代表团的来访表示热烈欢迎,希望进一步加强内地与澳门邮政交流与合作,促进两地邮政业共同进步。双方着重就推动两地邮政业改革发展、深化内地与澳门邮政业务合作、共同发行邮票和澳门第35届亚洲国际集邮展览筹备工作等议题交换了意见。

杨春光副局长到职业鉴定指导中心调研

5月8日,国家邮政局党组成员、副局长杨春光到职业鉴定指导中心调研,并与中心干部职工座谈交流。在听取了职鉴中心的工作汇报后,杨春光充分肯定职鉴中心在推动行业技能人才队伍建设中所取得的成绩。杨春光强调,国家局党组高度重视行业人才队伍建设工作,职鉴中心是行业人才工作的重要支撑单位,要紧密围绕中心工作做好支撑,取得成效实效。一要增强大局意识。二要深化中心转型研究。三要坚定发展信心。

赵晓光副局长赴江苏调研指导工作

5月8日至10日,国家邮政局党组成员、副局长赵晓光赴江苏省宿迁市、泰州市等地调研当地邮政业发展情况。赵晓光在宿迁市和泰州市分别深入到沭阳县和溱潼镇,了解当地邮政快递服务发展情况。在沭阳,赵晓光参观了新河镇电商快递园、苏台花木产业园、沭阳国际图书城和百盟快递物流小镇。赵晓光对县域快递业集聚发展表示肯定。赵晓光还十分关心邮政企业转型发展情况,先后赴宿迁市沭阳县颜集镇堰下村村邮站和泰州市姜堰区溱潼镇邮政支局调研。

国家邮政局全面启动快递业信用体系建设

5月10日,国家邮政局召开全国快递业信用体系建设动员部署电视电话会议,就全面开展快递业信用体系建设、《快递暂行条例》宣贯、快递末端网点备案等工作进行安排部署。国家邮政局党组成员、副局长刘君出席会议并讲话。刘君指出,快递业信用体系建设是落实党中央、国务院战略部署的直接体现,是加强和创新行业治理的重要举措,是推进行业高质量发展的必然要求。他强调,《条例》的出台引起了社会各界的高度关注,各级邮政管理部门要加大贯彻实施力度，主动作为，奋发进取，以实际行动和工作成效切实回应社会关切，不断满足人民群众更高层次的用邮需求。

杨春光副局长与机关离退休干部座谈

5月10日，国家邮政局党组成员、副局长杨春光调研国家邮政局机关离退休干部工作，看望了机关老党员老干部，并与老同志座谈交流。在认真听取了老同志对机关离退休干部工作的建议和意见后，杨春光充分肯定老同志对邮政行业发展所做的贡献，肯定了机关党委在服务管理老干部工作中取得的成绩。对做好离退休干部工作，杨春光提出四点要求：一是要进一步加强政治建设、思想建设和组织建设。二是要加强制度建设，服务发展大局。三是要开展主题活动，弘扬正能量。四是要精准服务，关心关爱，做好帮扶工作。

马军胜局长调研四川邮政业发展和行业管理工作

5月12日至15日，国家邮政局党组书记、局长马军胜赴四川成都、宜宾、眉山等地深入调研邮政业发展和行业管理情况，强调要以习近平新时代中国特色社会主义思想为指导，深入学习贯彻党的十九大精神，坚持以政治建设为统领，坚持以人民为中心，强化邮政基础性作用，推进行业与电子商务、先进制造业和现代农业协同联动融合，不断提高治理能力和水平，推动四川邮政业迈向高质量发展。

杨春光副局长赴浙江调研指导工作

5月14日至16日，国家邮政局党组成员、副局长杨春光一行赴浙江省杭州市、湖州市等地调研当地邮政业发展和县级邮政管理机构建设情况，视察指导做好相关工作。调研组一行先后实地察看了杭州邮件处理中心，安吉无人机邮路，安吉余村村邮站，深入了解行业在科技创新、助农扶贫、提质增效等方面开展的工作。调研组一行先后视察了湖州市邮政管理局、萧山邮政管理局、安吉邮政管理局，听取了浙江省局工作情况汇报，并与部分县级机构代表进行了座谈。

赵晓光副局长赴河北平泉调研扶贫工作

5月16日至17日，国家邮政局副局长赵晓光一行赴河北省平泉市调研扶贫工作。就定点扶贫工作，赵晓光作出了三个方面的重要指示：一是以高度的政治自觉担当起当前脱贫的政治责任和使命。二是按照中央要求，迎接考核，鞭策落后，将平泉现状与发展思路相结合，在总结发扬现有扶贫经验的基础上借鉴先进经验。三是推动产业链效应最大化，保证农民最大效益，通过优化运输和营销方式，进一步打开产品销路，使农民得到更大的实惠。

国家邮政局党组传达学习刘鹤副总理调研讲话精神

5月17日，国家邮政局党组书记、局长马军胜主持召开局党组会议，传达学习中共中央政治局委员、国务院副总理刘鹤在交通运输部调研时的讲话精神。马军胜强调，要深入学习贯彻习近平新时代中国特色社会主义思想，牢固树立"四个意识"，坚定"四个自信"，自觉维护以习近平同志为核心的党中央权威和集中统一领导，全面贯彻落实党中央、国务院决策部署，不断提高对"邮政体系是国家战略性基础设施和社会组织系统"的思想认识，认真做好行业改革发展各项工作。局党组成员、副局长刘君、杨春光、赵民出席会议并作交流发言。中央纪委驻交通运输部纪检组副组长胡志彬列席。

国家邮政局召开2018年全国邮政行业人才工作领导小组会议

5月17日，国家邮政局召开2018年全国邮政行业人才工作领导小组会议。国家邮政局党组书记、局长马军胜出席会议并讲话。会议集中学习了党的十八大以来,习近平总书记关于人才工作的新思想、新论断、新要求,审议通过了2017年人才工作总结、2018年人才工作要点和领导小组及办公室成员的调整方案,原则同意《中共国家邮政局党组联系服务专家暂行办法(送审稿)》和《全国邮政行业人才培养基地遴选和管理办法(送审稿)》等文件。国家邮政局党组成员、副局长杨春光主持会议。

赵晓光副局长会见立陶宛交通通信部副部长德古提斯

5月18日下午,国家邮政局副局长赵晓光在京会见了立陶宛交通通信部副部长里卡德斯·德古提斯先生一行,双方就深化两国在邮政领域和中欧班列运邮等方面的合作交换了意见。立陶宛驻华大使伊纳·玛丘利奥妮婕参加了会见。赵晓光欢迎德古提斯副部长一行的到访。他表示,国家邮政局重视与立陶宛在"一带一路"框架下加强两国在邮政和快递领域的交流,愿意进一步推动两国之间的合作再上新台阶。

国家邮政局全面启动上合组织峰会寄递渠道安保工作

5月18日,国家邮政局召开全行业电视电话会议,传达贯彻中央有关上海合作组织成员国元首理事会第十八次会议安保工作决策指示要求,就峰会寄递渠道安全服务保障工作进行动员部署。会议要求,要从严从细落实峰会安保方案,确保寄递渠道安全稳定、万无一失。一要全力保障进鲁邮(快)件安全。二要全力维护行业安全稳定。三要强化应急协调联动。

全国邮政业标准化技术委员会召开标准审查会

5月,全国邮政业标准化技术委员会在长沙召开会议,对《邮政业信息系统安全等级保护实施指南》《快递手持终端技术规范》《邮政业从业人员基础数据元》三项行业标准送审稿进行技术审查。20名委员和特邀专家到会并参加审查。国家邮政局副局长、邮标委主任委员邢小江参加会议并讲话。邢小江指出,标准审议应当对标准的必要性、可行性进行充分论证,对标准的内容框架、关键指标进行科学审视。

快递企业贯彻落实《快递暂行条例》工作座谈会在京召开

5月21日,由中国快递协会主办的快递企业贯彻落实《快递暂行条例》工作座谈会在北京召开。会议解读了《快递暂行条例》部分条款,总结了企业贯彻落实《条例》的相关做法,并就下一步工作进行了研讨。来自中国邮政速递物流(EMS)、顺丰、申通、圆通、韵达、中通、宅急送、优速、百世、德邦、京东、苏宁、国通、速尔、安能、品骏、民航快递、菜鸟网络、优比速、联邦快递、中外运-敦豪等21家企业代表和中国消费者协会相关负责同志参加了座谈会。

全国邮政管理系统人事处长培训班在京举办

5月21日至25日,全国邮政管理系统人事处长培训班在北京举办。国家邮政局党组成员、副局长杨春光出席开班仪式并讲话。杨春光强调,中国特色社会主义进入新时代,邮政业改革发展面临新形势新要求,人事工作必须围绕中心服务大局,提高质量和水平。各省(区、市)邮政管理局和国家邮政局直属各单位人事部门主要负责人参加培训。

国家邮政局举办处级以上干部培训班

5月22日至24日,国家邮政局举办处以上干部培训班,深入学习宣传贯彻习近平新时代中国特色社会主义思想和党的十九大精神,进一步带动全系统学习宣贯往心里走、往高里走、往深里走、往实里走。国家邮政局党组书记、局长马军胜作动员辅导,并与局党组成员、副局长赵晓光、刘君、邢小江、杨春光、赵民及局机关处级以上和直属单位中层以上干部一同参加了培训。

赵民副局长赴河南调研指导工作

5月22日至24日，国家邮政局党组成员、副局长赵民率调研组赴河南省郑州市、安阳市调研邮政业绿色发展和系统财务管理等工作。在郑州市中大门保税直购体验中心，调研组实地考察了跨境电商发展情况。在安阳国际物流港，调研组参观了安阳圆通快递、百世快递、安能快递分拨中心，实地察看了各企业绿色包装使用和快递新能源汽车应用情况。在河南省邮政管理局召开的座谈会上，赵民提出三点要求。一是要始终将政治建设摆在首位。二是要坚持发展不动摇。三是抓好基础工作。

邢小江副局长在河北调研

5月23日至25日，国家邮政局党组成员、副局长邢小江一行赴河北省开展京津冀地区快递服务发展"十三五"规划中期评估座谈调研，指导做好相关工作。在河北省邮政管理局，邢小江主持召开京津冀地区快递服务发展"十三五"规划中期评估座谈会。在邯郸，调研组实地察看了邯郸市快递产业园等，了解快递园区规划建设、末端综合服务平台建设、智能信包箱运营等情况。在邢台，调研组实地调研金沙河面业集团公司等，认真听取快递服务制造业、快递进校园、邮快合作等情况介绍。

赵晓光副局长赴湖北恩施调研

5月23日至25日，国家邮政局党组成员、副局长赵晓光一行深入湖北恩施最偏远乡镇，调研村邮站服务地方经济、村邮站服务精准脱贫情况。赵晓光一行深入恩施州唯一不通高速的鹤峰县太平乡枞阳村、三岔口村及中营镇白鹿村、中营村，与村干部、村邮站工作人员和村民等亲切交谈，仔细了解通邮频次、经营状况、服务当地产业发展、助力精准扶贫精准脱贫等情况。在宣恩县椿木营乡甘竹坪村、黄家坪村村邮站，赵晓光重点了解了集村邮站、农村电商、快递、金融等多功能于一体的综合服务平台具体的经营管理方式。

国家邮政局召开定点扶贫工作对接会

5月25日，国家邮政局召开定点扶贫工作对接会。会议传达了局党组书记、局长马军胜的批示，要求坚决贯彻党中央、国务院的决策部署，继续发挥行业优势，助力平泉市做好、巩固并发展好脱贫攻坚工作。局党组成员、副局长杨春光出席会议并讲话。杨春光强调，国家邮政局将支持平泉市快递物流园区建设，积极引导快递企业合理规划区域分拨中心布局、开展基础设施建设，积极帮助企业与地方政府进行对接，沟通需求、洽谈政策。

国家邮政局召开上合组织峰会寄递安保"护城河"会议

5月25日，为贯彻落实中央有关峰会安保决策部署，构筑环鲁"护城河"寄递渠道安全屏障，国家邮政局在山东青岛组织召开上合组织峰会寄递安保"护城河"会议暨寄递渠道涉枪涉爆隐患专项整治工作座谈会。国家邮政局党组成员、副局长刘君出席会议并讲话。会议深入分析了峰会寄递安保面临的严峻形势，要求各级邮政管理部门要按照国家局峰会寄递安保《实施方案》要求，以更高标准更严要求更实措施严格落实各项安保措施。

全国邮政管理系统党务干部培训班在浙江举办

5月27日至31日，全国邮政管理系统党务干部培训班在浙江红船干部学院举办，国家邮政局党组成员、副局长、党建工作领导小组副组长邢小江出席开班式并作动员辅导。来自各省（自治区、直辖市）局、部分市（地）局的80余名党务干部参加了培训。培训班邀请专家就党的十九大精神之文化自信、"不忘初心　牢记使命——回顾建党历史弘扬红船精神"、党建基本理论和嘉兴实践等进行了专题授课,还专门设计了"不忘初心重走一大路"、感悟红色校园文化等现场体验式教学,增加了基层党建特色工作"学员论坛"和分组讨论交流等互动环节。

赵民副局长出席全球服务贸易峰会并参观快递服务展区

5月28日上午,第五届中国(北京)国际服务贸易交易会在京开幕。国家邮政局副局长赵民应邀出席开幕主旨论坛——全球服务贸易峰会。峰会召开之前,赵民来到北京国家会议中心,参观了快递服务展区。他充分肯定了参展企业在绿色环保、科技应用、服务"三农"等各方面的创新。

马军胜局长在考察第五届京交会快递服务展区

5月29日,国家邮政局党组书记、局长马军胜来到第五届中国(北京)服务贸易交易会快递服务展区考察,逐一参观了参展快递及关联产业企业的展台,与参展企业面对面交流,对行业发展中出现的新亮点、新成果给予高度肯定。2018年京交会快递服务展区主打"绿色牌"和"科技牌",各参展企业不约而同地带来了自家最新的绿色包装产品。马军胜表示,实现快递绿色发展是党中央、国务院交给全行业的一项政治任务。他勉励企业,要不断加大科技研发力度,在科技进步中持续增强核心竞争力,推动中国快递业从高速增长迈向高质量发展。

2018年邮政行业主要品牌企业新闻宣传工作座谈会召开

5月29日,2018年邮政行业主要品牌企业新闻宣传工作座谈会在京召开,学习贯彻习近平新闻舆论思想,强调要紧抓机遇,聚焦重点,凝聚共识,形成合力,不断做好行业和企业的新闻宣传工作。国家邮政局党组成员、副局长赵民出席会议并讲话。会议回顾总结邮政体制改革以来行业新闻宣传工作取得的成就和经验,部署安排今后一个时期重点任务。中国邮政集团、中通、圆通、申通、优速等五家企业代表发言,与会代表还就行业和企业新闻宣传进行了充分沟通和交流。

全国邮政职业教育教学指导委员会2018工作会议在京召开

5月29日,全国邮政职业教育教学指导委员会2018工作会议暨全国邮政行业人才培养基地经验交流会在北京召开。国家邮政局副局长杨春光出席会议,并为第二批全国邮政行业人才培养基地授牌。会议交流了全国邮政行业人才培养经验,总结过去一年的相关工作,安排部署2018年重点任务,原则通过邮政行指委章程,集体学习国家邮政局及教育部会议精神。与会代表还围绕校企合作、科研建设、"互联网+"快递大学生创新创业大赛等议题进行了深入研讨。

2018中国快递行业(国际)发展大会召开

5月30日,由国家邮政局指导、中国快递协会主办的2018中国快递行业(国际)发展大会召开。作为第五届中国(北京)国际服务贸易交易会的重要内容之一,大会以"高科技助力新发展高质量服务新经济"为主题,邀请了来自相关部委、地方政府、管理部门、研究机构、行业协会、寄递企业,以及产业链上下游企业的专家学者和代表,通过主旨演讲、启动仪式、发布仪式、现场对话、商务签约等形式,深度探讨了快递科技创新、绿色发展、人才培养、产业协同发展等方面的议题,为与会嘉宾搭建沟通交流的桥梁,为产业链上下游协同创新提供平台,进一步促进产业间合作。会上还发布了《中国快递业社会贡献报告2017》和《2018年1—4月份中国快递发展指数》。

马军胜局长专题调研广东省邮政业绿色发展

5月30日至6月2日,国家邮政局党组书记、局长马军胜带领调研组赴广东进行绿色发展专题调研。4天时间里,马军胜一行深入广州、东莞、深圳等地,详细了解邮政和快递企业在绿色发展和科技创新等方面的举措和成效,就上下游企业在绿色包装等方面的产品研发、技术应用情况进行调研,并听取了企业对推进快件包装绿色化、减量化、可循环的意见和建议。马军胜局长强调,要深入学习贯彻习近平生态文明思想,从政治高度和社会发展高度深刻认识绿色发展的重大意义,发挥科技创新的支撑和引领作用,高质量推进绿色邮政建设,在生态文明建设上提供广东经验、贡献邮政力量。

杨春光副局长赴辽宁调研县级机构建设情况

5月30日至6月1日,国家邮政局党组成员、副局长杨春光率调研组赴辽宁省盘锦市、营口市等地调研县级机构建设情况。调研组实地察看了盘锦市大洼邮政管理局,了解局内各项工作制度建立健全情况。调研组在营口市鲅鱼圈邮政管理局,与市局及县局同志座谈交流。在辽宁省邮政管理局座谈会上,杨春光提出五点要求。一是要增强政治意识。二是要坚持以人民为中心的理念。三是要服务大局。四是要坚持依法行政。五是要强化能力建设。

国家邮政局党组听取上合组织峰会寄递渠道安保情况汇报

6月5日,国家邮政局党组书记、局长马军胜主持召开局党组会议,听取了关于青岛上合组织峰会寄递渠道安保工作的汇报,强调全系统要高度重视、突出重点、明确责任、狠抓落实,自觉把思想和行动统一到中央决策部署上来,确保邮政业安全服务保障工作顺利开展。局党组成员、副局长刘君、杨春光、赵民出席会议。中央纪委驻交通运输部纪检组副组长胡志彬列席。

国家邮政局党组传达学习贯彻习近平总书记重要讲话精神

6月5日,国家邮政局党组书记、局长马军胜主持召开局党组会议,传达学习贯彻习近平总书记在十九届中央国家安全委员会第一次会议和在中国科学院第十九次院士大会、中国工程院第十四次院士大会开幕会上的重要讲话精神,以及中共中央办公厅关于印发《党委(党组)国家安全责任制规定》的通知,强调全系统要全面贯彻落实总体国家安全观,确保国家安全责任层层落实;要全面贯彻落实创新驱动发展战略,牢固树立创新是第一动力理念,为邮政业迈向高质量发展做出更大贡献。局党组成员、副局长刘君、杨春光、赵民出席会议并分别领学重要讲话和文件精神。中央纪委驻交通运输部纪检组副组长胡志彬列席。

2018年全国邮政管理系统标准培训班在西宁举办

6月5日至6日,国家邮政局在青海西宁举办2018年全国邮政管理系统标准培训班。国家邮政局党组成员、副局长邢小江出席开班式并作动员讲话,国家邮政局政策法规司、各省(区、市)邮政管理局分管标准化工作的负责人和有关人员共70余人参加培训。本次培训班邀请有关专家讲解了《快递封装用品》新国标和《冷链快递服务》行标,国家邮政局政策法规司有关同志解读了新《中华人民共和国标准化法》。内蒙古、浙江、山东局就本地区标准化工作情况做交流发言,参训学员还就如何推动《快递封装用品》新国标落地实施,切实提高标准化水平进行了分组讨论。

马军胜局长会见日本通信文化协会理事长团宏明

6月7日,国家邮政局局长马军胜在京会见了由日本通信文化协会理事长团宏明率领的日本代表团。双方就加强中日两国邮政领域文化交流、推动邮政领域合作等议题深入交换了意见。马军胜对团宏明一行来华访问表示欢迎。他说,中日两国邮政部门在万国邮联框架下及国际邮政业务发展中一直保持着良好的合作关系。马军胜强调，邮政体制改革以来，中国邮政业特别是快递业发展迅猛，服务经济社会发展贡献明显，但在标准化精细化管理方面还需改善提升。

杨春光副局长赴重庆调研指导工作

6月7日，国家邮政局党组成员、副局长杨春光率队赴重庆市垫江县调研当地邮政业发展和县级邮政管理机构建设情况，视察指导相关工作。杨春光对垫江县提出的"一整合四统一"工作措施以及大力实施快递集散中心改造升级、末端转型升级、寄递质量升级、乡村服务升级四大工程表示充分肯定，并提出四点工作要求：一是坚持服务大局。二是坚持以人民为中心。三是坚持绿色发展。四是坚持依法行政。

国家邮政局召开局长办公会

6月13日，国家邮政局局长马军胜主持召开2018年第7次局长办公会，传达学习5月25日国务院全体会议精神，审议并原则通过《邮政业服务决胜全面建成小康社会 开启全面服务社会主义现代化国家新征程三年行动计划（2018—2020年）》等文件，强调全行业要以习近平新时代中国特色社会主义思想为指导，深入贯彻党的十九大精神，着力推动邮政业高质量发展，坚持质量第一、效益优先，坚持在发展中服务保障民生，在新的起点上推进高质效的现代化邮政业体系建设，着力解决行业发展不平衡不充分的问题，努力实现更高质量、更有效率、更加公平、更可持续的发展，满足人民日益增长的更好用邮需要。局领导赵晓光、刘君、杨春光、赵民出席会议。

国家邮政局召开推进快递业绿色包装工作专题会议

6月14日，国家邮政局召开推进快递业绿色包装工作专题会议，就进一步推动行业绿色发展进行安排部署。会议强调，全系统要认真学习贯彻习近平生态文明思想，加快构建生态文明体系，要把握重点、突破难点，稳妥推进快递包装治理工作，坚定不移走绿色邮政发展道路，为建设美丽中国贡献邮政业力量。局党组成员、副局长赵民主持会议并讲话。

国家邮政局召开专项治理工作动员部署电视电话会议

6月19日，国家邮政局召开全系统电视电话会议，针对违反中央八项规定精神方面突出问题部署开展九个专项治理工作。国家邮政局党组书记、局长马军胜在主持会议并讲话时强调，全系统要以习近平新时代中国特色社会主义思想为指导，深入贯彻落实党的十九大精神，认真落实新时代党的建设总要求，不忘初心、牢记使命，以上率下、真抓实干，深入推进全系统党风廉政建设和反腐败工作，以优良的作风树立风清气正的行业发展环境，以优异的业绩向建党97周年和改革开放40周年献礼。中央纪委国家监委驻交通运输部纪检监察组副组长胡志彬讲话，局党组成员、副局长杨春光代表局党组作动员部署，局党组成员、副局长赵晓光、刘君、赵民出席会议。

2018年全国"三不"治理工作现场会在甘肃召开

6月19日至21日，国家邮政局于在甘肃兰州组织召开了"不着地、不抛扔、不摆地摊"治理工作现场会。与会代表普遍表示，此次现场会形式新颖、内容丰富，通过实地参观考察深入学习了甘肃邮政管理部门的"三不"治理经验，进一步提振了信心，开拓了思路，下一步将充分借鉴甘肃经验，全面落实本次会议精神，认真贯彻国家邮政局关于"三不"治理的工作部署，持之以恒、久久为功，努力为消费者提供更加优质高效便捷的寄递服务，为全面建成与小康社会相适应的现代邮政业做出积极贡献。

马军胜局长会见美国联合包裹公司董事长兼首席执行官艾博尼

6月20日下午，国家邮政局马军胜局长在京会见了来访的美国联合包裹公司（UPS）董事长兼首席执行官大卫·艾博尼先生一行。双方就UPS公司在华业务近况、行业发展趋势、安全保障、绿色发展和贸易便利化等议题进行了交流。国家邮政局办公室（外事司）和市场监管司有关人员参加了会见。

刘君副局长调研贵州快递业发展情况

6月20日至22日，国家邮政局党组成员、副局长刘君赴贵州安顺、黔西南等地深入调研快递业发展情况。调研组一行先后实地察看了安顺紫云自治县通达配送服务有限公司、黔西南州邮政（快递）物流园区、安龙县百韵中申商贸有限公司、兴义中通支撑农产品外销项目和快递服务制造业新滢铁艺项目。刘君指出，作为全国贫困人口最多、贫困面积最大、脱贫攻坚任务最重的省份，贵州无疑是全国脱贫攻坚重点地区。快递助力"黔货出山"和精准脱贫有很大作为空间。

马军胜局长调研北京环卫集团马家楼转运站

6月21日，国家邮政局党组书记、局长马军胜率调研组来到北京环卫集团马家楼转运站，就快递包装末端的分类、回收、处理及循环再利用等问题进行专题调研。局党组成员、副局长赵民一同调研。马军胜一行实地察看了马家楼转运站的运行情况，并在中控室听取了垃圾分选、全密闭除臭、渗沥液处理等工艺介绍。马军胜表示，快递企业和回收企业可以依托各自的优势，在包装回收和末端设施等方面展开合作，探索快递包装的生产、使用、回收、再利用的闭环建设，最终形成一条共赢的产业链条，全面推进快递包装的绿色化、减量化、可循环。

赵民副局长调研天津快递业发展情况

6月22日，国家邮政局党组成员、副局长赵民到天津深入一线，调研邮政行业信息化监管、快递业绿色包装、行业智能化建设等方面情况。在天津市邮政业安全中心，赵民观看了天津市邮政管理局电商与快递信息公益服务平台功能演示。在天津百得纸业有限公司，赵民实地参观了企业生产车间及产品检测实验室，并与企业负责人进行座谈。在天津市天地申通物流有限公司，赵民详细了解该公司新能源汽车应用情况，并就电子面单、可循环包裹袋的使用与企业负责人深入交谈。

国家邮政局召开局党组会议

6月25日，国家邮政局党组书记、局长马军胜主持召开局党组会议，学习贯彻习近平总书记、李克强总理对打赢脱贫攻坚战三年行动的重要指示批示精神和《关于打赢脱贫攻坚战三年行动的指导意见》，强调全系统全行业要坚持以习近平新时代中国特色社会主义思想为指导，深入贯彻落实党的十九大精神，明确责任、尽锐出战、狠抓实效，把打赢脱贫攻坚战作为重大政治任务，坚决认真落实好党中央的决策部署，结合系统和行业实际，找准着力点，坚定信心、迎难而上，真抓实干、埋头苦干，为全面建成小康社会发挥邮政业应有作用。局党组成员、副局长邢小江传达重要指示批示精神和领学文件，局党组成员、副局长刘君、杨春光、赵民出席会议并讲话。中央纪委国家监委驻交通运输部纪检监察组副组长胡志彬列席会议。

国家邮政局党组召开中心组（扩大）学习会

6月26日，国家邮政局党组书记、局长马军胜主持召开党组中心组（扩大）学习会并讲话，强调要学习贯彻习近平总书记在纪念马克思诞辰200周年大会上的重要讲话精神，深入学习《共产党宣言》，不断提高马克思主义理论素养，坚定共产主义远大理想和中国特色社会主义共同理想，学深悟透习近平新时代中国特色社会主义思想，为全面建成与小康社会相适应的现代邮政业提供坚强政治保证。局党组成员、副局长刘君、邢小江、杨春光、赵民出席会议。中央编译局原副局长、研究员、博士生导师王学东受邀作专题讲座。

马军胜局长讲授题为"投身新时代、强化新担当、成就新作为"的党课

6月29日，在热烈庆祝中国共产党成立97周年之际，国家邮政局党组书记、局长马军胜讲授主题为"投身新时代、强化新担当、成就新作为"的党课，强调全系统党员干部要以习近平新时代中国特色社会主义思想为指引，贯彻落实党的十九大精神，要旗帜鲜明讲政治，永远保持革命精神，不断强化"三个担当"，在建设邮政强国的征程中鼓足干劲、勇于担当、展现作为。局党组成员、副局长赵晓光、刘君、杨春光、赵民出席。局党组成员、副局长邢小江主持。

国家邮政局召开纪念建党97周年暨"两优一先"表彰大会

6月29日，国家邮政局召开纪念建党97周年暨"两优一先"表彰大会。局党组书记、局长马军胜在讲话中强调，全系统各级党组织和广大党员干部要紧密团结在以习近平同志为核心的党中央周围，坚持以习近平新时代中国特色社会主义思想为指导，以学习贯彻党的十九大精神为主线，不忘初心，牢记使命，在决胜全面建成小康社会、全面建成社会主义强国、实现中华民族伟大复兴中国梦的伟大征程中奋勇担当、奋发有为，为推动党和国家事业的新发展做出新的更大贡献。局党组成员、副局长赵晓光宣读表彰通报，局党组成员、副局长刘君、杨春光、赵民出席会议，局党组成员、副局长邢小江主持会议。局领导分别向受表彰的个人和单位颁奖。

国家邮政局举办全国邮政管理系统快递末端网点备案工作培训

为深入推进《快递末端网点备案暂行规定》宣贯工作的开展，保障相关制度安排落实到位，6月，国家邮政局市场监管司在西安举办了全国邮政管理系统快递末端网点备案工作培训办。各省（区）市邮政管理局、6个试点城市邮政管理局、陕西省10个地市邮政管理局以及12家品牌快递企业相关负责人，共计70人参加培训。

国家邮政局组织召开邮政业规划中期评估工作座谈会

为提升规划中期评估科学化、规范化水平，按照邮政业规划中期评估工作部署，6月，国家邮政局在吉林省松原市组织召开了邮政业规划中期评估工作座谈会。国家局邢小江副局长出席会议并讲话，各省（区、市）邮政管理局相关负责同志参加了会议。政策法规司主要负责同志主持会议并做总结讲话。邢小江强调，各级邮政管理部门要认真学习领会习近平总书记重要讲话精神，贯彻落实党中央、国务院相关工作部署，全面做好邮政业"十三五"规划评估工作。

国家邮政局传达学习全国深化"放管服"改革转变政府职能电视电话会议精神

7月2日，国家邮政局党组书记、局长马军胜主持召开专题会议，传达学习全国深化"放管服"改革转变政府职能电视电话会议和李克强总理重要讲话精神，要求全系统以习近平新时代中国特色社会主义思想为指导，切实把思想认识统一到中央决策部署和会议精神上来，进一步增强责任感、使命感和紧迫感，切实转变政府职能，推动邮政业"放管服"改革向纵深发展，让审批更便捷、监管更有效、服务更优质。局党组成员、副局长赵晓光、刘君、邢小江、杨春光出席会议并发言。

赵晓光副局长赴江西调研电商扶贫工作

7月4日至6日，国家邮政局党组成员、副局长赵晓光赴江西省抚州市、宜春市、萍乡市开展调研，了解了当地邮政普遍服务和电商扶贫工作。在赣期间，赵晓光带领调研组深入江西省最边远的乡镇和最基层的行政村。他还走访了萍乡市新春蕾邮政快递物流园，与圆通、优速、EMS等企业负责人深入交谈，详细询问企业运营情况、三项安全制度落实情况、员工福利待遇情况、总部制度设计情况及企业发展面临的难题，并对提高服务质量、加强安全生产等方面提出了指导意见，鼓励企业要坚持高质量发展，转型升级提质增效。

邢小江副局长开展长三角地区"十三五"快递服务发展规划中期评估调研座谈

7月4日至6日，国家邮政局副局长邢小江一行赴江苏省苏州市，开展《长江三角洲地区快递服务发展"十三五"规划》中期评估座谈和调研。《规划》中期评估座谈会上，上海、浙江、江苏省（市）邮政管理局相关负责同志汇报了本地《规划》实施的进展情况、存在的主要问题、推进规划落地的后续措施安排，并提出了相关意见建议。邢小江他强调，长三角地区要大胆探索，紧紧围绕《规划》目标，力争打造与世界级城市群地位相匹配、引领全国、联通国际的快递强区，进一步引领全国快递业的发展。

国家邮政局党组传达学习贯彻全国组织工作会议和中央外事工作会议精神

7月10日，国家邮政局党组书记、局长马军胜主持召开局党组会议，传达学习贯彻全国组织工作会议和中央外事工作会议精神，强调全系统要认真学习贯彻习近平总书记在全国组织工作会议和中央外事工作会议上的重要讲话精神，锐意进取，拼搏奉献，努力开创邮政业组织工作、对外工作新局面。局党组成员、副局长赵晓光、刘君、杨春光和赵民出席会议。

刘君副局长调研北京市邮政市场监管工作

7月11日，国家邮政局党组成员、副局长刘君一行赴北京市邮政管理局座谈调研邮政市场监管工作。座谈会上，北京局负责同志围绕快递进校园和末端网点备案等重点工作，汇报了上半年工作进展情况、存在的主要问题和下半年工作安排，相关业务处室和部分派出机构负责人交流了工作体会。刘君对北京局在基础管理、行业发展、服务民生、安全监管等方面的做法和取得的成效表示充分肯定，并对进一步贯彻落实党的十九大精神，抓好首都邮政管理工作提出了要求。

赵民副局长调研上海、海南邮政业绿色发展工作

7月，国家邮政局党组成员、副局长赵民率调研组先后赴上海市、海南省，就邮政业绿色发展工作情况进行调研，强调要认真贯彻落实习近平生态文明思想，提高政治站位，统一思想认识，压实主体责任，加快推动快递包装绿色化、减量化和可循环，从治标推向治本，坚定不移地走绿色发展道路，高质量推动绿色邮政建设。

国家邮政局党组进行新任职领导干部集体廉政谈话

7月14日，全国邮政管理局长座谈会期间，国家邮政局党组进行新任职领导干部集体廉政谈话。局党组书记、局长马军胜代表局党组对15名新任职领导干部提出廉政要求，希望大家在新的岗位、新的起点上，汲取真理力量，坚定理想信念，担当作为干事业，清正廉洁守规矩，做新时代有担当有作为的领导干部。局党组成员、副局长杨春光主持廉政谈话。

全国邮政管理局长座谈会在大连召开

7月14日至15日，国家邮政局在辽宁省大连市召开全国邮政管理局长座谈会。会议传达学习了习近平总书记对推进中央和国家机关党的政治建设作出的重要指示精神，以及中央和国家机关党的政治建设推进会精神。会议总结上半年主要工作，分析研判新形势新挑战，部署下半年重点任务。局党组书记、局长马军胜出席会议并讲话，强

调全系统要以习近平新时代中国特色社会主义思想为指导，认真贯彻落实党的十九大精神，进一步贯彻落实新发展理念，进一步增强"四个意识"和"四个自信"，主动作为、开拓进取、扎实工作，为全面建成与小康社会相适应的现代邮政业、加快迈向邮政强国贡献力量。局党组成员、副局长赵晓光主持会议，局党组成员、副局长刘君、邢小江、杨春光、赵民出席会议并讲话。

马军胜局长调研大连邮政业发展

7月14日至16日，国家邮政局党组书记、局长马军胜在辽宁省大连市调研，深入邮政企业、快递企业，了解行业助推农特产品销售情况，快递进校园、进社区，以及农村地区的邮政和快递服务情况，并看望了基层干部职工。他要求邮政管理部门要引导当地企业进一步挖掘农产海产丰饶的天然优势，充分发挥政策作用，加快与电商的协同发展，打造推动行业高质量发展的新增长极，将大连建设成为饱含活力、更具潜力、独具魅力的"中国快递示范城市"。

赵晓光副局长在大连调研海岛通邮情况

7月16日至17日，国家邮政局党组成员、副局长赵晓光来到大连长海县，就海岛通邮情况进行调研。调研期间，赵晓光先后实地察看了獐子岛、大长山岛、小长山岛的邮政营业网点。此外，他还详细了解了邮政企业服务当地海产品电商情况，勉励邮政企业加强与电子商务协同发展，充分发挥邮政的网络优势，加大本地海产品外输，为海岛居民提供更加便利的综合服务，助力海岛经济发展。

邢小江副局长赴湖南开展党建工作和党风廉政建设调研

7月17日至20日，国家局党组成员、党建领导小组副组长、副局长邢小江同志率队赴湖南省开展党建工作和党风廉政建设专题调研，并看望慰问基层干部职工。调研组一行先后赶赴益阳、湘潭、衡阳、长沙等地基层网点和当地邮政管理部门，实地了解非公快递企业党的建设进展情况，并就邮政管理系统党建工作、党风廉政建设、行业精神文明建设等问题开展座谈，了解党建和党风廉政建设工作中遇到的实际问题，并就有关文件征求意见。

国家邮政局分析上半年行业运行情况

7月18日，国家邮政局局长马军胜主持召开局长办公会，传达学习近期中央会议精神，分析上半年行业运行情况，研判行业发展形势，部署下半年重点工作。会议还审议并原则通过《国家邮政局关于强化落实企业安全生产主体责任的指导意见》等文件。国家邮政局副局长赵晓光、刘君、杨春光、赵民出席会议。

全国邮政行业职业技能鉴定工作座谈会召开

7月19日，国家邮政局在京召开全国邮政行业职业技能鉴定工作座谈会。会议深入学习习近平新时代中国特色社会主义思想和党的十九大精神，贯彻落实全国邮政管理局长座谈会和全国邮政行业人才工作领导小组会议部署要求，就邮政行业职鉴工作转型发展统一思想，并部署和安排后续相关重点工作。国家邮政局党组成员、副局长杨春光出席会议并讲话。会议还解读了国家邮政局《关于提升快递从业人员素质的指导意见》，介绍了行业技能人才评选和竞赛制度建设、行业技能人才等级认定制度研究的有关情况。

国家邮政局党组传达学习贯彻习近平总书记重要批示和重要讲话精神

7月24日，国家邮政局党组书记、局长马军胜主持召开局党组会议，传达学习贯彻习近平总书记对推进中央和国家机关党的政治建设作出的重要批示、在同团中央新一届领导班子成员集体谈话时的重要讲话精神，强调全系统要认真贯彻落实习近平总书记重要批示和重要讲话精神，必须把党的政治建设作为根本性建设，推进邮政业共青团工作创新发展。会议还对国家局落实中央重大决策部署、中央领导同志重要批示指示等工作任务和巡视整改工作落实情况进行了"回头看"。国家邮政局党组成员、副局长赵晓光、刘君、杨春光、赵民出席会议。中央纪委国家监委驻交通运输部纪检监察组有关同志列席会议。

国家邮政局召开2019年部门预算布置会暨预算编制培训班

7月25日至26日，国家邮政局2019年部门预算布置会暨预算编制培训班在宁夏银川召开。会议传达了财政部对2019年部门预算编制的最新要求，全面回顾和总结了一年来全系统财务管理工作开展情况，深入剖析当前财务管理工作中存在的问题和短板，对下一步组织好2019年预算编制和财务管理工作提出了具体要求，并对相关业务开展专题培训。国家邮政局党组成员、副局长赵民出席会议并讲话。

国家邮政局举办贯彻落实《国务院办公厅关于推进电子商务与快递物流协同发展的意见》企业座谈会

7月26日，国家邮政局在京举办贯彻落实《国务院办公厅关于推进电子商务与快递物流协同发展的意见》企业座谈会，解读《意见》各项任务，对实名收寄和落实企业主体责任进行部署。会议要求，全行业坚决贯彻执行党中央、国务院的决策部署，坚决做好《意见》贯彻落实各项工作，为决胜全面建成与小康社会相适应的现代邮政业，全面建设现代化邮政强国做出新的更大贡献。国家邮政局副局长刘君出席会议并讲话。

国家邮政局组织召开2018年第二季度快递服务质量提升联席会议

7月26日，国家邮政局在北京组织召开2018年第二季度快递服务质量提升联席会议。EMS、顺丰、圆通、申通、中通等20家品牌快递企业总部相关负责人，国家邮政局市场监管司、发展研究中心、邮政业安全中心、中国邮政快递报社、中国快递协会相关人员参加会议。中国消费者协会有关负责人应邀参会。会议指出，2018年第二季度，全国快递服务质量持续提升，快递服务消费者满意度稳步提高。

马军胜局长专题调研天津邮政业党建工作

7月27日，国家邮政局党组书记、局长马军胜赴天津专题调研邮政业企业党建工作。马军胜强调，要以习近平新时代中国特色社会主义思想为指导，深入贯彻落实新时代党的建设总要求，加大力度，扎实工作，使党的建设和行业发展目标同向、互促共进，更加有效地推进企业党建尤其是非公快递企业党建工作，推动行业迈向高质量发展，为全面建成与小康社会相适应的现代邮政业做出应有贡献。

国家邮政局召开邮政业安全领导小组会议

7月30日，国家邮政局召开邮政业安全领导小组会议，传达贯彻国务院安全生产委员会全体会议和全国安全生产电视电话会议精神，研究部署邮政业安全生产工作。国家邮政局局长、安全生产工作领导小组组长马军胜出席会议并强调，全行业要坚持以习近平新时代中国特色社会主义思想为指导，认真贯彻落实党中央、国务院决策部署，狠抓安全生产各项制度措施落实，推动行业安全生产工作取得积极成效。国家邮政局副局长、安全生产工作领导小组副组长刘君主持会议。

国家邮政局发布关于强化落实企业安全生产主体责任的指导意见

7月，国家邮政局制订发布了关于强化落实企业安全生产主体责任的指导意见，以习近平新时代中国特色社会主义思想为指导，全面贯彻党的十九大和十九届二中、三中全会精神,认真落实党中央、国务院决策部署,深入贯彻落实《国家邮政局关于推进邮政业安全生产领域改革发展的指导意见》,坚持总体国家安全观,树立安全发展理念,大力弘扬生命至上、安全第一的思想,进一步强化落实企业安全生产主体责任,深入推进企业安全生产标准化建设,提高企业安全生产管理系统化、规范化、专业化水平,有效防范和坚决遏制重特大安全事故发生,确保寄递渠道安全畅通,为邮政业健康发展提供稳固可靠的安全基础。

刘君副局长赴青海调研并督导检查涉枪涉爆隐患整治工作

7月31日至8月2日,国家邮政局党组成员、副局长刘君一行赴青海督导检查寄递渠道涉枪涉爆隐患集中整治工作。刘君一行听取了各地关于寄递渠道涉枪涉爆隐患整治专项行动及近期安全生产工作开展情况的汇报,仔细查阅了相关资料和台账。刘君对青海邮政管理部门扎实开展寄递渠道涉枪涉爆隐患集中整治及安全生产工作给予肯定,并就"三项制度"落实,特别对实名收寄信息系统推广应用、员工安全教育培训等方面提出了要求。一要坚持常态化工作机制。二要抓好抓实安全教育培训。三要强化寄递渠道执法检查。

邢小江副局长赴广东调研

8月1日至4日,国家邮政局副局长邢小江带队赴广东省调研检查《珠江三角洲地区快递服务发展"十三五"规划》中期评估等工作。调研组在深圳市召开座谈会,听取广东省局和深圳市局推进《珠江三角洲地区快递服务发展"十三五"规划》实施及中期评估工作情况,就规划实施的重点和难点进行了深入交流。调研组赴横琴自贸区考察,听取横琴新区有关负责同志的情况介绍,详细了解横琴自贸区发展规划,重点就推动邮政业与跨境电商融合发展进行了交流。

国家邮政局党组传达学习贯彻中共中央政治局会议精神和习近平主席在金砖国家工商论坛上的重要讲话精神

8月3日,国家邮政局党组书记、局长马军胜主持召开局党组会议,传达学习贯彻中共中央政治局会议精神和习近平主席在金砖国家工商论坛上的重要讲话精神,强调全系统要深入贯彻党中央、国务院决策部署,努力开创邮政业各项工作新局面。会议还听取了推进建制村直接通邮工作进展情况汇报。局党组成员戴应军、赵晓光、刘君和杨春光出席会议。中央纪委国家监委驻交通运输部纪检监察组副组长胡志彬通报了2018年上半年监督执纪问责情况。

邢小江副局长在琼开展调研

8月6日至9日,国家邮政局副局长邢小江一行赴海南对全面深化海南邮政业改革开放工作进行调研。在海南省邮政管理局,邢小江认真听取了海南局关于贯彻落实习近平总书记在庆祝海南建省办经济特区30周年大会上的重要讲话和《中共中央 国务院关于支持海南全面深化改革开放的指导意见》精神的汇报,就如何全面深化海南邮政业改革开放的思路进行深入座谈交流。在海口,调研组实地察看了海南顺丰冷运仓储中心、海口快件监管中心、海口市韵达海垦营业部、海口综合保税区、京东(海南)运营中心。

国家邮政局关于将国际快递业务(代理)经营许可审批事项下放天津市邮政管理局有关工作的通知

8月14日,国家邮政局发布《国家邮政局关于将国际快递业务(代理)经营许可审批事项下放天津市邮政管理局有关工作的通知》,正式将国际快递业务(代理)经营许可审批事项下放至天津市邮政管理局,并要求天津市邮政管理局加强组织领导,完善工作机制,按照方案进行落实,并及时总结经验,反馈有关情况。

国家邮政局党组学习贯彻习近平总书记重要讲话精神和中共中央政治局常委会精神

8月21日,国家邮政局党组书记、局长马军胜主持召开局党组会议,学习贯彻习近平总书记在中央财经委员会第二次全体会议上的重要讲话精神、中共中央政治局常委会听取关于吉林长春长生问题疫苗案件调查及有关问责情况汇报会议精神,强调全系统要坚持以创新为引领、以人民为中心,推动邮政业高质量发展。局党组成员、副局长戴应军、刘君、杨春光、赵民出席会议。中央纪委国家监委驻交通运输部纪检监察组副组长胡志彬列席会议。

马军胜局长调研陕西邮政业发展情况

8月22日至25日,国家邮政局党组书记、局长马军胜深入陕西省西安、安康、汉中三市,调研邮政业打好防范化解重大风险、精准脱贫、污染防治三大攻坚战和行业发展情况,强调要以习近平新时代中国特色社会主义思想为指导,坚持以人民为中心的发展思想,生动践行"人民邮政为人民",努力让人民群众享受到更多邮政业改革发展成果。

中国邮政快递报社召开2018年通联工作会议

8月23日至24日,中国邮政快递报社在山东威海召开2018年通联工作会议,深入学习贯彻习近平总书记在全国宣传思想工作会议上的重要讲话精神,全面贯彻落实国家邮政局党组关于邮政业新闻宣传工作的要求和部署,总结2018年行业新闻宣传工作,分析研判形势和挑战,确定明年重点任务,强调全系统要以习近平新时代中国特色社会主义思想为指导,不忘初心,牢记使命,击楫奋进,努力开创邮政业新闻宣传工作的新局面,为全面建成与小康社会相适应的现代邮政业贡献力量。

赵晓光副局长会见泰国邮政代表团

8月28日上午,国家邮政局副局长赵晓光在京会见了由泰国数字经济社会部监察长卡纳妮·柯查西拉女士率领的泰国邮政代表团。赵晓光对泰国邮政代表团的来访表示欢迎。他表示,中泰两国多年来一直在邮政领域保持着密切交往,在万国邮联和亚太邮联许多重大国际邮政事务方面都有良好的沟通与合作。他希望双方能够充分发挥中泰邮政官员互访机制的积极作用,充分利用好这个交流平台,分享经验,相互学习,进一步促进两国邮政业的共同发展,为两国人民提供更好的用邮体验。

国家邮政局召开党组中心组(扩大)学习会

8月29日,国家邮政局召开党组中心组(扩大)学习会,局党组书记、局长马军胜主持会议并讲话,强调全系统要认真学习贯彻习近平新时代中国特色社会主义思想,打好决胜全面建成小康社会三大攻坚战,推动邮政业高质量发展。局党组成员、副局长戴应军、赵晓光、刘君、杨春光、赵民出席会议。

马军胜局长主持召开国家邮政局党组会议

8月29日,国家邮政局党组书记、局长马军胜主持召开局党组会议,学习贯彻全国宣传思想工作会议精神,听取近期中非合作论坛北京峰会等国家重大会议活动期间寄递安全服务保障工作方案汇报,并提出工作要求。局党组成员、副局长戴应军、赵晓光、刘君、杨春光、赵民出席会议。

国家邮政局部署做好《港澳台居民居住证申领发放办法》贯彻实施工作

8月29日,国家邮政局组织召开《港澳台居民居住证申领发放办法》宣贯培训会议,对各寄递企业抓好《办法》贯彻实施工作作进一步强调部署。据悉,《港澳台居民居住证申领发放办法》将于9月1日正式施行。届时,港澳台居民可凭居住证享受包括办理邮政业务在内的多种基本公共服务和相关权利便利。国家邮政局高度重视《办法》贯

刘君副局长在北京调研督导行业发展和中非合作论坛北京峰会寄递服务安保工作

8月，国家邮政局党组成员、副局长刘君在北京调研督导快递行业发展和中非合作论坛北京峰会寄递服务安保工作。刘君一行深入顺丰、中通、百世等快递企业营业网点和处理中心，调研了解快递企业同城递送业务发展情况，实地考察企业落实重大活动寄递服务安保要求，执行寄递渠道安全管理收寄验视、实名收寄、过机安检"三项制度"，对进京快件实行落地二次安检等工作情况。

国家邮政局召开打好三大攻坚战部署会议

8月30日，国家邮政局在北京召开贯彻新发展理念、打好三大攻坚战部署会议，深入学习贯彻习近平新时代中国特色社会主义思想和党的十九大精神，全面贯彻落实中央关于打好防范化解重大风险、精准脱贫、污染防治三大攻坚战的决策部署，进一步强化"四个意识"，举全行业之力打好三大攻坚战，推动邮政业转型升级和高质量发展，加快建设与小康社会相适应的现代邮政业，为建设邮政强国奠定坚实基础。局党组书记、局长马军胜出席会议并讲话，局领导戴应军主持会议，赵晓光、刘君、杨春光出席会议，赵民副局长解读邮政业打好三大攻坚战实施意见和行动方案。中央有关部门的相关负责同志应邀出席会议。

中国邮政启动2018年"919电商节"

8月31日，中国邮政集团公司启动2018年邮政"919电商节"。电商节从9月1日开始到9月30日结束，以"邮政919，丰收欢乐购"为主题，旨在发挥中国邮政信息流、资金流、物流"三流合一"的平台优势，推动邮政农村电商高质量发展，服务"乡村振兴"战略和精准脱贫攻坚战。中国邮政集团公司董事长刘爱力、总经理张金良，国家邮政局党组成员、副局长赵民等出席启动仪式。

国家邮政局召开推进长江经济带邮政业发展联席会议第2次会议

8月31日，推进长江经济带邮政业发展联席会议第2次会议在北京召开。国家邮政局党组成员、副局长戴应军出席会议并讲话。会议深入学习习近平总书记在深入推动长江经济带发展座谈会上的重要讲话精神，贯彻落实中央推动长江经济带发展领导小组会议、交通运输部有关会议和国家邮政局党组会议工作部署，研究讨论行业关于贯彻落实习近平总书记深入推动长江经济带发展重要讲话精神的工作方案，听取11省(市)邮政管理局工作汇报。

国家邮政局与万国邮联签署"一带一路"框架合作意向书

9月2日下午，率团出席万国邮联第二届特别大会的国家邮政局局长马军胜，在埃塞俄比亚首都亚的斯亚贝巴会见了万国邮联国际局总局长比沙尔·侯赛因和副总局长帕斯卡尔·克里瓦茨，双方就万国邮联特别大会主要议题和进一步加强中国与万国邮联合作发展等进行了会谈。马军胜和侯赛因共同签署了合作意向书，旨在"一带一路"框架下共同推进国际铁路运邮机制建设，改善国际邮政网络的互联互通。

马军胜局长会见法国、日本、埃塞俄比亚等多国代表团

9月2日至6日，在埃塞俄比亚率中国代表团参加万国邮联第二次特别大会期间，国家邮政局马军胜局长先后会见了法国、日本、美国、土耳其、加拿大、巴西和泛非邮联等多个国家和国际邮政组织的高层代表团，就大会涉及的重大议题及各方共同关注的话题进行了深入交流，阐述了中方在邮联重大事务方面的立场和对维护及推动健全

国际邮政体系的愿望,了解各方对重大国际邮政事务的关切,并表示中方愿意加强与各方进一步交流合作,共同促进万国邮联的发展。

万国邮联第二次特别大会在埃塞俄比亚开幕

当地时间9月3日,万国邮联第二次特别大会在埃塞俄比亚首都亚的斯亚贝巴开幕。埃塞俄比亚总统穆拉图·特肖梅、通信与信息技术部部长乌巴·穆哈迈德·侯赛因、万国邮联总局长比沙尔·侯赛因、行政理事会主席柯南出席开幕式并致辞。国家邮政局局长马军胜率中国代表团应邀出席会议。来自144个成员国近千名代表参会。

中国宣布竞选万国邮联邮政经营理事会主席

当地时间9月4日中午,在埃塞俄比亚召开的万国邮联亚的斯亚贝巴特别大会期间,中国代表团在非盟会议中心隆重举办招待会。中国代表团团长马军胜宣布,推荐中国邮政集团公司国际业务总经理董红梅女士竞选万国邮联2020-2024年周期邮政经营理事会主席。万国邮联国际局总局长比沙尔·侯赛因、副总局长帕斯卡尔·克里瓦兹、特别大会主席迈博拉图·马里阿姆及600多名各国代表出席招待会。

杨春光副局长出席全国邮政管理系统纪检干部培训班

9月5日至8日,国家邮政局在山东青岛举办全系统纪检干部培训班。局党组成员、副局长杨春光出席开班式并作动员讲话。杨春光指出,做好新时代纪检工作,必须始终保持"作风建设永远在路上"的政治定力,必须始终保持"以严明的党纪管党治党"的政治坚守,必须始终保持"夺取反腐败斗争压倒性胜利"的政治决心,必须始终保持"打铁必须自身硬"的政治担当。培训期间,杨春光到青岛、德州等地调研县级邮政监管机构建设运行情况。

国家邮政局关于将国际快递业务(代理)经营许可审批事项下放中国(广东)自由贸易试验区有关工作的通知

9月5日,为认真贯彻"放管服"改革要求,根据《国家邮政局关于同意国际快递业务(代理)经营许可审批事项下放中国(广东)自由贸易试验区的批复》(国邮复〔2018〕50号),国际快递业务(代理)经营许可审批事项下放中国(广东)自由贸易试验区。9月7日,广东省邮政管理局组织召开广东自贸区国际快递业务(代理)经营许可管理工作动员会,就有关政策规定进行了宣传解读,并组织与会企业进行了交流讨论。

万国邮联特别大会召开部长级战略会议

9月6日,万国邮联特别大会召开部长级战略会议。来自瑞士、白俄罗斯、中国、日本、肯尼亚、罗马尼亚、突尼斯、俄罗斯、南非等14个国家主管邮政事务的部长及国际铁路运输官方组织秘书长达维纳和非洲联盟信息社会司司长耶达利出席会议并做主题发言。埃塞俄比亚通信和信息技术部部长乌巴·穆哈迈德·侯赛因、万国邮联总局长比沙尔·侯赛因出席战略会议开幕式并致辞。30多位来自全球邮政行业的部长、联合国机构代表也出席会议。国家邮政局局长马军胜受邀出席第一议题"为强邮发展制定有效的政策"的主题发言和讨论。

万国邮联第二次特别大会闭幕

当地时间9月7日晚,万国邮联第二次特别大会结束了为期五天的会议议程,圆满闭幕。本次大会的特别大会顺利通过了中国主导提出的万国邮联结构改革方案。根据会议成果,进行了万国邮联相关法规的修改,国家邮政局局长马军胜作为国家全权代表签署了法规修正案。中国作为大会副主席国和议题主席成功主持了万国邮联改革议题全会和产品及费率整合议题全会。本次特别大会顺利通过了中国主导提出的万国邮联结构改革方案和产品整合方案、稳定养老金和保险体系方案,就继续开展会费体系改革问题和费率整合计划的研究达成一致并确定了研究方向,研究结果将向2020年大会提交相关提案。

2018中国快递论坛在沪召开

9月13日,2018中国快递论坛在上海召开,以"新时代、新梦想、新征程、新作为——快递让生活更美好"为主题,旨在以习近平新时代中国特色社会主义思想为指引,聚焦进一步推动快递业转型升级、提质增效、创新发展。国家邮政局局长马军胜、上海市副市长时光辉、中国快递协会会长高宏峰出席会议并致辞。论坛还发布了《2018中国快递论坛 青浦宣言》。坚持快递业转型升级和提质增效,要推进管理、科技、产品和模式创新,努力在产业能力、科技创新、服务品质、安全水平、绿色低碳、综合效益等六个方面跨越提升。

马军胜局长调研上海邮政业发展

9月13日,国家邮政局局长马军胜深入调研上海邮政业发展,强调行业要以人民为中心,充分发挥寄递渠道优势,通过转型升级、创新发展提升服务质效,推动行业高质量发展。马军胜先后到德邦快递总部、中国邮政速递物流上海市国际速递分公司调研行业发展情况。在沪期间,马军胜还会见了上海市市长应勇,双方就进一步推动邮政、快递业发展,更好服务上海经济社会发展深入交换了意见。

国家邮政局举办推广智能信包箱建设现场会

9月13日,国家邮政局在江苏盐城举办推广智能信包箱建设现场会,贯彻落实国务院办公厅《关于推进电子商务与快递物流协同发展的意见》的要求,落实2018年邮政业更贴近民生7件实事,总结各地智能信包箱建设经验做法,推动各地因地制宜加快智能信包箱建设,着力提升邮政普遍服务水平。局党组成员、副局长戴应军出席会议并讲话。

国家邮政局党组传达学习习近平总书记近期重要讲话精神

9月16日,国家邮政局党组书记、局长马军胜主持召开党组会议,传达学习习近平总书记在全国教育大会上的重要讲话和在中非合作论坛北京峰会开幕式上的主旨讲话精神,强调全系统要认真学习贯彻习近平总书记近期重要讲话精神,切实把思想和行动统一到党中央重大决策部署上来,为邮政业高质量发展提供人才支撑,为加强中非合作做出行业应有贡献。局党组成员、副局长戴应军、刘君、杨春光、赵民出席会议。

中国邮政表彰先进集体、先进个人

9月20日下午,中国邮政集团公司在北京全国政协礼堂召开表彰大会,对140个先进集体和201名先进个人进行了表彰。交通运输部党组书记杨传堂出席大会并讲话,国家邮政局党组书记、局长马军胜,新中国第一代女邮递员、全国劳动模范、原邮电部副部长罗淑珍,中国国防邮电工会主席杨军日,以及中国电信、中国联通、中国移动、中国铁塔等公司相关领导出席。中国邮政党组书记、董事长刘爱力讲话,中国邮政总经理张金良宣读表彰决定。

马军胜局长调研北邮现代邮政学院共建情况

9月21日,为深入贯彻落实习近平总书记在全国教育大会上的重要讲话精神,推动"人才强邮"战略向纵深实施,切实推动邮政业转型升级和高质量发展,国家邮政局党组书记、局长马军胜率队到北京邮电大学调研。北京邮电大学党委书记吴建伟主持座谈会,校长乔建永介绍学校有关情况。马军胜指出,国家邮政局将立足实际创新形式,不断健全完善共建工作机制,切实发挥现代邮政学院和邮政行业人才培养基地作用,着力搭建政产学研用合作平台,促进行业人才供给侧和需求侧有效对接。

刘君副局长在上海调研邮政业发展和管理工作

9月21日,国家邮政局副局长刘君赴上海调研邮政业发展和管理工作。在上海期间,刘君听取了上海局关于快递末端网点备案、快递车辆通行管理等方面的情况汇报,肯定了上海局在前期工作中取得的成绩,要求上海局要因地制宜、先行先试,在做好基础管理工作的同时,继续为全国邮政行业市场监管提供好的经验和做法,发挥示范引领作用。在顺丰上海公司调研时,刘君听取了顺丰上海发展战略、寄递安全、绿色包装等方面的情况汇报。刘君对要求企业提高政治站位,进一步严格落实收寄验视、实名收寄、过机安检"三个100%"等各项安全制度,确保寄递渠道安全畅通。

国家邮政局召开局长办公会

9月26日,国家邮政局局长马军胜主持召开2018年第9次局长办公会,听取寄递渠道安全监管"绿盾"工程建设情况汇报,审议并原则同意"绿盾"工程信息化深化设计方案及合肥备灾中心施工图设计方案,强调必须举全系统之力抓好"绿盾"工程建设,保障邮政业长治久安和持续健康发展。副局长戴应军、刘君、杨春光出席会议。马军胜强调,扎实推进"绿盾"工程建设,一要提高政治站位,加强组织领导。二要坚持标准从严,确保工程质量。三要全面形成合力,确保稳步推进。四要加强廉政建设,严守底线红线。

国家邮政局推进快递工程专业技术人员职称评审试点工作

9月27日,为贯彻国家职称改革精神,落实国家邮政局党组和全国邮政行业人才工作领导小组相关部署要求,推动邮政业转型升级和高质量发展,国家邮政局在北京召开试点省(市)快递工程专业技术人员职称评审工作调度推进会。国家邮政局党组成员、副局长杨春光出席会议并讲话。杨春光对试点省(市)前期工作成效给予充分肯定,并对下一阶段工作提出五点要求:一是高度重视,强化部署。二是解放思想,大胆先试。三是要突出重点,扎实推进。四是加强协调,上下联动。五是加强宣传动员。

马军胜局长调研河北平泉精准扶贫工作

9月28日至29日,国家邮政局局长马军胜赴河北省平泉市调研定点扶贫工作。他强调,要以习近平新时代中国特色社会主义思想为指引,深入贯彻落实党的十九大精神,全面贯彻落实中央关于脱贫攻坚的重大决策部署,坚持精准扶贫精准脱贫,坚持落实乡村振兴战略,坚持人民邮政为人民的服务宗旨,充分发挥行业在网络、服务和人才等方面的优势,进一步完善基础设施,聚焦优势产业,巩固脱贫成果,为打赢脱贫攻坚战做出行业贡献。

刘君副局长到山东督导调研寄递安全管理和服务保障工作

9月28日至29日,国家邮政局副局长刘君带队,到山东省督导调研寄递安全管理和服务保障工作。刘君先后赴济南、泰安两地现场督导调研,并在泰安召开了寄递安全管理和服务保障工作座谈会。刘君指出,山东省邮政局要进一步推动落实企业主体责任,巩固收寄验视制度执行成果,夯实寄递安全基础,要及时总结经验,探索更加有效的落实实名收寄和过机安检制度,推动行业安全管理水平实现新提升。市场可要及时梳理总结典型做法,形成系统性监管经验,构建常态化监管机制,推动行业内管理经验交流,适时推广先进经验,推动三项制度更加有效落实,进一步提升行业整体安全水平。

国家邮政局召开寄递渠道安全管理工作电视电话会议

9月28日,国家邮政局召开寄递渠道安全管理工作电视电话会议，贯彻落实习近平总书记关于做好新时代禁毒工作重要指示和全国禁毒工作电视电话会议精神，总结前阶段寄递渠道涉枪涉爆隐患集中整治工作情况，部署年底前安全生产工作。局党组成员、副局长刘君出席会议并讲话，强调要充分认清行业安全工作形势，勇于担当、主动作为，从严从实从细抓好各项工作落实，推动行业安全工作形势根本好转，为促进行业持续健康发展营造安全稳定的良好氛围。

交通运输部审议《邮件快件实名收寄管理办法》《快递业务经营许可管理办法》

10月8日，交通运输部部长李小鹏主持召开部务会，传达学习习近平总书记在接见川航英雄机组时的重要讲话和中央有关会议精神，分析2018年前三季度交通运输经济运行形势，部署第四季度重点工作，审议《快递业务经营许可管理办法》《邮件快件实名收寄管理办法》等文件。在京部领导，部总师出席会议。国家铁路局、中国民航局、国家邮政局有关司局和部机关有关司局负责同志列席会议。

国家邮政局党组学习贯彻习近平总书记重要讲话精神

10月10日，国家邮政局党组书记、局长马军胜主持召开局党组会议，学习贯彻习近平总书记在会见四川航空"中国民航英雄机组"全体成员时所作的重要讲话、考察东北三省并主持召开深入推进东北振兴座谈会发表的重要讲话、在中央全面依法治国委员会第一次会议上的重要讲话和在中央全面深化改革委员会第四次会议上的重要讲话精神，强调全系统要切实把思想和行动统一到习近平总书记的重要讲话精神上来，以新担当新作为推动邮政业高质量发展。局党组成员、副局长戴应军、刘君、杨春光出席会议。中央纪委国家监委驻交通运输部纪检监察组有关同志列席会议。

国家邮政局召开全国邮政管理系统警示教育电视电话会议

10月11日，国家邮政局召开全国邮政管理系统警示教育电视电话会议，学习贯彻习近平总书记重要批示以及中央和国家机关警示教育大会精神，通报邮政管理系统违规违纪违法案例。局党组书记、局长马军胜出席会议并讲话，强调广大党员干部要以案为鉴、深刻反思，吸取教训、高度警醒，强化纪律执行、守住纪律底线，匡正党风政风，努力营造积极向上风清气正的政治生态，为邮政业改革发展提供坚强的政治保证。中央纪委国家监委驻交通运输部纪检监察组副组长胡志彬讲话。局党组成员、副局长戴应军主持会议，局党组成员、副局长杨春光传达相关精神、通报有关案例，局党组成员、副局长刘君、赵民出席会议。

国家邮政局召开2018年第四季度例行新闻发布会

10月11日，国家邮政局召开2018年第四季度例行新闻发布会，总结回顾改革开放以来邮政业的改革历程和发展成就。国家邮政局新闻发言人、办公室主任沈鸿雁指出，改革开放40年来特别是邮政体制改革和党的十八大以来，邮政业坚决贯彻落实中央关于改革开放的决策部署，坚持人民邮政为人民的服务宗旨，扭住发展第一要务不放松，真抓实干、务实创新，行业改革发展取得重大成就，行业面貌发生翻天覆地的变化，行业基础性先导性作用更加突出。新华社、《经济日报》、中央人民广播电台、中央电视台、中国国际广播电台、《人民政协报》、新华网、《中国交通报》《人民邮电报》《中国邮政快递报》《快递》杂志等中央和行业媒体记者参加新闻发布会。

国家邮政局召开优秀市（地）邮政管理局局长座谈会

10月15日，国家邮政局召开优秀市（地）邮政管理局局长座谈会。局党组书记、局长马军胜局长出席会议并讲话,强调要培养造就一支忠诚干净担当的基层领导干部队伍,为新时代邮政业改革发展和建设现代化邮政强国提供坚实组织保障。局党组成员、副局长戴应军宣读相关文件,局党组成员、副局长杨春光主持会议,局党组成员、副局长刘君、赵民出席会议。

国家邮政局在广西南宁举办全国邮政业安全监管培训班

10月15日至19日,在寄递服务旺季来临之际,在首届中国国际进口博览会期间安保工作备战阶段的关键期,国家邮政局在广西南宁举办全国邮政业安全监管培训班,聚焦安全邮政建设,助力打好防范化解重大风险攻坚战。国家邮政局机关相关司室和直属单位,31个省(区、市)邮政管理局、部分市(地)局邮政管理局相关负责人,15个省(区、市)邮政业安全中心负责人近120人参加培训。

国家邮政局召开局长办公会

10月17日,国家邮政局局长马军胜主持召开2018年第10次局长办公会,听取第三季度邮政行业经济运行情况汇报,审议《邮政业发展"十三五"规划中期评估报告》《首届中国国际进口博览会期间寄递渠道安全服务保障工作实施方案》《2018年快递业务旺季服务保障工作方案》,强调要勇敢面对新形势新任务新挑战,为建设邮政强国奠定坚实基础。副局长戴应军、刘君、杨春光出席会议。

马军胜局长在京会见台湾邮政代表团

10月18日,国家邮政局局长马军胜在北京会见了台湾邮政代表团中华邮政股份有限公司总经理陈宪着一行,就两岸邮政合作发展及共同关心的问题深入交换意见。马军胜对台湾邮政代表团的到来表示热烈欢迎。他指出,近年来,两岸邮政均呈现稳健的发展态势,双方密切接触、沟通顺畅,保持了良好的合作关系和人员交流渠道。希望此次访问进一步加深两岸邮政之间的相互了解,促进持续合作,不断深化交流,推动两岸邮政发展进入新阶段。

国家邮政局召开2018年第三季度快递服务质量提升联席会议

10月18日,国家邮政局召开2018年第三季度快递服务质量提升联席会议,通报第三季度消费者申诉、舆情监测、邮政市场行政执法情况及典型案件,快递服务满意度调查和时限准时率测试结果以及中国消费者协会处理消费者邮政快递业服务质量情况,并围绕《快递暂行条例》和《中华人民共和国电子商务法》宣贯实施,对快递企业在消费者权益保障方面的法定义务进行专题辅导,听取快递企业对邮政市场监管工作的意见和建议。

国家邮政局召开2018年扶贫工作领导小组第二次(扩大)会议

10月19日,国家邮政局召开2018年扶贫工作领导小组第二次(扩大)会议,深入学习贯彻习近平总书记关于扶贫的重要论述,传达学习中央单位定点扶贫工作推进会精神,交流国家邮政局定点扶贫工作进展情况,部署新形势下脱贫攻坚工作。国家邮政局党组书记、局长、扶贫工作领导小组组长马军胜在讲话中强调,要巩固提高定点扶贫效果,进一步认清新的任务和使命,推动定点扶贫工作迈向新的阶段,实现脱贫攻坚战从打赢向打好转变,为打赢脱贫攻坚战做出行业贡献。局党组成员、副局长、扶贫工作领导小组副组长杨春光主持会议。

《邮件快件实名收寄管理办法》等两规章公布实施

10月22日,交通运输部公布了《邮件快件实名收寄管理办法》,自公布之日起施行。依照该办法的规定，寄递企业应当执行实名收寄，在收寄邮件、快件时，要求寄件人出示有效身份证件，对寄件人身份进行查验，并登记身份信息。同日，交通运输部还公布了修订后的《快递业务经营许可管理办法》，自2019年1月1日起施行。

戴应军副局长赴湖北、广东两省调研

10月22日至25日，国家邮政局副局长戴应军率队赴湖北、广东两省调研邮政业发展及行业科技创新工作，督导检查九个专项治理工作开展情况。在湖北武汉，调研组还实地察看湖北省邮政管理局新办公场地，听取了近年来全省邮政管理工作情况汇报，了解邮政管理部门工作情况。在广东，调研组听取了广东省局关于广东省邮政业发展总体情况和政策法规工作等情况的汇报、深圳市局关于推动快递配送车辆便捷通行情况的汇报。戴应军副局长详细了解了推动邮政行业科技发展、实施创新驱动战略和跨境电商包裹业务发展等方面情况，他指出广东担子重、压力大，要认真总结工作成效，众志成城，推动广东省邮政管理工作和行业发展迈上新台阶。

国家邮政局在昆明举办2018年邮政行政执法工作培训班

10月22日至26日，国家邮政局在云南昆明举办2018年邮政行政执法工作培训班。各省（区、市）邮政管理局、部分地市邮政管理局及国家邮政局和直属单位相关工作人员等共160人参加培训。培训班邀请中国社会科学院、北京第四中级人民法院和云南省高级人民法院专家分别讲授《新时代的宪法治理与法治建设》《持续推进法治政府建设 有效降低涉诉败诉风险》和《行政执法与行政诉讼证据的若干问题》，对宪法修订、依法行政和法治政府建设、行政执法常见问题、证据运用等内容进行了讲解。

国家邮政局举办大数据时代电子商务与快递业协同发展高级研修班

10月23日至26日，国家邮政局在重庆邮电大学举办大数据时代电子商务与快递业协同发展高级研修班，该班次被列入2018年国家专业技术人才知识更新工程高级研修项目计划。国家邮政局人事司、职业技能鉴定指导中心、重庆市邮政管理局和重庆邮电大学负责人出席开班仪式。研修班邀请中国快递协会、圆通速递、浪潮集团、阿里巴巴集团、西安交通大学、重庆邮电大学的知名学者和资深专家授课，围绕邮政强国战略及邮政业"十三五"发展规划、新零售与新物流、智慧快递关键技术及其应用、大数据技术及商业变革、电子商务与快递协同发展策略等内容组织学习研讨，并组织学员赴重庆西部物流园进行现场教学。此外，研修班还特别组织学员赴红岩党性教育基地开展爱国主义教育。

2018年前三季度邮政行业经济运行情况通报

2018年前三季度，邮政行业主要指标保持平稳较快增长，业务结构持续优化，质量效益不断提升，服务国家重大战略成效明显。前三季度，邮政行业业务总量累计完成8565.2亿元，同比增长27.2%，业务收入（不包括邮政储蓄银行直接营业收入）累计完成5673.4亿元，同比增长20.9%。

刘君副局长在浙江、上海调研督导

10月23日至25日，国家邮政局党组成员、副局长刘君带队到浙江、上海调研督导邮政业发展与首届中国国际进口博览会寄递渠道安全服务保障工作。刘君副局长强调，要积极推动"寄递+跨境电商"，加快实施创新驱动发展战略，强化科技创新引领，促进快递业高质量发展；要深刻认识做好进口博览会寄递渠道安全服务保障工作的极端重要性，以最高标准、最严要求、最硬措施狠抓各项工作落实，确保邮政业平稳运行和寄递渠道安全畅通，保障进口博览会顺利举行。

国家邮政局举办快递业高质量发展培训班

10月23日至25日,国家邮政局在浙江绍兴举办全国快递业高质量发展培训班。局党组成员、副局长刘君出席开班仪式并作动员讲话。他强调,全行业要着眼"三大变革、五大举措",不断推进快递业发展迈向更高层次更高水平。培训班还邀请相关专家分别就习近平总书记"八八战略"的提出与解读、快递物流行业的科技创新与发展、跨境电子商务与快递业发展、资本市场看快递业发展、行业法律环境变化等内容进行授课辅导。学员围绕如何推动快递业高质量发展进行分组研讨。

国家邮政局合肥灾备中心举行开工奠基仪式

10月28日上午,国家邮政局合肥灾备中心在合肥举行开工奠基仪式。国家邮政局党组成员、副局长杨春光出席开工仪式并代表局党组讲话。国家邮政局合肥灾备中心是邮政寄递渠道安全监管"绿盾"工程的重要组成部分,也是其中唯一的土建项目。该项目于2017年9月获得国家发改委批准,由国家局邮政业安全中心委托安徽省邮政管理局独立建设。项目总投资6539万元,总建筑面积6817平方米,建筑高度19米,地上4层,地下1层。主要建设内容为灾备机房、数据中心专业标准机房等。

国办发布《关于保持基础设施领域补短板力度的指导意见》

10月,国务院办公厅发布《关于保持基础设施领域补短板力度的指导意见》。对于邮政业基础设施建设,指导意见在"重点任务"部分明确提出,在社会民生领域,要"加快推进'最后一公里'水电气路邮建设"。

杨春光副局长赴安徽调研指导党建工作

10月29日至31日,国家邮政局党组成员、副局长杨春光率队赴安徽省局和芜湖、马鞍山两市局调研指导党建工作。调研组听取了省、市局党建工作情况汇报,杨春光对安徽省邮政管理系统党员干部提出了五点要求:一要提高政治站位、强化政治意识。二要坚持围绕中心和大局开展党建工作。三要在学懂弄通做实上下功夫。四要加强对邮政业非公企业党建工作的帮扶力度。五要加强政治文化建设。调研期间,调研组还实地走访了芜湖皖南产业园、马鞍山"诗歌邮局"等。

国家邮政局发出通知要求进一步做好寄递渠道非洲猪瘟疫情防控工作

为贯彻落实国务院11月1日召开的全国非洲猪瘟疫情防控工作电视电话会议精神,国家邮政局第一时间下发紧急通知,对进一步做好寄递渠道非洲猪瘟疫情防控工作作出部署。通知强调,要按照《国家邮政局关于切实做好非洲猪瘟疫情防控工作的通知》要求,严格落实寄递渠道疫情防控各项责任措施。通知同时要求,各级邮政管理部门要加强行业运行监测,密切跟踪本地区疫情防控工作动态。

国家邮政局召开2019年工作务虚会

11月2日至3日,国家邮政局在京召开一年一度的工作务虚会暨党组中心组(扩大)学习会,以习近平新时代中国特色社会主义思想为引领,深入贯彻落实党的十九大和十九届二中、三中全会精神,传达学习习近平总书记在近期会议上的重要讲话精神,总结2018年工作,深入分析行业发展面临的新情况新问题,研究谋划2019年及今后一个时期邮政业改革发展工作思路。局党组书记、局长马军胜主持会议并作总结讲话,局党组成员、副局长戴应军、刘君、杨春光、赵民出席会议并作专题发言。

全国快递末端网点备案数量突破十万个

11月6日,国家邮政局市场监管司传来喜讯,截至当日晚17:02,全国快递末端网点备案数量突破10万个大关；平均办理时间缩短至1.4个工作日，全面实现全流程在线办理"一网通办"、企业"一次不用跑"。

杨传堂书记调研邮政业"双11"旺季服务保障工作

11月7日，交通运输部党组书记杨传堂到国家邮政局，就邮政业"双11"旺季服务保障工作开展调研和座谈。他向奋战在旺季服务保障工作一线的快递人表示慰问，向深耕邮政快递市场的广大企业家表示敬意，希望邮政管理部门和邮政、快递企业顶住压力、和衷共济、奋力拼搏，推动政企协同做好服务，以最佳的状态、最优的业绩保障好旺季寄递渠道安全畅通、平稳运行。部党组成员、国家邮政局党组书记、局长马军胜主持座谈会，局党组成员、副局长戴应军、刘君、杨春光、赵民出席会议。

邮政行业校企合作典型案例评审会在京召开

11月7日，国家邮政局职业技能鉴定指导中心联合全国邮政职业教育教学指导委员会组织召开邮政行业校企合作典型案例评审会。教育部、国家邮政局、行指委秘书处、北京邮电大学、北京印刷学院以及部分重点快递企业的专家教授及相关工作人员参加会议。本次征集活动共收到16个省21所院校和7家企业提交的37个申报案例。会上，与会专家还围绕作品反映出的突出问题展开热烈研讨，对今后深入推进校企合作、产教融合等行业人才队伍建设重点工作提出意见和建议。

戴应军副局长在浙江调研邮政业相关科技发展情况

11月7日至10日，国家邮政局党组成员、副局长戴应军带队到浙江调研邮政业相关科技发展情况。调研组先后赴杭州、安吉和义乌开展调研，详细了解了健培科技有限公司、海康威视科技有限公司新技术、新产品研发推广应用情况，实地察看了安吉邮政无人机配送点和义乌申通小黄人分拣中心运营情况，听取了颂军环保科技有限公司、山联新材料科技有限公司关于邮政业绿色包装产品研发应用情况的介绍。戴应军强调，各级邮政管理部门要鼓励引导环保科技企业加大新技术、新材料的研发力度，做好服务管理，搭建推介平台，推动绿色环保产品在邮政快递领域广泛应用，实现社会效益、经济效益、民生效益和环境效益有机统一。

2018两岸邮政发展研讨会在南京召开

11月9日，以"数字化时代邮政的创新发展"为主题的2018两岸邮政发展研讨会在江苏南京召开，纪念两岸全面双向直接通邮10周年。江苏省政府副秘书长杨勇、国家邮政局副局长赵民、中国邮政集团公司董事长刘爱力、海峡两岸邮政交流协会会长张亚非、中华邮政公司董事长魏健宏出席开幕式并致辞。研讨会由海峡两岸邮政交流协会副会长兼秘书长赵晓光主持。会议回顾了两岸全面双向直接通邮10周年的发展成果，共同研讨大陆、台湾邮政普遍服务经验，邮政服务民生、绿色邮政发展、电子商务发展、智慧邮局建设和智能化设备推广等多项议题，分享了两岸邮政基层劳模代表在各自平凡岗位上的服务心得，并从持续巩固和深化两岸邮政行业沟通机制等方面提出积极的建议和设想。

李小鹏部长调研邮政业"双11"旺季服务保障工作

11月9日晚，交通运输部部长李小鹏到北京顺丰速运有限公司、北京邮政速递处理中心，就"双11"业务旺季邮政、快递企业服务保障工作开展调研和座谈。他向奋战在一线的邮政、快递员工和邮政管理干部职工表示慰问，要求邮政管理部门和快递企业迎难而上、真抓实干，切实做好2018年"双11"旺季服务保障工作，为服务国民经济发展、满足人民群众日益增长的美好生活需要，不断推动邮政快递行业高质量发展做出新的更大贡献。部党组成员、国家邮政局局长马军胜一同调研和座谈。

马军胜局长赴邮政业安全中心督战"双11"保障工作

11月11日晚,国家邮政局党组书记、局长马军胜赴邮政业安全中心督战"双11"保障工作。"双11"全天,各邮政、快递企业共处理快件4.16亿件,同比增长25.68%,再创历史新高。马军胜对大家的辛勤付出表示感谢并鼓励说:"为破4亿熬夜,值得!"局党组成员、副局长刘君参加保障工作。

11月11日全国处理4.16亿快件同比增25.68%

11月11日,根据国家邮政局监测数据显示,主要电商企业全天共产生快递物流订单13.52亿件,同比增长25.12%;全天各邮政、快递企业共处理4.16亿件,同比增长25.68%,再创历史新高。国家邮政局相关负责人表示,全行业已经是第十次应对业务旺季,并成为常态化发展任务。国家邮政局将持续发挥"错峰发货、均衡推进"工作机制的基础性作用,同时,重点利用大数据技术实施更加精准、科学的业务量及流量流向信息预测分析,全程组织调度、监测监控全网运行情况,提升行业各类资源投入的针对性和匹配度。

全国邮件快件实名收寄信息系统推广应用领导小组会议召开

11月,全国邮件快件实名收寄信息系统推广应用领导小组召开会议,就邮件快件实名收寄信息系统推广应用工作进行再安排再部署。领导小组组长、国家邮政局副局长刘君出席会议并讲话,强调要坚决落实党中央、国务院决策部署,以真抓促落实,以实干求实效,努力开拓寄递渠道安全管理工作新局面,为维护公共安全、国家安全、社会稳定做出新的更大贡献。中央政法委、公安部、国家安全部相关负责人参会。会议指出,截至2018年10月,全国信息化实名收寄业务量累计达458亿件,日均实名业务量超1.2亿件,基本实现信息化全覆盖的既定工作目标。

邮政行业校企合作优秀典型案例发布

11月,国家邮政局职业技能鉴定指导中心公布了2018年邮政行业校企合作优秀典型案例。深圳技师学院的《技师工作站"双导师项目课题制"培养快递高技能人才》、山东工程技师学院的《"校企双制、工学一体"开创校企合作新模式》、西安邮电大学的《"定制式"联合培养人才模式创新实践》等13个案例入选。国家邮政局相关负责人表示,希望各地认真贯彻国家局人才工作部署精神,认真学习优秀典型案例的先进经验和做法,积极组织企业和院校交流,结合本地实际不断开拓工作思路,创新工作方法,努力推进行业人才队伍建设工作。

邮政网点可办补领驾照处理交通违法等25项交管业务

11月,公安部办公厅、国家邮政局办公室和中国邮政集团公司联合下发《关于加强警邮合作进一步推行邮政网点代办公安交管业务工作的通知》,在全国推行邮政网点代办交管业务,将交管服务延伸到社区、延伸到县乡,打造基层"一站式"综合便民服务平台,实现交管业务"网上办、就近办、一次办"。三方高度重视此项惠民工作,认真组织试点。从2017年1月开始,在江苏无锡、浙江金华、四川成都展开试点,后续新增了湖北宜昌和广东珠海,试点工作有效提高了行政管理效能和服务群众水平,受到人民群众的欢迎。

国家邮政局发布《关于进一步加强当前邮政业安全生产工作的紧急通知》

11月,国家邮政局发布《关于进一步加强当前邮政业安全生产工作的紧急通知》,就邮政业安全生产工作进行再强调再部署。《通知》就当前安全生产工作提出4点要求:一是切实增强做好当前安全生产工作的责任感和紧迫感。二是强化安全生产措施,坚决防范遏制重特大事故发生。三是严格寄递安全风险管控,确保寄递渠道安全畅通。四是加强值班值守,强化应急响应和处置工作。

赵民副局长赴江西调研快递业务旺季服务保障工作

11月11日至14日,国家邮政局党组成员、副局长赵民率调研组赴江西察看快递业务旺季服务保障情况,并深入南昌、九江两市调研邮政业绿色发展、非公企业党建、末端服务等工作。在南昌快递(电商)物流园,调研组先后到江西中通、圆通两家省级快递企业,听取企业负责人关于快递业务旺季服务保障工作的汇报,并深入操作现场细致察看分拨中心旺季运营情况和行业绿色发展企业落实情况。在江西师范大学科技学院共青校区、九江职大快递联合超市,调研组详细了解高校快递超市运行、旺季服务保障、末端网点绿色包装应用和包装废弃物回收等情况。

马军胜局长调研新疆邮政业发展和旺季服务保障工作

11月12日至15日,国家邮政局党组书记、局长马军胜在刚刚结束旺季服务保障中心的"坐镇指挥"后,12日一大早便奔赴新疆,4天时间内密集调研新疆维吾尔自治区和田地区、阿克苏地区和乌鲁木齐市等地邮政业发展和旺季服务保障工作,并慰问奋战在一线的邮政业从业者。马军胜局长强调,要以习近平新时代中国特色社会主义思想为指导,认真落实党中央的各项治疆方略,尤其是习近平总书记关于新疆工作的重要讲话精神,以人民为中心,贯彻新发展理念,打好三大攻坚战,促进经济发展和民生改善,为推动新疆社会大局和谐稳定做出新贡献。新疆维吾尔自治区人大常委会副主任穆铁礼甫·哈斯木一同调研。

刘君副局长调研北京市快递业务旺季服务保障工作情况

11月13日,国家邮政局副局长刘君赴北京市东城区建国门桥西北角贡院东街的快递集中分拣点"快递之家"和丰台区久敬庄万泽龙快递集中配送中心调研快递业务旺季服务保障工作情况。刘君副局长要求企业继续发挥"错峰发货、均衡推进"核心机制作用,科学统筹调度,确保全网稳定运行;加强网点规范管理,提高末端投递能力,增加人力、物力、场地等储备,科学应对快递业务高峰,避免出现快件积压,保障服务质量;落实安全生产主体责任,严格执行"三项制度",重视三轮车充电等安全事故易发环节,细化实化防控措施;加强职业关怀,各级企业都要采取有效措施关爱一线从业人员,为他们提供良好的工作、生活条件。

刘君副局长调研广西、湖北行业发展和旺季服务保障工作

11月,国家邮政局党组成员、副局长刘君率调研组先后赴广西、湖北,就邮政业发展情况和快递业务旺季服务保障工作进行专题调研。在广西,调研组现场督导检查了广西韵达、百世、圆通、南宁国际邮件互换局(中国邮政东盟跨境电商监管中心)等分拨中心旺季服务保障落实情况。在湖北,调研组实地走访了黄冈市蕲春国灸集团、蕲乡达物流园区,了解蕲春县"快递+艾草"发展模式和取得的成效。调研期间,刘君副局长还慰问了两地企业员工和邮政管理部门干部职工。广西、湖北省(区)邮政管理局主要负责同志及国家邮政局市场监管司相关同志陪同调研。

马军胜局长参加中国邮政快递报社党支部专题联学

11月16日,为扎实推进乡村振兴战略,国家

邮政局党组书记、局长马军胜参加中国邮政快递报社党支部专题联学，重点学习了习近平总书记在十九届中央政治局第八次集体学习时的重要讲话精神和关于乡村振兴战略的重要指示精神，专门对报社党支部学习情况进行指导督查，强调全系统要坚决贯彻落实中央重大战略部署，发挥行业优势助力乡村振兴战略，行业新闻宣传工作要举旗帜、聚民心、展形象，为行业服务乡村振兴战略营造浓厚的舆论氛围，推动形成全社会的强大合力。

马军胜局长主持召开国家邮政局党组会议

11月19日，国家邮政局党组书记、局长马军胜主持召开局党组会议，学习贯彻习近平总书记近期重要讲话精神，强调全系统要坚持以习近平总书记重要讲话精神为指导，为建设社会主义现代化强国贡献邮政力量。局党组成员、副局长戴应军、杨春光、赵民出席会议。马军胜强调，学习贯彻习近平总书记重要讲话精神，一要更加坚定改革开放的信心决心。二要坚持深化改革扩大开放。三要坚持以人民为中心的发展思想。四要全面加强党的领导。

中欧班列（郑州）运邮开行仪式举行

11月20日，中欧班列（郑州）运邮开行仪式在河南郑州铁路口岸举行，郑州成为继重庆、东莞、义乌之后，中欧班列第四个、中部省份第一个运邮试点城市。中欧班列（郑州）国际邮件的启运，可充分发挥郑州区位和交通优势，利用中欧班列（郑州）线路将全国出口至欧洲、中亚等方向的国际邮件在郑州集疏、直达境外，实现陆路国际运邮"全国聚集、一点通关"；也可将德国、法国、荷兰、波兰等欧亚国家的进境邮件经郑州分拨全国。预计年运邮量可达5万吨逾1亿件。中欧班列（郑州）实现运邮常态化以后，将有效解决3C产品（计算机、通信和消费类电子产品）航空运输难的问题，形成空陆运邮优势互补、相互支撑态势。

刘君副局长出席全国多式联运现场推进会

11月20日至21日，全国多式联运现场推进会在湖北省武汉市召开。此次会议由交通运输部和国家铁路局、中国民航局、国家邮政局、中国铁路总公司共同主办。国家邮政局副局长刘君出席会议并对邮政业加快发展多式联运工作提出要求。他指出，今后国家邮政局将从三个方面着手，在优化运输结构、降低物流成本等方面实现实质性突破。一是强化规划引领，积极融入综合交通体系。二是加强基础设施建设，提升行业运输效率。三是促进信息标准互通，创新运输组织模式。

杨春光副局长赴上海局、山西局调研指导党建工作

11月20日至23日，国家邮政局党组成员、副局长杨春光一行赴上海局、山西局调研指导党建工作，并了解九个专项治理工作推进情况。调研组听取了所到单位党组主要负责人党建工作和九个专项治理工作情况汇报，通过座谈交流、查阅资料，重点了解学习宣传贯彻习近平新时代中国特色社会主义思想和党的十九大精神、基层党的建设、党风廉政建设、非公快递企业党建工作、区域行业改革发展和管理，以及九个专项治理工作落实情况。在沪调研期间，还实地走访了为超高层商务楼宇提供收派件服务的平台公司，对圆通速递总部进行了调研。在晋期间，还到晋中市局进行了调研。

"双11"期间全国共处理邮（快）件18.82亿件

国家邮政局监测信息显示，11月11日至16日业务高峰期间，全国邮政、快递企业共处理邮（快）件18.82亿件，同比增长25.8%。截至21日20时，除边远地区外，主要寄递企业揽收的邮（快）件已妥投18.3亿件，妥投率超过97%。其间，全网运行平稳顺畅，基本实现了"全网不瘫痪、重要节点不爆仓"。为了迎战旺季，国家邮政局提

前谋划,精准预测,指导全行业全力备战。据统计,"双11"期间有超过300万从业人员、110架行业自有全货机投入到旺季服务中,转运中心、车辆等能力扩充了20%。高铁运快递的线路更是突破400条线路,通达60多个城市。同时,国家邮政局还充分利用"错峰发货、均衡推进"机制的基础作用,有效协调各家电商平台延长发货时间,确保上下游放量有序,行业运行平稳。

邮政业"一带一路"与快递支撑跨境电商高级研修班在宁波举行

11月21日至24日,国家邮政局职业技能鉴定指导中心联合宁波城市职业技术学院在甬举办了邮政业"一带一路"与快递支撑跨境电商高级研修班。研修班旨在深入学习习近平新时代中国特色社会主义思想和党的十九大精神,大力宣传邮政业服务"一带一路"建设的规划政策,认真落实邮政业服务"一带一路"建设工作协调机制安排的重点任务,推进行业人才队伍建设。来自全国24个省(区、市)邮政管理部门、合作院校和邮政快递企业的学员参加了研修。

四项技术要求和标准获通过

11月22日,国家邮政局局长马军胜主持召开2018年第十一次局长办公会,听取邮政行业技术研发中心认定工作报告和邮政业安全生产评价指标建议的报告;审议并通过了《邮件快件包装填充物技术要求》和《快件集装容器 第2部分:集装袋》《快递手持终端安全技术要求》《寄递服务人员基础数据元》等4项技术要求和标准。副局长刘君、赵民出席会议。马军胜指出,开展行业技术研发中心的认定工作,是行业"画大同心圆"的有效范例,充分展示了科技创新推动行业发展的强大驱动力。他强调,《邮件快件包装填充物技术要求》等4项行业标准的起草,对提升邮政业标准化水平具有十分重要的意义。

中欧班列首次较大规模邮件进口测试成功

11月26日,重庆国际邮件互换局铁路口岸中心内,随着集装箱被工作人员缓缓打开,一个来自德国的邮包在经历了1万多公里的长途旅行之后出现在大家面前,经过海关查验、分发处理等程序之后,这些邮件将被及时送达收件人手中。这也标志着中欧班列(渝新欧)首次较大规模邮件进口测试圆满成功。

中国快递协会搭建政企交流平台

11月27日,中国快递协会高宏峰会长率快递企业家代表王卫、喻渭蛟、赖梅松、陈德军、聂腾云、崔维星、王长林等参加了福建交通运输现代服务业项目对接会,并与省政府相关部门召开专题座谈会,旨在搭建政企交流互动平台,促进优质项目签约落地,进一步推动福建快递业高质量发展,助力福建落实赶超目标。会议由福建省交通运输厅、发展委共同主办,常务副省长张志南出席会议。会上,中国快递协会与福建省交通运输厅和福建省发展和改革委员会签署了合作协议。按照协议,双方将共同发挥各自优势,创新合作机制、拓宽合作领域,整合优势资源,为全国快递业发展创造可复制可推广的合作模式范例。双方还将深入挖掘快递业优质项目资源,集聚产业链高端资源,支持贡献力强、有发展潜力的企业扩大规模,实现区域总部经济集聚效应,推动福建快递业做大做强,实现高质量发展。

国家邮政局举办邮政、快递企业国防交通战备培训班

11月27日至29日,为落实国家交通战备办公室和国家邮政局2018年国防交通战备工作安排,国家邮政局普遍服务司在江苏南京组织举办邮政、快递企业2018年度国防交通战备培训班,深入宣贯《中华人民共和国国防交通法》,进一步提高寄递企业人员国防意识,夯实交通战备工作基础,推动行业军民融合深度发展。培训班邀请到相关专家学者围绕"国防交通法""国防交通概述""国家安全与国际形势""民航国防交通专业保障队伍训练演练"等内容,采用课堂讲授、现场教学和研讨交流等多种方式进行培训,为邮政行业国防交通战备工作的持续深入开展打下坚实基础。

第三届全国"互联网+"快递大学生"双创"大赛圆满落幕

11月29日,第三届全国"互联网+"快递大学生创新创业大赛全国第二轮总决赛在重庆圆满落幕。来自21个单位的29支参赛队经过现场答辩、专家评审等多个环节的激烈角逐,最终决出了优胜者,绿色可回收快递柜等10个参赛作品获得金奖,RFID绿色共享快递袋等20个参赛作品获得银奖,石家庄邮电职业技术学院等10所高校获得优秀组织奖。国家邮政局副局长杨春光出席总决赛颁奖典礼并讲话。他强调,人才是强邮之本、教育是兴业之基。快递业高质量发展离不开高层次创新创业人才的支撑。国家邮政局将认真落实党中央、国务院的决策部署,深化人才发展体制机制改革,不断提升现代邮政教育工作水平,积极营造良好的人才发展环境,聚天下邮政业英才而用之。

国家邮政局组织开展第五次邮政行政执法资格全国统一考试

11月29日上午,第五次邮政行政执法资格全国统一考试顺利举行。据统计,本次考试在全国设31个考场,各级邮政管理部门共有1200余人参加。国家邮政局党组成员、副局长刘君前往北京考场巡考。

杨春光副局长赴重庆调研党建工作

11月29日至30日,国家邮政局党组成员、副局长杨春光率调研组赴重庆调研党建工作,并了解九个专项治理工作推进情况。杨春光对重庆局扎实推进机关党的建设,深入落实九个专项治理工作表示充分肯定,并提出四点要求。

刘君副局长会见海南省副省长王路

11月,国家邮政局副局长刘君在京会见了海南省副省长王路一行。双方就国际快递业务经营许可审批权下放等工作交换了意见。刘君感谢海南省委、省政府长期以来对邮政业改革发展工作的支持。他表示,海南自由贸易试验区(港)的建设,具有广阔的实验空间,国家邮政局将按照中共中央、国务院印发的《关于支持海南全面深化改革开放的指导意见》,以及国务院印发的《中国(海南)自由贸易试验区总体方案》的要求,将国际快递业务经营许可审批权下放海南。希望海南省委、省政府在邮政快递基础设施的建设和安全监管能力机构建设等方面给予政策支持,更好地服务海南自由贸易试验区(港)的建设。

赵民副局长在北京调研

11月30日,国家邮政局党组成员、副局长赵民率调研组在北京深入快递企业和高校,就行业如何打好三大攻坚战,尤其是围绕污染防治攻坚战实现邮政业绿色发展进行调研。调研期间,调研组还听取了北京市邮政管理局在鼓励企业服务农村、绿色包装、新能源车应用等方面的工作汇报,肯定其在落实三大攻坚战中开了个好头。

国家邮政局部署加强当前安全生产工作

12月,国家邮政局发出紧急通知,要求全行业认真贯彻落实国务院安委办危险化学品安全生产专题视频会议部署,切实做好当前邮政业安全生产工作,重点加强危险化学品风险管控,确保行业安全平稳运行。通知要求,各级邮政管理部门、各寄递企业要切实增强做好安全生产工作的责任感和紧迫感,强化底线思维和红线意识。要加强组织领导,坚持安全第一,把安全生产工作摆在更加重要位置进行再动员、再部署、再推动、再落实。

要重点加强危险化学品风险管控,采取更加有效、更加严密、更加得力的措施,堵塞漏洞盲区,消除隐患风险,确保行业安全平稳运行。

戴应军副局长出席国家邮政局科技专家咨询组研讨会

12月4日至5日,国家邮政局在浙江杭州召开科技专家咨询组研讨会,深入学习贯彻落实习近平总书记关于发展人工智能技术重要讲话精神,贯彻落实新发展理念和创新驱动发展战略,推进先进技术装备在邮政业推广应用,推动行业安全发展、高质量发展。国家邮政局副局长戴应军出席会议并讲话。

马军胜局长主持召开国家邮政局党组会议

12月6日,国家邮政局党组书记、局长马军胜主持召开局党组会议,学习贯彻习近平总书记近期重要讲话精神,以及中共中央、国务院有关文件精神,强调全系统要认真贯彻习近平总书记重要讲话精神,坚定不移奋力推进邮政业高质量发展。局党组成员、副局长刘君、杨春光、赵民出席会议。会议研究了成立全国邮政行业共青团工作指导委员会相关事宜,审议并原则通过《中共国家邮政局党组关于加强领导干部队伍本领建设的意见》,还研究了其他事项。

2018年全国高职快递专业教学研讨会在贵阳召开

12月6日,由国家邮政局人事司指导,全国邮政职业教育教学指导委员会主办的2018年全国高职快递专业教学研讨会在贵州交通职业技术学院召开。国家邮政局人事司、政策法规司、职业技能鉴定指导中心、贵州省邮政管理局、全国邮政职业教育教学指导委员会、全国职业院校邮政和快递类示范专业点单位、快递企业相关代表以及教育部直属科教单位特邀专家近60人参加会议。

杨春光副局长调研指导北京局党建工作

12月7日,国家邮政局党组成员、副局长杨春光一行到北京市邮政管理局调研指导党建工作。调研组听取了北京局、东区局以及顺丰、京东党建工作情况汇报,重点了解了履行全面从严治党"两个责任"、学习宣传贯彻习近平新时代中国特色社会主义思想和党的十九大精神、非公企业党建、九个专项治理等工作推进落实情况。杨春光对北京局及企业党建工作给予充分肯定,并对下一步工作提出六点要求。

刘君副局长会见美国联合包裹公司中国区总裁一行

12月7日上午,国家邮政局副局长刘君在京会见了来访的美国联合包裹公司(UPS)中国区总裁哈罗德·彼得斯一行,双方就UPS在华业务和中国快递市场发展情况交换了意见。刘君副局长欢迎哈罗德·彼得斯一行的到访。他指出,国家邮政局高度关注UPS在华业务发展,支持企业在华依法开展经营,希望企业能够积极参与行业绿色发展,落实各项安全制度,为客户提供更高品质的服务,为中国快递市场的健康发展做出贡献。哈罗德·彼得斯感谢国家邮政局长期以来对UPS公司在华业务发展的指导和支持。他介绍了公司2018年业务经营情况,表示会积极响应中国"一带一路"倡议,不断改善企业服务能力,提升服务水平,为推动中国快递业的绿色、安全发展做出更大努力。

马军胜局长会见国际电信联盟秘书长赵厚麟

12月8日下午,国家邮政局局长马军胜在京会见了来访的国际电信联盟秘书长赵厚麟先生。马军胜对赵厚麟先生高票连任国际电信联盟秘书长再次表示祝贺。他表示,近年来,中国邮政业一直保持了快速发展的态势,2018年全国快递服务企业业务总量将有望达到500亿件。在国际上,中国作为万国邮联改革特设工作组主席国,经过不懈努力,求同存异,最终在2018年9月份召开的万国邮联特别大会上,推动万国邮联结构改革取得了历史性成功,为全球治理贡献了中国方案。

马军胜局长出席中国交通运输协会第七届会员大会

12月10日,在全国上下喜迎改革开放40周年之际,中国交通运输协会第七届会员大会暨第七届理事会第一次会议在北京隆重召开。国家邮政局党组书记、局长马军胜出席大会并讲话,强调努力开创综合交通运输发展新局面,为现代化交通强国建设做出新的更大的贡献。马军胜局长指出,作为中国交通运输协会的一员,我们将严格遵守协会章程,切实履行应尽义务,积极建言献策,全力支持协会开展各项工作,全心服务综合交通运输事业大发展大繁荣。

国家邮政局总结部署全国邮件快件实名收寄信息系统推广应用工作

12月12日,国家邮政局召开全国邮件快件实名收寄信息系统推广应用工作电视电话会议,总结两年来工作推进情况,分析当前形势,部署深化实名收寄信息系统应用管理工作,推动实名收寄制度更加有效落实。国家邮政局副局长刘君出席会议并讲话。刘君强调,各级邮政管理部门要坚决落实党中央、国务院决策部署,依法依规,上下齐心,共同努力,以真抓促落实,以实干求实效,正确认识面临的形势任务,清醒看到差距和不足,进一步增强责任感和紧迫感,继续保持工作定力,坚持力度不减、标准不降、完善举措、扎实推进,真正把这项工作抓实抓细抓出成效,努力开拓寄递渠道安全管理工作新局面,为维护公共安全、国家安全、社会稳定做出新的更大贡献。

马军胜局长强调推进绿色包装规范化制度化建设

12月12日,国家邮政局局长马军胜主持召开2018年12次局长办公会议,审议并原则通过《快递业绿色包装指引》《邮政业"三新"单位核实认定工作方案》和《国家邮政局推进一体化在线政务服务平台建设实施方案》等文件。国家邮政局副局长戴应军、刘君、杨春光、赵民出席会议。

"双12"快递业务量再创历史新高

据国家邮政局监测数据显示,2018年12月12日全天,邮政、快递企业共揽收邮(快)件3.22亿件,比去年同期增长32.5%,再创历史新高。"双12"是行业业务量忙时的次高点。此前"双11"期间(11月11日至16日),全行业共揽收邮(快)件18.82亿件,同比增长25.8%。为应对"双12"高峰,各主要寄递企业在场地、运力、人员等方面做了相应准备,并将延续"双11"期间"错峰发货,均衡推进"等服务保障机制,继续抓好服务与安全各环节工作,努力确保邮(快)件及时安全送达客户手中。

马军胜局长赴民建中央拜访

12月13日,国家邮政局党组书记、局长马军胜带队拜访全国政协常委、副秘书长,中国民主建国会中央副主席兼秘书长李世杰,双方就共同关心的打赢污染防治攻坚战问题深入交换意见,达成广泛共识。国家邮政局党组成员、副局长赵民陪同拜访。马军胜局长感谢民建中央对我国邮政业建设发展的关心,和对国家邮政局工作的支持,并指出民建中央专门就减少快递包装污染问题进行专题调研,给行业绿色发展提出了很多很好的建议和意见。下一步,国家邮政局将认真贯彻落实习近平生态文明思想,听取和吸纳社会各界的意见建议,坚持问题导向,健全规制、规范流程、加强监管、上下联动、共商共治,推动快递包装的减量化和可循环发展,坚决打好邮政业污染防治攻坚战。同时,欢迎民建中央对行业建设发展常关心、常问效、常监督。

国家邮政局发布《快递业绿色包装指南（试行）》

12月，国家邮政局制定发布了《快递业绿色包装指南（试行）》，规定了行业绿色包装工作的目标，即快递业绿色包装坚持标准化、减量化和可循环的工作目标，加强与上下游协同，逐步实现包装材料的减量化和再利用。指南指出行业绿色包装工作的总体要求是，经营快递业务的企业应当按照规定使用环保包装材料。在不影响快件寄递安全的前提下，逐步选择低克重高强度的包装材料，设计和使用规格统一的包装或缓冲物；坚持规范作业生产，避免违规分拣操作；探索开发使用循环包装信息系统和回收装备。

中国（南宁）跨境电子商务综合试验区正式开区运营

12月15日，由广西壮族自治区商务厅、南宁市政府主办，南宁高新技术产业开发区管理委员会承办的中国（南宁）跨境电子商务综合试验区开区仪式举行，标志着中国（南宁）跨境电子商务综合试验区正式运营。

全国政协召开网络议政远程协商会

12月17日，全国政协在京召开第二次网络议政远程协商会，主题为"推进快递行业绿色发展"，中共中央政治局常委、全国政协主席汪洋主持会议并讲话。他强调，要深入领会和贯彻习近平总书记关于生态文明建设的思想，牢固树立新发展理念，突出创新引领，强化法治保障和政策协调，推动快递行业由高速增长转向高质量绿色发展。15位委员在全国政协机关和北京、江苏、福建、四川等五个会场，以及通过手机或计算机连线方式发了言，200多位委员通过移动履职平台踊跃发表意见。委员们围绕快递绿色包装如何推进、快递车辆如何更加环保、快递小哥的安全如何保护等话题进行充分议政协商。

刘君副局长调研合肥灾备中心工程建设

12月20日上午，国家局党组成员、副局长、"绿盾"工程建设领导小组组长刘君一行前往合肥灾备中心检查指导工作。刘君现场察看了土建施工情况，并召开了工作座谈会。刘君指出，灾备中心是"绿盾"工程的重点项目，意义重大。当前工程转入正常建设时期，为"绿盾"工程建设开了好头。刘君强调，参建各方一是要把安全放在第一位，守住安全底线，建设、施工和监理单位要齐心协力，尽心尽力守好制度，管好建设。二是要确保工程质量，要担负起责任，把工程建设好；要向高质量努力，把控流程、加强管理；建设单位要做好服务保障，争取建成优质工程、样板工程。三是要确保进度，在服从质量安全的前提下，保证工程建设如期完成，为后期的信息化等项目全面铺开打好基础。

全国《邮政行业统计报表制度》布置会议在合肥召开

12月20日，全国《邮政行业统计报表制度》布置暨邮政业"三新"单位核实认定工作启动会议在合肥召开，国家邮政局党组成员、副局长刘君同志出席会议并讲话。会议总结回顾了2018年行业统计工作，研究部署了2019年统计工作重点任务，布置讲解了邮政业"三新"单位核实认定工作方案和《邮政行业统计报表制度》调整内容。

2018年快递末端网点备案数突破12万个

2018年，国家邮政局党组坚决贯彻中央各项决策部署，深入推进"放管服"改革，12月20日再传捷报，快递末端网点备案数量突破12万个，全面完成全国存量网点备案任务。

贯彻全国政协"推动快递行业绿色发展"网络议政远程协商会精神

12月21日，国家邮政局党组书记、局长马军胜主持召开局党组会议，传达贯彻全国政协"推动快递行业绿色发展"网络议政远程协商会精神,强调要推动快递行业绿色发展,打好污染防治攻坚战,为建设美丽中国做出贡献。国家邮政局党组成员、副局长戴应军、刘君、杨春光、赵民出席会议。中央纪委国家监委驻交通运输部纪检监察组有关负责同志列席会议。马军胜局长指出,行业绿色发展是当前国家邮政局一项非常重要而紧迫的工作。他强调,第一要提高政治站位,第二要强化硬性约束,第三要抓住重点务实推进,第四要形成合力推动共治。

国家邮政局传达中央经济工作会议精神

12月21日,国家邮政局党组书记、局长马军胜主持召开会议,传达学习中央经济工作会议精神,强调全系统要认真学习、深刻领会、坚决贯彻会议精神,要按照"五个坚持"要求,稳定行业良好的发展态势,继续打好三大攻坚战,办好邮政业更贴近民生实事,提振信心,扎实工作,为推进邮政业高质量发展打下坚实基础。国家邮政局党组成员、副局长戴应军、刘君、杨春光、赵民出席会议。

邮政业科技创新战略联盟在京成立

12月25日,邮政业科技创新战略联盟成立大会暨第一届科技年会在京举行。本次会议由国家邮政局指导,国家邮政局发展研究中心主办。国家邮政局党组书记、局长马军胜作出批示,国家邮政局党组成员、副局长戴应军出席会议并讲话。科学技术部、公安部、生态环境部政策与经济研究中心、中国交通通信信息中心,以及顺丰科技、圆通速递、菜鸟网络、联想集团等理事单位及其他有关部委、邮政快递及上下游企业、高校、科研院所等近200名代表参会。邮政业科技创新战略联盟是由国家邮政局发展研究中心组织筹建,99家企事业单位和科研院校共同发起的技术创新合作组织,以推动邮政业科技发展、提升科技自主创新能力为目标。

"快递业从业青年权益维护服务月"活动启动

12月,团中央维护青少年权益部、国家邮政局机关党委联合发出《关于开展"快递业从业青年权益维护服务月"活动的通知》。本次活动从2018年12月29日持续至2019年1月29日,服务内容聚焦快递员(投递员)权益保护。活动结合2019年"共青团与人大代表、政协委员面对面"活动有关安排,由团中央维护青少年权益部、国家邮政局机关党委联合开展。活动内容包括四方面:一是"在线递询"咨询服务。二是"精准递援"个案帮扶。三是"冬日递暖"慰问关爱。四是"团团递语"倾听心声。

马军胜局长主持召开局党组中心组(扩大)学习会

继国家邮政局党组成员以普通党员身份在各党支部研讨学习习近平总书记重要讲话精神之后,国家邮政党组书记、局长马军胜12月26日主持召开局党组中心组(扩大)学习会,继续深入学习习近平总书记在庆祝改革开放40周年大会上的重要讲话精神,全面回顾邮政业改革发展的光辉历程,认真总结经验,强调高举新时代改革开放伟大旗帜再出发,在新起点上谱写行业改革开放新篇章。局党组成员、副局长戴应军、刘君、杨春光、赵民出席会议并作研讨发言。

全国邮政行业共青团工作指导委员会成立

12月27日,由国家邮政局和共青团中央批准成立的全国邮政行业共青团工作指导委员会在北京成立。在当天举行的成立仪式上,双方签署了合作协议,联合推进快递业从业青年联系服务工作。国家邮政局党组成员、副局长杨春光,共青团中央书记处书记傅振邦出席会议并讲话。7月初,习近平总书记在同共青团中央新一届领导班子成员集体谈话时发表了重要讲话。国家邮政局、共青团中央积极响应、迅速行动,就联合推进快递业从业青年联系服务工作进行密切协商,明确了

"1+3+N"工作框架,切实加强对快递业从业青年的联系和服务。

全国邮政管理系统党建工作座谈会召开

12月27日,为期两天的全国邮政管理系统党建工作座谈会在北京开幕。会议深入学习贯彻习近平新时代中国特色社会主义思想和党的十九大精神,认真总结2018年全行业全系统党的建设情况,研究部署2019年主要任务。国家邮政局党组成员、副局长杨春光出席会议并讲话。

2018年我国快递业务量突破500亿件大关

12月28日上午,根据国家邮政局邮政业安全监管信息系统实时监测,一件从陕西武功寄往北京的快递包裹,幸运地成为2018年第500亿件快件。快递年业务量突破500亿件,是我国快递发展史上又一座里程碑,也是我国从快递大国向快递强国迈进的新起点。国家邮政局新闻发言人、市场监管司司长冯力虎在新闻发布会上表示,取得如此可喜的成绩,得益于党中央、国务院对行业的关怀和重视,得益于国家改革开放40年的政策红利,得益于产业结构调整、经济发展方式转变、民生持续改善以及社会和谐稳定的宏观环境。此外,发布会现场还展示了被称为行业"千里眼、顺风耳、护身符"的邮政业安全监管信息系统。

马军胜局长主持召开国家邮政局党组会议

12月28日,国家邮政局党组书记、局长马军胜主持召开局党组会议,传达学习习近平总书记在中共中央政治局民主生活会上的重要讲话精神,及2019年全国交通运输工作会议精神,强调全系统要切实强化创新理论武装,树牢"四个意识",坚定"四个自信",坚决做到"两个维护",勇于担当作为,以求真务实作风确保各项工作有效落实。局党组成员、副局长刘君、杨春光、赵民出席会议。

国家邮政局部署两节期间行业安全工作

12月28日,国家邮政局发布关于做好元旦春节期间有关工作的通知,要求各省(区、市)邮政管理局统筹做好节日期间工作,确保节日期间各项工作正常运转,行业安全平稳运行。

马军胜出席纪念毛主席题写《人民邮电》报头七十周年座谈会

12月29日,纪念毛主席题写《人民邮电》报头70周年座谈会在北京召开。会议重温了人民邮电事业70年走过的光辉历程,总结了邮电事业取得的辉煌成就。国家邮政局党组书记、局长马军胜出席会议并致辞。马军胜局长首先对工业和信息化部、电信业界、人民邮电报社对邮政业的支持帮助表示衷心感谢。他倡议,继续发扬"邮电一家亲"的优良传统,让邮政业和电信业一起并肩携手,共同拥抱5G时代,在科技应用中厚植改革发展优势,在密切协同中化优势为胜势,让邮政业与电信业在新时代继续成为朝阳产业。这是对毛主席题写"人民邮电"的最好纪念,是对"人民邮电为人民"的最好诠释。

习近平主席赞扬快递小哥是美好生活的创造者、守护者

"这个时候,快递小哥、环卫工人、出租车司机以及千千万万的劳动者,还在辛勤工作,我们要感谢这些美好生活的创造者、守护者。大家辛苦了。"新年前夕,国家主席习近平发表二〇一九年新年贺词,赞扬快递小哥是美好生活的创造者、守护者。

快递工程技术人员职称评审试点工作取得重大突破

2018年,国家邮政局深入贯彻落实国家职称改革精神和分类推进人才评价的指导意见,部署加快推进快递工程技术人员职称评审工作,按照试点先行、稳步推进的原则,选取安徽、陕西、上

海、重庆、浙江、江苏、广东7省(市)进行试点,行业职称评审工作取得了积极成效。截至2018年年底,共有3401人获得初级和中级专业技术职称,对推进邮政行业人才队伍建设具有里程碑式的重要意义,为在全国全面推进职称评审工作奠定了坚实基础。

第四章 2018年各省（区、市）快递发展大事记

北京市快递发展大事记

权忠敏同志荣获政协提案突出贡献奖

1月5日，政协北京市第十二届委员会举行表彰会，向获得十二届市政协优秀调研成果、优秀理论研究成果、提案突出贡献奖的委员和集体颁奖。北京市邮政管理局权忠敏同志和其他9位委员荣获政协北京市第十二届委员会提案突出贡献奖。其负责的《关于促进快递行业与电子商务产业协同发展的提案》和《关于加快完善首都城乡快递末端服务体系建设的提案》分别荣获2015、2016年北京市政协优秀提案。

杨斌副市长对邮政管理工作作出批示

1月18日，北京市副市长杨斌对邮政管理工作作出批示：市邮政管理局2017年圆满完成任务，希望再接再厉，努力打造"安全、优质、绿色"邮政服务体系，为北京城市发展和京津冀协同发展做出新贡献。

陈添副秘书长到北京局调研指导工作

3月1日，北京市政府副秘书长陈添到北京市邮政管理局调研指导工作，并展开座谈。北京市邮政管理局局长王跃、副局长韩敬华、黄立群及相关处室负责人参加座谈。陈添充分肯定了邮政业在国民经济中的基础性作用，指出邮政业关系国计民生，是国家重要的社会公用事业。邮政管理部门要进一步加强行业监管，督促企业落实主体责任，多措并举推动行业升级发展，更好服务首都居民生产生活。

北京局推进农村电商发展获感谢

3月，北京市社会主义新农村建设领导小组综合办公室向北京市邮政管理局发去感谢信，衷心感谢北京市邮政管理局一年来在推进农村电商发展，推动美丽乡村建设等方面所做的工作。北京市社会主义新农村建设领导小组综合办公室在信中表示，北京市邮政管理局在推进美丽乡村建设、推动农村快递物流发展、方便农村居民生活等方面的辛勤付出，为全市社会主义新农村建设添上浓墨重彩的一笔。希望2018年能够继续得到北京市邮政管理局的帮助和支持。

北京局获评安全生产综合考核优秀单位

3月，北京市安全生产委员会通报2017年北京市安全生产工作考核结果，全市共有19家单位被评为安全生产综合考核优秀单位，北京市邮政管理局首次位列其中。副巡视员、市场监管处处长杨建同志被评为北京市安全生产先进个人。

北京局获评首都社会治安综合治理（平安建设）工作良好单位

3月，首都综治委印发《关于2017年度首都社会治安综合治理（平安建设）工作考核结果的通报》，北京市邮政管理局首次参加考核，被评为2017年度首都社会治安综合治理（平安建设）工作良好单位。

全国两会寄递安保和涉枪涉爆隐患整治工作获肯定

3月12日,中央综治办、公安部、国家邮政局联合督导组到北京检查2018年全国两会寄递安保和涉枪涉爆隐患整治工作情况。督导组对北京寄递安保各项工作给予充分肯定,要求要进一步完善顶层设计,以更高标准做好寄递安保工作,强化部门间协作配合机制,加快寄递安保信息化、智能化建设,走在全国前列。

陈添副秘书长调研快递服务车辆使用管理情况

3月21日,北京市政府副秘书长陈添赴顺丰华北分拨中心,调研快递服务车辆使用管理情况,并在顺丰速运进行座谈。北京市邮政管理局局长王跃、市交通委副主任王兆荣及快递协会负责人参加座谈。陈添充分肯定了邮政管理部门、快递协会和企业在快递电动三轮车规范管理方面所做的工作。他指出,市政府非常重视城市整体物流工作,着力解决城市道路拥堵和车辆排放污染问题。快递配送作为城市整体物流的一部分,在为人民群众生活带来便利的同时,快递服务车辆也对城市交通秩序、通行压力造成一定影响。邮政管理部门要进一步加强行业监管,多措并举推动行业升级发展;行业协会要发挥好桥梁纽带作用,组织企业建立长效机制,将电动三轮车规范管理工作引向深入;企业要落实主体责任,加强自律,使用达到安全、环保标准的交通工具,规范发展,提供更加优质的快递服务。

北京局与市规划院研究推进快递规划工作

4月2日,北京市邮政管理局局长王跃与北京市城市规划设计研究院院长施卫良就行业用地、基础设施、行业发展等方面规划进行座谈,研究推进规划工作。双方表示:一要加强合作,落实首都城市战略定位,明确快递发展目标、规模和空间布局,推进首都物流基础设施规划,引导快递物流基础设施建设,推动实施行业发展三年行动计划;二要加强沟通,落实好《快递暂行条例》和《国务院办公厅关于推进电子商务与快递物流协同发展的意见》,在城乡规划和土地利用总体规划中统筹考虑快件大型集散、分拣等基础设施用地的需要;三要加强研究,针对行业新问题研究出台相关标准,针对新技术、新经济、新业态探索新的行业发展模式。

北京市出台行业安全生产等级评定技术规范地方标准

4月,北京市质量技术监督局批准发布《安全生产等级评定技术规范 第75部分:快递及邮政服务企业》地方标准。该标准由北京局提出并归口、组织实施,规定了快递及邮政服务企业安全生产等级评定内容和评定细则,适用于从事寄递服务的快递及邮政企业安全生产等级的划分与评定。标准包括基础管理要求、场所环境、生产设备实施、用电、消防等十个方面的内容,并且规定了安全生产等级评定一级否决条款。此标准出台将进一步强化快递及邮政服务企业安全生产责任,加强企业"安全生产红线"意识,为邮政管理工作提供技术依据。

北京市印发进一步提升生活性服务业品质的工作方案

4月,北京市人民政府办公厅印发《关于进一步提升生活性服务业品质的工作方案》的通知,优化快递、便民维修、家政服务、美容美发、洗染等基本便民商业服务,进一步提升本市生活性服务业品质。邮政快递业迎来重大利好。通知要求准确把握生活性服务业的商业性和公益性双重属性,着力推进生活性服务业"规范化、连锁化、便利化、品牌化、特色化、智能化"发展,满足人民群众便利性、多样性生活需要,为建设国际一流的和谐宜居之都提供有力支撑。

北京局全面宣贯落实《快递暂行条例》

5月,为全面宣传贯彻《快递暂行条例》,促进首都快递业持续健康发展,维护用户合法权益,确保行业安全稳定,北京市邮政管理局成立宣贯领导小组,印发《条例》宣贯方案;细化目标工作任务,制定专题工作计划;组织全员深入学习,邀请专家详细解读;加强部门横向沟通,奠定《条例》落地基础;发挥协会纽带作用,提高行业自律意识;调动多重资源,采取多种措施,使《条例》在京华大地首善之区落地生根。

北京局为解用地难题搭平台

5月18日,北京市邮政管理局、北京市快递协会与顺丰、申通、中通、圆通、韵达、宅急送、优速、品骏8家快递企业赴平谷马坊物流基地,就解决当前快递企业用地难题与基地管委会座谈交流,并实地考察。马坊物流基地是北京市"十一五""十二五""十三五"期间北京市规划建设具有口岸与保税功能的四大物流基地之一,是北京东部发展带与京津发展走廊的重要物流节点及重要通道,位于京津冀两市一省交界处,正在致力于打造成为京津冀区域物流公共平台、首都农产品交易平台、冷链物流示范区和跨境电商综合服务区。平谷马坊物流基地管委会主任王介甫表示物流基地将在京津冀协同发展的背景下,利用园区资源,依托首都科技创新及互联网技术优势,解决北京物流业外迁后的城市配送问题,欢迎快递企业入驻园区。

北京局与市规划国土委座谈快递设施布局

6月1日,北京市邮政管理局与市规划和国土资源管理委员会就物流专项规划编制、快递设施布局等召开座谈会。市规划国土委主任张维、副主任王玮和北京局局长王跃、副局长韩敬华参加座谈会。双方表示,快递服务关系城市运行和民生保障,涉及千家万户,社会高度关注。在北京疏解整治促提升的新形势下,快递服务应进一步明确其在首都经济社会中的功能定位,对标北京市城市总体规划,研究编制北京市邮政快递服务设施实施规划。优化快递基础设施的空间布局,确定快递基础设施用地供给规模,研究在北京市现有物流园区存量及腾退空间中统筹建设快递分拨中心。推动将快递营业处理场所和末端设施纳入基础设施配套规划,鼓励网点标准化建设。双方还就进一步完善工作机制,加强沟通协调,强化政策导向等问题进行研讨。

北京局持续推进邮(快)件"三不"专项治理工作

7月4日,北京市邮政管理局召开邮件快件"不着地、不抛件、不摆地摊"专项治理推进工作会,顺丰等11家品牌快递企业负责人参会。会上,北京局对各快递企业落实"三不"专项治理工作的现状及存在的问题进行了剖析,并对其他省的经验进行了介绍,特别是对甘肃省的治理经验进行了深入的讲解和探讨。会议对"三不"治理工作进行了再部署再要求再强调,要求快递企业尽快将先进做法运用到生产运营中。

北京"村村通邮"和农邮通建设工作获肯定

7月,交通运输部"四好农村路"建设督导组对北京"四好农村路"建设情况进行督导考核。督导组实地检查了通州、顺义、房山、怀柔四个区的"四好农村路"建设情况,在考评通报会上,督导组对北京"村村通邮"和农邮通建设方面取得的成绩给予充分肯定。指出北京农村公路建设起步早、管护好,为实现村村建邮站、户户通邮件,快递服务全覆盖提供了基础条件,邮政快递网络通达又进一步降低了物流成本。村邮站、快递服务点和农邮通服务站打通了"工业品下乡,农产品进城"的双向便捷通道,对促进农村经济发展、帮扶低收入村起到了推动作用。

北京市直机关工委赴北京局调研党建工作

8月3日,中共北京市直机关工委委员、党校常务副校长黄鹏一行到北京市邮政管理局调研机关党建工作。局党组书记、局长王跃出席调研座谈。双方围绕落实党中央决策部署和重要批示精神、《中国共产党党和国家机关基层组织工作条例》和北京市实施办法情况深入交流，并就机关党建重点工作、党组织履职情况、党建工作存在的困难进行沟通。

北京邮政保障房山区塌方路段邮路畅通

8月11日，北京市房山区因连日大雨导致山体塌方，军红路大安山乡双向断路。山体塌方致使通往大安山邮政营业所唯一的道路持续封闭，邮政营业场所不得不暂停营业，大安山矿社区等6家单位用邮中断。8月16日，房山邮政分公司在政府公布应急道路试运行的第一天，开辟"绿色通道"，派出驾驶经验丰富的投递员随车携带防汛抢险工具投递邮件。将邮件拉运至大安山乡大北河后，投递员将邮件手扛肩背，通过矿山小路徒步上山至矿区进行投递。在极端困难的情况下，邮政企业及时完成了1176名旷工代发工资业务，连日来积压的1900余份党报党刊、邮件全部在当天妥投完毕，得到了当地群众的高度赞扬。

北京局参与推进北京农村人居环境整治和美丽乡村建设工作

8月，北京市社会主义新农村建设领导小组综合办公室印发了《关于北京市改善农村人居环境推进美丽乡村建设工作联席会议制度的函》，北京局被纳入联席会议成员单位，参与推进北京农村人居环境整治和美丽乡村建设工作，负责推进落实村邮站、快递便民服务网点建设工作。

2018年度北京市邮政快递业反恐防爆消防应急演练举行

8月21日，北京市邮政管理局指导韵达速递在位于通州区的快件处理中心开展了反恐防爆消防应急演练活动，北京市国家安全局、北京市公安局治安总队、通州区公安分局治安支队等相关部门和韵达速递各级管理人员约100人现场观摩了演练活动。通过演练，对企业内各参演部门的应急响应、初期处置、通信联络、配合协作进行了检验，进一步了提升邮政快递业反恐防范与突发事件应急处置能力。

侯君舒同志督导检查中非合作论坛寄递渠道安保工作

9月1日，北京市人大常委会副主任、昌平区委书记侯君舒带队赴昌平区霍营街道督导检查中非合作论坛北京峰会期间快递业寄递渠道安全服务保障工作。区委常委、政法委书记孙启及邮政管理局、区政法委、公安分局、安监局、城管执法局、消防支队、属地街道等相关部门负责人陪同。在听取企业负责人关于企业快件操作流程及落实"三项制度"工作情况汇报后，侯君舒强调，快递企业要落实安全主体责任，把握好各个环节，切实落实好"三项制度"相关要求；政府部门要严抓安全不放松，加强督导力度，把工作落到实处，确保峰会期间快递行业安全平稳运行。

北京市开展城市安全隐患治理三年行动

9月，北京市安全生产委员会办公室印发《北京城市安全隐患治理三年行动重点行业（领域）实施方案》，扎实推进城市安全隐患治理三年行动深入开展。实施方案指出，市邮政管理局作为城乡接合部及城中村村民宅基地出租房屋消防安全综合治理协调机构成员单位，负责依法落实对快递行业的监督管理，协调快递协会加强行业消防安全指导。

北京局部署进一步优化快递业务经营许可工作

9月，北京市邮政管理局印发《进一步优化快递业务经营许可工作方案》，自觉将国务院"五个为""六个一"要求贯穿其中，严格落实国家邮政局快递业务许可优化各项任务，将省内经营许可审批时限压缩至13个工作日，申请材料精简为8项，删除许可申请中的验资报告证明、年度报告材料中的财务年度报表证明、申请经营国际快递业务无需提供报关、报检、报验人员资质证明、不再将快递业务员职业技能鉴定资格证书作为许可受理的必要条件。

北京局部署开展快递市场清理整顿工作

9月,北京市邮政管理局印发《北京市快递市场清理整顿专项行动工作方案》,决定在全市开展快递市场清理整顿工作,严肃查处无证经营、超范围经营等违法违规问题,打击扰乱快递市场秩序、侵害消费者合法权益等各类突出违法行为。本次清理整顿重点围绕未经许可经营快递业务、未按规定办理变更手续、设立分支机构未备案、开办快递末端网点未备案等十个突出问题,开展全面清理整顿,维护快递市场秩序,促进快递业健康有序发展。

北京邮政助力绿色发展

为贯彻新发展理念,落实国家邮政局邮政业服务决胜全面建成小康社会三年行动计划中打赢污染防治攻坚战工作部署要求,北京市邮政管理局多次持续鼓励引导邮政企业推进绿色发展。自7月1日开始,北京市邮政分公司在城区各邮政营业网点陆续布放和对外销售绿色环保箱,成为在全国范围内率先使用绿色环保箱的邮政企业。9月1日起,全市所有邮政营业网点全部使用该类型环保包装材料。邮政企业还在牛街邮政支局等4个单位,启用了两种规格的全叠盖免胶带式环保包装箱试点工作。北京邮政企业在全国先行试点,为广大群众搭建电子废弃物正规处置通道,还向全社会发起"共同参与绿色环保,邮政助你幸福生活"的倡议,呼吁广大公众不要让电子废弃物成为电子垃圾污染环境。

北京市印发打赢蓝天保卫战三年行动计划

9月,北京市人民政府印发《北京市打赢蓝天保卫战三年行动计划》的通知,明确任务分工和政策支持措施,邮政快递业迎绿色发展机遇。通知要求大力推进车辆电动化:一是由市科委牵头,会同市交通委、市经济信息化委、市城市管理委、市商务委、市邮政管理局、民航华北管理局以及铁路等部门和单位,研究制订以推进柴油车电动化为重点的新能源汽车推广专项实施方案。二是组织有关部门研究制定新能源货车路权通行、可持续经营的鼓励性政策,推进新增和更新的公交、出租、环卫、邮政、通勤、轻型物流配送等车辆基本采用电动车。到2020年,邮政、城市快递、轻型环卫车辆(4.5吨以下)基本为电动车。三是加快充电基础设施建设。在具备条件的邮政快递分拨处理中心和规模较大的邮政快递营业投递网点等建设集中式充电桩和快速充电桩,为新能源车辆在城市通行提供便利。

北京局开展快递业打好三大攻坚战专题调研

9月,北京市邮政管理局结合本市快递业实际,就服务乡村振兴战略和绿色发展等三大攻坚战重点工作在行业内组织开展专题调研。调研组分别实地调研了圆通和顺丰在顺义的部分农村营业网点,详细了解了企业服务"乡村振兴战略"部署、新能源汽车应用、快递包装减量、重复利用和回收等工作开展情况,现场察看了企业服务附近农民群众利用电商平台和快递渠道销售葡萄等应季水果的情况,鼓励企业进一步延长产业链条,切实提高服务水平,以实际行动落实精准扶贫举措,帮助农民增收致富奔小康。同时,调研组召集全市6家主要品牌快递企业在北京顺丰公司召开现场会,参观了顺丰公司关于绿色包装、新能源车应用情况展示,并就快递服务乡村振兴战略、精准扶贫、行业绿色发展工作进行了座谈交流。

北京市首届绿色包装设计征集活动开启

9月,北京市组织开展了全市绿色包装设计征集活动,市发展改革委、科委、经信委、北京市邮政管理局等部门作为活动支持单位参加启动仪式并做发言。首届绿色包装设计征集活动以"保护环境、节约资源"的实际需求为出发点,以"绿色、创新、实用"为设计要求,旨在通过重点领域包装设计推动实现包装物的减量化、再利用。

北京发布新增产业的禁止和限制目录（2018年版）

9月,北京市人民政府办公厅印发《北京市新增产业的禁止和限制目录（2018年版）》。在目录制定过程中,北京市邮政管理局积极参与,反映邮政快递行业服务民生的重要特征,受到一致认同。新增成为目录联席会议成员单位,修订版目录中对邮政快递内容做了更为详尽的规定。《北京市新增产业的禁止和限制目录（一）》规定:在全市范围内禁止新增和扩建(5990)其他仓储业中未列入相关专项规划的物流仓储设施,但城市物流配送节点、快递分拣（分拨）中心除外。《北京市新增产业的禁止和限制目录（二）》规定:在中心城区和北京城市副中心禁止新建和扩建(6010)邮政基本服务和(6020)快递服务,但邮政营业场所、邮政机要通信处理场所、纳入相关规划的邮件处理场所、符合相关规划的快递处理场所和承担快递寄递、便民服务的快递企业分支机构除外。

王跃局长调研北京市首个"快递之家"

10月10日,北京市邮政管理局局长王跃带队调研北京市首个政府主导的"快递之家"。王跃参观了位于东城区建国门桥西北角的"快递之家",听取了中通、德邦、韵达等快递企业在场地内的作业情况汇报,详细了解了快递集中分拣点的设施设备配置、工作时间安排、空间统筹调配、安全生产管理等方面情况,充分认可利用拆迁滞留地设立快递集中分拣点的做法,要求快递企业规范运营,严格落实收寄验视、实名收寄、过机安检等安全制度,切实做到"不着地、不抛件、不摆地摊",为周边居民提供安全便利的快递服务,避免占道扰民和安全隐患,发挥示范引领作用,为解决快递末端投递问题提供经验。他指出,属地行业管理部门要加强监督指导,积极与地方政府部门沟通协调,行业协会要充分发挥桥梁纽带作用,研究推广利用城市腾退空间解决快递末端投递问题的经验做法,推动解决快递末端投递问题。

北京邮政业发展获市委、市政府支持

10月,中共北京市委印发《中共北京市委北京市人民政府关于开展质量提升行动的实施意见》,明确提出促进生产性服务业专业化发展和提升生活性服务业品质,助力邮政快递业提质增效。一是由各区政府,市发改委、市规划国土委、市交通委、市商务委、市工商局、市邮政管理局、市公安局交通管理局牵头,完善物流基地、物流中心（物流园区）、末端配送网点三级网络体系,提升物流服务保障水平。二是由市商务委、市社会办、市邮政管理局牵头,推进"一刻钟社区服务圈"规范化建设,到2020年基本实现城市社区全覆盖。鼓励电子商务与社区商务融合协同发展,实现在线交易、线下配送等精准化服务。

王跃局长带队赴天津、河北考察调研

10月25日至27日,北京市邮政管理局局长王跃带队赴天津、河北唐山考察调研。三地邮政管理部门表示,京津冀地区在全国邮政业中具有重要地位,京津冀邮政服务协同发展,既是区域发展的内在需要,也是贯彻落实国家重大战略的必然要求,更是京津冀邮政业转型升级、创新发展的重要机遇,三地邮政管理部门应加强交流学习,相互借鉴,借势"京津冀协同发展",共破三地邮政业发展面临难题,共谋三地邮政业提质增效快速发展。

北京局参加规范"双11"活动行政指导座谈会

10月30日,北京市邮政管理局参加了由市工商局牵头组织的规范"双11"活动行政指导座谈会。北京局、市工商局、市商务委等13家网络市场监管联席会议成员单位联合约谈了京东、阿里巴巴、亚马逊、苏宁等15家电子商务平台企业。座谈会上，北京局结合部门监管职责，以及电子商务与快递发展日益紧密的经济形态特点，就做好"双11"业务旺季相关工作对与会企业提出五点要求和建议：一是要及时发布消费提示，引导消费者形成合理预期。二是要完善安全监管体系措施，落实平台管理责任，加强对平台商家的安全教育培训指导以及清理整顿工作。三是要做好企业间数据共享，提高揽收和投递效率。四是开展末端集约化服务，合力解决"最后100米"难题。五是推广绿色包装，助力污染防治攻坚战。

北京局部署中国首届"进博会"期间市寄递安保工作

11月5日至10日，首届中国国际进口博览会在上海举办。为确保"进博会"期间北京市寄递渠道安全服务保障工作有序开展，根据国家邮政局总体部署，北京市邮政管理局印发工作实施方案，明确要求，细化部署，督促全行业严格落实各项寄递安全制度，保障服务优质高效。

北京局部署寄递渠道非洲猪瘟疫情防控工作

按照国家邮政局《关于进一步做好寄递渠道非洲猪瘟疫情防控工作的紧急通知》工作要求，北京市邮政管理局立即行动，印发文件，细化部署首都寄递渠道非洲猪瘟疫情防控工作。一是要求全市邮政企业、快递企业进一步统一思想，提高认识，充分认清做好当前非洲猪瘟疫情防控工作的极端重要性，强化红线意识和责任意识，严格落实企业安全主体责任，严格执行法律法规，层层压实管理责任和人员责任。二是强化管控工作措施。各企业要认真执行《禁止寄递物品管理规定》有关要求，严格落实收寄验视、实名收寄、过机安检等寄递安全管理制度，一律不得收寄活猪和未经检疫、未制熟猪肉制品。重点加强发生疫情地区寄递渠道风险的安全防范，督导企业在疫情封锁期间落实寄递临时管控措施，对发生疫情地区寄出内件标注为猪肉或猪肉制品的可疑包裹，一律不得继续发运或投递，立即扣留并及时报告，同时做好对相关运输工具的消毒处理。三是明确各派出机构工作任务，进一步加大执法检查力度，依法严厉查处违法违规寄递行为，坚持严管严控，严查严纠，坚决防止疫情通过寄递渠道在北京传播。

北京局组织部署市邮政业绿色发展

12月11日，北京市邮政管理局组织召开邮政业绿色发展动员部署大会。北京市发展改革委、市商务局、市科委、市交通委、市交管局、市城管委及市生态环境局，全市400余家邮政快递许可法人企业、新闻媒体近500人参会。会上，北京局以首都邮政业绿色发展宣传片的形式展示行业绿色发展所取得的成效，下发了《关于促进全市邮政业绿色发展的实施意见》，明确了到2020年行业绿色发展的具体目标，提出了明确的任务措施。邮政、顺丰和京东三家企业代表作交流发言。邮政、顺丰、京东、近邻宝、DHL、中通等企业展示绿色包装、新能源汽车、智能科技设备在邮件快件收寄、运输、投递环节的应用成果。北京市邮政管理局局长王跃分析了当前首都邮政业绿色发展取得的成效和面临的问题，并就进一步推动行业绿色发展提出五点工作要求。

北京局全面完成末端网点备案工作

为深入贯彻落实国务院"放管服"改革要求，进一步优化营商环境，推动快递市场健康发展，北京市邮政管理局坚决贯彻落实国家邮政局关于快递末端网点备案工作相关部署，截至12月17日，北京市共登记备案2410处快递末端网点，提前完成存量快递末端网点备案工作。

天津市快递发展大事记

天津局与市商务委对接国办1号文在津落地事宜

2月7日，天津市邮政管理局局长陈凯与市商务委副主任李宏座谈，就落实《国务院办公厅关于推进电子商务与快递物流协同发展的意见》，进一步补齐天津市快递业发展短板，促快递业与电子商务协同发展、高质量发展等问题进行研讨。天津局副巡视员李慧良出席，双方相关部门负责人参会。座谈会上还现场展示了天津市电商与快递协同发展公益性信息平台、《天津市快递专业类物流专项规划（2016—2020年）》等试点城市项目的突出成果。

2018年度快递业转型升级专项项目申报工作启动

3月9日，天津市邮政管理局印发《2018年度天津市服务业转型升级专项项目（快递业）申报指南》，明确专项资金支持领域、申报条件、申报程序、申报材料和项目实施及资金管理等内容。2018年度天津市快递业转型升级专项项目补贴资金共900万元。

天津局一集体一个人获市"扫黄打非"工作表彰

4月，天津市文化市场管理工作领导小组和天津市"扫黄打非"工作领导小组联合对2016—2017年天津市文化市场综合治理先进集体和先进个人予以表彰。天津市邮政管理局市场监管处获评"2016—2017年天津市文化市场综合治理先进集体"，天津市邮政管理局第一分局赵娜同志获评"2016—2017年天津市文化市场综合治理先进"个人。

天津推进邮政业服务"一带一路"建设工作实施方案出台

4月，天津市邮政管理局制定出台《推进我市邮政业服务"一带一路"建设工作方案》，方案结合国家邮政局关于邮政业服务"一带一路"工作要求和天津市"一基地三区"的城市定位，明确了"借助天津自由贸易试验区、天津跨境电子商务综试区、天津航空货运资源等优势，创新政策、整合资源、搭建平台，完善国际邮件快件进出境通道，提升通关综合服务能力，促使天津邮政业跨境电商、商贸服务等产业发展。依托天津市北方国际航运中心功能区建设和天津航空物流园建设，推动建设航空快递功能物流区，加快构建中国北方航空快递物流综合枢纽"等内容。围绕主要任务，方案还提出了九方面的落实举措，明确了各部门各单位的分工安排。

天津局印发2018年市邮政业更贴近民生七件实事工作方案

4月，天津市邮政管理局印发《2018年天津市邮政业更贴近民生七件实事工作方案》。方案对照国家邮政局工作部署，结合天津邮政业实际，对2018年邮政业更贴近民生七件实事进行了细化分解，制定了工作措施，明确了各部门各单位的职责。

天津市政协召开专题协商会议促进快递业健康发展

4月23日，天津市政协召开"规范快递安全生产操作环节，促进快递业健康发展"专题协商会。市政协副主席赵仲华出席会议并讲话。赵仲华在讲话中指出，加快快递业健康发展，对于推动天津市高质量发展、提升群众幸福指数具有重要意义。要深入学习贯彻习近平总书记对天津工作提出的"三个着力"重要要求，坚持以人民为中心的发展思想，进一步统一思想、提高认识，高度重视快递业健康发展工作。要健全法律法规，完善监督管理，提升设施科技水平，加强企业内部管理，为快递业发展提供制度保障、机制保障、技术保障、人员保障。广大政协委员要深入调查研究，积极建言献策，为加强天津市快递行业安全生产、促进快递业健康发展做出更大贡献。

天津快递业开展"练功比武"

4月28日，天津市举办第三届快递行业"练功比武"大赛。此次大赛由天津市邮政管理局、天津市快递协会联合主办，天津市交通职业学院承办，共有12支主要品牌快递企业代表队和天津交通职业学院学生代表队、36名选手参加比赛。近20家快递企业400余人观摩了大赛。经过激烈的角逐，顺丰公司最终获得大赛一等奖，申通、宅急送公司获得二等奖，京东、品骏和邮政速递公司获得三等奖，其余代表队获得优胜奖。

国务院印发进一步深化天津自贸区改革开放方案

5月24日，《国务院关于印发进一步深化中国（天津）自由贸易试验区改革开放方案的通知》公开发布，天津市邮政业获重大利好。方案提出，将国际快递业务（代理）经营许可审批事项下放至天津市邮政管理局。支持国内外快递企业在自贸试验区内的非海关特殊监管区域，办理符合条件的国际快件属地报关、报检业务。完善天津国际邮件互换局功能，提高国际邮件通关效率。支持天津空港口岸成为汽车整车、食用水生动物、肉类进口指定口岸以及邮件、快件转运口岸。鼓励企业建设出口产品"海外仓"和海外运营中心。支持跨境电商网购保税进口商品进入海关特殊监管区域时先理货后报关。增强港口中转集拼功能，逐步将中欧班列（天津）发展为集跨境电子商务、中转集拼、国际海铁联运等功能于一体的综合系统。吸引"一带一路"沿线国家和地区航空公司开辟往返或经停天津的航线。

东疆管委会与顺丰集团签署合作协议

6月，东疆保税港区管委会与顺丰集团签署合作协议，顺丰天津东疆跨境仓首单发车。根据协议，顺丰将充分发挥东疆的区位、产业政策环境优势，在跨境电商、贸易金融等方面与东疆展开全面战略合作。

天津市4家快递企业获专项资金支持

6月，经天津市邮政管理局积极组织快递企业申报、完成专家评审等环节，市发展改革委发布《关于2018年天津市服务业转型升级（专项）（第一批）拟支持项目的公示》，共有四家快递企业的重点项目入围，分别为：天津顺丰网点升级改造项目、韵必达物流设施设备提升改造项目、圆通速递华北区域（天津）总部设备升级项目、天津云商智慧物流股份有限公司国内跨境电商仓配一体化邮件快件处理中心一期、二期建设改造项目。四家快递企业将获得800万元市级财政专项资金支持，预计拉动企业总投资达4000万元。在市发展改革委、市财政局的大力支持下，自2017年起，天津市连续三年设立快递业发展专项资金，快递业发展项目纳入天津市服务业转型升级专项项目申报范畴，每年支持资金最高不超过1000万元，用于支持标准化快递（寄递）营业场所、国内快递电商仓配一体化、跨境邮件快件海外仓等快递标准化体系建设，推广设置快递智能终端，支持应用推广绿色包装技术和用品。

天津局创新自贸区监管举措

6月，天津市邮政管理局在官网发布《关于开展国际快递业务（代理）经营许可审批的公告》。根据公告，自6月14日起，在天津自贸区内登记注册的法人企业，可直接向天津市邮政管理局申请经营代理国际快递业务。经审核符合申请条件的企业，由天津市邮政管理局核发经营代理快递业务许可证。公告指出，申请人可登录天津局官方网站，进入快递业务经营许可管理信息系统（企业版），在线填报许可申请资料。许可事项全流程均网上办理，期间申请人无需到现场递交纸质材料。许可申请自受理之日起20个工作日内办结。这项许可下放，意味着在天津自贸区内注册的企业，有办理国际快递(代理)许可需求的，不必再向国家邮政局提出申请，可以直接向天津局提出申请，由天津市邮政管理局负责审批。这在全国邮政管理系统以及11个自贸区中都尚属首次。契合了自贸区跨境快递服务快速发展的实际需求。

天津自贸试验区128项改革任务全部启动

国务院正式批复发布《进一步深化中国天津自由贸易试验区改革开放方案》后，天津第一时间将方案分解为128项改革任务，明确责任人、时间表、路线图，快马加鞭，各项任务全面启动，其中18项任务已经完成并落地实施。

《天津市推进电子商务与快递物流协同发展实施方案》获审议通过

8月8日，天津市市长张国清主持召开市政府第20次常务会议，审议《天津市推进电子商务与快递物流协同发展实施方案》。会议强调，要以企业需求为导向，积极推进政策创新、体制机制创新，营造良好公平市场环境，促进市场主体创新经营模式，实现电子商务、快递物流行业有序发展。要围绕解决末端配送问题，积极推广智能投递设施，鼓励快递末端集约化服务，切实提升末端服务能力。要推动配送车辆规范化、标准化、专业化，完善停靠、装卸、充电等设施，优化车辆运行管控，有效化解运输需求与交通拥堵的矛盾。要强化绿色理念，引导企业开展绿色流程再造、绿色运输配送，大力推广简化包装、绿色包装、可循环包装和回收利用，形成绿色生态链条，打造绿色生态产业。

天津局一个人获交通运输部等五部门通报表扬

8月，交通运输部、公安部、应急管理部、中华全国总工会、共青团中央联合印发《关于表扬2018年春运"情满旅途"活动成绩突出集体和个人的通报》。其中，天津市邮政管理局第一分局科长王海宁同志获评2018年春运"情满旅途"活动先进个人。

圆通航空在津开通国际货运航线

8月，圆通航空天津—阿斯塔纳国际货运包机航班在天津机场顺利首航，首班出港货量达到21吨。此条航线是圆通航空开通的首条国际航线，后期还将执行阿拉木图货运包机任务。

推进快递业与航空运输业协同发展

8月，天津市邮政管理局局长王东接待天津空港经济区管委会、中大航空工业投资有限公司副总经理赵学森一行，双方就推进天津快递业与航空运输业协同发展政策出台、天津空港航空快递专业类物流园区深化建设、国际快递业务经营(代理)许可下放等政策宣贯落地事宜进行交流研讨。双方就合作推动快递业与航空运输业联动发展工作达成三点共识：一是积极落实国际快递经营(代理)许可下放工作，召开政策推介会，引进更多快递企业在津开展国际快递业务；二是将空港保税区在土地利用、税收减免、人才引进等利好政策及时向企业宣贯；三是研究天津快递业与航空运输业协同发展政策，筑巢引凤，引进快递企业区域总部或分拨中心落户天津空港经济区。

开展2018年度寄递行业突发事件应急演练

8月28日，天津市寄递渠道安全管理领导小组举行2018年度全市寄递行业突发事件应急演练。本次寄递行业突发事件应急演练是近年来天津市寄递行业规模最大、参演人数最多、演练科目最全的一次实战应急演练。本次演练在中通(天津)速递服务有限公司分拨中心举行，现场模拟了危化品泄漏、发现疑似爆炸物及发生火灾等三个场景，设置了发现险情、人员疏散、救治伤员、启动预案、报警处置等环节。演练中,参演人员各负其责、处置及时,演练过程组织严密、衔接顺畅,达到了熟悉预案、规范程序、锻炼队伍、提高能力的目的,也为行业从业企业树了标杆、作了示范。全市15家寄递企业代表150余人现场进行观摩。

天津局印发贯彻落实《快递暂行条例》工作方案

8月,经报请天津市政府同意,市邮政管理局印发实施《天津市贯彻落实〈快递暂行条例〉工作方案》。工作方案共明确12项重点任务,提出了重点任务和相关要求,确定了相关部门和单位的职责,将进一步优化天津快递业发展环境,促进快递业健康发展。

天津局实行快递业务经营许可证寄达服务

8月,天津市邮政管理局实行快递业务经营许可证寄达服务。根据经营快递业务的企业的意愿,在申请办理快递业务经营许可、分支机构备案时,可自行选择通过邮政EMS寄达许可证或备案表。

天津宁河区联手顺丰打通七里海河蟹供应链

8月30日,"天津七里海河蟹电商推介会"在宁河召开。宁河区商务委联合天津顺丰速递有限公司、天津良田造物农业科技有限公司组织了二十余家电商销售平台与七里海河蟹品牌商进行电商渠道推介,主动服务,为七里海河蟹找销路、拓销路,帮助蟹农增收致富。

《天津市"津品网上行"行动计划》出台

9月,天津市邮政管理局、天津市商务委等十二部门联合制定《天津市"津品网上行"行动计划》,邮政业获政策利好。行动计划提出,要坚持市场机制与政策引导相结合、坚持品牌建设与提高供给质量相结合、坚持自主创新与供应链协同相结合的基本选择。到2020年,助推5000家传统企业利用互联网进行转型,其中国内知名第三方B2C平台新增天津付费企业用户超过500家。实现天津市批发零售业限上企业新增网上零售额60亿元,新增网上销售额600亿元。

天津顺丰公司新增100辆新能源汽车

9月15日,以"绿色运力 净享未来"为主题的开瑞新能源与顺丰速运首批100辆新能源汽车交车仪式在天津举行。天津市快递协会秘书长祝志平出席并致辞,开瑞新能源、顺丰、邮政EMS、申通、中通、圆通、京东等企业负责人参加活动。

《天津市推进电子商务与快递物流协同发展实施方案》出台

9月19日,经天津市人民政府第20次常务会审议,市政府办公厅印发《天津市推进电子商务与快递物流协同发展实施方案》。方案根据《国务院办公厅关于推进电子商务与快递物流协同发展的意见》,结合天津市实际,提出了总体思路,明确了发展目标,细化了主要任务,制定了保障措施。

推动国际邮件互换局功能提升

9月27日,天津市邮政管理局组织召开国际邮件互换局功能整合提升方案推动会,市交通运输委、市口岸办、天津海关、天津机场、空港物流局、中国邮政集团公司天津市分公司相关负责人参加。与会人员就《天津国际邮件互换局功能整合提升方案》进行了讨论,对方案确定的国际邮件互换局主要作用、功能设置及整合提升目标给予充分肯定,并围绕天津国际邮件互换局的业务现状、功能定位、发展方向及存在问题等方面进行了充分交流。针对邮政企业在方案中提出的关于场地建设、配套支持政策及机构设置的有关诉求,与会政府部门负责人从各自职能和关注角度,提出了借鉴相关省市模式、丰富邮路通道、提升方案层级等修改意见。

蓟州举办农特产品快递服务直通车对接会

9月28日,天津市邮政管理局联合蓟州区政府举办农特产品快递服务直通车对接会。对接会上，蓟州区农村电商公共服务中心、20 余家农特产品企业分别介绍了经营的特色产品、存在问题及寄递业务需求。市邮政分公司、邮政速递、顺丰、百世、圆通、韵达等 6 家企业天津总部负责人结合本企业实际，介绍了在服务快递下乡、推进农产品进城、助力农民增收方面取得的成效及下一步设想，并现场回答了农特产品企业提出的问题。

天津局部署 2018 年全市寄递业务旺季服务保障工作

10 月 31 日，天津市邮政管理局召开 2018 年全市寄递业务旺季服务保障工作动员部署会。会议解读了《天津市邮政管理局 2018 年寄递业务旺季服务保障工作方案》，并就做好今年寄递业务旺季服务保障工作提出五点要求。为应对 2018 年寄递业务旺季，天津市主要寄递企业投入资金超 1 亿元，新增人员 6700 余人，其中末端派送投入 3300 余人。新增机动车辆达 1300 余辆，其中干线车辆近 500 辆。新增仓储面积 21 万平方米，分拣流水线 3300 延米。

天津局强化寄递渠道非洲猪瘟疫情防控工作

11 月，为做好寄递渠道非洲猪瘟疫情防控工作，天津市邮政管理局紧密结合全市寄递渠道工作实际，认真部署落实寄递渠道非洲猪瘟防控相关工作：一是高度重视，加强组织领导；二是周密部署，强化工作落实；三是密切关注，强化督导落实；四是信息联动，加强应急管理。

天津顺丰与职业大学合作签约

11 月，天津市邮政管理局局长王东与天津职业大学校长刘斌、顺丰华北大区校园项目负责人柴志勇、市快递协会秘书长祝志平共同出席天津顺丰速递有限公司与天津职业大学校企合作签约仪式。签约仪式结束后，王东一行还参观了校企合作实训基地和智能快件箱集群。天津职业大学顺丰综合服务平台为开放平台，与圆通、中通、申通、韵达、京东及苏宁等多家快递企业合作，并设置 16 组、2928 个格口的智能快件箱，能够满足该校日常寄递服务需要。

天津市"双 11"期间单日业务处理量突破 1000 万件

2018 年"双 11"期间（11 月 11 日至 16 日），天津市主要寄递企业邮件、快件处理总量达 5590.3 万件，同比增长 53%。峰值出现在 11 月 12 日，业务处理量首次超 1000 万件，达 1033.18 万件，同比增幅 59%。

天津市领导批示肯定市邮政管理局"双 11"寄递业务旺季服务保障工作

11 月 27 日，天津市副市长金湘军在天津市邮政管理局呈报的《关于 2018 年"双十一"寄递业务旺季服务保障工作的情况报告》上作出重要批示，充分肯定天津市邮政管理局"双 11"旺季服务保障工作。批示指出："双 11"呈现出"三个不变"和"三个变"特点，可喜可贺！请市邮政管理局抓住契机，深入研究"三个变"的特点，总结经验，特别是快速增长方面，复制推广至日常业务，做好服务保障和安全管理工作，推动寄递业高质量发展。2018 年天津市"双 11"寄递业务旺季呈现的主要特点是"三个不变"和"三个变"。"三个不变"是指行业高速发展态势没有变、高关注度没有变和服务质量持续提升没有变，"三个变"是指跨境电商快件增幅迅猛、邮（快）件中转量增幅超一倍和单日处理量首破千万件。"双 11"期间，东疆港跨境电商单量突破 200 万单，较去年同期增长 12 倍；全市完成 1380 万件邮（快）件中转，同比增幅 130%，天津市邮政业在服务京津冀协同发展、承接北京非首都功能中发挥越来越重要的作用；业务处理量峰值出现在 12 日，达 1033.18 万件，同比增幅 59%，较往年峰值提早了 1~2 天，说明天津市寄递业务增长由进港量拉动改为出港量拉动。

天津局部署打好三大攻坚战

12月12日,天津市邮政管理局召开全市邮政业贯彻新发展理念打好三大攻坚战动员部署会。局党组书记、局长王东就全市邮政业打好三大攻坚战提出三点意见:一是要强化底线思维,助力打好防范化解重大风险攻坚战。全行业要深化行业供给侧结构性改革,进一步压实安全生产责任制,实施行业维稳工作常态化管理,着力夯实行业安全稳定基础,通过深化行业监管责任,进一步夯实企业安全主体责任。二是要发挥行业优势,打好邮政业服务精准脱贫攻坚战。要深入实施"快递下乡""邮政在乡"工程,加强农村地区邮政快递基础设施建设;促进行业内外资源共享整合,鼓励推广静海梁头"邮快合作"模式,结合天津涉农区域特点,持续开展快递服务农特产品直通车活动,服务天津乡村振兴战略。三是要坚持绿色发展,打好邮政业污染防治攻坚战。贯彻落实国家十部门《关于协同推进快递业绿色包装工作的指导意见》,积极推动地方党委政府将邮政业绿色发展纳入地方生态文明建设和环境保护工作范畴;持续推进包装减量化,继续提升电子运单覆盖率,推广应用新能源、清洁能源汽车;加强绿色邮政文化建设,开展"绿色邮政宣传周"活动。

河北省快递发展大事记

张古江副省长高度肯定全省邮政管理工作

1月,河北省副省长张古江听取了河北省邮政管理局关于全国邮政管理工作会议精神和省局贯彻落实意见情况的汇报,对全省邮政管理工作给予高度肯定。他表示,2017年,河北省邮政管理局认真贯彻落实省委、省政府和国家邮政局决策部署,积极推动邮政行业转型升级,主动对接雄安新区规划建设,全力保障寄递渠道安全畅通,为全省经济社会发展做出了积极贡献。张古江要求,2018年是贯彻党的十九大精神的开局之年,河北正处于历史性窗口期和战略性机遇期,也处在转型升级和爬坡过坎的关键阶段。河北省邮政管理局要把学习贯彻党的十九大精神作为当前的首要政治任务,坚持以习近平新时代中国特色社会主义思想为指导,认真落实省委九届五次、六次全会部署,坚持以人民为中心,深入贯彻新发展理念,着力解决行业发展不平衡不补充的问题,不断满足人民日益增长的更好用邮需求,推动全省邮政管理事业迈上新台阶,为奋力开启新时代全面建设经济强省、美丽河北新征程做出新贡献。

河北省级快递企业品牌负责人考核实现全覆盖

2月,河北省邮政管理局以"发展、服务、安全、稳定"等多个维度为考核重点,对全省所有省级快递企业品牌负责人进行了年度工作考核,并将考核结果反馈了各公司总部,进一步调动了各企业品牌负责人积极性,推动品牌共建向更深层次推进,实现了省级快递企业品牌负责人考核全覆盖。

河北省邮政业消费者申诉中心获"省直巾帼文明岗"称号

3月,河北省直属机关妇女工作委员会对2016－2017年度省直巾帼文明岗评审情况进行了通报,河北省邮政业消费者申诉中心被授予"省直巾帼文明岗"荣誉称号。2017年,河北省邮政业消费者申诉中心全年共受理消费者申诉67300件,其中有效申诉(确定企业责任的)7248件,为消费者挽回经济损失135.29万元,消费者对申诉处理工作的满意率为98.2%。

河北局获评"提质提效文明服务优秀组织单位"

3月,河北省精神文明建设委员会对2017年度省级"提质提效文明服务"创建竞赛活动进行通报表扬,河北省邮政管理局被评为"提质提效文明服务优秀组织单位"。

河北省实名收寄综合实名率排名全国第一

河北省邮政管理局高度重视实名收寄信息系统推广工作,结合"两河两翼"和"首都护城河"的区位特点,提高政治站位,强化责任担当,采取多种举措,落实两个责任,取得显著成效。4月,河北省实名收寄综合实名率94.56%,排名全国第一,有力保障了全省寄递安全。

河北省邮政行业统计工作获国家邮政局表彰

4月,国家邮政局下发通知对2017年邮政行业统计报表先进集体、先进个人和先进企业进行了表彰,河北省邮政管理局被授予"2017年国家邮政局系统统计报表工作先进集体"荣誉称号,河北省邮政管理局罗益琼、衡水市邮政管理局陈书理被授予"2017年国家邮政局系统统计报表工作先进个人"荣誉称号,中国邮政速递物流股份有限公司河北省分公司、石家庄中通速递服务有限公司2家企业被授予"2017年邮政行业统计工作先进企业"荣誉称号。

河北局制定出台《快递暂行条例》宣贯方案

4月12日,河北省邮政管理局制定印发了《快递暂行条例》宣贯方案,开展面向全社会特别是有关部门、从业人员和快递用户的宣贯。

2018年河北省邮政业突发事件应急演练举行

4月17日,首届河北省邮政业突发事件应急演练在邯郸冀南(永年)快递产业园圆通快递分拨中心举行。此次演练分为疑似危化品泄漏处置、疑似内件爆炸物品应急处置和分拨中心火灾应急处置三个演练科目,分别由河北顺丰速运有限公司邯郸分公司、中国邮政集团公司邯郸市分公司及邯郸市佳圆快递服务有限公司具体承担演练科目。河北省邮政业安全中心、市综治、邮政管理、国家安全、公安消防、反恐、禁毒、经文保支队及永年区公安、消防等部门领导和有关负责同志,市邮政、快递企业负责人及安全主管人员共计100余人观摩了演练。

河北省出台推进电子商务与快递物流协同发展实施意见

4月19日,河北省政府办公厅印发了《关于推进电子商务与快递物流协同发展实施意见》,提出了到2020年实现快递物流节点布局更加优化、基础设施数字化水平显著提升、电商物流末端服务能力明显提高、智慧快递物流服务体系基本建立、电子商务与快递物流更加高效协同,全省快递业务量达到25亿件,年均增幅达到30%以上;建成校园快递综合服务中心130个,社区快递综合服务站点2万个,农村快递物流公共取送点3万个。全省快递业发展获重大政策支持。意见针对补齐电子商务与快递物流协同发展的短板弱项明确了具体任务和措施。

河北局研究审议促进快递规范发展的若干文件

4月20日,河北省邮政管理局局长訾小春主持召开2018年第5次局务会,研究审议并原则通过河北省邮政管理局《邮政市场监管"执法行为规范化,监管体系网格化,治理能力现代化"建设方案》《开展全省快递企业末端网点摸底调查工作方案》《邮政市场"3334"行政执法检查操作指引》等3个促进快递规范发展的文件。

河北局被评定为依法行政"优秀"等次单位

4月,河北省人民政府办公厅印发了《关于2017年度依法行政优秀等次单位的通报》,河北省邮政管理局被评定为依法行政"优秀"等次单位。

河北局制定邮政市场监管"三化"建设方案

5月,河北省邮政管理局制定下发《河北省邮政管理局关于印发邮政市场监管"执法行为规范化、监管体系网格化、治理能力信息化"建设方案》,提出到2018年底,河北省邮政市场监管将实现执法行为规范化、监管体系网格化、治理能力信息化,形成科学、完善、高效的快递市场监管体系,提升行业治理能力和治理水平。建设方案明确:一是全面实现执法行为规范化;二是积极推进监管体系网格化;三是努力提升治理能力信息化。

开展《雄安新区邮政业发展规划》调研

5月13日至15日,河北省邮政管理局联合国家邮政局发展研究中心赴上海、浙江开展《雄安新区邮政业发展规划》调研。调研组由国家邮政局发展研究中心主任曾军山、河北局党组书记、局长訾小春带队,国家邮政局政策法规司派员参加了调研。在上海,调研组在上海浦东新区人民政府召开了调研座谈会,浦东新区副区长姚凯出席了会议,建交、规土、商务、发改等部门和自贸区政策研究局相关人员参加。调研组还组织中通、圆通、韵达、百世等重点快递企业总部相关负责人进行了座谈,听取了企业关于在雄安新区布局、经营思路的介绍,并围绕经营模式、服务创新、网络网点布局、设施设备建设、新技术研发应用等方面与企业进行了深入探讨。在杭州,调研组赴阿里菜鸟网络进行了走访,参观了投递机器人和阿里数据大屏,听取了企业关于雄安智慧物流项目设想和进展的介绍,结合新区未来业务体量和结构,就智慧物流体系建设进行了交流,着重讨论了数据中枢平台研发、智慧物流网络搭建、末端站点设置、共同配送模式等方面的内容。

河北局联合公安、国安部门开展"平安寄递"工作

为进一步强化寄递渠道"涉枪涉爆""扫黑除恶"专项整治工作措施,确保"上合青岛峰会"和北戴河暑期寄递渠道安全畅通。5月,河北省邮政管理局联合公安、国安部门省、市两级执法检查力量,深入一线开展全省"平安寄递"暨涉枪涉爆专项整治异地随机大检查。

河北省邮政业突发事件应急演练活动在秦皇岛举行

为进一步提高寄递业安全防范和应急处理能力,扎实推进2018年北戴河暑期邮路安保工作顺利开展,按照河北省寄递渠道安全管理工作领导小组、河北省邮政管理局工作要求,7月4日,河北省邮政业突发事件应急演练活动在秦皇岛市顺丰快递分拨中心举行。河北省邮政管理局党组成员、副局长魏水旺,秦皇岛市委政法委副书记王立新出席活动。

河北省提出加快全国现代商贸物流重要基地建设步伐

7月14日,河北省政府出台了《关于加快推进现代服务业创新发展的实施意见》,明确要求精准对接服务供给和需求,积极发挥政府规划引导作用,充分调动市场主体的积极性,以改革和创新为动力,以培育扩大增量、优化提升存量为方向,持续深化供给侧结构性改革,着力打造产业新引擎、加快培育新动能、增强竞争新优势、发展壮大新业态、扩大服务新供给、打造发展新环境、完善推进新机制,构建优质高效、充满活力、竞争力强的现代服务业体系。实施意见提出,加快建设"全国现代商贸物流重要基地",提升"一环两通道多节点"产业集聚能力,实现现代物流产业比高于全国、业态引领全国、服务覆盖全国的目标要求。

河北省出台加快电子商务发展行动计划的推动落实方案

7月,河北省政府办公厅印发《〈河北省加快电子商务发展行动计划(2018—2020年)〉的推动落实方案》,对快递园区、智能快件箱建设等相关

工作进行了安排部署,提出了具体要求。方案明确提出,一是引导制造企业发展电子商务。调整优化《河北省制造业与互联网融合发展导向目录》,抓好省级"互联网+先进制造业"试点示范项目建设,支持生产制造、电子商务、物流快递等企业开展战略合作,打造一体化发展新模式新业态。二是深化农村电子商务全覆盖,整合邮政、快递、物流等资源入住公共物流配送中心,建立农村物流网络和设施的共享机制。三是加强物流快递发展规划与城乡规划的衔接,搭建跨地区跨行业智慧物流信息平台,积极引导物流快递园区、城市共同配送中心(分拨中心)及末端配送三级配送节点建设。支持社区设置快递服务场所和设施,推动智能快件箱配送模式创新。加快智能快件箱布局建设,积极探索社会资本与优势企业联合共建模式,扩大智能快件箱应用规模,推进智能快件箱普及应用。

河北局建立快递企业及其网点分级分类管理机制

7月,河北省邮政管理局印发《河北省快递企业及其网点分级分类管理办法(试行)》,建立快递企业及其网点分级分类管理机制。在快递网点分级分类管理方面,以快递行业"营业场所标准化、分拨中心规范化、作业流程制度化"建设工作为基础,将快递"三化"建设结果作为快递网点分级的评定依据,将快递网点评定分级作为快递"三化"建设巩固提升的制度保障,实现快递"三化"建设和快递网点分级评定的相互促进,互为补充,融合开展。在市级企业和省级企业分级分类管理方面,按照主体责任、三项制度、服务能力、合规经营、重点项目等5个方面进行评定,根据评定分数将快递企业按照优秀、良好、合格三级实行分级管理,并分别按照自治监管、常态监管和重点监管实行分类管理。

河北消费者申诉满意度达到100%

8月,国家邮政局对2018年6月邮政业消费者申诉情况进行了通报,河北省消费者对邮政管理部门申诉处理工作的满意率100%。

河北局印发《河北省快递服务管理规定(试行)》

8月,河北省邮政管理局制定印发了《河北省快递服务管理规定(试行)》,共7章54条,对快递服务中的基础服务、收寄服务、操作服务、投递服务、保障服务等进行了规定,重点突出了《快递暂行条例》中具有突破性的保价、快件处理操作、投递验收、无法投递快件处理、快递服务赔偿、投诉处理、保护用户信息安全等规则,实现了快递企业收寄、内部处理、报关报检、投递、查询、投诉、赔偿等快递服务全过程管理。规定要求快递企业应当依法遵规经营快递业务,全面落实服务管理主体责任,建立服务管理机构,不断加强服务质量管理。

訾小春局长会见邯郸市副市长高和平

8月13日,河北省邮政管理局局长訾小春在石家庄会见了邯郸市副市长高和平,就邯郸市邮政业发展等多项内容进行深入会谈。高和平首先代表市委、市政府对河北省邮政管理局给予邯郸市邮政业的支持与关心表示感谢,并对服务地方经济和提高人民生活水平做出的贡献给予充分肯定。訾小春表示,在邯郸市委、市政府的大力支持下,邯郸市邮政业具有很大的发展空间和发展潜力,特别是园区建设方面给予土地政策等方面的大力支持,将1000万元的快递业发展专项资金纳入市本级财政预算,走在了全国前列。同时,成立了由市长任组长的快递业发展领导小组,在全省尚属首例。河北省邮政管理局愿和邯郸市委、市政府共同在法律政策、发展规划、行业管理、队伍建设等方面加强合作,进一步推动邮政业为地方经济社会发展服务。

河北局五措施深化邮政业供给侧结构性改革

8月,河北省邮政管理局召开局务会审议通过

《2018年河北省深化邮政业供给侧结构性改革工作要点》,提出按照高质量发展要求,以推动质量变革、效率变革、动力变革为目标,采取五项措施深化全省邮政业供给侧结构性改革工作。一是夯实基础,完善网络。二是聚焦短板,提升能力。三是转型升级,提质增效。四是创新驱动,转换动能。五是落实政策,优化环境。

訾小春局长会见秦皇岛市领导

8月15日,河北省邮政管理局局长訾小春在秦皇岛督导调研北戴河暑期寄递渠道安全保障工作期间,分别与秦皇岛市委副书记、市长张瑞书,副市长冯志永进行会见,双方就加快推进秦皇岛市邮政业发展、加强寄递渠道安全保障等深入交换了意见。

河北局动员部署快递市场清理整顿专项行动

8月17日,河北省邮政管理局召开全省快递市场清理整顿专项行动动员会,对全省快递市场清理整顿专项行动进行安排部署。河北省邮政管理局局长訾小春出席会议并作动员讲话。会议传达了全国快递市场清理整顿专项行动方案精神和要求,对全省快递市场清理整顿专项行动进行了统一部署,明确了专项行动时间安排,对十项清理整顿重点内容进行了强调,并对下一步工作提出了具体要求。河北省邮政管理局市场监管处、省会城市石家庄局、省邮政业安全中心、省快递协会、省级品牌快递企业相关负责人参加会议。

河北局创新监管体系

8月,河北省邮政管理局创新行业安全监管体系,联合省综治办、省公安厅、省国家安全厅印发了《关于加强寄递渠道综合治理工作的通知》,要求以强化落实寄递企业安全生产主体责任为主线,坚持系统治理、依法治理、综合治理、源头治理,通过加强寄递渠道安全管理联动,构建企业主责、政府监管、部门联动、属地落实的工作体系,有效防范和化解安全风险,坚决防止禁寄物品进入寄递渠道。通知提出,从建立网格化监管体系、建立信息共享机制、加强行业教育培训、建设信息员队伍和举报奖励制度、建立联合工作和涉邮纠纷处理机制等7个方面,全面做好全省寄递渠道综合治理工作。

《雄安新区邮政业发展规划》专家研讨会召开

9月4日,河北省邮政管理局在雄安新区组织召开了《雄安新区邮政业发展规划》专家研讨会。会议邀请了国务院发展研究中心、国家发改委宏观经济研究院、交通运输部规划研究院、中国城市规划设计研究院、交通部水运科学研究院、北京邮电大学、上海国际物流商会等院校、科研单位、社会组织综合规划、交通运输、公共服务、邮政快递物流等方面的专家,就规划文本和新区邮政业建设发展进行咨询研讨。国家邮政局政策法规司副司长、支持雄安新区邮政业建设与发展领导小组副组长刘莹出席会议。河北省邮政管理局局长訾小春、承担单位国家邮政局发展研究中心主任曾军山带队听取了专家的意见和建议。河北省邮政分公司副总经理胡树军参加了会议。会上,与会专家对规划文本给予了较高评价,就规划结构、编制原则、指标设置、规划衔接等进行了探讨,并重点研究了基础设施布局、资源集聚共享、智能科技应用、绿色环保发展、行业监管机制等问题。

河北局出台《提升快递从业人员素质的实施意见》

9月,经河北省邮政管理局党组会审议,河北省邮政管理局印发了《提升快递从业人员素质的实施意见》。意见明确了推进行业职业教育和培训体系建设、依据职业新标准规范行为、注重加强职业培训、推动完善职业保障和评价体系、培育践行职业道德、加快推进信用建设、强化职业行为规范、推进全面持续发展、加强思想政治建设等10个方面重点任务,全面提升快递从业人员素质。

河北 11 地市邮政业应急预案上升为市级政府层面实现全覆盖

9月，随着唐山市邮政业突发事件应急预案纳入全市应急预案体系，全省11个地市邮政业应急预案上升为市级政府层面实现了全覆盖。

张古江省长提出完善县乡村物流服务体系

10月12日，河北省"四好农村路"建设现场会在邯郸涉县召开。河北省副省长张古江出席会议并讲话。河北省邮政管理局局长訾小春参加会议并为河北省示范县颁牌。张古江副省长要求，要建设一批资源路、旅游路、产业路，把农业园区、工业园区、物流园区、旅游景区连接起来，使农村地区的环境优势、资源优势转化为经济优势、发展优势。要推进"互联网+农村公路"深度融合。加快完善县乡村物流服务体系，统筹交通、商务、供销、邮政等物流资源，依托客货运场站、邮政服务点等货源集散地，提高农村物流整体服务水平。要拓展农村客运班线通达深度，推进城乡客运公交一体化改革，完善县乡村物流服务体系，提升服务"三农"的综合效益。农业、旅游、扶贫、邮政等部门也要结合自身职能，加大对"农村公路+"的指导力度，积极支持"四好农村路"建设，形成各司其职、齐抓共管的工作合力。

河北局召开打好三大攻坚战部署会议

10月21日，河北省邮政管理局在石家庄召开了全省邮政业贯彻新发展理念打好三大攻坚战部署会议，深入学习贯彻习近平新时代中国特色社会主义思想和党的十九大精神，全面贯彻落实国家邮政局关于贯彻新发展理念打好三大攻坚战动员会议精神和工作要求，详细解读了《河北省邮政管理局关于打好防范化解重大风险攻坚战的实施方案》《河北省邮政业助力脱贫攻坚三年行动方案（2018—2020）年》《关于坚决打好邮政业污染防治攻坚战的实施方案》等文件。要求进一步统一思想认识，明确目标任务，动员全省邮政业全力打好防范化解重大风险、精准脱贫、污染防治三大攻坚战。河北省邮政管理局党组书记、局长訾小春出席会议并讲话。

河北局部署加强行业精神文明建设

10月，河北省邮政管理局联合省文明办印发了《河北省邮政行业精神文明建设工作实施方案》。实施方案提出到2019年底实现：一是邮政业诚信建设的规章制度和标准体系基本形成，邮政业信用信息系统基本建成，信用考核标准基本健全，行业信用监管体制基本理顺，全行业信用档案建立，守信激励和失信惩戒机制基本建立并初步发挥作用。二是"最美快递员（邮递员）"推选展示活动完成规定步骤，进一步扩大活动影响力和知名度，打造成为行业精神文明建设精品工程。三是快递行业"三化"建设目标任务全面完成，实现在册营业场所全部达标（示范网点占营业场所总数的20%以上）、全省各重点品牌网络型快递企业分拨中心全部实现规范化要求、全省品牌快递企业要全部实现作业流程制度化，快递业管理水平、服务能力和整体形象得到全面提升。四是邮政行业市级及以下青年文明号评选工作全部启动，省级青年文明号完成第一届次评选工作，"青年文明号"创建工作在全省邮政管理系统实现全覆盖。五是放心消费创建工作得到持续推进，基本形成一套符合省情、具有行业特色的比较科学和完善的放心消费评价指标体系，形成一个渠道畅通、反应快捷、运作高效的快递消费诉求处理机制，创建一批快递"放心消费"企业。六是"关爱快递员"专项行动深入推进，"快乐、健康、有尊严"的快递业态环境逐步建立，快递员工社会地位、工资待遇和福利保障逐步提升，快递员工拥有更多获得感、幸福感和安全感。

河北省邮政业助力全面建成小康社会

10月，河北省邮政管理局制定了《河北省邮政业助力全面建成小康社会　服务经济强省美丽河北建设行动计划(2018－2020年)》,明确了近期和中期发展目标,提出了6方面31项工作任务措施和责任分工:一是末端转型升级;二是绿色邮政建设;三是安全邮政建设;四是寄递质量提升;五是乡村服务升级;六是强化京津冀区域协同发展。

河北省邮政行业诚信体系建设推进会召开

10月22日,河北省邮政管理局在石家庄召开了全省邮政行业精神文明建设暨诚信体系建设推进会,会议通报了全省邮政行业精神文明建设成果,表彰了"美丽河北·最美快递员(邮递员)和全省"三化"建设先进单位、优秀企业,并颁发奖杯奖牌。"中国好人"获得者王惠贤做了先进事迹报告。"三化"建设先进单位和优秀企业代表秦皇岛市邮政管理局、河北中通快递有限公司做了先进经验交流。针对下一步全力推进行业精神文明建设工作,会议提出六点要求。河北省邮政管理局党组书记、局长訾小春出席会议并讲话。河北省邮政管理局党组成员、纪检组长、副局长魏水旺主持会议。省文明办、团省委有关同志参加会议。

河北快递"三化"建设工作显成效

10月,河北省邮政管理局召开会议对全行业"三化"建设先进单位和优秀企业进行了表彰,对127个省级示范网点、2608个省级标准化网点,199个省级规范分拨中心进行通报公布。河北省邮政管理局快递网点标准化率已完成80%,示范网点建设完成国家邮政局计划的127%。

河北局全力推进邮政业三大攻坚战工作

11月,河北省邮政管理局印发了《关于打好防范化解重大风险攻坚战的实施方案》《河北省邮政业助力脱贫攻坚三年行动方案(2018－2020年)》和《关于坚决打好邮政业污染防治攻坚战的实施方案》,坚决打好防范化解重大风险、精准脱贫、污染防治三大攻坚战,推动全省邮政行业高质量发展。

审议《雄安新区邮政业发展规划》

11月9日,河北省邮政管理局组织召开服务雄安新区邮政业建设与发展领导小组第4次会议,领导小组各成员参加会议。会议传达了《中共中央 国务院关于支持河北雄安新区全面深化改革和扩大开放的指导意见》和国家邮政局《雄安新区邮政业发展总体思路》,与会人员就《雄安新区邮政业发展规划》文本进行了审议讨论,并就下步工作进行了安排部署。领导小组组长、河北省邮政管理局局长訾小春出席会议并讲话。会议指出,《雄安新区邮政业发展规划》时间跨度长、涵盖内容广、建设任务重、担负责任大,必须准确把握雄安新区的功能定位、发展要求、空间布局、产业发展以及创造"雄安质量"的基本要求,明确行业定位、找准发展方向。要站在讲政治、讲大局、讲服务的高度,以强烈的使命感和责任意识,勇挑重担,尽心竭力,凝聚智慧,群策群力,担负起规划编制主体责任,认真细致、集中精力抓好起草工作,形成一份高起点、高标准、高质量的规划文本,完成好国家邮政局交给河北的工作任务。

河北省快递末端网点备案数量突破7400个

11月,河北省圆满完成快递企业末端网点存量备案工作。全省快递末端网点备案数量突破7400个,平均办理时间缩短至1.3个工作日,比全国平均水平少0.1个工作日,全面实现末端网点备案全流程在线办理"一网通办"、企业"一次不用跑"。

张古江副省长批示快递业务旺季安全服务保障工作

11月26日,河北省副省长张古江在河北省邮政管理局上报的《关于2018年"双11"期间快递业务旺季安全服务保障工作的报告》上作出批示:2018年"双11"期间快递业务安全服务保障工作应予肯定和表扬。"安全、质量、服务、放心'双11'"既是经验又是目标,望认真总结,巩固提升,放大效应。

承德市首家县级邮政监管机构成立

12月12日，承德市首家县级邮政监管机构——平泉邮政管理局暨平泉市邮政业发展服务中心正式揭牌成立。这是河北省第二家、承德市首家县级邮政监管机构，是深化邮政监管体制改革的具体表现，也是承德市邮政业改革发展取得阶段性成果的重要标志，对促进全市邮政业健康快速发展，更好地服务地方经济发展起到有力的推动作用。河北省邮政管理局党组成员、纪检组长、副局长魏水旺，承德市政府副秘书长孙大光，平泉市市长曹佐金、承德市邮政管理局局长共同为平泉邮政管理局和平泉市邮政业发展服务中心揭牌。

河北出台《中国（唐山）电子商务综合实验区建设实施方案》

12月，河北省政府办公厅印发了关于《中国（唐山）跨境电子商务综合试验区建设实施方案》提出，全面有效推进中国（唐山）跨境电子商务综合实验区建设，打造跨境电子商务"互联网＋外贸"产业生态圈，构建以唐山跨境电商综合试验区为核心的中国北方跨境电子商务总部基地、创业基地和物流基地。

河北局党组会审议通过《雄安新区邮政业发展规划（2018－2035）（初稿）》

12月24日，省局党组书记、局长訾小春主持召开党组会，审议《雄安新区邮政业发展规划（2018－2035）（初稿）》，并就下一步工作做出安排部署。会议强调，要坚决把思想和行动统一到习近平总书记重要指示和中央决策上来，统一到国家邮政局党组的部署要求上来，切实增强贯彻落实的政治自觉、思想自觉和行动自觉，发扬勇挑重担、攻坚克难的工作作风，重责任、敢担当，不折不扣贯彻好执行上级决策部署，确保各项工作的规范有序和高效运行。

开展"快递业从业青年权益维护服务月"活动

12月，团省委统战联络与维护权益部、河北省邮政管理局党建工作领导小组办公室联合下发通知在全省邮政行业开展"快递业从业青年权益维护服务月"活动。通知要求，各市级团委、邮政管理部门要强化主责意识，加强工作对接，共同制定活动方案，做好动员部署，指导、推动、督促基层团组织和邮政管理部门抓好活动实施。各市团组织要发挥组织动员优势，各市邮政管理部门要发挥行业主管优势，各品牌快递企业要强化主体意识，共同推进快递业从业青年权益维护服务工作。各市团组织和邮政管理部门要结合快递业从业青年群体特征，了解其实际困难和需求，优化活动各环节设计，探索更多本地化、有实效的服务工作。最后要广泛宣传，扩大社会影响。充分运用传统媒体和新媒体手段，扩大宣传，形成声势，在全社会营造理解、尊重、关爱"快递小哥"群体的良好氛围。

山西省快递发展大事记

高建民副省长肯定山西省邮政管理工作

3月，山西省委常委、常务副省长高建民专题听取山西省邮政管理局党组书记、局长秦红保关于山西省邮政业发展及邮政管理工作情况汇报，对全省邮政业发展和邮政管理工作取得的成绩给予肯定。高建民副省长强调，山西省邮政管理局要把学习贯彻党的十九大精神作为当前的首要政治任务，坚持以习近平新时代中国特色社会主义思想为指导，认真落实省委省政府部署，围绕资源型经济转型发展示范区、能源革命排头兵、内陆地区对外开放新高地三大目标定位,深入贯彻新发展理念,不断满足人民日益增长的更好用邮需求,推动全省邮政业发展迈上新台阶。高建民要求,要全力保障全省寄递渠道安全畅通,加快推动国办1号文件的落地实施,加快推进国际邮件互换局组建工作。

运城局积极推动生鲜寄递入保工作

为深入推进运城市"快递+水果"项目持续发力,助力运城果品生鲜销售,运城市邮政管理局积极协调,以快递小哥李朋璇所在的临猗百世快递为试点,推动寄递生鲜入保工作,进一步提升快递果品快递服务质量。运城市邮政管理局积极引导快递企业与保险公司合作,帮助企业了解、选择险种,测算入保成本等。经过多次沟通,李朋璇所在的临猗百世与当地中国人寿签订了一年的合作协议,由中国人寿提供生鲜寄递保险服务,为果品生鲜寄递保驾护航。根据协议,双方将开展为期一年的试点合作,为每票苹果购买0.2元保费可获得36元赔付,为每票大枣购买0.5元保费可获得60元赔付,为每票樱桃购买2元保费可获得80元赔付,这是迄今快递业与保险业首次合作的试点,快递小哥给总理提的问题得到解决。

运城"快递+苹果"项目得到马军胜局长批示肯定

3月,国家邮政局局长马军胜在《关于山西省运城市"快递+苹果"项目的专题报告》上作出重要批示,运城"快递+苹果"项目得到马军胜局长肯定。批示指出,山西省邮政管理局高度重视"快递+"项目的立项实施,成果显著,要继续加大对运城"快递+苹果"等项目的培育力度,壮大规模,改善服务,打出品牌。同时,希望山西省邮政管理局加大发展步伐,争取培育出一个金牌项目,进一步提升行业服务"三农"能力。2017年运城市通过快递销售水果约1011万件,共计约9165万斤,其中通过快递销售出去的苹果约822万件,合计8220万斤,销售总额约2.88亿元,快递企业总收入约8000万元,快递服务现代农业能力和水平显著增强,有力地促进了当地农民增收和地方经济发展。

山西局安全生产目标责任考核实现"六连冠"

3月,山西省人民政府印发2017年度全省安全生产目标责任考核通报,山西省邮政管理局连续六年获评"优秀"等次。

高建民副省长在山西局调研并召开座谈会

3月30日,山西省委常委、常务副省长高建民来到山西省邮政管理局调研全省邮政行业发展和邮政管理工作并进行了座谈。高建民副省长充分肯定山西邮政业发展和邮政管理工作,要求邮政业要继续做大做强,坚决贯彻落实省委省政府三大战略目标,加快推进国际邮件互换局建设工作,为地方经济社会发展做出更大贡献。座谈会由山西省邮政管理局党组书记、局长秦红保主持。高建民副省长强调,打造内陆地区对外开放新高地是习近平总书记视察山西时交给山西的重大任务。建设太原国际邮件互换局(交换站)是贯彻落实习近平总书记重要指示和中央决策部署、打造山西对外开放新高地的标志性工程,是我省推进资源型经济转型发展的重要举措,也是满足山西人民需求、促进企业发展的客观需要。山西省委、省政府高度重视,各有关部门要进一步统一思想、形成合力、提前部署、倒排工期,确保太原国际邮件互换局(交换站)如期建成运行。山西省政府副秘书长翟振新、省政府办公厅相关处室负责人,局机关各处室负责人参加座谈会。

山西推进物流降本增效

5月,山西省政府办公厅印发《关于进一步推进物流降本增效促进实体经济发展的实施意见》,明确提出支持快递业发展,并在城市配送车辆通行、发展多式联运、完善城乡物流网络节点、物流业与制造业联动发展、加强物流数据开放共享等多方面提出具体举措，邮政业发展获利好政策支持。实施意见强调，要加强物流数据开放共享，推动物流活动信息化、数据化，建立健全物流行业信用体系。深入推进物流领域大众创业、万众创新，打破地方保护和行业垄断，破除制约物流降本增效和创新发展的体制机制障碍。

王一新副省长表示将对行业发展予以大力支持

6月13日，山西省副省长王一新专题听取山西省邮政管理局局长秦红保关于全省邮政业发展及邮政管理工作情况汇报，充分肯定山西局以质量创优为主线，强化担当、积极作为，引导全行业实现了规模、效益、形象同步升级，在服务全省政治、经济、民生各领域取得的成绩，表示将适时深入行业开展调研，在省级邮政业安全中心组建、太原国际邮件互换局建设、快递车辆通行难、快递末端基础设施建设、电商快件补贴、快递服务跨境电商等方面将予以大力支持。王一新副省长要求，要充分发挥山西省促进快递业发展工作领导小组的统揽作用，将支持邮政业发展的有利政策纳入省政府落实国办发1号文件精神政策中，切实解决行业发展瓶颈，破解制约发展难题，推动全省邮政业健康快速发展，为经济社会发展做出积极贡献。

秦红保局长专题调研督导快递业绿色包装工作

6月27日至28日，山西省邮政管理局党组书记、局长秦红保带队深入太原、忻州市快递企业调研督导快递业绿色包装应用及绿色化、减量化、可循环落实情况。秦红保局长现场调研了寄递渠道安全生产情况，察看了快递企业安全制度建设情况。山西省邮政管理局办公室、太原市邮政管理局、忻州市邮政管理局负责同志陪同调研。

王一新副省长调研邮政业发展情况

8月17日，山西省副省长王一新深入邮政业一线调研行业发展情况，并在山西省邮政管理局机关进行了座谈。王一新副省长充分肯定全省邮政业发展和邮政管理工作，强调要大力发展"快递+"，加快推进电子商务与快递物流协同发展，着力解决好快递业发展难题。山西省政府副秘书长孙海潮、省商务厅厅长韩春霖、省邮政管理局局长秦红保、省公安厅交通管理局副局长李怀玉陪同调研。

山西局联合省公安厅等部门开展寄递物流专项整治行动

8月，为进一步加强对全省寄递物流安全管理问题的系统治理、依法治理、综合治理、源头治理，严密防范、严厉打击涉及寄递物流领域违法犯罪活动，确保山西省寄递物流领域安全稳定，山西省邮政管理局联合省公安厅、省国家安全厅、省交通运输厅在全省范围内集中开展寄递物流专项整治行动。专项整治行动分三个阶段进行，通过集中开展摸排、加强部门监管、从严督导检查、强化信息支撑，严肃倒查追责等措施开展。重点检查各寄递企业是否和从业人员建立管理档案，并逐一签订安全责任书；是否有效落实安全生产主体责任，健全安全风险防控体系，严格落实收寄、分拣、运输、投递等各环节安全管理制度；是否加强从业人员教育培训，提高禁寄、禁运物品识别能力，确保从业人员安全培训后上岗；是否严格落实执行收寄验视、实名收寄、过机安检"三项制度"；是否与协议用户签订安全保障协议，落实安全检查制度。

山西出台电子商务与快递物流协同发展实施意见

9月，山西省政府办公厅印发《山西省人民政府办公厅关于推进电子商务与快递物流协同发展的实施意见》，在优化协同发展政策法规环境、完善电子商务快递物流基础设施、优化电子商务配送通行管理、提升快递末端服务能力、提高协同运行效率、推进绿色发展等方面对快递业发展给予大力支持，行业发展再获政策利好。意见共提出6

方面18项工作任务。意见要求,一是加强协调配合,各相关部门要高度重视电子商务与快递物流协同发展工作,加强部门间的协调配合,协调联动,形成工作合力;二是加强政策扶持,支持开展试点,支持电商物流快递网络骨干节点基础设施建设、末端服务网点建设、配送车辆更新及其配套设施建设、电商物流快递公共信息服务平台系统建设及从业人员培训;三是落实工作责任,强化组织领导和统筹协调,制定具体措施,明确任务分工,确保各项措施落实到位;四是加大宣传力度,提升电子商务与快递物流协同发展的社会关注度,形成推动电子商务与快递物流协同发展的浓厚氛围。

九部门联合召开推进电子商务与快递物流协同发展实施意见宣贯会

10月10日,山西省邮政管理局、省商务厅、省发改委、省经信委、省住建厅、省交通运输厅、省公安厅、省国土厅、省供销社等九部门联合召开《山西省人民政府办公厅关于推进电子商务与快递物流协同发展的实施意见》宣传贯彻视频会议。会上,山西省邮政管理局就贯彻落实实施意见作出具体安排部署,省商务厅对实施意见进行了解读,省住建厅、省公安厅结合各自职责对贯彻落实《实施意见》进行了安排部署。九部门负责同志在主会场参加会议,各市九部门负责同志在分会场参加会议。

山西局部署2018年快递业务旺季服务保障工作

为切实做好2018年"双11""双12"电商促销期等邮政业旺季服务保障工作,确保山西省行业平稳运行和寄递渠道安全畅通。山西省邮政管理局总结历年保障工作成功经验,按照国家邮政局的统一要求,结合山西快递业务旺季以投递为主的特点,对山西省旺季服务保障工作进行安排部署。

太原国际邮件互换局(交换站)正式启动运营

11月5日,太原国际邮件互换局(交换站)正式投入使用,山西省委常委、常务副省长林武为太原国际邮件互换局(交换站)揭牌,山西省邮政管理局党组成员、副局长高日勇参加了揭牌仪式。建设太原国际邮件互换局(交换站),是省委省政府贯彻落实习近平总书记视察山西重要讲话精神,打造内陆地区对外开放新高地的重要举措。太原国际邮件互换局(交换站)建设对标国内一流,配套功能完善,其建成运营将实现所有邮件全信息化处理,极大提升通关效能,有效满足山西人民国际化消费需求和提高企业通关便利性,标志着山西省在提升国际服务能力、培育外贸竞争优势方面迈出了新步伐。未来还将开通跨境电商包机货运专线,拓宽山西企业进入国际市场的路径。山西省政府翟振新副秘书长,省交通运输厅、省发展改革委、太原海关、山西省航产集团、中国邮政集团山西分公司等有关方面负责人出席运营启动仪式。

"双11"期间山西省快件处理量同比增长超四成

据山西省邮政管理局监测显示,2018年"双11"快递业务旺季(11月11日至21日)期间,山西省规模以上快递企业共处理快件5937万件,同比增长44.2%。其中:快递业务量完成1095万件,较2017年同期增长34.3%;投递量完成4842万件,较2017年同期增长46.6%。日均处理量540万件,较2017年同期增长53.4%;单日快件处理峰值出现在11月15日,达到657万件,较2017年同期增长44.1%。

山西局研究部署支持民营企业发展工作

12月3日,山西省邮政管理局党组召开中心组理论学习扩大会议,认真学习习近平总书记在民营企业座谈会上的重要讲话精神,传达学习国家邮政局部署要求和全省支持民营企业发展大会精神,对落实相关部署和会议精神作出安排,支持全省快递业高质量发展。山西省局党组成员、副局长高日勇主持会议并讲话。会议强调，快递企业特别是民营快递企业是山西邮政业的重要组成部分，邮政管理部门要切实履行职责，毫不动摇支持其发展壮大。

楼阳生省长调研太原国际邮件互换局

12月6日，山西省委副书记、省长楼阳生赴太原国际邮件互换局（交换站）专题调研，山西省邮政管理局全程陪同并汇报建设、运营情况。调研中，楼阳生省长表示，建设太原国际邮件互换局（交换站），对山西打造内陆地区对外开放新高地具有标志性意义。要进一步拓宽视野、打开思路，最大限度激发平台功能、释放平台潜力，加快延伸产业链、构建生态圈，促进跨境电商发展壮大，不断集聚外贸竞争新势能，开创高水平对外开放新格局。王一新副省长一同调研。山西省政府秘书长王纯，省政府副秘书长孙海潮，省邮政管理局、省财政厅、省交通运输厅、省国资委、山西航产集团、中国邮政集团山西公司负责同志参加活动。

内蒙古自治区快递发展大事记

内蒙古局与自治区团委携手共促行业精神文明建设

1月，内蒙古自治区邮政管理局与自治区团委联合下发了《关于在全区快递行业开展创建青年文明号活动的通知》。结合内蒙古自治区快递行业发展实际，内蒙古自治区邮政管理局与自治区团委携手提出了"敬业、协作、创优、奉献"的行业青年文明号精神理念。同时就活动开展提出了具体要求：一是要加强组织领导，要按照总体部署，认真规划，明确创建重点，制定推进计划；二是要广泛组织发动，要通过动员会议、座谈交流、交流观摩等方式，增强快递企业对青年文明号活动的了解和认识；三是要强化载体建设，要结合行业发展方向和行业青年特点，适时开展特色鲜明、牵动力强、富有实效的青年文明号示范创建活动；四是要培育示范集体，要加强重点培育，遴选先进集体开展本级的示范创建工作，促进创建工作的整体活跃。

内蒙古推进交邮合作促进农村物流健康发展

1月，内蒙古自治区邮政管理局联合自治区交通运输厅、商务厅、农牧业厅、供销合作社四部门联合下发了《关于推进交邮合作促进农村物流健康发展的实施意见》。实施意见提出了力争到2020年，基本建成"布局合理、快捷高效、种类丰富、利民惠民"的农村物流服务体系，为实现农牧业现代化的目标提供动力支持"的总体目标。加强交通运输、农业、商务、供销、邮政、快递等农村物流基础设施的规划投资和项目建设衔接，按照"多站合一、资源共享"的模式要求，实现统筹布局、资源互补、共同开发。实施意见还就破解农村物流发展难题，推进交邮合作，促进农村物流健康发展提出了六项具体落实举措。

2018年自治区快递业前两月量收增速全国第一

在国家邮政局2018年1月至2月最新邮政行业运行情况通报中，内蒙古自治区快递服务企业业务量攀升至2217.7万件，同比增长58.4%，快递收入5.08亿元，同比增长46.4%，业务量和业务收入同比增幅均排名全国第一，呼和浩特市快递业务收入自2014年以来首次进入全国前50名。

中断20年的满洲里中俄国际邮路重新开通运行

为进一步贯彻落实《国家邮政局关于推进邮

政业服务"一带一路"建设的指导意见》,加强内蒙古跨境快递发展和向外服务能力建设,在内蒙古自治区邮政管理部门、满洲里市人民政府和内蒙古邮政速递物流公司的共同努力下,3月18日,中俄各类邮件直封直发工作顺利完成测试,中断20年的满洲里国际邮件互换局恢复运行,内蒙古中俄国际邮路重新开通。

段志强副主席专题听取内蒙古局工作汇报

3月26日,内蒙古自治区政府副主席段志强同志专题听取了内蒙古自治区邮政管理局工作汇报,自治区政府副秘书长曹晓斌出席汇报会。内蒙古自治区邮政管理局局长钟奇志汇报了全区邮政业服务地方经济发展的重点工作、《快递暂行条例》出台情况及贯彻落实建议和全区邮政业发展中需要协调解决的问题及建议。段志强副主席听取汇报后充分肯定了近年来内蒙古自治区邮政业迅猛发展所取得的成绩,并对下一步邮政业发展作出明确指示:一是建制村直接通邮是惠及农牧民的好事,要结合交邮合作、精准扶贫等工作,通过政府补一点、企业筹一点尽快补齐通邮工作短板,实现全区建制村全部直接通邮,打造农村物流节点,打通农村物流"下乡与进城"的双向快捷通道,破解农村电商发展难题。二是内蒙古自治区邮政管理局要按照各部门、各单位职责,尽快拟定条例宣贯分工方案,报政府办公厅征求各单位意见,要为推动条例落地实施营造良好的舆论氛围和政策环境。三是邮政管理部门必须高度重视行业安全工作,把行业安全制度抓紧抓实,为筑牢祖国北疆安全稳定屏障尽到应尽之责。四是邮政部门要积极引导和支持快递企业使用绿色包装产品,推行简约化、减量化、复用化、精细化包装技术,加快推动绿色快递,促进生态文明建设。

内蒙古局开展"爱心礼包"大接力关爱困难青少年

3月30日,应内蒙古自治区青少年发展基金会倡议,内蒙古自治区邮政管理局组织全区邮政行业在全区范围内开展了"爱心礼包"大接力活动,自治区邮政公司、邮政速递物流、顺丰、中通、申通、韵必达、宅急送、圆通、品骏、优速、京东、百世12家寄递企业参与了此次活动,免费为贫困家庭孩子寄去"爱心礼包"。此次公益活动得到了全区各大寄递企业的大力支持和积极响应,共为困难家庭孩子免费邮寄价值23.4万元共780个"爱心礼包"。

内蒙古邮政业切实解决武川土豆卖难问题

4月7日,呼和浩特市邮政、快递企业通过自身电商平台共销售武川土豆近20吨,销售额达6.68万元。此前,呼和浩特武川土豆卖难问题备受社会各界关注,呼和浩特市邮政管理局在得知武川土豆滞销的消息后,第一时间就想到利用行业优势,通过网购快递的方式把滞销的土豆销出去。呼和浩特市邮政管理局领导随即与武川县可镇大水圪洞村第一书记取得联系,了解详细情况后,起草了一份倡议书发给全市的邮政、快递企业,倡议大家群策群力,发挥自身优势,积极参与其中,出真招、办实事,切实帮助薯农解决土豆卖难问题,帮助农民筹集农资出了一份力。短短几天时间,包括邮政速递、安能快递等多家企业积极行动起来履行社会责任,利用自己的销售平台推广武川县大水圪洞村的土豆,并以全国包邮等各种售卖形式进行优惠促销。

内蒙古局实施因地施策精准扶贫帮扶村项目

4月12日,内蒙古自治区邮政管理局为包扶村乌兰察布市化德县七号镇达拉盖村送去了良种仔猪241头,同时每户配发20公斤饲料,让贫困户通过自己的饲养,增加收入早日脱贫。针对达拉盖村贫困户都具有一定养殖经验的实际情况,内蒙古自治区邮政管理局因地施策,确定了养猪扶贫项目并和镇政府、村委会共同制定了养猪扶贫方案。这批良种仔猪总价值15.06万元,其中内蒙古邮政业扶贫工作成员单位出资11万元,剩余资金协调县扶贫办解决。这次良种仔猪的发放为达拉盖村脱贫攻坚工作开辟了新路径,更为达拉盖村2018年如期稳定脱贫打下了基础。

内蒙古快递协会制定下发《快递行业自律公约》

4月,内蒙古快递协会依法制定下发了《快递行业自律公约》,并引导企业签订自律承诺书。中国邮政速递物流有限公司内蒙古分公司、中国邮政集团内蒙古分公司、内蒙古顺丰速运有限公司、北京京邦达贸易有限公司呼和浩特分公司、北京宅急送快运股份有限公司呼和浩特分公司等26家企业签订了自律承诺书。

内蒙古实名收寄率再上新台阶

内蒙古自治区邮政管理局一直高度重视实名收寄信息系统推广应用工作,实名收寄率不断攀升,6月份平均实名收寄率保持在98%以上,成效明显,有力地保障了全区寄递安全。

内蒙古出台《关于推进电子商务与快递物流协同发展的实施意见》

6月,内蒙古自治区人民政府办公厅印发《关于推进电子商务与快递物流协同发展的实施意见》,在完善电子商务快递物流基础设施、优化协同发展政策法规环境、推动配送车辆规范运营和便利通行、提升电商快递末端服务能力、推动协同发展标准化智能化、推进协同运行绿色发展等方面对自治区快递业发展给予大力支持。

"苏尼特羊+快递"全国招商洽谈会召开

6月29日,内蒙古自治区邮政管理局、锡林郭勒盟行署在呼和浩特联合主办了"苏尼特羊肉家禽遗传资源保护核心区全产业链创新项目全国物流企业招商洽谈会"。来自全国各地的17家知名快递物流企业代表、26家区内外知名餐饮连锁企业和电商企业代表,来自苏尼特羊国家畜禽遗传资源保护核心区苏尼特左旗北部33个嘎查的牧民代表和苏尼特左旗7个苏木镇代表近200人参会。这是内蒙古自治区首次就草原畜牧业一二三产业融合发展创新项目召开的大型物流企业招商会,本次招商会具有三个明显特点:一是聚焦民生、精准扶贫;二是公益性与盈利性相结合;三是快递服务现代农牧业新模式。

"双11"区快递业务出港量同比增长81.38%

11月11日,内蒙古自治区快递业务日处理量达到257.35万件,同比增长83.54%,高出全国平均水平58个百分点。其中快递业务出港量(由区内向区外寄送的快件)完成95.88万件,同比增长81.38%,高出全国平均水平40个百分点。与往年相比,2018年呈现如下特点:一是快递+电商融合程度进一步提升。在当日各盟市快递业务出港件中,通辽、锡林郭勒、呼和浩特市、巴彦淖尔电商快件占比均超过了50%,占据了快递业的半壁江山。二是快递服务现代农牧业成效显著。"双11"当日,快递业务环比增速超过100%的五个盟市中,快递服务现代农业项目增速明显,呼和浩特市奶制品、锡林郭勒盟牛羊肉、通辽牛肉干、巴彦淖尔的葵花籽、赤峰的杂粮杂豆等产品通过电商平台,走向了全国。三是快件产值高。恰逢内蒙古特色牛羊肉产品销售旺季,在出港的快件中,超过50公斤的快件占全部快件的比例约为20%,单件商品平均价值达到1050元以上,产品附加值极高。

京东无人机助力"双11"

11月11日,京东配送机器人在内蒙古和林格尔新区穿梭,无人机在空中飞行,为和林格尔新区提供智能末端配送服务,用无人科技为物流行业的"最后一公里"提供解决方案。内蒙古和林格尔新区智能配送示范基地,是京东物流在内蒙古打造的首个智能配送示范基地,也是京东物流继湖南长沙以后在全国范围内打造建设的第二个智能配送示范基地,该项目占地面积600平方米,总投资近500万元。基地内建设有:机器人装载区、卸载区、充电区、展示中心及智能监控中心,首期投入使用6台京东智能配送机器人和一架京东无人机,基地服务覆盖和林格尔新区核心区起步区20多平方公里范围。

三部门联合开展快递业务旺季慰问活动

11月13日至14日,内蒙古自治区快递业务进入旺季峰值,日均处理快件超过250万件。为做好快递旺季服务保障工作,确保"两不""三保"目标实现,内蒙古自治区邮政管理局、快递协会与自治区总工会、国防邮电工会组成慰问组,深入邮政、中通、百世等企业开展慰问活动。慰问组肯定了各家企业应对旺季的各项措施,希望企业继续加强安全生产,加强人文关怀,合理安排员工作业休息时间,严禁疲劳作业,确保从业人员身心健康,确保快递业务旺季安全稳定。

十余家主流媒体关注区快递业绿色发展

11月14日,中央驻区级、自治区级及呼和浩特市一级10余家主流媒体对自治区快递业绿色发展进行了实地采访,通过媒体的报道使全社会更加深入了解了自治区快递业倡导绿色发展的新进展;顺丰通过严格的物料申领制度,逐步减少胶带、塑料包装的使用,大力推进包装的减量化;品骏快递使用可循环的中转袋,通过有效的激励机制,加大快递箱和包装袋的循环使用;苏宁已经推出了快递共享盒,可以反复多次循环使用;申通快递正在使用可循环的环保中转袋,来替代传统产生污染的一次性尼龙编织袋。内蒙古整个快递业不仅仅追求业务量和服务保障水平的提升,也正在注重绿色环保,追求高质量发展,在促进快递行业绿色发展方面不断涌现出新举措和新亮点。

内蒙古局成立全区快递业信用评定委员会

12月4日,内蒙古自治区邮政管理局组织召开了内蒙古自治区快递业信用评定委员会成立会议。内蒙古自治区快递业信用评定委员会由自治区寄递渠道安全领导小组成员单位代表和快递行业协会代表、快递企业代表、消费者代表、媒体代表等部门在内的共计13名委员组成。信用评定委员会负责全区快递业信用评定工作,结合全区工作实际情况探索开展对快递从业人员的信用管理,编制从业人员信用年度评定方案,确定评价指标并赋予相应分值,明确守信从业人员、失信从业人员和信用异常从业人员的确定标准,开展信用评定,并对结果进行公示。

内蒙古局联合自治区团委开展"面对面"活动

12月29日,内蒙古自治区邮政管理局联合自治区团委组织青年人大代表、政协委员赴内蒙古顺丰速运有限公司与快递行业青年代表开展"面对面"座谈。代表和委员们参观了顺丰速运新启用的智能化中转场,对快递行业内部作业流程进行了深入的了解;在座谈会上代表和委员们与快递行业青年代表们进行了充分的交流和沟通,围绕快递从业青年权益保障、行业发展的现状及未来趋势、制约行业发展的瓶颈等畅所欲言并达成共识:一是要从多角度广泛号召全社会开展关爱快递小哥的活动;二是快递企业要重视快递员的权益保障,为快递员提供基本保障;三是要加大对快递行业的宣传力度,特别是塑造行业中建功立业的青年典范;四是要求代表和委员们高度重视制约快递业发展的瓶颈问题,加强调查研究,形成2019年自治区两会高质量的提案,争取纳入重点提案。

辽宁省快递发展大事记

辽宁省商务厅与邮政企业进行战略合作共谋发展

1月，在辽宁省邮政管理局的积极参与协调下，辽宁省商务厅与中国邮政集团公司辽宁省分公司签署了战略合作框架协议，双方同意共同建立战略合作关系，在电商进农村、农产品网上销售、物流配送、农村金融、大数据应用和电商人才培训等方面开展全面合作。协议规定，双方成立战略合作协调小组，围绕业务合作定期开展沟通协商，解决在合作中存在的问题，共同研究开拓新的合作领域。协议的签署充分发挥了邮政企业的网络渠道、人力资源和技术支撑等方面的优势，将进一步提升辽宁省农产品流通现代化水平，带动农村经济快速发展，推动辽宁老工业基地实现新一轮振兴。

辽宁自贸区政策助推辽宁邮政业发展

中国（辽宁）自由贸易试验区是中央政府设立的第三批7个自由贸易试验区之一。辽宁自贸区分为沈阳、大连、营口三个片区。辽宁省政府现已成立中国（辽宁）自由贸易试验区工作领导小组，辽宁省邮政管理局作为组成单位之一，将协调推动提升自由贸易试验区、跨境电子商务综试区所在地企业的跨境寄递服务能力，不断扩大跨境寄递服务范围。

王大伟副省长对辽宁邮政管理工作作出重要批示

1月18日，辽宁省副省长王大伟在全省邮政行业发展情况报告上做出重要批示：过去的一年，省邮政管理局在国家邮政局的领导下，全面服务地方经济社会发展，邮政普遍服务能力显著提升，邮寄渠道安全保障不断增强，取得了新的成绩。希望在新的一年里，围绕省委、省政府的部署要求，全面推进行业转型升级提质增效，提高邮寄渠道安全监管水平，加快推进邮政业发展，不断满足城乡群众的用邮需求，更好服务全省经济社会发展，做出新的更大的贡献。

辽宁局出台推进邮政行业绿色发展实施方案

2月，辽宁省邮政管理局于印发《关于推进邮政行业绿色发展的实施方案》，方案以加快推进供给侧结构性改革为主线，以绿色化、减量化、可循环为目标，确立了包括落实快递业绿色包装法规标准、推动邮政业绿色运输与配送、提高主要品牌快递企业电子运单使用率等八个方面19项重点工作任务，明确了各相关单位的工作职责。

辽宁局着力提升行业发展水平服务全省经济社会发展

2月，辽宁省邮政管理局制定印发了《着力提升行业发展水平服务全省经济社会发展实施方案》，明确提出工作目标：2018年全省邮政行业业务总量预计达到159.05亿元，同比增长25%。全省普遍服务网点超过1600处，村邮乐购站点超过1.4万处。邮政普遍服务局所整修2000平方米以上、翻建6000平方米以上，邮运及投递车辆更新70辆。全省城市快递服务网点标准化率提高5个百分点，智能快件箱（信包箱）箱递率提高2个百分点，保持快递进校园规范化率100%，快递下乡实现100%覆盖，旺季服务保障能力明显加强。

辽宁局部署全年安全生产工作

2月，辽宁省邮政管理局制定印发《辽宁省邮政管理局寄递渠道安全监管工作实施方案》，要求全省各级邮政管理部门以党的十九大关于安全生产工作的新理念、新思想、新部署、新要求为指导,全面贯彻落实国家邮政局、省委省政府关于安全生产工作总体部署和有关要求,以防范遏制重特大事故为重点,牢固树立安全红线意识、底线思维,进一步完善安全生产责任体系、风险分级管控和隐患排查治理预防机制,持续夯实安全生产基础,着力提升依法监管能力水平,为全省邮政行业持续健康发展提供有力保障。

辽宁局加强大数据分析应用提升治理能力

2月,辽宁省邮政管理局制定印发《关于加强数据分析应用提升行业治理能力工作方案》,进一步加快辽宁智慧邮政建设。辽宁省邮政管理局要求全省各级邮政管理部门积极推广应用数据公共服务平台,加强许可系统、执法系统、统计系统、安监系统等有效利用,推动部门、行业和企业间的数据交换共享。借助先进科学技术和大数据,提升行业治理能力,努力解决行业发展不平衡不充分的问题,强化行业安全发展。通过加强数据分析应用、推动"绿盾"工程建设、强化行业信息治理、提升科技应用、加强教育培训等重点工作实施,切实提升大数据分析能力,提升行业治理水平。

辽宁局着力抓好抓实新闻宣传工作

2月,辽宁省邮政管理局印发《关于2018年着力抓好抓实新闻宣传工作的实施方案》,提出要准确把握和适应新常态下邮政行业新闻宣传工作的新特点、新要求,以讲好行业故事、宣传行业发展成果、传播行业正能量为主要目标,以行业一报一刊和国家邮政局、省局网站为主要宣传阵地,做好《辽宁邮政行业信息》的编辑工作及突发事件舆情处置工作,加强政务公开,做好网站运维工作。

营口市快递业发展列入《营口市临港临空产业发展规划》

3月,根据营口市交通局印发的《营口市临港临空产业发展规划(意见稿)》,明确营口市政府将把快递业作为全市临港临空重点行业进行重点扶持,加快快递物流园和国际快件处理中心等重点项目建设,助推营口市快递业实现快速发展。根据规划内容,营口市将依托百世云仓项目等,积极引进大型快递企业,构建覆盖广泛的物流网点,培育综合性物流运营商。加快营口快递物流园项目建设,加大对相关项目的支持力度。建设国际快件处理中心项目,实现跨境电商与快递业的协同发展,依托自贸区建设,结合综合保税区优势,建设以海外化妆品、食品、电器等商品为主营商品的跨境电商集中地和汇集多家大型快递企业的国际快件集散地。加强信息化建设,使快递业与制造业、电子商务进一步融合,统筹协调各种运输方式,完善机场与快递物流产业园、营口港及火车站之间的物流通道,促进三港联通,发展跨境多式联运物流,实现集中运输与快速集散的高效结合,建设辐射全省、东北地区乃至全国的电商物流集散中心。

盘锦大力培育电商快递物流百亿产业集群

3月,盘锦市对外开放领导小组印发了《建设区域性国际电商快递物流产业基地专项实施方案》,明确了相关部门责任分工,确定支持加快培育电商快递总部经济,推广"互联网+电商产业园+快递物流产业园"融合发展新模式,推动阿里巴巴、京东商城、亚马逊、苏宁易购等国内外知名电商企业在园区建立完善线下物流仓储基地,吸引中国邮政、顺丰、中通、圆通、申通、韵达等国内主要快递品牌企业进驻,建设集区域管理总部、快件转运、电商研发、仓储配送、物流运输保障、生活配套等全产业于一体,主要辐射东三省、津京冀、内蒙古等地综合性现代化产业园区,加快建立快递物流与电子商务等相关产业战略联盟,努力打造东北地区电商快递协同发展示范园。投资5亿多元的园区基础设施全部完成,进驻投产项目6个,签约进驻项目达11家,京东商城、普洛斯等多家电商物流仓储项目达成入驻意向。

沈阳推动邮政企业支持国家级跨境电商综试区创建

3月,沈阳市邮政管理局主要领导带队赴辽宁邮政速递快件监管中心进行实地考察并座谈,辽宁省邮政速递物流公司总经理吴斌、副总经理黄禹、市场部经理苗露、辽宁省国际速递分公司总经理付群陪同考察并参加了座谈。辽宁邮政速递快件监管中心是在原有国际邮件海关监管场地基础上升级改造而成,并依照海关总署快件监管中心建设要求购置相关设备。改造后,该中心具有独立的封闭区域,面积约为1000平方米,划分为进港快件处理区、出港快件处理区。快件处理区设有隔离围栏,配备进出两套自动传输和分拣设备,在传送通道上放置了X光机,具有同屏比对功能。该中心实行海关、检验检疫"双关入驻",系统平台与海关、检验检疫部门数据互联互通,可实现实时处理、快速通关。快件监管中心已具备正式运营条件。

辽宁出台推进电子商务与快递物流协同发展实施方案

4月4日,辽宁省人民政府办公厅印发《辽宁省推进电子商务与快递物流协同发展实施方案》。方案在四个方面对快递行业发展给予重要支持。一是辽宁各市在编制城市总体规划时,要将快递末端综合服务场所,快递物流相关仓储、分拨、配送等设施纳入详细规划,将智能快件箱、快递末端综合服务场所纳入公共服务设施相关规划。二是推进现有城乡末端快递物流配送网点"多站(点)合一",并向公共取送点转型,街镇社区、物业公司、机关和院校等有关单位应为快递企业提供条件和便利。三是要求辽宁各市合理确定配送车辆通行区域和时段,对快递服务车辆等给予通行便利。在城市商业中心、医院、人口集中的社区等,合理规划设置快递配送车辆临时停车位。机关、企事业单位、院校、住宅小区等应为快递服务车辆临时停靠、装卸、充电等提供便利。四是引导电子商务与快递物流企业研发和使用可降解、无污染、可循环利用的绿色包装箱、包装袋等,逐步取代难降解、非循环使用的传统包装材料。鼓励电子商务平台开展绿色消费活动,提供减量包装、可降解塑料包装等绿色包装选择,依不同包装物分类定价,建立积分反馈、绿色信用等机制,引导消费者使用绿色包装或减量包装。

辽宁局出台新闻宣传工作管理办法

4月,辽宁省邮政管理局根据《国家邮政局新闻宣传工作管理办法》,结合实际,印发《辽宁省邮政管理系统新闻宣传工作管理办法》。办法要求,省局及市局内部各部门均要设立通讯员(信息员),负责信息报送与宣传联络工作,规定了通讯员(信息员)的主要职责与权力;确立了全省邮政管理系统实行新闻发言人制度,按照国家邮政局的部署,不定期召开新闻发布会,严格新闻发布会的筹办程序。办法还明确了政务信息稿件报送的主要内容和要求、新闻宣传工作考评与奖励标准以及相关纪律和要求。

辽宁局积极推进全省快递物流园区建设

4月,辽宁省邮政管理局就加快辽宁省快递物流园区建设与现代物流设施和工业基础设施提供商进行座谈交流。经过协商,双方将以正在筹建的沈阳国际陆港快递物流区为突破口,采取定制、租赁等多种形式,为快递企业制定专业化、一体化、集约化的园区建设方案,合力促进辽宁省邮政业更好、更快发展。

辽宁局深化邮政业供给侧结构性改革

5月,根据国家邮政局部署,辽宁省邮政管理局制定印发了《2018年深化邮政业供给侧结构性改革工作实施方案》。方案提出,以习近平新时代中国特色社会主义思想为指导,按照高质量发展要求,以推动质量变革、效率变革、动力变革为目标,围绕强基础、补短板、提质量、增效能、优环境,深化2018年邮政业供给侧结构性改革工作。

辽宁局成立推进依法行政工作委员会

5月，为提高全省推进依法行政工作能力建设，经辽宁省邮政管理局党组研究决定，成立辽宁省邮政管理局推进依法行政工作委员会，主要工作职责包括：依据《邮政行政执法评议考核办法（试行）》开展邮政行政执法评议考核工作；依据《辽宁省优化营商环境建设条例》及配套法规文件，完善涉企行政执法有关制度等；其他推进全省邮政管理系统依法行政相关工作。

陈求发书记批示肯定"互联网+邮政+医疗"精准扶贫新模式

6月，辽宁省委书记陈求发在《关于辽宁邮政开展"爱心医疗"工作的报告》上做出重要批示：辽宁邮政开展"爱心医疗"受到群众的好评，应给予充分肯定。请省政府组织有关单位加强协作配合，强化监督管理，确保"爱心医疗"服务模式规范有序，切实为群众提供良好的医疗健康服务。

修订后的《辽宁省"四好农村路"示范县创建标准》发布

7月，辽宁省邮政管理局与省交通运输厅联合发布修订后的《辽宁省"四好农村路"示范县创建标准》以及《辽宁省"四好农村路"督导考评办法》，共同推进农村公路建设攻坚，健全完善农村客运和物流服务体系。办法提出，建立完善农村物流发展机制，整合交通运输、邮政、供销等物流资源，按照"多站合一、资源共享"的原则，优化运输组织模式，构建覆盖县乡村三级农村物流网络体系。办法明确了创建"四好农村路"示范县的评定程序和激励政策，省交通运输厅会同辽宁省邮政管理局对评选出来的示范县给予通报表扬。辽宁省交通运输厅给予每个示范县一次性投资补助200万元，并纳入下年度省投资计划，同时在下年度项目安排予以倾斜，与年度养护资金绩效考评挂钩。

辽宁局申诉中心获评省直机关文明服务窗口单位

7月，辽宁省邮政管理局邮政业消费者申诉中心被评为省直机关文明服务窗口单位。辽宁省邮政管理局申诉中心多次获得省政府民心网"亲民单位"及省级"青年文明号"，连续五年被评为"全国邮政业消费者申诉处理工作先进集体"。

辽宁局举行绿色邮政行动启动仪式

7月，辽宁省邮政管理局联合省发展改革委、省经信委、省快递协会等部门举行辽宁绿色邮政行动启动仪式，推动新能源汽车的推广，促进行业转型升级。启动仪式上，中通、韵达、申通、百世等五家企业现场与供应商签订了合作协议，50台纯电动车正式开始在行业内使用。

沈阳出台39项措施助力快递企业发展

7月，《沈阳市进一步推进物流降本增效促进实体经济发展的实施意见》正式出台。沈阳市从加大资金支持力度、深化物流业与制造业融合等七方面入手，实施39项具体措施推进物流降本增效。一是对投资5000万元以上的物流（快递）园区、3000万元以上的物流（快递）企业、2000万元以上的配送中心和冷链物流（快递）企业，按不高于当年固定资产投资额的10%给予补助或贴息，最高不超过1000万元；对未新增土地、利用闲置厂房从事物流业务的物流（快递）企业以及物联网技术应用，总投资300万元以上的，按不超过支持环节投资额的40%给予补助或贴息，最高不超过300万元。二是重点支持物联网和自动化技术集成、现代物流管理和供应链管理系统集成平台、服务制造业的第三方物流运营和供应链管理技术类物流企业申报高新技术企业，进入科技小巨人企业培育库的，一次性给予30万元资助，企业所在区、县(市)一次性给予20万元配套资助。对进入高新技术企业培育库的,一次性给予 10 万元资助。在沈阳市注册成立、经认定为总部企业的,认定当年给予一次性资金补助,最高补助 1000 万元。

辽宁局推动行业高质量发展

为认真贯彻落实国家邮政局关于行业高质量发展的总体部署,辽宁省邮政管理局结合全省行业发展实际,采取系列举措,加快推进全省邮政行业转型升级,走向高质量发展之路。辽宁省邮政管理局深刻把握高质量发展的丰富内涵,坚持问题导向,找准本省邮政业高质量发展的转型路径,制定并下发《辽宁省局加快推动行业高质量发展工作方案》,组织全省开展加快推动行业高质量发展工作。方案确定六大任务,从推进"放管服"改革、推进产业融合、打通"最后一公里"、坚持行业绿色发展等方面入手,进一步完善全省邮政业监管体系,规范竞争秩序,推动行业由传统服务向现代服务转变,由高增速发展向高质量发展转变。

辽宁多部门联合提升邮政快递城乡一体化服务水平

7 月,辽宁省邮政管理局与省交通运输厅、发展改革委、物价局、公安厅、财政厅、国土资源厅、住建厅、农村经济委员会、商务厅、供销社、扶贫办联合发布《关于稳步推进城乡交通运输一体化提升公共服务水平的实施意见》,多部门共同推进城乡交通运输一体化,提升包括邮政快递在内的公共服务水平。实施意见提出,到 2020 年,全省城乡交通运输服务体系基本建立,建制村直接通邮比例、具备条件的乡镇快递服务网点覆盖率、具备条件的建制村通快递比例等指标均达到 100%。

中国快递协会考察组赴盘调研快递物流园区

7 月 20 日,中国快递行业协会副会长孙康一行在辽宁省快递行业协会会长李志良等有关同志的陪同下,赴盘锦市考察参观东北快递(电商)物流产业园区运行情况。考察期间,孙康副会长肯定了东北快递(电商)产业园建设成效,他指出,盘锦快递产业园建成以来,稳步推进项目建设,充分利用良好的区位优势、便捷的路网优势,大幅提升服务能力,其发展之快超乎想象。希望快递企业认真贯彻落实《快递暂行条例》,抓住快递市场准入的有利时机,又快又好发展。

辽宁局出台落实意见决胜全面建成小康社会

9 月,辽宁省邮政管理局制定《〈邮政业服务决胜全面建成小康社会开启全面服务社会主义现代化国家新征程三年行动计划(2018—2020 年)〉落实意见》。落实意见包括末端转型升级、绿色邮政、安全邮政、丝路传邮、寄递质量提升、乡村服务升级、城市群寄递服务大同城等内容,并按照职责进行了任务分工。落实意见提出:到 2020 年,全省主要品牌企业城区自营网点标准化率达到 90%,打造一批形象统一、设施齐全、服务规范、安全放心的示范网点;基本淘汰重金属等特定物质超标的包装物料,可降解的绿色包装材料应用比例提高到 50%,包装耗材使用量降低 10%,电子运单使用率基本实现全覆盖,可循环中转袋使用量年均提升 10%;基本实现实名收寄信息化全覆盖目标,寄递服务产品体系更加丰富,承诺时限产品比重进一步提升,重点城市间实现 48 小时送达,72 小时准时率提升至 80%,企业主体承诺兑现率达到 90%;快递服务满意度超过 75 分,时限准时率稳步提高,快件延误率、损毁率、丢失率分别稳定在千分之五、十万分之五、十万分之三,用户有效申诉率逐年下降;农村电商邮政寄递网络覆盖全省,实现乡乡有网点、村村通快递。

大连邮政业服务跨境电商成效显著

2018 年 1~3 季度,大连市邮政业积极服务辽宁(大连)自贸区建设,跨境电商业务发展趋势向好。国际小包业务量完成 763 万件,实现业务收入 6182 万元,业务量同比增长 980.64%,业务收入同比增长311.94%。

辽宁局落实习近平总书记在辽宁考察时讲话精神

11月,辽宁省邮政管理局印发《辽宁省邮政管理局助力新时代辽宁全面振兴的工作方案》,推动全省邮政业转型升级和高质量发展,加快建设与全面建成小康社会相适应的现代邮政业。方案确定四大工作任务:一是推进"放管服"改革;二是落实《快递暂行条例》,争取行业支持政策;三是践行生态理念,坚持行业绿色发展;四是多元化合作,打好邮政业精准脱贫攻坚战。

辽宁邮政业"双11"旺季服务保障工作成绩获批示肯定

12月,辽宁省委常委、秘书长、省委办公厅主任刘焕鑫在辽宁省邮政管理局报送的《关于2018年邮政业"双11"旺季服务保障工作情况的报告》上作出批示,充分肯定省邮政业"双11"旺季服务保障工作成绩。刘焕鑫同志在批示中指出,辽宁省邮政管理局"双11"邮政保障工作做得很好。"双11"(11月11日至20日)期间,全省共处理邮件、快件7610万件,同比增长38.4%,最高日处理量895万件,同比增长27.9%,是日常处理量的1.75倍。全省发往全国2400万件,其中包括海鲜、大米、山珍等农特产品,行业呈现持续快速增长的发展态势。

辽宁改进投递员职业保障工作迎政策利好

为充分发挥安全生产责任保险的作用,促进生产经营单位自觉落实安全生产主体责任,切实发挥保险机构参与风险评估管控和事故预防功能,预防和减少生产安全事故发生,辽宁省政府出台了《辽宁省安全生产责任保险实施办法》,沈阳市安委办转发并要求安委会成员单位反馈意见。办法的出台,为落实国家邮政局2018年更贴近民生7件实事中改善投递员(快递员)工作环境提供了政策利好:一是有效转移了邮政、快递企业的责任风险,保证企业的正常生产经营;二是保证民事赔偿责任得以兑现,确保投递员(快递员)在发生生产安全事故时的经济利益得到充分的保障;三是有利于邮政、快递企业的防灾防损工作,促进安全生产;四是有利于提高行业主管部门工作效率,减轻政府财政负担。

吉林省快递发展大事记

金育辉副省长充分肯定吉林省邮政管理工作成绩

1月15日,吉林省邮政管理局就全国邮政管理工作会议精神和全省邮政管理工作情况向主管副省长金育辉同志作了专题汇报,金育辉副省长听取汇报后,充分肯定了全省邮政管理工作成绩,并对2018年邮政管理工作提出了殷切希望。金育辉副省长指出,2017年全省邮政业奋发有为,扎实工作,主要指标实现平稳较快增长,为吉林经济社会发展做出了积极贡献。希望在新的一年里,牢固树立新发展理念,加大推动创新发展的力度,坚持实施供给侧改革,坚持以人民为中心的思想,坚持全面从严治党,推动全省邮政改革发展再迈新台阶,为实现吉林新时代全面振兴发展做出更大贡献。

吉林省政府工作报告提出大力发展邮政快递业

1月26日,吉林省十三届人大一次会议召开,代省长景俊海代表省人民政府向大会作工作报告,报告中明确提出:要大力发展现代物流、邮政快递、会展经济等业态,打造10个新的服务业名牌,新认定10个省级现代服务业集聚区。为全省邮政业发展指明了发展方向。

吉林出台推进物流降本增效实施意见

2月,吉林省政府办公厅根据《国务院办公厅关于进一步推进物流降本增效促进实体经济发展的意见》,制定《吉林省人民政府办公厅关于进一步推进物流降本增效促进实体经济发展的实施意见》。实施意见提出:一是要深化"放管服"改革,激发物流运营主体活力;二是要加强重点领域和薄弱环节建设,提升物流综合服务能力;三是要深化联动融合,促进产业协同发展;四是打通信息互联渠道,发挥信息共享效用。

吉林加快发展冷链物流保障食品安全促进消费升级

2月,吉林省人民政府办公厅出台《加快发展冷链物流保障食品安全促进消费升级的实施意见》,对全省现代化冷链物流发展新格局进行部署,省快递业发展获利好政策支持。实施意见提出,积极发展城市"最后一公里"低温配送,加强面向城市消费的低温加工处理中心和冷链配送设施建设。谋划实施一批产地预冷集配中心、大型农产品批发市场低温物流专区、低温配送中心、第三方冷链信息平台等冷链物流基础设施重大项目。鼓励大型冷链物流企业充分发挥资源整合优势,与小微企业、农业合作社等深度合作,为小型市场主体创业创新创造条件。

朱天舒副省长专题调研邮政管理和行业发展工作

3月26日,吉林省副省长朱天舒赴吉林省邮政管理局,就贯彻落实国办1号文件精神解决车辆通行、末端投递难题进行专题调研,快递安全相关内容或将纳入推进城市安全发展大政策中。

吉林省三名快递员入围全国最美50强候选人

第三届"中国梦·邮政情 寻找最美快递员"活动自2016年11月启动以来,得到社会各界广泛关注。活动组委会本着公平公正、注重事迹和适当兼顾原则,参考两轮公众投票结果,从639位候选人中遴选出50位"最美快递员"候选人。吉林省快递员王东泽、王洋、张璎霖三人经过两轮遴选,最终入围全国最美50强候选人,为全省邮政行业争得了荣誉,树立了榜样。

吉林省邮政管理系统全面推进"只跑一次"改革

为加快落实中央推动简政放权、放管结合、优化服务改革向纵深发展的要求,按照吉林省政府《全面推进"只跑一次"改革实施方案》部署,吉林省邮政管理系统迅速响应,积极配合,提高行政审批效率,优化政务服务环境,"放管服"改革工作全面深化。吉林省邮政管理局结合行业实际,制定了《深入落实全面推进"只跑一次"细化分解方案》,方案对公众与政府部门之间物料双向邮寄服务的具体工作进行了全面部署,并对群众办理事项的法律依据、服务办理流程、申请材料模版及承诺办理时限等进行逐一梳理,明确行政审批事项。

吉林局推动EMS与出入境管理局合作

吉林省邮政管理局加快推动EMS与出入境管理局合作,合作着力发挥EMS提供公众与政府部门之间物料双向邮寄服务作用。一是实现再次签注业务"零次跑",通过EMS将相关证件邮寄到出入境管理局,让不方便到窗口办理港澳台再次签注业务的群众足不出户完成业务办理,让群众"零次跑";二是介入"容缺受理"服务,受理材料携带不全的办事群众可以借助EMS补送材料,避免群众为办理出入境证件多次往返;三是提供办证结果投递到户服务,为办理完出入境证件不方便来领取证件的群众提供邮寄到户服务,有效避免了群众为领取证件再次来到窗口,同时也为身在外地的群众提供了便利服务;四是设立专门办理窗口,在出入境接待大厅设立邮政速递办理窗口,有力强化工作衔接和业务流转时效。这些服务的推出,得到了广大申请人的欢迎,取得了良好的社会反响。

吉林出台《进一步扩大和升级信息消费的实施意见》

4月23日,吉林省人民政府印发《进一步扩大和升级信息消费的实施意见》,对深入挖掘全省信息消费能力进行部署,邮政等社会资源将在完善农村电子商务服务体系布局中发挥更大作用。《实施意见》提出,挖掘信息消费覆盖潜力,完善电子商务服务。进一步完善农村电子商务服务体系,支持电子商务进农村综合示范工程,引导省内外知名电商平台拓展服务农村功能,鼓励物流、商贸、邮政等社会资源合作构建农村购物网络平台,满足农村信息消费需求。积极推动电子商务进社区,鼓励电商平台企业整合社区购物、医疗、家政、政务等信息和资源,打造一体化的信息和交易服务平台,为社区居民信息消费提供支撑。加快跨境电商发展,鼓励省内外贸企业入驻知名电商平台,推动线上线下融合发展,为企业提供通关、物流、保险、外汇、退税、融资、认证等"全过程""一站式"的进出口外包服务,形成跨境电商全流程服务体系。

吉林省人社厅调研快递业劳动标准有关情况

5月14日,吉林省人力资源和社会保障厅领导到吉林省邮政管理局就快递业劳动标准有关情况进行调研。吉林省邮政管理局党组成员、副局长魏遵红主持召开调研座谈会。省局人事处、市场监管处相关同志、省内主要品牌快递企业负责人参加调研座谈。魏遵红强调,吉林省邮政管理局将以本次调研为契机,联合省人社厅对省内快递企业不同岗位类型从业人员的工作时间、休假情况、计酬标准、劳动定额等情况进行摸底,全面了解从业人员权益保障中存在的问题,为尽快出台吉林省快递业劳动标准保障快递从业人员合法权益,构建和谐稳定社会环境做出积极的贡献。

吉林省人社厅领导对吉林省邮政业改革发展所取得成绩表示祝贺,对吉林省邮政管理局工作上的支持配合表示感谢,并表示将一如既往支持吉林省邮政业改革发展各项工作。

吉林出台《关于开展城乡高效配送专项行动的实施意见》

5月,吉林省商务厅、省公安厅、省交通运输厅、省邮政管理局、省供销合作社联合印发了《关于开展城乡高效配送专项行动的实施意见》,对进一步提高城乡配送时效进行部署。实施意见强调,完善城乡配送服务网络,优化配送网络布局,鼓励城市对现有物流园区功能重新规划定位,引导商贸流通、物流、快递等企业向配送中心集聚;推动利用现有乡镇连锁超市、邮政营业场所、客货运站场、快递网点、农资站等各类资源,建设上接县、下联村的农村配送节点;推动建设以农家店、便民店、村邮站、"三农"服务站、村级电商服务站、村农业信息站等为依托的村级配送公共服务点。加强配送网络衔接,推动跨部门资源共享和跨行业协作联营,引导商贸流通、交通运输、邮政、快递、供销合作、第三方物流等企业整合服务功能,扩大农村物流配送网点覆盖面。加快发展集约化配送,结合城市交通状况和配送需求,加强商贸、快递与物流企业的协同协作,因地制宜发展夜间配送、"公交化"配送、定制化配送。促进配送资源协同共享,促进末端配送资源共享,鼓励快递、邮政、商超、便利店、物业、社区等末端配送资源共建共用;将推广智能快件箱、智能信包箱纳入便民服务、民生工程等项目,作为公共服务设施投资建设。

吉林打造高铁快运新模式实现入京快件"次日达"

6月,吉林省顺丰速运有限公司与中铁快运长春分公司达成合作,开通长春至北京的"高铁极速达"项目。自该项目5月12日正式上线运营以来,累计发车30班次,运送快件1656件,实现业务收入5.2万元。"高铁极速达"是通过收派端的快速接驳、网络衔接高铁优质稳定的极速运力,提供在指定服务范围和寄递时间内收寄,并承诺次日12:00前送达的服务。项目启用高铁G384列车,每天16:40从长春发车,网点每天收的极速达快件,单独建包中转至长春分拣中心,在下午两点之前由专车送往火车站,通过高铁发运中转。充分结合顺丰速运和中铁快运双方安全、高效、精准的优势,项目整体时效较以往提升0.5个工作日,为长春至北京经济、生活往来提供全新的快递服务体验。

吉林出台推进电子商务与快递物流协同发展实施方案

6月28日,吉林省政府出台《吉林省推进电子商务与快递物流协同发展实施方案》,实施方案进一步创新细化和落实国办1号文件精神,着力解决电子商务与快递物流协同发展中存在的基础设施不配套、配送车辆通行难、快递末端服务能力不足等问题。实施方案提出,利用2~3年时间,培育壮大一批辐射范围广、服务能力强、社会效益好的电子商务与快递企业。提升电子商务快递基地(园区)运营水平,促进电子商务企业集聚发展。进一步拓展完善快递服务网络,优化城乡社区电子商务快递综合服务网点布局,基本建成普惠城乡、技术先进、服务优质、安全高效、绿色节能的快递服务体系,实现"乡乡有网点、村村通快递"。吉林省内快件72小时投递率达到90%以上,80%的城市市区内快件实现24小时内送达,网购商品通过快递配送比例超过90%。

朱天舒副省长充分肯定省邮政管理工作成绩

7月,吉林省邮政管理局就全国邮政管理局长座谈会会议精神和全省邮政管理工作情况向主管副省长朱天舒同志作了专题汇报,朱天舒副省长听取汇报后,充分肯定了全省邮政管理工作取得的成绩,同时希望省邮政管理部门不忘初心、牢记使命,不断推动行业高质量发展。

吉林举办第五届"创青春"青年创新创业大赛

8月,共青团吉林省委员会、省商务厅、省邮政管理局、省网信办等14部门决定,共同举办第五届"创青春"吉林省青年创新创业大赛。本次大赛以"青春建功新时代·创业展现新作为"为主题,着力搭建帮助和支持青年创新创业的展示交流、导师辅导、投融资对接、项目孵化等平台,推动建设创业青年、创业导师、创业园区、孵化机构、创投基金等服务联盟,促进广大青年弘扬创业精神、培养创业意识、提升创业能力、提高创业成功率,动员更多青年为吉林推进供给侧结构性改革和经济高质量发展,实施创新驱动发展战略、乡村振兴战略等重大战略,决胜全面小康、建设幸福美好吉林贡献力量。

吉林局深入学习习近平总书记在吉林视察重要批示精神

10月,吉林省邮政管理局召开专题会议,深入学习习近平总书记在吉林视察重要批示精神。会议强调,习近平总书记的重要指示精神,为我们开展好各项工作指明了方向。要不断深化对习近平总书记重要讲话精神的学习,进一步领会其精神实质,履职尽责、担当作为,以良好的精神状态和扎实的工作作风,以新气象新担当新作为,努力做好各方面工作,为推动吉林全面振兴贡献新的力量。

吉林省出台《2019年地方标准立项指南》

10月,吉林省质量技术监督局印发《2019年地方标准立项指南》,邮政快递服务作为民生性服务业被纳入重点支持领域。指南明确,要以增强现代服务业发展活力为重点,突出电子商务、现代物流、旅游、"互联网+"、连锁经营、现代金融、科技服务和养老等新兴先导型服务业以及物联网、物联网追溯体系、服务外包、汽车后服务、创意设计、知识产权服务、科技成果转化服务等生产性服务业和观光旅游、餐饮服务、物业服务、社区服务、商贸服务、邮政快递服务等民生性服务业方面的标准。

首届吉林省青年农村电商人才训练营举行

10月,首届吉林省青年农村电商人才训练营暨农特产品网销大赛颁奖活动在通化举行。吉林省邮政管理局党组书记、局长巨登照出席活动。本次活动深入贯彻落实习近平总书记对东北振兴工作的重要指示精神,以"凝聚青春力量 助力数字吉林"为主题,促成了政、企、研、学、协等电商领域的融合发展,吉林省顺丰公司与省青年电商协会签订了《吉林省青年农村电商网销培训长期合作协议》,顺丰速运集团党委书记、华北区总裁刘晓利被聘为吉林省青年电商智库专家,助推农村电商发展、乡村振兴、脱贫攻坚和数字吉林建设。

吉林出台供应链创新与应用的实施意见

10月,吉林省政府办公厅印发《关于推进供应链创新与应用的实施意见》,提出要提高农业生产现代化水平,深入实施电子商务进农村综合项目建设,发展和完善农村电商公共服务体系。要建设质量安全追溯供应链,规划建设一批标准化冷链设施,逐步建立覆盖主要农产品产地和消费地衔接的冷链物流网络,降低流通成本和损耗。要发展服务型制造,鼓励供应链服务企业向上游对接协同研发、设计等专业服务,向下游延伸远程诊断、维护检修、仓储物流、技术培训、消费信贷等增值服务,拓展制造产业价值链。要发展智能制造供应链,探索供应链应用新模式,加快人机智能交互、工业机器人、智能工厂、智慧物流等技术和装备的应用,提高智能制造水平。要积极推进绿色流通,加强物流新技术和设备的应用,大力发展绿色仓储,推广绿色包装,支持绿色运输,建立绿色物流体系。

吉林局全面部署2018年快递业务旺季服务保障工作

为切实做好2018年快递业务旺季服务保障工作,确保快递业务旺季期间行业平稳运行与寄递渠道安全畅通,吉林省邮政管理局组织召开全省快递业务旺季服务保障培训班。省局机关相关处室负责同志,各市(州)局主管局领导、市场监管科负责同志和全省主要品牌寄递企业负责人参加了此次培训。培训班要求,省局各处室及有关单位要加强统筹协调,全面动员部署,做好数据监测,及时发布预警,落实安全制度,保障安全畅通,加强应急管理,保障行业稳定,做好申诉预警,畅通申诉渠道,加强宣传引导,营造良好氛围。各市(州)局要建立健全旺季服务保障机制,着力保障旺季期间快递服务质量,突出抓好末端服务网络稳定,加强寄递渠道安全监管工作,做好应急管理和行业维稳工作,发挥联动机制作用,做好宣传引导。全省全行业要在讲政治、顾大局的思想高度上,坚持行业上下一盘棋,严格落实属地管理责任,严守安全底线,全力维护经济健康发展和社会和谐稳定。

吉林全面开展"绿色快递宣传周"活动

11月,为全面落实《关于协同推进快递业绿色包装工作的指导意见》和《中共中央 国务院关于全面加强生态环境保护坚决打好污染防治攻坚战的意见》文件精神,推动行业绿色发展,吉林省邮政管理局多措并举开展"绿色快递宣传周"现场宣传活动。一是利用全省邮政市场监管工作会议召开的有利契机,就2018年"绿色快递宣传周"现场宣传活动进行动员部署;二是印发《吉林省邮政管理局关于开展"绿色快递宣传周"现场宣传活动的通知》,明确了活动方式和活动内容,从思想认识、组织实施、总结报送等层面对主题宣传工作做了具体要求;三是11月5日至11月9日活动周期间,在吉林省邮政管理局密切关注及督导下,全省9个市(州)局及时召开专题座谈,提前谋划、积极部署,开展了丰富多彩的宣传活动,广泛宣传绿色理念,倡导绿色消费方式,普及绿色包装和回收知识,营造"绿色快递,人人有为"的良好氛围,加快形成环保、绿色、低碳发展的行业共识。

黑龙江省快递发展大事记

黑龙江省政府工作报告多处提及邮政业发展内容

2月7日,黑龙江省第十三届人民代表大会首次会议召开,省长陆昊在会上做省政府工作报告。报告多处提及邮政业发展内容。报告在回顾过去工作时,提到快递业务量近三年平均增长49%,充分肯定了快递业在推动新技术、新业态、新商业模式中发挥的作用。在部署2018年重点工作时,明确提出继续加强基础设施建设,发展物流快递业,完善城乡一体化配送体系;提出促进农村一二三产业融合发展,把大宗原粮更多转化为加工后的小包装农产品,带动农产品加工、电商、物流、快递、涉农服务等产业加快发展。

黑龙江局研究部署整顿作风优化营商环境工作

2月22日,黑龙江省邮政管理局召开专题会议,传达学习上午全省整顿作风优化营商环境会议精神和省委书记重要讲话精神,并研究贯彻落实意见。按照全省整顿作风优化营商环境工作部署,突出问题导向、深化改革创新、苦练内功、增强本领、优化环境、服务发展、依法办事、推进法治化建设,研究制定《黑龙江省邮政管理局深化机关作风整顿优化营商环境实施方案》,要摆正和市场的关系,认识到自身服务市场的定位,着力解决企业反响强烈、群众反映集中、社会普遍关注的作风顽疾,推进全省邮政管理系统机关作风持续好转,行业营商环境明显改善,为推动现代化新龙江邮政业建设提供作风保证。

黑龙江省2018年行业发展实现良好开局

2月28日,黑龙江省邮政管理局召邮政业开月度经济运行分析会,总结分析2018年1月份全省邮政、快递行业经济运行情况。2018年年初全省邮政业实现良好开局,快递业务量、业务收入同比增速均高于全国平均水平,分别居全国第4位和第10位,较去年同期上升25位和20位。其中农村地区和电子商务类快递业务发展迅猛,同比增速均超过100%。

黑龙江局出台实施细则贯彻落实中央八项规定精神

3月6日,黑龙江省邮政管理局结合工作实际制定出台《中共黑龙江省邮政管理局党组关于贯彻落实中央八项规定精神的实施细则》。要求全省系统各级党组织和党员干部必须强化作风建设永远在路上的意识,按照党的十九大作出的新部署,坚持不懈改作风转作风,着力优化营商环境,强化监督检查,严肃执纪问责,持续整治"四风"突出问题,以钉钉子精神抓牢抓实抓成。

黑龙江局开展快递寄递详情单集中销毁专项行动

3月14日,在2018年"3·15"国际消费者权益日来临之际,黑龙江省邮政管理局组织开展了全省快递寄递详情单集中销毁专项行动。此次快递寄递详情单集中销毁专项行动涉及全省13个市(地),顺丰、中通、圆通、申通、韵达、百世等20余家重点品牌快递企业参与了此次行动。当天共计销毁快递寄递详情单1.07亿份,重89.47吨。

黑龙江局与省道路运输管理局签订战略合作协议

3月28日,黑龙江省邮政管理局与省道路运输管理局、省邮政公司在充分协商的基础上,签署战略合作协议，进一步贯彻落实党的十九大报告提出的乡村振兴战略，充分发挥全省交通运输和邮政业资源优势，全面推进交邮融合发展，固化交邮合作成果，为全省广泛深入地开展交邮合作提供保证。

黑龙江多部门发文协同推进快递业绿色包装工作

3月30日，为切实推进全省快递业包装源头治理，妥善处理快递包装问题，使省内各相关部门形成工作合力，黑龙江省邮政管理局联合省发展改革委、科技厅、工信委、环保厅、住建厅、商务厅、质监局和黑龙江检验检疫局转发《关于协同推进快递业绿色包装工作的指导意见》，共同推进快递业绿色包装工作。

黑龙江局制定出台深化机关作风整顿优化营商环境实施方案

3月，黑龙江省邮政管理局制定出台《2018年全省邮政管理系统深化机关作风整顿优化营商环境实施方案》，巩固扩大2017年省局机关作风整顿成果，全面贯彻落实全省整顿作风优化营商环境会议精神和省委工作方案要求。

黑龙江局制定出台全省快递市场规范整顿行动工作方案

4月20日，黑龙江省邮政管理局制定出台《2018年黑龙江省快递市场规范整顿行动工作方案》，要求重点做好两方面工作：一是坚决查处寄递渠道各类违法违规行为，维护快递市场秩序。二是安全为基，确保末端网点依法依规运营。进一步规范快递企业末端网点守法运营，推动实现快递品牌全链条一体化管理，理顺和规范企业运营管理机制。

黑龙江局制定出台"4+1"邮政市场监管工作方案

4月23日，为厘清全年邮政市场监管工作思路，提升行业监管效能和水平，黑龙江省邮政管理局强化顶层设计，结合快递业发展实际和全国邮政市场监管工作目标任务，经过认真研究谋划，在征求各市（局）意见和建议的基础上，制定出台了"4+1"邮政市场监管工作方案。

一集体一个人获省直机关基层党建工作先进表彰

4月24日，黑龙江省邮政管理局办公室党支部获评"2017年度省直机关基层党建全面提升工程先进党支部"荣誉称号。黑龙江局一名同志荣获"优秀党支部书记"荣誉称号。

黑龙江局出台《黑龙江省快递业信用体系建设工作方案》

5月9日，黑龙江省邮政管理局出台《黑龙江省快递业信用体系建设工作方案》，系统安排部署全省快递业信用体系建设工作，明确了快递业信用体系建设的指导思想、工作目标、工作原则、工作安排和工作要求，力争用1~2年时间，使黑龙江省快递业信用信息采集机制基本建成，信用监管体制基本健全，守信激励和失信惩戒机制初步发挥作用。

黑龙江省出台关于推进电子商务与快递物流协同发展的实施意见

6月13日，按照《国务院办公厅关于推进电子商务与快递物流协同发展的意见》要求，为深入实施"互联网+流通"行动计划，提高电子商务与快递物流协同发展水平，逐步实现黑龙江省快递物流规划布局科学化、基础设施公共化、信息系统共享化、车辆通行便捷化、人才培养多样化、产业发展融合化的发展目标，经省政府同意，黑龙江省人民政府办公厅下发关于推进电子商务与快递物流协同发展的实施意见。

黑龙江局开展推进快递业绿色发展专题调研

6月29日，黑龙江省邮政管理局领导带队开展快递行业绿色发展专题调研，深入苏宁物流公司对胶带"瘦身"、可降解胶带塑料袋、快递包装物奖励回收、共享快递盒、智能化包装、减量化包装、标准化托盘等方面情况进行调研，并到哈尔滨局召开重点品牌快递企业、电商企业绿色发展座谈会。

黑龙江省首个县级邮政管理机构在绥芬河成立

6月29日，黑龙江省首个县级邮政管理机构——绥芬河邮政管理局暨绥芬河市邮政业发展服务中心正式成立，标志着全省四级邮政监管体制探索取得新突破。成立仪式后召开了绥芬河市寄递渠道安全领导小组第一次联席会议，下发了《关于成立绥芬河市寄递安全监管领导小组的通知》，明确了地方综治、公安等部门寄递渠道安全监管职责。

黑龙江省人大专题听取全省快递业发展情况报告

8月22日，黑龙江省十三届人大召开第五次常委会，专题听取了黑龙江省人民政府关于全省快递业发展情况的报告。黑龙江省邮政管理局代表省政府全面介绍了近年来快递业作为现代物流业的先导性产业，在稳增长、调结构、惠民生等方面所做出的积极贡献，深入分析了黑龙江省快递业发展面临的困难和问题，务实提出了下步工作思路和建议措施。在8月23日会议分组审议中，常委们对全省快递业发展给予了充分肯定，对快递业在全省经济社会发展和服务民生方面发挥的积极作用表示高度赞扬，同时建议省政府在快递园区用地和快递车辆通行等方面给予政策支持，并加快推动加工业、电商产业等相关产业发展支撑快递服务业更好发展，研究对俄跨境快递业务发展新路径。

聂云凌副省长赴黑龙江局调研

9月13日，黑龙江省副省长聂云凌一行到黑龙江省邮政管理局，就落实省人大常委会对《全省快递业发展情况的报告》的审议意见进行调研。聂云凌副省长指出，黑龙江省快递行业有很大的发展空间，要充分结合省情，着重抓好末端服务建设，以合作、融合、共享、协同的发展理念，因地制宜引导末端网点走多种经营之路，通过科学制定规划，引导市场主体合理化布局。聂云凌副省长同时要求邮政管理部门要依照职能认真研究落实省人大常委会的审议意见，创新工作思路，推进规划实施，推动全省快递行业高质量发展。

黑龙江局推进落实省邮政业三大攻坚战工作

11月1日，黑龙江省邮政管理局进一步推进落实全省邮政业三大攻坚战工作，成立打好三大攻坚战领导小组及办公室，设立了三大攻坚战工作组，明确了职责分工，制定了三大攻坚战的实施意见，对全省邮政管理系统三大攻坚战领域各项工作进行了总体设计、统筹协调、整体推进、督促落实。

黑龙江局部署快递业务旺季服务保障工作

11月5日，黑龙江省邮政管理局召开2018年全省快递业务旺季安全服务保障动员部署工作电视电话会议。省局省邮政业安全中心、省快递协会、各品牌企业省级总部负责人在主会场参加会议，13个市（地）局分管负责人、各地品牌快递企业负责人在分会场参加会议。会议解读了《2018年全省快递业务旺季服务保障工作方案》，明确了快递业务旺季期限和"两不""三保"（全网不瘫痪，节点不爆仓；保安全，保畅通，保平稳）的总体目标，传达贯彻了国家邮政局和省委省政府近期关于邮政业安全保障工作的各项要求，并就做好2018年的快递业务旺季安全服务保障工作做出了具体部署安排。

黑龙江局深入企业开展旺季保障督导检查

11月12日，黑龙江省邮政管理局深入京东、品骏、申通、百世等电商及重点品牌快递企业总部开展督导检查。督导组深入总部分拨现场,听取了企业旺季保障工作安排汇报,召开了管理层座谈会,查阅了旺季安全服务保障工作落实情况,倾听了企业困难和问题反馈,并提出指导意见。督导组要求各寄递企业要压实主体责任,积极应对寄递旺季安全风险。

黑龙江省"双11"邮件快件日处理量再创新高

2018年"双11",黑龙江省邮件快件日处理量又有新突破。数据显示,"双11"当天,黑龙江省共处理邮件快件455.87万件,同比增长119.66%,其中收件量165.98万件,达到平日最高收件量的两倍多,较2017年"双11"单日收件峰值增长82.46%,当日投递量达到289.89万件,同比增长148.71%,再创历史新高。

黑龙江局与民航部门联手推进"平安货运"建设

11月13日,黑龙江省邮政管理局参加了省民航公安部门组织的全省"平安货运"建设联席会议,双方做了意见交流,并就机场货运安全监管信息资源共享和联合共管共治措施达成一致。

黑龙江局部署开展全省邮政业安全隐患大排查专项行动

12月10日,为深入推进寄递渠道危化品整治和涉枪涉爆隐患集中整治工作,确保年终岁首旺季生产阶段全省邮政行业安全平稳运行,黑龙江省邮政管理局开展了全省邮政行业安全隐患大排查专项行动。省邮政行业安全隐患大排查专项行动旨在推进安全生产工作"企业主体责任、政府监管责任、区域管理责任"三个责任有效落实,分三个阶段开展排查工作。

黑龙江省邮政业安全中心正式挂牌运行

12月18日,黑龙江省邮政业安全中心正式挂牌运行,对深化邮政监管体制改革,提升邮政业安全监管科学化、信息化水平,具有里程碑意义。省邮政业安全中心主要职责是承担全省邮政行业安全监管信息系统的建设、管理、应用和维护工作;参与邮政行业安全监管和应急管理相关研究、行业运行安全监测和应急处置等工作。黑龙江省邮政管理局对邮政业安全中心挂牌运行表示了祝贺,指出省邮政业安全中心是邮政业安全监管和应急管理的基础服务部门、技术支撑部门、规制保障部门。

上海市快递发展大事记

联邦快递上海国际快件和货运中心正式启用

1月8日,联邦快递上海国际快件和货运中心在上海浦东国际机场举行启用仪式,建成投用的联邦快递上海国际快件和货运中心,投资超1亿美元,总占地面积13.4万平方米,每小时最高可分拣3.6万个包裹和文件,是浦东机场内占地面积最大、设施最先进的国际快件中心,内专设海关和出入境检验检疫办公专区,简化操作程序,极大提速清关流程。联邦快递现已开通上海—比利时—巴黎,以及上海—奥克兰等货运专线,每周有66个航班进出该中心,承载华东地区往来国际市场的进出口快件。至此,国际快递货运三大集成商(Fedex、UPS、DHL)均已在浦东机场设立了专属的国际级转运中心。

夏颐局长一行赴上海市交通港航发展研究中心调研

1月19日,上海市邮政管理局局长夏颐带队赴上海市交通港航发展研究中心调研，并与研究中心班子成员就如何开展合作研究工作座谈。上海市邮政管理局副局长余洪伟、局政策法规处负责人、研究中心全体领导班子全体成员及中层以上同志参加了调研座谈。

上海局获评2017年度上海市平安示范单位

2月13日，上海市综治委印发《关于命名2017年度上海市"平安示范城区"、"平安城区"、"平安社区"、"平安示范单位"的决定》，对本市在平安创建活动中表现突出的单位进行表彰，上海市邮政管理局机关获评2017年度上海市"平安示范单位"。

上海市快递设施专项规划（2017－2035年）研讨会召开

为落实推进国家邮政局关于建设邮政强国和编制中长期发展规划纲要等工作要求，作为上海市邮政管理局谋划邮政强市的重要举措，上海市邮政管理局专题组织召开了"上海市快递设施专项规划（2017－2035年）专题研讨会"，提出上海到2035年要基本建成与"卓越的全球城市"相匹配的国际先进快递服务体系，完善形成"三片、两园、多中心"的本市快递设施空间布局，为建设邮政强市打下坚实保障，到本世纪中叶，全面建成现代化邮政强市。上海市规土局、住建委、商务委、规划设计院等相关部门负责同志和企业代表参加会议。

全国寄递渠道安全管理办公室赴沪督导检查

3月2日至4日，由中央综治办、国家安全部、公安部、国家邮政局等部门联合组成督导组赴沪开展督导检查工作。督导组分别赴中国邮政集团公司上海分公司、中国邮政速递物流公司上海分公司、韵达快递、圆通快递、申通快递、顺丰快递等网点实地查看寄递企业收寄验视、实名收寄、过机安检等制度落实情况，并检查过机安检、视频监控等相关文字、图片、视频记录。为确保寄递渠道安全，督导组提出四点要求。上海局局领导、市公安、市国安局、上海局市场处、安全中心等相关同志陪同检查。

上海局会同市商务委共推电子商务与快递物流协同发展

3月16日，上海市邮政管理局会同市商委召开电子商务与快递物流协同发展工作座谈会，进一步贯彻落实《国务院办公厅关于推进电子商务与快递物流协同发展的意见》，做好《上海市推进电子商务与快递物流协同发展的实施方案》制定准备工作。会议指出，实施方案的制定要聚焦上述问题，切实解决电子商务与快递物流协同发展面临的突出问题，进一步补齐本市快递业发展短板，促快递业与电子商务协同发展、高质量发展。

上海局与公安部门召开航空邮（快）件安全工作座谈会

3月22日，上海市邮政管理局与民航华东地区管理局公安局、上海机场公安分局空防处联合召开航空邮件快件安全工作座谈会。会议介绍了上海市2018年航空货邮退运信息统计分析情况，解读了退运物品类别和典型的快递打包成邮政包裹后发航空货邮的违规案例，并就实际监管过程中所遇到的问题提出探讨意见，指出一要坚持问题导向，深刻认识到航空邮件快件安全工作的重要性和必要性；二要加强宣传培训，组织相关企业进行航空邮件快件安全教育，规范安全生产工作；三要找准问题关键，加大检查力度，对典型案例依法依规进行处罚。

上海局组织开展"五新一老"专项科技调研

4月8日，上海市邮政管理局组织邮政快递专委会专家，开展了"五新一老"（老瓶颈、新路径、新技术、新应用、新趋势、新布局）科技专项调研工作。专项调研以上海市邮政快递专委会为平台，组织专委会中来自高校、研究所、政府和快递企业等不同领域的十位专家学者，采取"背靠背"独立征询形式，围绕邮政业"近期、中期、远期"发展阶段，开展专题调研。专题调研为破解行业发展瓶颈提供科技支撑，对上海邮政业未来发展产生了积极影响。

上海推动2018年快递行业人才培养和技能培训工作

4月10日，上海市邮政行业职业技能鉴定中心会同上海市快递行业协会、上海友益职业技术培训中心，召开人才培养和技能培训工作会议，正式启动2018年上海市快递行业人才培养和技能培训工作。会议传达了国家邮政局有关组织推荐第十四届全国技术能手候选人等工作的部署要求；通报了2017年本市快递行业人才培训和职业技能鉴定工作情况和取得的成绩，提出了2018年要做好的X光机安检人员培训考试、组织本市和全国职业技能竞赛、开展员工技能等级考试、做好员工岗前培训和数据统计工作等4项具体任务；各快递企业负责人交流了各自企业情况和今年开展人才培养和职业技能培训工作的打算。

上海邮政国际业务数据纳入上海市跨境电商统计监测范围

4月12日，上海邮政国际业务数据已经纳入上海市跨境电商统计监测范围，该项工作作为"上海市跨境电商2017年重点工作"任务之一，由上海市邮政管理局和市商务委负责完成，表明上海邮政在跨境电商领域已得到市政府的高度关注。上海市邮政管理局积极配合市政府创新发展模式、夯实基础设施、完善管理政策、健全风险防控，持续推进邮政业与跨境电商协同发展，2018年将联合上海市商务委、发展改革委等部门，围绕跨境电商综合试验区建设，进一步完善统计监测系统，探索建立基于清单申报、平台数据、支付结算等多方联动的统计制度，并在政策扶持、业务发展上给予更大的支持。

上海局妥善处理快捷快递网络阻断事件

4月，国家邮政局在官网发布消费提示称，快捷快递在部分地区服务运行出现异常。上海市邮政管理局抓紧启动相关程序，在国家邮政局、上海市委市政府、青浦区政府相关部门的支持和协调下，部分寄递企业的配合和帮助下，上海市邮政管理局妥善处理快捷快递网络阻断事件，未造成恶劣的社会影响。

上海局扎实推进快递业信用体系建设工作

5月10日，国家邮政局召开快递业信用体系建设动员部署电视电话会议后，上海市邮政管理局第一时间部署落实相关工作，传达国家邮政局会议精神，贯彻落实国家邮政局副局长刘君指示要求，扎实推进上海市快递业信用体系建设工作。上海市邮政管理局下发了《上海市邮政管理局快递业信用体系建设工作实施方案》，成立了上海市邮政管理局快递业信用体系建设工作领导小组，由局党组成员、副局长周德刚任领导小组组长，各处室和管理局负责人为领导小组成员。

陈寅书记一行调研邮政业禁毒工作

5月31日，上海市委常委、市政法委书记陈寅一行赴上海邮政速递国际邮件处理中心就禁毒"两打两控"工作进行实地考察调研，调研组一行考察了上海海关驻邮局检查处及缉查毒品成果展，随后召开了市禁毒成员单位专题工作座谈会。上海市邮政管理局副局长周德刚从邮政业发展基本情况、安全管控主要措施和禁毒主要成果三方面汇报了上海邮政业寄递渠道禁毒管控工作总体情况。市禁毒办、交通委、商务委、公安、海关、邮政、民航、铁路等成员单位参加调研并汇报工作。

上海电商快递协同发展被纳入市电子商务重点工作

6月，上海市电子商务发展联席会议召开，会上发布了《2017年上海市电子商务报告》，报告肯定了上海市邮政管理局在破解行业发展难题方面取得的成绩，指出："上海市邮政管理局针对政策障碍等瓶颈深入探索，开展'快递揽投专用电动自行车'试点，积极推动解决末端配送车辆问题。"会议明确了2018年上海市电子商务工作要点，将"推进电子商务与物流快递协同发展"纳入2018年上海市电子商务重点工作，并细化了相关举措。在工作任务分工中，将上海市邮政管理局作为推进电子商务与物流快递协同发展的主要责任部门，作为打造跨境电商"上海购物"全球品牌，切实推进跨境综试区建设工作的责任部门之一。

上海局参与相关行业立法推动快递绿色发展

6月中旬，上海市邮政管理局在《上海市生活垃圾管理条例》的立法过程中，主动纳入，积极作为，宣传行业绿色发展理念。上海市邮政管理局会同市绿化市容管理局组织召开《上海市生活垃圾管理条例（草案）》快递企业座谈会，专题听取本市快递企业关于快递包装物减量等方面的意见和建议。针对快递包装物纳入条例，上海市邮政管理局提出：一是压实快递企业的责任，本市快递企业应按照国家快递绿色包装相关标准，通过使用电子运单、环保箱（袋）、环保胶带、中转箱等设备，减少包装物消耗，提高快递包装物回收利用率。二是把电商企业从幕后引到台前，鼓励本市电子商务平台企业提供绿色包装选项，对于绿色包装实行计价优惠，建议积分反馈、绿色信用等机制引导消费者使用绿色包装或减量包装。三是创新管理理念，提出鼓励单位和个人使用可重复使用信封和快递包装物，在社区快递末端综合服务场所增设快递包装物回收利用功能的合理化建议。

上海正式发布《上海国际航运中心建设三年行动计划（2018－2020）》

6月，上海正式发布《上海国际航运中心建设三年行动计划（2018－2020）》，提出到2020年，上海要基本建成航运资源高度集聚、航运服务功能健全、航运市场环境优良、现代物流服务高效，具有全球航运资源配置能力的国际航运中心。本市邮政业多项内容被纳入三年行动计划中，其中明确提出"提升国际航空货邮中转功能，推进快件、冷链物流和跨境电商等细分业务开展""打造虹桥临空经济示范区，促进航空要素集聚和交易；建设吴淞口邮轮总部基地，丰富邮轮商业服务，打造邮轮物资配送中心""支持拓展'一带一路'国际航空网络"。

上海市政府大力支持跨境电商与邮政业协同发展

6月，上海市跨境电商工作领导小组办公室正式印发《上海市跨境电商发展2018年工作要点》，进一步支持跨境电商与邮政业协同发展。工作要点指出：一要拓展监管创新业务，建立针对创新商业模式的跨境电商监管方案，推动邮件、快件渠道开展跨境电商直购进口业务，完善跨境电商检验检疫监管系统，结合不同品类监管需求，进一步推动监管模式创新；二要强化跨境电商发展动态分析监测，探索通过多渠道开展跨境电商发展规模测算，加强行业动态研究分析，参与编制发布《上海市跨境电商年度发展报告》；三要进一步完善工作推进机制，领导小组各成员单位要加强沟通协调，形成合力推进各项任务按时完成。

上海局推动"快递＋政务"助力优化营商环境

6月，上海市邮政管理局组织召开协调会，专题推进"快递＋政务"相关前期工作，上海大数据中心、上海邮政EMS公司和平台建设单位等有关负责同志参加会议。会议要求邮政EMS公司主动对接，积极参与"一网通办"寄递业务实施方案编制工作,发挥快递行业优势,通过快递服务优化行政审批业务流程,减少送达时间,提高审批效率,助力解决政务服务中的"堵点"和"痛点",做到让数据多跑路、群众少跑腿。

上海出台《关于建立本市物流寄递环节打击涉烟违法犯罪协作机制的意见》

为贯彻落实国务院关于打击制售假冒伪劣商品和公安部、中央综治办等九部门集中开展寄递物流专项整治行动的工作部署,严厉打击利用物流寄递渠道实施的涉烟违法犯罪活动,维护国家利益和消费者合法权益,根据《国家烟草专卖局　公安部　交通运输部国家邮政局关于建立物流寄递环节打击涉烟违法犯罪协作机制的意见》要求,上海市邮政管理局会同市烟草专卖局、市公安局、市交通委共同印发《关于建立本市物流寄递环节打击涉烟违法犯罪协作机制的意见》,明确工作目标、组织架构和职责分工,并就建立健全联席会议制度、信息共享制度、联合办案制度、经费保障和奖惩制度及培训宣传制度提出详细要求,确保各单位进一步加强协作联动,形成监管合力。

上海市首支邮政业禁毒志愿者队伍成立

6月26日,黄浦邮政管理局联合黄浦区禁毒办、上海市自强社会服务总社、上海市禁毒志愿者协会黄浦代表处共同举行黄浦区"乐蜂"邮政业青年禁毒志愿者团队成立授旗仪式。黄浦区常委、政法委书记吕南停、上海市邮政管理局副局长余洪伟等相关领导、辖区部分邮政企业、快递企业代表参加了仪式。仪式现场向企业"乐蜂"青年志愿者代表颁发了服务证、向企业赠送了禁毒书籍、法律法规并向青年志愿者团队授旗,宣布了上海市第一支邮政业禁毒队伍正式成立。

国家邮政局涉枪涉爆隐患整治检查组来沪检查督导

7月,国家邮政局组织涉枪涉爆督导检查组来沪开展涉枪涉爆隐患整治和企业安全生产主体责任落实检查工作。督导组分别赴中国邮政集团公司上海分公司、圆通快递、申通快递等公司网点实地查看寄递企业收寄验视、实名收寄、过机安检等制度落实情况,并检查过机安检、视频监控等相关文字、图片、视频记录,同时对优速快递分拨中心开展夜查;督导组对企业在生产过程中视频监控不到位、安检员、安检机配置不足等问题提出了整改意见。

上海市快递行业协会积极参与"户外劳动者之家"活动

7月20日,上海市快递行业协会参加了建行上海市分行举行的"户外劳动者之家"的成立仪式。"户外劳动者之家"是中国建设银行上海市分行积极响应市政府关于建设"户外职工爱心接力站"实事工程的号召,积极践行社会责任,为包括快递员在内的户外工作者改善工作条件和工作环境,切实解决户外工作者工作中遇到休息难、饮水难、充电难、如厕难等实际困难的爱心之举。上海市快递行业协会作为同业企业以及其他经济组织和相关的社会团体自愿组成、实行行业服务和自律管理的跨部门、跨所有制的非营利的行业性社会团体,一直致力于改善快递员工作环境,积极参与"户外劳动者之家"活动的创建工作。

上海局专题调研环保循环包装材料生产企业

7月,为进一步落实国家邮政局邮政业绿色发展相关工作要求,推动快递业包装绿色化、减量化、可循环工作,上海市邮政管理局副局长余洪伟一行专题调研环保循环包装材料生产企业——灰度环保科技(上海)有限公司。要求相关单位切实加强调查研究,抓好试点示范,切实推动快递业包装绿色化、减量化、可循环工作。

上海局全面推开快递末端网点备案工作

快递末端网点备案是深入贯彻落实党中央、

国务院"放管服"精神,推动快递业健康发展的重大举措。上海市邮政管理局按照国家邮政局部署,认真组织,周密部署持续优化行业发展环境,改善寄递渠道运行体系,进一步减轻企业证照手续负担,让快递企业和从业人员轻装上阵。在全市开展许可企业基础数据摸排整理的基础上,全面有序推进快递末端网点备案工作,及时总结调整提高,提前完成全部摸底数据的存量备案。

上海局专题调研非公快递企业党建工作

8月,为切实发挥非公企业党组织在企业中的政治核心和引领作用,助推非公企业转型升级、持续健康发展,上海市邮政管理局党组成员、副局长、机关党委书记周德刚带队走访"三通一达"、顺丰、优速和速尔等7家民营快递企业,专题调研推进非公企业党建工作并与企业党组织相关负责人座谈。

全国政协提案委员会来沪督办调研

8月,由全国政协常委、提案委员会副主任郭庚茂带队的全国政协提案委员会"推进快递行业绿色发展"重点提案督办调研组来沪调研。上海市邮政管理局局长夏颐、副局长余洪伟陪同调研。督办调研组先后听取了上海市邮政管理局关于上海市邮政业绿色发展工作情况的汇报、市商务委关于上海市电子商务与快递物流协同发展情况的汇报,实地考察灰度环保科技(上海)有限公司、美团点评集团、顺丰速运有限公司、圆通速递有限公司等,围绕快递行业绿色发展主题开展交流讨论,对绿色包装行业标准、循坏回收模式等议题在会上进行了深入探讨。调研组对上海邮政行业管理部门在促进快递绿色发展方面所做的工作予以肯定,对企业环保研发创新型产品及运营模式给予高度评价。

上海推进寄递业电动自行车消防安全综合治理

9月,为进一步推进上海市市电动自行车消防安全综合治理工作,确保进口博览会期间上海市寄递渠道平稳有序运行,市安委办、市消防委办、市公安、市邮政管理局等联合组织召开了上海市寄递企业加强电动自行车安全使用管理督导会。会议从进一步落实消防安全主体责任、进一步完善消防安全管理机制、进一步优化电动自行车使用模式、进一步加大消防安全宣传力度这四个方面部署了寄递企业电动自行车消防安全治理工作,并对寄递企业提出了三点工作要求:一是充分认清开展电动自行车安全治理的重要意义;二是从严从速全面开展电动自行车安全隐患整治工作,严把质量安全关、充电使用关、交通安全关;三是多措并举全力确保工作取得实效,强化宣传教育、考核督导、责任追究。会后,参会的各寄递企业集体签订了安全承诺书。

上海局与轨交公安共同推进轨交区域寄递安全工作

9月28日,上海市邮政管理局会同轨道交通公安部门召开安全工作会议,部署寄递渠道相关安全管理工作。部分于轨道交通区域经营快递业务的企业代表出席会议。会议要求各相关快递企业树立"严格查控保安全"理念,落实"最严标准、最强措施"的要求,严格执行收寄验视和实名制登记制度,遵守轨道交通的各项安全管理规定,全力保障寄递物品在轨道交通区域流通过程中的绝对安全和规范有序。上海市邮政管理局会同轨交公安共同和与会企业代表现场签订了《轨交区域寄递安全责任承诺书》,切实落实企业安全生产主体责任。

上海局开展快递工程专业技术人员职称评审

10月19日,上海市邮政管理局组织召开快递工程专业技术人员职称评审试点工作座谈会,听取在沪各快递企业对开展快递工程专业技术人员职称评审工作的意见和建议。会议强调,支持民营、外资等多种形式的快递企业专业技术人员参加职称评审,不仅是贯彻落实职称改革精神要求的具体举措,更有利于促进非公快递企业工程技术人员的成长,有利于推动快递新业态发展。会上,相关合作单位详细介绍了快递工程专业技术人员职称评审工作的准备情况,并就当前上海市职称评审有关政策进行了解读。顺丰、圆通、HDL、FedEx等快递企业人力资源部门负责人介绍了各自企业工程技术人才队伍情况,并就围绕快递工程专业技术人员职称评审的现实需求、申报条件、评价标准和评审组织等问题进行了深入细致的讨论交流。

上海市首批快递揽投专用电动自行车成功交付

11月1日,上海韵达速递快递揽投专用电动自行车交车仪式成功举行,标志着上海市首批快递揽投专用电动自行车正式交付。上海市邮政管理局副局长周德刚出席了本次交车仪式。仪式上,韵达首批300辆快递揽投专用电动自行车实现交付。

快递行业纳入上海市产业地图

为进一步优化产业定位和空间布局,上海从一二三全产业链角度,编制了上海市产业地图,于11月初正式发布。产业地图提出了"一心、一环、两带、多区"的总体布局,重点聚焦融合性数字产业、战略性新兴产业、现代服务业和现代农业,从空间和产业两个维度,形成现状图和未来图,现状图里提出了现代服务业中的现代物流产业"5+1+X"空间布局,"1"的产业定位是快递业,即青浦区的"全国快递行业转型发展示范区、国家火炬上海青浦智慧物流特色产业基地"区域。

《上海市快递设施专项规划(2017—2035年)》发布

11月,上海市邮政管理局正式发布《上海市快递设施专项规划(2017—2035年)》。作为《上海城市总体规划(2017—2035)》的专项规划之一,专项规划立足上海市快递业发展实际,分2020年、2035年以及2050年三个阶段,对上海市快递基础网络近期发展目标和远期发展愿景进行了展望,对快递设施体系和空间布局进行了规划,明确了未来一段时期内上海市快递设施建设发展的方向和路径。规划分为五个部分:规划背景与目的、发展现状与趋势、指导思想、总体思路与规划目标、设施体系与空间布局和规划实施保障措施。

《快递手持终端安全技术要求》行业标准获批通过

11月,历时两年,由上海市快递行业协会编制的《快递手持终端安全技术要求》行业标准获审查通过。

上海市公安局致函上海局感谢进博会期间安保工作

11月5日至10日,首届中国国际进口博览会在上海成功举行。上海市邮政管理局全面贯彻落实上海市委、市政府和国家邮政局的决策部署,紧紧围绕做好寄递安全服务保障工作,围绕中心、服务大局,精心组织、严密部署,强化监管、狠抓落实,经过全行业的共同努力,圆满完成了进博会寄递安全服务保障任务。上海市公安局致函上海市邮政管理局,感谢上海市邮政管理局在进博会安保期间,有力有效地指导、督促本市邮政、快递企业严格执行收寄验视制度,配合相关安保部门做了大量卓有成效的工作,为进博会安全工作最终取得圆满胜利发挥了不可替代的作用。

上海局深夜督导"双11"安全服务保障工作

11月11日深夜,上海市快递行业迎来"双11"业务高峰期,上海市邮政管理局局长夏颐和副局长周德刚率领督导组兵分两路,先后赴申通、韵达、中通、圆通、邮政公司、百世、优速、国通等企业,现场督导和检查"双11"业务旺季服务保障工作。督导组充分肯定了各企业在确保全市"双

11"期间快递业安全、平稳、有序运行方面做出的努力,对各企业奋战在一线的工作人员表示亲切慰问,勉励大家持之以恒,坚守岗位,全力打好攻坚战。

上海局召开《上海市志(1978—2010)·邮政业卷》编纂启动会

11月22日,上海市邮政管理局召开《上海市志(1978—2010)·邮政业卷》编纂启动会。上海市快递协会、市邮政分公司、各快递企业编纂工作相关负责人、编纂实施方出席会议。上海市邮政管理局副局长余洪伟出席会议并讲话。会议介绍了《上海市志(1978—2010)·邮政业卷》编纂筹备情况,宣布了编纂委员会、办公室的组织架构和人员名单。会议就各快递企业提供的资料清单做了详细说明,会议部署了下一步工作安排。

上海召开快递行业文明单位表彰会

11月26日,上海市邮政管理局召开2016—2017年度上海市快递行业文明单位表彰会。上海市邮政管理局党组成员、纪检组长、副局长周德刚,上海市快递行业协会会长沙剑湧出席会议并讲话。会议对荣获2016—2017年度上海市快递行业文明单位的企业进行了表彰并授牌。周德刚对今后的工作提出明确要求:一是行业精神文明建设任重道远;二是珍惜荣誉,当好典型示范;三是不断提升精神文明建设水平。

上海市建设交通工作党委赴非公快递企业开展大调研

12月5日,上海市建设交通工作党委副书记田赛男带队调研圆通和德邦两家民营快递企业,倾听企业心声,会商发展难题,深入了解非公企业党建工作开展情况。上海市邮政管理局党组成员、副局长余洪伟陪同。调研组一行先后参观了圆通集团总部展示馆及党建活动中心、德邦快递总部,并分别与企业相关负责人进行深入座谈交流。田赛男鼓励民营快递企业要继续围绕国家发展规划,积极融入长三角一体化战略,充分发挥党建优势,坚持企业发展到哪里,党组织就覆盖到哪里,在发展中不断提升企业文化建设水平、提升企业发展能级,同时,有关部门要积极帮助企业解决好公共服务配送平台建设和快递车辆通行等问题,为企业发展创造良好的市场环境。余洪伟要求,上海局相关部门要主动对接企业,积极借鉴建设交通系统成功经验,充分利用户外爱心接力站等平台为快递员提供切实便利,落实上海市各项扶持民营经济发展的政策,以实际行动加强对快递企业的支持,助推民营经济发展。

上海市交通、邮政管理两部门领导赴民营企业开展"大调研、大走访"活动

12月6日,上海市交通委、市邮政管理局联合赴民营快递企业总部开展"大调研、大走访"活动,专程听取三通一达、顺丰、百世和德邦等企业在交通运输方面的困难与诉求。上海市交通委副主任蔡军、上海市邮政管理局副局长余洪伟参加调研。各大快递企业分别针对目前车辆临时停靠难、新能源车购买难、车辆异地登记管理难以及快递两轮揽投车的投放力度不够等实际问题反映情况、咨询政策、提出诉求。上海市交通委、上海市邮政管理局回应了相关问题,力争使调研出成果、见实效。

上海市贯彻国办1号文件的实施意见获审议通过

为贯彻落实《国务院办公厅关于推进电子商务与快递物流协同发展的意见》,促进本市电子商务与快递物流协同发展,上海市邮政管理局联合市商务委等部门共同制订了《上海市贯彻〈国务院办公厅关于推进电子商务与快递物流协同发展的意见〉的实施意见(送审稿)》,于12月10日通过上海市政府常务会议审议。

上海局做好"户外职工爱心接力站"推广工作

2018年上海市政府将"户外职工爱心接力站"列为新增实事项目,为快递员等户外劳动者提供各类服务,目前共有1003家,在全市16个区实现了全覆盖。上海市邮政管理局多措并举做好推广:一是通过局网站、局官方微信发布多条信息,并在局网站首页设立飘窗公布户外职工爱心接力站名录;二是局领导带队到各大总部企业,逐一宣传、介绍相关惠民政策措施;三是通过上海邮政业2019年度工作会议等各类会议向广大快递企业宣传推介;四是指导市快递行业协会做好服务,组织会员企业落实相关政策,切实让快递员享受到政策措施带来的实惠。

上海局"一网通办"工作获肯定

12月,上海市政府办公厅发信感谢上海市邮政管理局在本市"一网通办"建设推进中辛勤付出,以高度的责任心、强烈的使命感、良好的合作精神和高超的专业素养,为保障"一网通办"总门户正式上线开通和平稳运行所作的贡献。为深入贯彻国家邮政局提出的"简政放权"和上海市委市政府提出的"一网通办"等要求,作为推进更贴近民生七件实事的工作任务之一,上海局主动作为,积极推动本市"快递+政务"服务,不断拓展快递服务民生的新内涵。

上海出台快递员等灵活就业群体工会会员专享基本保障政策

12月,针对灵活就业群体,市总工会首次设计推出了"灵活就业群体工会会员专享基本保障",以帮助他们切实提高抵御和防范疾病、意外风险的能力。从2019年1月1日起,上海市快递员等灵活就业群体工会会员将获得专享基本保障,最高每人每年保障金可达9.08万元。专享的四类保障范围为:住院补助金、特种重病保障、意外伤害和重残保障、疾病身故保障。

江苏省快递发展大事记

江苏推广快递服务农村电子商务典型项目

1月,为深入推进快递服务农村电子商务工作,江苏省邮政管理局联合省商务厅、省农委编制印发了《江苏省快递服务农村电子商务典型项目图册》,向全省各级邮政管理、商务、农业部门和重点乡镇推广苏州阳澄湖大闸蟹、宿迁沭阳花木等七个快递服务农村电子商务典型项目建设经验。

江苏省快递服务公众满意度名列前茅

1月,江苏省质量监督管理局发布了《2017年江苏服务行业公众满意度调查分析报告》,快递服务公众满意度位居十大重点测评行业第三位。此次调查采取等额随机抽样的办法,调查对象由10个服务行业延伸至49个行业覆盖全省13个省辖市,并对10个行业进行重点测评。在10个重点监测行业中,快递服务公众满意度指数为72.75,位于10个重点测评行业第三位,高于重点测评行业平均指数。报告指出,物流快递服务发展迅速,但粗放式管理所带来系列问题仍困扰行业的健康发展,同时对改进和提升行业服务质量提出了对策和建议。

费高云副省长对邮政管理工作提出明确要求

2月25日,2018年江苏省交通运输工作座谈会召开。出席会议的江苏省副省长费高云在部署2018年工作时,特别对邮政管理工作提出了明确要求。会上,费高云副省长分别对市级邮政业安全中心的成立、快递电动三轮车的规范通行以及智能信包箱的推广等工作作出了明确部署。全省13个地(市)分管市长,省交通运输厅、省邮政管理局等相关厅局负责人,以及各地交通运输局主要负责人参加了会议。

江苏局荣获全省2017年度绩效管理工作先进单位

3月,江苏省绩效管理工作联席会议办公室通报了2017年度绩效管理考评结果,117家参评的省级机关和部省双重领导机关中,江苏省邮政管理局荣获最高荣誉——2017年度省级机关绩效管理工作先进单位。

费高云副省长视察邮政管理工作

3月14日,江苏省副省长费高云专程赴江苏省邮政管理局视察邮政业发展和管理工作。江苏省政府副秘书长陆留生,省公安厅、省交通运输厅、省住建厅等相关部门负责同志陪同视察。

江苏表彰2017年度快递行业优秀企业

3月,为表彰行业先进典型,弘扬新风正气,积极引导省内快递企业提档升级、提质增效,在江苏省邮政管理局的指导下,江苏省快递协会组织开展了2017年度全省快递行业优秀企业评选工作,根据评估结果,江苏省快递协会对相关企业进行了表彰,分别授予中国邮政速递物流股份有限公司江苏省分公司2017年江苏快递业最佳规范经营奖、江苏顺丰速运有限公司2017年江苏快递业用户最满意奖、中通速递有限公司江苏片区2017年江苏快递业最优服务时效奖、江苏苏宁物流有限公司2017年江苏快递业最佳服务奖、南京晟邦物流有限公司2017年江苏快递业发展突出贡献奖。

江苏表彰2017年度全省快递行业放心消费创建活动示范单位

3月,江苏省邮政管理局联合省放心消费创建活动办公室对2017年度全省快递行业放心消费创建活动进行表彰。经实地验收、评选推荐和联合审定,中外运-敦豪国际航空快件有限公司常州分公司等6家企业获得"全省快递行业放心消费创建活动示范单位"称号。

江苏局表彰2017年度全省邮政业消费者申诉处理工作先进集体

3月,江苏省邮政管理局对2017年度全省邮政业消费者申诉处理工作先进集体进行了表彰。无锡、镇江、宿迁、苏州、常州等五市邮政管理局被评为先进集体。

江苏局与省公安厅联合开展快递末端服务专题座谈调研

3月,江苏省邮政管理局与省公安厅联合对快递末端服务情况进行专题调研座谈。江苏省公安厅治安总队、菜鸟驿站、熊猫快收、顺丰、圆通等相关企业负责人参加了座谈交流。

江苏发文推动快递配送效率提升

3月,江苏省邮政管理局联合省商务厅、公安厅等部门出台了《关于发展城乡高效配送专项行动的通知》,提出要在推动快递三轮车规范通行等多个方面提升快递配送效率。具体内容包括:推动快递三轮车规范通行;优化城市配送网络;推进智能服务终端建设;创新农村物流模式;加快发展集约化配送。

江苏局依法对国通、德邦总部实施行政约谈

针对国通快递和德邦物流服务质量下降、运营管理不力等问题,4月,江苏省邮政管理局根据《江苏省快递服务质量警示制度》和《邮政市场监管约谈办法》,对被给予红色警示的这两家快递企业总部负责人实施了行政约谈。

江苏局联合省住建厅调研智能信报箱建设使用情况

为了解盐城智能信报箱建设过程中的困难和

问题,总结盐城模式经验,推进《住宅智能信报箱建设标准》尽快出台,5月8日,江苏省邮政管理局联合省住建厅赴盐城实地调研智能信报箱建设和使用情况。

江苏局指导推进非公快递企业党组织建设

5月,江苏省邮政管理局党组研究制定了《推进江苏省非公快递企业党组织建设的指导意见(试行)》。指导意见提出,各市局要立足快递行业转型升级的新形势、新要求,深入调查摸底,采取自行组建、依托协会组建或者片区联建、产业链共建、挂靠组建等方式科学设置非公快递企业党组织。建立健全属地管理为主、属业管理为辅的非公快递企业党组织管理体系,推动落实党建工作责任,建立党建经费、党务队伍、活动阵地等保障机制。要加强已建非公快递企业党组织的规范化建设,明确党组织的功能定位,建立双向互动机制,进一步改进党组织活动方式,推进精神文明建设工作。

两项江苏地方标准通过专家评审

6月9日,江苏省邮政管理局和省质量技术监督局共同组织召开了《智能快件箱运营管理服务规范》和《智能信包箱运营管理服务规范》两项地方标准专家审查会。会上,编写组汇报了两项标准的立项背景和目的,详细介绍了标准起草过程及具体内容。来自南京邮电大学、省邮政业安全中心、省快递协会、南通市质量技术监督局、南京市邮政管理局的5位评审专家经过严格的质询和研讨,一致同意通过审定。

江苏局进一步规范快递业务经营许可工作

6月,江苏省邮政管理局印发《关于进一步规范快递业务经营许可工作的指导意见》。指导意见提出六方面措施:一是准确把握快递业务范畴,明确业务流程中不具备分拣环节的及时闪送、专线物流、快餐外卖,递送物品不符合包裹特征的大件物流、无独立封装物品,以及面向不特定收件人的广告宣传等均不属于快递业务范畴;二是强化能力审核,明确申请省内经营快递业务应具备相应的收寄、分拣、运输、投递等服务能力和快件寄递全程信息化管理能力,配备相应信息管理系统;三是强化安全保障能力审核,明确申请人必须具备落实"三项制度"的能力,对未按规定安装实名收寄信息系统、未配备符合要求的安检设备、安检设备未按要求接入邮政管理部门安全监管信息系统或未配备满足安检操作需要的安检人员的,不予核准快递业务经营许可申请;四是规范代理加盟行为,明确省内经营快递业务企业直接或以合作方式设立的代理点,应当进行末端网点备案;五是创新监管模式,明确将整合快递末端服务资源经营快件揽收、投递等环节的平台服务企业和共同配送企业纳入快递业务经营许可管理范畴,并由其对设立和发展的末端服务实体进行末端网点备案管理;六是完善市场主体退出机制,明确了注销、吊销快递业务经营许可的四种情形。

南通投递员赵颖东获评江苏2017年度"最美交通人"

6月30日,由江苏省委宣传部、省文明办和省交通运输厅主办的江苏省道德模范与身边好人(交通行业)专场交流活动暨2017年度"最美交通人"发布会在南京举行。会上,南通市如皋邮政分公司搬经中心支局投递员赵颖东荣获2017年度十大"最美交通人"荣誉称号。南京邮政发行投递局水佐岗分局投递局谢培军作为全省交通运输行业先进典型代表参加会议。

江苏局建立快递企业区域总部管理机制

7月,江苏省邮政管理局印发了《快递企业江苏区域总部管理办法》,进一步落实企业总部主体责任,推进快递企业自律管理。该办法从加强区域总部建设、实施人员变动报备、重大事项报备、年度工作报备、强化会议培训管理、区域管理责任、应急管理机制、区域总部考核等八个方面进行了规范，要求规模较大的品牌快递企业设立江苏区域总部对本品牌省内企业的服务质量、安全保障、业务流程等实行统一管理，明确江苏省邮政管理局将根据各品牌快递企业江苏区域总部在行业发展、规范经营、安全保障等方面工作成效对其进行年度考核并提出区域总部负责人调整建议。

江苏局会同多部门开展城乡高效配送试点工作

7月，江苏省邮政管理局会同省商务厅、公安厅、交通运输厅、供销合作总社等部门印发了《关于开展城乡高效配送试点工作的通知》，组织开展城乡高效配送试点工作。通知指出，推进城乡高效配送要落实三方面举措：一要科学制定政策措施，科学编制配送规划，完善物流用地规划，将智能快递箱、快递末端综合服务场所纳入公共服务设施相关规划，加大物流设施建设支持；二要加大财政支持力度，发挥各级财政专项资金的引导作用，带动社会投资热情，加大对骨干企业和重点项目的支持；三要深化"放管服"改革，简化审批程序，优化行政管理，减轻企业负担。

江苏局进一步推动快递专用电动三轮车规范通行工作

7月，江苏省邮政管理局印发《关于做好快递专用电动三轮车规范通行工作的通知》，要求充分认识做好规范快递电动三轮车通行工作的重要意义，积极营造良好氛围，推动相关工作取得新突破。

江苏局全面启动快递业信用体系建设工作

7月，江苏省邮政管理局印发了《江苏省快递业信用体系建设工作方案》，全面启动江苏快递业信用体系建设工作。方案明确了全省快递业信用体系建设的指导思想、工作目标、工作原则、工作任务、职责分工、时间安排以及工作步骤。要求各市邮政管理部门要按照政府推动、社会共建、完善制度、规范管理，统筹规划、稳步实施，整合资源、共建共享等四项原则，重点在完善快递业信用管理规章制度、建立快递业信用档案、组建快递业信用评定委员会、全面采集信用信息、编制快递业年度信用评定方案、信用评定和结果应用以及推进诚信文化建设等七个方面组织开展相关工作。

江苏认定首批省级快递标准化网点

7月，在江苏省邮政管理局指导下，江苏省快递协会组织开展了省级快递标准化网点建设工作，并认定南通顺丰钟秀街道营业部等5个快递服务网点为第一批省级快递标准化网点。

江苏局联合省总工会、省快递协会慰问快递员

7月26日，江苏省总工会、江苏省邮政管理局、江苏省快递协会相关负责同志，先后来到南京邮区中心局EMS分拨中心和南京顺丰龙运大道营业部亲切看望慰问一线快递员工。

江苏局联合省农委部署全省快递服务现代农业工作

8月，江苏省邮政管理局联合省农委在"全国快递服务农业示范基地"宿迁沭阳县召开了全省快递服务现代农业工作部署会，推进农村电子商务与快递业协同发展。全省邮政管理部门、农委、快递企业、快递协会、电商园区及电商企业共100余人参加了会议。会议介绍了江苏特色农产品发展及快递服务现代农业情况；相关市农委、电商园区、农村电商企业与邮政管理局、快递企业代表共20个单位、企业签订了战略合作协议。为实地了解快递与农村电商协同发展情况，组织参观了沭阳新河镇电子商务快递园、沭阳县苏台花木产业园、沭阳百盟快递物流小镇，实地感受全国最大的花木之乡快递与农业农村电商协同发展情况。

江苏局与盐城市政府签署战略合作协议

9月12日，在国家邮政局副局长戴应军和盐

城市委书记戴源的共同见证下,江苏省邮政管理局局长张水芳与盐城市副市长孙轶分别代表邮政管理部门与地方政府签署了战略合作协议,全面推动该市邮政业高质量发展。此次战略合作内容涉及产业集聚联动发展、地方政策扶持、管理机构设置、空港物流基地建设、行业人才队伍建设、新能源汽车应用等多个方面。双方提出,进一步加大合作力度,建立多层次、全方位的合作机制。

江苏局组织开展非洲猪瘟疫情防控工作

9月,根据省非洲猪瘟疫情应急指挥部要求,江苏省邮政管理局迅速组织全省邮政快递行业开展疫情防控工作。江苏省邮政管理局结合邮政快递行业实际,积极研究制定疫情防控措施,取得了较好的工作成效。

江苏举办"迎战双11"安全保障动员誓师大会

10月15日,江苏省邮政管理局联合省快递协会组织召开了全省快递旺季"迎战双11"安全保障动员誓师大会。会上,江苏省快递协会会长孙安宁首先分析了全省快递业面临的新形势,对旺季服务期间安全与服务保障工作进行了动员。江苏省邮政公司寄递事业部负责人代表全省快递企业在发言中表示,将进一步优化生产作业组织,采取精细化管理,通力协作配合,坚决打赢"双11"攻坚战。

江苏举办"争做维护道路交通秩序的示范者"快递员工宣誓活动

10月15日,江苏省邮政管理局、省公安厅交通管理局、省快递协会举办了"争做维护道路交通秩序的示范者"快递员工宣誓活动。来自省内各主要快递品牌的60名员工代表全省15万快递从业人员进行了宣誓。参加宣誓的员工代表发出了"自觉遵守交通安全法律法规,不违规占用车道、不闯红灯、不逆行、不超速、不酒驾,珍爱生命,争做维护交通秩序的示范者,快递行业形象的塑造者和经济社会发展的贡献者"的誓言。

江苏召开"绿色邮政 绿色宣言"新闻发布会

10月31日,江苏省邮政管理局和省生态环境厅联合召开"绿色邮政 绿色宣言"新闻发布会。江苏省邮政管理局副局长陈京生、省生态环境厅副巡视员季丙贤、中华环境保护基金会主任李承峰出席发布会。发布会上,邮政公司、苏宁和菜鸟等三家企业分别宣读了绿色行动方案。省生态环境厅对绿色邮政发展提出了三点建议:一是进一步统一思想认识,共推生态文明建设和环境保护;二是不断丰富合作内容,积极搭建合作平台,打造有江苏特色的活动品牌;三是广泛开展社会动员,践行企业社会责任,提高消费者环保意识,为推动生态文明建设注入新活力。《新华日报》、江苏电视台、《扬子晚报》等10余家省内主流媒体参加了活动。

江苏局举办首场"快递企业进校园"专场招聘会

11月7日,江苏省邮政管理局联合省快递协会、江苏经贸职业技术学院物流学院举办了首场"快递企业进校园"专场招聘会。顺丰、苏宁、申通、中通、圆通、京东、韵达、百世、宅急送、新配盟等10家品牌快递企业现场招聘。专场招聘会吸引了来自江苏经贸物流学院、南京铁道职业技术学院、南京交通技术学院、南京交通科技学校等四所院校的近500名相关专业学生到场咨询、应聘。本次招聘活动得到了快递企业和大专院校的积极响应,招聘会当天,共有150余位学生登记了应聘意向。

江苏局组织省市主流媒体夜访快递分拨中心

11月11日晚,江苏省邮政管理局联合南京市邮政管理局组织省市主流媒体赴韵达南京分拨中心进行集中采访,宣传业务高量期行业运行情况,营造寄递旺季良好舆论氛围。采访中,江苏省邮政管理局向现场媒体发布了当日的全省主要寄递企业揽收数据,并介绍了全省快递服务旺季保障工作。当天,省市10余家媒体参加了集中采访,两级报刊、电视、电台、网络主流媒体悉数参加,部分媒体还在现场进行了新媒体直播。参加集中采访的媒体纷纷对寄递行业科技应用、绿色环保等发展情况表现了浓厚兴趣,并对行业旺季生产工作进行了全面报道。

江苏局开启业务旺季关爱快递员专项行动

为进一步落实2018年更贴近民生七件实事中关于推进快递员关爱工程有关要求,进一步关爱快递员身心健康,营造和谐温暖的快递行业环境,旺季期间,江苏省邮政管理局在全省邮政管理局系统开启了业务旺季关爱快递员专项行动。本次行动以"情系快递员,齐心送温暖"为主题,引导全行业将"关爱快递员"作为业务旺季服务保障的重要组成部分,结合实际开展有特色的关爱行动。

黄莉新主席主持绿色快递专题调研

12月3日,江苏省政协就"推进快递行业绿色发展"议题开展专题调研,江苏省政协主席黄莉新带队调研并主持专题座谈会。江苏省邮政管理局局长张水芳作为省政协委员参与调研,并就全省绿色快递相关工作进行了介绍。全国、省、市多名政协委员全程参加活动。黄莉新对快递业对全省经济社会发展的贡献表示了充分肯定,要求有关部门大力支持行业发展,依法规范引导,积极帮助解决发展过程中遇到的困难和问题。同时,要从五方面入手,着力推动全省快递业实现"绿色化、减量化、可循环"的绿色发展目标,绿色发展率先走在全国前列:一是认真贯彻落实中央及省委省政府决策部署,明确各部门职责分工,大力推进快递业绿色转型;二是鼓励企业积极探索绿色发展新路径,对好的做法进行宣传推广,鼓励更多企业开展绿色实践;三是积极借鉴国外和兄弟省份的先进经验做法,结合行业实践,加快制定江苏省快递业绿色发展标准规范;四是加大研究投入力度,结合现代物流发展需求,开展新能源汽车、环保包装材料等专项技术研发;五是大力宣传绿色环保理念,引导全社会养成绿色快递的消费习惯。江苏省政协相关负责同志陪同调研。

邮政业大数据应用与协同发展论坛召开

12月22日,邮政业大数据应用与协同发展论坛在南京隆重举行。会议由国家邮政局发展研究中心和江苏省邮政管理局联合主办,江苏寄递纵横网络有限公司、江苏省邮政业安全中心承办,产学研政各界代表100余人出席论坛。本次论坛以"落实国家战略、创新协同发展"为主题,围绕邮政行业大数据协同发展进行了广泛的分享与交流。当日下午,还举办了寄递数据应用生态与邮政业产业扶贫两场分论坛。

江苏局出台邮件处理(快件分拨)中心备案办法

12月,江苏省邮政管理局研究制定了《江苏省邮件处理(快件分拨)中心备案办法(试行)》。办法规定了邮政企业、快递企业办理新建(改建、扩建)邮件处理(快件分拨)中心设计建设前、竣工验收后备案的具体办法,明确由省级以下邮政管理机构负责本辖区邮件处理(快件分拨)中心备案工作。邮件处理(快件分拨)中心备案时限、备案程序和备案材料模板,明确其安全设施配置应当符合《邮政业安全生产设备配置规范》要求,重申了未按规定办理邮件处理(快件分拨)中心备案的处罚条款。办法为全面推进邮件处理(快件分拨)中心备案工作提供了操作指南,对进一步规范邮政市场秩序、保障行业安全发展意义重大。

浙江省快递发展大事记

高兴夫副省长批示肯定全省邮政管理工作成绩

1月2日,浙江省副省长高兴夫在省邮政管理局报送的《关于2017年绩效管理重点工作完成情况的报告》上作出批示。批示指出:2017年,全省邮政管理部门认真贯彻落实党的十九大精神,按照国家邮政局和省委、省政府工作部署,围绕中心、服务大局,在确保党的十九大等重大活动寄递安全、促进全省经济社会发展、服务保障民生等方面做了卓有成效的工作,值得充分肯定。希望新的一年以习近平新时代中国特色社会主义思想为指导,深入贯彻新发展理念,坚持深化改革、创新驱动、服务民生、安全高效,推动浙江邮政业实现高质量发展,为浙江"两个高水平"建设做出新的更大贡献!

两位副省长要求进一步深入推进快递下乡工程

3月,浙江省副省长高兴夫、彭佳学先后在《浙江政务信息(专报)》第211期上作出重要批示。高兴夫副省长指出,要围绕乡村振兴战略,进一步深入推进"快递下乡",要创新举措、加大投入、优化网络、提升服务、加强安全管控,更好服务乡村发展、服务农民生产和生活。请省邮政管理局、省邮政公司、省交通运输厅等相关部门阅研。彭佳学副省长批示指出,建议请省农办、农业厅参与研究。

黎昭专员一行赴浙江局调研

4月12日,财政部驻浙江省专员办黎昭监察专员一行赴浙江省邮政管理局进行调研,副监察专员胡关夫,业务三处处长马笑渊,办公室负责人周蔓丽陪同。黎昭充分肯定了省邮政管理局的财务管理工作。他指出,专员办的职责范围就是财政部在地方工作的延伸,主要监管内容是在浙中央单位预算、中央给予地方资金、地方政府债务及收入、地方经济运行情况等。黎昭还表示要建立在浙中央单位的沟通交流平台,加强联系,沟通情况,交流经验,牵头解决存在的共性问题。同时将举办财务方面的培训,提高在浙中央单位业务能力和财务工作水平。浙江省邮政管理局副局长黄立群及有关处室负责人参加调研。

2018年浙江省快递业安全应急演练举行

5月11日,由浙江省邮政管理局主办,绍兴市邮政管理局、诸暨市人民政府承办的2018年全省快递业安全应急演练在绍兴诸暨举行。绍兴市应急办,全省各地市、县级邮政管理部门,诸暨市人民政府领导及相关部门出席此次活动。此次应急演练,检验了预案的合理性与可操作性,检验了指挥协调和应急联动情况,检验演练所用设备装备的适用性。同时,浙江省邮政管理局还举办了邮政业安全管理培训班,各地市局、县级机构人员参加。培训会上,绍兴局、金华局、义乌局、诸暨局、长兴局、萧山局作了交流发言。省局就寄递渠道三项制度落实、涉枪涉爆、反恐、禁毒、维稳、平安建设等安全工作进行布置。

浙江省局走访慰问勇救坠楼男孩的快递网点班组

5月22日,杭州清泰南苑小区楼下的韵达快递网点班组勇救坠楼孩童的事迹发生后,浙江省邮政管理局高度重视,局党组书记、局长陈凯当即要求:对于这些行业中涌现的先进典型要及时跟进,加强宣传,以表彰见义勇为、舍己救人"最美快递员"先进群体为契机,大力弘扬"诚信、服务、规范、共享"的行业核心价值理念,凝聚和传播行业改革发展正能量。5月23日上午,受浙江省邮政管理局委托,省局党组成员、纪检组长、副局长黄立群会同杭州市邮政管理局,省、市快递协会及韵达快递省总部负责人前往萧山宁围韵达快递公司,走访慰问勇救孩童的员工,为见义勇为的网点班组送去诚挚的慰问和美好祝福。

浙江省邮政业多个项目被纳入2018年全省服务业重大项目计划

5月,《2018年浙江省服务业重大项目计划》正式公布,计划共安排省服务业重大项目257个,涉及信息服务、现代物流、商贸会展、总部经济、文化服务、科技服务、旅游、养老(健康)服务等8大类,其中多个项目涉及邮政业,将进一步完善全省邮政基础设施建设。根据项目安排,杭州市顺丰创新中心项目、宁波市快件转运中心项目、圆通速递浙江总部项目等快递业重大项目,以及温州市空港新区物流园项目、中国智能骨干网浙江嘉兴二期项目等一大批仓储物流项目、现代物流产业园项目建成后将吸引邮政、快递企业进驻,进一步产生集聚效应,有效提升快递管理服务能力。

高兴夫副省长肯定省邮政管理局工作成效

6月,浙江省副省长高兴夫专题听取浙江省邮政管理局工作汇报,特别是2018年年初以来行业发展、突发事件处置、安全监管等方面的情况,并对下一步工作提出希望。在听取省局汇报过程中,高兴夫充分肯定了全省邮政管理部门近期工作成效。他指出,全省邮政管理部门在服务行业发展、助推乡村振兴、维护行业秩序和稳定等方面做了不少积极探索和实践,为下一步工作积累了很好的经验,提供了有益借鉴。高兴夫强调,近年来,邮政行业、快递产业高速发展,其高效率、高效能有力带动了全省经济社会的发展。下一步,要在降低流通成本、支撑电子商务、支持跨境贸易、服务美好生活等方面发挥积极作用,成为现代经济体系的新动能。

浙江快递业项目被纳入2018年度省重大产业项目

7月,浙江省发展改革委、省国土资源厅近日联合印发2018年浙江省重大产业项目(第一批)名单,共安排65个项目纳入省重大产业项目库。其中,中通快递浙江总部项目入库省重大产业项目。入库项目在完成供地手续后,国土部门给予新增建设用地计划指标奖励。

高兴夫副省长肯定邮政管理部门服务临空经济发展

7月,浙江省副省长高兴夫在浙江省邮政管理局上报的《关于快递业服务萧山临空经济发展情况的报告》上作出重要批示,他指出,浙江省邮政管理局在推进萧山临空经济航空物流和快递业务发展中发挥了积极作用、取得了较好成绩。有关建议请相关部门、杭州市、萧山区研究支持。

浙江局迅速传达贯彻习近平总书记对浙江工作的重要指示精神

7月11日,浙江省邮政管理局党组书记、局长陈凯主持召开全体人员学习会,传达学习习近平总书记对浙江工作的重要指示精神及省委常委会议、省政府党组(扩大)会议有关精神,部署浙江省邮政业下步工作。陈凯强调,全省邮政行业要深入学习习近平总书记对浙江工作的重要指示精神,保持发展定力,坚持一张蓝图绘到底,一任接着一任干,为推动行业发展做出积极贡献。

高兴夫副省长对下半年邮政管理工作提出五点希望

7月,浙江省副省长高兴夫召开了经济形势分析会,听取了浙江省邮政管理局半年度经济形势分析,对全省邮政业下步工作提出要求。浙江省邮政管理局党组书记、局长陈凯就2018年上半年全省邮政业发展和助推经济社会发展情况作了专题汇报。高兴夫要求,下一步,全省邮政业要深入学习习近平总书记对浙江工作的重要指示精神，结合本行业实际，切实抓好本年度各项目标任务的圆满完成。

中通快运总部项目正式落地浙江桐庐

7月20日，中通快运总部项目正式落地桐庐，并与桐庐经济开发区（富春江科技城）管委会正式签订投资协议。该项目自2016年起便开始对接，通过不断努力，终于在今天成功签约。项目集快运总部办公、物流软件开发、人才培训、运营中心、物流设备研发生产为一体。项目投资额达20亿元以上，用地面积约40亩。

圆通投资122亿元在嘉兴建全球航空物流枢纽

7月30日，在浙江省大湾区建设推进部署电视电话会议现场，圆通速递母公司——上海圆通蛟龙投资发展（集团）有限公司与嘉兴市人民政府签署战略投资协议。圆通集团将投资122亿元，在嘉兴机场建设全球航空物流枢纽，并依托该枢纽打造立足长三角、联通全国、辐射全世界的超级共享联运中心和商贸集散中心。

浙江省发布民航强省行动计划全面推动航空快递发展

10月，浙江省民航强省建设领导小组办公室发布《浙江民航强省建设行动计划》，其中提出，依托顺丰、圆通等货运航空公司，发展国内全货机新航线，开辟并加密至东南亚、日本、韩国、俄罗斯等国家地区的直达全货机航线，力争新增3条以上中远程洲际全货机航线。计划还明确，在杭州萧山、宁波栎社、温州龙湾和义乌等航空货运功能较强的机场周边，规划建设若干功能完善、联通机场内外的航空物流园区，布局和建设综合保税区、保税物流中心（B型）等海关特别监管平台，大力发展快递物流、冷链物流，集聚航空货运物流资源，支撑区域产业发展。同时，依托浙江电子商务全国领先的优势，发展航空快件业务，保持航空快件业务量居全国前三位。大力推进海港、陆港、空港、信息港"四港"联动，加快发展多式联运，推动顺丰航空集装器空陆联运示范工程建设，实现航空物流降本增效。

浙江"双11"前三日日均揽投总量突破1亿件

浙江省邮政管理局监测数据显示，2018年11月11日至13日，浙江省日邮、快件揽投总量在0.97亿~1.09亿件不等。继"双11"揽投总量突破1亿件后，日均数据也突破亿件。其中，11月11日，全省共揽投邮、快件1.09亿件，位居全国第一，同比增长40.5%，已超过2017年"双11"期间单日揽投峰值，再创历史新高。其中，金华市（含义乌）、杭州市、温州市分列省内发件量前三位。由于前期准备充分，全省寄递网络基本可以有效应对单日1亿件的运营压力。

高兴夫副省长批示肯定重大活动寄递安保和旺季服务保障工作

11月，浙江省副省长高兴夫在浙江省邮政管理局上报的《关于近期重大活动寄递安保及旺季服务保障工作情况的报告》上作出批示：省邮政管理局服务大局、严密部署、协同各方，全力做好近期重大活动寄递安全及旺季服务保障工作，取得阶段性成效，应予充分肯定。望进一步从严、从细，确保全省邮递安全、有序。

高兴夫副省长对邮政管理工作提出新希望

11月21日，浙江省副省长高兴夫主持召开会议，研究2019年工作思路。会上听取了浙江省邮政管理局工作汇报，对下一步全省邮政业发展提出要求。高兴夫指出，近年来，全省的快递业务量高速增长，助推经济社会发展，服务惠民效果不断显现。下一步要重点加强空间布局规划、重大项目建设和解决"最后一公里"问题。

联合国世界地理信息大会秘书处致信感谢

11月19日至21日,由联合国主办、国家自然资源部和浙江省人民政府共同承办,以"同绘空间蓝图,共建美好世界"为主题的联合国世界地理信息大会在浙江德清成功举行。来自全球108个国家的1300余名嘉宾参加会议。会议结束后,大会秘书处向浙江省邮政管理局发来感谢信,对省邮政管理部门的安保和服务等各项工作表示感谢。信中指出,大会筹备伊始,就得到了高度重视,在人力、物力等方面给予了大力保障,并充分运用G20杭州峰会、乌镇世界互联网大会等大型会议筹备工作的宝贵经验,在工作中给予精心指导,确保了大会各项工作有条不紊推进和圆满成功举行。

浙江省快递业务量首次突破100亿件

12月26日,国家邮政局全国快递业数据监测系统显示,浙江省今年快递业务量突破100亿大关。这件具有特殊意义的快件由可循环包装袋包装,由申通承运,于当日午间在浙江大学紫金港校区完成派送。2018年,快递业支撑浙江省网络零售交易额接近1.4万亿元,有效拉动了自身产值约20倍的上下游关联产业产值。快递业日均服务超过4000万人次,快递业从业人员近30万人,快递服务法人企业及其分支机构近1万家。跨境业务迅猛增长,国际/港澳台快递业务量超2亿件,同比增长超117%,服务跨境网络零售出口额超500亿元。乡镇网点覆盖率达100%,2018年农村地区快递业务量超18亿件,带动农产品销售额超1000亿元,打通了农产品进城、工业品下乡的双向流通渠道。继续推进农村电商服务点和快递下乡工程建设,2018年新增农村快递服务站点3000个;推进快递进社区、进机关、进商圈工程,累计布放智能快件箱超2万组。顺丰全国航空枢纽日均起降全货机逾70架次,年货邮吞吐量达40万吨,规模占杭州萧山机场的一半。申通绿色包装试点工作成效初步显现,可循环环保芯片编织袋使用率从40%提升到80%,已生产超300万个,2018年已循环使用超1亿次,相当于节省近1亿个一次性中转塑料编织袋。同时,该试点已生产快递环保塑料袋1.2亿只。

安徽省快递发展大事记

安徽局印发加快推进邮政业供给侧结构性改革实施意见

1月,安徽省邮政管理局印发《关于加快推进邮政业供给侧结构性改革的实施意见》,要求将供给侧结构性改革与行业"十三五"规划实施结合起来,统筹工作安排,扎实推进各项工作,确保改革取得实效。实施意见明确了"十三五"期间全省邮政行业结构性改革的基本原则和主要目标,并提出了主要任务。实施意见提出了贯彻落实法规政策、深化"放管服"改革、争取资金政策支持、强化信用约束机制、提升人才队伍素质等方面的政策措施;还制定了《安徽省邮政业供给侧结构性改革任务年度行动计划(2018-2020年)》,对改革相关工作任务和目标进度实行分年度安排,以保障行业供给侧结构性改革有序实施、扎实推进。

李勇局长当选安徽省第十二届政协委员

在安徽省政协会议即将召开之际,安徽省邮政管理局党组书记、局长李勇同志当选为安徽省第十二届政协委员。

安徽省16个市政府全部出台快递业发展政策文件

截至芜湖市人民政府办公室印发促进快递业发展实施意见,安徽省16个市快递业发展政策全部出台。

何树山副省长调研检查快递企业

1月31日,安徽省副省长何树山深入合肥快递企业调研慰问企业一线员工,检查指导春节期间行业安全生产及服务保障工作。对做好下一阶段邮政管理工作,何树山副省长要求,邮政管理部门作为行业主管部门要进一步强化服务监管职能,各部门要加强工作协调配合,企业要发挥主体作用。邮政、快递关系人民福祉,直接承载人民的幸福感、获得感,加快邮政业发展,必须坚持政府引导与企业主导相结合,一要严守安全底线,严格执行寄递安全管理"三项制度",确保寄递渠道安全畅通;二要促进高质量发展,推进快递业与制造业、农业、电子商务的高度融合,着力补齐行业发展短板;三要争取企业总部加大在安徽投资建设力度,依托我省的综合交通运输优势,推动快递企业分拨中心、区域总部建设,形成集聚发展效应;四要解决好员工的现实生产生活需求,改善工作环境,规范内部管理,切实维护员工安全健康权益。安徽省政府办公厅副主任汪春明、省交通运输厅厅长施平、省邮政管理局局长李勇,合肥市副市长宁波等陪同调研。

张曙光副省长批示肯定邮政管理工作成效

2月,安徽省副省长张曙光在安徽省邮政管理局上报的《关于我省黄山茶叶、砀山酥梨获批第二批全国快递服务现代农业示范基地称号的报告》作出批示:"祝贺!望省邮政管理局同黄山、宿州市和砀山县等当地政府协同努力,将这个称号用好,打造特色产业园区,助力乡村振兴战略。"

安徽省政府工作报告充分肯定省邮政业发展成效

2月,安徽省第十三届人民代表大会第一次会议召开,省长李国英代表省政府做政府工作报告。报告充分肯定了全省邮政业发展成效。报告指出,过去五年,全省经济结构不断优化,"基于'互联网+'的新业态发展迅速,快递业务量从1.4亿件增加到近9亿件"。这是快递业务量首次写入省政府工作报告。在今后五年的工作任务中,报告提出要推进城乡融合发展和区域协调发展,构建现代化物流快递体系,加快建设高效畅通的物流平台。

安徽省邮政管理系统全面参与电子商务进农村全覆盖验收工作

2月,根据《安徽省推进"电商安徽"建设领导小组办公室关于组织开展全省电子商务进农村全覆盖验收工作的通知》文件精神,全省各市邮政管理局积极参与本地区电子商务进农村全覆盖验收工作,深化产业联动和部门协作,不断探索邮政业支撑农村电子商务发展的末端服务新模式,把"快递下乡"工程引向深入。各市邮政管理局通过参与验收检查,全面了解县级电子商务物流配送中心等场所运营和服务功能等情况,推动乡村电商服务网点符合《快递营业场所设计基本要求》,提高规范化水平。

安徽局"12305"春节期间不休息

为保障春节期间邮政业消费者申诉畅通,做好节日期间申诉受理工作,安徽省邮政管理局有关部门召开专题会议,研究落实值班制度和应急措施。春节期间,部门领导带头值班,申诉中心有专人轮流值守"12305"申诉热线,确保电话畅通,同时微信和网络申诉渠道24小时畅通。2月15日至21日,共受理申诉124件,做到了节日期间申诉服务不休息,维护消费者合法权益不打折。

安徽省邮政业消费者申诉受理中心获"先进集体"称号

2月,在2017年度全国邮政管理系统申诉处理质量考评中,安徽省邮政业消费者申诉受理中心获得了第二名的好成绩,被国家邮政局申诉受理中心评定为2017年度邮政业消费者申诉处理工作先进集体。

安徽局联合省商务部门赴阜阳开展农村电商全覆盖建设核查工作

3月,根据《安徽省推进"电商安徽"建设领导小组办公室关于组织开展农村电商全覆盖建设核查工作的通知》的要求,由安徽省邮政管理局牵头,联合省商务部门成立核查组,赴阜阳市开展农村电商全覆盖建设核查工作。核查组首先听取了阜阳市和相关县区关于电子商务进农村全覆盖工作推进、建设运营和政策支持等情况的汇报,并对阜阳市8个县区农村电商公共服务中心、物流配送中心、乡村服务网点进行全面实地核查,其中非电子商务示范县乡村服务网点不少于10个,国家电子商务示范县乡村服务网点不少于6个。核查组肯定了阜阳市在农村电子商务进农村全覆盖工作的组织实施和成效,并就阜阳市农村快递电商协同发展和全覆盖巩固提升工作提出了意见建议。

安徽快递产业园区获政策利好

3月,安徽省委省政府出台《关于促进经济高质量发展的若干意见》,深入实施五大发展行动计划,大力发展现代服务业,促进全省经济高质量发展。若干意见明确提出,2018年"再认定20家左右的省级服务业集聚区、10家左右集聚示范区、5家省级示范物流园区",并"继续安排省级流通发展促进资金,支持培育商贸物流体系、农产品流通体系和农村流通体系"。

安徽出台电子商务与快递物流协同发展实施意见

4月,安徽省政府办公厅下发《关于推进电子商务与快递物流协同发展的实施意见》,着力解决电子商务与快递物流协同发展中存在的基础设施不配套、快递末端服务能力不足、行业间协调联动不够等问题。安徽邮政业再获政策利好。

安徽省邮政业安全中心编发《安徽省寄递安全手册》

4月,安徽省邮政业安全中心联合安徽省快递协会编印了《安徽省寄递安全手册》,安全手册依据行业安全法律法规等政策文件,并在总结分析多起典型事故案例的基础上编制完成。共有七个章节,详细阐述了收寄、分拣、运输、投递四个生产环节操作程序及安全要求,并将重大活动时期的安全生产要求、安全事件处理的原则以及违法违规行为需要承担的法律责任等三方面内容各作为独立章节阐述。

全国快递服务现代农业(砀山酥梨项目)示范基地举行授牌仪式

4月11日,安徽省宿州市砀山酥梨项目全国快递服务现代农业示范基地授牌仪式在砀山县政府会议室举行,安徽省邮政管理局局长李勇现场向砀山县政府授牌。市人大、县政府领导及市邮政管理局等市、县有关部门负责人出席仪式。砀山县政府对国家邮政局授予砀山酥梨项目"全国快递服务现代农业示范基地"表示感谢,并表示以此为新的起点,将继续支持快递业发展,充分发挥全县特色水果现代农业的发展优势,为产业融合发展搭建合作平台,继续提供政策支持,不断优化快递业发展环境,畅通快递助推农产品上行渠道,更好地发挥快递业在促进地方社会经济发展中的作用。在砀山期间,李勇局长还赴砀山县邮政分拨中心、微谷电商物流创业园、县交通商贸物流园、申雪冷链物流项目等地进行实地调研。

安徽成立电商与快递物流协同发展联盟

4月,安徽省举办了电商与快递物流协同发展联盟成立大会。安徽省邮政管理局局长李勇、省发展改革委原副巡视员许书林共同为联盟揭牌。国家邮政局政策法规司、中国快递协会、安徽省邮政管理局、省发展改革委、省商务厅、肥东县政府、省快递协会、省网商协会、省物流与采购联合会领导以及联盟全体成员单位、多家院校、媒体等嘉宾参加了大会。联盟成员包括快递企业、电商企业、物流企业及相关企业。联盟成立后将积极响应国家有关协同发展的号召与要求，促进相关方面加强沟通与联动，致力于实现相互间自律发展、协同发展、共赢发展。大会表决通过了联盟章程，选举产生了首届联盟理事会成员名单，罗俊当选理事长，李军当选监事、黄成松当选秘书长，还聘请了李勇、靳兵、许书林、汪青、蒋宗明、刘浩、葛晓滨7人担任顾问。

当涂圆通快递员陈刚获评全国交通技术能手

4月，交通运输部公布《关于授予唐宏超等207名同志全国交通技术能手称号的决定》。经推荐和全国交通技能人才评审委员会评议表决，马鞍山市当涂圆通公司快递员陈刚被授予2017年度"全国交通技术能手"荣誉称号。此项评选活动由交通运输部主办，每两年评选一次，是交通运输行业高技能人才的最高荣誉。

安徽省政协开展寄递业平安建设调研

4月，安徽省政协"提升平安安徽建设水平"第七项目组赴寄递企业开展寄递物流安全调研。项目组以安徽省政协委员、省邮政管理局局长李勇为组长，省政协常委吴椒军，省政协委员汪枫为成员。调研组先后来到安徽圆通、京东和中通，现场察看了各企业的分拣、仓储中心，认真听取了各企业安全管理、"快递+"产业联动发展等方面的介绍。在随后召开的座谈会上，各企业围绕"加强和规范行业管理，构建平安寄递物流"汇报了安全管理工作情况、存在的困难和问题。汪枫和吴椒军委员分别表示，将进一步关注寄递行业的发展和安全管理，在今后的参政议政过程中，为寄递行业多提意见、建议，助推行业的发展，同时对寄递业安全管理提出了一些建议。李勇局长指出快递行业的发展离不开党和政府的支持，将以省政协委员的身份，为行业发展积极多提一些建议，争取一些政策，同时，寄递渠道安全形势严峻，各企业要牢固树立安全意识，认真落实各项安全措施，扎实做好寄递渠道的安全管理。安徽省邮政业安全中心、省快递协会、合肥市邮政管理局相关负责人陪同调研。

《安徽省邮政条例》修正案获通过

4月，安徽省第十三届人大常委会第二次会议审议通过了《安徽省邮政条例》修正案，并正式施行。此次《安徽省邮政条例》的修正，旨在适应加强县域寄递安全管理和完善邮政监管体制的需要，在第四条增加一款作为第二款，规定"设区的市邮政管理部门可以在其法定权限内委托依法成立的管理邮政事务的事业组织从事邮政普遍服务和邮政市场监督检查相关工作"。这为市级邮政管理部门委托县级邮政事业单位（县邮政业发展中心）开展邮政普遍服务和邮政市场监督检查提供了法律依据。

孔涛书记参加淮南市快递行业团工委座谈会

5月，淮南市快递行业"青年大学习"座谈会在淮南市邮政管理局会议室召开。安徽团省委书记孔涛、淮南市委副书记王崧，淮南市邮政管理局主要负责人，全市各领域的优秀青年代表，市快递行业团工委组成人员参加本次交流座谈会。座谈会前，孔涛和王崧共同为淮南市快递行业团工委揭牌，孔涛为团工委赠送了《习近平的七年知青岁月》。座谈会上，孔涛首先对邮政快递行业青年表示节日的祝贺。孔涛指出，本次快递行业"青年大学习"座谈会涉及面广、参与度高，大家围绕"学习宣传贯彻习近平新时代中国特色社会主义思想和党的十九大精神，结合纪念马克思诞辰200周年"的主题发言，有思想、有立场、有目标，体现了淮南市快递行业青年积极向上、锐意进取的精神面貌。淮南市快递行业团工委，基层一线快递员王振杰、史志厂等优秀青年代表做了交流发言。

安徽省出台农村电商全覆盖巩固提升行动方案

5月,安徽省政府办公厅印发《农村电商全覆盖巩固提升行动方案》,提出到2018年底,力争全省农村产品网络销售额达到400亿元,100种以上年网络销售额超100万元农村电商品牌,建设20个以上省级农村电商示范县。全省农村电商公共服务能力明显增强,农村电商发展机制进一步健全,农村商品流通体系进一步完善。

安徽省出台推进乡村振兴战略实施意见

5月,安徽省委、省政府出台《关于推进乡村振兴战略的实施意见》,提出坚持农业农村优先发展,建立健全城乡融合发展体制机制和政策体系,加快推进农业农村现代化。实施意见将推进农村一二三产业融合发展作为提升农业发展质量,培育乡村发展新动能的重要举措,提出推进现代化农产品冷链仓储物流体系建设,打造农产品销售公共服务平台,支持粮食、供销、邮政及各类企业把服务网点延伸到乡村,健全农产品产销稳定衔接机制,大力建设具有广泛性的促进农村电子商务发展的基础设施,鼓励支持各类市场主体创新发展基于互联网的新型农业产业模式,实施农村电商全覆盖巩固提升行动,加快推进农村流通现代化。实施意见要求,推动农村基础设施提档升级,加快农村公路、供水、供气、环保、电网、物流、信息等基础设施建设,推动城乡基础设施互联互通。

全国快递服务现代农业(黄山茶叶项目)示范基地举行授牌仪式

6月6日,安徽省黄山茶叶项目全国快递服务现代农业示范基地授牌仪式在黄山市政府会议室举行,安徽省邮政管理局局长李勇代表国家邮政局现场向黄山市政府授牌。黄山市政府副市长杨龙、市交通局、市农委、市邮政管理局负责人以及市邮政、快递企业代表出席授牌仪式。其间,李勇局长调研了徽州区电商物流园、邮政电商运营中心、顺丰网点及谢裕大茶叶有限公司,与黄山市市长孔晓宏,副市长杨龙就进一步促进黄山市邮政业发展事宜进行了会谈。

李明副主任听取安徽局工作汇报

6月7日,安徽省人大常委会召开相关联系厅局座谈会,省人大常委会副主任李明、城建环资委主任委员洪禹候等领导在会上听取了安徽省邮政管理局、省国土资源厅等部门的工作汇报。安徽省邮政管理局局长李勇汇报了全省邮政管理机构和邮政业发展基本情况,以及省局在推进快递产业园建设、邮政业服务电商进农村全覆盖、快递"下乡"和"入区"工程、行业安全监管、《安徽省邮政条例》贯彻落实情况等。在听取汇报后,李明副主任对省局和全省邮政业发展给予了充分肯定,表示将充分发挥省人大职能作用,继续关注支持全省邮政管理工作。

安徽局开展全省邮政业应急演练活动

7月2日,安徽省邮政管理局开展全省邮政业应急演练活动。安徽省综治办、安委办、公安、国安部门负责人以及市综治办、安委办和肥东县政府有关部门的负责人等应邀观摩指导,合肥市22家主要邮政快递企业400余名员工组成方阵参加应急演练。

蚌埠市获全国第二批电子商务与物流快递协同发展试点绩效评价第一名

商务部委托的第三方综合评估机构发布了《全国第二批电子商务与物流快递协同发展试点城市绩效评价报告》,蚌埠市在项目管理、财务管理、试点目标达成、试点效益方面取得了优异成绩,获得了绩效评价"优秀"等次和全国第一的佳绩。

安徽局获批组建快递工程中、初级专业技术资格评审委员会

7月,安徽省人社厅批复同意安徽省邮政管理

局组建快递工程中、初级专业技术资格评审委员会,负责邮政行业快递工程专业技术资格评审工作。

《安徽省快递工程专业技术资格评审标准条件》印发

9月,安徽省邮政管理局和安徽省人力资源和社会保障厅联合印发《关于印发安徽省快递工程专业技术资格评审标准条件的通知》,标志着安徽省已经具备快递工程专业技术资格评审资格和条件。

安徽省推动农村快递网点覆盖

9月,安徽省出台《安徽省乡村振兴战略规划(2018—2022年)》,推动农村快递网点覆盖。提出到2020年,全省所有建制村和具备条件的自然村基本实现物流配送网点全覆盖。规划明确,一要实施农村物流基础设施网络建设工程,建设面向农村地区的共同配送中心;二要加快县域快递企业集中和整合,提升建制村快递通达率、投送频次和网点快递收发兼容度;三要丰富乡村网点民生服务,推动乡村电商服务网点与就业扶贫驿站、农村快递公共服务点、信息进村入户益农信息社、惠农金融服务室等共建共享。

2018年安徽省邮政行业职业技能大赛举办

10月11日至12日,由安徽省邮政管理局、安徽省人力资源与社会保障厅、安徽省总工会、安徽省教育厅主办的2018年安徽省邮政行业职业技能大赛在芜湖举行。本次比赛旨在弘扬精益求精的工匠精神,加快"科技大省"的建设,培养和选拔行业高技能人才,推动快递行业持续健康发展。比赛分为学生组和职工组两个大类,来自全省17所高职院校28支代表队的84名学生和16个地市的48名员工参赛。这是安徽省邮政行业规模最大的一次技能比武活动。

皖北快递产业园获批省级现代服务业集聚区

10月,安徽省发展改革委组织开展2018年度服务业集聚区及示范园区认定工作。经过专家评审、现场核查、网站公示等程序,认定阜阳市皖北快递产业园获批省级现代服务业集聚区(现代物流集聚区)。

国家邮政局合肥灾备中心举行开工奠基仪式

10月28日,国家邮政局合肥灾备中心在合肥举办开工奠基仪式。国家邮政局党组成员、副局长杨春光出席开工仪式并作重要讲话。仪式由国家邮政局"绿盾"工程领导小组副组长、安全中心主任江明发主持。国家邮政局合肥灾备中心是邮政寄递渠道安全监管"绿盾"工程的重要组成部分,也是其中唯一的土建项目。该项目于2017年9月获得国家发改委批准,由国家局邮政业安全中心委托安徽局独立建设。项目总投资6539万元,总建筑面积6817平方米,建筑高度19米,地上4层,地下1层。主要建设内容为灾备机房、数据中心专业标准机房等。灾备中心以大数据应用为核心、科学信息存储分析为基础,打造邮政监管信息系统的备份系统,对数据资源安全实行"双保险",建成后将有效提升全国邮政管理部门的监管效能,为邮政业高质量发展保驾护航。国家邮政局市场监管司、邮政业安全中心和绿盾办相关负责人,安徽省邮政管理局负责人,及部分快递企业代表参加仪式。

安徽省出台跨境电商发展措施

11月,安徽省政府办公厅印发《支持跨境电商发展若干措施》,提出做大做强跨境电子商务产业,推动跨境电子商务成为全省对外贸易和开放型经济高质量发展的新引擎,并推出了大力培育企业主体、做强电商服务平台、鼓励建立营销中心、发展产业园区、支持国际物流发展等8个方面的支持措施。邮政业发展获支持。若干措施明确提出,对邮政公司通过合肥国际邮件互换局的跨境电子商务邮件量、快递公司通过合肥国际快件监管中心的快件量年超过50万件的,同比每增加1个百分点给予2万元资金支持,单个公司可达50万元。若干措施还对建设和租赁公共海外仓和网购保税进口仓的跨境电商企业给予资金支持。

安徽局完成旺季服务保障工作任务

2018年"双11"期间(11日至16日),安徽省收投业务总量累计完成9037万件,同比增长52%。其中揽收业务量累计完成4075万件,同比增长57%;投递量累计完成4963万件,同比增长49%。安徽省邮政管理局多措并举,做好"双11"快递旺季服务保障工作,实现了全省"两不""三保"目标,旺季运行平稳有序,寄递渠道安全畅通。

何树山副省长批示肯定安徽局业务旺季服务保障工作

12月,安徽省副省长何树山对安徽省邮政管理局《关于2018年邮政业"双11"旺季服务保障工作情况的报告》作出批示:"省邮政管理局'双11'期间工作扎实,取得良好成效。"

安徽启动关爱外出务工创业人员公益活动

12月20日,"春运邮情 情暖江淮"关爱外出务工创业人员大型公益活动启动会在安徽广播电视台演播大厅隆重举行。此次活动由安徽省邮政管理局联合省精神文明建设指导委员会办公室、省人力资源和社会保障厅、省扶贫办、省总工会、省共青团、省妇女联合会及中国邮政集团公司安徽省分公司共同主办。活动相关单位、各市联合单位领导、受赠对象代表及新闻媒体代表共约200人应邀出席启动会。

安徽举行首届"最美快递员"表彰会

12月23日,安徽省邮政管理局精神文明建设指导委员会、省快递协会联合举办全省首届"最美快递员"表彰大会。安徽省直工委文明办、省总工会、省人社厅及团省委相关部门负责人参加会议。安徽省邮政管理局局长李勇高度肯定了省快递业在促进商贸流通,改善生产生活,助力农村脱贫做出的重要贡献,希望全省行业从业者认真学习"最美快递员"的先进事迹,将践行社会主义核心价值观落实到发展和服务中,形成全行业高质量发展的核心竞争力。

全省3个项目荣膺2018年全国快递服务现代农业金牌称号

12月,国家邮政局揭晓2018年全国快递服务现代农业金牌项目名单,亳州花草茶、宿州(砀山)酥梨、黄山茶叶项目3个项目荣获金牌称号,全省入选项目数位列全国第一。此次荣膺金牌的亳州花草茶、宿州(砀山)酥梨、黄山茶叶项目,年业务量均超千万以上,服务现代农业效果明显,示范带动效应显著,创新了经营模式,拓展了农产品销售的渠道,较好地助力农民增收。

规范快递末端服务车辆管理实施意见出台

12月,安徽省邮政管理局联合省公安厅交警总队出台了《关于规范快递末端服务车辆管理的实施意见》,进一步推动全省快递业高质量发展与城市建设管理、道路交通安全相协调,规范快递末端服务车辆管理,保障快递车辆通行。

福建省快递发展大事记

张志南副省长批示肯定邮政管理工作成效

1月，福建省副省长张志南在福建省邮政管理局上报的《关于2018年全省邮政管理工作情况报告》上作出重要批示，充分肯定2018年全省邮政管理工作成效。批示指出，2018年，全省邮政管理工作成效显著，顺利完成各项目标任务，向全省邮政系统的干部职工表示衷心感谢！赞成今年的工作安排。望认真贯彻全国会议精神，狠抓各项工作落实，以优异成绩庆祝新中国成立70周年。

eBay福建跨境电商产业园进驻福州自贸片区

1月11日，eBay福建跨境电商产业园在福州正式揭牌，同时eBay福建分公司也宣布成立，这是eBay在中国设立的第二家分公司，同时是eBay公司第一个与政府合作搭建的示范性政企合作平台。eBay福建分公司成立及eBay福建跨境电商产业园落地将给福州快递企业发展跨境业务带来新的契机。

中欧(厦门)班列再添新线路

1月19日上午，中欧(厦门—布达佩斯)班列顺利驶出厦门自贸片区海沧车站，这是继波兰波兹南、德国汉堡、俄罗斯莫斯科之后，中欧(厦门)班列新增的又一条联通欧洲的新线路。此趟班列全程11595公里，比传统海运到欧洲基本港再通过内陆运输到各中东欧腹地节省至少一半的时间。班列共搭载35个集装箱，以电子产品、鞋帽箱包、小商品及建材为主，平均每柜货值达10万美元。中欧班列通过国际海铁联运模式已成功将东盟与欧洲大陆高效联通。此次布达佩斯线路的开通，将进一步壮大班列国际海铁联运模式队伍，东盟乃至整个东南亚的货物都可以通过中欧(厦门)班列这个物流新通道直达匈牙利布达佩斯。

福州商贸职专"现代学徒制"顺丰物流班成立

3月15日，福州商贸职业中专学校与福州顺丰速运有限公司共同设立的"现代学徒制"顺丰物流班举行签约仪式。顺丰公司7位师傅与商贸中专顺丰班35名学生现场签订了师徒协议。此次，校企双方采取了签订师徒协议的人才培养模式，对"学徒制"进行了现代化的演绎。古为今用的"现代学徒制"不仅为企业提供专业对口的定向人才培养，还为快递企业长期面临的招工难、人才输送问题提供了长效解决机制，更为校企合作翻开了一页新篇章。

福清推进韵达在闽建设华南快递电商总部基地

3月16日，福州福清邮政管理局邀请上海韵达总部一行赴福清市调研考察快递电商基地项目，市政府副市长刘必建接见并进行项目洽谈。刘必建表示，福清市热忱欢迎上海韵达来融投资建设，在市政府核实土地属性和前期协议后将主动对接开展招商引资工作。

马必钢副书记调研福州校园寄递安全管理工作

4月，福建省委政法委副书记、省综治办常务副主任马必钢同志一行在福州大学城调研校园寄递安全管理工作，闽侯县委、政法委，邮政管理局等相关部门领导陪同。其间，调研组现场察看了福建高速物流股份有限公司校园快件分拨中心和福建工程学院校园快递服务中心，对福建高速物流股份有限公司在快递安全进校园方面创新性地提出"五个100%"表示肯定，并对福建工程学院校园快递服务中心的运营效果表示肯定。调研组表示，福州市落实"三项制度"成绩突出，措施得力，部门协作联动，成效明显。同时，对福州大学城校园寄递工作，调研组提出了三点要求。

李德金副省长点赞快递服务农产品

4月,福建省副省长李德金带领省直有关部门负责人深入泉州顺丰速递公司,调研快递服务农产品冷链物流发展工作。李德金副省长实地了解顺丰东南分拨中心快件中转情况及产业园建设情况,重点参观顺丰自主研发的EPP循环保温快递箱等一批农产品冷运定制包装材料。在听取了企业负责人介绍顺丰增资项目加快发展冷链物流的汇报后,李德金副省长对快递业推动农产品电商冷链发展表示肯定。此前,以顺丰为代表的快递企业与泉州市农业局签订快递服务农产品战略合作协议,李德金副省长对此提出,希望快递企业深化与电商、制造业、农业的对接合作,促进产销互动,让更多的地方特色产品走向全国,为广大农民脱贫致富做出贡献。

沙县邮政三级物流体系建设实效获肯定

5月,沙县邮政三级物流体系建设主体框架在全市率先完成,沙县县、乡、村三级物流体系项目在国家级电子商务示范县项目验收中获通过,并得到国家商务部考评验收组的充分肯定,被列入沙县为民办实事好事重要项目。

《福建省城乡高效配送专项行动计划(2018—2020年)》出台

福建省商务厅、公安厅、交通运输厅、邮政管理局、供销社联合印发《福建省城乡高效配送专项行动计划(2018—2020年)》,邮政业发展再获政策利好。行动计划明确了构建城市配送网络体系、优化城乡配送组织方式、强化城乡配送技术标准应用、推动城乡配送绿色发展、提升城乡配送管理水平等五个主要任务,提出实施城乡配送网络建设工程、绿色货运配送示范工程、技术与模式创新工程等三大工程,并强调通过优化政策环境、完善工作机制、开展试点示范、加强宣传培训等措施保障专项行动切实发挥实效。

福建局推进非公快递企业党组织建设

5月,福建省邮政管理局党组印发了《关于加强非公快递企业党的建设工作的指导意见(试行)》,进一步加快推进非公快递企业党组织建设。指导意见明确了加强非公快递企业党建工作的指导思想,提出要大力推进党的组织和党的工作有效覆盖,探索党组织和党员发挥作用的有效途径等工作要求。同时明确今年将非公快递企业党组织组建情况将纳入各市局领导班子的重点任务量化考评指标,并把完成情况作为各市局党组开展党建述职、进行考评的重要内容。

晋江快递业发展受中国社科院课题组关注

6月,中国社会科学院"改革开放40年百县(市、区)调查"特大项目课题组到晋江,围绕"现代经济体系建设下的经济与社会融合发展""新型城镇化与城乡一体化"两个主题展开为期一周的调研。晋江邮政管理局根据市委安排,参加了新型城镇化与城乡一体化课题的调研座谈会,并就行业发展概况、县级监管机构运行、快递服务制造业、县域扶持行业发展、专用电动三轮车及推广智能末端投递设备等作交流发言,工作亮点引起课题组的广泛关注和兴趣。课题组认为,晋江的快递业有着鲜明的地方特色,在服务晋江制造业发展、推动城乡一体化中发挥了重要作用。

福建省快递业两家集体被授予"省级青年文明号"称号

6月,福建省创建青年文明号活动组委会印发通知,厦门鹭申通快递有限公司综合服务部、三明大田韵达快递服务有限公司被授予省级(金砖)"青年文明号"称号。

厦门被确定为城市绿色货运配送示范工程创建城市

6月,交通运输部办公厅、公安部办公厅、商务部办公厅联合发布《关于公布城市绿色货运配送示范工程创建城市的通知》，确定厦门等22个城市为绿色货运配送示范工程创建城市。通知要求，被确定为城市绿色货运配送示范工程创建的城市要按照实施方案的工作安排，围绕完善城市配送物流基础设施、推广新能源物流配送车辆普及应用、优化配送车辆便利通行政策、推广先进运输组织模式、推进信息互联共享、落实支持政策和保障措施等重点任务开展工作。同时，要求有关省级主管部门对创建城市从配送节点建设、新能源物流配送车辆购置及运营、配送车辆通行便利政策、融资保险、土地、财税等方面对示范工程相关项目给予扶持。示范工程创建时间为2年（2018年7月至2020年6月）。

2018年度福建省邮政业突发事件应急演练举办

6月27日，在福建省邮政管理局的指导下，福州市邮政管理局在福州顺丰青口分拨中心成功举行2018年邮政业突发事件应急演练活动，省市公安、安全、交通、安监、烟草等单位领导，九地市邮管局领导及主要品牌快递企业福建区部、福州处理中心代表应邀出席观摩演练。

全国最大的新能源物流车运营服务商落户厦门

7月18日，全国最大的新能源物流车运营服务商——厦门市地上铁新创绿能汽车服务有限公司揭牌落户厦门自贸片区，为厦门"快递运用新能源车"开启新时代。7月初，地上铁刚刚入驻厦门，就已经与京东达成合作，首批300辆新能源汽车已投入使用。

京东无人机飞上闽西大地

8月23日上午10点55分，龙岩市上杭县，一架挂载着货物的无人机稳稳地悬停在福州大学紫金矿业学院北门，安全投递包裹后继续向西飞去。这是京东物流在福建省龙岩市常态化运营的无人机配送航线，自2018年8月1日投入试运营以来，京东无人机每天都通过这条航线协助配送员为福州大学紫金矿业学院附近的消费者进行终端配送。

福建德邦获评3A级物流企业

8月，中国物流与采购联合会对外发布第26批A级物流企业的通告，泉州市新增12家A级物流企业，其中，福建德邦物流有限公司获评3A级物流企业，也成为全市第5家获评A级物流企业的快递公司。

福建省出台降本减负新举措

9月，福建省出台《关于进一步降低成本减轻负担促进实体经济企业发展的若干意见》，从税收负担、涉企收费、制度交易成本、生产要素成本、融资成本、物流成本、用工成本、生产成本等十个方面，全面降低企业负担，主动服务企业，促进实体经济高质量发展。快递企业获多项政策利好，将大幅降低物流成本。

中欧（厦门）班列在台举办推介会

10月，中欧（厦门）班列开通三周年之际，"台厦欧"海铁联运介绍座谈会在台北举行，厦门海投集团、中国远洋企业、厦门建发集团在会上签订了合作备忘录，宣告共同推广海铁联运服务。这也标志着这条"海丝"与"陆丝"无缝连接的物流新通道，在开放协作的背景之下被赋予了更强的辐射力、吸引力、生命力。

黄祥谈厅长一行会见高宏峰会长

10月10日，福建省交通运输厅厅长黄祥谈一行赴京会见中国快递协会会长高宏峰。高宏峰会长对福建省快递业发展取得的成就给予充分肯定，对去年双方座谈会后推进各项工作的成效表示赞许。双方就推动快递企业在闽发展的具体事项进行了深入交流并达成共识。黄祥谈厅长代表省政府，介绍了福建省在交通运输领域的发展情况和未来规划，促进快递业发展的政策措施、取得成效以及存在不足的原因分析,并对快递企业在闽加大投资力度和提升发展潜力寄予厚望。双方还就推动快递企业在闽发展的具体事项进行了深入交流。会议决定:由中国快递协会牵头沟通、汇集重点快递企业在闽发展的意向与需求,福建省政府部门与中国快递协会及快递企业紧密对接,双方通过恰当的方式推进合作,尽快明确重点工作项目,落实具体工作任务。

国家邮政局发展研究中心首个省级基地在福建揭牌成立

11月1日,国家邮政局发展研究中心首个省级基地在福建揭牌成立,国家邮政局发展研究中心主任曾军山,福建省邮政管理局局长揭光武以及部分省邮政管理局代表等出席揭牌仪式。

福建局部署2018年快递业务旺季服务保障工作

11月,福建省邮政管理局组织召开2018年快递业务旺季服务保障培训班,分析研判今年旺季范围与形势,加强邮政行业安全监管队伍能力建设,确保业务旺季期间寄递渠道安全畅通。各市局分管领导及相关科室负责人、各品牌快递企业及重点快递品牌福建管理区或快件分拨中心负责人近100人参培训。

海铁联运构建厦蓉物流大通道

11月,厦门港在四川成都举办推介会,促进厦蓉两地进一步深化了解、共商合作、共谋发展大计。推介会上,厦门港积极展示国际一流的营商环境,同时释放港口红利,为成都乃至四川、中西部地区打造一条经济、便利、安全、快捷的货物进出口新通道,吸引更多中西部货物通过厦蓉中欧班列运达厦门再经厦门港进出。此前,《厦门市促进厦门港海铁联运发展的扶持意见》正式出台,成都距厦门铁路运距超过2000公里,市级可领取每标箱约1000元补贴,叠加福建省海铁联运补贴后可达每标箱1400元,使成都至厦门海铁联运物流通道成本明显降低。

"双11"泉州单日快递业务量破千万

11月11日,根据国家邮政局监测数据显示,泉州市快递收件量1072.26万件,同比增长28.22%,为日常收件量的4.7倍。泉州单日快递业务量首次突破千万件大关,再次刷新纪录。备战"双11"新增各类车辆4272辆、作业场地达19万平方米、人员7081人。快递业"黑科技"运用也更加醇熟,位于泉州的主要品牌快递福建省区分拨中心全面引进自动化、半自动化分拣设备,节省人力的同时大幅度提升作业效率。

跨境电商零售进口政策覆盖厦门

11月,国务院常务会议决定将厦门等22个新设跨境电商综合试验区的城市纳入跨境电商零售进口政策覆盖范围,厦门邮政业迎来利好。

张志南副省长主持召开快递服务政企座谈会

11月27日,福建省委常委、常务副省长张志南主持召开快递服务政企座谈会,旨在协调解决快递企业项目落地过程中需协调的问题和困难。中国快递协会会长、交通运输部原副部长高宏峰出席会议并致辞,中通、圆通、申通、顺丰、上海韵达、德邦、苏宁易购、邮政EMS等企业相关负责人参加了会议。座谈会前举行的省交通运输现代服务业项目对接会集中签约了8大类20个重点项目,总投资约405亿元。福建省交通运输厅、发展改革委、公安厅、自然资源厅、市场监督管理局、福州海关、省邮政管理局相关负责人,全省九地市和平潭综合实验区管委会相关负责人出席了会议。

福州跨境快件业务添政策红利

11月,为促进跨境电子商务及国际快件产业集聚发展,实现对相关产业的精准奖补帮扶,福建省平潭综合实验区管理委员会出台了《平潭综合实验区跨境电子商务及国际快件产业奖补办法（试行）》。办法将2019年1月1日生效,主要分为跨境电商及国际快件两部分奖补政策,其中对于国际快件部分奖补涉及三类服务跨境业务企业：一是对于国际快件监管场所经营企业,由其提供通关服务的国际快件业务年度进出口总额超过2亿元的,一次性奖励150万元,对年度进出口总额超过4亿元的,一次性奖励300万元。二是针对国际快件揽货物流企业,以岚台直航进出口海运快件业务,按照4元/票标准补贴物流费用；对从省内外其他口岸转关到平潭国际快件监管中心的国际快件业务,按照2200元/柜标准补贴物流费用。三是对国际快件运营人企业,直接按照1元/票标准补贴操作处理费。

中通快递闽赣区域总部项目签约沙县

11月,中通公司与沙县政府签订战略合作意向书,拟定在沙县金沙园区建设100亩的中通快递闽赣区域总部项目,总投资3.5亿元,该项目主要建设闽赣区域总部大楼、智能化快递分拨中心、快运转运中心、智能设备研发中心等。

莆田市政府与顺丰签订战略合作协议

11月,在福建省委常委、副省长张志南主持的全省交通运输现代服务业项目快递服务政企座谈会上,莆田市常务副市长傅冬阳代表莆田市政府与顺丰控股股份公司签署了顺丰创新产业园项目战略框架协议。顺丰控股拟在莆田投资建设莆田顺丰创新产业园,项目拟选址莆田火车货运站片区物流园区快递电商园（莆田市秀屿区）,占地约200亩,总建筑面积约16万平方米,主要建设内容包括智能物流服务区（约6.3万平方米）、新一代仓储中心（约8.2万平方米）、产业服务区（约1.5万平方米）等,初步测算总投资约4.4亿元,预计项目投产运营后将引进70家以上客户企业入驻,可带动2500人以上就业。

王敏夫副书记赴福州闽侯大学城调研督导

12月5日,福建省委政法委副书记王敏夫一行赴福州大学城调研督导校园寄递安全工作。福州市委常委、政法委书记高明、市综治办主任郭家彬、闽侯县委常委林朝明,大学城管委会、上街公安分局、闽侯邮政管理局以及大学城13所院校有关领导等参加调研督导。调研督导组一行听取大学城各院校对平安校园建设的意见建议,对邮政管理部门推进校园快递服务中心建设所取得的成绩督导组表示充分肯定。针对今后校园寄递工作,王敏夫副书记提出了三点要求。

中欧（厦门）班列发运货值突破10亿美元

截至2018年12月,作为全国自贸试验区开出的首条中欧班列,服务于"一带一路"沿线国家的经贸往来。中欧（厦门）班列线路已拓展至5条,目的地包含波兹南、汉堡、杜伊斯堡、布达佩斯及阿拉木图,并通过国际海铁联运模式,将班列辐射范围扩大至日本、韩国、东盟及我国香港、台湾地区,进一步加强我国东南部与中西部、中亚地区、欧洲地区的优质产品双向流通。截至2018年10月31日,中欧（厦门）班列累计发运384列,货值超10亿美元。中欧（厦门）班列的市场售价、本地货比例等多项指标在全国40多条班列中居前列。

泉州纳入全球航空货运枢纽节点

12月,泉州市人民政府与南方航空货运物流（广州）有限公司签署战略合作意向书,双方将共同推进南方航空（泉州）城市货站项目,这是南方航空全球第一个落成的城市货运站,标志着泉州被正式纳入全球航空货运枢纽节点。

中国（厦门）跨境电子商务综合试验区实施方案出台

12月,经福建省人民政府办公厅同意,《中国（厦门）跨境电子商务综合试验区实施方案》正式出台。该方案为探索具有厦门特色的跨境电子商务发展指明方向,未来将着力在跨境电子商务物流、通关等环节开展先行先试,厦门邮政业迎来政策利好。实施方案明确力争用3~5年时间,通过系列举措逐步提升外贸综合服务和跨境供应链服务能力和水平,引进和聚集一批跨境电子商务平台服务企业,培育一批有竞争力的跨境电子商务企业和品牌,建成一批各具特色的跨境电子商务产业园区,形成贸易便利、监管高效、法制规范的跨境电子商务发展环境,基本形成完整的跨境电子商务产业链和生态圈。

江西省快递发展大事记

江西快递业斩获多项殊荣

1月,江西省服务业发展领导小组公布第六批江西省现代服务业集聚区和江西省龙头服务企业名单,江西省邮政业收获颇丰。江西邮政(上饶)电商智慧产业园、宜春快递物流产业园入选江西省服务业集聚区,江西顺丰速运有限公司获评江西省服务业龙头企业。其中,江西邮政(上饶)电商智慧产业园连续两年入选省级现代服务业集聚区。

江西进一步推进物流降本增效

2月5日,江西省人民政府办公厅印发《关于进一步推进物流降本增效促进实体经济发展的实施意见》,全省邮政业获多项重大利好:一是邮政业"放管服"改革将进一步深化;二是行业基础设施建设得到有力保障;三是行业转型升级创新发展获得多维支撑。

江西局连续六年荣获全省平安建设先进称号

2月,江西省综治委印发《关于表彰2017年度全省综治工作(平安建设)先进集体的决定》,江西省邮政管理局荣获2017年度全省"综治工作(平安建设)先进集体"称号,这已是江西省邮政管理局连续第6年获此荣誉称号。

江西首个无人机营运中心开展试寄业务

3月,由中国民航局批准、顺丰集团下属子公司"江西丰羽顺途科技有限公司"承接的无人机营运中心,成功为周边一养鸡场开展在示范空域内无人机运输投递真空包装土鸡业务,并在顺丰"大当家"网上销售该养鸡场的土鸡,标志着无人机快递物流配送项目进入试点运营阶段。无人机营运中心位于赣州市南康区龙岭镇新屋村,试点期为2年,是江西首个无人机营运中心,也是全国4个地区5个试点项目之一。

江西局推动农村快递向农村物流融合

3月13日,江西省邮政管理局召开农村快递向农村物流融合发展座谈会,研究探讨农村快递综合发展之路。会议议定,萍乡市莲花县、宜春市铜鼓县快递企业可先行制定方案,试点推进向农村物流融合发展。江西省邮政管理局将争取交通部门予以支持,采取有效措施,发挥寄递企业在乡村振兴中的综合动能,全力打造"快递下乡"升级版,深入推动服务乡村振兴战略。

江西局荣获省直机关第十四届文明单位称号

3月,江西省直机关文明委印发《关于表彰省直机关第十四届文明单位的决定》,江西省邮政管理局荣获"省直机关文明单位"称号。

江西局深入学习贯彻习近平总书记对江西工作重要要求

4月,江西省邮政管理局召开党组理论学习中心组(扩大)学习会,重温习近平总书记在参加十二届全国人大三次会议江西代表团审议时的讲话,学习了江西省委书记、省长刘奇在3月29日省委理论学习中心组集体学习会上的讲话,参会人员对标习近平总书记对江西工作重要要求和刘奇书记讲话精神,联系自己的思想和工作实际,查找存在的差距和不足,并就如何从更高的层次深入贯彻习近平总书记对江西工作重要要求进行了讨论发言。江西省邮政管理局处级及以上领导干部参加。

三名快递员获"全省技术能手"称号

5月,江西省人社厅、省国资监管委、省总工会、共青团江西省委、省妇联等五部门印发了《关于2017年江西省"振兴杯"职业技能大赛获奖选手的通报》,表彰省级二类竞赛前10名、省级三类竞赛前6名的选手。邮政行业职业技能竞赛(省级二类竞赛)的前10名快递员获得名次证书,在竞赛中表现突出的快递员胡铁桥、章浩、周清宇等3人被授予"江西省技术能手"称号。

江西局获评法治江西建设优秀单位

6月,江西省法治江西建设领导小组下发《关于法治江西建设2017年度考评结果的通报》,表彰2017年度法治江西建设优秀单位,省局获"2017年度法治江西建设优秀单位"荣誉称号。

1家快递公司和1名快递员被省安委会表彰

江西省安全生产委员会在全省范围内组织开展安全生产安全达标岗和优秀班组长评选活动,评选30个安全生产安全达标岗和30个安全生产优秀班组长。经过审核、投票、考评、公示等环节,最终决定授予江西顺丰速运有限公司安全生产小组"安全生产达标岗"称号,授予江西省邮政速递物流有限公司处理中心转运驾驶班范华利同志获"优秀班组长"称号,并在全省通报表彰。

吴晓军副省长充分肯定邮政管理工作

7月19日,江西省副省长吴晓军听取了江西省邮政管理局主要领导关于邮政管理工作情况和行业发展情况的专题汇报。吴晓军副省长听取汇报后,充分肯定了全省邮政管理工作取得的成绩,同时冀望邮政业在促进江西地方经济发展上发挥更大作用。吴晓军副省长指出,江西省邮政管理局在国家邮政局党组和省委、省政府的正确领导下,勇于担当、主动作为,全省邮政业得到较快发展,邮政业主动对接市场、服务民生,将江西丰富的地方农特产品销售出去,在服务地方经济社会发展特别是服务精准扶贫上贡献明显。邮政管理工作基础不断夯实,江西省邮政管理局做了大量工作,省政府对此十分满意,应给予充分肯定。吴晓军副省长还对江西省邮政管理局下一步工作安排表示赞同,并对行业发展和管理工作提出四点希望。

江西局强力推进实名收寄率快速上升

7月,江西省邮政管理局对实名收寄信息系统推广应用工作再部署、再动员,建立工作指挥部和工作交流两个微信群,加强组织领导,强化信息反馈,快速解决在推进过程中的难点、痛点,取得显著成效。全省邮件快件实名率在全国排位明显上升,7月23日,总实名收寄率达到99.7%,排名全国第5,散件实名收寄率达到98.8%,排名全国第9。

江西出台航空物流发展暂行办法

7月25日,江西省出台《江西省航空物流发展暂行办法》,办法明确对在南昌昌北国际机场发展航空货运产业做出贡献的相关企业进行奖励。按照办法规定,江西省邮政、快递企业成为受益对象,今年预计受益金额超过1000万元。

江西局以法治建设助推行业高质量发展

7月,江西省邮政管理局就推进法治邮政建设作出专项部署,要求全省邮政管理系统深入贯彻党的十九大精神,以习近平新时代中国特色社主义思想为指导,按照"五位一体"总体布局、"四个全面"战略布局和高质量发展的要求,全面推进依法行政,为行业高质量发展提供坚强有力的法治保障。

江西局与省邮政分公司共商行业发展新举措

8月2日,江西省邮政管理局与省邮政分公司召开高层座谈会,共商新时代江西邮政事业改革发展新举措。江西省邮政管理局党组书记、局长魏遵红和相关同志、省公司党组书记总经理李金良和相关同志参加了座谈。双方就邮政改革发展、"市场"与"政府"的关系、深化"放管服"改革进行了充分讨论并相互交换意见。特别是对贯彻落实好国务院领导关于"邮政体系是国家战略性基础设施和社会组织系统"和江西省政府领导关于"充分发挥邮政管理部门的规划引领作用和邮政企业在行业中的领军带头作用"的定位和要求形成一致意见,表示将不辜负党和政府的信任和重托,勤力同心,履职尽责,埋头苦干,为全面建成与小康社会相适应的现代邮政业做出应有的贡献。

江西局多举措推动快递业绿色发展

8月,江西省邮政管理局对推进快递业绿色发展工作再动员再部署,加强组织领导,实行行业总动员,多举措推动快递业绿色发展往实处走、深处走。一是研究制定了《江西省推进快递业绿色发展的实施方案》。二是组织召开全系统推进快递业绿色发展电视电话动员部署会议,全面贯彻落实国家邮政局部署要求,对全系统、全行业推进快递业绿色发展进行全面动员部署,主动适应工作思路调整,把快递业绿色发展作为当前和今后重点工作来推进。三是组织召开主要省级寄递企业负责人座谈交流会,印制了一批宣传条幅免费发给企业悬挂,利用网站、报刊、微信等媒体进行广泛宣传推广。组织开展"绿色快递宣传周"活动,发布绿色倡议、开展绿色快递知识讲座、知识竞赛等。选派了4名得力干部参加国家局举办的绿色发展培训。四是选取邮政EMS、顺丰等5家品牌企业推广使用绿色包装、环保周转袋、电子运单,打造标杆企业,发挥典型示范引领作用。选取南昌、九江等一批快递园区建设成为绿色园区,推广应用自动化分拣设备和节水、节电等技术工艺装备。选取南昌、宜春等地区一批邮政、快递企业和各类环卫企业、回收企业联合开展"快递业+回收业"定向合作试点,探索包装回收和循环利用。结合全省快递标准化网点创建活动,新建改建一批绿色网点和绿色分拨中心。

江西局搭建校企合作平台

8月,江西省邮政管理局积极搭建院校与快递企业合作平台,组织江西交通职业技术学院等5所院校、全省18家快递企业负责人及其人力资源部门负责人共40余人,召开了邮政业人才培养暨校企合作座谈会。会议强调,校企合作是技能人才培养制度的一种重要形式。一是要整合资源。校企双方坦诚相待,精诚合作,实现资源配置的最优化、合作效益的最大化。二是要创新形式。坚持产教融合,探索"项目引领",以企业紧缺急需的技术技能人才培养培训为重点,以委托培养、订单式招生等方式完善教育培训体系,推动企业与院校的全方位合作,让企业参与人才培养全过程。三是要搞好服务。江西局要积极为行业人才培养搭建信息交流平台,建立校企合作微信交流群,及时沟通信息,分享工作心得,互相交流经验;继续为校企合作协调各方关系,争取更多政策支持,积极提供服务。

江西局赴山东考察学习行业人才队伍建设

8月,江西省邮政管理局组成考察组远赴山东考察学习当地行业人才队伍建设经验和做法。考察组先后与山东省邮政管理局领导和同志们举行座谈,听取山东省邮政行业发展情况、邮政行业监管工作开展情况以及行业人才队伍建设情况的介绍。赴聊城与山东工程技师学院的领导和老师们举行座谈,就邮政快递专业设置、课程安排、实训基地建设等情况进行座谈交流,双方分享办学经验和做法。考察组实地参观了该校邮政快递专业实训基地等场所。通过考察学习,为江西省邮政管理局做好行业人才队伍建设提供了宝贵经验。

江西局建立行业经济运行分析制度

9月,江西省邮政管理局召开局长办公会,专题分析上半年全省邮政业经济运行情况,研判当前发展形势,部署下一阶段重点工作。并审议通过了全省邮政行业经济运行分析制度。

江西七部门调研县乡村三级物流快递体系建设

9月13日至14日,江西省邮政管理局会同省发展改革委、省交通运输厅、省商务厅、中铁南昌局集团公司、江西机场集团、省物流与采购联合会等单位深入宜春市的靖安、铜鼓等地实地调研农村物流快递体系建设情况。调研组走访了当地邮政、快递企业,以及县级快件集散中心、乡镇电商快递综合服务中心、村级电商快递综合服务站点,并与当地邮政快递企业、乡村电商快递网点、电商企业负责人等座谈交流。

江西局推动出台省级电子商务与快递物流协同发展政策

9月,在江西省邮政管理局大力推动和有关部门的支持下,江西省政府办公厅出台《关于推进电子商务与快递物流协同发展的实施意见》,为进一步打通行业上下游产业链,推动行业高质量跨越式发展提供了有力政策保障。

顺丰开通"南昌—香港"定期全货机航线

9月26日晚,顺丰航空有限公司"南昌—香港"航线首航仪式在南昌昌北国际机场举行,标志着顺丰航空"南昌—香港"全货机运输航线顺利开通。这是继"南昌—深圳"后顺丰航空在南昌启航的第二条定期航线,同时也是江西省首条地区定期全货机航线。

江西局加强非公快递企业党建工作

10月11日,江西省邮政管理局组织部分快递企业召开党建工作座谈会,进一步加强全省非公快递企业党建工作。会议听取了顺丰、中通、韵达、百世快递等非公快递企业党建工作汇报和意见建议,并就下一步推进非公快递企业党建工作进行了研究部署。

江西加快区域性智慧空港物流中心建设

10月24日,江西省政府办公厅印发《关于依托南昌昌北国际机场建设区域性智慧空港物流中心的实施意见》,提出依托南昌昌北国际机场建设区域性智慧空港物流中心,着力支持推动国际邮(快)件业务发展,全省邮政业获多项政策利好。

江西全面部署全省寄递渠道非洲猪瘟防控工作

11月8日12时,经国家非洲猪瘟参考实验室确诊,江西省上饶市万年县一养殖场发生江西省首例非洲猪瘟疫情。结合国家邮政局和省委省政府最新部署要求,江西省邮政管理局党组高度重视,专题研究,全面部署寄递渠道疫情防控工作。

江西一校企合作案例获评"优秀案例"

11月,国家邮政局职业技能鉴定指导中心、全国邮政职业教育教学指导委员会联合印发《关于公布2018年邮政行业校企合作优秀典型案例的通知》,由江西交通职业技术学院申报、江西省邮政管理局推荐的校企合作案例荣获"2018年邮政行业优秀校企合作典型案例"。

江西省出台快递末端服务车辆管理政策

11月,江西省公安厅出台《关于进一步规范和优化城市配送车辆通行管理的工作意见》,切实解决"最后一公里"车辆通行管理中存在的突出问题,多措并举推进快递末端服务车辆通行管理规范化。意见提出,要优化快递车辆管控措施。在实施配送车辆通行管理中,按照保障民生、服务企业的工作要求,对邮政寄递等车辆,给予优先通行便利。落实新能源货车差别化通行管理政策,提供通行便利,扩大通行范围,对纯电动轻型货车少限行甚至不限行。

江西局召开第二届"最美快递员"表彰大会

11月26日,由江西省邮政管理局精神文明建设指导委员会主办,江西省快递行业协会和江西省邮政行业职业技能鉴定中心承办的江西省第二届"最美快递员"表彰会在南昌隆重举行。12名快递员荣获江西省第二届"最美快递员"称号,8名快递员和1个快递员团队获提名奖。江西省文明办副主任邬定忠,省直机关工委委员、文明办主任刘大胜,省总工会党组成员、副主席吴福才,团省委副书记杨志,省交通运输厅副巡视员蔡建新,省邮政管理局党组书记、局长魏遵红,省快递协会会长、省邮政分公司副总经理张国寿等出席会议并为"最美快递员"颁奖。

魏遵红局长会见来访的圆通速递董事长喻渭蛟

11月29日,江西省邮政管理局党组书记、局长魏遵红会见了来访的圆通速递董事长喻渭蛟。双方就圆通速递在江西整体运营情况、发展战略和服务地方经济发展等方面交换了意见。

江西省邮政业安全中心正式获批成立

12月,中共江西省委机构编制委员会办公室正式批复同意设立省邮政业安全中心。批复明确,江西省邮政业安全中心由江西省邮政管理局代管,为正处级全额拨款公益一类事业单位,编制15名。主要负责全省邮政行业安全、应急管理等基础服务和技术支撑工作。

江西优化口岸营商环境促进跨境贸易便利化

12月,江西省政府办公厅出台《江西省优化口岸营商环境促进跨境贸易便利化工作实施方案》,江西省邮政管理局提出的"加快农特产品快速通关"等建议得到采纳,赣南脐橙、南丰蜜橘等江西优势特色农产品跨境寄递"绿色通道"将打通,为全省跨境电商快递服务发展带来重大利好。

山东省快递发展大事记

济南提出2018年度区域性物流中心建设新任务

1月,济南市委、市政府下发《关于印发济南市"四个中心"建设2018年度目标任务的通知》。通知将"四个中心"建设2018年度目标任务进行了分解,其中,将区域性物流中心建设2018年度重点任务分解为"七大任务",要求各责任单位从内陆港建设、物流专项规划、招商引资、交通运输支撑体系、物流新模式新业态、物流信息化建设、物流人才支撑体系建设等方面,坚持高点定位,依托交通枢纽,加快园区建设,着力打造"中国智慧物流名城",即"一城四中心":中国供应链体系建设重点城市,中国物流标准研发中心、中国物流大数据应用开发中心、中国特色电商物流集聚中心、中国物流人才培育中心,不断推进大项目、大企业落地济南,引领物流中心建设实现新突破。

山东局获评全省安全生产工作先进单位

2月,山东省人民政府安全生产委员会下发《关于表扬2017年度全省安全生产工作优秀市和先进单位、先进个人的通报》,山东省邮政管理局被评为2017年度全省安全生产工作先进单位。

国家寄递渠道安全管理领导小组来鲁督导

3月7日至9日，国家寄递渠道安全管理领导小组对山东省2018年全国两会安保和涉枪涉爆隐患集中整治工作进行了督导检查。督导组由国家邮政局、公安部、国家安全部三个部门联合组成，山东省公安厅、省国家安全厅、省邮政管理局相关负责人以及济南、德州两市邮政管理局主要负责人陪同督导检查。

山东局举办全省邮政行业首期安检员培训班

5月，山东省邮政管理局在聊城山东工程技师学院举办山东省邮政行业首期安检员培训班，来自全省17个地市的140余名邮政、快递企业安检员参加了培训。培训分为理论和实操两部分，以安检机实操培训为主，涵盖安全法律法规、安检工作概述、物品安检技能操作、X光机图像识别技术、主要违禁品识别与处置等寄递安检实务性内容，通过现场讲解、图像识别、实操演练等方式，提升安检员的安检技能和水平，有效解决寄递企业配备安检机后的操作难题，确保邮件快件"过机安检"制度的有力执行，真正做到理论知识与实践操作相结合，增强了培训的实效性和针对性，取得了良好的效果。

山东局上合峰会寄递渠道安保工作获高度评价

6月，山东省邮政管理局收到青岛市委、市政府感谢信，全省邮政管理系统提高政治站位，树牢"一盘棋"思想，扎实落实峰会寄递渠道安保工作各项措施，圆满完成各项任务的做法获高度评价。感谢信指出，峰会筹备工作开展以来，山东省邮政管理局按照省委、省政府的统一部署，始终想青岛之所想、急青岛之所急、助青岛之所需，聚焦筹备工作重点任务，调动各项资源力量全力支持保障青岛，展现了高度负责的政治责任感、雷厉风行的工作作风、饱满昂扬的工作热情，给予我们巨大支持和无私帮助，彰显出省市一体筹办峰会的强大合力，对此表示崇高的敬意和衷心的感谢。

山东局连续3年获"全省服务业发展绩效考核先进单位"荣誉称号

7月，经山东省人民政府同意，决定对2017年度服务业发展成效显著的济南等10个市，对省发展改革委等15个省直部门和省国税局、人民银行济南分行、省邮政管理局等3个中央驻鲁单位予以通报表彰。山东省邮政管理局连续3年获得"全省服务业发展绩效考核先进单位"荣誉称号。

快递业纳入"放心消费在山东"行动实施方案

8月，山东省工商局牵头，联合省发展改革委、交通、邮政管理等28个省直部门印发《关于开展"放心消费在山东"创建工作的实施方案（2018—2020年）》，首次将快递业纳入放心消费示范单位创建重点行业。

山东局部署开展全省快递市场清理整顿工作

8月，山东省邮政管理局印发《山东省快递市场清理整顿专项行动工作方案》，在全省迅速开展快递市场清理整顿专项行动，强化快递市场监管力度，维护快递市场秩序。

山东局全面部署"一市（地）一品"工程

10月，为贯彻落实国家邮政局、山东省邮政管理局工作安排和年中会议精神，山东省邮政管理局全面部署"一市（地）一品"工程，全力打造"百万级""千万级"金牌、银牌项目。一是做出安排部署，提出任务目标。二是深化网络布局，畅通链接主渠道。三是强化协调调度，打造精品工程、金牌项目。2018年，寄递大樱桃1.67万吨，为农户增收近亿元。临沂蒙阴蜜桃寄递量已超千万件，青岛特色鲜果类寄递项目600万件,烟台苹果和威海渔具寄递量均超500万件,聊城莘县香瓜、德州扒鸡寄递量分别达400万件、300万件。沾化冬枣寄递量预计超千万件。

山东局部署快递业务旺季服务保障工作

11月7日,山东省邮政管理局召开快递业务旺季安全服务保障工作动员部署会,传达贯彻国家邮政局有关要求,安排部署全省旺季安全服务保障工作,省局相关处室、省邮政业安全中心、省快递协会及15家快递品牌省级网络负责人参加会议。会议传达了国家邮政局快递业务旺季服务保障工作要求,对《山东省2018年快递业务旺季服务保障工作方案》进行了解读,通报了各品牌网络申诉与实名收寄数据情况,分析了当前旺季服务保障工作形势,提出了具体任务和措施要求。

山东局印发方案部署推进打好邮政业三大攻坚战

11月,山东省邮政管理局出台《山东省邮政管理局关于邮政业打好三大攻坚战的实施方案》,进一步明确推进措施、细化任务分解。实施方案要求:一是坚持以人民为中心,高度重视打好三大攻坚战的重要意义,树牢"四个意识",坚定信心、勠力同心,坚决打好山东邮政业防范化解重大风险、精准脱贫、污染防治三大攻坚战,加快邮政强省建设步伐。二是聚焦问题精准施策,对照《实施方案》要求,细化任务目标,确定"路线图"、制定"时间表"、绘好"任务书",坚持事不避难,强化责任担当,坚决把防范各类风险落到邮政管理工作实处。三是强化督导狠抓落实,全省系统成立打好邮政业"三大攻坚战"工作领导小组和办公室,建立三大攻坚战联络员机制,定期调度各单位推进落实情况,推进一件干成一件、积小胜为大胜,坚决完成打好邮政业三大攻坚任务,加快推进现代邮政业发展。

山东局组织考察组赴贵州、江西考察快递物流园区建设

12月,山东省邮政管理局组织考察组赴贵州、江西两省考察快递物流园区建设,济南、滨州、德州、淄博、济宁、临沂等市局主要负责同志参加考察。考察组先后赴贵州快递物流园区、吉安祥和物流园、赣中快递电商物流园、赣州快递服务南康家具项目等现场参观,并就园区建设运营情况与贵州省邮政管理局、江西省邮政管理局有关同志进行了深入座谈交流。

全省系统全面完成1.34万个快递末端网点备案工作

12月,全省邮政管理系统全面完成辖区存量快递末端网点备案工作,全省备案快递末端网点1.34万个,备案工作平均办理时限为1.3个工作日,少于全国平均用时。

山东局被交通运输部授予"全国交通运输行业文明单位"

12月,交通运输部印发决定,表彰全国交通运输行业精神文明建设先进集体及个人,山东省邮政管理局获得"全国交通运输行业文明单位"荣誉称号,成为唯一获此殊荣的邮政管理机关。

滨州冬枣、临沂蜜桃寄递项目获评"金牌项目"

12月,国家邮政局印发通报表彰20个"2018年快递服务现代农业金牌项目",山东省滨州冬枣和临沂蜜桃寄递项目同时获评。山东省已打造出滨州冬枣、临沂蜜桃2个寄递量超千万级项目,聊城莘县香瓜、烟台大樱桃、烟台苹果和青岛特色鲜果等寄递量超500万件项目4个,德州扒鸡、枣庄杂粮等40余个寄递量超百万件示范项目。据统计,2018年山东省快递服务现代农业项将实现快件量超8600万件,快递业务收入突破7.24亿元,拉动就业8.5万余人,带动农业产值31.8亿元。

山东局联合团省委启动快递从业青年关爱活动

12月，山东省邮政管理局联合团省委联合印发通知，在全省邮政快递行业启动"快递从业青年服务月"关爱活动。此次活动，旨在通过关爱关心青年快递从业者成长，推动快递青年与行业互促共进。通知要求，各市局要高度重视，加强与市级团委工作对接，共同制定活动方案，发挥行业主管优势，优化活动各环节设计，探索更多本地化、有实效的服务内容。

山东省政府出台推进电子商务与快递物流协同发展的实施意见

12月，山东省政府办公厅印发《关于推进电子商务与快递物流协同发展的实施意见》，提出力争到2022年全省电子商务和快递物流融合发展走在全国前列。实施意见立足推进新旧动能转换重大工程，围绕完善基础体系、优化快递节点布局、提升数字化协同水平、构建智慧快递服务体系等七个方面，就推动电商与快递深度融合提出23项具体推进意见。

河南省快递发展大事记

徐光副省长高度肯定全省邮政管理工作成绩

1月16日，河南省人民政府副省长徐光听取了省邮政管理局工作情况汇报，高度肯定了2017年全省邮政管理工作成绩，并冀望全省邮政管理系统在新的一年再接再厉，再创新功。

河南出台20余项措施力促快递业转型发展

1月，河南省政府办公厅下发《河南省促进物流业转型发展若干措施》，从八个方面提出了23项具体措施，部署推进电商、冷链、快递物流业转型发展有关工作。快递业获得多项利好支持。若干措施提出，河南将对快递业发展加大财政补贴支持。进一步支持物流园区和基础设施建设，开展示范创建工作，培育认定一批省级快递物流示范园区。对经考核评估认定为省级示范园区以上的，根据规模和示范效应，一次性给予50万～500万元奖励。对2017年以来新建1万平方米以上的标准化仓储设施、快件分拨中心，按不高于投资额的30%、最高不超过300万元予以补助。对日均发件量超过5000件且建仓面积8000平方米以上的快递企业，按照快递年度业务量予以适当补助。对在河南省年自营收入达到5亿元以上的快递企业，依据其促进产业转型发展、吸纳就业等情况给予奖励，奖励资金最高不超过500万元。若干措施同时还强调，河南将进一步加大对安全监管、行业绿色发展的推进力度。

河南局搭建平台推动全省邮政行业人才建设

4月10日，河南省邮政管理局举行邮政行业人才培养签约仪式，助推校企深度合作，加快全省邮政行业人才队伍建设。会议总结了河南省邮政行业校企合作开展情况及合作成效，从行业发展和人才队伍结构不合理、人才流失、供需错位等方面分析了当前整个行业面临的形势，与会代表直言工作中遇到的困难与机遇，通过沟通交流，梳理短板，明确了今后校企合作的目标和方向，同时就如何突出行业特色，做好行业实践和不同层次的人才培养进行了深入交流，并提出了建设性的意见和建议。河南省邮政管理局、郑州大学、郑州航空工业管理学院、河南省理工学校有关领导以及各快递企业相关人员参加签约仪式及座谈会议。

河南邮政业积极助力全省脱贫攻坚工作

6月4日至5日，全省交通运输脱贫攻坚暨

"四好农村路"建设现场会在信阳光山县召开,河南省副省长徐光出席会议并讲话。省交通运输厅、扶贫办、发改委、省邮政管理局相关部门负责同志,各省辖市、省直管县(市)分管同志,2018年拟脱贫的33个贫困县分管同志等参加会议。会议期间,徐光还现场察看了潢川县卜塔集镇客运班车乡村换乘情况,详细了解了邮政支局的邮政基础设施、邮件投递质量、普遍服务营业网点设施配备等情况。

河南邮管系统3人获省烟草业转型升级办表彰

6月,河南省烟草业转型升级办公室下发了《河南省烟草业转型升级专项工作领导小组办公室关于表彰2017年烟草业转型升级工作先进个人的通报》,对在全省2017年烟草业转型升级工作中成绩显著、贡献突出的先进个人予以表彰,河南省邮政管理局市场监管处李顺臣、郑州市邮政管理局冯国阳、三门峡市邮政管理局王贵新荣获先进个人。

河南局召开确保中央环境保护督察组邮(快)件安全畅通会议

6月11日,河南省邮政管理局召开确保中央环境保护督察组邮件快件安全畅通电视电话会议,河南省邮政管理局相关处室人员、省邮政安全中心负责人及省邮政公司、省快递企业负责人在主会场参加会议;各市邮政管理局主要领导、业务科室相关人员及市邮政公司、市快递企业负责人在分会场参加会议。会议强调,确保督察组专用邮政信箱的安全畅通,是全省邮政管理部门的监管职责,是全省寄递企业的重大任务。

河南局政务公开工作获省政府表彰

7月,河南省政务公开与政务服务领导小组印发了《关于2017年度政务公开第三方评估结果的通报》,对2017年度全省各地区各单位评估结果进行通报,河南省邮政管理局政务公开工作获省政府表彰。此次政务公开评估工作围绕51个省直厅局单位开展,评估后对获得优秀的16个单位予以通报表彰。在通报中指出,河南局在公开平台与目录建设、重点领域信息公开、信息公开的申请渠道畅通、主动开展政策解读、依法规范答复申请、提高政务公开参与度、及时回应关切问题以及政民灵活交流互动等八个方面,都表现较好,能够较好地展示政府工作的创新、透明、开放、自信。

河南局等21个中央驻豫单位获省政府通报表扬

7月,河南省政府下发《关于表彰2017年度服务河南经济社会发展优秀和先进中央驻豫单位的通报》,对21个中央驻豫单位进行通报表彰。河南省邮政管理局作为2017年度服务河南经济社会发展先进中央驻豫单位被通报表彰。

河南局网站建设工作获省政府通报表彰

7月,河南省政府办公厅下发《关于2017年度政务公开考核与政府网站评估结果的通报》,对全省各级政府单位的政务公开工作和网站建设情况进行表彰,河南省邮政管理局被评为2017年度全省政府网站绩效评估"良好政府单位"。

河南局荣获综治和平安建设工作优秀单位

11月,河南省委政法委员会印发《关于2017年度全省综治和平安建设考评情况的通报》,对2017年度综治和平安建设工作先进单位进行表彰,河南省邮政管理局荣获综治和平安建设工作优秀单位。

何金平副省长一行赴许昌开展物流业转型发展工作调研

11月,河南省商务厅、发展改革委、邮政管理局成立物流业转型发展工作组,赴许昌开展调研。河南省政府副省长何金平、省人大常委会原副主任段喜中参加调研。调研组一是召开重点企业座谈会,了解企业生产经营和项目建设情况,许昌市快递协会、长葛圆通速递公司负责人参加了座谈;二是开展实地调研,围绕2018年许昌市物流业转型发展确定重点项目,进行实地察看,许昌市快递物流园区、家便利"快递之家"建设情况获好评;三是听取工作汇报,听取市政府及有关部门关于冷链物流、快递物流、电商物流转型发展工作推进情况的汇报,就下一步工作提出要求。

中欧班列(郑州)首次启运国际邮件

11月20日,中欧班列(郑州)运邮开行仪式在郑州铁路口岸举行,河南郑州成为继重庆、东莞、义乌之后,中欧班列第四个、中部省份第一个运邮试点城市。中欧班列(郑州)国际邮件的启运,可充分发挥郑州区位和交通优势,利用中欧班列(郑州)线路将全国出口至欧洲、中亚等方向的国际邮件在郑州集疏、直达境外,实现陆路国际运邮"全国聚集、一点通关";也可将德国、法国、荷兰、波兰等欧亚国家的进境邮件经郑州分拨全国。预计年运邮量可达5万吨、1亿多件。中欧班列(郑州)实现运邮常态化以后,将有效解决3C产品(计算机、通信和消费类电子产品)航空运输难等问题,形成空陆运邮优势互补、相互支撑态势,为河南及周边省份跨境电商等用户提供品质更好、价格更优、时效更稳、渠道更广的国际邮政寄递服务,推动郑州邮政口岸成为全国航空、铁路邮政国际物流"双核枢纽"。

河南局开展全省物流业转型发展调研工作

12月,按照河南省政府物流转型发展专项工作领导小组工作安排,省发展改革委、省商务厅、省邮政管理局分别带队在全省范围内围绕"冷链、电商、快递"物流转型发展等内容开展了为期一个月的调研工作,各省辖市邮政管理局、发展改革委、商务局等部门相关负责人全程陪同。河南省邮政管理局充分肯定了所赴6个省辖市物流业转型发展工作中取得的成效,指出了发展瓶颈和亟待解决的问题,并要求省辖市政府和相关部门积极出台促进物流业转型发展若干措施,加快项目专题研究,帮助企业解决项目落地过程中遇到的困难和问题,以解决问题促发展,力争项目早开工、早投产、早见效。

河南局开展全省邮政业安全生产应急演练

12月19日,全省邮政业安全生产突发事件应急处置演练在郑州普洛斯物流园区成功举行。河南省邮政管理局相关处室、郑州市邮政管理局及综治、公安、消防、医疗救护及各快递企业相关人员90余人参加演练。此次演练动用消防车4台,出动120急救车、警车6台次,救援清障车1台次,大型厢式快递运输车2台次。通过演练,进一步强化了企业安全生产主体责任,为完善突发事件的应急处置机制、规范应急处置作业流程、推进应急装备建设、提高突发事件应急处置的快速响应、指挥决策、协同联动等综合能力,起到了有力的促进作用。

湖北省快递发展大事记

周先旺副省长表示将继续大力支持全省邮政业发展与管理工作

1月16日,湖北省人民政府党组成员、副省长周先旺同志专题听取了湖北省邮政管理局工作汇报,对全省邮政管理系统工作给予充分肯定。他表示,一年来,全省邮政业发展取得显著成绩,全省邮政管理工作稳步推进,省政府将继续大力支持全省邮政业发展与管理工作,助推行业发展更好地服务湖北经济社会发展大局。周先旺副省长要求全省邮政管理系统再接再厉,坚定发展信心不动摇,进一步做好全省邮政业改革发展各项工作。

邮政业一线员工获"湖北五一劳动奖章"荣誉称号

为深入贯彻"技能强省"战略,加快全省产业工人队伍建设,2017年湖北省总工会联合省直有关单位和部分行业开展一系列省级职工技能比赛。为表彰在比赛中成绩优异的选手,省总工会对在2017年第七届全省职工职业技能大赛通用工种和部分行业工种技能比赛中获得第一名的选手授予"湖北五一劳动奖章"荣誉称号,中国邮政速递物流股份有限公司江岸区分公司余艺获此殊荣。

湖北省出台推进多式联运发展实施意见

2月,湖北省人民政府办公厅印发了《关于推进全省多式联运发展的实施意见》,全省邮政业获多项政策利好。实施意见提出"到2025年,争取将湖北建成引领长江经济带中游地区发展、服务全国、辐射欧亚、对接国际的国家内陆地区多式联运中心和国家多式联运创新示范区"的总体目标,有多项内容涉及湖北省邮政业发展。一是加快推进湖北国际物流核心枢纽项目建设,加强配套物流设施和联运体系的规划。二是开展多式联运试点示范工程建设,发展"高铁快递"服务。三是鼓励邮政、快递企业从事与其主营业务相关的多式联运经营活动,或联合其他具有相关资质的企业开展多式联运经营活动。四是创新口岸通关监管模式,促进口岸通关便利化。五是积极拓展国际航运服务市场,适时开辟、加密国际货运班列。实施意见还从组织、政策、科技、人才等方面给予了保障,如"对多式联运企业依法给予税费减免、土地优惠等政策支持。省级财政统筹安排交通专项资金,支持多式联运试点示范项目建设"。

湖北局约谈寄递企业督促落实安全主体责任

2月,湖北省邮政管理局针对武汉市承韵速递有限公司劳务外包人员违规操作导致安全事故和湖北顺丰速运有限公司货车自燃造成快件损毁、违规收寄国家机关公文等问题,分别对以上两家公司相关负责人进行了约谈告诫。

湖北之声聚焦《快递暂行条例》

5月3日下午,湖北之声政务服务类节目《直通1046》用近半小时聚焦《快递暂行条例》,及时解读条例主要内容,传递惠民政策,回应群众关切。湖北省邮政管理局局长唐顺益和政策法规处、市场监管处负责人受邀参加节目,对《快递暂行条例》出台的背景、意义,以及湖北省邮政管理局如何做好条例的宣贯落实进行介绍。对条例中关于保护用户权益、行业利好政策、维护寄递渠道安全、执行快递实名制以及等具体规定进行解读,并对湖北省如何落实条例的具体措施进行了说明。在互动环节中,就听众关心的实名制如何保护用户信息安全、企业如何破解进小区上门难等问题进行了详细解答。

湖北局调研推动快递业绿色发展工作

5月29至30日,湖北省邮政管理局副局长带领市场监管处等负责同志,深入部分快递企业专题开展快递绿色发展调研督导,了解企业快递包装回收等情况,督促企业深入贯彻绿色发展理念,推动国家邮政局、国家发改委等十部委《关于协同推进快递业绿色包装工作的指导意见》在全省快递行业全面落实。湖北省邮政管理局调研督导组对各企业在持续推进快递绿色发展、科技强邮等方面取得的工作成效给予了充分肯定,并强调:快递业绿色发展是全社会共同的责任,要充分调动社会各方力量统筹推进、综合施策;希望快递企业要进一步在绿色分拨中心建设和绿色包装应用上大胆创新、勇敢探路,切实对标快递业绿色发展要求,在促进电子面单使用率进一步提升,推进快递包装绿色化、减量化、可循环,大力推进新能源车辆配置,促进低碳环保运行等方面下功夫;要进一步加大绿色包装应用的社会面宣传,广泛宣传行业绿色可持续发展理念,倡导绿色消费方式,普及绿色包装和回收知识,营造"绿色快递,人人有为"的良好氛围。

湖北局组织开展寄递安全"三项制度"知识竞赛

6月1日,湖北省邮政管理局组织全省寄递从业人员开展寄递安全收寄验视、实名寄递、过机安检"三项制度"知识竞赛,来自全省17个市州的64名寄递从业人员参加竞赛活动。通过此次活动,进一步检验和巩固了全省各地开展的寄递安全"三项制度"学习培训成果,促进寄递安全"三项制度"在全省更好地落地实施。

湖北局联合多部门发文推进城乡高效配送专项行动

6月,湖北省邮政管理局联合省商务厅、省公安厅、省交通运输厅、省供销合作总社印发了《关于开展城乡高效配送专项行动的通知》。通知提出,到2020年,全省城乡高效配送示范城市社会物流总成本占全省生产总值的比例下降2个百分点以上,骨干企业仓库利用率达到90%以上,共同配送率达到50%以上,绿色仓库与新能源车辆比例达到30%以上。形成一批可复制可推广的城乡高效配送经验模式的总体目标。通知还明确了三项重点任务:一是完善三级配送网络,共享网络资源。二是优化配送车辆管理,促进便利通行。三是加强技术标准应用,推动配送模式创新。

湖北出台推进物流降本增效实施意见

6月,湖北省政府办公厅印发《关于进一步推进物流降本增效促进实体经济发展的实施意见》,省快递业获政策利好。实施意见提出对运输鲜活水产品、农产品车辆给予便利通行政策。完善城市配送车辆通行管理,鼓励商贸、物流企业协同开展共同配送、夜间配送;加强物流业发展规划和用地支持。在全省推行弹性确定物流业用地出让年限,可以通过租赁、先租后让、租让结合等多种方式向物流企业供应土地。物流业用地的使用者可在一年内分期缴纳土地出让价款,首期缴纳比例不得低于50%;鼓励传统货运站场向物流园区转型升级,支持快递分拨中心和仓配中心建设,全面提升物流基础设施水平。积极推进湖北国际物流核心枢纽等重大项目建设;积极推进多式联运、甩挂运输发展,推动利用高铁网络发展快件运递服务;推动物流业与制造业联动发展。引导物流企业与制造业供应链对接,建立与新型工业化发展相适应的制造业智慧物流服务体系等内容。

国家局督导检查组赴湖北督导

7月,国家邮政局涉枪涉爆隐患集中整治工作第三督导检查组由国家邮政局邮政业安全中心主任江明发带队,深入湖北多地,通过听取汇报、查阅台账、实地检查等方式,进行寄递渠道涉枪涉爆隐患集中整治工作督导检查。督导组对湖北省邮政管理局组织开展寄递渠道涉枪涉爆隐患专项整治工作成效给予了充分肯定,认为湖北省邮政管理局高度重视寄递渠道涉枪涉爆隐患整治工作,精心部署、措施有力、效果明显。同时强调,要充分认清当前寄递渠道面临的严峻安全形势,持续开展寄递渠道涉枪涉爆隐患集中整治专项行动,督促寄递企业严格落实"三项制度",加强部门协作联动,依法严厉打击违法违规行为,确保寄递渠道安全平稳。

湖北局部署开展全省快递末端网点备案管理工作

7月,湖北省邮政管理局印发《湖北省快递末端网点备案工作实施方案》,成立快递末端网点备案工作领导小组,明确了工作目标、实施阶段和工作要求。并组织各市(州)局举办2018年全省快递市场基础管理工作培训班,邀请有关领导和专家对国家局《快递末端网点备案暂行规定》进行解读,对许可审批系统末端网点备案操作进行现场教学及答疑,全面启动快递末端网点备案管理工作。8月初,召开全省邮政管理局长座谈会,对快递末端网点备案工作进行专项强调,明确各市(州)局要坚持效果导向,严格执行《末端网点备案暂行规定》,督促备案主体依规及时在许可管理系统中提交备案申请,并在规定时间内完成工作流程,坚持依规开展末端网点备案。同时,湖北省邮政管理局组织EMS、顺丰、中通、申通等16个主要快递品牌湖北公司召开下半年重点工作部署会,对快递末端网点备案工作进行了部署强调,要求各企业加大对品牌下属末端网点的清理,并督促及时通过网上系统提交末端网点的备案资料。

《关于推进电子商务与快递物流协同发展的实施意见》出台

8月,湖北省人民政府办公厅印发了《关于推进电子商务与快递物流协同发展的实施意见》,提出六方面政策举措,推动湖北电子商务与快递物流协同发展。一是深化"放管服"改革。简化快递业务经营许可程序,实现许可备案事项网上统一办理。二是创新产业支持政策。将快递物流相关仓储、分拨、配送等设施用地纳入城乡规划,将智能快件(信包)箱、快递末端综合服务场所纳入公共服务设施相关规划。明确智能快件(信包)箱、快递末端综合服务场所的公共属性,对智能快件(信包)箱布放运行提供场地、水电等便利。支持传统信报箱改造,推动邮政普遍服务与快递服务一体化、智能化。三是加强基础设施建设。尽快构建面向全国、覆盖全省各市、州、县的城市快递配送网络,逐步整合、完善乡级镇级服务站和服务点,并逐步向村、组延伸,着力发展乡镇末端配送,推动解决电商配送"最后一公里"的问题。四是推动配送车辆规范运营和便利通行。引导快递企业使用符合标准的配送车型,完善城市配送车辆通行管理政策,合理确定通行区域和时段,对快递服务车辆等城市配送车辆给予通行、停靠便利。五是加强新技术开发及应用。推进云计算、大数据、区块链等关键技术在电子商务领域的研究与应用。推进物联网技术与电子商务模式的融合创新。六是发展绿色生态供应链。探索包装回收和循环利用,推广应用绿色包装技术和材料。按照有关政策对快递绿色包装生产、回收和使用企业给予适当补贴。

湖北局全面部署2018年快递业务旺季服务保障工作

10月,湖北省邮政管理局组织召开2018年全省快递业务旺季服务保障工作动员部署视频会,深入贯彻落实国家邮政局关于快递业务旺季服务保障工作会议精神和工作方案要求,分析形势、明确任务,全面部署全省快递业务旺季服务保障工作。

湖北局组织开展全省邮政快递市场跨区域互查活动

11月,湖北省邮政管理局认真落实国家邮政局关于进博会和快递业务旺季期间寄递安全服务保障工作的部署精神,强化市场监督检查执法工作,在全省范围内组织开展邮政快递市场跨区域互查活动。在互查活动中,湖北省邮政管理局组织了13个检查组,在全省17个市(州)实地随机抽查183个快递、邮政网点,重点检查了寄递企业安全主体责任落实、寄递渠道三项制度执行、服务质量管理、市场主体资质、进博会及快递业务旺季期间寄递安全服务保障等方面情况。集中检查后,湖北省邮政管理局督促各属地局针对检查组发现的问题,认真逐一梳理、分类处置、落实责任,监督寄递企业对存在的问题落实解决措施、迅速整改、消除隐患、规范提升,对违法违规问题线索,依法依规严肃处理。

湖北省邮政业安全中心正式成立运行

12月25日,湖北省邮政业安全中心在武汉正式成立运行。湖北省委政法委、省邮政管理局领导为省邮政业安全中心揭牌。省人社厅及省公安厅、省国安厅、武汉铁路监管局、民航湖北监管局等省寄递渠道安全监管领导小组成员单位相关同志,省邮政业职鉴中心、省快递行业协会及邮政、快递企业代表参加有关活动。

湖南省快递发展大事记

朱汉荣同志建言献策促贫困地区农村快递服务发展

1月27日,湖南省政协十二届一次会议闭幕。会议期间,新当选省政协委员的省邮政管理局局长朱汉荣同志,认真履职尽责,积极建言献策,提交了题为《加强政策保障 提速发展贫困地区农村快递服务》的提案,大力呼吁社会各界对快递业的理解支持。

两部门研究共同打击寄递渠道涉烟违法行为

3月,湖南省邮政管理局、省烟草专卖局召开联席会议,研究探讨寄递渠道共同打击寄递渠道涉烟违法行为,湖南省邮政管理局党组书记、局长朱汉荣,省烟草专卖局局长、省烟草公司总经理樊剑峰出席会议。双方就联合执法、经费保障、情报互通、表彰奖励等方面达成共识。

"快递下乡工程"纳入湖南省2018年国民经济和社会发展计划

3月,湖南省人民政府印发《湖南省2018年国民经济和社会发展计划》,提出要大力实施乡村振兴战略,建设农业农村现代化保障体系,实施"互联网+"现代农业行动和快递下乡工程,完善农村物流网络,推进农村一二三产业融合发展。

湖南局部署快递末端网点备案试点工作

3月29日,湖南省邮政管理局召集长沙市邮政管理局学习讨论国家邮政局拟制定出台的备案工作暂行规定,会商研究试点工作推进实施措施。湖南省邮政管理局要求,要突出建设服务型政府的理念,切实把线上备案做充分在线下,分区域分品牌有序推进,避免备案时工作扎堆、问题集中。要坚持先易后难,注重对企业的先期辅导、备前把关,合格一批申报一批。要契合末端转型行动,对持续经营困难、场地成本高、快递服务集中的部分区域网点,引导合作共建、集约共享。

湖南局引导快递业服务全省创新引领开放崛起战略

5月,湖南省政府制订下发了《关于贯彻落实创新引领开放崛起战略促进经济增效财政增收的若干意见》,明确发挥财政政策和资金的带动引导作用,提振实体经济,推动经济高质量发展。对湘欧快线、国际航空客货运航线等新开物流通道,根据开通运营成本等因素给予培育补贴。对落地湖南省的重大技术改造、科技成果转化等招商引资项目,重点扶持。实施长株潭高层次人才聚集工程,省级财政对创新人才和创新团队予以科研、实验室和生产线建设项目经费补助,对科技服务和经营管理人才予以薪酬和购房补贴。支持打造一批与市场无缝对接、就业形势好、实训绩效突出的校企合作研修等技能培训平台。全面落实国家鼓励发展的重点行业、新兴产业相关税收优惠政策。严格执行取消、停征和降低部分行政事业性收费及政府性基金等各项减费降负政策,除中央统一设立外,取消现行省级涉企收费项目。将"两型产品"政府采购政策适用范围扩大到工程领域,对于纳入政府首购目录的产品和服务，采购人可直接与供应商签订政府采购合同。意见实施期限为2018年1月1日至2021年12月31日。

湖南局聚焦安全监管转型

6月，湖南省邮政管理局召开党组会议，专题学习习近平总书记安全生产重要论述，贯彻落实《地方党政领导干部安全生产责任制规定》，听取涉枪涉爆安全隐患集中整治专项行动开展情况，审定《全省邮政行业落实企业全网安全生产主体责任年实施方案》《全省邮政行业落实企业全员安全生产责任制实施意见》，强调要科学统筹和推进安全监管转型建设，结合正在开展的"大学习、大调研、大改进"活动，瞄准寄递安全重大关切，切实增强实践维度，持续强化责任牵引，努力开创新时代行业安全发展的新局面。

长沙市市长考察圆通总部开展战略合作

7月，长沙市委副书记、市长胡忠雄在"2018湖南—长三角经贸合作洽谈周"活动期间，专程率队前往圆通速递总部考察调研。圆通速递主要负责人，湖南局市场处、长沙市邮政管理局主要负责人陪同调研。胡忠雄市长一行先是参观了圆通展厅，了解行业发展背景及圆通发展历程，随后与圆通速递陪同调研人员进行座谈，座谈会上，胡忠雄表示，圆通华中管理总部基地项目落户长沙，是长沙加强加深与圆通战略合作的良好契机，长沙市政府将大力支持圆通立足长沙打造区域物流中心，并以此为起点整合资源，构建全生态产业链，合力打造航空货运中心、商品集散中心、商品贸易中心。长沙将进一步创造良好的营商环境，一如既往支持企业在长沙做大做强，开拓更为广阔的市场。圆通速递主要负责人表示，圆通将充分利用长沙的优势地位，加强产业布局，通过区域总部基地项目建设，搭建长沙商贸集散地及多式联运体系，为当地经济发展和社会民生做出贡献。

湖南局运用目标管理考评推动实施更贴近民生实事

湖南省邮政管理局建立目标管理考评机制，采取听、查、看、问、访"五字核查法"，对各地推动实施情况进行督导考评。8月，湖南省邮政管理局通报了上半年各市州局目标管理的考评情况。通报指出，2018年以来，各市州局认真践行以人民为中心的发展思想，坚定使命追求，大力推进履职能力建设，因地制宜地实施为民惠民利民工作，推动行业民生保障水平渐进提高，引领邮政行业开辟了发展新境界，更贴近民生实事工作深度契合邮政市场监管实践，深刻地改变着邮政行业整体面貌，但仍面临"点的突破、面上拓展、系统提升"的艰巨任务。

湖南局与民航监管局建立安全监管联动机制

8月，湖南省邮政管理局与民航湖南监管局就建立寄递渠道涉航安全违法行为通报机制召开工作协调会。会议通报了民航安检机构今年以来查获湖南辖区航空邮件、快件的违法行为情况，研判寄递渠道涉航安全面临形势，交流了贯彻落实《中华人民共和国反恐怖主义法》《中华人民共和国民用航空安全保卫条例》《快递暂行条例》具体措施。面对航空邮件、快件业务增量强劲、安全任务紧迫的形势，会议决定，邮政管理局与民航监管局按照职责分工，立足于从源从常从严，加强协调联动，充分发挥民航安检防控作用，建立情况反馈机制，推动责任倒查，促进问题整改，强化安全治理效能，进一步遏制寄递渠道涉航安全违法行为的发生。根据双方建立的联动机制，民航湖南监管局在航空邮件、快件日常安检中，发现寄递企业存在伪报品名、夹带禁运物品等违法行为信息，将按月汇总通报给省邮政管理局。湖南省邮政管理局根据问题线索，逐环节追查责任，处罚当事企业及其负责人和具体责任人，倒逼寄递企业加强源头管控、问题整改。

湖南局加快推动快递末端网点转型升级

8月,湖南省邮政管理局在郴州召开全省快递末端网点转型升级现场推进会,动员引导快递企业共建共享,面向行业和关联产业,建设覆盖乡镇、社区的快递末端综合服务平台,集约整合、共同发展。各市州局分管局领导、快递协会会长和各主要快递企业省管中心主要负责人参加会议。会议组织现场观摩了郴州宜章县城区、岩泉镇、栗源镇的"快递超市",深入了解乡镇快递"集体抱团、生根自养"的探索实践。会上,郴州局、湘潭局和株洲醴陵通达公司介绍各自试点工作经验。会议对快递末端网点备案工作进行再动员再部署,同时通报了乡镇快递违规收费专项治理和年度市场监管目标管理工作完成情况。

两部门开展电动自行车消防安全管理集中约谈

8月22日,湖南省邮政管理局联合省消防总队组织全省39家快递物流、外卖企业的负责人,开展电动自行车消防安全管理集中约谈,督促企业落实电动自行车消防安全综合治理主体责任,规范电动车停放充电场所的建设和管理,湖南省邮政管理局市场监管处负责人出席会议,要求各快递企业务必按照消防部门工作要求,扎实整改,确保电动自行车各项消防安全措施落到实处。此外,省消防总队制定并下发了《快递物流、外卖企业电动车停放充电场所消防安全要求》,这是湖南省首个适用于快递物流、外卖企业设置的附属在民用建筑内或单独建造无围栏结构的电动自行车停放充电场所的消防安全要求。

湖南开展寄递渠道安全专项督查夯实属地管理责任

为摸清全省寄递安全管理情况,推动属地安全管理责任落实,根据省寄递渠道安全管理工作办公室统一部署,经报请省委领导批准,7月至9月,湖南省寄安办组织省综治办、省公安厅、省交通运输厅、省国家安全厅、省工商行政管理局、民航湖南监管局、省邮政管理局等7个单位,由分管厅(局)级领导带队,对全省14个市州进行了一次集中督查。

湖南局加快推进快递末端网点备案工作

为贯彻落实《快递暂行条例》,推动快递末端网点备案工作,湖南省邮政管理局制定实施方案,成立领导机构,强化责任导向,建立督企督政"双督办"和问企问政"双问责"机制,把末端网点备案作为驱动发展的风向标,引导快递下沉农村、社区,面向市场、面向百姓开展便民利商服务,加快推动党中央、国务院决策部署落地见效。湖南省邮政管理局按照深化放管服改革要求,以长沙在全国试点示范引领,深刻把握快递末端网点备案制度的开创性意义,探索推进市场柔性管理,切实发挥备案工作"让利赋能"作用。为推动备案工作提速快进,湖南省邮政管理局将快递末端网点备案工作纳入年度目标管理考评,实行日调度、周督办、季考评,要求市州局加强工作统筹,精心组织、精细管理,以落地见效的责任担当,进一步展现法律效果、履职效率、作风效能。

长沙出台城区快递车辆通行管理办法

10月,湖南省会长沙出台了《邮政快递专用电动三轮车规范管理工作实施方案》,标志着长沙城区快递车辆通行攻坚取得重大突破。实施方案明确了车型、标识、备案、保险、培训的"五统一",形成了痕迹可查证、行为可追溯、责任可追究的监管机制,实现了对车辆管理的电子化、信息化、智能化。

湖南召开促进快递业发展部门联席会议

11月2日,湖南省发展改革委牵头召开湖南省促进快递业发展部门联席会议第一次会议。会议由省发展改革委主持,省邮政管理局局长朱汉荣出席会议并受省发展改革委主任胡伟林委托作总结讲话,省公安厅治安总队总队长丁阳云、省邮政管理局副局长谢强，省发展改革委、省交通运输厅、省商务厅、省工信厅、省自然资源厅、省农业农村厅、省市场监管局、长沙海关、民航湖南监管局、广铁集团长沙办事处等相关部门负责人参加会议。

湖南局全面部署2018年快递业务旺季服务保障工作

11月，湖南省邮政管理局召开2018年全省快递业务旺季服务保障工作动员部署会议，安排部署全省2018年快递业务旺季服务保障工作。会议强调，一是要重动员部署，加强统筹协调。要充分认识2018年快递业务旺季服务保障工作重要意义，突出重点，抓好关键环节，做到动员部署到位、督导机制落实到位、末端保障到位、安全保障到位、服务质量到位、宣传引导到位；二是要重寄递安全，加强隐患排查。各企业要狠抓寄递安全"三项制度"落实，加强员工教育培训力度，强化协议客户快件安全管理，全面开展安全隐患自查自纠，深入开展纠纷矛盾排除化解工作，确保运营网络稳定，人员队伍稳定；三是要重行业形象，加强舆情引导。要重视人民群众呼声，积极回应媒体和公众关切，向社会展示行业良好精神风貌，促进社会各界对行业理解和支持。湖南省邮政管理局办公室、市场监管处、普遍服务处负责人及各市州邮政管理局主要领导，省快递行业协会负责人、各寄递企业负责人参加会议。

召开"双11"旺季服务保障工作新闻通气会

11月8日，湖南省邮政管理局联合湖南省快递行业协会召开新闻通气会，通报全省"双11"旺季保障有关情况，并开展政府和媒体合作。省委宣传部、省委网信办相关处室负责人出席会议并结合行业实际就做好新闻宣传工作做了强调。省快递行业协会主要负责人向媒体介绍快递旺季服务保障情况。《湖南日报》、湖南经视、湖南公共频道、《长沙晚报》《潇湘晨报》、长沙政法频道、华声在线等地方新闻媒体代表参加会议。

朱汉荣局长调研"高铁+快递"业务

"双11"期间，京湘高铁复兴号设置专用车厢，高铁快运从"顺带"向"专营"升级，标志着高铁快递时代的正式开启。为协调推动国家关于交通运输结构调整战略在湖南的落实。11月13日，湖南省邮政管理局党组书记、局长朱汉荣率队赴长沙高铁南站调研"高铁+快递"业务开展情况，并与长沙铁路部门、寄递企业负责人开展座谈。湖南省邮政管理局市场处、长沙市邮政管理局主要负责人，广铁集团长沙南站、中铁快运湖南分公司、顺丰速运湖南分公司负责人陪同调研。

周海兵书记赴湖南局开展调研

11月20日，湖南省交通运输厅党组书记、厅长周海兵率队赴湖南省邮政管理局开展专题调研。省交通运输厅党组成员、副厅长、省邮政管理局局长朱汉荣主持座谈会。周海兵书记指出，当前湖南正在加快推进实施"创新引领、开放崛起"发展总战略，正处于构建创新型经济新体系、形成开放型经济新格局、筑牢高质量发展根基的关键时期，全省邮政业特别是快递业飞速发展，已成为产业间的"连通器"，支撑起社会经济大网络，连接生产和消费，体现着民生与民意，是推动湖南社会经济发展的基础性产业。他表示，省交通运输厅将继续支持邮政管理部门的工作，为湖南邮政业发展提供帮助支持。他希望全省交通运输部门和邮政管理部门一如既往地紧密合作，发挥好大交通的体制优势，共同促进全省邮政业进一步健康发展。

政企共商"邮快合作"

11月27日，湖南省邮政管理局党组书记、局长朱汉荣率队赴中国邮政集团公司湖南省分公司开展专题调研，与省邮政公司领导和相关专业部门负责人就"邮快合作"展开座谈。政企双方还就具体的合作事宜达成以下共识。一是组成"邮快合作"推进实施小组，明确相关工作任务、步骤和要求;二是研拟出台实施意见,在充分调研基础上推出具体实施细则;三是联络沟通相关邮政、快递企业,达成合作意向;四是开展合作试点,指导相关合作企业开展务实合作;五是总结试点经验,完善实施细则,逐步在全省有实际需要的边远地区推广,把"邮快合作"做细做实做好,真正"造福一方"。

湖南局加强全省邮政行业实名收寄工作

12月,湖南省邮政管理局发布通知,要求市州邮政管理局组织行业从业人员认真学习《邮件快件实名收寄管理办法》,加强规范管理和监督检查,督促企业强化全网作业规范、业务流程、安全防控等方面统一管理,从严落实实名制收寄规定。委托代办所、代投点收寄邮件快件的,要规定其收寄规范,未执行实名制的,不免除委托企业应承担的责任。协议用户要如实登记寄件人身份信息、留存有效身份证件复印件,并按规定报邮政管理部门备案。

广东省快递发展大事记

周国繁当选为第十二届广东省政协委员

经2018年1月17日政协第十一届广东省委员会常务委员会第二十四次会议通过,广东省邮政管理局党组书记、局长(兼省交通运输厅副厅长)周国繁当选为政协第十二届广东省委员会委员。

18部门联合发文推广内贸流通体制改革试点经验

1月,广东省邮政管理局联合省商务厅等18部门印发了《关于广东省复制推广内贸流通体制改革发展综合试点经验工作指引的通知》,围绕国内贸易"发展流通、促进消费"两大任务,学习借鉴、复制推广全国内贸易流通体制改革发展综合试点典型经验和模式,加快推动广东从流通大省向流通强省转变。通知提出,在商贸物流方面,要搭建集城市共同配送和交通监管于一体的网络服务平台,实现"管服合一",形成仓储、车辆、运营、服务四领域的地方标准体系,引导城市配送标准化、规范化。在流通管理体制方面,探索出台地方综合性流通法规,以立法形式明确政府在商品流通规划、流通基础设施建设保障、食用农产品安全追溯、预警监测、应急储备、信用体系建设等方面的管理权责,提高流通管理水平。

周国繁局长会见新当选的全国人大代表谢坚

3月1日,广东省邮政管理局党组书记、局长周国繁会见新当选的全国人大代表、中国邮政集团公司珠海市外伶仃岛邮政所投递员谢坚,并进行了亲切交谈。谢坚表示,将不忘初心,牢记使命,以饱满的热情,认真履行代表职责,不辜负群众的重托。

广东局审议通过《推进邮政强省建设工作方案》

3月8日,广东省邮政管理局召开局务会,审议通过了《推进邮政强省建设工作方案》。广东省邮政管理局党组书记、局长周国繁主持会议,副局长何青、罗德韶,局机关相关处室负责同志参加会议。周国繁局长强调,推进邮政强省建设是一项全局性、长期性的工作,省政府领导对此高度重视,提出了殷切期望,全省邮政管理系统要提高认识、系统谋划、明确目标,开展邮政强省战略研究,启动编制中长期发展规划纲要,编制建设现代化邮政强省三年行动计划,全面启动邮政强省建设工作。

两部门召开推进电子商务与快递物流协同发展调研座谈会

4月,广东省邮政管理局与省商务厅召开座谈会，调研了解全省电子商务与快递物流协同发展情况，为政策制定提供现实依据。会上，广东省邮政管理局立足快递发展需要，介绍了全省快递行业基础能力建设、智能化和标准化建设以及行业绿色包装等情况，分析了当前快递与电子商务协同发展存在的短板，并提出了从资金扶持、用地保障、推进标准化建设、解决末端配送难等方面切实推进广东省实施方案落地的建议。省商务厅介绍了推进落实国办1号文有关工作情况，广东亚太电子商务研究院介绍了广东省电子商务发展情况和推进全省电子商务与快递物流协同发展实施的相关设想。省快递行业协会，深圳、东莞、茂名和揭阳等市邮政管理局有关负责同志，以及相关寄递企业负责人交流了推动快递与电子商务发展的意见和建议。

周国繁局长会见台湾两岸邮政青年交流团

4月13日，广东省邮政管理局局长周国繁在广州会见了来大陆参访的台湾两岸邮政青年交流团一行。双方就深化粤台邮政合作等事宜交换了意见。周国繁对台湾两岸邮政青年交流团一行的来访表示欢迎，对将大陆参访首站安排在广东表示感谢。台湾两岸邮政青年交流团方彦永团长对国家邮政局、广东省邮政管理局的热情接待表示感谢，并介绍了交流团一行情况，希望两地青年加强交流，推动粤台邮政合作再上新台阶。国家邮政局港澳台事务办公室、省邮政管理局办公室、普遍服务处、中国邮政集团公司、中国邮政集团公司广东省分公司有关负责同志参加了会见。

广东局联合省教育厅促进和规范快递服务进校园工作

5月，广东省邮政管理局联合省教育厅印发《关于促进和规范高等学校快递服务进校园工作的意见》，推动解决校园快递"最后一公里"问题。意见要求，高校要加强校园快递服务属地管理，规范引入校园快递服务企业，推进校园快递服务平台建设，构建"互联网+校园快递"末端配送网络，打造校园快递创新创业平台。教育、邮政管理部门要加强引导和协调，发挥行业协会的作用，建立行业联动监督管理体系，积极推动快递服务进校园工作。

江苏局来粤考察交流

6月19日至20日，江苏省邮政管理局局长张水芳带队来广东省进行考察交流。广东省邮政管理局局长周国繁主持座谈会，代表广东局对江苏省局一行来粤考察交流表示欢迎，并介绍了广东省邮政业发展和邮政普遍服务及邮政市场监管等工作情况。张水芳局长表示，广东省邮政行业体量位居全国首位，在创新发展、强化监管等方面有许多学习借鉴的地方，此次考察交流很受启发，今后要进一步加强联系，推动邮政业实现高质量发展。座谈会上，双方就邮政普遍服务监督管理、智能信报箱建设、邮政业安全中心建设等工作进行了交流。在粤期间，江苏省局一行先后到广州市明月路和广东财经大学的邮政智能综合服务体考察。

多部门联合召开推进绿色包装工作座谈会

6月，广东省邮政管理局联合省环保、经信、商务等部门，组织召开广东省快递电商行业推进绿色包装工作座谈会。广东省快递行业协会、省电子商务协会、省循环经济和资源综合利用协会、省包装技术协会等相关社会组织，以及邮政速递、顺丰、"通达系"等快递企业和阿里巴巴、京东、苏宁等电商平台相关负责人参加会议。会议肯定了相关部门、单位和企业前期在绿色包装方面做出的工作成绩，尤其在快递包装减量化、可循环使用方面取得了突出成效。会议重点围绕快递业务绿色包装评价标准制定、企业绿色包装试点、组建绿色包装产业联盟、建立健全快递业包装统计监测评估体系等问题进行了研讨。会议提出，相关政府部门要联动出台政策标准和技术规范，加大力度鼓励引导企业推动快递及电商包装的绿色化试点示范，推动广东省绿色包装工作走在全国前列。

两部门赴粤调研邮政业发展

6月25日至28日，国家发展和改革委员会基础产业司巡视员任虹、国家邮政局政策法规司副司长刘莹带队到广东开展联合调研，先后到广州市、深圳市了解邮政业发展情况，深入邮政企业、快递企业调研，并听取意见和建议。广东省邮政管理局副局长何青、省发展和改革委员会有关领导和省邮政管理局政策法规处负责同志陪同调研，深圳市发展和改革委员会有关领导和广州市、深圳市邮政管理局主要负责同志参加部分调研。

广东发布推进电子商务与快递物流协同发展实施方案

8月15日，广东省政府发布《广东省推进电子商务与快递物流协同发展实施方案》，进一步落实国办1号文件精神，深入实施"互联网+流通"行动计划，着力提高广东省电子商务与快递物流协同发展水平。实施方案提出，到2020年，全省电子商务产业规模进一步扩大，网络平台和园区建设取得明显成效，创新能力逐步增强。快递物流产业布局进一步优化，基础设施信息化水平显著提升，电商物流末端服务能力明显提高，电子商务与快递物流更加高效协同，全省快递业务量达到170亿件，年业务收入达到2000亿元，基本实现电商快递在全省各地级以上市及港澳地区间24小时内送达。实施方案明确了七方面共21项主要任务，并细化了部门责任分工。

广东局印发方案推进邮政业绿色发展工作

8月，广东省邮政管理局成立广东省邮政业绿色发展工作领导小组，并印发《关于推进我省邮政业绿色发展专项工作方案》。方案提出，到2020年，全省主要邮政快递品牌协议客户电子运单使用率达到95%以上，平均每件邮政快递包装耗材减少20%以上，实现全省邮政行业新能源车辆突破5000台，资源能源消耗量和污染排放量大幅减少。方案明确了四方面共十项主要工作任务。方案还从加强组织领导、强化统筹协调、保障经费支持、做好总结督导等方面提出了工作要求。

广东发文规范快递末端网点备案管理

8月，广东省邮政管理局联合省工商行政管理局印发《关于规范快递末端网点备案管理有关事项的通知》，通知明确了快递末端网点的范围和办理快递末端网点备案的有关要求，重申了《快递暂行条例》关于快递末端网点无需办理营业执照的有关规定。通知提出合作开办的快递末端网点，应当就快递以外其他业务办理营业执照的，遵照商事管理要求执行。通知要求，邮政管理部门和工商行政管理部门要建立工作联席机制，加强信息互通与共享，共同开展快递领域无证无照联合执法检查。

广东局制定建设现代化邮政强省三年行动计划

9月，广东省邮政管理局印发《建设现代化邮政强省三年行动计划（2018－2020年）》，计划从供给侧结构性改革、绿色包装工作、电子商务与快递物流协同发展、寄递服务质效提升、邮政业安全生产、丝路传邮、监管能力建设、普遍服务升级等八个方面制定了具体行动计划，落实了任务分工，要求全省邮政管理系统在邮政强省建设领导小组的领导下，强化责任担当，形成推进邮政强省建设的工作合力，为决胜全面建成小康社会、开启全面建设社会主义现代化国家新征程做出积极贡献。

池志雄书记赴快递企业开展专项调研

10月11日，共青团广东省委书记池志雄率调研组赴德邦快递广州分公司开展实地调研并座谈交流，了解快递行业团建工作情况和快递小哥群体的工作生活现状、诉求困难。广东省邮政管理局党组书记、局长周国繁，党组成员、副局长罗德韶出席。池志雄书记指出,习近平总书记在"7·2"重要讲话中专门提到"快递小哥"群体,体现了对以"快递小哥"为代表的新兴青年群体的高度重视和关心。池志雄要求,一是要与省邮政管理局等部门加强沟通合作,尽快出台支持快递从业青年发展和保障其权益的相关政策文件。二是尽快推动快递企业创建共青团组织工作,增强快递小哥的归属感,助推企业发展。三是推动共青团系列评选表彰活动向快递小哥群体延伸,挖掘树立一批优秀典型,发挥先进引领作用。团省委青年发展部、办公室,广东省邮政管理局市场监管处有关负责同志陪同调研。

广东省邮政业绿色发展协调机制建立

10月,广东省邮政管理局联合省发展改革委、经信、科技、环保、住建、商务、质监等七部门印发《关于建立广东省邮政业绿色发展协调机制的意见》。意见提出,建立广东省邮政业绿色发展联席会议制度,加强全省邮政业绿色发展工作的组织领导和统筹协调。推动广东省邮政业绿色发展协调机制常态化,建立定期会议制度、日常联系制度和联合督查制度,定期研究广东省邮政业绿色发展的重大问题,提出相关工作建议,促进各协作部门沟通交流,稳步推进全省邮政业绿色发展。

广东局推进快递工程技术人员职称评审试点工作

10月17日,广东省邮政管理局组织召开广东省快递行业人才工作座谈会。广东省邮政管理局党组书记、局长周国繁出席会议并讲话,党组成员、副局长罗德韶主持会议。省人社厅专业技术处负责同志出席,并进行调研指导。会上,省人社厅对开展快递工程技术人员职称评审试点工作的时间节点和工作环节等方面提出了指导意见和建议。中国邮政集团广东省分公司、顺丰速运有限公司、广东精准德邦物流有限公司和广东品骏快递有限公司等主要寄递企业汇报了企业人才发展体系、培养方向等方面情况,对快递工程技术人员职称评审工作提出了意见和建议。职称评审相关研究工作小组围绕企业人才分布、招聘和培养等方面进行了现场调研和交流。经过前期的积极联系沟通,广东省人社厅于9月29日复函同意开展邮政行业快递工程技术人员职称评审试点工作。广东省邮政管理局人事处、市场监管处、办公室有关负责同志参加会议。

两部门专题调研广东跨境电子商务寄递服务高质量发展

10月23日至24日,由国家邮政局普遍服务司副司长涂刚带队,联合商务部到广东开展跨境电子商务寄递服务高质量发展专题调研。调研组先后到广州国际邮件互换局、广州顺丰速运有限公司、广州燕文物流公司、唯品会和广州嘉诚国际物流有限公司等企业实地调研,座谈了解企业国际业务发展、跨境寄递服务、网络能力建设、邮件快件电子报关通关政策等方面情况,听取了企业关于寄递服务发展存在的问题和相关建议。广东省邮政管理局副局长何青,普遍服务处负责同志、广州市邮政管理局有关同志参加了调研。

曾军山主任到广东开展专项调研

10月29日至31日,国家邮政局发展研究中心主任曾军山带队到广东省广州市、东莞市、深圳市进行专项调研,深入了解行业创新发展、绿色发展等方面情况。国家邮政局发展研究中心有关处室负责人,广东省邮政管理局副局长何青,政策法规处负责同志和广州市、东莞市、深圳市邮政管理局主要负责同志参加调研。

陈良贤副省长调研"双11"快递服务和安全保障工作

11月10日,广东省副省长陈良贤率省市有关部门负责同志到广东省邮政管理局视频监控中心和地处广州市的有关快递企业调研,深入了解、检查全省快递行业应对准备和安全保障工作,慰问快递行业一线员工。陈良贤副省长指出,快递行业是联系生产和消费的重要纽带,对推动构建现代产业体系,实现高质量发展,引领消费升级,稳定经济增长,具有重要作用。广东省是快递行业大省,快递业务量和业务收入均居全国首位,分别占全国的四分之一和五分之一。要以习近平新时代中国特色社会主义思想为指导,以习近平总书记视察广东重要讲话精神为指引,认真落实"四个走在全国前列""当好两个重要窗口"要求,践行新发展理念,推动全省快递行业健康发展,保持走在全国前列,让人民群众在快递行业健康发展中有更多获得感、幸福感和安全感。

"双11"当天广东省处理邮(快)件突破1亿件

"双11"当天,广东省邮政行业旺季业务实现"开门红",全省处理的邮件快件量率先实现单日突破1亿件,排名全国第一。根据广东省邮政管理局监测数据显示,11月11日,全省共处理邮件快件1.1亿件,同比增长47%,其中收件量9088万件,已超过2017年"双11"期间单日收件峰值,同比增长45%,投递量1975万件,同比增长55%,再创历史新高。

"双11"期间广东邮件快件处理量连续4天日均突破1亿件

根据广东省邮政管理局监测数据显示,2018年"双11"期间(11月11日至16日),广东省共处理邮件快件达6.1亿件,其中收件量4.1亿件,投递量2.0亿件,均位列全国首位。11月11日至14日连续4天日均处理量突破1亿件。

广东局与省粮食和物资储备局签署粮邮合作备忘录

11月29日,广东省邮政管理局、省粮食和物资储备局联合召开粮邮合作工作座谈会,就进一步加强广东省粮食安全保障工作、完善粮食应急供应保障机制进行深入交流,并签署粮邮合作备忘录。广东省邮政管理局副局长罗德韶、省粮食和物资储备局副局长吴津伟出席会议。双方签署的粮邮合作备忘录,提出建立粮食安全保障合作机制,强化双方信息沟通与会商机制,推动地方粮食和邮政管理部门深化合作,共同促进双方行业间务实合作。广州市、东莞市邮政管理部门和粮食行政管理部门,省快递行业协会、省粮食行业协会及省邮政分公司、顺丰速运、广东德邦、广州市8字连锁店、东莞市太粮米业等部分骨干企业代表参加会议。

广东局再次学习习近平总书记视察广东重要讲话精神

11月30日,广东省邮政管理局党组书记、局长周国繁主持召开党组理论学习中心组(扩大)会议,再次学习习近平总书记视察广东重要讲话精神。广东省邮政管理局党组领导班子,各党支部负责同志参加会议。会议专题学习习近平总书记视察广东重要讲话精神,重点学习总书记提出深化改革开放、推动高质量发展、提高发展平衡性和协调性、加强党的领导和党的建设等方面工作要求。会议认为,改革开放四十周年之际,习近平总书记再次亲临广东视察,郑重宣示改革再出发、将改革开放进行到底的坚定决心,为推动广东邮政业高质量发展,建设邮政强省指明了前进方向、提供了根本遵循。

广东局部署寄递渠道危险化学品安全综合治理工作

12月4日,广东省邮政管理局在汕头市召开全省邮政市场监管综合工作会议,部署邮件快件寄递渠道危险化学品安全综合治理工作。广东省邮政管理局党组书记、局长周国繁出席并讲话,党组成员、副局长罗德韶主持。会议还对进一步做好全省寄递渠道非洲猪瘟疫情防控工作和岁末年初邮政市场监管重点工作进行了部署。广东省邮政管理局有关处室和部分市邮政管理局有关负责同志,省、市邮政业消费者申诉中心负责人共60余人参加会议。

陈良贤副省长批示充分肯定省邮政管理局旺季服务保障工作

12月,广东省副省长陈良贤对广东省邮政管理局《关于2018年"双11""双12"邮政业旺季服务保障工作情况的报告》作出批示,指出感谢邮政战线的同志们,对广东经济社会发展提供优质高效服务,做出了积极的贡献。

广东省快递业信用评定委员会成立

为推进快递业信用体系建设,强化行业信用管理,推动行业高质量发展,根据国家邮政局的工作部署,2018年以来,广东省邮政管理局制定实施《广东省快递业信用体系建设工作方案》,并于近日组织成立广东省快递业信用评定委员会。广东省快递业信用评定委员会由省邮政管理局、省市场监督管理局有关人员和省快递行业协会、相关寄递企业代表组成,负责编制全省年度快递业信用评定方案,确定评价指标,明确守信企业、失信企业和信用异常企业评定标准,评定全省主要品牌快递企业信用,指导各地建立快递业信用评定委员会和指导开展各地快递企业信用评定考核工作。

广东局制定强化落实企业安全生产主体责任实施意见

12月,广东省邮政管理局下发实施意见,强化落实寄递企业安全生产主体责任,提升广东省邮政业安全生产整体水平。意见提出,以习近平新时代中国特色社会主义思想为指导,坚持总体国家安全观,严格按照国家邮政局和省委、省政府工作要求,树立安全发展理念,强化落实企业安全生产主体责任,深入推进企业安全生产标准化建设,提高企业安全生产管理系统化、规范化、专业化水平,有效防范和坚决遏制重特大安全事故发生,确保广东省邮件快件寄递渠道安全畅通。

广西壮族自治区快递发展大事记

陈刚副主席肯定全区邮政业发展成绩

1月18日,广西壮族自治区邮政管理局就全国邮政管理工作会议情况及全区邮政管理工作主要情况向广西壮族自治区政府作书面汇报,自治区政府陈刚副主席对全区邮政管理工作取得的成绩表示祝贺,寄望邮政业改革发展取得更大成绩。

韦慧委员为加快广西区邮政业发展建言献策

1月24日,中国人民政治协商会议第十二届广西壮族自治区委员会第一次会议在南宁开幕。广西壮族自治区邮政管理局局长韦慧当选为中国人民政治协商会议第十二届广西壮族自治区委员会委员,并为加快广西区邮政业发展建言献策。会议期间,韦慧委员向大会提交题为"推进快递下乡,助力电子商务进农村"的发言材料,他指出,近年来自治区农村电子商务蓬勃兴起,越来越多的农民依托快递网络,通过电商平台销售农特产品。快递业在推进农村电子商务,助力精准扶贫等领域,大有可为。建议对快递企业设立乡镇快递网点给予扶持,推动乡镇快递网点标准化、规范化,推动乡镇快递网点安全保障属地化管理。

广西春节邮政业消费者申诉"不打烊"

为确保春节假期消费申诉受理渠道畅通,广西壮族自治区邮政管理局认真履行值班制度,春节放假期间安排工作人员轮流值守,"12305"邮政业消费者申诉电话保持畅通,及时处理消费者申诉及相关咨询。做到了节日期间服务不打烊、维权不断档,切实保护消费者合法权益。2018年2月15日至21日期间,共接到消费者来电29件。从消费者反映的情况来看,春节期间消费纠纷主要集中在主要反映邮(快)件延误、投递服务问题等情况。随着节后各主要寄递企业逐步恢复运营,邮政业"春运"模式即将结束,重新进入常态模式。

方春明副主席一行深入龙虎村走访调研

3月13日,广西壮族自治区政府副主席方春明一行深入贺州市钟山县回龙镇龙虎村,调研产业脱贫攻坚工作,看望脱贫攻坚一线干部,走访慰问贫困户。方春明副主席充分肯定了龙虎村脱贫攻坚一线干部和产业扶贫工作取得的成效,对今后的脱贫工作提出要求。他指出,龙虎村要借力扶贫政策,持续发展产业,在实现稳定增收的基础上,扩大黑木耳种植产业覆盖面,提升黑木耳种植质量,通过产业支撑实现乡村振兴战略落实落地;要不断增强村党支部凝聚力、战斗力,在脱贫攻坚、乡风文明建设等方面起到示范带动作用;市县乡各级政府、村两委、第一书记要持续发挥优良作风,在争取早日脱贫摘帽基础上持续加大工作力度,为实现乡村振兴战略不断发力。龙虎村是广西区邮政管理局定点扶贫联系村,2017年以来,通过积极引导村民走规模化道路,探索出"公司+合作社+基地+贫困户"的模式,因地制宜发展黑木耳种植,开辟出一条特色农业致富路。

韦慧局长就《快递暂行条例》出台接受媒体采访

3月29日,《快递暂行条例》宣贯全国电视电话会议召开,广西壮族自治区邮政管理局按照国家邮政局要求组织人员在分会场参会。会后,广西局党组书记、局长韦慧同志接受了媒体记者采访。广西电视台、《广西日报》、南宁电视台、南宁电台、《南宁晚报》、《南宁日报》等媒体参加采访。韦慧局长介绍了广西邮政业改革发展情况,并就《快递暂行条例》的出台背景、立法思路和对快递业发展的意义等问题,回答了记者提问。

广西提前实现建制村100%直接通邮

截至4月15日,在全区各级邮政管理部门的大力推动下,经全区邮政企业的共同努力,广西区全面实现建制村直接通邮工作。

广西开展乡村振兴专项行动

4月16日,中国共产党广西壮族自治区第十一届委员会第四次全体会议通过了《中共广西壮族自治区委员会关于实施乡村振兴战略的决定》,提出"制定实施广西冷链物流发展规划,建立自治区、市、县三级冷链物流体系和覆盖城乡的冷链物流网点,加强农产品专业市场建设。大力发展'互联网+'现代农业,着力推进农村电商发展。加快发展乡村共享经济、创意农业""支持粮食、供销、邮政、农机、农垦等系统发挥为农服务综合平台作用"。5月10日,自治区人民政府办公厅印发了乡村振兴产业发展基础设施公共服务能力提升三年计划(2018－2020年),提出了邮政农村电商一体化运营建设任务。2018－2020年,广西将投资4.35亿元,重点建设373个市、县、乡三级邮政运营中心及"邮乐购"服务站。由广西邮政公司、自治区发展改革委、财政厅及相关市县人民政府按职责分工负责筹措资金并组织实施。上述战略和计划将进一步优化广西乡村发展的环境,乡村振兴产业发展、基础设施和公共服务能力的提升,将给广西邮政业发展带来了新的发展动力,让快递业服务现代农业有更广阔的发展空间。

京东广西党总支部正式揭牌成立

4月28日,中国共产党广西京东信成供应链科技有限公司总支部委员会成立揭牌仪式在京东南宁物流中心举行,广西民营快递非公党建工作迈出坚实一步。

广西区政府应邀参加中国快递行业(国际)发展大会

5月30日,2018年中国快递行业(国际)发展大会在北京举行。广西壮族自治区人民政府副秘书长黄植建应邀参会,并做主旨演讲,同与会嘉宾交流广西"快递+农业"的成果体会。黄植建表示,广西具有沿海沿边沿江的区位优势,丰富多样的资源优势、多重叠加的政策优势、互联互通的交通优势、山清水秀的生态优势。广西农业与电子商务、快递等新兴业态的协同发展方兴未艾,潜力巨大。下一步,广西将继续大力发展"互联网+"现代农业,助推脱贫攻坚和乡村振兴。他盛情邀请各快递企业到广西投资兴业,合作共赢。

广西局和公安部门联合开展寄递安全督导检查

7月18日,广西壮族自治区邮政管理局和自治区公安厅治安总队在南宁市联合开展寄递渠道安全检查工作,督导各寄递企业认真落实安全保障主体责任。检查组先后到韵达、德邦、百世快递等企业分拨中心检查寄递安全保障措施贯彻落实情况,随后召集区内主要快递企业负责人举行座谈会,听取各企业对寄递渠道安全保障工作的意见和建议。检查组对各企业进一步做好寄递渠道安全保障工作提出明确要求。南宁市邮政管理局、南宁市公安局相关同志参加督导检查。

广西快递业助力大气污染防治

7月,广西壮族自治区人民政府办公厅印发《广西大气污染防治攻坚三年作战方案(2018—2020年)》,其中明确了建设城市绿色物流体系,推进新增和更新的包括邮政车辆在内的配送车辆采用新能源或清洁能源汽车。

广西首发年度物流业运行情况

7月30日,广西壮族自治区发改委组织召开了广西社会物流运行情况新闻发布会,通报了2017年全区社会物流运行的基本情况,以及近几年来降低物流行业成本的措施和成效。当天的发布会公布,2017年全区社会物流总额约5.99万亿元,比上一年度增长7.57%,不过增速有所放缓,增幅收窄2.01%。其中由快递包裹等构成的单位与居民物品物流是增幅最高的项目。网购产生的快递包裹等居民物流消费,是推动我区物流总额增长的"主力军",单位与居民物品物流总额88.04亿元,同比增长36.03%。物流行业帮助维持货物运送,降低物流成本,有利于助力实体经济发展。

邮政行业两家企业入围2018广西服务业企业50强

7月31日,由广西壮族自治区工业和信息化委员会、广西企业与企业家联合会联合举办的"2018年广西企业家活动日"在南宁市隆重举行,会议对广西优秀企业家和百强企业进行了荣誉表彰,中国邮政集团公司广西壮族自治区分公司、广西顺丰速运有限公司荣获"2018广西服务业企业50强"称号,分列第27名、47名。其中,中国邮政集团公司广西壮族自治区分公司自该榜单设立以来连续三年入围,广西顺丰速运有限公司是2017年首次入围再获该荣誉。本次榜单是在自治区工业和信息化委员会、广西企业与企业家上规模服务业企业调研和区内服务业企业自愿申报基础上排序产生的,排序以企业上一年度营业收入总额为主要指标进行,同时参考企业其他财务数据、发展基本情况等方面评选产生。

广西邮政农村电商获乡村振兴补助资金2000万元

8月,广西壮族自治区财政厅依据《广西壮族自治区乡村振兴资金管理暂行办法》,对中国邮政集团公司广西分公司的邮政农村电商一体化运营建设项目下达了2018年乡村振兴补助资金预算拨款2000万元,用于年内建设县级电商运营中心2个、县乡仓储配送中心29个、新建及升级"邮乐购"店601个。

广西为智慧邮政建设指明方向

8月29日,广西壮族自治区人民政府印发《广西数字经济发展规划(2018－2025年)》,人民政府办公厅印发《广西数字经济发展三年行动计划(2018－2020年)》。广西将积极推动数字产业集聚发展,利用中国—东盟信息港平台作用,重点培育发展大数据、云计算、人工智能、物联网、区块链、集成电路、智能终端制造、软件和信息技术、北斗卫星导航等数字产业,超前布局未来网络等新兴前沿领域。计划在加快建设智慧物流中提出,要建设服务全区连接国内面向东盟的物流综合服务平台,推广智能仓储建设,推进中心南宁国际物流园、凭祥综合保税区物流园、桂海跨境电商物流园、玉林交通商贸物流园等智慧园区建设,到2020年,基本建成服务中新互联互通南向通道,具备多式联运功能的智慧物流体系。

第十五届中国—东盟博览会和商务与投资峰会举行

9月12日至15日,以"共建21世纪海上丝绸之路,构建中国—东盟创新共同体"为主题的第十五届中国—东盟博览会和商务与投资峰会在广西南宁举行。本届峰会创新活动模式,一批世界500强企业、行业龙头企业、品牌企业、知名民营企业参展,进一步推动中国和东盟经贸文化的交流合作。峰会期间邮政业喜报频传。

2018中国—东盟信息港电子商务论坛在邕举行

9月13日,2018中国—东盟信息港电子商务论坛在南宁隆重开幕。本次论坛由广西壮族自治区人民政府主办,广西壮族自治区商务厅承办。本届论坛以"电商产业新融合·数字商务新发展"为主题,汇聚中国与东盟国家电子商务领域的专家学者和行业精英,围绕"跨境电商新机遇""电子商务与物流协同发展""电商扶贫 乡村振兴"三大议题开展主题演讲,旨在深化中国—东盟互联网领域的经贸合作,共享数字经济发展新机遇,打造中国—东盟跨界互联、创新发展的电商生态体系,共谱中国—东盟电商发展新篇章。论坛期间,还分别举行了2018年度广西电子商务进农村项目和中国(南宁)跨境电子商务综合试验区启动仪式。本次论坛还促进了一系列合作,京东集团、苏宁集团、中国邮政广西分公司等一批合作项目签约落地。

广西发布推进电子商务与快递物流协同发展实施方案

9月,广西壮族自治区人民政府办公厅发布《推进电子商务与快递物流协同发展实施方案》。实施方案提出,到2020年,全区电子商务与快递物流基础设施建设取得明显成效,城乡快递物流服务网络更加优化,科技应用水平显著提升,末端服务能力明显增强,促进电子商务快速发展的快递物流服务体系基本形成,电子商务与快递物流更加高效协同。培育一批服务水平高、竞争力强的电子商务与快递物流服务龙头企业。乡镇快递网点覆盖率达100%,快递服务用户超过20亿人次,快递支撑网络零售交易额超过700亿元。实施方案明确了6方面共17项主要任务,并细化了部门责任分工。

广西出台措施鼓励邮政业推广新能源汽车

9月,广西壮族自治区人民政府办公厅印发《支持新能源汽车发展的若干措施》,提出进一步推动广西新能源汽车产业发展,促进汽车产业结构调整和转型升级,打造技术和规模在国内领先的新能源汽车生产基地,并出台系列措施鼓励邮政业等相关行业推广应用新能源汽车。《若干措施》在新能源汽车研发生产环节、充电基础设施建设运营环节、采购及使用环节提出了规划要求和奖补政策。明确要求邮政业等多个行业,在新增和更新车辆时,新能源汽车的比例应逐年增加,并提出相应的鼓励政策。包括纯电动城市物流配送车入城不受限制;在政府投资或利用国有资源设立的公共停车场和市政道路旁停车减半征收停车费;充电服务费实行政府指导价;购置新能源汽车产品享受财政补贴等。

广西局召开全区邮政业打好三大攻坚战部署会议

10月9日,广西区邮政管理局在组织召开全区邮政业打好三大攻坚战部署会议,研究部署贯彻落实工作。会议强调,要从巩固党的执政基础和执政地位,维护国家政治安全和制度安全的高度,充分认识打好三大攻坚战的重要意义。要全力打好防范化解重大风险攻坚战,保持寄递渠道安全稳定和行业平稳运行,为实现全区经济稳定发展和社会安定和谐保驾护航。要全力打好精准脱贫攻坚战,让全体人民都享受到邮政业改革发展的成果,为"老少边穷"农村贫困人口脱贫贡献行业智慧、发挥应有作用。要全力打好污染防治攻坚战,闯出一条邮政业绿色发展新路子,为擦亮广西山清水秀的金字招牌做出积极贡献。

全区邮政行业业务总量首次突破百亿

2018年,广西邮政业持续发力,"飞轮效应"更加明显,连续7个月保持全国第一的发展速度,1~10月,全区邮政业业务总量同比增长44.67%,首次突破100亿元,用成绩单为广西壮族自治区60年大庆送上了可喜的"贺礼"。

快递小哥唐基木第四届全国119消防奖先进个人

11月7日,在第四届全国119消防奖表彰会上,广西梧州藤县消防志愿者"快递小哥"唐基木被评为全国119消防奖"先进个人"荣誉称号。11月12日上午,自治区党委常委、自治区副主席严植婵在自治区人民政府礼堂会见室亲切会见第四届全国119消防奖先进个人唐基木同志、先进集体北海地角女民兵连代表龚安娜同志和第四届全国"十大杰出消防卫士"张章煌同志。

广西"双11"收件量大幅增长

11月11日至20日,全区邮件快件收寄量19825156件,同比增长63.6%;投递量53395798件,同比增长31.8%。总处理量73220954件,同比增长39.12%。收寄量大幅度增长,推动今年"双11"广西区邮件快件收投比达1:2.7。

费志荣副主席肯定全区邮政业发展成绩

11月20日,广西壮族自治区副主席费志荣一行到广西邮政管理局调研,了解全区旺季服务保障和邮政业改革发展情况,并与全局干部职工亲切座谈。费志荣副主席详细了解了广西邮政业的发展情况,对邮政业迅猛的发展势头和业务总量跨入百亿行列表示赞赏。他表示,全区邮政业的快速发展是地方经济进步、人民生活水平提高、特色优势产业发展等综合作用的结果,从一个侧面反映了广西进入了快速发展的时期。广西区位优势明显,经济发展和消费转型升级的过程中对邮政服务需求越来越旺盛,全区邮政业要不断提高服务能力和水平,在推动高质量发展上做好文章,服务广西区"南向、北联、东融、西合"开放格局的需要。

京东"无人机"广西首飞

11月26日,京东集团"无人机"智慧物流广西首飞仪式在桂林全州县新区广场举行。本次活动由广西壮族自治区商务厅、自治区邮政管理局指导,桂林市商务局、全州县人民政府、京东集团联合主办。活动现场有近1000名观众见证了搭载着全州县农特产品的京东集团无人机升空,完成广西首单无人机配送,标志着全区电子商务与快递物流融合发展进入新的高度。首飞仪式上,全州县政府与京东集团华南区签订战略合作协议。首飞后,与会领导现场巡阅了该县特色农副产品和成果展。当天下午,桂林市商务局组织召开全市电商扶贫工作会议,并进行了电商扶贫培训。

确保自治区成立60周年庆祝活动期间邮政业安全生产工作

为切实做好自治区成立60周年庆祝活动期间寄递渠道安全保障工作,确保大庆期间邮政业安全平稳运行,广西壮族自治区邮政管理局印发工作方案,要求各市局牢固树立安全发展理念,坚持生命至上、安全第一,严格落实安全生产责任制,强化安全风险防控和隐患排查治理,坚决防范遏制重特大安全事故。确保自治区成立60周年庆祝活动期间邮政业安全平稳运行,实现"大事不出、中事不出、小事及时快速处置控制"的工作目标,为自治区成立60周年庆祝活动顺利举办创造稳定的安全生产环境。

钱学明政协副主席调研全区快递行业绿色发展

12月7日,广西壮族自治区政协副主席、民建广西区委主委钱学明一行在南宁开展快递行业绿色发展调研工作,实地了解邮政快递企业新能源车辆及绿色包装使用情况,并召开座谈会。钱学明副主席充分肯定了全区邮政业在推动绿色发展,打好污染防治攻坚战中取得的成绩,他强调,快递行业作为经济社会发展新动能,它的绿色发展是一项系统工程,要充分调动社会各方力量统筹协调、共同推进。

中国(南宁)跨境电子商务综合试验区正式开区运营

12月15日,由广西壮族自治区商务厅、南宁市人民政府主办,南宁高新技术产业开发区管理委员会承办的中国(南宁)跨境电子商务综合试验区开区仪式,在南宁综合保税区南大门跨境电商保税直购中心举行,标志着中国(南宁)跨境电子商务综合试验区正式开区运营。在开区仪式前,自治区副主席杨晋柏在自治区相关单位领导陪同下,来到中国邮政东盟跨境电商监管中心调研指导。杨副主席一行深入了解了监管中心的海关机构设置、监管流程、业务发展、运能保障等方面情况,对广西邮政创新开展跨境电商工作以及取得的成效给予高度肯定,并指出要以综合试验区开区运营为契机,推动广西跨境电商跨越式发展。

海南省快递发展大事记

海南省政府工作报告肯定邮政工作新成绩

1月26日,在海南省第六届人民代表大会第一次会议召开,海南省省长沈晓明代表省政府做政府工作报告,指出过去五年,邮政工作取得新的成绩。海南省邮政管理局党组书记、局长唐健文作为人大代表参加省六届会议人民代表大会第一次会议,并积极履行代表职责,向大会提交《关于推进海南快递业绿色生产消费的建议》和《关于快递服务电动三轮车城市通行便利的建议》,为邮政业实现健康和可持续发展进言献策。

"绿水青山 最美邮路"海口路跑完美收官

3月11日,为庆祝海南省建省办经济特区30周年,2018"绿水青山 最美邮路"系列主题赛海口路跑活动在海口市美丽沙音乐广场激情开跑,4000多名选手参与了此项赛事活动。海南省总工会副主席郑有基、海南省邮政管理局局长唐健文、海口市人民政府副市长任清华、中国邮政集团公司海南省分公司党组书记、总经理裴英杰等出席发枪仪式。海口市人民政府副市长任清华全程坐镇指挥,确保了赛事取得圆满成功。海口市邮政管理局积极协调市政府和相关部门,保障了活动的顺利推进。

海南局联合相关部门动员部署博鳌亚洲论坛2018年年会

3月13日,海南省邮政管理局联合公安、国家安全等部门对博鳌亚洲论坛2018年年会以及30周年活动期间省寄递渠道安全服务保障工作进行动员部署。全省各级邮政管理部门,中国邮政集团公司海南省分公司以及海口、三亚、琼海等地区主要品牌快递企业负责人参加会议。此外,会议还对省邮政业寄递渠道涉枪涉爆隐患集中整治专项行动进行了再部署,通报了省邮政业消费者申诉情况以及快递服务满意度等工作。

林东厅长带队调研邮政行业发展情况

3月14日,海南省交通运输厅厅长林东、副厅长姚建勇一行到海南省邮政管理局进行专题调研。调研期间,林东厅长分别察看了海南省邮政管理局办公环境、机关党建示范点和海南省快递巡查系统,详细了解了海南省邮政管理局以党风带政风促行风的有效做法。接着,海南省邮政管理局局长唐健文向林东厅长详细介绍了海南省邮政行业的发展状况,并结合当前行业发展实际,就海南省邮政业安全中心建设、快递物流集散中心建设和三轮车通行问题等三个需要交通运输部门给予支持的工作进行了深入交流讨论。林东厅长听取工作汇报后,充分肯定了海南省邮政管理局在抓好邮政行业监管、促进邮政行业发展方面所付出的努力,表示将大力支持邮政行业发展。随后,调研组一行还实地察看了海南顺丰分拨中心生产现场,进一步深入了解了企业经营的情况。

海南省政府对贯彻落实《快递暂行条例》作出重要批示

4月,经海南省省长、常务副省长批阅同意,海南省政府在《快递暂行条例》贯彻文件上作出批示:建议省邮政管理局牵头,省公安厅、省交通运输厅等部门配合,结合海南省实际,按照《快递暂行条例》要求,落实好各项政策措施,促进海南省快递业健康发展。

快递绿色包装应用开启"加速度"

4月,在海南建省和兴办经济特区30周年之际,《中共中央 国务院关于支持海南全面深化改革开放的指导意见》出台,提出推动海南成为新时代全面深化改革开放的新标杆,形成更高层次改革开放新格局。其中,在加快生态文明体制改革方面,指导意见明确提出"加快推进快递业绿色包装应用",为海南邮政业实现绿色发展提出了新的要求。

海南局深入学习贯彻习近平总书记重要讲话和中央12号文件精神

4月23日,海南省邮政管理局召开座谈会,对深入学习习近平总书记在庆祝海南建省办经济特区30周年大会上的重要讲话和《中共中央 国务院关于支持海南全面深化改革开放的指导意见》(简称"中央12号文件")精神进行再动员再部署,并研究了加快推进海南省快递业绿色包装应用等具体事项。各市(地)局领导班子、省局机关各处室负责人、中国邮政集团公司海南省分公司以及省内主要品牌快递企业负责人参加座谈。

海南局加快推进快递业绿色包装应用工作

6月22日,"绿色快递,你我共享"海南省加快推进快递业绿色包装应用启动仪式在海口成功举办,这标志着海南省快递绿色包装应用工作全面启动。海南省交通运输厅、海南省教育厅、海南省邮政管理局、海南省快递行业协会相关领导以及海口市相关单位负责人、高校志愿者、主要快递企业参加启动仪式。

绿色快递搭载飞机抵达三沙

7月23日,三沙快递超市正式开张营业。上午8时30分,一架民航航班搭载着三沙市居民期盼已久快递包裹,从海口飞往三沙永兴岛。上午10点左右,飞机抵达三沙市,快递小哥迅速将快递包裹从机场带回网点进行分拣,10时56分,第一件乘坐飞机飞上永兴岛的快递包裹准确投递到用户吴某手中。此次通过航空运输的方式,大幅度缩短了快递包裹运输时限。在原有一周一班的船运基础上,增加了一天一班的航空运输线路。随着运输时间的缩短,水果等对时限要求较高的产品,正式通过航空快递到达永兴岛,结束了永兴岛不能通过快递寄递水果生鲜的历史,永兴岛军民从此可以通过快递网购吃上祖国各地时令新鲜水果,享受快递带来的生活便利和亲情关怀。

海南局联合省生态环境保护厅召开邮政业绿色包装工作推进会

8月27日,海南省邮政管理局联合省生态环境保护厅召开了邮政业绿色包装工作推进会,加快推进绿色包装应用工作。全省各级邮政管理部门、中国邮政集团公司海南省分公司以及主要品牌快递企业负责人参加会议。会上,省生态环境保护厅介绍了海南生态环境保护工作的政策要求,提出了要共同践行绿色发展理念,通过邮政业绿色包装的应用,逐步推动形成绿色生产生活方式。海南省邮政管理局解读了《海南省加快推进快递业绿色包装应用工作方案》和《快递封装用品》系列国家标准,顺丰总部、循环包装生产企业汇报了绿色包装应用及回收等情况。同时,海南省邮政管理局党组书记、局长唐健文总结了前一阶段海南省推进绿色包装工作的经验和做法,对下一步推进绿色包装工作提出了三点意见。

海南局部署开展快递市场清理整顿专项行动

8月,为贯彻落实国家邮政局快递市场清理整顿专项行动工作,海南省邮政管理局召开培训进行专题部署,各市(地)邮政管理局、快递企业相关人员参加培训。培训从工作目标、清理整顿重点、时间安排等方面详细解读了快递市场清理整顿专项行动工作方案。

海南局部署推进快递业信用体系建设工作

8月,海南省邮政管理局印发了快递业信用体系建设工作实施方案,积极推进快递业信用体系建设工作。方案强调,要建立健全海南省快递业信用制度和标准体系,规范信用信息采集和评定,完善守信激励和失信惩戒机制,着力提高海南省快递业诚信意识和信用水平。方案明确,到2019年底,基本建成规范运行、科学高效的海南省快递业信用管理工作体系的工作目标,明确了政府推动、社会共建,完善制度、规范管理,统筹规划、稳步实施,整合资源、共建共享等4项基本原则。方案提出了完善信用管理规章制度、建立完善信用档案、组建信用评定委员会、编制信用评定方案、采集信用信息、信用评定结果利用、推进诚信文化建设等7项工作任务,细化了实施步骤,成立了专项工作领导小组,制订了海南省快递业信用信息采集指导意见。

海南局传达学习海南自由贸易试验区总体方案

10月19日,海南省邮政管理局召开专题会议,对《中国(海南)自由贸易试验区总体方案》进行了全文传达学习,并就落实方案要求,推进海南自由贸易区邮政业建设工作进行了动员部署。会议指出,建设中国(海南)自由贸易试验区充分体现了以习近平同志为核心的党中央对海南全面深化改革开放的高度重视和亲切关怀,是党中央、国务院着眼国际国内发展大局,深入研究、统筹考虑、科学谋划做出的重大决策,彰显了我国扩大对外开放、积极推动经济全球化的决心。方案进一步确定了海南"三区一中心"建设战略定位,明确了海南自由贸易区建设目标,内容十分丰富,政策性、指导性、针对性非常强,是指导海南建设自由贸易试验区的纲领性文件。方案提出的国际快递业务经营许可权下放、跨境电商寄递中心和冷链基础设施网络建设等方面的内容,更为海南邮政业发展确定了奋斗目标。

海南省政府两次会议听取海南自由贸易区(港)邮政业建设情况汇报

10月23日,海南省省长沈晓明主持召开座谈会,听取中央驻琼单位对落实《中国(海南)自由贸易试验区总体方案》的意见和建议。会上,海南省邮政管理局局长唐健文汇报了国家邮政局党组对海南邮政业贯彻落实习总书记4.13讲话和中央12号文件的支持；介绍了我国快递业发展的成绩、对国民经济的贡献；介绍了海南推进自贸区邮政业建设的设想和面临的困难。沈晓明省长听取汇报后，肯定邮政业特别是快递业在自贸区建设的作用，指示尽快召开邮政、快递企业总部负责人座谈会，共同研究推进海南快递产业发展。

10月24日，海南省副省长王路召集海南局、省交通运输厅等部门负责人，召开"引导快递企业总部加大对海南投资"专题会。王路副省长要求海南省邮政管理局要再接再厉，主动做好自由贸易区（港）邮政设施布局，推动国际快递业务发展。积极对接各大邮政、快递企业总部，做好海南省政府与邮政、快递企业座谈会的协调工作。会后，王路副省长会见了海南省邮政管理局局长唐健文，认真听取了海南邮政业十八以来发展情况的汇报，对海南省邮政管理局工作给予积极肯定。

海南局积极开展岗位大练兵竞赛活动

海南省邮政管理系统进一步深入贯彻习近平总书记"4·13"重要讲话和中央12号文件精神，按照"干什么、练什么、比什么"的要求，紧密结合本系统和单位实际，深入开展"勇当先锋　做好表率"岗位大练兵系列活动，激发党员干部职工工作热情，营造比学赶超的良好氛围，提升业务技能，努力推进全面建成与小康社会相适应具有国际旅游岛特色的现代邮政业，全力助推海南自由贸易试验区和中国特色自由贸易港建设。

王路副省长深入海口国际邮件互换局调研指导

11月，海南省副省长王路带领省邮政管理、交通运输、海口海关、商务等部门负责同志深入位于海口的海口国际邮件互换局调研指导，就进一步推进完善国际邮件互换局（交换站）等工作提出了要求。

海南局联合多部门协同推进快递业绿色包装应用

12月，海南省邮政管理局与省发展改革委、省科技厅、省工信厅、省生态环境厅、省住建厅、省商务厅、省市场监督管理局等8部门联合印发关于协同推进海南省快递业绿色包装应用工作的实施意见。实施意见明确了指导思想和基本原则，确立了"绿色化、减量化、可循环"的方向，提出了工作目标，即：不断提升企业协议客户电子运单使用率，在省内快递业务推广使用可降解和可重复利用的环保包装材料，实现省内快递业务绿色包装应用全覆盖，基本建成快递包装物回收体系，基本建立海南省快递业包装治理体系。实施意见还提出了七项重点任务。

海南相关部门共同推进电子商务与快递物流协同发展

12月24日，经海南省政府办公厅同意，海南省邮政管理局、省商务厅、省交通运输厅联合印发了海南省推进电子商务与快递物流协同发展实施方案。实施方案提出了11项政策措施。一是深化"放管服"改革，实现快递业务许可备案事项网上统一办理。二是创新产业支撑政策，推动企业创新发展国际小包、国际专线等跨境电商快递服务。三是加强规划协同引领，在符合市县总体规划要求下，保障电子商务快递物流设施建设用地。四是加强基础设施网络建设，构建快递物流分拣中心、公共配送中心和末端配送网点的三级配送网络体系。五是推进园区建设与升级，引导企业根据全省园区总体规划布局，入驻重点物流园区。六是推动配送车辆规范运营，对快递服务车辆实施车身编号和外观标识管理。七是推广智能投递设施，鼓励将智能快件箱纳入便民服务工程。八是提高科技应用水平，鼓励骨干企业开展智能终端、自动化分拣、机械化装卸等技术装备的研发应用。九是推动供应链协同发展,鼓励企业发展智能仓储,优化供应链管理。十是推广绿色包装,推广应用绿色包装技术和材料,推动包装物减量化。十一是推动绿色运输与配送,推进新能源配送车辆在快递物流领域的应用。

重庆市快递发展大事记

重庆局推动顺丰发布"行业解决方案+"助力巫山脆李

6月,在重庆市邮政管理局的努力推动下,"2018顺丰速运巫山脆李产销通融暨行业解决方案+发布会"在巫山县举行,市局党组书记、局长周向东,巫山县人民政府、重庆市农委、重庆市快递协会等有关部门领导出席会议。会上,顺丰发布了"脆李行业解决方案+",并现场与客户进行签约,助力打响巫山脆李品牌知名度,为即将到来的李子销售旺季提供全方面的定制化服务。

两部门联合开展渝西片区快递企业交通安全培训

7月9日,重庆市邮政管理局联合重庆市高速执法第五支队开展渝西片区快递企业交通安全培训。此次培训,重庆市高速执法第五支队通报了近期快递企业运输车辆在高速公路发生的道路交通事故情况,并结合相关法律法规,对快递车辆通行高速公路"应知应会"知识点进行宣讲;部分企业交流了运输安全管理经验;重庆市邮政管理局明确提出"生命高于一切"的安全监管理念,针对安全管理工作,提出要"以员工健康安全为中心"开展政府监管、企业管理的工作思路,坚持"依法治邮",在压实主体责任上,要求企业在"四个第一"上下功夫,即企业必须做到"老板是第一责任、制度是第一基础、培训是第一措施、落实是第一保障",企业对安全管理必须做到"年初有计划、年终有总结、事中有剖析、全程有参与",要用强烈的责任心和"抓铁留痕"的措施抓实安全生产工作。

重庆局加快推进服务型政府建设

7月,重庆市邮政管理局印发了《全面推进服务型政府建设的实施意见》和《2018年全面推进服务型政府建设工作方案》,部署加快推进服务型政府建设。意见指出,坚持党的十九大精神和习近平新时代中国特色社会主义思想为指导,坚持以人民为中心的发展思想,牢固树立公仆意识,把群众满意作为一切工作的出发点和落脚点,主动适应和引领经济发展新常态,加快转变服务理念,创新政务服务方式,构建更多行之有效的服务群众的渠道、方式和机制,促进政务服务更加高效、更加规范、更加科学,加快建设权责统一、运转高效、清正廉洁、人民满意的服务型政府机关。

重庆局举办"快递下乡"助力精准扶贫培训班

7月25日至27日,重庆市邮政管理局举办"快递下乡"助力精准扶贫培训班,各派出机构,中邮重庆市分公司、顺丰速运重庆有限公司等单位分管领导和工作人员共计30余人参训。培训期间,安排实地调研了忠县三级快递物流体系建设情况并举行了座谈交流。

重庆局调研探索快递与电商融合发展

7月,重庆市邮政管理局主要负责人带领业务处室和相关分局负责人赴重庆网商产业园调研"重庆电子商务大数据应用服务平台、电子商务大数据综合评价平台和大数据市区(县)两级联动可视化服务平台"建设情况。调研组听取了重庆智汇电子商务规划研究院相关负责人关于重庆电子商务大数据应用服务可视化操作系统的运行状况的汇报,详细了解并初步掌握了全市网络商铺分布、热销品类、产品价格浮动、商品流向等方面的数据分析情况,为进一步有针对性的服务电商发展提供了信息化支撑。调研组与网商产业园负责同志进行座谈,商讨将电商大数据云计算系统衔接寄递物流数据系统的事宜,并就"数据源接入、分类指标分析、人工建模、数据可视化应用、建立云数据中心"等五大方面达成共识,为下一步快递电商融合发展提出了明晰的、科学的工作思路;此次调研的将对重庆局推进大数据服务邮政行业科学发展打下坚实基础。

重庆局加快推进快递信用体系建设

8月,重庆市邮政管理局印发《重庆市快递业信用体系建设工作实施方案》,部署加快推进全市快递业信用体系建设。根据实施方案,重庆市邮政管理局成立了快递业信用体系建设工作领导小组,统筹协调落实快递业信用体系建设各项工作,通过加强舆论宣传、信息通报、督导检查和跟踪考核,强化责任落实,保障各项工作顺利推进。截至目前,全市已完成1659家快递企业主体名录库信息补录和审核,完成率100%;已完成4779名从业人员信息审核,并全部纳入快递行业信用管理信息系统。

中共重庆市快递协会支部委员会成立大会召开

9月4日,中共重庆市快递协会支部委员会召开成立大会。中共重庆市邮政管理局党组主要负责同志,中共重庆市交通行业社会组织综合委员会副书记,快递协会党支部全体党员,快递协会、快递企业代表参加会议。大会宣读了《中共重庆市交通行业社会组织综合委员会关于同意成立中国共产党重庆市快递协会支部委员会的批复》,市交通行业社会组织综合委员会向协会授牌授印章。大会选举出第一届支部书记。重庆市邮政管理局党组主要负责同志在会议上发表讲话,对新成立的快递协会党支部提出几点建议:一是加快自身建设,发挥政治引领作用;二是推动非公党建,着力提升服务能力;三是把握政治方向,开创行业发展新局面。

重庆局深入贯彻习近平总书记关于推进党的政治建设重要指示精神

9月,重庆市邮政管理局印发《关于学习贯彻习近平总书记关于推进党的政治建设重要指示精神进一步加强全市邮政管理系统党的建设的实施方案》,对加强全市邮政管理系统党的建设提出明确要求。方案指出,全市邮政管理系统党员干部要把思想认识高度统一到习近平总书记重要指示上来。一是要进一步提高政治站位。始终做到"两个维护",确保国家局、市委市府政令畅通,把坚持正确政治方向贯穿到贯彻落实过程中。二是要强化政治担当。以实际行动践行党的政治建设"主责主业主角"要求。要将加强党的建设与中心工作结合起来,抓实普遍服务工作,督促邮政企业践行"人民邮政为人民"的初心使命,深入认识邮政的政治和社会属性,加强村邮站建设和运营监督,不折不扣落实新时代党的建设总要求。三是要精心组织学习。根据国家局安排部署,集中开展学习贯彻习近平总书记关于党的政治建设重要指示精神"五个一"系列活动,使习总书记重要指示精神内化于心,外化于行。

重庆局推进快递业落实"一照多址"

9月,重庆市邮政管理局积极联系市工商行政管理局,就推进快递行业落实"一照多址"进行座谈并达成一致意见。会议决定,要按照各自工作职责,以工商行政管理部门为主,按照企业自愿的原则,积极推动"一照多址"在快递行业落实。重庆市邮政管理局将联合市工商局印发关于快递行业办理"一照多址"的实施意见,并进一步明确快递业务经营主体证照管理有关事项。明确在一个区县范围内的一个快递法人企业,只需要办理一个工商营业执照即可登记多个快递业务经营场所地址。同时,依据各自工作职责,落实《无证无照经营查处办法》,加强快递市场清理整顿,强化事中事后监管,确保快递行业依法健康发展。

重庆局出台服务民营经济发展指导意见

9月,重庆市邮政管理局出台了《关于服务民营经济发展的指导意见》。指导意见着力于优化发展环境、优化市场准入、优化保障措施等方面提出了27条具体工作措施,全力构建"亲清新型政商关系",引导邮政业民营企业积极投身"一带一路"、长江经济带等国家重大战略实施发挥行业积极作用。

重庆局推动创新建设农村现代物流体系

10月,重庆市邮政管理局与市发展改革委、市经济信委、市财政局、市交委等部门共同商讨全市推进农村物流试点示范区的认定管理工作,制定了《重庆市农村物流试点示范区认定管理办法》。办法提出,要通过建立一批农村物流需求及发展潜力大、基础条件好、特色鲜明的示范区,在全市农村现代物流体系建设上发挥标杆引领作用,从而以点带面,促进全市农村现代物流体系的建设完善。在农村现代物流体系中,邮政快递企业将在体系网络运营、物流支点建设等方面将发挥巨大的作用,同时体系的建设也将推动邮政快递行业的快速发展。

重庆局组建市工程技术快递行业高级职称评审委员会

11月,为贯彻落实国家职称改革精神,完善行业人才评价机制,畅通快递业专业技术人员职称评价渠道。按照国家邮政局关于加快推进快递专业技术人员职称评审工作的部署要求,重庆市邮政管理局积极协调地方职改办等部门,现组建的重庆市工程技术快递行业高级职称评审委员会已获审批,负责全市工程技术快递行业高级及以下层级职称评审工作。

重庆局与公安部门联合开展寄递渠道安全检查

11月,重庆市邮政管理局、重庆市公安局联合印发了《关于联合开展寄递渠道安全检查的通知》。根据通知要求,各区(县)公安局、市邮政管理局各分局将结合本地实际共同开展执法检查,督促企业自查自纠,全面整改安全隐患,堵塞消除各类漏洞,确保首届中国国际进口博览会期间寄递渠道物品安全,确保寄递行业安全稳定。

重庆快递末端网点纳入城市末端公共取送点项目验收

11月,在重庆市邮政管理局的推动下,全市共有180个快递末端网点纳入"重庆市2018年城市末端公共取送点项目"验收。按照重庆市关于城市末端公共取送点"采取'以奖代补'的方式补助资金1万元"的规定,将争取到项目支持补助资金,为快递末端网点更好地扎根社区、扎根"最后一百米"服务人民群众,为人民群众提供高效便捷的快递服务,满足人民群众对美好生活的需要提供了有效的政策支持。

中央媒体采访团聚焦重庆

11月13日至16日,新华社、中央电视台、中央广播电台、《经济日报》等10余家中央媒体和重庆电视台、《重庆日报》等7家地方媒体共30余位记者组成采访团,对重庆"双11"快递业务旺季成功应对超4300万件快件"洪峰过境"的保障情况及快递服务农业精准扶贫的成效进行深度报道。在重庆第三邮件处理中心、顺丰、百世、中通等快递企业分拨中心,记者团切身感受快递企业以大数据、云计算等信息化生产流程,有条不紊分拣转运近百万件快件的场景;在四川外国语大学菜鸟驿站,记者与安享末端网点综合服务的师生用户零距离互动,共话旺季网购心得;在涪陵区电商产业园忠县电商物流共同配送中心等地,"农村电商+快递"的"无压力购物"亲和便捷服务令媒体团众人点赞之余更忍不住"剁手"解囊,带走价廉物美的农产品。

重庆局圆满完成"双11"旺季服务保障工作

"双11"期间(11月11日至16日),重庆市主要快递品牌企业共处理快件量(进出港总量)达4560万件,同比增长53.6%。其中,业务量累计完成1459万件,同比增长103.8%;投递量累计完成3102万件,比去年同期增长37.6%。11月11日,18家主要快递品牌企业快递业务量为356.3万件,同比增长119.4%,快递业务投递量为302.1万件,同比增长91.3%。重庆市寄递渠道运行安全、畅通、平稳。

中欧班列首次较大规模邮件进口测试成功

11月26日,中欧班列首次较大规模进口邮件测试班列成功抵达重庆,标志着中欧班列首次较大规模邮件进口测试成功。这次成功是中欧班列运邮工作的又一重大突破,刷新了国际邮件运输模式,将为推动中欧班列进口运邮测试和常态化运作、促进双向互通打下良好基础。在国家邮政局大力支持下,重庆市邮政管理局将积极配合重庆市政府以中欧班列(重庆)铁路运邮通道为平台,以重庆铁路口岸国际邮件处理中心和海外仓为节点,以重庆跨境电商产业集群为支点,助推重庆建成内陆国际物流枢纽和内陆开放高地。

重庆局召开外资快递企业工作座谈会

12月,重庆市邮政管理局召开了外资快递企业工作座谈会。会上,在渝外资快递企业介绍了生产经营情况;重庆市邮政管理局就外资快递企业按照邮政法及相关法律规定依法经营进行了宣贯,就如何依法服务在渝外资快递企业、并希望其积极推进重庆跨境快递业务的发展进行了沟通,针对"外商不得投资经营信件的国内快递业务"、落实"三项制度"、抓好实名收寄、依法将签订安全协议的用户名单送邮政管理部门备案、在安全生产及应急管理上落实企业主体责任等进行了强调。各企业皆表示认真遵守邮政业法律法规和要求开展经营活动,依法接受邮政管理部门的监督管理。

重庆局成为重庆市社会信用体系建设联席会成员单位

12月,重庆市邮政管理局被重庆市社会信用体系建设联席会吸纳为成员单位,全面推进重庆市快递业信用体系与重庆市社会信用体系建设有机结合,为更有效发挥"守信联合激励"和"失信联合惩戒"奠定了基础。

重庆局助推地方农特产品"快递+"金牌工程

12月15日,奉节县委县政府举办了奉节脐橙开园仪式暨产销对接大会。重庆市邮政管理局党组成员出席大会并代表市邮管局与县政府签订了战略合作协议。组织主要寄递企业主动积极融入,为脐橙销售提供优质高效的寄递服务。并协调组织30余家电商企业代表和10余家寄递企业代表,召开了农村电商与快递物流对接会,电商与快递企业进行了有效沟通衔接。奉节脐橙开园仪式暨产销对接大会的顺利召开,开启了地方农特产品"快递+"金牌工程新征程,为实现新年销售寄递量超千万的目标打下坚实基础,为现代农业尤其是特色农产品销售架起了一座崭新"高架桥"。

重庆邮局海关挂牌成立

12月27日,重庆邮局海关在驻地举行揭牌仪式,重庆海关、重庆市邮政管理局分管领导参加仪式并致辞。重庆邮局海关的挂牌成立将进一步优化跨境邮件、快件通关流程,吸引更多跨境电商企业在渝发货,为重庆市发展跨境电商和跨境寄递营造更加良好的环境,也将促进重庆以及所在区域外向型经济健康快速发展。

四川省快递发展大事记

"悬崖村"邮政无人机邮路航线开

1月3日约11时,凉山州昭觉县支尔莫乡阿土列尔村("悬崖村")山脚,在工作人员通过手机App的点击下,一架装有首批党报党刊的无人机直升天空,向"悬崖村"飞去。这标志着无人机邮路航线正式开通。无人机的首飞成功,及时给"悬崖村"的居民传达了党的关怀问候,满足了当地村民的用邮需求。

杨洪波副省长充分肯定全省邮政管理工作成绩

1月25日,四川省副省长杨洪波作出批示,充分肯定了全省邮政管理工作成效。杨洪波副省长指出,2017年,全省邮政行业贯彻落实省委省政府决策部署,在保障人民用邮、参与精准扶贫、支撑电子商务、推动川货出川、保障安全生产等方面取得的积极成效。特向省邮政行业全体干部职工表示衷心的感谢、致以诚挚的问候。2018年是全面贯彻落实党的十九大精神的开局之年。邮政系统要以习近平新时代中国特色社会主义思想为指引,大力推动邮政交通协同发展,拓展网络广度,延展服务深度,提升运营效率,加强寄递物流安全管理,促进邮政业与关联产业融合发展,更好发挥推动流通转型、促进消费升级、保障改善民生等职能作用,为建设美丽繁荣和谐四川做出新的更大贡献。

四川省局传达学习习近平总书记四川考察时重要讲话精神

2月26日,四川省邮政管理局召开中心组学习(扩大)会议,专题传达学习习近平总书记四川考察时重要讲话精神。会议指出,要认真学习习近平总书记关于党的建设、学习贯彻党的十九大精神、提高发展质量、实现乡村振兴、推动脱贫攻坚等方面的指示要求,切实增强做好省邮政业改革发展各项工作的责任感、紧迫感、使命感,把学习贯彻习近平总书记重要讲话精神转化为推动行业供给侧结构性改革的具体行动,推动党的十九大决策部署和习近平总书记对四川工作重要指示精神不折不扣地落地落实。

杨洪波副省长冀希行业发展再上新台阶

6月12日,四川省人民政府副省长杨洪波专题听取了四川省邮政管理局关于全省邮政业发展及邮政管理工作情况的汇报,对四川省邮政管理局积极开展邮政行业监管,促进四川邮政业发展予以肯定。杨洪波副省长指出,四川人口多、体量大、地域广,对邮政业,特别是邮政普遍服务的不可替代性、对快递服务地方经济社会发展的需求性均十分突出,未来四川邮政业发展空间巨大。在新形势下,面对诸多挑战和困难,邮政业转型压力日益突出,邮政管理工作还有存在很多困难,特别在管理创新、市场开拓、行业发展上还有很大提升空间。他强调,四川省政府将一如既往地支持邮政管理工作,省邮政管理局新班子要加强与省级有关部门沟通协调,共同采取措施协同解决困难,营造良好发展环境,推动四川邮政业健康发展。

《四川省邮政条例(修正案)》获审议通过

9月30日,《四川省邮政条例(修正案)》获省第十三届人民代表大会常务委员会第六次会议审议通过,此次条例修正实现了四个方面的突破。一是赋予县级邮政管理机构法律权限。修正案明确"经批准,市(州)邮政管理部门在县(市、区)设置的派出机构,负责本行政区域内的邮政监管执法工作",为县级邮政管理机构开展邮政普遍服务和邮政市场监督检查提供了法律依据。二是增加"新建、改建、扩建城镇居民住宅区,鼓励建设单位配套设置智能信报箱、智能快件箱等智能末端服务设施"内容,在《中华人民共和国邮政法》关于信报箱建设的基础上,结合人民群众新形势下的消费新需求,明确了鼓励建设智能末端服务设施的新要求。三是将原条例中"寄达农村地区的邮件"修改为"寄达乡、镇人民政府所在地以外的农村地区的邮件",有利于提升农村地区邮政普遍服务水平。四是落实国务院"放管服"改革要求,删除了原条例涉及开办集邮票品集中交易市场许可的条款,进一步加快转变政府职能,实现简政放权。

四川局探索落实企业安全生产主体责任制度

10月,四川省邮政管理局开展企业落实安全生产主体责任工作专项调研工作。此次调研,初步形成了《寄递企业安全生产责任清单》《四川管理区安全生产责任清单》《快件处理场所安全生产隐患排查清单》《快递营业场所安全生产隐患排查清单》四项清单,主体涉及"法人企业""区域总部""分拨中心""营业场所"四个板块,内容包含"邮政法、安全生产法、社会保障法、反恐怖主义法、快递暂行条例、邮政行业安全监督管理办法、邮政行业安全监督管理办法"等法律法规中涉及邮政、快递企业安全生产主体责任的部分。

四川邮政举办第一届科技大会暨创新成果展

10月,四川省邮政分公司举办第一届科技大会暨创新成果展。展会展示了邮政领域109项新技术、新发明和新成果。凉山彝族自治州邮政分公司的小型无人机能够应对凉山境内多高山深谷的复杂交通状况;成都市邮政分公司的寄递业务新型渠道及散件揽收平台具备语音识别、身份证自动识别、电子地图定位、在线支付等功能,能有效解决营业厅、投递部及其他线下渠道的包裹揽收数据录入、酬金计算、资金管理、订单分派等问题,极大地提高包裹揽收效率;四川邮政报刊发行局推出小雅AI音箱;用户可以用语音操作,在有趣的互动体验中了解熊猫邮亭及线上订阅信息。此外,还有机房远程监控报警系统、网点视频会议系统、网点智能节能电路等精品参展。

四川局联合省工商局开展快递市场清理整顿专项行动

11月,四川省邮政管理局联合省工商行政管理局印发了《快递市场清理整顿专项行动工作方案》。方案对查处快递业务经营许可违法违规行为、无证经营行为、维护快递市场秩序等方面进行了明确规定。四川省邮政管理局根据方案内容提出四点要求:一是各市(州)局要根据辖区实际,制定细化实施方案,积极部署开展专项清理整顿工作;二是寄递企业要认真进行自查整改,及时清理无证无照经营快递业务的网点;三是各市(州)局要结合邮政业消费者申、投诉专线、群众举报等线索来源,强化动态监管;四是各市(州)局要及时开展专项行动自我评估、梳理情况、总结问题、明确下一步工作措施。

贵州省快递发展大事记

贵州局获评2017年度全省安全生产工作"优秀"等次

2月,贵州省邮政管理局在贵州省安全生产委员会组织的2017年度全省安全生产工作考核中被评为"优秀"等次。2017年,贵州省邮政管理局在国家邮政局、贵州省委、省政府的有力领导下,持续强化辖区寄递企业安全生产主体责任落实,取得了2017年全省寄递业无重大安全生产事故的好成绩。

贵州局举办《快递暂行条例》宣贯培训班

5月,贵州省邮政管理局在六盘水举办了《快递暂行条例》宣贯培训班,深入推进《条例》宣贯工作,保障制度落实到位,提升全省邮政管理部门依法治邮能力。培训介绍了《条例》的起草背景、立法过程、立法的指导思想以及重要意义,并对《条例》制度设计进行细化解读。各市(州)局、贵安新区邮政事业发展办公室负责人及相关业务人员参加培训。

贵州出台文件支持《快递暂行条例》和国发1号文件的落实

7月,贵州省人民政府办公厅印发了《关于实施城市道路交通文明畅通提升工程的通知》,并成立了贵州省城市道路交通文明畅通提升工程领导小组,综合调度全省城市道路交通文明畅通工程推进情况。随后,省公安厅、省文明办、省住房城乡建设厅、省交通运输厅、省邮政管理局联合印发了《贵州省城市道路交通文明畅通提升工程考核评价办法》。通知明确要优化快递物流运输配送体系。合理布局城市及周边客货运站场,科学规划快递物流集散中心,引导快递企业集中入驻,提高集中化、精细化管理水平。强化第三方专业配送作用,推广智能投递设施,支持传统信报箱改造,提升快递物流末端配送效能,减少重复投递占用道路资源,杜绝快递街边"摆地摊"现象。推动快递配送车辆优化运营,对快递服务车辆实施统一编号和标识管理。便利快递配送车辆通行,完善城市快递配送车辆管理政策,对快递服务车辆等城市配送车辆给予通行便利。严格落实相关技术标准,加快实施城市绿色快递配送示范工程,鼓励快递物流领域逐步提高新能源汽车使用比例。加大现代物流管理信息平台建设和数据共享共用力度。办法明确2018年考核指标,其中"优化城市专业配送,建立专业的快递配送源头管理制度,建立专业的快递配送车辆通行管理制度"及"优化城市末端物流寄递业,出台优化城市快递物流运输配送体系管理办法,在城乡规划中统筹考虑快件大型集散、分拣等基础设施用地需要,对快递服务车辆实施统一编号和标识管理"成为2018年考核指标。

贵州省快递专用电动三轮车通行管理工作获得新突破

7月,贵州省邮政管理局与省公安厅交管局联合发文,对全省快递专用电动三轮车通行管理工作进行部署。文件指出,要进一步规范快递服务车辆的管理和使用,明确快递专用电动三轮车的通行区域、行驶时速、装载质量,并对快递服务车辆实行统一编号和标识管理。对快递企业在用超标电动二轮车设置最长一年过渡期,逐步淘汰、更换成符合国家标准的车辆。全省各地要结合本地实际,制定快递配送车辆颜色、标识的统一标准和编码规则,指导快递企业推行"一人一车一卡一码""六统一、六不准"等制度,切实管住车、管好人。各快递企业要按照标准对配送车辆进行登记、编码,统一颜色和标识,要为车辆及驾驶人统一购买交通意外保险、责任险,增强配送车辆及其驾驶人的安全保障。

贵州局率企前往农产一线助力水果旺季运销

7月,贵州猕猴桃、桃、火龙果、脆李相继进入成熟期,贵州省邮政管理局急果农所需,携邮政、顺丰、百世等骨干寄递企业到水果产地与当地政府就主产水果产、运、销对接。在红心猕猴桃产地六盘水,市政府常务副市长率当地发改委、农委、商务及农产负责同志参加座谈。座谈会对邮政管理部门主动作为,组团上门服务,深入农村给予了肯定。双方就宣传、采摘、优选、包装、价格促销等交换信息,就让利果农、扩大市场、加快流通、服务乡村振兴达成共识,商议调集各方资源共同化解全市20万亩红心猕猴桃上市的产销运压力,帮助

16万农户脱贫致富,助推六盘水市产业转型成功。

《贵州省推进电子商务与快递物流协同发展实施方案》出台

为加快推动贵州省电子商务与快递物流企业转型升级、提质增效,提升电子商务与快递协同发展水平,更好地推动《国务院办公厅关于推进电子商务与快递物流协同发展的意见》落地实施,8月,贵州省政府办公厅印发了《贵州省推进电子商务与快递物流协同发展实施方案》。方案明确了十个方面12项主要工作任务,并明确了职责分工,强化责任落实。

贵阳市出台文件推进跨境电子商务发展

12月,贵阳市政府办公厅印发《关于推进跨境电子商务发展促进政策》。政策明确提出,要鼓励完善仓储、快递物流企业配套服务。对租赁仓库建设跨境电子商务快递物流分拣中心的企业,按照实际租赁费用每年给予30%的补助,最高不超过50万元,按跨境电子商务快递物流分拣中心实际设备投入给予30%的补助,最高不超过100万元。支持企业开展国际专线物流线路打造。对通过龙洞堡机场新开辟货运航线的货运代理企业,给予一次性补助20万元市场推介费用补助。对每周2个班次以上的货运航班给予费用补助,亚洲区域货运航线2万元/班,洲际货运航线5万元/班,每个企业全年补助不超过500万元。

贵州邮政业新能源汽车使用推进工作取得新突破

12月11日,贵州省邮政管理局组织召开全省邮政业新能源汽车使用推进座谈会,省交通运输厅、省发改委、省生态环境厅、省能源局、省交管局等部门,顺丰速运和相关新能源汽车生产企业负责人参加了座谈。会议围绕新能源车推广过程中面临的机遇和挑战进行了深入探讨。会后,贵州顺丰速运和相关新能源车生产企业举行了车辆交付使用仪式。首批交付的新能源车有112辆,2018年底前共交付160辆车在贵阳区域使用。

云南省快递发展大事记

文山市荣获第二批"全国快递服务现代农业示范基地"称号

2月,国家邮政局正式授予云南省文山市第二批"全国快递服务现代农业示范基地"称号。三七作为云南文山的一张名片,是文山重要的生物资源之一,其主产地和原产地在文山,全国90%以上的三七种植面积和产量都在文山,文山被国家命名为"中国三七之乡"。三七产业的发展带动了一大批七农脱贫致富,有力地助推了精准扶贫工作。为加快三七产业的发展,打开销路,使三七和三七产品走出去,文山积极打造三七电商交易平台,文山华信三七、苗乡三七、高田三七、七丹药业等企业年网销额可达2000万元左右。2017年,全州快递服务三七项目业务量达165万件,同比增长75%,业务收入达805万元,同比增长16%。

玉溪局迅速响应通海5.0级地震

2018年8月13日1时44分26秒,通海县发生5.0级地震。地震发生后,云南省邮政管理局领导高度重视,第一时间了解情况,玉溪市邮政管理局及时启动邮政行业突发事件应急预案,与通海县分公司和各快递企业取得联系,对通海县邮政、EMS、申通、中通、圆通、百世、国通、快捷、天天、韵达、顺丰等企业逐一进行核实。当日下午,玉溪市邮政管理局局长张征南到通海县分公司、通海中通等企业实地了解、察看震后邮政业运营情况，提出此次地震邮政业虽无人员伤亡、财产受损、邮件损毁、受阻、积压等情况发生，但各企业要引起高度重视，做好地震后可能引发次生灾害的排查工作，发现隐患及时整改；同时，认真落实24小时值班制度，遇有突发情况，立即启动应急预案，及时做好应急处置工作，并上报市邮政管理局和地方相关部门。

昆明提前完成乡镇快递网点覆盖率100%目标

2018年，昆明市邮政管理局进一步改善末端投递服务，布放智能快件箱累计数量3037组，267490个格口；辖区59个乡镇均已设立快递网点，提前完成乡镇快递网点覆盖率100%的目标任务。

昆明快递服务带动鲜花产业成效显著

2018年，昆明加强"一市一品"建设，全市鲜花快件量约623.84万件，业务收入6238万元，带动鲜花业产值21834.4万元。

曲靖邮政业开展扶贫助学互动

10月17日，在全国第5个扶贫日，曲靖市邮政管理局带领曲靖顺丰、申通、圆通、天天等规模以上6家快递企业到会泽县马路乡龙洞村联合开展"奉献爱心、扶困助学"活动，为5名在读贫困大学生发放助学金人均3000元，共计发放扶贫助学金1.5万元。

德宏快递业务量单月突破100万件

12月1日至27日，德宏州快递业务量已达102.4万件，同比增长74.80%，创历史新高。当月快递增长动力主要来源于冬季玉米、大米、牛油果、石斛等特色农产品上市及电子商务交易量的增加。自2014年国家邮政局启动"快递下乡"工程以来，乡镇快递网点从无到有、从有到全，全州乡镇快递网点覆盖率达到100%，2018年农村地区年收投快件量达470万件，基本能够满足71.6万农村人口的快递服务需求，全年快递支撑农特产品销售总额已突破3000万元，有效带动农产品进城和工业品下乡，助力精准脱贫和乡村振兴。

保山确保乡村寄递渠道安全畅通

2018年下半年，保山市邮政管理局与保山市国家安全局联合挂牌成立了一批边境乡镇邮路安全办公室，腾冲市固东镇、滇滩镇、猴桥镇邮路安监办公室均已挂牌成立，确保了乡村寄递渠道安全畅通。

西藏自治区快递发展大事记

西藏局荣获2017年度安全生产工作优秀单位

2月，西藏自治区安全生产委员会下发《西藏自治区安全生产委员会关于全区2017年度安全生产工作考核结果的通报》，授予西藏自治区邮政管理局"2017年度安全生产工作优秀单位"称号。

"快递公益使者"行动启动仪式举行

4月13日，西藏自治区邮政管理局与自治区公安消防总队、拉萨市公安消防支队在拉萨联合举行"快递公益使者"行动启动仪式暨消防培训演练活动。三部门负责同志，各市(地)邮政管理局负责同志以及各寄递企业负责人和一线快递员参加了此次启动仪式和演练活动。

《西藏自治区"十三五"时期产业发展总体规划》发布

4月，西藏自治区人民政府发布《西藏自治区"十三五"时期产业发展总体规划》，指导推进全区经济持续健康发展。规划提出优化重点产业布局,大力推动边贸物流产业跨越发展,促进产业链上下游协同发展。完善边贸内贸流通体系、建设分级物流体系、建设出口商品生产基地。以"服务地市,集散全区,辐射南亚"为目标,构建由"综合物流园区(地市)—物流中心(区县)—配送中心(乡镇)"构成的分级物流体系,形成自治区级、片区级、地区级三级物流节点体系,全面建成覆盖全区的综合物流服务基础设施网络。以电子商务、会展经济、口岸经济,推动商贸物流业创新发展。以电子商务推动商贸流通渠道升级。建设以 B2C 网络购物平台、B2B 商品交易平台、资产电商交易平台和第三方开放平台为核心的全区电商平台体系,加快形成电子商务产业聚集发展,加快西藏商贸物流产业集团组建运营,促进全区商贸流通渠道升级。

两部门建立货邮运输信息通报机制

为保障国家航空货运安全,规范和加强拉萨市邮政快递航空包裹的安全管理,促进拉萨市寄递行业健康发展,5月,中国民用航空西藏自治区管理局公安局(贡嘎机场公安局)和拉萨市邮政管理局组织西藏民航空港公司、安检站、航空护卫部等部门召开专题会议,建立货邮运输信息通报机制。

西藏局召开全区快递业信用体系建设动员部署会

5月,西藏自治区邮政管理局组织召开全区快递业信用体系建设动员部署会,学习传达 5 月 10 日国家邮政局召开的全国快递业信用体系建设动员部署电视电话会议精神,全面启动自治区快递业信用体系建设工作。全区 26 家寄递品牌企业负责人、相关处室负责人参加了此次会议。会议学习传达了全国快递业信用体系建设动员部署电视电话会议精神,深入解读了《快递暂行条例》《快递业信用管理暂行办法》《快递业信用体系建设工作方案》,并就全面开展快递业信用体系建设、《快递暂行条例》宣贯、快递末端网点备案等工作进行了安排部署。

西藏局部署安排 2018 年全区邮政业"安全生产"活动

5月,西藏自治区邮政管理局印发《2018 年西藏自治区邮政业"安全生产月"和"安全生产西藏行"活动方案》,对该项活动进行全面安排部署。方案明确,"安全生产月"活动于 2018 年 6 月在各市(地)邮政管理局、各寄递企业中同时开展。"安全生产西藏行"活动自 6 月 1 日开始开展,12 月底结束。

西藏出台意见支持电子商务与快递物流协同发展

6月,西藏自治区人民政府办公厅印发《西藏自治区人民政府办公厅关于推进电子商务与快递物流协同发展的实施意见》,大力推进西藏电子商务与快递物流协同发展水平。意见提出将智能快件箱、快递末端综合服务场所纳入公共服务设施相关规划,鼓励快递企业合理布局,建设专业化、公共化、平台化、集约化的快递末端网点,加强与城市总体规划衔接,编制电商物流快递基础设施建设专项规划,提供用地保障,减免网费、电费及给予房租补贴等配套政策。

西藏局部署快递市场清理整顿专项行动

8月,西藏自治区邮政管理局在全区范围内启动快递市场清理整顿专项行动。西藏自治区邮政管理局印发了《西藏自治区快递市场清理整顿专项行动工作方案》,明确了工作目标、清理整顿重点、时间安排和工作要求,专项行动将严肃查处无证经营、超范围经营等违法违规问题,严厉打击扰乱快递市场秩序、侵害消费者合法权益等各类突出违法行为,形成依法严管的高压态势,维护快递市场秩序,促进全区快递业健康有序发展。

西藏局联合禁毒部门共同筑牢寄递渠道禁毒防线

为深入贯彻落实8月30日全国禁毒工作电视电话会议和自治区电视电话会议精神，9月，西藏自治区邮政管理局联合自治区公安厅禁毒总队，采取多项措施，夯实行业禁毒工作基础，筑牢寄递渠道禁毒防线。一是健全联合监管机制，成立由西藏局分管领导任组长，交通运输厅分管领导为副组长，公安厅、商务厅以及各市（地）相关部门负责同志为成员的寄递行业禁毒工作协调小组，制定《2018年全国禁毒工作考评－西藏寄递行业管理具体工作方案》。二是联合自治区禁毒总队开展教育培训，重点分析全区寄递业毒情形势，教授行业查毒常识，切实增强从业人员识毒、辨毒和查毒能力水平。三是严把收寄验视关口，督促企业严格落实寄递安全"三项制度"，落实好禁毒部门相关工作要求，从源头上管控毒品流入寄递渠道。四是加强部门间联动协作和信息共享，配合公安禁毒部门有效防范和打击利用寄递渠道运输毒品行为，确保全区寄递渠道安全畅通。

西藏全区范围内开展可循环中转袋（箱）全面替代工作

9月10日，西藏自治区邮政管理局在全区范围内组织开展可循环中转袋（箱）全面替代一次性塑料编织袋工作。此次治理活动分两个阶段开展，一是从即日起至10月31日为试点阶段，申通、中通、圆通、优速、德邦、宅急送六家品牌快递企业立即开展治理工作，要求一律不准使用一次性不可降解快递塑料包装用品，使用可循环中转袋（箱）替代一次性塑料编织袋。二是11月1日至12月31日为全面开展阶段，在总结前期工作经验基础上，在全区寄递行业内全面铺开，全面落实可循环中转袋（箱）替代一次性塑料编织袋工作，要求在年底前可循环中转袋（箱）全面替代一次性塑料编织袋，实现辖内寄递行业可循环中转袋（箱）的全覆盖，并做好塑料封装用品数量的统计和封存工作。

拉萨市快递企业首批新能源汽车投入使用

为加快"绿色邮政"建设，促进邮政业低碳环保可持续发展，拉萨市邮政管理局积极推动新能源汽车在寄递行业推广应用，11月，顺丰和京东率先响应邮政业绿色发展的部署要求，开始在城区逐步推广使用新能源汽车，第一批将有9辆新能源车辆出现在拉萨市街头。

多部门联合举办邮政业应急管理和演练

11月14日至16日，西藏自治区邮政管理局在拉萨举办了为期3天的邮政业应急管理和演练暨监管队伍执法能力建设培训班。各市（地）邮政管理局分管领导、业务科（室）负责人和邮政快递企业负责人、安全管理人员以及西藏局相关处室负责人共计70余人参加了此次培训。培训邀请了自治区公安厅、交通运输厅以及消防总队的专家对行业反恐、服务车辆管理以及消防安全等工作进行了专业知识授课，提升参培人员应急管理工作能力水平，系统分析目前行业安全生产应急管理工作中存在的问题，并对2019年安全生产应急管理工作进行了安排部署。邀请自治区法制办专家讲授如何依法行政，严格行政执法，进一步提升全区执法人员执政水平。组织开展行政处罚案卷评议，进一步规范执法程序和操作流程。

陕西省快递发展大事记

陕西推进物流降本增效促进实体经济发展

2月，陕西省政府办公厅制定出《陕西省人民政府办公厅关于进一步推进物流降本增效促进实体经济发展的实施意见》。意见在多个方面为陕西邮政业发展提出要求和政策支持，陕西邮政业发展再获支撑：一是在努力提高物流效率方面，要求探索发展高铁快运物流新模式，推动高铁、快递联动发展；在加强物流装载单元化、标准化建设方面，提出落实《快递封装用品》系列国家标准，进一步提升邮件、快件寄递效率。二是在加强基础设施建设上，提出加强对物流发展的规划和用地支持。三是深化产业联动融合发展。四是激发物流市场主体活力。

陕西局两人荣获"统计工作先进个人"称号

3月，国家邮政局表彰2017年邮政行业统计报表工作先进集体、先进个人和先进企业，陕西省邮政管理局霍欣娜、延安市邮政管理局张雪荣获"2017年国家邮政局系统统计报表工作先进个人"称号，陕西融盛圆通速递有限公司、西安天顺快递有限公司获"2017年邮政行业统计工作先进企业"荣誉称号。

第八届中国西部国际物流产业博览会在西安举行

4月10日，第八届中国西部国际物流产业博览会暨"一带一路"大物流发展高峰论坛在西安曲江国际会议中心举行。国家发展改革委经贸司、中国物流与采购联合会、中国铁路总公司、陕西省发改委、省交通运输厅、省商务厅相关代表，天津、重庆、成都等68个省市代表团及政府相关领导，100多家企业负责人等参加会议。陕西省邮政管理局党组书记、局长孙海伟一行深入物博会快递业展位检查指导参展工作。在邮政公司、EMS、顺丰、德邦、圆通、中通、申通等展台，认真听取企业人员介绍行业发展中绿色包装、冷藏航运、智能投递等科技手段集约化的管理情况，询问企业经营情况、存在的困难与问题，倾听促进西安快递业加快发展的意见和建议，鼓励各企业要依法合规经营，保持行业稳定健康发展。

陕西局推进快递服务三农助力乡村振兴战略

4月17日，"顺丰速运樱桃行业解决方案+推介会"在西安召开，陕西省邮政管理局党组书记、局长孙海伟出席会议并讲话。孙海伟局长强调，陕西作为樱桃的全国主产地之一，面积不断扩大，近年来樱桃依托快递业在不断扩展销路，从而实现农民增收。希望通过这次推介会，大家能发挥各自优势，利用各自资源，实现合作共赢、共同发展，大力推进快递业和现代农业深度融合，让更多的特色农产品走出陕西、走向全国、走向世界，带动农民增收致富、促进农村经济发展，助力乡村振兴战略。

陕西局制定《快递暂行条例》宣贯方案

4月，陕西省邮政管理局结合行业实际，制定《快递暂行条例》宣贯方案，下发各市局，明确工作重点和任务分工，要求确保部署落实到位。

陕西局推进非公快递企业党建

5月2日，陕西省邮政管理局组织召开推进非公快递企业党建工作座谈会。陕西省邮政管理局局领导、各市局局长、各处室负责人及省快递行业协会负责人参加。会议听取了各市局关于辖区非公快递企业党建工作情况的汇报，并就下一步推进全省非公快递企业党建工作进行了研究部署。

孙海伟局长要求各级邮政管理部门要依据"属地管理，行业指导"的工作原则，发挥桥梁纽带作用，协调企业与地方党委政府，推动非公快递企业加强党组织建设工作。要注重发挥企业党组织的引领作用和战斗堡垒作用，将其建设成为引领行业发展、贯彻落实中省决策部署、推动各项工作的有力抓手。

陕西出台推进电商物流协同发展实施意见

5月，陕西省人民政府办公厅下发《陕西省人民政府办公厅关于推进电子商务与快递物流协同发展的实施意见》，为陕西邮政业发展提供了政策支持。意见强调：一是在完善快递物流发展政策，创造良好营商环境方面。二是优化快递物流配送布局，完善配送基础设施。三是规范物流运营管理，做好配送通行引导和服务。四是延伸快递末端服务网络，提升服务质量。五是提升快递物流智能化水平，加强合作运营。六是提倡节能环保理念，鼓励资源循环利用。

陕西局与西安邮电大学开展政校合作交流

5月10日，陕西省邮政管理局与西安邮电大学党委书记杨更社一行在陕西省邮政管理局召开政府与学校合作交流座谈会。陕西省邮政管理局党组书记、局长孙海伟首先对西安邮电大学这些年来对陕西邮政管理以及邮政业发展的支持表示感谢。孙海伟局长介绍了邮政改革和发展，邮政业学习贯彻十九大精神推动社会经济发展的情况，以及西邮现代邮政学院成立以来双方在科研领域开展的合作情况。杨更社书记介绍了学校改革发展以及推进建设一流学校的情况。双方就面对科技进步以及邮政业日新月异的发展，对技术和人才的需要所面临的问题进行了座谈。省局希望与西安邮电大学在人才培养、科学研究、服务社会需要等方面加强合作交流，为邮政业发展做好服务支撑，为地方经济发展做出新贡献。西安邮电大学校党政办主任韩炳黎、现代邮政学院院长薛蓉娜、党总支书记郭琪以及省局各处室负责人参加座谈。

陕西局召开推进快递业发展工作座谈会

5月24日，陕西省邮政管理局组织召开陕西快递业发展工作座谈会。陕西省邮政管理局局领导、快递行业协会负责人、市场监管处全体人员及省级重点快递企业负责人参加座谈会。会议听取了对全省快递企业实行层级管理、"三不"治理规范及快递企业安全生产责任清单的意见建议，了解了末端投递和快递专用电动车通行存在的问题和困难。

陕西局推动高校物业管理和快递服务一体化

6月上旬，陕西省邮政管理局联合陕西省教育厅、陕西高校后勤管理研究会积极推进成立陕西高校后勤管理研究会校园快递专业委员会暨物业管理专业委员会，推动高校物业管理和快递服务一体化。校园快递专业委员会暨物业管理专业委员会的成立，将在构建新型高校后勤服务保障体系的同时在高校与快递行业之间建立桥梁纽带，实现高校校园快递行业规范自律管理，促进高校校园快递服务行业管理服务规范化、标准化、专业化、现代化，实现高校物业管理和快递服务一体化，不断满足高校师生对快递服务的需求，切实维护师生切身利益和高校正常秩序，促进高校校园快递行业健康发展。校园快递专业委员会表示，将充分利用这个平台，加强和快递企业的合作，拓宽思路，创新高校末端投递模式，实现配送资源的有效利用，彻底消除摆地摊现象，促进全省高校快递服务工作再上新台阶。

陕西邮政无人机投递试飞成功

7月1日上午，一架携带重约5公斤的当日《人民日报》《陕西日报》等党报党刊的无人机，从蓝田县邮政分公司大院起飞，经过6分钟飞行，安全到达蓝田洩湖镇政府，标志着陕西邮政分公司顺利完成利用无人机投递党报党刊的试飞成功。这也是陕西邮政为建党97周年献上的特殊礼物。

《陕西省志·邮政志》通过初审

7月5日，陕西省邮政管理局召开《陕西省志·邮政志》初审稿评审会议，该志初审稿顺利通过专家组评审。评审会上，来自陕西省邮政管理局、省地方志办公室、省快递协会、邮政行业专家等组成的专家评审组，对《陕西省志·邮政志》初审稿进行了全面深入的评审。评审组认为《陕西省志·邮政志》初审稿体例安排得当、内容较为全面，具有明显的资料性、规范性、科学性等特征，一致同意通过初审。评审组还就初审稿的修改完善提出了具体意见和建议。

陕西局获批全省快递工程技术人员中级、副高级职称评审权

8月8日，陕西省人社厅授予陕西省邮政管理局快递工程系列中级、副高级职称评审委员会，评审人员范围为全省邮政、快递企业或邮政行业从事邮政、快递设备工程、快递网络工程、快递信息工程工作的专业技术人员。

省政协专题听取陕西局关于快递业发展的汇报

8月14日，陕西省政协专题听取了省发改委、公安厅、财政厅、交通运输厅、商务厅、工商局、税务局和省邮政管理局有关快递业发展情况的汇报，全国政协常委、省政协副主席李冬玉出席并讲话。李冬玉副主席指出，大力扶持发展快递业同陕西发展"三个经济"精神高度一致。要提高政治站位，要从民生就业和新兴产业的角度来理解快递行业；要立足向外、向西的高度来谋划陕西快递业发展；要加强政策的衔接和落实，着力降低物流成本，形成价值洼地，健全产业链条，推动西安把全国几何中心的区位优势转化为快递业发展优势，打造全国乃至于全球快递集散中心，助力陕西追赶超越。

陕西邮政企业首批新能源汽车投入使用

8月15日，"绿色出行　邮政相伴"主题邮政新能源电动汽车交接仪式在咸阳市邮政分公司举行，10辆新能源电动车正式投入咸阳的邮件运输和投递使用。这也是陕西省首家投入使用的新能源电动汽车的邮政企业。

陕西局调研周至县猕猴桃旺季寄递保障等工作

8月17日，陕西省邮政管理局党组书记、局长孙海伟赴周至县就猕猴桃旺季快递企业收寄准备情况和党报党刊乡镇当日见报情况进行调研。西安局相关负责人陪同调研。对于猕猴桃寄递旺季，孙海伟局长强调，一要全力以赴做好猕猴桃旺季收寄工作，加强前端收寄和转运分拨衔接，确保时效，为农民增收和"快递+农户"发展模式做出应有的贡献；二要注意规范市场，严厉打击跨区收寄行为，严厉打击"黑（假）"快递，维护市场稳定，保证农户权益；三要继续加强安全教育，完善网点安全管理，确保"三项安全制度"落实到位。对于普遍服务和党报党刊当日见报工作，孙海伟局长充分肯定了西安市邮政管理局做出的努力和取得的成绩，他要求，一要探索多种模式着力解决农村普遍服务稳得住的问题；二要积极借助地方力量，因地制宜，通过公益岗、交邮合作，解决村邮站人员和通村邮路问题；三要将乡镇党报党刊当日见报打造成亮点，助推全省党报党刊当日见报工作。

陕西局部署邮政业庆祝改革开放40周年新闻宣传工作

8月，陕西省邮政管理局制定《邮政业庆祝改革开放40周年新闻宣传工作方案》。方案要求，全系统要高举中国特色社会主义伟大旗帜，以习近平新时代中国特色社会主义思想为指导，全面贯彻党的十九大精神，不断增强"四个意识"，坚定

"四个自信"。深入学习宣传贯彻习近平总书记关于改革开放的重要思想,总结改革开放40年来邮政业改革发展的成就和经验,重点宣传邮政体制改革以来特别是党的十八大以来的发展成就和成功经验,营造良好的舆论氛围,动员邮政业干部职工在以习近平同志为核心的党中央坚强领导下,统一思想、坚定信心、不忘初心、牢记使命,展望未来、团结奋进,将改革开放进行到底,为全面建成与小康社会相适应的现代邮政业、开启建设现代化邮政强国新征程做出应有贡献。

陕西局大力压缩快递业务经营许可审批时限

9月,陕西省邮政管理局印发《陕西省邮政管理局优化提升邮政业营商环境实施方案》,将快递业务经营许可、许可变更(分支机构变更以外)、分支机构变更审批时限分别压缩至9个、8个、6个工作日,将征求安全部门意见时限压缩至5个工作日。方案印发后,各级邮政管理部门高度重视,强力推进,许可审批、许可变更、许可协查审批完成时限由1~6月份平均7.5天、5.9天、5.5天分别缩短至7~9月的4.8天、2.0天、3.0天,优化企业开办环境成效显著。

陕西局两人获全国优秀市(地)局长荣誉

10月15日,国家邮政局召开优秀市(地)邮政管理局局长座谈会,强调要培养造就一支忠诚干净担当的基层领导干部队伍,为新时代邮政业改革发展和建设现代化邮政强国提供坚实组织保障。延安局王辉、商洛局党辉荣获"优秀市(地)邮政管理局局长"荣誉,代表陕西参会。

首条成都—西安全货机航线开通

10月30日,一架从成都双流国际机场飞出的B737飞机顺利地降落西安咸阳国际机场,标志着圆通航空物流成都—西安全货机航线正式开通,为陕川两地快件配送架起更快捷的空中桥梁。成都—西安航线一天一班,每周六班。

陕西局部署快递旺季服务保障工作

11月1日,陕西省邮政管理局召开会议部署2018年快递业务旺季服务保障工作,并印发《陕西省邮政管理局2018年快递业务旺季服务保障工作方案》。会议要求各市局要站在全国经济发展和国计民生的高度来认识快递旺季服务保障工作,按照《快递业务旺季服务保障工作指南》要求,实现"两不"(全网不瘫痪、重要节点不爆仓)"三保"(保畅通、保安全、保平稳)工作目标。一是成立旺季服务保障工作领导小组,主要领导靠前指挥,克服思想松懈产生的麻痹心理和侥幸心理,加强工作统筹部署;二是突出抓好网络运行稳定,督导企业做好旺季物资、车辆、人员储备,对重点地区和重点环节要加强管控;三是注重服务质量,严守安全底线,与"进博会"安保、寄递渠道涉枪涉爆专项整治、快递市场清理整顿等工作结合起来,加强旺季期间工作检查和督导;四是加强应急值守和信息报送,落实24小时值班和领导带班制度,确保及时处置突发事件,维护行业稳定;五是积极做好旺季正面宣传。

陕西警邮合作打造"家门口的车管所"

11月,公安部办公厅、国家邮政局办公室和中国邮政集团公司联合下发《关于加强警邮合作进一步推行邮政网点代办公安交管业务工作的通知》,在全国推行邮政网点代办交管业务,实现交管业务"网上办、就近办、一次办"。陕西邮政分公司积极行动,与交管部门合作,共同打造"让数据多跑腿,让群众少跑腿"的便民服务体系,在全省10个地市开设代办交管服务的邮政网点,提供全面便捷的交管服务,为车主打造"家门口的车管所",打通服务人民群众"最后一公里"。

甘肃省快递发展大事记

宋亮副省长充分肯定省邮政业工作成效

1月15日,甘肃省委常委、副省长宋亮专题听取了省邮政管理局关于2018年全国邮政管理工作会议和全省邮政管理工作情况的汇报,对省邮政业工作成效给予充分肯定,勉励全省邮政业发挥行业优势,助力精准扶贫,努力实现高质量发展。宋亮副省长强调,2018年是全面贯彻落实党的十九在精神的开局之年,是决胜全面建成小康社会承上启下的关键一年,希望全省邮政管理系统和邮政行业广大干部职工深入学习贯彻党的十九大精神,集中力量抓重点、补短板、强弱项,努力推动邮政业高质量发展。进一步做大做优"寄递+农特产品"项目,更好地服务于乡村振兴战略和精准脱贫攻坚战。

李睿厅长勉励邮政管理系统

在2018年甘肃省邮政管理工作会议上,甘肃省交通运输厅党组书记、厅长李睿充分肯定了邮政管理工作成绩,勉励全省邮政管理系统书写好新时代邮政发展新篇章。李睿厅长要求,站在新的历史起点上,邮政业要进一步找准定位,完善顶层设计,以新的精神状态和奋斗姿态书写好新时代邮政发展篇章。一要深化供给侧结构性改革,推动邮政业高质量发展;二要践行以人民为中心的发展思想,建设人民满意邮政;三要切实加强行业指导和监管,营造良好发展环境;四要牢牢守住安全底线,坚决防范化解寄递渠道重大风险;五要坚持和加强党的领导,切实推进全面从严治党。

西市荣获第二批"全国快递服务现代农业示范基地"称号

2月,国家邮政局正式授予甘肃省定西市第二批"全国快递服务现代农业示范基地"称号,"邮政快递+马铃薯"项目入选国家示范项目。

甘肃局荣获2017年度全省综治(平安建设)工作先进单位

2月,中共甘肃省委下发《关于表扬2017年度全省综治(平安建设)、防范和处理邪教、维护稳定工作先进地区和单位的决定》,其中甘肃省邮政管理局被评为2017年度全省综治(平安建设)工作先进单位。

甘肃省出台乡村振兴战略的若干意见

2月14日,中共甘肃省委、甘肃省人民政府出台了《关于实施乡村振兴战略的若干意见》。意见的出台为打好精准脱贫攻坚战、实现全面建成小康社会奠定了坚实的基础,也为促进邮政业蓬勃发展指明了方向。意见提出,一要实施产业兴村强县行动,广泛推行无公害农产品、绿色食品、有机农产品和农产品地理标志开发认证,抓好农产品品种、品质、品牌和标准化生产,加快发展一村一品、一县一业新格局。二要着力开发特色农产品,继续做大玉米、马铃薯、蔬菜、花卉制种业,推进苹果、蔬菜、中药材等标准化生产,积极发展肉制品、特色果蔬、食用菌、百合、玫瑰、油橄榄、花椒、优质小杂粮等区域特色产业和地方土特产品。三要推进农产品流通现代化。发挥兰州、天水、酒泉等流通节点城市的辐射带动作用,打造区域性以及全国重要的农产品集散地,构建国家级绿色生态农产品生产加工基地,打造一批绿色农产品生产加工集群。四要深入实施电子商务进农村,全面推广陇南电商扶贫经验,用3年左右时间实现农村电商公共服务体系县乡全覆盖,功能覆盖到行政村。五要实施特色优势农产品出口提升行动,加强标准化基地建设,提升精深加工能力,完善冷链物流体系,强化品牌建设,畅通外销渠道,扶持壮大外向型农业企业。支持龙头企业加快名、优、特、新农产品产地认定和产品认证,培育具有国际竞争力的农业企业集团。

甘肃出台推进电子商务与快递物流协同发展实施意见

6月7日,甘肃省人民政府办公厅出台《关于推进电子商务与快递物流协同发展的实施意见》。在保障基础设施建设用地、强化快递物流网络建设、完善农村快递物流体系、推动园区融合发展、推动配送车辆规范运营等方面给以大力政策支持。

甘肃首家县级邮政监管机构挂牌成立

6月,甘肃省首家县级邮政监管机构——敦煌邮政管理局正式挂牌成立,同时挂牌成立的还有敦煌市邮政安全监管中心。敦煌邮政管理局是全省设立的第一家县级邮政管理机构,是完善省以下邮政监管体系的一项重大突破,标志着酒泉邮政管理事业进入了一个新的发展阶段,必将为敦煌邮政业的管理与发展奠定坚实的基础。

甘肃农村快递物流体系建设连获利好

7月,甘肃省人民政府办公厅接连印发《甘肃省市县乡农产品物流体系建设实施方案》和《甘肃特色农产品冷链物流体系建设实施方案》,加强对发展现代商贸流通业和通道物流产业的工作部署,切实促进全省特色农产品冷链物流发展,农村快递物流体系建设获政策扶持。

甘肃局联合相关部门开展打击寄递物流渠道涉烟犯罪活动专项行动

8月,甘肃省邮政管理局联合省烟草专卖局、省公安厅、省交通运输厅联合制定印发《打击物流寄递渠道涉烟违法犯罪活动专项行动的工作方案》,在全省范围内组织开展打击寄递物流渠道涉烟违法犯罪活动专项行动。方案明确,将通过组织开展专项行动,进一步深化各部门间物流寄递环节日常监管、案件查处、定期联合检查等协作机制,查办处理一批通过物流寄递渠道贩售非法卷烟大案要案,铲除一批物流寄递领域涉烟犯罪团伙,有效遏制非法卷烟通过物流寄递渠道流入甘肃省的快速增长态势,确保全省卷烟市场的持续稳定。

甘肃局强化第三届丝绸之路(敦煌)国际文化博览会寄递渠道安全服务保障工作

9月27日至28日,第三届丝绸之路(敦煌)国际文化博览会在甘肃省敦煌市举办。文博会是目前全国唯一的以国际文化交流为主题的国家级战略平台,是贯彻落实"一带一路"建设的重要行动。为贯彻落实省文博会安保组"大事不出,小事也不出,确保绝对安全"的安保总要求,甘肃省邮政管理局采取四项措施,加强对文博会寄递渠道安全服务保障工作。一是制定下发《第三届丝绸之路(敦煌)国际文化博览会寄递渠道安保工作总体方案》,并成立专门领导小组加强对文博会寄递渠道安保工作的领导。二是向环甘、以及发往甘肃省邮件快件业务量大的省份邮政管理部门发函,请求相关省份对文博会期间发往甘肃省,特别是敦煌市的邮件快件严格执行收寄验视、实名收寄、过机安检制度,确保寄递渠道安全。三是协调省文博会安保组和敦煌市政府成立邮件快件集中安检中心,对活动安保期间进入敦煌的邮件快件进行集中安检。四是加强监督检查,近日各市州已派出检查组深入邮政、快递企业开展专项检查,督促和指导寄递企业严格落实三项安全制度。

李沛兴副省长勉励邮政行业发挥资源优势助力精准扶贫

9月,甘肃省副省长李沛兴在听取甘肃省邮政管理局和兰州顺丰速运有限公司工作汇报时表示,欢迎邮政、快递企业总部来甘投资兴业,发挥资源优势,助力精准扶贫。李沛兴副省长详细询问了全省邮政行业发展情况和企业经营状况,特别是在吸纳就业和服务地方经济助力精准扶贫方面取得的成效,充分肯定了以顺丰速运为代表的邮政行业企业在投资和布局甘肃、助力农特产品外销、开展公益扶贫等方面做出的积极贡献和取得的显著成效。李沛兴副省长指出,甘肃作为经济欠发达省份,服务业还存在诸多短板,邮政行业是现代服务业的重要组成部分,在带动和促进地方经济发展,改善民生等方面大有可为。他要求全省邮政管理部门和在甘快递企业,一要积极争取企业总部加大在甘投资力度,着力解决发展不平衡、不充分的短板问题;二要积极发挥邮政行业网络资源优势,进一步巩固和扩大以农特产品外销为重点的精准扶贫成果;三要坚持高起点高标准统筹规划快递园区,扩大新技术、智能化设备设施应用;四要注重品牌建设,不断提升服务质量,特别是做好与农户、电商的对接,积极向下延伸服务网络,为农特产品外销和助力农民早日脱贫致富多做贡献。

甘肃局组织新闻媒体开展业务旺季体验式采访活动

11月15日晚,甘肃省邮政管理局组织新华社甘肃分社、《甘肃日报》、《兰州晨报》、《兰州晚报》、《兰州日报》、《兰州零距离》、兰州电台、省交广、腾讯新闻等多家新闻媒体记者,赴兰州邮区中心局、榆中和平物产集团物流园进行宣传报道,现场感受快递业务旺季工作氛围,并进行现场采访,了解业务高峰期行业运行情况,营造业务旺季良好舆论氛围。

甘肃省多措并举破解快递车辆通行难题

为推动全省快递业高质量发展与城市建设管理、道路交通安全相协调,切实解决"最后一公里"车辆通行管理中存在的突出问题,甘肃省邮政管理部门多措并举破解快递车辆通行难题并取得实效。一是推动出台《甘肃省人民政府关于全面推进快递业发展的实施意见》和《甘肃省人民政府办公厅关于推进电子商务与快递物流协同发展的实施意见》,在省级层面争取完善城市配送车辆通行管理政策,对快递服务车辆等城市配送车辆给予通行便利。二是各市州结合本辖区实际,积极与当地政府和有关部门协调沟通,争取出台专门针对快递车辆通行的政策文件,全省14个市州全部联合当地公安交警等部门出台专门文件,对快递车辆的规范管理和优惠政策以正式文件的形式加以确定。三是积极协调相关部门推进落实快递车辆"三统一"工作,在国家工商总局注册了"甘肃快递"专用标识,在所有甘肃快递车辆上进行喷涂。按照交警部门的要求,对快递车辆进行了统一编号管理。四是加强交通安全知识培训,共同营造安全和谐的寄递服务。五是督促和指导寄递企业逐步淘汰老旧车辆,更换绿色环保的新型快递车辆,并对车身清洁、车身广告的喷涂和改装进行了标准化要求。

"双11"期间甘肃省快递处理量突破2500万件

据国家邮政局安监系统监测数据显示,11月11日至20日,甘肃省共处理进出口快件达25156764件,同比增长59.88%,最高单日处理量突破300万件。其中进口21434747件,同比增长57.75%,出口3722017件,同比增长73.32%。快件出口量增幅明显。从进出口比例来看,甘肃省仍然属于消费型省份,但2018年,甘肃本土电商也创造出了不俗的销售业绩。从"双11"之后的快递进出口业务量来看,甘肃省出口量增速高于进口量增速和总业务量增速。国内某知名电商平台大数据消费热点分析显示:最受欢迎的干红枸杞、兰州百合、八宝茶、西北牛羊肉、特色果蔬、干红葡萄酒等甘肃土特产通过电商渠道销往全国。

青海省快递发展大事记

青海省副省长充分肯定全省邮政管理工作

1月11日,青海省副省长韩建华听取青海省邮政管理工作情况汇报,青海省邮政管理局局长赵群静汇报工作。韩建华副省长充分肯定了全省邮政管理工作,强调要深入学习贯彻党的十九大精神,进一步推动创新发展、融合发展,做强做优行业发展基础,奋力谱写交通强国邮政篇的青海新篇章。

青海局部署全省寄递渠道涉枪涉爆隐患集中整治专项行动

1月16日,青海省邮政管理局召开专题会议,全面安排部署全省寄递渠道涉枪涉爆隐患集中整治专项行动。各市州局局长、副局长、省局机关各处室负责人以及邮政公司、各快递企业负责人参加会议。会议传达了国家邮政局寄递渠道涉枪涉爆隐患集中整治专项行动会议精神,详细解读了《青海省邮政管理局关于开展寄递渠道涉枪涉爆隐患集中整治专项行动工作方案》,对全省寄递渠道涉枪涉爆隐患集中整治专项行动进行了全面部署。会议还就做好2018年邮政行业贴近民生七件实事及岁末年初行业安全服务保障等工作进行了再动员、再部署。

赵群静局长实地调研青海京东仓储配送中心

1月17日,青海省邮政管理局局长赵群静前往新建成的青海京东仓储配送中心实地调研。赵群静局长详细了解了京东仓储及分拨中心建设、快递业务量、网点标准化、电商融合发展及员工权益保障等情况,对近年来京东在青海地区的快速发展予以肯定,并勉励企业负责人在已实现西宁地区当日配送、次日配送的基础上,进一步提升服务质量、壮大发展规模、增强发展效益,实现企业发展与服务经济建设双赢。

韩建华副省长调研慰问春节期间寄递服务保障工作

2月11日,青海省政府副省长韩建华一行赴省邮政公司西宁邮区中心局调研慰问,青海省邮政管理局局长赵群静陪同调研慰问。韩建华副省长要求,一是做好春节期间服务保障工作,细化工作任务,全面督导落实,确保春节期间邮政生产平稳有序、高效、安全进行;二是排查各类安全隐患,完善各项防控措施,健全安保工作机制,严格落实"三项制度",按照"应检必检"要求,确保出口邮件快件安全;三是合理安排春节期间生产运营,努力提升服务水平,确保不发生积压、爆仓现象,实现保畅通、保安全、保平稳的目标;四是加强应急管理和应急值守,畅通信息报送机制,及时妥善处置各类突发事件,确保网络运行稳定。

青海局邮政业消费者申诉中心获先进单位称号

2月,国家邮政局邮政业消费者申诉中心表彰了2017年度邮政管理部门申诉处理工作先进单位,其中,青海省邮政管理局邮政业消费者申诉中心荣获2017年度邮政管理部门申诉处理工作先进单位。2017年,青海省邮政管理局邮政业消费者申诉中心共受理申诉2552件,为消费者挽回经济损失12.38万元。

青海局召开邮政快递企业座谈会

3月13日,青海省邮政管理局召开邮政、快递企业座谈会,对构建"亲""清"的新型政商关系进行了座谈交流。青海省邮政管理局各处室负责人、各市(州)局主管领导和省级邮政、快递企业负责人共70余人参加会议。青海省邮政管理局局长赵群静结合全省邮政行业党风廉政建设和反腐败工作作了重要讲话。赵群静局长强调，邮政管理部门和邮政、快递企业之间要形成"情感亲亲热热、关系清清爽爽"的局面，要做到亲不逾矩、清不远疏，携手共建"亲""清"新型政企关系。一要互相理解互相支持。二要强化廉洁从业教育。三要严格执纪监督问责。

赵群静局长赴果洛州调研慰问

3月15日至16日，青海省邮政管理局党组书记、局长赵群静赴果洛州调研慰问。赵群静局长指出，果洛地区海拔高、自然条件差，但果洛州邮政管理局全体干部职工缺氧不缺精神，在局领导班子的带领下，不折不扣地贯彻落实省邮政管理局党组的各项决策部署，坚守岗位做贡献，坚定信心谋发展，圆满完成了上级交付的各项工作任务。调研期间，赵群静局长拜会果洛州委书记武玉嶂，双方就促进果洛州邮政业服务地方经济社会发展、推动邮政管理工作再上新台阶进行充分交流，并达成一致意见。

青海省政府将邮政业发展内容纳入服务业发展工作要点

3月，青海省政府办公厅印发了《青海省2018年服务业发展工作要点》，其中，多项邮政业发展内容被纳入省服务业发展工作要点，并明确了青海省邮政管理局的职责分工。工作要点提出，一是开展临空快递物流园区、快递服务标准化网点建设有关工作；二是推进多式联运、甩挂运输、无车承运等先进运输组织方式在全省的试点和推广应用；三是实施城乡高效配送专项行动、全面完成冷链物流综合试点项目，开展省级商贸物流标准化试点工作，四是推进"快递下乡"工作。工作要点还确定了2018年全省邮政业务总量目标。

青海局"四步走"夯实依法治邮根基

为不断提升依法治邮能力和水平，规范邮政市场监督管理，满足新时代人民群众美好生活的用邮需求，青海省邮政管理局坚持"四步走"，强化法治邮政建设。一是健全法律保障。积极搭建法律顾问平台，使法律顾问充分参与重要涉法事项。二是规范工作流程。编制印发了快递业务经营许可、撤销提供邮政普遍服务审批、邮政行政监督检查执法、邮政行政处罚、邮政统计工作等流程图。三是加强法治培训。为深入推进法治邮政建设，定期举办依法行政专题培训班。四是强化监督问责。如切实加强对市（州）邮政管理部门的监督，及时纠正违法或者不当的行政行为。

青海局助推快递业高质量发展

2018年一季度，青海省邮政管理局综合施策破阻力，做好产业融合的"加法"，延伸快递产业链；做好清理整顿不达标、隐患、低效企业的"减法"，力保行业高质量、标准化、安全、畅通发展；做好科技创新、绿色环保的"乘法"，助推行业内涵式发展；做好放管服改革的"除法"，破解企业发展堵点。坚持以人民为中心，不忘初心、坚定信心，紧盯全年目标，细化工作任务，狠抓工作落实，助推快递业高质量发展。一是坚持政策引领；二是坚持创新融合；三是坚持为民惠民；四是坚持安全第一；五是坚持合作联动；六是坚持绿色环保。

京东无人机配送项目落户青海

4月25日，京东集团无人机配送青海运营启动仪式，在西宁市朝阳国家电子商务示范基地举行，拉开了青海省智慧配送新时代。青海省政府副省长匡湧出席活动并致辞，省商务、发改、经信、金融、扶贫、邮政管理等部门及西宁市政府有关负责同志出席启动仪式。青海省邮政管理局将积极协调推动全省现代快递配送质量变革、效率变革，进一步畅通农牧区"工业品下乡、农产品进城"通道，提高行业即时配送的高时效，助力青海特色产品走出去，助力电商精准扶贫，带动贫困地区经济发展，为全省经济社会发展贡献应有力量。

青海局开展"《快递暂行条例》进企业"活动

5月10日,青海省邮政管理局组织开展了"《快递暂行条例》进企业"活动。青海省邮政管理局局长赵群静、副局长王灿分别带队赴顺丰西宁总部、"三通"分拨中心进行宣传。活动中,青海省邮政管理局向快递企业发放条例单行本,现场解读条例,并与企业负责人及一线员工座谈交流,了解企业党建、诚信体系建设、寄递安全情况。快递企业纷纷表示,将在今后工作中认真贯彻执行条例,在服务和作业规范、安全生产、综合素质等方面符合条例的要求,不断满足消费者的快递需求。

青海局纳入全省城乡高效配送专项行动领导小组成员单位

为切实加强对城乡高效配送工作的组织领导,建立健全组织机构,进一步完善全省城乡物流网络,降低物流配送成本,提高物流配送效率,青海省政府成立了全省城乡高效配送专项行动工作领导小组,负责对全省城乡高效配送专项行动进行总体部署、统筹协调、整体推进,青海省省邮政管理局纳入领导小组成员单位。青海局表示,将以此为契机,逐步完善城乡配送网络、优化城乡配送方式、强化城乡配送技术标准应用、推动城乡配送绿色发展、提升城乡配送管理水平,力争到2020年实现农牧区三级配送网络全覆盖。

青海省出台《推广标准托盘发展单元化物流实施方案》

5月,青海省商务厅联合青海省邮政管理局等12个部门联合制定印发了《青海省推广标准托盘发展单元化物流实施方案》,致力于补齐物流短板,提升物流效率,全面推进全省商贸物流标准化工作。方案明确,以绿色化、减量化、可循环为目标,鼓励引导企业从商品生产源头进行标准化包装,减少流通过程的二次包装,支持企业开展包装循环利用的模式研究与应用,使用耗能低、易回收、再生循环利用率高的材料作为包装制品,逐步提高物流作业中可降解包装材料和生物合成包装材料的使用比例。协同推进快递业绿色包装工作,加快推动商贸物流领域相关标准与快递车辆相关标准有效衔接。

青海局力促邮快合作取得新突破

5月23日,青海省邮政管理局组织召开邮快合作座谈会。省快递协会、省邮政公司负责人,顺丰、圆通、中通、申通、韵达、百世等主要品牌快递企业负责人参加会议。会上,青海省邮政管理局对全省邮快合作现状和存在的问题进行了通报;邮政公司对邮快合作框架协议进行了详细的解读;邮政、快递企业结合自身实际,围绕代派业务不够稳定问题、派件费等收益保障问题及派送时效、投诉责任、快件损毁赔偿、寄递安全等责任划分问题,进行了深入讨论交流,并达成一致共识。通过座谈,邮快合作框架协议更加明晰,邮快优势互补、邮快互利共赢、邮快高质量发展的良好局面逐渐构成。

青海局一集体一个人获青海省"扫黄打非"先进表彰

5月,青海省"扫黄打非"领导小组下发文件,对2016-2017年全省"扫黄打非"先进集体和先进个人进行表彰,海西州邮政管理局获"扫黄打非"先进集体荣誉称号,青海省邮政管理局普遍服务处段红梅获"扫黄打非"先进个人荣誉称号。

2018年全国邮政管理系统标准培训班在西宁举办

6月5日至6日,国家邮政局在青海西宁举办2018年全国邮政管理系统标准培训班。国家邮政局党组成员、副局长邢小江出席开班式并作动员讲话,国家邮政局政策法规司、各省(区、市)邮政管理局分管标准化工作的负责人和有关人员共70余人参加培训。邢小江要求,各省(区、市)邮政管理局要提前谋划、提前研究,针对本地区实际情况,制定科学可行的绿色包装推进方案,加强与地方有关部门沟通,积极争取政策支持,加强宣传引导,推进标准落地实施。要结合地方实际情况,科学谋划科技与标准化工作,加强区域科技创新调查研究,搭建科技创新平台,为推进邮政强国建设做出新的更大的贡献。

青海省出台《关于推进电子商务与快递物流协同发展实施方案》

6月,青海省政府办公厅印发《关于推进电子商务与快递物流协同发展的实施方案》,着力解决全省电子商务与快递物流协同发展能力不足、衔接不畅等问题,提高全省电子商务与快递物流协同发展水平。省邮政业发展获政策支持。方案指出,到2020年,基本形成运营规范、技术先进、服务优质、绿色环保、高效协同的电子商务与快递物流发展格局。方案明确,坚持新发展理念,深入实施"互联网+流通"行动计划,强化制度和服务创新,加强规范和政策指引,优化运营和管理规范,以信息化标准化智能化发展为推手,促进电子商务与快递物流高校协同,更好地服务全省经济社会发展。

青海局开展结对共建高原美丽乡村活动

6月12日,青海省邮政管理局党组书记、局长赵群静前往海南藏族自治州贵南县沙沟乡洛合相村,与乡镇、村两级干部座谈交流,看望慰问农牧民群众,并捐赠文体用品,帮助村社群众谋思路,促发展,进一步增强发展后劲。结对共建"高原美丽乡村"活动开展以来,省局党组高度重视,加强沟通、协调和对接,落实省、州、县级财政补助资金和配套资金共计250万元,狠抓项目协调落实和监督,最大限度地调动村民的积极性和参与度,不断营造"自己动手、共建美丽家园"的良好氛围,推进活动广场、旱厕、篮球场及健身器材等项目招标工作,践行农牧区人居环境整治和"厕所革命",积极投身于洛合相村高原美丽乡村建设。

青海局联合多部门印发城乡高效配送行动实施方案

6月,青海省邮政管理局、省商务局、省公安厅等6个部门联合制定印发了《青海省城乡高效配送专项行动实施方案》,旨在完善城乡物流网络节点,降低物流配送成本,提高物流配送效率。方案指出,到2020年,初步建立起高效集约、协同共享、融合开放、绿色环保的城乡高效配送体系,共同配送率达到50%以上,形成一批可复制可推广的城乡高效配送经验模式。方案明确,引导邮政、快递、仓储、电商、批发、零售等企业,采取多种方式共建共用社会化配送中心。青海局将以方案出台为契机,加强沟通衔接,用好用足政策红利,加快推进"快递向下"等工程,助力全省邮政业高质量发展。

青海局召开快递业信用体系建设工作动员部署会议

7月,青海省邮政管理局组织召开全省快递业信用体系建设动员部署会,学习传达全国快递业信用体系建设动员部署电视电话会议精神,全面启动青海省快递业信用体系建设工作。各市(州)局分管局领导、相关负责人及省级快递企业负责人参加会议。会议要求,全省邮政管理部门、快递企业要深入贯彻落实全国快递业信用体系建设电视电话会议精神,明确快递信用体系建设工作开展的重要意义、时间节点和工作要求,结合地区实际做好相关工作,全面推进快递业信用体系建设。一要加强组织领导;二要强化督导检查;三要注重舆论引导。

青海圆通快递获省级服务业发展引导资金支持

7月,青海圆必通速递有限公司电商配送项目——电商快递自动分拣配送中心工程获2018年省级服务业发展引导资金52万元。该项目总投资520万元,通过建立全省现代快递物流分拣配送系统中心,购置自动传输设备、分拣设备、无线网络及监控系统、视觉扫描设备等110台(套)及系统自动识别、统计跟踪2个软件系统,致力于提升快递仓储配送自动化、信息化、智能化水平,促进电子商务与快递协同联动发展,助力电商快递精准扶贫,推动行业转型升级、提质增效。

青海局联合多部门开展2018年网剑行动

7月,青海省邮政管理局、省工商局、省质监局等11部门联合制定印发《2018年青海省网络市场监管专项行动(网剑行动)实施方案》,召开联席会议,安排部署2018年全省网络市场监管专项行动("网剑"行动)。此次专项行动以打击网络侵权假冒、虚假宣传、虚假违法广告等违法行为和落实平台责任、规范格式合同为重点,更好地实现对网络市场的全流程、全链条精准监管,提升网络商品和服务质量,改善网络市场竞争秩序和消费环境,不断激发网络市场创业创新活力,进一步促进网络经济健康快速发展。

两部门联合赴海东调研交邮融合发展工作

7月25日,青海省交通运输厅、青海省邮政管理局领导一行赴海东市互助县实地调研和指导交邮融合发展工作。王永祥副厅长强调,邮政业是综合交通运输体系的重要组成部分,交通管理部门要对本市邮政业的建设和发展予以重点关注和积极支持,深入探索创新交邮合作方式,进一步加强交邮运营网络资源融合与对接,促进行业高效协同发展。王灿副局长充分肯定了海东市在"交邮合作"方面取得的成效,并指出市交通部门和邮政部门要积极沟通、深入研究形成工作机制,邮政企业应充分发挥网络优势,本着资源整合、互利共赢原则,将互助县"交邮合作"的典型示范大力推广、持续深化,更好地助力地方经济发展。

青海局部署快递市场清理整顿专项行动

8月,青海省邮政管理局组织召开全省快递市场清理整顿专项行动动员部署会,安排部署全省快递市场清理整顿专项行动。青海省邮政管理局相关处室和各市(州)局分管领导参会。会议强调,全省各级邮政管理部门要主动出击,从严治理,合力推进,在全省范围内形成打击违法行为的高压态势,确保专项行动顺利开展,推动全省快递业高质量发展。一要加强组织领导;二要全面排查清理;三要依法严肃处理;四要强化舆论宣传;五要做好应急防范;六要发挥合力作用。

青海局部署邮政业庆祝改革开放40周年新闻宣传工作

9月,青海省邮政管理局制定《邮政业庆祝改革开放40周年新闻宣传工作方案》。方案要求,全系统高举中国特色社会主义伟大旗帜,总结改革开放40年来全省邮政业改革发展的成就和成功经验,营造良好的舆论氛围。本次活动包括开设专题、征文、演讲比赛等板块,其中,省局网站将开设专题,以图片、文字等形式,集中宣传全省邮政监管工作的新气象、新作为。征文活动则面向全系统全行业征集"改革开放40年·砥砺奋进新时代"主题内容,通过从业者的微观视角折射改革开放40年带来的巨大变革。演讲比赛则分享从业经验体会,畅谈行业发展变化,凝聚推动建设邮政强国青海篇章的共识与合力。

青海局召开快递企业座谈会

9月,青海省邮政管理局召开快递企业座谈会。全省邮政管理系统主要领导及省级重点快递企业负责人参加座谈会。会上,各企业代表对当前快递绿色包装应用、安全生产管理、新能源车辆使用等情况做了经验介绍,分析新经济环境下的业态发展形势,直言发展中遇到的困难与机遇,纷纷表示要紧紧抓住供给侧结构性改革的机遇,促进市场有序竞争,实现企业高质量发展。青海局要求,各企业要以习近平中国特色社会主义思想为指导,走高质量发展之路,要进一步统一思想、提高认识、勇于创新、转型升级,在创新中不断提高供给质量,提升管理效能,实现安全发展。

青海局定点扶贫工作取得成效

自2015年以来,青海省邮政管理局始终把定点扶贫作为重要的政治任务,认真贯彻落实中央、省委定点扶贫决策部署,积极行动,发挥优势,协调配合,完善机制,定点扶贫工作取得了明显成效。一是精准派遣第一书记;二是精准识别贫困户;三是统筹协调各类扶贫资金;四是认真落实帮扶活动。

青海局举办"改革开放40周年"演讲比赛

10月29日,青海省邮政管理系统庆祝"改革开放40周年"主题演讲比赛在青海宾馆会议厅举行,大家纷纷走上演讲台,抒发感想、畅谈体会。经过前期遴选推荐和预赛角逐,全系统共18名选手脱颖而出。

青海局安排部署全省快递业务旺季服务保障工作

11月2日,青海省邮政管理局举办全省快递业务旺季服务保障工作培训班,安排部署2018年快递业务旺季服务保障工作,省局相关处室、各市(州)局、各寄递企业参加培训。培训班上,传达学习了《国家邮政局2018年快递业务旺季服务保障工作方案》精神,对2018年快递业务旺季服务保障工作进行了安排部署。培训强调,全省邮政管理部门和各寄递企业要按照培训班和方案的要求,一要提高思想站位,充分认识做好旺季服务保障工作的重要意义;二要强化责任担当,坚守"两不""三保"目标;三要细化工作措施,落实"安全为基"要求;四要科学预测分析,做好应急管理工作;五要积极宣传引导,维护用户合法权益。

青海省"双11"快件业务量创历史新高

"双11"快递业务旺季期间,青海省快件处理量创历史新高。据统计,11月11日至20日,全省寄递企业累计业务量84万件,同比增长105.7%,派件量428万件,同比增长64.8%,各寄递企业日均处理量达51万件,单日最高处理快件量59万件,较去年最高处理量增加37.2%。

青海局调研乡村振兴战略工作推进情况

12月3日至5日,青海省邮政管理局党组书记、局长赵群静一行四人,先后赴海南州、海东市调研乡村振兴工作推进情况,深入到海南州共和县电子商务服务中心、西香卡村电子商务综合服务点、倒淌河镇电子商务综合服务站、海东市民和县顺丰速运、百世汇通营业网点、农村淘宝菜鸟网络仓储物流中心、电商物流分拨中心、农产品集散中心等企业一线走访调研,现场察看了生产作业现场,详细了解了电商进农村、旺季业务量、场地、人员、设备、运能运力、末端投递、后勤保障和应急预案等方面情况,亲切慰问了工作在生产一线的企业员工,勉励大家持之以恒、坚守岗位,全力推进乡村振兴战略工作。

青海局举办寄递服务质量提升培训班

12月20日,青海省邮政管理局举办全省寄递安服务质量提升培训班。培训邀请西安邮电大学和青海民族大学教授分别从"用户感知与快递服务质量"和"提高服务质量维护消费者权益"两方面进行专题讲授,通报2018年"双11"旺季服务保障工作情况和全省邮政业申诉情况,就下一步做好全省寄递服务质量工作进行安排部署,达到很好的效果。

宁夏回族自治区快递发展大事记

宁夏回族自治区人民政府副主席刘可为"点赞"邮政业

1月5日,宁夏回族自治区人民政府副主席刘可为带队深入邮政、快递企业经营网点、分拨中心调研指导工作,充分肯定全区邮政业发展成效。他强调,一是要支持邮政快递企业将业务延伸至农村地区,推动土特产分散收货、大宗货物集约高效运输,降低物流成本,增强贫困地区经济发展活力。二是要着力提升服务水平,要在推动传统流通方式转型、提高公共服务能力上下功夫。三是引导快递企业在农村建设高标准服务网络,提高网点的均衡度和稳定性,实现县乡全面覆盖,更好地满足人民群众日益增长的寄递需求。

宁夏局组织开展党的十九大精神专题学习研讨

1月11日,宁夏回族自治区邮政管理局党组理论学习中心组以"深入学习宣传贯彻党的十九大精神,坚定不移推进全面从严治党,奋力推进全区邮政管理工作创新发展"为主题,组织开展党的十九大精神专题学习研讨,局党组书记主持,局班子成员及机关全体公务员参加。会上,局党组书记结合邮政管理工作实际,以"推动邮政行业改革发展迈向更高层次"为题目,从强化"四个意识"、增强"八项本领"、建设伟大工程等四个方面进行了发言。

刘可副主席为批示肯定全区邮政管理工作

1月18日,宁夏回族自治区人民政府副主席刘可为在宁夏邮政管理局上报的2017年工作总结及2018年工作安排报告上作出批示:"近年来,宁夏邮政管理局认真贯彻落实国家邮政局各项工作部署要求,紧紧围绕自治区党委、政府中心工作,以'谋创新、促发展、善引领、强法治、树清廉'为抓手,团结拼搏,务实苦干,创新管理服务方式,扎实做好邮政管理各项工作,为全区经济社会发展做出了积极贡献。在此,向全区奋战在邮政战线上的广大干部职工表示衷心感谢和亲切慰问。"

宁夏局党组班子召开民主生活会

1月30日,宁夏回族自治区邮政管理局党组班子召开民主生活会,以认真学习领会习近平新时代中国特色社会主义思想,坚定维护以习近平同志为核心的党中央权威和集中统一领导,全面贯彻落实党的十九大各项决策部署为主题,重点对照党章、加强和维护党中央集中统一领导的若干规定和中央八项规定实施细则精神、初心和使命,结合思想和工作实际,查找和解决党组班子及成员存在的问题,深刻剖析思想根源,认真开展批评和自我批评,进一步明确努力方向和整改措施。宁夏局党组书记、局长李志炜主持会议。国家邮政局党组督导组有关同志全程参加并指导党组班子民主生活会。

宁夏回族自治区政府工作报告提出推进快递下乡

1月31日,在宁夏回族自治区第十二届人民代表大会第一次会议上,自治区政府主席在会上代表自治区政府做工作报告,报告指出未来五年来实施传统产业提升、新兴产业提速、特色产业品牌、现代服务业提档"四大工程",加快新旧动能转换,构建特色鲜明、优势突出、效益较高的现代产业体系。对于2018年工作,报告提出推进服务业供给创新,做大电子商务,加强与大型电商平台合作,推进快递下乡,带动网络交易额增长15%以上。宁夏局表示,将结合国家局提出"邮政在乡"工程,深入贯彻落实全区两会精神,推动"快递下乡"工程换挡升级,进一步提升行业服务"三农"能力,助力农村电子商务发展和乡村振兴战略。

宁夏局荣获全区社会治安综合治理工作先进集体荣誉称号

2月,宁夏社会治安综合治理委员会印发《关于表彰2013－2017年度社会治安综合治理优秀县(市、区)和先进集体及先进工作者的决定》,宁夏回族自治区邮政管理局被授予"全区社会治安综合治理工作先进集体"荣誉称号。

宁夏邮政管理系统获自治区"扫黄打非"先进表彰

3月,自治区"扫黄打非"工作领导小组下发文件,表彰2017年度全区"扫黄打非"工作中表现突出的单位和个人,宁夏回族自治区邮政管理局普遍服务处获自治区"扫黄打非"先进集体荣誉称号,石嘴山市邮政管理局司伟伟获自治区"扫黄打非"先进个人荣誉称号。宁夏局表示,将继续按照国家局和自治区"扫黄打非"工作领导小组的安排部署,做好行业"扫黄打非"各项工作任务,加强行业监督管理,为确保全区寄递渠道安全畅通、文化市场健康发展做出应有贡献。

宁夏局获2013－2017年度全区社会治安综合治理"先进集体"荣誉称号

3月,宁夏综治委对全区2013年－2017年度社会治安综合治理先进单位、先进个人进行了表彰,宁夏回族自治区邮政管理局荣获"先进集体"称号。宁夏局表示,将以此次受到表彰为契机,进一步贯彻落实《关于加强寄递行业安全管理工作的实施意见》,严厉查处寄递企业各种违规行为,严厉打击利用邮件、快件实施的各种违法犯罪活动,进一步压实企业安全生产主体责任,不折不扣落实好寄递安全"三项制度",以扎实细致有效的工作举措,确保全区寄递渠道安全平稳运行。

宁夏局联合公安、国安开展寄递渠道涉枪涉爆隐患专项检查

4月,宁夏回族自治区邮政管理局联合自治区公安厅、国家安全厅等寄递行业领导小组成员单位,深入区内各重点品牌寄递企业分拨中心和营业网点,实地检查寄递企业对"寄递渠道涉枪涉爆隐患集中整治专项行动"落实情况。联合检查组通过查验资料和调取监控方式,重点检查了各企业对涉枪涉爆隐患集中整治工作情况的传达部署情况、三项安全制度落实情况、安全生产培训教育情况等。宁夏局表示,下一步将继续深化寄递行业领导小组的协作机制,进一步加大执法力度,开展拉网式排查,做到发现一起、查处一起、打击一起,全力保障辖区寄递渠道安全畅通和行业平稳运行。

政企联合调研基层邮政服务运营及助力精准扶贫工作

4月10日至12日,宁夏回族自治区邮政管理局主要负责人会同宁夏邮政分公司主要负责人组成联合调研组就海原县快邮合作、寄递扶贫等工作进行调研。调研组一行先后深入海兴开发区、海原县李旺、史店、郑旗、贾塘等4个乡镇实地察看邮政农村电子商务及"邮乐购"综合服务平台建设等情况,广泛听取基层邮政营业网点负责人、投递人员及群众意见建议。调研组一行在海原县与海原县委、县政府主要领导就进一步加强合作举行了会谈,并在邮政定点帮扶点史店乡米湾村看望了驻村干部,现场召开政企乡村专题座谈会,共谋邮政、快递助力精准扶贫工作合作大计。

宁夏局举办《快递暂行条例》培训班

5月,宁夏回族自治区邮政管理局举办了一期《快递暂行条例》培训班,各市局副局长、行管科长及业务骨干参加了培训。培训班传达了马军胜局长、赵晓光副局长在国家邮政局《快递暂行条例》

宣贯全国电视电话会议上的讲话精神,学习了全国邮政管理系统依法行政培训班相关内容,认真通读通学了条例原文,并结合宁夏快递行业发展现状、面临的困难和问题等现实,就如何进一步贯彻落实好条例进行了部署。培训强调,各市局要加强《条例》贯彻落实的协调配合和监督检查,以确保条例的各项规定落实到位,确保行业发展环境进一步优化,确保行业持续健康发展,确保全区快递企业提质增效。

宁夏局安排部署上合峰会期间寄递渠道安全服务保障工作

为做好上海合作组织青岛峰会期间全区寄递渠道安全服务保障工作,宁夏回族自治区邮政管理局按照国家邮政局关于做好峰会活动寄递渠道安保工作的总体部署,因地制宜主动作为,采取多种措施保障上合峰会期间全区寄递渠道安全畅通平稳。一是加强组织领导。二是提前部署。三是强化督导检查。四是严格落实值班制度。宁夏局表示,上合组织峰会期间将继续以最高标准、最严措施、最佳状态全力做好峰会期间寄递渠道安全服务保障工作,保障峰会期间全市寄递渠道安全平稳运行。

宁夏局对全区各市寄递渠道涉枪涉爆隐患集中整治

5月,按照国家邮政局关于寄递渠道涉枪涉爆隐患集中整治工作要求及上合峰会期间寄递渠道安保工作部署,宁夏回族自治区邮政管理局分管局领导及相关处室负责人带队,随机抽取各市行政执法人员组成两个联合检查组分赴五市,就寄递渠道涉枪涉爆隐患集中整治工作、峰会安保、"三不"专项治理等工作进行督导检查。在检查中,督导组还详细了解了各市邮政管理局关于寄递渠道涉枪涉爆隐患集中整治及上合峰会期间寄递渠道安保工作工作的具体部署措施,就下一步工作进行了指导。

国家邮政局督查组检查全区涉枪涉爆隐患专项整治工作

6月28日至29日,国家邮政局涉枪涉爆隐患集中整治专项行动督查组到宁夏开展寄递渠道涉枪涉爆隐患整治工作专项督导检查,宁夏回族自治区邮政管理局负责人、市场监管处有关同志陪同检查。督查组首先听取了宁夏局关于寄递渠道涉枪涉爆隐患专项整治工作开展情况的汇报,详细了解了寄递安全"三项制度"落实、安全设施配置、安全生产主体责任落实、涉枪涉爆隐患排查整改等方面的情况。随后,深入银川市、石嘴山市快递企业分拨中心、经营网点现场检查快递企业安全生产情况,抽查邮(快)件的实名制落实、消防及监控设备配备情况,重点查看了过机安检台账、安全会议记录等档案资料。

宁夏局举办全区快递末端网点备案工作培训班

8月9日,宁夏回族自治区邮政管理局举办了快递末端网点备案工作培训班,区局市场处、各市局及快递企业相关负责人共计50余人参加了培训。培训班解读了国家局印发的《快递末端网点备案暂行规定》,重点讲解了快递末端网点备案信息系统的功能和使用,培训围绕《规定》和备案工作进行了深入讨论交流,回应了企业和管理部门关心的热点、难点问题,并对全区末端网点备案管理工作进行了安排部署。

自治区服务业发展协调小组专题调研邮政快递行业

8月,自治区服务业发展协调小组深入邮政、快递企业经营网点、分拨中心调研指导工作,全面了解我区快递物流园、航空快递、绿色快递车辆以及冷链基础建设发展情况。调研组表示,将继续关注和支持邮政管理工作和邮政业发展,从基础设施建设、安检机购置、绿色快递车辆推广等方面提供服务业发展引导政策和资金支持,其中明确奖励宁夏局100万元，用于支持构建邮政综合服务平台、提升快递产业竞争能力，为全区邮政业服务地方经济发展营造良好环境。

宁夏局专题部署"宰牲节"期间寄递行业安全等工作

8月，宁夏回族自治区邮政管理局召开专题会议，传达学习国家邮政局、自治区近期关于做好安全生产工作的系列部署要求，安排部署"宰牲节"期间全区寄递行业安全、服务保障及应急值班等工作。一是做好行业安全生产工作，确保寄递渠道安全畅通。二是加强行业服务监督，做好节日期间寄递服务保障工作。三是落实中央八项规定精神，严防各类"节日腐败"。四是做好值班应急工作，确保各项工作正常运转。

宁夏局安排部署全区快递市场清理整顿专项行动

8月，宁夏回族自治区邮政管理局制定印发了《快递市场清理整顿专项行动工作方案》，安排部署全区快递市场清理整顿专项行动。

宁夏局传达贯彻打好三大攻坚战部署会议精神

9月4日，宁夏回族自治区邮政管理局召开全区电视电话会议，传达学习国家邮政局召开的邮政业贯彻新发展理念打好三大攻坚战部署会议精神，并就贯彻会议精神提出具体要求，各市局在分会场参加了会议。会议要求，贯彻落实此次会议精神，要结合邮政管理部门工作职能，找准切入点、突破口，突出重点、狠抓落实，确保各项工作起好步开好局。一是提高政治站位，增强"四个意识"，充分认识打好三大攻坚战的重要意义。二是坚持问题导向，聚焦突出问题，破解短板弱项。三是坚持底线思维，强化责任担当。四是加强组织领导，强化督导检查。

自治区人民政府审议通过《关于推进电子商务与快递物流协同发展的实施意见》

9月14日，宁夏回族自治区人民政府召开常务会议，审议通过了《关于推进电子商务与快递物流协同发展的实施意见》，从优化政策环境、完善基础设施、优化通行管理、提升服务能力、提高运行效率等方面对快递业发展给予大力支持。意见提出5方面14项工作任务。

自治区持续推进农村电商筑梦计划

9月，自治区商务厅、财政厅印发了《关于持续推进农村电商筑梦计划的实施意见》，明确支持综合示范县整合物流快递配送资源，推动快递下沉，使农产品电商出村不再困难。宁夏回族自治区邮政管理局表示，将深入贯彻落实自治区"三大战略"，紧抓全区大力发展农村电商机遇，深入实施"快递下乡""邮政在乡"工程，积极引导寄递企业参与电商进农村综合示范建设，如期完成建制村100%直接通邮和快递乡镇全覆盖目标，充分发挥邮政行业在推动农村发展、农业增效、农民增收方面的作用。

宁夏寄递业降本增效再获利好

9月，自治区人民政府办公厅印发了《关于进一步推进物流降本增效促进实体经济发展的实施意见》，深入推进包括寄递业在内的全区物流供给侧结构性改革，推进降本增效。意见分六个方面提出18项物流降本增效政策措施。

宁夏局组织党员干部参观自治区成立60周年成就展

10月8日，宁夏回族自治区邮政管理局组织党员干部在银川国际会展中心参观《建设美丽新宁夏　共圆伟大中国梦——宁夏回族自治区成立60周年大型成就展》，一起见证宁夏60年来的沧桑巨变，共同展望宁夏的美好明天。参观结束后大家纷纷表示，要更好地发挥邮政管理部门在促进全区经济发展、增进民生福祉方面的重要作用，为实现经济繁荣、民族团结、环境优美、人民富裕，确保与全国同步建成全面小康社会的目标贡献邮政行业力量。

宁夏局召开2018年快递业务旺季服务保障动员部署电视电话会

10月31日，宁夏回族自治区邮政管理局组织召开2018年全区快递业务旺季服务保障动员部署电视电话会。会议传达了国家邮政局近期下发的加强行业安全监管等重要文件精神，宣读了宁夏邮政行业2018年快递业务旺季服务保障工作方案，研究部署了首届中国国际进口博览会期间寄递渠道安保工作及全区快递业务旺季保障工作及，并与重点快递企业签订了旺季服务保障责任书。会议要求，一是高度重视；二是强化重点；三是强化宣传引导；四是压实责任；五是统一协调。自治区寄递行业安全监管领导小组成员单位，各邮政、快递企业负责人，《宁夏日报》、宁夏电视台等新闻媒体参加了本次会议。

宁夏局督导检查快递业务旺季服务保障工作

11月，宁夏回族自治区邮政管理局主要负责人带队到部分邮政、快递企业督导检查旺季服务和安全保障工作。督导组对各企业旺季保障服务采取的具体措施给予了充分肯定和认可，并强调，2018年全区快递业务日均处理量将创历史新高，各企业一是要提高思想认识，按照"打一仗、进一步"的要求，确保"两不""三保"工作目标。二是始终要坚守安全底线和红线意识，严格落实各项安全制度，杜绝野蛮暴力分拣。三是始终要坚持服务意识，防止出现破损、延误、丢失等损害消费者合法权益的现象。四是始终要树立以人为本理念，关心解决好员工生活等后勤保障问题。

自治区发展改革委召开快递业发展座谈会

11月，宁夏回族自治区发改委召集自治区邮政管理局和部分快递企业召开快递业发展座谈会。会议围绕落实银川都市圈建设座谈会精神，加快推进快递业融入银川都市圈建设发展大局，更好服务银川都市圈建设等议题，就快递行业发展现状、存在的困难、暴露的问题等内容进行了深入交流。自治区发展改革委参会领导对近年来宁夏快递业发展状况和为地方经济社会所做贡献给予了高度肯定，表示将在今后涉及邮政行业基础设施建设、专项资金投入等方面给予支持，努力确保和维护新兴产业的良好发展态势。

宁夏局夜查快递企业分拨中心督导旺季服务保障工作

11月11日晚，宁夏回族自治区邮政管理局由主要负责人带队，区局机关相关处室负责人和银川市邮政管理局的同志组成检查组，重点对韵达、申通、中通、百世汇通等快递企业总部及分拨中心进行了夜间突击检查。检查组要求，各企业一是要严格落实安全生产主体责任，坚持树立"安全第一"意识，坚决落实"三项制度"，牢牢守住安全这条"底线"和"红线"，确保不出现各类生产安全事故；二要措施到位，制定完善工作方案预案，统筹协调全网运营，充分发掘内部潜能，做好人力运力储备，关注末端配送环节的压力，及时给予人力物力支持，确保旺季期间企业平稳运行。三要保障服务质量。

宁夏局积极部署强化落实企业安全生产主体责任

为有效解决寄递企业主体责任落实方面存在的突出问题和薄弱环节，切实提高全区邮政业安全保障水平，宁夏回族自治区邮政管理局深入贯彻落实国家邮政局关于强化落实企业安全生产主体责任的工作部署，采取多项措施提升行业安全生产保障能力，切实推动企业主体责任深化、细化、实化。

宁夏局认真贯彻落实国家局防范化解重大风险工作部署

为深入贯彻落实国家邮政局关于打好防范化解重大风险攻坚战的决策部署，着力解决全区邮政行业在发展、安全、稳定方面存在的潜在风险、突出问题、重大隐患，宁夏回族自治区邮政管理局采取三项举措，助力打好防范化解重大风险攻坚战。一是明确工作目标、责任分工。二是统筹谋划，协调推进。三是强化督查，严肃问责。

赵永清同志批示点赞全区快递业务旺季服务保障工作

12月，宁夏回族自治区党委常委、秘书长赵永清对全区快递业务旺季服务保障工作作出批示指出，"宁夏邮政管理局高度重视，及早研判，提前谋划做好快递业务旺季服务保障工作，成效是显著的。望及早谋划好明年工作，再创新佳绩。"

宁夏局深入各市调研邮政业发展情况

12月19日至26日，宁夏回族自治区邮政管理局党组书记、局长李志炜，对固原、中卫、吴忠、石嘴山、银川5个地（市）、8个县（区）、5个乡镇、7个行政村进行实地调研。调研坚持问题导向，聚焦关键环节，重点围绕邮政普遍服务、快递下乡进社区、寄递安全保障、全面从严治党、基层干部队伍建设和促进行业又好又快发展发展。通过进机关，走访企业、村组"两委"，与党员干部、企业员工及群众面对面座谈交流，听取各方面对全区邮政业发展的意见建议。

新疆维吾尔自治区快递发展大事记

赵冲久副主席调研乌鲁木齐邮政、快递企业

2月9日，新疆维吾尔自治区人民政府副主席赵冲久在乌鲁木齐调研邮政、快递企业。赵冲久副主席充分肯定了全区邮政业发展取得的成绩，指出，邮政、快递服务千家万户，是全产业链中与广大群众接触最密切、最末端的服务，关系社会稳定和民生改善，特别是在促进电子商务发展中发挥了重要作用，带来消费观念和经济形态的巨大变化，带动社会进步。赵冲久副主席强调，随着全区稳定形势的进一步好转，邮政业将面临更大发展空间。要树立发展信心，对行业发展存在的问题加强协调沟通，结合新疆实际，不断优化营商环境，进一步提升服务质量，更好地为自治区经济社会发展和民生改善服务。新疆维吾尔自治区政府办公厅有关负责同志，新疆维吾尔自治区邮政管理局党组书记、局长张建军，党组成员、巡视员、副局长安长来陪同调研。

"五一"慰问行业技术能手座谈会召开

4月23日，新疆维吾尔自治区邮政管理局、新疆维吾尔自治区邮政行业职业技能鉴定中心组织开展了"迎接新时代、技能显风采、岗位建新功"慰问行业技术能手座谈会。新疆维吾尔自治区邮政管理局副局长安长来和市场监管处相关负责人与中国邮政速递物流股份有限公司新疆分公司、韵达、中通、申通、百世汇通、德邦、中铁7家快递企业获奖技术能手、公司相关负责人进行座谈交流，向历届技能大赛获奖选手送上节日祝福和慰问品。了解行业技能人才职业发展情况、薪酬待遇和工作生活情况，以及邮政快递企业关心人才、重视人才、培养人才的先进经验做法。安长来指出全区邮政快递从业人员发扬工匠精神，传承邮政传统、艰苦奋斗、爱岗敬业、刻苦钻研，为全区邮政快递业发展做出了积极贡献，强调技术能手是全区邮政快递业文化传承的代表，是全区邮政快递企业从业人员学习的楷模，是新时代邮政快递业

的榜样，希望各位技术能手继续钻研业务，不断提升服务能力和水平，为全区邮政、快递从业人员带好头、做好榜样，为邮政行业安全健康发展做出更大贡献。

新疆局召开实名收寄信息化工作推进电视电话会议

6月27日，新疆维吾尔自治区邮政管理局召开全系统实名收寄信息化工作推进电视电话会议。新疆维吾尔自治区邮政管理局党组书记、局长张建军出席会议并讲话，党组成员、副局长邓淼主持会议。会上，市场监管处相关负责同志通报了近期实名收寄信息化工作推进情况，对存在的问题及解决措施作了详细说明。张建军局长在讲话中要求：一是充分认识做好实名收寄信息化工作的重要意义；二是采取有效措施，调配现有人力、物力，合理进行分工，切实推进实名收寄信息系统推广应用，对发现的问题要集中解决，对未按期完成目标任务的，要严肃追究相关人员责任；三是树立信心，增强责任，确保实现实名收寄信息化既定目标。新疆维吾尔自治区邮政管理局市场监管处全体人员在主会场、各地州市局主要领导及相关人员在分会场参加会议。

全区快递管理培训班开班

7月15日至16日，新疆维吾尔自治区快递管理培训班在巴州库尔勒市举办。此次培训班主要针对快递经营场所标准化建设、快递园区建设、"三不"治理工作和"一地一品"项目等快递管理工作进行培训交流。新疆维吾尔自治区邮政管理局副局长邓淼，市场监管处相关负责人和14个地州市局分管领导及相关科室负责人30余人参训。全体参培人员还前往巴州南疆快递物流园区，对进驻园区快递企业分拨中心和圆通、申通、中通、顺丰、韵达等6个标准化网点进行了观摩。网点规范标准、宽敞明亮、干净整洁，让全体参培人员对标准化网点的建设有了更加清晰直观的认识。

新疆维吾尔自治区邮政管理局市场处李军等同志就促进快递企业转型升级，同时推进快递企业规范化、安全化运行作了强调。巴州市邮政管理局和哈密市邮政管理局分别介绍了标准化网点的建设和"密作贡瓜"的经验。此次培训，促使各地州、市局加快推进快递经营场所标准化建设，促进行业安全运行，健康发展。

邮政强国战略重大课题研究调研组在新疆开展调研

8月21日至26日，中央党校（国家行政学院）校（院）委委员陈立和国家邮政局原副局长邢小江带队赴新疆开展邮政强国战略重大课题研究调研，调研组深入阿勒泰地区、伊犁州偏远乡镇、兵团、边防连队等一线，详细了解邮政业发展情况，组织座谈交流，听取企业的意见和建议。调研期间，调研组与阿勒泰地委副书记、行署专员哈丹·卡宾，伊犁州党委副书记、组织部部长、党校校长石岗分别进行座谈交流。新疆维吾尔自治区邮政管理局、阿勒泰地区、伊犁州相关领导分别陪同调研。

全国邮政市场跨区域互查和督导组来疆检查

9月11日至13日，全国邮政市场跨区域互查和督导组一行赴新疆维吾尔自治区督导检查。督导组对从双随机系统抽取到的阿勒泰地区邮政管理局和乌鲁木齐市邮政管理局的相关工作开展检查，并以明查暗访、实物测试寄递的方式检查了14家快递企业和1家邮政企业。督导组还按照本次互查方案要求，对新疆维吾尔自治区邮政管理局2018年市场监管重点工作进行检查，实地查看了区局视频监控系统，查阅了相关档案资料，并召开座谈会认真听取区局市场监管工作汇报。督导组在对新疆维吾尔自治区邮政管理局市场监管工作给予充分肯定的同时，对今后的工作提出了相关建议，一是在维护稳定方面，要明确讲政治保稳定就是压倒一切的任务，做好寄递渠道安全保障工作;二是克服重重困难,争取要大政策支持力度,积极营造良好的行业发展环境;三是进一步加大安检人员培训力度,提高安检效能;四是完善视频监控系统的制度建设,进一步明确责任;五是落实好突发事件应急演练;六是加强执法检查力度,形成闭环管理,确保邮政行业健康发展;七是进一步推进企业服务和安全主体责任的落实。

罗方、伊明江·乌拉依木同志荣获"优秀市(地)邮政管理局局长"称号

10月15日,国家邮政局召开优秀市(地)邮政管理局局长座谈会。喀什地区邮政管理局党组书记、局长罗方同志、伊犁州邮政管理局党组书记、局长伊明江·乌拉依木同志荣获"全国优秀市(地)邮政管理局局长"荣誉称号。

新疆局筑牢安全"防火墙"

根据新疆维吾尔自治区安全生产委员会《关于开展"119"消防安全月活动的通知》要求,为进一步增强干部职工消防安全意识,提高火灾应急处置能力,11月21日,新疆维吾尔自治区邮政管理局组织干部职工开展消防安全演练,干部职工踊跃参与,演练过程紧张而有序。通过此次消防应急演练,检验了干部职工火灾应急处置和处理流程的能力,达到了预期效果,为筑牢单位消防安全"防火墙"打下坚实基础。

《新疆维吾尔自治区邮政条例》修订获审议通过

《新疆维吾尔自治区邮政条例》修订已由新疆维吾尔自治区第十三届人民代表大会常务委员会第七次会议于2018年11月30日审议通过,自2019年1月1日起施行。

第三篇 发展环境

第一章 2018年快递市场监管和安全监管情况

第一部分 一季度市场监管和安全监管情况

2018年第一季度，各级邮政管理部门以党的十九大精神为指引，深入贯彻全国邮政管理工作会议和市场监管工作会议精神，积极推动供给侧结构优化，严格落实安全监管责任，强化事中事后监管，扎实推进邮政市场监管各项工作有效开展。

一、持续推动行业供给侧结构优化

（一）深入推进"快递入区"工程

江西局联合省住建、公安、商务部门印发《关于提升城市末端快递服务能力的实施方案》。山东局联合省商务厅、财政厅等部门印发《关于开展2017年"智能快件箱进楼宇"工程考核验收和绩效评价工作的通知》。海南局推动省政府办公厅印发了《海南省加快推进物流降本增效促进实体经济发展实施方案》，提出"七进工程"。甘肃局印发《2018年省邮政业更贴近民生7件实事实施方案》。新疆局出台《关于促进物流业发展的指导意见》。河北秦皇岛局印发《关于继续开展快递"三化"建设和大力推进快递末端综合平台建设的通知》；邯郸局拟定《快递业发展专项资金使用细则》，对入区项目进行奖补；邢台局指导主要品牌快递企业与市区物业企业召开联谊会，积极推进"快递+物业"模式。内蒙古阿拉善盟规划建设集中分拣场地一处，一期建设2000平方米，申通已正式入驻。江苏南京局联合城乡建设委员会、国土资源局、规划局、住房保障和房产局下发《快件服务用房及智能快件箱管理办法》；泰州局提请市政府办公室印发《关于促进快递业持续健康发展培育经济新增长点实施意见的通知》。安徽滁州局联合市城建委、国房局、民政局出台《关于推进快递服务进社区的意见》；阜阳局联合房地产管理局、民政局出台《关于推进快递服务进社区的意见》。江西新余局联合市房管部门印发《关于规范我市住宅小区快递服务的通知》，并制定《规范住宅小区快递服务工作方案》；九江局印发《关于推进城市末端配送网点建设的通知》；吉安局引导快递企业与第三方合作，采取自建模式打造赣中快递电商物流园。山东泰安局出台《校园快递服务中心(泰驿站)建设指导意见》和《社区快递服务中心(安驿站)建设指导意见》。广东清远市快递协会与市物业协会签订快递入区服务框架协议；中山市对智能快件箱实施备案管理并配套财政补贴；茂名市首个智慧校园服务中心"蜂创·校园服务中心"运营启用，创新了学生寄取件及创业实践新模式。重庆局协调万州区商务局下发《关于下达农村电商公共服务站点和农村电商物流配送体系建设项目任务的通知》，对农村电商项目扶持120万元资金；协调巫溪县商务局下发《关于下达电子商务进农村综合示范专项资金扶持项目和资金计划的通知》，扶持项目资金138万元；万州区和云阳县分别印发了《重庆市万州区人民政府办公室关于印发万州区创新建设农村现代物流体系实施方案的通知》《关于创新建设农村现代物流体系任务分工的通知》，支持推进农村现代物流发展。四川攀枝花局制定《智能快件箱报备管理办法》。

（二）快递"向西向下"步伐加快

吉林局通过快件寄递销售黑木耳7吨，服务产值60万元。江苏局联合省商务厅、省农委编制印发《快递服务农村电子商务典型项目图册》。贵州局结合大扶贫战略，细化全省934个贫困乡镇名录。新疆局出台《关于促进物流业发展的指导意见》。吉林白山局打造"产供销寄"一条龙服务模式。江苏淮安局联合市农委、商务局出台《关于推进快递服务"三农"工作的意见》《关于推进"快递下乡"工程促进电子商务发展的意见》；泰州局与农委联合印发《关于推进快递服务"三农"工作的意见》。山东济南局联合市交通委等13个部门出台《关于稳步推进城乡交通一体化提升公共服务水平的实施意见》；泰安局出台《镇村快递服务中心（安驿站+）建设指导意见》，并联合市综治办、公安局、国家安全局联合下发《进一步规范快递末端网点经营行为加快推进快递服务中心建设的通告》，创新推动镇村级"安驿站+"建设。湖北恩施州人民政府印发《关于加快推进电子商务发展的实施方案》；黄冈蕲春"四通一达"联合菜鸟成立配送公司，获得财政补贴400万元；黄梅韵达联合菜鸟公司，推动快递进村，获得财政补贴249.8万元；麻城中通、圆通等快递公司成立"一公里物流"，获得财政补贴69万元。甘肃嘉峪关局对《市人大79号〈关于在村委会建立村邮站的建议〉实施方案》进行意见征求，建议将村邮站纳入村委会责任范围并进行考核。

（三）加快推进快递"向外"发展

福建局联合商务厅等19个部门印发《复制推广跨境电子商务综合试验区成熟经验做法实施方案的通知》。河南局引导邮政速递开展"一点通关、分拨全国"模式测试，并组织邮政企业、EMS省公司开展中欧班列（郑州）运邮测试。新疆局出台《关于促进物流业发展的指导意见》。内蒙古满洲里完成对俄国际邮件运邮测试工作，正式恢复关闭20年的满洲里—莫斯科国际邮路。安徽合肥局参加合肥市八大开放平台建设工作调度会，全力推动合肥空港国际快件处理中心早日投入运营。福建长乐EMS进出境快件监管中心正式启用；泉州局联合海关、出入境检验检疫局共同印发《关于完善跨境快件便利通关管理的通知》。山东青岛局联合市交通、民航、铁路等部门成立全国首家多式联运发展联盟，大力推进李沧邮政跨境电商产业园建设；济南国际邮件互换局打通鲁中西邮件进出口新通道；淄博申通建立波兰仓配基地；威海局联合市商务局等部门出台《跨境电子商务综合试验区实施方案》。广东"韶关市跨境电商清关中心"投入运行，日均件量达7000件。

（四）建设快递试点示范工程

天津局会同市快递协会对部分快递企业网点进行"星级网点"评定。浙江局开展2017年度全省快递发展示范评选活动。山东局联合省发改、财政等9个部门出台《关于复制推广国内贸易流通体制改革发展综合试点经验的通知》。河南局布置全年新增400个示范网点，网点标准化率实现100%。重庆局推动建立6个城市共同配送示范项目，264个快递末端网点转型升级为城市公共取送点。河北邯郸局建成全省第一个"河北省快递实验园区"，制定《快递企业"三化"建设指导任务表（2017－2019年）》；张家口局印发《2018年快递行业"三化"建设工作方案》。内蒙古乌兰察布局制定《快递营业场所、处理场所标准化建设工作实施方案》。山东泰安局的"安驿站+"试点项目，被列为2018年新泰市民生十件实事之一。吉林辽源局召开标准化样板形象网点专项推进会。安徽安庆局开展快递服务示范网点建设年活动；芜湖局启动"皖南快递产业园"争创全国快递示范园区工作；淮北局推动濉溪县交通、商务等部门通力合作，规划建设乾隆湖电商快递产业园；宣城局联合商务部门推动建设县级快递综合服务平台。福建龙岩市龙岩公路港物流园项目正式开工；武平县快递企业入驻国家"十三五"货运枢纽项目龙洲物流园区；长汀县快递企业入驻"福建省现代服务集聚示范区（B类）"汀州电商物流城；莆田快递电商园区项目列入2018年全市重点预备项目。江西抚州市广昌、黎川县获商务部电子商务进农村综合示范单位。

（五）推动快递上机上车

河南局推动顺丰速运实现北京、杭州、武汉3个方向快件通过高铁运输常态化。西藏顺丰开通拉萨—成都全货机航线。内蒙古通辽开通EMS、顺丰直飞呼和浩特市货运专线。江苏徐州局推动圆通航空波音757货机起落观音机场，开通徐州—香港全货机货运航线；无锡局推动圆通航空全货机硕放至香港航线首飞。安徽合肥局推动顺丰首架快递全货机落地合肥新桥国际机场，开通合肥至深圳的直飞航线。福建泉州局联合晋江机场、铁路出台《关于支持建设快件绿色通道的意见》；厦门局出台《关于促进快递与民航产业协同发展的意见》。湖南岳阳中铁依托高铁站开通高铁快递业务。山东潍坊政府印发《关于贯彻落实鲁政发〔2017〕1号文件促进邮政和快递服务业发展的实施意见》；青岛、临沂、日照等市局联合民航部门，推进快递航空绿色通道建设。陕西西安顺丰速运携手中铁快运，在西安首次推出到北京、郑州、成都三地"高铁极速达"服务。

（六）着力协调车辆通行管理

天津局推动快递车辆定位系统安装应用。山西局协调公安厅交通管理局印发《关于进一步加快城市配送车辆交通安全管理工作的通知》。吉林局组织召开《规范快递专用电动三轮车通行管理的实施意见》专家论证及风险评估会议。上海印发《快递专用电动自行车管理办法》。江苏局联合商务、公安厅等部门出台《关于发展城乡高效配送专项行动的通知》。重庆局与交通局研究出台定点定线通行政策，办理定点定线快递车辆通行证90余张。河北承德、沧州局印发《快递行业三轮车统一规范管理办法》。山西大同率先实现车辆型号、车体外观、行业标识、企业编号"四个统一"。内蒙古乌兰察布局出台《公安交管工作服务经济社会发展20项措施》。江苏苏州局邮政快递专用三轮车监管信息系统开发应用，规范专用电动三轮车的管理。安徽马鞍山局联合公安局、快递行业协会印发《快递专用电动三轮车规范管理的实施意见》；淮北市出台《人民政府关于主城区部分区域实施电动三轮车限行管理的通告》。江西南昌局联合市交通局等印发《关于规范邮政快递电动三轮车管理的通知》《关于规范快递电动三轮车管理的暂行办法》。山东莱芜局牵头制定《全市邮政业快递专用电动三轮车管理办法》；德州局联合交通、公安等部门为快递企业办理车辆通行证近600份。河南省局推动省内开封、鹤壁、商丘、焦作、信阳、漯河6个市实现快递电动三轮车统一标识。湖南湘西州局与交警支队联合下发快递车辆专用的"绿色通行证"；衡阳局快递车辆已登记上牌，邀请交警支队开展对驾驶员的交通法规培训。广东韶关局拟定《邮政业专用电动三轮车实施方案》。甘肃庆阳局与交通局、公安局交警支队联合下发《关于保障邮政快递企业运输车辆便捷通行的通知》；甘南局联合公安部门下发《关于加强全州邮政快递企业电动三轮车安全管理的通知》。

（七）推动快递服务制造业

福建局上报"快递+制造业"项目22个，印发快递服务现代制造业项目台账。重庆局推进快递企业与蓬江食品、珍珠兰茶、禾禾医药的合作。贵州局将"快递+贵酒"作为贵州名片，全省每天平均对外寄递贵州酒类8万件。河北邢台局开展"快递+清河羊绒制品"项目、"快递+南宫汽车饰品"项目、"快递+平乡童车"项目、"快递+宁晋服装"项目、"快递+南和狗粮"，快递服务金沙河面业项目。浙江金华局出台《人民政府关于进一步加快服务业创新发展的实施意见》。江西吉安局引导寄递企业依托特色箱包产业，采取入厂物流服务等模式销售箱包，带动新干县箱包行业的年产值超过4.6亿元。山东烟台局起草《邮政业新旧动能转换实施方案》。湖北黄石EMS投资300万元专门制定生产线，每日寄递银行卡业务达到3万~6万件。

（八）探索创新保险服务

河北张家口局组织两家保险公司到快递企业调研及座谈讨论，探索行业保险需求；承德局以文件形式提出快递企业必须统一购买交通意外险。山西运城局积极推动寄递生鲜入保工作。浙江丽水局引导保险业为本地生鲜农产品提供保险服务。江西上饶局引导快递企业为376名快递员购买三轮车第三责任险和人身意外险。山东滨州局引导市快递行业协会与市保险行业协会的行业对话，协调快递三轮车购入保险事宜。湖北孝感、荆州等地联合保险公司对快递电动三轮车办理第三者责任险，承保车辆近2000台。广东茂名、清远、河源等局组织企业购买第三者责任险；天天总部与第三方保险公司签订保险协议，为每票快件购买保险；跨越公司与大型保险公司合作，为每辆车购买的保险不低于100万元，每台车上都安装天眼系统，全方位保障人货车安全问题。甘肃嘉峪关局为本市快递车辆办理快递人车综合险；定西局协调品牌快递企业为快递员和三轮车持续购买保险；平凉局为辖区各品牌快递企业人员购买商业保险459份，合计8.8万元；武威市快递协会联系保险公司为快递公司员工和车辆购买保险；临夏州各品牌快递企业投递车辆、投递人员均已购买保险。

（九）加快推广电子运单

河北石家庄、邯郸、邢台、张家口、衡水5市电子面单使用率已超过90%。山西全省重点品牌快递企业单子面单使用率达到并保持在90%以上。吉林白山市快递企业为电商、协议客户配置热敏打印机300余台；辽源快递行业协会给予购买电子运单便携式打印机补贴。安徽合肥局推动全市主要品牌快递电子运单使用率90%以上。广东全国网络型快递企业电子面单使用率已达95%。甘肃定西局引导企业积极推广应用行业新技术新装备，新兴手持终端全面普及。

二、切实履行行业安全监管职责

国家邮政局召开寄递渠道安全管理领导小组会议，联合中央政法委办公室共同印发《寄递渠道安全管理领导小组2018年工作要点》。国家邮政局先后6次下发通知，提前对岁末年初和"两节"期间安全工作进行了安排，对进京邮快件全面落实"三项制度"、二次安检和"五专"要求，构建安防圈和"护城河"工程。会同中央综治办、公安部、国家安全部组成4个督导组分赴7省（市）进行专项检查。各地实行安全联防、矛盾联调、问题联治、事件联处、应急联动，共同构筑起寄递渠道安全管理坚固屏障，圆满完成全国两会寄递安保任务。

（一）进一步健全安全监管机制

山西局印发《关于做好2018年安全生产工作的通知》。吉林局与出入境检验检疫局签订《关于加强反恐防范工作的合作协议》。江苏局开展了2017年度全省邮政管理系统监管工作先进单位和监管标兵评选活动。福建局下发《2018年邮政业安全监管工作要点》。山东局出台《关于推进邮政业安全生产领域改革发展的实施方案》《关于推进省级以下邮政业安全中心建设的指导意见》。河南局筹备召开全省2018年安全形势工作会就全年安全监管工作进行部署。广东省局与烟草专卖局成立协调机制。海南局印发了《关于推进海南省邮政业安全生产领域改革发展的实施意见》。云南局印发《关于推进云南省邮政业安全生产领域改革发展的实施意见》。内蒙古通辽局制定《2018年度安全生产监督检查工作计划》，印发《关于推进全市邮政业安全生产领域改革发展的实施方案》。吉林白城局联合市公安局治安防爆大队举办培训班；延边州局联合州公安部门组织开展培训；白山局召开寄递渠道涉枪涉爆隐患集中整治专项行动动员部署会。江苏宿迁、南通、盐城局分别成立市级邮政业安全中心；南京局为企业统一印制《X光安检机使用管理台账》；常州局召开"2018年度全市邮政行业寄递安全与服务保障大会"。安徽淮北局与市公安局联合出台《关于进一步健全联合工作机制强化寄递渠道安全管理工作的意见》；六安局联合市公安局印发《关于健全工作机制切实加强寄递业安全管理的通知》；亳州局出台《关于推进邮政业安全生产领域改革发展的指导意见》；铜陵局落实安全生产"黑名单"制度。江西新余局印发局机关干部挂点联系企业实施办法，推进挂点企业落实安全主体责任与干部工作成效挂钩。福建莆田局印发《县区邮政业安全中心工作规程（试行）》。山东泰安局与市公安局联合印发了《关于开展寄递渠道"警邮联动"执法协作机制的实施意见》；滨州局联合公安部门出台《关于对全市寄递行业从业人员进行背景审查的通知》；东营局联合市交通部门出台《寄递安全管理工作考核暂行办法》。湖南长沙局寄递渠道安全管理工作已纳入长沙市综治网格化管理，安全监控平台建设方案已向市政府申请评审；怀化局印发《关于做好2018年全市邮政市场监管重点工作的通知》；益阳局一季度办理公安移交案件10起。海南省海口局、中部局分别召开寄递渠道安全管理领导小组会议。云南德宏局联合国家安全局、州边防支队组织开展全国两会期间寄递渠道安全保障培训。甘肃嘉峪关局向市交通局提交《关于成立邮政业安全发展中心的请示》；天水局联合公安部门组织召开全市邮政行业涉枪涉爆安全专题培训；定西局邮政业安全中心建设列入市编办工作计划。

（二）持续完善安全监管法规制度

江苏局制定《寄递渠道涉枪涉爆隐患集中整治专项行动的工作方案》。福建协助开展《快递暂行条例》宣贯工作。广东局印发《关于推进邮政业安全生产领域改革发展的工作方案》《加强安全生产工作的意见》，建立法律顾问制度，开展局内法制培训。西藏局制定《2018年安全生产工作要点》。新疆局推动修订《新疆邮政条例》，增设安全保障章节。河北邯郸局编印《邮政法律法规实务手册》；邢台局印发《关于推进邮政业安全生产领域改革发展的实施方案》。江苏无锡局印发《2018年度依法行政、法治政府建设工作要点》；常州局推动《寄递安全管理办法》列入2018年政府规章正式项目。浙江金华局落实品牌管理"黑名单"制度。山东淄博局正式公布《快递网点管理办法》。湖南岳阳局指导协会落实行业从业人员"黑名单"制度；益阳局1月对全市寄递企业安全生产情况开展100分制量化考评，对全市寄递企业安全生产情况开展分级工作。

（三）强化落实安全主体责任

内蒙古局印发《关于加强节后全区邮政行业运营及安全生产工作的通知》《关于加强全区邮件快件安全检查工作的通知》《关于切实加强当前安全生产工作的通知》。浙江全省各市与寄递企业签订《2018年安全工作责任书》。江西局制定《关于深入持久推进落实企业寄递安全主体责任的通知》。山东局出台《关于落实快递品牌省级总部安全管理责任的通知》《寄递企业寄递安全管理机构和安全管理人员备案规定》。湖南局印制《生产经营单位安全生产主体责任规定》。广东全省印制快递企业安全生产主体责任宣传单20000份。海南局组织全省寄递渠道涉枪涉爆隐患集中整治专项行动培训，发放寄递安全培训光盘400张。重庆局督促寄递企业100%设立内部安全管理机构和制度。云南局及昆明局联合组织全市快递企业召开寄递渠道涉枪涉爆隐患集中整治专项行动动员暨2018年邮政业安全工作会议，昆明局长与企业负责人签订《寄递渠道涉枪涉爆隐患集中整治工作责任书》《2018年邮政业服务及安全保障责任书》。甘肃局同机关各处室、各市州局签订《2018年寄递渠道综治（平安建设）和安全监管工作责任书》《2018年寄递渠道禁毒工作责任书》。西藏局签订2018年邮政业安全生产建设责任书，组织企业开展培训。河北秦皇岛局印发《关于强化快递企业安全生产与服务管理组织建设和落实"五个一"工程的通知》；邯郸市局制定《邮政业"落实三项安全制度、落实企业安全生产主体责任、落实行业安全监管责任"专项整治行动工作方案》，印发《关于网络型快递企业品牌负责人制度的通知》和《关于推进全市快递企业安全生产与服务管理组织设置工作的通知》《寄递企业安全管理办法》的通知；邢台快递行业新增安检机2台。江苏盐城局持续推进"清风·2018"各项重点工作。安徽淮南局制定系列企业安全制度手册；马鞍山局建立季度安全生产工作例会制度；安庆局启动桐城市快递行业安全自律试点工作。山东泰安局联合市快递协会发布《泰安宣言》，启动互查互评，强化企业自律；莱芜局制定《快递业安全生产标准化管理台账》。湖南怀化局印发《关于落实邮政业寄递企业安全生产主体责任的通知》。四川乐山局开展邮政行业安全培训，与企业签订了安全生产责任书。云南德宏局邀请芒市消防大队开展消防安全培训和灭火演练；昭通局组织开展"以案说法"培训，印发《关于切实履行安全生产主体责任的通知》。

（四）加强寄递安全防控体系建设

吉林局印发《寄递渠道涉枪涉爆隐患集中整治专项行动工作方案》《打击整治枪支爆炸物品违法犯罪专项行动工作方案》。安徽局建立全省安全信息管理体系，发放《邮政业安全信息综述》《月度安全信息分析报告》。江西局印发《寄递渠道涉枪涉爆隐患集中整治专项行动工作方案》。福建局与各地市主要负责人签订《平安寄递业综治责任书》，举办寄递渠道发展与监管工作培训班，召开全省市场监管重点工作培训班，印发《省邮政管理局印发〈福建省关于开展寄递渠道涉枪涉爆隐患集中整治专项行动实施方案〉的通知》。湖北局组织全省寄递企业开展"三项制度"培训竞赛活动，印发专项方案，制作全省《寄递渠道安全管理资料汇编》8000余册，确保每个快递网点均有学习资料，组织各市州通过分片区培训、夜校培训、视频会议等方式开展集中培训80余场次，培训从业人员近3万人；积极推动监管系统维护商强化各企业分拨中心维护工作，全省上线率接近80%。海南局印发了《海南省邮政业再掀禁毒工作的通知》，转发了《海南省"扫黄打非"举报奖励办法（试行）》。四川局印发《关于开展寄递渠道涉枪涉爆隐患集中整治专项行动的通知》。贵州局制定《过机安检台账》《异常快件登记处理台账》。甘肃局召开全省寄递渠道涉枪涉爆知识专题培训班。青海印发《寄递渠道涉枪涉爆隐患集中整治专项行动工作方案》。河北石家庄局制定《寄递渠道涉枪涉爆隐患集中整治专项行动方案》，下发《关于推进全市快递企业安全生产与服务管理组织设置工作的通知》《关于进一步推进全市快递企业安全生产与服务管理组织设置工作的通知》《关于加强寄递企业安全生产管理机构和安全生产管理队伍建设的通知》；邯郸局联合公安等部门制定《关于集中开展"两个排查"维护社会大局安全稳定的工作方案》《寄递渠道涉枪涉爆隐患集中整治专项行动方案》；张家口局印发《关于推进市邮政业安全生产领域改革发展的实施方案》；廊坊局印发《关于加强寄递企业安全生产管理机构和安全生产管理队伍建设的通知》。安徽滁州局印发《寄递渠道涉枪涉爆隐患集中整治专项行动工作方案》；蚌埠局举办全国两会期间邮政、快递服务和安全保障工作培训班；宿州局联合市公安局开展寄递渠道防枪防爆知识培训。福建龙岩局加强行业禁毒工作助力全国禁毒示范城市建设；莆田局推动全省首个"网格化＋寄递安全"平台在仙游地区成功上线运行。江西鹰潭局推动企业建立拒收物品登记制度。山东潍坊局联合市公安局下发《关于完善寄递渠道安全管理联动机制强化属地安全管理的通知》；泰安局研发的"邮安泰山"邮政行业智慧监管平台（二期）手机端正式投入使用，全面实现手机端对所辖寄递企业营业场所和分拣处理场地的"鹰眼"实时监控；莱芜局制定《邮政行业安全生产风险分级管控体系建设实施方案》。湖南怀化局印发《关于开展寄递渠道涉枪涉爆隐患集中整治专项行动的工作方案》《关于加强邮件快件安全检查工作的通知》《关于加强联合打击寄递渠道涉烟违法行为的通知》；益阳局下发《关于开展全市寄递渠道涉枪涉爆隐患集中整治专项行动的工作方案》。广东清远局与市委政法委共同起草《平安寄递示范场所项目创建工作实施方案》。湖北宜昌市邮政业安全监控平台已建成，网上执法正在实践中。云南临沧局印发《关于做好全国"两会"期间邮政、快递服务和安全保障工作的通知》。广东汕头局开展重点区域禁毒示范企业创建工作；汕尾市陆丰建设两个寄递渠道禁毒示范点工程。

（五）推进实名收寄信息化工作

吉林局按月下发《全省实名信息系统使用情况通报》。安徽局向市局下发《实名收寄信息系统实名率情况监测表》。江苏省快递业监管与服务云平台通过初验。福建省下发《关于顺丰等5家企业完成实名系统对接工作的通知》。河北石家庄局印发《关于加强邮件快件实名收寄信息系统应用推广工作暨做好迎检准备工作的通知》；邯郸局联合市公安、安全局印发《全面推进邮件、快件实名收寄信息系统工作实施方案》和《加快推进邮件快件实名收寄信息系统推广应用工作实施方案》；邢台局制作《公安机关寄递渠道安全检查表》。甘肃天水局下发《关于全面推进邮件快件实名收寄信息系统推广应用工作的通知》。

（六）加强应急能力建设

山西局修订省邮政业应急预案，报送省政府应急办审批。安徽局起草《关于开展应急保障演练工作的通知》。重庆局修订本局突发事件应急预案。宁夏局修订应急预案。河北秦皇岛局印发《关于强化快递企业安全生产与服务管理组织建设和落实"五个一"工程的通知》；邯郸市政府办公厅印发《邮政业突发事件应急预案》；张家口局印发《关于做好寒潮天气防范应对工作的紧急通知》。内蒙古包头局与气象局建立协调联动机制。黑龙江牡丹江局修订《邮政业突发应急预案》。安徽宣城局制定《邮政业2018年度突发事件应急预案演练计划》；阜阳局印发《春运期间邮政行业突发事件应急预案》；黄山局编制重大活动寄递安保、危险化学品和易燃易爆物品防范等专项预案。江西南昌局重新修订和完善了本地"邮政业突发事件应急预案"。山东泰安局出台《全市邮政业预防重特大安全生产事故工作实施方案》，修订完善《邮政业突发事件应急预案》《突发事件应急处置操作手册》；滨州局修订《邮政业突发事件应急预案》；青岛局牵头成立了青岛市寄递平安志愿者分会，加强行业应急能力建设。湖南怀化局印发《关于进一步加强突发事件报告工作的通知》《关于全市邮政行业切实做好当前低温雨雪冰冻天气防范应对工作的紧急通知》。

（七）做好重大活动寄递安保工作

吉林局印发《关于做好全国"两会"期间全省邮政快递服务和安全保障工作的通知》《关于做好春节期间寄递渠道安全服务保障工作的通知》《开展全省"两会"寄递安保及涉枪涉爆隐患整治工作督导检查的通知》。上海局与市安监办共商中国国际进口博览会相关安保事项。福建局下发《关于做好2018年春运寄递安全保障工作的通知》《关于做好博鳌亚洲论坛期间邮政、快递安全保障工作的通知》。江西局下发《关于切实做好春节期间全省寄递渠道安全生产工作的通知》《关于做好全国"两会"期间寄递渠道安全生产工作的通知》。山东局印发《全国"两会"期间山东省寄递渠道安全保障工作实施方案》《上合组织青岛峰会全省寄递渠道安全保障工作方案》。湖北局印发全国两会期间寄递渠道安保工作方案，制定两会期间全省寄递渠道安全督导检查方案。湖南局下发《关于做好全国"两会"期间全省寄递服务和安全保障工作的通知》。海南局着力做好博鳌亚洲论坛2018年年会保障工作，实现了"四个严防、三个确保"工作目标。重庆局下发《关于做好全国"两会"期间邮政、快递服务和安全保障工作的通知》。西藏局印发《关于全国"两会"期间邮政、快递服务和保障工作的通知》。青海局印发《全国"两会"期间寄递服务和安全保障工作方案》。河北唐山局印发《关于全国"两会"期间寄递渠道安全保障工作实施方案》；廊坊局印发《关于做好全国"两会"期间寄递渠道服务保障和安全生产工作的通知》《关于印发开展全国"两会"期间执法检查方案的通知》。云南德宏局印发《关于印发〈德宏州寄递渠道涉枪涉爆隐患集中整治专项行动实施方案〉的通知》。甘肃天水局与企业负责人签订《重大活动期间服务保障工作责任书》。

（八）加强数据管理

内蒙古局组织召开内蒙古自治区邮政行业大数据信息统计系统培训班。广东局组织培训，对《快递暂行条例》中数据管理要求重点解读。西藏局及时审核辖区企业上报数据，从网站发布行业运行情况。河北唐山局组织召开全市邮政行业统计报表制度培训会议，建立标准化统计工作流程。山东泰安局建成"邮安泰山"智慧监管平台，实现寄递企业信息报送等电子数据的交互传送功能。甘肃定西局完善数据采集上报机制，加强统计数据的分析研究和成果运用。

三、落实"放管服"维护市场秩序

国家邮政局结合行业发展情况，积极开展走访调研，召开专题座谈会，起草《快递业务经营许可管理办法（修订草案）征求意见稿》和《快递末端网点备案暂行规定（征求意见稿）》，向主要企业、有关部门和社会公众广泛征求意见。

（一）规范开展末端网点备案工作

天津局、广东局、贵州局反馈《快递末端网点备案暂行规定（征求意见稿）》修改意见。山西局组织各市局对辖区内的末端网点进行摸底排查。湖南局与湘潭局、郴州局、长沙局分别召开了研讨会议。扬州局联合市公安局印发通知，在全市寄递企业中开展快递末端网点报备工作。重庆局积极开展末端网点的摸底排查工作，为实施末端网点备案做好准备。四川省要求成都市邮政管理局积极做好快递末端网点备案管理试点工作。贵州全省9个市州全面执行末端网点备案制度。陕西省实施末端网点备案工作。宁夏局开展末端网点摸底工作。河北保定局已于2月中旬前完成所有品牌企业的末端网点备案工作。安徽滁州局建立末端网点台账；马鞍山局对不满足快递经营需求的无证网点进行挂牌跟踪查处。山东青岛局印发《关于开展快递行业清理整顿专项行动的通知》；莱芜局印发《关于开展快递末端网点备案登记工作的通知》；威海局召开全市快递末端网点备案动员会。湖南长沙局在岳麓区召开末端网点备案调研会议。甘肃嘉峪关市构建了连接农村乡镇、高校、驻地部队及城市空白区域的快递末端服务体系。

（二）创新对快递新业态的监管方式

内蒙古局开发邮政行业大数据信息统计系统，并投入使用。广东局对专业第三方从事配送服务的集约化末端服务企业落实许可证发放工作，在新许可企业持证3~6个月期间内，组织市局进行是否符合许可条件的现场复查。重庆局制定分拨中心安全生产监督管理办法。贵州局加强对菜鸟网点监管，加强与智能信报箱企业对接。西藏局对辖区快递企业进行建档管理工作。河北邢台局引导快递企业与"大大管家"服务站建立合作关系，为社区居民提供免费的快递派送服务；承德局建立远程监管平台；廊坊局视频监控系统对快递分拨网点进行实时监控，制定印发《远程视频监控系统管理使用办法》。浙江丽水局联合商务局对智能快递柜实行备案制度，未经备案审核的智能快递柜一律不得投入运营使用。安徽淮南局探索利用视频监控辅助开展行政执法检查；蚌埠局充分利用统一信息化监管平台，对快递企业"三项制度"进行实时监控，对分拨中心过机安检进行监控；池州局对智能快件箱进行备案管理。福建龙岩局建立快递市场主体分类分级监管机制，将快递市场主体分为四个管理类别，实施三级管理；莆田局印发《平安寄递业考评办法》，将企业评定为三个等级，在执法频次、绿色通道、电动三轮车配额、政策优惠等，实施差异化监管措施；莆田局印发《建设美丽莆田·社会治理2018年专项行动计划寄递安全实施方案》，围绕构建"1136"寄递安全监管工作体系。山东滨州局要求开办"快运"业务的企业，将"快递"和"快运"处理场所和营业场所隔离。湖南长沙局督导菜鸟、蓝店等第三方平台取得合法经营资质，纳入监管范畴；岳阳局完善快件智能箱布局基本信息台账。甘肃兰州局聘请邮政特邀监督员对快递企业落实三项制度、服务质量、合法经营等相关工作开展社会监督；天水局开展视频监控中心升级改造项目，对辖区内十余家邮政、快递企业分拨中心重新布网并安装监控设备；定西局构建了寄递安全多部门联防、联查、联处机制。

（三）全面实施市场准入负面清单制度

山西局在许可核查、增设分支机构核查中严格执行负面清单制度。山东局完善发布三张清单，公布《邮政行政管理权力清单、责任清单和市场准入负面清单》。加快市级清单梳理工作并组织审议。广东局配合巡视准备工作，组织学习邮政业市场准入负责清单。重庆局按照国家局下发市场准入负面清单开展有关工作。青海局着手筹划实施市场准入负面清单制度。安徽合肥局利用大数据分析，对服务质量差、申诉率高的企业，强化监管措施。

四、推动快递服务质量稳步提升

国家邮政局持续推进"三不"治理工作，派出工作组开展邮件快件"三不"治理示范试点工作检查评估，并在《关于做好2018年更贴近民生实事督导工作的通知》中，进一步明确"三不"治理工作的有关要求。在深圳顺丰总部召开2017年第四季度快服务质量提升联席现场会议，推动企业总部落实服务质量提升主体责任。会同申诉中心在上海组织召开邮政业消费者投诉申诉工作座谈会，对做好申诉和投诉工作进行了研讨。

(一)推进放心消费工程

山西局组织省内主要品牌快递企业创建区域性示范企业。河南局召开全省市场监管会部署郑州市、洛阳市、商丘市、焦作市各创建区域型示范企业1家。江苏局联合省放心消费创建办公室、省快递协会,组织23家主要快递品牌江苏地区负责人及省级放心消费创建示范企业代表26人在南京举办了主题宣誓仪式;对2017年度全省邮政业消费者申诉处理工作先进集体进行表彰;发布2017年度快递服务警示,对6家快递服务质量排名靠后的企业给予警示。福建局制定印发《快递服务申诉处理工作考核办法(暂行)》。江西局制定《关于推进寄递服务质量提升的实施意见》。山东局印发了《2018年"诚信快递、你我同行""3·15"主题宣传活动周工作方案》《关于做好2018年更贴近民生实事督导工作的通知》。湖北局强化申诉管理工作,用户对企业投诉处理结果满意率为97%,对邮政管理部门申诉处理工作满意率为99.5%。广东局明确不着地作业场地100%目标任务,对佛山山水韵达暴力分拣案件进行立案查处。海南局组织召开了邮政业服务质量提升联席工作会议。青海局明确各市州开展放心消费创建活动,创建辖区示范企业3~5家。宁夏局消费者申诉处理率100%。河北石家庄局印发《关于做好快递企业服务质量提升工作的通知》;张家口局印发《关于开展寄递渠道涉枪涉爆隐患集中整治专项行动的实施方案》;廊坊局印发《邮政业春节期间寄递渠道打击侵权假冒工作方案》。内蒙古锡林郭勒盟局印发《关于完善邮政业消费者申诉受理衔接和联动机制的实施意见》;黑龙江佳木斯局举办"2017年度佳木斯百姓最满意快递"表彰大会。安徽合肥局成立合肥市邮政业放心消费领导小组;淮南局对申诉案件较多的企业开展约谈;滁州局通过媒体广泛开展宣传活动,走进社区开展消费维权宣传活动;蚌埠局启动蚌埠市第三届"最美快递员"评选活动;宣城局制定企业监管"红黄绿"榜,施行三榜分类监管并每月向社会公示。甘肃白银局利用视频监控系统,接入全市重点品牌寄递企业分拨中心监控。

(二)开展强化市场秩序专项治理

内蒙古局、浙江局、河南局、广东局、重庆局、青海局、宁夏局开展"三不"治理。天津依法查处严惩企业服务质量问题。山西局安排地市局开展市场检查,对无证经营、超范围经营的网点进行查处。内蒙古各级邮政管理部门按照《无证无照经营查处办法》,全面开展清理整顿行动。吉林局立案调查四平公主岭市百通快递存在抛扔快件行为。上海联合轨道交通公安,对同城快递开展安全专项整治。江苏局召开了快递服务质量联席会议。广东局推进行业涉枪涉爆专项治理,继续推进经营地域规范清理工作。四川局将"三不"治理工作纳入对市(州)局年度考核。西藏联合相关部门进行市场清理专项行动。陕西制定"三不"标准。新疆协调解决个别企业网络停运事宜。河北石家庄局印发《邮政业春节期间寄递渠道打击侵权假冒工作方案》《关于开展市寄递渠道涉枪涉爆隐患集中整治专项行动实施方案》《邮政业安全生产事故隐患大排查大整治行动实施方案》;邯郸局印发《快递行业清理整顿专项大检查实施方案》;张家口局配合市"扫黄打非"工作领导小组开展打击生产销售仿人民币图样冥币专项行动;廊坊局印发《邮政业春节期间寄递渠道打击侵权假冒工作方案》《关于开展市寄递渠道涉枪涉爆隐患集中整治专项行动实施方案》《邮政业安全生产事故隐患大排查大整治行动实施方案》。江苏徐州局持续开展"清风行动",印发全年工作方案。福建莆田局联合公安机关持续开展寄递市场秩序整顿,夜查莆田市安福电商城及其周边区域快递网点。山东青岛局召开快递市场清理整顿专项行动部署会,印发《关于开展快递行业清理整顿专项行动的通知》。湖南益阳局对安化昊宇快递有限公司设置分支机构未备案进行了行政处罚。广东佛山局制定《邮政行业安全生产"百日会战"行动方案》。甘肃平凉局开展"安全规范管理年"活动。

(三)加强和改进快递末端服务管理工作

黑龙江局下发《关于进一步加强快递末端网点服务管理确保网络稳定运营的通知》。福建局代拟《关于加强和改进快递末端服务》的政协提案草稿。山东局印发《关于进一步加强快递末端网点服务管理确保网络稳定运营的通知》。陕西局自主开发邮政业台账统计管理系统,加强网点运营监测。河北唐山局印发《关于加强和改进快递末端服务管理工作的指导意见》；秦皇岛局印发《关于继续开展快递"三化"建设和大力推进快递末端综合平台建设的通知》；张家口局印发关于《开展春节期间邮政业安全生产与服务保障检查暨加强末端网点服务管理工作》的通知。安徽蚌埠局与市住建、规划、民政部门沟通,推动出台辖区内快递末端服务管理工作实施方案；池州局印发《关于进一步加强快递末端网点服务管理确保网络稳定运营的通知》；亳州局印发了《城区快递营业场所标准化建设指导意见》；马鞍山局督促辖区企业加强对基层网点的运行管理,解决内部多重"罚款"等问题。福建厦门局联合经信、建设、规划、商务等部门印发《智能快件箱管理办法》；福清局印发《邮政快递末端服务网点暂行管理办法》。江西宜春局鼓励快递企业联合在小区设立末端网点,提供揽投服务；吉安局鼓励商业、社区、机关、楼宇、交通站点向邮政快递业开放资源。山东泰安局联合市综治办、市公安局、市安全局发布《进一步规范快递末端网点经营行为加快推进快递服务中心建设的通告》。甘肃兰州局下发《关于进一步加强快递末端网点服务管理确保网络稳定运营的通知》；嘉峪关局引导快递公司签订了嘉峪关市驻地部队及南市区快递末端公共服务中心合作协议。

五、加快建设信用监管体系

国家邮政局研究起草《快递业信用体系建设工作方案》《快递业信用评定委员会工作规定》《快递业信用信息采集操作指南》,广泛征求意见。与国家发改委等35个部门签订印发了《关于对交通运输工程建设领域守信典型企业实施联合激励的合作备忘录》。印发《2018年"诚信快递、你我同行""3·15"主题宣传活动周工作方案》,通过网站、报纸等对《快递业信用管理暂行办法》进行解读。编写宣传活动材料,组织各地邮政管理部门开展宣传活动,厚植诚信文化基础。

天津局、云南局和甘肃局开展"诚信快递,你我同行""3·15"主题宣传活动。天津结合寄递企业网点信息公示栏的发放,根据评定情况对企业信用等级予以公示。黑龙江局组织开展了2018年快递寄递详情单集中销毁专项行动。河南局指导各市局为全省6698个快递企业及分支机构建立信用档案,对全省快递企业全年表现信用评分。福建局下发《2018年"诚信快递、你我同行""3·15"主题宣传活动周工作方案》,印发《快递服务申诉处理工作考核办法(暂行)》《2018年邮政行业"3·15"主题宣传活动周测试卷》。江西局联合省快递协会评选表彰了12个"诚信服务示范窗口"单位。湖北局印发《2018年"诚信快递、你我同行""3·15"主题宣传周活动工作方案》。青海局加强信用信息共享共治,探索建立失信寄递企业"黑名单";印发《2018年"诚信快递、你我同行""3·15"主题宣传活动周工作方案》。内蒙古包头局每半年开展一次信用评定,开展"邮政行业先进单位"和"十佳最美快递员"评选。吉林长春局成立信用评定委员会。江苏苏州局制定下发《关于在全市开展快递业严重违法失信行为记录工作的通知》《市快递服务警示制度（试行）》。浙江湖州局会同市信用办建立寄递企业"红名单""黑名单"制度。安徽滁州局向各企业宣传《快递业信用体系建设实施方案》；宣城局根据"红黄绿"榜单结果与市信用办加强对接；阜阳局将对企业失信行为进行公开，记入"诚信黑名单"。福建三明局召开2018年邮政行业监管工作座谈会，并对2017年度先进企业、形象网点进行授牌嘉奖；泉州局、三明沙县局组织全市寄递企业开展邮（快）件过期面单集中销毁行动。山东青岛局制定行业诚信体系建设标准，完成2017年度寄递企业诚信考评。湖北孝感局、黄石局评选出第二届"十佳诚信快递企业""十佳诚信快递员"，黄冈局组织辖区内5家快递企业参加由市消费者委员会、鄂东晚报社联合主办的首届"万名消费者评诚信"活动。云南临沧局和市政府关于对全市诚信企业信息进行系统录入共享的通知要求，对企业经营情况、违法经营情况进行及时录入，通过信息公开，让违法企业进入黑名单。云南局召开第一届"最美快递员"表彰大会。甘肃兰州、临夏、定西、嘉峪关等局组织开展"最美快递员"评选活动。

六、进一步强化事中事后监管

2018年一季度，全国各级邮政管理部门加大邮政市场监督检查和行政执法工作力度，出动执法人员30943人次，检查单位14337家次，出检天数1639天，查处违法违规行为1694次，办理邮政市场行政处罚案件415件，罚款245.24万元。

（一）持续开展"双随机一公开"执法检查工作

天津局开展两个阶段邮政业"双随机"执法检查工作。山西局落实国家局"双随机一公开"要求，督导地市局结合辖区实际，制定抽查工作计划。内蒙古盟市局制定"双随机一公开"检查工作方案。吉林局完成检查对象和人员抽取工作，并按照年度计划开展执法检查。上海局制定印发《邮政行政执法检查工作规定（暂行）》。山东局在全省范围推行双随机抽查和跨区域联合执法模式。湖北局督促市州严格执行"双随机一公开"检查要求。广东省制定了随机抽查执法人员和抽查企业数据库。海南局印发《关于开展2018年全省邮政业第一次"双随机"执法检查工作的通知》。四川局确定随机抽查比例。贵州局部署全省全面实施双随机一公开制度。甘肃省市局借助政府政务专网，完善"四库一细则"，开展"双随机一公开"检查。河北石家庄局制定的"双随机一公开"方案；秦皇岛局对接市场监督管理局研究制定了2018年双随机抽查计划并进行公示。江苏常州局制定《邮政行业"双随机"行政执法检查工作实施方案》。安徽马鞍山局制定和公布随机抽查事项清单；芜湖局做好行政处罚、双随机检查、约谈告诫、执法检查等监管职能的公开公示；六安局开展双随机检查，及时录入执法信息系统，在局网站公开执法信息。江西南昌局印发《2018年市场监管行政执法检查工作计划》，推行"双随机一公开"和分等分级管理；萍乡局完成"两库一清单"，印发《2018年邮政业监督管理行政执法工作计划》；鹰潭局开展3次双随机抽查工作，所有检查结果均对外公示；吉安局、抚州局等市局制定了2018年度行政执法工作计划，制定了双随机检查制度。湖南怀化局印发《2018年度邮政监管"双随机"抽查方案》。

（二）提升市场监管标准化、信息化水平

天津局利用视频监控系统、执法检查系统做好邮政市场监管工作，加强市场监管工作信息。上海局启动快递网点标准化平台建设项目。青海局部分市州在企业网点安装了视频实时监控系统。新疆局继续推动全区视频监控平台网点接入工作。河北张家口局一期信息化平台建设项目已实施。山西大同局自筹资金完成了部分快递分拨中心与邮政管理部门视频互通工程。江苏无锡市政府将

"完成全市范围内50家快递末端网点信息监管平台建设，强化快递监管"纳入智慧城市建设项目；苏州局完成苏州市邮政综合监管平台的可行性研究报告，发改委审批同意立项。浙江嘉兴局会同相关部门探讨建设嘉兴市邮政管理信息监管平台。安徽淮南局分析利用安全、申诉、执法等系统数据，提高大数据应用能力；蚌埠局对信息化监管平台中数据进行完善，建立标准统一的监管对象数据库。山东泰安局建成"邮安泰山"智慧监管平台；青岛局开通青岛市邮政业综合信息管理平台系统。广东揭阳局建设邮政业安全监管信息系统第一期工程；佛山、中山、江门等局开发使用政企通信息系统。甘肃嘉峪关局完成了视频监管平台建设。

（三）加强行政执法规范化建设

山西局将执法培训工作纳入全年教育培训计划。内蒙古局制定工作计划，加强对新出台的法律法规的学习宣贯。上海局制定印发《关于进一步规范邮政行政执法信息公开工作的通知》。福建局下发《关于2017年省邮政市场行政执法情况的通报》。江西局通报了2017年全省邮政市场行政执法工作，制定2018年度工作计划。山东局制定《行政执法案卷评查办法》《行政执法人员岗前培训及持证上岗制度》。重庆针对重大案件，落实案件专题审议制度。青海局印发《关于进一步加强和规范行政执法工作的通知》。吉林长春局落实"1161"工程，加强政企联动，促进快递行业安全发展。浙江湖州三县局执法人员取得执法证19张，县域执法工作全面开展。安徽宿州局开展执法案卷自评工作。江西鹰潭局制定市场监管现场检查项范本，开展内部案卷交叉审查工作。山东济南局制定出台《关于印发行政执法信息公示办法（试行）的通知》《关于印发行政执法全过程纪录办法（试行）的通知》《关于印发重大行政执法决定法制审核办法（试行）的通知》；济宁局出台《行政执法信息公示制度行政执法全过程记录制度重大行政执法决定法制审核规定（试行）》。湖南益阳局以案带学，开展执法案卷评议会。

七、全力推动行业绿色发展

山西局推动快递企业和环卫企业、回收企业开展定向合作试点，鼓励在社区网点配备标志清晰的快递包装回收容器。广东局制定了推进绿色包装工作行动计划初步方案，联合快递协会推动深圳"快递宝"共享快递包装盒在邮政EMS落地启用。重庆局联系媒体宣传《关于协同推进快递业绿色包装工作的指导意见》，通过"3·15"宣传活动发放相关宣传资料500余份，推动苏宁物流共在主城区投放共享快递盒约1000个，推动校园菜鸟驿站设置快递包装回收区。海南局引导申通等企业在分拨中心推广使用环保袋，海南省西部局引导企业推广笼车等设备。甘肃局联合省发改委、环保厅等9部门印发《关于协同推进快递业绿色包装工作的实施意见》。青海局积极推动将快递企业新购置的新能源车辆纳入地方补贴范围。河北承德局分两批对全市到期快递面单进行环保销毁。内蒙古乌兰察布市已将快递物流园区、快递企业购置新能源车辆纳入补贴范围。吉林长春京东、申通企业绿色包装使用率达100%，长春辖区共增新能源车63台。江苏扬州苏宁电商向市场投放一批"共享快递盒"。安徽合肥局推广全市快递企业使用新能源汽车100余辆；黄山局鼓励快递企业在处理场地内新增塑料集包框、货架、中转箱、笼车等物品设备。甘肃兰州局与发改、质检等7部门下发了《关于协同推进快递业绿色包装工作的实施意见》；嘉峪关局联合团市委向全市发起"绿色快递，你我同行"的倡议，开展快递包装回收再利用活动；定西局指导快递行业协会成立邮政业绿色发展课题研究组，引导包装产品生产企业与邮政快递企业共同研发绿色包装产品；庆阳局协调媒体对快递包装使用量、包装回收利用等情况进行专题报道。江西九江局组织快递企业对到期的面单签单等物料送至造纸厂进行销毁和再利用;新增新能源电动汽车5辆、新能源投递三轮车114辆。山东济宁局下发《关于对寄递企业新能源汽车使用需求进行调查的通知》。河南焦作局累计投入运营新能源汽车12辆。湖北恩施被列为国家局"绿色快递"建设综合试点城市。重庆梁平区获得当地政府划拨资金100余万元支持,用于购买20辆电动四轮车、40辆电动三轮车,承担"快递下乡"共同配送项目。

第二部分 二季度市场监管和安全监管情况

2018年第二季度,各级邮政管理部门以习近平新时代中国特色社会主义思想为指引,认真贯彻党的十九大精神党和中央、国务院决策部署,按照局党组工作要求,坚持目标导向和问题导向,全力促发展、优服务、强监管、保安全,推动各项工作取得扎实进展。

一、营造发展环境推动提质增效

国家邮政局全面落实《快递暂行条例》宣贯实施工作整体部署,切实抓好配套规章、政策制修订工作。完成《快递业务经营许可管理办法》《邮件快件实名收寄管理办法》两部修订草案上报交通部。启动《快递市场管理办法》《邮政行业安全监督管理办法》修订工作。发布实施《快递末端网点备案暂行规定》,全面部署备案管理工作。《智能快件箱寄递服务管理办法》法律文本基本形成。

(一)继续深入推进"快递入区"工程

吉林局与省商务厅等部门印发《关于开展城乡高效配送专项行动的实施意见》。江苏局和省质监局召开《智能快件箱运营管理服务规范》《智能信包箱运营管理服务规范》两项地方标准专家审查会。福建局同省商务厅等部门印发《城乡高效配送专项行动计划(2018-2020)》,同省商务厅等印发《关于组织实施城乡高效配重点工程的紧急通知》。湖北局联合商务厅等印发《关于开展城乡高效配送专项行动的通知》。广东局与省财政厅印发《关于下达2018年省促进经济发展专项资金(现代服务业发展用途)项目计划的通知》,安排1000万元用于快递末端能力提升。海南局引导推动快递末端综合服务站建设,逐步形成住宅投递、智能快件箱投递和公共服务站投递等互为补充的服务模式。内蒙古乌海局推动快递企业联合注册乌海市一公里驿站电子商务有限公司,推进快递入区工作。黑龙江黑河局、双鸭山局引导企业通过搭载便利店等方式设立快递末端综合服务站。江苏镇江局被列入老城区改造领导小组成员,参与老城区智能快件箱建设;盐城局争取1000万元资金开展智能信包箱、智能快件箱建设;宿迁市政府出台《加快物流业发展"四化提升"行动方案》《政府扶持物流业发展若干政策》;常州局联合商务局等下发《关于开展城乡高效配送实施方案》;沭阳县出台《电子商务(网络创业)发展"促七条"扶持政策》。安徽合肥局试点开展快递末端共建共享机制建设;滁州局联合规划委等出台《关于推进快递服务进社区的意见》;阜阳局联合房管局等出台《关于推进快递服务进社区的意见》。福建厦门局出台《智能快件箱管理办法》;莆田局出台《关于进一步加强城镇住宅楼智能信包(快件)箱建设的意见》。山东青岛局指导快递协会联合品牌快递企业建设"城市智慧物流(快递)末端公共配送服务平台";潍坊市政府出台《"品质示范小区"创建工作实施意见》。湖北十堰局推动共享社区综合服务平台建设;随州局开展由各企业共同成立第三方配送公司进行共同配送的试点工作;荆门局与房管局印发《关于加强全市住宅小区邮件、快件末端投递服务的通知》。湖南岳阳局联合房产局印发《关于支持邮政智能包裹柜建设提升邮政服务能力的通知》。广东肇庆市局召开"快递集聚区企业进驻"现场推进会。广西南宁局争取地方财政资金100万元用于公共服务站建设。四川眉山局推动市政府将智能快件箱纳入城镇基础设施投资项目。贵州遵义市政府出台《促进快递业加快发展的实施意见》。陕西榆林局联合住建局等印发《关于推进快递服务进社区的实施意见》。兰州局督促寄递企业在地铁站附近设置快递末端网点,推动校企合作大力发展校园快递超市。

(二)巩固"向西向下"拓展成果

北京市、辽宁省、福建省、甘肃省政府印发《推进电子商务与快递物流协同发展实施方案》,推进快递向西向下发展。山东局将邮政、快递服务现代农业纳入《山东省乡村振兴战略规划》。海南局会同省交通运输厅等共6部门联合印发了《关于加快推进全省农村物流网络节点体系建设的实施意见》,积极协调交通运输管理部门为荔枝等农特产品出岛开通琼州海峡港口4条"绿色通道",指导顺丰开展了"我在海南有一颗荔枝树"的认购活动,重庆局在梁平推进"快递+邮政+供销"合作,邮政、快递公司免费入驻供销合作社场地,邮政公司承担"快递下乡"配送;推进巫溪交邮合作,快递企业入驻交运集团场地,通过客运班车将快件送到乡镇。销售额2000余吨。黑龙江绥化局为快递企业争取60万元专项资金用于"快递下乡"配套运输车辆补贴。江苏泰州局与农委印发《关于推进快递服务"三农"工作的意见》;宿迁市政府印发《"十三五"基层基本公共服务功能配置标准》。福建漳州局鼓励漳浦速递驿站、快递驿站、蓝店等第三方末端投递服务商拓展服务网络;支持快递企业在农村通过"农村电商+快递配送+电商培训"模式,创立第三方农村电商快递综合服务企业。江西赣州市通过"政府补贴合作"模式开展"快邮合作";新余局协调快递企业利用下乡客运班车搭载快件,推动快件下乡。山东青岛市出台《市区公共服务设施配套标准及规划导则》;泰安局推进将"安驿站+"乡镇全覆盖工作列入新泰市政府2018年"民生十件实事"。青海西宁局争取到湟源县政府20万元专项资金用于乡镇快邮合作。四川眉山局对经营时间达1年以上的农村快递网点给予3000元财政补贴。

(三)继续加快推进快递"向外"发展

天津局印发《关于开展国际快递业务(代理)经营许可审批的公告》;出台《推进邮政业服务"一带一路"建设工作方案》。黑龙江局推动哈尔滨、绥芬河和黑河等边境口岸地区建立海关监管仓。福建局会同商务厅等印发《复制推广跨境电子商务综合试验区成熟经验做法实施方案》。江西局推动成立南昌海关驻邮办;推动在南昌、上饶两地建设跨境电商产业园区。山东局推动寄递与跨境电商联动发展列入《省跨境电子商务发展三年行动计划》。安徽合肥局推动合肥空港国际快件处理中心投入运营。福建泉州局联合海关等印发《关于完善跨境快件便利通关管理的通知》。江西赣州局推动跨境电商快件登上中欧班列。山东青岛局联合市交通等部门成立全国首家多式联运发展联盟,加快"向外"拓展步伐;临沂市政府免费提供邮政国际小包处理场地。海南海口快件监管中心投入运营。

(四)推进建设快递试点示范工程

北京局推进万泽龙快递园区建设。江苏省快递协会组织开展了第一批"省级快递标准化网点"评选工作。广东局联合省财政厅安排专项资金用于示范网点建设。甘肃局对接商务厅落实省政府政策,对快递服务农村电商进行补贴。河北张家口局、邯郸局、沧州局制定下发《2018年快递行业"三化"建设工作方案》和任务表。江苏南京局开展"规范网点建设,提升行业形象"创建活动,组织2018年市级服务业发展专项资金(快递业)专项补助资金申报工作;扬州局联合公安部门在快递网点现场评选"示范快递门店""达标快递门店"。安徽滁州局在定远县藕塘镇建设快递示范点;安庆局开展快递服务示范网点建设年活动;芜湖局启动全国快递示范园区创建工作,推进皖西南快递产业园建设正式动工;淮北局联合相山人民政府建设淮北市凤凰山电商快递物流园,联合濉溪县政府建设乾隆湖电商快递产业园。湖北恩施局、十堰局、荆门局对快递营业网点实行分等分级管理制度。江西上饶市局打造标杆试点示范工程。抚州市广昌、黎川县获商务部电子商务进农村综合示范单位。湖南怀化局确定溆浦、会同作为末端综合平台试点县;郴州局开展快递末端网点提质改造"新形象"工程。广东肇庆市局召开"快递集聚区企业进驻"现场推进会;中山局对全市智能快件箱运营商进行备案管理。海南省东部局、中部局分别召开快递网点标准化建设推进会。

(五)积极推动快递上机上车

黑龙江局推动快递上机覆盖大兴安岭地区、加格达奇等偏远地区,使边远地区用户享受到便捷高效服务。上海局联合中铁快运推进"快递上车"。河南局协调航空、高铁等部门,推动快递企业开通货运航线;引导普速铁路运输新疆方向快件;推动在郑州南站高铁规划快件处理场所。安徽合肥局推动顺丰与合肥新桥国际机场达成协议开通新航线。山东青岛、临沂、济宁等市局联合民航部门,推进快递航空绿色通道建设;济宁航空快件获0.5元/件的财政补贴;威海市政府给予中韩EMS海运邮路运营补贴。广西玉林局推动支持中铁快运玉林站营业部开办从玉林到南宁和桂林的快递上动车的业务。四川宜宾局促进顺丰与宜宾机场合作,开通新航线。贵州遵义局积极构建"一园区两中转四层级"快递体系。陕西西安市局推动西部机场集团为顺丰开设航空快件安检"绿色通道"。

(六)协调车辆通行管理

北京局起草《快递专用电动三轮车管理办法》。天津局联合公安交管部门办理快递车辆通行证和中重型货车夜间通行证。黑龙江局与公安交通局起草《关于鼓励和规范快递专用电动三轮车通行的指导意见》。吉林局组织快递企业与保险公司座谈会,签订车险合作意向。上海局出台《关于进一步加强快递专用车管理的通知》。江苏局印发《关于做好快递专用电动三轮车规范通行工作的通知》。福建局联合公安厅交警总队起草《关于切实保障邮政快递专用电动车规范便捷通行的通知》《邮政快递专用电动三轮车管理办法》。海南局起草《海南省邮政业快递专用电动三轮车交通安全管理工作方案(征求意见稿)》,正在与公安机关交通管理部门进行沟通。重庆局推进县局印发《规范寄递专用车辆通行管理的实施意见》;协调渝北区、大足区相关部门解决投递三轮车在城区限行区域通行问题。贵州局起草《快递专用三轮车管理办法》。河北邯郸局联合公安局出台《邮政、快递车辆通行管理办法》;沧州局印发《快递三轮车统一规范管理办法》。山西公安厅交管局印发《关于进一步加快城市配送车辆交通安全管理工作的通知》。辽宁沈阳局联合市交管局开展电动自行车通行培训。内蒙古乌兰察布市出台《公安交管工作服务经济社会发展20项措施》;巴彦淖尔局协调交警支队,为部分轻型、重型厢式货车办理通行证。吉林市局印发《快递服务及城市共同配送车辆便捷通行管理办法》;吉林市局、延边州局邀请公安交警支队为三轮车驾驶员培训交通安全知识。江苏南京局与交通局就规范邮政快递业租赁使用新能源车辆管理进行专题研究座谈会;常州局联合公安部门出台《寄递业电动三轮车道路交通安全自律管理办法》,协调将快递电动三轮车管理、绿色出行写入《城市交通畅行工程三年行动计划(2018—2020年)》。安徽马鞍山局联合公安等印发《快递专用电动三轮车规范管理的实施意见》;芜湖局组织寄递企业购置车辆保险;淮北局联合交警出台《邮政快递揽投车辆市区通行管理暂行办法》;阜阳局与公安交警支队印发《快递车辆通行管理办法》;淮南局与市公安交警支队出台《规范邮政快递末端配送车辆的实施意见》;宿州局联合市交警支队出台《宿州市快递专用电动三轮车通行管理暂行办法》。福建福州局出台《快递运输车辆专用标识管理办法》;泉州局出台《快递专用电动三轮车通行管理办法》;莆田局出台《关于做好邮政快递业专用电动三轮车便捷通行保障工作的通知》。江西南昌局与综治办等部门印发关于规范邮政快递电动三轮车管理的《通知》及《暂行办法》。山东济南局联合公安交警出台《关于加强快递、外卖行业管理的规定》;青岛局起草《关于加强快递服务车辆规范管理的实施意见》。湖北襄阳局联合市交警支队召开警企共建共治会,快递企业签署《警企共创文明交通承诺书》。湖南长沙局与交警大队就三轮车信息管理平台建设召开座谈会;衡阳局邀请交警支队对驾驶员的交通法规培训。广东广州局与多部门印发《邮政快递行业末端配送车辆试点管理工作实施方案》;河源局与市公安交警支队印发《邮政快递行业三轮车管理暂行规定》;汕尾局与公安交警支队印发《关于加强邮政快递配送三轮车管理的通知》。广西柳州局印发《邮政快递专用电动三轮车规范管理实施方案》。贵州贵阳局、遵义局、黔东南局就快递车辆通行问题与地方交管部门达成共识方案;六盘水局、安顺局、毕节局、黔东南局拟定了地方车辆通行政策;黔南局拟定了《快递末端配送服务车辆管理办法》。西藏林芝局、山南局与市交警支队协调,解决快递进城难、停靠难问题。陕西渭南局联合公安交警部门组织快递电动三轮车驾驶人进行统一考试。新疆局联合自治区经信委等部门召开协调会,讨论快递车辆通行问题。

(七)推动快递服务制造业

山东局结合山东产业布局推进快递服务中国重汽、海尔等项目深度开展。江西局联合商务厅提出《关于推进电子商务与快递服务协同发展的举措》。湖北省政府印发《关于进一步推进物流降本增效促进实体经济发展的实施意见》。河北石家庄局召开座谈会,引导快递企业挖掘制造业特色服务。浙江金华市政府出台《关于进一步加快服务业创新发展的实施意见》。福建福清市政府印发《促进电子商务产业发展的若干措施》,提出服务制造业要求。江西吉安局、上饶局、九江局、宜春局争取行业发展扶持资金500余万元,构建寄递、制造等产业协同发展生态圈。湖南岳阳局为快递企业申报平江快递服务农副食品加工业项目。广东中山局引导快递企业与风华高科等十余家制造企业合作。

(八)探索创新保险服务

天津局召开寄递企业与保险从业企业合作工作对接会。上海局与太平洋保险公司共同选取品牌快递进行试点。浙江丽水局与当地保险行业对接,引导保险业为本地生鲜农产品提供保险服务。湖南岳阳市快递协会与平安保险达成合作协议,为当地快递企业制定保险方案。

二、持续强化行业安全监管工作

国家邮政局组织召开寄递渠道安全管理领导小组会议,联合中央政法委办公室共同印发《寄递渠道安全管理领导小组2018年工作要点》。深入推进邮政业安全生产领域改革发展,实现省级落实方案全覆盖。起草《强化和落实企业安全生产主体责任的指导意见》,推动企业安全生产标准化建设,研究《企业安全生产标准化清单》。在天津、宁夏、福建等地区推动开展网点分级分类监管试点。扎实开展涉枪涉爆隐患集中整治,会同公安、工信、安监等部门召开新闻发布会,按月通报落实情况。修订《邮政业突发事件应急预案》,编制重大活动寄递安保、危险化学品和易燃易爆物品防范等专项预案。

(一)健全安全监管机制

江西局联合省委政法委印发《寄递渠道安全管理领导小组2018年工作要点》。陕西局联合省综治办、省公安厅印发《关于进一步落实寄递安全三项制度的通知》,制作《陕西省寄递安全警示教育片》。江苏宿迁市邮政业安全中心获批成立。安徽淮北局与市公安局出台《关于进一步健全联合工作机制强化寄递渠道安全管理工作的意见》;宣城局与市公安联合印发《市公安局、邮政管理局联合执法工作机制暂行办法》,联合市烟草专卖局制定《市烟草专卖局、邮政管理局关于建立打击寄递渠道涉烟违法行为联合工作机制的实施意见》;六安局联合市公安局印发《关于健全工作机制切实加强寄递业安全管理的通知》;亳州局出台《关于推进邮政业安全生产领域改革发展的指导意见》。广西贵港局印发《寄递企业网络视频实时监控平台建设实施方案》。云南临沧局联合市公安局召开"禁毒2018两打两控"专项行动工作联席会议。新疆哈密局成立伊州区、伊吾县、巴里坤县等3个邮政业安全中心,实现了全市范围内的安全监管重心下移、关口前移。

(二)完善安全监管法规制度

河北邯郸局编印《邮政法律法规实务手册》。江苏南通局推动通过《市快递管理办法》。内蒙古乌海局制定《关于推进邮政业安全生产领域改革发展的实施意见》。江苏淮安局印发《邮政业安全生产领域改革发展实施方案》。山东潍坊局召开地方立法研讨会,着力推进《市快递管理条例》立法工作;淄博局出台《邮政业安全生产不良记录"黑名单"制度》;枣庄局出台《邮件、快件微剂量X射线安全检查设备使用管理办法》;泰安局印发《邮政业安全生产举报管理办法》和《寄递企业安全生产不良记录"黑名单"暂行规定》。

(三)强化落实安全主体责任

北京局印发《关于做好2018年邮政业安全生产重点工作任务的通知》。吉林局下发《关于切实加强当前安全生产工作的通知》。黑龙江局制定《快递业安全管理标准化建设工作隐患排查治理要点评分表》。江苏南京局组织"6·16"企业安全生产主体责任宣传咨询和安全宣传教育活动;徐州局举办第二批次快递业安全生产管理人员培训。浙江局组织各市与寄递企业签订《2018年安全工作责任书》。江西局印发《关于深入持久推进落实企业寄递安全主体责任的通知》。福建局举办2018年邮政业安全生产月系列活动。山东局出台《关于落实快递品牌省级总部安全管理责任的通知》《寄递企业寄递安全管理机构和安全管理人员备案规定》《关于推进落实企业寄递安全主体责任的实施意见》《邮政业2018年"安全生产月"活动实施方案》。湖北局开展寄递安全"三项制度"知识培训和竞赛活动。湖南局印制《生产经营单位安全生产主体责任规定》,印发《邮政行业"落实企业(网络)安全生产主体责任年"2018年实施方案》《邮政行业落实企业(网络)全员安全生产责任制实施意见》。重庆局与辖区各寄递企业签订《安全生产责任书》《上合峰会活动安全服务保障承诺书》。贵州局下发《关于进一步强化邮政行业安全监管责任制的通知》《关于全面加强和落实寄递企业全员安全生产责任制强化日常安全管理机制的通知》。西藏局制定《2018年安全生产工作要点》。陕西局制定《快递企业安全责任清单》。甘肃局与14个市州局签订《2018年邮路寄递渠道反恐防范责任书》。河北邯郸局制定《邮政业"落实三项安全制度、落实企业安全生产主体责任、落实行业安全监管责任"专项整治行动工作方案》，印发《关于网络型快递企业品牌负责人制度的通知》《关于推进快递企业安全生产与服务管理组织设置工作的通知》《寄递企业安全管理办法》；保定局与各快递企业签订《快递业安全和服务保障责任书》。湖南怀化局印发《关于落实邮政业寄递企业安全生产主体责任的通知》。广东佛山局印发《关于全面落实寄递企业安全生产主体责任的通知》。四川成都、绵阳、泸州、宜宾等市制定《关于快递企业履行安全生产主体责任的指导意见》。宁夏各市局组织邮政、快递企业召开行业安全季度例会，与各寄递企业签订安全主体责任状。

（四）强化寄递安全防控体系建设

北京局印发《关于开展寄递渠道涉枪涉爆隐患集中整治专项行动的工作方案》。河北石家庄局、廊坊局分别印发《关于开展寄递渠道涉枪涉爆隐患集中整治专项行动实施方案》《邮政业安全生产事故隐患大排查大整治行动实施方案》；石家庄局印发《2018年邮政业"安全生产月"》。安徽局发放《邮政业安全信息综述》《月度安全信息分析报告》。江西局联合省综治办制定《寄递安全风险防控体系建设实施方案》。河南局下发《"5·14"毒品查缉专项行动方案》，开展了"禁毒宣传月"、堵源截流专项安全检查等活动。湖北印发《关于严控危险化学品违法寄递切实做好当前安全生产工作的通知》。海南局部署开展海南省邮政业"禁毒2018两打两控"专项行动。重庆局印发《关于开展寄递渠道涉枪涉爆隐患集中整治专项行动的工作方案的通知》。贵州局制定《邮件快件检查级别分类和禁寄物品的处理指引》《邮政行业邮件快件过机安检台账》《邮政行业邮件快件过机安检异常情况登记表》等文件。青海局印发《寄递渠道涉枪涉爆隐患集中整治专项行动工作方案》。河北石家庄局制定《寄递渠道涉枪涉爆隐患集中整治专项行动方案》，下发《关于加强寄递企业安全生产管理机构和安全生产管理队伍建设的通知》；秦皇岛局联合市综治、公安等部门举办安全生产培训班，实施过机安检自动报警系统试点，各企业根据公安部门部署安装从业人员身份查验App，防范违法人员进入寄递行业；廊坊局下发《关于加强寄递企业安全生产管理机构和安全生产管理队伍建设的通知》。吉林白山局开展《禁止寄递物品管理规定》专题培训，联合公安局、国家安全局等单位开展X光安检机操作培训现场会。安徽滁州局印发《寄递渠道涉枪涉爆隐患集中整治专项行动工作方案》；宿州局联合市公安局开展寄递渠道防枪防爆知识培训。山东济宁局印发《邮政业安全生产风险分级管控和隐患排查治理双重预防体系建设推进方案》；聊城局与市公安局联合下发《关于开展寄递企业从业人员登记备案工作的通知》；潍坊局印发《关于开展邮政行业安全生产风险分级管控和生产安全事故隐患排查治理双重预防体系建设工作的通知》。湖南怀化局印发《关于开展寄递渠道涉枪涉爆隐患集中整治专项行动的工作方案》《关于加强邮件快件安全检查工作的通知》《关于加强联合打击寄递渠道涉烟违法行为的通知》。云南临沧局召开《云南省禁毒条例》宣贯培训会议。

（五）推进实名收寄信息化工作

江苏局对各营业网点实名收寄信息化率实行精确督导。浙江局对部分地区散件实名收寄率低的品牌企业，暂停其分支机构备案等许可工作。福建局与各品牌安检机厂家联系数据联网对接工作，优化快递到家收寄版和监管版功能。江西局会同公安、交通、工商等部门成立专门管理机构推进实名信息化工作。广东局对快递企业运用实名信息化系统予以专项资金补贴。重庆局会同涪陵区公安推进寄递业安全监管人像识别技术的应用及试点。河北邯郸局针对实名收寄制度制作挂图和提示牌。吉林通化局联合快递协会开展实名率竞赛。浙江温州市、湖州德清等县区试点开展投入实名信息化人证比对系统并予以政府补助。安徽合肥局对企业开展调研和执法检查；宣城局对未使用实名收寄信息系统的网点不予许可。山东青岛局会同市综治办指导快递业协会建立了寄递平安志愿者队伍，组织开展包裹实名制寄递测试；潍坊局在全省率先探索政府购买服务，通过监督员测试、第三方测试等方式，全面掌握实名收寄制度执行情况。

（六）加强应急能力建设

天津局修订、完善市寄递企业应急联系方式。吉林局按规定及时指导市（州）局妥善处置"3·31"延边韵达公司干线运输车辆交通事故和"5·28"松原地震事件影响。陕西局与省反恐办联合修订《寄递渠道反恐怖防范工作标准》。内蒙古包头局与气象局建立协调联动机制，针对夏季雷暴等极端恶劣天气进行提早预警。

（七）做好重大活动寄递安保工作

山东局针对上合组织峰会寄递渠道安保问题，组织企业签订了"重大活动专项安全保障承诺书"，青岛局向企业制发重大活动月度"安保任务清单"。山东淄博、东营、潍坊三市局组成联合检查组，结合上合青岛峰会安保工作，重点对胶济铁路和济青高速路沿线网点进行隐患排查。河北秦皇岛局联合公安等部门开展寄递渠道打击枪爆专项整治行动。广西百色局每月联合国安局对边境一线快递末端网点进行检查。

三、依法加强市场监管创新工作方式方法

上半年，全国各级邮政管理部门加大邮政市场监督检查和行政执法工作力度，出动执法人员56198人次，检查单位26623家次，查处违法违规行为3447次，办理邮政市场行政处罚案件2471件，罚款1660.94万元。

（一）持续推进末端网点备案工作

北京局起草《快递末端网点备案实施办法》。天津局完成《快递末端网点备案管理规定（征求意见稿）》。黑龙江局向各市（地）下发操作手册，要求做好前期末端网点台账的统一梳理工作，制定时间节点推动各项工作有序进行。陕西局制定《末端网点备案实施方案》。河北邯郸局制定《快递企业末端网点摸底调查工作实施方案》。安徽滁州局建立末端网点台账，督促健全备案手续。福建莆田局率先推行末端网点备案一证一码制度，通过扫描二维码可以迅速判断该末端网点是否存在信息变更未备案情况。山东青岛局印发《关于开展快递行业清理整顿专项行动的通知》，联合公安开展规范清理专项行动。四川局在成都开展末端网点备案试点，总结经验在全省推广。

（二）创新对快递新业态的监管方式

北京局探索和研究菜鸟服务模式。天津局调研快递新业态情况，了解菜鸟驿站网点布设和业务发展情况。黑龙江局鼓励各品牌企业发展落地配业务和品牌综合服务站，为其办理同城经营许可。广西局探索对菜鸟等网络平台、智能快件箱进行试点管理。河北石家庄局督促快递驿站优化组合，避免多头管理，督促"快递驿站"相关公司尽快办理快递许可手续。江苏无锡局对智能信报箱及新兴网络平台积极研究。浙江丽水局针对龙泉宝剑寄递问题频发的现状，设立龙泉宝剑寄递专柜。安徽池州局对智能快件箱进行备案管理。湖南长沙局督导菜鸟、蓝店等第三方平台纳入监管范畴；岳阳局完善快件智能箱布局基本信息台账。

（三）全面实施市场准入负面清单制度

山东局公布《邮政行政管理权力清单、责任清单和市场准入负面清单》，加快市级清单梳理工作并组织审议。安徽合肥

局利用大数据分析,对申诉率高的企业严格审批分支机构办理。

(四)继续推进市场监管标准化、信息化能力建设

上海局快递网点标准化平台建设项目进入网点审查阶段。江苏局推进反恐标准示范化建设。陕西局开发并推广应用《陕西邮政业台账统计管理系统》。山东青岛市局已全面完成邮政行业安全信息监管平台项目建设;聊城局向市政府争取186万元资金,启动全市邮政行业视频联网可视化指挥系统项目建设;泰安局研发"邮安泰山"邮政行业智慧监管平台。湖北宜昌建立了监控中心,实现了与"雪亮工程"联网应用。

(五)加强行政执法规范化建设

山东局制定《行政执法案卷评查办法》《行政执法人员岗前培训及持证上岗制度》。云南局印发《关于开展2018年邮政市场跨区域交叉执法检查的通知》。青海局印发《关于进一步加强和规范行政执法工作的通知》。河北张家口局在日常检查中使用"河北省邮政行政执法工具箱",印发《邮政市场监管"执法行为规范化监管体系网格化治理能力信息化"建设方案》。山东济宁局出台《行政执法信息公示制度》《行政执法全过程记录制度》《重大行政执法决定法制审核规定》。

四、维护市场秩序和消费者合法权益

(一)继续推进放心消费工程

北京局印发《关于持续推进邮件快件"不着地、不抛件、不摆地摊"专项治理工作的通知》。天津局参加广播电台宣讲邮政业为民服务七件实事。黑龙江局制定了《快递业服务质量提升方案》。福建局制定《邮政业申诉处理质量考评办法》。江西局制定了《关于推进寄递服务质量提升的实施意见》《落实国家局2018年更贴近民生七件实事》。广东局下发《关于进一步做好"三不"治理工作的通知》。海南局联合工商等26部门印发了《关于开展"放心消费在海南"创建活动的工作意见》,部署开展快递行业放心消费行动。云南局印发《关于开展邮件快件"不着地、不抛件、不摆地摊"专项治理工作实施方案》。甘肃局探索出一套适合西部欠发达地区的"三不"治理"甘肃模式",通过现场会向全国推介。青海局开展2018年快递服务时限测试和消费者满意度测评项目。河北石家庄局下发《关于做好快递企业服务质量提升工作的通知》。吉林白城局制定了《寄递企业"放心消费在白城"工作方案》。江苏南京局出台《2018年南京市放心消费创建工作意见》;常州局与市放心消费办联合出台了《邮政行业放心消费创建先进、示范单位认定管理办法》;扬州局、泰州局分别联合市放创办研究制定《快递行业放心消费创建先进、示范单位认定管理办法》;徐州市政府印发《关于深入推进全市放心消费创建工作的意见》。安徽淮南局探索利用视频监控辅助开展行政执法检查;蚌埠局启动蚌埠市第三届"最美快递员"评选活动;宿州局组织消费者权益保护有奖征文活动;宣城局制定企业监管"红黄绿"榜;淮北局制定了《邮政行业放心消费创建活动营造安全放心消费环境实施方案》。福建福清局接入12345便民服务平台。山东济南局出台了寄递服务警示制度及实施细则试行办法;淄博局实施"33511"工程提升寄递服务质量;德州局制定《寄递服务联席会议制度》。

(二)进一步开展强化市场秩序专项治理

河北邯郸局印发《关于开展校园周边快递市场清理整顿专项行动工作方案》。黑龙江局制定2018年快递市场规范整顿行动工作方案。吉林白山、松原局对无证经营、超范围经营开展快递市场清理整顿行动。山东青岛局印发《关于开展快递行业清理整顿专项行动的通

知》;泰安局联合市综治办等部门发布《进一步规范快递末端网点经营行为加快推进快递服务中心建设的通告》。

(三)继续加强和改进快递末端服务管理工作

山东局印发《关于进一步加强快递末端网点服务管理确保网络稳定运营的通知》。河北唐山局出台《关于加强和改进快递末端服务管理工作的指导意见》。黑龙江七台河局印发《关于进一步加强快递基层网点服务管理确保网络稳定运营的通知》。江苏盐城局下发《关于加强和改进快递末端服务管理工作的指导意见》。安徽蚌埠局推动出台辖区内《关于加强和改进快递末端服务管理工作的指导意见》;池州局印发《关于进一步加强快递末端网点服务管理确保网络稳定运营的通知》。山东泰安局联合市综治办等部门发布《进一步规范快递末端网点经营行为加快推进快递服务中心建设的通告》。

五、加强行业信用体系建设

国家邮政局系统推进快递业信用体系建设。全面部署启动建设工作,印发《快递业信用管理暂行办法》和工作方案。抓紧推进诚信信息系统建设,制定《快递业信用信息采集技术规范》。启动快递业信用联合奖惩机制建设研究。

吉林、江苏、浙江、福建、江西、山东、湖北、四川、陕西、青海、新疆等省局制定并印发《快递业信用体系建设工作方案》。陕西局印发《邮政业违法失信黑名单管理办法》。河北张家口局印发《快递业信用体系建设实施方案》;衡水局联合市发改委等部门印发《关于全面加强电子商务领域诚信建设的实施意见》。吉林省吉林局联合公安局等部门颁布《快递业信用评定委员会工作方案》。江苏盐城局下发《关于加快建设信用监管体系的通知》。安徽阜阳局制定《快递业信用体系建设工作方案》。福建厦门局出台《邮政行业黑名单管理制度》,将从业人员纳入信用管理范围。山东淄博局出台《邮政业安全生产不良记录"黑名单"制度》;烟台局与市诚信办建立工作协调机制,评选出了2017年度"十佳诚信快递企业""优秀诚信快递企业"20家;枣庄局出台《邮政行业"黑名单"制度》《邮政行业行政处罚公示制度》。湖北武汉局召开2018年全市第一批信用红黑名单新闻发布会,将10名最美快递员(邮递)员作为信用红名单进行发布;鄂州局制定《诚信快递企业评分表》。青海各市州局分别印发《快递业信用体系建设实施方案》。

六、推动行业绿色发展

国家邮政局认真贯彻落实《中共中央 国务院关于支持海南全面深化改革开放的指导意见》,组织海南专项调研,加快推进绿色包装推广应用。与生态环境部沟通推动行业绿色环保工作,参与发展改革委生活垃圾分类工作。继续推广新能源车用于快件运输和配送,快递电子运单使用率进一步提升。启动快递绿色包装工作评估评价指标体系研究。

北京推动顺丰、京东将电子面单由三联降为两联,节省用纸1/3;北京支持京东处理场地采用太阳能电池供电,减少用电量13%。天津邮政行业可循环使用的中转袋占比约为70%。浙江可循环利用环保芯片编织袋使用率达到80%;申通在桐庐建立快递绿色包装产学研创新示范基地。湖北局邀请专家解读《快递封装用品》国家标准,在全省所有营业网点张贴"绿色快递、你我同行"快递包装回收宣传海报,开展快递包装箱回收送矿泉水活动。广东局推动品骏华南总部使用生物可降解泡沫袋和包装袋,对包装纸箱材质进行轻量化改造。海南局完成了海南绿色邮政发展课题研究和11个自贸区关于邮政业发展政策的梳理,并向海南省人大提交了《关于推进海南快递业绿色生产消费的建议》的提案;先后在海口、三亚、琼海等5个地区举办了"绿色快递,你我共享"快递业绿色包装应用启动仪式；积极推动绿色邮政监管信息系统开发和省内高等院校"快递+回收"合作试点项目；引导推动韵达等企业应用新能源汽车190余辆用于城市配送；逐步推广共享包装箱、顺丰EPP循环保温箱、EMS零胶纸箱、苏宁循环包装箱、申通中转袋、京东生物降解包装袋以及瘦身电子面单等绿色包装的应用。重庆局制定《推进快递业绿色包装回收循环使用的实施方案》。甘肃局联合省快递协会制作绿色快递宣传海报3000多份。青海局联合商务厅等部门印发《推广标准托盘发展单元化物流实施方案》。河北邯郸局完成部分国Ⅲ柴油车辆DPF改装工作，并建立需改装车辆台账。内蒙古包头局在"世界环境日"号召企业开展"每个包裹少缠一圈胶带"活动；乌兰察布首批新能源车辆充电桩在市电商快递物流产业园落地建成，投入20辆新能源车辆。吉林长春23个分拨中心均已使用传送带或笼车、托盘等离地设施；吉林辽源快递行业协会对购买电子运单便携式打印机的企业给予补贴4万元。江苏镇江顺丰将满版印刷改为无底纹印刷，减少油墨使用；将透明胶带单卷长度增加30米，减少纸轴用量30%。山东青岛局推动快递行业协会与青银金租、青岛广电新能源汽车租赁公司签署三方战略合作协议；日照局组织"快递包装再利用地球家园添新绿"主题宣传活动；烟台局出台《邮政业新旧动能转换实施方案》。湖北恩施局拟定《"绿色快递"建设综合试点工作方案》。广东河源局制定《邮政快递行业推广应用新能源汽车的实施方案》。

第三部分 三季度市场监管和安全监管情况

2018年第三季度，各级邮政管理部门深入贯彻2018年全国邮政管理局长座谈会会议精神，以落实民生实事为中心，坚守安全发展红线，扎实推进"放管服"改革，推动行业转型升级，市场监管工作取得较好成效。

一、巩固发展态势扩大服务优势

（一）贯彻国办1号文件，争取利好政策

北京局联合商务委等部门印发《推进电子商务与快递物流协同发展实施方案》。湖北省政府印发《关于推进电子商务与快递物流协同发展的实施意见》。广东局推动广东省政府印发《广东省推进电子商务与快递物流协同发展实施方案》；联合省商务厅等印发《复制推广内贸流通体制改革发展综合试点经验工作指引》；启动编制《推进邮政强省建设中长期发展纲要》《建设现代化邮政强省三年行动计划》。青海省政府印发《关于推进电子商务与快递物流协同发展的实施方案》。河北石家庄市政府出台《关于进一步推进物流降本增效促进实体经济发展的实施意见》。承德市政府印发《关于推进电子商务与快递物流协同发展的实施方案》《加快电子商务发展行动计划》。承德局配合双滦区政府出台《招商引资优惠办法》。秦皇岛市政府出台《加快电子商务发展三年行动计划》《推进电子商务与快递物流协同发展的实施意见》。唐山市政府出台《关于推进电子商务与快递物流协同发展的实施意见》《推进现代物流业高质量发展工作方案》。沧州市、邢台市政府印发《加快电子商务发展行动计划》。邯郸局印发《关于做好快递业发展引导资金申报工作的通知》。邢台市政府印发《关于推进电子商务与快递物流协同发展的实施意见》。黑龙江伊春市政府出台《关于促进快递业发展的实施意见》。江苏泰州市政府印发《关于促进快递业持续健康发展培育经济新增长点实施意见的通知》。淮安市政府印发《加快推进快递业持续健康发展的实施意见》。山东潍坊局推动市政府印发《关于贯彻落实鲁政发〔2017〕1号文件促进邮政和快递服务业发展的实施意见》。湖南株洲局出台《关于促进快递业发展的若干意见》。岳阳局协调市政府印发《关于进一步促进快递业健康发展的意见》。贵州遵义市出台《关于促进快递业加快发展的实施意见》。

(二)持续深入推进"快递入区"工程

北京局推动建立北京首个政府主导的"快递之家"。吉林省局与商务厅联合印发《推进城市共同配送末端网点(智能快件箱)建设实施方案》。安徽局联合省政府法制办等实地调研并召开快递进社区督查座谈会。山东局联合省商务厅等部门做好城市共同配送末端网点考核验收评价工作;与省质监局制定村邮站、快递末端网点等地方标准计划,争取标准编制补助资金10万元。广东局联合省教育厅印发《关于促进和规范高等学校快递服务进校园工作的意见》。海南省政府印发《关于加强新建住宅小区配套公共服务设施建设的管理意见》;指导快递企业在三沙市永兴岛开通快递综合服务网点,建立中国最南端快递公共服务平台。河北张家口局联合交通等部门印发《关于推进快递园区建设工作的指导意见》,联合综治办等印发《关于支持邮政业服务创新综合解决城市末端投递服务的实施方案》,联合市商务局等印发《关于实施快递入区下乡出境工程促进快递业与电子商务协同发展的意见》。承德局联合市教育局出台《关于做好高等院校快递服务工作的通知》,联合市住建局等印发《关于加快推进住宅区等规划建设邮政(快递)服务场所的通知》。吉林省吉林市局将县级城市社区快递综合服务站建设列入《2018年邮政业更贴近民生七件实事实施方案》。黑龙江哈尔滨局与市住建委联合印发《关于支持智能快件箱建设推进快递服务进社区工作的实施意见》。江苏南京首家"军营驿站"开张。浙江杭州局以寄递办名义印发《关于"菜鸟驿站"第一次综合评估报告》。安徽滁州局、阜阳局、黄山局、亳州局联合当地房产局等部门出台《关于推进快递服务进社区的意见》。淮北局会同淮北师范大学制定《快递服务中心管理办法》。江西新余局联合房管部门印发《关于规范住宅小区快递服务的通知》《规范住宅小区快递服务工作方案》。九江局印发《关于推进城市末端配送网点建设的通知》。山东青岛、济宁、潍坊、莱芜、德州、聊城等局引导企业与第三方合作建设"末端公共配送服务平台"。湖南岳阳局联合房产局印发《关于支持邮政智能包裹柜建设提升邮政服务能力的通知》。广西南宁局协调申请地方财政资金100万元用于公共服务站补助资金。海南海口局引导邮政企业推出"警医邮"便民服务新模式。

(三)进一步巩固"向西向下"拓展成果

天津局联合蓟州区政府举办农特产品快递直通车对接会。河北局组织举办"快递+"枣制品项目推介会。辽宁局与省交通运输厅联合发布《"四好农村路"示范县创建标准》《"四好农村路"督导考评办法》。江苏局会同商务厅等印发《关于开展城乡高效配送试点工作的通知》;联合省农委在"全国快递服务农业示范基地"沭阳县召开全省快递服务现代农业工作部署会;与盐城市政府签署战略合作协议,全面推动邮政业高质量发展。江西局会同省交通运输厅等多部门推广"寄递+电商+农特产品+农户"的产业脱贫模式。山东局将邮政、快递服务服务现代农业纳入《山东省乡村振兴战略规划》。甘肃省政府印发《省市县乡农产品物流体系建设实施方案》《特色农产品冷链物流体系建设实施方案》。青海局联合省商务厅等印发《省城乡高效配送专项行动实施方案》。河北张家口市政府出台《"互联网+"现代农业行动实施意见》《电商扶贫行动方案》。承德局联合商务等部门印发《关于实施快递入区下乡出境工程促进快递业与电子商务协同发展的通知》。唐山局组织召开政企联席暨"一市一品"工作调度推进会议。江苏常州市城乡发展一体化领导小组下发《关于实施乡村振兴战略加快推进农业现代化工作任务分解的实施方案》。徐州市政府印发《流通流域现代供应链体系建设实施方案》。安徽合肥局推动农村公交场站建立物流配送服务平台。宿州局积极引导快递企业驻村设点。江西九江共青城市以"政府提供场地+政策性补贴"模式，通过第三方在共青城市实现快递服务进村入户。山东青岛市政府印发《关于进一步推进物流降本增效促进实体经济发展的通知》。枣庄局联合商务部门出台《关于推进"快递向下"与农村电子商务协同发展实施意见》。泰安局出台《镇村快递服务中心（安驿站+）建设指导意见》。济宁农村快递物流电商公共服务平台获财政补贴300万元。湖北荆州局积极推动多家快递企业共同注册成立农村共同配送联盟，打造集农村电商与快递超市于一体的农村服务平台。恩施局召开座谈会，引导快递企业推动"快递+电商+精准扶贫"工程。四川巴中局争取地方财政资金20万元，用于空白乡镇快递网点补建。眉山局对经营时间达1年以上的乡、村布网点，给予3000元/个的财政补贴。云南德宏局争取州财政10万元的乡镇邮政快递网点升级达标补助资金。青海门源县政府对门源快递三级物流体系建设每年给予9.2万元资金支持。

（四）持续加快推进快递"向外"发展

天津局印发《关于开展国际快递业务(代理)经营许可审批的公告》。吉林局推动《中国(长春)跨境电子商务综合试验区建设实施方案》的出台。浙江局推进中欧班列(义乌—波兰)正式开启每周一次的常态化运邮。江西省出台《航空物流发展暂行办法》，全行业预计受益金额超过2000万元。广东局组织召开广东自贸区国际快递业务经营许可动员会，发布《关于开展广东自贸区国际快递业务(代理)经营许可审批的通告》；推动省政府出台《进一步深化中共(广东)自由贸易试验区改革开放分工方案》。海南局推动三亚快件监管中心投入运营，指导重点企业为海口综合保税区提供跨境电商寄递服务。陕西局积极推动"一带一路"沿线国家快递搭乘"长安号"实现跨境寄递。新疆局推动区政府出台《自治区推进电子商务与快递物流协同发展的实施意见》。河北唐山局参与跨境电子商务综合试验区建设工作，推进唐山国际邮件互换局建设。江西吉安市局对接市商务局、海关推进市国际快邮件监管中心建设。山东烟台国际陆港快件监管中心正式启用，烟台市邮政跨境电商产业园被纳入山东跨境电商综试区资金扶持项目，落实专项扶持资金100万元。

（五）大力推动快递上机上车

福建局推动实现快递与高铁常态化合作。河南局推进郑州高铁南站规划快件处理场所。广东局与省交通运输厅等联合印发《关于加快推进旅客联程运输发展指导意见的通知》。海南局引导快递企业航空货机落地。青海局推动开展机场现场受理货运服务。河北秦皇岛局组织发改等部门与顺丰快递开展调研座谈，研讨建设快递空港物流园区。浙江舟山市局协调寄递企业与交通船运企业建立合作机制，保障快递岛际运输畅通。江西南昌局引导企业加强快递航空货运专机运输，预计可获得航空物流发展专项奖励资金1000万元。湖北十堰局组织辖区内主要快递企业就"快递上机"工程召开专题会议。广东江门局、阳江局推动"班车+快递"联合运输模式。

（六）推进网点标准化和园区建设

海南局召开邮政业绿色包

装暨安全管理标准化现场会。重庆局联合辖区综治部门召开会议，打造"综治网格化快递示范网点"；组织召开快递末端网点备案工作培训会。青海局推动快递企业贯彻落实《快递营业场所设计基本要求》。河北秦皇岛局组织市发改委等部门以及快递企业召开专题调研会，开展快递空港园区建设项目研讨。承德局联合市发改委等印发《关于推进快递园区建设工作的实施意见》。安徽安庆局开展快递服务示范网点建设年活动；芜湖局启动全国快递示范园区创建工作。亳州局印发《城区快递营业场所标准化建设指导意见》。江西赣州局组织品牌寄递企业召开末端网点规范座谈会；吉安局对快递企业进行培训、实地指导，推进快递营业场所标准化建设。湖南郴州局开展快递末端网点提质改造"新形象"工程。广西南宁局出台《快递行业标准化建设方案》。防城港局提升全市"诚信经营放心消费"快递示范网点的标准。

（七）优化车辆通行政策环境

多地邮政管理部门积极协调争取政策为快递运输车辆办理禁行路段通行证。北京局协调市交通等部门起草《快递专用电动三轮车管理办法》。山西局协调省交管局印发《关于进一步加快城市配送车辆交通安全管理工作的通知》。江苏省局印发了《关于做好快递专用电动三轮车规范通行工作的通知》。福建局印发《关于进一步改进邮政快递车辆便捷通行管理的指导意见》《邮政快递专用电动三轮车管理办法》；联合省快递协会出台《快递行业协会关于开展"驿路有爱"快递员关爱活动的指导意见》。湖北省政府印发《关于推进电子商务与快递物流协同发展的实施意见》。海南局联合省交通运输厅起草《邮政业快递专用电动三轮车交通安全管理工作方案》。重庆局推进县局印发《规范全县寄递行业专用车辆通行管理的实施意见》。贵州省政府印发《关于实施城市道路交通文明畅通提升工程的通知》；联合省公安厅等印发《城市道路交通文明畅通提升工程考核评价办法》。河北张家口局联合市交警支队印发《关于进一步加强寄递行业三轮车交通安全管理的实施意见》；推进市快递行业协会与企业签订《寄递企业三轮车交通安全承诺保证书》。吉林省吉林市局与市公安局联合印发《关于邮政快递专用电动三轮车规范管理实施意见》。黑龙江齐齐哈尔局联合市交管局联合印发《邮政业电动三轮车管理办法》。江苏无锡局联合市交通局拟定《关于邮政快递专用电动三轮车规范管理的指导意见》；镇江局与市公安局等联合印发《关于加强市区快递电动三轮车管理的通告》；连云港局出台《市区邮政快递电动三轮车整治工作方案》；盐城局出台《市区快递车辆及驾驶人员管理办法》。浙江宁波局联合市交警等部门联合印发《快递配送车辆通行管理有关问题的会议纪要的通知》，实现快递专用电动三轮车"两证一牌"；杭州余杭区印发《快递电动三轮车规范管理实施意见》。安徽马鞍山局联合市公安局等印发《快递专用电动三轮车规范管理的实施意见》；淮北局联合交警部门出台《邮政快递揽投车辆市区通行管理暂行办法》；淮北市出台《关于主城区部分区域实施电动三轮车限行管理的通告》；阜阳局联合市公安局交警支队印发《快递车辆通行管理办法》；淮南局与交警支队出台《规范邮政快递末端配送车辆的实施意见》；宿州局联合市交警支队出台《快递专用电动三轮车通行管理暂行办法》；芜湖局联合市公安局交警支队下发《快递专用电动三轮车通行备案管理细则》。江西南昌局与市综管办等联合印发《关于规范快递电动三轮车管理的暂行办法》；赣州局起草《关于规范邮政快递电动三轮车管理的通知》。山东济南局联合交警部门出台《关于加强快递、外卖行业管理的"十二项规定"》；青岛局开展邮政业交通安全教育宣传月活动,与市公安局等联合印发《快递专用电动三轮车通行管理专项整治行动方案》。湖北随州局联合交警部门印发《邮政行业交通安全管理工作方案》。广西南宁局联合快递协会制定《快递专用电动三轮车规范工作流程》。青海海西州局与州交警支队联合印发《关于规范快递服务车辆管理的通知》,并举办培训班进行宣贯。云南昭通局联合市公安局等印发《邮政快递车辆通行管理实施方案》。贵州局联合省交管局印发《关于深入推进全省快递外卖配送车辆交通安全管理工作的通知》。

(八)推动快递服务制造业

河北省政府印发《〈加快电子商务发展行动计划〉的推动落实方案》,调整优化《制造业与互联网融合发展导向目录》。山西局推动在物流园区内设冷链库房,服务生鲜、医药等典型项目发展。内蒙古局联合有关部门举办"苏尼特羊肉家禽遗传资源保护核心区全产业链创新项目全国物流企业招商洽谈会"。上海多个典型快递服务制造业项目列入全国快递服务制造业项目库。河北承德局联合市工信局印发《关于推进快递服务制造业发展的通知》。邯郸市政府印发《快递业发展专项资金使用细则》,对快递服务制造业项目进行奖补。湖北荆州局推动"仓储+配送+增值服务"一体化模式服务于定制化生产。

(九)探索创新保险服务

各地邮政管理部门积极推动本地快递企业参加人员、机动车、非机动车、快件等各类保险服务,有效降低各类风险。山西局积极推动寄递生鲜入保工作,推动和保障了果品生鲜寄递。江苏省局联合省快递协会调研保险公司,达成在全行业提供专业保险服务的意向。广东局推动保险公司为保险金额较大的快递车辆安装天眼系统,全方位的保障人货车安全问题及处理。海南局指导重点企业开展保单配送业务。青海局对在保护消费者合法权益、寄递物品安全等方面探索引入保险服务。浙江舟山局推动企业开展海产品限时寄送保价保险服务。

(十)推广电子运单应用

多个省及地市邮政管理部门将电子面单普及工作纳入日常督导检查范畴。河南局召开全省市场监管会,布置今年重点快递企业电子面单使用率再提升5个百分点。贵州省局召开全省邮政业三大攻坚战推进培训班,要求全面推进电子运单,推进绿色快递。安徽滁州局选取品牌企业为试点,取消纸质面单使用。

二、强化安全监管严守安全红线

国家邮政局组织召开邮政业安全领导小组会议。派出工作组赴5家企业总部开展督导调研,强化企业总部寄递安全统一管理责任落实。起草印发《国家邮政局关于打好防范化解重大风险攻坚战的实施意见》。积极推动《邮政行业安全生产领域改革指导意见》贯彻落实,截至8月底,全国31个省(区、市)均出台配套实施方案。强化企业主体责任落实,出台具体指导意见,对寄递企业落实安全生产主体责任进行顶层设计。起草完成《邮件快件实名收寄管理办法》立法草案,通过交通运输部部务会审议。启动《邮政行业安全监督管理办法》修订工作。

(一)健全安全监管机制

山东局、广东局、广西局积极建设邮政业安全中心。西藏局、安徽铜陵局、福建福州局、湖南长沙局将寄递渠道安全管理工作纳入地方社会治安综合治理网格化管理。北京局推进与市图像办的"雪亮工程"项目和"绿盾"工程。山西局建立工作制度,要求每月至少召开一次会议研究安全生产工作、主要负责人每月至少检查两次安全生产。内蒙古呼市局拟引入第三方公司对呼市地区快递企业安全生产进行评估。辽宁局采用现场拉练培训方式,通过现场参观调研、培训座谈,推动落实全省邮政行业三大攻坚战。吉林局加入"危险化学品厅际联席会议"。黑龙江局受邀参加省公安厅组织的危险化学品整治专项培训会议并为公安系统讲解邮政业寄递渠道安全相关内容。海南局联合公安等召开打击整治枪支爆炸物品违法犯罪厅际联席会议。宁夏局向全社会公开寄递行业安全隐患受理电话、邮箱等监督方式;督促企业健全完善安全委员会等机制;完善落实四色安全预警管理。新疆局建立完善全区视频监控系统监督检查工作制度。吉林四平局联合铁西区公安局禁毒大队开展"寄递渠道违禁品过机安检实际演练活动"。江苏省第一部地级市寄递安全专门立法《寄递安全管理办法》经常州市政府常务会议通过。安徽六安局建立安全生产检查情况通报制度;亳州局加强与市安委会对接。阜阳局落实安全生产"黑名单"制度。宿州局组织开展消防安全培训演练。广西贺州局、钦州局制作"警邮联合安全提示"牌近千块,张贴在各营业网点。

(二)强化落实安全主体责任

四川局、陕西局、青海局等制定了寄递企业安全生产主体责任清单。北京局要求企业内部网点层层签订责任书,并与员工签订责任书。浙江局明确省总部管理职责。山东局采取明查暗访、试寄测试、过机安检、调取监控等措施,指导企业加强收寄验视检查力度,完善内部奖惩考核制度,彻底验视率大幅提升。广东局实现问题快件责任倒查追究的全链条管理。广西局与辖区寄递企业负责人签订安全生产目标责任书,在辖区推行《邮政业安全管理台账》。海南局印发《寄递企业落实安全生产主体责任的指导意见》。河北张家口局与各县区独立企业分支机构签订了《快递企业安全保障承诺书》。山西临汾局协调快递协会制作落实"111135"安全体系模板和快递企业全员安全生产责任制模板。江苏镇江局开展"快递送平安"活动。广西崇左局加强安全信息报告和统计管理工作。云南瑞丽市收件员协助警方侦破快递夹寄枪支案,并受到公安局表彰。河北沧州局、内蒙古包头局、青海海东局组织寄递企业开展快递面单集中销毁工作。河北张家口局与印制企业签订保密协议,完善内部数据资料查询制度。

(三)强化寄递安全防控体系建设

天津局向市政法委报送"邮件快件寄递安全管理"考评指标。河北局印发《河北省邮政行业深化安全生产大排查大整治攻坚行动方案》《关于组织开展全省寄递企业电气火灾自查整改工作的通知》。安徽局建立全省安全信息管理体系。吉林局开展实名制调研。浙江温州局通过第三方公司开发寄递哥"人证比对"系统,获地方政府承认在全市推广使用。河南局开展寄递渠道危险化学品安全整治及易制爆危险化学品和寄递物流专项整治活动。湖北省局印发《邮政业安全生产标准化创建活动实施方案》,加大对各市(州)局落实情况的考核力度。湖南局开展全省寄递渠道农村禁毒工作。四川局协调快递企业录用5名具备从业资格证的安检员;四川中通公司将7台安检机嵌入分拣流水线。海南局联合烟草局等印发《关于建立物流寄递环节打击涉烟违法犯罪协作机制的意见》;海南省中部局与公安等部门联合印发《关于建立物流寄递环节打击涉烟违法犯罪协作机制的意见》;西部局与公安等部门建立物流寄递环节打击涉烟违法犯罪联席机制。江苏扬州局配合警方联合破获一起利用寄递渠道实施毒品犯罪的重大案件。盐城局出台《关于开展邮政快递企业网格化管理工作的实施意见》。安徽滁州局举办了寄递渠道平安志愿者服务队启动仪式。福建莆田局推进网格化+寄递安全管理指挥调度平台建设。广西桂林局与公安部门及派出所开展辖区内快递联合筛查。山东聊城局、滨州等局积极探索企业寄递安全评级管理。湖南岳阳局对部分安检设备用而不实的企业进行集体约谈,向市政府争取安检机专项补贴。

（四）加强应急能力建设

河北11地市邮政业应急预案全部上升为市级政府层面。河北秦皇岛局组织开展应急演练。吉林局第一时间向各市州局和辖区寄递企业发布气象报告及汛期强降雨天气提示。福建局部署汛期寄递渠道防汛工作，发布"玛莉亚"台风消费提示。安徽局按照省政府启动非洲猪瘟疫情Ⅰ级应急响应后的要求，积极做好全省寄递渠道疫情防控工作，实行工作零报告制度，一日两报工作情况。福建局妥善处置快捷全国性断网事件、宁德圆通场地着火事件、快递车辆着火事件等突发事件。广东局组织做好台风、汛期等灾害天气防御和灾后复产工作。海南局提前安排部署防御"百里嘉""山竹"等台风工作。陕西局妥善处置圆通网点经营纠纷导致快件积压延误事件。广西南宁局及时发布预警、提示，督促各企业加强防范，做好台风"山竹"应对工作。

（五）做好重大活动寄递安保工作

天津局完成了全国两会、夏季达沃斯论坛期间寄递渠道安保工作。内蒙古、广东局等完成第三届文博会期间寄递渠道安保工作。浙江局完成世界互联网大会、世界地理信息大会、"枫桥经验"大会期间寄递渠道安保工作。广西局完成中国—东盟博览会和中国—东盟商务与投资峰会期间寄递渠道安保工作。西藏局完成藏博会期间寄递渠道安保工作。新疆局完成亚欧博览会期间寄递渠道安保工作。江苏无锡局世界物联网博览会期间寄递渠道安保工作。

三、依法做好快递业务经营许可管理工作

北京局印发《进一步优化快递业务经营许可工作方案》。天津局印发《关于开展国际快递业务（代理）经营许可审批的公告》。黑龙江局指导各市（地）下发年报注意事项，一次性告知企业存在问题，实现全流程网上办理。安徽局出台《关于进一步优化精简快递业务经营许可工作的通知》。滁州局建立末端网点台账，制作了《快递末端网点备案办理指南》供企业参考。上海局下发通知，开展快递企业许可基础数据摸排整理。江苏局出台《关于进一步规范快递业务经营许可工作的指导意见》。广东推进国际快递业务（代理）经营许可审批事项下放中国（广东）自由贸易试验区，起草了承接许可审批事项权限下放工作方案。广西局使用信息系统，完成企业年度报告公示工作。西藏局许可快递企业年度报告审核工作下放在了市地局，年度报告材料删除财务年度报表证明，不再加盖年度专用章，对末端网点备案系统进行专项培训。陕西局印发《优化提升邮政业营商环境实施方案》。青海局印发《关于做好快递业务经营许可优化工作的通知》。广西贵港局加强许可审批公示，实现最多跑一次，争取零跑腿。江西局、山东局、广东局制定《邮政行政管理权力清单、责任清单和市场准入负面清单》。广西玉林局及时修订完善了《优化行业发展营商环境的工作方案》《邮政管理局权力清单、责任清单》。内蒙古、上海、安徽、福建、江西、甘肃局印发快递末端网点备案实施方案和快递末端网点备案实施细则。

四、加强更加贴近民生实事落地实施

（一）持续推进放心消费工程

北京局、黑龙江、湖北局印发《关于持续推进邮件快件"不着地、不抛件、不摆地摊"专项治理工作的通知》。辽宁局联合省工商局等开展网络市场监管专项行动。山东局与省工商局等出台《关于开展"放心消费在山东"创建工作实施方案》。河南局积极推进郑州市、洛阳市、商丘市、焦作市各创建区域型示范企业1家。海南局推进邮政业消费者申诉与省政府综合服务热线平台衔接工作。河北唐山局组织参加2018中国技能大赛暨唐山市第十七届职工职业技能大赛。黑龙江双鸭山

局制定《快递行业放心消费创建先进、示范单位认定管理办法》。淮北局印发《邮政行业放心消费创建活动营造安全放心消费环境实施方案》。江西吉安局制定《关于推进寄递服务质量提升的实施意见》。山东济南局出台寄递服务警示制度及实施细则;青岛局编制《邮政业消费者申诉典型案例分析》手册。河南开封市服务业工作领导小组办公室印发《服务业发展工作要点》。广西与工商局等联合印发《网络市场监管专项行动(网剑行动)方案的通知》。

(二)强化市场秩序专项治理

青海局联合工商局等印发《网络市场监管专项行动(网剑行动)实施方案》。江苏苏州局、镇江局印发《快递市场清理整顿专项行动工作方案》《关于开展"落实快递末端网点备案制度"专项检查行动的通知》。江西吉安局、广西桂林局、崇左局、贵港局分别制定快递市场清理整顿专项行动工作方案。广西贵港局印发《关于督导寄递企业做好依法经营快递业务自查自纠工作的通知》。

(三)持续加强和改进快递末端服务管理工作

河北局印发《快递服务管理规定》《提升快递从业人员素质的实施意见》。黑龙江局下发《关于集中整治快递末端网点违规收费问题的通知》。山东局下发《关于关注快递末端网点稳定运营的通知》。海南局指导企业开展"关爱周"活动。安徽蚌埠局与市住建局等联合出台《关于加强和改进快递末端服务管理工作的指导意见》。池州局印发《关于进一步加强快递末端网点服务管理确保网络稳定运营的通知》。

五、加强行业诚信体系建设

国家邮政局完成快递市场主体信用档案建设工作,研究完善长期动态更新机制。印发《快递业信用评定委员会工作规定》,提出国家快递业信用评定领导小组组建方案,指导各地组建快递业信用评定委员会。起草《快递业信用信息采集规范》并征求各方意见。

山西局、江苏局、福建局、山东局、海南局、贵州局、新疆局等省局,以及安徽阜阳局、江西吉安局、湖北孝感局、青海各市州局等地市局制定《快递业信用体系建设工作方案》。上海局、海南局、吉林省吉林局印发《快递业信用评定委员会工作规定》。浙江局与省综治办等联合印发《关于试行快递业不良记录汇总制度的通知》。江西赣州局联合市快递协会举办赣州市第二届"最美快递员"评选。安徽蚌埠局启动第三届"最美快递员"评选活动。山东淄博局施行不良记录"黑名单"制度。湖北局武汉局联合长江日报集团开展第二届湖北快递员节活动,开展"神奇快递小哥"评选。湖南岳阳局指导协会落实行业从业人员"黑名单"制度。贵州遵义局利用微信公众号载体,开展了"学法、知法、懂法、守法"微信竞答活动,同时印制活动宣传海报。

六、全面加强监督检查和行政执法工作

第三季度,全国各级邮政管理部门出动执法人员2.3万人次,检查企业1.09万家次,查处违法违规行为1333次,约谈告诫25次,下达整改通知718件,办理邮政市场行政处罚案件613件,罚款514.14万元。

(一)持续提升市场监管标准化、信息化水平

上海局移动执法平台上线。山西吕梁局使用地方政府奖励资金完成了规模以上快件企业分拨中心与邮政管理部门视频互通工程。浙江宁波局对全市重点分拨中心统一以100兆光纤专线方式接入智慧邮政平台,在全市范围内推行视频三级接入。山东青岛市局已全面完成邮政行业安全信息监管平台项目建设;泰安局研发"邮安泰山"邮政行业智慧监管平台。湖北黄冈局出台了《寄递渠道视频监控联网应用平台建设实施方案》。广东深圳局推进快

递业电子地图第三期建设;揭阳局建设邮政业安全监管信息系统第一期工程。贵州遵义局与贵州钉农科技开发"遵义市邮政业管理服务平台"。

（二）加强行政执法规范化建设

河北局制定《邮政行政复议案件办理程序规定》《邮政行政复议案件办理全过程记录办法》。浙江局印发《邮政管理局重大行政处罚案件集体讨论制度》。福建局下发《关于上半年邮政市场行政执法情况的通报》。山东局出台《邮政管理局行政执法案卷评查办法》《邮政管理系统行政执法人员岗前培训及持证上岗制度》。青海局印发《关于开展行政执法案卷评查工作的通知》。河北张家口局"双随机、一公开"工作取得市级优秀等次。山东济宁局出台《行政执法信息公示制度 行政执法全过程记录制度 重大行政执法决定法制审核规定》。云南临沧局印发《贯彻落实"谁执法、谁普法"普法责任制的实施方案》。

七、持续推动行业绿色发展

国家邮政局完善快递绿色包装试点成果，形成《快递绿色包装操作指南》等成果性文件向各主要企业征求意见。印发《关于开展可循环中转袋（箱）全面替代一次性塑料编织袋试点工作的通知》，部署在6家企业开展试点工作。在浙江召开绿色包装试点推进工作会议，部署浙江嘉兴、福建厦门、山东青岛、河南鹤壁、湖北恩施绿色快递综合试点工作。答复涉快递业绿色发展的人大建议和政协提案7件，其中全国政协重点提案1件。陪同全国政协对绿色快递包装问题进行调研，赴民革中央和九三学社中央沟通交流快递业绿色发展情况，广泛争取支持。

北京局结合北京市政府印发《打赢蓝天保卫战三年行动计划》，全面推动行业绿色发展；与市发改委等部门联合开展首届绿色包装设计征集活动。山西局鼓励快递企业和各类环卫企业、回收企业联合开展"快递+回收"定向合作试点。辽宁局联合省发改委等部门举行全省绿色邮政行动启动仪式；联合省商务厅等部门印发《关于推广标准托盘发展单元化物流的实施意见》。江苏省局与省环保厅签订战略合作协议，启动开展绿色快递试点示范。福建局组织全省绿色发展培训。江西局研究制定《推进快递业绿色发展的实施方案》；选取部分快递园区推广应用自动化分拣设备和节水、节电等技术工艺装备；组织快递企业、环卫企业、回收企业联合开展"快递业+回收业"定向合作试点。河南局充分利用政策，按照国家补助标准的30%给予快递车辆推广应用补助。广东局印发了《关于推进邮政业绿色发展的工作方案》，推动成立快递包装产业绿色发展联盟；引导企业申报省经信委绿色制造体系建设示范企业等科技项目。广西局将企业新购置的新能源车辆纳入地方补贴范围。海南局举办专题培训，解读了《快递封装用品》系列国家标准；联合环保厅召开邮政业绿色包装工作推进会。贵州局鼓励快递企业使用中转箱、环保袋、笼车、电子面单等设施设备。西藏局印发《开展可循环中转袋（箱）全面替代一次性塑料编织袋工作》。陕西局召开全省邮政管理部门和寄递企业发展绿色快递会议。河北秦皇岛局制定《邮政业绿色发展实施意见》。沧州局邀请市政协委员、邮政行业社会监督员等组成调研组就快递绿色包装进行实地调研。邢台局联合市职业技术学院开展"回箱计划"。内蒙古乌兰察布市首批新能源车辆充电桩在市电商快递物流产业园落地建成。浙江绍兴市政府发文支持新能源车辆作为邮政快递新能源配送车辆高峰时段全区域通行；台州局试点在营业场所设置快件包装回收设备。安徽安庆局、马鞍山局、阜阳局推动各大品牌快递企业分拣中心使用环保袋；亳州市部分乡镇电商快递综合服务中心设置快递包装盒回收箱。福建三明局联合市商务局启动"快递包装回收"活动。厦门局鼓励在大学设置"绿色共享纸箱"站。泉州局鼓励邮政企业试点甩挂运输。江西抚州局制定《推进快递业绿色发展的实施方案》。南昌局、赣州局、吉安局举办邮政业绿色发展动员会。

山东青岛局成立绿色快递建设综合试点工作领导小组。日照局组织"快递包装再利用地球家园添新绿"主题宣传活动。烟台局开展绿色包装试点和绿色包装进校园、进社区活动。东营局指导回收企业对快递垃圾集中分类收集、回收、无害化处理。湖北恩施局与国网电动汽车公司达成《促进邮政业绿色发展战略合作框架协议》。广西南宁局鼓励在社区营业网点配备标志清晰的快递包装回收容器。重庆七分局制定《推进快递业绿色包装回收循环使用的实施方案》。

第四部分　四季度市场监管和安全监管情况

2018年第四季度,全行业紧紧围绕打赢邮政业三大攻坚战任务目标和更贴近民生实事工作安排,践行"供给侧结构性改革"主线,深化"放管服",强化事中事后监管,聚焦邮政业服务民生,着力攻坚克难,推动邮政市场监管工作不断向纵深发展,取得良好成效。

一、持续巩固良好的发展态势

(一)为行业发展营造良好政策环境

吉林局出台《吉林省推进电子商务与快递物流协同发展实施方案》。山东局推动省政府出台《省办公厅落实〈国办关于推进电子商务与快递物流协同发展的意见〉的实施意见》。海南局联合商务厅等印发《推进电子商务与快递物流协同发展实施方案》。江苏泰州市政府印发《关于促进快递业持续健康发展培育经济新增长点实施意见的通知》;淮安市印发《关于加快推进全市快递业持续健康发展的实施意见》。重庆市出台《推进电子商务与快递物流协同发展实施方案》。湖南永州市政府印发《促进邮政和快递业健康发展实施方案》。云南大理州政府出台《加快快递业持续健康发展的意见》。

(二)全面深入推进"快递入区"工程

吉林局与省商务厅等4部门联合印发《关于开展城乡高效配送专项行动的实施意见》。河北局审议通过《雄安新区邮政业发展规划(2018—2035)》。江西局协助九江局提交《关于将智能信包(快件)箱纳入民生工程的提案》,争取政策资金支持;与商务等3部门联合印发《省城乡高效配送专项行动计划实施方案》;协调省公安厅出台《关于进一步规范和优化城市配送车辆通行管理的工作意见》。河北唐山局与市行政审批局等4部门联合印发《关于加快推进住宅区等规划建设邮政(快递)服务场所的通知》,联合市教育局下发《关于做好高等院校快递服务工作的意见》;邯郸局联合市房管局开展"智能信报箱更新补建试点工程";邢台局联合市综治等10部门印发《关于支持邮政业服务创新综合解决城市末端投递服务的实施意见》;秦皇岛局联合市发改等部门制定《关于推进我市快递园区建设工作的指导意见》。山东青岛启动"城市智慧物流(快递)末端公共配送服务平台"项目建设;潍坊市将配建邮政快递服务功能列入创建"品质示范小区"基本要求。湖北荆州局推动在公安县成立农村共同配送联盟。湖南岳阳局联合市房产局印发《关于支持邮政智能包裹柜建设提升邮政服务能力的通知》。广东肇庆局召开"快递集聚区企业进驻"现场推进会;韶关、云浮局联合住建等印发《关于加强全市住宅小区邮快件末端投递服务的通知》。贵州遵义市出台《关于促进快递业加快发展的实施意见》明确鼓励设立"智能快件箱"。河北衡水局联合海关等印发《关于实施快递入区下乡出境工程促进快递业与电子商务协同发展的通知》。

（三）加快推进快递"向西向下"发展

内蒙古局与自治区交通运输厅联合举办全区"促进农村物流发展暨交邮合作"现场会。安徽省出台《乡村振兴战略规划》。江西局推广"抱团下乡""合股下乡""并购下乡""快邮合作下乡"等，推动"快递下乡"转型升级。湖北局制定《邮政业助力脱贫攻坚三年行动方案》。海南局协调商务厅，争取100万元消费扶贫资金保障农产品寄递服务。青海局引导快递企业利用客货运输站点、农资配送点、供销网点、电商服务中心、村邮站、学校等场所叠加快递业务；接受《农民日报》专题采访，并刊登《创新"快递下乡模式"青海在行动》文章。河北唐山局联合市商务局等印发《关于推进全市邮政业服务农村电子商务协同发展的意见》。江苏苏州局推动寄递企业与社区对接开展生鲜产品"基地＋社区直供"电子商务业务；无锡局联合市农委启动"太湖大闸蟹"项目；盐城东台市成立乡镇、村一级统一派送平台公司，向农村延伸统一派送网点；南通局组织快递企业与海门市悦来镇党委共建"邮管家—红色驿站"。浙江舟山局推动快递与渔业融合，发展海产品冷链运输。安徽合肥局推动农村公交场站建立物流配送服务平台。福建泉州安溪茶叶项目和漳州平和蜜柚项目入围快递服务现代农业金牌项目。山东济宁市政府出台《关于推进快递业新旧动能转换实施意见》；德州局与交通等部门联合出台《关于进一步推进农村物流网点建设促进农村物流发展的实施意见》；枣庄市政府印发《关于加快推进县域经济健康发展转型发展的意见》；烟台局联合商务等部门成立城乡高效配送工作领导小组，推动市政府出台《物流业发展三年行动方案》。湖北荆门市政府拟出台《关于进一步加快服务业发展的二十条意见》，对符合规定的物流企业给予投资额10%的补贴；恩施局印发《关于进一步推进"村村通快递"工作的通知》。广东清远市印发《"交邮合作"战略实施方案》。云南德宏局下发《贫困乡镇和新建乡镇"快递超市"补助方案》，补助"快递超市"建设资金11000元。青海西宁通过在乡镇邮政所挂牌"邮政快递末端综合站"，推进"邮快合作"。

（四）着力推动快递"向外"发展

河北省政府印发《唐山跨境电子商务综合试验区建设实施方案》。江西省政府出台《优化口岸营商环境促进跨境贸易便利化工作实施方案》。海南省政府印发《关于进一步推进跨境电子商务发展的意见》。河北唐山市政府印发《唐山跨境电子商务综合试验区建设实施方案》。安徽合肥局参加市八大开放平台建设工作调度会，推动国际邮件互换局、空港国际快件处理中心建设。湖南长沙局督导长沙一邮速递服务公司配合海关，加快推进"单一窗口"和口岸信息化工作。广东珠海局联合市商务局推动珠港澳跨境物流园、广丰物流园的建设；深圳局与海关建立沟通机制，建立邮管—海关联合执法监管机制。

（五）持续建设快递试点示范工程

天津局联合蓟州区政府举办农特产品快递服务直通车对接会。安徽局推动砀山酥梨、黄山茶叶项目成为快递服务现代农业示范基地。山东局下发《关于加强"超百万件"快递服务项目管理的通知》《关于开展2018年快递服务现代农业项目报送工作的通知》。湖北省局印发《邮政业安全生产标准化创建活动实施方案》。海南省政府召开促进快递物流业发展座谈会；海南局召开了安全管理标准化现场会，推进企业安全生产标准化建设试点工作。河北廊坊局印发《关于进一步推进"三化"建设的通知》。江苏南京局会同市发改委等组织开展了2018年市级服务业发展专项资金(快递业)专项补助资金申报工作。浙江杭州局印发《快递营业网点规范化建设实施意见》。安徽宣城局联合郎溪、广德两地商务部门推动同城快递设立工作建设县快递综合服务平台。山东济宁局推动邮政业纳入《全市乡村振兴战略规划》。湖北恩施局印发《快递营业网点分级管理办法》。湖南湘潭局联合商务局等，实现配送中心、末端综合服务网点和自助提货设施共享共用进行试点，明确将在相关奖补政策中予以倾斜。广东广州局会同政法等部门成立快递安全管理星级评定工作小组，开展快递网点安全管理星级评定；清远局联合商务局等18部门印发《复制推广试点经验深化内贸流通体制改革工作实施方案》。重庆三分局开展网点标准化培训。

(六)全面推动快递上机上车

海南局推进快递利用环岛高速铁路开展高铁快递业务。四川局试点省内开通的高铁线路开行首班高铁压轨车搭乘部分邮件、快件，根据已开通的高铁线路适时开行货运动车组。陕西局推动快递搭乘"一带一路"专线货运车辆"长安号"。福建厦门局组织调查，征集企业通过南昌干线铁路运输快件需求；泉州局联合晋江机场持续深化落实《关于支持建设泉州市快件绿色通道的意见》各项措施。山东青岛、日照等局联合民航等部门，推进快递航空绿色通道建设；潍坊市政府印发《促进邮政和快递服务业发展的实施意见》，推动在火车站、机场建设快件运输"绿色通道"。广东湛江局鼓励快递企业提前参与湛江新机场布局建设。

(七)因地制宜推动车辆通行管理工作

天津局争取市政府同意给予快递电动二轮车登记上牌政策的3年"过渡期"。山西局协调省交通管理局印发《关于进一步加快城市配送车辆交通安全管理工作的通知》。吉林省局起草《关于规范快递电动车城市通行管理的实施意见》。上海局出台《关于进一步加强快递专用车管理的通知》，印发《上海市快递揽投专用电动自行车管理办法(暂行)》。安徽局起草《关于规范快递末端服务车辆管理的实施意见(征求意见稿)》。江西局与商务等部门联合印发《城乡高效配送专项行动计划实施方案》，协调省公安厅出台《关于进一步规范和优化城市配送车辆通行管理的工作意见》。山东省政府印发《关于加强低速电动车管理工作的实施意见》，山东局印发《关于规范快递末端服务车辆管理的实施意见》。湖北局联合省公安交管局拟出台《关于规范和优化全省快递服务车辆通行管理的通知》。重庆局与市公安交巡警总队制定《重庆市快递服务车辆管理办法》。贵州省政府印发《关于实施城市道路交通文明畅通提升工程的通知》，贵州局联合省公安厅等印发《城市道路交通文明畅通提升工程考核评价办法》。河北张家口局印发《关于进一步加强全市快递行业三轮车统一规范管理工作的通知》《关于进一步加强全市快递三轮车规范管理的紧急通知》；衡水局、承德局联合本市公安交警支队印发《关于进一步加强快递机动车辆管理的通知》；秦皇岛局联合市公安交管部门印发《关于进一步加强邮政快递车辆管理的通知》。江苏无锡局与市交警支队就邮政快递专用电动三轮车通行发牌工作拟定了会议纪要；泰州局联合公安局印发《关于快递电动三轮车规范管理的实施意见》；常州局开展行业电动三轮车驾驶人员安全培训；南通局与市交警支队联合下发《快递配送车辆通行管理有关问题会议纪要》；扬州局制定《快递专用电动三轮车规范管理实施方案》。安徽合肥局联合交警部门办理快递运输车辆市区禁行路段通行证;芜湖局推动快递协会对接市交警部门出台具体电动三轮车统一规范标准及车辆备案方案;宣城局联合交警部门对快递企业开展培训;池州局出台《关于快递车辆规范管理的实施意见》。山东青岛市政府印发《关于加强快递服务车辆规范管理的通知》,青岛局联合公安交警等部门举行"快递三轮车规范通行启动仪式";潍坊局联合市公安局交警支队等印发《快递专用电动三轮车通行管理专项整治行动方案》;枣庄局联合市快递协会试点开展快递电动三轮车规范通行管理;滨州局印发《关于促进全市邮政快递车辆提档升级的通知》。湖南郴州市政府印发《邮快件配送车辆管理暂行办法》;湘潭局制定提交《湘潭市快递配送车辆通行管理暂行办法》,获准预留1500台通行名额;衡阳局指导协会开展交通法规培训。广东韶关市政府印发《邮政快递专用电动三轮车规范管理工作方案》,韶关局联合市文明办等举办"快递三轮车交通文明出行宣誓仪式";深圳局拟出台《特殊行业电动三轮车过渡期备案管理工作实施方案》;江门联合交通等部门印发《关于保障快递企业运输车辆便捷通行的通知》;东莞出台《物流快递领域车辆纯电动化发展实施方案》。广西北海局制定三轮车通行管理方案已获批。重庆垫江局印发了《规范全县寄递行业专用车辆通行管理的实施意见》;四分局拟定《渝中区快递专用三轮车规范管理的实施意见》;五分局联合区综治办起草《渝北区快递末端网点管理办法》;六分局与区公安局等联合推进快递服务车辆管理办法。贵州安顺局、黔西南局、铜仁局、黔东南局、黔南局、遵义局等出台本地快递三轮车辆通行实施细则。云南昭通局联合住建局等出台《邮政快递车辆通行管理实施方案的通知》。西藏那曲局联合交警支队实施快递服务车辆一车一档。甘肃省所有快递干线车辆、城市配送车辆和电动三轮车上喷涂"甘肃快递"统一标识。青海海东局、果洛局、黄南局、海北局、玉树局分别联合当地公安交警支队印发《关于规范快递服务车辆运行管理通知》。

(八)推动快递服务制造业

江西局推动"订单末端配送""仓配一体化""入场物流"等服务模式培育项目。广东局推动快递企业驻厂揽收、整箱发货、正反向配送等寄递服务新模式。河北邢台局联合工信局印发《关于推动快递服务制造业发展的三年行动计划》;衡水局联合工信局印发《关于推动快递服务制造业发展的通知》。

(九)探索创新保险服务

吉林省局联合人社厅对快递企业不同岗位类型从业人员的工作休假情况、计酬标准、劳动定额等情况进行摸底。上海局与太平洋保险开展合作,选取品牌快递进行试点。广东局推动天天总部与第三方保险公司签订保险协议。甘肃局协调保险公司为快递电动三轮车提供保险服务。江苏盐城局推动太平洋保险公司开发适用快递企业电动三轮车事故赔偿的第三者责任险和雇主责任险。江西南昌局组织备案的邮政快递电动三轮车驾驶员和车辆购买意外险;吉安局引导企业为快递员购买三轮车第三责任险和人身意外险。湖南岳阳快递行业协会协调平安保险公司,为快递企业制定专门保险方案。

二、履行行业安全监管职责

国家邮政局持续加大落实"三个必须"要求,抓好《地方党政领导干部安全生产责任制规定》落实。推动邮政业安全生产领域改革,督促各地出台《关于打好防范化解重大风险攻坚战的实施意见》配套方案。强化落实企业安全生产主体责任,出台具体指导意见,提出24项措施。推动《邮件快件实名收寄管理办法》出台和贯彻落实。全面落实综治考评、数据共享、通报反馈、联合督办等各项工作机制,推动部门责任和属地管理责任落实。扎实做好寄递渠道反恐禁毒、扫黄打非、打击侵权假冒和跨境走私等专项工作,深入开展违法寄递危险化学品治理,加强寄递渠道非洲猪瘟疫情防控。深入开展涉枪涉爆隐患集中整治。

(一)健全安全监管机制

北京、黑龙江等局召开寄递渠道安全管理协调小组年度工作会。河南局开展反恐怖主义法宣传月启动仪式,组织品牌企业省级总部召开再动员再部署会议。湖北省邮政业安全中心正式挂牌成立。贵州局与公安、国安部门建立邮路安全监管办公室,与国安部门印发可疑邮件、快件举报奖励办法。河北石家庄成立邮政行业安全生产委员会;沧州市政府审议通过投资130余万元用于寄递渠道安全监管平台项目建设。内蒙古鄂尔多斯局联合公安等8部门印发《关于建立健全联合监管机制确保寄递渠道安全畅通的实施意见》。江苏南京局为企业统一印制了《X光安检机使用管理台账》;苏州局联合公安部门在韵达、德邦分拨中心设立警务室;无锡局制定《邮政业安全生产领域改革发展工作方案》;泰州局与烟草专卖局建立联合执法机制;盐城市成立建湖邮政管理局、盐都邮政管理局和盐城市邮政业安全中心;大丰邮政管理局和大丰邮政服务中心获批。安徽芜湖局向各寄递企业下发《寄递渠道安全管理工作考核办法》;宿州局印发《邮政业安全生产大检查实施方案》,联合市消防支队在砀山开展消防安全培训演练;马鞍山局联合市烟草专卖局印发《联合打击寄递渠道涉烟违法行为工作机制》。广西南宁成立邮政业安全中心;北海局与走私办建立联合打击烟草走私工作协作机制,与公安部门建立联合检查机制;崇左局联合公安等部门开展邮政行业安全生产工作培训,联合公安开展"寄递安全"进军营主题宣传活动;联合消安防火咨询中心开展行业消防安全知识培训暨应急演练活动;防城港市寄递渠道安全管理领导小组列增市烟草局并将安全监管纳入地方综合治理考评体系;桂林局与公安等部门定期报送企业信息和行业安全信息。西藏林芝局印发《领导干部安全生产党政同责失职追责实施意见》。重庆局构建"政府监管+专家会诊"安全监管模式,编制完成《邮政业安全生产监督检查工作手册》。广东局印发《邮件快件寄递安全管理工作综合治理考核评价实施方案》,联合省委政法委、公安厅到深圳、东莞等地市开展全年综合治理(平安建设)考核评价工作。

(二)健全安全监管制度

内蒙古局制定印发《邮政行业安全生产法律法规摘编(企业主体责任115项)》和《内蒙古自治区邮政行业安全生产法律法规摘编(政府监管责任39项)》。上海局制定《关于强化落实企业安全生产主体责任的实施方案》。江苏局印发《关于进一步规范邮政业安全信息报送工作的通知》。安徽局修订《邮政业突发事件应急预案(征求意见稿)》。江西局组织开展专题普法工作,向企业宣贯《快递暂行条例》《禁止寄递物品管理规定》等法律知识。广东局印发《关于强化落实全省寄递企业安全生产主体责任实施意见》。青海局印发《关于进一步落实寄递企业安全生产主体责任的通知》。内蒙古阿拉善盟局制定《快递企业履行安全生产主体责任管理办法》。

(三)强化落实安全主体责任

北京局印发《关于进一步加强寄递物品安全管理工作的通知》《关于严禁违法收寄危险化学品扎实做好当前邮政业安全生产工作的通知》《关于做好城市安全隐患治理三年行动工作的通知》《转发关于加强危险化学品风险管控切实做好当前安全生产工作的通知》。河北局印发《关于强化落实寄递企业安全生产主体责任的实施意见》。辽宁局组织各地市开展企业法人安全知识和管理能力考试。黑龙江局制定《关于加强安检设备配置和管理工作的通知》。江苏局印发《强化落实企业安全生产主体责任的实施方案》《邮政行业今冬明春火灾防控工作方案》。安徽局印发《邮政业安全生产标准化建设活动方案》《邮政业安全生产标准化建设活动指导目录》《关于强化落实企业安全生产主体责任的实施办法》。江西局印发《关于开展全省寄递安全整治月活动的通知》。湖北局下发《关于进一步加强当前邮政业安全生产工作的紧急通知》。海南局印发《寄递企业落实安全生产主体责任的指导意见》。重庆局印发《关于进一步深入开展邮政业安全生产大排查大整治大执法工作的通知》《关于做好中国国际智能产业博览会期间辖区寄递渠道安全服务保障工作的通知》。四川局印发《寄递企业安全生产检查清单》《安全生产检查清单》《快件处理场所安全生产隐患排查检查清单》《快递营业场所安全生产隐患检查清单》。西藏局印发《关于进一步推动落实企业安全生产主体责任的通知》。青海局制定印发《关于进一步落实寄递企业安全生产主体责任的通知》。新疆局下发《关于进一步加强当前我区邮政业安全生产工作的紧急通知》。山西大同局部署寄递企业指派专人对下属分支机构定期进行安全巡查；晋城局组织寄递企业开展制度建设评比观摩。内蒙古阿拉善盟局出台《快递企业履行安全生产主体责任管理办法》；乌海局制定《关于强化落实企业安全生产主体责任的实施意见》。江苏镇江局与市公安局技侦支队在快递分拨中心及处理场所建立警邮合作办公室；盐城局下发《快递企业安全台账记录》《企业规章制度》。安徽淮北局印发《邮政业安全生产标准化建设活动指导目录》；黄山局下发《关于强化落实企业安全生产主体责任的实施办法》。江西南昌快递协会出台《寄递企业安全员交叉检查工作方案》；九江局实施推进"落实企业寄递安全主体责任"工程；赣州局建立"企业自查+部门抽查+处罚"推进机制。山东泰安局编制《落实寄递安全主体责任实操手册》。云南怒江局下发《关于强化落实寄递企业安全生产主体责任的通知》。西藏林芝局下发《关于进一步推动落实企业安全生产主体责任的通知》。

（四）强化寄递安全防控体系建设

安徽局发放《邮政业安全信息综述》《月度安全信息分析报告》。江西局联合省政法委等印发《关于好安检机配置工作的通知》，争取到1200万元奖补政策；联合省综治办制定《寄递安全风险防控体系建设实施方案》，下发《关于进一步加强危险化学品和易制毒化学品寄递管控的通知》。湖北局印发《举报毒品违法犯罪行为奖励办法》。湖南局下发《关于加强危险化学品风险管控切实做好当前安全生产工作的通知》。云南局印发《关于打好防范化解重大风险攻坚战的实施方案》。新疆局下发《关于加强危险化学品风险管控切实做好我区邮政业安全生产工作的通知》。浙江湖州局印发《"平安寄递"细胞创建活动实施方案》。江西吉安市局下发《寄递渠道涉枪涉爆隐患集中整治专项行动工作方案》。山东枣庄局制定《邮政行业风险点（危险源）辨识评价表》《公司安全隐患排查登记表》。湖南张家界局印发《关于明确安检机使用管理的通知》，与公安等联合印发《关于规范协议客户邮件快件过X光机安检的通知》。

（五）加强应急能力建设

黑龙江局针对国通停网事件快速核查、报备，并密切关注舆情动态。上海局按照"及时上报、迅速响应、有效指导、协同配合"的处置原则，妥善处理快捷快递维稳协调事件，确保行业安全稳定。陕西局妥善处理两起生产安全致人死亡事件。河北邢台局开展联合演练，邢台市公安局特警防爆队出动排爆机器人予以配合。广西贵港局委派干部参加市安监局、地震局组织的相关业务知识培训；玉林局结合安全生产月组织企业以品牌为单位开展以危化品泄漏事故、扣件、禁寄物品处理等为内容的应急演练活动。

(六)加强数据管理

上海局与市大数据中心签署合作协议,推进"快递+政务"服务和建设。山东东营局、菏泽局、湖南岳阳局组织寄递详情单集中销毁活动。青海海南局开展保管期满业务档案资料集中销毁工作。

三、大力提升监管服务能力

国家邮政局落实"五个为""六个一"工作要求,精简申请材料,清理证明事项,许可申请事项平均办理时限已经压缩至12.7个工作日,行业发展的营商环境进一步优化。"互联网+政务服务"得到落实,许可各项工作基本实现全流程网上办理,实现了"一门、一次、一网"要求。督促开展快递末端网点备案工作,实现全流程在线办理。四季度,新增末端备案网点3.9万个,平均办理时限1.4个工作日。

四季度,各级邮政管理部门出动执法人员2.81万人次,检查企业1.33万家次,查处违法违规行为1633次,实施约谈告诫47次,下达整改通知619件,办理邮政市场行政处罚案件967件,罚款577.8万元。

(一)推进快递业务经营许可工作

北京局与公安等地方政府部门沟通,明确快递末端网点的法律地位,组织专项会议发布有关工作通知。内蒙古局印发《快递末端网点备案工作实施细则》。福建局下发《快递末端网点备案情况的通报》。山东局、海南局制定《快递末端网点备案实施方案》,举办快递末端网点备案专题培训班。重庆局制定《快递末端网点备案工作实施方案》《快递末端网点备案工作细则》。河北衡水局、邯郸局组织开展快递末端网点备案管理培训会;邯郸局制定《邯郸市快递末端网点备案工作实施方案》。江西抚州、景德镇局制定《快递末端网点备案实施方案》。山西局将企业年度报告工作纳入对地市邮政管理局的考核。北京局按月通报全市快递经营许可审批时限,要求各局查找超时原因并对照整改。上海局下发《关于进一步加强快递企业许可基础数据管理的通知》。海南局对接国务院《中国(海南)自由贸易试验区总体方案》,积极与属地海关、国家安全等部门进行政策对接和沟通协调。

(二)全面实施"双随机、一公开"执法检查

北京、天津、河北、内蒙古、江西、山东、河南、湖北、海南、重庆、贵州、西藏、甘肃、青海等多地开展"双随机"检查。上海局下发《行政执法检查工作规定》。江苏局对随机抽查系统应用进行了业务培训。安徽局在门户网站公开《快递市场"双随机"执法检查情况》。山东局制定《双随机抽查工作细则》《随机抽查事项清单》。广东局、青海局组织全省邮政行政执法综合业务培训。广东局开展系统内行政执法评议考核。江苏镇江局制定《邮政管理部门随机抽查工作实施细则》;宿迁局与市工商局等共同印发《网络市场经营主体跨部门双随机联合检查工作方案》《邮政市场监管"双随机"抽查工作实施细则》。安徽马鞍山局制定和公布随机抽查事项清单,建立执法人员和监管对象信息库,配合公安、工商等地方相关部门开展联合检查。

(三)推进市场监管标准化、信息化能力建设

吉林局推动省邮政速递物流公司与省政务大厅签订《"只跑一次"政务服务快递送达战略合作协议》;推动邮政速递公司与出入境管理局合作,助力"互联网+公安"综合服务平台建设。河北衡水局制定《远程视频监控平台管理办法》。黑龙江局制定案卷评查标准。山东淄博局开发邮政行业管理信息系统;潍坊局启用邮政市场监管综合信息平台。广东揭阳局建设邮政业安全监管信息系统第一期工程;佛山、中山、江门市局开发使用政企通信息系统。贵州安顺局开发市场监管小程序;遵义局开发"邮政业管理服务平台"。

（四）加强行政执法规范化建设

内蒙古、黑龙江、江西、云南、广东、海南、重庆、四川、青海、宁夏等局组织行政执法培训班。内蒙古、湖南、贵州、青海、广西等局开展行政执法案卷评查工作。河北局印发《邮政行政执法评议标准》《法治邮政建设指标体系》。山西局组织完成了全省的执法考试。江苏局组织召开全省快递服务旺季保障及市场监管业务培训班。浙江局与机场公安建立联动执法机制。安徽局组织全系统参加省政府行政执法人员资格认证通用法律知识考试。福建局下发《关于开展规范使用行政执法信息系统专项督导的通知》。山东局印发《邮政管理系统开展行政执法案卷评议工作实施方案》。安徽淮南局组织以执法实际操作为核心的业务培训；芜湖局内部定期开展业务能力培训；宿州局开展执法案卷自评工作；阜阳局组织开展邮政业相关法律法规集中学习讨论。

四、大力推动快递服务质量稳步提升

（一）进一步推进放心消费工程

各地邮政管理部门继续开展"不着地、不抛件、不摆地摊"专项治理工作。河北局举办河北省邮政业"诚信快递放心消费"知识竞赛。山西局建立完善服务责任追溯机制和赔付维权工作机制。上海局申诉中心整编扩容，加强申诉情况统计分析。山东局制定《快递服务质量提升联席会议制度》。青海局委托西安邮电大学开展快递服务时限测试和消费者满意度测评项目；举办全省寄递服务质量提升培训班，邀请高校教授对《提高服务质量维护消费者权益》《用户感知与快递服务质量》进行了专题讲解。内蒙古鄂尔多斯局联合工商局等26部门印发《关于开展放心消费创建活动营造安全放心消费环境的实施意见》；乌海局联合市文明办举办"最美快递员"评选活动。江苏徐州局联合放心消费办修订《快递行业放心消费创建先进单位、示范单位认定管理办法》；镇江局下发《开展2018－2020年度快递行业放心消费创建活动》。山东泰安局印发《关于推进寄递企业服务质量提升的实施意见》，召开寄递企业服务质量提升动员部署会与媒体通气会；青岛局印发《全面深化寄递服务质量提升专项行动工作方案》。湖北局组织快递企业召开快递服务质量提升联席会。海南省中部局联合保亭县工商局等11部门印发《关于开展"放心消费在保亭"创建工作的实施方案》。青海西宁局印发《邮政行业开展放心消费创建活动实施方案》。

（二）深入强化市场秩序专项治理

河北局开展辖区随机督查。山西局安排地市局对无证经营、超范围经营的网点进行查处。内蒙古乌海局举办安检培训班加强寄递渠道安全保障。辽宁局联合省公安厅、省交通运输厅开展寄递物流业安全监管专项交叉互检。上海局与市烟草等部门推进快递服务专项治理。重庆局按照清理整顿各类交易场所部际联席会议精神，印发《关于稳妥处置地方交易场所遗留问题和风险的意见》。河北承德局联合市综治办等印发《关于加强寄递渠道综合治理工作的通知》。江苏南通局对全市菜鸟驿站展开专项治理，联合海门工业园区管委会、海门市公安局展开专项整治行动。江西吉安局下发《快递市场清理整顿专项行动工作方案》。安徽滁州局联合公安等部门对快递企业开展联合执法；马鞍山局联合公安等部门对无证经营经营组织开展快递市场清理整顿行动。

（三）全面加强和改进快递末端服务管理工作

山西、山东、四川、青海等局督促区域总部企业建立健全"四专"机制。湖南局印发末端转型升级指导意见。海南局指导企业开展"关爱周"活动。河北局印发《提升快递从业人员素质的实施意见》；唐山局出台《关于加强和改进快递末端服务管理工作的指导意见》；衡水局联合市综治办等8部门出台《关于支持邮政业服务创新综合提升城市末端投递服务水平的实施意见》。山东泰安局联合协会成立15家快递爱心驿站，改善投递员的生产工作环境；莱芜局联合协会开展"快递员关爱"活动，在快递网点和其他行业门店设立"快递员歇脚点"；日照局依托工会爱心驿站为快递员提供饮水、点心等关爱服务。湖南湘潭市人民政府出台《加快现代物流业发展的若干政策措施》；争取商务局政策资金以项目建设补贴引导标准化建设和共同配送工程。广东广州市政府同意在海珠区、白云区试点投放共1.2万辆快递电动三轮车。青海西宁局与市总工会沟通，推动成立西宁市非公快递企业工会；海东局与市总工会联合印发《关于在全市快递行业建立工会组织暨组织全市快递从业者加入工会的通知》。

五、全面加强行业信用体系建设

天津、河北、山西、内蒙古、吉林、江苏、江西、山东、青海和宁夏等省（市）全面完成辖区快递信用评定委员会设立工作。江西局联合省快递协会表彰5家"落实企业安全主体责任优良企业"和12个"诚信服务示范窗口"单位。广西局起草快递业信用委员会方案。海南局印发了《快递业信用体系建设工作实施方案》《快递业信用评定委员会工作规定》。重庆局印发《快递业信用体系建设工作实施方案》。贵州局制定《快递业信用评定委员会工作规则》。青海局印发《快递业信用评定委员会工作规定》。河北衡水局联合市发展改革等部门，印发《关于全面加强电子商务领域诚信建设的实施意见》；廊坊局、邯郸局制定《快递业信用评定委员会工作细则》。内蒙古呼伦贝尔局联合市共青团开展快递业青年文明号表彰、最美快递员评选。山东青岛局制定行业诚信体系建设标准，将其纳入青岛市诚信考核体系。湖南岳阳局联合工商等31个部门印发《岳阳市失信企业协同监管和联合惩戒合作备忘录》。

六、推进行业绿色发展

国家邮政局在市场监管司新设环境保护处，强化邮政业绿色发展工作。全国政协召开第二次网络议政远程协商会，建言献策快递绿色发展。完善快递绿色包装试点成果，研究出台了《快递业绿色包装指南（试行）》，编发《快递业绿色包装工作读本》。

北京局印发《促进邮政业绿色发展的实施意见》，召开绿色发展动员大会；委托开展快递车辆规范管理及通行政策、快递末端服务设施标准化两项课题研究，制定城市副中心行政区快递末端新能源汽车配送方案；组织企业参与首届绿色包装设计征集活动；联合中国国际电视台制作首都绿色邮政发展电视片，在"双11"向全球70余个国家的观众播出。辽宁局引导企业使用POF薄膜包装机。吉林省局印发《邮政业全面加强生态环境保护坚决打好污染防治攻坚战工作方案》。上海局印发《全面加强生态环境保护坚决打好污染防治攻坚战的实施方案》。江苏局联合生态环境厅召开"绿色邮政绿色宣言"新闻发布会。浙江局印发《邮政业全面加强生态环境保护坚决打好污染防治攻坚战行动方案》。福建局联合省发改委等8部门印发《协同推进邮政快递业绿色包装工作实施方案》。江西局下发《关于2018年全省快递业绿色发展情况的通报》，对快递业绿色发展进行梳理总结。山东局下发文件推广电子面单。湖南怀化局制定《关于推进快递业绿色发展的实施方案》，鼓励企业进一步使用电子面单。河南局印发《推进快递业绿色包装三年行动计划实施方案》。广东局联合生态环境厅举办邮政快递绿色发展研讨暨成果展示会，撰写《以绿色发展为内生动力推动行业高质量发展》的汇报材料。广西局配合省政协完成绿色快递发展调研报告。海南局联合生态环境等8部门印发《关于协同推进快递业绿色包装应用工作的实施意见》。贵州局制作了以"绿色快递·你我同行"为主题的倡议书和宣传画各2000份向广大市民发放。西藏局印发《关于开展可循环中转袋（箱）全面替代一次性塑料编织袋工作》。陕西局联合发改委等7部门印发《关于协同推进快递业绿色包装工作的实施意见》。河北张家口局印发《关于坚决打好邮政业污染防治攻坚战的实施方案》；秦皇岛局制定《邮政业绿色发展实施意见》。内蒙古通辽局印发《关于推进快递业绿色发展工作的实施方案》。上海松江局制定《全面加强生态环境保护坚决打好污染防治攻坚战的实施方案》；奉贤局委托开展"上海市奉贤、金山区域邮政快递业促进绿色发展研究项目"。江苏徐州局印发《关于深入推进全市邮政行业绿色发展的指导意见》；宿迁局联合环保局研究制定《战略合作框架协议》；常州武进局举办首届快递职工职业技能竞赛，将寄递标准化包装作为大赛重要内容。山东青岛局举办"绿色邮政建设行动暨旧衣回收环保活动启动仪式"。云南省政府印发《关于印发云南省加快新能源汽车推广应用工作方案》；云南局委托昆明局，与云南能投公司联合举办、省工信厅主办的新能源物流车推广应用协调推进会。

第二章 2018年市（地）邮政管理工作综述

2018年是改革开放四十周年，也是决胜全面建成小康社会、实施"十三五"规划承上启下的关键一年。各市（地）邮政管理局深入学习贯彻习近平新时代中国特色社会主义思想，在国家邮政局和省（自治区、直辖市）邮政管理局的坚强领导下，认真贯彻落实国家邮政局党组各项决策部署，继续按照"打通上下游、拓展产业链、画大同心圆、构建生态圈"二十字发展思路，迎难而上、扎实工作，各方面工作取得了积极成效。

一、地方政府支持力度持续加码

2018年，各市（地）邮政管理局继续争取地方政府支持，行业发展支持力度持续加码，行业发展环境继续优化。

陕西省延安市政府印发《关于促进快递业发展的实施意见》，提出以解决制约快递业发展的突出问题为导向，以"市场主导、安全为基、创新驱动、协同发展"为原则，加快实现行业转型升级和提质增效，全面提升服务水平。《意见》提出，到2020年，延安市要基本做到"县县有快件处理中心、乡乡有网点、村村通快递"；快递年业务量达到1500万件，实现业务收入2亿元；重点培育5家业务收入超千万元的快递企业，30家业务收入超500万元的快递企业；市县间实现24小时投递。

江苏省无锡市、四川省遂宁市出台了进一步推进物流降本增效促进实体经济发展的工作方案。其中，无锡市的方案提出，加快物流集疏运体系建设，加快发展航空物流，推动交通、邮政融合发展，在主要交通枢纽规划建设一批邮件、快件集散处理中心、转运中心等基础设施；支持并推动物流数据开发共享，推动公路、铁路、航空、水运、邮政及公安、工商、海关、质检等领域相关物流数据对接和开放共享，加快开展物流大数据应用示范；大力发展共同配送，要根据全市实际情况制定快递专用三轮车技术标准及上路行驶和停靠规定，建立源头管控和路面联动的邮政快递末端配送车辆管理模式。遂宁市的方案提出，完善快递配送网络，支持传统邮政信报箱功能改造升级，推动城镇住宅小区智能邮政信包箱设置，支持各县（区）建设快递分拨处理中心，支持整合镇（乡）快递要素资源，建设农村快递电商超市，加快村级快递物流末端设施建设，搭建快递进村服务平台，做大农产品进城增量，积极发展农村货运班线、快递班车等双向货运服务，建立健全农村末端小件快运服务网络。

江苏省宿迁市出台了《宿迁市政府扶持物流业发展若干政策（试行）》，全市快递业发展得到全方位支持。《若干政策》鼓励本地物流、快递企业对照全国物流标准化技术委员会发布的物流标准目录，开展标准化创建，提升服务能力和服务质量，重点支持农产品食品冷链物流、电器物流、电子商务物流等领域的标准化建设。对通过相关认证的企业，按其标准化创建投入的10%给予奖励，每个项目最高不超过50万元；鼓励全国性大型物流、快递企业在宿迁设立区域分拨中心，具体支持政策可另行制定；支持物流、快递协会发展，在办公场所、内部管理、业务培训等方面给予支持。

山西省阳泉市政府办公厅印发的《关于促进邮政业发展的实施意见》明确，通过加强用地规划、保障土地供应和降低用地成本等方式保障邮政业发展建设用地；充分利用"全省转型综合配套改革试验区和全省唯一创新城市试点"的战略机遇和阳泉区位优势加快推进快递物流园区和分拨处理中心建设；积极推进快递公共投递服务站和智能快件箱(包裹柜)建设;为邮政业发展提供工商登记便利、资金支持和财税优惠政策。

湖南省株洲市政府出台的《关于促进快递业发展的若干意见》提出,优化快递行政审批改革、支持快递产业园建设、给予资金支持、做大做强快递企业、加快快递末端建设、加强快递车辆管理、推进"快递下乡"、加强寄递安全管理、加强通行保障、强化项目用地保障、加快人才培养和行业诚信建设等重点任务与政策保障措施,并具体明确了市政府将从规划编制、土地供给、金融扶持、资源共享、快递车辆便捷通行、人才培养、财税等政策等方面给予大力扶持,为快递业发展提供支撑。

黑龙江哈尔滨市政府印发《哈尔滨市"互联网+流通"行动计划实施方案》,推动线上线下高度融合,释放消费潜力。《实施方案》鼓励发展协同经济新模式,围绕产业链、供应链、服务链建立上下游企业、创业者之间的垂直纵深与横向一体化协作关系,提升社会化协作水平和资源优化配置能力。《实施方案》还明确加大流通基础设施建设力度,科学规划和布局物流基地、分拨中心、公共配送中心、末端配送网点,推进电子商务与物流快递协同发展。着力解决快递运营车辆规范通行、末端配送、电子商务和邮政快递从业人员基本技能培训等问题;积极拓展智能消费新领域。鼓励具备条件的县(区、市)探索建设线上线下融合发展的体验式智慧商圈,促进商圈内不同经营模式和业态优势互补、信息互联互通、消费客户资源共享等。

二、电子商务和快递协同发展深入推进

以2018年《快递暂行条例》的颁布实施和《国务院办公厅关于促进电子商务和快递物流协同发展的意见》出台为契机,28个省份印发配套文件,各市(地)邮政管理局积极推动政策落地,一系列极具含金量的政策措施在行业落地生根,电子商务与快递物流协同发展深入推进。

辽宁省盘锦市政府召开工作会议专题研究部署《快递暂行条例》贯彻落实工作。该市成立由副市长张志焕任组长的贯彻落实《条例》领导小组,市邮政管理局代表领导小组办公室就《盘锦市贯彻落实〈快递暂行条例〉实施方案》做了起草说明和任务分解,重点就下一步贯彻落实进行了具体安排部署。盘锦市要求,各县(区)、经济区管委会及各相关部门要相应成立领导小组,将任务清单和职责分工落实到人,并将贯彻落实情况纳入市政府绩效考核和督促检查的重要内容。

江苏省南京市邮政管理局强化合作联动,加强与公安、交通、市场监管等部门的工作对接,以《条例》为抓手,健全完善快递安全监管机制,破解制约快递业发展桎梏,优化行业发展环境,促进行业转型升级提质增效,推动全市快递业持续健康发展。镇江市邮政管理局联合市公安局开展《条例》系列宣传活动,通过微信、QQ等网络平台,向辖区快递企业及末端网点推送《条例》全文和解读内容;积极发动辖区其他行业参与《条例》"跨界大宣传"活动,充分利用辖区内酒店、小区物业的电子屏幕、宣传栏、展示橱窗等宣传阵地,对《条例》宣传标语进行播放展示;督促快递企业加强内部培训,提高从业人员对《条例》的认识,增强贯彻执行《条例》的自觉性。

福建省莆田市政府出台《莆田市推进电子商务与快递物流协同发展实施方案》,将各县(区)政府、市经信委、市发展改革委、市邮政管理局、市住建局、市交通运输局、市商务局等部门纳入责任单位共同推动《方案》落实。《方案》从创新产业支撑政策、健全企业间数据共享制度、健全协同共治管理模式等18个方面进一步深化快递与电子商务协同发展。在创新产业支持政策方面,《方案》提出将智能快件(信包)箱、快递末端综合服务场所列为公共服务设施,城市新建小区和旧城区改造要将智能快件(信包)箱、快递末端综合服务场所作为社区公共服务设施,与建筑工程同步规划、同步设计、同步施工、同步验收;在推动配送车辆规范运营方面,明确快递企业自有的喷涂自身标

识用于全市辖区内本企业揽投快件的配送车辆不用办理道路运输许可证,快递专用电动车在全市范围内沿用原有通行管理办法,实行统一挂牌上路通行;在便利车辆通行方面,提出支持快递进海岛,各县(区)政府(管委会)引导轮渡运营单位为快递物流配送车辆提供优先通行便利,并减免收取通行费用;在推动供应链协同方面,鼓励快递企业开展保价服务,为在线销售工艺品、金银珠宝等贵重价值商品的电商企业提供优惠便捷的"寄递+保险"服务。

河北省廊坊市政府办公室印发的《关于推进电子商务与快递物流协同发展的实施意见》提出,完善快递服务网络布局,服务京津冀协同发展战略,依托北京新机场临空经济区建设,加快打造形成"一核两翼十节点"国家一级快递枢纽布局格局,全力服务支持雄安新区和京津区域城市群规划建设;推进电商与快递物流业务融合协同,培育协同发展龙头企业,推动快递物流龙头企业建设协同发展的综合性园区,提升电子商务跨境通关效率,推动"京东跨境电商保税区北方中心"项目建设;推动协同标准化智能化发展,鼓励快递物流企业应用大数据、云计算、物联网等先进技术,构建智慧物流体系,采用云仓储、路径优化技术提高管理水平;提升电商物流末端服务能力,推广智能快件箱纳入便民服务、民生工程等项目,加快在社区、高校、商务中心等末端节点布设智能快件箱,支持传统信报箱改造,推动邮政普遍服务与快递服务一体化、智能化。邢台市提出,统筹规划电子商务与快递物流发展,构建适应电子商务发展的快递物流服务体系,保障基础设施建设用地,完善优化快递物流网络布局,推动电子商务园区与快递物流园区发展;强化服务创新,推动科技应用,加强大数据、云计算、机器人等现代信息技术和装备在电子商务与快递物流领域的应用,提高科技应用水平,加强快递物流标准体系建设,鼓励信息互联互通,优化资源配置,提升供应链协同效率。

在广东省深圳市邮政管理局联合市经济贸易和信息化委员会联合印发的实施方案中,提出以制度创新、规划协同为引领,以规范化、智能化、绿色发展理念为发展方向,充分发挥市物流业和电子商务产业优势,集聚各类要素资源,加快推进电子商务快递物流基础设施建设和网络布局,促进电子商务与快递物流协同发展。该方案提出5方面共20项重点工作任务,并细化了责任分工,要求充分利用现有电子商务、物流业等财政专项资金,支持电子商务、物流快递企业的信息化平台建设、智能物流配送和存储、基础设施建设、智能快件箱建设、新能源物流配送运营车辆、品牌建设等,支持新技术、新业态创新。

湖北省黄石市阳新县政府出台产业奖补扶持政策,出资600万元推进农村地区电商快递协同发展,支持鼓励物流快递企业到乡镇、村开办网点,帮助贫困农户增收脱贫发展,为全县精准扶贫开辟新路径、探索新模式。该县对入驻电子商务创业园的企业在过渡期(3年)内给予免租扶持;对纳入电商办统一管理的乡村级服务站开展物流快递业务的企业按该网点的业务记录每单给予补贴0.5元,每家企业每个网点年补贴最高为1000元;一个网点承担多个物流企业业务的可以按企业个数标准分别计算,每家企业每年最高物流补贴额为5万元;对在县域内投资建设集仓储、商超、代发货、物流配送等多功能为一体的企业,按照"线上+线下"一体化营销模式,且具备产品展示、信息共享、仓储物流、电商公共服务网络平台的,按照实际投资额给予一次性奖励。

甘肃省定西市成立以分管副市长任组长的加快推进电子商务与快递物流协同发展工作领导小组。该市在加快推进全市电子商务与快递物流协同发展若干措施中提出,各县区政府要按照租赁面积1000平方米以内的企业承担5元/平方米、租赁面积1000~2000平方米的企业承担4元/平方米、租赁面积2000平方米以上的企业承担3元/平方米的支持标准,鼓励电商快递物流企业入驻园区发展,其余费用通过多方面、多形式、多渠道给予资金补贴,并按中小微企业在贷款、税收、水电暖、物业、停车等方面给予政策支持。

广西壮族自治区梧州市邮政管理局推动出台奖励性政策鼓励电商快递协同发展。对在市内经营快递业务规模以上快递服务企业(含直营分支机构),年快递业务收入达到800万元(按纳税申报额核算),且快递业务量(收件量)增幅达到20%、40%、60%以上的,分别给予一次性奖励5万元、8万元、10万元。

三、行业高质量发展上台阶

2018年全国邮政管理工作会议指出,我国经济已由高速增长阶段转向高质量发展阶段,我们要把实现高质量发展作为确定发展思路、制定产业政策、优化行业治理的根本要求。当前,人民群众的基本用邮需求已经得到满足,但日益增长的美好生活需要对邮政业服务提出了更高要求,人们需要更多样化更个性化的产品,更精准更可靠的服务,更全面更丰富的功能,更绿色更智慧的方式。在各市(地)邮政管理局的推动下,各地方政府也相继出台支持快递业高质量发展的实施意见或方案,行业高质量发展再上新台阶。

山东省济宁市政府出台《关于推进快递业新旧动能转换的实施意见》,推动快递业高质量发展。该《实施意见》明确将支持快递业发展纳入交通事业等专项资金扶持范围、快递企业配置X光安检设备纳入各级安全生产专项资金奖补范围等4条财政资金支持措施。同时,《实施意见》提出强化寄递安全属地综合治理,加强行业安全监管与应急能力建设,因地制宜推进县级邮政监管体系建设;加快行业高质量发展,支持快递产业园区建设,积极完善"一县一园"产业布局;推进快递业与关联产业融合发展,支持快递与现代农业协同发展,完善100处镇级农村快递电商公共服务中心和1000处村级快递电商服务站,构建县乡村三级快递综合服务体系,打造"一村一品"农村新业态,支持快递业与先进制造业协同发展,打造3~5个快递服务制造业的济宁样板。

河南省开封市政府在其出台的《开封市快递物流转型发展工作方案》中提出,以构建网络完善、技术先进、服务优质、便捷高效的现代快递服务体系为目标,全面提升开封市快递服务业发展水平。该《方案》提出了强化规划引领、培育引进骨干企业、联通快递基础网络、加快快递园区建设、发展冷链快递物流、规范快递车辆通行、完善城市配送体系、推进快递下乡工程、加强行业融合发展等九项工作任务,以及加强组织实施、加大财政支持力度、加强行业人才培养、强化行业安全监管、提高管理服务水平等五项保障措施。力争到2020年全市快递服务业发展能够实现市场规模不断扩大,服务能力显著增强。快递终端服务网点遍布城乡,网点布局更加合理,快递进社区、高校和"快递下乡"工程得到有效落实。服务质量稳步提升,快递服务业员工素质、管理水平、装备水平明显提高。

贵州省遵义市政府在其《关于加快建设黔川渝结合部商贸物流中心的实施意见》中明确提出,要加快快递物流网络建设,按照"一园区、两中转、四层级"快递物流网络布局体系,全市建成1个市级现代快递物流园区、两大快递物流中转站,建设县级快递物流分园、1000个快递服务网点[镇级物流收发站、社区(村级)快递收发点],实现"乡乡有网点、村村通快递"。到2020年基本建成"普惠城乡、技术先进、服务优质、安全高效、绿色节能"的快递物流网络体系。

广西壮族自治区河池市,山西省忻州市、晋中市均出台了发展冷链物流的相关实施方案。其中,河池市的实施方案要求,科学规划、统筹全市冷链物流基础设施建设,逐步构建和完善全市农产品主要产地、物流枢纽节点和销售地的冷链物流基础设施网络;要加快培育冷链物流主体,引进一批经营理念和管理方式先进、专业服务能力强、具有品牌优势的冷链物流企业落户,同时逐步培育本土冷链物流企业;健全冷链物流标准和服务规范体系,探索珍珠李、红心猕猴桃、红心香柚等特色果品和特色农产品冷藏保鲜技术要求,积极推动技术成果转化为行业标准,鼓励物流企业、科研机构、行业协会等联合制定高于现行国家及行业标准的操作管理规范,并积极争取转化为地方标准;加快冷链物流技术装备创新和应用,加大特色农产品、林果产品、肉类、水产品保鲜技术、加工技术的研发力度,延长贮藏保鲜期和提高产品附加值。

江西省鹰潭市、江苏省扬州市出台了加快城乡高效配送试点工作的实施意见;甘肃省嘉峪关市、陕西省西安市印发了建设现代物流体系的中长期规划。冷链物流、智慧快递、快递物流与现代制造业融合发展等在各地蔚然成风,成为行业高质量发展的一抹亮色。

四、"放管服"改革激发市场活力

2018年,各市(地)邮政管理局采取切实有效措施,落实"放管服"各项要求,为行业持续发展提供了有力保障。

辽宁省大连市邮政管理局优化审批流程,将快递业务经营许可审批工作规范化、制度化,材料初审、现场核查等环节全过程专人负责,实现"网上申请、在线办理、一网办通"。推进快递末端网点备案,充分发挥县级邮政管理机构一线助手作用,采取调查摸底、专题培训、前置审核等有力措施,完成快递末端网点备案247家。为规范事中事后监管,大连局编制《大连市邮政行政管理权力清单、责任清单和市场准入负面清单》,限定监督检查的重点内容,用"清单"明确邮政管理部门权责,固化"双随机、一公开"日常检查制度,多渠道全方位及时公开行业监管和执法信息,提高管理效能和公正性,增强监管威慑力和公信力。

河北省衡水市邮政管理局从贴近行业发展、优化审批流程、服务企业和群众出发,多措并举开展改革行动。主要领导亲自抓,督促"最多跑一次"改革任务责任和分工协作,督促相关科室全面梳理工作事项,规范化、标准化完善办理制度;建立一次性告知信息和提交材料工作机制,明确受理范围、材料清单和办理时限,全面落实"一次性办结"要求,积极探索线上审批、线下审核的有机结合,进一步提高办事效能;按照"双随机、一公开"要求开展随机抽查、部门联查和按标监管,充分利用技术手段加强信息连接共享,推行"一问到底"责任落实和受理模式,探索审批、执法、监管、服务一体化机制建设。"最多跑一次"改革行动开展以来,衡水局已全面覆盖快递核查事项、消费者投申诉处理及案件办理审批的改革工作,告知信息途径实现多样化、简约化,快递许可协查、变更事项的审批时限由原来的平均8.1个工作日压缩至1.3个工作日。

河南省洛阳市邮政管理局优化行政审批流程,通过系统审批与纸质受理同步进行的方式,先对邮政企业在"邮政普遍服务行政审批管理系统"提交的申请进行网上审核,对资料不全或不符合法定形式的,直接系统操作"补正通知",避免企业提交纸质资料多次跑腿;在守住"两条红线"不放松的前提下,将撤销提供邮政普遍服务的邮政营业场所审批时间进行压缩,大幅提高了邮政普遍服务行政审批效率;加强事中事后监管,坚持服务与管理相结合,坚持"双随机、一公开"的原则开展监督检查,对迁址、信息变更等完成备案的邮政普遍服务局所进行跟踪检查,重点检查其是否正常开办邮政普遍服务法定业务,确保邮政普遍服务水平不降低。

广西壮族自治区玉林市邮政管理局强化长效机制,重点抓好"一事通办"改革任务落实及深化"放管服"改革工作,按要求编制了"一事通办"事项"三张清单",努力提升政务服务运行能力,提高企业办事方便流程。目前两项行政许可事项办理时限从原来的20个工作日压缩为10个工作日,方便缩减了企业办理时间。在制度建设方面,玉林局全面建立健全岗位责任制、限时办结制、投诉举报等工作制度。设立申诉举报平台,在官方网站、局长信箱，接受申诉举报，规定凡是企业和群众对损害营商环境的申诉举报，要按照法定时限做出书面答复。

五、助力三大攻坚战落地有声

防范化解重大风险、精准脱贫和污染防治是决胜全面建成小康社会三大攻坚战，党中央高度重视。在国家邮政局党组的周密安排部署下，各市（地）邮政管理局以踏石有印、抓铁留痕的劲头抓落实，确保邮政业助力三大攻坚战各项工作落地有声。

面对日益复杂的寄递渠道安全监管形势，各市（地）邮政管理局推动建立健全寄递渠道安全管理联动机制，实施综合治理和属地化管理，确保重大活动、生产旺季寄递渠道安全畅通和行业的稳定发展。

福建省莆田市邮政管理局指导寄递企业建立安全生产风险分级分类管控制度，推进寄递安全生产标准化。莆田局将寄递安全风险分为重大风险、较大风险、一般风险和低风险四个等级，分别用"红橙黄蓝"四种颜色标识，要求寄递企业遵循"风险越高、管控层级越高"的原则，按照风险不同级别、所需管控资源、管控能力、管控措施复杂及难易程度等因素而确定不同管控层级的风险管控方式。

江苏省常州市由市长丁纯签发2018年第7号市政府令，向社会发布《常州市寄递安全管理办法》，并于2018年12月1日起施行。该《办法》针对当前行业安全监管中存在的突出问题，明确和细化了多项寄递安全管理法律、法规内容，为邮政管理部门加强管理、规范执法提供了有力抓手。《办法》明确寄递企业必须严格执行"三项制度"，还对寄递信息安全、寄递监管保障等作出了具体规定。

山西省长治市邮政管理局、甘肃省酒泉市邮政管理局、广西壮族自治区钦州市邮政管理局、桂林市邮政管理局联合当地公安机关建立寄递渠道安全管理协作机制或开展联合执法专项检查。长治市邮政管理局与公安机关联合开展的实名收寄专项执法检查，采用"一看二问三核"的措施严查快递营业网点实名收寄情况："一看"即认真查看寄递企业实名收寄信息系统实名收寄使用情况及录入情况；"二问"即现场询问快递网点收件员收件流程并测试使用设备终端的熟练程度；"三核"即对收寄面单随机抽查，并通过电话核实对方是否是寄件人，寄件时是否有被要求出示身份证等有效证件。对现场发现实名收寄制度执行不到位的情况当场指正，并下发整改通知书。酒泉市将全市邮政、快递网点纳入治安网格化管理。邮政管理部门做好企业日常安全管理和违法违规行为的查处工作，公安部门逐级建立考核机制，基层派出所对邮政快递网点加强网格化管理，建立档案，纳入社区民警日常管理范畴。邮政管理部门和公安机关建立邮政行业治安管理信息互通机制，每月召开一次通气会，通报寄递渠道安全管理检查中发现的问题，重大或可疑情况随时通报，共同研究解决。钦州市邮政管理局和市公安局建立"警邮联动"机制，在各企业网点设立治安巡查点，统一张贴警示牌，明确各网点的治安警员。市公安、邮政管理部门每半年开展一次安全检查，县区公安部门每季度开展一次安全检查，属地派出所不定期开展检查，保障全市寄递渠道安全畅通。

近年来，快递成为农产品进城的直通车。"要加快推进'快递下乡'工程"被纳入《中共中央 国务院关于打赢脱贫攻坚战三年行动的指导意见》，快递成为助力精准扶贫的重要力量。

辽宁省朝阳市邮政管理局以推动精准扶贫为切入点，积极引导快递企业打通"快递下乡"的快行道，通过农产品转换通道建设，使贫困地区变等靠"输血"为强身"造血"。在朝阳局的支持下，以凌源通圆速递有限公司为代表的快递企业首次入驻刘杖子乡葡萄节。葡萄节期间圆通快递在现场为游客提供寄递服务的同时，通过微信、淘宝等网络平台指导农户开通网上销售平台，开展线上销售活动，以自身服务优势实现葡萄及其附属产品"进城入市"，仅3天时间就寄递葡萄1000余箱。

安徽省六安市邮政管理局联合市旅游委、团市委积极开展"旅邮站"创建活动,打造"旅游+扶贫"新模式,推动乡村振兴与"互联网+"的深度融合,促进地方经济发展。根据分工,六安市邮政管理局负责指导市邮政分公司做好站点创建工作指导市邮政分公司选取符合标准的农家乐并为其提供相关的基础物料支撑,通过线上、线下销售本地扶贫产品,带动经济发展,力争2019年第一季度前全市创建80家高标准的"旅邮站",将乡村"旅邮站"打造成消费新平台;市旅游委、团市委负责配合做好站点选取和达标审核工作。

甘肃省天水市邮政管理局引导快递企业开展政企合作助力精准扶贫。顺丰在秦安县召开"果品服务升级方案+"推介会,通过在果品全产业链植入"育产销运管"思路,提出切实解决果品寄递快速安全的相关营销策略和针对秦安本地农特产品线下种植、线上推广与高效快递有效结合的产品服务方案,秦安县政府与兰州顺丰速运有限公司签订秦安果品精准扶贫协作框架协议,以果源果业有限公司为代表的当地客户代表与顺丰速运签订了深度合作协议,为天水市快递业打造区域优质品牌、加强产销衔接、加快农产品流通、帮助农民增收、实现精准扶贫打开了新的思路,并提供了高效发展的广阔前景。

新疆哈密市邮政管理局指导市邮政业结合实际、发挥优势、积极作为,帮助巴里坤县依托国家级电子商务进农村综合示范县,在乡村电商服务站加载快递收发功能,率先在全市范围内实现快递乡乡设站、村村通达。县财政部门按照相关政策给予资金支持,对到达和寄出乡镇的快件予以适当补贴,实现农产品"进城"、工业品"下乡",打通服务农村群众的"最后一公里",在助力乡村网络扶贫行动中发挥"线下"基础性作用打好邮政业精准脱贫攻坚战。

"绿水青山就是金山银山!"在污染防治攻坚战中,各市(地)邮政管理局以"绿色快递"为抓手,探索低污染、低消耗、高效能、高效率的绿色发展模式。

内蒙古自治区乌兰察布市邮政管理局鼓励企业以包装物回收为切入点,逐步实现生产运营中包装物的减量化和可循环,引导消费者投身环保事业,通过包装物回收,达到方便用户、节约企业成本、保护生态环境的多重目的。乌兰察布局设计制作了统一的包装物回收图标,号召邮政企业发挥带头作用,在全市率先开展快递包装物回收工作。各邮政网点因地制宜设置包装物回收处,展现国企担当。

福建省厦门市邮政管理局立足邮政行业的整体性,针对收寄、分拣、运输、投递等各环节、各岗位,按照"典型引路,减排增效,全面试点,企业主责,社会共治"的总体思路,制定有针对性的节能减排措施,实现全方位、立体化的绿色治理,努力让邮政全面"绿"起来。厦门局还在鼓浪屿地区先行试点,大力推动鼓浪屿地区营业网点实现电子面单全覆盖,为用户提供环保袋或可循环周转箱,提供包装材料回收服务,推进胶带减量化,为厦门"绿色城市"添上一道亮丽的风景线。

江苏省南通市邮政管理局联合南通区菜鸟合作伙伴,大力推动菜鸟驿站"绿色行动"计划。该计划从包装回收再利用开始,推动菜鸟驿站逐步开展纸箱回收项目,实现末端再循环。南通全市211家菜鸟驿站中,首批25家站点已加入项目。该批站点每天到件包裹量约7500件,约产生6000件包裹垃圾,其中包装箱占比约30%,快递袋占比70%。各驿站对可回收纸箱进行了2次利用,纸箱回收率在63%,一年可以节省约51.7万个包装箱,极大地降低了能耗,美化了环境。

河北省沧州市邮政管理局大力鼓励快递企业自主创新,从循环环保降低成本角度入手,开展绿色包装研发使用工作,取得显著成效。沧州市中通快递研发成功新型绿色集包袋,采用绿色环保材料,可循环使用,获得相关专利证书,已应用于集包转运环节。与此同时,沧州市邮政管理局组织召开全市快递绿色包装产业对接发展座谈会,指导快递行业协会与包装产品生产企业深入对接，引导各寄递企业积极推广使用符合环保标准的包装物料，积极推广使用可降解塑料包装制品，着力提升邮件快件绿色化、减量化、可循环水平。

六、民生七件实事成效显著

2018年，国家邮政局提出更加贴近民生七件实事，各市（地）邮政管理局结合本地实际，创造性开展工作，贴近民生七件实事暖心暖人，取得显著效果。

北京东区邮政管理局在得知朝阳区商务委员会牵头协调，区房屋管理局面向区内物流仓储行业、邮政快递业配租公共租赁住房的信息后，东区局积极行动、主动对接、多次商谈、大力协调。在公租房配租过程中，东区局坚持科学民主决策，公开公正实施，制定了符合行业发展实际的配租工作方案，加强与区商委、房管局的联系协调，妥善解决配租工作具体问题，为朝阳区邮政分公司等5家寄递企业分配了200套公租房，为辖区企业和员工解决了大问题，得到了企业和员工的一致好评。

辽宁省沈阳市邮政管理局协调邀请市总工会、市服务业委、市公安局交通警察局、团市委等行业相关部门主要负责人及人大代表、在校大学生、律师等志愿者参与《你好！快递小哥》大型媒体互动体验活动并开展了座谈交流，旨在通过行业体验，形成真切感受，共同谋划行业难题破解之道。通过体验，大家对"出行难""用地难""停车难"等十个制约行业发展的问题表示出了高度关注。人大代表在体验后提出了包括行业准入门槛、绿色包装、三轮车上路、一线工作人员保险保障等十余项建议，并考虑适时形成人大代表议案敦促依法解决行业问题。

重庆市邮政管理局七分局坚持以人民为中心的发展思想，突出问题导向和需求导向，全力抓好民生实事的落实。在改善末端投递服务方面，重庆七分局深入实施"快递入区"工程，建成10个"综治网格化快递示范网点"，设置快递末端综合服务网点和智能快件箱，进一步方便末端投递和满足用户用邮需求；深入推进"邮政在乡"工程和"快递下乡"工程，加快打造年业务量超千万的"快递+"金牌工程，进一步提升行业服务"三农"能力，服务乡村振兴战略和精准扶贫；实施"放心消费工程"，扎实推进"不着地、不抛件、不摆地摊"专项治理，针对处理场所、营业场所实际，指导企业配置分拣框、笼车或标准化托盘等设施设备，目前辖区寄递企业离地设施铺设率达92%。

宁夏回族自治区吴忠市邮政管理局积极引导快递行业工会发挥桥梁纽带作用，多举措保障快递企业职工合法权益。通过定期走访企业职工，了解职工诉求，对接市总工会争取帮扶资金支持，积极探索促进快递业劳动关系和谐稳定发展的方法。开展快递业职业技能竞赛，提高从业人员业务素质；建成快递业户外劳动者服务站，解决户外劳动者在就餐、饮水、休息等方面面临的问题；积极争取市总工会对快递业困难职工的资金补助。通过这些活动，增强行业的凝聚力，解决了职工的实际问题，得到了快递企业员工的一致好评。

部分市（地）邮政管理局2018年工作亮点及特色举措

市（地）	工作亮点及特色举措
北京市	北京市东区邮政管理局积极推动、协调，为朝阳区邮政分公司等5家寄递企业分配了200套公租房，解决了辖区企业和员工居住大问题，得到了企业和员工的一致好评
天津市滨海新区	天津市滨海新区出台《滨海新区落实天津市降低快递企业经营成本政策措施的实施细则》，对注册地、税收和统计关系在滨海新区的快递企业且租用滨海新区范围内海关特殊监管区、物流园区、快递园区、工业园区、电商园区等快递企业营业、处理及仓储用房予以租金补贴，按照不超过30元/平方米的标准给予快递企业月租补贴，单家企业每年最高100万元，连续补贴3年。滨海新区财政及各功能区财政每年度安排资金，专项用于补贴快递企业上一年度支付的租金，享受补贴时间自2018年1月1日起至2020年12月31日止

续上表

市(地)	工作亮点及特色举措
河北省秦皇岛市	河北秦皇岛市邮政管理局以市邮政企业为重点,大力开展精准服务活动,制定《关于开展"双创双服"精准服务企业活动的实施方案》。通过开展重点帮扶活动,服务企业发展,促进全市邮政企业总体增速,企业实力、活力和竞争力进一步增强,进一步提高活跃和带动服务业发展全局的能力,通过开展企业问题需求统计表填报,梳理汇总、协同配合,解决企业实际问题,共分为方案谋划、需求填报、方案梳理、全面推进、梳理总结5个阶段,稳步推进活动开展
内蒙古自治区呼和浩特市	为加快打通农村地区"农产品进城,工业品下乡"的双向快捷流通渠道,推动多方资源融合,进一步降低物流成本,充分发挥交通、邮政等行业在服务乡村振兴战略中的基础性作用,助力农牧民增收,内蒙古呼和浩特市交通运输局、商务局、邮政管理局联合印发《关于推进交商邮合作促进农村物流健康发展的实施方案》。《方案》坚持市场导向,政府引导,突出资源共享,多点融合,共享惠民的原则。通过着力加快完善农村物流基础设施建设、分阶段优化农村物流运输组织、强化各项服务功能、提升农村物流信息化水平、完善政策保障五大措施,力争到2020年,基本建成"布局合理、快捷高效、种类丰富、利民惠民"的农村物流服务体系
辽宁省沈阳市	沈阳市邮政管理局协调邀请市总工会、市服务业委、市公安局交通警察局、团市委等行业相关部门主要负责人及人大代表、在校大学生、律师等志愿者参加《你好!快递小哥》大型媒体互动体验活动并开展了座谈交流。在活动前期,沈阳局就结合《快递暂行条例》相关内容,就制约行业发展问题向全市品牌快递企业进行了征集,听取一线快递小哥意见,经过梳理汇总,共提炼出包括"出行难""用地难""停车难"等十个制约行业发展的问题并希望体验代表给予重点关注
江苏省镇江市	江苏镇江市政府出台《智慧镇江规划纲要》,多项内容涉及智慧快递建设。一是构建电子商务与快递物流服务支撑体系,构建电子商务与配套物流云平台,促进物流资源共享和信息互联互通;二是推广快递物流业新技术应用,推广应用计算机网络、信息分类编码、条码、射频识别、电子数据交换技术,引导重点企业建立以多种信息技术集成的一体化供应链管理体系;三是打造国家级电子商务与快递、配套物流公共服务云平台,鼓励电商企业运用云平台,开展在线采购、销售、结算、物流等应用;四是积极推进电子商务与快递、配套物流云应用示范;五是推动镇江国际快递业经营企业优化作业流程,介入供应链服务,为镇江跨境电商产业发展做好支撑服务,推动全市外向型经济发展;六是加大邮政快递服务基础设施建设,将邮政快递业服务设施纳入城市基础设施统一规划,升级传统住宅信报箱为住宅智能信报箱,优化智能快件箱的设置布局,解决快递投递服务"最后一公里"问题
山西省临汾市	山西临汾市邮政管理局与市供销社共同研究合作完善县乡村三级配送体系。探索通过仓储合作、运输合作、末端配送合作等方式,盘活各级供销社闲置场地,降低快递企业运营成本,助力本地特色农产品外销,合力突破三方发展瓶颈,真正实现合作共赢。通过市供销社和各快递企业合作,可以进一步完善全市县乡村配送体系,加强各快递企业末端运营能力
青海省海西州	青海海西州邮政管理局结合寄递渠道涉枪涉爆隐患集中整治专项行动,按照《邮政业安全生产设备配置规范》,大力推动全州寄递企业X光安检机配置工作。全州共计配置X光安检机30台,所辖8个市、县、行委实现安检设备配置全覆盖,初步达到出县域快件应检必检。全州30台X光安检配置方式多样:一是地方政府出资购置;二是企业自行购置;三是上级公司配置;四是有关部门调配;五是借助汽车站安检设备
山东省青岛市	山东青岛市邮政管理局联合市综治办、公安局、等四部门组织召开会议,安排部署全市邮政行业"平安寄递"工作。从4月起至12月,分四个阶段组织实施,严格按照精细化、法制化、标准化的基本要求,重点从依法合规经营、严格执行寄递安全"三项制度"、建立隐患排查治理机制、加强应急管理及处置工作、提升安全生产综合管理能力、开展寄递平安志愿者活动,提高教育培训质量等七个方面引导推动全市寄递业进一步建立健全安全管控机制,夯实安全生产基础,提升安全生产能力
宁夏回族自治区银川市	宁夏银川市邮政管理局对快递末端网点进行清理整顿。成立了4个专项检查组,重点针对井办快递末端网点未备案的快递企业或其分支机构进行立案查处,并督促快递企业按照《快递末端网点备案暂行规定》进行网上备案;安排专人负责末端网点备案工作,已备案末端网点60余个;强化引导培训,进一步明确企业主体责任,引导行业企业合法规范经营,不断完善服务体系并切实提升服务质量,有效保障邮政业消费者合法权益
安徽省芜湖市	安徽芜湖市政府出台政策并安排1600万元专项资金支持全市快递业发展,以进一步提升快递区域辐射能力,优化快递供给侧结构性改革,做大快递发展规模,做强快递枢纽中心。对自建快递区域总部(分拨中心)的,给予100万元一次性奖励;支持快递业务国际化发展,对建设国际快件交换中心的,给予50万元的一次性奖励;是鼓励快递装备自动化、智能化投入,对购置快件智能化分拣成套设备的企业,按照购置设备金额的10%给予补贴,最高限额为100万元;支持快递企业做大规模,对快递收寄业务量首次达到1500万件的企业,一次性给予20万元奖励。对在当年所在县域考核前三名的企业,按县文件标准给予奖励

第三章 快递法律规章及规范性文件

（2018年施行）

快递暂行条例

中华人民共和国国务院令第697号

《快递暂行条例》已经2018年2月7日国务院第198次常务会议通过，现予公布，自2018年5月1日起施行。

总理　李克强
2018年3月2日

第一章　总　则

第一条　为促进快递业健康发展，保障快递安全，保护快递用户合法权益，加强对快递业的监督管理，根据《中华人民共和国邮政法》和其他有关法律，制定本条例。

第二条　在中华人民共和国境内从事快递业务经营、接受快递服务以及对快递业实施监督管理，适用本条例。

第三条　地方各级人民政府应当创造良好的快递业营商环境，支持经营快递业务的企业创新商业模式和服务方式，引导经营快递业务的企业加强服务质量管理、健全规章制度、完善安全保障措施，为用户提供迅速、准确、安全、方便的快递服务。

地方各级人民政府应当确保政府相关行为符合公平竞争要求和相关法律法规，维护快递业竞争秩序，不得出台违反公平竞争、可能造成地区封锁和行业垄断的政策措施。

第四条　任何单位或者个人不得利用信件、包裹、印刷品以及其他寄递物品（以下统称快件）从事危害国家安全、社会公共利益或者他人合法权益的活动。

除有关部门依照法律对快件进行检查外，任何单位或者个人不得非法检查他人快件。任何单位或者个人不得私自开拆、隐匿、毁弃、倒卖他人快件。

第五条　国务院邮政管理部门负责对全国快递业实施监督管理。国务院公安、国家安全、海关、工商行政管理、出入境检验检疫等有关部门在各自职责范围内负责相关的快递监督管理工作。

省、自治区、直辖市邮政管理机构和按照国务院规定设立的省级以下邮政管理机构负责对本辖区的快递业实施监督管理。县级以上地方人民政府有关部门在各自职责范围内负责相关的快递监督管理工作。

第六条　国务院邮政管理部门和省、自治区、直辖市邮政管理机构以及省级以下邮政管理机构（以下统称邮政管理部门）应当与公安、国家安全、海关、工商行政管理、出入境检验检疫等有关部门相互配合,建立健全快递安全监管机制,加强对快递业安全运行的监测预警,收集、共享与快递业安全运行有关的信息,依法处理影响快递业安全运行的事件。

第七条 依法成立的快递行业组织应当保护企业合法权益,加强行业自律,促进企业守法、诚信、安全经营,督促企业落实安全生产主体责任,引导企业不断提高快递服务质量和水平。

第八条 国家加强快递业诚信体系建设,建立健全快递业信用记录、信息公开、信用评价制度,依法实施联合惩戒措施,提高快递业信用水平。

第九条 国家鼓励经营快递业务的企业和寄件人使用可降解、可重复利用的环保包装材料,鼓励经营快递业务的企业采取措施回收快件包装材料,实现包装材料的减量化利用和再利用。

第二章 发展保障

第十条 国务院邮政管理部门应当制定快递业发展规划,促进快递业健康发展。

县级以上地方人民政府应当将快递业发展纳入本级国民经济和社会发展规划,在城乡规划和土地利用总体规划中统筹考虑快件大型集散、分拣等基础设施用地的需要。

县级以上地方人民政府建立健全促进快递业健康发展的政策措施,完善相关配套规定,依法保障经营快递业务的企业及其从业人员的合法权益。

第十一条 国家支持和鼓励经营快递业务的企业在农村、偏远地区发展快递服务网络,完善快递末端网点布局。

第十二条 国家鼓励和引导经营快递业务的企业采用先进技术,促进自动化分拣设备、机械化装卸设备、智能末端服务设施、快递电子运单以及快件信息化管理系统等的推广应用。

第十三条 县级以上地方人民政府公安、交通运输等部门和邮政管理部门应当加强协调配合,建立健全快递运输保障机制,依法保障快递服务车辆通行和临时停靠的权利,不得禁止快递服务车辆依法通行。

邮政管理部门会同县级以上地方人民政府公安等部门,依法规范快递服务车辆的管理和使用,对快递专用电动三轮车的行驶时速、装载质量等作出规定,并对快递服务车辆加强统一编号和标识管理。经营快递业务的企业应当对其从业人员加强道路交通安全培训。

快递从业人员应当遵守道路交通安全法律法规的规定,按照操作规范安全、文明驾驶车辆。快递从业人员因执行工作任务造成他人损害的,由快递从业人员所属的经营快递业务的企业依照民事侵权责任相关法律的规定承担侵权责任。

第十四条 企业事业单位、住宅小区管理单位应当根据实际情况,采取与经营快递业务的企业签订合同、设置快件收寄投递专门场所等方式,为开展快递服务提供必要的便利。鼓励多个经营快递业务的企业共享末端服务设施,为用户提供便捷的快递末端服务。

第十五条 国家鼓励快递业与制造业、农业、商贸业等行业建立协同发展机制,推动快递业与电子商务融合发展,加强信息沟通,共享设施和网络资源。

国家引导和推动快递业与铁路、公路、水路、民航等行业的标准对接,支持在大型车站、码头、机场等交通枢纽配套建设快件运输通道和接驳场所。

第十六条 国家鼓励经营快递业务的企业依法开展进出境快递业务,支持在重点口岸建设进出境快件处理中心、在境外依法开办快递服务机构并设置快件处理场所。

海关、出入境检验检疫、邮政管理等部门应当建立协作机制,完善进出境快件管理,推动实现快件便捷通关。

第三章 经营主体

第十七条 经营快递业务,应当依法取得快递业务经营许可。邮政管理部门应当根据《中华人民共和国邮政法》第五十二条、第五十三条规定的条件和程序核定经营许可的业务范围和地域范围,向社会公布取得快递业务经营许可的企业名单,并及时更新。

第十八条 经营快递业务的企业及其分支机构可以根据业务需要开办快递末端网点,并应当自开办之日起20日内向所在地邮政管理部门备案。快递末端网点无需办理营业执照。

第十九条 两个以上经营快递业务的企业可以使用统一的商标、字号或者快递运单经营快递业务。

前款规定的经营快递业务的企业应当签订书面协议明确各自的权利义务,遵守共同的服务约定,在服务质量、安全保障、业务流程等方面实行统一管理,为用户提供统一的快件跟踪查询和投诉处理服务。

用户的合法权益因快件延误、丢失、损毁或者内件短少而受到损害的,用户可以要求该商标、字号或者快递运单所属企业赔偿,也可以要求实际提供快递服务的企业赔偿。

第二十条 经营快递业务的企业应当依法保护其从业人员的合法权益。

经营快递业务的企业应当对其从业人员加强职业操守、服务规范、作业规范、安全生产、车辆安全驾驶等方面的教育和培训。

第四章 快递服务

第二十一条 经营快递业务的企业在寄件人填写快递运单前,应当提醒其阅读快递服务合同条款、遵守禁止寄递和限制寄递物品的有关规定,告知相关保价规则和保险服务项目。

寄件人交寄贵重物品的,应当事先声明;经营快递业务的企业可以要求寄件人对贵重物品予以保价。

第二十二条 寄件人交寄快件,应当如实提供以下事项:

(一)寄件人姓名、地址、联系电话;
(二)收件人姓名(名称)、地址、联系电话;
(三)寄递物品的名称、性质、数量。

除信件和已签订安全协议用户交寄的快件外,经营快递业务的企业收寄快件,应当对寄件人身份进行查验,并登记身份信息,但不得在快递运单上记录除姓名(名称)、地址、联系电话以外的用户身份信息。寄件人拒绝提供身份信息或者提供身份信息不实的,经营快递业务的企业不得收寄。

第二十三条 国家鼓励经营快递业务的企业在节假日期间根据业务量变化实际情况,为用户提供正常的快递服务。

第二十四条 经营快递业务的企业应当规范操作,防止造成快件损毁。

法律法规对食品、药品等特定物品的运输有特殊规定的,寄件人、经营快递业务的企业应当遵守相关规定。

第二十五条 经营快递业务的企业应当将快件投递到约定的收件地址、收件人或者收件人指定的代收人,并告知收件人或者代收人当面验收。收件人或者代收人有权当面验收。

第二十六条 快件无法投递的,经营快递业务的企业应当退回寄件人或者根据寄件人的要求进行处理;属于进出境快件的,经营快递业务的企业应当依法办理海关和检验检疫手续。

快件无法投递又无法退回的,依照下列规定处理:

(一)属于信件,自确认无法退回之日起超过6个月无人认领的,由经营快递业务的企业在所在地邮政管理部门的监督下销毁;
(二)属于信件以外其他快件的,经营快递业务的企业应当登记,并按照国务院邮政管理部门的规定处理;
(三)属于进境快件的,交由海关依法处理;其中有依法应当实施检疫的物品的,由出入境检验检疫部门依法处理。

第二十七条　快件延误、丢失、损毁或者内件短少的,对保价的快件,应当按照经营快递业务的企业与寄件人约定的保价规则确定赔偿责任;对未保价的快件,依照民事法律的有关规定确定赔偿责任。

国家鼓励保险公司开发快件损失赔偿责任险种,鼓励经营快递业务的企业投保。

第二十八条　经营快递业务的企业应当实行快件寄递全程信息化管理,公布联系方式,保证与用户的联络畅通,向用户提供业务咨询、快件查询等服务。用户对快递服务质量不满意的,可以向经营快递业务的企业投诉,经营快递业务的企业应当自接到投诉之日起7日内予以处理并告知用户。

第二十九条　经营快递业务的企业停止经营的,应当提前10日向社会公告,书面告知邮政管理部门,交回快递业务经营许可证,并依法妥善处理尚未投递的快件。

经营快递业务的企业或者其分支机构因不可抗力或者其他特殊原因暂停快递服务的,应当及时向邮政管理部门报告,向社会公告暂停服务的原因和期限,并依法妥善处理尚未投递的快件。

第五章　快递安全

第三十条　寄件人交寄快件和经营快递业务的企业收寄快件应当遵守《中华人民共和国邮政法》第二十四条关于禁止寄递或者限制寄递物品的规定。

禁止寄递物品的目录及管理办法,由国务院邮政管理部门会同国务院有关部门制定并公布。

第三十一条　经营快递业务的企业收寄快件,应当依照《中华人民共和国邮政法》的规定验视内件,并作出验视标识。寄件人拒绝验视的,经营快递业务的企业不得收寄。

经营快递业务的企业受寄件人委托,长期、批量提供快递服务的,应当与寄件人签订安全协议,明确双方的安全保障义务。

第三十二条　经营快递业务的企业可以自行或者委托第三方企业对快件进行安全检查,并对经过安全检查的快件作出安全检查标识。经营快递业务的企业委托第三方企业对快件进行安全检查的,不免除委托方对快件安全承担的责任。

经营快递业务的企业或者接受委托的第三方企业应当使用符合强制性国家标准的安全检查设备,并加强对安全检查人员的背景审查和技术培训;经营快递业务的企业或者接受委托的第三方企业对安全检查人员进行背景审查,公安机关等相关部门应当予以配合。

第三十三条　经营快递业务的企业发现寄件人交寄禁止寄递物品的,应当拒绝收寄;发现已经收寄的快件中有疑似禁止寄递物品的,应当立即停止分拣、运输、投递。对快件中依法应当没收、销毁或者可能涉及违法犯罪的物品,经营快递业务的企业应当立即向有关部门报告并配合调查处理;对其他禁止寄递物品以及限制寄递物品,经营快递业务的企业应当按照法律、行政法规或者国务院和国务院有关主管部门的规定处理。

第三十四条　经营快递业务的企业应当建立快递运单及电子数据管理制度,妥善保管用户信息等电子数据,定期销毁快递运单,采取有效技术手段保证用户信息安全。具体办法由国务院邮政管理部门会同国务院有关部门制定。

经营快递业务的企业及其从业人员不得出售、泄露或者非法提供快递服务过程中知悉的用户信息。发生或者可能发生用户信息泄露的,经营快递业务的企业应当立即采取补救措施,并向所在地邮政管理部门报告。

第三十五条　经营快递业务的企业应当依法建立健全安全生产责任制,确保快递服务安全。

经营快递业务的企业应当依法制定突发事件应急预案,定期开展突发事件应急演练;发生突发事件的,应当按照应急预案及时、妥善处理,并立即向所在地邮政管理部门报告。

第六章　监督检查

第三十六条　邮政管理部门应当加强对快递业的监督检查。监督检查应当以下列事项为重点：

（一）从事快递活动的企业是否依法取得快递业务经营许可；

（二）经营快递业务的企业的安全管理制度是否健全并有效实施；

（三）经营快递业务的企业是否妥善处理用户的投诉、保护用户合法权益。

第三十七条　邮政管理部门应当建立和完善以随机抽查为重点的日常监督检查制度，公布抽查事项目录，明确抽查的依据、频次、方式、内容和程序，随机抽取被检查企业，随机选派检查人员。抽查情况和查处结果应当及时向社会公布。

邮政管理部门应当充分利用计算机网络等先进技术手段，加强对快递业务活动的日常监督检查，提高快递业管理水平。

第三十八条　邮政管理部门依法履行职责，有权采取《中华人民共和国邮政法》第六十一条规定的监督检查措施。邮政管理部门实施现场检查，有权查阅经营快递业务的企业管理快递业务的电子数据。

国家安全机关、公安机关为维护国家安全和侦查犯罪活动的需要依法开展执法活动，经营快递业务的企业应当提供技术支持和协助。

《中华人民共和国邮政法》第十一条规定的处理场所，包括快件处理场地、设施、设备。

第三十九条　邮政管理部门应当向社会公布本部门的联系方式，方便公众举报违法行为。

邮政管理部门接到举报的，应当及时依法调查处理，并为举报人保密。对实名举报的，邮政管理部门应当将处理结果告知举报人。

第七章　法律责任

第四十条　未取得快递业务经营许可从事快递活动的，由邮政管理部门依照《中华人民共和国邮政法》的规定予以处罚。

经营快递业务的企业或者其分支机构有下列行为之一的，由邮政管理部门责令改正，可以处1万元以下的罚款；情节严重的，处1万元以上5万元以下的罚款，并可以责令停业整顿：

（一）开办快递末端网点未向所在地邮政管理部门备案；

（二）停止经营快递业务，未提前10日向社会公告，未书面告知邮政管理部门并交回快递业务经营许可证，或者未依法妥善处理尚未投递的快件；

（三）因不可抗力或者其他特殊原因暂停快递服务，未及时向邮政管理部门报告并向社会公告暂停服务的原因和期限，或者未依法妥善处理尚未投递的快件。

第四十一条　两个以上经营快递业务的企业使用统一的商标、字号或者快递运单经营快递业务，未遵守共同的服务约定，在服务质量、安全保障、业务流程等方面未实行统一管理，或者未向用户提供统一的快件跟踪查询和投诉处理服务的，由邮政管理部门责令改正，处1万元以上5万元以下的罚款；情节严重的，处5万元以上10万元以下的罚款，并可以责令停业整顿。

第四十二条　冒领、私自开拆、隐匿、毁弃、倒卖或者非法检查他人快件，尚不构成犯罪的，依法给予治安管理处罚。

经营快递业务的企业有前款规定行为，或者非法扣留快件的，由邮政管理部门责令改正，没收违法所得，并处5万元以上10万元以下的罚款；情节严重的，并处10万元以上20万元以下的罚款，并可以责令停业整顿直至吊销其快递业务经营许可证。

第四十三条　经营快递业务的企业有下列情形之一的，由邮政管理部门依照《中华人民共和国邮政法》《中华人民共和国反恐怖主义法》的规定予以处罚：

（一）不建立或者不执行收寄验视制度；

（二）违反法律、行政法规以及国务院和国务院有关部门关于禁止寄递或者限制寄递物品的规定；

（三）收寄快件未查验寄件人身份并登记身份信息，或者发现寄件人提供身份信息不实仍予收寄；

（四）未按照规定对快件进行安全检查。

寄件人在快件中夹带禁止寄递的物品，尚不构成犯罪的，依法给予治安管理处罚。

第四十四条 经营快递业务的企业有下列行为之一的，由邮政管理部门责令改正，没收违法所得，并处1万元以上5万元以下的罚款；情节严重的，并处5万元以上10万元以下的罚款，并可以责令停业整顿直至吊销其快递业务经营许可证：

（一）未按照规定建立快递运单及电子数据管理制度；

（二）未定期销毁快递运单；

（三）出售、泄露或者非法提供快递服务过程中知悉的用户信息；

（四）发生或者可能发生用户信息泄露的情况，未立即采取补救措施，或者未向所在地邮政管理部门报告。

第四十五条 经营快递业务的企业及其从业人员在经营活动中有危害国家安全行为的，依法追究法律责任；对经营快递业务的企业，由邮政管理部门吊销其快递业务经营许可证。

第四十六条 邮政管理部门和其他有关部门的工作人员在监督管理工作中滥用职权、玩忽职守、徇私舞弊的，依法给予处分。

第四十七条 违反本条例规定，构成犯罪的，依法追究刑事责任；造成人身、财产或者其他损害的，依法承担赔偿责任。

第八章　附　则

第四十八条 本条例自2018年5月1日起施行。

快递业务经营许可管理办法

交通运输部令2018年第23号

《快递业务经营许可管理办法》已于2018年10月8日经第16次部务会议通过，现予公布，自2019年1月1日起施行。

部长　李小鹏

2018年10月22日

第一章　总　则

第一条 为了规范快递业务经营许可管理，促进快递业健康发展，根据《中华人民共和国邮政法》《中华人民共和国行政许可法》《快递暂行条例》等法律、行政法规，制定本办法。

第二条 快递业务经营许可的申请、审批以及相关监督管理，适用本办法。

第三条 国务院邮政管理部门和省、自治区、直辖市邮政管理机构以及按照国务院规定设立的省级以下邮政管理机构(以下统称邮政管理部门)负责快递业务经营许可管理工作。

第四条　快递业务经营许可管理遵循公开、公平、公正、便民、高效的原则。

邮政管理部门应当充分利用计算机网络、大数据等信息技术,提升快递业务经营许可管理服务效能。

第五条　经营快递业务,应当依法取得快递业务经营许可,并接受邮政管理部门及其他有关部门的监督管理;未经许可,任何单位和个人不得经营快递业务。

第二章　申请与受理

第六条　申请快递业务经营许可,应当符合《中华人民共和国邮政法》第五十二条的规定。

第七条　申请快递业务经营许可,应当具备下列服务能力:

(一)与申请经营的地域范围、业务范围相适应的服务网络和信件、包裹、印刷品、其他寄递物品(以下统称快件)的运递能力;

(二)能够提供寄递快件的业务咨询、电话查询和互联网信息查询服务;

(三)收寄、投递快件的,有与申请经营的地域范围、业务范围相适应的场地或者设施;

(四)通过互联网等信息网络经营快递业务的,有与申请经营的地域范围、业务范围相适应的信息处理能力,能够保存快递服务信息不少于3年;

(五)对快件进行分拣、封发、储存、交换、转运等处理的,有封闭的、面积适宜的处理场地,配置相应的设备,且符合邮政管理部门和国家安全机关依法履行职责的要求。

在省、自治区、直辖市范围内专门从事快件收寄、投递服务的,应当具备前款第一项至第四项的服务能力;还应当与所合作的经营快递业务的企业签订书面协议或者意向书。

第八条　申请快递业务经营许可,应当具备下列服务质量管理制度和业务操作规范:

(一)服务种类、服务时限、服务价格等服务承诺公示管理制度;

(二)投诉受理办法、赔偿办法等管理制度;

(三)业务查询、收寄、分拣、投递等操作规范。

第九条　申请快递业务经营许可,根据其申请经营的业务范围,应当具备下列安全保障制度和措施:

(一)从业人员安全、用户信息安全等保障制度;

(二)突发事件应急预案;

(三)收寄验视、实名收寄等制度;

(四)快件安全检查制度;

(五)配备符合国家规定的监控、安检等设备设施;

(六)配备统一的计算机管理系统,配置符合邮政管理部门规定的数据接口,能够提供快递服务有关数据;

(七)监测、记录计算机管理系统运行状态的技术措施;

(八)快递服务信息数据备份和加密措施。

第十条　申请经营国际快递业务的,还应当能够向有关部门提供寄递快件的报关数据,位于机场和进出口岸等属于海关监管的处理场地、设施、设备应当符合海关依法履行职责的要求。

第十一条　申请快递业务经营许可,应当向《中华人民共和国邮政法》第五十三条第一款规定的邮政管理部门提交下列材料:

(一)快递业务经营许可申请书;

(二)企业名称预先核准材料或者企业法人营业执照;

(三)符合本办法第七条至第十条规定条件的情况说明;

(四)法律、行政法规规定的其他材料。

快递业务经营许可申请可以通过邮政管理部门信息系统提出。

第十二条　邮政管理部门对申请人提出的快递业务经营许可申请,应当依照《中华人民共和国行政许可法》第三十二条的规定作出处理。

第三章 审查与决定

第十三条 邮政管理部门应当自受理快递业务经营许可申请之日起45个工作日内进行审查,作出批准或者不予批准的决定。予以批准的,颁发《快递业务经营许可证》并公告;不予批准的,书面通知申请人并说明理由。

邮政管理部门审查快递业务经营许可申请,应当考虑国家安全等因素,并征求有关部门的意见。

第十四条 在国务院邮政管理部门规定的区域内,对本办法第十条规定的报关数据和处理场地、设施、设备条件,申请人在提出快递业务经营许可申请时未实际具备,但是承诺在约定期限内能够达到的,受理申请的邮政管理部门可以认定申请人符合有关条件。约定期限自邮政管理部门作出行政许可决定之日起不超过6个月。

邮政管理部门应当对被许可人是否在约定期限内履行承诺进行检查。发现被许可人实际情况与承诺内容不符的,邮政管理部门应当撤销快递业务经营许可。

第十五条 国务院邮政管理部门和省、自治区、直辖市邮政管理机构可以依照《中华人民共和国行政许可法》第二十四条的规定,委托下级邮政管理部门实施快递业务经营许可有关工作。

第四章 许可管理

第十六条 《快递业务经营许可证》记载事项发生变化的,经营快递业务的企业应当向作出行政许可决定的邮政管理部门提出申请;邮政管理部门依法办理变更手续。

经营快递业务的企业提交的变更行政许可事项申请材料齐全、符合法定形式的,邮政管理部门应当依法受理,作出批准或者不予批准变更的决定;提交的变更行政许可事项申请材料不齐全或者不符合法定形式的,邮政管理部门应当一次性告知需要补正的全部内容。

第十七条 快递业务经营许可的有效期为5年。

经营快递业务的企业需要延续快递业务经营许可有效期的,应当在有效期届满30日前向作出行政许可决定的邮政管理部门提出申请;未在有效期届满30日前提出申请的,邮政管理部门可以不再受理。

第十八条 经营快递业务的企业应当按照《快递业务经营许可证》记载的业务范围、地域范围和有效期限开展快递业务经营活动。

第十九条 经营快递业务的企业应当在每年4月30日前向邮政管理部门提交快递业务经营许可年度报告。

第二十条 经营快递业务的企业在快递业务经营许可有效期内停止经营的,应当提前10日向社会公告,书面告知作出行政许可决定的邮政管理部门,交回《快递业务经营许可证》,并依法妥善处理未投递的快件。

第二十一条 经营快递业务的企业有下列情形之一的,邮政管理部门应当依法注销快递业务经营许可并公告:

(一)快递业务经营许可有效期届满未延续的;

(二)企业法人资格依法终止的;

(三)快递业务经营许可依法被撤销、撤回的,或者《快递业务经营许可证》依法被吊销的;

(四)法律、法规规定的其他情形。

第二十二条 经营快递业务的企业有下列情形之一的,邮政管理部门应当公告作废《快递业务经营许可证》:

(一)快递业务经营许可有效期内停止经营,主动交回《快递业务经营许可证》的;

(二)快递业务经营许可有效期内停止经营超过6个月,被邮政管理部门责令交回《快递业务经营许可证》,但拒不交回或者逾期未交回的;

(三)国务院邮政管理部门规定的其他情形。

第二十三条 经营快递业务的企业吸收其他企业法人进行合并的或者分立后仍然存续的，应当向作出快递业务经营许可决定的邮政管理部门备案。经营快递业务的企业设立分公司、营业部等非法人分支机构的，应当向分支机构所在地邮政管理部门备案，取得分支机构名录。分支机构的监控、安检设备设施应当符合邮政业安全生产设备配置有关要求。

经营快递业务的企业撤销分支机构或者其分支机构名录记载事项发生变化的，应当向分支机构所在地邮政管理部门撤销、变更备案。

第二十四条 有下列情形之一的，由分支机构备案的邮政管理部门公告作废相关分支机构名录：

（一）经营快递业务的企业撤销分支机构或者依法变更分支机构的经营范围取消快递业务的；

（二）经营快递业务的企业设立分支机构向邮政管理部门备案时隐瞒真实情况、弄虚作假的；

（三）分支机构停止经营快递业务超过6个月的；

（四）分支机构被吊销营业执照或者被国家机关依法责令关闭、关停的；

（五）法律、行政法规和国务院邮政管理部门规定的其他情形。

第二十五条 经营快递业务的企业及其分支机构可以根据业务需要开办快递末端网点，并应当自开办之日起20日内向快递末端网点所在地邮政管理部门备案。经营快递业务的企业及其分支机构对其开办的快递末端网点承担服务质量责任和安全主体责任。

开办快递末端网点的企业、分支机构撤销快递末端网点或者快递末端网点的备案信息发生变化的，应当按照邮政管理部门的规定向原备案机关撤销、变更备案。

第二十六条 《快递业务经营许可证》应当按照国务院邮政管理部门规定的统一式样印制。

任何单位和个人不得伪造、涂改、冒用、租借、倒卖《快递业务经营许可证》以及邮政管理部门提供的备案文件。

第五章 监督检查

第二十七条 邮政管理部门依照《快递暂行条例》第三十六条和第三十七条的规定进行监督检查。被检查企业应当配合监督检查，不得拒绝、阻碍。

第二十八条 邮政管理部门依照《快递暂行条例》第三十六条的规定，重点监督检查下列事项：

（一）经营快递业务的企业实际情况是否与《快递业务经营许可证》记载事项相符合；

（二）快递业务经营许可的变更、延续、注销以及年度报告等执行情况；

（三）分支机构和快递末端网点备案情况；

（四）法律、行政法规规定的其他内容。

第二十九条 任何单位和个人发现邮政管理部门的工作人员在实施快递业务经营许可以及相关监督管理过程中有违法行为，可以向邮政管理部门举报。

第六章 法律责任

第三十条 申请人申请快递业务经营许可时隐瞒真实情况、弄虚作假的，邮政管理部门不予受理或者不予批准，并给予警告，1年内不再受理其快递业务经营许可申请。

以欺骗、贿赂等不正当手段取得快递业务经营许可的，由邮政管理部门依法撤销行政许可，处1万元以上3万元以下的罚款；申请人在3年内不得再次申请经营快递业务。

经营快递业务的企业伪造、涂改、冒用、租借、倒卖《快递业务经营许可证》或者邮政管理部门提供的备案文件的，由邮政管理部门处1万元以上3万元以下的罚款。

第三十一条 快递企业设立分支机构、吸收其他企业法人进行合并或者分立后仍然存续，未向邮政管理部门备案的,依照《中华人民共和国邮政法》第七十三条的规定给予处罚。

除前款规定外,经营快递业务的企业未按照本办法规定办理分支机构备案、撤销、变更手续,或者未按照规定提交快递业务经营许可年度报告的,由邮政管理部门责令改正,可以处1万元以下的罚款。

经营快递业务的企业提交快递业务经营许可年度报告、备案材料时隐瞒真实情况、弄虚作假的,由邮政管理部门责令改正,可以处1万元以上3万元以下的罚款。

第三十二条 经营快递业务的企业或者其分支机构开办快递末端网点未向所在地邮政管理部门备案的,由邮政管理部门责令改正,依照《快递暂行条例》第四十条的规定给予处罚;未按照规定向邮政管理部门撤销、变更备案的,由邮政管理部门责令改正,可以处1万元以下的罚款。

第三十三条 被检查企业拒绝、阻碍邮政管理部门依法实施的监督检查的,邮政管理部门可以处1000元以上5000元以下的罚款;情节严重的,可以责令快递企业停业整顿直至吊销《快递业务经营许可证》。

第三十四条 申请人以及其他单位和个人隐瞒有关情况、提供虚假材料的,邮政管理部门应当记入其快递业信用记录,并可以实施联合惩戒。

第三十五条 邮政管理部门工作人员在快递业务经营许可管理工作中滥用职权、玩忽职守、徇私舞弊的,依法给予处分。

第七章 附 则

第三十六条 本办法自2019年1月1日起施行。交通运输部于2009年9月1日以交通运输部令2009年第12号公布,2013年4月12日以交通运输部令2013年第4号、2015年6月24日以交通运输部令2015年第15号修改的《快递业务经营许可管理办法》同时废止。

邮件快件实名收寄管理办法

交通运输部令2018年第24号

《邮件快件实名收寄管理办法》已于2018年10月8日经第16次部务会议通过,现予公布,自公布之日起施行。

部长 李小鹏
2018年10月22日

第一条 为了保障寄递渠道安全和寄递用户信息安全,规范邮件、快件实名收寄活动,根据《中华人民共和国邮政法》《中华人民共和国反恐怖主义法》《中华人民共和国网络安全法》《快递暂行条例》等法律、行政法规,制定本办法。

第二条 在中华人民共和国境内交寄、收寄邮件、快件以及实施相关监督管理,适用本办法。

第三条 邮政企业、快递企业、经营邮政通信业务的企业(以下统称寄递企业)应当执行实名收寄,在收寄邮件、快件时,要求寄件人出示有效身份证件,对寄件人身份进行查验,并登记身份信息。

寄件人出示的有效身份证件包括：

（一）居民身份证、临时居民身份证；

（二）中国人民解放军军人身份证件、中国人民武装警察身份证件；

（三）港澳台居民居住证、港澳居民来往内地通行证、台湾居民来往大陆通行证；

（四）外国公民护照；

（五）国家规定的其他有效身份证件。

第四条 邮件、快件实名收寄遵循合法、安全、便民、高效的原则。

第五条 国务院邮政管理部门负责对全国邮件、快件实名收寄实施监督管理。

省、自治区、直辖市邮政管理机构和按照国务院规定设立的省级以下邮政管理机构负责对本辖区的邮件、快件实名收寄实施监督管理。

第六条 国务院邮政管理部门和省、自治区、直辖市邮政管理机构以及省级以下邮政管理机构（以下统称邮政管理部门）应当加强与公安机关、国家安全机关等的相互配合，建立健全安全保障机制，监督实名收寄的落实。

第七条 寄递企业应当制定本单位实名收寄管理制度和措施，并严格落实执行。

第八条 使用统一的商标、字号或者快递运单经营快递业务的，商标、字号或者快递运单所属企业应当对实名收寄的内容、流程、安全实行统一管理。

第九条 委托经营邮件、快件收寄业务的，委托方应当在委托合同中明确约定受托方的实名收寄义务，规定实名收寄的作业规范，培训、指导受托方执行实名收寄。

前款规定不免除委托方对实名收寄应当承担的责任。

第十条 寄件人交寄邮件、快件时，应当出示本人有效身份证件，如实填写邮件详情单、快递运单等寄递详情单。

第十一条 除信件和已签订安全协议用户交寄的邮件、快件外，寄递企业收寄邮件、快件时，应当核对寄件人在寄递详情单上填写的个人身份信息与有效身份证件信息。信息核对一致后，寄递企业记录证件类型与证件号码，但不得擅自记录在寄递详情单上。

第十二条 寄递企业采取与用户签订安全协议方式收寄邮件、快件的，应当一次性查验寄件人的有效身份证件，登记相关身份信息，留存有效身份证件复印件。寄件人为法人或者其他组织的，寄递企业应当核对、记录其统一社会信用代码，留存法定代表人或者相关负责人的有效身份证件复印件。

寄递企业应当将安全协议以及用户身份信息保存至协议终止后不少于1年，并将与其签订安全协议的用户名单送邮政管理部门备案。

第十三条 对委托他人交寄邮件、快件的，寄递企业应当核对、记录委托方和受托方的有效身份证件信息。

第十四条 寄递企业应当使用符合国家有关要求的实名收寄信息系统，与国家实名收寄信息监管平台联网，及时收集、录入、报送实名收寄信息，并确保有关信息数据的真实、准确、完整。

第十五条 有下列情形之一的，寄递企业不得收寄邮件、快件：

（一）寄件人交寄信件以外的邮件、快件时，拒绝出示有效身份证件，或者拒绝寄递企业登记身份信息的；

（二）寄递企业收寄信件以外的邮件、快件时，发现寄件人在寄递详情单上填写的寄件人姓名与出示的有效身份证件不一致的。

第十六条 寄递企业应当依照法律、行政法规以及国家有关规定，建立健全信息安全保障制度，采取必要防护措施，防止信息泄露、毁损、丢失。

寄递企业及其从业人员应当对提供寄递服务过程中获取的用户身份信息严格保密，不得出售、泄露或者非法提供寄递服务过程中知悉的用户信息。

发生或者可能发生用户身份信息泄露、丢失等情况时,寄递企业应当立即采取补救措施,并向事件所在地邮政管理部门报告,配合相关部门进行调查处理。

寄递企业在中华人民共和国境内实名收寄活动中收集和产生的用户信息和重要数据应当在境内存储。

第十七条 邮政管理部门依法对寄递企业执行实名收寄情况实施监督管理,可以采取《中华人民共和国邮政法》和《快递暂行条例》规定的监督检查措施。

对邮政管理部门实施的监督检查,寄递企业应当予以配合。

第十八条 经营快递业务的企业违反本办法第八条规定,未实行实名收寄统一管理的,由邮政管理部门依照《快递暂行条例》第四十一条的规定给予处罚。

第十九条 寄递企业有下列行为之一的,由邮政管理部门责令改正,处5000元以上1万元以下的罚款,并对其直接负责的主管人员和其他直接责任人员处5000元以下的罚款;情节严重的,处1万元以上3万元以下的罚款,并对其直接负责的主管人员和其他直接责任人员处5000元以上1万元以下的罚款:

(一)擅自在寄递详情单上记录用户有效身份证件的类型、号码;

(二)未按照规定留存有效身份证件复印件,或者未按照规定保存安全协议、用户身份信息;

(三)未按照规定将已签订安全协议的用户名单送邮政管理部门备案;

(四)未按照规定使用符合要求的实名收寄信息系统,或者已使用的实名收寄信息系统未与国家实名收寄信息监管平台联网;

(五)未及时收集、录入、报送实名收寄信息,或者虚报、瞒报、漏报实名收寄信息。

第二十条 寄递企业有下列行为之一的,由邮政管理部门依照《中华人民共和国反恐怖主义法》第八十五条、第九十三条的规定给予处罚:

(一)在与用户签订安全协议时,未按照规定查验寄件人的有效身份证件并登记相关身份信息;

(二)伪造寄件人身份信息收寄了信件以外的邮件、快件;

(三)在寄件人拒绝出示有效身份证件、拒绝寄递企业登记身份信息的情况下,收寄了信件以外的邮件、快件;

(四)发现寄件人在寄递详情单上填写的寄件人姓名与出示的有效身份证件不一致后,仍收寄了信件以外的邮件、快件。

第二十一条 邮政企业、快递企业及其从业人员有下列行为之一的,由邮政管理部门依照《中华人民共和国邮政法》第七十六条、《快递暂行条例》第四十四条的规定给予处罚:

(一)出售、泄露或者非法提供寄递服务过程中知悉的用户信息;

(二)发生或者可能发生用户信息泄露的情况,未立即采取补救措施,或者未向事件所在地邮政管理部门报告。

经营邮政通信业务的企业及其从业人员有前款规定的违法行为的,由邮政管理部门责令改正,处1万元以上3万元以下的罚款。

第二十二条 本办法自公布之日起施行。

快递末端网点备案暂行规定

国邮发〔2018〕60号

为了规范快递末端网点管理,促进快递服务便捷惠民,推动快递市场健康发展,根据《中华人民共和国邮政法》《快递暂行条例》等法律法规,制定《快递末端网点备案暂行规定》,现予发布。

特此通告。

国家邮政局
2018年5月28日

第一条 为了规范快递末端网点管理,促进快递服务便捷惠民,推动快递市场健康发展,根据《中华人民共和国邮政法》《快递暂行条例》等法律法规,制定本规定。

第二条 开办快递末端网点以及实施备案适用本规定。

第三条 经营快递业务的企业或者其分支机构(以下统称开办者)根据业务需要,在乡镇(街道)、村(社区)、学校等特定区域设立或者合作开办的,为用户直接提供收寄、投递等快递末端服务的固定经营场所,属于快递末端网点。

第四条 开办者应当在快递末端网点设置快件存放和保管区域,配备相应的通讯、货架、监控等设备设施,公示快递服务组织标识,并遵守邮政管理部门的其他规定。

第五条 开办者应当自快递末端网点开办之日起20日内,向快递末端网点所在地省级以下邮政管理机构备案。

第六条 开办者应当通过邮政管理部门信息系统如实完整填写《快递末端网点备案信息表》,并在线提交以下材料:

(一)开办者营业执照;

(二)快递末端网点负责人身份证明;

(三)快递末端网点场所的图片资料;

(四)邮政管理部门规定的其他材料。

分支机构办理快递末端网点备案手续的,除提交上述材料外,还应当提交所属企业法人的授权书。

第七条 省级以下邮政管理机构在收到开办者提交的备案材料后,材料齐全的,应当在5个工作日内予以备案,并在线生成备案回执;材料不齐全的,在2个工作日内一次性告知开办者补正。

第八条 开办快递末端网点,不得超出开办者快递业务经营许可的业务范围、地域范围和有效期限。

第九条 快递末端网点名称、类型、经营范围、负责人等事项发生变更的,开办者应当在10日内通过信息系统向原备案机关履行备案变更手续。

第十条 开办者的快递业务经营许可被注销或者分支机构名录失效的,其开办的快递末端网点备案自行失效。

开办者撤销其设立的快递末端网点或者合作终止的,开办者应当提前5日通过信息系统告知原备案机关,并向社会公告,妥善处理尚未投递的快件。

有前两款规定情形或者快递末端网点被其他国家机关依法关闭的,由原备案机关注销备案。

第十一条 开办者隐瞒真实情况、弄虚作假取得快递末端网点备案的,由原备案机关撤销该备案。

第十二条 开办者应当对其开办的快递末端网点加强管理、培训,采取有效措施保障用户合法权益,并对所开办的快递末端网点承担快递服务质量责任和安全主体责任。

第十三条 邮政管理部门依照《快递暂行条例》第三十七条的规定对开办者和快递末端网点实施监督检查。

第十四条 省、自治区、直辖市邮政管理机构可以根据本地区的实际情况制定实施细则。

第十五条 本规定自发布之日起施行。

第四章 快递标准(索引)

快递封装用品 第1部分:封套

http://www.spb.gov.cn/zc/ghjbz_1/201508/W020180524486228499953.pdf

快递封装用品 第2部分:包装箱

http://www.spb.gov.cn/zc/ghjbz_1/201508/W020180524490694694921.pdf

快递封装用品 第3部分:包装袋

http://www.spb.gov.cn/zc/ghjbz_1/201508/W020180524490695248553.pdf

邮政业信息系统安全等级保护实施指南

http://www.spb.gov.cn/zc/ghjbz_1/201508/W020181008524063821022.pdf

快递手持终端安全技术要求

http://www.spb.gov.cn/zc/ghjbz_1/201508/W020190131531554703153.pdf

寄递服务人员基础数据元

http://www.spb.gov.cn/zc/ghjbz_1/201508/W020190131531554730022.pdf

邮件快件包装填充物技术要求

http://www.spb.gov.cn/zc/ghjbz_1/201508/W020190131531554782886.pdf

快件集装容器 第2部分:集装袋

http://www.spb.gov.cn/zc/ghjbz_1/201508/W020190131531554807493.pdf

第五章 快递政策

国务院办公厅关于推进电子商务与快递物流协同发展的意见

国办发〔2018〕1号

各省、自治区、直辖市人民政府，国务院各部委、各直属机构：

近年来，我国电子商务与快递物流协同发展不断加深，推进了快递物流转型升级、提质增效，促进了电子商务快速发展。但是，电子商务与快递物流协同发展仍面临政策法规体系不完善、发展不协调、衔接不顺畅等问题。为全面贯彻党的十九大精神，深入贯彻落实习近平新时代中国特色社会主义思想，落实新发展理念，深入实施"互联网+流通"行动计划，提高电子商务与快递物流协同发展水平，经国务院同意，现提出以下意见。

一、强化制度创新，优化协同发展政策法规环境

（一）深化"放管服"改革。简化快递业务经营许可程序，改革快递企业年度报告制度，实施快递末端网点备案管理。优化完善快递业务经营许可管理信息系统，实现许可备案事项网上统一办理。加强事中事后监管，全面推行"双随机、一公开"监管。（国家邮政局负责）

（二）创新产业支持政策。创新价格监管方式，引导电子商务平台逐步实现商品定价与快递服务定价相分离，促进快递企业发展面向消费者的增值服务。（国家发展改革委、商务部、国家邮政局负责）创新公共服务设施管理方式，明确智能快件箱、快递末端综合服务场所的公共属性，为专业化、公共化、平台化、集约化的快递末端网点提供用地保障等配套政策。（国土资源部、住房城乡建设部、国家邮政局负责）

（三）健全企业间数据共享制度。完善电子商务与快递物流数据保护、开放共享规则，建立数据中断等风险评估、提前通知和事先报告制度。在确保消费者个人信息安全的前提下，鼓励和引导电子商务平台与快递物流企业之间开展数据交换共享，共同提升配送效率。（商务部、国家邮政局会同相关部门负责）

（四）健全协同共治管理模式。发挥行业协会自律作用，推动出台行业自律公约，强化企业主体责任，鼓励签署自律承诺书，促进行业健康发展。引导电子商务、物流和快递等平台型企业健全平台服务协议、交易规则和信用评价制度，切实维护公平竞争秩序，保护消费者权益；鼓励开放数据、技术等资源，赋能上下游中小微企业，实现行业间、企业间开放合作、互利共赢。（商务部、交通运输部、国家邮政局会同相关部门负责）

二、强化规划引领，完善电子商务快递物流基础设施

（五）加强规划协同引领。综合考虑地域区位、功能定位、发展水平等因素，统筹规划电子商务与快递物流发展。针对电子商务全渠道、多平台、线上线下融合等特点，科学引导快递物流基础设施建设,构建适应电子商务发展的快递物流服务体系。快递物流相关仓储、分拨、配送等设施用地须符合土地利用总体规划并纳入城乡规划,将智能快件箱、快递末端综合服务场所纳入公共服务设施相关规划。加强相关规划间的有效衔接和统一管理。(各省级人民政府、国土资源部、住房城乡建设部负责)

(六)保障基础设施建设用地。落实好现有相关用地政策,保障电子商务快递物流基础设施建设用地。在不改变用地主体、规划条件的前提下,利用存量房产和土地资源建设电子商务快递物流项目的,可在5年内保持土地原用途和权利类型不变,5年期满后需办理相关用地手续的,可采取协议方式办理。(各省级人民政府、国土资源部负责)

(七)加强基础设施网络建设。引导快递物流企业依托全国性及区域性物流节点城市、国家电子商务示范城市、快递示范城市,完善优化快递物流网络布局,加强快件处理中心、航空及陆运集散中心和基层网点等网络节点建设,构建层级合理、规模适当、匹配需求的电子商务快递物流网络。优化农村快递资源配置,健全以县级物流配送中心、乡镇配送节点、村级公共服务点为支撑的农村配送网络。(国家发展改革委、商务部、国家邮政局负责)

(八)推进园区建设与升级。推动电子商务园区与快递物流园区发展,形成产业集聚效应,提高区域辐射能力。引导国家电子商务示范基地、电子商务产业园区与快递物流园区融合发展。鼓励传统物流园区适应电子商务和快递业发展需求转型升级,提升仓储、运输、配送、信息等综合管理和服务水平。(各省级人民政府、国家发展改革委、商务部、国家邮政局负责)

三、强化规范运营,优化电子商务配送通行管理

(九)推动配送车辆规范运营。鼓励各地对快递服务车辆实施统一编号和标识管理,加强对快递服务车辆驾驶人交通安全教育。支持快递企业为快递服务车辆统一购买交通意外险。规范快递服务车辆运营管理。(各省级人民政府负责)引导企业使用符合标准的配送车型,推动配送车辆标准化、厢式化。(国家邮政局、交通运输部、工业和信息化部、国家标准委、各省级人民政府负责)

(十)便利配送车辆通行。指导各地完善城市配送车辆通行管理政策,合理确定通行区域和时段,对快递服务车辆等城市配送车辆给予通行便利。推动各地完善商业区、居住区、高等院校等区域停靠、装卸、充电等设施,推广分时停车、错时停车,进一步提高停车设施利用率。(各省级人民政府、交通运输部、国家邮政局、公安部负责)

四、强化服务创新,提升快递末端服务能力

(十一)推广智能投递设施。鼓励将推广智能快件箱纳入便民服务、民生工程等项目,加快社区、高等院校、商务中心、地铁站周边等末端节点布局。支持传统信报箱改造,推动邮政普遍服务与快递服务一体化、智能化。(国家邮政局、各省级人民政府负责)

(十二)鼓励快递末端集约化服务。鼓励快递企业开展投递服务合作,建设快递末端综合服务场所,开展联收联投。促进快递末端配送、服务资源有效组织和统筹利用,鼓励快递物流企业、电子商务企业与连锁商业机构、便利店、物业服务企业、高等院校开展合作,提供集约化配送、网订店取等多样化、个性化服务。(国家邮政局会同相关部门负责)

五、强化标准化智能化,提高协同运行效率

(十三)提高科技应用水平。鼓励快递物流企业采用先进适用技术和装备,提升快递物流装备自动化、专业化水平。(工业和信息化部、国家发展改革委、国家邮政局负责)加强大数据、云计算、机器人等现代信息技术和装备在电子商务与快递

物流领域应用,大力推进库存前置、智能分仓、科学配载、线路优化,努力实现信息协同化、服务智能化。(国家发展改革委、商务部、国家邮政局会同相关部门负责)

(十四)鼓励信息互联互通。加强快递物流标准体系建设,推动建立电子商务与快递物流各环节数据接口标准,推进设施设备、作业流程、信息交换一体化。(国家标准委、国家发展改革委、工业和信息化部、商务部、国家邮政局负责)引导电子商务企业与快递物流企业加强系统互联和业务联动,共同提高信息系统安全防护水平。(商务部、国家邮政局负责)鼓励建设快递物流信息综合服务平台,优化资源配置,实现供需信息实时共享和智能匹配。(国家邮政局负责)

(十五)推动供应链协同。鼓励仓储、快递、第三方技术服务企业发展智能仓储,延伸服务链条,优化电子商务企业供应链管理。发展仓配一体化服务,鼓励企业集成应用各类信息技术,整合共享上下游资源,促进商流、物流、信息流、资金流等无缝衔接和高效流动,提高电子商务企业与快递物流企业供应链协同效率。(国家发展改革委、商务部、国家邮政局负责)

六、强化绿色理念,发展绿色生态链

(十六)促进资源集约。鼓励电子商务企业与快递物流企业开展供应链绿色流程再造,提高资源复用率,降低企业成本。加强能源管理,建立绿色节能低碳运营管理流程和机制,在仓库、分拨中心、数据中心、管理中心等场所推广应用节水、节电、节能等新技术新设备,提高能源利用效率。(国家发展改革委、环境保护部、工业和信息化部负责)

(十七)推广绿色包装。制定实施电子商务绿色包装、减量包装标准,推广应用绿色包装技术和材料,推进快递物流包装物减量化。(商务部、国家邮政局、国家标准委负责)开展绿色包装试点示范,培育绿色发展典型企业,加强政策支持和宣传推广。(国家发展改革委会同相关部门负责)鼓励电子商务平台开展绿色消费活动,提供绿色包装物选择,依不同包装物分类定价,建立积分反馈、绿色信用等机制引导消费者使用绿色包装或减量包装。(商务部会同相关部门负责)探索包装回收和循环利用,建立包装生产者、使用者和消费者等多方协同回收利用体系。(国家发展改革委、环境保护部、商务部、国家邮政局负责)建立健全快递包装生产者责任延伸制度。(国家发展改革委、环境保护部、国家邮政局负责)

(十八)推动绿色运输与配送。加快调整运输结构,逐步提高铁路等清洁运输方式在快递物流领域的应用比例。鼓励企业综合运用电子商务交易、物流配送等信息,优化调度,减少车辆空载和在途时间。(国家邮政局、交通运输部负责)鼓励快递物流领域加快推广使用新能源汽车和满足更高排放标准的燃油汽车,逐步提高新能源汽车使用比例。(各省级人民政府负责)

各地区、各有关部门要充分认识推进电子商务与快递物流协同发展的重要意义,强化组织领导和统筹协调,结合本地区、本部门、本系统实际,落实本意见明确的各项政策措施,加强对新兴服务业态的研究和相关政策储备。各地区要制定具体实施方案,明确任务分工,落实工作责任。商务部、国家邮政局要会同有关部门加强工作指导和监督检查,确保各项措施落实到位。

国务院办公厅
2018年1月2日

国家邮政局关于印发《邮政行业技术研发中心认定管理暂行办法》的通知

国邮发〔2018〕12号

各省、自治区、直辖市邮政管理局，中国邮政集团公司，各主要快递企业，相关科研院校：

为贯彻十九大精神，落实全国科技创新大会和2016年邮政行业科技创新座谈会议部署，充分发挥科技创新的支撑引领作用，推动建设一批具有鲜明特色和较强实力的行业技术研发中心，切实提升行业科技创新能力和水平，国家邮政局组织制定了《邮政行业技术研发中心认定管理暂行办法》。现予印发，请结合实际，抓好贯彻落实。

国家邮政局
2018年2月9日

邮政行业技术研发中心认定管理暂行办法

第一章 总则

第一条 为贯彻落实国家创新驱动发展战略，推进邮政行业技术研发中心建设，加快行业科技创新步伐，提升行业科技创新水平，特制定本办法。

第二条 邮政行业技术研发中心（以下简称研发中心）是以现代邮政业发展需求为导向，依托企业、高等院校、科研院所以及其他相关单位，开展邮政行业科技研发活动、推动科技成果转化和技术交流、培育行业科技创新人才的重要基地，是邮政业技术创新体系的重要组成部分。

第三条 国家邮政局组织开展研发中心的认定和管理工作。各省、自治区、直辖市邮政管理局（以下简称省级邮政管理部门）协助国家邮政局对研发中心进行指导和管理。

第四条 国家邮政局根据需要，委托有关单位具体承担研发中心的认定和管理工作。

第五条 国家邮政局给予研发中心政策倾斜，支持其承担国家重大科技项目、申报国家级科技创新平台或基地以及国家科学技术奖项、推荐参加科技人才评选、优先承担或参与国家组织的国际技术合作项目、优先参与邮政业科技发展战略规划和标准规范的研究制定，并本着企业自主自愿的原则，支持在邮政行业推广应用其研发成果。

第二章 申报认定

第六条 研发中心的申报与认定，原则上每两年进行一次。具体安排以当年通知为准。

第七条 研发中心的认定遵循自愿申报、从严择优、公平公正的原则，鼓励产学研用联合申报。

第八条 研发中心应当具备以下基本条件（详见附表）：

（一）具有明确的科技发展规划和科技研发方向，符合国家科技发展战略、邮政业发展规划和邮政行业技术研发中心总体布局，在行业中具有明显的科技研发优势和竞争优势。

（二）具备完善的研究、开发和试验条件，以及承担相关科技研发、产品设计和成果转化的能力。

（三）拥有一支结构合理、富有创新精神的科技研发和成果转化的专业技术人员队伍。

（四）创新能力强，研发投入高，拥有若干具备自主知识产权的科技研发成果，在市场中推广应用取得良好社会效益、经济效益或获得过省部级（含）以上的科技奖励。

（五）依托单位能为研发中心提供必要的条件保障，两年内未发生重大质量或安全责任事故。

第九条 依托单位应在规定的时间内向国家邮政局提出申请，并提交《邮政行业技术研发中心申请表》以及必要的证明材料。

第十条 国家邮政局按照初评、现场评估和综合评议的程序组织开展研发中心的认定工作。

第十一条 国家邮政局组织对申报材料是否齐全、材料填写是否符合要求以及申请是否符合研发中心基本条件等进行初评。初评合格的，组织专家组开展现场评估工作。

第十二条 评估专家组一般由五人组成，设正副组长各一名，由组长主持现场评估工作。评估专家组按照召开预备会、听取汇报、核实材料、实地查看、抽查询问、集体评议等程序开展现场评估工作。现场评估主要了解申报的研发中心的整体情况，全面核查综合实力、科技研发与成果转化能力、技术特色与优势和依托保障能力，评估研发中心建设的必要性与可行性，提出明确的评估意见，形成专家评估报告提交国家邮政局。

第十三条 评估专家应当对评估情况及评估中的各种意见严格保密，在评估工作中应当客观公正，不得收受贿赂、弄虚作假、徇私舞弊。

第十四条 国家邮政局根据专家评估报告，进行综合评议（必要时组织答辩），研究确定认定结果并进行公示。公示期为三十天。

第十五条 公示期满后，对公示无异议的，国家邮政局授予其"邮政行业XXX技术研发中心"称号，并予以公布。

第三章 组织运行

第十六条 研发中心应设立管理委员会和技术委员会，建立依托单位支持建设与保障运行、管理委员会负责重大事项决策管理、技术委员会提供学术指导的管理体系。

第十七条 管理委员会是研发中心的决策管理机构，由研发中心依托单位及其主管部门有关人员组成。主要职责是制定研发中心发展规划和管理制度，审定研发中心技术委员会组建方案，聘任研发中心主任，负责研发中心的年度考核，协调研发中心建设和运行过程中的有关事项等。

第十八条 技术委员会是研发中心的学术指导组织，由相关专业领域的技术专家和学者等组成。主要职责是为研发中心开展科技研发、成果转化等提供技术咨询。

第十九条 研发中心应实行"开放、交流、合作、共享"的运行机制，并在人员配备、平台建设、经费筹措及使用等方面建立相应体制机制，推动研发中心可持续发展。

第四章 监督考核

第二十条 国家邮政局对研发中心实施跟踪管理，每两年组织一次复核，研发中心填写《邮政行业技术研发中心复核表》报国家邮政局。

第二十一条 有下列行为之一的，由国家邮政局撤销其研发中心称号：

（一）未按照规定参加复核的；

（二）复核结果为不合格的；

（三）研发中心自行要求撤销的；

（四）依托单位被依法终止的；

（五）弄虚作假、违反相关法律法规的；

（六）其他不再符合研发中心基本条件的。

因第一、二、三、六项原因被撤销研发中心称号的,两年内不得重新申报认定。因第五项原因被撤销研发中心称号的,四年内不得重新申报认定。

第二十二条 研发中心依托单位或成员单位发生更名、重组等重大调整的,应在办理相关手续后三十天内将有关情况报国家邮政局和所在地省级邮政管理部门。

第五章 附 则

第二十三条 本办法中《邮政行业技术研发中心申请表》《邮政行业技术研发中心复核表》式样以及相关证明材料的要求,以组织开展申报工作时的具体通知为准。

第二十四条 本办法由国家邮政局负责解释,自印发之日起实施。

附表

邮政行业技术研发中心申报条件表

类别	条件
综合实力	具有明确的科技发展规划和科技研发方向,符合国家科技发展战略、邮政业发展规划和邮政行业技术研发中心总体布局
	在行业中具有明显的科技研发优势和竞争优势
	在行业应用技术研发与推广上作出了重要贡献
科技研发和成果转化能力	近三年技术研发费用占研发中心当年业务收入或总成本支出的比重一般不低于20%,或年度技术研发经费支出额一般不低于200万元
	专职研发人员一般不少于20人,其中具有大学本科及以上学历人员占研发人员总数比例一般不低于70%
	具备完善的研究、开发和试验条件,以及承担相关科技研发、产品设计和成果转化的能力
	积极开展科技成果转化和市场推广工作,推动行业共性技术问题的解决
技术特色与优势	近两年获得国内外专利数量10项以上
	拥有1项以上具备自主知识产权的科技研发成果,在市场中推广应用取得良好的经济效益、社会效益或获得过省部级(含)以上科技奖励
依托保障能力	依托单位能为研发中心提供必要的人、财、物保障条件
	依托单位在两年内未发生重大质量或安全责任事故

国家邮政局关于印发《快递业信用体系建设工作方案》的通知

国邮发〔2018〕32号

各省、自治区、直辖市邮政管理局:

为贯彻落实《快递暂行条例》《社会信用体系建设规划纲要(2014—2020年)》和《快递业信用管理暂行办法》,扎实有效推动快递业信用体系建设,在认真总结试点工作经验基础上,国家邮政局决定在全国范围内全面开展快递业信用体系建设。为确保工作顺利开展,制订了《快递业信用体系建设工作方案》,现印发给你们,请认真抓好贯彻落实。

国家邮政局
2018年12月14日

快递业信用体系建设工作方案

为贯彻落实《快递暂行条例》《社会信用体系建设规划纲要(2014－2020年)》和《快递业信用管理暂行办法》,扎实有效推动快递业信用体系建设,在认真总结试点工作经验基础上,国家邮政局决定在全国范围内全面开展快递业信用体系建设。为确保该项工作顺利开展,特制订本方案。

一、指导思想

全面贯彻党的十九大精神,以习近平新时代中国特色社会主义思想为指导,认真落实党中央、国务院决策部署,统筹推进"五位一体"总体布局和协调推进"四个全面"战略布局,坚持稳中求进工作总基调,牢固树立和贯彻落实创新、协调、绿色、开放、共享的新发展理念,健全快递业信用制度和标准体系,规范信用信息采集和评定,完善守信激励和失信惩戒机制,逐步营造"一处失信、处处受限"的工作氛围,着力提高全行业诚信意识和信用水平,加快构建以信用为核心的新型市场监管模式,营造良好公平的市场环境,促进快递业健康发展。

二、工作目标

建立完善信用管理的规章制度和标准体系,建立健全经营快递业务的企业、从业人员信用档案,完善信用考核评价体系,规范开展信用信息采集、评定和结果应用,引导和推动规模以上品牌企业逐步建立健全内部信用管控体制机制,充分发挥信用对市场的正面导向作用。到2019年年底,快递业信用基础性制度和标准体系基本建立,行业信用信息采集机制基本建成,信用监管体制基本健全,守信激励和失信惩戒机制初步发挥作用,规范运行、科学高效的快递业信用管理工作体系基本建成。

三、工作原则

(一)政府推动,社会共建。充分发挥邮政管理部门的组织、引导和推动作用。邮政管理部门负责制定健全法规和标准,探索和完善信用管理工作机制。坚持经营快递业务的企业、从业人员的基础性主体地位,在制度标准制定、评价指标设定和诚信文化建设等方面广泛听取其意见。注重发挥行业组织、第三方独立机构等在行业信用建设、信用产品开发使用和信用服务中的重要作用。鼓励新闻媒体和社会公众等社会力量广泛参与,形成行业信用体系建设合力。

(二)完善制度,规范管理。建立健全信用法规制度和标准规范体系,规范信用信息采集、信用指标设定、信用评定和结果应用,强化全流程规范管理。加强信用信息安全管理,提升信用信息电子化安全保护水平,切实维护信用信息安全和信用主体合法权益。

(三)统筹规划,稳步实施。按照国务院和交通运输部总体部署,结合快递业实际,立足当前,着眼全局和长远,统筹规划,明确思路和目标,坚持问题导向,着力解决危害寄递安全和人民群众反映强烈的重点和突出问题,有序建设和逐步完善快递业信用管理框架体系。

(四)整合资源,共建共享。有效整合快递业务经营许可、邮政市场监督检查、行政执法、消费者申诉、安全监管、舆情监测等信息，统一信息标准和技术规范，充分发挥行业大数据对信用管理的重要支撑作用。加强与发展改革、公安、交通运输、商务、人民银行、海关、税务、工商等部门的沟通协作，与"信用中国"、企业信用信息归集公示系统、"信用交通"等平台逐步对接和联网，实现信用信息共享，健全和完善守信联合激励和失信联合惩戒机制，逐步融入国家社会信用体系建设。

四、工作任务、职责分工和时间安排

（一）完善快递业信用管理规章制度。国家局制定印发《快递业信用评定委员会工作规定》，明确信用评定委员会的产生、运行机制等。（市场监管司负责，2018年4月底前完成）各地邮政管理部门结合本地区实际，制定完善相关制度，为信用管理提供坚实保障。（各地邮政管理部门负责，2018年底前完成）

（二）建设快递业信用管理信息系统。在浙江杭州局快递业信用管理信息系统基础上，建设全国快递业信用管理信息系统。根据《快递业信用管理暂行办法》《快递业信用评定委员会工作规定》进一步优化业务需求，完善系统功能。（市场监管司、国家邮政局发展研究中心负责，2018年4月底前完成系统第一期优化，根据使用反映问题随时完善系统）制定《快递业信用信息采集技术规范》，明确快递业信用管理信息系统与快递业务经营许可、邮政市场监督检查、行政执法、消费者申诉、安全监管等信息系统之间的数据对接标准，逐步实现数据互联互通。（市场监管司、国家邮政局发展研究中心、邮政业安全中心负责，2018年5月底前出台《技术规范》，2018年底前实现基本顺畅的互联互通）

（三）建立完善信用档案。摸清辖区经营快递业务的企业基本情况，按照"一企一档"的原则建立信用档案，用以记载和保存企业的信用信息。依托快递业信用管理信息系统实现信用档案建立与管理的信息化。有条件的地区结合本地区实际探索开展对快递从业人员的信用管理，按照"一人一档"的原则建立从业人员信用档案。（各地邮政管理部门负责辖区内信用档案的建立和动态维护管理，2018年7月底前基本完成现有企业信用档案建立工作。市场监管司、国家邮政局发展研究中心分别负责业务指导和技术支撑）

（四）组建快递业信用评定委员会。邮政管理部门根据《快递业信用评定委员会工作规定》牵头组建快递业信用评定委员会。指导快递业信用评定委员会编制年度信用评定方案，根据相应权重确定评价指标并赋予相应分值；根据年度信用评定方案对经营快递业务的企业、从业人员的信用进行考核打分，根据分数确定年度评定结果。信用评定委员会委员的产生和委员会日常运行应当坚持行业共治、民主管理的原则，体现客观性和权威性。（市场监管司、中国快递协会负责全国快递业信用评定委员会的组建，2018年5月底前完成；各地邮政管理部门负责本地区快递业信用评定委员会的组建，2018年7月底前完成）

（五）编制快递业年度信用评定方案。快递业信用评定委员会负责编制年度信用评定方案，确定评价指标并赋予相应分值。信用评价指标应当符合行业实际特点，从快递业务经营许可管理、寄递安全、寄递服务质量、社会责任等方面全面反映行业信用评价维度，体现行业共识。兼顾标准统一和因地制宜，充分发挥国家局和地方邮政管理部门两个积极性，优化赋值方式。信用评定方案发布前，应当充分征求经营快递业务的企业等相关主体的意见。（全国快递业信用评定委员会负责编制全国快递业信用评定方案，2018年6月底前完成，市场监管司负责指导；各地快递业信用评定委员会负责编制本地区快递业信用评定方案，2018年8月底前完成）

（六）全面采集信用信息。各地邮政管理部门按照快递业信用信息产生和来源，合理确定信用信息采集的方式和途径，主要包括系统对接、邮政

管理部门录入、企业自行录入和其他部门共享等。充分利用日常检查、行政执法、消费者申诉、媒体曝光等途径获取信用信息,并归入信用档案作为信用记录。(各地邮政管理部门负责辖区快递业信用信息采集,市场监管司、国家邮政局发展研究中心分别负责业务指导和技术支撑,时间:2018年8月1日起开始,长期坚持)

(七)信用评定和结果应用。快递业信用评定委员会根据年度信用评定方案对经营快递业务的企业、从业人员的信用进行考核打分,并确定信用等级。评定的周期为一年。信用情况的发布和通报等可以视管理需要采取按月度、季度、半年等周期实施。逐步探索信用评定结果应用的方式方法,在保护国家秘密、商业秘密和个人隐私的前提下,充分发挥信用评定结果的指引作用,健全失信惩戒和守信激励机制。(全国快递业信用评定委员会负责全国快递业信用评定,时间:长期,市场监管司负责指导;各地快递业信用评定委员会负责本地区快递业信用评定,时间:长期)

(八)推进诚信文化建设。坚持不懈推进行业诚信文化建设,加大宣传教育力度,及时树立行业诚信典型,通过"最美快递员"评选等活动,大力表彰和宣传践行社会主义核心价值观、行业核心价值观的企业和从业人员,发挥模范带动和示范引领作用,营造赶超比拼、争先创优的良好氛围。充分利用"世界邮政日""学雷锋纪念日""国际消费者权益保护日"等有利契机,在行业内广泛开展主题宣传活动。(市场监管司、国家邮政局邮政业安全中心、中国快递协会、中国邮政快递报社负责,时间:长期;各地邮政管理部门负责辖区诚信文化建设,时间:长期)

五、工作步骤

(一)制定细化方案。

国家局制定和完善工作方案,明确工作目标、工作任务、职责分工和时间步骤、有关工作要求等内容,确保快递业信用体系建设工作有序进行。各省(区、市)邮政管理局根据辖区实际,制定细化实施方案。

时间:2018年4月底前印发国家局工作方案,各省(区、市)邮政管理局5月底前出台实施方案并报国家局。

(二)召开动员部署会议。

国家局组织品牌快递企业总部、各省(区、市)邮政管理局召开快递业信用体系建设工作动员部署电视电话会议,解读工作方案,部署开展信用体系建设工作,明确有关工作要求。

时间:2018年4月底前。

(三)开展快递业信用管理信息系统培训。

参照邮政行政执法信息系统培训模式,组织全国各地邮政管理部门按照片区进行集中培训,讲授快递业信用管理信息系统操作使用。

时间:2018年5月底前完成。

(四)开展阶段性检查和评估。

国家局加强对各地工作开展情况的跟踪管理和督导考核,于2018年7月份、11月份分别进行一次集中检查,了解各地工作进展情况,评估工作成效和存在的问题,及时采取有效措施提升工作实效,确保快递业信用体系建设工作扎实稳步推进。

时间:日常跟踪管理,时间:长期;集中检查与评估:2018年7月和11月。

六、工作要求

(一)加强组织领导。各级邮政管理部门要高度重视快递业信用体系建设工作,将其作为当前乃至今后较长一段时期内的一项重点工作抓实抓好。国家局成立快递业信用体系建设工作领导小组,负责全国快递业信用体系建设工作的统筹协调和推进落实。各省(区、市)邮政管理局要建立相应组织领导机制,细化具体方案,强化工作措施,统筹安排好人力和物力,及时协调解决快递业信用体系建设工作中遇到的困难和问题,确保各项工作顺利推进。

(二)强化督导检查。国家局将快递业信用体系建设纳入对各省(区、市)邮政管理局年度考核的内容,实行量化考核与跟踪管理。各省(区、市)邮政管理局要建立健全监督检查、信息报送、情况通报等制度,完善考核机制,强化责任追究,保障相关工作要求落到实处。

(三)注重舆论引导。各级邮政管理部门要采取积极措施,利用网络、报纸等媒体,大力宣传、及时报道快递业信用体系建设工作进展情况,总结推广好的做法、好的经验,营造全社会关心、支持、参与快递业信用体系建设工作的良好氛围。

国家邮政局关于印发《全国邮政行业人才培养基地遴选和管理办法》的通知

国邮发〔2018〕59号

各省、自治区、直辖市邮政管理局,各有关单位:

现将《全国邮政行业人才培养基地遴选和管理办法》印发给你们,请遵照执行。

国家邮政局
2018年5月28日

全国邮政行业人才培养基地遴选和管理办法

第一章 总 则

第一条 为贯彻落实《国务院关于促进快递业发展的若干意见》《国务院办公厅关于深化产教融合的若干意见》《邮政业发展"十三五"规划》《国家邮政局 教育部关于加快发展邮政行业职业教育的指导意见》等文件精神,进一步加强全国邮政行业人才培养基地(以下简称基地)管理,提升行业人才培养质量,为决胜全面建成与小康社会相适应的现代邮政业、加快建设现代化邮政强国提供人才保障和智力支持,制定本办法。

第二条 基地是指经院校自愿申报,各省、自治区、直辖市邮政管理局(以下简称省级邮政管理部门)审核推荐,国家邮政局组织评审确定,承担邮政行业学科专业建设、人才培养培训、政策法规研究、师资教材建设等工作的重要平台。

第三条 根据地域特点和邮政业改革发展需要,按照"统筹规划、合理布局,分类指导、突出特色,整合资源、注重实效"的原则,对基地实行分批确定和分级管理。

第四条 基地遴选一般每2年开展一次,每个省级邮政管理部门每次推荐不超过2个,国家邮政局每次确定不超过12个。

第二章 职责分工

第五条 国家邮政局负责研究制定基地工作总体规划和政策措施,组织开展基地遴选确定、总结考核、信息交流等工作。

第六条 各级邮政管理部门协助国家邮政局对基地进行指导和管理,负责本地区基地的审核推荐、监督管理,指导基地制定发展规划和工作计划,为基地建设提供必要的支持和保障。

第七条 基地所在院校负责制定基地运行管理办法，建立健全基地管理机构，配备专门工作人员，提供教育培训设施及必要条件保障，承担日常运行管理等。

第三章 申报确定

第八条 申报基地应具备以下基本条件：

（一）主管部门和所在院校支持基地建设，基地组织管理机制完善，并配备满足工作需要的工作人员；

（二）全日制院校，设有邮政快递专业（方向）且专业建设水平较高，服务区域经济发展能力较强，其中职业院校，同等条件下具有全国职业院校邮政快递类示范专业点的优先；

（三）具备承担邮政业人才培养、政策法规研究、科技研发、教育培训、社会服务等工作的基础条件、师资队伍和实习实训场地；

（四）重视产教融合、校企合作，行业企业参与办学程度较高，邮政业相关学科专业（方向）的毕业生以邮政和快递企业为主要就业方向，毕业生质量得到行业认同；

（五）积极参加邮政业的活动，承担过行业的课题研究、工程建设、大赛竞赛、宣讲培训等，有效支撑行业改革发展。

第九条 申报确定程序：

（一）申报单位提出书面申请并附相关材料，所在地省级邮政管理部门根据申报条件进行实地核查，审核同意后，报送国家邮政局人事司。

（二）国家邮政局人事司组织对申报材料是否齐全、材料填写是否符合要求以及申报是否符合基地基本条件进行初评。初评合格的，组织专家评审（必要时组织答辩）。

（三）国家邮政局根据专家评审结果，进行综合评议，研究确定基地入围名单并进行公示。公示期不少于5个工作日。

（四）公示期满，对公示无异议的，国家邮政局印发文件予以确定，并授予基地牌匾。

第四章 运行保障

第十条 基地应立足本地、突出特色，充分利用自身资源优势，将人才培养培训与服务行业发展紧密结合，不断提高支撑行业发展的能力。主要包括：

（一）建立系统多元的复合型培养培训体系，加强邮政业相关学科专业建设和专业师资队伍建设，完善专业教学科研基础条件。

（二）深化产教融合、校企合作，积极探索政产学研用相结合的行业人才培养培训机制，落实行业人才培养定位，做好就业创业保障。

（三）做好行业政策研究、科技研发、成果转化推广、教育培训、国际交流与合作和行业先进文化传播等。

（四）积极参加行业组织的研讨交流活动，紧跟行业发展，做好专业人才培养方案制定、专业课程教材、培训教材的编写和专业课程的开发等。

（五）积极承担行业人才评价工作，承办专业学科竞赛、行业技能大赛、创新创业大赛、论坛展会等活动，为行业企业创新发展提供咨询服务和技术支撑，促进行业人才培养。

第十一条 国家邮政局及省级邮政管理部门，采取多种形式和措施支持基地建设和发展。主要包括：

（一）支持基地加强邮政业相关学科专业建设，支持基地邮政业相关学科专业重点实验室、研发中心、协同创新平台等教学科研和实习实训条件的发展。

（二）支持基地承担邮政业政策法规研究、科技研发、教育培训和国际交流与合作项目等。

（三）搭建产教融合、校企合作平台，为基地与行业企事业单位、社会团体以及基地间开展协同合作创造条件，促进资源共享、优势互补。

（四）支持基地师资培养培训，组织开发的教材、课件等优质培训资源优先提供给基地使用，优先邀请基地参加行业组织的学术和业务交流活动,优先推荐基地教师参加教材等优质教育培训资源开发,优先推荐基地优秀教职员工参加国家和地方组织的评比表彰等。

(五)组织基地开展专题研讨和经验交流活动,综合运用媒体平台,宣传基地工作先进典型。

第五章 监督管理

第十二条 基地要结合行业重点工作安排和行业发展实际,制定年度工作计划,并于每年12月1日前,将年度计划执行情况总结和下一年度工作计划报所在省级邮政管理部门,于当年12月15日前报国家邮政局。

第十三条 国家邮政局每年对基地进行年度工作总结和通报。优秀的,予以表扬;不合格的,限期整改。

第十四条 国家邮政局对基地实行动态管理,以每3年为一周期对基地工作进行全面考核。考核合格的,予以确认;不合格的,限期整改;整改不通过或无正当理由不参加考核的,予以撤销,收回基地牌匾。

第十五条 对于在申请或审核过程中弄虚作假或者利用基地从事违法违规活动的,予以撤销,收回基地牌匾。

第六章 附 则

第十六条 基地联系人、联系方式等重要信息发生变更,须及时报国家邮政局人事司、所在地省级邮政管理部门备案。

第十七条 鼓励和支持省级邮政管理部门依托当地优势教育培训资源建立省级基地。

第十八条 省级邮政管理部门可参照本办法,结合实际,制定省级基地管理规定。

第十九条 本办法由国家邮政局人事司负责解释。

第二十条 本办法自发布之日起施行。

国家邮政局关于提升快递从业人员素质的指导意见

国邮发〔2018〕65号

各省、自治区、直辖市邮政管理局,国家局直属各单位、机关各司室,规模以上快递企业,有关单位:

快递从业人员是快递业生产运营的具体实施者,是保障服务水平、保证安全生产和服务人民群众的最核心要素。近年来,我国快递从业人员总体规模不断扩大,能力素质不断提高,服务水平不断增强,为促进快递业发展、提升服务质量与水平做出了积极贡献。但与新时代经济社会发展和人民群众对更好快递服务的需求相比,还存在职业化专业化程度低、高层次技能人才短缺、职业操守职业道德有待提高、诚信合规综合素质有待提升等问题,部分经营快递业务的企业在从业人员管理上,存在重业务轻管理、重业绩轻权益、重发展轻培训、重考核轻保障等问题,快递业高质量发展与从业人员整体能力素质水平之间的矛盾日益突出。为全面贯彻落实党的十九大精神,深入实施《快递暂行条例》《国务院关于促进快递业发展的若干意见》《国务院关于推行终身职业技能培训制度的意见》等法规政策,进一步提升快递从业人员职业素质、职业保障、职业地位和职业荣誉,保障安全生产,提高服务能力,推动快递业高质量发展,不断满足人民群众对快递服务水平提升的新期待,现就提升快递从业人员素质提出以下意见。

一、总体要求

（一）指导思想。高举中国特色社会主义伟大旗帜，全面贯彻落实党的十九大和十九届二中、三中全会精神，以习近平新时代中国特色社会主义思想为指引，坚持党管人才原则，以服务高质量发展为根本，以实现快递从业人员体面劳动、全面发展、舒心生活为目标，以改革创新为动力，紧紧围绕快递从业人员思想政治、职业操守、专业技能、身心健康、职业保障，全面加强快递从业人员素质建设，全面提升快递从业人员服务能力和服务水平，充分调动快递从业人员干事创业的积极性创造性，建设知识型、技能型、创新型快递劳动者大军，弘扬劳模精神和工匠精神，营造劳动光荣的社会风尚和精益求精的敬业风气，为决胜全面建成与小康社会相适应的现代邮政业、加快建设现代化邮政强国提供坚强的人力保障和广泛的智力支撑。

（二）基本原则。

——坚持服务大局，发挥支撑作用。紧紧围绕新时代决胜全面建成与小康社会相适应的现代邮政业、加快建设现代化邮政强国的宏伟目标和决策部署，提升快递从业人员职业操守、职业技能，充分发挥快递从业人员的重要作用。

——坚持以人为本，落实主体地位。高度关切快递从业人员的需求和期盼，进一步优化从业环境，提升职业地位，保障合法权益，推进专业化、职业化发展，增强行业归属感和职业荣誉感，实现有尊严劳动、体面劳动、全面发展。

——坚持问题导向，勇于改革创新。紧紧围绕推进快递业供给侧结构性改革、转型升级高质量发展，从解决快递从业人员普遍关心的突出问题入手，因地制宜、因企施策，创新体制机制，拓展发展空间，最大限度地激发创新创业活力。

——坚持分工负责，统筹协调推进。强化顶层设计，注重衔接配合，健全企业、政府、协会、社会协同做好快递从业人员素质提升的工作机制，突出企业在快递从业人员素质提升工作中的主体地位，强化政府服务管理，充分发挥协会平台优势，动员社会各方积极参与，形成分工明确、统筹推进、协同配合的良好格局。

（三）主要目标。到"十三五"期末，造就一支适应新时代要求、有理想守信念、懂技术会创新、敢担当讲奉献的快递从业人员队伍，队伍结构不断优化，素质明显提升，合法权益得到进一步保障，基本适应快递业高质量发展对从业人员素质的要求。

——制度体系基本形成。快递领域职业标准建设、快递技能等级认定政策规定、从业人员职业保障和信用建设等管理与服务制度体系不断完善，促进和保障从业人员规范有序健康发展的制度体系基本形成。

——从业环境明显改善。行业职业教育与培训体系逐步完善，从业人员基本权利与合法权益有效保障，劳动光荣、技能宝贵、创造伟大的时代风尚更加浓厚，从业人员职业地位、职业荣誉感和行业归属感不断提升。

——能力素质大幅提高。"爱岗敬业、诚实守信、服务群众、奉献社会"的职业道德深入人心，"诚信、服务、规范、共享"的行业核心价值理念与精益求精、严谨专注等工匠精神有机融合，涌现一批德技双馨、身心双健的高层次、高技能从业人员。

二、重点任务

（一）强化职业标准建设。加强职业研究，按照《中华人民共和国职业分类大典》，加强快递领域主体职业从业人员职业标准和评价规范的制修订工作，推动构建国家职业标准、行业企业工种岗位要求、专项职业能力考核规范等多层次职业标准，为规范从业人员从业行为、提高从业人员职业素质提供科学依据。（人事司牵头，市场监管司、职业技能鉴定指导中心等配合）主动适应行业职业结构变化，研究开发行业新职业工种岗位要求以及专项职业能力考核规范。(职业技能鉴定指导中心牵头,人事司、市场监管司等配合)完善行业人才信息服务,探索建设快递职业信息服务平台,及时发布从业人员职业研究成果和管理服务信息,为企业选人用人和从业人员自主择业提供支持。(职业技能鉴定指导中心牵头,各有关部门配合)

(二)完善行业职业教育体系。落实《国家邮政局 教育部关于加快发展邮政行业职业教育的指导意见》,统筹产业发展和人才培养开发规划,加快推进行业职业教育和培训体系建设。(人事司牵头,职业技能鉴定指导中心等配合)推进行业人才培养基地、职业院校示范专业点建设,优化快递特色专业结构,推进专业设置、教学标准与职业分类、职业标准对接,注重发展适应产业变革和技术进步趋势的专业方向。(人事司牵头,职业技能鉴定指导中心等配合)全面推行企业新型学徒制度,完善产教融合、校企合作协同育人机制,拓宽技术技能人才成长通道,强化"双师型"教师队伍培养,推进实习实训基地建设,健全课程教材体系。(人事司牵头,职业技能鉴定指导中心、中国快递协会及各地快递协会配合)指导举办快递大学生创新创业大赛,推动建立以创新创业教育为导向的人才培养模式,不断提高人才培养质量。(人事司牵头,职业技能鉴定指导中心、中国邮政快递报社、中国快递协会及各地快递协会配合)

(三)注重加强职业培训。充分发挥企业主体作用,推行终身职业技能培训制度,鼓励规模以上企业建立职业培训机构,切实加强对从业人员职业操守、专业能力、服务规范、作业规范、安全生产、车辆安全驾驶等方面的教育和培训。(中国快递协会及各地快递协会牵头,市场监管司、人事司、职业技能鉴定指导中心等配合)落实培训内容,严格培训学时,提高落实收寄验视、实名收寄、过机安检"三项制度"和辨识各类违禁物品的技能,确保操作规范安全、服务标准高效。(中国快递协会及各地快递协会牵头,市场监管司、人事司、职业技能鉴定指导中心等配合)适应产业转型升级需要,着力加强高技能人才培训。鼓励应用"互联网+"开展职业培训,积极探索行业急需的培训大纲、培训教材、职业培训包的开发和师资库建设,推进优质教育资源互通共享。(职业技能鉴定指导中心牵头,市场监管司、人事司、中国快递协会及各地快递协会配合)

(四)推动完善职业保障。强化企业主体责任,改善从业环境,推动规范劳动用工管理,推进工资集体协商,切实保障从业人员休息休假、社会保险等基本权益,严禁超负荷劳动。(中国快递协会及各地快递协会牵头,人事司、市场监管司配合)鼓励经营快递业务的企业建立健全从业人员收入水平随企业经济效益同步增长的激励机制,促进效益共创、利益共享,提升从业人员职业地位和职业荣誉,增强从业人员的归属感和向心力,推动构建规范有序、公平合理、互利共赢、和谐稳定的劳动关系。(中国快递协会及各地快递协会牵头,市场监管司、人事司等配合)落实《"健康中国2030"规划纲要》,普及安全健康卫生知识,增强从业人员劳动保护、安全卫生和身心健康意识,鼓励和引导经营快递业务的企业建立一线岗位从业人员强制休息、健康体检等制度,提高从业人员职业病防治能力。(中国快递协会及各地快递协会牵头,市场监管司、人事司等配合)

(五)培育践行职业道德。落实《国家邮政局关于进一步加强邮政行业精神文明建设的指导意见》,以社会主义核心价值观为统领,把"爱岗敬业、诚实守信、服务群众、奉献社会"的职业道德教育纳入从业人员职业生涯全过程,构建常态化、长效化的行业文化与职业精神培育机制,推动社会主义核心价值观在快递业落地生根。(机关党委牵头,中国快递协会及各地快递协会配合)落实《国家邮政局关于全面推进邮政行业文化建设的指导意见》,推进行业核心价值理念与精益求精、严谨专注等工匠精神的有机融合,培养德技双馨、身心双健的高技能从业人员,并做好与企业评优评先、快递示范城市建设等工作的衔接。(机关党委牵头,市场监管司、中国快递协会及各地快递协会配合)加强法治教育,增强从业人员的国家意识、大局意识、守法意识、诚信意识,提升从业人员职业道德和社会公德。(中国快递协会及各地快递协会牵头,机关党委、政策法规司等配合)

(六)加快推进信用建设。贯彻落实中央部署,按照《国家邮政局关于加强快递业信用体系建设的若干意见》《快递业信用管理暂行办法》要求,加快推进从业人员信用建设,完善管理部门、行业协会、社会公众共同参与的监督和自律机制。(市场监管司牵头,中国快递协会及各地快递协会配合)充分利用快递领域大数据资源,探索建立守信联合激励、失信联合惩戒的制度,促进依法诚信经营,营造良好诚信环境。(市场监管司牵头,发展研究中心、邮政业安全中心等配合)推动建立信用信息交换共享机制,推进信用信息互联互通,形成守信者处处受益、失信者处处受制的局面。(市场监管司牵头,发展研究中心、邮政业安全中心等配合)

(七)强化职业行为规范。根据国家职业资格制度改革精神和政策,研究建立快递从业人员技能等级认定制度,注重发挥职业技能等级制度对从业人员的标准引领、行为规范、自律他律、激励引导等作用。(人事司牵头,市场监管司、职业技能鉴定指导中心等配合)充分发挥快递行业协会作用,研究制定从业人员职业操守和行为准则等行规行约,规范从业行为,提升自律水平。(中国快递协会及各地快递协会牵头,各有关部门配合)开展从业人员岗位承诺,引导和规范广大从业人员安全从业、文明从业、诚信从业。(中国快递协会及各地快递协会牵头,各有关部门配合)

(八)推动完善评价体系。加快推进快递工程技术人员职称评审。(人事司牵头,职业技能鉴定指导中心配合)推动完善行业职业技能等级认定、专项职业能力考核等多元化评价方式,建立健全从业人员技能等级认定组织实施机构,推动符合条件的企业和行业协会自主开展技能等级评价,做好评价结果有机衔接。(人事司牵头,市场监管司、职业技能鉴定指导中心、中国快递协会及各地快递协会配合)贯彻落实《国务院关于第一批清理规范89项国务院部门行政审批中介服务事项的决定》,通过考试或抽测从业人员等方式对企业服务能力进行评价,强化事中事后监管。(市场监管司牵头,职业技能鉴定指导中心等配合)完善以企业岗位练兵和技术比武为基础、地方竞赛为主体、全国大赛为龙头的行业职业技能竞赛体系,切实提高从业人员的参赛率、受益率,形成"崇尚一技之长""行行出状元"的浓厚氛围,增强从业人员的职业荣誉感和行业归属感。(人事司牵头,市场监管司、职业技能鉴定指导中心、中国邮政快递报社、中国快递协会及各地快递协会配合)

(九)推进全面持续发展。加强从业人员职业规划引导,促进从业人员职业生涯多元化发展,打通职业晋升通道,打破人才成长"天花板",使从业人员有更多的发展机会和更大的发展空间。(中国快递协会及各地快递协会牵头,各有关部门配合)鼓励建立高层次、高技能人才带头人制度,推动建立专家(大师)工作室,强化岗位"传帮带"。(人事司牵头,职业技能鉴定指导中心、中国快递协会及各地快递协会配合)聚焦快递业发展重大战略,拓展工作思路,实行内部培养和外部引进相结合,加强国际化高层次、高技能人才引进,带动从业人员结构优化和素质提升。(中国快递协会及各地快递协会牵头,各有关单位配合)

(十)加强思想政治建设。推动经营快递业务的企业加强基层党组织建设,发挥政治核心作用和战斗堡垒作用,引领团结快递从业人员坚决拥护以习近平同志为核心的党中央,用中国梦、"四个自信"凝聚共识,汇聚坚定不移听党话、跟党走的强大力量。(机关党委牵头,各有关部门配合)推动非公快递企业组建工会组织,坚持党建带工建,强化工会在提高快递从业人员素质技能方面的"大学校"作用,大力实施职工素质建设工程,推进企业文化、职工文化建设,丰富从业人员文化体育活动。(机关党委牵头,各有关部门配合)适应青年从业人员数量多的特点,研究推进行业共青团组织建设,推动团组织建设向企业延伸覆盖,加强思想和技能交流,动员青年立足岗位创新创业创优,充分发挥生力军作用。(机关党委牵头,各有关部门配合)

三、工作保障

(一)加强组织领导。各单位各部门要高度重视,把快递从业人员素质提升工作作为一项战略性、基础性工作列入重要议事日程,切实加强领导,健全工作机制,统筹安排,分工合作。各级邮政管理部门要积极争取地方党委、政府的支持,加强与教育、公安、财政、人力资源社会保障、工会等部门的沟通协调,充分发挥行业协会、教育培训机构作用,形成统筹协调、协同配合、共同推进的工作格局。推动职业技能鉴定机构转型发展,委托职业技能鉴定机构承担行业人才综合支撑服务,为提升快递从业人员素质提供工作支撑。

(二)加大投入力度。建立健全多元化资金投入机制,拓宽资金投入渠道。积极争取职业技能培训补贴资金,加大快递从业人员素质提升投入力度,鼓励企业、社会力量积极投入,合力推进快递从业人员素质提升。落实企业主体责任,按规定足额提取职工教育培训经费,专项用于职工特别是一线职工的教育和培训,严禁挪作他用。鼓励企业依托共建学院、行业人才培养基地、邮政快递类示范专业点院校等共建实训基地、职工培训中心、创新创业基地、专家(大师)工作室等,搭建从业人员素质提升平台,推动大众创业、万众创新。

(三)营造良好环境。推动完善劳动薪酬制度,引导企业在关键岗位、关键工序培养使用高技能人才,实现多劳者多得、技高者多得。完善激励导向机制,积极开展表彰奖励活动,坚持物质奖励和精神鼓励相结合,树立从业人员先进典型。继续办好寻找"最美快递员"活动,大力挖掘时代楷模、最美人物、身边好人,加强宣传引导,综合运用各类媒体平台,广泛宣传从业人员的先进典型,充分展示新时代快递从业人员的风采,传播行业正能量、提升行业软实力,在全社会营造崇尚劳动、尊重快递从业人员的良好风气。

国家邮政局
2018年6月21日

国家邮政局关于全面加强生态环境保护坚决打好污染防治攻坚战的实施意见

国邮发〔2018〕96号

各省、自治区、直辖市邮政管理局,中国邮政集团公司,各主要快递企业:

生态文明建设是中华民族永续发展的根本大计,邮政业是生态文明建设的重要领域之一。为深入学习贯彻习近平新时代中国特色社会主义思想和党的十九大精神,全面落实《中共中央 国务院关于全面加强生态环境保护坚决打好污染防治攻坚战的意见》(中发〔2018〕17号),推动行业绿色发展,服务美丽中国建设,制定本实施意见。

一、深入贯彻习近平生态文明思想

党的十八大以来,以习近平同志为核心的党中央把生态文明建设作为统筹推进"五位一体"总体布局和协调推进"四个全面"战略布局的重要内容,谋划开展了一系列根本性、长远性、开创性工作,推动生态文明建设和生态环境保护从实践到认识发生了历史性、转折性、全局性变化。习近平生态文明思想是习近平新时代中国特色社会主义思想的重要组成部分，为推进美丽中国建设、实现人与自然和谐共生的现代化提供了方向指引和根本遵循，必须用以武装头脑、指导实践、推动工作。

全系统全行业深入贯彻落实习近平生态文明思想，牢记"八个坚持"的根本原则，认真贯彻党中央、国务院决策部署，推动绿色邮政建设内容纳入《快递暂行条例》和邮政业发展"十三五"规划，制修订邮政行业绿色包装系列国家标准和行业标准，建立健全绿色发展政策体系和部门协同推进工作机制，实施试点工程，开展广泛宣传，着力解决行业环境保护突出问题。

进入新时代，人民日益增长的更好用邮需要对行业污染防治、生态环境保护提出新的要求。邮件快件包装废弃物增长过快、对社会资源环境压力过大等突出问题，已经成为社会热点，成为行业可持续发展和全面建成与小康社会相适应的现代邮政业的瓶颈。各级邮政管理部门要深入学习贯彻习近平生态文明思想，切实增强责任感、使命感，把绿色邮政建设作为推动新时代邮政业高质量发展的重大机遇，加快形成邮政业资源节约和环境保护的空间格局、产业结构、生产方式、生活方式，更好地服务邮政强国和美丽中国建设。

二、总体目标和基本原则

(一)总体目标。全面贯彻党的十九大精神，以习近平新时代中国特色社会主义思想为引领，以推动邮政业供给侧结构性改革为主线，将习近平生态文明思想与绿色发展理念全面融入邮政业发展各领域、各环节，加强空间统筹、结构优化、资源节约、技术创新、管理提升，着力解决行业环境保护方面的突出问题，全面推进邮政业生态环境保护和绿色发展。

到2020年，邮政业绿色发展法规标准政策体系、监督管理制度和产学研体系进一步健全，邮件快件包装绿色化、减量化、可循环取得明显成效，新能源和清洁能源汽车推广应用取得突破，资源消耗和碳排放量大幅减少，绿色邮政发展理念更加深入人心，邮政业污染防治攻坚战取得阶段性胜利，行业环境保护水平与全面建成小康社会的发展要求相适应。通过继续努力，到2035年，邮政业绿色发展体制机制更加完善，绿色发展成为邮政强国建设的重要方面和内在驱动，邮政生态文明体系基本科学完备，基本建成人与自然和谐共生的绿色邮政体系。

(二)基本原则。

——统筹协调、源头治理。积极发挥政府主导作用，健全责任机制和督查机制，加强与相关部门、地方和行业协会的协调联动。依法依规督促企业主动承担环境治理主体责任，推进生产、销售、使用、回收等上下游关键环节的综合治理，推动落实企业生产者责任延伸制度。加强宣传，引导公众自觉践行绿色低碳用邮方式。

——产业联动、综合施策。完善行业绿色发展规划、政策、标准、统计体系和执法机制，健全绿色发展监测评估制度，加强与电商等上游关键环节监管部门的协调联动。加强产学研合作，增强科技支撑能力，做好成果推广应用。推动行业标准化、规范化、集约化、智能化发展，提升行业环境保护和绿色发展的系统性、整体性、协同性。

——分类推进、重点突破。坚持问题导向，大力推进包装绿色化、减量化、可循环。提升新能源和清洁能源汽车比重，有效减少运输环节温室气体排放。发挥试点示范效应，全面推进邮政业环境保护和绿色发展各项工作。

三、加快邮件快件包装治理

(一)推广绿色包装新材料新产品。推动企业按照《快递封装用品》系列国家标准实施绿色采购，到2020年，符合标准的包装材料应用比例达到90%以上。鼓励使用环保胶带、包装袋和填充物，逐步实现对传统胶带、塑料包装袋和填充物的替代。采取有效措施显著减少封装胶带使用量，试点应用生物降解胶带，逐步提高使用比例。逐步淘汰重金属和特定物质超标的包装物料，明显减少不环保包装材料用量。

（二）推动包装减量化。以服务电商的邮件快件为重点，推动《快递封装用品》系列国家标准、电商绿色包装和减量包装标准实施，推进邮件快件包装减量化处理。鼓励企业使用瘦身胶带、低重高强包装箱，探索简约包装，到2020年，单件快递封装胶带平均使用量减少20%。发展包装定制化、仓配一体化、运输标准化服务，显著减少二次包装，到2020年，力争80%以上的电商快件不再进行二次包装。落实快递电子运单标准，到2020年，电子运单使用基本实现全覆盖。研发应用资源更加节约的电子运单。

（三）推进包装物循环使用。大力推广循环中转袋（箱）、笼车等设备，鼓励企业使用循环快递盒，到2020年循环中转袋使用基本实现全覆盖。以包装箱、包装袋、填充物、封套等包装耗材为重点，指导邮政企业、快递企业与再生资源综合利用企业开展合作，探索建立包装生产者、使用者和消费者等多方协同的回收再利用体系。鼓励邮政企业、快递企业与包装企业、电商企业、回收企业等产业链上下游企业在包装治理领域合作，在高校、社区服务网点配备标志清晰的邮件快件包装回收容器或设立专门回收区域，加强包装物料行业内循环使用体系与社会回收体系的衔接。到2020年，全国城市地区90%以上的快递服务营业网点设置包装废弃物回收再利用装置。建立和推广包装物的共享使用平台。

四、推动基础设施合理布局

（一）优化网络布局。编制邮政业中长期发展纲要，加强与综合交通运输规划衔接。充分依托航空、铁路、公路、水运等综合交通枢纽，统筹推进分拨中心、集散枢纽和快递专业类物流园区建设，优化网络路由，有效减少邮件快件运输盘驳过程中的能耗。健全完善地方邮政设施布局建设规划，做好与当地土地利用总体规划和城乡规划的衔接。

（二）建设绿色邮政基础设施。将绿色发展理念贯穿于邮政基础设施规划、设计、建设、运营全过程。加强邮政基础设施土地资源集约节约利用。鼓励企业开展基础设施节能改造，推广应用节能、节水等技术工艺装备，开展绿色网点、绿色分拨中心建设。

五、推进生产作业节能减排

（一）规范分拣作业流程。扩大分拨中心视频接入范围，建立统一指挥调度体系，实现实时监控。严格操作规范，推动分拣环节智能化、标准化，有效降低破损率。优化分拣作业流程，推进集约高效作业方式，减少不必要的作业环节。

（二）推动升级运输装备。推广应用新能源、清洁能源汽车和满足国六排放标准的燃油汽车，到2020年，全行业新能源汽车保有量达到2万辆以上。加快推进城市建成区新增和更新的邮政快递车辆使用新能源或清洁能源汽车，京津冀及周边地区、长三角地区、汾渭平原等重点区使用比例达到80%。引导企业采购符合标准的专用电动三轮车，鼓励企业购置更高能效等级的运输装备和作业设备，加快淘汰高能耗装备设备。

（三）合理组织运输模式。鼓励企业根据运输里程和时效要求等，合理选取不同的运输组织模式，降低运输能耗强度和排放强度。推进高铁运输快件，发展电商快递班列。因地制宜发展邮件快件水路运输。鼓励企业应用大数据和电商交易信息，优化调度，减少车辆空载和在途时间，降低运输成本和碳排放。加快推进甩挂运输与多式联运等先进运输组织模式。

六、鼓励邮政业绿色发展产学研合作

（一）发挥企业创新主体作用。鼓励"互联网＋"绿色包装新业态发展。鼓励相关企业借助大数据、人工智能等先进技术，在环保包装材料、纸箱制作新工艺、胶带分离技术、智能打包算法、北斗导航应用等方面研发行业适用产品和技术。鼓励包装生产企业推行简约化、减量化、可循环包装设计技术，增加邮政业绿色包装产品供给。鼓励企业申报国家和地方环保科技相关项目，支持企业、科研机构申报邮政行业绿色包装技术研发中心和行业绿色技术研发奖项。

（二）推动产学研各方合作。鼓励企业加强与相关领域高校、科研机构合作，在教育、科研、人才培养等方面形成合力。鼓励环保低碳新技术、新装备、新模式在邮政业推广应用，推动行业技术进步。发挥行业协会桥梁纽带作用。鼓励企业和相关社会团体适时制订实施高于国家标准和行业标准的邮政业绿色发展企业标准、团体标准。支持中国快递绿色包装产业联盟建设发展，完善行业绿色包装全产业链体系，打造绿色供应链。

七、实施邮政业绿色发展试点工程

鼓励企业参加多式联运、甩挂运输、共同配送等试点工程，开展邮政业能效"领跑者"行动，通过树立标杆、政策激励、提高标准，促进邮政行业节能减排，提升能源利用效率。加快推进快递绿色包装试点，针对不同种类的快递包装物料，选取代表企业进行新技术、新产品、新工艺、新模式的试点应用，总结形成可复制可推广的绿色包装解决方案。支持试点企业推广先进包装材料和包装技术，实施更加严格的绿色包装企业标准。鼓励邮政企业、上市快递企业等行业领军企业发挥带动作用，在绿色包装、绿色运输、绿色金融等方面率先取得突破。支持国家生态文明试验区（海南）建设，鼓励总部企业加大对海南邮政业绿色发展支持力度，加快推进快递业绿色包装应用。鼓励河北雄安新区和长三角、珠三角等经济发达地区先行先试，发挥示范引领作用。

八、加强邮政业绿色文化建设

（一）加强绿色文化宣传引导。充分发挥传统媒体和新媒体作用，组织开展形式多样的绿色邮政宣传活动。将每年11月第1周作为"绿色邮政宣传周"；利用世界环境日、世界地球日主题活动，广泛宣传绿色邮政发展理念。发布快递绿色包装趋势研究与调查报告，引导企业编制发布可持续发展年度报告，做好行业绿色发展典型经验总结与宣传推广工作。将绿色邮政相关知识纳入行业教育培训体系，加大绿色邮政发展理念、节能环保先进技术与管理的培训教育力度，提升企业环保意识和从业人员的绿色技能水平。建设绿色邮政文化，创建绿色机关和绿色企业。

（二）倡导绿色低碳生活方式。鼓励企业开展绿色消费活动，提供绿色包装物选择，依不同包装物分类定价，建立积分反馈、绿色信用机制，引导消费者使用绿色包装或减量包装。推动完善邮件快件包装废弃物融入社会资源分类和回收体系，形成包装全生命周期闭环管理。倡导消费者绿色用邮生活方式，普及绿色包装和回收利用知识，营造"绿色用邮，人人有为"的良好氛围。

九、健全邮政业绿色发展治理保障体系

（一）加强法治建设。落实《快递暂行条例》，鼓励邮政企业、快递企业落实绿色邮政发展要求，加强组织保障，履行企业社会责任和环境治理主体责任。将绿色发展作为对市场主体监管的重要内容，加强与相关部门执法协作和联合监督检查。将邮件快件绿色包装等绿色发展指标纳入行业信用体系建设，加强与禁限寄规定执行、消费者申诉、满意度调查、安全监管等信息衔接，建立黑名单制度，推动建立联合惩戒机制，引导企业积极履

行社会责任,践行绿色发展。

（二）健全标准体系。研究制定《邮政业包装填充物技术要求》和《快件包装基本要求》行业标准,完善节能减排等其他相关标准。探索快递包装产品绿色认证,推动建立统一的快递包装产品绿色标准、认证、标识体系,引导和支持邮政企业、快递企业、电商企业及大宗用户使用绿色包装产品或通过快递包装产品绿色认证的包装产品。

（三）强化指标监测。加强邮政业绿色发展和节能减排相关研究。设立邮政业绿色发展统计指标,并纳入统计报表。运用大数据完善监管方式,委托有资质的第三方机构对邮件快件绿色包装等绿色发展情况进行抽检和评估,强化结果公开应用。加强源头治理,推动健全落实快递包装生产者责任延伸制度。

（四）争取政策支持。推动落实国家绿色发展结构性减税和鼓励节能减排、资源循环利用、绿色制造、绿色金融、绿色消费、绿色采购、绿色仓储、绿色运输、绿色配送等优惠政策。推动各地研究制定支持政策,对采用符合标准环保包装材料的邮政企业、快递企业和开展邮件快件包装分类回收利用工作的邮政企业、快递企业进行补贴。推动各地研究出台针对邮政企业、快递企业、电商企业绿色包装税收、信贷等扶持政策,支持有关企业申报地方节能减排、技术改造、中小企业发展、信息化等专项资金。

（五）开展考核评价。依据国家绿色发展指标体系,研究邮政业绿色发展评价指标,引导行业绿色发展。落实中央生态环境保护督察考核要求,加强对各级邮政管理部门落实行业生态环境保护责任清单情况的监督检查和考核,强化考核结果运用。

十、全面加强党对邮政业生态环境保护的领导

各级邮政管理部门党组要把学习贯彻习近平生态文明思想作为重大政治任务,增强"四个意识",坚决维护习近平总书记的核心地位、坚决维护党中央权威和集中统一领导。要认真落实"一岗双责"要求,成立邮政业生态环保工作领导小组,制定实施邮政业绿色发展年度工作计划,定期研究行业绿色发展工作。要推动地方党委政府将邮政业绿色发展作为地方生态文明建设和生态环境保护的重要内容,积极争取政策支持,为行业发展营造良好环境。要贯彻落实十部门《关于协同推进快递业绿色包装工作的指导意见》（国邮发〔2017〕86号）,完善部门间协同工作机制,形成推动邮政业绿色发展的强大合力。

国家邮政局
2018年9月13日

国家邮政局关于印发《快递业绿色包装指南（试行）》的通知

国邮发〔2018〕121号

各省、自治区、直辖市邮政管理局,各经营快递业务的企业:

为深入贯彻习近平生态文明思想,打好快递业污染防治攻坚战,指导经营快递业务的企业做好绿色

包装工作,根据《快递暂行条例》《国务院办公厅关于推进电子商务与快递物流协同发展的意见》等有关规定,国家邮政局制定了《快递业绿色包装指南(试行)》,现印发给你们。请结合实际深入推进快递业绿色包装工作,逐步实现包装材料的减量化和再利用。

国家邮政局

2018 年 12 月 14 日

快递业绿色包装指南(试行)

第一条 为贯彻落实习近平生态文明思想,打好快递业污染防治攻坚战,指导经营快递业务的企业做好绿色包装工作,根据《快递暂行条例》等有关规定,制定本指南。

第二条 快递业绿色包装坚持标准化、减量化和可循环的工作目标,加强与上下游协同,逐步实现包装材料的减量化和再利用。

第三条 经营快递业务的企业应当按照规定使用环保包装材料。在不影响快件寄递安全的前提下,逐步选择低克重高强度的包装材料,设计和使用规格统一的包装或缓冲物;坚持规范作业生产,避免违规分拣操作;探索开发使用循环包装信息系统和回收装备。

第四条 经营快递业务的企业要逐步建立绿色供应体系,采购包装物时可根据需要要求供应商产品取得绿色产品认证,或者由供应商提供由第三方检测机构出具相关检测报告。

第五条 经营快递业务的企业要逐步建立快递包装物使用的企业内部统计制度,包括但不限于各类包装物使用的个数、重量、执行标准、绿色包装使用率,推动提升符合标准要求的环保箱、环保袋和环保胶带使用率,减少单件快递包裹的平均包装耗材。

第六条 经营快递业务的企业要积极组织从业人员开展绿色包装标准、操作规范的培训。

第七条 经营快递业务的企业在采购和使用塑料包装时,可遵循下列要求:

(一)采购时,加入全生物降解塑料考察因素,要求竞标单位提供产品的环境标志或第三方检测报告,其中降解性能符合《快递封装用品 第3部分:包装袋》(GB/T 16606.3—2018)国家标准的要求,生物碳含量符合《环境标准产品技术要求 塑料包装制品》(HJ 209—2017)国家标准的要求;

(二)制定相应计划,逐步提高符合上述标准的塑料包装袋的采购比例,并在一定范围内披露;

(三)建立绿色包装应用的推动机制,主动为用户提供绿色包装选项,并建立相应的激励机制以推动绿色包装应用。

第八条 经营快递业务的企业在采购包装物料时,宜优先采购采用水性印刷工艺生产的包装物料,或者由具有绿色认证资质的企业生产的包装物料。

第九条 经营快递业务的企业使用封装胶带封装操作,可遵循下列要求:

(一)使用符合《邮政业封装用胶带 第1部分:普通胶带》(YZ/T 0160.1—2017)、《邮政业封装用胶带 第2部分:降解胶带》(YZ/T 0160.2—2017)等邮政行业标准的封装胶带;

(二)根据企业实际,按照《快递封装用品 第2部分:包装箱》(GB/T 16606.2—2018)国家标准规定的包装箱的型号,制定相应的胶带封装长度操作规范;

(三)以下为各类包装箱的参考胶带封装方式和长度:

1. 1#和 2#包装箱宜采用"一"字型封装方式,

使用的胶带长度不宜超过最大综合内尺寸的1.5倍；

2.3#、4#和5#包装箱宜采用"十"字型封装方式，使用的胶带长度不宜超过最大综合内尺寸的2.5倍；

3.6#和7#包装箱宜采用"井"字型封装方式，使用的胶带长度不宜超过最大综合内尺寸的4倍。

第十条 经营快递业务的企业要积极探索使用循环快递箱、共享快递盒等新型快递容器，逐步减少包装耗材用量。

第十一条 经营快递业务的企业使用缓冲填充物，可遵循下列要求：

（一）优先使用可降解材质的缓冲填充物；

（二）在使用气泡垫、气泡膜、气泡柱等填充物作为缓冲包装时，尽量使用"即充即用"型的缓冲填充物；

（三）在寄递协议客户标准产品时，提出针对性的缓冲包装方案，以减少缓冲物用量。

第十二条 经营快递业务的企业对包装物品进行印刷，可遵循下列要求：

（一）减少包装印刷油墨用量，尽量避免满版印刷；

（二）减少包装印刷面积。包装箱、封套和包装袋印刷面积均不宜超过表面总面积的50%。

第十三条 经营快递业务的企业寄递协议客户的标准产品时，要加强与上游电子商务企业或生产企业的协同，积极向协议客户建议使用简约包装，逐步减少二次包装。

第十四条 经营快递业务的企业要积极推行在分拨中心和营业网点配备标志清晰的快递包装回收容器，建立相应的工作机制和业务流程，推进包装物回收再利用。

第十五条 经营快递业务的企业要逐步推广使用可循环快件总包，避免使用一次性塑料编织袋。快件总包使用的材质、规格等宜符合快递行业相关标准，循环使用次数不低于20次。

第十六条 本指南由国家邮政局负责解释。

第六章 重要政策解读

《快递暂行条例》解读

快递业是现代服务业的重要组成部分，也是推动流通方式转型、促进消费升级的现代化先导性产业，在稳增长、促改革、调结构、惠民生、防风险等方面发挥着重要作用。我国快递业历经十年持续快速发展，规模增速依然高位运行，新业态、新动能不断呈现。《快递暂行条例》此时出台，是为了持续推动快递业健康发展，保障快递安全，保护用户合法权益，促成快递业治理体系和治理能力现代化。

一、立法背景

《快递暂行条例》是在我国快递业实现发展的基础上制定的。2007年以来，特别是2009年邮政法明确了快递企业的法律地位后，我国快递业由小到大迅猛发展，市场结构持续优化，资源要素加速聚集。2017年全国快递业务量完成了400.6亿件，是2007年的33.4倍，年均增长达到42%；2017年快递业务收入近5000亿元，是2007年的14.5倍，年均增幅达30.6%。我国快递业务量规模已经连续4年位居世界第一，每年新增就业20万人，包裹快递量超过美国、日本、欧洲等发达经济体，对全球包裹快递量的增长贡献率超过了50%。我国已经成为名副其实的快递大国。随着业务规模的壮大，我国快递企业迎来了上市的高峰期，已经有7家企业陆续上市，形成了7家年收入超过300亿元的企业集团。快递业科技创新和绿色发展取得了积极的进展，全国建成上百个智能化分拨中心，投入运行的智能快件箱突破20万组。无人仓、无人机、无人车的研发应用步伐持续加快，主要品牌快递企业的电子运单普及率提升至80%，新能源运输车保有量突破7000辆。在发展过程中，快递业仍面临制度层面的现实问题，快递车辆通行难，快件集散、分拣等基础设施薄弱，末端网点法律地位不明晰，快递加盟等经营秩序需进一步规范，有关服务规则不够明确，寄递渠道安全压力较大，亟需制定行政法规予以规范和保障。党的十九大为快递业高质量发展指明了方向，国务院要求坚持包容审慎监管原则，对优化快递业的政策环境，增强快递服务能力，提升快递服务质效提出了新的要求。制定《快递暂行条例》正是为了保障我国快递业实现由大到强的转变，促进高质量的发展，建设邮政强国，更好地满足人民对美好生活的用邮需求。

二、立法思路

《快递暂行条例》致力于促进快递业持续健康发展，使人民群众拥有更大的获得感，在立法过程中坚持了公开透明、广泛参与的原则，积极听取和兼顾了公众、政府部门、协会、企业和员工的意见和诉求，努力画大同心圆，取得最大公约数。《快递暂行条例》贯彻了包容审慎、创新务实的原则，将快递业作为与新经济、新业态关系紧密的新兴产业，充分融入了快递业的发展需求、改革需求和管理需求。立法思路主要体现在三个着力点。

1. 促进发展。将促进快递业持续健康发展作为立法的着力点，着重解决制约发展的体制机制问题，释放制度红利。《快递暂行条例》设专章规定了发展保障，制定了一系列促进快递业发展的制度措施，既解决业内存在的问题，也解决快递业与其他行业衔接协调方面的问题。同时，以经营快递业务的企业作为制度调节重点，制度红利以企业的实际感受为衡量标准，充分考虑企业感受向消费者传导的过程，在制度设计上坚持有效保护消费者合法权益。

2. 服务民生。着力完善快递服务规则，规范快递秩序，理顺法律关系，使企业和用户形成明确的法律预期，引导企业不断提升服务水平。通过具体的规范明确行为预期，特别是针对业内普遍采用的加盟经营模式，明确了制度规范，对快递服务中容易产生纠纷的问题作出相应规定。

3. 保障安全。从制度上牢牢守住安全底线，着力保障公共安全和用户信息安全。《快递暂行条例》立足实际情况，聚焦快递业安全发展的老问题和新挑战，对用户的电子数据信息安全进行了专门规定，立法过程中充分研究了企业使用电子运单等形式保障信息安全的做法，对企业违规行为规定了严格的法律责任。

三、立法过程

《快递暂行条例》立法工作得到了党中央、国务院领导的关怀，得到了有关部门、地方政府和人民群众的支持，也凝聚了全行业的智慧和力量。制定快递行政法规，是国务院立法计划明确的"全面深化改革急需的项目"，立法进程随着我国快递业的发展而加速推进。立法工作的重要时间节点与快递业发展中的标志性事件紧密结合在一起。2013年，全国快递年业务量达到90亿件，国家邮政局按国务院部署正式启动条例草案起草工作。2014年，快递年业务量突破100亿件，国家邮政局起草形成了条例草案，并向社会广泛征求意见。2015年，快递年业务量完成200亿件之后，全国政协双周协商会将快递条例的制定纳入协商范畴。2017年初，全国快递年业务量超过300亿件，国务院法制办原则确定了条例草案的内容。2017年7月，国务院常务会议进行了第一次审议，将这部行政法规命名为《快递暂行条例》，同时决定再一次向社会公开征求意见。2017年10月，在充分征求和吸收快递员、企业、协会、公众意见的基础上，国家邮政局会同国务院有关部门修改完成了草案，按程序提交国务院。2018年2月7日，国务院常务会议原则通过了《快递暂行条例（草案）》，3月2日，李克强总理正式签署。此时，恰逢快递年业务量突破400亿件。《快递暂行条例》的立法工作，见证了我国快递业实现跨越发展的历程，激励鼓舞着快递业始终坚持发展第一要务，推动行业发展不断迈上新台阶。

四、主要制度安排

《快递暂行条例》共8章48条，内容丰富、实用，对经营、使用、监督管理快递业务作出了规范与保障，是有关部门、企事业单位、行业协会、从业人员和用户应当遵守的行为规则。《快递暂行条例》的制度安排在许多方面实现了突破和创新，有些突破可以说是历史性的。

1. 命名为"暂行条例"。根据国务院常务会议决定，条例命名为"暂行条例"。如此命名，有两个方面的考虑。一是快递是新业态，存在很多未知事项，应当为制度安排留有空间。二是政府部门要坚持包容审慎监管，对此李克强总理指出，针对《快递暂行条例》执行过程中的一些问题，可以不断总结经验，及时调整制度措施，更好地适应新产业、新动能发展的需要。《快递暂行条例》是国务院行政法规，法律位阶较高，其强制力、规范性以及指引、评价作用，将为我国快递物流领域带来重大而深远的影响。条例中关于其他政府部门的名称表述，将在国务院机构改革全面施行后，参与行政法规的打包修改。

2. 促进行业发展。《快递暂行条例》为保障快递业健康发展，制定了内容丰富的制度安排。一是加强外部支撑，对营商环境、竞争秩序、发展规划等提出了要求，为政府部门和行业协会设定了责任，强调地方政府要建立健全促进快递业健康发展的政策措施,保障企业及员工的合法权益。二是破解行业难题,对制约发展的共性问题安排了解决途径,要求将快递相关基础设施用地纳入地方城乡规划和土地利用总体规划,破解用地难;要求保障快递服务车辆通行和临时停靠权利,破解上路难;要求企事业单位、住宅小区管理单位为快递服务提供必要的便利,破解上门难。三是凝聚发展合力,建立了明确的制度导向,鼓励快递业与制造业、农业、商贸业等行业协同发展,推动快递业与电子商务融合发展,引导快递业与铁路、公路、水路、民航等行业进行标准对接。四是支持企业做强,支持企业创新商业模式和服务方式,鼓励企业采用先进技术,推广应用自动化、机械化和智能设施设备,鼓励共享末端服务设施,鼓励开展进出境业务,支持在境外依法开办服务机构和处理场所。五是引导绿色发展,建立了绿色生产消费的制度导向,明确鼓励企业和寄件人使用可降解、可重复使用的环保包装材料,鼓励企业采取措施回收快件包装,充分发挥相关各方积极性,共促快件包装材料的减量化利用和再利用。六是支持跨境发展,条例对优化通关管理服务提出要求,规定有关部门应当建立协作机制,完善进出境快件管理,推动实现快件便捷通关。

3. 推进"放管服"改革。《快递暂行条例》按照"放管服"改革的方向,进行了制度上的突破和创新。一是减少政府对微观经济活动的直接干预,条例明确禁止地方政府出台违反公平竞争、可能造成地区封锁和行业垄断的政策措施,以保证把市场机制能有效调节的经济活动交给市场。二是简化末端网点开办手续,条例明确了快递末端网点的法律地位,规定进行属地的事后备案,无需办理营业执照,并支持和鼓励在农村、偏远地区发展快递服务网络,完善快递末端网点布局,减轻了企业布局末端网络的负担。三是健全协同共治管理模式,条例注重发挥行业协会自律作用,要求协会促进企业守法、诚信、安全经营,督促企业落实安全生产主体责任,引导企业不断提高快递服务

质量和水平。四是构建以信用为核心的新型市场监管体制,条例规定加强快递业诚信体系建设,建立健全快递业信用记录、信息公开、信用评价制度,依法实施联合惩戒措施,提高快递业信用水平。五是规范事中事后监管行为,限定了邮政管理部门监督检查的重点内容,固化了"双随机、一公开"日常检查制度,规定邮政管理部门利用先进技术手段进行检查,创新了监管方式。

4. 保护用户权益。《快递暂行条例》重视保护用户合法权益,对用户集中关注的快件损失索赔和个人信息安全问题作了安排。一是防止采用加盟模式的企业在用户索赔问题上推诿,条例针对快递网络化服务的特点,规定用户可以向商标、字号、快递运单的所属企业要求赔偿,也可以向实际提供服务的企业要求赔偿。二是要求企业提供统一的投诉处理服务,规定在 7 日内予以处理并告知用户,并对不按照规定提供投诉处理服务的行为设定了行政处罚。三是引入快件损失赔偿商业保险,条例鼓励保险公司开发相关责任险种,鼓励经营快递业务的企业投保,让用户多一层赔付保障。四是保障用户在节假日期间使用快递服务,条例要求企业向社会公告暂停快递服务的原因和期限,帮助用户建立合理的消费预期,鼓励企业根据业务量变化实际情况,在节假日期间为用户提供正常的快递服务,以此指引企业通过合理安排值班休假以及给予员工物质精神激励等多种有效措施,努力实现消费者与劳动者的互利共赢。五是从多个层面保护用户信息安全,条例禁止在快递运单上记录不必要的信息,减少个人信息泄露的风险点;限定实名收寄的快件范围,明确企业搜集用户信息的行为边界;规定了信息泄露时的补救义务,为企业设定了法律责任;加强监督检查,强化快递运单及电子数据管理。条例基本建立了企业合法获取、使用、保管信息,邮政管理部门依法引导、检查和追责的用户信息保护机制。

5. 完善服务规则。《快递暂行条例》针对实践中存在的服务质量问题,对快递服务规则进行了

完善和强化。一是确立了快件保价基本规范。明确要求企业与寄件人按照约定的保价规则确定赔偿责任，要求企业在寄件人填写运单前告知保价规则，允许企业要求寄件人对贵重物品保价，衔接了未保价快件的赔偿责任。这一规定填补了邮政法只规定给据邮件保价、未规定快件保价的空白。二是强化了快件处理操作规范。明确要求企业规范操作，防止造成快件损毁，并衔接了运送特定物品的特殊规定，指引企业在操作中采取有效措施保障快件安全。这一规定肯定了"不着地、不抛件"的管理要求，进一步防范"野蛮操作"。三是明确了投递和验收规则，从行政法规层面肯定了快件收件人指定代收人的实践做法，并规定当面验收是收件人、代收人的权利，要求企业告知收件人或者代收人当面验收。四是补充了无法投递快件的处理规则。允许企业根据寄件人要求处理无法投递的快件，细化了无法投递又无法退回快件的处理程序，明确了有关部门和企业的责任。五是充实了快递服务赔偿规则。明确将快件延误纳入企业赔偿范围，并衔接保价和民事赔偿规则。这一制度安排将行业实践经验上升为行政法规的规定，在邮政法的基础上扩大了保护范围。

6. 保障快递安全。《快递暂行条例》坚持将安全作为前提和基础。针对快递服务点多、线长、面广的实际情况，根据快递操作过程中人货分离、递送便捷的特点，条例注重在提高人防、技防、物防的基础上，优化、实化、细化快件收寄验视、实名收寄、过机安检制度，增加数据安全管理制度，强化安全生产制度。一是在收寄验视和安检操作方面，要求企业必须作出验视标识和安检标识，明晰了企业在安全操作中的责任。二是在实名收寄方面，要求用户提供身份信息，对拒不提供身份信息或者身份信息不实的，企业不得收寄，在不降低安全防范水平的前提下，减少了开展实名收寄的压力和阻力。三是在安全检查方面，允许企业根据自身情况选择自行安检或者委托安检，有利于节约资源、提高效率、提升安检操作的专业化水平。

四是在快递运单和电子数据管理方面，明确要求妥善保管电子数据、定期销毁运单，并设定了处罚措施，赋权国务院有关部门制定具体办法。五是在安全生产方面，重申企业应当建立健全安全生产责任制，要求企业制定应急预案，定期开展应急演练，发生突发事件妥善处理并向邮政管理部门报告。

五、开启新的征程

《快递暂行条例》是邮政业在党的十九大之后取得的重要立法成果，贯彻了习近平新时代中国特色社会主义思想，是邮政业推动科学立法、民主立法、依法立法的重要实践，给行业改革发展带来了历史性机遇，具有里程碑的意义。

1.《快递暂行条例》的出台，是对邮政体制改革实践成果的权威总结和高度肯定。政企分开释放了邮政业的生机活力，十年快速发展，行业规模不断扩大，生产要素加快聚集，奠定了优化顶层设计的经济基础。全面加强法治邮政建设保护了邮政业持续发展的积极性和创造性，新业态新模式不断涌现，就业人数连年增长，社会各方高度关注，奠定了行政法规立法的社会基础。邮政管理体制的完善，维护了邮政市场秩序，带动全行业争取到更多利好、更大支持，强化了全行业推进制度建设的组织性、统一性，为推动条例出台奠定了行业基础。国务院颁布《快递暂行条例》，是对邮政体制改革成功实践最有信服力的总结，更是对邮政业和邮政管理部门的新的更高要求。

2.《快递暂行条例》的出台，从国务院行政法规的高度宣告邮政业全面转向高质量发展阶段。《快递暂行条例》立足我国邮政业发展实际，破解制约行业发展的体制机制问题，大大优化了发展环境，引导行业发展实现质量变革、效率变革、动力变革，巩固劳动力、土地、资本、创新等要素优化配置成果，推动提高行业全要素生产率，是邮政业深化供给侧结构性改革的重要制度保障。《快递暂行条例》将在维护市场公平竞争秩序，推进行业治理体系和治理能力现代化,提升行业发展水平,保障人民用邮权益,服务大众创业、万众创新等方面发挥基础性、关键性的作用,为我国迈向邮政强国赋予厚重而持久的能量。

3.《快递暂行条例》的出台,开辟了邮政业服务人民美好生活的新起点。《快递暂行条例》贯彻了以人民为中心的发展思想,立足人民群众对美好生活的用邮需求,全方位优化了快递服务运行体系,引导广大用户、企业、从业人员对行政法规的制度安排形成明确预期。《快递暂行条例》坚持提升消费者使用快递服务的获得感、幸福感和安全感,注重培养和保护从业人员的存在感、归属感和自豪感,鼓励邮政业充分发挥劳动密集型产业优势,更好发挥对生产生活的服务作用,推动邮政业始终按人民期盼的方向大踏步迈进。

4.《快递暂行条例》的出台,开创了邮政业持续健康发展的新境界。《快递暂行条例》的制度安排贯彻了创新、协调、绿色、开放、共享理念,坚持了安全发展理念,肯定了邮政业"打通上下游、拓展产业链、画大同心圆、构建生态圈"的发展思路,在全国范围内凝聚了共识。《快递暂行条例》充分发挥中央与地方两个积极性,深入平衡企业与用户的权利义务,积极营造上游与下游产业协同发展的好势头,将邮政业的长远发展引向广阔天地。

5.《快递暂行条例》的出台,开启了邮政业制度建设的新征程。《快递暂行条例》是全球为数不多的全方位调整快递法律关系的专门法,为世界邮政业改革发展贡献了"中国智慧",增强了我国邮政业顶层设计的自信。《快递暂行条例》作为行政法规,其效力仅次于邮政法,是今后制修订邮政部门规章、规范性文件、地方性法规、地方政府规章的新依据。《快递暂行条例》的出台,丰富和完善了邮政业法律法规的总体构成,对构建系统完备、科学规范、运行有效的邮政业制度体系具有承上启下、承前启后的关键作用。

《快递业信用管理暂行办法》解读

为贯彻落实《社会信用体系建设规划纲要(2014－2020年)》和《国务院关于建立完善守信联合激励和失信联合惩戒制度加快推进社会诚信建设的指导意见》,加强快递业信用体系建设,促进快递业健康发展,根据《中华人民共和国邮政法》以及《快递市场管理办法》等有关规定,国家邮政局制定了《快递业信用管理暂行办法》,经2017年第13次局长办公会议审议通过,并于2017年12月27日印发施行。现将有关情况作一介绍,以利于学习贯彻。

一、制定的必要性

开展快递业信用体系建设,是快递市场健康发展的应有之义。市场经济是信用经济,信用体系是市场经济体制中的重要制度安排。在《中华人民共和国邮政法》"鼓励竞争、促进发展"原则的指引下,近年来,邮政管理部门积极作为,加强制度创新和管理创新,快递市场活力不断迸发,在扩大就业、拉动消费、促进产业结构调整、转变经济发展方式和增强国民经济竞争力等方面发挥着越来越重要的作用。

与此同时,作为快递市场治理必然内容的信用管理却存在短板。表现在:行业诚信意识不足;信用体系不完善;信用评价标准不统一;信用信息采集尚未体系化;统一规范的信用档案有待建立;诚实守信的行业文化和风气尚需强化;守信奖励和失信惩戒机制欠缺等。存在企业间对快件损失赔偿推诿扯皮、快递员分拣作业不规范等现象,甚至发生非法提供用户信息、员工盗窃快件内件等事件,既严重损害了行业形象,侵害了消费者合法权益,也对行业长远健康发展造成了严重不利影响。

依法推进快递业信用体系建设,是整顿和规范快递市场秩序的治本之策,是完善邮政市场监管工作机制、加强事中事后监管的重要举措,也是维护消费者合法权益、营造和谐消费关系的有力手段。制定《快递业信用管理暂行办法》(以下简称《办法》)在行业信用体系建设中具有先导性、实践性的地位与作用,通过《办法》明确行业信用建设的基本原则、工作内容、程序方法,将为行业信用体系建设奠定坚实的制度基础,确保该项工作的规范化和制度化。

二、起草和征求意见情况

(一)起草经过

国家邮政局认真学习了国务院《社会信用体系建设规划纲要(2014—2020)》《国务院办公厅关于社会信用体系建设的若干意见》等文件精神,将快递业信用体系建设放在整个社会信用体系建设的大背景下,研究做好顶层设计,力争在宏观上正确定位,在微观上构建具有一定前瞻性、科学性和可操作性的制度。2015年,启动开展相关研究工作,先后到江苏、广东等地开展实地调研,多次研究讨论,起草形成了《办法》征求意见稿。2016年,选取天津、内蒙古、吉林、湖北、河南、浙江、陕西七省(区、市)开展快递业信用体系建设试点,结合《办法》征求意见稿印发《快递业信用体系建设试点工作方案》和相关操作指南,将制度安排付诸试点实践。2017年4月底,召集试点省(区、市)邮政管理部门召开座谈会,全面总结试点经验,结合试点情况对《办法》草案再次修改完善。

(二)征求意见情况

2015年6月26日,国家邮政局向省(区、市)邮政管理局、各经营快递业务的企业书面征求对《办法》草案的意见。7月7日,召集北京、天津、上海、广东等省(市)邮政管理局召开征求意见座谈会,听取意见建议。7月13日,在上海召开经营快递业务企业征求意见座谈会,圆通、申通、中通、汇通、国通、韵达、速尔、优速、快捷总部和顺丰、中国邮政速递物流有限公司上海分公司派代表到会并提出意见建议。2016年11月11日,组织天津、内蒙古、河南、浙江等试点省(区、市)邮政管理部门代表在京召开了座谈会,就《办法》再次听取意见建议。2017年7月19日至8月20日通过国家邮政局网站向社会公开征求意见。《办法》草案拟定全过程公开、透明。

国家邮政局对征求到的意见建议汇总梳理,逐条进行了认真分析,大部分予以采纳,并对《办法》草案予以修改完善。

三、主要内容

《快递业信用管理暂行办法》,分为6章,共计52条。分别为:总则、信用档案的建立和信用信息的采集、信用评定、信用信息的披露和应用、监督管理、附则。

(一)总则

总则部分共计9条,主要规定了制定目的与依据(第一条)、适用范围(第二条)、快递业信用信息概念(第三条)、工作原则(第四条)、监管职责(第五条、第六条)、部门协作机制(第七条)、企业主体责任(第八条)、行业自律(第九条)等。

(二)信用档案的建立和信用信息的采集

此章共计10条,主要规定了信用档案管理权限(第十条),信用代码(第十一条),经营快递业务的企业信用信息内容(第十二条),采集职权划分(第十三条),采集途径(第十四条),企业信用信息采集方式(第十五条),其他信用信息采集方式(第十六条),信用信息变更和撤销(第十七条)、信用信息异议(第十八条),信用信息处理期限(第十九条)。

(三)信用评定

此章共计6条。主要规定了快递行业信用评定委员会设立与组成(第二十条),年度评定方案的编制(第二十一条),信用指标分级管理(第二十二条),信用评定方案发布时间(第二十三条)、评定周期(第二十四条)、信用评定分制(第二十五条)。

(四)信用信息的披露和应用

共计16条,包括信用评定结果发布(第二十六条)、失信名单公示(第二十七条)、失信名单异议和审查(第二十八条)、信用信息披露(第二十九条)、披露的信用信息内容(第三十条)、披露的期限(第三十一条)、守信和失信名单公开(第三十二条)、信用信息共享(第三十三条)、信用信息查询(第三十四条)、守信激励(第三十五条)、失信或信用异常评优评先限制(第三十六条)、信用异常约束措施(第三十七条)、失信惩戒措施(第三十八条)、信用修复(第三十九条)、修复后惩戒措施解除(第四十条)、信用指数编制(第四十一条)。

(五)监督管理

此章共计7条,主要规定了监管责任(第四十二条),监督检查措施(第四十三条),企业配合义务(第四十四条),诚信文化建设(第四十五条),联合机制建设(第四十六条),申报信息义务(第四十七条),邮政管理部门工作人员责任(第四十八条)。

(六)附则

此章共计4条,主要规定了对快递从业人员的信用管理(第四十九条)、期限以上以下计算(第五十条)、解释权(第五十一条)、施行日期(第五十二条)。

《邮件快件实名收寄管理办法》解读

2018年10月22日,交通运输部公布了《邮件快件实名收寄管理办法》,自公布之日起施行。为便于各级邮政管理部门、业内企业、从业人员和广大用户更好地理解相关内容,切实做好该规章的贯彻实施工作,现解读如下:

一、制定背景

邮件快件寄递渠道联通千家万户以及学校、机关等单位,查验寄件人身份、登记寄件人身份信息,是从源头上防范不法活动、保护用户安全用邮权益的有效措施,是《中华人民共和国反恐怖主义法》的刚性约束。实行实名收寄对于防范、打击寄递渠道违法犯罪活动,维护国家安全、公共安全,促进邮政业持续健康发展具有重要意义。现行法律法规和政策关于实名收寄的规定较为原则,执行过程中存在标准不统一、信息不共享、监管不同步等问题。为规范实名收寄的有效实施,有必要出台部门规章,细化企业、用户的行为规范以及邮政管理部门的监督管理措施,切实发挥实名收寄对于寄递安全的源头保障作用。

二、制定过程

2017年,国家邮政局在深入、广泛调研的基础上,研究起草了《邮件快件实名收寄管理办法(征求意见稿)》,多次向有关部门、业内企业、行业协会征求意见。根据收集到的意见和建议,国家邮政局多次修改完善规章草案,于2018年3月28日至4月26日,通过中国政府法制信息网、交通运输部政府网站、国家邮政局政府网站公开征求意见。在此基础上,国家邮政局局长办公会议于5月8日决定将《邮件快件实名收寄管理办法(送审稿)》提请交通运输部审议。10月8日,交通运输部部务会议审议通过。该规章涉及国家安全,依照《规章制定程序条例》第三十二条的规定,自2018年10月22日公布之日起施行。

三、主要内容

《邮件快件实名收寄管理办法》共22条。主要内容是:

一是明确了实名收寄的行为内容。依照《邮件快件实名收寄管理办法》的规定，寄递企业收寄邮件、快件时，要求寄件人出示有效身份证件，对寄件人身份进行查验，并登记身份信息。据此，实名收寄一般包含有效身份证件的出示、查验、登记3个主要步骤。有效身份证件则包括居民身份证、港澳台居民居住证等。

二是规定了实名收寄的责任分配。《邮件快件实名收寄管理办法》规定，寄递企业应当制定本单位实名收寄管理制度和措施，并严格落实执行。使用统一的商标、字号或者快递运单经营快递业务的，商标、字号或者快递运单所属企业应当对实名收寄的内容、流程、安全实行统一管理。

三是规定了不同情形的操作规范。一般情况下，寄递企业收寄邮件、快件时，应当核对寄件人在寄递详情单上填写的个人身份信息与有效身份证件信息，记录证件类型与证件号码。寄递企业采取与用户签订安全协议方式收寄邮件、快件的，应当一次性查验寄件人的有效身份证件，登记相关身份信息，留存有效身份证件复印件。寄件人为法人或者其他组织的，寄递企业应当核对、记录其统一社会信用代码，留存其法定代表人或者相关负责人的有效身份证件复印件。

四是强化了寄递企业保障用户信息安全的义务。《邮件快件实名收寄管理办法》强调，寄递企业应当建立健全信息安全保障制度，采取必要防护措施，防止信息泄露、毁损、丢失。寄递企业及其从业人员应当对提供寄递服务过程中获取的用户身份信息严格保密，不得出售、泄露或者非法提供寄递服务过程中知悉的用户信息。发生或者可能发生用户身份信息泄露、丢失等情况时，寄递企业应当立即采取补救措施，并向事件所在地邮政管理部门报告，配合相关部门进行调查处理。寄递企业在我国境内实名收寄活动中收集和产生的用户信息和重要数据应当在境内存储。

五是明确了寄递企业违反实名收寄规定的法律责任。对寄递企业实名收寄操作不规范或者不执行实名收寄制度，以及执行过程中泄露用户身份信息等行为，规定了相应的法律责任。

《快递业务经营许可管理办法》修订解读

2018年10月22日，交通运输部公布了修订后的《快递业务经营许可管理办法》，自2019年1月1日起施行。为便于各级邮政管理部门、经营快递业务的企业和社会各方更好地理解相关内容，切实做好该规章贯彻实施工作，现解读如下：

一、修订背景

现行《快递业务经营许可管理办法》于2009年颁布，2013年和2015年作过两次局部修改，对规范快递业务经营许可活动发挥了重要作用。近年来，我国快递业持续快速发展，企业数量大幅增加，新模式、新业态不断涌现，国家邮政局大力推行"放管服"改革，在快递业务经营许可工作中进行积极探索，积累了实践经验。《快递暂行条例》的施行和国务院一系列文件的印发，对优化快递业务经营许可管理规章制度提出了新要求。为执行上位法规定和国务院部署，更好发挥快递业在稳增长、促改革、调结构、惠民生、防风险等方面的作用，深入推进简政放权、放管结合、优化服务的改革工作，进一步释放快递市场活力，使快递业务经营许可管理工作能够更好适应新形势和新业态发展，有必要对现行《快递业务经营许可管理办法》作出全面修订。

二、修订过程

2016年,国家邮政局启动了《快递业务经营许可管理办法》修订研究工作。在企业座谈、实地调研、专家研讨、广泛征求意见的基础上,国家邮政局多次组织修改完善规章修订草案,于2018年3月形成了《快递业务经营许可管理办法(修订征求意见稿)》,送国务院有关部门征求意见。2018年3月28日至4月26日,通过中国政府法制信息网、交通运输部政府网站、国家邮政局政府网站公开征求意见。5月8日,国家邮政局局长办公会议决定将《快递业务经营许可管理办法(修订送审稿)》提请交通运输部审议。10月8日,交通运输部部务会议审议通过。

三、主要内容

修订后的《快递业务经营许可管理办法》共7章36条。主要内容是:

一是细化了快递业务经营许可条件。《中华人民共和国邮政法》原则规定了快递业务经营许可条件,在此基础上,《快递业务经营许可管理办法》从执行的角度,对上位法关于申请快递业务经营许可应当具备的服务能力、服务质量管理制度和业务操作规范、安全保障制度和措施等进行了细化。修订后的《快递业务经营许可管理办法》细化了实名收寄、安全检查、从业人员安全等安全管理条件要求,适当放宽了人员资质条件、比例等方面的要求。对申请经营国际快递业务的申请人,在其未实际具备报关数据、处理场地等条件的情况下,修订后的《快递业务经营许可管理办法》允许给予一定的宽限期。

二是优化了快递业务经营许可程序。修订后的《快递业务经营许可管理办法》对许可的申请与受理、审查与决定、变更与延续、注销与作废等程序作了细致规定,更加便利申请人取得许可。例如,明确快递业务经营许可申请可以通过邮政管理部门信息系统提出,规定邮政管理部门可以委托下级管理部门实施快递业务经营许可有关工作,精简企业分支机构手续,将原来的"取得分支机构名录—注册登记—备案"3个步骤简化为"取得分支机构名录即为备案"1个步骤,并重申快递末端网点无需办理营业执照。

三是规范了事中事后监督管理行为。修订后的《快递业务经营许可管理办法》不设年检,而是由企业在每年4月30日前自主提交年度报告。修订后的《快递业务经营许可管理办法》明确,对经营快递业务的企业吸收合并、分立后仍然存续,设立分支机构,开办末端网点,邮政管理部门均实施备案管理。明确了快递业务经营许可注销、许可证公告作废等相应退出机制。对不诚信行为,还规定了记入快递业信用记录、实施联合惩戒等措施。

第七章 部分省(区、市)、市(地)关于快递服务的政策法规

黑龙江省邮政条例

(2011年8月12日黑龙江省第十一届人民代表大会常务委员会第二十六次会议通过 根据2018年4月26日黑龙江省第十三届人民代表大会常务委员会第三次会议《黑龙江省人民代表大会常务委员会关于废止和修改〈黑龙江省统计监督处罚条例〉等72部地方性法规的决定》修正)

第一章 总则

第一条 为保障邮政普遍服务,加强对邮政市场的监督管理,维护邮政通信与信息安全,保护用户的合法权益,促进邮政业的发展,根据《中华人民共和国邮政法》等有关法律、法规的规定,结合本省实际,制定本条例。

第二条 本省辖区内的邮政设施规划和建设、邮政服务、快递业务、邮政市场监督管理活动,适用本条例。

第三条 省邮政管理部门负责本省辖区内邮政普遍服务和邮政市场的监督管理工作。

按照国务院规定设立的省级以下邮政管理机构负责对本辖区的邮政普遍服务和邮政市场实施监督管理。

县级以上人民政府有关部门依照各自职责,做好规范和促进邮政业发展的相关工作。

第四条 县级以上人民政府应当将邮政业发展纳入国民经济和社会发展计划,保障邮政服务与经济和社会发展相适应。

第五条 县级以上人民政府应当对承担普遍服务义务的邮政企业给予扶持和政策支持,重点扶持高寒地区、贫困地区和农村边远地区邮政设施建设。

第六条 鼓励和支持发展多种所有制形式的快递企业发展快递业务,满足社会各方面的需要。

第二章 设施建设

第七条 省人民政府应当按照统一规划、配套建设、适当超前的原则,组织制定和实施本辖区内的邮政设施建设规划。县级以上人民政府应当将邮政设施的布局和建设纳入城乡规划。

第八条 市、县人民政府在规划建设城市新区、商业区、工业区、住宅区、开发区以及改建旧城区时,应当同时规划提供邮政普遍服务的邮政设施。建设单位应当按照规划建设配套的提供邮政普遍服务的邮政设施。

提供邮政普遍服务的邮政设施应当与建设主体工程同时设计、同时施工、同时验收。

第九条 邮政企业应当按照邮政普遍服务标准和城乡规划要求设置邮政营业场所、邮政信筒(箱)、邮政报刊亭等邮政设施,有关部门、单位和个人应当给予支持和配合。

第十条 机关、企事业单位和城镇居民住宅、商用写字楼的产权人或者物业管理单位应当在其主出入口设置接收邮件的场所。

新建住宅小区或者单体住宅楼工程,设计单

位应当将信报箱作为工程配套设施进行设计,建设单位应当按照设计文件进行建设。未设置信报箱或者未达到国家标准的,由邮政管理部门责令限期改正。逾期未改正的,由邮政管理部门指定其他单位设置信报箱,所需费用由建设单位承担。

已建成的住宅小区或者单体住宅楼未设置信报箱的,由产权所有者或者管理者负责补设,也可以委托邮政企业设置,所需费用由产权所有者支付或者经业主大会决定从专项维修金中支付。

第十一条 县级以上人民政府应当加强乡镇邮政设施和村邮站的投入和建设。乡镇人民政府应当组织村民委员会设立村邮站点或者其他接收邮件的场所,承担本辖区内邮件的接收和投递。

邮政企业应当在乡镇人民政府所在地设置至少一个提供邮政普遍服务的邮政营业场所,按照有关规定加大对村邮站建设的投入,对村邮站的设立提供业务指导与支持,并与村邮站签订邮件接收、转投协议。

第十二条 用于邮政普遍服务的非营利性邮政设施用地,应当按照国家有关规定,以划拨方式提供给邮政企业。

第十三条 因城市建设需要,征收、迁移邮政营业场所或者邮件处理场所的,建设单位应当与邮政企业协商,按照就近安置、方便用邮、不少于原有使用面积的原则,先安置后搬迁,所需费用由建设单位承担。

第十四条 任何单位和个人都有保护邮政设施、维护邮政安全和畅通的责任,并有权制止、举报破坏邮政设施和危害邮政安全的行为。

第三章 邮政服务

第十五条 邮政企业应当采用现代科学技术和管理手段,发挥邮政网络、邮政设施、安全保障、信息传递的优势,增强普遍服务能力,满足社会的用邮需求。

第十六条 邮政企业应当对信件、单件重量不超过五千克的印刷品、单件重量不超过十千克的包裹的寄递以及邮政汇兑提供邮政普遍服务。

邮政企业按照国家规定办理机要通信、国家规定报刊的发行,以及义务兵平常信函、盲人读物和革命烈士遗物的免费寄递等特殊服务业务。

第十七条 邮政企业提供邮政普遍服务,应当符合邮政普遍服务标准。

第十八条 邮政企业应当在其营业场所公示或者以其他方式公布其服务种类、营业时间、收费项目、资费标准、邮件和汇款的查询及损失赔偿办法、营业窗口销售的邮政用品用具价格、禁止寄递或者限制寄递物品的规定,以及用户对其服务质量的投诉办法。

第十九条 民政部门应当确定城镇街道、农村自然村标准地名,对单位和居民住宅设置统一编制的门牌号码。标准地名和门牌号码发生变更的,民政部门应当及时公布,邮政企业应当定期核对,并根据变更后的地名和门牌号码进行投递。

第二十条 用户交寄邮件,应当正确填写收件人姓名、地址和邮政编码。

邮政企业对用户交寄的邮件,应当按照国务院邮政管理部门规定的寄递时限予以投递。

省内邮件寄递时限的调整,按照国务院邮政管理部门有关规定执行,并及时向社会公布。

第二十一条 对具备按址投递条件的新用户,邮政企业应当自用户办理邮件投递登记手续之日起七日内安排投递。

未具备按址投递条件的,邮政企业可以将邮件投递至用户指定的邮件代收点或者指定的邮政信报箱。

单位用户地址变更的,应当事先通知邮政企业,办理邮件改寄新址手续。邮政企业应当公布登记地点和电话号码。

邮政企业应当按照规定的时限,安全、准确投递邮件,给据邮件投递以用户、代办单位、住宅区或者单位收发室的工作人员签收为妥投。

第二十二条　邮政企业可以根据用户的要求,与用户签订延伸投递服务协议,约定延伸投递服务的位置和方式。

第二十三条　邮政业务代办单位、住宅区或者单位收发室的工作人员应当及时传递邮件,并对邮件负有保密和保管责任。对错投、误投和无法投递的邮件,应当及时通知邮政企业收回。

第二十四条　邮政企业应当建立和完善邮政普遍服务质量自查机制,定期将邮政普遍服务质量自查结果报送省邮政管理部门。

第二十五条　发现邮件丢失、毁损的,用户可以在规定的查询期限内持据向当地邮政企业查询,邮政企业应当按照规定的程序、时限予以办理,不得积压、延误,并按照查询答复时限的要求及时答复用户。

属于邮政企业过错造成邮件丢失、毁损的,邮政企业应当依据有关规定予以补投或者赔偿。

第二十六条　邮政企业应当向社会公布用户投诉电话,配备受理用户投诉的人员,及时妥善处理用户的投诉,应当在接到投诉之日起三十日内将处理结果答复用户。对邮政管理部门转办的用户申诉,应当自接到申诉之日起十五日内做出答复。

第二十七条　邮政企业及其工作人员不得有下列行为:

(一)未按照规定建立或者未执行收寄验视制度、收寄禁止寄递或者限制寄递的物品;

(二)泄露国家秘密;

(三)擅自变更邮政普遍服务收费标准或者增加收费项目,强迫、误导用户使用高资费邮政业务;

(四)无故拒绝、拖延、中断邮政业务;

(五)违法向他人提供用户使用邮政服务的信息;

(六)出租、出借带有邮政专用标志的车船或者利用带有邮政专用标志的车船从事邮件运递以外的经营性活动;

(七)冒领、扣压用户汇款或者强迫用户将汇款转为储蓄;

(八)强行搭售邮品及其他商品或者强迫订阅报刊杂志等;

(九)限定用户对信件、印刷品和包裹等邮件的资费支付方式;

(十)转让、出租、出借邮政生产用品用具和邮政专用标识。

第四章　快递业务

第二十八条　快递业务依法实行市场准入,公平竞争。

经营快递业务应当按照《中华人民共和国邮政法》的规定取得经营许可,并按照许可的经营、地域的范围提供快递服务。未经许可,任何单位和个人不得经营快递业务。

第二十九条　经营快递业务应当遵守国家有关法律、法规的规定,符合快递服务邮政行业标准,并接受邮政管理部门及有关部门的监督管理。

第三十条　快递服务车辆在道路上行驶,应当按照省邮政管理部门、交通运输管理部门、公安交通管理部门和工商行政管理部门的有关规定执行。

第三十一条　快递企业收寄快件应当使用快件详情单,详情单应当在显著位置注明赔偿条款等影响用户权益的相关内容。快递企业从业人员应当指导用户规范填写详情单。

第三十二条　收派员将快件交给收件人时,应当告知收件人当面验收快件。快件外包装完好,由收件人签字确认。

外包装出现明显破损等异常情况的,收派员应当告知收件人验收,无异议后再签收。如发现内件有破损,收件人可以拒收。快递企业与寄件人另有约定的除外。

第三十三条　快递企业为网络购物、电视购物和邮购等经营者提供快递服务的,或者从事代收货款业务的,应当与委托方签订服务合作协议和安全保障协议,明确双方权利义务,并报省邮政管理部门备案。

第三十四条 快递企业及其工作人员不得从事下列行为:

(一)相互串通操纵市场价格,损害其他快递企业或者用户的合法权益;

(二)冒用他人名称、商标标识和企业标识,扰乱市场经营秩序;

(三)私自开拆、隐匿、毁弃、扣留、倒卖、盗窃快件;

(四)将信件打包作为包裹寄递;

(五)违法泄露在从事快递服务过程中知悉的用户信息;

(六)法律、法规禁止的其他行为。

第三十五条 省邮政管理部门应当建立快递企业诚信考核制度。对年度考核不合格的快递企业,应当予以警告,或者依法吊销经营许可。具体考核办法由省邮政管理部门制定。

第三十六条 本条例第二十一条、第二十四条、第二十五条、第二十六条、第二十七条关于邮政企业及其从业人员的规定,适用于快递企业及其工作人员。

第五章 安全保障

第三十七条 邮政企业、快递企业应当建立突发事件应急工作机制,制定邮路安全应急预案。

发生重大服务阻断时,邮政企业、快递企业应当立即启动应急预案,采取必要的应急措施,确保邮件、快件安全,及时告知用户,并将重大服务阻断信息在一小时内向当地人民政府和省邮政管理部门报告。

第三十八条 在处理突发事故过程中,邮政企业、快递企业应当对所有与事故有关的资料进行记录和保存,保存期限至少一年。

第三十九条 任何单位和个人不得利用寄递网络从事危害国家安全、社会公共利益或者他人合法权益的活动,不得交寄、夹寄爆炸性、易燃性、腐蚀性、放射性、毒害性、传染病病原体等危险有害物品以及非法出版物等国家规定禁止寄递的其他物品。邮政企业、快递企业发现交寄、夹寄违禁物品的,不予寄递,并交由有关部门依法处理。

第四十条 发生重大疫情、灾情等突发事件时,按照国家有关规定批准后,省邮政管理部门可以公布国家禁止寄递物品之外的禁寄物品名录。

第六章 监督管理

第四十一条 邮政管理部门应当建立健全监督检查制度,加强邮政普遍服务和邮政市场的监督检查,及时受理用户的申诉、举报,依法查处违反邮政法律、法规的行为。

第四十二条 邮政管理部门、公安机关、国家安全机关和海关应当相互配合,建立健全安全保障机制,加强对邮政通信与信息安全的监督管理,确保邮政通信与信息安全。

第四十三条 邮政管理部门依法履行监督管理职责,可以采取下列监督检查措施:

(一)进入邮政企业、快递企业、集邮市场、生产和销售邮政业生产监制范围的邮政用品用具的企业或者涉嫌发生违反邮政法律、法规规定活动的其他场所实施现场检查;

(二)向有关单位和个人了解有关情况;

(三)查阅、复制有关文件、资料、凭证;

(四)经邮政管理部门负责人批准,查封与违法活动有关的场所,扣押用于违反邮政法活动的运输工具以及相关物品,对信件以外的涉嫌夹带禁止寄递或者限制寄递物品的邮件、快件开拆检查。

第四十四条 邮政管理部门根据履行监督管理职责需要,可以要求邮政企业、快递企业报告有关经营情况。被检查的单位和个人应当予以配合,及时、准确地提供情况和有关资料。

第四十五条 邮政管理部门应当对下列行为进行查处:

（一）经营伪造、变造的邮资凭证；

（二）经营国家禁止流通的邮票、集邮品；

（三）先于发行日期出售邮资凭证；

（四）擅自使用邮政专用名称，伪造或者冒用邮政专用标识、专用工具、专用品；

（五）制造、销售不符合国家或者行业标准的明信片、邮件封装箱（袋）、信报箱等邮政用品用具以及快递封装用品。

第四十六条　为保障邮政普遍服务和特殊服务补贴资金的正常使用，省邮政管理部门应当按照国家规定加强对邮政企业使用邮政普遍服务、特殊服务补贴资金的监管。

第四十七条　省邮政管理部门指导开展邮政企业、快递企业从业人员教育培训和特殊工种职业技能鉴定工作，提高从业人员素质和技能。

第七章　法律责任

第四十八条　邮政企业违反本条例规定，有下列行为之一的，由邮政管理部门按照下列规定给予处罚：

（一）未按照时限要求，为具备投递条件的用户安排投递服务的，责令改正，可以处二千元以上五千元以下罚款。情节严重的，处一万元以上二万元以下罚款；

（二）擅自改变邮政普遍服务收费标准或者增加收费项目，强迫、误导用户使用高资费邮政业务的，责令改正，可以处二千元以上五千元以下罚款。情节严重的，处一万元以上二万元以下罚款；

（三）无故拒绝、拖延、中断邮政业务的，责令改正，可以处二千元以上一万元以下罚款；情节严重的，处一万元以上五万元以下罚款。

第四十九条　快递企业违反本条例规定，有下列行为之一的，由邮政管理部门按照下列规定给予处罚：

（一）经营快递业务不符合快递服务邮政行业标准等相关规定的，责令改正，并处五千元以上一万元以下的罚款。情节严重的，处一万元以上两万元以下罚款；

（二）未按照本条例规定履行派送验收的，责令改正，并处二千元以上五千元以下的罚款。情节严重的，处五千元以上两万元以下罚款；

（三）将信件打包作为包裹寄递，可以处二千元以上一万元以下的罚款；情节严重的，处一万元以上五万元以下的罚款，并可以责令停业整顿。

第五十条　邮政企业、快递企业违反本条例规定，有下列行为之一的，由邮政管理部门责令改正，并处五千元以上一万元以下罚款：

（一）未按照规定时限处理用户投诉或者邮政管理部门转办的申诉的；

（二）突发事故的处理和有关档案资料的保存不符合本条例规定的。

第五十一条　邮政管理部门工作人员在监督管理工作中有下列行为之一的，尚不构成犯罪的，由所在单位或者有关部门给予行政处分：

（一）泄露监督检查中知悉的商业秘密的；

（二）滥用职权、玩忽职守、徇私舞弊的；

（三）违反法定程序实施监督检查的；

（四）不依法履行监管职责的。

第八章　附　则

第五十二条　法律、行政法规另有规定的，从其规定。

第五十三条　本条例自2011年10月1日起施行。2001年12月15日黑龙江省第九届人民代表大会常务委员会第二十六次会议通过的《黑龙江省邮政条例》同时废止。

安徽省邮政条例

(2015年5月21日安徽省第十二届人民代表大会常务委员会第十九次会议通过　根据2018年3月30日安徽省第十三届人民代表大会常务委员会第二次会议《关于修改和废止部分地方性法规的决定》修正)

第一章　总　则

第一条　为了保障邮政普遍服务和特殊服务，加强对邮政市场的监督管理，保护用户合法权益，促进邮政业健康发展，根据《中华人民共和国邮政法》和有关法律、行政法规，结合本省实际，制定本条例。

第二条　本条例适用于本省行政区域内的邮政业规划、建设、服务与监督管理等相关活动。

本条例所称邮政普遍服务，是指按照国家规定的业务范围、服务标准，以合理的资费标准，为所有用户持续提供的邮政服务。

本条例所称邮政特殊服务，是指邮政企业按照国家规定办理机要通信、国家规定报刊的发行，以及义务兵平常信函、盲人读物和革命烈士遗物的免费寄递等业务。

第三条　各级人民政府应当对邮政普遍服务和特殊服务给予政策支持和资金补贴，重点保障农村地区邮政营业场所的正常运营。

各级人民政府应当制定和完善相关政策措施，鼓励、促进和规范快递服务发展。

第四条　省邮政管理部门和依照国务院规定设立的市、县邮政管理部门或者机构(以下统称邮政管理部门)负责对本行政区域内的邮政普遍服务、特殊服务和邮政市场实施监督管理。

设区的市邮政管理部门可以在其法定权限内委托依法成立的管理邮政事务的事业组织从事邮政普遍服务和邮政市场监督检查相关工作。

县级以上人民政府有关部门依照各自职责做好邮政管理的相关工作。

第五条　邮政企业、快递企业应当加强服务质量管理和用户信息保密工作，完善安全保障措施，为用户提供迅速、准确、安全、方便的服务。

第二章　规划与建设

第六条　县级以上人民政府应当将邮政业发展纳入国民经济和社会发展规划，按照统筹安排、合理布局的原则，将邮政、快递基础设施的布局和建设纳入土地利用总体规划、城乡规划、综合交通运输体系规划，保障邮政业与当地经济社会协调发展。

邮政管理部门应当根据邮政业发展规划，会同发展改革、城乡规划、国土资源、交通运输等部门编制包括邮政营业场所、邮件处理场所和快件处理场所等在内的邮政设施专项规划，经本级人民政府批准后实施。编制邮政设施专项规划时，应当征求邮政企业及其他方面意见。

城乡规划主管部门编制控制性详细规划，应当按照邮政设施专项规划的要求，对邮政营业场所、邮件处理场所和快件处理场所进行规划控制。

国土资源主管部门应当依据城乡规划主管部门提出的规划条件，将配套建设邮政营业场所和邮件处理场所的位置、面积作为国有土地使用权出让要求的内容。

第七条　建设城市新区、独立工矿区、开发区、住宅区或者对旧城区进行改建，建设单位应当按照经依法审定的修建性详细规划和工程设计方案，配套建设提供邮政普遍服务的邮政设施。

城乡规划主管部门在组织审查修建性详细规划时,对未按照规划要求设置提供邮政普遍服务的邮政设施的,应当要求建设单位改正。

第八条 根据城乡规划配套建设的提供邮政普遍服务的邮政营业场所和邮件处理场所,由政府投资的,无偿提供邮政企业使用。建设单位依据城乡规划主管部门批准的规划设计方案建设的邮政营业场所和邮件处理场所,应当以不高于房屋建筑成本的价格出售给邮政企业,或者以优惠价格出租给邮政企业。

邮政设施用地符合划拨用地目录规定的,由市、县人民政府按照规定划拨。建设邮政设施免征城市基础设施配套费。

依法取得的划拨土地和依照本条第一款规定配套建设的邮政营业场所和邮件处理场所,不得擅自转让或者改变用途;确需转让或者改变用途的,由市、县人民政府批准。

第九条 征收邮政营业场所或者邮件处理场所的,房屋征收部门应当与邮政企业协商,按照方便用邮、不少于原有面积的原则,原地或者就近重建、置换邮政营业场所或者邮件处理场所;重建的邮政营业场所或者邮件处理场所在交付使用前,房屋征收部门应当就近安排过渡场所。未作出妥善安排前,不得征收。重新设置的费用、过渡场所的费用和其他补偿费用,由作出征收决定的人民政府承担。

邮政企业应当采取相应措施,保障过渡期间邮政普遍服务正常进行。

第十条 邮政企业设置、撤销邮政营业场所,应当事先书面告知所在地邮政管理部门。

邮政企业撤销提供邮政普遍服务的邮政营业场所,应当向所在地邮政管理部门提出书面申请。邮政管理部门应当在受理申请之日起十个工作日内作出决定。经批准撤销的,邮政企业应当于停业前二十个工作日向社会公告。

第十一条 城镇新建、改建、扩建住宅建筑工程,应当每套住宅配套设置信报箱。信报箱纳入住宅建筑工程统一规划、设计和施工,所需费用纳入建设项目总投资。

住宅建筑工程竣工验收时,邮政管理部门或者其委托的单位应当参加验收。信报箱工程验收未通过的,建设行政主管部门不得予以验收备案。

已建成的城镇居民楼、住宅小区未按照国家规定标准设置信报箱的,市、县人民政府在组织对其改造时,应当将信报箱作为公用设施集中设置、更新或者维修。

第十二条 邮政企业应当根据城乡规划和邮政设施专项规划,在街道、居民小区等方便用户的地点设置邮政报刊亭、邮政便民服务站、邮筒(箱)等邮政设施。邮政报刊亭、邮政便民服务站、邮筒(箱)免缴城市道路占用费。

第十三条 乡镇人民政府所在地应当设置提供邮政普遍服务的邮政营业场所。

市、县人民政府应当将村邮站纳入村级公共服务平台建设,村邮站运转经费纳入村级其他必要支出范围,由财政予以保障。村民委员会负责村邮站的日常管理和人员选派。邮政企业应当对村邮站建设和运行给予指导和支持。

第十四条 县级以上人民政府应当把邮件和快件的代收、代转服务纳入社区商业便民服务网点建设。

鼓励机关、企业事业单位、学校、车站、机场、港口、宾馆、住宅小区、商业区等按照国家规定标准建设智能快件箱等自助服务设施,为快件投递提供便利和安全保障。

第三章 邮政服务

第十五条 县级以上人民政府应当鼓励邮政企业参与相关基本公共服务项目建设,支持邮政企业开放邮政设施,拓展业务范围,开办各类代理业务,建设综合服务平台。

对邮政企业在农村开展物流配送、金融助农等服务的,按照国家有关规定给予优惠。

第十六条 邮政企业在人员、设施配备等方面应当满足邮政普遍服务的要求,其提供的邮政普遍服务,应当符合国家规定的标准。

邮政企业从业人员应当熟悉邮政业务,为用户提供规范的服务。

第十七条 邮政企业停止办理或者限制办理邮政普遍服务业务和特殊服务业务,应当向邮政管理部门提出书面申请。邮政管理部门应当在受理申请之日起十个工作日内作出决定。经批准停止办理或者限制办理邮政普遍服务业务和特殊服务业务的,邮政企业应当于停办前二十个工作日向社会公告。

因不可抗力或者其他特殊原因,邮政企业暂时停止办理或者限制办理邮政普遍服务业务和特殊服务业务的,应当及时向社会公告,采取相应的补救措施,并向所在地邮政管理部门报告;暂时停止办理或者限制办理的期限不得超过六个月。

第十八条 对具备国家规定通邮条件的用户,邮政企业应当自用户办理邮件投递登记手续之日起五个工作日内安排投递。对不具备通邮条件的,将邮件投递至与用户商定的邮件代收点。用户变更名称、邮件投递地址的,应当及时通知邮政企业。

第十九条 邮政企业从业人员按址投递邮件进入物业管理区域的,物业服务企业核实确认身份后,应当提供便利,不得拒绝邮政投递人员进入。

物业服务合同有代收、代转邮件规定或者物业服务企业与业主有约定的,物业服务企业应当为业主代收、代转邮件。

尚未设置信报箱、设置的信报箱无法投递或者影响邮件安全的,业主可以与物业服务企业约定代收、代转邮件。

邮件代收人员接收邮政企业投递的邮件时,应当当面核对,对给据邮件予以签收,并履行保管和及时传递的责任,不得私自开拆、隐匿、毁弃邮件或者撕揭邮票;无法传递的,应当及时告知邮政企业予以收回。

第二十条 带有邮政专用标志的车船进出港口或者通过渡口、桥梁、隧道、检查站时,有关单位应当优先放行。

公安机关交通管理部门及其他有关部门应当为带有邮政专用标志的车辆的通行、停靠提供便利,在确保安全前提下,允许其在禁行路线临时通行、在禁停地段临时停靠。

运递邮件的车辆发生交通事故时,公安机关交通管理部门应当尽快处理;邮政企业应当及时安排车辆转运邮件。

经省交通运输主管部门和邮政管理部门核定带有邮政专用标志的邮政普遍服务、特殊服务的邮运车辆,通过本省收费的公路、桥梁、隧道时,减免通行费。

第二十一条 邮政企业及其从业人员不得有下列行为:

(一)私自开拆、隐匿、毁弃、倒卖邮件,撕揭邮票,冒领、扣押用户款物;

(二)无故拒绝、中止邮政普遍服务或者特殊服务;

(三)无故延误或者未按址投递邮件;

(四)擅自变更邮政普遍服务和特殊服务收费标准、增加收费项目;

(五)强迫、误导或者限定用户使用指定的业务,向用户搭售商品、服务或者附加其他不合理条件;

(六)转让、出借、出租邮政专用品或者带有邮政专用标志的车船;

(七)法律、法规禁止的其他行为。

第二十二条 任何单位和个人不得有下列行为:

(一)盗窃或者损毁邮政报刊亭、邮筒(箱)、信报箱等邮政设施;

(二)未经邮政企业同意擅自迁移、开启、封闭邮政报刊亭、邮筒(箱)、信报箱等邮政设施;

(三)向邮政报刊亭、邮筒(箱)、信报箱内投放易燃、易爆、腐蚀性物品或者其他杂物;

（四）非法拦截邮政运输工具、非法阻碍邮件运递或者强行登乘邮政运输工具；

（五）伪造、冒用邮政专用名称、邮政专用标志、邮政标志服及邮政用品用具。

第四章 快递服务

第二十三条 县级以上人民政府应当鼓励支持快递服务与电子商务、制造业等建立合作发展机制，促进快递服务与相关产业融合发展。

支持快递企业在农村设置服务网点或者利用村邮站及其他服务网点开展农业生产资料、生活消费品和农副产品等快递服务。

邮政管理、海关、检验检疫等部门应当加强跨境贸易电子商务快件管理，完善跨境快递服务通关环境。

第二十四条 经营快递业务，应当依法取得快递业务经营许可。未经许可，任何单位和个人不得经营快递业务。

快递企业应当在经营许可范围内依法从事快递业务经营活动，不得将快递业务委托给未取得快递业务经营许可的单位和个人经营。

任何单位和个人不得伪造、涂改、冒用、租借、倒卖和转让快递业务经营许可证。

第二十五条 以加盟方式经营快递业务的，加盟人应当取得快递业务经营许可，并不得超越被加盟人的经营许可范围。被加盟人与加盟人应当签订书面协议，约定双方的权利和义务。

被加盟人应当在服务标准、服务质量、经营行为、运营安全、业务流程、用户投诉、损失赔偿等方面对加盟人实行统一管理，向用户提供统一的跟踪查询和投诉处理服务，对加盟人给用户造成的损失依法承担责任。

加盟人应当遵守共同的服务约定，使用统一的商标、商号、快递运单和收费标准。

第二十六条 快递企业提供快递服务，应当符合快递服务国家标准，并遵守其公开的服务承诺。

鼓励快递企业制定并采用高于国家标准的企业标准。

第二十七条 快递企业收寄快件应当使用符合国家标准的快递运单。快递运单应当在显著位置注明赔偿责任等影响用户权益的内容，并符合《中华人民共和国合同法》有关格式条款的规定。

快递企业从业人员收寄快件前，应当提醒寄件人阅读快递运单的服务合同条款，指导寄件人规范填写快递运单，并建议寄件人对贵重物品购买保价或者保险服务。

第二十八条 快递企业应当在承诺时限内将快件投递到约定的收件地址。

快递企业投递人员投递快件时，应当告知收件人当面验收。快件外包装完好的，由收件人签字确认。投递的快件注明为易碎品及外包装出现明显破损等异常情况的，快递企业投递人员应当告知收件人先验收内件再签收。快递企业与寄件人另有约定的除外。

第二十九条 快递企业接受网络购物、电视购物和邮购等经营者委托提供快递服务，或者从事代收货款业务的，应当与委托方签订服务合作协议，明确双方的权利和义务。

网络购物、电视购物和邮购等经营者应当以显著方式提醒收件人快件验收的程序和要求，快递企业在快件投递时应当按照约定提供验收服务。

第三十条 快递企业应当建立从业人员实名档案，加强从业人员法制、安全生产、职业技能、职业道德教育和培训。未经安全生产教育和培训合格的从业人员，不得安排其上岗作业。

第三十一条 机关、团体、企业事业单位、住宅小区物业服务企业等应当为快递企业上门服务提供便利，或者为居民提供代收、代转服务。鼓励高等院校设立快递集中服务场所。

省邮政管理部门和公安机关交通管理部门应当根据国家规定，对快递服务专用车辆在车型、车身标识等方面制定相应的规范。快递企业服务专用车辆应当符合国家和本省的规定,并喷涂标识。

本条例第二十条第二款、第三款的规定,适用于带有标识的快递服务专用车辆。

第三十二条 快递企业及其从业人员不得有下列行为:

(一)扣留、倒卖、隐匿、毁弃和私自开拆快件;

(二)相互串通操纵市场价格,损害其他经营者或者用户的合法权益;

(三)冒用他人名称、商标标识和企业标识,扰乱市场经营秩序;

(四)法律、法规禁止的其他行为。

第三十三条 快递企业应当按照国家规定向邮政管理部门提交年度报告,报告上一年度经营情况和遵守法律、法规情况。

邮政管理部门应当依照国家规定向社会公告快递企业年度报告情况。

第五章 安全保障

第三十四条 任何单位和个人交寄邮件、快件应当遵守国家关于禁止寄递或者限制寄递物品的规定,不得通过寄递渠道危害国家安全、公共安全和损害公民、法人、其他组织的合法权益。

用户交寄邮件、快件应当综合考虑寄递物品的性质、状态、路程、运输方式等因素,使用符合国家标准的封装用品,妥善包装,满足安全寄递的需要。

第三十五条 邮政企业、快递企业应当依法建立并执行收寄验视制度,遵守国家有关禁止寄递或者限制寄递物品的规定。对用户交寄的物品,在包装物内侧加盖收寄验视戳记或者粘贴验视标识。受用户委托长期、批量提供快递服务的,应当与用户书面明确安全保障义务,采取抽检方式验视快件的内件。在收寄、分拣、储存、装卸、运输、投递过程中发现国家禁止寄递的物品的,应当立即向公安、国家安全、邮政管理等部门报告,并配合相关部门进行处理。

邮政企业、快递企业对不能确定安全性的物品,应当要求用户出具相关部门的安全证明。用户不能出具安全证明的,不予收寄。收寄已出具安全证明的物品时,应当如实记录物品名称、规格、数量、质量、收寄时间、寄件人和收件人姓名地址等内容。安全证明和收寄记录保存期限不得少于一年。

第三十六条 邮政企业、快递企业分拣作业时,应当按照邮件、快件的种类、时限分别处理、分区作业、规范操作,不得露天分拣,不得以抛扔、踩踏或者其他危害邮件、快件安全的方式分拣。快件处理信息应当及时准确录入,上传网络。

第三十七条 邮政企业、快递企业及其从业人员不得泄露或者违法提供用户使用邮政服务或者快递服务的信息。

邮政企业、快递企业应当建立运单实物及电子数据档案管理制度,采取技术措施保护用户信息安全。运单实物和电子档案保存期限应当符合国家规定。保存期满后,按照规定销毁或者删除。

第三十八条 邮政企业、快递企业应当安装监控设备,对邮政营业场所、快件处理场所实行安全监控,防止邮件和快件短少、丢失、损毁。

第三十九条 邮政企业、快递企业应当制定突发事件具体应急预案,加强应急人员和物资、经费、技术保障,并报所在地邮政管理部门备案。

遇重大突发事件时,邮政企业、快递企业应当立即启动应急预案,采取有效处置措施,保障人员安全和邮件、快件安全,并在一小时内向邮政管理部门和负有相关职责的公安机关、安全生产监督管理等部门报告。遇到重大服务阻断时,应当及时告知用户。

第六章 监督管理

第四十条 邮政管理部门应当加强对邮政普遍服务、邮政特殊服务和邮政市场的监督检查,依法查处违反邮政法律、法规的行为。

邮政管理部门在监督检查中发现已取得快递业务经营许可的企业,经营条件发生变化,不再符合经营许可条件的,应当责令其限期整改;经整改仍不符合经营许可条件的,应当依法撤销其快递业务经营许可。

第四十一条 邮政管理部门应当对邮政企业、快递企业建立健全和遵守安全生产制度以及企业防范安全风险、规范从业人员安全生产行为等情况进行检查,组织或者参与调查邮政行业安全事故,查处违反邮政行业安全监督管理规定的行为。

邮政管理部门应当加强邮政行业安全运行的监测预警,建立信息管理体系,收集、分析与邮政行业安全运行有关的信息,并定期向公安机关、安全生产监督管理等部门通报。

第四十二条 邮政管理部门应当对政府投资的邮政设施建设情况进行监督。

财政、审计和邮政管理部门应当按照国家规定,对邮政普遍服务和特殊服务补贴资金的使用情况进行监督。

第四十三条 邮政管理部门应当建立邮政企业、快递企业服务质量评价体系,指导评价机构对有关企业的公众满意度、时限准时率和用户申诉率等指标进行调查评价,并向社会公布调查评价结果。

第四十四条 邮政企业、快递企业应当建立和完善服务质量管理制度,向社会公布监督投诉电话、信箱,接受用户监督。对用户的举报和投诉,应当及时受理,并自受理之日起七个工作日内答复用户。

用户对邮政企业、快递企业处理结果不满意的,可以向邮政管理部门进行申诉。邮政管理部门应当及时依法处理,自接到申诉之日起二十个工作日内作出答复。

被申诉企业对邮政管理部门转办的申诉应当及时、妥善处理,自收到转办申诉之日起十个工作日内向邮政管理部门答复处理结果。

第四十五条 邮政企业、快递企业应当按照规定向邮政管理部门报送统计资料,并保证统计资料真实、准确、完整。

邮政企业、快递企业应当为接入邮政管理部门的信息管理系统预留相应的数据接口,并按照规定与邮政管理部门的信息管理系统联网。

第七章 法律责任

第四十六条 违反本条例第十六条第一款规定,邮政企业提供邮政普遍服务不符合邮政普遍服务标准的,由邮政管理部门责令改正,可以处三千元以上一万元以下罚款;情节严重的,处一万元以上三万元以下的罚款。

第四十七条 违反本条例第二十六条第一款规定,快递企业提供快递服务不符合国家标准,由邮政管理部门责令限期改正;逾期未改正的,处一万元以上三万元以下的罚款。

第四十八条 违反本条例第二十一条、第二十二条、第三十二条规定,未构成犯罪的,由公安机关、邮政管理部门、工商、价格行政主管部门依照相关法律、法规予以处罚。

第四十九条 违反本条例第三十五条第一款规定,未执行验视制度,未在包装物内侧加盖收寄验视戳记或者粘贴验视标识,或者对批量快件未采取抽检方式验视快件内件的,由邮政管理部门责令改正;拒不改正的,对邮政企业直接负责的主管人员和其他直接责任人员给予处分,对快递企业可以责令停业整顿直至吊销其快递业务经营许可证。

违反本条例第三十五条第二款规定,对用户未能出具安全证明的物品予以收寄,或者未按规定保存安全证明和收寄记录的,由邮政管理部门责令改正,对邮政企业、快递企业处五千元以上三万元以下的罚款。

第五十条 违反本条例第三十六条规定,以抛扔、踩踏或者其他危害邮件、快件安全的方式分拣邮件、快件的,由邮政管理部门责令改正,对邮政企业、快递企业处三千元以上一万元以下的罚款;情节严重的,处一万元以上三万元以下的罚款。

第五十一条 违反本条例第三十七条第二款规定,未按照规定保管运单、电子档案,以及保管期满后未按照规定销毁或者删除的,由邮政管理部门责令改正,对邮政企业、快递企业处二千元以上一万元以下的罚款;情节严重的,处一万元以上五万元以下的罚款。

第五十二条 邮政管理部门工作人员在监督管理工作中滥用职权、玩忽职守、徇私舞弊,依法给予处分;构成犯罪的,依法追究刑事责任。

第八章 附 则

第五十三条 本条例对快递企业的规定,适用于经营快递业务的邮政企业。

第五十四条 本条例自2015年7月1日起施行。

四川省邮政条例

(2010年5月28日四川省第十一届人民代表大会常务委员会第十六次会议通过 2018年9月30日四川省第十三届人民代表大会常务委员会第六次会议修正)

第一章 总 则

第一条 为保障邮政普遍服务,加强对邮政市场的监督管理,维护国家利益和用户合法权益,保护通信自由和通信秘密,促进邮政业发展,根据《中华人民共和国邮政法》等法律、行政法规,结合四川省实际,制定本条例。

第二条 本省行政区域内从事邮政业规划、服务、建设、管理及其相关的活动,接受邮政服务,应当遵守本条例。

第三条 邮政管理部门负责本行政区域内的邮政普遍服务和邮政市场的监督管理工作,并应当加强对邮政业的监管,完善市场机制,保障邮政服务的实施,确保通信安全、畅通。

经批准,市(州)邮政管理部门在县(市、区)设置的派出机构,负责本行政区域内的邮政监管执法工作。

发展和改革、公安、国家安全、民政、财政、国土、建设规划、交通运输、工商、税务等行政管理部门按照各自职责分工,依法协助做好邮政监督管理工作,并采取措施支持邮政企业提供普遍服务。

第四条 地方各级人民政府应当将邮政业发展纳入国民经济和社会发展计划,保障邮政服务与经济和社会发展相适应。

第五条 地方各级人民政府应当对承担普遍服务义务的邮政企业给予必要的扶持和政策优惠,重点扶持少数民族地区和农村边远地区邮政设施建设。

第六条 任何单位和个人都有保护邮政设施、维护邮政通信安全和畅通的义务,并有权制止、举报破坏邮政设施和危害邮政通信安全的行为。

邮政企业应当加强管理,提高服务质量,建立健全邮件收寄和运递安全保障体系,为用户提供迅速、准确、安全、方便的邮政服务。

第二章 规划与建设

第七条 省人民政府应当按照统一规划、配套建设、适当超前的原则,组织制定和实施本行政区域内的邮政建设规划。地方各级人民政府应当将邮政设施的布局和建设纳入城乡规划。

农村地区提供邮政普遍服务的设施建设应当纳入当地镇、乡和村庄建设规划。

第八条 地方各级人民政府应当支持邮政企业在乡镇人民政府所在地设立邮政服务场所。

尚未设立乡镇邮政服务场所的少数民族地区和交通不便的边远地区，邮政企业应当确保邮件按照有关规定送达，并与乡镇人民政府签订妥收、妥投邮件的协议。

第九条 地方各级人民政府应当支持村民委员会在农村逐步设置村邮站并采取必要的保障措施。乡、镇人民政府应当指导村民委员会确定村邮站或其他接收邮件的场所。

村邮站的场所和人员由村民委员会确定，场所可以设置在村民委员会办公地点，人员可以由村民委员会组成人员兼任。

邮政企业应当对村邮站的建设提供业务支持和指导，并与村邮站签订邮件接收、转投协议。

第十条 城市新区开发、旧城改造以及村镇建设，应当按照统一规划，同步建设邮政服务设施。

火车站、机场、港口、大型汽车站、大专院校、城市社区、风景名胜区、宾馆等公众服务场所应当建设配套的邮政服务设施。

第十一条 提供邮政普遍服务设施用地应当纳入土地利用总体规划由县级以上地方人民政府依法批准划拨，免征城市建设配套费。

依法划拨的提供邮政普遍服务设施用地必须用于建设提供邮政普遍服务设施，不得改变土地使用性质。提供邮政普遍服务设施用房必须用于办理邮政普遍服务业务，不得挪作他用。

提供邮政普遍服务设施用房应当由建设单位按规划要求配套建设，建设单位应当按不高于房屋建筑成本价出售给邮政企业使用。

第十二条 城市街道、广场、公园等公共场所按照方便群众的原则设置信筒(箱)、报刊亭等邮政设施，应当征求邮政企业意见并纳入当地城市建设规划，由邮政企业按照规划统一报建、统一管理，免收城市道路占用费。

第十三条 新建楼房应当在地面层便于投递的位置，设置与户数相适应的邮政信报箱，所需费用纳入建设项目总投资。邮政信报箱的规格和样式应当符合国家标准。

前款规定的设施应当纳入民用住宅建筑设计，做到同步设计、同步施工、同步验收。建设单位未按照国家规定的标准设置信报箱的，竣工验收时应责令设置。

已建成并投入使用的楼房未按照规定设置邮政信报箱的，由楼房产权人或者其委托的住宅小区管理单位负责补建。

新建、改建、扩建城镇居民住宅区，鼓励建设单位配套设置智能信报箱、智能快件箱等智能末端服务设施。

第十四条 城市已建成的居民新区、街道，地名管理部门和相关部门应设置街道名称牌和门牌号码，并标注邮政编码。

第十五条 任何单位或个人不得擅自迁移、损毁邮政设施。因城市建设需要拆迁邮政服务网点或其他邮政设施的，由当地人民政府按照规划在原址新建或者迁至方便群众用邮的地方另建，并应当采取相应措施保障邮政普遍服务的正常运行。

第三章 邮政服务

第十六条 国务院规定范围内的信件寄递业务，由邮政企业专营。

邮政企业应当采用现代科学技术和管理手段，发挥邮政网络、邮政设施、安全保障、信息传递的优势，增强普遍服务能力，满足社会的用邮需求。

第十七条 省邮政企业对国家给予的邮政普遍服务和特殊服务的补贴应当向少数民族地区和交通不便的边远地区倾斜。

第十八条 省人民政府以及相关的市(州)、县级人民政府应当根据实际情况对少数民族地区和交通不便的边远地区邮政企业提供邮政普遍服务、特殊服务给予适当的财政补贴。

第十九条　邮政企业向用户提供邮政普遍服务,应当不低于国家规定的邮政普遍服务标准,并在其营业场所显著位置设置明显的、符合国家规定的邮政标识、本地邮政编码,在邮政信筒(箱)上标明开筒(箱)的频次和时间。

第二十条　邮政企业应当公布监督电话,受理用户举报或者投诉,接受用户对邮政服务质量的监督。

邮政企业应当自接到用户举报或者投诉之日起三十个工作日内予以答复。

第二十一条　邮政企业及其从业人员不得向任何单位或个人泄露用户使用邮政服务的信息,法律另有规定的除外。

第二十二条　机关、企事业单位和住宅院落、商用写字楼的产权人或物业管理单位应当在其主出入口设置收发(传达)室或其他接收邮件的场所。

邮政企业采取按址投递、用户领取或者与用户协商的其他方式投递邮件。已安装信报箱的,平常邮件实行插箱投递。给据邮件由用户签收,用户委托的专人和专门机构代为签收的,视为用户本人签收。

住宅楼房和院落尚未设立信报箱的,可投交到收发(传达)室或物业管理部门;没有收发(传达)室和物业管理部门的,可投交到与用户协商的指定位置。

寄达乡、镇人民政府所在地以外的农村地区的邮件,邮政企业应当投递到村邮站或与村民委员会商定的其他接收邮件的场所。

寄达少数民族地区和交通不便边远地区的邮件,依照有关规定执行。

第二十三条　邮政企业可根据社会需求在其营业场所、投递场所内设置供用户租用的专用信箱。租用专用信箱的收费标准由省物价部门核定。

第二十四条　具备按址投递条件的新用户,应当由新用户到所在地的邮政企业办理邮件投递登记手续。邮政企业应当自办理邮件投递登记手续之日起五个工作日内安排投递。不具备按址投递条件的用户,可与邮政企业协商,由邮政企业将邮件投递到双方商定的接收邮件的场所。

用户更改名称、变更地址的,应当事先通知当地邮政企业。

第二十五条　机关、企业事业单位、住宅小区物业管理单位等应当为邮政企业投递邮件提供便利。邮政从业人员为用户提供到户服务时应当佩戴邮政专用标识,相关单位及其工作人员应当准许邮政从业人员进入并予以配合。

第二十六条　用户交寄邮件,应当清楚、准确地填写收件人姓名、地址和邮政编码。

用户使用不符合国家标准或者行业标准信封、明信片的,邮政企业不予收寄。已投入信筒(箱)的,由邮政企业退给寄件人;无法退回寄件人的,作为无着邮件处理。

第二十七条　接收邮件的单位和人员在接收邮政企业投交的邮件时,应当当面核对、签收,并承担保护和及时、准确递送的责任;不得私拆、隐匿、毁弃邮件或者撕揭邮票;对无法转交或者误收的邮件,应当及时通知邮政企业收回。

第二十八条　用户交寄给据邮件和交汇的汇款,可以在国家规定的时间内持据向邮政企业查询。邮政企业接到用户查询,应当在规定的时限尽快答复。属于邮政企业责任造成给据邮件丢失、损毁、内件短少的,邮政企业应当按照《中华人民共和国邮政法》的规定予以赔偿。

第二十九条　邮政企业及其从业人员不得有下列行为:

(一)擅自改变由政府定价的邮政业务资费标准或者设立收费项目;

(二)延付、截留、挪用邮政汇款;

(三)私拆、隐匿、毁弃邮件;

(四)其他违反法律、法规的行为。

第三十条　对提供邮政普遍服务的邮政企业

交运的邮件,铁路、公路、水路、航空等运输企业应当优先安排运输,车站、港口、机场应当安排装卸场所和出入通道。

第三十一条 邮政专用车辆应当按照国家规定喷涂邮政专用标志色和"中国邮政"标识,其他车辆不得喷涂。邮政专用车辆应当在国家规定的范围内使用,不得用于运输邮政经营范围以外的物品。

邮政专用车辆通过收费公路、桥梁时,经有关交通主管部门批准,减免车辆通行费。

第三十二条 禁止任何单位或个人非法检查、截留邮件,或者非法检查、扣押、拦截邮政专用车辆。

邮政专用车、船和执行投递任务的邮政从业人员通过桥梁、渡口、隧道、检查站时,有关方面应当优先放行。

带有邮政专用标志的车辆运递邮件,确需通过公安机关交通管理部门划定的禁行路段或者在禁止停车的地点停车的,经公安机关交通管理部门同意,在确保安全的前提下,可以通行或者停车。

运递邮件的邮政专用车辆,在发生轻微交通事故时,交通民警应当优先放行;发生重大交通事故不能放行的,交通民警应当及时通知邮政企业,协助保护邮件安全和转运邮件。

第四章 快递业务

第三十三条 在本省行政区域范围内经营快递业务,应当依法取得省邮政管理部门颁发的快递业务经营许可证,提供不低于国家标准的快递服务,并接受邮政管理部门及其他有关部门的监督管理;未经许可,任何单位和个人不得经营快递业务。

第三十四条 邮政企业以外的在本省范围内经营的快递企业设置分支机构,应当向邮政管理部门备案,未经其企业法人授权,快递企业分支机构不得再行设置分支机构。

办理备案时应当出具下列材料:

(一)快递企业的业务经营许可证;

(二)有与经营的地域范围相适应的服务能力的相关证明;

(三)严格的服务质量管理制度;

(四)健全的安全保障制度和措施的相关证明;

(五)法律、法规另有规定的其他材料。

第三十五条 经营快递业务的企业,应当按照快递业务经营许可证的许可范围和有效期经营快递业务。快递企业停止经营快递业务的,应事先向邮政管理部门报告,并及时妥善处理收寄的快件。

快递业务经营许可证实行年度报告制度。

第三十六条 邮政管理部门对快递业务经营许可证的颁发、变更、年度报告、注销等事项应当向社会公告。

第三十七条 任何组织和个人不得冒用、租借和转让快递业务经营许可证。

第三十八条 对经邮政管理部门核定承担运递快件的专用车辆应当喷涂快递标识,由交通部门办理道路运输证。对带有快递专用标志的车辆,有关部门应当在其通行、停靠及进社区揽收、投递等方面提供便利。

第三十九条 本条例第二十条第一款、第二十一条、第二十五条、第二十九条第(三)、(四)项、第三十二条第四款适用于快递企业及其从业人员。

第五章 管理与监督

第四十条 邮政管理部门应当依法对在本行政区域内从事邮政业务、快递业务的企业进行监督检查,被检查的企业应当接受和配合监督检查。

第四十一条 邮政管理部门对邮政企业专营业务的管理按照国务院有关规定执行。

第四十二条 任何单位或者个人不得有下列行为:

（一）经营伪造、变造的邮资凭证；
（二）经营国家禁止流通的邮票、集邮品；
（三）先于发行日期出售邮资凭证；
（四）非法从事集邮票品进出口业务；
（五）走私或者经营走私进口的其他国家（地区）发行的邮票及其制品。

第六章 法律责任

第四十三条 邮政企业及其从业人员，违反本条例第二十九条规定的，由有关行政主管部门依照相关法律、法规的规定进行处理。

快递企业及其从业人员违反本条例第二十九条第三项、第四项的，适用前款规定。

第四十四条 违反本条例第十条、第十一条、第十二条规定的，当地人民政府应当责令有关单位限期改正。

第四十五条 违反本条例第十五条规定，擅自拆除、迁移、损坏邮政设施的，由邮政管理部门责令恢复原状或者要求其依法赔偿损失，可并处以二千元以上一万元以下的罚款。

第四十六条 违反本条例第三十三条、第三十四条规定的，按照《中华人民共和国邮政法》有关规定进行处罚。

第四十七条 违反本条例第三十七条规定的，由邮政管理部门责令改正，没收违法所得，并处以一万元以上三万元以下的罚款；情节严重的，并处以五万元以上十万元以下的罚款；构成犯罪的，依法追究刑事责任。

第四十八条 邮政企业、快递企业未按照规定向用户明示其业务资费标准，或者有其他价格违法行为的，由政府价格主管部门依照《中华人民共和国价格法》的规定处罚。

第四十九条 违反本条例第四十二条规定的，由邮政管理部门没收违法经营物品和违法所得，可并处以一万元以上五万元以下罚款。

第五十条 拒绝、阻碍邮政执法人员依法执行公务的，由公安机关依照《中华人民共和国治安管理处罚法》予以处罚；构成犯罪的，依法追究刑事责任。

第五十一条 邮政管理部门工作人员在监督管理工作中滥用职权、玩忽职守、徇私舞弊，构成犯罪的，依法追究刑事责任；尚不构成犯罪的，依法给予处分。

第七章 附 则

第五十二条 本条例所称的少数民族地区是指：甘孜、阿坝、凉山民族自治州，马边、峨边、北川、木里民族自治县，民族乡。

本条例所称的交通不便的边远地区由省邮政管理部门会同省财政主管部门共同确定。

第五十三条 本条例自 2010 年 10 月 1 日起施行。

新疆维吾尔自治区邮政条例

(2011 年 3 月 25 日新疆维吾尔自治区第十一届人民代表大会常务委员会第二十六次会议通过 2018 年 11 月 30 日新疆维吾尔自治区第十三届人民代表大会常务委员会第七次会议修订)

第一章 总 则

第一条 为了保障邮政普遍服务，加强对邮政市场的监督管理，维护邮政通信与信息安全，保护用户和邮政企业、快递企业的合法权益，促进邮政业健康发展，根据《中华人民共和国邮政法》《中华人民共和国反恐怖主义法》《快递暂行条例》等有关法律、法规,结合自治区实际,制定本条例。

第二条 自治区行政区域内邮政业规划、建设、服务、安全保障和监督管理,适用本条例。

第三条 公民的通信自由和通信秘密受法律保护。除法律规定外,任何组织或者个人不得以任何理由侵犯公民的通信自由和通信秘密,不得检查、扣留邮件、汇款。

第四条 自治区、州、市(地)邮政管理机构和按照国务院规定设立的县(市)邮政管理机构(以下统称邮政管理机构)负责本辖区的邮政业发展规划、邮政普遍服务、邮政市场和快递业的监督管理工作。发展和改革、住房和城乡建设、公安、自然资源、交通运输、国家安全、海关和网信等有关部门按照职责分工,做好促进邮政业发展的相关工作。

第五条 县级以上人民政府应当将邮政业纳入国民经济和社会发展规划,支持、保障邮政业健康发展,并结合当地实际,建立邮政企业提供邮政普遍服务、特殊服务补贴机制;安排专项资金,重点对农牧区、边远地区邮政普遍服务设施的建设给予扶持。县级以上人民政府应当指导、协调发展和改革、住房和城乡建设、自然资源、公安、交通运输等相关部门,对邮政企业提供邮政普遍服务给予支持。鼓励和引导快递企业采用先进技术,发展规模化、品牌化、网络化经营。

第六条 邮政企业、快递企业应当加强收寄、查询、投诉等环节的服务质量管理,完善安全保障措施,为用户提供迅速、准确、安全、方便的服务。

第七条 任何单位和个人都有保护邮政、快递服务设施,维护邮政通信安全和畅通的义务,并有权制止、举报破坏邮政、快递服务设施和危害邮政通信安全的行为。

第二章 规划与建设

第八条 县级以上人民政府应当将邮政、快递服务设施建设纳入土地利用总体规划、城乡规划、综合交通运输体系规划,其中智能快件箱、快递末端综合服务场所还应当纳入公共服务设施规划。农牧区邮政、快递服务设施应当纳入当地乡(镇)、村建设规划。鼓励和支持邮政企业、快递企业发展物流仓储和配送业务。

第九条 新建、改建、扩建城市社区、独立工矿区、开发区、高等院校、大型集贸市场,应当规划和建设配套的提供邮政普遍服务的邮政设施。

第十条 提供邮政普遍服务的邮政设施用地,由县级以上人民政府按照国家有关规定划拨。依照城乡规划建设的提供邮政普遍服务的邮政设施用房,免征城市市政公用基础设施配套费和其他费用。建设单位按照前款规定出资配套建设的邮政设施用房,实行邮政企业按房屋建筑单项工程成本价购买房屋所有权;该邮政设施用房应当用于办理邮政业务,不得改作他用。

第十一条 县、乡(镇)人民政府应当在行政村设置村邮站,并纳入村级公共服务平台建设。村邮站由村民委员会选派村邮员负责日常管理,按照国家村邮站服务规范提供邮件、报刊的接收、保管和转交等服务。村邮员可以由村干部、低保户或者公益性岗位等人员担任。代办其他邮政业务的,邮政企业应当按照规定支付代办人员业务酬金。

第十二条 社区居民委员会应当根据实际需要设立邮政服务站,确定专人代办邮政业务,邮政企业按照规定支付代办人员业务酬金。

第十三条 邮政企业应当负责对村邮站、社区邮政服务站业务指导和培训。

第十四条 因实施城乡建设规划需要征收邮政营业场所、邮件处理场所的,城乡规划主管部门应当按照保障邮政普遍服务、方便用邮、就近设置和不少于原有面积的原则,重新设置邮政营业场所、邮件处理场所。不符合前款规定的,不得批准征收。

第十五条 邮政企业按照城乡规划设置邮筒(箱)、邮政报刊亭、报刊橱窗等服务设施,有关部门应当提供便利条件,并免收城市道路占用费和其他相关费用。

第十六条　新建城镇居民住宅小区,建设单位应当在便于投递的位置,按照国家规定的标准,设置与住户数相适应的信报箱。信报箱应当与建设项目同时设计、施工、验收,所需费用纳入建设项目投资。建设单位未按照国家规定的标准设置信报箱的,由邮政管理机构责令限期改正;逾期未改正的,由邮政管理机构指定其他单位设置信报箱,所需费用由该居民楼的建设单位承担。对已建住宅楼信报箱需要更新和补建的,由当地人民政府协调解决。

第十七条　机关、团体、企业事业单位、高等院校、商业区及住宅小区的物业服务企业等应当根据实际情况,采取与经营快递业务的企业签订合同、设置智能快件箱或者快件收寄投递专门场所等方式,为快递服务提供便利。鼓励快递企业采取多种形式优化投递服务,为用户提供便捷的快递末端服务。

第三章　邮政服务

第十八条　邮政企业向用户提供邮政普遍服务,应当执行国家规定的标准。在交通不便的边远地区,自治区邮政管理机构可以适当调整邮政营业场所营业时间、开取邮政信筒(箱)的次数、邮件全程时限、投递频次等服务标准。

第十九条　邮政企业应当在其营业场所公布服务范围、营业时间、业务种类、资费标准以及禁止或者限制寄递物品等规定。邮政企业应当在邮政信筒(箱)上标明开筒(箱)的频次和时间,并按照标明的频次和时间开取邮政信筒(箱)。

第二十条　邮政企业投递邮件,除信件和国家另有规定外,应当告知收件人当面验收。邮件外包装完好的,由收件人签字确认。投递的邮件注明为易碎品及外包装出现明显破损的,邮政企业应当告知收件人先验收内件再签收;邮政企业与寄件人另有约定的除外。收件人发现内件短少、损毁或者与运单不符时,可以拒绝签收,并在运单上注明原因、时间,签署姓名。

第二十一条　机关、团体、企业事业单位应当设置接收邮件的收发场所,便于邮政企业准确、及时提供服务。两个以上单位使用同一用邮地址的,可以联合设置收发场所。住宅小区管理单位应当为邮政企业投递邮件提供便利,协助邮递人员完成邮件投递任务,并不得收取任何费用。

第二十二条　企业事业单位、居民住宅,应当由单位或者住宅小区管理单位到当地邮政企业或者分支机构办理邮件投递登记手续;对具备投递邮件条件的用户,邮政企业应当自登记之日起七日内安排投递;对不具备投递条件的,邮政企业应当将邮件投递至与用户协商确定的邮件代收点或者信报箱。用户变更名称、邮件投递地址的,应当书面通知当地邮政企业或者分支机构。

第二十三条　邮政企业将自办邮政营业网点改为委托代办网点的,应当向邮政管理机构备案。改为委托代办网点的,应当具备办理信件、印刷品、包裹寄递以及邮政汇兑等邮政普遍服务和特殊服务业务能力,不得降低邮政普遍服务标准。

第二十四条　邮政业务代办人员、邮件代收人员应当迅速、安全、准确投递邮件;对无法投递的邮件应当在收到邮件后五日内退还邮政企业处理。

第二十五条　经县级以上人民政府公安机关交通管理部门同意,带有邮政专用标志的邮政专用车辆运递邮件时,在确保安全的前提下,可以在禁行路段、禁停地点行驶和临时停靠。经自治区邮政管理机构和交通运输行政主管部门核定,对带有邮政专用标志的邮政普遍服务邮运车辆,免缴道路通行费。

第二十六条　邮政企业提供邮政普遍服务和特殊服务业务的,按照国家和自治区有关规定实行税收优惠。

第二十七条　邮政企业以及代办邮政业务的单位和个人不得实施下列行为:

(一)拒绝办理依法应当办理的邮政业务；

(二)盗窃、冒领、私自开拆、隐匿、毁弃或者非法检查他人邮件；

(三)擅自中止对用户的邮政服务；

(四)搭售邮品或者限制用户使用、选择邮政服务项目；

(五)擅自改变由政府定价的邮政业务资费标准、收费项目；

(六)违法提供用户使用邮政服务的信息；

(七)法律、法规禁止实施的其他行为。

第二十八条 邮政企业应当对其从业人员加强法制教育、职业道德教育、安全生产教育和业务技能培训。

第四章 快递服务

第二十九条 经营快递业务，应当依法取得快递业务经营许可。快递企业提供快递服务，应当符合国家有关快递服务标准。

第三十条 快递企业的名称、企业类型、股权关系、注册资本、经营范围、经营地域等发生变更，应当按照有关规定向企业登记主管部门办理变更手续；对属于自治区邮政管理机构管理的事项应当报自治区邮政管理机构办理变更手续，换领快递业务经营许可证。快递企业设立、撤销分支机构，或者分支机构名称、地址、负责人等事项发生变更的，应当按照有关规定到企业登记主管部门和所在地邮政管理机构办理相关手续。

第三十一条 以加盟方式经营快递业务的，被加盟企业与加盟企业应当签订加盟协议，约定双方的权利义务、寄递安全和生产安全职责及用户合法权益发生损害后的赔偿责任。被加盟企业对其加盟企业在服务质量、服务流程、服务用品等方面实行统一管理，为用户提供统一的跟踪查询和投诉处理服务。

第三十二条 快递企业接受网络销售、电视购物和邮购等经营者的委托提供快递服务的，应当与委托方签订安全保障协议，并于签订之日起十五日内报所在地邮政管理机构备案。

第三十三条 快递企业收取快件时，应当在快递运单详细填写快件的重量、资费等信息，并在显著位置注明时限、保价及赔偿条款等保障用户权益的相关内容。用户应当仔细阅读快递运单，正确填写收寄人的姓名、地址、电话及所寄物品的品名和数量，同时在相应位置签字确认。

第三十四条 快递企业办理快递业务，应当使用符合国家标准的快递封套、包装袋、包装箱等快递封装用品。鼓励快递企业采取措施回收快件包装材料，实现包装材料的减量化利用和再利用。

第三十五条 办理快递业务的车辆标识应当符合邮政管理机构、公安、交通运输管理部门的规定。经县级以上人民政府公安机关交通管理部门同意，办理快递业务的车辆运递快件时，在确保安全的前提下，可以在禁行路段、禁停地点行驶和临时停靠。邮政管理机构应当会同县级以上人民政府公安等部门，对快递企业使用的快递专用电动三轮车，依法进行规范和管理，实施统一编号、统一标识，在城区内从事邮件快件收寄、投递业务。快递企业应当对其从业人员加强道路交通安全培训。鼓励快递企业使用新能源和清洁能源车辆。

第三十六条 快递企业及其工作人员不得实施下列行为：

(一)私自开拆、隐匿、毁弃、扣留、倒卖、盗窃快件；

(二)相互串通操纵市场价格，损害其他快递企业或者用户的合法权益；

(三)冒用他人名称、商标标识和企业标识，扰乱市场经营秩序；

(四)利用带有快递专用标识的车辆或者出租、出借带有快递专用标识的车辆从事快件运递以外的活动；

(五)法律、法规禁止实施的其他行为。

第三十七条 本条例第十九条第一款、第二十条、第二十一条、第二十八条的规定，适用于快递企业。

第五章 安全保障

第三十八条 邮政管理、公安、国家安全、海关、网信等部门应当相互配合，建立健全安全保障机制，加强对邮政通信、快递服务与信息安全以及寄递渠道安全的监督管理。国家安全机关、公安机关为维护国家安全和侦查犯罪活动的需要依法开展执法活动，经营快递业务的企业应当提供技术支持和协助。邮政企业、快递企业应当落实寄递安全和生产安全的主体责任，配备安全管理人员，建立健全各项安全检查制度，对发现的问题及时整改。

第三十九条 邮政企业、快递企业不得泄露在经营活动中知悉的国家秘密、商业秘密和用户个人信息。邮政企业、快递企业应当建立快递运单实物及电子数据档案管理制度，采取有效技术措施确保用户信息安全。国内快递运单的实物保存期限不得少于一年，电子数据档案保存期限不得少于二年。国际快递、港澳台快递运单的实物保存期限不得少于六个月。

第四十条 邮政企业、快递企业应当依法建立并执行邮件、快件收寄验视制度，遵守国家及自治区有关禁止寄递或者限制寄递物品的规定。对寄件人交寄的物品，经验视符合寄递要求后，应当在包装物上加盖或者粘贴验视标识。对难以确定安全性的可疑物品，应当要求用户出具有效的安全证明；寄件人不能出具安全证明的，不予收寄。收寄具有安全证明的物品时，应当如实记录物品名称、规格、数量、重量、收寄时间、寄件人和收件人姓名地址等内容。安全证明和收寄记录保存期限不得少于一年。

第四十一条 邮政企业、快递企业收寄邮件、快件时，除信件和国家另有规定外，实行实名收寄制度。寄件人办理寄件业务应当向邮政企业、快递企业提供有效身份证件，邮政企业、快递企业应当进行核对、登记，并实行信息化管理。

第四十二条 邮政企业、快递企业发现寄件人交寄禁止寄递物品的，应当拒绝收寄；发现已经收寄的快件中有疑似禁止寄递物品的，应当立即停止分拣、运输、投递。对邮件、快件中依法应当没收、销毁或者可能涉及违法犯罪的物品，应当立即向有关部门和所在地邮政管理机构报告，并配合调查处理；对不需要没收销毁的，应当与用户取得联系，妥善处理。

第四十三条 任何单位和个人不得利用邮件、快件寄递含有下列内容的物品：

（一）煽动颠覆国家政权，推翻社会主义制度或者分裂国家、破坏国家统一，危害国家安全的；

（二）泄露国家秘密的；

（三）散布谣言扰乱社会秩序，破坏社会稳定的；

（四）煽动民族仇恨、民族歧视，破坏民族团结的；

（五）宣扬邪教或者迷信的；

（六）散布淫秽、赌博、恐怖信息或者教唆犯罪的；

（七）法律、法规禁止的其他内容。

第四十四条 邮政企业、快递企业应当遵守下列规定：

（一）设置封闭的、面积适宜的邮件、快件处理场所，符合邮政管理机构、国家安全和海关依法履行职责的要求；

（二）配备符合国家标准和行业标准的安检设备、监控设备、消防设备、隔离设备等安全生产设备；

（三）使用安检设备对寄递的邮件、快件实行安全检查，并加盖或者粘贴安检标识；

（四）对收寄、分拣、储存等环节实行全覆盖监控，监控设备应当二十四小时运转，监控资料保存时间不得少于九十天；

（五）因安全检查需要，向有关部门提供监控、寄递服务信息等资料。

第四十五条 邮政企业、快递企业应当制定突发事件应急预案，建立突发事件应急机制。发生重大服务阻断时,邮政企业、快递企业应当在二十四小时内向所在地邮政管理机构报告,并向社会公告。发生公共卫生事件、自然灾害等重大突发事件的,经自治区人民政府同意,由自治区邮政管理机构报请国务院邮政管理部门发布禁止寄递、限制寄递物品的通告。

第六章　监督管理

第四十六条　自治区邮政管理机构应当建立健全监督检查制度,加强邮政普遍服务和邮政市场的监督检查,按照国家有关规定协助财政、审计部门对邮政企业使用邮政普遍服务、特殊服务补贴资金的情况实施监督。

第四十七条　邮政管理机构应当加强邮政业安全运行的监测预警,建立信息管理体系,收集、分析与邮政业安全运行有关的信息。州、市(地)、县(市)邮政管理机构应当及时向上一级邮政管理机构报告邮政业安全信息,并及时通报网信等相关部门。

第四十八条　邮政管理机构应当加强对邮政企业、快递企业的监督管理,发现邮件、快件积压滞留或者存在安全隐患的,应当督促其采取措施予以处理。

第四十九条　邮政企业、快递企业应当按照国家有关规定,按时向自治区邮政管理机构上报真实、准确、完整的统计资料。

第五十条　邮政企业、快递企业应当向社会公布监督电话,设置监督信箱,受理用户举报或者投诉,并自接到用户举报或者投诉之日起十日内予以答复。用户对处理结果有异议的,可以向邮政管理机构申诉,邮政管理机构应当自接到申诉之日起三十日内作出答复。

第五十一条　邮政管理机构根据国务院邮政管理部门公布的邮政用品、用具监制目录,对邮政用品、用具实行监制。任何单位和个人不得生产、销售未经监制的邮政用品、用具,不得伪造、盗用他人的生产监制证书。

第七章　法律责任

第五十二条　邮政企业有下列行为之一的,由邮政管理机构责令限期改正,逾期不改正的,可以处一万元以下罚款:

(一)代办营业网点降低邮政普遍服务水平的;

(二)对具备投递邮件条件的用户,不安排投递的。

第五十三条　违反本条例第二十七条第一、三、四、六项规定的,由邮政管理机构责令改正,处一万元以上五万元以下罚款;有违法所得的,没收违法所得。

第五十四条　违反本条例第三十条规定的,由邮政管理机构责令改正,可以处一万元以上三万元以下罚款;未办理企业变更登记的,由企业登记主管部门依法予以处罚。

第五十五条　违反本条例第三十二条、第三十三条第一款、第三十四条第一款、第三十九条第三款规定的,由邮政管理机构责令改正,可以处二千元以上一万元以下罚款。

第五十六条　邮政企业、快递企业有下列行为之一的,由邮政管理机构责令改正,处一万元以上五万元以下罚款:

(一)未在寄件人交寄的物品包装物上加盖或者粘贴验视标识的;

(二)未按照国家标准和行业标准配备安全生产设备的;

(三)未对寄递的邮件、快件加盖或者粘贴安检标识的;

(四)监控资料保存时间不足九十天的;

(五)发生重大服务阻断时,在二十四小时内未向所在地邮政管理机构报告的;

(六)除信件和国家另有规定外,未实行实名收寄信息化管理的。

第五十七条　邮政企业、快递企业有下列行为之一的,由邮政管理机构依照《中华人民共和国邮政法》《中华人民共和国反恐怖主义法》的规定予以处罚：

（一）不建立或者不执行收寄验视制度；

（二）违反国家及自治区有关禁止寄递或者限制寄递物品的规定；

（三）收寄邮件快件，除信件和国家另有规定外，未核对寄件人身份并登记；

（四）未按照规定对邮件、快件进行安全检查。

第五十八条　违反本条例规定，应当追究法律责任的其他行为，依照有关法律、法规处罚，构成犯罪的，依法追究刑事责任。

第五十九条　邮政管理机构和其他有关行政机关工作人员滥用职权、玩忽职守、徇私舞弊的，由其所在单位或者有关主管部门对直接负责的主管人员和其他直接责任人员依法给予处分；构成犯罪的，依法追究刑事责任。

第八章　附　则

第六十条　本条例对快递企业的规定，适用于经营快递业务的邮政企业。

第六十一条　本条例自 2019 年 1 月 1 日起施行。

镇江市快递管理办法

镇江市人民政府令第 7 号

《镇江市快递管理办法》已于 2018 年 1 月 18 日经市政府第 14 次常务会议讨论通过，现予发布，自 2018 年 3 月 1 日起施行。

市长　张叶飞

2018 年 1 月 24 日

第一章　总　则

第一条　为了加强快递管理，保障公共安全，保护用户合法权益，促进快递行业健康发展，根据《中华人民共和国邮政法》《江苏省邮政条例》等规定，结合本市实际，制定本办法。

第二条　本市行政区域内从事快递业务经营、接受快递服务以及对快递实施监督管理，适用本办法。经营国际快递业务的，还应当遵守海关和检验检疫相关规定。

第三条　市邮政管理机构负责本市快递的监督管理工作。公安、国家安全、工商、海关、检验检疫、质监、交通运输、安监等部门在各自职责范围内负责快递相关的监督管理工作。

第四条　快递监督管理应当遵循公开、公平、公正以及鼓励竞争、促进发展的原则。

第五条　邮政管理、公安、国家安全、海关和检验检疫等部门应当互相配合，共同维护寄递安全。

经营快递业务的企业（以下简称快递企业）应当落实安全生产主体责任，建立健全企业安全生产责任制和安全生产规章制度，改善安全生产条件，确保寄递安全。

任何单位或者个人不得利用快递从事危害国家安全、社会公共安全的活动。

第六条　鼓励快递企业应用现代信息技术，开展技术改造和创新。鼓励快递企业使用电子运单、新能源车辆、绿色包装材料，降低能源消耗，发展低碳快递。市、辖市(区)人民政府应当给予政策支持。

第七条　快递协会应当依照法律、法规和章程,加强行业自律,为企业提供信息、培训等服务,保护企业合法权益,促进企业诚信、守法、安全经营。

第二章　快递发展保障

第八条　市、辖市(区)人民政府应当将快递行业发展纳入本级国民经济和社会发展规划,将快递服务的设施布局和建设纳入城乡规划和土地利用总体规划。

第九条　快递企业应当支持快递从业人员参加岗前职业培训和技能提升培训,对符合条件的,人社部门按照相关规定给予补贴或者奖励。

第十条　机关、团体、企业事业单位应当为快件投递提供便利。

新建、改建、扩建城镇居民住宅区的,规划、住建部门应当将快递服务用房纳入物业服务用房建设。

鼓励改造升级传统信报箱。

第十一条　对符合相关规定的快递运输车辆,公安、城管、交通运输等部门应当在车辆通行、停靠、事故处理等方面提供便利。具体规定由公安、城管、交通运输、邮政管理等部门另行制定。

第三章　快递经营与服务

第十二条　经营快递业务,应当依法取得快递业务经营许可。未经许可,任何单位和个人不得经营快递业务。

快递企业应当在经营许可范围内依法从事快递业务经营活动,不得超越经营许可的业务范围和地域范围。

第十三条　快递企业设立分支机构或者变更经营许可证载明事项的,应当按照规定向邮政管理机构和工商管理部门办理相关手续。

第十四条　以商业特许经营模式经营快递业务的,特许人和被特许人均应当取得快递业务经营许可,并按有关规定签订书面协议。

第十五条　快递企业应当按照相关规定对营业场所、处理场所以及运输车辆安装安全生产设备。营业场所、处理场所的重点部位应当安装监控设备,并保证全天二十四小时运转,监控资料保存时间不得少于三十日。

第十六条　快递企业应当建立从业人员实名档案管理制度,加强劳动保护,保障从业人员合法权益。快递从业人员在提供快递服务时,应当统一穿着具有本企业标识的服装,并佩戴工号牌。

第十七条　寄件人填写快递运单前,快递企业应当提醒其阅读快递运单的服务合同条款,告知相关保价规则和保险服务项目。

寄件人交寄贵重物品的,应当事先声明;快递企业应当建议寄件人对贵重物品予以保价。

第十八条　快递企业应当建立并执行收寄验视制度。除信件外,有下列情形之一的,不予收寄:

(一)寄件人未按规定提供身份信息、安全证明或其他书面凭证的;

(二)寄件人拒绝当面验视的;

(三)寄件人填写的快递运单不完整或者所填信息与其交寄的实物不相符的;

(四)寄件人交寄禁止寄递物品或者交寄限制寄递物品超出规定范围的;

(五)法律法规规定的其他情形。

快递企业应当对已经验视的快件作出验视标识,载明验视人员的姓名或工号。

第十九条　快递企业应当按照快递服务标准分拣快件,不得以抛扔、踩踏或者其他危害快件安全的方式进行分拣作业。

第二十条　快递企业运输快件时,应当遵守国家货物运输的相关规定。

在运输和投递过程中发现已经收寄的快件夹带禁止寄递物品的,应当立即停止运输、投递。

第二十一条　快递企业应当在承诺的时限内将快件投递到约定的收件地址和收件人或者收件

人指定的代收人。

快递企业无法按址当面投交快件,经收件人同意交由物业服务企业代收的,物业服务企业应当为业主代收快件。

第二十二条 收件人或者代收人签收前,快递企业应当核实其身份,并告知其有权当面验收。

快件包装完好、重量相符,收件人或者代收人应当予以签收。发现外包装破损等异常情况时,有权要求当面开拆验视,对内件短少、损毁或者与快递运单不符的,可以拒绝签收,并在快递运单上注明原因、时间,与收派员共同签字确认。收件人或者代收人拒绝签字的,收派员应当予以注明。

当事人另有约定或者法律另有规定的除外。

第二十三条 在使用智能快件箱等自助服务设备投递快件前,快递企业应当征得收件人明示同意。寄件人指定智能快件箱等自助服务设备作为投递地址的除外。收件人未明示同意的,不得通过智能快件箱等自助服务设备投递快件。

快递运单已注明为易碎品或者外包装出现明显破损的快件,不得通过智能快件箱等自助服务设备进行投递。快递企业与寄件人另有约定的除外。

快递企业使用智能快件箱等自助服务设备提供投递服务时,应当以适当方式告知收件人提取方式、咨询投诉等相关信息,按照收寄时向寄件人承诺的服务时限完成投递。

第二十四条 快递企业按照服务时限和投递范围实行两次免费投递。因快递企业内部误收投递范围以外的快件所产生的转投费用,不得由寄件人或者收件人承担。

因收件人或者代收人原因,经两次免费投递后尚未投交的快件,收件人仍需投递的,快递企业可以额外收取投递费用,但应当事先告知收费标准。

第二十五条 快递企业对无法投递的快件,应当退回寄件人。对无法投递又无法退回寄件人的快件,快递企业应当按照无着快件的相关规定处理。

第二十六条 除法律另有规定外,快递企业及其从业人员不得将用户使用快递业务的信息提供给任何组织或者个人。

第二十七条 快递企业应当建立快递运单实物及电子数据档案管理制度,实物档案保存时限应当不少于一年,电子数据档案保存时限应当不少于两年。保存期满后,按照规定集中销毁或者删除。

第二十八条 快递企业应当通过电话、网络等方式提供快件跟踪查询服务,快件跟踪查询信息应当及时准确。

第二十九条 快递企业应当向社会公布投诉联系方式,及时处理用户的投诉。用户对投诉处理结果不满意的可以向邮政管理机构提出申诉。

第四章 监督管理

第三十条 快递企业应当定期向所在地邮政管理机构报送有关经营情况、服务质量自查情况、安全管理情况、统计报表、经营许可年度报告等,及时报告重大安全事故和重大服务质量问题。邮政管理机构对报送资料中涉及的商业秘密应当保密。

快递企业应当为接入邮政管理机构的信息管理系统预留相应的数据接口,并按照规定与邮政管理机构要求的信息管理系统联网。

第三十一条 快递企业应当制定突发事件应急预案,定期开展突发事件应急演练。发生突发事件的,应当按照应急预案及时、妥善处理,并立即向所在地邮政管理机构报告。

第三十二条 邮政管理机构应当建立健全以随机抽查为重点的日常监督检查制度,明确抽查的依据、事项目录、频次、方式、内容和程序,随机抽取被检查企业,随机选派检查人员。

第三十三条 邮政管理机构应当向社会公布联系方式,接受申诉和举报,及时核实处理,并在规定的时限内给予答复。

第三十四条 快递企业及其从业人员协助公

安机关等相关部门破获寄递渠道犯罪案件且事迹突出的,应当给予奖励。

第五章　法律责任

第三十五条　违反本办法,法律、法规和规章已有处罚规定的,从其规定。

第三十六条　快件发生丢失、损毁或者内件短少的,对保价的快件,应当按照快递企业与寄件人约定的保价规则确定赔偿责任;对未保价的快件,按照《中华人民共和国合同法》等有关规定确定赔偿责任。

第三十七条　快递企业违反本办法第十八条第一款第(三)项规定的,由邮政管理机构责令改正,可以处三千元以上一万元以下的罚款;对主要负责人和直接责任人可以处一百元以上五百元以下的罚款。

第三十八条　邮政管理机构以及其他管理部门的工作人员违反本办法,玩忽职守、滥用职权、徇私舞弊,尚未构成犯罪的,对负有责任的人员依法给予行政处分。

第三十九条　违反本办法,构成犯罪的,由司法机关依法追究刑事责任。

第六章　附　　则

第四十条　本办法的相关术语:

(一)快递是指在承诺的时限内快速完成的寄递活动。

(二)寄递是指将信件、包裹、印刷品等物品按照封装上的名址递送给特定个人或者单位的活动,包括收寄、分拣、运输、投递等环节。

(三)经营快递业务的企业包含邮政快递企业。

(四)快件是指快递企业递送的信件、包裹、印刷品等。

(五)快递运单是指快递详情单,用于记录快件原始收寄信息及服务约定的单据。

(六)收派员是指从事揽收快件和投递快件的从业人员。

(七)本办法第二十六条所称"用户使用快递业务的信息",是指寄件人、收件人的名址信息、身份信息、电话号码以及使用快递业务的种类、数量、时间等信息。

第四十一条　本办法由市邮政管理机构负责解释。

第四十二条　本办法自2018年3月1日起施行。

常州市寄递安全管理办法

常州市人民政府令第7号

《常州市寄递安全管理办法》已经2018年8月31日市人民政府第20次常务会议审议通过,现予公布,自2018年12月1日起施行。

市长　丁纯

2018年9月8日

第一章 总 则

第一条 为了加强寄递业安全管理，保障寄递物品、信息的安全，保护用户和寄递企业合法权益，维护国家安全和公共安全，根据《中华人民共和国邮政法》《中华人民共和国反恐怖主义法》和国务院《快递暂行条例》等有关法律法规，结合本市实际，制定本办法。

第二条 本市行政区域内从事寄递业务经营、接受寄递服务以及对寄递业实施安全监督管理适用本办法。

第三条 本办法所称寄递，是指将信件、包裹、印刷品以及其他寄递物品（包括邮件、快件）按照封装上的名址递送给特定个人或者单位的活动，包括收寄、分拣、运输、投递等环节。

本办法所称寄递企业，是指从事信件、包裹、印刷品以及其他寄递物品收寄、分拣、运输、投递等全部或者部分环节活动的单位，包括邮政企业、快递企业以及其他相关企业。

第四条 寄递安全管理坚持预防为主、安全第一、综合治理的原则，建立政府监管、企业负责、行业自律和社会监督的机制。

第五条 市邮政管理部门负责本市行政区域内的寄递安全监督管理工作，依法对寄递企业相关违法行为进行查处，必要时可以委托执法。

国家安全、海关、公安机关、交通运输、市场监管、应急管理等有关部门在各自职责范围内负责相关的寄递安全监督管理工作。

第六条 邮政管理部门应当与公安机关、国家安全、海关、市场监管等有关部门相互配合，建立健全寄递安全监管机制，收集、共享寄递安全有关信息，加强对寄递业安全运行的监测预警，依法处理影响寄递安全运行的事件。

第七条 公安机关按照国家、省有关企事业单位内部治安保卫工作的规定，依法将寄递企业纳入治安保卫重点单位，报本级人民政府批准后实施。

第八条 寄递行业协会应当加强行业自律，制定寄递行业安全规范，为企业提供行业信息、安全培训等服务，提高寄递企业安全管理能力，促进寄递业健康发展。

第二章 安全管理

第九条 寄递企业应当建立健全寄递安全管理制度，改善寄递安全条件，提高寄递安全管理水平，对本单位的寄递安全承担主体责任。

寄递企业的法定代表人或者主要负责人是本单位寄递安全的第一责任人。

第十条 寄递企业及其分支机构开办快递末端网点，应当符合邮政管理部门的相关规定，并在邮政管理部门办理备案手续。开办者应当与快递末端网点签订安全协议，明确服务质量、寄递安全等方面的权利和义务。

寄递企业及其分支机构对其开办的快递末端网点承担安全主体责任。

第十一条 寄递企业应当对从业人员进行寄递安全教育和培训，提高从业人员的安全意识和安全操作技能。安全培训每年不少于一次。从业人员上岗作业的，应当经过寄递安全教育并培训合格。

寄递企业应当建立寄递安全教育和培训档案，记录寄递安全教育培训的时间、内容、参加人员以及考核结果等。

寄递企业应当登记从业人员的身份信息，并按规定录入公安机关治安管理信息系统。

第十二条 寄递企业收寄物品、寄件人交寄物品，应当遵守国家有关禁止或者限制寄递物品的规定。寄件人不得交寄禁止寄递物品，不得在邮件、快件内夹带禁止寄递物品，不得将禁止寄递物品匿报或者谎报为其他普通物品交给寄递企业或者从业人员收寄。

寄递企业应当在营业场所以明显方式公示禁止寄递和限制寄递物品名录。

第十三条 寄递企业应当建立实名收寄制

度、开箱验视制度、安全检查制度,制定具体的工作流程和操作办法,并在营业网点、处理中心、分拨中心以明显方式公示。

第十四条 寄递企业应当严格执行实名收寄制度。

除信件和已签订安全协议的用户,寄件人交寄寄递物品,应当出示有效身份证件,如实提供寄件人和收件人的姓名、地址、联系电话以及寄递物品的名称、性质、数量等信息,并配合寄递企业进行身份查验登记。

寄递企业收寄寄递物品时,除信件和已签订安全协议用户,应当要求寄件人出示有效身份证件,对寄件人身份进行查验并登记身份信息,如实记录寄件人和收件人姓名、地址、联系电话、寄递物品等信息,并即时录入邮政管理部门规定的实名收寄系统。寄件人未按规定出示有效身份证件的,寄递企业不得收寄。

寄递企业不得在寄递运单上记录姓名、地址、联系电话以外的用户身份信息。

第十五条 寄递企业受企业或者其他组织委托,长期、批量为其提供寄递服务的,应当要求出示可以证明其法人或者其他组织身份的证件,以及法定代表人或者相关负责人的有效身份证件。寄递企业核对后予以留存证件复印件。

寄递企业应当与企业或者其他组织签订安全协议,明确双方的权利义务,建立协议用户档案。签订安全协议前,寄递企业应当对企业经营范围进行审查,发现其生产、销售的主要产品属于禁止寄递物品的,不得为其提供协议服务。

第十六条 寄递企业应当严格执行开箱验视制度。

寄件人交寄信件,寄递企业必要时可以要求寄件人开拆,进行验视,但不得检查信件内容。寄件人交寄信件之外的寄递物品,寄递企业应当当场开箱验视,根据不同情形按照下列规定处理:

(一)寄件人拒绝开箱验视接受安全查验的,或者寄件人在寄递运单上所填信息与其交寄的实物不相符合的,应当拒绝收寄;

(二)发现寄件人交寄禁止寄递或者存在重大安全隐患的物品,或者属于超出规定范围的限制寄递物品,应当拒绝收寄。属于依法应当没收、销毁或者可能涉及违法犯罪的物品,应当立即向有关部门报告并配合调查处理;属于其他禁止寄递物品和限制寄递物品的,应当按照法律、行政法规或者国务院有关主管部门的规定处理;

(三)对不能确定安全性的存疑物品,应当要求寄件人出具相关安全认证或者其他书面凭证;

(四)寄递物品属于寄递范围、符合安全要求的,同意收寄并作出验视标识。

对协议用户交寄的邮件、快件,寄递企业可以通过抽检方式验视内件,并做好抽检记录。

第十七条 寄递企业应当执行安全检查制度,落实安全检查责任和措施,加强安全防范和隐患排查处理。

寄递企业可以自行依法对邮件、快件进行安全检查,也可以委托第三方企业对邮件、快件进行安全检查。寄递企业自行检查的,应当安排具有相应知识和技能的人员实施。

寄递企业或者其委托的第三方企业应当使用符合强制性国家标准的安全检查设备。对通过安全检查的邮件、快件,采用在醒目位置张贴标签、加盖印章等方式出具安检标识,并载明安检地区、安检单位和安检人员。

第十八条 寄递企业应当采用信息技术手段,对收寄、分拣、运输、投递等环节实行安全监控,防止寄递物品在寄递过程中短少、丢失、损毁。

监控系统应当二十四小时运转,监控资料保存时间不得少于三十天。

寄递企业的分拨中心、处理中心以及火车站、汽车站、学校等重点地区营业网点的监控设备,应当接入寄递行业远程巡检系统。

第十九条 寄递企业的分拨中心、处理中心和营业网点等场所应当设有符合紧急疏散要求、标志明显、保持畅通的出口。人员密集场所及存放邮件、快件的场地和仓库应当按规定设置防火等安全设施设备。

寄递企业应当规范操作,在收寄、分拣、运输、投递等环节遵照寄递服务标准,不得在露天场地堆放邮件、快件和分拣作业,不得以抛扔、踩踏或者其他危害邮件、快件安全的方式作业。

第二十条 寄递企业应当按址投递邮件、快件,并采取必要措施确保投递邮件、快件的安全。

寄递企业应当在承诺的时限内将邮件、快件投递到约定的收件地址、收件人或者收件人指定的代收人。

寄递企业使用智能快件箱等自助服务设备提供投递服务时,应当满足寄递安全管理要求,遵守国家、省、市有关智能快件箱设置、使用的规定。

寄递企业对无法投递的邮件、快件,应当退回寄件人或者根据寄件人要求进行处理。对无法投递又无法退回寄件人的邮件、快件,应当按照《中华人民共和国邮政法》和国务院《快递暂行条例》的有关规定处理。

第二十一条 任何单位和个人不得有下列危害寄递安全的行为:

(一)私自开拆、隐匿、毁弃或者非法扣留、检查他人寄递物品;

(二)以围堵、聚众闹事等形式,扰乱寄递企业营业场所正常秩序;

(三)非法拦截、强登、扒乘运送寄递物品的车辆;

(四)盗窃、冒领、倒卖寄递物品;

(五)其他影响寄递安全的违法行为。

第二十二条 寄递企业应当建立寄递运单及电子信息数据管理制度,妥善保管用户信息等电子数据,采取必要措施保证信息安全,防止用户信息泄露、损毁、丢失。在发生或者可能发生用户信息泄露、损毁、丢失情况时,应当立即采取补救措施,并向邮政管理部门报告。

寄递运单及电子信息数据档案保存应当符合国家标准规定的档案保管期限,保管期限届满后,按照规定集中销毁或者删除。

寄递企业及其从业人员不得出售、泄露或者非法提供寄递服务过程中知悉的用户信息。

第二十三条 收件人或者代收人签收邮件、快件前,寄递企业应当核实其身份,并告知其有权当面验收。

除信件之外的邮件、快件包装完好、重量相符,收件人或者代收人应当予以签收。发现外包装破损等异常情况时,收件人或者代收人有权要求当面开拆验视,对内件短少、损毁或者与寄递运单不符的,可以拒绝签收,并在寄递运单上注明原因、时间,与派件员共同签字确认。

第二十四条 因自然灾害、社会事件、生产安全事故、经营不善等导致邮件、快件在寄递企业处理场所积压滞留的,寄递企业应当及时组织有效疏运。未及时进行处理的,邮政管理部门应当督促寄递企业及时处理。

第三章 监督保障

第二十五条 邮政管理部门应当建立和完善日常监督检查制度,采取现场检查,查阅、复制有关文件、资料、凭证,依法扣押违法行为相关物品等措施,加强对寄递安全的监督检查。检查情况和检查结果应当及时向社会公布。寄递企业及其从业人员对邮政管理部门的监督检查应当予以配合。

第二十六条 邮政管理部门应当建立寄递监管信息平台,加强对寄递企业经营行为的监督管理,将寄递企业信用信息纳入本市企业信用信息系统。

第二十七条 公安机关、交通运输等部门和邮政管理部门应当加强协调配合,建立健全寄递运输保障机制,依法保障寄递服务车辆通行和临时停靠的权利,不得禁止寄递服务车辆依法通行。

邮政管理部门会同公安机关等部门,依法规范快递服务车辆的管理和使用,对快递专用电动三轮车的行驶时速、装载质量等作出规定,并对快递服务车辆实行统一编号和标识管理。具体管理办法由邮政管理部门会同公安机关等部门制定。

寄递企业从业人员应当遵守道路交通安全法律法规的规定，按照操作规范安全、文明驾驶车辆。寄递企业应当对其从业人员加强道路交通安全培训。

第二十八条 机关、企事业单位、住宅小区的管理单位应当根据实际情况，采取设置邮件、快件收寄投递专门场所、提供临时停车以及人员车辆通行便利等方式，为寄递企业安全投递提供必要的条件。

第二十九条 寄递企业应当按照国家有关规定建立突发事件应急机制，制定突发事件应急预案，定期开展突发事件应急演练。发生突发事件的，应当按照应急预案和有关规定及时妥善处理，并向所在地邮政管理部门报告。应急预案根据实际情况需要调整的，应当及时调整完善。

第三十条 邮政管理部门、有关行政机关、新闻媒体、学校和其他企事业单位等应当加强寄递安全知识的宣传，增加公众使用寄递服务的安全意识和法律意识。

第三十一条 任何单位和个人有权向邮政管理部门投诉、举报危害寄递安全的违法行为。

邮政管理部门应当建立投诉、举报处理制度，向社会公开投诉、举报电话，接受并及时处理投诉、举报事项。

第四章　法律责任

第三十二条 违反本办法规定，法律、法规、规章已有处罚规定的，适用其规定。

第三十三条 寄递企业未按照规定将寄递信息即时录入邮政管理部门规定的实名收寄系统的，由邮政管理部门责令改正，可以处一千元以上一万元以下罚款；情节严重的，处一万元以上三万元以下罚款。

第三十四条 寄递企业未在营业网点、处理中心、分拨中心以明显方式公示开箱验视制度、实名收寄制度、安全检查制度的，由邮政管理部门责令改正；逾期未改正的，处二千元以上一万元以下罚款。

第三十五条 寄递企业监控设备未按照规定接入寄递行业远程巡检系统的，由邮政管理部门责令改正，可以处一千元以上一万元以下罚款；情节严重的，处一万元以上三万元以下罚款。

第三十六条 寄递企业未与协议用户的寄件人签订安全协议的，由邮政管理部门责令改正，可以处一千元以上一万元以下罚款；情节严重的，处一万元以上三万元以下罚款。

第三十七条 违反本办法第十二条第一款、第二十一条规定，尚不构成犯罪的，由公安机关依法给予治安管理行政处罚。

第三十八条 邮政管理部门以及其他行政管理部门的工作人员在寄递安全监督管理工作中滥用职权、玩忽职守、徇私舞弊的，依法给予处分；构成犯罪的，依法追究刑事责任。

第五章　附　则

第三十九条 本办法自2018年12月1日起施行。

盐城市快递市场管理办法

盐城市人民政府令第 2 号

《盐城市快递市场管理办法》已于 2018 年 10 月 6 日经市政府第 16 次常务会议审议通过,现予公布,自 2019 年 1 月 1 日起施行。

代市长 曹路宝

2018 年 11 月 10 日

第一章 总 则

第一条 为了加强快递市场管理,保障快递安全,保护用户合法权益,促进快递业健康发展,根据《中华人民共和国邮政法》《快递暂行条例》《江苏省邮政条例》等法律法规,结合本市实际,制定本办法。

第二条 在本市行政区域内从事快递服务、保障、安全监督和管理等活动,适用本办法。

第三条 县级以上地方人民政府应当制定、完善本地区快递物流业发展的政策规划,提升基础配套设施,营造良好政策环境,强化电商物流末端服务能力,推进电子商务与快递物流协同发展,促进经济增长方式转变。

第四条 市邮政管理部门负责本市行政区域内快递市场的监督管理工作,市邮政管理部门设置派出机构的县(市、区),由派出机构按照职责负责本区域内的相关监督管理工作;未设置派出机构的县(市、区),市邮政管理部门可以委托县级交通运输部门负责相关监督管理工作。

县级以上地方人民政府有关部门按照各自职责协助做好本行政区域内快递市场的监督管理工作。

第五条 快递行业协会应当依照法律、行政法规及其章程规定,制定快递行业规范,加强行业自律,为经营快递业务的企业提供信息、培训等服务,促进快递行业的健康发展。

第六条 经营快递业务的企业应当加强快递服务质量管理,完善安全保障措施,为用户提供迅速、准确、安全、方便的快递服务。

经营快递业务的企业应当切实履行本企业的安全生产主体责任,并接受邮政管理部门的安全监督、检查及日常管理工作。

第七条 鼓励邮政管理等部门及相关企业为推动快递市场繁荣、促进快递业发展,积极培养和引进各类专业人才。人才优惠及支持政策依照市政府相关规定执行。

第八条 鼓励经营快递业务的企业使用环保包装、新能源车辆等有利于环境保护的方式开展经营,依照相关规定享受新材料、新能源推广应用的优惠政策。

第二章 规划与建设

第九条 县级以上地方人民政府在制定和实施土地利用总体规划和年度计划时,应当将快递园区建设作为公共服务设施纳入规划,统筹考虑快递企业投资项目用地需求,合理安排用地指标。鼓励专业电商快递园区不断完善配套各项服务功能,为入园电商、快递企业提供融资、租赁、仓储、检测、人才等各方面服务。

对适宜快递服务发展的工业园区、住宅区、商业区,鼓励快递服务网点的进驻,并逐步实现快递与电商、制造业、跨境网购、现代农业等产业的融合发展。

第十条 鼓励社会第三方在企事业单位、车站、机场、商业区等场所设置智能信包箱、智能快件箱等自助服务终端，提高末端投递智能化水平。

智能快件箱运营人应当在智能快件箱设置并使用之日起三十日内报邮政管理部门登记，其后台终端应当与邮政管理部门的监管信息系统联网，并接受其监督管理。

第十一条 新建住宅小区的建设单位应当按照相关规划设计规范中有关公共服务设施配建控制指标的相关要求，设置与其规模相适应的快递服务场所。

老旧小区更新改造的，经过业主大会或者业主大会授权的业主委员会征求业主同意后，根据需求设置相应的快递服务场所。

快递服务场所应当用于建设开放性寄递服务中心或者设置智能信包箱、智能快件箱等自助服务终端。

第十二条 城镇新建、改建、扩建的住宅小区中设置智能信包箱，不再配建传统信报箱的，设置智能信包箱工程应当纳入住宅小区建筑工程统一规划、设计、施工和验收，并与建筑工程同时投入使用。智能信包箱数量应当按照住宅套数合理设置，并符合相关标准。

住宅小区、住宅建筑工程竣工验收时，智能信包箱工程专项验收工作由建设单位组织，设计、安装、工程监理单位以及邮政管理部门应当参加验收。

住宅小区、住宅建筑工程智能信包箱的维修和更换，保修期内由建设单位负责；保修期外由产权人负责，也可以由产权人委托物业服务企业或其他具备条件的第三方企业维修、更换。

第十三条 完善邮政服务网络，鼓励有条件的地区将村邮站发展为公共服务平台，提供邮政快递、农村电商、农资购销等服务，促进城乡公共服务均等化。鼓励乡镇（街道）为民服务中心、村居党群服务中心、便民服务中心和超市等场所，为邮政快递站点提供服务支持。

第十四条 鼓励支持快递服务与电子商务、制造业、特色农业等建立合作发展机制，促进快递服务与相关产业融合发展。

鼓励经营快递业务的企业在农村地区通过委托代理、共建农村物流平台等方式，开展农业生产资料、生活消费品和农副产品购销等电子商务活动。

第三章 快递服务

第十五条 经营快递业务的企业及其分支机构可以根据业务需要开办快递末端网点，并应当自开办之日起二十日内向所在地邮政管理部门备案。快递末端网点无需办理营业执照。

第十六条 经营快递业务的企业和网点应当有封闭的、面积适宜的快件处理场所，并配备相应的处理设备、监控设备和消防设施。

第十七条 两个以上经营快递业务的企业可以使用统一的商标、字号或者快递运单经营快递业务。

前款规定的经营快递业务的企业应当签订书面协议明确各自的权利义务，遵守共同的服务约定，在服务质量、安全保障、业务流程等方面实行统一管理，为用户提供统一的快件跟踪查询和投诉处理服务。

用户的合法权益因快件延误、丢失、损毁或者内件短少而受到损害的，用户可以要求该商标、字号或者快递运单所属企业赔偿，也可以要求实际提供快递服务的企业赔偿。

第十八条 经营快递业务的企业在寄件人填写快递运单前，应当提醒其阅读快递服务合同条款、遵守禁止寄递和限制寄递物品的有关规定，告知相关保价规则和保险服务项目。寄件人交寄贵重物品的，应当事先声明；经营快递业务的企业可以要求寄件人对贵重物品予以保价。

经营快递业务的企业提供上门取件服务的，

应当在承诺或者约定的时限内完成。不能按照约定时限上门取件的,应当及时告知用户。

第十九条　收件人无法签收快件的,经收件人同意,可交由物业服务企业或收件人指定的人代收、代转。

因收件人或者代收人原因,经两次免费投递后未能投交的快件,收件人仍需投递的,经营快递业务的企业可以收取额外费用,但应当事先告知收费标准。

经营快递业务的企业使用智能信包箱、智能快件箱等自助服务终端提供投递服务的,应当事先征得收件人同意,并以适当方式告知收件人提取方式以及查询、咨询和投诉渠道等相关信息。快递运单已注明为易碎品或者外包装出现明显破损的快件,不得以智能信包箱、智能快件箱等自助服务终端进行投递。

第二十条　经营快递业务的企业在投递快件时,应当告知收件人当面验视快件包装。确认快件包装完好、重量相符的,收件人或者代收人应当签收,经营快递业务的企业与寄件人另有约定的,从其约定。

快件注明为易碎品以及外包装出现明显破损等异常情况的,收件人或者代收人有权要求当面开拆验收。对内件短少、损毁或者与运单不符的快件,收件人或者代收人可以拒绝签收,快递收派员应当在快递运单上注明情况,并由收件人或者代收人和快递收派员共同签字;收件人或者代收人拒绝签字的,快递收派员应当予以注明。

代收货款的快件,收件人可以先验收内件再签收付款;验收时,可以检查内件外观,清点内件数量,但不得对内件进行试用。

第二十一条　县级以上地方人民政府公安、交通运输等部门和邮政管理部门应当加强协调配合,建立健全快递运输保障机制,依法保障快递服务车辆通行和临时停靠的权利。

快递服务车辆在市区通行、停靠应当遵守城市管理、道路交通安全管理相关规定。

第二十二条　邮政管理部门会同县级以上地方人民政府公安等部门,依法规范快递服务车辆的管理和使用,对快递专用电动三轮车的行驶时速、装载质量等作出规定,并对快递服务车辆加强统一编号和标识管理。经营快递业务的企业应当对其从业人员加强道路交通安全培训。

用于快递服务的车辆在运递快件时,发生道路交通安全违法行为或者道路交通事故的,公安机关交通管理部门应当尽快处理,并协助经营快递业务的企业保护快件安全。发生严重道路交通安全违法行为或者重大道路交通事故不能放行时,公安机关交通管理部门应当协助经营快递业务的企业及时驳载快件。

第二十三条　邮政管理部门应当逐步建立以企业经营情况、安全风险管控、服务质量、违法犯罪记录等内容为评价标准的快递行业诚信评价体系,实行企业信用分类管理和公示制度。

第四章　安全与保障

第二十四条　市寄递渠道安全管理工作领导小组负责统筹协调指导全市快件寄递安全管理工作。

邮政管理、公安、国家安全、交通管理、海关等部门应当相互配合,建立健全快递安全保障机制,确保寄递渠道安全和信息安全。

第二十五条　经营快递业务的企业及其从业人员应当依法保护用户的信息安全和通信秘密,除法律明确规定或者用户书面同意外,不得将其掌握的寄递用户信息提供给任何单位或者个人。

第二十六条　经营快递业务的企业应当在用户在场的情况下,当面验视交寄物品,检查是否属于国家禁止或限制寄递的物品,以及物品的名称、类别、数量等是否与寄递详情单所填写的内容一致。寄件人拒绝验视的,经营快递业务的企业不得收寄。

依照国家规定需要用户提供有关书面凭证的,经营快递业务的企业应当要求用户提供凭证原件,核对无误后,方可收寄。

第二十七条 寄件人交寄快件,应当如实提供以下事项:

(一)寄件人姓名、地址、联系电话;

(二)收件人姓名(名称)、地址、联系电话;

(三)寄递物品的名称、性质、数量。

除信件和已签订安全协议用户交寄的快件外,经营快递业务的企业收寄快件,应当对寄件人身份进行查验,并登记身份信息,但不得在快递运单上记录除姓名(名称)、地址、联系电话以外的用户身份信息。寄件人拒绝提供身份信息或者提供身份信息不实的,经营快递业务的企业不得收寄。

第二十八条 经营快递业务的企业受寄件人委托,长期、批量提供快递服务的,应当与寄件人签订安全协议,明确双方的安全保障义务。

第二十九条 经营快递业务的企业应当建立普通化学品定点定人收寄制度,指定专门地点、专门人员从事普通化学品收寄,实行运输、投递专网运行、闭环管理,并建立化学品寄递安全台账,在分拣、运输、投递等环节建立必备的防护和物理隔离设施,严格程序,规范操作。

经营快递业务的企业收寄普通化学品的,应当与化学品生产厂家、销售网点客户签订化学品寄递安全承诺协议,明确寄递企业和寄件人的安全责任。

经营快递业务的企业对于寄递过程中已经发生泄漏、污染的化学品快件,应当立即停止转发和投递,并采取必要的安全处置措施,同时向邮政管理部门和公安部门报告。

寄件人在寄递《禁寄物品指导目录及处理办法》规定以外的普通化学品时,必须采用安全可靠的封装材料,准确完整填写快递运单,清晰标注化学品品名、数量、寄件人和收件人姓名、地址等信息。

第三十条 寄件人交寄快件应当遵守国家关于禁止寄递或者限制寄递物品的规定,不得藏匿、夹带禁止寄递或者限制寄递物品,不得通过寄递渠道危害国家安全、公共安全,损害公民、法人、其他组织的合法权益。

经营快递业务的企业收寄的快件中有国家禁止寄递物品的,应当立即停止转运或投递。对依法应当没收、销毁的物品或者不能判定其安全性质的物品,经营快递业务的企业应当立即向邮政管理、公安、国家安全等部门报告,并配合处理;对已经收寄但不需要没收、销毁的禁止寄递物品以及一同查处的禁止寄递物品之外的物品,经营快递业务的企业应当与寄件人或者收件人取得联系,妥善处理。

第三十一条 经营快递业务的企业应当按照标准配备相关安全检查设备,并安排专业技术人员对快件进行安全检查。

经营快递业务的企业应当对收寄、分拣、运输、投递等环节实行安全监控。监控设备应当全天二十四小时运转,监控资料保存时间不得少于三十日。

第三十二条 经营快递业务的企业应当建立安全投入保障机制,足额提取安全费用,专项用于安全工作,建立安全费用台账。

第三十三条 经营快递业务的企业应当建立健全安全生产责任制,明确各岗位的责任人员、责任范围和考核标准,形成包括全体人员和全部生产经营活动的责任体系,加强对安全生产责任制落实情况的监督考核,保证安全生产责任制的落实。

经营快递业务的企业应当根据本单位实际,建立安全生产投入保障、宣传教育培训、隐患排查治理、应急管理等安全生产规章制度。

第三十四条 经营快递业务的企业应当加强对从业人员的安全教育和培训,保证从业人员具备作业所必需的安全知识和技能。未经安全教育和培训合格的人员,不得上岗作业。企业主要负责人应当具备与本单位所从事的生产经营活动相应的安全生产知识和管理能力。

第三十五条 经营快递业务的企业应当建立快递运单实物以及电子档案管理制度,采取技术措施确保用户信息安全。

快递运单的实物保存和电子档案保存应当满足快递服务标准规定的档案保管期限,国内快递运单的实物保存期限应当不少于一年,相应的电子档案保存期限应当不少于二年。保存期满后,按照规定集中销毁或者删除。

第五章 法律责任

第三十六条 未取得快递业务经营许可从事快递活动的,由邮政管理部门依照《中华人民共和国邮政法》的规定予以处罚。

经营快递业务的企业或者分支机构有下列行为之一的,由邮政管理部门责令改正,可以处一万元以下的罚款;情节严重的,处一万元以上五万元以下的罚款,并可以责令停业整顿:

(一)开办快递末端网点未向所在地邮政管理部门备案;

(二)停止经营快递业务,未提前十日向社会公告,未书面告知邮政管理部门并交回快递业务经营许可证,或者未依法妥善处理尚未投递的快件;

(三)因不可抗力或者其他特殊原因暂停快递服务,未及时向邮政管理部门报告并向社会公告暂停服务的原因和期限,或者未依法妥善处理尚未投递的快件。

第三十七条 两个以上经营快递业务的企业使用统一的商标、字号或者快递运单经营快递业务,未遵守共同的服务约定,在服务质量、安全保障、业务流程等方面未实行统一管理,或者未向用户提供统一的快件跟踪查询和投诉处理服务的,由邮政管理部门责令改正,处一万元以上五万元以下的罚款;情节严重的,处五万元以上十万元以下的罚款,并可以责令停业整顿。

第三十八条 经营快递业务的企业未建立快递运单实物及电子数据档案管理制度,未采取技术措施确保用户信息安全,快递运单实物保存或者电子档案保存未达到规定的档案保管期限,或者未按照规定集中销毁快递运单、删除电子档案的,由邮政管理部门责令改正,处三千元以上一万元以下罚款;情节严重的,处一万元以上五万元以下罚款。

第三十九条 经营快递业务的企业违法提供用户使用快递服务的信息,尚不构成犯罪的,由邮政管理部门责令改正,没收违法所得,并处一万元以上五万元以下的罚款。

第四十条 经营快递业务的企业有下列情形之一的,由邮政管理部门依照《中华人民共和国邮政法》《中华人民共和国反恐怖主义法》的规定予以处罚:

(一)不建立或者不执行收寄验视制度;

(二)违反法律、行政法规以及国务院和国务院有关部门关于禁止寄递或者限制寄递物品的规定;

(三)收寄快件未查验寄件人身份并登记身份信息,或者发现寄件人提供身份信息不实仍予收寄;

(四)未按照规定对快件进行安全检查。

寄件人在快件中夹带禁止寄递的物品,尚不构成犯罪的,依法给予治安管理处罚。

第四十一条 经营快递业务的企业有下列行为之一的,由邮政管理部门依照《中华人民共和国安全生产法》的规定责令限期改正,可以处五万元以下的罚款;逾期未改正的,责令停产停业整顿,并处五万元以上十万元以下的罚款,对其直接负责的主管人员和其他直接责任人员处一万元以上二万元以下的罚款。

(一)未按照规定设置安全生产管理机构或者配备安全生产管理人员的;

(二)未按规定对从业人员进行安全生产教育培训的;

(三)未将事故隐患排查治理情况如实记录或者未向从业人员通报的;

(四)未如实记录安全生产教育和培训情况的;

(五)未按照规定制定安全生产事故应急救援预案或者未定期组织演练的;

(六)特种作业人员未按照规定经专门的安全作业培训并取得相应资格,上岗作业的。

第四十二条 经营快递业务的企业拒绝、阻碍邮政管理部门依法实施的日常管理工作及监督检查,尚不构成犯罪的,依法给予治安管理处罚;或由邮政管理部门责令其停业整顿直至吊销快递业务经营许可证。

第四十三条 邮政管理部门及其派出机构的工作人员违反本办法规定,玩忽职守、滥用职权、徇私舞弊的,对负有责任的人员依法给予行政处分;构成犯罪的,依法追究刑事责任。

第六章 附 则

第四十四条 本办法自2019年1月1日起施行。

南通市快递管理办法

通政规[2018]4号

各县(市)、区人民政府,市经济技术开发区管委会,苏通科技产业园区管委会,通州湾示范区管委会,市各委、办、局,市各直属单位:

《南通市快递管理办法》已经2018年10月12日市十五届人民政府第31次常务会议审议通过,现予印发,自2019年2月1日起施行。

南通市人民政府

2018年12月17日

第一条 为促进快递业健康发展,保障快递安全,保护快递用户合法权益,加强对本市快递业的监督管理,依据《中华人民共和国邮政法》《快递暂行条例》《江苏省邮政条例》等法律法规,结合本市实际,制定本办法。

第二条 本市行政区域内从事快递经营活动、接受快递服务以及对快递业进行监督管理,适用本办法。

第三条 市邮政管理局负责对全市快递业实施监督管理。

市公安、国土资源、城乡建设、规划、住房保障和房产管理、交通运输、市场监管、商务等部门应当按照职责分工,做好对快递业监督管理的相关工作。

第四条 快递行业协会应当发挥行业代表、行业自律、行业服务和行业协调的作用,引导协会会员加强行业自律,依法经营,规范服务。

第五条 市邮政管理局应当制定本市快递业发展规划,促进快递业在产业能力、科技创新、服务品质、安全水平、绿色低碳、综合效益等方面的提升。

市、县(市)人民政府应当将快递业发展纳入本级国民经济和社会发展规划,统筹考虑快件大型集散、分拣等基础设施用地的需要。

第六条 鼓励经营快递业务的企业(以下简称快递企业)利用自建、合建、合作等方式,完善快递末端网点布局,共享末端服务设施,提升农村快递服务水平。

第七条 鼓励快递企业推进管理创新、科技创新、产品创新和模式创新,提升专业化、规模化、品牌化、网络化经营水平。

第八条 鼓励快递企业和寄件人使用生态可降解、可重复利用的环保包装材料,促进包装物重复利用及废弃物回收处置。

第九条 鼓励快递企业加快与电子商务的融合发展,加强信息沟通,共享设施和网络资源。

第十条 机关、团体、企业、事业单位及住宅小区的物业服务机构应当为快递企业投递快件提供便利。鼓励物业服务机构为业主提供代收、代转快件等服务。

第十一条 经营快递业务应当依法取得快递业务经营许可;未经许可,任何单位和个人不得经营快递业务。

第十二条 快递企业设立分公司、营业部等非法人分支机构,应当向市邮政管理局办理登记备案手续。

快递企业及其分支机构可以根据业务需要开办快递末端网点,并应当自开办之日起20日内向市邮政管理局备案。

快递企业股权关系、注册资本、业务范围、地域范围发生变更的,或者增设、撤销分支机构,应当报市邮政管理局办理变更手续。

第十三条 快递企业应当依法保护其快递从业人员的合法权益,加强其职业操守、服务规范、作业规范、安全生产、突发事件处理、安全驾驶等方面的教育和培训。

第十四条 快递企业在收寄快件时,应当遵守下列规定:

(一)要求寄件人出示身份证件,并在实名制信息系统登记身份信息;

(二)当场验视内件,并作出验视标识;

(三)提醒寄件人阅读快递运单的服务合同条款,指导寄件人如实全面填写快递运单,提示寄件人对贵重物品购买保价或者保险服务;

(四)告知寄件人收费标准、赔偿方式以及其他注意事项;

(五)准确标注内件物品名称、重量、资费等内容。

第十五条 快递企业应当在承诺的时限内将快件投递到约定的收件地址、收件人或者收件人指定的代收人,并告知收件人或者收件人指定的代收人当面验收;对于网络购物、代收货款以及与用户有特殊约定的其他快件,从其约定。

鼓励快递企业对快件提供一定次数的免费投递。

第十六条 快递企业应当妥善处理用户投诉,用户对处理结果不满意的或者7日内无处理结果的,可以向市邮政管理局申诉。

快递企业收到市邮政管理局转办的用户申诉后,应当在15日内向用户作出答复;15日内未能作出答复的,应当于到期日前1天向市邮政管理局报告处理进展情况,并在到期日后5日内向用户作出答复。

第十七条 市邮政管理局应当依法及时处理用户对快递企业提出的申诉,并自接到申诉之日起30日内作出答复。

第十八条 快递企业应当落实安全生产主体责任,建立健全安全生产责任制,改善安全生产条件,提高安全生产水平。

第十九条 快递企业应当配备相应的安检设备,对进出本市行政区域的快件进行安全检查,严格落实实名收寄、开箱验视、过机安检等安全管理制度。

第二十条 快递企业应当依法保护用户的信息安全和通信秘密,除法律法规另有规定外,快递企业不得将用户信息提供给其他任何组织或者个人。

第二十一条 快递企业应当建立快递运单电子数据和实物档案管理制度。快递运单的电子数据档案保存时限应当不少于2年,实物档案保存时限应当不少于1年,保存期满后在市邮政管理局的监督下予以销毁。

第二十二条 快递服务车辆应当标明企业标识并随车携带相关证件,上道路行驶时,应当严格按照操作规范安全、文明驾驶车辆。

干线快件运输应当使用封闭式车辆。投递快件的车辆,应当采取措施,保障快件安全。

第二十三条 快递企业应当建立健全突发事件应急机制,定期组织开展突发事件应急演练,提高应对突发事件能力,预防和减少行业突发事件的发生及其造成的损害。

发生重大服务阻断、暂停快递业务经营活动等突发事件时,快递企业应当在24小时内向市邮政管理局和其他有关部门报告,并向及时社会公告。在事件处理过程中,应当对与事件有关的资料进行登记保存,相关资料至少保存1年。

第二十四条 市邮政管理局和公安等部门应当建立健全快递安全监管机制,加强对快递业安全运行的监测预警,收集、共享与快递业安全运行有关的信息,对快递企业落实实名制、验视制度、过机安检等情况开展检查,依法处理影响快递业安全运行的事件。

市邮政管理局应当指导和监督快递企业落实安全生产主体责任制,加强内部安全管理,确保安全生产。

第二十五条 市邮政管理局应当建立健全日常监督检查制度,并按照法定程序定期进行监督检查,监督检查处情况及时向社会公布。

第二十六条 市邮政管理局应当建立快递服务质量社会监督网络和评价体系,聘请社会监督员对快递服务质量进行监督,适时向社会发布有关快递服务的质量监督报告、快递行业服务水平评价报告。

第二十七条 快递企业违反本办法有关规定的,由市邮政管理局依法查处;违反其他法律法规的,由相关部门依法查处。构成犯罪的,依法追究刑事责任。

第二十八条 市邮政管理局和其他有关部门工作人员在监督管理工作中滥用职权、玩忽职守、徇私舞弊的,依法给予处分;构成犯罪的,依法追究刑事责任。

第二十九条 本办法自2019年2月1日起施行。

芜湖市快递管理办法

芜湖市人民政府令第59号

《芜湖市快递管理办法》已经2018年12月6日市政府第26次常务会议讨论通过,现予公布,自2019年3月1日起施行。

市长 贺懋燮
2018年12月27日

第一章 总则

第一条 为了保护快递用户的合法权益,加强对快递业的监督管理,促进快递业健康发展,根据《中华人民共和国邮政法》《快递暂行条例》《安徽省邮政条例》等,结合本市实际,制定本办法。

第二条 本市行政管辖区域内从事快递业务经营、接受快递服务以及对快递业实施监督管理,适用本办法。

第三条 对快递业的监督管理应当遵循公

开、公平、公正以及鼓励竞争、促进发展的原则。

第四条 邮政管理部门负责本市快递的监督管理工作。公安、国家安全、海关、市场监管、交通运输、商务等部门在各自职责范围内相互配合,负责快递监督管理的相关工作。

邮政管理部门可以在其法定权限内委托依法成立的管理邮政事务的事业组织从事快递市场监督检查相关工作。

第五条 邮政管理部门应当与其他行政管理部门互相配合,共同维护寄递安全。快递企业应当落实安全生产主体责任,建立健全企业安全生产责任机制,改善安全生产条件。

第六条 市、县(区)人民政府应当按照国家快递业发展政策,引导、扶持快递业健康发展,支持快递基础设施和快递末端配送点建设,提升快递服务水平,不断满足社会公众和企事业单位对快递业务的需求。

第七条 市、县(区)人民政府支持快递企业应用现代信息技术,开展技术改造和创新。

鼓励快递企业使用电子运单、新能源车辆、环保包装材料,鼓励快递企业降低能源消耗、循环使用快递包装物,发展绿色快递。

第八条 建立健全快递业信用记录、信息公开、信用评价制度,加强快递业诚信体系建设,依法实施守信激励和失信惩戒机制。

第九条 快递行业协会应当依照法律、法规、规章和章程,加强行业自律,为企业提供信息、培训等服务,保护企业合法权益,促进企业诚信、守法、安全经营。

第二章 发展保障

第十条 市、县(区)人民政府应当将快递业发展纳入本级国民经济和社会发展规划,将快递服务的设施布局和建设纳入城乡规划和土地利用总体规划。

第十一条 市、县(区)人民政府支持和鼓励快递企业在农村、偏远地区发展快递服务网络,完善快递末端网点布局。

第十二条 新建、改建、扩建城镇居民住宅区的,住建部门应当鼓励建设单位、物业管理部门将快递末端服务设施纳入物业服务范畴。

支持智能快件柜替代住宅信报箱建设,对提供邮政普遍服务的智能快件柜建设由建设行政主管部门和邮政管理部门予以政策引导。

第十三条 邮政管理部门应当会同公安、城市管理、交通运输等部门,依法规范快递服务车辆的管理和使用,对快递服务车辆进行统一编号、统一外观和统一标识管理。

鼓励快递企业购买商业保险。

公安、城市管理、交通运输等部门和邮政管理部门应当加强协调配合,建立健全快递运输保障机制,依法保障快递服务车辆通行和临时停靠的权利,不得禁止快递服务车辆依法通行。

第十四条 快递企业应当对从业人员加强法制、安全生产、职业技能、职业道德教育和培训。

第十五条 市、县(区)人民政府鼓励和引导快递企业采用先进技术,促进自动化分拣设备、机械化装卸设备、智能末端服务设施、快递电子运单以及快件信息化管理系统等的推广应用。

第十六条 市、县(区)人民政府鼓励快递业与制造业、农业、商贸业等行业建立协同发展机制,推动快递业与电子商务融合发展,加强信息沟通,共享设施和网络资源;引导和推动快递业与铁路、公路、水路、民航等行业的标准对接,支持在大型车站、码头、机场等交通枢纽配套建设快件运输通道和接驳场所。

第十七条 推动快递产业集聚发展,鼓励快递企业总部或者区域总部及其快递区域分拨中心、国际快件交换中心和航空快递物流处理中心落户本市。

第三章 快递经营

第十八条 经营快递业务,应当依照《中华人民共和国邮政法》的规定,向邮政管理部门提出申请,依法取得快递业务经营许可。未经许可,任何单位和个人不得经营快递业务。

快递企业应当在经营许可范围内依法从事快递业务经营活动,不得超越经营许可的业务范围和地域范围。

第十九条　快递企业设立分支机构,凭企业法人快递业务经营许可证(副本)及所附分支机构名录,到分支机构所在地市场监督管理部门办理注册登记。企业分支机构取得营业执照之日起二十日内到所在地邮政管理部门办理备案手续。

快递企业分支机构进行合并、分立的,应当在合并、分立协议签订之日起二十日内,向颁发快递业务经营许可证的邮政管理部门备案。

第二十条　快递企业及其分支机构可以根据业务需要开办快递末端网点,应当自开办之日起二十日内向所在地邮政管理部门备案。

快递末端网点无需办理营业执照。

第二十一条　两个以上快递企业共同经营快递业务的,可以使用统一的商标、字号或者快递运单经营快递业务;共同经营快递业务的企业均应当取得快递业务经营许可。

前款规定的快递企业应当签订书面协议约定双方的权利义务,明确服务质量、安全保障、业务流程、快件跟踪查询、投诉处理服务和对用户的赔偿责任等。

第二十二条　快递企业应当建立从业人员实名档案管理制度、定期向邮政管理部门报送从业人员信息,加强劳动保护,保障从业人员合法权益。快递收派员在收寄、投递过程中应当统一穿着具有该企业标识的服装,并佩戴工号牌、胸卡或者其他能够证明其工作身份的有效证件。

第四章　快递服务

第二十三条　快递企业在寄件人填写快递运单前,应当提醒其阅读快递服务合同条款、遵守禁止寄递和限制寄递物品的有关规定,告知其相关保价规则和保险服务项目。

寄件人交寄贵重物品的,应当事先声明;快递企业可以要求寄件人对贵重物品予以保价。

第二十四条　寄件人交寄快件,应当如实提供以下事项:

(一)寄件人姓名、地址、联系电话;

(二)收件人姓名(名称)、地址、联系电话;

(三)寄递物品的名称、性质、数量。

除信件和已签订安全协议用户交寄的快件外,快递企业收寄快件,应当对寄件人身份进行查验,并登记身份信息,但不得在快递运单上记录除姓名(名称)、地址、联系电话以外的用户身份信息。寄件人拒绝提供身份信息或者提供身份信息不实的,快递企业不得收寄。

第二十五条　快递企业应当将快件投递到约定的收件地址、收件人或者收件人指定的代收人,并告知收件人或者代收人当面验收。收件人或者代收人有权当面验收。鼓励快递企业创新服务方式,提供灵活方便的收寄、投递服务。

快件无法投递的,快递企业应当退回寄件人或者根据寄件人的要求进行处理;属于进出境快件的,快递企业应当依法办理海关和检验检疫手续。快件无法投递又无法退回的,依照下列规定处理:

(一)属于信件,自确认无法退回之日起超过六个月无人认领的,由快递企业在所在地邮政管理部门的监督下销毁;

(二)属于信件以外其他快件的,快递企业应当登记,并按照国务院邮政管理部门的规定处理;

(三)属于进境快件的,交由海关依法处理;其中有依法应当实施检疫的物品的,由承担出入境检验检疫职能的部门依法处理。

第二十六条　快递企业应当实行快件寄递全程信息化管理,公布联系方式,保证与用户的联络畅通,向用户提供业务咨询、快件查询等服务。用户对快递服务质量不满意的,可以向快递企业投诉,快递企业应当自接到投诉之日起七日内予以处理并告知用户。

第二十七条 快递企业应当在营业场所公示或以其他方式向社会公布其服务种类、服务时限、服务价格、损失赔偿、投诉处理等服务承诺。在服务承诺事项发生变更时,企业应当及时向社会发布服务提示公告。

快递企业应当规范操作,按照快递服务标准,规范快递业务经营活动,保障服务质量,维护用户合法权益。

鼓励快递企业在节假日期间根据业务量变化实际情况,为用户提供快递服务。

第五章 快递安全

第二十八条 寄件人交寄快件和快递企业收寄快件应当遵守《中华人民共和国邮政法》第二十四条关于禁止寄递或者限制寄递物品的规定。

执行国务院邮政管理部门会同国务院有关部门公布的禁止寄递物品的目录及管理办法。快递企业发现寄件人交寄禁止寄递物品的,应当拒绝收寄;发现已经收寄的快件中有疑似禁止寄递物品的,应当立即停止分拣、运输、投递。对快件中依法应当没收、销毁或者可能涉及违法犯罪的物品,快递企业应当立即向有关部门报告并配合调查处理;对其他禁止寄递物品以及限制寄递物品,快递企业应当按照法律、行政法规或者国务院和国务院有关部门的规定处理。

第二十九条 快递企业收寄快件,应当依照《中华人民共和国邮政法》的规定验视内件。寄件人拒绝验视的,快递企业不得收寄。

快递企业应当建立并执行收寄验视制度。除信件外,有下列情形之一的,不予收寄:

(一)寄件人未按规定提供身份信息、安全证明或其他书面凭证的;

(二)寄件人拒绝当面验视的;

(三)寄件人填写的快递运单不完整或者所填信息与其交寄的实物不相符的;

(四)寄件人交寄禁止寄递物品,或者交寄限制寄递物品超出规定范围的;

(五)法律法规规定的其他情形。

快递企业应当对已经验视的快件作出验视标识,载明验视人员的姓名或工号。

第三十条 快递企业可以自行或者委托第三方企业对快件进行安全检查,并对经过安全检查的快件作出安全检查标识。快递企业委托第三方企业对快件进行安全检查的,不免除委托方对快件安全承担的责任。

快递企业或者接受委托的第三方企业应当使用符合强制性国家标准的安全检查设备,并加强对安全检查人员的背景审查和技术培训;快递企业或者接受委托的第三方企业对安全检查人员进行背景审查,公安机关等相关部门应当予以配合。

第三十一条 快递企业应当建立快递运单及电子数据管理制度,妥善保管用户信息等电子数据,定期销毁快递运单,采取有效技术手段保证用户信息安全。

快递企业及其从业人员不得出售、泄露或者非法提供快递服务过程中知悉的用户信息。发生或者可能发生用户信息泄露的,快递企业应当立即采取补救措施,并向所在地邮政管理部门报告。

第三十二条 快递企业应当遵守安全生产法律法规,加强安全生产管理,建立健全安全生产责任制度,完善安全生产条件,保障生产安全、服务安全。

快递企业安全设备的安装、使用、检测、维修、改造和报废,应当符合国家相关标准或行业标准。

快递企业使用实名收寄信息系统和报送实名收寄信息,快递经营网点应当摆放安全寄递提示牌等形式进行安全告知。

第六章 监督检查

第三十三条 邮政管理部门应当加强对快递业的监督检查。监督检查应当以下列事项为重点:

(一)从事快递活动的企业是否依法取得快递业务经营许可;

（二）快递企业的安全管理制度是否健全并有效实施；

（三）快递企业是否妥善处理用户的投诉、保护用户合法权益。

第三十四条　邮政管理部门应当建立和完善以随机抽查为重点的日常监督检查制度。

邮政管理部门应当充分利用计算机网络等先进技术手段，加强对快递业务活动的日常监督检查，提高快递业管理水平。

第三十五条　邮政管理部门应当依法履行监督管理职责，可以采取下列监督检查措施：

（一）进入有关场所进行检查；

（二）查阅、复制有关文件、资料、凭证；

（三）约谈有关单位和人员；

（四）经邮政管理部门负责人批准，对信件以外的涉嫌夹带禁止寄递或者限制寄递物品的快件开拆检查；

（五）按照行政强制措施实施程序，查封与违法活动有关的场所，扣押用于违法活动的运输工具以及相关物品。

邮政管理部门实施现场检查，有权查阅快递企业管理快递业务的电子数据。

第三十六条　邮政管理部门应当向社会公布本部门的联系方式，方便公众举报违法行为。

邮政管理部门接到举报的，应当及时依法调查处理，并为举报人保密。对实名举报的，邮政管理部门应当将处理结果告知举报人。

第三十七条　快递企业应当制定突发事件应急预案，定期开展突发事件应急演练。发生突发事件的，应当按照应急预案及时、妥善处理，并立即向所在地邮政管理部门报告。

第三十八条　公安机关、国家安全机关为维护国家安全和侦查犯罪活动的需要依法开展执法活动，快递企业应当提供支持和协助。

第七章　法律责任

第三十九条　违反本办法，法律、法规已有规定的，从其规定。

第四十条　快件发生丢失、损毁或者内件短少等，对保价的快件，应当按照快递企业与寄件人约定的保价规则承担赔偿责任；对未保价的快件，按照有关民事法律规定承担赔偿责任。

第四十一条　快递企业违反本办法第十三条第一款、第十四条、第三十二条第二款相关规定的，由邮政管理部门依法责令改正，可以处警告或三千元以上一万元以下的罚款。

对前款中负有责任的人员按相应法律法规依法处罚。

第四十二条　邮政管理部门以及其他管理部门的工作人员违反本办法，玩忽职守、滥用职权、徇私舞弊，对负有责任的人员依法给予行政处分；违反本办法，涉嫌犯罪的，由司法机关依法追究责任。

第八章　附　则

第四十三条　本办法的相关术语的含义：

（一）快递是指在承诺的时限内快速完成的寄递活动；

（二）寄递是指将信件、包裹、印刷品等物品按照封装上的名址递送给特定个人或者单位的活动，包括收寄、分拣、运输、投递等环节；

（三）快递企业是指经营快递业务的企业；

（四）快递末端是指为用户提供便民服务且快递业务量较小的网点；

（五）快件是指快递企业递送的信件、包裹、印刷品等；

（六）快递运单是指快递详情单，用于记录快件原始收寄信息及服务约定的单据；

（七）收派员是指从事揽收快件和投递快件的从业人员；

（八）用户信息是指寄件人、收件人的名址信息、身份信息、电话号码以及使用快递业务的种类、数量、时间等信息。

第四十四条　本办法自2019年3月1日起施行。

淄博市快递网点管理办法

淄博市人民政府令第 104 号

《淄博市快递网点管理办法》已经 2017 年 12 月 29 日市政府第 22 次常务会议讨论通过,现予公布,自 2018 年 2 月 1 日起施行。

市长　于海田
2017 年 12 月 29 日

第一条　为了规范快递网点的建设和运营,加强快递网点的监督管理,保障寄递安全,提升快递服务水平,推动快递市场健康有序发展,根据《中华人民共和国邮政法》等法律、法规,结合本市实际,制定本办法。

第二条　本办法所称快递网点,是指经营快递业务的企业或者分支机构在本市辖区内设置的经营快件收寄、投递业务的固定场所。

第三条　本市辖区内快递网点的建设、运营、管理和监督适用本办法。

第四条　快递网点应当依法经营,诚实守信,公平竞争,为用户提供安全、准确、快捷、方便的寄递服务。

第五条　市及市以下邮政管理机构(以下统称邮政管理部门)负责本辖区内快递网点的监督管理工作,依法履行下列职责:

(一)监督企业加强快递网点安全管理,落实安全责任制;

(二)依法对快递网点实施监督检查;

(三)及时受理、处理用户的申诉、举报;

(四)其他依法应当履行的职责。

公安、国家安全、交通运输、工商、城管执法等部门按照职责对辖区内的快递网点实施监督管理。

经营快递业务的企业或者分支机构对其设置的快递网点应当履行监督管理主体责任。

第六条　经营快递业务的企业或者分支机构应当在 7 日内,将设置的快递网点的时间、地点、人员等有关信息报邮政管理部门。

第七条　经营快递业务的企业或者分支机构应当建立从业人员教育培训制度,定期对快递网点从业人员开展安全生产教育培训,建立安全生产教育培训档案,如实记录安全生产教育培训的时间、内容、参加人员以及考核结果等。未经安全生产教育培训的,不得从事快递业务。

第八条　经营快递业务的企业或者分支机构应当对其设置的快递网点安全运营负责,建立安全检查制度,开展安全检查和安全隐患排查治理工作,做好检查记录。

第九条　快递网点应当具有独立空间,配备必要的业务设施和消防、监控等安全设施,监控数据应当接入快递企业或者分支机构安全管理信息平台。

第十条　快递网点应当在其营业场所公示服务范围、营业时间、资费标准、快件查询渠道、损失赔偿办法、投诉处理办法、收寄验视制度、实名收寄制度、安全操作规程、突发事件应急处理规定以及《禁止寄递物品管理规定》和《禁止寄递物品指导目录》等。

第十一条　快递网点收寄、分拣、存储快件不得露天作业。严禁抛扔、踩踏、坐压等可能造成快件损毁的行为。

第十二条　快递网点应当严格执行收寄验视制度。对用户交寄的信件以外的快件,应当按照国家有关规定当场验视内件,当面封装。用户拒绝验视的,不予收寄。

第十三条　快递网点应当严格执行实名收寄制度。寄递信件以外的快件,应当对寄件人身份信息、物品信息进行核实登记后方可收寄。

快递网点应当对用户个人信息严格保密。

第十四条　商业楼宇、住宅小区等应当为快递收投服务提供通行、临时停车等便利。

第十五条　快递网点应当按照规定提供快递服务。用户对快递网点业务不满意的,可以向快递企业投诉;对投诉处理结果不满意的,可以向邮政管理部门申诉。

第十六条　快递网点撤销或者停业的,经营快递业务的企业或者分支机构应当在撤销或者停业后3日内报邮政管理部门,并向社会公告。

快递网点撤销或者停业的,经营快递业务的企业或者分支机构应当对其已经收寄和尚未投递的快件进行妥善处理。

第十七条　快递网点违反本办法第九条规定,监控数据未接入快递企业或者分支机构安全管理信息平台的,由邮政管理部门责令改正,对其快递企业或者分支机构处2000元以上1万元以下的罚款。

第十八条　快递网点违反本办法第十一条规定,收寄、分拣、存储快件露天作业或者存在抛扔、踩踏、坐压快件行为的,由邮政管理部门责令改正,可以对设置快递网点的快递企业或者分支机构处5000元以下的罚款;情节严重的,处5000元以上1万元以下的罚款。

第十九条　快递企业或者分支机构有下列情形之一的,由邮政管理部门责令限期改正;逾期未改正的,处3000元以上1万元以下的罚款:

(一)快递网点建设不符合安全标准的;

(二)未建立或者未执行快递网点安全检查制度的;

(三)未按照规定将设置、撤销快递网点有关信息报邮政管理部门的。

第二十条　邮政管理部门及其工作人员在监督管理活动中滥用职权、玩忽职守、徇私舞弊的,按照规定给予处分;构成犯罪的,依法追究刑事责任。

第二十一条　违反本办法,法律、法规、规章已规定法律责任的,适用其规定。

第二十二条　本办法自2018年2月1日起施行。

2018年全国部分市(地)关于快递服务发展的政策文件

市(地)	政策文件名称
天津滨海新区	天津市滨海新区人民政府办公室关于印发滨海新区落实天津市降低快递企业经营成本政策措施实施细则的通知(津滨政办发〔2018〕9号)
天津津南区	津南区人民政府办公室关于印发津南区推进电子商务与快递物流协同发展实施方案的通知(津南政办发〔2018〕27号)
天津静海区	关于印发《静海区城乡高效配送(2018—2020年)重点工作实施方案》的通知(津静商务〔2018〕58号)
石家庄	石家庄市加快电子商务发展实施方案(2018—2020年)(石政办函〔2018〕99号)
	石家庄推进电子商务与快递物流协同发展实施方案(2018—2020年)(石政办函〔2018〕110号)
保定	关于加快发展冷链物流的实施意见(保政办函〔2018〕49号)
	关于印发保定市推进电子商务与快递物流协同发展实施方案的通知(保政办函〔2018〕84号)
	关于进一步推进物流降本增效促进实体经济发展的实施意见(保政办函〔2018〕98号)
	关于印发保定市加快电子商务发展行动计划(2018—2020年)的通知

续上表

市(地)	政 策 文 件 名 称
唐山	关于推进电子商务与快递物流协同发展的实施意见（唐政办字〔2018〕142号）
	关于做好高等院校快递服务工作的意见（唐邮管联〔2018〕1号）
	关于加快发展邮政行业职业教育的实施意见（唐邮管联〔2018〕2号）
	印发《关于推动快递服务制造业发展的行动计划》的通知（唐邮管联〔2018〕3号）
衡水	关于加快发展冷链物流的落实意见（衡政办字〔2018〕19号）
	关于进一步推进物流降本增效促进实体经济发展的实施意见（衡政办字〔2018〕42号）
	衡水市推进电子商务与快递物流协同发展的落实意见（衡政办字〔2018〕50号）
	关于加快服务业发展的意见（衡政办字〔2018〕65号）
	关于印发衡水市加快电子商务发展三年行动计划(2018－2020年)的通知（衡政办字〔2018〕1969号）
	关于加快推进现代服务业创新发展的实施意见（衡政发〔2018〕8号）
承德	关于印发承德市加快电子商务发展行动计划(2018－2020年)的通知（承市政办字〔2018〕134号）
	关于推进电子商务与快递物流协同发展的实施方案(2018－2022)（承市政办字〔2018〕154号）
	关于印发承德市加快电子商务发展行动计划(2018－2020年)推动落实方案的通知（承市政办字〔2018〕169号）
	关于实施快递入区下乡出境工程促进快递业与电子商务协同发展的通知（承邮管〔2018〕59号）
	关于推动快递服务制造业发展的通知（承邮管〔2018〕62号）
	关于做好高等院校快递服务工作的通知（承邮管〔2018〕63号）
	关于加快推进住宅区等规划建设邮政(快递)服务场所的通知（承邮管〔2018〕69号）
	关于印发《关于推进我市快递园区建设工作的实施意见》的通知（承邮管〔2018〕76号）
	关于开展2018年承德市"最美快递员(邮递员)"推选展示活动的通知（承邮管〔2018〕84号）
	关于印发《承德市邮政行业精神文明建设工作实施方案》的通知（承邮管〔2018〕85号）
	关于加快发展承德邮政行业职业教育的实施意见（承邮管〔2018〕86号）
秦皇岛	关于印发秦皇岛市加快电子商务发展三年行动计划(2018－2020年)的通知（秦政办〔2018〕29号）
	秦皇岛市推进电子商务与快递物流协同发展的实施意见（秦政办〔2018〕114号）
	关于加快发展秦皇岛市邮政行业职业教育的意见（秦邮管〔2018〕44号）
	关于做好高等院校和中职学校快递服务工作的实施意见（秦邮管〔2018〕52号）
张家口	关于印发张家口市老旧小区三年改造工作(2018－2020年)实施方案的通知（张政办字〔2018〕27号）
	关于印发《落实国家2018年〈计划报告〉部署重点工作责任分工方案》的通知张政办字〔2018〕65号
	关于推进"互联网＋"现代农业行动的实施意见（张政办字〔2018〕79号）
	关于进一步推进物流降本增效促进实体经济发展的实施意见（张政办字〔2018〕93号）
	关于印发张家口市电商扶贫行动方案的通知（张政办函〔2018〕96号）
	关于推进电子商务与快递物流协同发展的实施意见（张政办函〔2018〕113号）
	关于落实《河北省加快电子商务发展三年行动计划(2018－2020)的推动落实方案》的实施意见（张电扶字〔2018〕1号）
	关于乡村振兴综合服务平台的建设方案（张供〔2018〕35号）
	关于印发《全面深入推进邮件、快件实名收寄信息系统工作实施方案》的通知（张邮管〔2018〕62号）
	关于进一步加强全市寄递行业三轮车交通安全管理的实施意见（张邮管〔2018〕67号）
	关于推进张家口市快递园区建设工作的指导意见（张邮管〔2018〕68号）
	关于实施快递入区下乡出境工程促进快递业与电子商务协同发展的意见（张邮管〔2018〕69号）
	关于印发《关于支持邮政业服务创新综合解决城市末端投递服务的实施方案》的通知（张邮管〔2018〕70号）
	关于在全市邮政行业开展青年文明号创建活动的实施意见（张邮管〔2018〕72号）
	关于印发《张家口市邮政行业精神文明建设工作实施方案》的通知（张邮管〔2018〕87号）

续上表

市(地)	政 策 文 件 名 称
邯郸	关于印发邯郸市推进老旧小区改造工作方案的通知(邯政办字〔2018〕64号)
	关于印发邯郸市推进电子商务与快递物流协同发展的实施方案的通知(邯政办字〔2018〕98号)
	关于印发邯郸市快递业发展专项资金使用细则的通知(邯政办规〔2018〕17号)
	关于《加快推进住宅区等规划建设邮政(快递)服务场所的通知》(邯邮管〔2018〕13号)
	关于做好高等院校快递服务工作的意见(邯邮管〔2018〕23号)
	关于加快发展邮政行业职业教育的实施意见(邯邮管〔2018〕24号)
	印发《关于推动快递服务制造业发展的二年行动计划》的通知(邯邮管〔2018〕25号)
	关于实施快递入区下乡出境工程促进快递业与电子商务协同发展的意见(邯邮管〔2018〕26号)
长治	长治市人民政府办公厅印发《2018年加快现代服务业发展实施方案》(长政办发〔2018〕32号)
忻州	忻州市人民政府办公厅关于印发忻州市推动交通物流发展实施方案的通知(忻政办发〔2018〕8号)
	关于发展冷链物流促进消费升级的实施意见(忻政办发〔2018〕9号)
	关于进一步推进物流降本增效促进实体经济发展的实施意见(忻政办发〔2018〕10号)
	关于进一步推进电子商务与快递物流协同发展的通知(忻政办发〔2018〕11号)
晋中	晋中市人民政府办公厅关于印发晋中市现代物流业发展实施方案的通知(市政办发〔2018〕18号)
	晋中市人民政府办公厅关于印发晋中市综合交通运输"十三五"发展规划的通知
	晋中市关于发展冷链物流促进消费升级的实施方案(市发改服务字〔2018〕188号)
	关于对县级寄递企业购置X光安检机给予专项资金补贴的通知(晋中政法〔2018〕23号)
临汾	关于印发临汾市服务业振兴三年行动计划(2018-2020年)的通知(临政发〔2018〕22号)
	临汾市人民政府关于印发临汾市支持快递业发展的若干措施的通知(临政发〔2018〕15号)
	临汾市人民政府办公厅关于成立临汾市促进快递业发展工作领导小组的通知(临政办函〔2018〕39号)
沈阳	沈阳市人民政府办公厅关于印发沈阳市推进电子商务与快递物流协同发展实施方案的通知(沈政办发〔2018〕125号)
大连	大连市人民政府办公厅关于推进电子商务与快递物流协同发展的实施意见(大政办发〔2018〕96号)
	大连市人民政府办公厅关于印发进一步推进物流降本增效促进实体经济发展实施方案的通知(大政办发〔2018〕119号)
鞍山	鞍山市人民政府办公厅关于印发鞍山市推进电子商务与快递物流协同发展实施方案的通知(鞍政办发〔2018〕76号)
辽阳	辽阳市人民政府办公室印发《关于印发2018年全市"放心消费"创建工作实施方案的通知》(辽市政办发〔2018〕13号)
	辽阳市人民政府办公室印发《关于辽阳市深入推进"四好农村路"建设三年行动计划(2018-2020年)的通知》(辽市政办〔2018〕24号)
	辽阳市人民政府办公室印发《关于印发辽阳市推进电子商务与快递物流协同发展的实施方案的通知》(辽市政办发〔2018〕70号)
抚顺	抚顺市推进电子商务与快递物流协同发展实施方案(抚商务发〔2018〕113号)
锦州	锦州市人民政府办公室关于印发锦州市"四好农村路"建设实施方案的通知(锦政办发〔2018〕59号)
	锦州市商贸物流发展规划(2018-2020)(锦商务发〔2018〕106号)
	关于印发2018年全市服务业发展计划和实施方案的通知(锦服领办发〔2018〕1号)
葫芦岛	葫芦岛市人民政府办公室关于印发《葫芦岛市推进电子商务与快递物流协同发展实施方案》的通知(葫政办发〔2018〕100号)
	葫芦岛市人民政府办公室关于印发《葫芦岛市加快发展冷链物流保障食品安全促进消费升级实施方案》的通知(葫政办发〔2018〕129号)
	葫芦岛市人民政府办公室关于《印发葫芦岛市深入推进"四好农村路"建设三年行动计划(2018-2020年)》的通知(葫政办发〔2018〕133号)

续上表

市(地)	政 策 文 件 名 称
本溪	本溪市人民政府关于本溪市进一步扩大和升级信息消费持续释放内需潜力的实施意见(本政发〔2018〕7号)
	本溪市人民政府办公厅关于印发本溪市深入推进"四好农村路"建设三年行动计划(2018－2020年)的通知(本政办发〔2018〕61号)
铁岭	铁岭市发展现代物流产业实施意见(铁政办法〔2018〕78号)
朝阳	中共朝阳市委办公室　朝阳市人民政府办公室印发《关于推进"五个一"平台建设打好"六大战役"推动朝阳开放发展的实施意见》的通知(朝委办发〔2018〕121号)
	关于印发《朝阳市全面深化供销合作社综合改革三年行动计划(2018－2020年)》的通知(朝综改办〔2018〕3号)
长春	长春市商务局、公安局、交通运输局、邮政管理局、供销合作社联合社关于印发《长春市城乡高效配送专项行动方案(2018－2020年)》的通知(长商联字〔2018〕12号)
吉林	吉林市委、市政府印发《关于实施乡村振兴战略的意见》(吉市发〔2018〕11号)
	吉林市商业网点规划(2016－2020)
	吉林市人民政府印发《吉林市落实打赢蓝天保卫战三年行动计划实施方案》(吉市政发〔2018〕13号)
	吉林市人民政府办公厅印发《2018年市政府重点工作目标责任制的通知》(吉市政办发〔2018〕4号)
	吉林市快递服务及城市共同配送车辆便捷通行管理办法(吉市政函〔2018〕26号)
	吉林市深入实施乡村振兴战略"三新"行动计划(2018－2020年)
延边	延边朝鲜族自治州人民政府印发《2018年州人民政府重点工作任务分工落实方案》(延州政发〔2018〕2号)
	延边州政府办公室印发《延边州"四好农村路"建设实施方案》
辽源	辽源市人民政府办公室关于进一步推进物流降本增效促进实体经济发展的实施意见(辽府办发〔2018〕32号)
松原	2018年全市促进农民增收行动计划工作要点(松增联发〔2018〕1号)
白城	中共白城市委　白城市人民政府关于乡村振兴战略的实施意见(白发〔2018〕6号)
哈尔滨	哈尔滨市人民政府办公厅关于印发哈尔滨市"互联网＋流通"行动计划实施方案的通知(哈政办规〔2018〕1号)
	关于支持智能快件箱建设推进快递服务进社区工作的实施意见(哈邮管联发〔2018〕1号)
黑河	黑河市人民政府关于促进邮政和快递服务业发展的实施意见(黑市政规〔2018〕2号)
伊春	伊春市人民政府关于促进快递业发展的实施意见(伊政规〔2018〕5号)
佳木斯	佳木斯市人民政府关于印发佳木斯市促进快递业发展的实施意见的通知(佳政发〔2018〕1号)
鸡西	鸡西市人民政府关于促进快递业发展的实施意见(鸡政规〔2018〕2号)
绥化	绥化市人民政府办公室关于印发绥化市促进快递业发展实施办法的通知(绥政办发〔2018〕30号)
	绥化市人民政府办公室关于进一步规范快递服务车辆运行管理的通知(绥政办发〔2018〕24号)
七台河	关于印发《七台河市促进电子商务大发展快发展暂行办法》的通知(七发〔2018〕14号)
齐齐哈尔	关于印发《齐齐哈尔市邮政业电动三轮车管理办法(试行)》的通知(齐邮管联〔2018〕2号)
牡丹江	关于印发《牡丹江市关于邮政快递专用电动三轮车规范管理的实施意见》的通知(牡邮管联〔2018〕3号)
南京	关于进一步推进物流降本增效促进实体经济发展的实施意见(宁政发〔2018〕80号)
	南京市发展改革委　商务局　财政局下达2018年南京市服务业发展专项资金计划(第二批)的通知(宁发改服务字〔2018〕636号)
	南京市快件服务用房及智能快件箱管理办法(宁邮管〔2018〕1号)
	南京市开展城乡高效配送试点实施方案(宁商服务〔2018〕289号)
苏州	关于印发《勇当"两个标杆"落实"四个突出"建设"四个名城"十二项三年行动计划(2018－2020年)》的通知
	市政府办公室关于印发2018年苏州市服务业创新发展工作要点的通知(苏府办〔2018〕88号)
	市政府办公室关于印发《苏州市贯彻落实〈省政府办公厅关于进一步推进物流降本增效促进实体经济发展的实施意见〉工作方案》的通知(苏府办〔2018〕147号)

续上表

市（地）	政 策 文 件 名 称
无锡	2018年为民办实事目标任务书（锡政发〔2018〕1号）
	关于贯彻落实进一步推进物流降本增效 促进实体经济发展实施意见的工作方案（锡政办发〔2018〕121号）
	印发《关于开展全市"雪亮工程"建设攻坚战的实施方案》《关于开展全市"平安寄递"创建攻坚战的实施方案》《关于开展全市群防群治工作攻坚战的实施方案》的通知（锡委政法〔2018〕39号）
	无锡市城乡高效配送试点城市实施方案（锡商流通〔2018〕128号）
	无锡市快递行业放心消费创建先进、示范单位认定管理办法（试行）（锡邮管〔2018〕30号）
	关于推进邮政业服务乡村振兴战略的实施意见（锡邮管〔2018〕65号）
徐州	市政府办公室关于成立徐州跨境电商综合试验区创建工作领导小组的通知（徐政办发〔2018〕91号）
	市政府办公室关于印发《徐州市流通流域现代供应链体系建设实施方案》的通知（徐政办发〔2018〕116号）
	关于2018年为人民群众办好11大类75件实事的意见（徐委发〔2018〕3号）
	中共徐州市委 徐州市人民政府关于印发徐州市2018年度国家服务业综合改革试点重大改革（创新）事项推进计划的通知（徐委发〔2018〕30号）
	关于印发徐州市城乡高效配送专项行动实施方案的通知（徐商流通〔2018〕94号）
	关于在全市物流企业中开展"立信、守信、用信"活动的通知（徐信用办〔2018〕3号）
	关于成立打击邮政寄递渠道涉烟违法行为联合执法工作办公室的通知（徐烟专〔2018〕132号）
	关于推进"快递下乡"工程 促进快递服务三农的实施意见（徐邮管〔2018〕11号）
	新沂市快递配送车辆规范管理实施办法（新邮管〔2018〕1号）
	新沂市电子商务产业发展扶持资金分配方案公示
常州	市政府关于促进快递业持续健康发展的实施意见（常政发〔2018〕111号）
	市政府关于建立完善守信联合激励和失信联合惩戒制度的实施意见（常政发〔2018〕131号）
	市政府关于进一步降低企业负担促进实体经济高质量发展的实施意见（常政发〔2018〕133号）
	关于印发《常州市2018年度创新社会治理重点项目》的通知（常政法委〔2018〕9号）
	关于认定第三批常州市电子商务与快递协同发展示范企业的通知（常商电〔2018〕86号）
	关于开展城乡高效配送实施方案的通知（常商贸〔2018〕180号）
	市工商局等部门关于印发2018全市网络市场监管专项行动（网剑行动）方案的通知（常工商办〔2018〕9号）
	关于实施乡村振兴战略加快推进农业现代化工作任务分解的实施方案（城乡一体组发〔2018〕3号）
	常州市邮政行业放心消费创建先进、示范单位认定管理办法（常邮管〔2018〕12号）
常熟	市政府办公室关于印发《关于促进常熟跨境电子商务发展的若干政策》的通知（常政办发〔2018〕70号）
	市政府办公室关于印发《常熟市城区老住宅小区综合整治五年计划实施方案》的通知（常政办发〔2018〕76号）
	关于印发《落实高质量发展勇当"两个标杆"建设"精致城市"三年行动计划（2018－2020年）》的通知（常发〔2018〕45号）
昆山	关于印发《"美丽昆山"建设三年提升工程实施方案（2018－2020年）》的通知（昆委〔2018〕14号）
太仓	市政府办公室关于印发《太仓市推进农村物流融合发展工作计划（2018－2020）》的通知（太政办〔2018〕175号）
张家港	关于印发《关于鼓励新建住宅区等场所设置快递服务用房的实施意见》的通知（张邮管〔2018〕6号）
南通	关于进一步推进物流降本增效 促进实体经济发展的实施意见（通政办发〔2018〕87号）
	关于推进电子商务与快递物流协同发展的实施意见（通政办发〔2018〕124号）
	市商务局等八部门转发商务部等十部门关于推广标准化托盘、发展单元化物流意见的通知（通商发〔2018〕103号）
	关于开展城乡高效配送专项行动的实施方案（通商发〔2018〕105号）
	南通市现代综合交通运输体系发展规划（2017－2035）
	关于印发南通市市区快递配送车辆通行管理有关问题会议纪要的通知（通公局〔2018〕22号）

续上表

市(地)	政策文件名称
连云港	连云港市"打赢蓝天保卫战"三年行动计划实施方案
	关于支持连云港海关发展推动高水平开放的意见(连政发〔2018〕115号)
	连云港市新能源汽车推广应用方案(2018年度)(连政办发〔2018〕94号)
	关于进一步推进物流降本增效促进实体经济发展的实施意见(连政办发〔2018〕109号)
	关于严格落实失信信访人联合惩戒工作的通知(连信联办〔2018〕77号)
淮安	关于促进全市快递业健康发展的会议纪要(专题会议纪要第21号)
	关于贯彻落实乡村振兴战略的实施意见(淮发〔2018〕1号)
	市政府关于印发淮安市蓝天保卫战三年行动计划实施方案的通知(淮政发〔2018〕113号)
	关于推进供应链创新与应用培育经济增长新动能的实施意见(淮政办发〔2018〕51号)
	关于发布淮安市首届寻找"最美快递员"活动结果的通知(淮邮管联〔2018〕1号)
	关于规范设置邮政服务场所和智能信报箱的实施意见(淮邮管联〔2018〕5号)
盐城	关于印发《盐城市区快递车辆及驾驶人管理办法(试行)》的通知(盐邮管〔2018〕5号)
扬州	扬州市现代服务业提质增效三年(2018—2020年)行动计划(扬府发〔2018〕57号)
	关于进一步促进全市电子商务发展的实施意见(扬府发〔2018〕125号)
	扬州市城乡高效配送专项行动实施方案(扬商商贸〔2018〕37)
	关于印发打击物流寄递渠道涉烟违法犯罪活动合作协议的通知(扬烟专〔2018〕38号)
	关于印发《扬州市快递行业放心消费创建先进、示范单位认定管理办法(试行)》的通知(扬邮管〔2018〕30号)
	市政府关于印发《关于是促进快递产业健康发展的实施意见》的通知(邮政发〔2018〕338号)
	市政府关于同意建立高邮市电商快递产业园的批复(邮政发〔2018〕339号)
镇江	关于乡村振兴战略的实施意见(2015—2022)(镇发〔2018〕13号)
	智慧镇江规划纲要(镇政发〔2018〕17号)
	镇江市人民政府关于促进快递业持续健康发展培育经济新增长点的实施意见(镇政发〔2018〕48号)
	镇江市人民政府办公室关于推进电子商务与快递物流协同发展的实施意见(镇政办发〔2018〕179号)
	关于组织实施2018年法治惠民实施项目的通知(镇法治办〔2018〕8号)
	市工商局等部门关于印发2018镇江市网络市场监管专项行动(网剑行动)的通知(镇工商办〔2018〕71号)
	关于印发镇江市2018年互联网领域侵权假冒专项治理工作方案的通知(镇打假办〔2018〕8号)
	关于乡村振兴行动(2018—2022)的实施意见(丹发〔2018〕77号)
泰州	关于印发《泰州市"十三五"时期基层基本公共服务功能配置标准(试行)》的通知(泰发〔2018〕2号)
	关于贯彻落实乡村振兴战略的实施意见(泰发〔2018〕7号)
	泰州市农村电子商务发展三年行动计划(2018—2020年)(泰办发〔2018〕37号)
	关于推进快递服务"三农"工作的意见(泰邮管〔2018〕16号)
	泰州市"扫黄打非"示范工作站进邮政系统实施方案(泰邮管〔2018〕55号)
	关于开展联合执法工作的实施意见(泰专管〔2018〕62号)
宿迁	扶持物流业发展若干政策(试行)(宿政发〔2018〕56号)
	宿迁市2018年加快物流业发展"四化提升"行动方案(宿政办发〔2018〕51号)
	沭阳县电子商务(网络创业)发展"促七条"扶持政策(沭政办发〔2018〕24号)
宁波	宁波市邮政管理局 宁波市公安局交通警察局关于印发我市快递配送车辆通行管理有关问题的会议纪要的通知(甬邮管〔2018〕31号)
杭州余杭区	关于印发《余杭区快递电动三轮车规范管理实施意见》的通知(余邮管〔2018〕18号)
金华	关于印发《金华市加强快递电动三轮车通行管理工作实施方案(暂行)》的通知(金邮管〔2018〕41号)

续上表

市(地)	政策文件名称
衢州	关于印发《衢州市快递电动三轮车通行规范管理实施方案(暂行)》的通知(衢邮管〔2018〕32号)
台州	关于印发《台州市快递电动三轮车安全运行管理实施意见》的通知(台邮管〔2018〕42号)
丽水	丽水市快递电动三轮车通行管理工作实施方案(丽邮管〔2018〕47号)
合肥	合肥市人民政府办公厅《关于印发合肥市培育新动能促进产业转型升级推动经济高质量发展若干政策实施细则的通知》(合政办〔2018〕24号)
合肥	合肥市人民政府办公厅《关于加快推进跨进电子商务发展的实施意见》(合政办〔2018〕45号)
合肥	关于加快推进安全生产领域改革发展重点任务落实的通知(合安办〔2018〕75号)
淮北	淮北市人民政府办公室《关于印发淮北市农村电商全覆盖巩固提升行动实施方案的通知》(淮政办秘〔2018〕87号)
淮北	关于印发《淮北师范大学校园快递服务中心管理办法(暂行)》的通知(淮邮管〔2018〕32号)
淮北	关于印发《加快推进农村物流快递配送网络建设 有效降低农产品流通成本实施方案》的通知(淮邮管〔2018〕48号)
淮北	关于印发《关于推进快递服务进社区的意见》的通知(淮邮管〔2018〕54号)
亳州	关于促进经济高质量发展的实施意见(亳发〔2018〕14号)
亳州	关于全力推进"四好农村路"建设的实施意见(亳发〔2018〕22号)
亳州	关于推进电子商务与快递物流协同发展的实施意见(亳政办〔2018〕12号)
亳州	关于印发《亳州市农村电商全覆盖巩固提升行动方案的通知》(亳政办秘〔2018〕118号)
亳州	关于印发《亳州市进一步扩大和升级信息消费持续释放内需潜力的实施细则》的通知(亳政秘〔2018〕82号)
亳州	亳州市交通运输局《关于印发全力推进"四好农村路"建设四个配套实施方案的通知》(亳交路〔2018〕118号)
宿州	宿州市人民政府办公室《关于推进电子商务与快递物流协同发展的实施意见》(宿政办发〔2018〕23号)
宿州	宿州市人民政府办公室《关于印发宿州市农村电商全覆盖巩固提升行动方案的通知》(宿政办秘〔2018〕54号)
宿州	关于印发《宿州市快递专用电动三轮车通行管理暂行办法》的通知(宿邮管〔2018〕16号)
蚌埠	中央蚌埠市委 蚌埠市人民政府《关于大力推进"四好农村路"建设的实施意见》(蚌发〔2018〕19号)
阜阳	关于推进快递服务进社区的意见(阜邮管〔2018〕7号)
阜阳	阜阳市快递车辆通行管理办法(暂行)(阜邮管〔2018〕26号)
淮南	淮南市人民政府办公室《关于推进电子商务与快递物流协同发展的实施意见》(淮府办〔2018〕65号)
淮南	淮南市关于邮政快递末端配送车辆规范管理的实施意见(淮邮管〔2018〕20号)
滁州	滁州市人民政府办公室《关于推进电子商务与快递物流协同发展的实施意见》(滁政办〔2018〕48号)
六安	关于贯彻落实省委省政府大力推进"四好农村路"建设实施意见的通知(六发〔2018〕19号)
六安	六安市电子商务三年发展规划(2018—2020)(六政办秘〔2018〕63号)
六安	关于贯彻落实《安徽省人民政府办公厅关于推进电子商务与快递物流协同发展的实施意见》的通知(六政办秘〔2018〕130号)
六安	六安市农村电商全覆盖巩固提升行动实施方案(六政办秘〔2018〕143号)
马鞍山	关于大力推进"四好农村路"建设的实施意见(马发〔2018〕25号)
马鞍山	马鞍山市城市商业网点规划(2016—2020)(马政办〔2018〕20号)
马鞍山	关于印发马鞍山市2018年电子商务产业提升发展行动方案的通知(马政办〔2018〕21号)
芜湖	芜湖市人民政府办公室《关于印发芜湖市农村电商全覆盖巩固提升行动实施方案的通知》(芜政办〔2018〕16号)
芜湖	关于促进快递业发展政策兑现实施意见(芜邮管〔2018〕40号)
宣城	关于印发《落实"五大发展行动计划"打造现代化"四个特色之城"实施方案(修订版)》的通知(宣发〔2017〕36号)
宣城	关于印发《落实"五大发展行动计划"打造现代化"四个特色之城"2018年工作要点》的通知(宣五大发展办〔2018〕2号)
铜陵	铜陵市人民政府《关于印发铜陵市促进电子商务发展五十条政策措施的通知》(铜政〔2018〕30号)
铜陵	铜陵市人民政府办公室《关于印发铜陵市电子商务与快递物流协同发展实施方案的通知》(铜政办〔2018〕112号)

续上表

市(地)	政 策 文 件 名 称
池州	池州市人民政府《关于印发池州市产业发展基金管理办法(试行)的通知》(池政[2015]27号)
	池州市人民政府办公室《关于印发池州市农村电商全覆盖巩固提升行动方案的通知》(池政办[2018]23号)
	池州市服务业发展规划(2018—2022年)(池扶推办[2018]1号)
	关于推进快递服务进社区的实施意见(池邮管[2018]48号)
安庆	中共安庆市委 安庆市人民政府关于印发《安庆市五大发展行动计划(修订版)及2018年实施方案》的通知(庆发[2018]9号)
	中共安庆市委办公室关于印发《贯彻落实〈中共安庆市委常委会2018年工作要点〉任务分工方案》及《中共安庆市委常委会2018年重要事项》的通知(办[2018]19号)
	安庆市人民政府《关于印发安庆市2018年推动现代服务业加快发展若干政策的通知》(宜政发[2018]12号)
	安庆市人民政府办公室《关于推进电子商务与快递物流协同发展的实施意见》(宜政办秘[2018]74号)
	安庆市人民政府《关于促进电子商务发展的实施意见》(宜政秘[2018]135号)
黄山	关于推进快递服务进社区的意见(黄邮管[2018]29号)
福州	福州市人民政府办公厅转发市市场监督局关于创建网络市场监管与服务示范区2018年行动计划的通知(榕政办[2018]91号)
	福州市人民政府办公厅关于印发福州市推进电子商务与快递与快递物流协同发展实施方案任务分解表和当前瓶颈问题任务分工表的通知(榕政办[2018]148号)
	中共福州市委 福州市人民政府关于印发《福州市加强和完善城乡社区治理三年行动方案》的通知(榕委发[2018]11号)
	中共福州市委 福州市人民政府关于印发调整《进一步深化中国(福建)自由贸易试验区福州片区改革开放方案》及《中国(福建)自由贸易试验区福州片区平台建设方案》的通知(榕委发[2018]12号)
	中共福州市委办公厅 福州市人民政府办公厅关于印发《福州市贯彻〈关于促进两岸经济文化交流合作的若干措施〉实施意见》的通知(榕委办发[2018]18号)
	福州市发展和改革委员会关于支持做好实施乡村振兴战略有关工作的函(榕发改投资[2018]63号)
	福州市商务局 福州市财政局关于推进我市农村电商助力精准扶贫工作的通知(榕商务电商[2018]33号)
	福州市商务局 福州市财政局关于组织申报福州市2018年现代物流业发展专项资金项目的通知(榕商务物流[2018]45号)
	福州市邮政管理局关于印发《福州市快递运输车辆专用标识管理办法》的通知(榕邮管[2018]77号)
	福州市邮政管理局关于2018年快递运输车辆专用标识申请及延续工作的通知(榕邮管[2018]79号)
	福州市邮政管理局关于开展快递末端网点备案管理工作的实施方案(榕邮管[2018]84号)
厦门	厦门市人民政府办公厅关于转发市物流办等部门关于支持快递业发展若干措施的通知(厦府办[2018]67号)
	厦门市经济和信息化局 厦门市规划委 厦门市商务局 厦门市建设局 厦门市邮政管理局关于印发厦门市智能快递箱管理办法意见的通知(厦邮管联[2018]2号)
	厦门市邮政管理局 厦门市建设局关于印发《厦门市住宅小区智能信包箱设置指导意见》的通知(厦邮管联[2018]3号)
	厦门市发展现代物流产业协调小组办公室关于申报2018年第一批重点物流企业货运车辆、邮件(快递)运输车辆减征通行年费的通知(厦物办[2018]1号)
	厦门市发展现代物流产业协调小组办公室 厦门市邮政管理局 厦门市财政局关于印发《厦门市快递业发展专项资金管理办法》的通知(厦物办[2018]21号)
	厦门市发展现代物流产业协调小组办公室 厦门市邮政管理局关于印发《厦门市快递业发展专项资金申报指南》的通知(厦物办[2018]23号)

续上表

市（地）	政策文件名称
厦门	厦门市交通运输局关于2018年第一批重点物流企业货运车辆、邮政（快递）运输车辆减征通行年费的通知（厦交物〔2018〕2号）
	厦门市公安交通管理局关于办理厦门市快递企业运输车辆入岛通行证相关管理事宜的复函（厦公交管函〔2018〕57号）
	厦门市公安局关于进一步加强城市物流配送车辆道路通行管理和服务的通知（厦公综〔2018〕243号）
	厦门市邮政管理局关于印发《厦门市寄递业安检机补贴实施办法》的通知（厦邮管〔2018〕39号）
福清	福清市人民政府关于印发福清市促进电子商务产业发展的若干措施的通知（融政综〔2018〕18号）
	福清市商务局 福清市财政局关于做好2018年电子商务发展资金申报工作的通知（融商务运行〔2018〕78号）
	关于规范福清市邮政快递行业专用电动三轮车监管工作有关事项的通知（融邮管联〔2018〕10号）
闽侯	关于下达电子商务与快递物流协同发展试点项目扶持资金的通知（侯财企〔2018〕199号）
泉州	泉州市人民政府关于促进全市开发区高质量发展的实施意见（泉政文〔2018〕121号）
	泉州市人民政府办公室印发《泉州市2018年"第三产业提升年"活动实施方案》（泉政办〔2018〕18号）
	泉州市人民政府办公室关于印发稳步推进主辅分离积极发展服务型制造实施意见及配套措施的通知（泉政办〔2018〕67号）
	泉州市人民政府办公室关于贯彻落实福建省推进电子商务与快递物流协同发展实施方案的通知（泉政办明传〔2018〕99号）
	关于印发《泉州市进一步支持民营企业健康发展行动方案》的通知（泉委办发〔2018〕34号）
	关于印发泉州市农村电子商务三年行动方案（2018—2020）的通知（泉电商〔2018〕1号）
	泉州市现代物流业转型升级路线图推进工作领导小组办公室关于贯彻落实进一步推进物流业降本增效促进实体经济发展意见措施的通知（泉物流办〔2018〕3号）
漳州	漳州市人民政府关于印发漳州市推进电子商务和快递物流协同发展六条措施的通知（漳政综〔2018〕105号）
莆田	莆田市人民政府办公室关于印发莆田市推进电子商务与快递物流协同发展实施方案的通知（莆政办〔2018〕127号）
	关于进一步加强邮政快递业专用电动三轮车管理工作的通知（莆管联〔2018〕2号）
三明	三明市人民政府办公室关于印发三明市推进电子商务与快递物流协同发展实施方案的通知（明政办〔2018〕61号）
	三明市人民政府办公室关于提升快递末端投递服务的指导意见（明政办〔2018〕96号）
龙岩	关于印发龙岩市推进电子商务与快递物流协同发展实施方案的通知（龙政办〔2018〕220号）
	关于做好龙岩市加快现代服务业发展十五条政策措施（支持快递发展）资金申报工作的通知（岩商务综财〔2018〕35号）
南昌	关于规范邮政快递三轮车管理的通知（洪综管办字〔2018〕15号）
	南昌市人民政府关于印发《南昌综合保税区产业发展规划》的通知（洪府发〔2018〕35号）
	关于印发《南昌市国内知名电子商务企业认定标准》的通知（洪电商发〔2018〕1号）
抚州	抚州市邮政管理局、抚州市公安交通警察支队、抚州市城市管理行政执法局印发关于规范我市快递专用电动三轮车管理实施意见的通知（抚邮管〔2018〕51号）
九江	九江市人民政府关于进一步加快物流业发展的实施意见（九府发〔2018〕9号）
萍乡	关于印发《萍乡市城市功能与品质提升三年行动方案》的通知（萍办字〔2019〕7号）
上饶	关于印发《2018年全市电商产业发展引导资金使用管理办法》的通知（饶商务字〔2018〕180号）
宜春	宜春市人民政府办公室印发《关于进一步推进物流降本增效促进实体经济发展的实施意见》的通知（宜府办字〔2018〕94号）
	关于《宜春市快递专用电动三轮车规范管理的实施意见》的通知（宜邮管〔2018〕68号）

续上表

市(地)	政 策 文 件 名 称
鹰潭	关于印发《鹰潭市城乡高效配送试点实施方案》的通知(鹰府办字〔2018〕73号)
	关于印发《鹰潭市"打造服务高地,建设现代鹰潭"服务业优化提速发展三年行动实施方案》的通知(鹰办发〔2018〕12号)
	关于印发《鹰潭市电商精准扶贫示范站点建设实施方案》的通知(鹰商务商贸字〔2018〕11号)
	关于印发《鹰潭市电商扶贫实施方案》的通知(鹰电商办字〔2018〕1号)
	关于印发《鹰潭市配送车辆管理办法(试行)》的通知(鹰邮管〔2018〕57号)
青岛	关于进一步推进物流降本增效促进实体经济发展的通知(青政办字〔2018〕81号)
	关于加强快递服务车辆规范管理的通知(青政办字〔2018〕105号)
	关于开展放心消费创建活动营造安全放心消费环境的实施方案(2018—2020年)(青工商消发〔2018〕134号)
	关于印发《青岛市寄递企业二次安检设备购置奖补工作实施办法》的通知(青邮管〔2018〕11号)
	关于印发《快递专用电动三轮车通行管理专项整治行动方案》的通知(青邮管〔2018〕32号)
泰安	关于在肥城市开展共同配送与快递物流协同发展创新试点工作的通知(泰邮管〔2018〕18号)
郑州	郑州市人民政府关于印发郑州市跨境电子商务综合试验区发展规划(2018—2020年)的通知(郑政〔2018〕3号)
洛阳	洛阳市人民政府办公室关于印发洛阳市电子商务产业转型升级行动计划(2018—2020年)的通知(洛政办〔2018〕15号)
	洛阳市人民政府办公室关于印发洛阳市现代物流业转型发展行动计划(2018—2020年)的通知(洛政办〔2018〕21号)
开封	开封市人民政府办公室关于印发开封市快递物流转型发展工作方案的通知(汴政办〔2018〕9号)
信阳	信阳市人民政府办公室关于印发信阳市物流业转型发展规划(2018—2020年)的通知(信办〔2018〕109号)
	信阳市供销合作社　信阳市邮政管理局关于深化战略合作推进城乡快递物流发展的通知(信市供销〔2018〕50号)
许昌	关于印发许昌市2018年物流业转型发展工作实施计划的通知(许物流领导组〔2018〕3号)
	许昌市邮政管理局关于印发《许昌市推进快递业绿色包装实施方案》的通知(许邮管〔2018〕18号)
新乡	新乡市人民政府办公室关于印发新乡市物流业转型发展规划(2018—2020年)的通知(新政办〔2018〕19号)
南阳	南阳市人民政府办公室关于印发南阳市现代物流业转型发展一规划三方案的通知(宛政办〔2018〕41号)
周口	周口市人民政府关于印发周口市物流业转型发展规划(2018—2020)及三个工作方案的通知(周政〔2018〕2号)
	关于印发2018年周口市物流业转型发展工作方案的通知(周物转办〔2018〕2号)
	关于协同推进快递业绿色包装工作的指导意见(周邮管〔2018〕24号)
	关于加快推进快递服务进校园工作的指导意见(周邮管〔2018〕28号)
	周口市邮政管理局关于印发《周口市关于推进快递业绿色包装三年行动计划实施方案(2018—2020年)》的通知(周邮管〔2018〕36号)
驻马店	驻马店市人民政府办公室关于进一步推进物流降本增效促进实体经济发展的实施意见(驻政办〔2018〕48号)
	驻马店市邮政管理局关于进一步推进规范化分拨中心和标准化营业场所建设工作的通知(驻邮管〔2018〕14号)
襄阳	襄阳市人民政府办公室关于推进电子商务与快递物流协同发展的实施意见(襄政办函〔2018〕112号)
	襄阳市人民政府《关于进一步加快服务业发展的若干意见》(襄政发〔2018〕19号)
荆州	荆州市邮政管理局　荆州市公安局交通管理局《关于印发规范邮政快递运输电动车管理实施方案的通知》(荆邮管〔2018〕6号)
随州	随州市人民政府《随州市人民政府印发关于进一步加快服务业发展实施方案的通知》(随政发〔2018〕31号)
	随州市邮政管理局、随州市公安局交警支队《随州市邮政行业交通安全管理工作实施方案》(随邮管〔2018〕3号)
宜昌	宜昌市人民政府办公室《关于进一步推进现代物流业转型升级促进实体经济发展的实施意见》(宜府办发〔2018〕77号)

续上表

市(地)	政策文件名称
恩施	恩施州人民政府《关于加快推进电子商务发展的实施方案》(恩施州政办发〔2018〕12号)
	恩施州对外开放工作领导小组《恩施州电商扶贫三年行动方案》(恩施州对外办发〔2018〕2号)
	恩施州委、州人民政府《关于打赢脱贫攻坚三年行动的实施方案》(恩施州发〔2018〕12号)
荆门	荆门市人民政府《市人民政府关于进一步加快服务业高质量发展的实施意见》(荆政发〔2018〕9号)
	荆门市人民政府《市人民政府关于加快现代物流业发展的意见》(荆政发〔2018〕26号)
	荆门市人民政府办公室《市人民政府办公室关于印发荆门市支持服务业高质量发展政策措施的通知》(荆政办文〔2018〕24号)
咸宁	咸宁市委《关于推进乡村振兴战略实施的意见》(咸发〔2018〕1号)
	咸宁市精准扶贫全面小康建设指挥部《关于推进全市产业扶贫(产业振兴)的实施意见》(咸精准办发〔2018〕31号)
孝感	孝感市脱贫攻坚指挥部《关于打赢脱贫攻坚三年行动的工作方案》(孝脱贫指发〔2018〕7号)
鄂州	鄂州市人民政府办公室《关于印发全市农民工返乡创业三年行动计划(2018—2020)的通知》(鄂州政办发〔2018〕42号)
黄石	黄石市人民政府办公室《关于加快推进全市农村电子商务发展的实施意见》(黄政办发〔2018〕25号)
长沙	长沙市邮政快递专用电动三轮车规范管理工作实施方案 长邮管联〔2018〕1号
郴州	郴州市人民政府办公室关于修订印发《郴州市支持电子商务产业发展若干意见》(郴政办发〔2018〕1号)
	郴州市市本级城市邮快件配送车辆管理暂行办法(郴政办函〔2018〕127号)
湘潭	湘潭市人民政府关于全面推进快递发展实施意见(潭政发〔2018〕16号)
	关于印发《湘潭市快快现代物流业发展的若干政策措施(试行)》的通知(潭政办发〔2018〕42号)
湘西	湘西自治州人民政府办公室关于加快电子商务发展若干政策措施的通知(州政办发〔2018〕25号)
岳阳	岳阳市人民政府办公室关于进一步促进快递业健康发展的实施意见(岳政办发〔2018〕16号)
	岳阳市现代物流创新发展领导小组会议纪要(岳物领办纪〔2018〕1号)
益阳	益阳市人民政府关于促进快递业发展的实施意见(益政发〔2018〕19号)
	益阳市商务局 益阳市财政局 关于做好2018年度电子商务扶持资金申报工作的通知(益商联〔2018〕17号)
永州	永州市人民政府关于印发《永州市促进邮政和快递业健康发展实施方案》的通知(永政发〔2018〕14号)
怀化	怀化市推进电子商务与快递业协同发展的实施方案(怀邮管联〔2018〕4号)
广州	关于印发推进现代物流业快速发展行动计划的通知(穗物流办〔2018〕4号)
	关于印发广州市邮政快递行业末端配送车辆试点管理工作实施方案的通知(穗邮管联〔2018〕2号)
深圳	关于印发《深圳市现代物流业发展专项资金管理办法》的通知(深交规〔2018〕3号)
	关于印发《深圳市关于推进电子商务与快递物流协同发展的实施方案》的通知(深经贸信息生产字〔2018〕130号)
	关于规范快递末端网点备案管理有关事项的通知(深邮管联〔2018〕1号)
韶关	韶关市人民政府办公室关于印发韶关市促进电子商务发展扶持措施的通知(韶府办〔2018〕41号)
	韶关市人民政府办公室关于印发韶关市邮政快递专用电动三轮车规范管理工作方案的通知(韶府办〔2018〕73号)
	关于加强全市住宅小区邮快件末端投递服务的通知(韶邮管联〔2018〕5号)
河源	关于印发《河源市邮政快递行业三轮车管理暂行规定》的通知(河邮管联〔2018〕1号)
	关于贯彻落实快递暂行条例的通知(河邮管联〔2018〕2号)
汕尾	关于加强汕尾市邮政快递配送三轮车管理的通知(汕邮管联〔2018〕2号)
	关于联合印发《汕尾市邮政及快递配送三轮车规范管理实施办法(试行)》的通知(汕邮管联〔2018〕3号)
海丰	海丰县人民政府办公室关于印发《海丰县省级电子商务进农村综合示范工作实施方案》的通知(海府办函〔2018〕221号)
东莞	关于印发《东莞市物流快递领域车辆纯电动化发展实施方案》的通知(东新汽办〔2018〕9号)

续上表

市(地)	政 策 文 件 名 称
中山	中山市关于推进乡村振兴战略实施方案(中山发〔2018〕15号)
	中山市促进内贸流通改革发展扩大消费实施方案(中府办函〔2018〕163号)
清远	关于加强清远市邮政快递配送车辆管理的通知(清邮管联〔2018〕8号)
	关于印发《清远市"交邮合作"战略实施方案》的通知(清邮管联〔2018〕7号)
云浮	关于加强全市住宅小区邮快件末端投递服务的通知(云邮管联〔2018〕3号)
南宁	南宁市人民政府关于加快推进快递行业持续健康发展的实施意见(南府规〔2018〕4号)
柳州	柳州市人民政府关于推动物流业降本增效促进全市物流业健康发展若干政策的意见(柳政规〔2018〕5号)
	柳州市2018年国民经济和社会发展计划(柳政办〔2018〕18号)
	柳州市加快推进中新互联互通南向通道建设实施方案(2018－2020年)(柳政办〔2018〕102号)
贵港	中共贵港市委员会关于推进乡村振兴战略实施的意见(贵发〔2018〕13号)
	贵港市人民政府办公室关于印发贵港市富硒产业发展规划(2018－2020年)的通知(贵政办发〔2018〕16号)
	贵港市人民政府办公室关于印发贵港市服务业发展专项资金使用管理暂行办法的通知(贵政办发〔2018〕22号)
桂林	中共桂林市委员会 桂林市人民政府关于推进县域经济加快发展的实施意见(市发〔2018〕13号)
	关于印发桂林市2018年重点产业大招商工作方案的通知(市政办电〔2018〕30号)
	桂林市人民政府办公室关于加快全市现代特色农业示范区建设的实施意见(市政办〔2018〕44号)
防城港	关于印发《防城港市开展质量提升行动实施方案》的通知(防发〔2018〕11号)
	关于印发《2018年防城港市服务业发展工作要点》的通知(防政发〔2018〕15号)
	关于印发《防城港市加快融入北部湾经济区物流一体化建设实施方案》的通知(防政办函〔2018〕28号)
	关于印发《防城港市关于加快沿江开发开放政策落地工作方案》的通知(防政办函〔2018〕67号)
	关于印发《防城港市促进电商精准扶贫的实施方案》的通知(防商发〔2018〕2号)
梧州	关于印发《梧州市促进电子商务产业发展项目申报指南》的通知(梧商发〔2018〕1号)
贺州	贺州市人民政府办公室关于印发《贺州市推动大创新实施方案》等5个文件的通知(贺政办发〔2018〕35号)
成都	中共成都市委关于全面贯彻新发展理念加快推动高质量发展的决定(成委发〔2018〕22号)
	成都市人民政府办公厅关于印发成都市加快跨境电商发展三年行动计划的通知(成办函〔2018〕181号)
攀枝花	中共攀枝花市委办公室 攀枝花市人民政府办公室印发《〈关于推进乡村振兴战略加快实现农业精农村美农民富的意见〉分工方案》的通知(攀委办〔2018〕32号)
	攀枝花市人民政府办公室关于印发《攀枝花市推进电子商务与快递协同发展实施方案》的通知(攀办法〔2018〕137号)
雅安	关于印发《雅安市现代服务业集聚区认定管理办法》的通知(雅服领办〔2018〕20号)
乐山	乐山市服务业发展领导小组关于印发乐山市2018年服务业倍增发展工作要点的通知(乐服〔2018〕2号)
	乐山市服务业发展领导小组关于印发乐山市2018年电子商务扶贫指导意见的通知(乐服〔2018〕4号)
	乐山市商务局关于印发《2018年乐山市"产业发展年"服务业发展推进组工作方案》的通知(乐商〔2018〕22号)
广元	广元市邮政快递专用电动三轮车规范管理的实施方案(广邮管〔2018〕26号)
南充	实施"155"发展战略推进现代物流千亿产业集群发展2018年行动方案(南委办〔2018〕5号)
阿坝	阿坝州促进快递业健康发展的实施方案(阿府函〔2018〕34号)
内江	内江市人民政府关于印发《内江市现代物流产业发展规划(2018－2025年)》的通知(内府发〔2018〕16号)
遂宁	关于加强城镇住宅楼智能邮政包箱建设管理的通知(遂邮管〔2018〕26号)
	遂宁市人民政府办公室关于加强智能邮政信包箱建设和管理工作的通知(遂府办函〔2018〕35号)
	遂宁市人民政府办公室关于印发《遂宁市推进电子商务与快递物流协同发展实施方案》的通知(遂府办函〔2018〕114号)

续上表

市(地)	政 策 文 件 名 称
宜宾	关于印发宜宾市物流业发展规划(2017－2021年)的通知（宜府办发〔2018〕9号）
	宜宾市人民政府办公室关于印发宜宾市"十三五"综合交通运输发展规划的通知（宜府办发〔2018〕12号）
	宜宾市人民政府办公室关于印发宜宾市突发事件应急处置程序规定（试行）的通知（宜府办发〔2018〕25号）
	宜宾市人民政府办公室关于印发宜宾市推进电子商务与快递物流协同发展实施方案的通知（宜府办发〔2018〕112号）
	宜宾市促进电子商务发展工作领导小组办公室关于印发《2018年宜宾市电子商务工作要点》的通知（宜电商办发〔2018〕1号）
眉山	关于印发《眉山市促进快递业发展奖补考核办法》的通知（眉市邮管〔2018〕13号）
	关于开展高校及其周边寄递安全专项整治的通知（眉市邮管〔2018〕14号）
	关于印发《快递市场清理整顿专项行动工作方案》的通知（眉市邮管〔2018〕40号）
巴中	巴中市人民政府办公室关于印发2018年川陕革命老区振兴发展重点工作推进方案的通知（巴府办发〔2018〕22号）
	巴中市人民政府办公室关于印发"智慧巴中"产业云 民生云和电子政务灾备云建设方案的通知（巴府办发〔2018〕25号）
	中共巴中市委 巴中市人民政府关于加快工业转型升级发展的意见（巴委发〔2018〕2号）
	中共巴中市委办公室 巴中市人民政府办公室关于盘活闲置农房推动乡村振兴的意见（巴委办〔2018〕66号）
	巴中市发展和改革委员会 巴中市经济和信息化委员会 中共巴中市委网络安全和信息化领导小组办公室关于印发巴中市促进大数据发展工作方案的通知（巴发改〔2018〕230号）
	巴中市公安局交通警察支队 巴中市邮政管理局 巴中市快递协会关于印发《全市邮政快递电动三轮车规范管理工作实施方案》的通知（巴公交〔2018〕57号）
资阳	关于印发《资阳市促进电子商务与快递业协同发展的实施意见》的通知（资邮管〔2018〕30号）
广安	中共广安市委关于深入学习贯彻省委十一届三次全会精神推进高质量发展建设美丽繁荣和谐广安的意见（广委发〔2018〕23号）
	关于做好2018年商贸流通工作的通知（广安府办发〔2018〕5号）
	关于印发广安市推进"放管服"改革2018年工作要点的通知（广安府办发〔2018〕23号）
	关于实施乡村振兴战略加快推进新时代农业农村现代化的意见（广委发〔2018〕1号）
	关于印发《广安市创新扶贫产品销售体系促进精准脱贫工作方案》的通知（广委办〔2018〕61号）
绵阳	中共绵阳市委关于全面推动高质量发展的决定（绵委发〔2018〕15）
	中共绵阳市委绵阳市人民政府关于印发《绵阳市开展质量提升行动实施方案》的通知（绵委发〔2018〕18号）
	绵阳市人民政府物流办公室绵阳市财政局关于申报2018年绵阳市重点物流项目的通知（绵物流办〔2018〕32号）
	绵阳市电子商务发展办公室关于印发《2018年绵阳市电子商务工作要点》的通知（绵电商办〔2018〕2号）
	绵阳市服务业发展领导小组关于印发《绵阳市服务业重点产业2018年度行动方案》的通知（绵服领发〔2018〕2号）
达州	中共达州市委关于深入贯彻省委十一届三次全会精神全面推动高质量发展加快建设四川东出北上综合交通枢纽和川渝陕结合部区域中心城市的决定（达市委发〔2018〕13号）
	达州市物流业发展办公室关于做好2018年市级重点物流项目申报的预通知（达市物发〔2018〕15号）
德阳	德阳市人民政府办公室关于印发《德阳市现代物流业发展规划(2017－2021年)》的通知（德办发〔2018〕5号）
贵阳	市人民政府办公厅关于成立贵阳市城市道路交通文明畅通提升工程领导小组的通知（筑府办函〔2018〕94号）
	市人民政府印发关于推进跨境电子商务发展促进政策的通知（筑府办函〔2018〕210号）
黔南	黔南州人民政府关于印发黔南州大力发展农村电子商务促进黔货出山的若干措施的通知（黔南府办发〔2018〕30号）
	黔南州邮政管理局 黔南州公安交通管理局关于印发《黔南州快递服务车辆管理办法》的通知（黔南邮管通〔2018〕33号）
遵义	遵义市人民政府关于促进快递业加快发展的实施意见（遵府发〔2018〕6号）

续上表

市(地)	政 策 文 件 名 称
安顺	关于印发《安顺市快递专用电动三轮车辆规范管理实施细则(试行)》的通知(安市邮〔2018〕55号)
毕节	毕节市人民政府办公室关于印发《毕节市电子商务助推精准扶贫工作方案》的通知(毕府办函〔2018〕53号)
黔西南	黔西南州邮政管理局 黔西南州公安交通管理局关于印发《黔西南州邮政行业交通安全管理工作实施方案》的通知(黔西南州邮管〔2018〕42号)
	黔西南州邮政管理局 黔西南州公安交通管理局关于印发《黔西南州邮政行业车辆规范管理实施细则(试行)》的通知(黔西南州邮管〔2018〕45号)
临沧	临沧市邮政管理局 临沧市公安局 临沧市国家安全局《关于加快全市邮件快件实名收寄信息系统推广应用工作的实施方案》(临邮管局发〔2018〕3号)
昆明	昆明市人民政府办公厅正式印发《昆明市推进电子商务和快递物流协同发展实施方案》(昆政办〔2018〕152号)
曲靖	曲靖市人民政府办公室印发《曲靖市人民政府办公室关于推进电子商务与快递物流协同发展的实施意见》(曲政办发〔2018〕209号)
普洱	普洱市人民政府关于促进快递业发展的实施意见(普政发〔2018〕41号)
	普洱市人民政府办公室关于印发《普洱市推进电子商务与快递物流协同发展实施方案》的通知(普政办发〔2018〕120号)
文山	文山州人民政府办公室印发《文山州加快推进现代物流产业发展10条措施的通知》(文政办发〔2018〕120号)
	文山州人民政府办公室印发《关于推进电子商务与快递物流协同发展的实施意见》(文政办发〔2018〕220号)
昭通	昭通市人民政府办公室关于推进电子商务与快递物流协同发展的实施意见(昭政办发〔2018〕122号)
大理	大理白族自治州人民政府关于促进快递业发展的实施意见(大政发〔2017〕8号)
	大理白族自治州人民政府关于加快快递业持续健康发展的意见(大政发〔2018〕41号)
	大理海东开发管委会关于加快培育国际商贸物流园区快递业发展的扶持政策措施(海开发〔2017〕65号)
楚雄	楚雄州人民政府关于加快推进"四好农村公路"建设的实施意见(楚政发〔2018〕16号)
	楚雄州关于促进快递业发展的实施方案(楚政办通〔2018〕51号)
	楚雄州城镇居住区公共服务设施规划管理办法德宏州人民政府关于贯彻乡村振兴战略的实施意见(德发〔2018〕30号)
德宏	德宏州人民政府关于印发德宏州加快推进"四好农村路"建设实施方案的通知(德政发〔2018〕8号)
日喀则	日喀则市人民政府办公室关于印发推进电子商务与快递物流协同发展实施方案的通知(日政办发〔2018〕128号)
汉中	汉中市建立农村电商全覆盖服务体系助力脱贫攻坚工作实施方案(汉政办发〔2018〕14号)
	关于印发汉中市寄递网络建设指导意见的通知(汉邮管〔2018〕5号)
咸阳	关于推进电子商务与快递物流协同发展的实施方案(咸政办发〔2018〕123号)
	咸阳市重污染天气应急预案(咸政办发〔2018〕112号)
延安	关于促进快递业发展的实施意见(延政发〔2018〕13号)
榆林	关于推进电子商务与快递物流协同发展的实施意见(榆政办发〔2018〕66号)
宝鸡	关于推进电子商务与快递物流协调发展的实施意见(宝政办发〔2018〕49号)
铜川	关于促进商贸服务业高质量发展的实施意见(铜政发〔2018〕19号)
安康	关于推进电子商务与快递物流协同发展的实施意见(安政办〔2018〕97号)
韩城	关于印发《韩城市促进邮政和快递服务业健康发展的实施意见》的通知(韩政办发〔2018〕171号)
兰州	兰州市人民政府《关于进一步推进物流降本增效促进实体经济发展的实施意见》(兰政发〔2018〕24号)
	兰州市人民政府办公厅《关于推进供应链创新与应用的实施意见》(兰政办发〔2018〕136号)
	兰州市人民政府办公厅《关于印发兰州市道路交通文明畅通提升行动计划(2018—2020年)的通知》(兰政办发〔2018〕172号)

续上表

市(地)	政 策 文 件 名 称
兰州	兰州市人民政府办公厅《关于印发兰州市全面加快推进"四好农村路"建设的实施意见的通知》(兰政办发〔2018〕247号)
	兰州市商务局《关于印发〈兰州市城乡高效配送专项行动(2017－2020)(试点)工作方案〉的通知》(兰商字〔2018〕89号)
	兰州市总工会、兰州市邮政管理局等8个单位《关于在全市范围内开展货车司机等"八大群体"建会入会集中行动的通知》(兰总工发〔2018〕58号)
	兰州市邮政管理局、兰州市发展和改革委员会等8个单位《关于协同推进快递业绿色包装工作的实施意见》(兰邮管发〔2018〕16号)
陇南	陇南市人民政府办公室关于进一步推进物流降本增效促进实体经济发展的实施意见(陇政办发〔2018〕124号)
	加强和改进全市邮政、快递运输车辆规范管理工作实施方案(陇邮管发〔2018〕95号)
临夏	关于印发临夏州绿色生态产业发展规划的通知(临州府发〔2018〕68号)
	临夏州人民政府办公室关于印发临夏州培育壮大特色农业产业助推脱贫攻坚实施方案的通知(临州办发〔2018〕10号)
	临夏州人民政府办公室关于印发临夏州标准化发展战略2018行动计划的通知(临州办发〔2018〕17号)
	临夏州人民政府办公室关于印发临夏州通道物流产业发展专项行动计划的通知(临州办发〔2018〕110号)
	关于加强全州邮政快递企业电动三轮车安全管理的通知(临邮管发〔2018〕47号)
武威	中共武威市委办公室 武威市人民政府办公室关于印发《武威市政法机关服务经济发展优化营商环境的实施意见》的通知(武办发〔2018〕61号)
	武威市人民政府《关于加快发展现代商贸物流业的实施意见》(武政发〔2018〕105号)
	武威市人民政府办公室印发《关于推进电子商务与快递物流协调发展的实施方案》通知(武政办发〔2018〕113号)
	武威市人民政府办公室关于印发《武威市农产品物流体系建设实施方案》《武威市特色农产品冷链物流体系建设实施方案》的通知(武政办发〔2018〕131号)
	武威市商务、公安、交通运输、邮政管理、供销社关于转发《关于贯彻落实城乡高效配送专项行动计划(2017－2020年)的意见》通知(武商发〔2018〕56号)
张掖	关于印发张掖市通道物流产业发展专项行动计划落实方案的通知(张政办发〔2018〕156号)
	关于印发2018年十大生态产业发展"一业一策"工作方案的通知(张政办发〔2018〕178号)
	关于加强和规范全市快递电动三轮车管理的通知(张邮管发〔2018〕134号)
定西	定西市人民政府办公室印发关于加快全市电子商务与快递物流协同发展若干措施的通知(定政办发〔2018〕155号)
	定西市人民政府办公室关于印发定西市市场建设规划(2018－2022)的通知 (定政办发〔2018〕211号)
	定西市人民政府办公室关于印发《定西市通道物流产业发展专项行动计划》的通知(定政办发〔2018〕226号)
	定西邮政管理局 定西市商务局 定西市文化广播影视新闻出版局 定西市旅游发展委员会 定西市扶贫开发办公室关于推进全市邮政快递线上线下服务文化旅游产业发展助推脱贫攻坚的实施意见(定邮管联发〔2018〕1号)
庆阳	庆阳市人民政府办公室印发《庆阳市人民政府关于进一步推进物流降本增效促进实体经济发展的实施意见》(庆政办发〔2018〕104号)
天水	天水市人民政府办公室关于印发天水市绿色生态产业发展实施方案的通知(天政办发〔2018〕131号)
	天水市人民政府办公室关于印发天水市县乡农产品物流体系建设实施方案的通知(天政办发〔2018〕229号)
	天水市人民政府办公室关于印发天水市特色农产品冷链物流体系建设实施方案的通知(天政办发〔2018〕230号)
	关于加强和改进全市邮政运输车辆管理工作的通知(天公交发〔2018〕355号)
金昌	金昌市人民政府关于进一步加快现代商贸物流业发展的实施意见(金政发〔2018〕63号)
	关于印发落实甘肃省通道物流产业发展专项行动计划实施方案的通知(金政办发〔2018〕152号)
	金昌市人民政府办公室关于成立城乡高效配送专项行动(2017－2020年)领导小组的通知(金政办发〔2018〕114号)
	金昌市人民政府办公室关于印发金昌市推进电子商务与快递物流协同发展实施意见的通知(金政办发〔2018〕204号)

续上表

市(地)	政策文件名称
金昌	关于印发《金昌市政法机关服务经济发展优化营商环境的实施意见》的通知(市委办发〔2018〕75号)
	金昌市关于贯彻落实甘肃省城乡高效配送专项行动计划(2018－2020年)的意见(金高效配送办发〔2018〕1号)
	金昌市邮政管理局　金昌市公安局关于印发《加强和改进全市邮政、快递电动三轮车安全规范管理工作的实施方案》的通知(金邮管发〔2018〕176号)
	金昌市邮政管理局关于成立金昌市快递业信用评定委员会的通知(金邮管发〔2018〕195号)
甘南	甘南州关于进一步推进物流降本增效促进实体经济发展的实施意见(州政办发〔2018〕110号)
	关于加强全州邮政快递企业电动三轮车安全管理工作的通知(州南邮管发〔2018〕23号)
嘉峪关	中共嘉峪关市委　嘉峪关市人民政府关于支持企业改革创新加快率先转型步伐的实施意见(嘉发〔2017〕43号)
	嘉峪关市人民政府办公室关于印发《嘉峪关市现代物流业中长期发展规划(2017－2030年)》的通知(嘉政办发〔2018〕124号)
	嘉峪关市人民政府办公室关于印发《嘉峪关市加快发展现代商贸物流业的实施意见》的通知(嘉政办发〔2018〕172号)
	嘉峪关市委办公室关于构建生态产业体系推动绿色发展的实施方案(嘉办发〔2018〕73号)
	关于认定第一批市级创业孵化示范基地(园区)的通知(嘉人社发〔2018〕85号)
	关于加强我市快递电动三轮车安全管理的通知(嘉邮管发〔2018〕18号)
平凉	平凉市人民政府关于加快发展现代商贸物流业的意见(平政发〔2018〕71号)
	平凉市人民政府办公室关于印发平凉市关于推进电子商务与快递物流协同发展实施意见的通知(平政办发〔2018〕131号)
	平凉市人民政府办公室关于印发平凉市通道物流产业发展专项行动计划的通知(平政办发〔2018〕148号)
	平凉市人民政府办公室关于印发平凉市县乡农产品物流体系建设实施方案的通知(平政办发〔2018〕149号)
	平凉市人民政府办公室关于印发平凉市特色农产品冷链物流体系建设实施方案的通知(平政办发〔2018〕150号)
	平凉市商务局　平凉市公安局　平凉市交通运输局　平凉市邮政管理局　平凉市供销合作社关于贯彻落实城乡高效配效专项行动计划(2017－2020年)的意见(平市商发〔2018〕59号)
	平凉市交通运输局　平凉市邮政管理局关于进一步加强县区邮政监管工作的通知(平交发〔2018〕55号)
	关于建立物流寄递渠道环节打击涉烟违法犯罪协作机制的意见(平烟专〔2018〕35号)
	平凉市邮政管理局　平凉市公安局　平凉市交通运输局　关于印发《加强和改进全市邮政、快递电动三轮车规范管理工作的实施方案》的通知(平邮管发〔2018〕108号)
酒泉	中共酒泉市委　酒泉市人民政府《关于进一步支持非公有制经济发展的意见》(酒发〔2018〕82号)
	酒泉市人民政府办公室印发《关于推进电子商务协同发展的实施意见》的通知(酒政办发电〔2018〕25号)
	酒泉市邮政管理局　酒泉市交通运输局　酒泉市公安局交通警察支队《关于规范快递专用电动三轮车管理工作的意见》(酒邮管发〔2018〕150号)
西宁	西宁市贯彻《青海省物流业降本增效专项行动实施方案》的措施(宁政办〔2018〕146号)
海北	关于印发2018年电子商务暨电商扶贫工作要点的通知(北电商办〔2018〕1号)
	关于规范快递服务车辆管理的通知(北邮管〔2018〕103号)
海东	关于规范全市邮政快递服务车辆管理的实施意见的通知(东邮管〔2018〕111号)
海南	关于规范快递服务车辆管理的通知(南邮管〔2018〕94号)
海西	关于规范快递服务车辆管理的通知(西邮管〔2018〕111号)
果洛	关于规范快递服务车辆管理的通知(果邮管〔2018〕78号)
玉树	关于规范快递投递车辆管理的通知(玉邮管〔2018〕62号)
黄南	关于印发规范全州快递服务车辆管理的实施意见的通知(黄邮管〔2018〕95号)
银川	银川市人民政府办公厅关于促进全市邮政和快递服务业健康快速发展的实施意见(银政办发〔2018〕55号)

续上表

市(地)	政 策 文 件 名 称
石嘴山	关于印发《石嘴山市实施乡村振兴战略三年行动方案(2018－2020年)的通知》(石党办发〔2018〕1号)
固原	固原市人民政府办公室关于印发《固原市促进邮政和快递服务业健康快速发展实施方案》的通知(固政办发〔2018〕24号)
乌鲁木齐	关于成立物流及寄递业规划发展领导小组通知(乌政办〔2018〕288号)
	关于乌鲁木齐市推进电子商务与快递物流协同发展的实施意见(乌政办〔2018〕295号)
哈密	关于印发《哈密市快递电动三轮车通行管理暂行办法》的通知(哈邮管〔2018〕91号)
昌吉	关于切实抓好供销系统与邮政行业全面合作框架协议贯彻落实工作的通知(昌州供字〔2018〕2号)
克拉玛依	关于印发克拉玛依市促进快递物流与电子商务协同发展实施方案的通知(新克政发〔2018〕118号)
克孜勒苏柯尔克孜	关于印发《自治州推进电子商务与快递物流协同发展实施方案》的通知(克政办发〔2018〕56号)
吐鲁番	关于印发《吐鲁番市推进电子商务与快递物流协同发展工作实施方案》的通知(吐政办〔2018〕96号)
巴州	关于印发《巴州邮政快递电动三轮车管理暂行办法》的通知(巴邮管〔2018〕134号)

第四篇 发展数据

第一章 行业发展数据

2018年邮政行业运行情况

2018年,邮政行业业务收入(不包括邮政储蓄银行直接营业收入)累计完成7904.7亿元,同比增长19.4%;业务总量累计完成12345.2亿元,同比增长26.4%。

12月份,全行业业务收入完成763亿元,同比增长16.7%;业务总量完成1279.6亿元,同比增长26.2%。

2018年,邮政服务业务总量累计完成1988.8亿元,同比增长17.3%;邮政寄递服务业务量累计完成237.5亿件,同比增长0.5%;邮政寄递服务业务收入累计完成368.3亿元,同比增长4.1%。

12月份,邮政服务业务总量完成186.5亿元,同比增长17.2%;邮政寄递服务业务量完成20.4亿件,同比下降1.1%;邮政寄递服务业务收入完成29.4亿元,同比下降5%。

2018年,邮政函件业务累计完成26.8亿件,同比下降15%;包裹业务累计完成2407万件,同比下降9.4%;报纸业务累计完成172.9亿份,同比下降2.3%;杂志业务累计完成7.9亿份,同比下降0.6%;汇兑业务累计完成2520万笔,同比下降32.7%。

2018年,全国快递服务企业业务量累计完成507.1亿件,同比增长26.6%;业务收入累计完成6038.4亿元,同比增长21.8%。其中,同城业务量累计完成114.1亿件,同比增长23.1%;异地业务量累计完成381.9亿件,同比增长27.5%;国际/港澳台业务量累计完成11.1亿件,同比增长34%(图4-1、图4-2)。

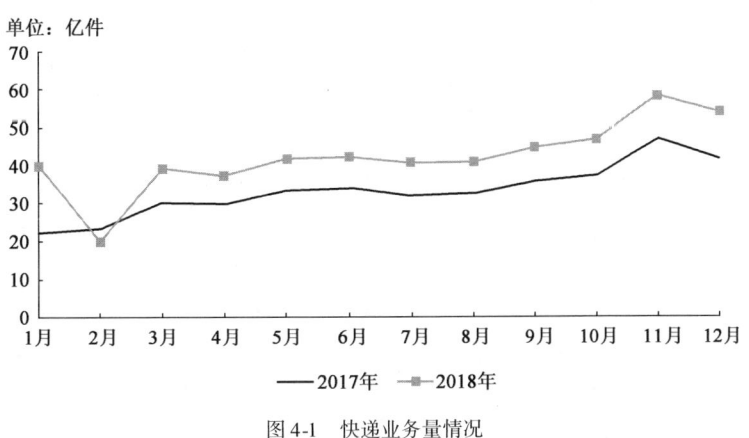

图4-1 快递业务量情况

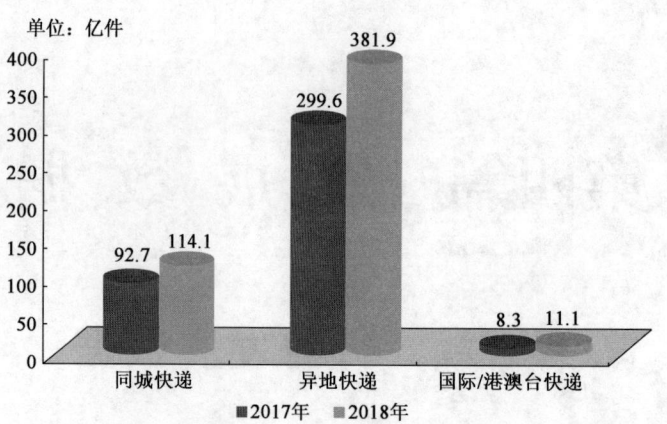

图4-2 分专业快递业务量比较

12月份,全国快递服务企业业务量完成54.2亿件,同比增长29%;业务收入完成609.6亿元,同比增长17.3%。

2018年,全国邮政行业发展情况见表4-1;分省快递服务企业业务量和业务收入情况见表4-2;快递业务量和快递业务收入前50名的城市分别见表4-3和表4-4。

表4-1 全国邮政行业发展情况

指 标 名 称	单 位	12月份		比去年同期增长(%)	
		累计	当月	累计	当月
一、邮政行业业务收入	亿元	7904.7	763.0	19.4	16.7
1.邮政寄递服务	亿元	368.3	29.4	4.1	-5.0
2.快递业务	亿元	6038.4	609.6	21.8	17.3
二、邮政行业业务总量	亿元	12345.2	1279.6	26.4	26.2
1.邮政寄递服务	万件	2374636.3	204064.6	0.5	-1.1
其中:函件	万件	267660.0	18560.0	-15.0	-28.1
包裹	万件	2407.0	235.1	-9.4	-15.6
订销报纸累计数	万份	1729366.1	146195.9	-2.3	-2.7
订销杂志累计数	万份	78727.9	6698.4	-0.6	4.9
汇兑	万笔	2520.0	203.3	-32.7	-30.0
2.快递业务	万件	5071042.8	541822.2	26.6	29.0
其中:同城	万件	1141328.5	117491.1	23.1	20.7
异地	万件	3819104.7	413934.1	27.5	32.0
国际/港澳台	万件	110609.5	10397.0	34.0	12.9

注:邮政行业业务收入中未包括邮政储蓄银行直接营业收入。

表4-2 分省快递服务企业业务量和业务收入情况

单 位	快递业务量累计(万件)	同比增长(%)	快递收入累计(万元)	同比增长(%)
全国	5071042.8	26.6	60384253.8	21.8
北京	220875.6	-2.9	3310328.2	9.0
天津	57576.7	14.7	874555.6	14.6
河北	174136.2	45.9	1807779.7	42.9
山西	30332.9	24.5	385467.2	28.5

续上表

单 位	快递业务量累计（万件）	同比增长（%）	快递收入累计（万元）	同比增长（%）
内蒙古	15182.3	37.6	299100.7	24.8
辽宁	65363.7	27.1	879726.8	29.3
吉林	22637.5	28.8	377131.5	23.9
黑龙江	30177.2	30.2	464325.9	29.5
上海	348648.8	11.9	10202806.0	17.4
江苏	438935.4	22.1	4808932.1	17.8
浙江	1011050.7	27.5	7793024.1	16.6
安徽	112322.4	30.1	1110120.0	23.9
福建	211613.4	27.4	2066842.1	27.6
江西	61929.5	41.5	670877.1	36.4
山东	218701.1	44.4	2283960.8	33.9
河南	152631.6	42.1	1529449.7	31.9
湖北	135307.7	33.6	1437737.2	20.8
湖南	78932.6	33.4	804691.3	25.4
广东	1296195.7	27.9	14117279.4	23.1
广西	48101.1	51.5	615000.7	37.1
海南	7107.1	20.1	163135.3	28.5
重庆	45795.4	39.3	580358.4	29.7
四川	145991.7	31.8	1671575.4	31.1
贵州	21193.7	34.3	404531.8	29.9
云南	33999.1	49.3	471438.1	30.9
西藏	725.8	27.9	24297.1	18.6
陕西	56876.5	24.3	673078.9	19.4
甘肃	8911.6	23.7	188515.3	27.3
青海	1897.2	30.9	47871.9	23.3
宁夏	6771.3	82.0	81303.0	19.9
新疆	11121.4	23.0	239012.4	26.1

表4-3 快递业务量前50位城市情况

排名	城 市	快递业务量累计（万件）	排名	城 市	快递业务量累计（万件）
1	广州市	506447.8	10	泉州市	97247.4
2	金华(义乌)市	366123.2	11	揭阳市	95962.0
3	上海市	348648.8	12	武汉市	92636.3
4	深圳市	320825.6	13	温州市	91485.0
5	杭州市	258910.0	14	宁波市	78474.8
6	北京市	220875.6	15	南京市	76634.5
7	东莞市	133853.6	16	台州市	70312.4
8	苏州市	124563.0	17	郑州市	68246.3
9	成都市	104785.4	18	天津市	57576.7

续上表

排名	城　市	快递业务量累计（万件）	排名	城　市	快递业务量累计（万件）
19	汕头市	57480.8	35	临沂市	33324.6
20	嘉兴市	53787.6	36	沈阳市	31208.1
21	石家庄市	52268.3	37	厦门市	30310.2
22	无锡市	51181.9	38	湖州市	30069.4
23	佛山市	47657.0	39	南昌市	27718.2
24	合肥市	47287.7	40	惠州市	27408.7
25	重庆市	45795.4	41	徐州市	26250.9
26	长沙市	44408.0	42	南宁市	25097.6
27	济南市	43195.5	43	廊坊市	24482.2
28	绍兴市	41993.7	44	常州市	22811.4
29	福州市	40904.9	45	昆明市	22367.4
30	西安市	39944.9	46	哈尔滨市	21684.8
31	南通市	39362.0	47	宿迁市	20800.4
32	青岛市	38323.4	48	潍坊市	18902.2
33	中山市	36025.8	49	扬州市	15459.5
34	保定市	35530.9	50	大连市	15349.3

表4-4　快递业务收入前50位城市情况

排名	城　市	快递业务收入累计（万元）	排名	城　市	快递业务收入累计（万元）
1	上海市	10202806.0	26	合肥市	464941.0
2	广州市	4797456.2	27	长沙市	442470.6
3	深圳市	4357146.7	28	厦门市	427861.9
4	北京市	3310328.2	29	福州市	402478.5
5	杭州市	2966169.2	30	中山市	400470.5
6	金华(义乌)市	1699417.6	31	台州市	399576.8
7	东莞市	1669023.1	32	汕头市	374700.0
8	苏州市	1557928.9	33	南通市	366225.6
9	成都市	1121953.5	34	沈阳市	364519.5
10	武汉市	927295.2	35	常州市	345195.2
11	天津市	874555.6	36	保定市	323373.5
12	南京市	867342.9	37	哈尔滨市	314063.2
13	宁波市	867172.0	38	南宁市	312827.6
14	泉州市	775398.2	39	南昌市	308613.7
15	郑州市	749027.7	40	惠州市	301136.5
16	揭阳市	697920.9	41	绍兴市	298898.6
17	温州市	663255.5	42	昆明市	278393.0
18	佛山市	642942.7	43	大连市	268236.1
19	无锡市	588337.4	44	廊坊市	252038.3
20	重庆市	580358.4	45	临沂市	229716.9
21	石家庄市	547646.9	46	长春市	225978.3
22	嘉兴市	535876.7	47	潍坊市	214581.6
23	青岛市	502220.0	48	湖州市	204935.9
24	济南市	483830.3	49	徐州市	201856.3
25	西安市	475782.6	50	烟台市	177352.5

2018年，同城、异地、国际/港澳台快递业务量分别占全部快递业务量的22.5%、75.3%和2.2%；业务收入分别占全部快递收入的15%、51.4%和9.7%。与去年同期相比，同城快递业务量的比重下降0.6个百分点，异地快递业务量的比重上升0.5个百分点，国际/港澳台业务量的比重上升0.1个百分点（图4-3、图4-4）。

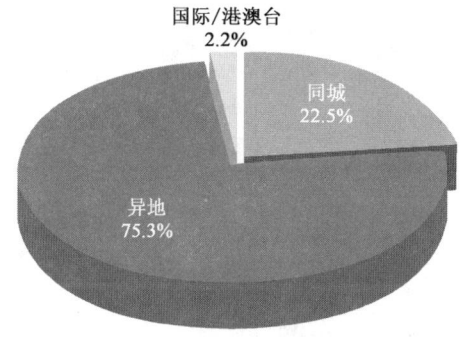

图4-3　快递业务量结构

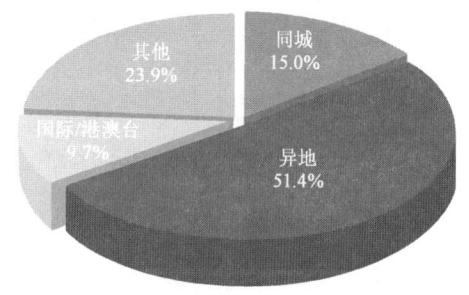

图4-4　快递业务收入结构

2018年，东、中、西部地区快递业务量比重分别为79.9%、12.3%和7.8%，业务收入比重分别为80%、11.2%和8.8%。与去年同期相比，东部地区快递业务量比重下降1.2个百分点，快递业务收入比重下降0.9个百分点；中部地区快递业务量比重上升0.7百分点，快递业务收入比重上升0.4个百分点；西部地区快递业务量比重和快递业务收入比重均上升0.5个百分点（图4-5、图4-6）。

2018年，快递与包裹服务品牌集中度指数CR8为81.2，较1～11月下降0.1。

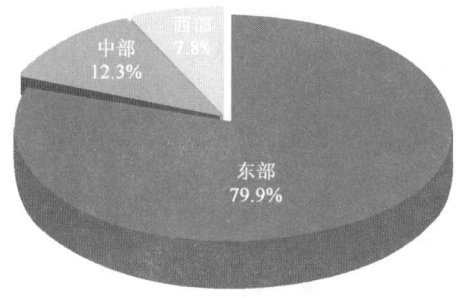

图4-5　地区快递业务量结构

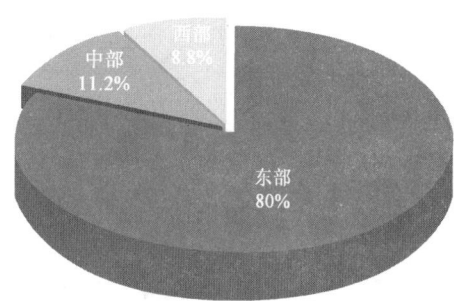

图4-6　地区快递业务收入结构

2018年邮政行业发展统计公报

2018年是全面贯彻落实党的十九大精神的开局之年，是改革开放40周年，是决胜全面建成小康社会、实施"十三五"规划承上启下的关键之年。全行业深入学习贯彻习近平新时代中国特色社会主义思想和党的十九大精神，认真落实习近平总书记重要指示精神和中央各项决策部署，坚持稳中求进工作总基调，坚持深化供给侧结构性改革，坚持更好服从服务国家重大战略，坚持以人民为中心的发展思想，深入贯彻新发展理念，继续按照"打通上下游、拓展产业链、画大同心圆、构建生态圈"的工作思路，全行业实现了持续健康发展，保持了总体平稳、稳中有进的良好态势，圆满完成了2018年初制定的任务目标。全行业业务总量首次突破万亿元大关，业务收入达7904.7亿元，快递业务量突破500亿件。

一、业务发展情况

全年邮政行业业务总量完成12345.2亿元,同比增长26.4%。全年邮政行业业务收入(不包括邮政储蓄银行直接营业收入)完成7904.7亿元,同比增长19.4%(图4-7、图4-8)。

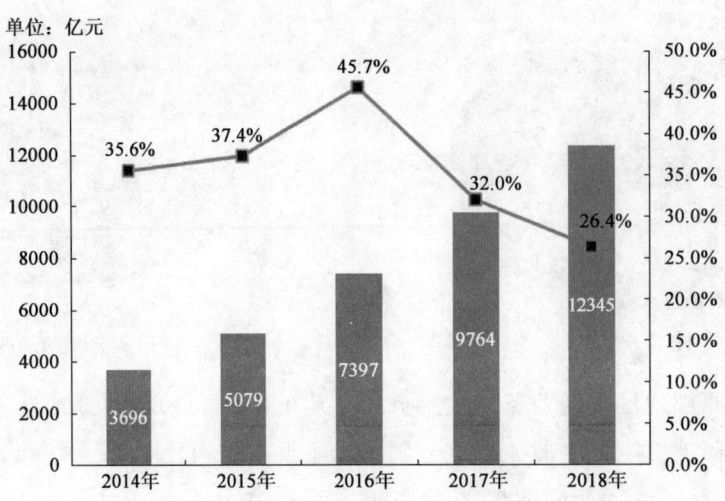

图4-7 2014—2018年邮政行业业务量情况

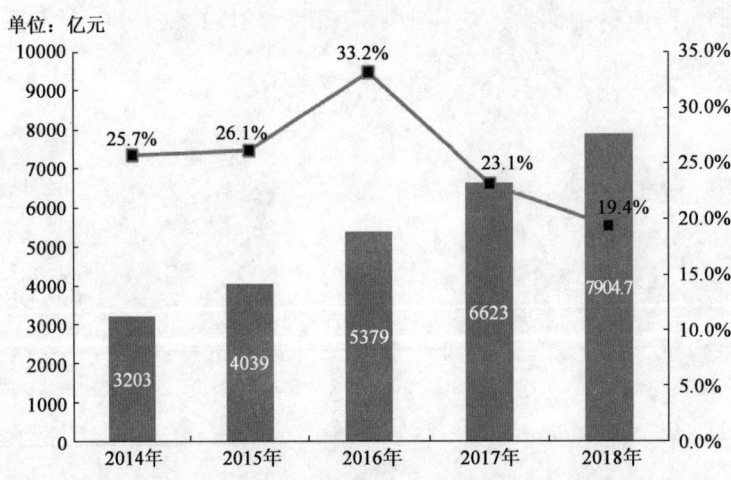

图4-8 2014—2018年邮政行业业务收入情况

(一)邮政寄递服务业务

邮政寄递服务业务量累计完成237.5亿件,同比增长0.5%;邮政寄递服务业务收入累计完成368.3亿元,同比增长4.1%。

函件业务持续下降。全年函件业务量完成26.8亿件,同比下降15%。

包裹业务降幅扩大。全年包裹业务量完成2407万件,同比下降9.4%。

报刊业务继续下滑。全年订销报纸业务完成172.9亿份,同比下降2.3%。全年订销杂志业务完成7.9亿份,同比下降0.6%。

汇兑业务继续萎缩。全年汇兑业务完成2520万笔,同比下降32.7%。

(二)快递业务

快递业务快速增长。全年快递服务企业业务量完成507.1亿件,同比增长26.6%;快递业务收入完成6038.4亿元,同比增长21.8%(图4-9、图4-10)。

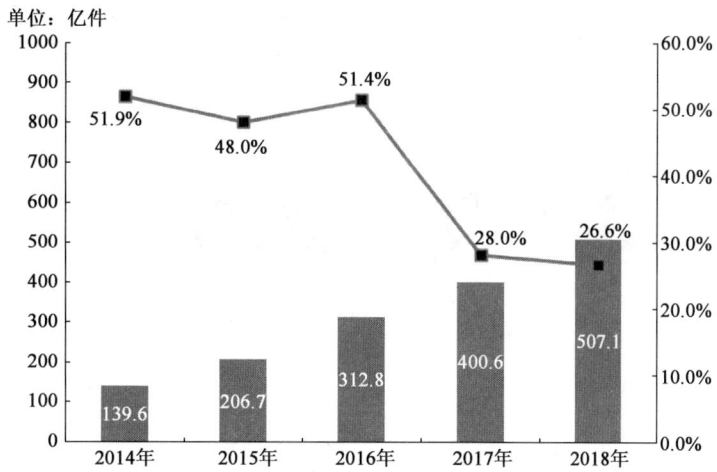

图 4-9 2014－2018 年快递业务业务量情况

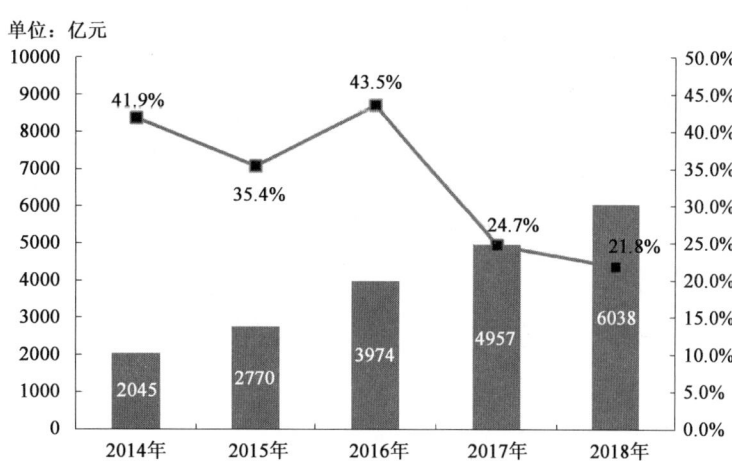

图 4-10 2014－2018 年快递业务业务收入情况

快递业务收入在行业中占比继续提升。快递业务收入占行业总收入的比重为 76.4%，比上年提高 1.5 个百分点。

同城快递业务稳定增长。全年同城快递业务量完成 114.1 亿件，同比增长 23.1%；实现业务收入 904.7 亿元，同比增长 23.6%。

异地快递业务持续增长。全年异地快递业务量完成 381.9 亿件，同比增长 27.5%；实现业务收入 3101.9 亿元，同比增长 23.4%。

国际/港澳台快递业务快速增长。全年国际/港澳台快递业务量完成 11.1 亿件，同比增长 34%；实现业务收入 585.7 亿元，同比增长 10.7%。

异地业务占比提升。同城、异地、国际/港澳台快递业务量占全部比例分别为 22.5%、75.3% 和 2.2%，业务收入占全部比例分别为 15%、51.4% 和 9.7%。

东、中、西部地区各项快递业务均保持了持续稳定的增长势头，中、西部地区业务增长持续提速，市场份额继续上升。全年东部地区完成快递业务量 405 亿件，同比增长 24.6%；实现业务收入 4830.8 亿元，同比增长 20.4%。中部地区完成快递业务量 62.4 亿件，同比增长 34.8%；实现业务收入 678 亿元，同比增长 26.9%。西部地区完成快递业务量 39.7 亿件，同比增长 35.5%；实现业务收入 529.6 亿元，同比增长 28.9%。东、中、西部地区快递业务量比重分别为 79.9%、12.3% 和 7.8%，快递业务收入比重分别为 80%、11.2% 和

8.8%。

快递业务量收排名前五位的省份合计在全国占比较上年有所下降。快递业务量排名前五位的省份依次是广东、浙江、江苏、上海和北京,其快递业务量合计占全部快递业务量的比重达到65.4%,较上年下降2.1个百分点。快递业务收入排名前五位的省份依次是广东、上海、浙江、江苏和北京,其快递业务收入合计占全部快递业务收入的比重达到66.6%,较上年同期下降1.9个百分点。

快递业务量排名前十五位的城市依次是广州、金华(义乌)、上海、深圳、杭州、北京、东莞、苏州、成都、泉州、揭阳、武汉、温州、宁波和南京,其快递业务量合计占全部快递业务量的比重达到57.5%(图4-11)。

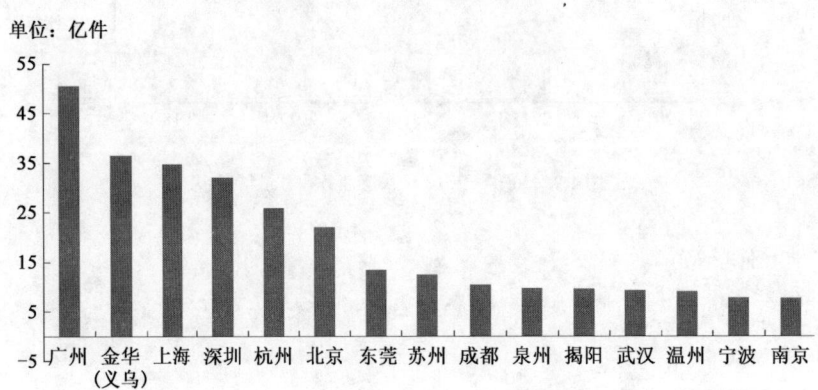

图4-11 快递业务量前15名城市情况

快递业务收入排名前十五位的城市依次是上海、广州、深圳、北京、杭州、金华(义乌)、东莞、苏州、成都、武汉、天津、南京、宁波、泉州、郑州,其快递业务收入合计占全部快递业务收入的比重达到60.8%(图4-12)。

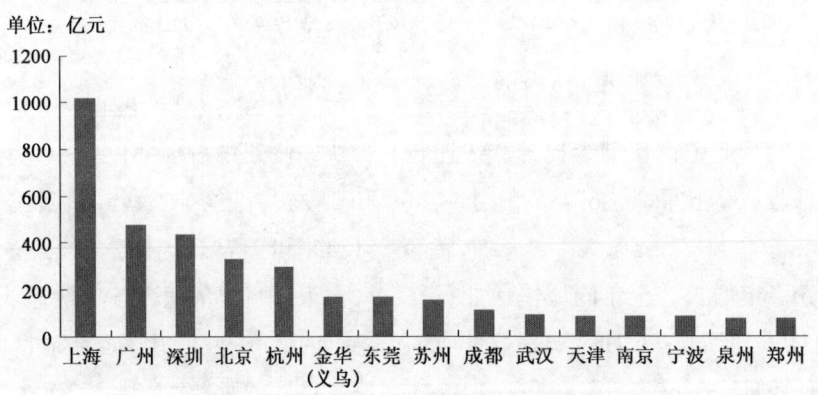

图4-12 快递业务收入前15名城市情况

国有、民营、外资企业业务量占全部快递与包裹市场比重分别为12.3%、86.2%、1.5%,国有、民营、外资企业业务收入占全部快递与包裹市场比重分别为11%、83.6%、5.4%。

快递与包裹服务品牌集中度指数CR8为81.2。

二、基础能力和服务水平

(一)机构设备

全行业拥有各类营业网点27.5万处,其中设在农村的10万处。快递服务营业网点19.9万处,其中设在农村的5.9万处。全国拥有邮政信筒信箱12.2

万个,比上年末减少 0.3 万个。全国拥有邮政报刊亭总数 1.7 万处,比上年末减少 0.3 万处。

全行业拥有国内快递专用货机 116 架,比上年末增加 16 架。全行业拥有汽车 32.2 万辆,比上年末增长 9.2%,其中快递服务汽车 23.9 万辆,比上年末增长 7.7%。

快递服务企业拥有计算机 51.2 万台,比上年末增长 6.9%;手持终端 114.7 万台,比上年末增长 17.7%。

(二)基础网路

全国邮政邮路总条数 2.8 万条,比上年末增加 1045 条。邮路总长度(单程)985.1 万公里,比上年末增加 46.7 万公里。全国邮政农村投递路线 9.5 万条,比上年末增加 4797 条;农村投递路线长度(单程)403.1 万公里,比上年末增加 22.5 万公里。全国邮政城市投递路线 7 万条,比上年末增加 3351 条;城市投递路线长度(单程)171.2 万公里,比上年末增加 8.3 万公里。全国快递服务网路条数 17.7 万条;快递服务网路长度(单程)2959.7 万公里。

(三)服务能力

全行业平均每一营业网点服务面积为 35 平方公里;平均每一营业网点服务人口为 0.5 万人。邮政城区每日平均投递 2 次,农村每周平均投递 5 次。全国年人均函件量为 1.9 件,每百人订有报刊量为 8.9 份,年人均快递使用量为 36.4 件。年人均用邮支出 566.5 元,年人均快递支出 432.7 元(图4-13)。

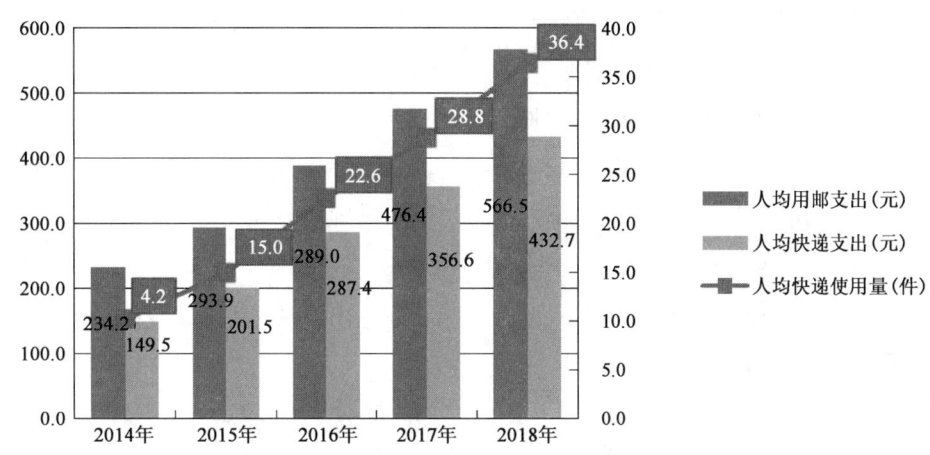

图 4-13　2014－2018 年人均用邮支出、快递支出和快递使用量情况

备注:

1. 本公报中邮政寄递服务业务、通信能力和服务水平有关数据来自年报,其他数据为月报统计数据。

2. 各项统计数据未包括香港和澳门特别行政区及台湾省。

3. 部分数据因四舍五入的原因,存在着与分项合计不等的情况。

4. 邮政行业业务总量按 2010 年不变价格计算。

5. 全国人口数据来自国家统计局《2018 年国民经济和社会发展统计公报》。

第二章 快递服务满意度及时限准时率数据

国家邮政局关于2018年快递服务满意度调查结果的通告

为持续改进快递服务质量,促进快递业健康有序发展,国家邮政局委托专业第三方于2018年对快递服务满意度进行了调查。现将有关情况通告如下。

一、基本情况

2018年快递服务满意度调查范围覆盖50个城市,包括全部省会城市、直辖市以及19个快递业务量较大的重点城市,具体为:北京、天津、石家庄、太原、呼和浩特、沈阳、长春、哈尔滨、上海、南京、杭州、合肥、福州、南昌、济南、郑州、武汉、长沙、广州、南宁、海口、重庆、成都、贵阳、昆明、拉萨、西安、兰州、西宁、银川、乌鲁木齐、大连、苏州、无锡、宁波、金华、温州、芜湖、厦门、泉州、青岛、洛阳、株洲、深圳、东莞、中山、揭阳、桂林、遵义和宝鸡。

测试对象为2017年国内快递业务总量排名靠前的10家全网型快递服务品牌,包括:邮政EMS、顺丰速运、圆通速递、中通快递、申通快递、韵达速递、百世快递、京东物流、德邦快递和优速快递。

调查由2018年使用过快递服务的用户对受理、揽收、投递、售后和信息5个快递服务环节及22项基本指标进行满意度评价,通过计算机辅助电话访问和在线调查等方式,共获得有效样本91593个。

二、调查结果

调查显示,2018年用户对于快递业的服务总体满意度略有提升,公众满意度保持上升势头。2018年快递服务总体满意度得分为75.9分,较2017年上升0.2分;其中,公众满意度得分为81.7分,较2017年上升0.9分,快递服务的公众评价稳中向好;时测满意度得分为70.1分,较2017年下降0.6分。

快递企业总体满意度排名依次为:顺丰速运、邮政EMS、京东物流、中通快递、韵达速递、圆通速递、百世快递、申通快递、德邦快递、优速快递。其中,中通快递与邮政EMS的公众满意度上升较为明显。

公众满意度方面,在涉及评价的5项二级指标中,受理环节满意度得分为86.9分,较2017年上升2.3分;揽收环节满意度得分为84.1分,较2017年下降0.3分;投递环节满意度得分为85.1分,较2017年上升4.0分,进步明显;售后环节满意度得分为70.0分;信息服务满意度得分为81.8分。

在涉及评价的22项三级指标中,用户满意度较高的指标是:普通电话下单、送达质量、揽收员服务、智能快件箱投递、派件员服务、网络下单、统一客服下单、封装质量、住宅投递、上门时限、物流信息及时性和准确性、公共服务站下单。满意度有所上升的指标是:送达质量、送达范围感知、派件员服务、统一客服下单、投诉服务、发票服务、时限感知、网络下单、普通电话下单。满意度有所降低的指标是问题件处理服务。

在受理环节,普通电话下单、统一客服下单、网络下单满意度得分分别为88.5分、85.9分、86.0分,与2017年相比均有改善。各快递企业在普通电话下单服务方面差异较小,服务均达到较高水平。网络下单作为一种新型受理方式得到用户认可,但仍有进一步提升空间。在受理环节表现较好的企业有:顺丰速运、中通快递和韵达速递。

在揽收环节,上门时限、封装质量、揽收员服务满意度得分分别为84.1分、85.1分、86.9分,与2017年相比均有一定幅度的下降;快递费用满意度得分为82.4分,与2017年持平;在揽收环节表现较好的企业有:顺丰速运、中通快递、邮政EMS、百世快递。

在投递环节,时限感知、送达质量、送达范围感知、派件员服务满意度得分分别为81.0分、87.6分、82.6分、86.4分,与2017年相比均进步明显;智能快件箱投递满意度得分为86.6分,服务达到较高水平。投递环节表现较好的企业有:顺丰速运、京东物流、中通快递、邮政EMS、韵达速递。

在售后环节,投诉服务与发票服务满意度得分分别为53.3分、82.5分,与2017年相比分别上升3.1分、2.9分,进步明显;问题件处理服务满意度得分为65.7分,较2017年下降2.1分,值得关注;损失赔偿服务满意度得分为61.6分,需进一步提升。售后环节表现较好的企业有:京东物流、顺丰速运、中通快递、邮政EMS和德邦快递。

在信息服务环节,物流信息及时性和准确性、全程信息推送、个人信息安全保护满意度得分分别为83.9分、80.9分、80.4分。信息服务方面表现较好的企业有:京东物流、顺丰速运、中通快递、韵达速递。

在不同区域中,我国中部地区服务表现最好,中、西部地区满意度得分继续上升,表明"快递向西、向下"成效继续显现。其中,东北地区满意度得分较高,华北、华南地区上升明显。用户对城市寄往农村或偏远地区快递服务的满意度得分为78.0分,较2017年上升3.3分。2018年快递公众满意度得分居前15位的城市是:青岛、洛阳、郑州、沈阳、济南、大连、呼和浩特、石家庄、桂林、长春、天津、芜湖、乌鲁木齐、北京、株洲。

2018年度调查中,还对部分与快递服务紧密相关的事项进行了抽样调查。

在快件签收信息反馈方面,90.9%的受调查用户对快件签收信息反馈有需求。用户对快件签收信息反馈服务的满意度为81.7分。

在快件电子运单使用方面,电子运单的应用程度连续三年持续提高。2018年电子运单应用比例达92%。电子运单服务满意度得分为88.9分,较2017年上升0.6分。

调查还显示,快递企业在应对旺季高峰期、春节假期等特殊时期的服务保障能力不断增强。2018年,用户对特殊时期快递服务满意度得分为80.9分,较2017年上升2.0分。特殊时期服务持续优化。

国家邮政局关于2018年快递服务时限准时率测试结果的通告

为促进快递业健康发展,不断满足人民日益增长的寄递需求,国家邮政局委托专业第三方对2018年全国重点地区快递服务时限准时率进行了测试。现将有关情况通告如下。

一、基本情况

2018年快递服务时限测试范围覆盖50个城市,包括全部省会城市、直辖市以及19个快递业务量较大的重点城市,具体为:北京、天津、石家庄、太原、呼和浩特、沈阳、长春、哈尔滨、上海、南京、杭州、合肥、福州、南昌、济南、郑州、武汉、长沙、广州、南宁、海口、重庆、成都、贵阳、昆明、拉萨、西安、兰州、西宁、银川、乌鲁木齐、大连、苏州、无锡、宁波、金华、温州、芜湖、厦门、泉州、青岛、洛阳、株洲、深圳、东莞、中山、揭阳、桂林、遵义和宝鸡。

测试对象为2017年国内快递业务总量排名靠前的10家全网型快递服务品牌，包括：邮政EMS、顺丰速运、圆通速递、中通快递、申通快递、韵达速递、百世快递、京东物流、德邦快递和优速快递。

测试方式为系统抽样测试和实际寄递测试，有效样本约400万个。

二、测试结果

（一）全程时限

2018年全国重点地区快递服务全程时限（注：与2017年算法相同。为使计算方法更为严谨科学，依据被测试企业业务量占比，采用加权平均法替代以往算术平均法，并对历史数据进行了同口径调整，调查样本为异地快件）为56.84小时，较2017年延长0.82小时。72小时准时率为78.97%，较2017年提高0.3个百分点。

从各月表现来看，6、7、8月时限准时率较高；受电商集中促销影响，11月时限准时率略低；受春节假期及天气影响，1、2月时限准时率全年最低。

（二）分环节时限

寄出地处理环节平均时限为9.22小时，运输环节平均时限为33.96小时，寄达地处理环节平均时限为9.25小时，投递环节平均时限为4.41小时。四个环节中，寄出地处理时限和寄达地处理时限均有改善，运输时限、投递时限有一定延长。

（三）不同寄送距离时限

1000公里以下平均时限为44.61小时，较2017年缩短0.06小时；1000~2000公里平均时限为56.19小时，较2017年缩短0.03小时；2000~3000公里平均时限为67.35小时，较2017年延长0.66小时；3000公里以上平均时限为79.08小时，较2017年延长2.68小时。2000公里以下快递时限基本保持稳定，3000公里以上有较为明显的延长。

（四）分区域时限

寄往东部地区的快件平均时限为56.51小时，较2017年缩短0.09小时；寄往中部地区的快件平均时限为58.38小时，较2017年缩短0.3小时；寄往西部地区的快件平均时限为63.56小时，较2017年延长1.21小时。

2018年9家快递服务品牌主要时限指标排名情况见表4-5。

表4-5　2018年9家快递服务品牌主要时限指标排名表现

时限 排名	全程时限	寄出地处理时限	运输时限	寄达地处理时限	投递时限	72小时准时率
顺丰速运	1	1	1	1	1	1
邮政EMS	2	3	2	2	2	2
韵达速递	3	2	5	3	7	3
中通快递	4	6	4	4	5	4
圆通速递	5	8	3	6	3	6
申通快递	6	7	7	5	4	7
百世快递	7	5	6	6	6	5
德邦快递	8	9	8	7	8	8
优速快递	9	4	9	9	9	9

注：因京东物流样本构成不同，不做相关比较。

无处不在

中国邮政快递报社/著

快递改变中国
影响中国商业和社会形态的身影
正在被命运勾勒
那些融入血脉的热爱
终会生根发芽

吴基传 马云 作序并倾情推荐

从零出发，个人芳华与时代共振

顺丰、申通、宅急送、韵达、圆通、中通、
百世、德邦、优速……
王卫、陈德军、陈平、聂腾云、喻渭蛟、
赖梅松、周韶宁、崔维星、余联兵……

码上拥有你我共叙

联系：高女士
电话：010-88323297

中国邮政速递物流
CHINA POSTAL EXPRESS & LOGISTICS

全心·全速·全球

主营业务

国内标准快递：通过航空网络，为全国重点城市提供高效快速的次晨达、次日递服务。
国内快递包裹：通过陆路网络，围绕B2C电子商务平台，提供"仓储+配送+供应链金融"的一体化解决方案服务。
国际速递：提供国际特快专递、跨境电子商务、国际包裹等服务。
合同物流：定位于电子、鞋服、快消品、汽车、医药类等细分行业，重点是提供解决方案及高水平的项目管理团队服务。

中国邮政速递物流坚持"珍惜每一刻，用心每一步"的企业经营服务理念，为社会各界客户提供方便快捷、安全可靠的门到门速递物流服务，致力于成为持续引领中国市场，极具综合服务能力、全球竞争力和国际化发展空间的大型现代快递物流企业。

智定未来
驱动商业模式智变

顺丰——行业解决方案的科技服务公司

以提升运营效率为基础,以解决行业问题为己任,以重构商业价值为目标,顺丰,正在信息数据的科学引导下,依靠数据驱动和科技实力,凭借"天网+地网+信息网"三网合一,实力布局全产业链,在提供高质量物流服务的同时,为客户提供数据化、定制化、智慧一体化的综合物流解决方案。

此外,顺丰更从每个客户的市场战略出发,利用大数据分析和云计算,为客户提供精准智慧决策,重构商业价值链条,引领商业未来智变。

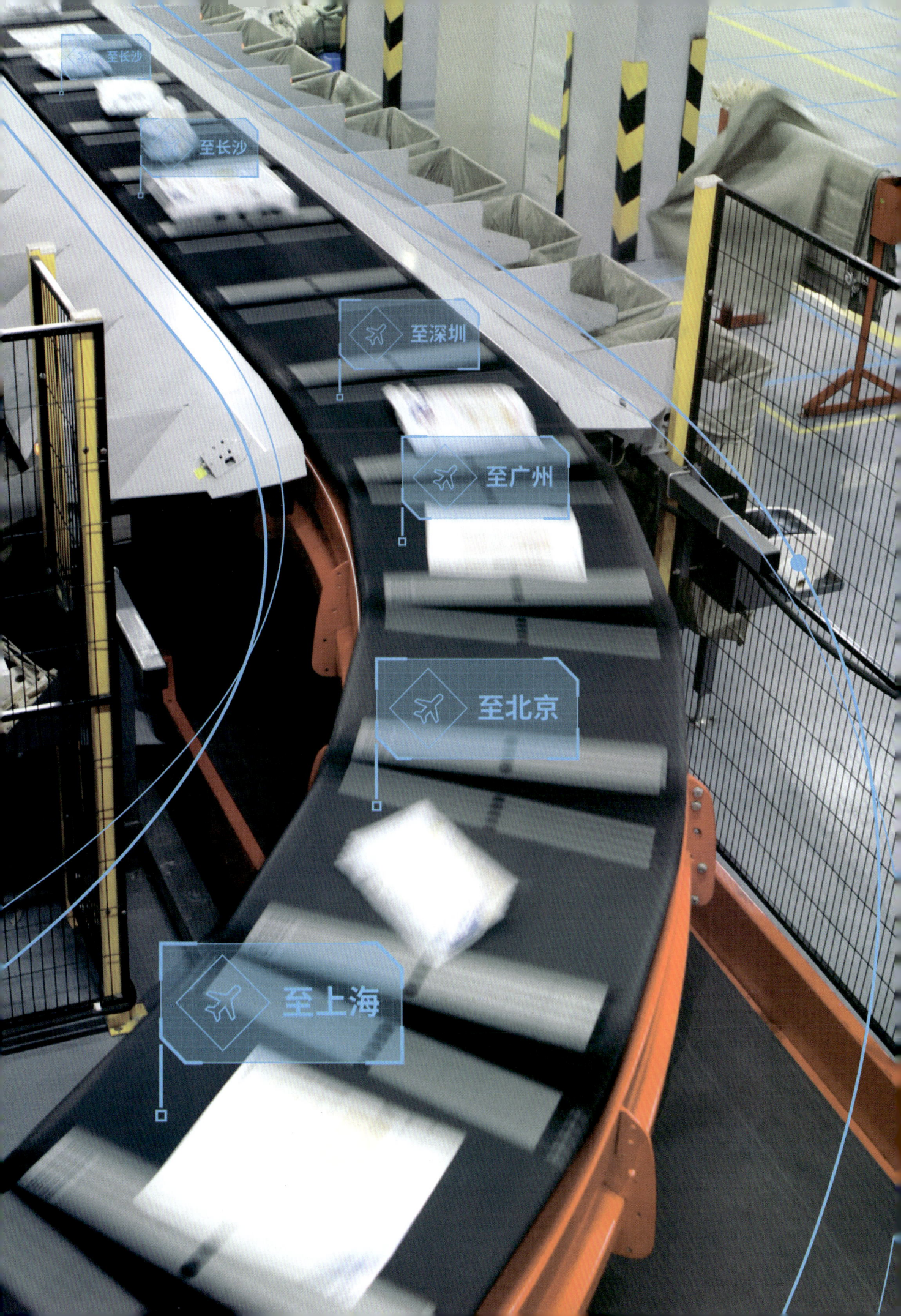

"圆"来19载，聚力再拼搏

圆通之家

支付宝服务窗

中国 上海市青浦区新协路28号
TEL:95554   www.yto.net.cn

ZTO 中通快递
ZTO EXPRESS

一路中通
一路畅通

全心全意保服务
聚精会神提质量

畅通 安全 平稳

用我们的产品，造就更多人的幸福
Bring Happiness to More People through Our Services

以高质量发展为目标

打造服务用户的社区入口

提供全方位智慧供应链解决方案

质变量胜
百世聚焦精细化运营
赋能社区服务

更多优选 扫码进入

精彩生活 快递欢乐

大件快递·大有可为

开拓 | 大件快递 | 新征程

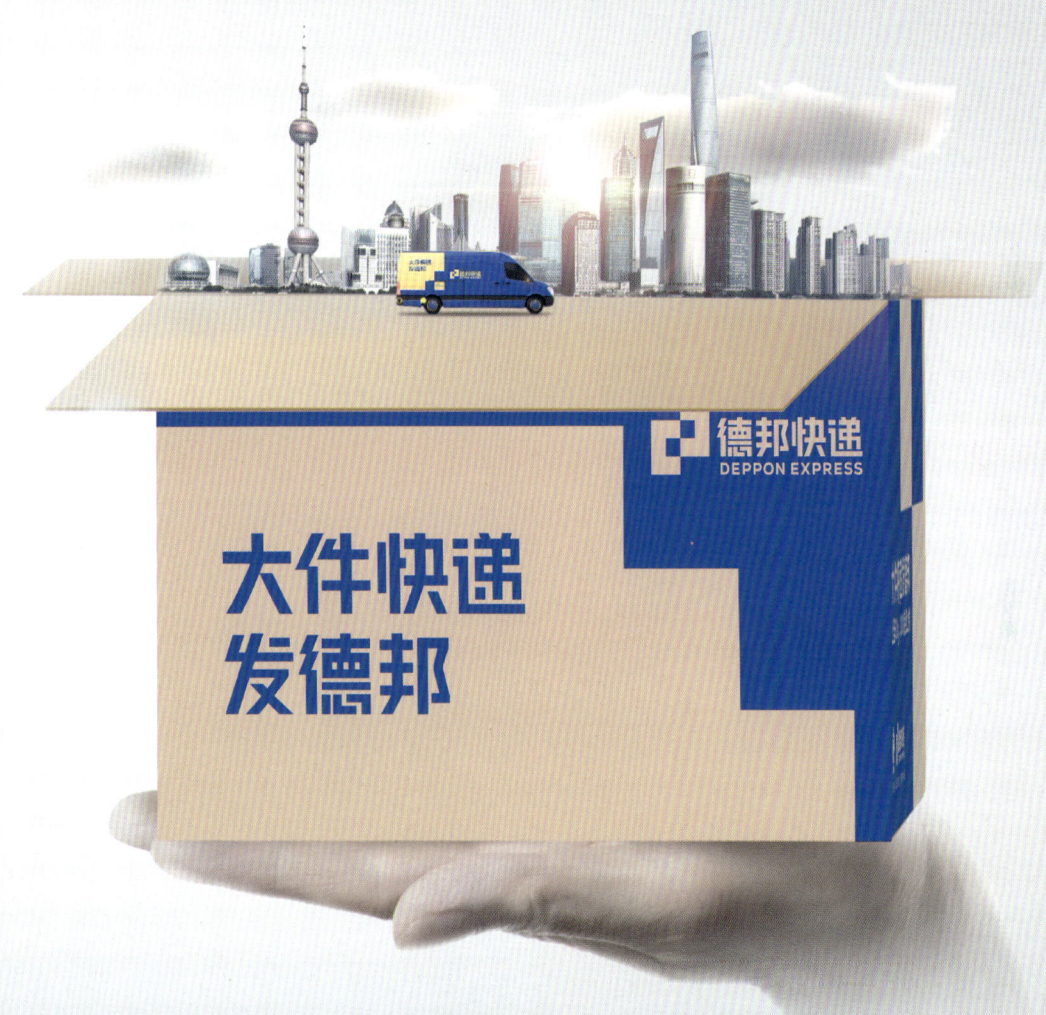

大件快递发德邦
上至60KG，100%免费上楼

新用户扫码立减

这里是
《快递》杂志

以你为名
致敬
向上
的
力量

快递
国内首家快递类专业期刊

每月1期　全年12期
全国邮局均可订阅
全年定价：216元

邮发代号：2-589
国际标准连续出版物号：ISSN 1674-7208
国内统一连续出版物号：CN 11-5831/C
投稿热线：010-88323286
广告热线：010-88323283
订阅热线：010-88323297
投稿信箱：EXPRESSMAGAZINE@163.COM

大包裹
用优速

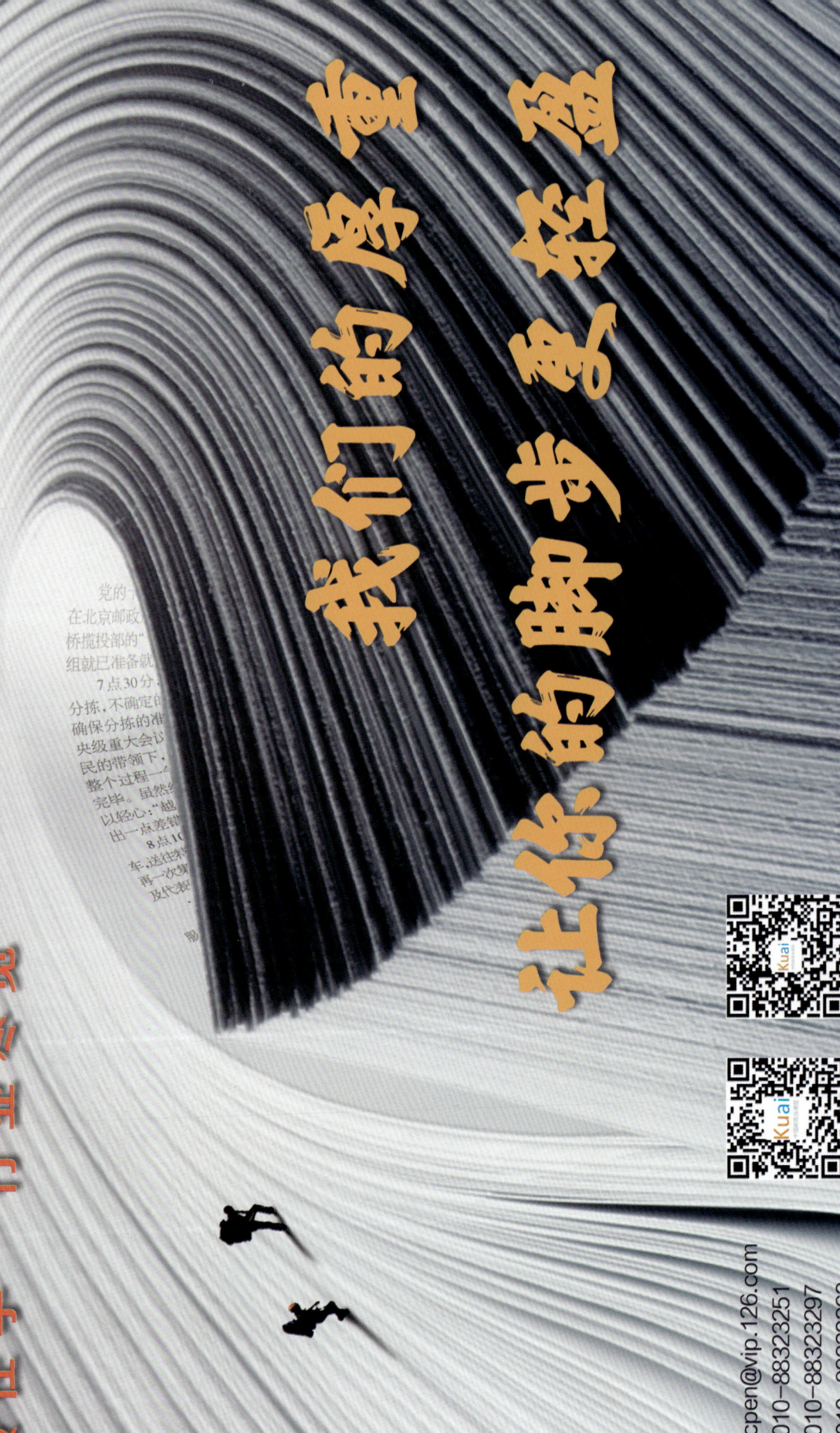

第三章 邮政业消费者申诉情况通告

国家邮政局关于2018年1月邮政业消费者申诉情况的通告

一、总体情况

2018年1月,国家邮政局和各省(区、市)邮政管理局通过"12305"邮政行业消费者申诉电话和申诉网站共受理消费者申诉242048件。申诉中涉及邮政服务问题的11673件,占总申诉量的4.8%;涉及快递服务问题的230375件,占总申诉量的95.2%(图4-14)。

受理的申诉中有效申诉(确定企业责任的)为23852件,比上年同期下降19.3%。有效申诉中涉及邮政服务问题的3785件,占有效申诉量的15.9%;涉及快递服务问题的20067件,占有效申诉量的84.1%(图4-15)。

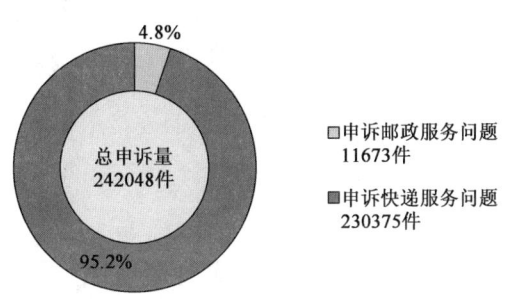

图4-14 2018年1月受理消费者申诉总体情况

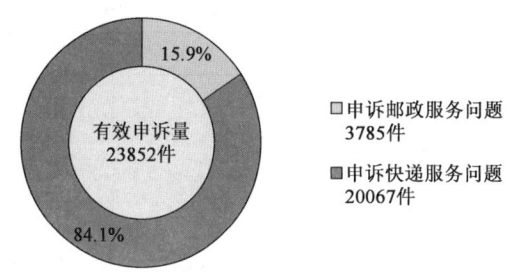

图4-15 2018年1月受理的申诉中有效申诉情况

消费者申诉均依法依规做了调解处理,为消费者挽回经济损失654.1万元。1月份,消费者对邮政管理部门申诉处理工作的满意率为98.1%,对邮政企业申诉处理结果的满意率为97.7%,对快递企业申诉处理结果的满意率为96.0%。

2018年1月,企业对邮政管理部门转办的申诉未能按规定时限回复的有114件,与去年同期相比增加58件(表4-6)。

表4-6 2018年1月企业对邮政管理部门转办的申诉未能按规定时限回复情况

公司名称	吉林	上海	浙江	福建	广东	重庆	四川	甘肃	新疆	合计
中国邮政			1						61	62
中通快递					5	1				6
品骏快递			1		2	1				4
百世快递			1			1				2
邮政快递(EMS)	1									1
民航快递						1				1
中外运-空运		1								1
DHL					1					1
TNT				1						1
其他					22	12		1		35
合计	1	1	3	1	31	14	1	1	61	114

二、邮政服务申诉情况

2018年1月,消费者关于邮政服务问题的有效申诉3785件,环比增长35.1%,同比增长139.6%(图4-16)。

2018年1月,消费者申诉邮政服务的主要问题是投递服务、邮件延误和邮件丢失短少,分别占申诉总量的40.9%、33.2%和20.6%(表4-7)。

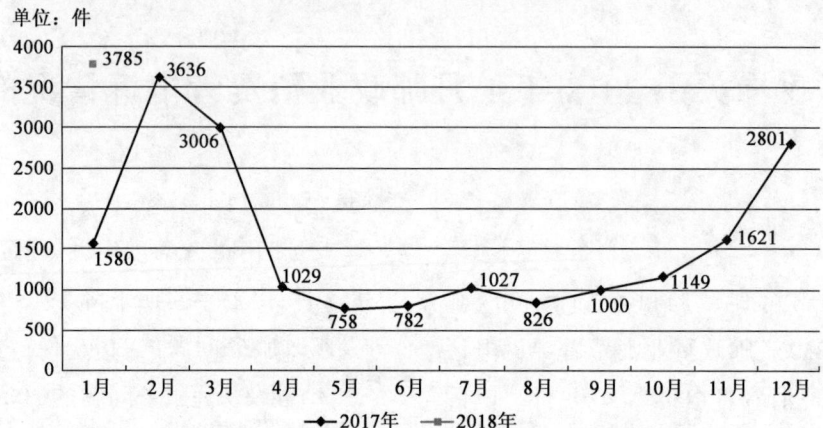

图4-16　2018年与2017年各月邮政有效申诉数量

表4-7　2018年1月消费者申诉邮政服务的主要问题及所占比例统计

序号	申诉问题		申诉件数	占比例(%)	环比增长(%)	同比增长(%)
1	投递服务	函件	1431	40.9	41.7	135.1
		包件	109			
		报刊	7	1549		
		集邮	2			
2	邮件延误	函件	1147	33.2	19.5	167.6
		包件	104	1255		
		报刊	4			
3	邮件丢失短少	函件	685	20.6	51.1	134.3
		包件	88			
		报刊	3	778		
		集邮	2			
4	邮件损毁	函件	122	3.6	40.8	109.1
		包件	16	138		
5	收寄服务	函件	48	1.6	67.6	26.5
		包件	12			
		集邮	1	62		
		报刊	1			
6	违规收费	函件	2	0.1	-57.1	50.0
		包件	1	3		
合计		—	3785	100.0	35.1	139.6

2018年1月,消费者对邮政服务申诉的主要问题与上月相比,增长明显的有收寄服务、邮件丢失短少、投递服务和邮件损毁。与去年同期相比,消费者对邮政服务申诉的主要问题均呈增长趋

势,增幅较大的有邮件延误、投递服务、邮件丢失短少和邮件损毁,同比分别增长167.6%、135.1%、134.3%和109.1%(图4-17)。

三、快递服务申诉情况

(一)消费者申诉的主要问题

2018年1月,消费者关于快递服务的有效申诉20067件,环比下降31.4%,同比下降28.2%(图4-18)。

2018年1月,消费者对快递服务申诉的主要问题的环比、同比均呈下降趋势。申诉比较集中的问题是投递服务、丢失短少和延误,占比分别为35.1%、28.5%和27.0%(表4-8、图4-19)。

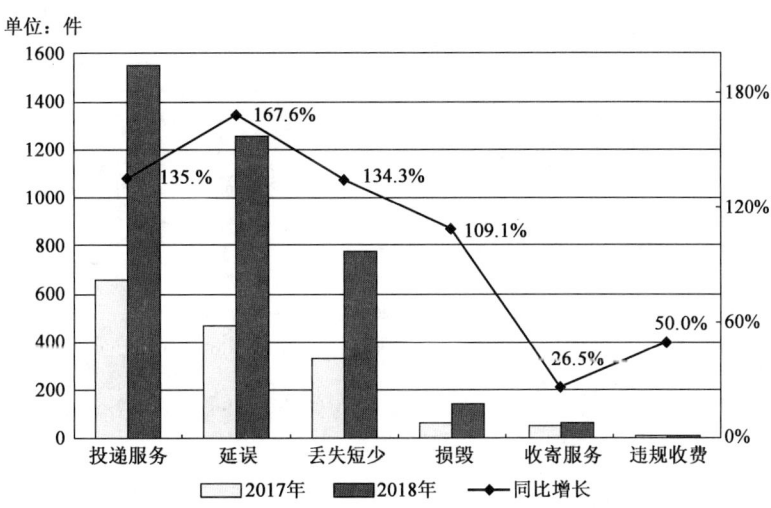

图4-17　2018年1月邮政服务申诉问题同比增长情况

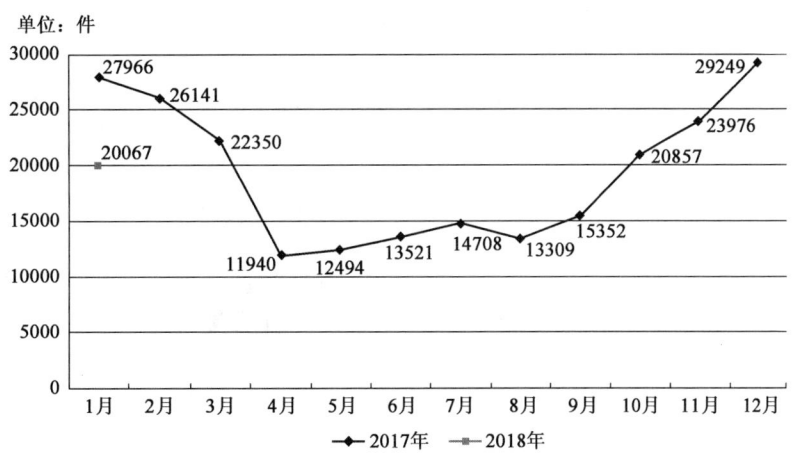

图4-18　2018年与2017年各月快递有效申诉数量

表4-8　2018年1月消费者申诉快递服务的主要问题及所占比例统计

序　号	申诉问题	申诉件数	占比例(%)	环比增长(%)	同比增长(%)
1	投递服务	7051	35.1	-33.2	-25.0
2	丢失短少	5714	28.5	-8.2	-8.7
3	延误	5413	27.0	-47.0	-37.7
4	损毁	1289	6.4	-7.6	-46.8
5	收寄服务	399	2.0	-27.6	-40.4

续上表

序　号	申诉问题	申诉件数	占比例(%)	环比增长(%)	同比增长(%)
6	违规收费	98	0.5	-3.0	-56.3
7	代收货款	55	0.3	-44.4	-71.1
8	其他	48	0.2	-56.0	-56.4
9	合计	20067	100.0	-31.4	-28.2

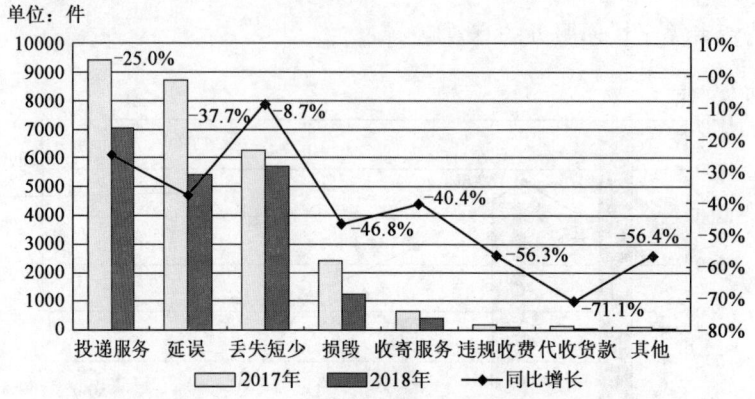

图4-19　2018年1月快递服务申诉问题同比增长情况

（二）消费者对快递企业申诉情况

2018年1月，消费者对43家快递企业进行了有效申诉，全国快递服务有效申诉率为百万分之5.03，环比减少1.93，同比减少7.62，高于全国平均有效申诉率的快递企业有14家。全国快递服务快件投递服务的有效申诉率为百万分之1.77，同比减少2.48；快件丢失损毁的有效申诉率为百万分之1.76，同比减少2.17；快件延误的有效申诉率为百万分之1.36，同比减少2.57（表4-9）。

表4-9　2018年1月主要快递企业有效申诉率（单位：有效申诉件数/百万件快件）

企业名称	2018年1月有效申诉率	主要问题有效申诉率			2017年1月有效申诉率	同比
		延误	丢失损毁	投递服务		
全峰快递	35.29	13.87	13.43	7.23	43.32	↓
国通	29.11	12.11	8.35	8.15	38.40	↓
宅急送	25.76	8.46	6.42	10.31	45.73	↓
优速	21.75	5.56	6.77	8.39	21.60	↑
天天	15.75	4.42	8.04	2.99	30.90	↓
速尔	12.24	3.35	3.46	4.44	10.95	↑
如风达	12.08	4.75	1.78	5.35	53.84	↓
邮政快递（EMS）	11.72	3.78	3.73	3.91	10.65	↑
快捷速递	9.17	3.08	3.29	2.48	7.61	↑
UPS	8.89	1.37	0.68	4.79	13.45	↓
全一快递	7.75	1.86	1.24	4.34	8.19	↓
圆通速递	6.87	1.52	2.52	2.73	13.01	↓
申通快递	5.51	1.04	1.70	2.61	30.57	↓
TNT	5.25	3.94	0.00	1.31	12.41	↓
民航快递	4.68	4.68	0.00	0.00	2.44	↑

续上表

企业名称	2018年1月有效申诉率	主要问题有效申诉率			2017年1月有效申诉率	同比
		延误	丢失损毁	投递服务		
百世快递	3.16	0.71	1.33	0.99	12.04	↓
卓越亚马逊	2.77	0.00	0.00	2.77	3.71	↓
递四方	2.30	0.57	1.20	0.47	2.56	↓
FedEx	2.07	0.30	0.30	0.89	2.69	↓
DHL	1.82	0.91	0.30	0.00	2.16	↓
德邦快递	1.79	0.44	0.82	0.44	19.26	↓
中通快递	1.41	0.25	0.42	0.70	6.94	↓
韵达快递	1.34	0.23	0.54	0.53	6.04	↓
顺丰速运	0.69	0.11	0.31	0.19	2.43	↓
苏宁易购	0.52	0.08	0.23	0.21	0.06	↑
京东	0.41	0.14	0.10	0.14	1.11	↓
中外运-空运	0.23	0.00	0.00	0.00	22.22	↓
全国平均	5.03	1.36	1.76	1.77	12.65	↓

国家邮政局关于2018年2月邮政业消费者申诉情况的通告

一、总体情况

2018年2月,国家邮政局和各省(区、市)邮政管理局通过"12305"邮政行业消费者申诉电话和申诉网站共受理消费者申诉183258件。申诉中涉及邮政服务问题的9203件,占总申诉量的5.0%;涉及快递服务问题的174055件,占总申诉量的95.0%(图4-20)。

受理的申诉中有效申诉(确定企业责任的)为14855件,比上年同期下降50.1%。有效申诉中涉及邮政服务问题的1423件,占有效申诉量的9.6%;涉及快递服务问题的13432件,占有效申诉量的90.4%(图4-21)。

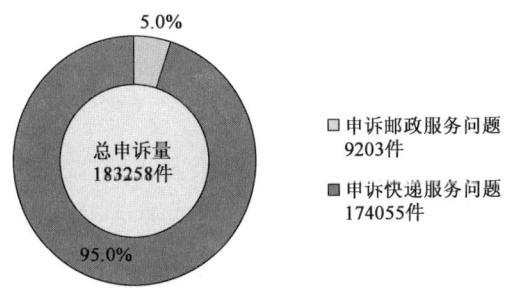

图4-20 2018年2月受理消费者申诉总体情况

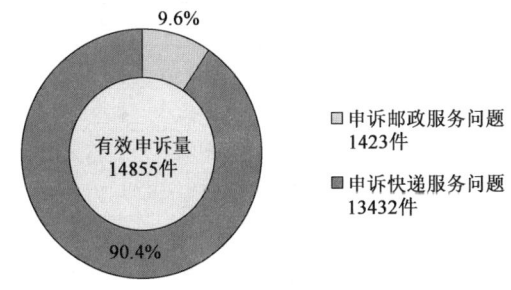

图4-21 2018年2月受理的申诉中有效申诉情况

消费者申诉均依法依规做了调解处理,为消费者挽回经济损失425.3万元。2月份,消费者对邮政管理部门申诉处理工作的满意率为98.5%,对邮政企业申诉处理结果的满意率为98.4%,对快递企业申诉处理结果的满意率为96.8%。

2018年2月,企业对邮政管理部门转办的申诉未能按规定时限回复的有23件,与去年同期相比减少40件(表4-10)。

表4-10　2018年2月企业对邮政管理部门转办的申诉未能按规定时限回复情况

公司名称	江苏	广东	海南	甘肃	新疆	合计
品骏快递		2	8		1	11
中国邮政	1				8	9
增益	1					1
其他		1		1		2
合计	2	3	8	1	9	23

二、邮政服务申诉情况

（一）消费者申诉的主要问题

2018年2月，消费者关于邮政服务问题的有效申诉1423件，环比下降62.4%，同比下降60.9%（图4-22）。

2018年2月，消费者申诉邮政服务的主要问题是投递服务、邮件丢失短少和邮件延误，分别占申诉总量的35.7%、29.0%和28.9%（表4-11）。

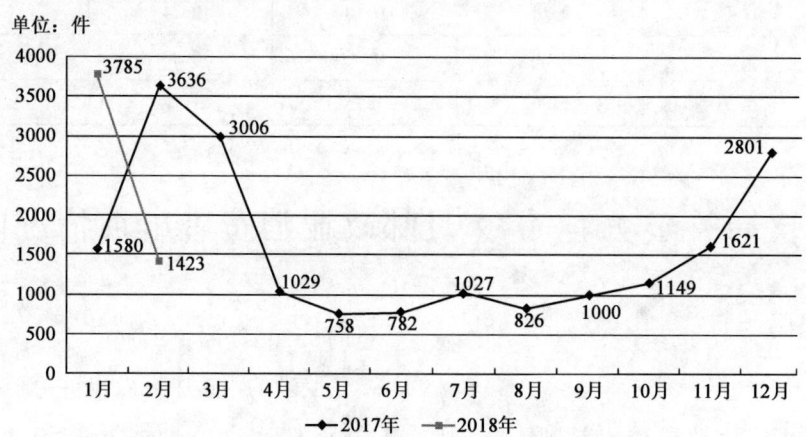

图4-22　2018年与2017年各月邮政有效申诉数量

表4-11　2018年2月消费者申诉邮政服务的主要问题及所占比例统计

序号	申诉问题		申诉件数	占比例（%）	环比增长（%）	同比增长（%）
1	投递服务	函件	450	35.7	-67.2	-45.6
		包件	38			
		报刊	11	508		
		汇兑	7			
		集邮	1			
		其他	1			
2	邮件丢失短少	函件	366	413	29.0	-46.9	12.2
		包件	44			
		报刊	3			
3	邮件延误	函件	357	411	28.9	-67.3	-80.5
		包件	51			
		报刊	2			
		集邮	1			

续上表

序　号	申诉问题		申诉件数	占比例（%）	环比增长（%）	同比增长（%）
4	邮件损毁	函件	53	4.4	-54.3	-47.9
		包件	10			
		63				
5	收寄服务	函件	18	1.9	-56.5	-74.3
		集邮	5			
		包件	4			
		27				
6	违规收费	函件	1	0.1	-66.7	-50.0
合计	—		1423	100.0	-62.4	-60.9

2018年2月，消费者对邮政服务申诉的主要问题与上月相比均呈下降趋势。与去年同期相比，消费者对邮政服务的申诉仅邮件丢失短少问题小幅增长(图4-23)。

(二) 各省(区、市)邮政普遍服务有效申诉情况

31个省(区、市)邮政普遍服务平均有效申诉率为千万分之9.24，环比减少10.73。其中，高于平均有效申诉率的有10个，全国最高的分别是北京和新疆；低于平均有效申诉率的有21个(表4-12)。

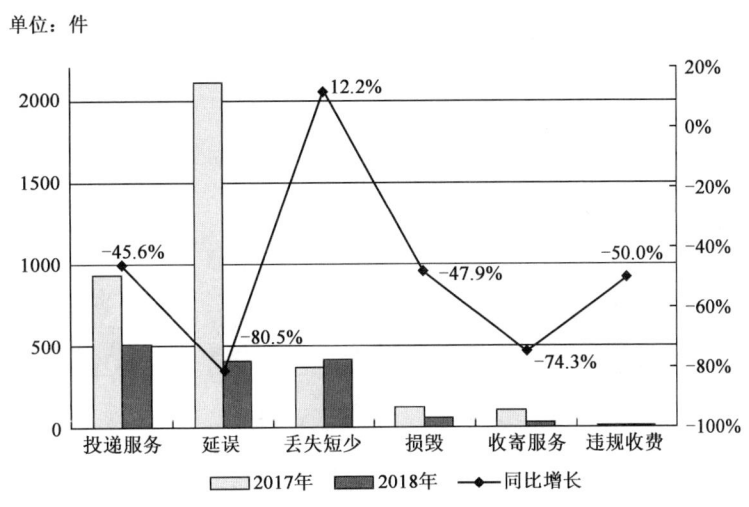

图4-23　2018年2月邮政服务申诉问题同比增长情况

表4-12　2018年2月各省(区、市)邮政普遍服务有效申诉情况(单位：有效申诉件数/千万件进出口邮件量)

地　区	2018年2月有效申诉率	主要问题有效申诉率			2017年2月有效申诉率	同比
		延误	丢失损毁	投递服务		
北京	44.95	16.34	23.46	4.69	200.67	↓
新疆	44.16	12.58	12.58	17.46	19.20	↑
河北	20.79	6.51	5.08	9.21	26.74	↓
宁夏	17.97	3.59	0.00	14.38	17.75	↑
湖北	14.46	5.40	2.89	6.17	10.88	↑
广东	12.81	2.79	4.55	5.16	15.98	↓
甘肃	12.57	1.68	4.19	6.71	7.63	↑
浙江	11.94	2.39	2.87	6.40	9.41	↑

续上表

地 区	2018年2月有效申诉率	主要问题有效申诉率			2017年2月有效申诉率	同比
		延误	丢失损毁	投递服务		
天津	11.87	2.60	1.11	8.16	93.97	↓
贵州	11.84	3.95	2.89	4.21	11.77	↑
江西	9.11	3.69	1.72	3.45	6.54	↑
重庆	6.76	1.50	1.13	4.13	18.59	↓
黑龙江	6.68	2.55	1.59	2.23	17.67	↓
湖南	6.57	1.35	2.71	2.13	6.39	↑
江苏	6.54	1.73	2.44	2.36	11.07	↓
海南	5.70	0.00	1.63	4.07	9.48	↓
内蒙古	5.26	1.62	0.00	3.64	5.86	↓
吉林	5.22	1.31	1.74	2.18	54.50	↓
辽宁	3.73	0.62	0.83	2.07	18.67	↓
西藏	3.58	0.00	2.68	0.89	1.06	↑
上海	3.27	1.25	0.67	1.06	3.53	↓
广西	2.97	0.37	1.85	0.37	7.34	↓
云南	2.91	0.87	0.87	1.17	31.17	↓
安徽	2.74	0.59	1.18	0.98	9.24	↓
福建	2.14	0.46	1.38	0.31	4.93	↓
河南	1.82	0.61	1.01	0.20	28.03	↓
陕西	1.70	0.28	0.57	0.57	2.63	↓
山东	1.69	0.68	0.45	0.56	7.37	↓
四川	1.32	0.26	0.66	0.39	3.95	↓
山西	1.28	0.26	0.51	0.51	7.07	↓
青海	1.21	0.00	1.21	0.00	2.62	↓
全国平均	9.24	2.67	3.09	3.30	22.20	↓

三、快递服务申诉情况

（一）消费者申诉的主要问题

2018年2月，消费者关于快递服务的有效申诉13432件，环比下降33.1%，同比下降48.6%（图4-24）。

2018年2月，消费者对快递服务申诉的主要问题的环比、同比均呈下降趋势。申诉比较集中的问题是投递服务、延误和丢失短少，占比分别为36.0%、32.5%和22.3%（表4-13、图4-25）。

（二）消费者对快递企业申诉情况

2018年2月，消费者对43家快递企业进行了有效申诉，全国快递服务有效申诉率为百万分之6.75，环比增加1.72，同比减少4.40，高于全国平均有效申诉率的快递企业有12家。全国快递服务快件投递服务的有效申诉率为百万分之2.43，同比减少1.18；快件延误的有效申诉率为百万分之2.20，同比减少2.42。快件丢失损毁的有效申诉率为百万分之1.90，同比减少0.69（表4-14）。

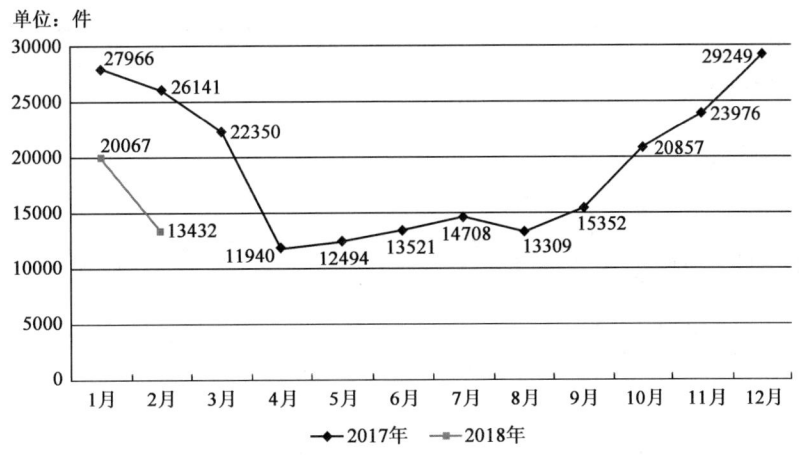

图 4-24 2018 年与 2017 年各月快递有效申诉数量

表 4-13 2018 年 2 月消费者申诉快递服务的主要问题及所占比例统计

序 号	申诉问题	申诉件数	占比例(%)	环比增长(%)	同比增长(%)
1	投递服务	4831	36.0	−31.5	−42.8
2	延误	4370	32.5	−19.3	−59.7
3	丢失短少	2998	22.3	−47.5	−35.0
4	损毁	789	5.9	−38.8	−46.1
5	收寄服务	288	2.1	−27.8	−41.0
6	违规收费	69	0.5	−29.6	−47.3
7	代收货款	51	0.4	−7.3	−51.9
8	其他	36	0.3	−25.0	−29.4
9	合计	13432	100.0	−33.1	−48.6

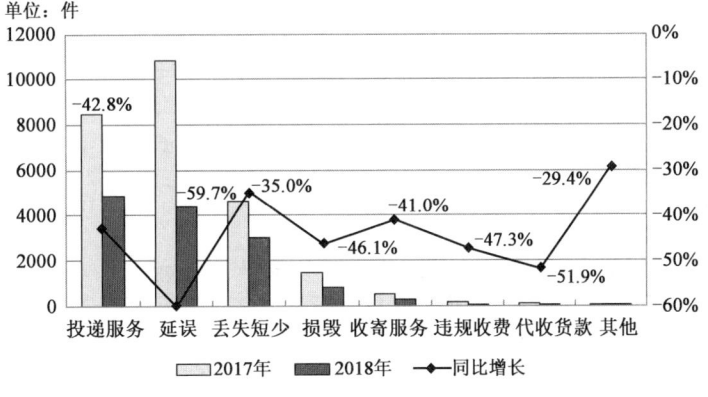

图 4-25 2018 年 2 月快递服务申诉问题同比增长情况

表 4-14 2018 年 2 月主要快递企业有效申诉率(单位:有效申诉件数/百万件快件)

企业名称	2018 年 2 月有效申诉率	主要问题有效申诉率			2017 年 2 月有效申诉率	同比
		延误	丢失损毁	投递服务		
宅急送	56.59	24.67	10.86	19.91	43.95	↑
优速	28.25	8.02	8.13	10.34	14.32	↑
国通	27.94	10.25	9.70	7.20	27.61	↑
全峰快递	17.65	4.17	7.97	3.43	37.98	↓

续上表

企业名称	2018年2月有效申诉率	主要问题有效申诉率			2017年2月有效申诉率	同比
		延误	丢失损毁	投递服务		
如风达	15.75	6.42	2.04	7.00	40.27	↓
邮政快递（EMS）	15.34	8.00	2.74	4.22	33.10	↓
天天	14.69	3.48	6.75	3.70	16.38	↓
圆通速递	13.47	3.21	4.05	5.96	11.64	↑
速尔	10.61	3.00	2.79	3.77	6.18	↑
全一快递	9.09	2.10	0.00	5.59	5.10	↑
UPS	8.82	1.96	2.94	1.96	21.83	↓
申通快递	7.90	1.57	2.19	3.80	22.71	↓
百世快递	5.88	1.29	2.34	2.09	8.21	↓
快捷速递	4.86	1.72	1.73	1.17	3.66	↑
德邦快递	4.20	1.24	1.66	1.18	9.65	↓
韵达快递	3.60	0.74	1.40	1.38	4.24	↓
TNT	3.47	0.00	1.73	1.73	5.17	↓
DHL	3.41	1.28	0.43	0.85	0.46	↑
中通快递	3.21	0.68	0.88	1.56	6.41	↓
卓越亚马逊	2.23	0.00	0.00	2.23	7.68	↓
递四方	1.94	0.22	1.20	0.37	1.39	↑
FedEx	1.89	0.00	0.00	0.94	1.70	↑
顺丰速运	0.87	0.33	0.22	0.22	3.46	↓
京东	0.55	0.23	0.02	0.30	0.86	↓
苏宁易购	0.19	0.06	0.03	0.10	0.08	↑
民航快递	0.00	0.00	0.00	0.00	6.71	↓
全国平均	6.75	2.20	1.90	2.43	11.15	↓

（三）各省（区、市）快递服务有效申诉情况

31个省（区、市）的快递服务平均有效申诉率为百万分之3.35，环比增加0.80。其中，高于平均有效申诉率的有16个，新疆、甘肃、海南的快递服务有效申诉率排名全国前三；低于平均有效申诉率的有15个（表4-15）。

表4-15 2018年2月各省（区、市）快递服务有效申诉情况表 [单位：有效申诉件数/百万件（收投）快件]

地 区	2018年2月有效申诉率	主要问题有效申诉率			2017年2月有效申诉率	同比
		延误	丢失损毁	投递服务		
新疆	32.25	14.10	8.95	8.87	17.41	↑
甘肃	7.73	2.29	2.00	3.29	6.26	↑
海南	6.46	2.10	1.46	2.45	6.55	↓
青海	5.70	3.53	0.54	1.63	3.57	↑
宁夏	5.40	1.52	1.39	2.36	3.54	↑
湖南	5.00	3.04	0.92	0.90	4.87	↑
黑龙江	4.88	2.15	1.52	1.01	5.73	↓
山西	4.66	1.62	1.37	1.54	7.16	↓
江苏	4.65	1.72	1.16	1.62	5.97	↓

续上表

地　　区	2018年2月有效申诉率	主要问题有效申诉率			2017年2月有效申诉率	同比
		延误	丢失损毁	投递服务		
北京	4.54	1.12	1.89	1.41	11.52	↓
西藏	4.44	0.00	2.22	1.11	8.91	↓
贵州	4.32	1.52	0.88	1.59	6.11	↓
浙江	4.28	1.22	1.10	1.90	5.11	↓
河南	3.96	1.63	0.86	1.29	4.23	↓
内蒙古	3.80	2.15	0.68	0.83	8.06	↓
重庆	3.62	1.04	1.04	1.37	4.03	↓
云南	3.30	1.01	0.93	1.12	6.40	↓
山东	3.28	0.97	0.94	1.23	6.38	↓
湖北	3.15	1.49	0.61	0.94	4.60	↓
吉林	3.02	1.22	0.97	0.84	8.91	↓
安徽	3.02	1.53	0.69	0.76	4.04	↓
天津	2.83	0.92	0.71	1.14	10.41	↓
河北	2.65	0.83	0.77	0.93	4.68	↓
陕西	2.60	1.05	0.83	0.66	3.39	↓
江西	2.55	1.15	0.57	0.77	6.42	↓
广西	2.45	0.68	0.69	0.88	4.39	↓
广东	2.40	0.47	0.79	1.04	3.68	↓
福建	2.34	0.60	0.58	1.07	5.53	↓
上海	2.14	0.66	0.71	0.74	9.55	↓
辽宁	1.64	0.67	0.46	0.47	6.94	↓
四川	1.57	0.45	0.43	0.52	3.50	↓
全国平均	3.35	1.09	0.94	1.20	5.72	↓

国家邮政局关于2018年3月邮政业消费者申诉情况的通告

一、总体情况

2018年3月，国家邮政局和各省（区、市）邮政管理局通过"12305"邮政行业消费者申诉电话和申诉网站共受理消费者申诉231907件。申诉中涉及邮政服务问题的8587件，占总申诉量的3.7%；涉及快递服务问题的223320件，占总申诉量的96.3%（图4-26）。

受理的申诉中有效申诉（确定企业责任的）为16477件，比上年同期下降35.0%。有效申诉中涉及邮政服务问题的1440件，占有效申诉量的8.7%；涉及快递服务问题的15037件，占有效申诉量的91.3%（图4-27）。

消费者申诉均依法依规做了调解处理，为消费者挽回经济损失577.5万元。3月份，消费者对邮政管理部门申诉处理工作的满意率为98.4%，对邮政企业申诉处理结果的满意率为97.6%，对快递企业申诉处理结果的满意率为96.6%。

2018年3月，企业对邮政管理部门转办的申诉未能按规定时限回复的有11件，与去年同期相比减少24件（表4-16）。

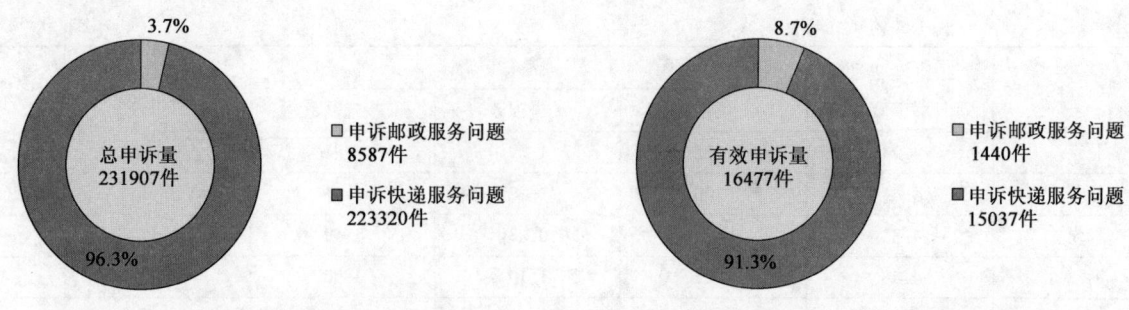

图4-26 2018年3月受理消费者申诉总体情况　　图4-27 2018年3月受理的申诉中有效申诉情况

表4-16 2018年3月企业对邮政管理部门转办的申诉未能按规定时限回复情况

公 司 名 称	上海	江苏	广东	重庆	四川	甘肃	宁夏	合计
中通快递				1			1	2
德邦快递		1			1			2
中国邮政						1		1
UPS	1							1
其他			4			1		5
合计	1	1	4	1	1	2	1	11

二、邮政服务申诉情况

(一)消费者申诉的主要问题

2018年3月,消费者关于邮政服务问题的有效申诉1440件,环比增长1.2%,同比下降52.1%(图4-28)。

2018年3月,消费者申诉邮政服务的主要问题是投递服务、邮件延误和邮件丢失短少,分别占申诉总量的33.7%、32.3%和24.4%(表4-17)。

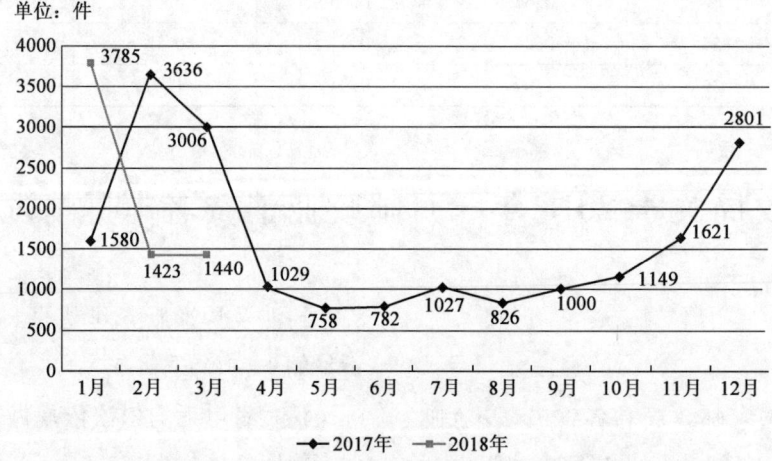

图4-28 2018年与2017年各月邮政有效申诉数量

表4-17 2018年3月消费者申诉邮政服务的主要问题及所占比例统计

序 号	申 诉 问 题		申 诉 件 数	占比例(%)	环比增长(%)	同比增长(%)
1	投递服务	函件	443	33.7	-4.5	-43.9
		包件	36			
		报刊	3	485		
		集邮	1			
		其他	2			

续上表

序 号	申诉问题		申诉件数	占比例(%)	环比增长(%)	同比增长(%)
2	邮件延误	函件	397			
		包件	66	465	32.3	13.1	-63.1
		报刊	2				
3	邮件丢失短少	函件	297				
		包件	51	351	24.4	-15.0	-46.3
		报刊	2				
		集邮	1				
4	邮件损毁	函件	76				
		包件	9	86	6.0	36.5	-50.0
		集邮	1				
5	收寄服务	函件	29	40	2.8	48.1	-25.9
		包件	11				
6	违规收费	函件	5	6	0.4	500.0	200.0
		包件	1				
7	其他		7	0.5	—	—
合计	—		1440	100.0	1.2	-52.1

2018年3月,消费者对邮政服务申诉的主要问题与上月相较,下降的有邮件丢失短少和投递服务问题,增长的有违规收费、收寄服务、邮件损毁和邮件延误问题。与去年同期相较,除违规收费外,其余邮政服务申诉问题均呈下降趋势(图4-29)。

(二)各省(区、市)邮政普遍服务有效申诉情况

31个省(区、市)邮政普遍服务平均有效申诉率为千万分之7.67,环比减少1.57。其中,高于平均有效申诉率的有10个,全国最高的分别是湖北、贵州、河北;低于平均有效申诉率的有21个(表4-18)。

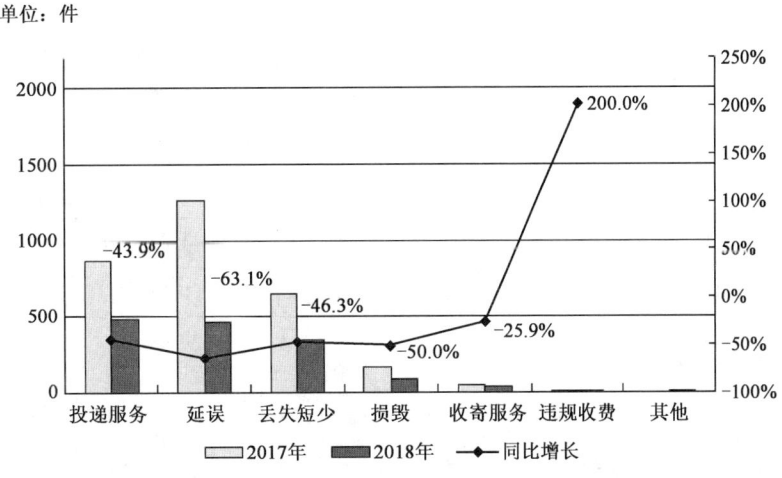

图4-29 2018年3月邮政服务申诉问题同比增长情况

表4-18 2018年3月各省(区、市)邮政普遍服务有效申诉情况

(单位:有效申诉件数/千万件进出口邮件量)

地 区	2018年3月有效申诉率	主要问题有效申诉率			2017年3月有效申诉率	同比
		延误	丢失损毁	投递服务		
湖北	23.57	11.02	2.60	9.03	9.67	↑
贵州	18.89	4.20	5.60	8.16	9.09	↑
河北	18.22	5.39	5.00	7.31	16.33	↑
湖南	17.05	9.88	3.51	3.66	10.05	↑
广东	16.89	6.66	3.82	5.85	7.79	↑
北京	13.18	2.47	8.12	2.35	155.00	↓
天津	13.02	2.83	1.70	8.49	85.00	↓
宁夏	12.08	3.02	1.51	6.04	19.32	↓
海南	10.56	2.64	4.62	2.64	7.45	↑
新疆	9.88	2.31	3.36	3.36	10.56	↓
江苏	7.45	1.96	2.34	2.84	10.29	↓
江西	6.63	3.12	1.56	1.95	5.48	↑
浙江	6.58	1.59	2.46	2.30	7.03	↓
广西	6.18	0.84	2.53	2.25	3.08	↑
重庆	6.06	3.33	0.61	1.21	5.46	↑
甘肃	5.90	0.69	2.08	2.78	2.40	↑
黑龙江	4.42	0.74	1.72	1.72	5.77	↓
福建	4.18	1.62	1.21	1.21	3.49	↑
安徽	4.03	0.81	1.94	1.29	2.33	↑
西藏	3.93	1.57	2.36	0.00	6.58	↓
陕西	2.94	0.90	1.36	0.68	2.99	↓
四川	2.92	0.52	1.46	0.94	3.15	↓
上海	2.83	0.94	0.94	0.86	3.45	↓
云南	2.81	1.41	0.23	1.17	26.56	↓
辽宁	2.73	0.18	0.73	1.27	8.72	↓
吉林	2.51	0.36	1.08	1.08	13.62	↓
河南	2.15	0.25	1.57	0.25	4.90	↓
内蒙古	2.03	0.68	0.00	0.68	8.06	↓
山西	2.02	0.40	0.81	0.81	2.51	↓
山东	1.39	0.37	0.46	0.46	4.59	↓
青海	1.03	1.03	0.00	0.00	0.00	↑
全国平均	7.67	2.48	2.33	2.58	15.24	↓

三、快递服务申诉情况

(一)消费者申诉的主要问题

2018年3月,消费者关于快递服务的有效申诉15037件,环比增长11.9%,同比下降32.7%(图4-30)。

2018年3月,消费者对快递服务申诉的主要问题与上月相较,增长的有快件违规收费、投递服务、损毁、延误、丢失短少和收寄服务问题。与去年同期相较,消费者对快递服务申诉的主要问题均呈下降趋势。消费者申诉比较集中的问题是投递服务、延误和丢失短少,占比分别为36.8%、32.4%和21.9%(表4-19、图4-31)。

(二)消费者对快递企业申诉情况

2018年3月,消费者对43家快递企业进行了有效申诉,全国快递服务有效申诉率为百万分之3.81,环比减少2.94,同比减少3.55,高于全国平均有效申诉率的快递企业有13家。全国快递服务快件投递服务的有效申诉率为百万分之1.41,同比减少1.08;快件延误的有效申诉率为百万分之1.24,同比减少1.06;快件丢失损毁的有效申诉率为百万分之1.06,同比减少1.26(表4-20)。

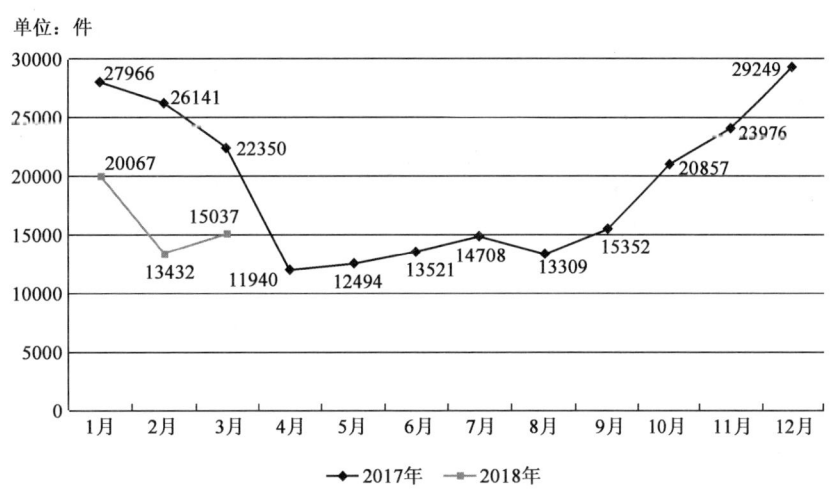

图4-30 2018年与2017年各月快递有效申诉数量

表4-19 2018年3月消费者申诉快递服务的主要问题及所占比例统计

序 号	申诉问题	申诉件数	占比例(%)	环比增长(%)	同比增长(%)
1	投递服务	5541	36.8	14.7	-26.8
2	延误	4870	32.4	11.4	-30.2
3	丢失短少	3290	21.9	9.7	-37.1
4	损毁	886	5.9	12.3	-51.2
5	收寄服务	289	1.9	0.3	-38.4
6	违规收费	86	0.6	24.6	-45.6
7	代收货款	49	0.3	-3.9	-38.8
8	其他	26	0.2	-27.8	-45.8
9	合计	15037	100.0	11.9	-32.7

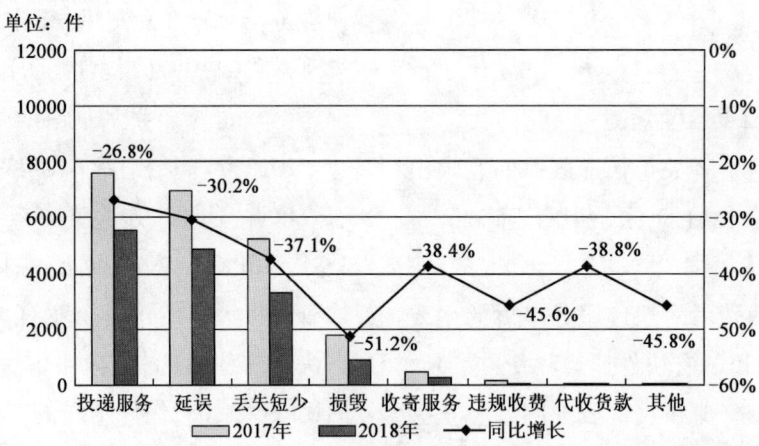

图4-31 2018年3月快递服务申诉问题同比增长情况

表4-20 2018年3月主要快递企业有效申诉率（单位：有效申诉件数/百万件快件）

企业名称	2018年3月有效申诉率	主要问题有效申诉率			2017年3月有效申诉率	同比
		延误	丢失损毁	投递服务		
宅急送	58.57	25.28	11.84	20.39	16.29	↑
国通	36.06	17.49	8.92	8.84	33.64	↑
全峰快递	16.83	0.96	12.15	2.58	33.14	↓
速尔	10.15	3.17	2.65	3.51	8.80	↑
如风达	9.71	3.83	1.18	4.12	37.63	↓
邮政快递（EMS）	9.40	3.71	2.56	2.84	13.62	↓
快捷速递	8.82	3.79	2.47	2.39	6.06	↑
UPS	8.72	1.25	1.87	2.49	7.68	↑
TNT	6.76	0.00	3.38	0.00	8.50	↓
圆通速递	5.89	1.68	1.48	2.60	6.28	↓
优速	5.77	1.39	1.77	2.50	9.12	↓
全一快递	5.46	0.68	2.05	2.39	4.75	↑
天天	5.17	1.32	2.58	1.07	17.31	↓
卓越亚马逊	3.53	1.18	1.18	1.18	1.48	↑
百世快递	2.82	0.73	1.08	0.95	6.16	↓
申通快递	2.75	0.73	0.65	1.33	14.92	↓
德邦快递	2.18	0.77	0.51	0.68	3.68	↓
中通快递	1.81	0.46	0.41	0.88	3.28	↓
韵达快递	1.26	0.26	0.51	0.45	2.44	↓
FedEx	1.26	0.63	0.00	0.63	2.41	↓
DHL	1.25	0.31	0.31	0.31	4.24	↓
递四方	0.95	0.52	0.19	0.10	1.27	↓
顺丰速运	0.92	0.30	0.26	0.29	1.43	↓
京东	0.87	0.35	0.16	0.34	0.42	↑
苏宁易购	0.06	0.03	0.00	0.03	0.07	↓
全国平均	3.81	1.24	1.06	1.41	7.36	↓

(三)各省(区、市)快递服务有效申诉情况

31个省(区、市)的快递服务平均有效申诉率为百万分之1.89,环比减少1.46。其中,高于平均有效申诉率的有15个,新疆、西藏、北京的快递服务有效申诉率排名全国前三;低于平均有效申诉率的有16个(表4-21)。

表4-21 2018年3月各省(区、市)快递服务有效申诉情况[单位:有效申诉件数/百万件(收投)快件]

地 区	2018年3月有效申诉率	主要问题有效申诉率			2017年3月有效申诉率	同比
		延误	丢失损毁	投递服务		
新疆	8.11	3.67	2.06	2.25	11.36	↓
西藏	4.78	2.55	1.59	0.64	11.95	↓
北京	3.27	0.94	1.17	1.10	8.33	↓
江苏	2.79	1.02	0.73	1.00	4.36	↓
贵州	2.75	0.86	0.63	1.08	4.53	↓
甘肃	2.64	0.55	0.75	1.11	4.57	↓
浙江	2.58	0.67	0.63	1.22	2.73	↓
海南	2.48	0.65	0.86	0.94	5.67	↓
青海	2.38	0.57	0.45	1.36	3.93	↓
重庆	2.24	0.67	0.58	0.90	3.55	↓
黑龙江	2.23	1.01	0.73	0.43	2.75	↓
湖南	2.15	1.16	0.37	0.51	3.37	↓
山西	2.10	0.63	0.64	0.80	4.86	↓
云南	2.03	0.90	0.36	0.63	5.14	↓
宁夏	1.97	0.62	0.68	0.55	3.91	↓
上海	1.81	0.67	0.51	0.60	5.12	↓
山东	1.72	0.66	0.58	0.44	4.48	↓
湖北	1.71	0.71	0.48	0.46	2.31	↓
河北	1.66	0.68	0.42	0.46	2.85	↓
天津	1.57	0.54	0.41	0.58	8.49	↓
吉林	1.49	0.57	0.54	0.37	2.89	↓
安徽	1.43	0.59	0.42	0.40	2.71	↓
河南	1.40	0.41	0.34	0.63	2.96	↓
广东	1.39	0.35	0.41	0.57	2.59	↓
江西	1.37	0.53	0.38	0.44	2.86	↓
广西	1.25	0.39	0.38	0.39	2.83	↓
福建	1.21	0.31	0.30	0.54	4.77	↓
陕西	1.17	0.38	0.31	0.42	1.95	↓
内蒙古	1.15	0.29	0.49	0.36	3.81	↓
四川	0.87	0.35	0.27	0.16	2.21	↓
辽宁	0.64	0.21	0.19	0.22	4.09	↓
全国平均	1.89	0.61	0.52	0.70	3.72	↓

国家邮政局关于2018年4月邮政业消费者申诉情况的通告

一、总体情况

2018年4月,国家邮政局和各省(区、市)邮政管理局通过"12305"邮政行业消费者申诉电话和申诉网站共受理消费者申诉135747件。申诉中涉及邮政服务问题的5934件,占总申诉量的4.4%;涉及快递服务问题的129813件,占总申诉量的95.6%(图4-32)。

受理的申诉中有效申诉(确定企业责任的)为8954件,比上年同期下降31.0%。有效申诉中涉及邮政服务问题的928件,占有效申诉量的10.4%;涉及快递服务问题的8026件,占有效申诉量的89.6%(图4-33)。

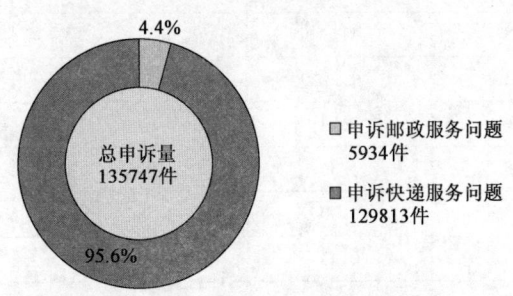

图4-32 2018年4月受理消费者申诉总体情况

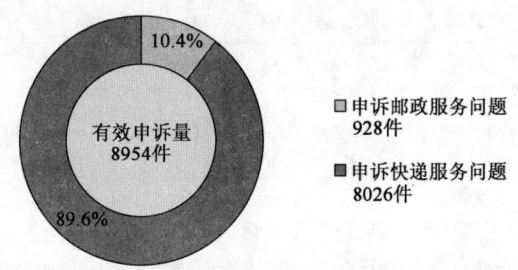

图4-33 2018年4月受理的申诉中有效申诉情况

消费者申诉均依法依规做了调解处理,为消费者挽回经济损失543.5万元。4月份,消费者对邮政管理部门申诉处理工作的满意率为98.2%,对邮政企业申诉处理结果的满意率为97.5%,对快递企业申诉处理结果的满意率为96.3%。

2018年4月,企业对邮政管理部门转办的申诉未能按规定时限回复的有42件,与去年同期相比增加34件(表4-22)。

表4-22 2018年4月企业对邮政管理部门转办的申诉未能按规定时限回复情况

公司名称	上海	江苏	浙江	福建	河南	广东	重庆	甘肃	青海	新疆	合计
品骏快递			3				2			2	7
中国邮政						1	1	2			4
龙邦速递				2							2
顺丰速运									1		1
中通快递					1						1
百世快递										1	1
其他	6	2				10	3	4		1	26
合计	6	2	3	2	1	11	6	6	1	4	42

二、邮政服务申诉情况

(一)消费者申诉的主要问题

2018年4月,消费者关于邮政服务问题的有效申诉928件,环比下降35.6%,同比下降9.8%(图4-34)。

2018年4月,消费者申诉邮政服务的主要问题是投递服务和邮件丢失短少,分别占申诉总量的39.8%和30.0%(表4-23)。

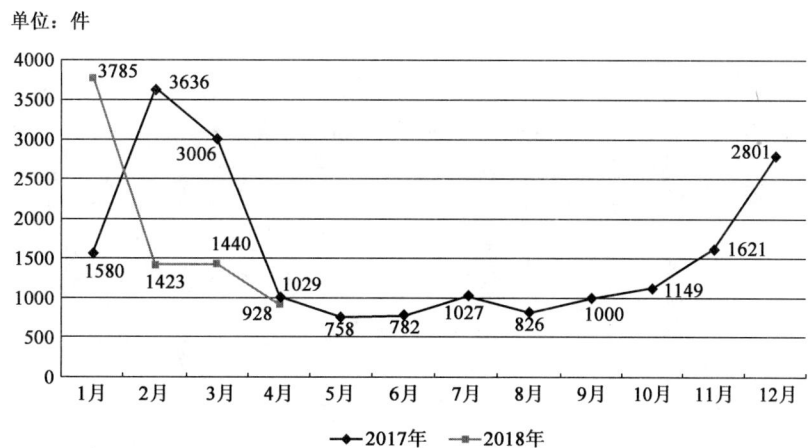

图4-34 2018年与2017年各月邮政有效申诉数量

表4-23　2018年4月消费者申诉邮政服务的主要问题及所占比例统计

序　号	申诉问题	申诉件数		占比例(%)	环比增长(%)	同比增长(%)
1	投递服务	函件	337	39.8	-23.9	-13.8
		包件	25			
		报刊	7	369		
2	邮件丢失短少	函件	253			
		包件	23	278	30.0	-20.8	-6.1
		报刊	1			
		其他	1			
3	邮件延误	函件	150			
		包件	20	172	18.5	-63.0	-8.0
		报刊	2			
4	邮件损毁	函件	68	77	8.3	-10.5	-11.5
		包件	9			
5	收寄服务	函件	22			
		包件	3	27	2.9	-32.5	0.0
		集邮	2			
6	违规收费	函件	3	3	0.3	-50.0	-25.0
7	其他		2	0.2	-71.4	—
合计	—		928	100.0	-35.6	-9.8

2018年4月，消费者对邮政服务申诉的主要问题与上月相较均呈下降趋势，其中邮件延误问题下降明显，环比下降63.0%；与去年同期相较，消费者对邮政服务申诉的主要问题呈下降趋势（图4-35）。

（二）各省（区、市）邮政普遍服务有效申诉情况

31个省（区、市）邮政普遍服务平均有效申诉率为千万分之5.42，环比减少2.25。其中，高于平均有效申诉率的有12个，全国最高的分别是广东、贵州、新疆、天津、宁夏；低于平均有效申诉率的有19个（表4-24）。

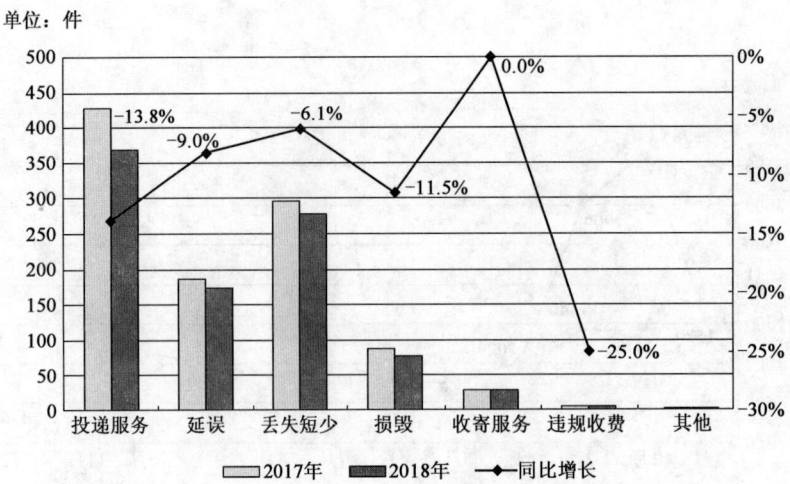

图4-35 2018年4月邮政服务申诉问题同比增长情况

表4-24 2018年4月各省(区、市)邮政普遍服务有效申诉情况
(单位:有效申诉件数/千万件进出口邮件量)

地 区	2018年4月有效申诉率	主要问题有效申诉率			2017年4月有效申诉率	同比
		延误	丢失损毁	投递服务		
广东	17.31	3.02	7.15	6.87	4.57	↑
贵州	13.44	3.49	3.49	6.18	2.35	↑
新疆	12.00	1.58	4.98	5.43	10.54	↑
天津	11.81	1.86	1.86	8.08	19.18	↓
宁夏	11.15	0.00	9.56	1.59	8.22	↑
湖南	8.48	1.70	4.24	1.87	4.85	↑
江苏	8.31	1.90	2.53	3.45	6.85	↑
河北	8.06	1.44	2.30	4.17	5.67	↑
湖北	7.82	2.28	2.12	3.42	4.86	↑
海南	7.79	0.71	6.37	0.71	6.58	↑
北京	7.76	1.63	4.63	1.50	44.42	↓
浙江	5.46	0.43	1.45	3.58	4.57	↑
重庆	4.87	0.91	1.83	1.83	2.84	↑
广西	4.51	1.29	2.26	0.64	1.87	↑
吉林	4.29	0.39	2.73	0.78	9.44	↓
江西	3.65	0.64	1.50	1.50	3.56	↑
西藏	3.34	0.00	0.84	2.51	6.25	↓
陕西	2.68	0.00	1.46	0.98	1.18	↑
黑龙江	2.59	1.44	0.58	0.29	1.55	↑
甘肃	2.59	0.00	0.74	0.00	2.22	↑
福建	2.31	0.72	1.01	0.58	2.75	↓
辽宁	2.30	0.38	0.96	0.96	2.75	↓
上海	2.17	0.17	0.59	1.09	2.46	↓
四川	1.82	0.45	0.68	0.57	1.70	↑
山东	1.77	0.10	1.04	0.52	1.12	↑

续上表

地 区	2018年4月有效申诉率	主要问题有效申诉率			2017年4月有效申诉率	同比
		延误	丢失损毁	投递服务		
安徽	1.53	0.00	0.85	0.68	2.24	↓
内蒙古	1.44	0.72	0.00	0.72	2.55	↓
云南	1.36	0.23	0.23	0.68	8.38	↓
河南	0.88	0.29	0.39	0.20	2.59	↓
山西	0.44	0.22	0.00	0.22	1.12	↓
青海	0.00	0.00	0.00	0.00	0.00	—
全国平均	5.42	1.00	2.07	2.15	5.83	↓

三、快递服务申诉情况

（一）消费者申诉的主要问题

2018年4月，消费者关于快递服务的有效申诉8026件，环比下降46.6%，同比下降32.8%（图4-36）。

2018年4月，消费者对快递服务申诉的主要问题与上月相较，仅代收货款问题小幅增长。与去年同期相较，消费者对快递服务申诉的主要问题均呈下降趋势。消费者申诉比较集中的问题是投递服务、丢失短少和延误，占比分别为38.2%、25.6%和24.2%（表4-25、图4-37）。

（二）消费者对快递企业申诉情况

2018年4月，消费者对43家快递企业进行了有效申诉，全国快递服务有效申诉率为百万分之2.14，环比减少1.67，同比减少1.86，高于全国平均有效申诉率的快递企业有13家。全国快递服务快件投递服务的有效申诉率为百万分之0.82，同比减少0.76；快件丢失损毁的有效申诉率为百万分之0.71，同比减少0.70；快件延误的有效申诉率为百万分之0.52，同比减少0.28（表4-26）。

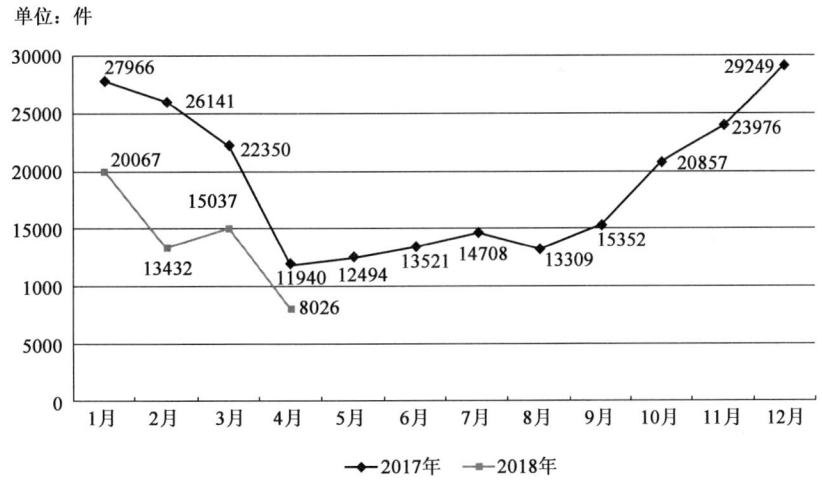

图4-36　2018年与2017年各月快递有效申诉数量

表4-25　2018年4月消费者申诉快递服务的主要问题及所占比例统计

序　号	申诉问题	申诉件数	占比例(%)	环比增长(%)	同比增长(%)
1	投递服务	3064	38.2	-44.7	-35.0
2	丢失短少	2059	25.6	-37.4	-29.9
3	延误	1944	24.2	-60.1	-18.5
4	损毁	622	7.8	-29.8	-51.4

续上表

序　号	申　诉　问　题	申　诉　件　数	占比例(%)	环比增长(%)	同比增长(%)
5	收寄服务	176	2.2	-39.1	-52.9
6	代收货款	63	0.8	28.6	-21.3
7	违规收费	58	0.7	-32.6	-54.7
8	其他	40	0.5	53.8	-9.1
9	合计	8026	100.0	-46.6	-32.8

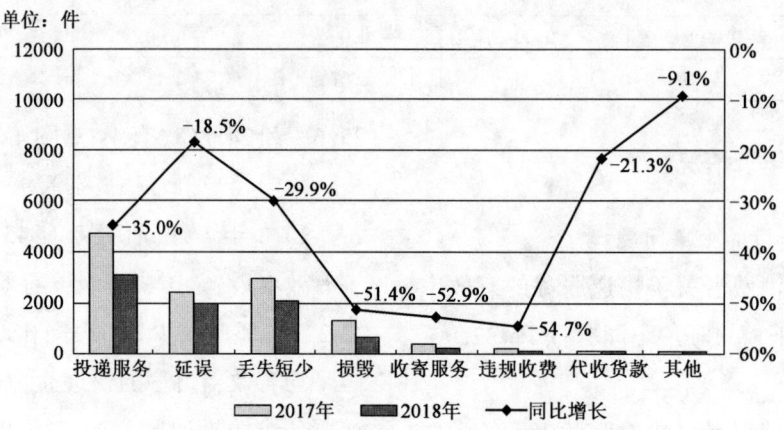

图4-37　2018年4月快递服务申诉问题同比增长情况

表4-26　2018年4月主要快递企业有效申诉率（单位：有效申诉件数/百万件快件）

企　业　名　称	2018年4月有效申诉率	主要问题有效申诉率			2017年4月有效申诉率	同比
		延误	丢失损毁	投递服务		
快捷速递	239.92	98.05	77.19	58.76	2.92	↑
全峰快递	225.27	24.73	155.68	36.63	19.05	↑
国通	21.63	8.03	5.44	7.74	22.82	↓
TNT	18.87	4.72	2.36	4.72	8.14	↑
UPS	8.15	2.72	0.00	2.72	9.30	↓
速尔	8.01	1.93	2.22	3.29	5.39	↑
宅急送	7.98	2.30	1.92	3.45	12.41	↓
邮政快递(EMS)	5.72	1.46	1.85	2.23	6.62	↓
全一快递	4.98	1.42	0.36	2.84	3.54	↑
天天	3.34	0.83	1.64	0.78	10.79	↓
FedEx	2.76	0.69	0.69	0.69	1.02	↑
优速	2.62	0.81	0.67	1.01	4.42	↓
圆通速递	2.15	0.42	0.68	1.01	2.83	↓
如风达	1.93	0.64	0.00	1.29	11.89	↓
递四方	1.90	0.65	0.59	0.36	0.77	↑
申通快递	1.56	0.33	0.49	0.69	6.51	↓
DHL	1.49	0.00	0.30	1.19	2.93	↓
中通快递	1.19	0.16	0.35	0.63	2.30	↓
韵达快递	1.08	0.22	0.42	0.40	1.41	↓
德邦快递	0.75	0.15	0.41	0.19	2.39	↓

续上表

企业名称	2018年4月有效申诉率	主要问题有效申诉率			2017年4月有效申诉率	同比
		延误	丢失损毁	投递服务		
顺丰速运	0.48	0.06	0.21	0.16	1.21	↓
百世快递	0.35	0.06	0.14	0.14	3.00	↓
京东	0.26	0.05	0.10	0.08	0.62	↓
苏宁易购	0.06	0.00	0.03	0.03	0.06	—
全国平均	2.14	0.52	0.71	0.82	4.00	↓

(三)各省(区、市)快递服务有效申诉情况

31个省(区、市)的快递服务平均有效申诉率为百万分之1.07,环比减少0.82。其中,高于平均有效申诉率的有12个,新疆、西藏、海南的快递服务有效申诉率排名全国前三;低于平均有效申诉率的有19个(表4-27)。

表4-27 2018年4月各省(区、市)快递服务有效申诉情况

[单位:有效申诉件数/百万件(收投)快件]

地区	2018年4月有效申诉率	主要问题有效申诉率			2017年4月有效申诉率	同比
		延误	丢失损毁	投递服务		
新疆	10.38	3.97	2.27	3.94	6.38	↑
西藏	4.35	1.16	2.61	0.29	10.08	↓
海南	2.04	0.49	0.68	0.80	3.86	↓
北京	1.60	0.37	0.69	0.52	3.49	↓
江苏	1.60	0.41	0.52	0.62	2.48	↓
云南	1.57	0.63	0.56	0.33	2.94	↓
贵州	1.56	0.41	0.53	0.52	2.96	↓
重庆	1.39	0.27	0.47	0.55	2.72	↓
甘肃	1.35	0.44	0.35	0.49	3.69	↓
青海	1.22	0.44	0.44	0.33	3.33	↓
山西	1.09	0.21	0.40	0.49	2.25	↓
天津	1.07	0.39	0.22	0.45	3.50	↓
山东	1.01	0.22	0.33	0.40	2.37	↓
广东	1.01	0.20	0.34	0.40	1.81	↓
河北	1.00	0.25	0.33	0.38	1.93	↓
浙江	1.00	0.20	0.31	0.47	1.41	↓
上海	0.96	0.21	0.40	0.33	2.08	↓
黑龙江	0.92	0.26	0.32	0.26	1.60	↓
湖南	0.92	0.32	0.29	0.29	1.77	↓
广西	0.89	0.29	0.33	0.21	2.05	↓
吉林	0.87	0.41	0.30	0.16	2.73	↓
湖北	0.87	0.28	0.26	0.30	1.55	↓
福建	0.79	0.14	0.21	0.39	2.01	↓
河南	0.78	0.20	0.29	0.27	1.68	↓
宁夏	0.77	0.06	0.24	0.48	1.99	↓
江西	0.64	0.16	0.19	0.27	1.77	↓

续上表

地 区	2018年4月有效申诉率	主要问题有效申诉率			2017年4月有效申诉率	同比
		延误	丢失损毁	投递服务		
四川	0.64	0.17	0.22	0.21	1.41	↓
内蒙古	0.62	0.17	0.23	0.23	2.33	↓
陕西	0.62	0.18	0.21	0.23	1.23	↓
辽宁	0.53	0.19	0.15	0.17	1.80	↓
安徽	0.51	0.11	0.20	0.17	1.48	↓
全国平均	1.07	0.26	0.36	0.41	2.02	↓

国家邮政局关于2018年5月邮政业消费者申诉情况的通告

一、总体情况

2018年5月,国家邮政局和各省(区、市)邮政管理局通过"12305"邮政行业消费者申诉电话和申诉网站共受理消费者申诉126808件。申诉中涉及邮政服务问题的5134件,占总申诉量的4.0%;涉及快递服务问题的121674件,占总申诉量的96.0%(图4-38)。

受理的申诉中有效申诉(确定企业责任的)为7363件,比上年同期下降44.4%。有效申诉中涉及邮政服务问题的630件,占有效申诉量的8.6%;涉及快递服务问题的6733件,占有效申诉量的91.4%(图4-39)。

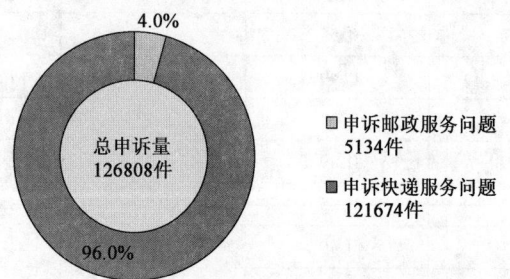

图4-38 2018年5月受理消费者申诉总体情况

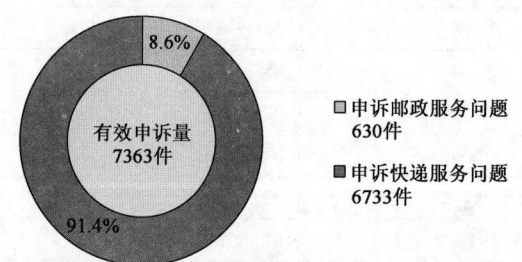

图4-39 2018年5月受理的申诉中有效申诉情况

消费者申诉均依法依规做了调解处理,为消费者挽回经济损失474.2万元。5月份,消费者对邮政管理部门申诉处理工作的满意率为98.3%,对邮政企业申诉处理结果的满意率为97.0%,对快递企业申诉处理结果的满意率为96.6%。

2018年5月,企业对邮政管理部门转办的申诉未能按规定时限回复的有13件,与去年同期相比减少11件(表4-28)。

表4-28 2018年5月企业对邮政管理部门转办的申诉未能按规定时限回复情况

公司名称	上海	浙江	广东	重庆	四川	陕西	合计
品骏快递	2		1			3	
顺丰速运						1	1
天天				1			1
国通		1					1

续上表

公 司 名 称	上海	浙江	广东	重庆	四川	陕西	合计
递四方			1				1
UPS		1					1
其他			5				5
合计	2	1	7	1	1	1	13

二、邮政服务申诉情况

(一)消费者申诉的主要问题

2018年5月,消费者关于邮政服务问题的有效申诉630件,环比下降32.1%,同比下降16.9%(图4-40)。

2018年5月,消费者申诉邮政服务的主要问题是投递服务和邮件丢失短少,分别占申诉总量的45.4%和29.7%(表4-29)。

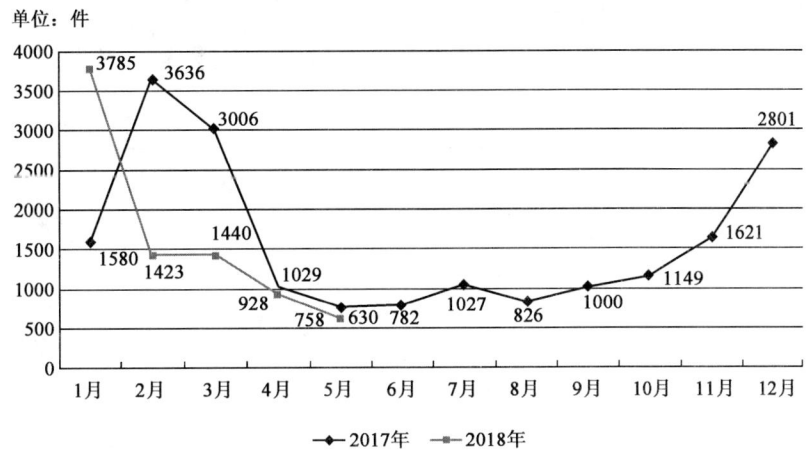

图4-40 2018年与2017年各月邮政有效申诉数量

表4-29 2018年5月消费者申诉邮政服务的主要问题及所占比例统计

序 号	申诉问题		申诉件数		占比例(%)	环比增长(%)	同比增长(%)
1	投递服务	函件	264	286	45.4	-22.5	-21.2
		包件	13				
		集邮	5				
		报刊	2				
		其他	2				
2	邮件丢失短少	函件	160	187	29.7	-32.7	-13.4
		包件	26				
		报刊	1				
3	邮件延误	函件	66	75	11.9	-56.4	-19.4
		包件	9				
4	邮件损毁	函件	54	57	9.0	-26.0	9.6
		包件	3				
5	收寄服务	函件	15	22	3.5	-18.5	-29.0
		包件	6				
		集邮	1				

续上表

序　号	申诉问题		申　诉　件　数	占比例(%)	环比增长(%)	同比增长(%)
6	违规收费	函件	1	0.3	-33.3	—
		包件	1			
7	其他		1	0.2	-50.0	-66.7
合计	—		630	100.0	-32.1	-16.9

2018年5月,消费者对邮政服务申诉的主要问题与上月相较均呈下降趋势,其中邮件延误问题下降明显,环比下降56.5%;与去年同期相较,消费者对邮政服务申诉的主要问题仅邮件损毁小幅增长,同比增长9.6%(图4-41)。

(二)各省(区、市)邮政普遍服务有效申诉情况

31个省(区、市)邮政普遍服务平均有效申诉率为千万分之3.47,环比减少1.95。其中,高于平均有效申诉率的有14个,全国最高的分别是新疆、广东、宁夏、北京、吉林、天津;低于平均有效申诉率的有17个(表4-30)。

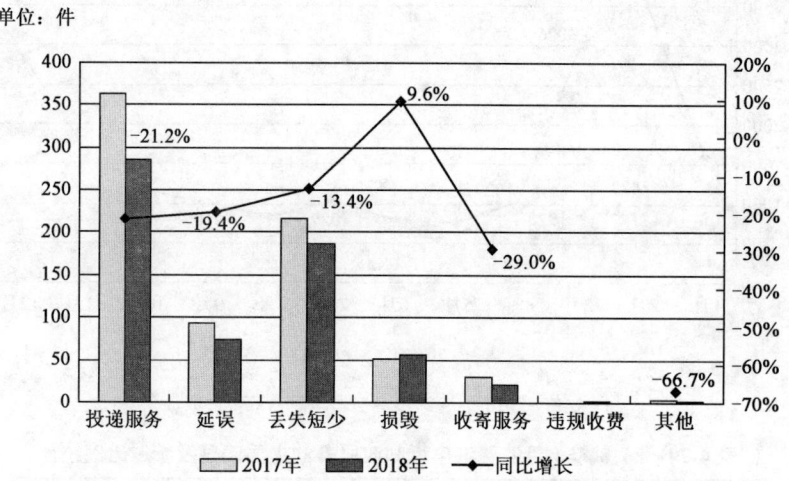

图4-41　2018年5月邮政服务申诉问题同比增长情况

表4-30　2018年5月各省(区、市)邮政普遍服务有效申诉情况

(单位:有效申诉件数/千万件进出口邮件量)

地　　区	2018年5月有效申诉率	主要问题有效申诉率			2017年5月有效申诉率	同比
		延误	丢失损毁	投递服务		
新疆	12.22	1.26	2.95	6.95	7.62	↑
广东	9.70	0.39	4.80	4.41	4.19	↑
宁夏	8.89	1.48	1.48	5.93	10.95	↓
北京	8.69	1.43	4.28	2.47	21.00	↓
吉林	7.33	1.10	4.40	1.83	7.44	↓
天津	7.07	0.59	0.00	6.48	14.05	↓
贵州	6.75	0.78	2.86	2.60	3.67	↑
西藏	6.42	1.60	3.21	1.60	9.88	↓
河北	6.23	1.72	1.59	2.65	5.35	↑
江苏	5.21	1.03	1.30	2.60	5.67	↓

续上表

地区	2018年5月有效申诉率	主要问题有效申诉率			2017年5月有效申诉率	同比
		延误	丢失损毁	投递服务		
广西	4.38	0.29	2.33	1.46	1.76	↑
海南	4.05	1.35	1.35	1.35	7.07	↓
浙江	3.65	0.16	1.13	2.27	3.87	↓
湖南	3.55	0.00	2.10	1.13	2.72	↑
湖北	3.45	0.31	1.25	1.88	3.42	↑
上海	1.92	0.09	0.61	1.22	1.57	↑
江西	1.83	0.20	0.41	1.02	3.40	↓
云南	1.68	0.24	0.96	0.48	4.74	↓
重庆	1.59	0.32	0.63	0.63	0.77	↑
福建	1.41	0.14	0.85	0.28	0.82	↑
四川	1.04	0.30	0.30	0.44	2.09	↓
辽宁	0.95	0.00	0.76	0.19	2.19	↓
陕西	0.92	0.00	0.92	0.00	1.35	↓
山东	0.87	0.00	0.48	0.39	1.82	↓
内蒙古	0.68	0.00	0.34	0.34	1.04	↓
山西	0.63	0.00	0.00	0.63	0.87	↓
河南	0.63	0.00	0.36	0.18	1.15	↓
黑龙江	0.55	0.00	0.28	0.28	1.59	↓
安徽	0.32	0.00	0.00	0.32	3.97	↓
甘肃	0.00	0.00	0.00	0.00	1.78	↓
青海	0.00	0.00	0.00	0.00	0.00	—
全国平均	3.47	0.41	1.34	1.58	4.06	↓

三、快递服务申诉情况

（一）消费者申诉的主要问题

2018年5月，消费者关于快递服务的有效申诉6733件，环比下降16.1%，同比下降46.1%（图4-42）。

2018年5月，消费者对快递服务申诉的主要问题的环比、同比均呈下降趋势（表4-31、图4-43）。

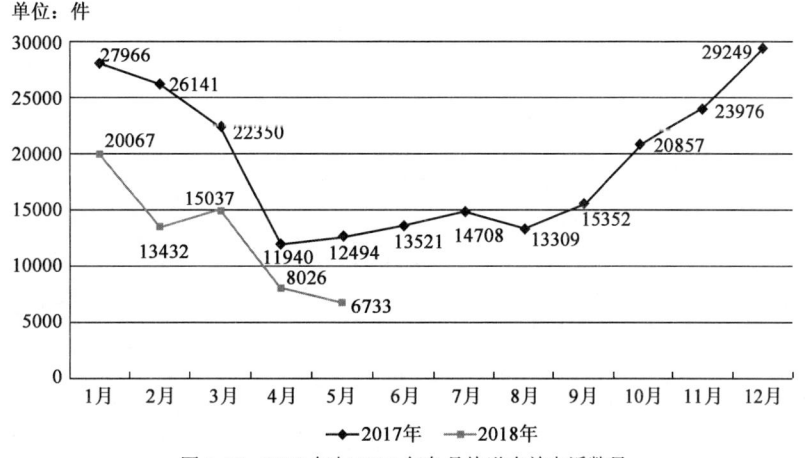

图4-42　2018年与2017年各月快递有效申诉数量

表4-31 2018年5月消费者申诉快递服务的主要问题及所占比例统计

序号	申诉问题	申诉件数	占比例(%)	环比增长(%)	同比增长(%)
1	投递服务	2482	36.9	-19.0	-53.1
2	延误	1785	26.5	-8.2	-28.7
3	丢失短少	1649	24.5	-19.9	-38.5
4	损毁	509	7.6	-18.2	-61.8
5	收寄服务	169	2.5	-4.0	-60.2
6	违规收费	52	0.8	-10.3	-65.3
7	代收货款	51	0.8	-19.0	-35.4
8	其他	36	0.5	-10.0	44.0
9	合计	6733	100.0	-16.1	-46.1

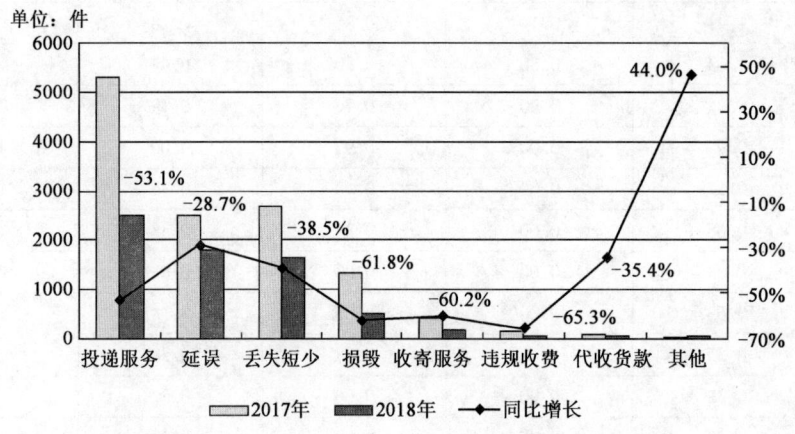

图4-43 2018年5月快递服务申诉问题同比增长情况

(二)消费者对快递企业申诉情况

2018年5月,消费者对43家快递企业进行了有效申诉,全国快递服务有效申诉率为百万分之1.61,环比减少0.53,同比减少2.13,高于全国平均有效申诉率的快递企业有13家。全国快递服务快件投递服务的有效申诉率为百万分之0.59,同比减少1.00;快件丢失损毁的有效申诉率为百万分之0.52,同比减少0.68;快件延误的有效申诉率为百万分之0.43,同比减少0.32(表4-32)。

表4-32 2018年5月主要快递企业有效申诉率
(单位:有效申诉件数/百万件快件)

企业名称	2018年5月有效申诉率	主要问题有效申诉率			2017年5月有效申诉率	同比
		延误	丢失损毁	投递服务		
快捷速递	1388.70	662.30	405.93	277.74	3.61	↑
全峰快递	110.53	3.51	97.37	8.77	23.23	↑
国通	14.18	3.99	3.76	6.01	27.20	↓
TNT	8.57	6.42	0.00	2.14	13.35	↓
宅急送	6.98	1.61	1.30	3.95	8.69	↓
FedEx	6.15	0.65	2.27	1.94	2.21	↑
UPS	5.78	0.64	1.93	1.93	8.99	↓
速尔	5.48	0.89	1.57	2.62	5.45	↑
全一快递	5.02	2.20	0.94	1.57	4.46	↑

续上表

企业名称	2018年5月有效申诉率	主要问题有效申诉率			2017年5月有效申诉率	同比
		延误	丢失损毁	投递服务		
邮政快递(EMS)	3.91	0.82	1.15	1.80	5.30	↓
DHL	1.76	0.29	0.59	0.00	1.42	↑
如风达	1.56	0.31	0.31	0.94	10.33	↓
优速	1.52	0.47	0.28	0.65	4.79	↓
民航快递	1.38	0.00	0.00	1.38	1.45	↓
天天	1.30	0.14	0.59	0.45	7.90	↓
卓越亚马逊	1.23	0.00	0.00	1.23	4.59	↓
递四方	1.02	0.38	0.38	0.26	0.98	↑
圆通速递	0.69	0.06	0.27	0.35	2.73	↓
中通快递	0.65	0.05	0.20	0.36	1.79	↓
申通快递	0.64	0.05	0.24	0.33	6.53	↓
韵达快递	0.55	0.07	0.19	0.25	1.51	↓
德邦快递	0.53	0.10	0.34	0.02	2.31	↓
顺丰速运	0.37	0.05	0.16	0.12	1.33	↓
百世快递	0.32	0.06	0.10	0.14	1.65	↓
京东	0.25	0.04	0.11	0.10	0.69	↓
苏宁易购	0.04	0.00	0.00	0.04	0.07	↓
全国平均	1.61	0.43	0.52	0.59	3.74	↓

(三)各省(区、市)快递服务有效申诉情况

31个省(区、市)的快递服务平均有效申诉率为百万分之0.82,环比减少0.25。其中,高于平均有效申诉率的有18个,新疆、西藏、青海的快递服务有效申诉率排名全国前三;低于平均有效申诉率的有13个(表4-33)。

表4-33 2018年5月各省(区、市)快递服务有效申诉情况

[单位:有效申诉件数/百万件(收投)快件]

地 区	2018年5月有效申诉率	主要问题有效申诉率			2017年5月有效申诉率	同比
		延误	丢失损毁	投递服务		
新疆	7.19	2.71	1.70	2.62	4.95	↑
西藏	1.91	0.55	0.55	0.82	7.51	↓
青海	1.62	0.43	0.97	0.11	3.32	↓
贵州	1.52	0.51	0.61	0.29	2.50	↓
海南	1.45	0.31	0.68	0.40	2.98	↓
吉林	1.41	0.65	0.53	0.22	2.05	↓
天津	1.35	0.61	0.21	0.51	2.21	↓
云南	1.31	0.54	0.37	0.34	2.69	↓
重庆	1.14	0.18	0.41	0.48	1.92	↓
甘肃	1.11	0.15	0.41	0.51	2.30	↓
黑龙江	1.01	0.42	0.28	0.30	2.24	↓
江苏	0.98	0.29	0.32	0.33	2.53	↓
北京	0.95	0.24	0.30	0.36	2.29	↓

续上表

地 区	2018年5月有效申诉率	主要问题有效申诉率			2017年5月有效申诉率	同比
		延误	丢失损毁	投递服务		
辽宁	0.95	0.42	0.26	0.23	1.58	↓
山东	0.89	0.27	0.27	0.29	2.36	↓
福建	0.85	0.20	0.18	0.45	2.40	↓
湖南	0.84	0.20	0.31	0.26	1.50	↓
山西	0.82	0.32	0.23	0.27	1.66	↓
内蒙古	0.80	0.27	0.30	0.21	1.54	↓
广西	0.80	0.23	0.30	0.19	1.77	↓
河北	0.74	0.15	0.26	0.32	1.88	↓
河南	0.74	0.23	0.17	0.32	1.53	↓
广东	0.74	0.13	0.26	0.29	1.93	↓
上海	0.73	0.22	0.26	0.23	1.97	↓
陕西	0.69	0.25	0.16	0.27	1.13	↓
湖北	0.67	0.21	0.24	0.20	1.52	↓
浙江	0.59	0.09	0.20	0.29	1.48	↓
四川	0.55	0.16	0.20	0.16	1.23	↓
宁夏	0.55	0.22	0.11	0.16	2.55	↓
江西	0.54	0.14	0.19	0.20	2.03	↓
安徽	0.45	0.16	0.15	0.14	1.46	↓
全国平均	0.82	0.22	0.26	0.30	1.92	↓

国家邮政局关于2018年6月邮政业消费者申诉情况的通告

一、总体情况

2018年6月，国家邮政局和各省（区、市）邮政管理局通过"12305"邮政行业消费者申诉电话和申诉网站共处理消费者申诉117390件。申诉中涉及邮政服务问题的4711件，占总申诉量的4.0%；涉及快递服务问题的112679件，占总申诉量的96.0%（图4-44）。

受理的申诉中有效申诉（确定企业责任的）为5137件，比上年同期下降64.1%。有效申诉中涉及邮政服务问题的449件，占有效申诉量的8.7%；涉及快递服务问题的4688件，占有效申诉量的91.3%（图4-45）。

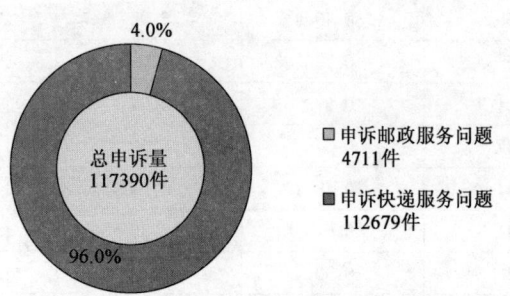

图4-44　2018年6月受理消费者申诉总体情况

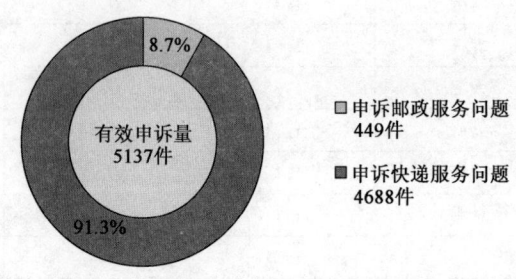

图4-45　2018年6月受理的申诉中有效申诉情况

消费者申诉均依法依规做了调解处理,为消费者挽回经济损失446.3万元。6月份,消费者对邮政管理部门有效申诉处理工作的满意率为98.6%,对邮政企业有效申诉处理结果的满意率为97.8%,对快递企业有效申诉处理结果的满意率为96.7%。

2018年6月,企业对邮政管理部门转办的申诉未能按规定时限回复的有24件,与去年同期相比增加5件(表4-34)。

表4-34 2018年6月企业对邮政管理部门转办的申诉未能按规定时限回复情况

公 司 名 称	上海	福建	广东	重庆	四川	新疆	合计
品骏快递	1	1	8	1		2	13
京东			1				1
如风达			1				1
递四方			1				1
FedEx					1		1
其他	1		3		3		7
合计	2	1	14	1	4	2	24

二、邮政服务申诉情况

(一)消费者对邮政服务问题申诉情况

2018年6月,消费者对邮政服务问题申诉4711件,环比下降8.2%,同比增长0.7%(图4-46)。

2018年6月,消费者对邮政服务申诉的主要问题是投递服务、邮件丢失短少和邮件延误,分别占申诉总量的38.8%、23.0%和18.0%。环比仅违规收费问题小幅增长,同比增长的有违规收费、邮件丢失短少、邮件损毁、收寄服务和投递服务问题(表4-35)。

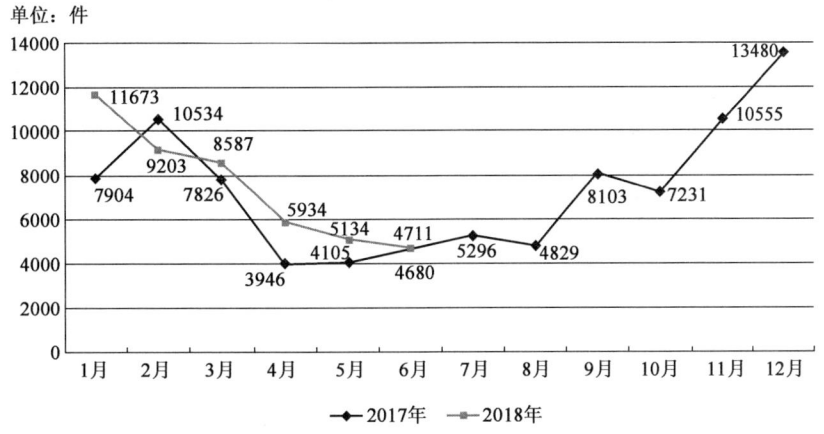

图4-46 2018年与2017年各月邮政申诉数量

表4-35 2018年6月消费者对邮政服务问题申诉情况统计

序号	申诉内容	申诉件数	占比(%)	环比(%)	同比(%)	函件	包件	汇兑	报刊	集邮	其他
1	投递服务	1830	38.8	-11.2	2.6	1191	457	1	22	21	138
2	邮件丢失短少	1083	23.0	-7.9	19.3	606	370	0	16	2	89
3	邮件延误	849	18.0	-13.5	-26.3	394	323	1	9	4	118
4	邮件损毁	323	6.9	-3.0	15.8	147	132	0	1	3	40
5	收寄服务	264	5.6	-1.5	12.3	101	99	2	1	3	58
6	违规收费	100	2.1	38.9	85.2	19	65	0	2	2	12
7	其他	262	5.6	7.4	-2.6	76	73	1	2	5	105
8	合计	4711	100.0	-8.2	0.7	2534	1519	5	53	40	560

(二)消费者对邮政服务问题有效申诉情况

6月,消费者对邮政服务问题有效申诉449件,环比下降28.7%,同比下降42.6%(图4-47)。

2018年6月,消费者对邮政服务有效申诉的主要问题是投递服务和邮件丢失短少,分别占有效申诉总量的50.1%和26.3%。消费者对邮政服务有效申诉问题的环比、同比均呈下降趋势,同比下降明显的有投递服务和邮件延误问题,同比分别下降45.4%和42.6%(表4-36)。

三、快递服务申诉情况

(一)消费者对快递服务问题申诉情况

2018年6月,消费者对快递服务问题申诉112679件,环比下降7.4%,同比下降2.2%(图4-48)。

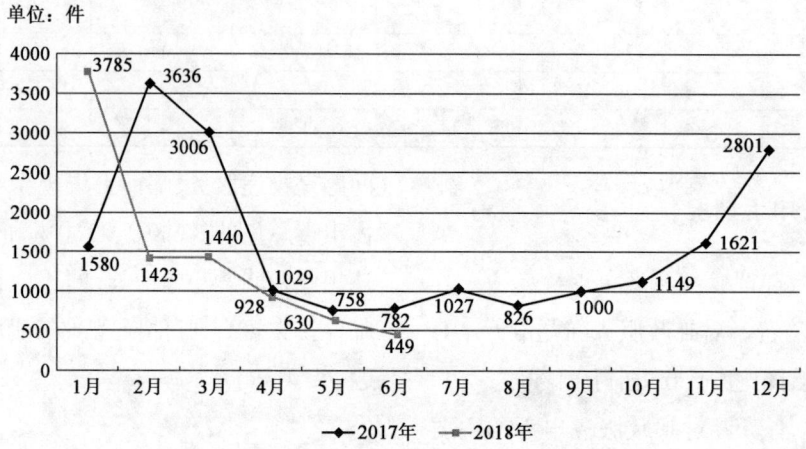

图4-47　2018年与2017年各月邮政有效申诉数量

表4-36　2018年6月消费者对邮政服务问题有效申诉情况统计

序号	申诉问题		有效申诉件数	占比例(%)	环比(%)	同比(%)
1	投递服务	函件	199	225	50.1	-21.3	-45.4
		包件	15				
		集邮	9				
		报刊	2				
2	邮件丢失短少	函件	102	118	26.3	-36.9	-36.9
		包件	15				
		报刊	1				
3	邮件延误	函件	48	54	12.0	-28.0	-42.6
		包件	4				
		报刊	1				
		其他	1				
4	邮件损毁	函件	33	36	8.0	-36.8	-32.1
		包件	3				
5	收寄服务	函件	8	15	3.3	-31.8	-51.6
		包件	5				
		其他	2				
6	违规收费	包件	1	1	0.2	-50.0	-80.0
合计	—		449	100.0	-28.7	-42.6

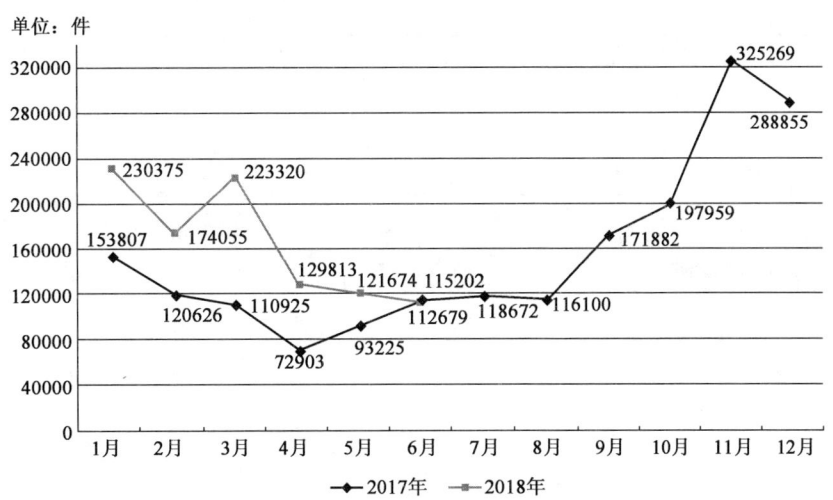

图 4-48 2018 年与 2017 年各月快递申诉数量

（二）消费者对快递服务问题有效申诉情况

6月，消费者对快递服务问题有效申诉 4688 件，环比下降 30.4%，同比下降 65.3%（图 4-49）。

2018 年 6 月，消费者对快递服务有效申诉的主要问题是投递服务、快件丢失短少和快件延误，分别占有效申诉总量的 38.0%、24.5% 和 20.8%。消费者对快递服务有效申诉问题环比增长的有违规收费、收寄服务和代收货款，同比均有明显下降（表 4-37）。

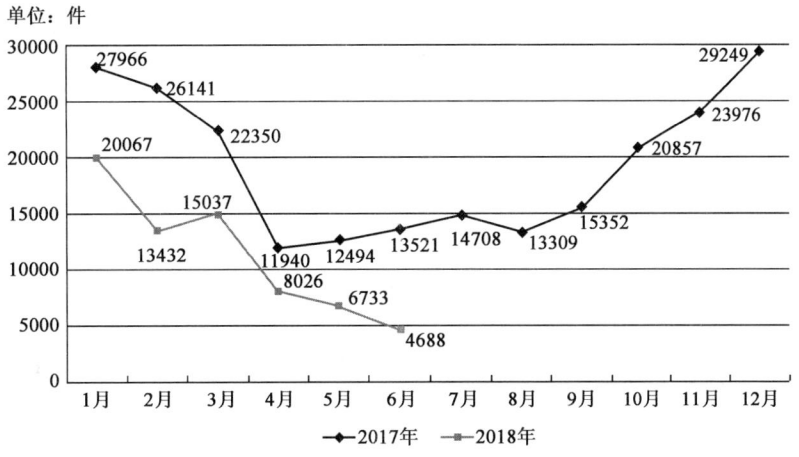

图 4-49 2018 年与 2017 年各月快递有效申诉数量

表 4-37 2018 年 6 月消费者对快递服务问题有效申诉情况统计

序 号	申 诉 问 题	总申诉件数	有效申诉件数	有效申诉占比（%）	有效申诉环比（%）	有效申诉同比（%）
1	投递服务	29477	1781	38.0	-28.2	-69.9
2	丢失短少	23768	1150	24.5	-30.3	-55.0
3	延误	28300	975	20.8	-45.4	-66.4
4	损毁	14837	487	10.4	-4.3	-66.5
5	收寄服务	5196	176	3.8	4.1	-60.6
6	违规收费	2918	58	1.2	11.5	-59.2
7	代收货款	783	52	1.1	2.0	-22.4

续上表

序号	申诉问题	总申诉件数	有效申诉件数	有效申诉占比（%）	有效申诉环比（%）	有效申诉同比（%）
8	其他	7400	9	0.2	-75.0	-73.5
9	合计	112679	4688	100.0	-30.4	-65.3

（三）消费者对快递企业申诉情况

2018年6月，消费者对快递企业有效申诉处理结果满意率（消费者对快递企业有效申诉处理结果满意件数与快递企业有效申诉总量之比）为96.7%，低于全国平均有效申诉处理结果满意率的快递企业有13家；全国快递服务申诉率（快递企业每百万件业务量中发生申诉问题的件数）为百万分之26.65，高于全国平均申诉率的快递企业有11家；全国快递服务有效申诉率（快递企业每百万件业务量中发生有效申诉问题的件数）为百万分之1.11，高于全国平均有效申诉率的快递企业有14家（表4-38）。

表4-38 2018年6月主要快递企业申诉情况

序号	企业名称	消费者对快递企业有效申诉处理结果满意率(%)	申诉率（百万分之）	有效申诉率（百万分之）
1	民航快递	100.0	4.12	2.74
2	苏宁易购	100.0	4.69	0.08
3	DHL	100.0	11.09	1.54
4	优速	100.0	54.49	1.22
5	TNT	100.0	54.89	11.93
6	顺丰速运	98.7	25.33	0.48
7	速尔	98.5	22.22	4.01
8	京东	97.8	5.70	0.36
9	邮政快递（EMS）	97.1	34.11	3.19
10	安能	96.9	117.81	5.87
11	中通快递	96.3	18.31	0.52
12	国通	96.1	44.69	6.02
13	天天	96.1	80.60	1.44
14	品骏	95.9	9.18	3.16
15	宅急送	95.8	52.93	5.96
16	圆通速递	94.1	33.44	0.57
17	申通快递	92.0	32.52	0.40
18	UPS	91.7	28.22	8.26
19	德邦快递	91.3	44.58	0.50
20	FedEx	90.9	16.97	3.81
21	韵达快递	89.3	20.15	0.26
22	百世快递	88.2	20.39	0.30
23	递四方	82.1	8.54	1.80
24	全国平均	96.7	26.65	1.11

（四）各省（区、市）快递服务申诉情况

消费者对各省（区、市）邮政管理部门有效申诉处理工作满意率（消费者对邮政管理部门有效申诉处理工作满意件数与邮政管理部门结案有效申诉总量之比)为98.6%,低于全国平均有效申诉处理工作满意率的地区有10个;各省(区、市)快递服务申诉率(所在省份快递企业每百万件收投业务量中发生申诉问题的件数)为百万分之13.46,高于全国平均申诉率的地区有14个;各省(区、市)快递服务有效申诉率(所在省份快递企业每百万件收投业务量中发生有效申诉问题的件数)为百万分之0.56,高于全国平均有效申诉率的地区有16个(表4-39)。

表4-39 2018年6月各省(区、市)快递服务申诉情况

序 号	地 区	消费者对邮政管理部门有效申诉处理工作满意率(%)	申诉率(百万分之)	有效申诉率(百万分之)
1	宁夏	100.0	8.61	0.37
2	四川	100.0	9.50	0.43
3	贵州	100.0	11.10	1.35
4	山西	100.0	11.58	0.60
5	河北	100.0	11.99	0.47
6	安徽	100.0	12.22	0.23
7	黑龙江	100.0	12.27	0.68
8	内蒙古	100.0	13.44	0.39
9	天津	100.0	13.48	0.86
10	陕西	100.0	13.60	0.30
11	江西	100.0	14.39	0.40
12	广西	100.0	14.44	0.46
13	辽宁	100.0	17.13	0.81
14	青海	100.0	17.41	0.41
15	西藏	100.0	39.08	2.43
16	江苏	99.8	13.75	0.61
17	上海	99.3	18.45	0.37
18	重庆	99.1	10.59	0.77
19	湖南	99.1	13.11	0.43
20	山东	98.8	19.53	0.63
21	浙江	98.7	11.04	0.36
22	湖北	98.0	13.95	0.53
23	新疆	98.0	27.89	2.97
24	甘肃	97.8	11.27	0.80
25	广东	97.8	14.24	0.65
26	吉林	97.1	13.09	0.50
27	海南	97.1	19.74	1.12
28	福建	97.0	11.85	0.66
29	河南	96.9	9.89	0.50
30	北京	96.9	12.26	0.67
31	云南	95.8	11.96	0.70
32	全国平均	98.6	13.46	0.56

国家邮政局关于2018年7月邮政业消费者申诉情况的通告

一、总体情况

2018年7月,国家邮政局和各省(区、市)邮政管理局通过"12305"邮政行业消费者申诉电话和申诉网站共处理消费者申诉122127件。申诉中涉及邮政服务问题的5205件,占总申诉量的4.3%;涉及快递服务问题的116922件,占总申诉量的95.7%(图4-50)。

受理的申诉中有效申诉(确定企业责任的)为5001件,比上年同期下降68.2%。有效申诉中涉及邮政服务问题的471件,占有效申诉量的9.4%;涉及快递服务问题的4530件,占有效申诉量的90.6%(图4-51)。

消费者申诉均依法依规做了调解处理,为消费者挽回经济损失488.9万元。7月份,消费者对邮政管理部门有效申诉处理工作满意率为98.8%,对邮政企业有效申诉处理满意率为97.5%,对快递企业有效申诉处理满意率为97.2%。

2018年7月,企业对邮政管理部门转办的申诉未能按规定时限回复的有25件,与去年同期相比增加2件(表4-40)。

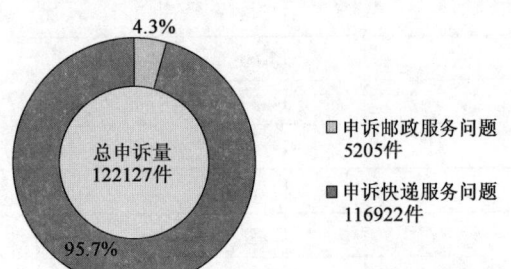

图4-50 2018年7月受理消费者申诉总体情况

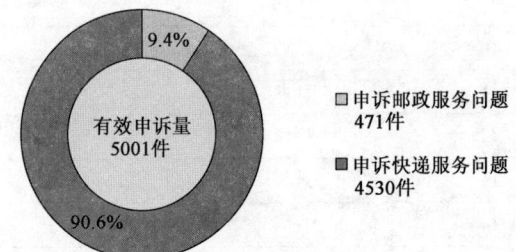

图4-51 2018年7月受理的申诉中有效申诉情况

表4-40 2018年6月企业对邮政管理部门转办的申诉未能按规定时限回复情况

公司名称	吉林	上海	福建	广东	云南	陕西	新疆	合计
品骏快递	1			6	1			8
京东		2						2
TNT			2					2
中国邮政			1					1
百世快递							1	1
中外运-空运						1		1
增益				1				1
其他		1		8				9
合计	1	1	3	17	1	1	1	25

二、邮政服务申诉情况

(一)消费者对邮政服务问题申诉情况

7月,消费者对邮政服务问题申诉5205件,环比增长10.5%,同比下降1.7%(图4-52)。

7月,消费者对邮政服务申诉的主要问题是投递服务、邮件丢失短少和邮件延误,分别占申诉总量的39.0%、21.3%和17.4%。消费者对邮政服务问题申诉环比仅违规收费问题小幅下降,同比下降的是邮件延误问题(表4-41)。

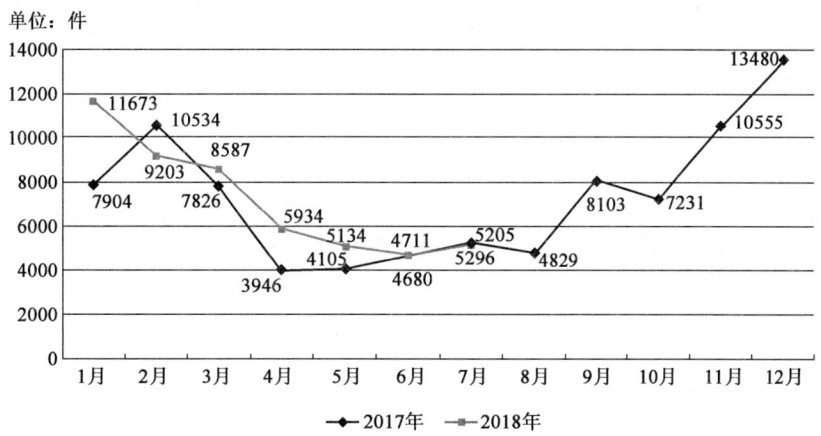

图 4-52　2018 年与 2017 年各月邮政申诉数量

表 4-41　2018 年 7 月消费者对邮政服务问题申诉情况统计表

序号	申诉内容	申诉件数	占比(%)	环比(%)	同比(%)	函件	包件	汇兑	报刊	集邮	其他
1	投递服务	2031	39.0	11.0	3.0	1445	400	0	34	16	136
2	丢失短少	1107	21.3	2.2	11.8	607	397	1	14	5	83
3	延误	908	17.4	6.9	-34.8	450	340	2	11	6	99
4	损毁	436	8.4	35.0	27.1	227	166	0	0	5	38
5	收寄服务	302	5.8	14.4	9.4	127	115	1	2	11	46
6	违规收费	88	1.7	-12.0	25.7	31	44	0	0	0	13
7	其他	333	6.4	27.1	32.1	99	84	2	9	14	125
8	合计	5205	100.0	10.5	-1.7	2986	1546	6	70	57	540

（二）消费者对邮政服务问题有效申诉情况

7 月，消费者对邮政服务问题有效申诉 471 件，环比增长 4.9%，同比下降 54.1%（图 4-53）。

7 月，消费者对邮政服务有效申诉的主要问题是投递服务和邮件丢失短少，分别占有效申诉总量的 47.8% 和 25.9%。消费者对邮政服务问题有效申诉环比增长的有邮件损毁、收寄服务和邮件丢失短少，同比均有明显下降（表 4-42）。

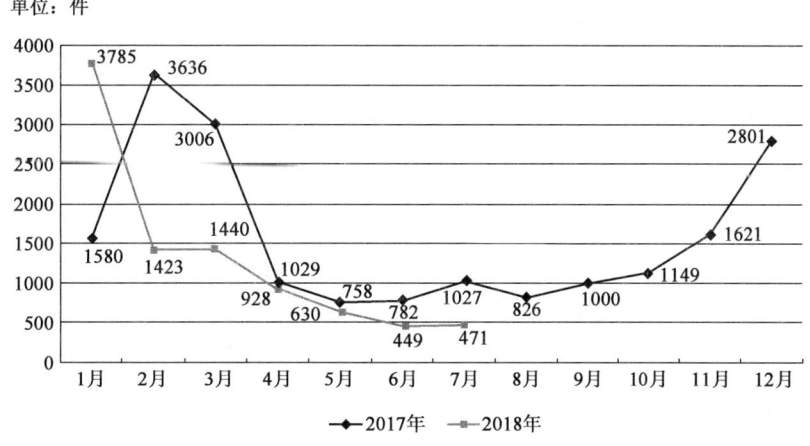

图 4-53　2018 年与 2017 年各月邮政有效申诉数量

表4-42 2018年7月消费者对邮政服务问题有效申诉情况统计

序号	申诉问题		有效申诉件数		占比例(%)	环比(%)	同比(%)
1	投递服务	函件	209	225	47.8	0.0	-52.9
		包件	15				
		报刊	1				
2	邮件丢失短少	函件	104	122	25.9	3.4	-38.1
		包件	17				
		报刊	1				
3	邮件延误	函件	43	52	11.0	-3.7	-76.9
		包件	9				
4	邮件损毁	函件	45	51	10.8	41.7	-30.1
		包件	5				
		集邮	1				
5	收寄服务	函件	10	16	3.4	6.7	-69.2
		包件	3				
		集邮	3				
6	违规收费	函件	1	1	0.2	0.0	-50.0
7	其他			4	0.8	—	—
合计		—		471	100.0	4.9	-54.1

三、快递服务申诉情况

(一)消费者对快递服务问题申诉情况

7月,消费者对快递服务问题申诉116922件,环比增长3.8%,同比下降1.5%(图4-54)。

(二)消费者对快递服务问题有效申诉情况

7月,消费者对快递服务问题有效申诉4530件,环比下降3.4%,同比下降69.2%(图4-55)。

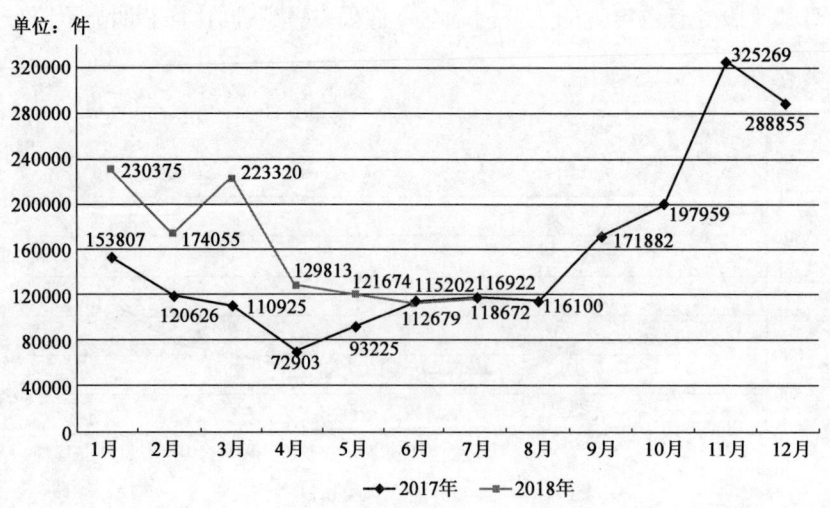

图4-54 2018年与2017年各月快递申诉数量

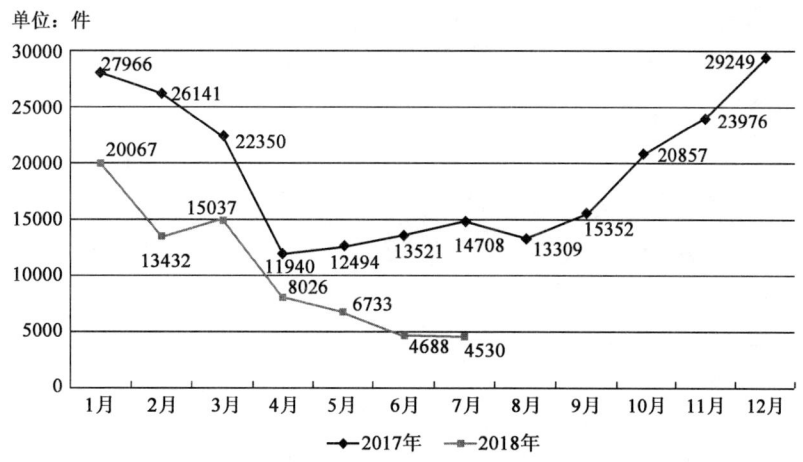

图 4-55　2018 年与 2017 年各月快递有效申诉数量

7月,消费者对快递服务有效申诉的主要问题是投递服务、快件丢失短少和快件延误,分别占有效申诉总量的 39.5%、22.9% 和 19.6%。消费者对快递服务问题有效申诉环比增长的有代收货款、快件损毁、收寄服务和投递服务,同比均有明显下降(表 4-43)。

(三)消费者对快递企业申诉情况

7月,消费者对快递企业有效申诉处理满意率(消费者对快递企业有效申诉处理满意件数与快递企业有效申诉总量之比)为 97.2%,低于全国平均有效申诉处理满意率的快递企业有 9 家;全国快递服务申诉率(快递企业每百万件业务量中发生申诉问题的件数)为百万分之 28.65,高于全国平均申诉率的快递企业有 10 家;全国快递服务有效申诉率(快递企业每百万件业务量中发生有效申诉问题的件数)为百万分之 1.11,高于全国平均有效申诉率的快递企业有 12 家(表 4-44)。

表 4-43　2018 年 7 月消费者对快递服务问题有效申诉情况统计

序号	申诉问题	总申诉件数	有效申诉件数	有效申诉占比(%)	有效申诉环比(%)	有效申诉同比(%)
1	投递服务	30968	1788	39.5	0.4	-70.8
2	丢失短少	24571	1039	22.9	-9.7	-61.3
3	延误	26074	886	19.6	-9.1	-75.4
4	损毁	16845	518	11.4	6.4	-67.6
5	收寄服务	4973	177	3.9	0.6	-59.0
6	代收货款	918	64	1.4	23.1	-34.7
7	违规收费	3120	48	1.1	-17.2	-62.5
8	其他	9453	10	0.2	11.1	-66.7
9	合计	116922	4530	100.0	-3.4	-69.2

表 4-44　2018 年 7 月主要快递企业申诉情况

序号	企业名称	消费者对快递企业有效申诉处理满意率(%)	申诉率(百万分之)	有效申诉率(百万分之)
1	中外运-空运	100.0	0.75	0.19
2	民航快递	100.0	1.30	1.30
3	苏宁易购	100.0	4.00	0.07
4	递四方	100.0	4.27	0.78

续上表

序　号	企业名称	消费者对快递企业有效申诉处理满意率(%)	申诉率(百万分之)	有效申诉率(百万分之)
5	DHL	100.0	10.25	0.59
6	FedEx	100.0	20.80	7.28
7	UPS	100.0	25.54	7.86
8	如风达	100.0	28.58	0.30
9	TNT	100.0	57.97	19.32
10	优速	100.0	60.28	1.37
11	韵达快递	99.3	19.28	0.25
12	顺丰速运	98.4	26.16	0.41
13	安能快递	98.4	152.10	8.40
14	京东	98.3	5.16	0.29
15	品骏快递	97.7	12.62	5.00
16	宅急送	97.4	68.53	7.88
17	天天	97.1	88.94	2.32
18	邮政快递(EMS)	96.8	37.59	3.86
19	国通	96.7	42.95	4.76
20	德邦快递	96.3	56.05	0.57
21	中通快递	96.1	17.30	0.40
22	圆通速递	95.4	34.25	0.48
23	申通快递	95.2	36.14	0.52
24	百世快递	94.7	23.84	0.51
25	速尔	94.5	23.55	4.49
26	全国平均	97.2	28.65	1.11

（四）各省（区、市）快递服务申诉情况

消费者对各省（区、市）邮政管理部门有效申诉处理工作满意率（消费者对邮政管理部门有效申诉处理工作满意件数与邮政管理部门结案有效申诉总量之比）为98.8%，低于全国平均有效申诉处理满意率的地区有7个；各省（区、市）快递服务申诉率（所在省份快递企业每百万件收投业务量中发生申诉问题的件数）为百万分之14.37，高于全国平均申诉率的地区有16个；各省（区、市）快递服务有效申诉率（所在省份快递企业每百万件收投业务量中发生有效申诉问题的件数）为百万分之0.56，高于全国平均有效申诉率的地区有19个（表4-45）。

表4-45　2018年7月各省（区、市）快递服务申诉情况

序　号	地　区	消费者对邮政管理部门有效申诉处理工作满意率(%)	申诉率(百万分之)	有效申诉率(百万分之)
1	河南	100.0	10.36	0.45
2	宁夏	100.0	11.47	0.60
3	云南	100.0	12.21	0.89
4	河北	100.0	12.44	0.51
5	安徽	100.0	13.31	0.35
6	内蒙古	100.0	13.50	0.50

续上表

序 号	地 区	消费者对邮政管理部门有效申诉处理工作满意率(%)	申诉率（百万分之）	有效申诉率（百万分之）
7	山西	100.0	13.56	0.70
8	陕西	100.0	14.93	0.36
9	湖南	100.0	15.01	0.85
10	贵州	100.0	15.43	1.04
11	吉林	100.0	16.41	0.56
12	黑龙江	100.0	18.39	0.84
13	海南	100.0	18.78	1.30
14	辽宁	100.0	19.00	0.45
15	青海	100.0	21.19	0.72
16	福建	99.7	13.90	0.77
17	江苏	99.5	14.14	0.59
18	四川	99.4	12.34	0.49
19	上海	99.3	17.89	0.33
20	重庆	99.2	14.31	0.85
21	浙江	99.1	11.72	0.35
22	湖北	99.1	14.07	0.39
23	新疆	99.1	33.33	3.19
24	山东	99.0	22.76	0.69
25	江西	98.2	17.05	0.38
26	广东	97.3	13.56	0.58
27	天津	97.2	14.92	1.00
28	甘肃	96.9	13.58	1.00
29	北京	96.9	14.54	0.65
30	广西	95.6	14.44	0.36
31	西藏	75.0	50.80	2.16
32	全国平均	98.8	14.37	0.56

国家邮政局关于2018年8月邮政业消费者申诉情况的通告

一、总体情况

2018年8月，国家邮政局和各省（区、市）邮政管理局通过"12305"邮政行业消费者申诉电话和申诉网站共处理消费者申诉119942件。申诉中涉及邮政服务问题的5135件，占总申诉量的4.3%；涉及快递服务问题的114807件，占总申诉量的95.7%（图5-56）。

受理的申诉中有效申诉（确定企业责任的）为4655件，比上年同期下降67.1%。有效申诉中涉及邮政服务问题的429件，占有效申诉量的9.2%；涉及快递服务问题的4226件，占有效申诉量的90.8%（图4-57）。

消费者申诉均依法依规做了调解处理，为消费者挽回经济损失520.2万元。8月份，消费者对邮政管理部门有效申诉处理工作满意率为

98.9%,对邮政企业有效申诉处理满意率为97.8%,对快递企业有效申诉处理满意率为98.1%。

8月,企业对邮政管理部门转办的申诉未能按规定时限回复的有10件,与去年同期相比减少7件(表4-46)。

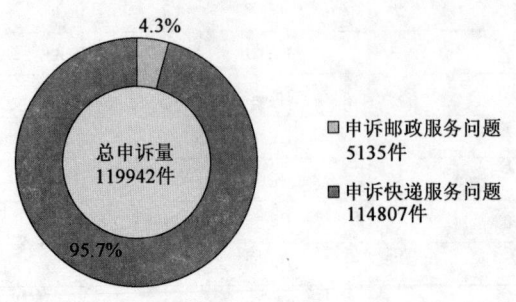

图4-56　2018年8月受理消费者申诉总体情况

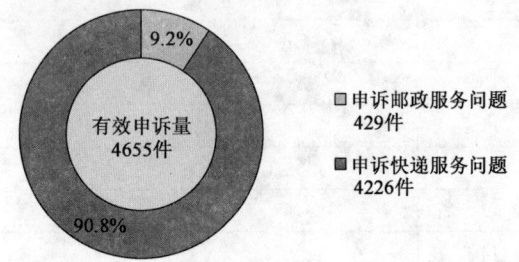

图4-57　2018年8月受理的申诉中有效申诉情况

表4-46　2018年8月企业对邮政管理部门转办的申诉未能按规定时限回复情况

公司名称	山西	上海	江苏	福建	广东	四川	合计
京东	1		1		1		3
品骏快递			1		1		2
中国邮政		1					1
苏宁易购		1					1
其他			1		2		3
合计	1	2	2	1	3	1	10

二、邮政服务申诉情况

(一)消费者对邮政服务问题申诉情况

8月,消费者对邮政服务问题申诉5135件,环比下降1.3%,同比增长6.3%(图5-58)。

8月,消费者对邮政服务申诉的主要问题是投递服务、邮件丢失短少和邮件延误,分别占申诉总量的41.1%、18.3%和16.0%。消费者对邮政服务问题申诉环比仅投递服务问题小幅增长,同比增长较大的是邮件损毁问题(表4-47)。

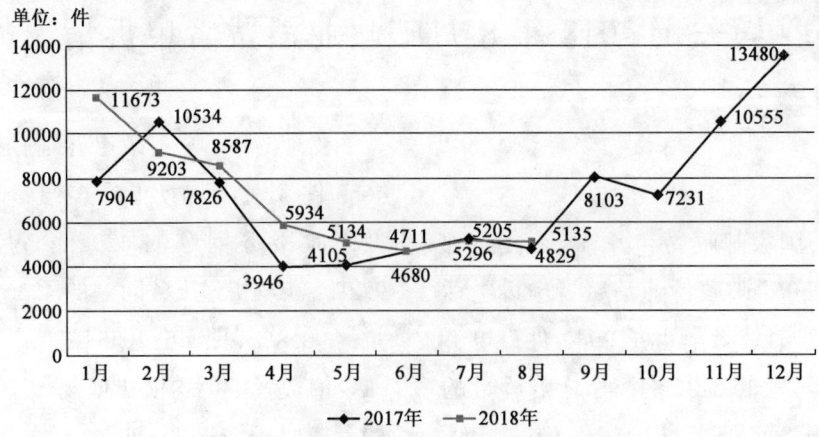

图4-58　2018年与2017年各月邮政申诉数量

表4-47 2018年8月消费者对邮政服务问题申诉情况统计

序号	申诉内容	申诉件数	占比(%)	环比(%)	同比(%)	函件	包件	汇兑	报刊	集邮	其他
1	投递服务	2112	41.1	4.0	12.1	1420	375	2	41	8	266
2	丢失短少	940	18.3	-15.1	-1.9	537	298	0	12	6	87
3	延误	822	16.0	-9.5	-24.8	412	293	2	7	7	101
4	损毁	408	7.9	-6.4	42.2	250	127	0	1	0	30
5	收寄服务	270	5.3	-10.6	15.9	120	92	1	0	13	44
6	违规收费	52	1.0	-40.9	-8.8	21	23	0	0	1	7
7	其他	531	10.3	59.5	67.5	114	83	3	6	7	318
8	合计	5135	100.0	-1.3	6.3	2874	1291	8	67	42	853

（二）消费者对邮政服务问题有效申诉情况

8月，消费者对邮政服务问题有效申诉429件，环比下降8.9%，同比下降48.1%（图4-59）。

8月，消费者对邮政服务有效申诉的主要问题是投递服务和邮件丢失短少，分别占有效申诉总量的49.2%和21.9%。消费者对邮政服务问题有效申诉环比增长的有违规收费和邮件延误和收寄服务，同比均有明显下降（表4-48）。

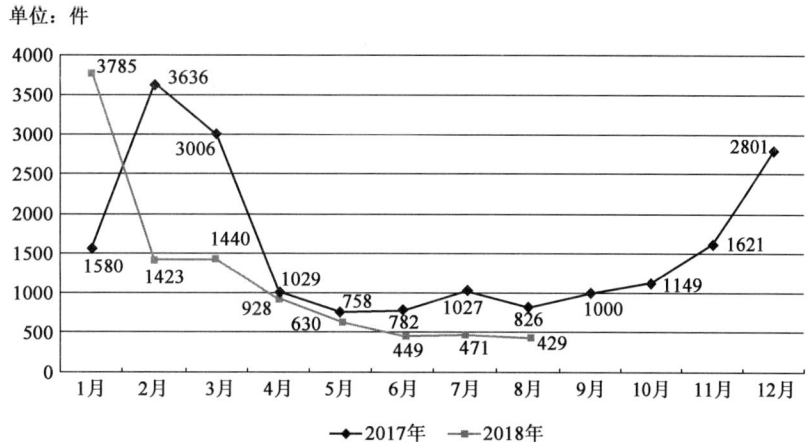

图4-59 2018年与2017年各月邮政有效申诉数量

表4-48 2018年8月消费者对邮政服务问题有效申诉情况统计

序号	申诉问题		申诉件数	占比例(%)	环比(%)	同比(%)
1	投递服务	函件	193	49.2	-6.2	-52.3
		包件	15			
		报刊	2	211		
		其他	1			
2	丢失短少	函件	75	94	-23.0	-50.0
		包件	19			
3	延误	函件	48	60	15.4	-43.4
		包件	11			
		集邮	1			
4	损毁	函件	35	40	9.3	-21.6	-35.5
		包件	5			

续上表

序 号	申 诉 问 题		申 诉 件 数	占比例(%)	环比(%)	同比(%)
5	收寄服务	函件	14	4.4	18.8	-24.0
		集邮	5			
6	违规收费	函件	3	3	0.7	200.0	0.0
7	其他		2	0.5	-50.0	—
8	合计		429	100.0	-8.9	-48.1

三、快递服务申诉情况

(一)消费者对快递服务问题申诉情况

8月,消费者对快递服务问题申诉114807件,环比下降1.8%,同比下降1.1%(图4-60)。

(二)消费者对快递服务问题有效申诉情况

8月,消费者对快递服务问题有效申诉4226件,环比下降6.7%,同比下降68.2%(图4-61)。

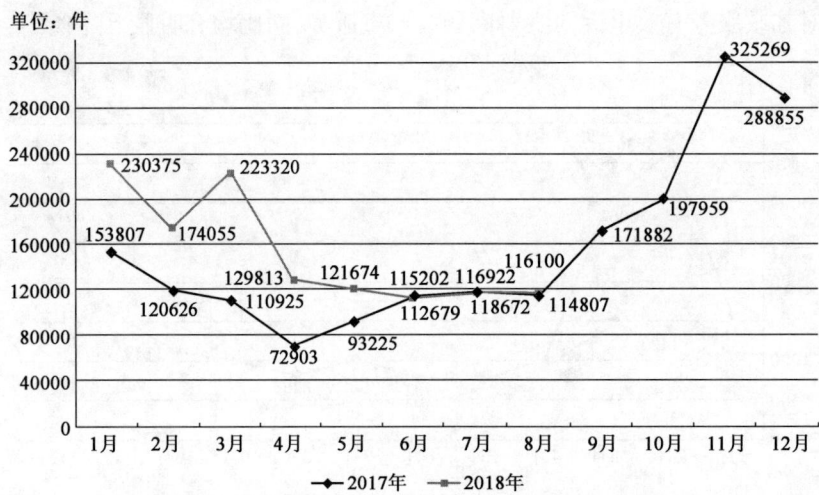

图4-60 2018年与2017年各月快递申诉数量

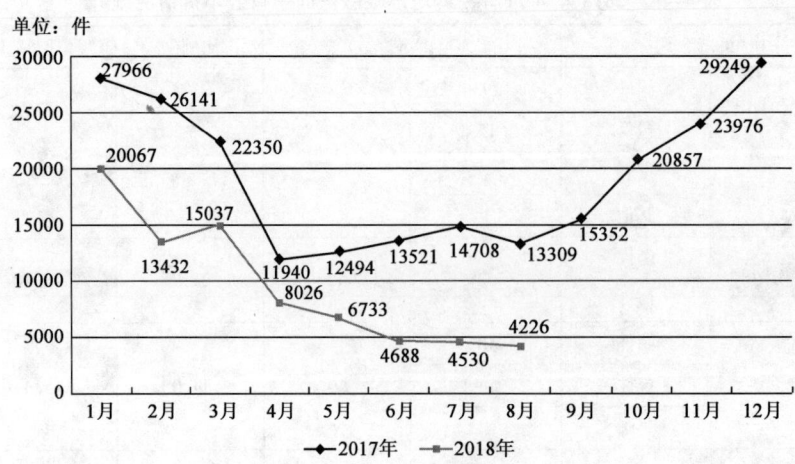

图4-61 2018年与2017年各月快递有效申诉数量

8月,消费者对快递服务有效申诉的主要问题是投递服务、快件丢失短少和快件延误,分别占有效申诉总量的38.8%、22.9%和17.4%。消费者对快递服务问题有效申诉环比增长的有代收货款、快件损毁、违规收费和快件损毁,同比仅代收货款有所增长(表4-49)。

(三)消费者对快递企业申诉情况

8月,消费者对快递企业有效申诉处理满意率(消费者对快递企业有效申诉处理满意件数与快递企业有效申诉总量之比)为98.1%,低于全国平均有效申诉处理满意率的快递企业有7家;全国快递服务申诉率(快递企业每百万件业务量中发生申诉问题的件数)为百万分之27.99,高于全国平均申诉率的快递企业有12家;全国快递服务有效申诉率(快递企业每百万件业务量中发生有效申诉问题的件数)为百万分之1.03,高于全国平均有效申诉率的快递企业有14家(表4-50)。

表4-49 2018年8月消费者对快递服务问题有效申诉情况统计

序 号	申诉问题	总申诉件数	有效申诉件数	有效申诉比例（%）	有效申诉环比（%）	有效申诉同比（%）
1	投递服务	30461	1639	38.8	-8.3	-71.4
2	丢失短少	22565	968	22.9	-6.8	-64.0
3	延误	26135	736	17.4	-16.9	-73.5
4	损毁	16842	520	12.3	0.4	-64.6
5	收寄服务	4809	173	4.1	-2.3	-60.4
6	代收货款	1001	118	2.8	84.4	100.0
7	违规收费	3213	57	1.4	18.8	-52.1
8	其他	9481	15	0.3	50.0	-57.1
9	合计	114807	4226	100.0	-6.7	-68.2

表4-50 2018年8月主要快递企业申诉情况

序 号	企业名称	消费者对快递企业有效申诉处理满意率(%)	申诉率（百万分之）	有效申诉率（百万分之）
1	民航快递	100.0	2.63	1.31
2	苏宁易购	100.0	4.65	0.10
3	京东	100.0	7.06	0.28
4	FedEx	100.0	8.82	1.63
5	DHL	100.0	11.19	2.65
6	UPS	100.0	28.62	8.94
7	宅急送	100.0	69.63	5.79
8	百世快递	99.5	24.15	0.42
9	速尔	99.5	26.21	5.50
10	申通快递	99.2	38.02	0.57
11	韵达快递	99.1	17.10	0.19
12	品骏	98.4	15.00	5.02
13	顺丰速运	98.4	25.10	0.43
14	中通快递	98.3	15.67	0.25
15	圆通速递	98.3	32.85	0.41
16	优速	98.3	62.29	1.34

续上表

序　号	企业名称	消费者对快递企业 有效申诉处理满意率(%)	申诉率 (百万分之)	有效申诉率 (百万分之)
17	天天	98.2	93.85	2.27
18	邮政快递(EMS)	97.1	35.40	3.93
19	国通	96.8	37.57	3.53
20	安能	96.7	101.40	6.22
21	如风达	95.2	39.87	5.85
22	德邦快递	95.1	53.43	0.77
23	递四方	94.7	4.80	1.01
24	TNT	84.6	73.63	30.88
25	全国合计	98.1	27.99	1.03

（四）各省（区、市）快递服务申诉情况

8月，消费者对各省（区、市）邮政管理部门有效申诉处理工作满意率（消费者对邮政管理部门有效申诉处理工作满意件数与邮政管理部门结案有效申诉总量之比）为98.9%，低于全国平均有效申诉处理满意率的地区有8个；各省（区、市）快递服务申诉率（所在省份快递企业每百万件收投业务量中发生申诉问题的件数）为百万分之14.05，高于全国平均申诉率的地区有19个；各省（区、市）快递服务有效申诉率（所在省份快递企业每百万件收投业务量中发生有效申诉问题的件数）为百万分之0.52，高于全国平均有效申诉率的地区有18个（表4-51）。

表4-51　2018年8月各省(区、市)快递服务申诉情况

序　号	地区	消费者对邮政管理部门 有效申诉处理工作满意率(%)	申诉率 (百万分之)	有效申诉率 (百万分之)
1	四川	100.0	10.39	0.50
2	宁夏	100.0	11.89	0.40
3	内蒙古	100.0	12.60	0.32
4	湖南	100.0	12.79	0.63
5	甘肃	100.0	14.30	0.96
6	安徽	100.0	14.56	0.28
7	陕西	100.0	14.68	0.32
8	江西	100.0	15.31	0.33
9	贵州	100.0	18.25	1.47
10	青海	100.0	20.06	1.04
11	辽宁	100.0	20.94	0.70
12	海南	100.0	21.44	0.99
13	新疆	100.0	28.22	2.44
14	西藏	100.0	44.87	1.60
15	江苏	99.8	14.31	0.54
16	福建	99.6	15.18	0.66
17	山东	99.3	20.53	0.55
18	上海	99.2	17.23	0.31

续上表

序 号	地 区	消费者对邮政管理部门有效申诉处理工作满意率(%)	申诉率(百万分之)	有效申诉率(百万分之)
19	河北	99.1	12.79	0.47
20	北京	99.1	13.75	0.73
21	湖北	99.1	13.93	0.39
22	重庆	99.1	18.80	0.80
23	天津	98.9	14.05	0.83
24	浙江	98.3	11.24	0.29
25	山西	98.3	14.05	0.61
26	广西	98.2	13.68	0.40
27	河南	97.9	9.92	0.44
28	广东	97.8	12.97	0.53
29	黑龙江	97.8	19.67	0.90
30	云南	97.1	12.53	0.87
31	吉林	96.7	16.20	0.51
32	全国平均	98.9	14.05	0.52

国家邮政局关于2018年9月邮政业消费者申诉情况的通告

一、总体情况

2018年9月,国家邮政局和各省(区、市)邮政管理局通过"12305"邮政行业消费者申诉电话和申诉网站共处理消费者申诉154287件。申诉中涉及邮政服务问题的5662件,占总申诉量的3.7%;涉及快递服务问题的148625件,占总申诉量的96.3%(图4-62)。

受理的申诉中有效申诉(确定企业责任的)为4620件,比上年同期下降71.7%。有效申诉中涉及邮政服务问题的387件,占有效申诉量的8.4%;涉及快递服务问题的4233件,占有效申诉量的91.6%(图4-63)。

消费者申诉均依法依规做了调解处理,为消费者挽回经济损失517.2万元。9月份,消费者对邮政管理部门有效申诉处理工作满意率为99.5%,对邮政企业有效申诉处理满意率为98.5%,对快递企业有效申诉处理满意率为98.7%。

9月,企业对邮政管理部门转办的申诉未能按规定时限回复的有17件,与去年同期相比减少5件(表4-52)。

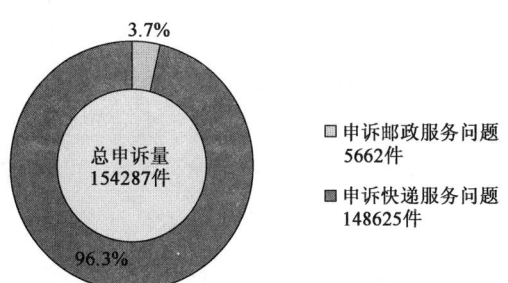

图4-62 2018年9月受理消费者申诉总体情况

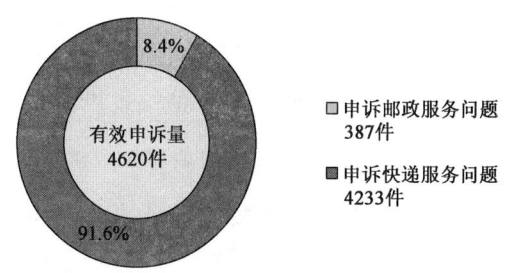

图4-63 2018年9月受理的申诉中有效申诉情况

表4-52　2018年9月企业对邮政管理部门转办的申诉未能按规定时限回复情况

公司名称	江苏	广东	西藏	新疆	合计
中国邮政			1	3	4
品骏快递	1				1
其他		12			12
合计	1	12	1	3	17

二、邮政服务申诉情况

（一）消费者对邮政服务问题申诉情况

9月，消费者对邮政服务问题申诉5662件，环比增长10.3%，同比下降30.1%（图4-64）。

9月，消费者对邮政服务申诉的主要问题是投递服务、邮件延误和邮件丢失短少，分别占申诉总量的35.3%、22.0%和19.7%。消费者对邮政服务问题申诉环比增长的有邮件延误、违规收费、邮件丢失短少和邮件损毁，同比增长的有邮件损毁和违规收费问题（表4-53）。

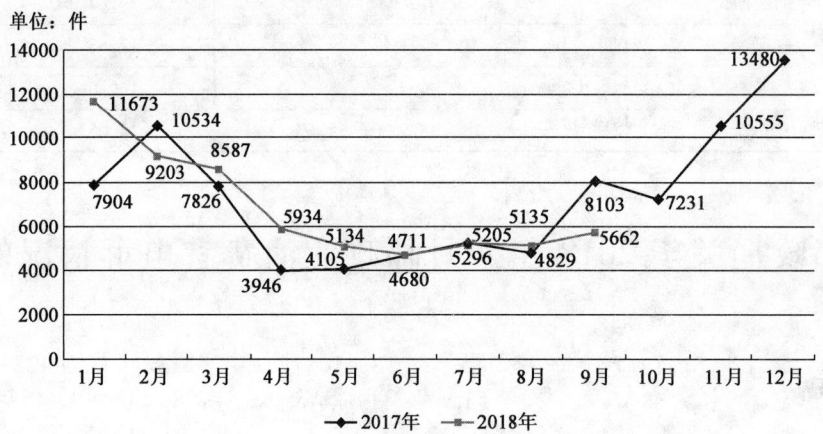

图4-64　2018年与2017年各月邮政申诉数量

表4-53　2018年9月消费者对邮政服务问题申诉情况统计

序号	申诉内容	申诉件数	占比(%)	环比(%)	同比(%)	函件	包件	汇兑	报刊	集邮	其他
1	投递服务	2000	35.3	-5.3	-17.7	1274	443	0	28	14	241
2	延误	1245	22.0	51.5	-60.7	585	488	2	10	8	152
3	丢失短少	1116	19.7	18.7	-20.3	542	447	0	11	10	106
4	损毁	483	8.5	18.4	25.8	255	167	2	0	7	52
5	收寄服务	252	4.5	-6.7	-19.2	93	113	0	0	3	43
6	违规收费	77	1.4	48.1	6.9	38	27	1	0	2	9
7	其他	489	8.6	-7.9	45.1	85	125	4	4	20	251
8	合计	5662	100.0	10.3	-30.1	2872	1810	9	53	64	854

（二）消费者对邮政服务问题有效申诉情况

9月，消费者对邮政服务问题有效申诉387件，环比下降9.8%，同比下降61.3%（图4-65）。

9月，消费者对邮政服务有效申诉的主要问题是投递服务和邮件丢失短少，分别占有效申诉总量的48.8%和23.3%。消费者对邮政服务问题有效申诉的环比、同比除违规收费问题，均呈下降趋势（表4-54）。

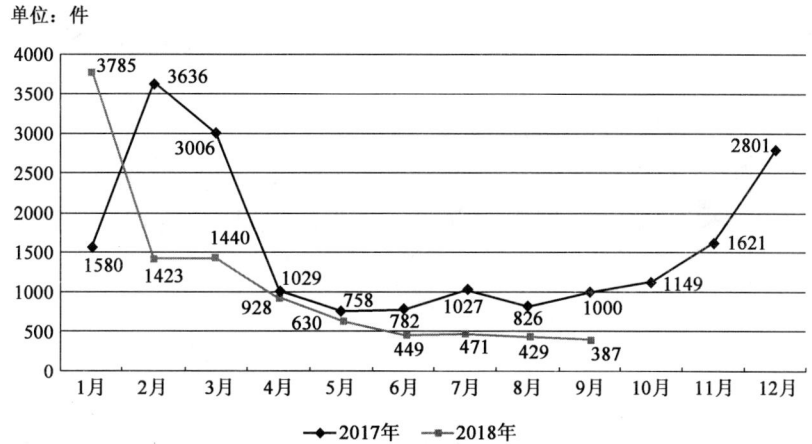

图 4-65 2018 年与 2017 年各月邮政有效申诉数量

表 4-54 2018 年 9 月消费者对邮政服务问题有效申诉情况统计

序号	申诉问题		申诉件数		占比例(%)	环比(%)	同比(%)
1	投递服务	函件	179	89	48.8	-10.4	-61.4
		包件	9				
		报刊	1				
2	丢失短少	函件	76	0	23.3	-4.3	-59.6
		包件	14				
3	延误	函件	42	54	14.0	-10.0	-71.6
		包件	11				
		集邮	1				
4	损毁	函件	35	37	9.6	-7.5	-43.1
		包件	2				
5	收寄服务	函件	10	1	2.8	-42.1	-60.7
		集邮	1				
6	违规收费	函件	5	5	1.3	66.7	25.0
7	其他		1		0.3	-50.0	100.0
8	合计		387		100.0	-9.8	-61.3

三、快递服务申诉情况

（一）消费者对快递服务问题申诉情况

9 月，消费者对快递服务问题申诉 148625 件，环比增长 29.5%，同比下降 13.5%（图 4-66）。

（二）消费者对快递服务问题有效申诉情况

9 月，消费者对快递服务问题有效申诉 4233 件，环比增长 0.2%，同比下降 72.4%（图 4-67）。

9 月，消费者对快递服务有效申诉的主要问题是投递服务、快件丢失短少和快件延误，分别占有效申诉总量的 39.1%、21.4% 和 21.0%。消费者对快递服务问题有效申诉环比增长的有违规收费、快件延误和投递服务，同比均呈下降趋势（表 4-55）。

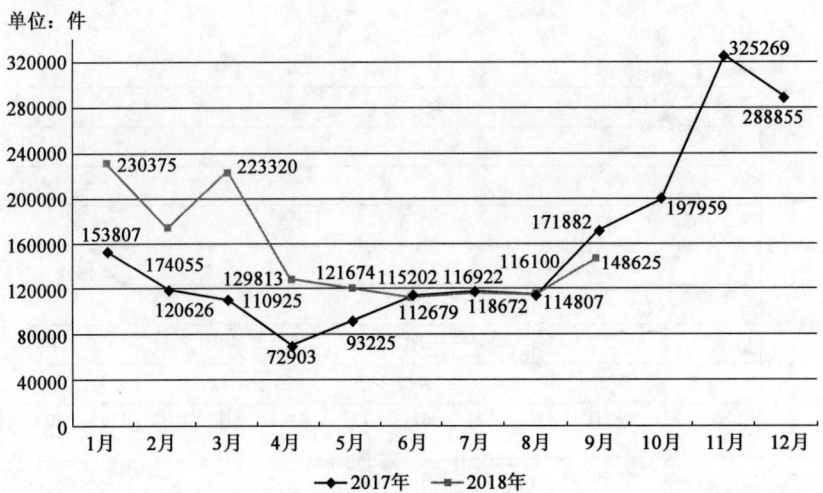

图4-66 2018年与2017年各月快递申诉数量

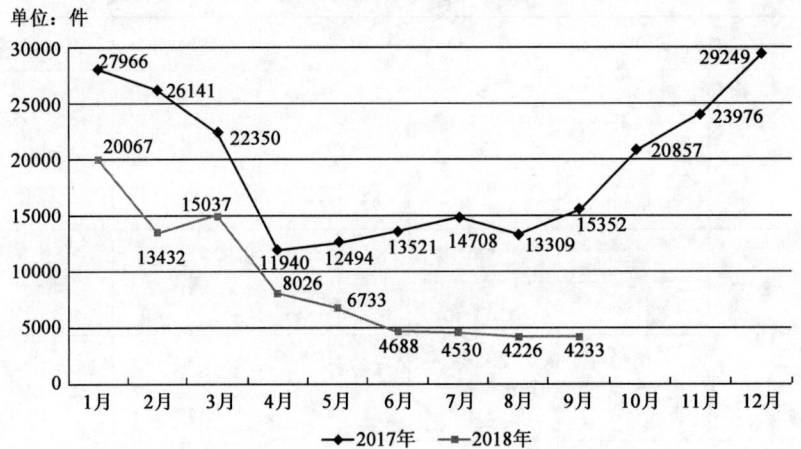

图4-67 2018年与2017年各月快递有效申诉数量

表4-55 2018年9月消费者对快递服务问题有效申诉情况统计

序 号	申诉问题	总申诉件数	有效申诉件数	有效申诉比例（%）	有效申诉环比（%）	有效申诉同比（%）
1	投递服务	33022	1656	39.1	1.0	-74.1
2	丢失短少	28317	907	21.4	-6.3	-66.3
3	延误	48766	888	21.0	20.7	-78.9
4	损毁	18127	485	11.5	-6.7	-67.0
5	收寄服务	5500	150	3.5	-13.3	-58.6
6	违规收费	3045	81	1.9	42.1	-28.9
7	代收货款	796	54	1.3	-54.2	-25.0
8	其他	11052	12	0.3	-20.0	-77.4
9	合计	148625	4233	100.0	0.2	-72.4

（三）消费者对快递企业申诉情况

9月，消费者对快递企业有效申诉处理满意率（消费者对快递企业有效申诉处理满意件数与快递企业有效申诉总量之比）为98.7%，低于全国平均有效申诉处理满意率的快递企业有9家；全国快递服务申诉率（快递企业每百万件业务量发生申诉问题的件数）为百万分之33.20，高于全国平均申诉率的快递企业有10家（表4-56）。

表4-56 2018年9月主要快递企业申诉情况

序　号	企业名称	消费者对快递企业申诉处理满意率(%)	申诉率（百万分之）	有效申诉率（百万分之）
1	中外运-空运	100.0	0.84	0.00
2	苏宁易购	100.0	3.16	0.03
3	民航快递	100.0	9.60	2.40
4	FedEx	100.0	13.32	1.33
5	DHL	100.0	13.69	0.00
6	中通快递	100.0	15.59	0.21
7	如风达	100.0	19.23	0.25
8	国通	100.0	59.12	5.87
9	TNT	100.0	66.12	16.53
10	宅急送	100.0	71.47	6.73
11	德邦快递	100.0	106.69	1.53
12	品骏	99.6	14.28	5.09
13	圆通速递	99.5	38.42	0.34
14	顺丰速运	99.2	27.36	0.37
15	韵达快递	99.1	20.73	0.17
16	申通快递	98.7	42.86	0.48
17	百世快递	98.3	32.56	0.35
18	京东	98.0	5.43	0.23
19	天天	97.9	104.76	1.25
20	邮政快递(EMS)	97.8	35.08	3.40
21	速尔	97.4	26.76	4.58
22	安能	97.2	128.35	6.56
23	优速	97.0	106.22	2.23
24	递四方	94.7	6.11	0.96
25	UPS	91.7	21.90	4.96
26	全国平均	98.7	33.20	0.95

（四）各省（区、市）快递服务申诉情况

9月，消费者对各省（区、市）邮政管理部门有效申诉处理工作满意率（消费者对邮政管理部门有效申诉处理工作满意件数与邮政管理部门结案有效申诉总量之比）为99.5%，低于全国平均有效申诉处理满意率的地区有7个；各省（区、市）快递服务申诉率（所在省份快递企业每百万件收投业务量中发生申诉问题的件数）为百万分之16.61，高于全国平均申诉率的地区有16个；各省（区、市）快递服务有效申诉率（所在省份快递企业每百万件收投业务量中发生有效申诉问题的件数）为百万分之0.47，高于全国平均有效申诉率的地区有17个（表4-57）。

表4-57 2018年9月各省(区、市)快递服务申诉情况

序号	地区	消费者对邮政管理部门有效申诉处理工作满意率(%)	申诉率（百万分之）	有效申诉率（百万分之）
1	宁夏	100.0	11.31	0.43
2	河南	100.0	12.13	0.38
3	云南	100.0	13.16	0.79
4	河北	100.0	14.11	0.34
5	山西	100.0	14.34	0.80
6	天津	100.0	14.57	0.56
7	湖南	100.0	14.72	0.42
8	广西	100.0	14.97	0.35
9	内蒙古	100.0	15.58	0.40
10	湖北	100.0	16.07	0.33
11	青海	100.0	16.46	0.87
12	甘肃	100.0	16.65	1.03
13	吉林	100.0	16.88	0.34
14	安徽	100.0	17.97	0.23
15	江苏	100.0	18.18	0.51
16	海南	100.0	18.42	1.04
17	江西	100.0	18.92	0.27
18	辽宁	100.0	19.28	0.27
19	陕西	100.0	20.76	0.26
20	重庆	100.0	21.60	1.25
21	黑龙江	100.0	22.50	0.80
22	西藏	100.0	46.02	2.08
23	四川	99.6	14.73	0.66
24	山东	99.6	22.05	0.51
25	浙江	99.4	12.74	0.33
26	贵州	99.4	19.89	1.61
27	上海	99.2	21.79	0.27
28	福建	99.1	17.56	0.56
29	广东	99.0	16.47	0.48
30	北京	98.8	15.12	0.51
31	新疆	98.7	30.72	1.89
32	全国平均	99.5	16.61	0.47

国家邮政局关于2018年10月邮政业消费者申诉情况的通告

一、总体情况

2018年10月,国家邮政局和各省(区、市)邮政管理局通过"12305"邮政行业消费者申诉电话和申诉网站共处理消费者申诉137450件。申诉中涉及邮政服务问题的4574件,占总申诉量的3.3%;涉及快递服务问题的132876件,占总申诉量的96.7%(图4-68)。

受理的申诉中有效申诉(确定企业责任的)为4650件,比上年同期下降78.9%。有效申诉中涉及邮政服务问题的422件,占有效申诉量的9.1%;涉及快递服务问题的4228件,占有效申诉量的90.9%(图4-69)。

消费者申诉均依法依规做了调解处理,为消费者挽回经济损失542.1万元。10月份,消费者对邮政管理部门有效申诉处理工作满意率为99.4%,对邮政企业有效申诉处理满意率为98.9%,对快递企业有效申诉处理满意率为99.0%。

10月,企业对邮政管理部门转办的申诉未能按规定时限回复的有8件,与去年同期相比减少22件(表4-58)。

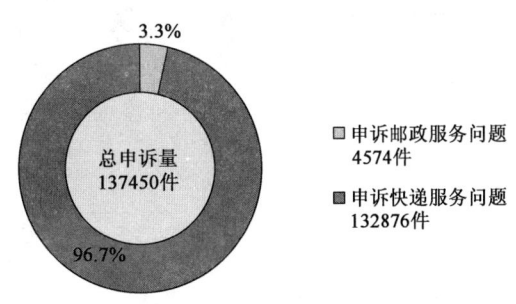

图4-68 2018年10月受理消费者申诉总体情况

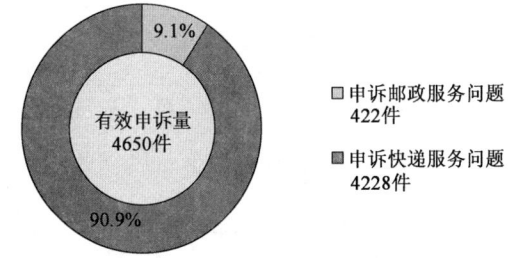

图4-69 2018年10月受理的申诉中有效申诉情况

表4-58 2018年10月企业对邮政管理部门转办的申诉未能按规定时限回复情况

公 司 名 称	江苏	广东	甘肃	合计
圆通速递		1		1
百世快递	1			1
TNT		1		1
其他		4	1	5
合计	1	6	1	8

二、邮政服务申诉情况

(一)消费者对邮政服务问题申诉情况

10月,消费者对邮政服务问题申诉4574件,环比下降19.2%,同比下降36.7%(图4-70)。

10月,消费者对邮政服务申诉的主要问题是投递服务、邮件延误和邮件丢失短少,分别占申诉总量的37.6%、22.8%和20.3%。消费者对邮政服务问题申诉的环比、同比均呈下降趋势(表4-59)。

(二)消费者对邮政服务问题有效申诉情况

10月,消费者对邮政服务问题有效申诉422件,环比增长9.0%,同比下降63.3%(图4-71)。

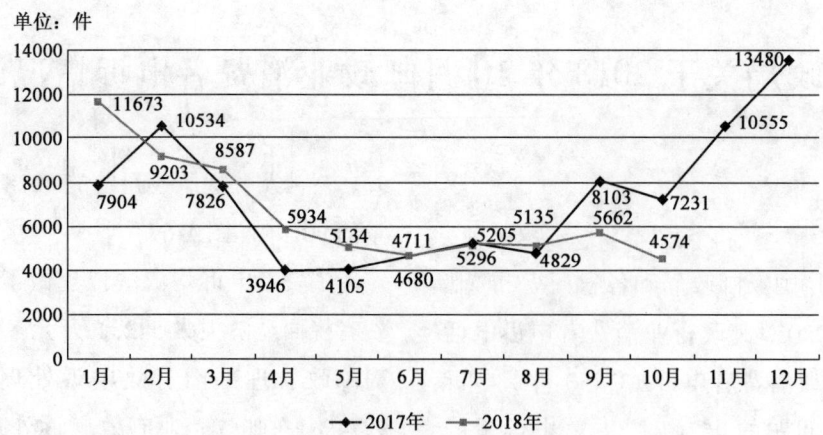

图4-70 2018年与2017年各月邮政申诉数量

表4-59 2018年10月消费者对邮政服务问题申诉情况统计

序号	申诉内容	申诉件数	占比(%)	环比(%)	同比(%)	函件	包件	汇兑	报刊	集邮	其他
1	投递服务	1719	37.6	-14.1	-24.5	1085	393	3	27	5	206
2	延误	1041	22.8	-16.4	-56.6	575	362	6	4	5	89
3	丢失短少	927	20.3	-16.9	-33.2	502	359	1	8	2	55
4	损毁	363	7.9	-24.8	-9.3	212	107	1	1	1	41
5	收寄服务	199	4.4	-21.0	-47.4	67	74	0	0	6	52
6	违规收费	65	1.4	-15.6	-4.4	24	22	0	1	0	18
7	其他	260	5.7	-46.8	-18.8	59	71	2	1	7	120
8	合计	4574	100.0	-19.2	-36.7	2524	1388	13	42	26	581

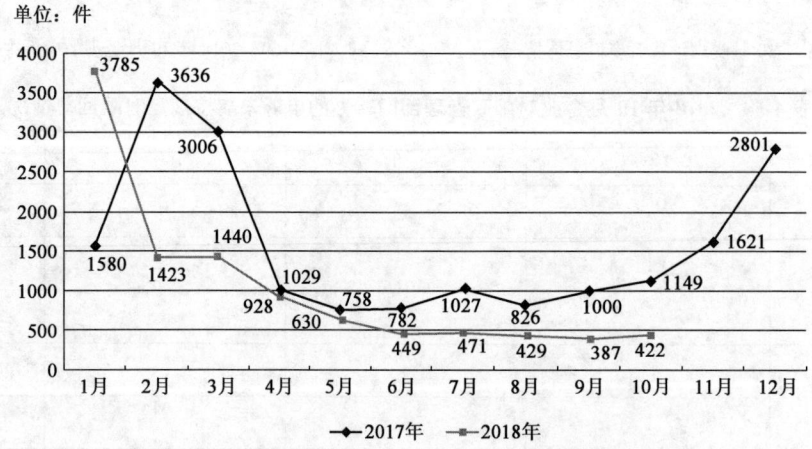

图4-71 2018年与2017年各月邮政有效申诉数量

10月,消费者对邮政服务有效申诉的主要问题是投递服务和邮件丢失短少,分别占有效申诉总量的41.2%和26.1%。消费者对邮政服务问题有效申诉环比增长的有邮件延误、邮件损毁、收寄服务和邮件丢失短少,同比均呈下降趋势(表4-60)。

三、快递服务申诉情况

(一)消费者对快递服务问题申诉情况

10月,消费者对快递服务问题申诉132876件,环比下降10.6%,同比下降32.9%(图4-72)。

(二)消费者对快递服务问题有效申诉情况

10月,消费者对快递服务问题有效申诉4228件,环比下降0.1%,同比下降79.7%(图4-73)。

表4-60 2018年10月消费者对邮政服务问题有效申诉情况统计

序号	申诉问题		申诉件数	占比例(%)	环比(%)	同比(%)
1	投递服务	函件	158	41.2	-7.9	-66.5
		包件	12			
		报刊	4			
2	丢失短少	函件	92	26.1	22.2	-57.0
		包件	17			
		报刊	1			
3	延误	函件	57	16.8	31.5	-73.5
		包件	14			
4	损毁	函件	40	11.4	29.7	-27.3
		包件	7			
		报刊	1			
5	收寄服务	函件	8	3.3	27.3	-60.0
		包件	4			
		集邮	2			
6	违规收费	包件	1	0.5	-60.0	-50.0
		函件	1			
7	其他		3	0.7	200.0	300.0
8	合计		422	100.0	9.0	-63.3

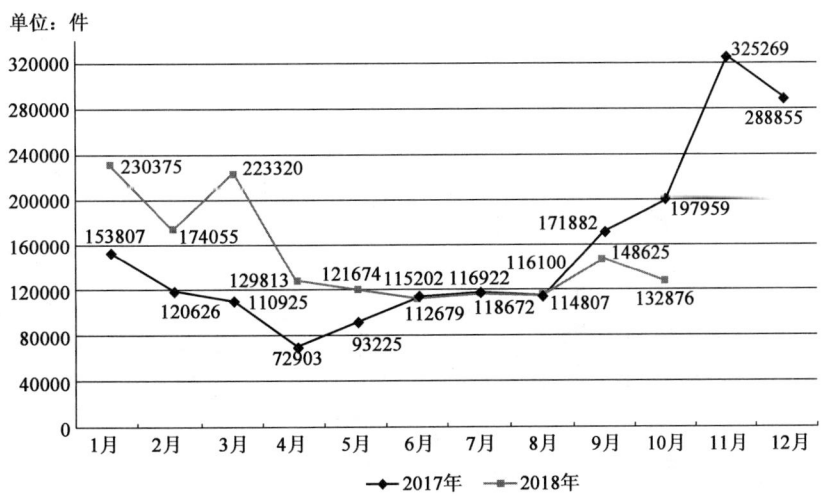

图4-72 2018年与2017年各月快递申诉数量

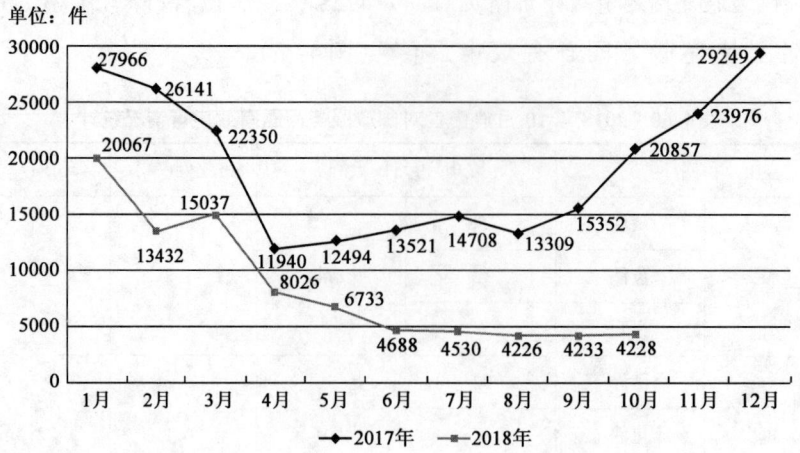

图4-73 2018年与2017年各月快递有效申诉数量

10月,消费者对快递服务有效申诉的主要问题是投递服务、快件延误和快件丢失短少,分别占有效申诉总量的34.4%、26.8%和22.3%。消费者对快递服务问题有效申诉环比增长的有快件延误和快件丢失短少,同比仅代收货款问题小幅增长(表4-61)。

(三)消费者对快递企业申诉情况

10月,消费者对快递企业有效申诉处理满意率(消费者对快递企业有效申诉处理满意件数与快递企业有效申诉总量之比)为99.0%,低于全国平均有效申诉处理满意率的快递企业有5家;全国快递服务申诉率(快递企业每百万件业务量发生申诉问题的件数)为百万分之28.32,高于全国平均申诉率的快递企业有10家(表4-62)。

表4-61 2018年10月消费者对快递服务问题有效申诉情况统计

序号	申诉问题	总申诉件数	有效申诉件数	有效申诉比例(%)	有效申诉环比(%)	有效申诉同比(%)
1	投递服务	28754	1454	34.4	-12.2	-81.7
2	延误	41447	1131	26.8	27.4	-84.1
3	丢失短少	28317	944	22.3	4.1	-74.0
4	损毁	15414	474	11.2	-2.3	-69.8
5	收寄服务	5072	126	3.0	-16.0	-69.0
6	违规收费	3037	44	1.0	-45.7	-50.0
7	代收货款	810	36	0.9	-33.3	5.9
8	其他	10025	19	0.4	58.3	-63.5
9	合计	132876	4228	100.0	-0.1	-79.7

表4-62 2018年10月主要快递企业申诉情况

序号	企业名称	消费者对快递企业有效申诉处理满意率(%)	申诉率(百万分之)	有效申诉率(百万分之)
1	中外运-空运	100.0	0.53	0.00
2	民航快递	100.0	1.39	0.00
3	苏宁易购	100.0	1.92	0.03
4	DHL	100.0	7.05	0.78
5	FedEx	100.0	10.17	2.10
6	中通快递	100.0	14.32	0.22

续上表

序号	企业名称	消费者对快递企业有效申诉处理满意率(%)	申诉率(百万分之)	有效申诉率(百万分之)
7	如风达	100.0	15.97	0.22
8	UPS	100.0	18.02	4.00
9	顺丰速运	100.0	23.63	0.35
10	申通快递	100.0	33.93	0.23
11	德邦快递	100.0	83.32	3.78
12	优速	100.0	94.70	3.22
13	百世快递	99.7	26.67	0.57
14	速尔	99.4	26.55	5.47
15	韵达快递	99.3	16.98	0.22
16	安能	99.3	87.55	5.67
17	天天	99.3	88.90	1.13
18	邮政快递(EMS)	99.1	29.20	3.17
19	圆通速递	99.1	33.10	0.33
20	宅急送	99.1	62.93	6.87
21	京东	98.4	6.28	0.29
22	品骏	98.3	14.11	5.40
23	国通	98.0	85.51	13.74
24	TNT	92.9	137.12	46.82
25	递四方	92.6	9.71	1.13
26	全国平均	99.0	28.32	0.90

(四)各省(区、市)快递服务申诉情况

消费者对各省(区、市)邮政管理部门有效申诉处理工作满意率(消费者对邮政管理部门有效申诉处理工作满意件数与邮政管理部门结案有效申诉总量之比)为99.4%,低于全国平均有效申诉处理满意率的地区有7个;各省(区、市)快递服务申诉率(所在省份快递企业每百万件收投业务量中发生申诉问题的件数)为百万分之14.16,高于全国平均申诉率的地区有14个;各省(区、市)快递服务有效申诉率(所在省份快递企业每百万件收投业务量中发生有效申诉问题的件数)为百万分之0.45,高于全国平均有效申诉率的地区有20个(表4-63)。

表4-63 2018年10月各省(区、市)快递服务申诉情况

序号	地区	消费者对邮政管理部门有效申诉处理工作满意率(%)	申诉率(百万分之)	有效申诉率(百万分之)
1	云南	100.0	10.93	0.64
2	四川	100.0	11.82	0.87
3	河北	100.0	12.19	0.30
4	内蒙古	100.0	12.88	0.52
5	海南	100.0	13.00	0.80
6	湖南	100.0	13.05	0.39
7	甘肃	100.0	13.29	0.70

续上表

序号	地区	消费者对邮政管理部门有效申诉处理工作满意率(%)	申诉率（百万分之）	有效申诉率（百万分之）
8	广西	100.0	13.59	0.28
9	贵州	100.0	13.77	0.89
10	黑龙江	100.0	14.74	0.87
11	江苏	100.0	15.40	0.51
12	安徽	100.0	15.65	0.27
13	山西	100.0	16.20	0.39
14	吉林	100.0	16.21	0.49
15	陕西	100.0	17.82	0.27
16	辽宁	100.0	17.84	0.13
17	江西	100.0	20.04	0.29
18	青海	100.0	24.08	1.03
19	西藏	100.0	35.97	2.12
20	浙江	99.6	9.41	0.28
21	福建	99.6	14.15	0.58
22	山东	99.6	21.32	0.48
23	上海	99.1	20.46	0.47
24	新疆	99.0	28.12	2.33
25	广东	98.9	13.88	0.45
26	天津	98.8	12.96	0.50
27	北京	98.6	16.02	0.51
28	重庆	98.4	13.67	0.64
29	河南	97.4	10.12	0.37
30	湖北	97.1	13.29	0.36
31	宁夏	94.7	11.73	0.55
32	全国平均	99.4	14.16	0.45

国家邮政局关于2018年11月邮政业消费者申诉情况的通告

一、总体情况

2018年11月，国家邮政局和各省（区、市）邮政管理局通过"12305"邮政行业消费者申诉电话和申诉网站共处理消费者申诉233631件。申诉中涉及邮政服务问题的6213件，占总申诉量的2.7%；涉及快递服务问题的227418件，占总申诉量的97.3%（图4-74）。

受理的申诉中有效申诉（确定企业责任的）为5482件，比上年同期下降78.6%。有效申诉中涉及邮政服务问题的499件，占有效申诉量的9.1%；涉及快递服务问题的4983件，占有效申诉量的90.9%（图4-75）。

消费者申诉均依法依规做了调解处理，为消费者挽回经济损失646.1万元。11月份，消费者对邮政管理部门有效申诉处理工作满意率为

99.4%,对邮政企业有效申诉处理满意率为98.2%,对快递企业有效申诉处理满意率为98.8%。

11月,企业对邮政管理部门转办的申诉未能按规定时限回复的有25件,与去年同期相同(表4-64)。

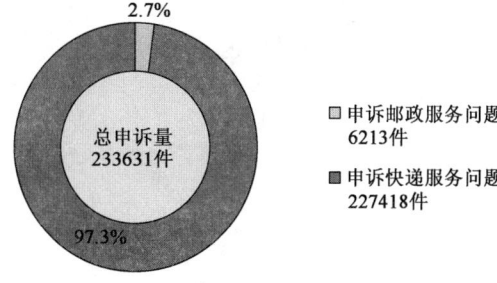

图4-74 2018年11月受理消费者申诉总体情况

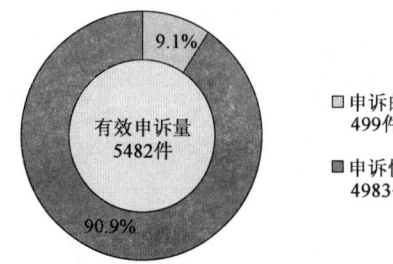

图4-75 2018年11月受理的申诉中有效申诉情况

表4-64 2018年11月企业对邮政管理部门转办的申诉未能按规定时限回复情况

公 司 名 称	上海	江苏	浙江	广东	广西	重庆	四川	合计
中国邮政		1	1				1	3
国通						1		1
京东					1			1
递四方				1				1
DHL				1				1
UPS		1						1
TNT	1							1
品骏快递				1				1
其他				15				15
合计	1	2	1	19	1	1	1	25

二、邮政服务申诉情况

(一)消费者对邮政服务问题申诉情况

11月,消费者对邮政服务问题申诉6213件,环比增长35.8%,同比下降41.1%(图4-76)。

11月,消费者对邮政服务申诉的主要问题是投递服务、邮件延误和邮件丢失短少,分别占申诉总量的33.4%、29.7%和20.0%。消费者对邮政服务问题申诉环比增长明显的是邮件延误和收寄服务,环比分别增长77.4%和52.3%,同比均呈下降趋势(表4-65)。

(二)消费者对邮政服务问题有效申诉情况

11月,消费者对邮政服务问题有效申诉499件,环比增长18.2%,同比下降69.2%(图4-77)。

11月,消费者对邮政服务有效申诉的主要问题是投递服务和邮件丢失短少,分别占有效申诉总量的50.7%和22.6%。消费者对邮政服务问题有效申诉环比增长的有投递服务、邮件延误和邮件丢失短少,同比均呈下降趋势(表4-66)。

三、快递服务申诉情况

(一)消费者对快递服务问题申诉情况

11月,消费者对快递服务问题申诉227418件,同比下降30.1%(图4-78)。

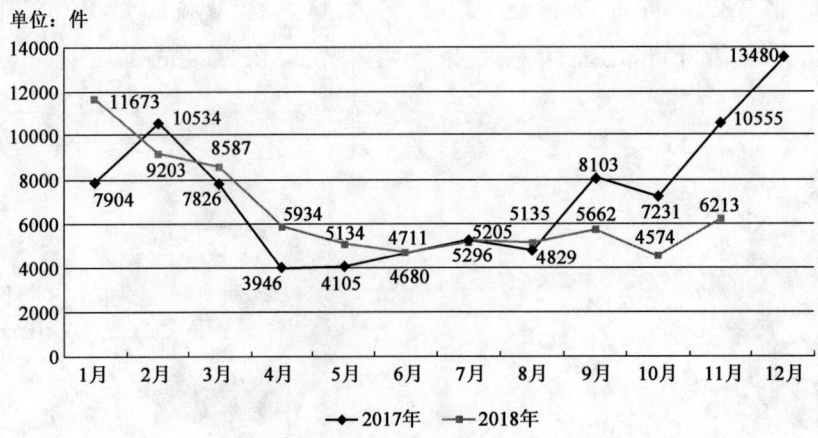

图 4-76　2018 年与 2017 年各月邮政申诉数量

表 4-65　2018 年 11 月消费者对邮政服务问题申诉情况统计

序号	申诉内容	申诉件数	占比(%)	环比(%)	同比(%)	函件	包件	汇兑	报刊	集邮	其他
1	投递服务	2073	33.4	20.6	−37.2	1332	520	3	34	18	166
2	延误	1847	29.7	77.4	−53.7	793	795	1	12	10	236
3	丢失短少	1245	20.0	34.3	−36.4	609	495	0	11	13	117
4	损毁	373	6.0	2.8	−12.2	198	145	0	0	2	28
5	收寄服务	303	4.9	52.3	−16.3	111	137	0	3	4	48
6	违规收费	41	0.7	−36.9	−40.6	10	26	0	0	0	5
7	其他	331	5.3	27.3	−25.5	80	114	2	8	9	118
8	合计	6213	100.0	35.8	−41.1	3133	2232	6	68	56	718

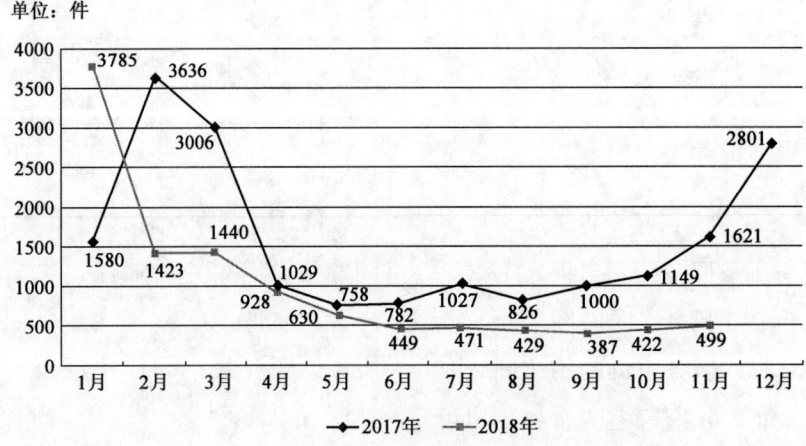

图 4-77　2018 年与 2017 年各月邮政有效申诉数量

表 4-66　2018 年 11 月消费者对邮政服务问题有效申诉情况统计

序号	申诉问题		申诉件数		占比例(%)	环比(%)	同比(%)
1	投递服务	函件	238	253	50.7	45.4	−66.2
		包件	12				
		报刊	3				

续上表

序号	申诉问题		申诉件数	占比例(%)	环比(%)	同比(%)
2	丢失短少	函件	90	22.6	2.7	-68.9
		包件	22			
		报刊	1			
3	延误	函件	73	16.6	16.9	-77.9
		包件	8			
		集邮	1			
		其他	1			
4	损毁	函件	27	7.0	-27.1	-62.8
		包件	8			
5	收寄服务	函件	9	2.6	-7.1	-64.9
		包件	2			
		其他	2			
6	其他		2	0.4	-33.3	—
7	合计		499	100.0	18.2	-69.2

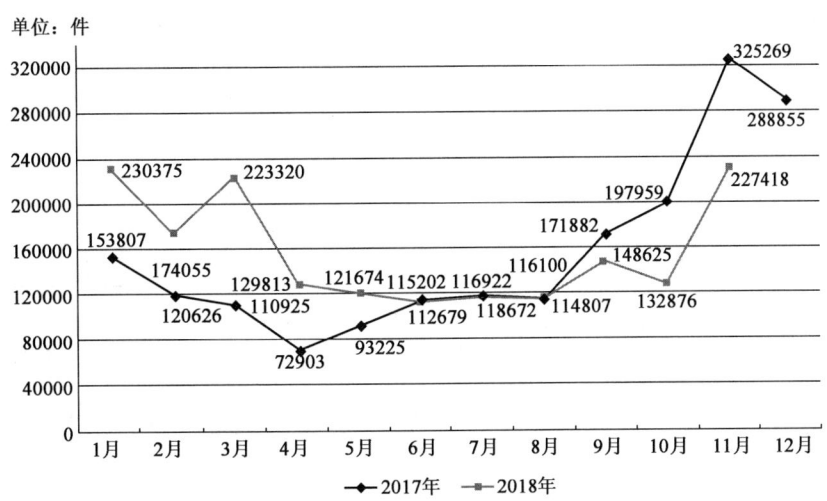

图4-78　2018年与2017年各月快递申诉数量

(二)消费者对快递服务问题有效申诉情况

11月,消费者对快递服务问题有效申诉4983件,环比增长17.9%,同比下降79.2%(图4-79)。

11月,消费者对快递服务有效申诉的主要问题是投递服务、快件延误和快件丢失短少,分别占有效申诉总量的32.6%、28.4%和23.5%。消费者对快递服务问题有效申诉的环比均呈增长趋势。同比仅代收货款问题小幅增长(表4-67)。

(三)消费者对快递企业申诉情况

11月,消费者对快递企业有效申诉处理满意率(消费者对快递企业有效申诉处理满意件数与快递企业有效申诉总量之比)为98.8%,低于全国平均有效申诉处理满意率的快递企业有7家;全国快递服务申诉率(快递企业每百万件业务量发生申诉问题的件数)为百万分之38.78,高于全国平均申诉率的快递企业有12家(表4-68)。

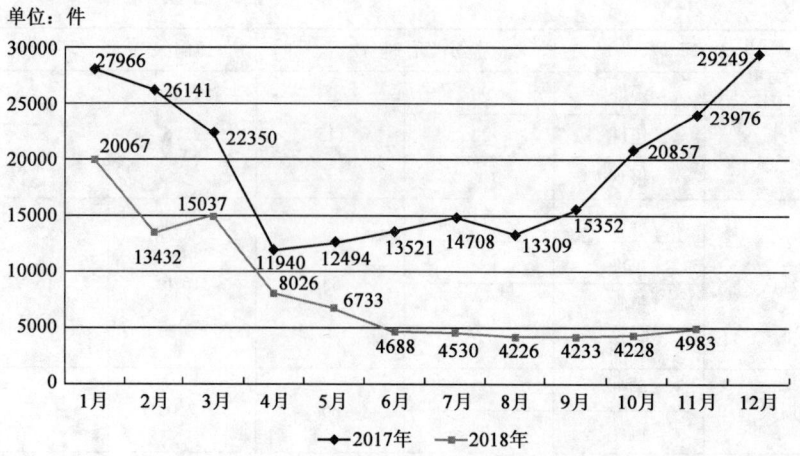

图4-79 2018年与2017年各月快递有效申诉数量

表4-67 2018年11月消费者对快递服务问题有效申诉情况统计

序 号	申诉问题	总申诉件数	有效申诉件数	有效申诉比例（%）	有效申诉环比（%）	有效申诉同比（%）
1	投递服务	46279	1622	32.6	11.6	-82.1
2	延误	90070	1414	28.4	25.0	-81.7
3	丢失短少	43758	1170	23.5	23.9	-75.5
4	损毁	16687	474	9.5	0.0	-72.2
5	收寄服务	8827	151	3.0	19.8	-69.6
6	违规收费	3732	65	1.3	47.7	-38.1
7	代收货款	1058	62	1.2	72.2	44.2
8	其他	17007	25	0.5	31.6	-69.1
9	合计	227418	4983	100.0	17.9	-79.2

表4-68 2018年11月主要快递企业申诉情况表

序号	企业名称	消费者对快递企业有效申诉处理满意率(%)	申诉率（百万分之）	有效申诉率（百万分之）
1	中外运-空运	100.0	0.71	0.00
2	民航快递	100.0	2.67	0.00
3	京东	100.0	9.12	0.30
4	DHL	100.0	12.13	1.70
5	FedEx	100.0	14.23	4.15
6	顺丰速运	100.0	19.01	0.27
7	韵达快递	100.0	25.10	0.13
8	中通快递	100.0	26.48	0.18
9	百世快递	100.0	32.13	0.40
10	申通快递	100.0	42.30	0.12
11	苏宁易购	100.0	45.11	0.36
12	如风达	100.0	52.67	1.88
13	圆通速递	100.0	55.33	0.31
14	宅急送	100.0	61.71	4.74

续上表

序 号	企业名称	消费者对快递企业有效申诉处理满意率(%)	申诉率(百万分之)	有效申诉率(百万分之)
15	优速	100.0	110.70	2.89
16	德邦快递	100.0	111.40	5.64
17	安能	99.5	83.28	3.17
18	速尔	99.1	31.66	6.30
19	天天	98.7	104.36	2.14
20	品骏	98.2	17.56	6.04
21	邮政快递(EMS)	97.8	44.01	3.46
22	国通	97.3	100.06	23.59
23	递四方	93.5	7.44	0.84
24	TNT	93.3	113.10	44.64
25	UPS	88.2	26.99	7.52
26	全国平均	98.8	38.78	0.85

(四)各省(区、市)快递服务申诉情况

11月,消费者对各省(区、市)邮政管理部门有效申诉处理工作满意率(消费者对邮政管理部门有效申诉处理工作满意件数与邮政管理部门结案有效申诉总量之比)为99.4%,低于全国平均有效申诉处理满意率的地区有10个;各省(区、市)快递服务申诉率(所在省份快递企业每百万件收投业务量中发生申诉问题的件数)为百万分之19.55,高于全国平均申诉率的地区有15个;各省(区、市)快递服务有效申诉率(所在省份快递企业每百万件收投业务量中发生有效申诉问题的件数)为百万分之0.43,高于全国平均有效申诉率的地区有19个(表4-69)。

表4-69 2018年11月各省(区、市)快递服务申诉情况

序 号	地 区	消费者对邮政管理部门有效申诉处理工作满意率(%)	申诉率(百万分之)	有效申诉率(百万分之)
1	四川	100.0	14.13	0.51
2	浙江	100.0	14.88	0.31
3	云南	100.0	15.53	0.46
4	宁夏	100.0	15.63	1.31
5	贵州	100.0	16.34	0.69
6	海南	100.0	16.58	0.54
7	重庆	100.0	17.08	0.60
8	内蒙古	100.0	19.01	0.26
9	安徽	100.0	20.01	0.34
10	辽宁	100.0	20.21	0.16
11	湖南	100.0	20.40	0.50
12	吉林	100.0	20.43	0.38
13	天津	100.0	21.09	0.40
14	陕西	100.0	23.84	0.26

续上表

序 号	地 区	消费者对邮政管理部门有效申诉处理工作满意率(%)	申诉率（百万分之）	有效申诉率（百万分之）
15	青海	100.0	35.36	0.68
16	上海	100.0	37.97	0.38
17	西藏	100.0	41.50	1.85
18	江苏	99.8	21.76	0.57
19	河北	99.5	16.97	0.33
20	福建	99.4	19.40	0.62
21	山东	99.4	30.02	0.50
22	江西	99.2	24.41	0.44
23	新疆	99.2	55.31	2.17
24	广东	98.9	15.52	0.34
25	湖北	98.9	23.64	0.48
26	北京	98.8	18.78	0.46
27	甘肃	98.5	18.90	0.87
28	黑龙江	98.5	20.11	0.33
29	河南	98.1	15.47	0.40
30	山西	97.5	18.50	0.77
31	广西	96.9	15.39	0.50
32	全国平均	99.4	19.55	0.43

国家邮政局关于2018年12月邮政业消费者申诉情况的通告

一、总体情况

2018年12月，国家邮政局和各省（区、市）邮政管理局通过"12305"邮政行业消费者申诉电话和申诉网站共处理消费者申诉220110件。申诉中涉及邮政服务问题的6070件，占总申诉量的2.8%；涉及快递服务问题的214040件，占总申诉量的97.2%（图4-80）。

受理的申诉中有效申诉（确定企业责任的）为9385件，比上年同期下降70.7%。有效申诉中涉及邮政服务问题的664件，占有效申诉量的7.1%；涉及快递服务问题的8721件，占有效申诉量的92.9%（图4-81）。

消费者申诉均依法依规做了调解处理，为消费者挽回经济损失709.5万元。12月份，消费者对邮政管理部门有效申诉处理工作满意率为99.7%，对邮政企业有效申诉处理满意率为98.7%，对快递企业有效申诉处理满意率为99.4%。

12月，企业对邮政管理部门转办的申诉未能按规定时限回复的有29件，与去年同期相比减少30件（表4-70）。

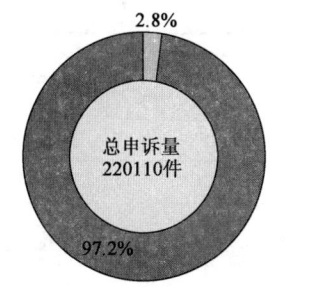

图 4-80　2018 年 12 月受理消费者申诉总体情况

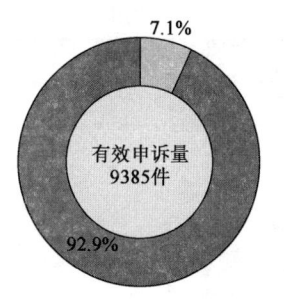

图 4-81　2018 年 12 月受理的申诉中有效申诉情况

表 4-70　2018 年 12 月企业对邮政管理部门转办的申诉未能按规定时限回复情况

公 司 名 称	江苏	浙江	福建	山东	广东	四川	云南	西藏	甘肃	宁夏	新疆	合计
中国邮政	2				1		2					5
顺丰速运			2									2
申通快递		1										1
韵达快递										1		1
中通快递						1						1
百世快递					1							1
京东											1	1
品骏快递			1									1
其他					14	1			1			16
合计	2	1	2	1	15	2	1	2	1	1	1	29

二、邮政服务申诉情况

(一) 消费者对邮政服务问题申诉情况

12 月,消费者对邮政服务问题申诉 6070 件,环比下降 2.3%,同比下降 55.0%(图 4-82)。

12 月,消费者对邮政服务申诉的主要问题是投递服务、邮件延误和邮件丢失短少,分别占申诉总量的 33.3%、26.7% 和 22.7%。消费者对邮政服务问题申诉环比增长的有违规收费、邮件丢失短少和邮件损毁,同比均呈下降趋势(表 4-71)。

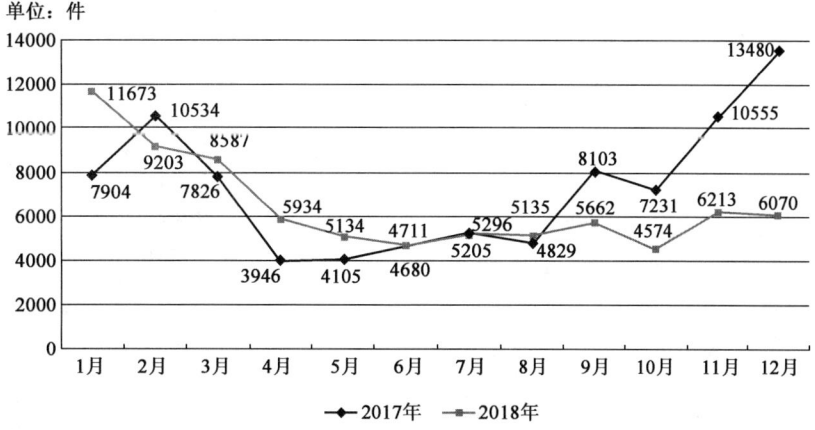

图 4-82　2018 年与 2017 年各月邮政申诉数量

表 4-71　2018 年 12 月消费者对邮政服务问题申诉情况统计

序号	申诉内容	申诉件数	占比(%)	环比(%)	同比(%)	函件	包件	汇兑	报刊	集邮	其他
1	投递服务	2022	33.3	-2.5	-51.6	1389	459	2	24	9	139
2	延误	1620	26.7	-12.3	-70.0	866	549	2	12	10	181
3	丢失短少	1379	22.7	10.8	-45.5	726	515	0	13	2	123
4	损毁	405	6.7	8.6	-9.6	223	152	0	1	0	29
5	收寄服务	263	4.3	-13.2	-33.9	122	87	2	3	5	44
6	违规收费	70	1.2	70.7	-17.6	21	31	0	2	1	15
7	其他	311	5.1	-6.0	-30.9	70	102	1	7	15	116
8	合计	6070	100.0	-2.3	-55.0	3417	1895	7	62	42	647

(二)消费者对邮政服务问题有效申诉情况

12 月,消费者对邮政服务问题有效申诉 664 件,环比增长 33.1%,同比下降 76.3%(图 4-83)。

12 月,消费者对邮政服务有效申诉的主要问题是投递服务、邮件延误和邮件丢失短少,分别占有效申诉总量的 42.2%、26.5% 和 20.8%。消费者对邮政服务问题有效申诉环比增长明显的是邮件延误,环比增长 112.0%,同比均呈下降趋势(表 4-72)。

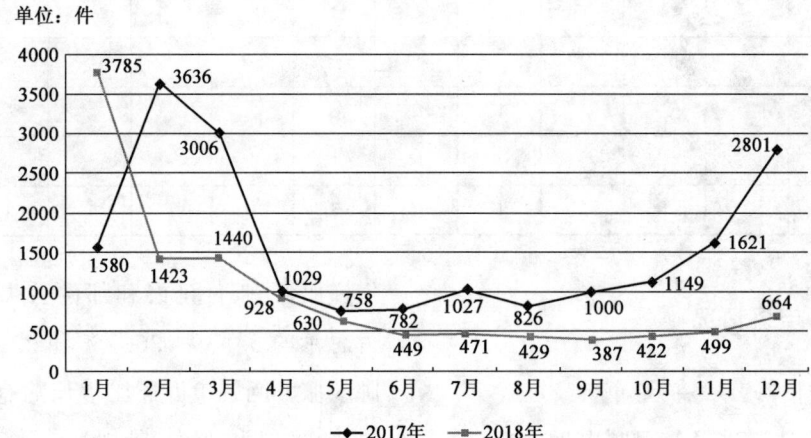

图 4-83　2018 年与 2017 年各月邮政有效申诉数量

表 4-72　2018 年 12 月消费者对邮政服务问题有效申诉情况统计

序号	申诉问题		申诉件数	占比例(%)	环比(%)	同比(%)
1	投递服务	函件	259	42.2	10.7	-74.4
		包件	20			
		其他	1	280		
2	延误	函件	158	26.5	112.0	-83.2
		包件	16	176		
		报刊	2			
3	丢失短少	函件	116	20.8	22.1	-73.2
		包件	17	138		
		报刊	2			
		其他	3			

续上表

序号	申诉问题		申诉件数	占比例(%)	环比(%)	同比(%)
4	损毁	函件	41	7.8	48.6	-46.9
		包件	11			
5	收寄服务	函件	11	2.0	0.0	-64.9
		报刊	1			
		包件	1			
6	违规收费	函件	1	0.2	—	-85.7
7	其他		4	0.6	100.0	300.0
8	合计		664	100.0	33.1	-76.3

三、快递服务申诉情况

(一)消费者对快递服务问题申诉情况

12月,消费者对快递服务问题申诉214040件,环比下降5.9%,同比下降25.9%(图4-84)。

(二)消费者对快递服务问题有效申诉情况

12月,消费者对快递服务问题有效申诉8721件,环比增长75.0%,同比下降70.2%(图4-85)。

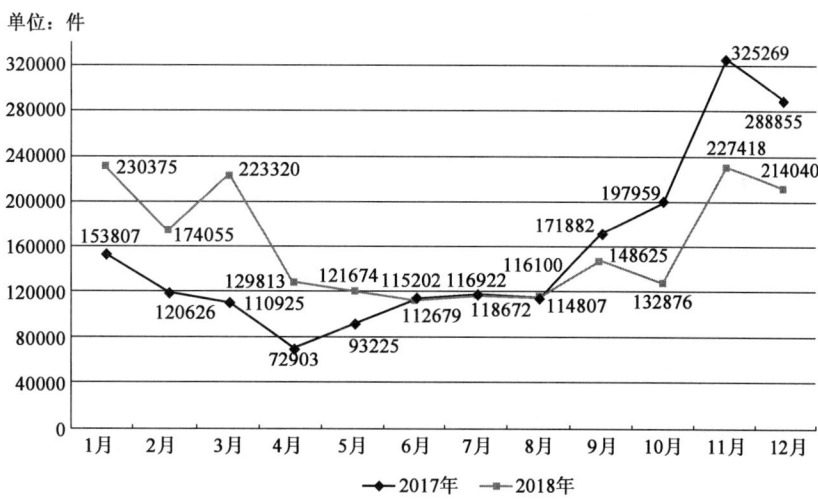

图4-84 2018年与2017年各月快递申诉数量

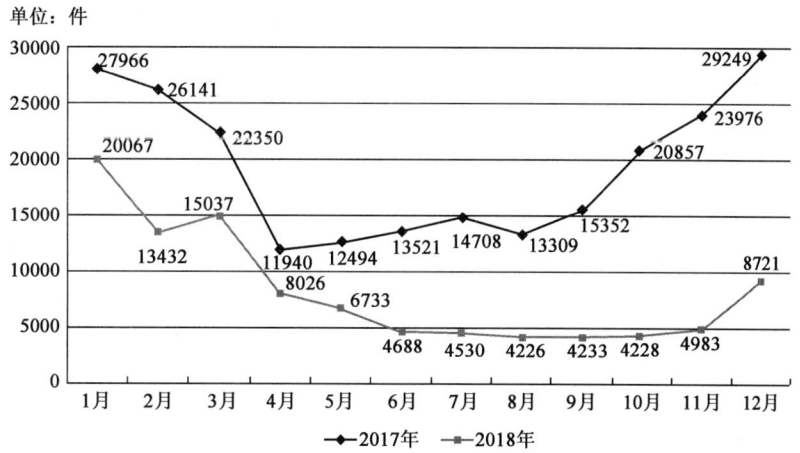

图4-85 2018年与2017年各月快递有效申诉数量

12月，消费者对快递服务有效申诉的主要问题是延误、投递服务和快件丢失短少，分别占有效申诉总量的31.7%、30.6%和25.9%。消费者对快递服务问题有效申诉环比增长明显的有快件延误、丢失短少和投递服务，同比均呈下降趋势（表4-73）。

（三）消费者对快递企业申诉情况

12月，消费者对快递企业有效申诉处理满意率（消费者对快递企业有效申诉处理满意件数与快递企业有效申诉总量之比）为99.4%，低于全国平均有效申诉处理满意率的快递企业有6家；全国快递服务申诉率（快递企业每百万件业务量发生申诉问题的件数）为百万分之39.50，高于全国平均申诉率的快递企业有10家（表4-74）。

表4-73 2018年12月消费者对快递服务问题有效申诉情况统计

序号	申诉问题	总申诉件数	有效申诉件数	有效申诉比例（%）	有效申诉环比（%）	有效申诉同比（%）
1	延误	71555	2763	31.7	95.4	-72.9
2	投递服务	46143	2673	30.6	64.8	-74.7
3	丢失短少	49303	2262	25.9	93.3	-63.7
4	损毁	17841	656	7.5	38.4	-53.0
5	收寄服务	8093	222	2.5	47.0	-59.7
6	违规收费	4133	65	0.8	0.0	-35.6
7	代收货款	1048	55	0.6	-11.3	-44.4
8	其他	15924	25	0.3	0.0	-77.1
9	合计	214040	8721	100.0	75.0	-70.2

表4-74 2018年12月主要快递企业申诉情况

序号	企业名称	消费者对快递企业有效申诉处理满意率（%）	申诉率（百万分之）	有效申诉率（百万分之）
1	中外运-空运	100.0	0.71	0.00
2	民航快递	100.0	1.07	0.00
3	京东	100.0	10.16	0.53
4	苏宁易购	100.0	12.14	1.94
5	DHL	100.0	12.18	0.69
6	FedEx	100.0	13.51	2.40
7	顺丰速运	100.0	18.12	0.25
8	中通快递	100.0	23.29	0.32
9	韵达快递	100.0	25.40	0.20
10	如风达	100.0	28.35	3.17
11	速尔	100.0	33.45	7.77
12	申通快递	100.0	41.44	0.13
13	圆通速递	100.0	56.22	0.85
14	宅急送	100.0	57.90	5.95
15	优速	100.0	104.12	2.88
16	TNT	100.0	104.38	23.57
17	德邦快递	100.0	109.77	10.18
18	天天	99.8	161.73	16.80
19	百世快递	99.4	35.80	0.58

续上表

序 号	企业名称	消费者对快递企业 有效申诉处理满意率(%)	申诉率 (百万分之)	有效申诉率 (百万分之)
20	安能	99.1	76.23	5.45
21	品骏	98.0	26.44	9.78
22	邮政快递(EMS)	98.0	40.28	4.52
23	国通	97.7	99.97	15.25
24	UPS	86.4	32.96	10.36
25	递四方	85.0	8.66	0.82
26	全国合计	99.4	39.50	1.61

(四)各省(区、市)快递服务申诉情况

12月,消费者对各省(区、市)邮政管理部门有效申诉处理工作满意率(消费者对邮政管理部门有效申诉处理工作满意件数与邮政管理部门结案有效申诉总量之比)为99.7%,低于全国平均有效申诉处理满意率的地区有10个;各省(区、市)快递服务申诉率(所在省份快递企业每百万件收投业务量中发生申诉问题的件数)为百万分之19.57,高于全国平均申诉率的地区有16个;各省(区、市)快递服务有效申诉率(所在省份快递企业每百万件收投业务量中发生有效申诉问题的件数)为百万分之0.80,高于全国平均有效申诉率的地区有16个(表4-75)。

表4-75　2018年12月各省(区、市)快递服务申诉情况

序 号	地 区	消费者对邮政管理部门 有效申诉处理工作满意率(%)	申诉率 (百万分之)	有效申诉率 (百万分之)
1	四川	100.0	13.55	0.57
2	山西	100.0	16.11	0.97
3	重庆	100.0	16.96	0.97
4	广西	100.0	17.24	0.64
5	贵州	100.0	17.50	1.70
6	宁夏	100.0	17.62	1.92
7	湖南	100.0	17.74	0.95
8	黑龙江	100.0	19.40	0.74
9	海南	100.0	19.65	1.39
10	吉林	100.0	19.79	0.61
11	安徽	100.0	20.04	0.59
12	辽宁	100.0	20.88	0.43
13	陕西	100.0	22.00	0.52
14	甘肃	100.0	22.07	2.77
15	江苏	100.0	22.20	0.97
16	青海	100.0	30.27	0.97
17	西藏	100.0	48.88	2.08
18	浙江	99.9	15.49	0.84
19	广东	99.8	17.09	0.60
20	福建	99.8	19.48	1.03

续上表

序号	地区	消费者对邮政管理部门有效申诉处理工作满意率(%)	申诉率（百万分之）	有效申诉率（百万分之）
21	山东	99.7	27.34	0.84
22	新疆	99.6	77.73	5.26
23	江西	99.3	24.05	1.25
24	云南	99.3	15.17	0.90
25	河北	99.2	18.81	0.54
26	天津	99.1	20.90	0.78
27	北京	99.0	19.50	0.58
28	湖北	98.7	20.91	0.79
29	上海	98.7	33.69	0.76
30	河南	98.5	13.83	0.75
31	内蒙古	97.7	20.69	0.65
32	合计	99.7	19.57	0.80

第四章 2018年中国快递发展指数报告

2018年,中国快递业以习近平新时代中国特色社会主义思想为指导,以深化供给侧结构性改革为主线,按照"打通上下游、拓展产业链、画大同心圆、构建生态圈"的发展思路,市场规模高位运行,市场结构持续优化,质量效益加速提升,新技术、新业态、新模式不断涌现,行业高质量发展进程加速,为宏观经济稳中向好注入了新的动力和活力。

(一)整体情况

2018年,中国快递发展指数为814.5[1],同比提高23.6%,行业加速进入高质量发展阶段。从一级指标来看,发展规模指数为1765.3,同比提高25.5%,实现持续高速增长;服务质量指数为133.4,同比提高30.2%,速度首次超过规模发展指数,呈现加速提升势头;发展普及指数为377.2,同比提高5%,稳健提升;发展趋势指数为92.9,与上年基本持平,总体趋于稳定(图4-86)。

(二)分项指数

1. 发展规模指数

2018年,发展规模指数为1765.3,同比增长25.5%(图4-87)。

市场规模高位运行。2018年,全国快递业务量突破500亿,达到507.1亿件,比上年增长26.6%。全国快递企业日均快件处理量1.4亿件,最高日处理量达到4.2亿件,同比增长25.7%。快递业务收入超过6000亿元,达到6038.4亿元,同比增长21.8%。2018年快递业务量收分别是2010年快递业务量收的21.7倍和10.5倍,年均复合增长率分别为46.9%和34.2%,远高于同期国内生产总值增速7.4%[2],成为新经济的亮点(图4-88、图4-89)。

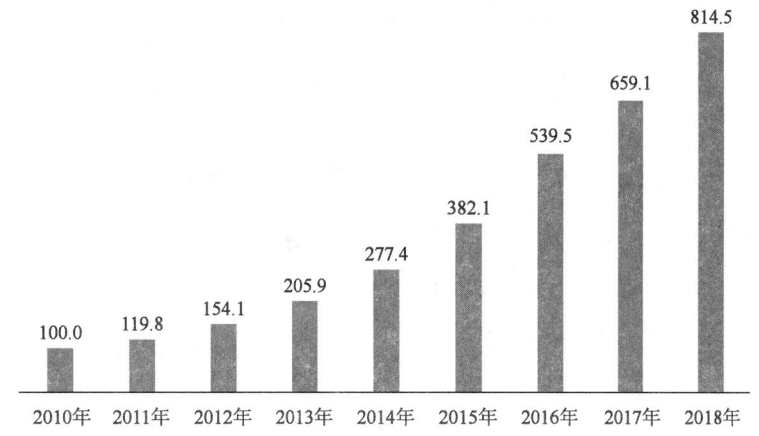

图4-86 2010—2018年中国快递发展指数变化

业务规模全球领先。2018年,我国快递业务量超过美、日、欧发达经济体之和,规模连续五年稳居世界第一,是第二名美国的3倍多,占全球快递包裹市场的一半以上,成为全球快递包裹市场发展的动力源和稳定器。

---

[1] 以2010年为基期,基期值为100。
[2] 根据国家统计局公布的2010—2018年国内生产总值增速计算。

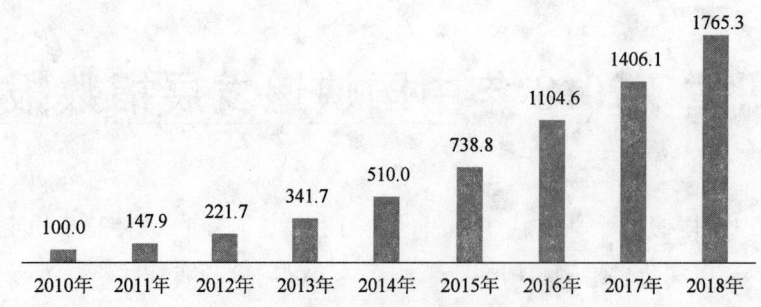

图4-87　2010—2018年发展规模指数

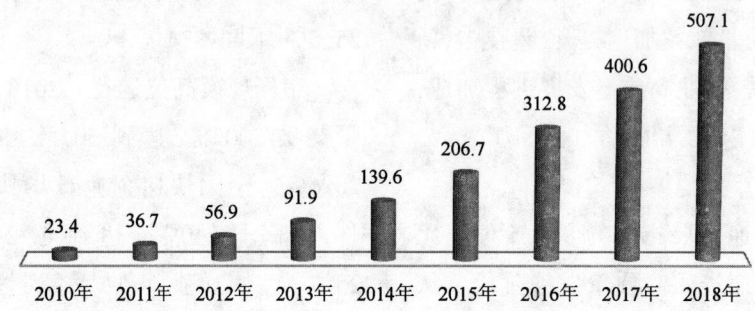

图4-88　2010—2018年快递业务量变动情况(单位：亿件)

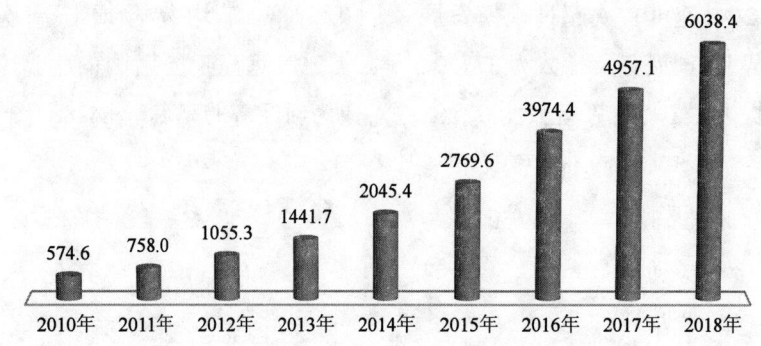

图4-89　2010—2018年快递业务收入变动情况(单位：亿元)

规模增长亮点频现。一是增量创历年来新高。 2018年全国快递业务量净增量106.5亿件，现在每增长1个百分点相当于五年前增长5.5个百分点，增长含金量提升。**二是增长极作用凸显。** 浙江快递业务量首次超过百亿件大关，和广东成为行业增长的两极。2018年广东、浙江两省快递业务量对全国增长的贡献率达46.9%，接近一半。**三是跨境寄递增长迅猛。** 2018年跨境快递业务量达到11.1亿件，同比增长34%，比行业增速高7.4个百分点，连续两年超过行业整体增速，成为快递业务增长的亮点。

产业协同效应凸显。 随着快递市场规模的扩大，快递服务现代农业、先进制造业和跨境电商成效明显。2018年，快递业年支撑网络零售额超过7万亿元，占社会消费品零售额比重达到18.4%❶，成为拉动消费和促进生产的重要力量。全年农村地区收投快件量超过120亿件，带动农产品进城和工业品下乡超过7000亿元，极大释放了农村地区消费活力。快递服务制造业形成318个重点项目，涵盖航天、汽车、电子、制药、服装等多

---

❶根据国家统计局数据计算。

个领域,年产生快递业务量约9.4亿件,直接带动制造业总产值约2269.7亿元,快递发展现代供应链进入快车道。快递企业海外仓覆盖50多个国家和地区,支撑跨境网络零售额3500亿元,有力支撑了我国产业和产品"走出去"。

2. 服务质量指数

2018年,快递服务质量指数为133.4,比上年提高30.2%(图4-90)。

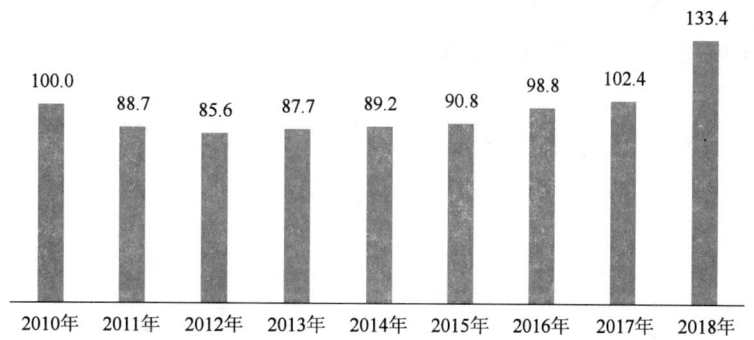

图4-90 2010—2018年服务质量指数情况

服务质量同步提升。2018年,快递服务满意度得分为75.9分,比上年提高0.2分。72小时准时率为79%,比上年提高0.3个百分点。快递服务有效申诉率首次降到百万分之2以下,同比改善近一半,有效申诉率连续六年改善。快递企业愈发重视用户消费体验,将其视为企业发展的内生需求,服务质量改善和市场份额提升逐步形成良性循环。主要品牌企业服务质量较高,市场份额提升较快,2018年快递与包裹服务品牌集中度指数CR8达81.2,比上年末提升2.5,提升幅度创五年以来最高,市场集中度提升也带动了行业整体服务质量提升。

服务能力持续增强。德邦快递成功上市,7家主要快递企业齐聚资本市场,外部资本加速流入,为行业基础设施建设注入新的活力。快递企业加强运输能力(航材购置和车辆购置)、智能化处理能力(智能化分拣和分拨)及科技信息化投入,开始向重资产转变。自主快递航空运能提升,湖北鄂州顺丰国际快递物流核心枢纽项目开工建设,浙江嘉兴圆通航空物流枢纽项目启动,行业拥有国内快递专用货机113架,比上年末增加13架。快递与铁路合作深入推进,开通高铁快递线路431条,快递与铁路成立合资企业,开发高铁快递产品,快件铁路运输比例上升。快递企业加快新建、改扩建分拨中心,添置自动化、半自动化分拣设备,行业建成自动化分拨中心232个,主要企业骨干分拨中心基本实现自动化分拣,极大提升了分拣处理效率。

高新技术广泛应用。云计算、大数据、人工智能、物联网等新技术广泛应用,不断提升数字化、自动化、智能化、共享化水平,助推行业从劳动密集型向技术密集型转变。数据分单、数据派单等技术应用,推动行业实现了作业环节和路由管控智能化,结合物流地图实现了路由动态优化,提升了快件转运效率。区块链技术在产品溯源、快件实时追踪等领域开始应用。以无人机、无人车、无人仓为代表的无人技术在行业应用场景日益丰富,部分快递企业推出"快递到车"业务,部分快递企业参与物流无人机标准的制定。AGV机器人等设备加快推广应用,行业生产效能明显提升。快递企业新技术、新装备国产化比例提升,降低了应用成本。

3. 发展普及指数

2018年,快递发展普及指数为377.2,比上年提高5%(图4-91)。

城市投递形式多元化。2018年,全国建成城市公共快递服务站和农村公共取送点分别达到7.1万个和6.7万个,江苏、河南等部分地区探索快递共同配送。主要快递企业城区自营网点标准化率超过92.7%，较上年末提高10个百分点，行业服务形象明显改善。主要企业投入运营智能快件箱27.2万组，新增近7万组，箱递率达到8.6%，提高1.6个百分点，投递效率明显提升。平均每万人1.5个快递网点，每百平方公里2.2个快递网点，"末端一公里"便利化程度继续加强，199个城市出台快递末端服务车辆管理政策，覆盖率达60%。形成住宅投递、智能快件箱投递和公共服务站投递等多种模式互为补充的末端投递服务新格局。

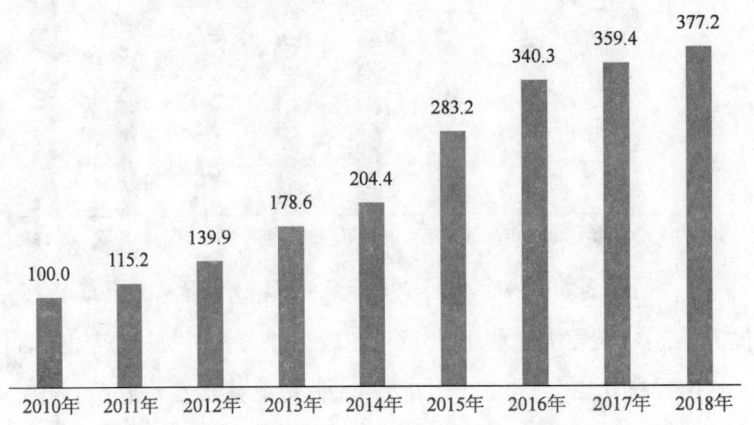

图4-91　2010－2018年发展普及指数情况

农村服务网络快速延伸。"快递下乡"成为乡村振兴战略的重要支撑，主要快递企业积极响应国家号召，加快向下延伸服务网络。全国农村地区快递服务网点达到6多万个，快递企业乡镇网点覆盖率达到92.4%，同比提高5.1个百分点。"寄递+电商+农特产品+农户"脱贫模式作用凸显，快递企业打造服务农业"一地一品"项目905个，覆盖国家级贫困县34个。全国98%以上的人口足不出乡就可以享受便捷的快递服务，快递已经成为刺激农村消费、振兴农村经济的重要助力。

快递普及成效显著。2018年，人均快件使用量为36件，较上年增加7件。快递企业日均服务2.8亿人次，相当于每天5人中就有1人使用快递服务，快递成为现代生产生活不可或缺的组成部分。快递业务收入占国内生产总值的比重为6.7‰，同比提高0.7个千分点，对经济增长的直接贡献提升。快递业新增就业人数超过20万人，对国内新增就业贡献率达2%以上，为保就业做出了积极贡献。

4．发展趋势指数

2018年，快递发展趋势指数为92.9。预计2019年快递业务量将超过600亿件，同比增长22%。预计2019年快递业务收入超过7000亿元，同比增长18%。

快递业发展基本面持续向好，行业高质量发展进程将持续加快。市场结构进一步优化，市场主体、业务模式等更趋多元化，快递服务领域加速拓展，服务品种更加丰富。绿色发展进程加快，生态环保将重塑行业生产、运输和包装等各个环节。5G应用将推动"互联网+制造业+快递"发展模式更加完善，快递将更多嵌入先进制造业和供应链发展全流程。行业将紧扣质量变革、效率变革、动力变革，在破解问题中找准路径方向，助推快递业高质量发展。

第五章 2018年快递业调查报告

下 乡 记

一句"到农村去"曾造就了历史上一场"上山下乡"的热潮,知识青年被寄予时代的使命。如今,快递业也被寄予了新时代的使命。"快递下乡"工程被列入2018年邮政业更贴近民生实事(征求意见稿)中,以便更好地服务农村经济发展。

怎样让农村用户在寄递领域有更多的获得感、幸福感、安全感?快递下乡应该怎么下?让我们到农村去!摸摸快递在农村的发展脉络。

一、实证地点

山西省忻州市繁峙县

繁峙县位于山西省东北部,隶属于山西省忻州市,北、东、南三面高山环绕,北部为恒山山脉,南部为五台山脉,总面积2369平方公里。繁峙县辖13个乡镇,沿108国道自西向东依次分布,分别是繁城镇、杏园乡、光裕堡乡、岩头乡、下茹越乡、集义庄乡、东山乡、砂河镇、金山铺乡、柏家庄乡、大营镇、横涧乡和神堂堡乡。目前,除最东部的神堂堡乡因为偏远、快件少还依赖客车携件下乡外,其他乡镇都开通了快递代理点。

山西省晋中市平遥县

平遥县位于山西省中部,太原盆地西南,太岳山之北,太行山、吕梁山两襟中央。境内南北平均长约40公里,东西宽约30公里,总面积为1260平方公里。平遥县下辖5个镇,9个乡,分别是古陶镇、段村镇、东泉镇、洪善镇、宁固镇、南政乡、中都乡、岳壁乡、卜宜乡、孟山乡、朱坑乡、襄垣乡、杜家庄乡和香乐乡。目前,除孟山乡因位置偏远、快件少,没有设立快递代理点外,其余乡镇都开通了代理点。

山西省晋城市高平市

高平市,位于山西省东南部,隶属于晋城市,因其四面群山环绕、中部相对平坦而得名,市境总面积946平方公里。高平市下辖9个镇和4个乡,分别是寺庄镇、河西镇、米山镇、马村镇、北诗镇、陈区镇、三甲镇、神农镇、野川镇、原村乡、建宁乡、永录乡和石末乡。目前,13个乡镇均开通了快递代理点。

二、乡村报告

(一)忻州繁峙

1. 模式

繁峙县乡镇分布情况较为"奇特"。繁城镇作为城关镇位于整个县域的最西端,其他乡镇自西向东坐落有序。乡镇分布与当地的地形有着紧密的关系,但这样的分布也给繁峙的快递下乡带来了些许"麻烦"。其中,最典型的就是从最西端的繁城镇到最东端的神堂堡乡,距离90公里,货车下去要三四个小时,而且神堂堡乡每天只有十几件快件,所以这里至今没有设立快递代理点,只能依靠客车顺路捎带快件。繁峙快递下乡概况及各乡镇进港业务量见表4-76、表4-77。

表4-76 繁峙快递下乡概况

乡镇数量(个)	快递品牌(家)	进港件(万件/年)	出港件(万件/年)	乡镇件占比(进港)(%)	乡镇代理点数量(个)
13	22	约400	约40	40	约30

表4-77 繁峙各乡镇进港业务量

乡镇(繁城镇除外)	杏园乡	光裕堡乡	岩头乡	下茹越乡	集义庄乡	东山乡	砂河镇	金山铺乡	柏家庄乡	大营镇	横涧乡	神堂堡乡
进港业务量（件/天）	约500	约20	约30	约100	约100	约200	约4000	约200	约10	约200	约100	约20

除神堂堡乡外，繁峙县其他乡镇分散着约20个快递代理点，由县里的快递品牌企业自己设立或者联合多家快递企业共同设立（表4-78）。在忻州市邮政管理部门的推进下，除快递企业设立代理点之外，繁峙县邮政企业也逐步与快递企业开展"邮快合作"。目前，在"平等自愿、协商合作"的原则下，邮政企业主动出击，成熟一个快递企业合作一个快递企业，成熟一个乡镇合作一个乡镇，逐步扩大影响。截至目前，繁峙"邮快合作"已整合圆通、申通、天天等8家快递企业，在岩头乡、下茹越乡、光裕堡乡、东山乡、金山铺乡等实现合作。邮政企业利用自有乡镇网点，为合作快递企业进行代收代派服务。快件运输采用两种形式，一种是快递企业自行顺路将快件送到"邮快合作"网点，另一种是由邮政企业派车从快递网点取件，再送到"邮快合作"网点。忻州市邮政管理部门相关负责人告诉记者，通过"邮快合作"，一是解决了快递下乡难的问题，二是为补白局所寻求了出路，三是老百姓享受到更为便捷的寄递服务。"邮快合作"目前还处于"相互借力"解决偏远乡镇快件收寄问题的初级阶段，随着合作的深入，他们也把目光投向了挖掘扶持当地电商，带动繁峙的亚麻籽油、白水杏等特产走出去。

表4-78 繁峙主要快递企业乡镇代理点设置情况

企业	圆通	中通	申通	韵达	百世
代理点数量	9个代理点、4个邮政代办所	4个代理点	4个邮政代办所	9个代理点、1个邮政代办所	4个代理点、2个邮政代办所

2. 镜头

圆通速递繁峙县分公司经理刘书林可以说是当地"快递圈"里的名人，因为他是县里最早做快递的人之一，曾同时加盟了几乎所有的快递品牌。"后来因为吃不下就只做圆通了"。做快递近七八年来，刘书林把之前卖电脑赚的钱都投了进来，前年因为经营状况不好，他只好把自己的房子卖了给员工发工资。"2017年的状况稍好，盈亏持平了"。繁峙县圆通速递的总店位于县城主干道旁边的显眼位置，这里不但经营快递业务，也是当地土特产品的展销厅，厅里"打通上下游、形成产业链、画大同心圆、构建生态圈"的红色横幅格外显眼。

"要把乡亲们的土特产送出去，必须把下乡这条路打通了"。送快递下乡，刘书林也是走在最前面的。2016年以前，县里各乡的快递代理点还很少的时候，刘书林就开通了七八个。2017年7月，他与繁峙邮政公司合作，在4个乡镇邮政代办所开通了圆通的业务。

每天早上，繁峙圆通的分拣场地里便会热闹起来，城里的快递员都出去以后，乡镇快件便开始装车。为了降低成本，刘书林从2017年开始租了一辆新能源卡车往乡下送快件。车上除了圆通的快件，也有申通、百世等企业送来的快件。9时45分，等各家的快件都装上车，记者和刘书林便跳上车开始下乡送件。在快要出发时，一辆邮政的面包车和一辆中通的新能源卡车开了进来，"我们和邮政代办所合作，根据路由，一部分快件由我们送过去，还有一部分快件他们自己来拉。也有一部分乡镇件交给中通来送。"刘书林说。

繁峙各乡镇沿108国道自西向东分布,我们的车便自西向东行驶。停车的第一站是下茹越乡,这里是圆通的快递代理点,同时也接收中通的快件。下了车,对面就是圆通和中通的醒目招牌,代理点经营者樊彦新已经和婆婆守在了路边。下茹越代理点每天有三十多件快件,圆通和中通将每件1.3元的派费都给了代理点,就算这样,樊彦新靠快递的收入每月也只有1000多元。

在这个代理点的后面是与申通和百世有合作的乡邮政代办所,刘书林把这两家的快件放下后继续一路向东行驶。10时30分,停车的第二站是集义庄乡。圆通代理点离108国道还有200米的距离,地址是村民李红伟的家里。每天这个时候,李红伟都会推着一辆手推车在108国道边等着接件,然后推回家里。"近一点的我都会送上门去,其他的就打电话让乡亲们来取。"李红伟憨厚地笑着说。他除了种地务农的收入外,代理快递业务每月也能有千把块进账。

10时50分,圆通的下乡班车开到砂河镇也就是最后一站。砂河人口聚集,快递业务量占整个繁峙的三成,圆通在砂河每天的业务量有六七百件,其他快递企业也都在砂河有着承包点,所以这里的网点不是真正意义上的乡镇代理点。而隔壁东山乡,正是繁峙邮政和几家快递企业合作落地的邮政代办所所在地,繁峙快递下乡过程中"邮快合作"在这里也最具典型意义。

东山乡邮政代办所位置较为显眼,室内外的场地也比较开阔,这里除了"中国邮政"的标识之外,还挂着圆通、申通、韵达和天天的牌子。经营者王爱玲介绍,他在代办所已经三年多了,以前只经营邮政业务收入不多。2017年下半年开始,每天还会有20多件快件进来,每个月也能带给他600~1000元的收入,加上邮政给的600元工资和其他代办服务提成,以及通过销售一些商品,每月总收入有2000多元。

在山西,快递企业和邮政企业在快递下乡方面合作的案例不多,忻州繁峙是其中一个。双方也在合作中不断积极寻找新的契合点。就目前来看,虽然合作没有给邮政公司带来直接的创收,但给乡镇网点尤其是空白乡镇网点补白后如何维持运营带来了转机——提高了代办所的收入,使其灵活运转;对快递企业来说,邮政为其减轻了运输成本和找代理点难等方面的压力。以繁峙圆通为例,合作前与合作后的成本付出明显不同(表4-79)。

表4-79 繁峙圆通合作前与合作后的成本付出对比

繁峙圆通	成本付出	
	合作前	合作后
下乡车辆(辆)	2	1
驾驶人员(名)	2	1
代理点	不稳定、难找	固定的邮政代办所
综合下乡成本(元/天)	>400	<200

快递下乡的成本主要集中在车辆购置、使用和人员配备方面。在没有与邮政合作前,刘书林需要用两辆汽车来往于各乡送件,燃油、车辆保养以及人员成本压力很大;合作后,邮政代取一部分快件,刘书林可以省下一辆车和一个司机的成本,而且他租用了续航公里不长但基本能满足目前需求的新能源车,整体节省了一半的成本。至于快递下乡带来的收入,目前因为没有收件,而且为了维持代理点的生存,派费都给了代理点,所以基本没有收入。

(二)晋中平遥

1. 模式

忻州向南,来到晋中市平遥县。这里的乡镇分布不像繁峙一样横向排列,13个乡镇分布在古陶镇(城关镇)周围,最远的是孟山乡,距离古陶镇约50公里,驱车往返需要五六个小时,与繁峙的神堂堡乡一样,孟山乡没有开通快递代理点,只能依靠客车携带快件。平遥快递下乡概况及各乡镇进港业务量见表4-80、表4-81。

平遥县快递下乡的方式与繁峙县大为不同。平遥县申通、中通、百世、韵达、天天联合成立了平遥县新农淘商贸有限公司,与当地供销社一起,开启了一条"快快合作""供快合作"的下乡路。

表4-80 平遥快递下乡概况

乡镇数量（个）	快递品牌（家）	进港件（万件/年）	出港件（万件/年）	乡镇件占比(进港)（%）	乡镇代理点数量（个）
14	16	400	约80	35	30余

表4-81 平遥各乡镇进港业务量

乡镇（古陶镇除外）	宁固镇	南政乡	段村镇	东泉镇	洪善镇	中都乡	卜宜乡	岳壁乡	孟山乡	朱坑乡	襄垣乡	杜家庄乡	香乐乡
进港业务量（件/天）	约400	约600	约600	约200	约400	约500	约300	约200	约100	约100	约100	约100	约200

2017年9月以前,平遥县各快递企业在乡镇设置的代理点还有50多个,但9月之后,这个数字就变成了30多个(表4-82)。这是怎么一回事?原来他们"抱团取暖"了。

快递业竞争越来越激烈,导致基层网点利润越来越少,尤其在县乡一线,担负着快递下乡任务的各家快递企业更是苦不堪言。怎样节约成本,使利润最大化?平遥申通负责人雷军有个计划酝酿了很久,那就是各家企业"抱团取暖"。这个愿望如今终于成为现实——平遥县新农淘商贸有限公司成立。新农淘公司入股成员为申通、中通、韵达、百世和天天。公司成立伊始,与平遥县新供销电子商务有限公司合作,对方出资租赁场地成立"供销e家·平遥县电子商务产业园",并采购分拣设备、安防设备、快递三轮车等,邀请新农淘成员入驻。随后,新农淘公司开始整合乡镇快递,将几十个各品牌代理点合并为19个,整合后的乡镇代理点实行统一分拣、统一配送。"整合代理点后,网点节约成本约70%,利润增加了30%。"雷军对记者说。

表4-82 平遥主要快递企业乡镇代理点设置情况

企业	中通	申通	韵达	百世	天天	其他快递企业
代理点数量	19个乡镇代理点(共同设置)					10余个

据记者了解,与繁峙县快递企业往各个代理点送件的方式正好相反,平遥县乡镇快件基本通过代理点到县城快递网点取件的方式实现快递乡下。原因主要是平遥县各乡镇的快件量分布比较均匀,且距离城区不是很远,代理点在运输成本和时间成本上可以接受。另外,整合后的乡镇代理点只需要到产业园跑一趟,就能把大部分快件取走,也提高了派送效率。

"抱团取暖",利益分配是关键。雷军告诉记者,新农淘公司按照各家股权比例分配收入,"不管用的是哪家快递,每件快件的收入均按照股权比例进行分配"。

2. 镜头

距离平遥古城不远,便是"供销e家·平遥县电子商务产业园"的所在地。整个产业园占地8000多平方米,其中快递用地一共3000余平方米,电商用地4000余平方米。在电子商务产业园的招牌下面,是百世、申通、韵达、中通和天天的Logo,门前则停满了各家快递公司的大小车辆。进入分拣场地,并列摆放着5条分拣流水线,它们分属于新农淘公司下面的5家快递公司。

"自从进入产业园以来,5家公司就在同一个场地操作,各自卸货和分拣,配送的时候就整体进行整合。"雷军说,"目前,新农淘公司在城区里建立了5个快递服务站,周边居民集中,快件量较多,那里的快件共同配送。此外,乡镇快件全部实现了共同配送,分拣完毕后,5家公司的快件集中到一起,然后19个乡镇代理点的人来自取。"

平遥县供销社办公室主任师云霄告诉记者,供销社肩负着服务三农的任务,具体要解决农产品供销问题,打通电商和物流通道。"在产业园中引入快递企业便是出于此考虑。除此之外,在快递下乡方面,供销社与快递的合作也在全面铺开"。

段村镇,距离平遥县城所在地古陶镇10公里,这里有平遥供销社与快递企业合作落地的第一个快递服务站——"供销e家 段村镇快递服务站"。

段村镇快递服务站位于一栋二层小楼的一层,占地六七十平方米,中通、百世、申通、天天等快递企业的Logo挂在室外墙上。服务站内三侧摆满了货架,来到这里的快件按照手机尾号和快递品牌被分门别类地码放在货架上。这里的负责人告诉记者,服务站的场地是他自己租下的,每月房租1000元,一共有5位员工,每人每月工资800元左右,办公电脑、取货用的三轮车等硬件设备由供销社提供。段村服务站每天派五六百件,每件都可以提成1元派费;每天收件二三十件,除了交给快递企业每件5.5元外,其他收入都归服务站。记者粗略算了一下,除去房租和人员工资,不算其他成本,段村快递服务站一个月的收入超过万元。

新农淘公司的成立,不仅仅是表面上的将乡镇代理点化零为整,更多的是集约了资源,降低了成本,提高了收入。以运输车辆为例,整合前每个乡镇有四五家不同品牌的代理点,每个代理点都要有一辆车前往城里取件,有三轮车有汽车,如果平均每辆车成本是1万元,整合后就能节省30多万元;人员方面,50个人精简为20个,不但提高了整合后代理点的收入和代理人员的积极性,代理点的标准化建设也进一步落实,快递服务质量进一步得到提升(表4-83)。

表4-83 新农淘公司成立前后快递下乡数据对比

新农淘旗下代理点	快递下乡数据	
	整合前	整合后
代理点数量(个)	约50	19
运输车辆(辆)	约50	19
代理点人员(名)	约50	约20
综合下乡成本	节约成本70%以上,利润增加30%以上	

在平遥,快递下乡在快递企业和快递企业、快递企业和供销社合作的整合模式下焕发出勃勃生机。雷军告诉记者,将来新农淘公司将以乡镇网点为依托,逐步实现全县快件无盲区,2020年既定目标是建立150个村级服务站,城区则建立20~30个服务站。服务站建立完成后,因地制宜引导农民种植、养殖适合本地的农副产品,通过招商引资建厂对本地农副产品进行深加工,一方面有效提高农副产品附加值,增加农民收入,另一方面解决部分剩余劳动力。服务站建立后,联络各地快递同行组织各地特产在平台上流通,把平遥牛肉、平遥酥梨销往全国,再把各地特产引进平遥。最后要以快递网络为基础,组织本县的数据库,实现统仓统配。"平遥县各乡镇村有303个供销社站点,70多个村级电子商务服务站,我们可以为快递下乡、进村提供良好的合作资源。只要一家条件成熟就合作一家。"师云霄说。

"如今最要紧的是,我们新公司下面的5家快递公司还无法实现数据互通,还不能在同一个平台上进行签单操作。这个问题一旦得到解决,我们5家的流水线就可以合并成一条，所有快件都可以放在一个'盘子'里进行操作，效率能进一步提升。"雷军说，"开不开这个口，现在就看总部的态度了。"

(三)晋城高平

1. 模式

平遥县驱车向南4个小时，是本次实证的最后一站、著名的长平之战的发生地——晋城高平。高平是县级市，城区在整个市域的最中心，周围各乡镇成辐射状分布。与繁峙县和平遥县相比，高平的面积最小，不足繁峙的一半，从市区到最远的乡镇只有25公里，车程大约只要一两个小时，因此快递在下乡过程中的路途近了不少。目前，高平13个乡镇均开通了快递代理点。高平快递下乡概况及各乡镇进港业务量见表4-84、表4-85。

表4-84 高平快递下乡概况

乡镇数量（个）	快递品牌（家）	进港件（万件/年）	出港件（万件/年）	乡镇件占比（进港）（%）	乡镇代理点数量（个）
13	21	500	约50	40	30余

表4-85 高平各乡镇进港业务量

乡镇（古陶镇除外）	寺庄镇	河西镇	米山镇	马村镇	北诗镇	陈区镇	三甲镇	神农镇	野川镇	原村乡	建宁乡	永录乡	石末乡
进港业务量（件/天）	约600	约800	约700	约600	约400	约500	约300	约400	约500	约300	约100	约300	约200

"快快合作"的模式在高平同样上演。高平市申通、中通、韵达和百世联合搭建了一个共同配送的物流平台——小驴快运(表4-86)。而且，与平遥"供快合作"不同的是，小驴快运是与高平当地遍布各乡镇的红旗商场进行合作，合力将快递服务推向农村。

表4-86 高平主要快递企业乡镇代理点设置情况

企业	中通	申通	韵达	百世	其他快递企业
代理点数量	14个乡镇代理点(共同设置)				约20个

小驴快运成立于2017年10月，旗下申通、中通、韵达、百世的分拨场地都集中在一起，位于高平市电子商务产业园内。产业园由高平市政府建设，于2016年开园。整个园区占地100亩，集商品交易、货物仓储、物流配送和电子商务于一体，目前入驻创业商户120余户，入驻快递企业除了小驴快运各成员外，还有圆通。对于入驻的快递企业，每家都有300～400平方米的场地，两年之内免租金，这可以为每家企业每年节省2万元的场租费。

有了当地政府和邮政管理部门的支持，高平市主要快递企业分拣用地得到了解决，于是大家开始琢磨乡镇末端派送问题，小驴快运也正是在此背景下"融合"成型的。

"四家企业，每家按照25%的比例入股，收入平分"。对于这样的提议，申通崔健、中通许进伟、韵达郭强和百世李杰四位"80后"负责人都没有异议，"以后大家都有了一个共同的名字，小驴快运"。小驴快运成立以后，四家品牌的乡镇代理点即开始整合，"从原来的50多个点整合成14个点。"郭强说，一个镇(乡)一个点，四家的乡镇快件放在一起，统一运至各乡镇或交给来取件的代理人。"目前乡镇件主要由代理点来取，只有河西镇和米山镇的快件由我们自己的车辆送达。我们正在对乡镇路由进行重新规划，计划将来设5条线，每条线串起2～3个乡镇，所有的乡镇快件都由我们来送达。"许进伟补充说，"这样一来，我们的工作规范化了，代理点的压力也减轻了,大家可以一起想想下一步快递进村的问题。"

"红旗"在高平有着很高的知名度,因为在每个乡镇都有一家红旗商场。在晋城市邮政管理部门向记者提供的《高平市县乡村物流建设实施方案》中,红旗商场是其中物流配送联盟建设的主体。目前小驴快运14个乡镇网点中,有5个点与红旗商场展开了合作:红旗商场在商场内免费提供场地,小驴快运提供快递代理服务。"2018年1月20日之前,红旗商场计划在100个1000人以上规模的村子中设点,这将为快递进村打开通路。"李杰告诉记者。

2. 镜头

上午9时,记者来到高平市电子商务产业园,穿过几栋销售当地特产的展销厅,便能看到快递功能区了。整个功能区坐北朝南,南向开卷帘门6个,分别对应并排的中通、申通、韵达、百世和圆通,以及一个公共仓。进港件的分拣和城区件的派送依旧各自操作,分出来的大部分乡镇件在集包后统一等待代理点来取,河西镇和米山镇则由小驴快运的车下乡直送。

进入各家场地,一幕场景令记者眼前一亮:在中通、申通、韵达和百世的分拣场地后方,一条皮带机穿墙而过,打破墙壁,将四家分拣场地与公共仓连接起来。只见四家快递企业的员工将各自打包好的河西镇和米山镇的快件搬上传送带,传送带运转,所有快件就被送至公共仓。公共仓门口,分别开往河西和米山的两辆卡车随即开始装车。而在场外,从各个乡镇代理点开来的面包车也整齐地停在一侧,开始从各家场地中搬运快件装车。"每天上午都是这个样子,运转流畅。"崔健笑着说。

河西镇距离高平市区15公里,这里的快件由小驴快运直接送达。上午11时,快件到达河西镇快递代理点。老张是这家代理点的负责人,除了他还有4名业务员,负责日常快件的卸车和分拣工作。为了村民们快速取件,老张还从网上下载了一个快递入库的软件,有了软件,只需要在扫描后按照软件生成的编码将快件对应上架即可,取件方便。

"派一个件1元,收一个件5元。以前乡里的代理点有七八个,收入不高,现在只有一两个了,收入也上来了。"除了一年7500元的房租和每个业务员一个月1000元的工资,老张说他一个月能有五六千元的纯收入。小驴快运公司成立前后快递下乡数据对比见表4-87。

表4-87　小驴快运公司成立前后快递下乡数据对比

小驴快运代理点	快递下乡数据	
	整合前	整合后
代理点数量(个)	约50个	14(红旗商场5)
运输车辆(辆)	约50	14(代理点12)
代理点人员(名)	约60	约30
综合下乡成本	节约成本70%以上,利润增加30%以上	

高平快递下乡的模式与平遥有着很多的相同之处,比如都有共同的分拣场地,有共同的乡镇代理点,甚至都有一个共同的发展目标——县域快递物流共同配送,不只是乡镇,还有城区和乡村。晋城市邮政管理部门相关负责人表示,整合县域现有快递资源、成立配送联盟、实现资源共享、节约成本、提高效率是《高平市县乡村物流建设实施方案》中提出的目标。未来,县域内,快递物流将实现"六个统一":统一场所、统一平台、统一管理、统一车辆、统一支付和统一配送。

解密同城"四小时"

2017年"双11"以来,行业里发生了几件"大事":先是去年年底,达达联合京东推出了"同城快件服务";后是2018年初,圆通速递发力B网,采用独立收派人员、独立系统、独立营运;再是不久前陈加海宣布加入"快服务",出任总裁……这几件事都指向了一个关键词——"四小时达"。

达达将"四小时达"定义为一个介于同城即时送和传统快递公司同城次日达之间的比较完美的解决方案;快服务表示自己是在拓展同城即时送市场时发现了这一空白市场,将是未来的业务重心。传统快递企业态度如何呢?顺丰早在2016年就上线了即时送服务,但官网同城配送产品中并没有明确"四小时达"产品;圆通B网去年开始试水,但未向外透露目前的进展;韵达刚刚上线"云递送",是否涉水"四小时达"仍待观察;中通快递在陕西西安上线的"City Express同城配送",主打"四小时达",已经进入了比较成熟的运营阶段。

同城"四小时"配送为何受到如此青睐?运营模式究竟有着怎样的秘密?跟随记者去西安一探究竟。

一、实证地点

中通快递集团陕西省管理中心:

陕西中通目前日均业务量100多万件,其中出港业务量20多万件,进港业务量70多万件。为提高快递服务质量、提升中通品牌形象、弥补同城快递市场空白,去年11月,中通快递集团陕西省管理中心正式成立同城项目部。

中通快递陕西省同城配送项目:

同城项目部的成立标志着中通快递集团陕西省管理中心开始正式布局同城快递业务,填补了陕西快递业同城业务当日达的市场空白。据了解,该项目总投资千万元,目前在西安设立了12个营业网点,业务范围基本覆盖全城。未来,中通快递陕西省管理中心将以西安市为试点,在省内各大城市启动同城快递业务。

二、"四小时"报告

2017年11月,中通快递西安同城业务正式上线。随着业务量的不断扩大,从开始的6个营业站点发展到目前的12个站点,配备近300名人员、12辆新能源汽车、80多辆电动三轮车,业务量日均千余件。因为网络独立、经营独立、团队独立,所以中通快递西安同城配送的运营模式与传统快递的模式有很大不同。

(一)站点设置

中通快递的传统网络在西安市内有数十个加盟网点,很好地承担了每日七八十万票的派件工作,同时,揽收业务量每日有20多万票。"在西部地区,4:1的剪刀差已经算做得不错了,况且年中的几个月,我们能把剪刀差缩到2.5:1。"陕西中通负责人黄利军在接受记者采访时说。

对于成立同城配送项目的原因,黄利军的答案让记者感到意外。他认为,在目前的传统快递业务中,以西安为例,他发现同城业务近几年在不断缩减,原因有两方面,一是第三方同城配送企业的崛起,分食了一部分市场;二是传统快递对待散件市场的态度导致客户不断丢失。"要把同城直营网络建起来,把高质量服务抓起来,让大网的网点'看看'服务究竟能不能抓好。"记者本以为黄利军会大谈特谈一些"同城风口""大势所趋"之类的话,但在他眼里,同城快递只是他两三年前就有的一个想法的落地,这一切只是"顺其自然"。"高质量发展放在第一位,赚不赚钱不是眼前考虑的事情。"黄利军让同城项目组放手去干。

得益于西安市城市发展的对称格局,西安中

通同城配送12个站点的分布呈环形:围绕二环设置5个站点,为"小网";沿绕城高速设置6个站点,为"大网",城墙内设置1个站点(属大网)。与中通快递在西安的几十个加盟网点相比,同城网络站点更为精简,且"去中心化",没有设置分拨中心(表4-88)。

表4-88 中通快递西安同城配送网络与传统快递网络不同特点

西安中通	站点数量	分拨中心	站点属性	站点功能	收入来源
传统网络	数十个	1个	加盟	收、派	派件为主
同城网络	12个	无	直营	收、派、中转	收件

(二)分拨方式

同一个城市内,要把A点的快件4小时内送到距离较远的B点,用传统的快递网络行不行?答案明显是否定的,否则如此容易介入,传统快递企业早就"撸起袖子加油干"了。传统方式不行的原因在哪里?多了一个分拨中心。这就决定了同城配必须单独起网。搭建同城网络没有那么一帆风顺。中通快递西安同城项目部相关负责人告诉记者,他们开始的想法仍然是统一分拨,于是还租下了一个分拨中心,但经过反复试运行,经过分拨中心转运的快件时效很难满足,且过于浪费资源。那么舍掉分拨中心后该如何运转?答案就在12个站点组成的"小网"和"大网"中。

我们用一束鲜花来"畅游"中通在西安的同城配送网络。

假设A~I是中通西安同城设置的站点,A、B、C、D、E为"大网"各站点,F、G、H、I为"小网"各站点。寄件人小明11:00在A地通过中通同城寄出了一束鲜花,按照中通同城"四小时达"承诺,寄件人要求在下午3:30前送到B地收件人手中。

按照中通同城的环形分拣方式,鲜花会服从"就近原则",首先从"大网"A站点来到具有中转功能的"小网"F站点,F站点分拨车辆负责将鲜花运送到"小网"I站点,I站点再负责将鲜花送到"大网"B站点,最后派送到收件人手中,整个过程不足4小时。

环形分拣方式中,站点和车辆资源得到了最大化的合理应用。而如果单独设立分拣中心,12个站点共发共拣共配,要比环形分拣方式慢1~2小时;如果从A站点直接发车到B站点,这样的方式则对运输资源消耗极大。

环形分拣方式不是中通快递一家独有,近期频频亮相的快服务以及达达等的"四小时达"产品均采取了类似的分拣方式。在环形分拣方式中,"小网"中的F、G、H、I站点均担负着向其他所有网点中转的任务,通过最高效的对接方式,"小网"站点对不同属地的快件进行交接;"大网"中的A、B、C、D、E站点则只负责与就近的"小网"站点互换快件。双向循环之下,快件走出了"捷径"。

"四小时达"可以说是目前同城配送产品中性价比最高的方式之一。快服务创始人冯勇曾公开表示,目前的同城快递包裹中,有20%左右是有需求当天送达的。而传统快递的同城服务,多为次日送达。同城当日达的痛点,催生了一小时专人直送的新兴业务。而在同城当日达业务中,因为价格等因素,50%以上的用户对时效性没有苛刻的要求。这些都为高时效低价格的"四小时达"产品的诞生及生长提供了肥沃的土壤(表4-89)。

表4-89 传统快递、同城快递、同城直送模式区别

快递模式	收、转、派过程	速度	价格
传统同城快递	快递员收件→收件网点集包→分拨中心出港分拣→分拨中心进港分拣→派件网点快递员派送	当日达/次日达	较低
同城快递	快递员收件→收件网点集包→派件网点收件/中转→快递员派送	四小时达	中等
同城直送	快递员收件、派送	一小时达	较高

(三) 跟测实录

3月30日，记者首先来到中通快递西安同城总部，了解了上述同城配送的总体情况后，又到"大网"韦曲站点、"小网"高新站点进行了跟测采访。

1. 取件

韦曲站点是中通快递西安同城"大网"六个站点之一，位于西安绕城高速南侧区域，较为偏远。30日下午3:35，记者来到这里，体验同城收件。在来站点之前，中通快递西安同城负责人张哲告诉记者，同城快递运营模式是"自产自销"，在同城范围内自收自派，不负责中通外网的快件配送，所以快件类型与"外网"有根本上的不同。其中大部分是送洗的衣物、鲜花、蛋糕、电子产品、农产品和文件等。

记者到达站点后不久，韦曲店长刘思睿就接到了一个电话订单——从附近一家干洗店取洗好的衣服。在去取件的路上，刘思睿告诉记者，这是西安一家同城洗衣平台"洗多多"下的订单。为了解双方更多的合作细节，记者向洗多多负责人了解到，洗多多整合了市内多个干洗店品牌，早前是通过自建配送队伍以及与其他同城配送平台合作为客户上门取送衣物，因为自建成本高，第三方平台服务质量又跟不上，所以经过近一个月的试运营后，选择了中通快递。

来到干洗店，刘思睿从寄件人那儿拿到了一件洗好的羽绒服，认真检查一番之后，又请寄件人出示了身份证，通过手机App"掌中通"实名认证之后，最后通过便携式打印机打印出电子面单交给了寄件人。收寄验视和实名认证虽然用了几分钟的时间，但寄件人都十分理解和配合，交寄快件后还向刘思睿表示了感谢，夸他服务做得好，以后自己寄东西也会选择他。

取件归来，张哲对记者说，同城配送所有的快递员都必须穿着工服（与中通"外网"工服不同，各季服装的左胸上都多了一个同城配送的Logo），佩戴工牌，并随身携带打印机，落实收寄验视和实名认证制度。"要做服务就做最高端，给客户最好的体验"。

2. 发件

下午4:00，正值收派员外出收派件时间，刘思睿作为店长回到店中还要对收来的快件进行打包和称重。包装好的快递袋上，刘思睿还贴上了"同城配送"的广告贴，上面标示了中通快递同城配送的送达时效——"08:00~11:00收货15:30前送达;11:30~15:00收货19:30前送达;15:30~19:00收货次日11:30前送达"。

看来，刚收的这件快件要在次日上午11:30前送达了。尽管明日才送达，但15:30~19:00后收的快件仍然要在当天送到离收件人最近的站点，以便快递员上班后第一时间就能迅速出发派件。

记者在店里分拣区域的货架上，看到有许多快件都是洗好的衣物，洗衣业务确实是同城快递中的刚需。"在推广服务的过程中，我们经常遇到这样的客户，有的想寄几吨重的装修用的瓷砖，有的想寄沙发等大型家具，千奇百怪，只有你想不到，没有你看不到。"张哲笑着对记者说，同城快递做起来比传统快递有意思多了，"我们现在根据物品是否易损、是否高价值等，将快件分为A、B、C、D四个级别，分别有不同的应对方案，一些目前没有能力寄递的物品只好委婉谢绝，但以后肯定会涉足更多领域的业务，比如整车运输、即时送业务等。"

尽管同城配送业务范围广，但韦曲店目前每天的收件业务量并不多，约50件，派件量约80件，在所有站点中的排名并不高，刘思睿作为店长还有着不小的压力，推广同城配送服务，争取更多的客户是他下一步的工作重点。

3. 中转

离开韦曲店，记者来到"小网"站点之一的高新店。在这里，记者看到了中通同城配送特有的深绿色的集包袋、新能源中转车以及快件在这里的中转过程。

在高效的环形分拣模式中，车辆的合理调配无疑是重中之重。据了解，一般情况下，上午

11:30、下午3:30和下午7:30是转运车辆三个发车的节点,意味着快件将会通过"小网"同时流向其派送归属站点。"不同站点的两车之间的交接往往会在5分钟内完成,不会影响整体派送的时效。"张哲说,使用的所有中转运输车都是新能源汽车。一是使用成本低,维护保养简单;二是绿色无污染,响应了国家号召。新能源汽车都采用租赁的方式,每个月2000元左右租金。晚上下班后,所有车辆都会集中在市里的充电站进行充电,不影响第二天的正常使用。如果出现故障,租赁公司有备用车进行快速替换。

完成快速分拨还离不开"建包"。记者在高新店发现,中通西安同城配送使用的是深绿色的集包袋,"这些袋子都是特殊订制,成本高,但可以反复使用,质量好,环保。"高新店长老康说,"如果不是蛋糕等易损品,我们要求每一件快件都建包,并附上一次性标签。"

在高新店采访期间,从最近的"大网"韦曲店和郭杜店发来的两辆新能源汽车几乎同时来到这里,把在韦曲和郭杜站点收来的其他网点的快件放下,再把属于自己网点的快件拉走,这样,车辆短暂地停靠8分钟,就完成了所有快件的交接,环形转运的快捷之处便在于此。

4. 派送

中通西安同城的12个站点各自负责上门揽收和派送辖区内的快件。末端派送,快递电动三轮车是"神器"。在西安,快递电动三轮车实行统一备案、统一标识、统一牌照。在高新站点,记者发现,这里的每辆快递三轮车侧面都会粘贴"西安快递"的专属标识,车厢前后都要悬挂有"西安邮管"字样的黄色车牌。不同于其他快递的是,这里的三轮车身上在快递品牌涂装的基础上多了"同城配送"的字样,这在西安独树一帜。

按照同城项目要求,12个站点每一个都要配备30名左右的快递员,每日工作时间从上午8:00到晚8:00,一日三派。

高新店收派员小张告诉记者,上午8:00来到站点后,他首先要将前天晚7:00后揽收的快件送到收件人手中,同时,上午11:00前收到的快件也要及时送回站点,第一频次的派收结束;11:30左右,小张需要再次出发,派送其他站点上午收来的快件,同时,下午3:00前揽收的快件要及时送回站点,第二频次的派收结束;下午3:30左右,小张当天最后一次出发,派送其他站点中午揽收的快件,同时,晚7:00前揽收的快件要及时送回站点,第三频次的派收结束。三派完成后,小张要在网点总结当天的工作,并操作第二天的快件。晚8:00,小张准时下班。

高新店长老康说,每天收派任务完成后,站点都要开个短会,及时总结每个人当天的得失,避免服务出现折扣。张哲表示,因为定位高端服务,中通快递同城配送对快递员的要求要比"外网"的高一些。他们更倾向于没有快递经验的"新手",这样"从零打造"更利于走出做传统快递的老路子。

中通快递同城配送还服务于"外网"的"兄弟"。这里的服务并不是去帮助送件,而是每一个站点都可以作为快件的临时存放点,附近因为收件人不在家派不出去的快件都可以放在这里等待收件人自取。下午7:00左右,天色渐暗,高新店里开始人头攒动,取件的男女老少络绎不绝,收派归来的同城快递员们纷纷主动上前,帮助拿取快件。"店里只存放中通快递的快件,不上门派送、不收取费用,也不会影响同城网络正常运行。"张哲说。

大城市的末端突围

大城市、末端,当这两个词叠加,租金贵、房子少、员工食宿成本高、管理成本高、没地停车等瓶颈词语首先跃出。在产品同质化、价格低、电商平台依赖严重的情况下,京沪之类的大城市如何在新时代下谋求转型,实现"另类突围"?上期实验室,我们一起走进了中通快递在陕西西安的同城配送,本期记者将带您走近圆通速递的"店+仓",看看京沪黄金之地他们的网点如何另辟新意。

一、"开店秘籍"

时间:4月27日
地点:圆通速递上海浦东区博兴公司

1. 缘起

黄浦江畔上海滩,曾上演了几代人的爱恨情愁。于快递企业而言,这里亦是逐梦之地。二十多年来,民营快递在这里生根发芽,总部崛起的传奇更是脍炙人口。在总部加盟制下,末端快递网点则直接面对着一线竞争的考验,适者才能生存。

博兴路紧邻黄浦江,所在区域是浦东新区较为繁华的地段,圆通速递在此有加盟网点,名为博兴公司。博兴公司在现任负责人接手之前,已数度易主,几任加盟商都在这里失意。如今,博兴公司已经成为圆通推行新模式的前沿阵地。

圆通速递上海区域相关负责人以博兴公司过去的运营模式(图4-92)为例,为记者详细分析了这里"不好做"的原因。

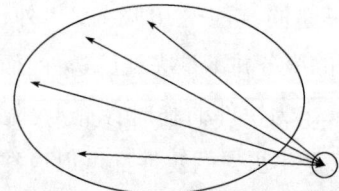

图4-92 博兴公司旧有模式派送示意图

原因1——派送距离远。之前的三四任加盟网点经理运营的模式都一样。因为博兴区域日派件量近万件,所以需要一块不小的分拣场地,但是在寸土寸金的黄浦江畔合适的场地并不好找。所以,加盟网点的中心就移到了距离黄浦江更远的派送区域外。"连着几个老板都是同样的选择。"该负责人说,"这导致了很多问题的出现。"

原因2——行驶时间长。网点不在派送区域内,快递员很多时间都耗在了路上。在博兴公司区域地图上,记者测量了之前网点快递员的派送距离,最远的约12公里,近的约4公里。如果一位快递员骑电动自行车一天跑三个来回,最远要行驶72公里,耗时3小时。路上多消耗3小时,派送时间和休息时间就被大幅压缩。

原因3——收派时间短。近万件快件从分拨中心运到网点,集中分拣一般需要2~3个小时,"双11"件量翻番,需要的时间更长。为保证更充足的派送时间,快递员往往早上6时就要上班,9时之前出发派送。扣除往返取件时间,快递员休息的时间都很少,更别说收件时间。

结果——陷入恶性循环。以上原因叠加在一起,导致了快递员早出晚归、精神状态不佳、不能很好地维护客户关系的结果,进而引发服务质量上不去、收件量不断减少、客户投诉逐渐增多、快递员流失率高、网点经营不善等深层次问题。

2. 改革

"博兴公司目前在推行一种新的运营模式。"该负责人告诉记者,"搞改革。"

博兴公司的派送区域现在被划分为6块,每块区域都设立了圆通的形象店,统一装修,统一管理,统一操作。"化整为零,把原有的集中分拣改为各店分拣。"该负责人说,"这样,每个店分拣的快件只有1000多件,派送半径缩短在1公里左右,实现了轻松操作。"如此规划之下,博兴公司运营模式发生了彻底的改变(表4-90)。

表4-90 博兴公司运营模式改变情况

分部	件量(件/天)	支线车辆	员工数量(人)	快件到达时间	上下班时间	分拣时间	出发派件时间
东陆路分部	1600	1辆(支线运输+大件派送)	12	早班件: 7时30分 中班件: 13时30分	7时20分~ 18时	30分钟	上午8时 下午14时
菏泽路分部	1700		11				
胶州路分部	1500		11				

变化1：门店

记者此次走访了博兴公司旗下的东陆路分部、菏泽路分部和胶东路分部，三家门店的装修风格相同，面积接近，租用场地均为底层商铺，位置十分便利。据三个分部相关负责人介绍，快递员的派送距离从最远的12公里左右缩短到了1公里左右。

圆通博兴公司分部的选址条件要求较高。首先，需要在半径1公里以内的派送区域内，越靠中心越好；其次，须为底商，不能太小，约60平方米左右，也不能太大，否则租金太高；最后，门店形象要好，店内装修整洁有序。

该负责人对记者表示，每个门店都设立管理者，负责门店的选址、装修、快递员招聘及日常运营等工作。

变化2：分拣

摒弃原有的网点集中分拣模式，化整为零，快件直接拉到门店分拣，这就要求每个门店都必须配有支线运输车。博兴公司相关负责人告诉记者，每个分部都配有1辆支线运输车，负责门店与圆通浦东分拣中心之间快件的转运。"两个到达频次，7时30分和13时30分各到达一趟。"该负责人说。

快件到达分部后，快递员按照自己所属派送区域的编号进行分拣，半小时左右即可分拣完。与过去集中分拣动辄两小时相比，分拣时间大幅度缩短，快递员外出派送的时间则大幅度增加。

快件直接到店分拣的模式与以往网点集中分拣不同，城市的转运中心需要在以往的基础上再增加一道分拣操作，以便与门店直接对接，圆通称之为"操作前置"，有关内容记者将在下一部分详解。

变化3：收派

菏泽路分部快递员小郑是一把快递好手，不到13时，他已经骑着车回到了网点，"上午的件派完了，午饭也吃过了。"他告诉记者，现在每天平均派送150件，13时左右就能送完，而以前派送100来件也得要15时左右。"上班不用那么早了，而且收件人都离得很近，很快就派完了，空闲的时间去收收件，休息一下，18时就能下班。"当着记者的面，他说现在的派送模式对快递员来说太轻松了。13时38分，中班件到达分部，和记者聊了一会后小郑开始去分拣，因为中班件件量不多，他一般15时左右出发派送（表4-91）。

表4-91 新模式为快递员小郑带来的变化

项　　目	综　合　数　据	
	过去	现在
派件数量	100	150
上班时间	6时	7时20分
下班时间	20时	18时20分
班上总时间（小时/天）	14	11
分拣时间（早班件+中班件）（小时/天）	3	1
收派时间（小时/天）	10	7
午休时间（小时）	1	3
总休息时间（小时/天）	11	16
月收入（元）	<6000	>7000

变化4：运营

以快递员小郑为代表，在"门店模式"下快递员得到了"解放"。"谁不想像现在这样轻松啊？"小郑说。他说出了很多奋斗在收派一线的快递小哥的心声。

菏泽路分部陈经理告诉记者，新模式对门店的收入也产生了明显的变化。因为快递员有了充足的时间，可实现15分钟上门取件，所以同样区域内收件量也从以前的不足200件增加到了现在的400件,且多为散件,利润较高。在所有收件中,寄件人上门寄递的就有30多件。"这都是门店的功劳。"陈经理说。而且,因为有了门店,圆通"妈妈驿站"功能便直接嫁接过来。"妈妈驿站"是圆通速递旗下为快递末端"最后一公里"派送难题提供的整体解决方案,为社区居民提供快递收寄服务的开放平台。现在,菏泽路门店不但每天有170多件圆通自己的快件实现了附近收件人自提,其他快递品牌的快件也有200多件放入门店,节省了人工,还额外增加了收入(表4-92)。

表4-92　新模式对菏泽路区域圆通速递的影响

项　　目	综　合　数　据	
	过去	现在
收件数量(件/天)	200	400
上门寄件数量(件/天)	0	30
快件自提数量(件/天)	0	170
代收快件数量(件/天)	0	200
快递员上门取件时间	不定	15分钟内
快递员平均月收入(元)	<6000	>7000

在"门店模式"下,散件揽收数量增多,派件延误率和投诉率降低,增加了快递员的收入和快递公司的营收,经营进入良性循环。此外,博兴公司还在门店附近租下高层住宅免费作为快递员的公寓,周围便民服务设施齐全,大大改善了快递员的住宿和生活条件。

3. 效益

圆通速递上海区域相关负责人认为,目前大城市快递企业发展都存在房租高、人工成本高、派送难度大、服务质量上不去等通病,要用新的模式去打破旧的模式,才能实现可持续发展。"但目前推行新的模式又遇到了阻力。首先是很多网点经营上认知不够,比如'门店模式'下房租成本要高出一倍,这个他们一下接受不了;其次是接受不了新的运营模式,他们看不到快件在眼皮底下分拣心里不踏实。新模式带来的好处都是长远的。"该负责人一边说着一边随手拿起纸和笔,以博兴公司为例给记者算了一笔账(表4-93)。

表4-93　博兴公司新旧运营模式综合数据对比

项　　目	综　合　数　据	
	旧模式	新模式
场地数量(个)	1	6(门店)
场地租金(万元/年)	80	160
员工实际工作时间(小时/天)	11	8
员工工资(元)	<6000	>7000
收件数量(件/天)	<1000	>2000
收件收入(每件利润以1.5元计算)(万元/年)	55	110
快件自提数量(件/天)	很少	1000
快件自提节省人工成本(万元/年)	50(可节省7名快递员,每名快递员月工资以6000元计算)	
代收快件数量(件/天)	0	1000
代收收入(万元/年)	18(每件代收费用按照0.5元计算)	

表面看来,租下7个门店每年需要多付出80万元的成本,但仅靠"门店模式"下增长的快件就能比过去多收入55万元,代收快件亦能带来额外18万元的收入,节省的人工成本每年也有50万

元,新模式下的增收远超多付出的租金成本。"当然,博兴公司刚成立半年,开始各环节没有捋顺的时候还是比较艰难的,但现在整个公司已经进入到一种良性循环中。"该负责人说,"我们正尝试把这种模式向全上海、甚至全国推广。为了鼓励大家的积极性,总部会对前期门店的租金以及装修提供一定金额的补贴。"

该负责人认为,当快递员的劳动强度降下来,效率提上去,个人以及公司的精神面貌自然会发生改变。所以,"门店模式"的核心就是解决人的问题。

二、分拣"秘籍"

在"门店模式"下,因为没有较大规模的分拣场地,所以门店直接与转运中心对接,而后者就必须细化分拣,以满足门店的需求,此为"操作前置"(图4-93)。"操作前置"不但可以以门店为单位分拣,也可以以快递员为单位分拣。在北京,记者走访了圆通速递杨镇转运中心,看到了新模式下转运中心做出的变革。

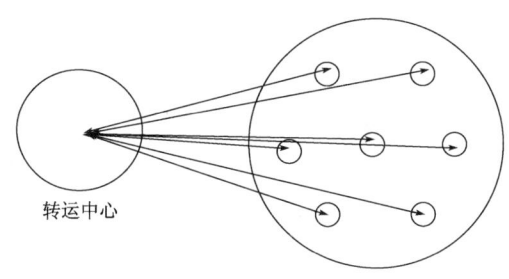

图4-93 转运中心到门店(或快递员)及派送区域示意图

1. 划区

顺义杨镇,坐落着圆通速递在北京最大的转运中心。该中心占地4.6万平方米。转运中心相关负责人告诉记者,圆通速递在北京有100多个加盟网点,为了紧跟城市发展的步伐,越来越多的网点需要操作前置。操作前置不但能够解决加盟网点找场地难、分拣难的问题,还能提高收派效率、增加网点和人员收入。2017年10月,为更好地服务北京各网点,杨镇转运中心在B区和C区对流水线进行了调整和改造,缩短了流水线,为网点前置操作腾出了更多的空间,可同时满足北京市内41家加盟网点的操作前置需求。

在杨镇转运中心C区一侧,记者看到,十余家加盟网点的操作前置场地一字排开,以分拣筐为界,面积大的有四五十平方米,面积小的有十几平方米。"一般情况下,我们在划分操作前置区域时最小会设置15平方米的空间,最大设置50平方米的空间。"杨镇转运中心相关负责人说,"现在转运中心在保证其他业务正常运转的情况下,已经最大限度地为操作前置留出空间。目前还有很多加盟网点有需求,但是实在是没有地方了。现在设置的41个操作前置区域,都是优先满足最困难的网点。"

2. 分拣

和平里网点拥有这里最大的一块操作前置区域,约50平方米的面积,可同时满足4辆货车停靠。场地内摆放着一条几米长的流水线,流水线两侧整齐排列着70多个分拣筐,其中53个与和平里网点揽投员一一对应。网点派来的6名操作人员在场地内分工合作,有的补写三段码,有的扫码,有的分拣。

和平里网点分拣员许朋告诉记者:"我们的分拣员一共12人,分白班和晚班,对网点的进港快件24小时不间断操作,将快件按照三段码进行细分,对应每一位业务员分拣、建包、装车,最后直接送到网点的每一位快递员手中。这样既减少了装车卸车等操作环节,又节省了操作时间,操作效率至少提高了30%。"

据了解,和平里网点的操作前置模式,从去年4月就开始筹划,直到11月开始全面实行。实行操作前置之前,网点首先对电子面单三段码与业务员派送区域进行了调整和明确,规划了车辆接驳线路和区域。如今,网点三段码准确率已达98%以上,为操作前置提供了有力的保障。

3. 建包

记者之前只听说过给网点建包，却没听说过给快递员建包。在杨镇转运中心的操作前置区域，各家网点的分拣筐只要装满一个就建包一个。不少网点在圆通"三段码"的基础上自己设计了"二段码"，比如"1-10"，"1"代表网点下设的 1 号门店，"10"代表编号 10 的快递员。建好的包上贴上对应的快递员"二段码"，扫描装车即可。"二段码"还有一大便捷之处在于其还对应了网点设计研发的 App，建包扫描后，快递员可通过 App 提前了解第二天派件的详细信息。

4. 派送

与上海模式几乎相同，和平里网点在派送区域内设置了 12 个门店。每个门店配备 4~5 名快递员，辐射半径 1 公里的派送区域。平均 2~3 个门店共用一辆支线货车，货车往返于门店与杨镇转运中心之间，负责运输进出港快件。

"网点平均每天进港 8000 多件快件。早班件有 6000 多件，6 时运到门店；中班件有 2000 多件，12 时 30 分运到门店。"和平里网点相关负责人说，"实行操作前置前，早班件从转运中心运回到网点后，还需要重新分拣，耗费近 2 小时的操作时间，快递员一般 9 时才能出去派送。实现操作前置后，车辆到达门店或者接驳点后，快递员只需要将自己的包裹装到快递车上即可出发派送，操作时间仅需要 10~15 分钟，签收率比以前提高了 50%，同时也降低了快件的遗失率和破损率。"

"现在揽投员每天不到 8 时就能出发送件，下午的快件不到 2 时就可以进行派送，一般一两个小时就可以送完，比以前轻松多了。"许朋说，"他们对操作前置的模式特别欢迎。"

据记者进一步了解，和平里网点实行"操作前置+门店"模式的近 1 年来，散件揽收率大幅提高，从之前的不到 2000 件增长到现在的近 4000 件。"收入也提高了，关键是不累。去年'双 11'各个门店都没有加人，只在转运中心加了 4 个分拣员，加了 1 辆货车。"和平里网点相关负责人表示。

三、"二级仓网"

从去年以来，圆通速递"操作前置+门店"的模式在上海、北京的试点取得了不错的效果，该模式在超级城市的进化转型中为加盟制快递网点的生存找到了落脚点，为其破茧重生提供了更优化的路径。而且，从上海、北京的改革力度来看，圆通速递总部对新模式也十分认可，对改革过程中网点遇到的困难进行了扶持，比如补贴一部分门店的租金等。

"总部付出的代价很大。"采访中，圆通速递北京区域相关负责人说，"但方向应该是基本确定的，不尝试永远改变不了现状。"在圆通推行新模式的路径下，北京、上海、杭州等城市将迎来一场行业的变革。

1. 首都模式

"同样的面积，北京市内门店的租金比上海要高，而且很难找。"杨镇转运中心相关负责人一句话，点出了北京推行"门店模式"的难度。但他认为，以门店为载体完善快递服务的末梢神经是必由之路。圆通速递北京区相关负责人亦表示："如果把北京比喻成全国，各网点负责区域比喻成省市，那么设置门店就是对县乡区域的补白。"

但是，"门店模式"与"操作前置"相辅相成，而圆通速递现有的华北管理区北京转运中心和杨镇转运中心根本无法满足市内 100 多个大大小小、距离不等的加盟网点的分拣需求。怎么办？"在一级转运中心的基础上建立二级转运中心。一级中心负责向二级中心转运，二级中心负责向属地的网点各门店转运。"圆通速递北京区相关负责人表示。

记者进一步了解到，圆通速递在北京准备设立 4 个二级转运中心，城东北的顺义、城西北的昌平、城西南的房山和城东南的通州分别设立 1 个，就近辐射北京四个方向的网点门店（图 4-94）。

"每个二级转运中心分别辐射20~30个加盟网点,中心将租用足够的场地,为网点未来发展留出空间。每个二级转运中心将全面采用全自动化分拣设备操作,将大大节省人工成本,同时降低错分率。"该负责人透露,"今年旺季之前计划完成三个二级转运中心的建设工作。"

2. 上海模式

在上海圆通的计划中,整个上海将铺设约500个门店,设立若干个二级转运中心,3个一级转运中心(图4-95)。每个二级转运中心辐射周边数十个门店,承担起一级转运中心与门店之间的快件中转与分拣任务。

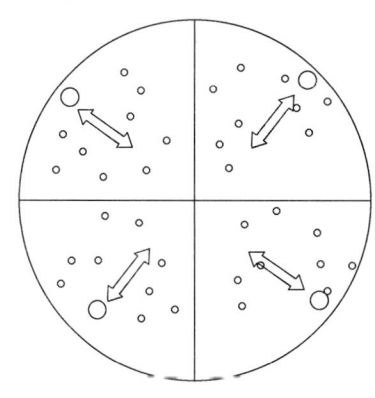

图4-94 圆通速递北京"二级仓网"示意图

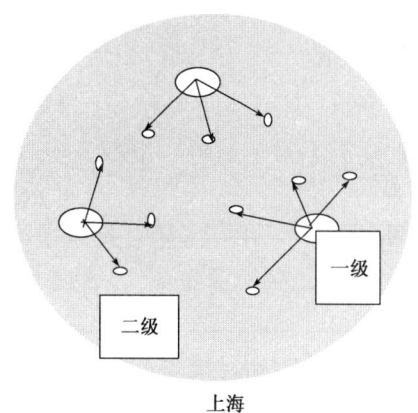

图4-95 圆通速递上海"二级仓网"示意图

与北京相比,上海的二级转运中心计划建设数量多,辐射范围较小,而且遍布全城。相关负责人表示:"目前在浦东新区、黄浦区和宝山区,都正在建设二级转运中心。"

在黄浦区二级转运中心的场地,记者看到,旧有的分拣场地正在改造和扩建,原有区域被划分为出港件操作区,新增加的区域将被进一步划分为4块。该二级转运中心建成后,将辐射周边4家加盟网点的数十个门店。

"随着二级转运中心和门店不断建成和落地,一级转运中心的进出港规则要相应地做出改变,网络的建包、'四段码'的试验、路由的规划、网点考核的节点等都要进行调整。新的转运模式将成为快递企业发展历程中的一个转折点。"该负责人说,"得末端者得天下。把上海打造成1公里派送服务圈,10公里二级转运仓,30公里一级转运仓的模式,必将胜出。"

下 乡 记 2

浙江淳安以前并没有大的湖泊,新安江水电站的修建,使上游江水汇入群山间,形成了今天的大型人工湖——千岛湖。原先居住在山底的数十个乡镇的居民大部分外迁他乡,留下来的人则依山而筑,逐水而居,形成了今天淳安县各乡镇人口分散而居的特点。

早些年,乡镇居民进出只能通过水路,交通极为不便。如今,这里的路桥已十分普及,但迂回曲折的地形还是给乡村居民的生活带来了一些不便。以快递为例,快件只能被送到大一点的乡镇,时效方面快则三四天,慢则需要一个星期。不过,从2018年7月1日开始,淳安县"村级电商物流班车"正式开通,快递服务覆盖全县乡镇村,镇上可享受与县城一样的时效服务,村里的时效也只比县里晚一天。从淳安县中心千岛湖镇到很多的村子都有几十公里的山路,快递服务如何在这里实现"大逆转"？本期实验室为您揭开"淳安模式"的真相。

一、"淳安模式"

"如果要开着车子跑遍淳安的每一个乡村，那花上几天时间都跑不完。"在去淳安的路上，淳安百世快递负责人徐培建就给记者的跟车下乡采访之旅打了个"预防针"。来到淳安后记者发现，这里的23个乡镇虽然直线距离算不上很远，但却被山水分割，从一个村子到另一个村子要走很多回头路。对淳安的快递企业而言，本就离杭州分拨中心十分遥远，开车从杭州到淳安要走3个多小时，再从县城到乡镇，快件当天根本无法到达全部乡镇，更别说送到村子里了，这给淳安的快递企业带来了不少难题，比如时效和签收率等。

淳安县有大小快递企业10余家，其中中通、圆通、申通、韵达、百世快递5家企业的业务量总和占全县快递业务量（表4-94）的80%以上。在快递下乡过程中，这5家企业迈出的步子也是最大的。

表4-94　淳安城乡快递业务量情况

乡镇数量（个）	行政村数量（个）	全县快递派件业务量（件）	县城派件业务量（件）	乡村派件业务量（件）	下乡件占比（%）
23	425	约25000	17000	约8000	32

据徐培建介绍，在村级电商物流班车开通之前，包括百世快递在内的5家企业的下乡件都只能送到较大的7个镇子上，而且不是每天都送。"有的镇子两三天送一次，有的镇子只能一周送一次。跑四五十公里的路去送几个快件，成本太高。"徐培建说。

自己送件成本高，各家联合起来送又难以达成妥协，就在大家准备继续各自为战时，淳安县商务局提出的"村级电商物流班车"项目一下子疏通了快递下乡进村的梗阻。

淳安县商务局副局长胡家福是"村级电商物流班车"项目的发起者，他对记者说，从2015年开始，商务局就将快递视为发展当地电子商务体系的重要一环。经过两三年的研究和酝酿，"村级电商物流班车"项目最终付诸实施。胡家福说："班车项目是2018年淳安县推行的一项民生工程。该项目通过政府推动社会化运营、先补贴后市场化的方式，优化线路、集中运输、协作共赢，以现有快递主力为主，邮政快递为辅，顺丰降费惠农，共同打造'覆盖较大行政村、上行当日达下行次日达、成本价便民惠农、末端网点规范运作'的农村快递网络。"

村级电商物流班车分为5条线路，由中通、圆通、申通、韵达、百世5家快递企业自主选择线路运营，所有企业的下行快件集中由该线路运营主体一家从县城运送到村级服务点，上行快件由服务点收件、发出，物流班车每天定时到服务点取件、送件（表4-95）。

表4-95　"村级电商物流班车"项目规划

线路名称	负责企业	服务乡镇（村）	中转中心位置
一号线（"千汾"线）	申通	浪川、汾口、中洲	汾口
二号线（"淳杨"线）	韵达	安阳、大墅、枫树岭、里商、石林、文昌	大墅
三号线（"千威"线）	百世	屏湖（千岛湖镇）、金峰、宋村、威坪	威坪
四号线（"临岐"线）	圆通	临岐、瑶山、屏门、王阜、姜家、界首	临岐
五号线（"青溪"线）	中通	千岛湖周边村（汪家、联丰、淡竹、青溪）、富文、汪宅、茂畈、金家、进贤、左口、鸠坑、梓桐	梓桐

胡家福告诉记者，5条线路并不是简单地按照乡镇区划来划分的，还要考虑运输距离、整体业务量等因素，"做到协商一致，尽量公平"。据记者了解，5条线路均设置一个中转中心，从县城发出的下乡件兵分五路，先到各条线的中转中心分拣，再由中转中心车辆送到各村级服务点。

"政府对电商物流班车运营费用进行补助。按照《淳安县人民政府关于进一步加快电子商务产业发展的意见》，补助资金全县合计每年最高200万元。"胡家福说。

二、下乡体验

在体验"淳安模式"的过程中，记者搭车沿千岛湖行驶一周，对沿途的重要中转中心和村级服务点进行了了解。走访过程中记者发现，5家快递企业因为各自有了主营的线路，科学合理地规划路由和设置村级服务点成为他们深耕农村快递市场的首要任务。下面记者以淳安县百世快递为主，对"淳安模式"进行详解。

1. 路由规划

百世快递负责的"千威线"上包含金峰、宋村、威坪3个乡镇和屏湖村（属淳安中心千岛湖镇）。从千岛湖镇出发，沿山路一路向北，可分别经过屏湖、金峰、宋村和威坪。因为威坪是淳安县仅次于千岛湖镇、汾口镇的第三大镇，所以百世快递将千威线的中转中心设置在威坪，县里所有在这条线路上的下乡快件（邮政、顺丰外）都会先被送到威坪中转中心，然后再进行分拣和派送（图4-96）。

在干线路由设置方面，每天中午12:00之前，百世快递"千威线"的干线车要在千岛湖镇集结中通、圆通、申通、韵达、优速、天天、德邦等企业当天在该线路上的快件，并在13:00之前发往威坪镇。

同样在上午，威坪镇、宋村乡、金峰乡的支线车将前一天经威坪镇中转的快件送到各村级服务点，同时收件，并将收件运至3个乡镇与干线车交接的服务点。

14:00左右，干线车到达威坪镇中转中心，工作人员将快件按照30个村级服务点的路由进行分拣，镇上快件当天派送，村里的快件次日上午送到村级服务点。

15:00左右，中转中心快递员开始外出收派威坪镇上的快件，干线车则开始返程，路上依次将宋村乡、金峰乡和屏湖村的快件送至村级服务点，并将各村级服务点的收件拉回千岛湖镇。

该路由规划综合考虑了人员、车辆、时间等各项因素，在保证乡镇下行快件当日达、村级下行快件次日达的前提下，实现了成本的最优化。

在支线路由设置方面，威坪、宋村和金峰3个乡镇都配备了支线班车。宋村和金峰由于属于小型乡镇，各设置了一辆支线车负责收派运输；威坪属于大型乡镇，下面又设置了3条支线，每条支线串起数量不等的村级服务点，共配备2辆支线车。"千威"线快递业务情况见表4-96。

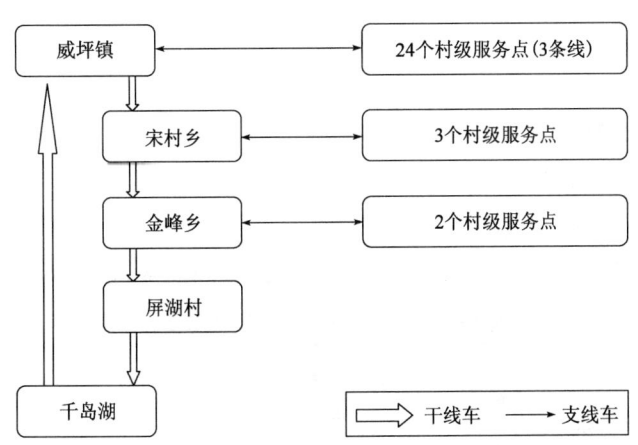

图4-96　百世快递"千威线"路由规划示意图

表4-96 "千威"线快递业务情况

"千威"线	派件（件）	威坪镇快件（件）	村级快件（30个服务点）（件）	收件（件）	中转中心快递员（名）
威坪、宋村、金峰、屏湖	800~900	400余（当日派）	400余（次日派）	200余	6

2. 网点建设

2018年5—6月，淳安县"村级电商物流班车"项目重点落实村末端网点选择、备案、硬件安装、整体形象设计、乡镇网点的整合等工作。7月初，末端网点软硬件建设完成，并通过了公安、消防、邮管等部门的检查验收、整改、复检和备案。7月1日，下行件开始整合试运行；7月18日，村级服务点开始寄件。

根据淳安县商务局和杭州市邮政管理局提供的资料显示，农村快递服务点有相应的建设标准：第一，同一线路上800人以上的行政村全覆盖，800人以下的可由邻村网点覆盖，"以大带小"；第二，服务点原则上选择村中心位置或交通便利且能正常经营的商店；第三，服务点的操作人员须有一定的文化程度，会使用智能手机，经过业务培训能独立完成收件业务，并且热心于村网点工作；第四，农业基地销售旺季可申请临时网点，经备案后可上门取件。

根据标准，百世快递在"千威线"上共设置了30个村级服务点，其中威坪镇24个，宋村乡3个，金峰乡2个，以及屏湖村服务点，快递服务覆盖3个乡镇全部63个行政村。

7月27日，记者沿着威坪镇3条快递支线之一，对网点建设和快件的收派进行了体验。第一站是距离千岛湖镇一个多小时车程的唐村村。该村服务点快递业务情况见表4-97。

表4-97 唐村村服务点快递业务情况

唐村村服务点	日均派件业务量（件）	日均收件业务量（件）	服务村庄	服务村民	过去取件时间	现在取件时间
	30~40	1~2	唐村村、楼厦村	3000余人	骑电动车往返需要1小时	骑电动车最多10分钟

唐村村距威坪镇半小时车程，这里的快递服务点负责人唐大姐同时经营着一家五金店，店铺的位置就在村子的入口处，门前宽阔，招牌显眼。唐大姐高兴地对记者说，五金店的生意还不错，现在加上快递服务，为她招揽了更高的人气。"更高兴的当然是大家取快递比以前方便多了。"唐大姐说。说话间，一位大娘取走了女儿寄来的快递，一位大哥收到了网上购买的渔网。"以前取快递要到威坪镇上，骑电动车来回一个多小时，现在只要5分钟。"这位渔民大哥一边从袋子里掏出渔网检查一边笑着对记者说。"每天快件来了，我就在微信群里喊大家来取，争取不让快件在店里过夜。"唐大姐说，"群里已经有100多人了，都是周边平时喜欢网购的村民。"唐大姐还通过电脑帮村民们代买代购，不但从网上买东西方便了，"日常寄个啥东西也不用发愁了。"

记者看到，按照网点规范，唐村村服务点配备了2个摄像头、1台电子运单打印机、2台电脑、1台电子秤以及灭火器等硬件，墙上还张贴了收费标准和规章制度。

离开唐村村往回返，第二站来到相邻的坑下村。该村服务点快递业务情况见表4-98。

表4-98 坑下村服务点快递业务情况

坑下村服务点	日均派件业务量（件）	日均收件业务量（件）	服务村庄	服务村民	过去取件时间	现在取件时间
	10~20	1	坑下村、凤凰村、笔峰村	2000余人	骑电动车往返至少40分钟	骑电动车最多10分钟

坑下村服务点位于坑下、凤凰和笔峰3个村子的中心点,也是建立在一家五金店的基础上,负责人是徐大哥。他对记者表示,自己对代理快递服务非常感兴趣。"也是考虑到村民们收寄快递不方便,赶上下雨,到威坪的路不好走还不安全。"徐大哥说。他的女儿刚大学毕业,在宁波工作,平时也经常给家里寄东西,听说快递可以送到村子里了,特别高兴。"以后寄快递就写村子里的地址,直接到。"徐大哥笑着说。下一步,他准备尽快把这个好消息让村子里的所有人都知道,并且让大家把手里的特产都寄出去,"让在外工作的子女帮我们宣传"。别看徐大哥以前没做过快递,做起来十分认真,他把每一天的快件收寄情况都详细地记录在一个小本上,后面还要请收件人签字,"要做就做好,不能让乡亲们失望。"他说。

沿着来时的路继续往回返,第三站来到汪川村。该村服务点快递业务情况见表4-99。

表4-99 汪川村服务点快递业务情况

汪川村服务点	日均派件业务量(件)	日均收件业务量(件)	服务村庄	服务村民	过去取件时间	现在取件时间
	10余	1~2	2个行政村、3个自然村	2000余人	骑电动车往返至少30分钟	骑电动车最多10分钟

汪川村服务点设在一家小卖部里,可以为附近的5个村子提供快递服务。记者来到这里时,正巧赶上百世快递的支线车来送快件,小卖部的徐老板正在和百世快递员做交接。据记者了解,和周边其他村子一样,汪川村的居民大部分都是留守老人和小孩,1972年出生的徐老板算是村子里年纪比较轻的。"虽然离威坪镇上不远,但对年纪比较大的村民们来说,取快件还是不太方便。"快件一到,他迅速把快件信息发到他的微信群里,"里面有好几百人了。买东西、办事、取快递、闲聊,这里面什么都能干"。徐老板的小卖部门前坐着不少抱着孩子乘凉的老人,看见百世快递的车子开来,纷纷向徐老板打听有没有自己的快件。巧的是,还真有两位老人的快件。看到他们拿到快件时的笑容,徐老板也跟着"呵呵"乐起来。

威坪镇邵镇长告诉记者,现在快递服务刚刚在各个村子里开通,有不少村民对服务点的位置和功能还不知晓,镇政府正在进行大力宣传。"建微信群、打电话、口口相传是最快的宣传方式。"邵镇长说。叶家村村主任王勤建告诉记者,他是通过村里的大喇叭广而告之的,"我们村有30多个大喇叭,遍布村子的各个角落,喊一嗓子大家就都知道了。"

"寄出家乡的味道收到远方的祝福",在"淳安模式"下,每一辆下乡的快递班车上都统一贴着这样的标语。几十辆班车,日日流动在千岛湖周边,将分布在蜿蜒曲折的田间小路上的一个个村子串联起来,疏通了快递在农村"最后一公里"的梗阻。

三、下乡"账本"

淳安之行,除了共同配送模式下村民们的欢欣鼓舞外,记者心中也产生了一些疑问:这种初期依靠政府补贴的模式是否可持续?在享受补贴的3年中,快递企业能否经营好农村快递市场?没有补贴后能否独立生存?甚至,等到农村电商市场成熟的一天,各家企业是否会放弃合作,重新打响"抢客户"大战?

对一些疑问,我们不可预知;还有一些疑问,我们可以通过理性的分析来合理判断。比如以前快递企业的下乡成本和现在的下乡成本就可以通过计算得出。下面以淳安县百世快递为例,看看新旧"账本"。

1. 算"旧账"

淳安百世快递日均派件业务量约3600件,其中乡镇件约1200件,占比1/3。由于淳安距离杭州较远,干线车辆从杭州百世分拨中心回到淳安百世快递网点需要3.5小时,每天上午9:40快件才能被送到网点;再经过一个多小时,下乡件在11:00左右才能分拣完。所以,在过去,快件当天要送到山里的

20多个乡镇是一项不可能完成的任务。

但考虑到快件时效和签收率,徐培建一开始就硬着头皮往下送。因为每天送件的成本太高,他后来想到了与邮政公司合作,"尝试了一段时间,时效不能达到要求。"徐培建说。最后,平衡了一下下乡的费用与因延误、签收率带来的罚款成本,他还是选择了自己送。"离得近的2个镇子每两天送一次,其他乡镇每周送一次。我也向总部申请了时效上的政策。"徐培建说。

"快递下乡"的成本一般集中在班车费用上,包括油费和司机用工成本,其他还有罚款、班车费等支出,见表4-100。

表4-100 "快递下乡"成本情况

乡 镇	项 目	支出(元/月)	派费收入(元/月)
里商镇、石林镇	油费+司机工资	2500	225
汾口、姜家、临岐等6镇	快递员承包区	收支平衡	
其他乡镇	油费+司机工资	3000	450
所有乡镇	罚款	7500	
	班车费(下乡部分)	16500	
	下乡补贴		8000
	净收入	-20825	

在淳安一些大的乡镇,比如汾口、姜家、临岐等,这些地方快件量较多,有快递员愿意承包,徐培建就都交了出去,自己不赚钱;在大部分的偏远乡镇快件量少,快递员不愿意承包,他只能自己承担车辆和人员费用往下送快件。里商和石林镇的距离不远,徐培建每两天派车跑一次,一次只有10多个快件,但油费和司机的人工成本就需要2500元/月;其他十余个偏远乡镇,每天选几个地方派车跑一次,几天才能全部都跑一遍,一次只有20多个快件,但油费和司机成本需要3000元/月。算上日常的罚款和乡镇快件占用总部班车的费用,每月净亏损接近3万元。"总部针对网点情况每月适当补助8000元,但仍然亏损2万多元。"徐培建说。

从数据出发,百世快递承担着每月2万元的亏损在努力地让"快递下乡",但是从村民的体验来看,他们依然需要花很长时间到镇上自取快件,或者额外付费请人代取,没有享受到便捷高效的快递服务。

2. 看现状

淳安县几家主要快递企业曾经试图联合搭建下乡的通路,但多次协商没有达成一致。此时,县商务局牵头的"村级电商物流班车"项目打破了这一僵局。按照补贴标准,政府将对5家快递企业的下乡班车按车辆进行补助:干线车每辆补助700元/天,支线车每辆补助400元/天。在3年合同中,车辆补贴第一年按照60%的额度进行补贴,第二年按照50%补贴,第三年按照40%补贴。

根据新划分的线路和补贴情况,淳安百世快递目前的运营情况见表4-101、表4-102。

表4-101 百世快递乡镇服务运营收支情况表(2018年下半年)

项 目	支 出	收 入
派费		1200件×0.2元=240元/天
干线车补贴		420元×1辆=420元/天
支线车补贴		240元×4辆=960元/天
威坪中转中心租金	55元/天(每年2万元)	
威坪镇中转中心补贴	274元/天(半年5万元)	
总计(有补贴情况下)		23.2万元(下半年收入)
总计(无补贴情况下)		3.33万元(下半年收入)

表4-102　威坪镇中转中心承包区运营收支情况表(2018年下半年)

项目	支出	收入
收件		200件×2.5元=500元
派件		800件×1.3元=1040元/天
干线车(油费)	100元/天×1辆=100元	
支线车(油费)	50元/天×4辆=200元	
快递员工资	130元×4人=520元/天	
村级服务点派件提成	400件×0.3元=120元/天	
村级服务点补贴	100元/月	
县百世快递补贴		274元/天(半年5万元)
罚款	60元/天	
总计(有补贴情况下)		12.9万元(下半年收入)
总计(无补贴情况下)		7.92万元(下半年收入)

注：按照5家快递达成的协议，在派件方面，淳安县所有下乡件都按照每件1.3元的派费标准与承包区性质的中转中心结算，在此基础上，承包区给村级服务点按每件0.3元结算，村级服务点每个月还享受100元的固定补贴；在收件方面，村级服务点每收到一件按照整体费用的20%比例进行提成。

将过去和现在的数据进行对比可以得出以下结论：第一，以前各自为战情况下百世快递的下乡亏损局面在经过资源整合后得到改观；第二，集中力量专心经营一条线路，网点就算没有补贴也是可以实现盈利的，而且快递服务全覆盖，时效大大提升，村民们可以享受到更好的快递服务；第三，商务局发起的给予快递下乡的补贴，无论是对县级网点还是承包区来说，都是非常具有激励性的，为快递网点吃下一颗"定心丸"，他们可以腾出更多的力量集中攻克农产品上行问题。据记者多方了解，其他4条线路与"千威"线情况基本相符。

那么，根据真实的数据计算得出的结论，是否可以回答上述一些疑问呢？事实上，依靠政府补贴建立起来的"淳安模式"所解决的"快递下乡"中的主要"痛点"，并不是完全用补贴去弥补企业下乡时的亏损，而是为"快递下乡"制定了一种可以遵循的规则，其功劳在于对资源的整合，在于对发展农村电子商务的激励。目前，淳安县商务局与5家快递企业签了3年的协议，相信在享受补贴的3年中，在没有补贴也能生存的"保底"下，快递企业会全力培育农产品上行这个未来的市场。而关于市场的培育，还有另外的力量在跃跃欲试。

四、潜力市场

在淳安县商务局提供的《淳安县电商助推农产品进城"三位一体"模式示意图》中，"村级电商物流班车"项目作为线下物流体系只是三大体系之一，承担着"路"的作用，另外的线上营销体系和电商公共服务体系也有着非常重要的作用。其中，线上营销体系将针对基地农产品和农户农产品，依托电商平台和微信平台对外推广销售。线上的销路打开了，快递的业务量自然水涨船高。

潜力地点1：里商乡燕窝村("淳杨"线)

淳安县里商乡燕窝村，距离千岛湖镇30多公里，车子在平坦的沿湖公路行驶半小时后还要往山上开半小时才能到达。整个村子不到800人，所以这里并没有设置村级服务点，收寄快件要到隔壁的塔山村。余俊的家乡就在这里。半年前，她从阿里巴巴1688离职，放弃了每月两三万的收入回到燕窝村，一边照顾父母，一边在家里专心搞起了农产品微商生意。

"通过朋友圈卖鱼干、辣椒酱、笋干、茶叶、山茶油等，一天平均有100多单。每月收入四五万元。"余俊对记者说。一开始，村子里没通快递的时候，她在千岛湖镇租了一间门面，一边做实体店一边做微商，家里做好的特产就让父亲开车亲自送到店里，"来回要两三个小时，特别不方便。"余俊说，"现在好了，村子里通了快递，我就放弃了实体店，不但省了两三万租金，父亲也不用跑来跑去的了。"通过便捷的快递服务，余俊的商品当天交给快递公司，第二天就能送到江浙沪的顾客手中，有些省会城市也能在第二天送达。她说，现在自家的特产已经不够卖了，她开始在村里集中采购各种特产，帮更多的乡亲们把特产卖出去。"以前大家都是自给自足，根本没想过卖给外人吃，现在哪家有了土鸡蛋、辣椒、茶叶和鱼干，都会送到我这里来，通过快递寄出去。"余俊高兴地说。

再过几个月，余俊家还将开始经营民宿生意，通过线下引流，进一步打开燕窝村的特产销路。

潜力地点2：枫树岭镇下姜村（"淳杨"线）

在韵达速递经营的"淳杨"线枫树岭镇，有一个村子十分有名，那就是习近平总书记在浙江工作时的基层工作联系点——下姜村。"公路的建成，使下姜村的发展步入了'快车道'；如今下姜村又多了一条快递之路，将带动下姜村发展进入新的发展阶段。"下姜村党总支书记姜浩强对记者说。7月27日上午10:42，一辆"村级电商物流班车"穿过下姜隧道，驶过村头的石桥，停靠在"下姜村服务点"，23件快件被放入服务点。服务点负责人小姜拿起手机，迅速按照面单上的信息给村民们打电话，不一会，就有几位村民来取快件。"之前要到几公里外的大墅镇甚至几十公里外的千岛湖镇去取快件，现在家门口就能取，简直不敢相信！"一位做民宿生意的村民对记者说。

作为下姜村电商发展的带头人，姜浩强吐露了自己对未来的憧憬："村里除了茶园，还建成了葡萄园、草莓园、桃园等几大水果产业园区，有430多亩，今年年产值预计能达到250万元。游客们来到这里，在品茶尝鲜的同时，也能通过快递把美味分享给更多的朋友。环境好了，公路通了，越来越多的游客慕名而来；进入新时代，快递通了，下姜村将顺势而为，打造'互联网＋'农业；同时充分发掘当地传统文化的魅力，鼓励有技艺的铁匠、篾匠制作传统工艺产品，通过快递走出下姜，走向全国。"

潜力地点3：威坪镇河村村（"千威"线）

威坪镇河村村有着威坪镇不多的几个水果种植基地，特产白桃、柿子和蓝莓等。"过去镇上80%的村民都养蚕，因为市场不好，现在降到了40%，种茶、水果和山核桃的村民多了起来。"威坪镇邵镇长告诉记者，要想让威坪镇得到更大的发展，就必须依托快递让农产品走出去。

徐经理是河村村白桃种植基地的负责人，他告诉记者，白桃基地年产量15万斤左右，目前90%都是通过实体店销售，10%通过线上销售。"虽然份额不高，但线上销售是未来的发展趋势，目前我们都是通过顺丰将白桃销售到全国各地的。"

徐经理说："白桃金贵，不能有半点闪失。我都是自己开车下山，把白桃送到城里的顺丰网点。"对目前村里开通的快递服务点，徐经理十分期待，他说要和村里的百世快递好好合计合计，看能不能在保证水果品质的前提下，从基地把水果发出去，还能享受更实惠的价格。至于像山核桃一类的干果食品，他打算接下来就跟百世快递合作了。

……

在沿千岛湖分布的偏僻村子里，因为快递服务的开通多了不少电商的"潜力股"。除了燕窝、下姜、河村，还有大墅、汾口等，有许多像余俊一样的农村电商领头人如雨后春笋般地在这里萌芽，他们在淳安县电商助推农产品进城过程中，充分享受到了快递之路带来的便捷，正在将更多的精力放在加速农产品的上行速度上。在淳安，农村与未来发展之间的隔阂，就这样被"一件快递"给捅破了。

第五篇 人才建设

第一章 2018年快递人才队伍建设概述

经济要发展,关键靠人才;产业要振兴,也主要靠人才。人才是建设现代化邮政强国的基础所在。2018年,国家邮政局深入学习贯彻习近平新时代中国特色社会主义思想和党的十九大精神,认真落实党中央对人事人才工作有关要求和全国组织工作会议精神,坚持围绕中心、服务大局,着力打造高素质专业化干部队伍,为建设现代化邮政强国提供坚实的组织保证和人才支撑。

一、人才工作组织领导不断强化

一是人才工作领导机制不断完善。坚持围绕中心、服务大局,紧扣邮政强国建设,组织召开全国邮政行业人才工作领导小组首次会议,制定印发2018年人才工作要点。22个省局加强人才工作组织领导,成立相应协调议事机构。党组统一领导、人事部门牵头抓总、有关部门各司其职、密切配合的人才工作格局更加完善。

二是人才制度建设不断健全。制定印发《中共国家邮政局党组进一步激励邮政管理系统干部新时代新担当新作为的实施意见》《中共国家邮政局党组关于加强领导干部队伍本领建设的意见》《中共国家邮政局党组联系服务专家的办法》《国家邮政局关于提升快递从业人员素质的指导意见》《全国邮政行业人才培养基地遴选和管理办法》《国家邮政局干部教育培训基地建设管理办法》等多项政策制度,进一步规范和加强各项人才工作。

三是人才工作基础不断加强。适应新形势新任务新发展,系统梳理行业人才工作任务,支持职业技能鉴定指导中心转型为行业人才综合服务支撑机构,加强人才工作力量。大兴调查研究之风,围绕工作重点难点热点问题,组织全系统开展人事人才工作调研。发挥行业媒体优势,注重人才政策解读、经验介绍和先进典型宣传,扩大人才工作的影响力。

二、专业技术人才队伍建设实现突破

一是快递工程技术人员职称评审试点工作取得重大突破。落实国家职称制度改革精神,在前期协调增设快递工程技术人员职业、邮政工程本科专业,开展摸底调研和标准研究的基础上,多次与人社部、交通运输部等沟通协调,取得对快递工程技术人员职称评审工作的理解、认可和支持,督促指导安徽、陕西、上海、重庆、江苏、浙江、广东开展了试点工作。截至2018年底,共有3401人获得初级和中级专业技术职称,标志着快递专业技术人才评价工作实现重大突破,具有里程碑式的重要意义。

二是强化高层次人才培养和选拔推荐。聚焦邮政强国建设,加快培养创新型领军人才,邮政行业4人入选2018年度政府特殊津贴人员,12人获得"交通运输青年科技英才"荣誉称号。突出需求导向、目标导向、

问题导向,围绕急需紧缺人才完善课程设置,申报举办1期国家专业技术人员知识更新工程高级研修班。

三是加强专家联系服务工作。组织推荐交通运输部专家委员会政策咨询组、邮政组专家人选。充分发挥邮政业标准化技术委员会、邮票选题咨询委员会等专家组织作用。研究提出"弘扬爱国奋斗精神、建功立业新时代"实施方案,通过多种形式,激发行业知识分子把爱国之情、报国之志融入邮政业改革发展的伟大事业之中。

三、技能人才队伍建设取得进展

一是修改完善快递职业技能标准。广泛开展快递员、快件处理员标准编制征求意见工作,修改完善标准文本,报送人社部职鉴中心进行技术审查。

二是研究推进快递技能人才等级评定。跟踪人社部职业技能等级认定政策,调研其他行业和地方技能人才评价实施情况,研究行业技能人才评价政策意见和工作体系,编制行业技能人才等级认定工作方案和配套制度等研究报告。

三是指导各地举办职业技能竞赛。大力弘扬劳模精神和工匠精神,研究起草《邮政行业职业技能竞赛管理办法(草案)》,编制《邮政行业职业技能竞赛指南(草案)》,指导开展各类竞赛49次,222人次获得地市级以上荣誉称号,促进知识型、技能型、创新型邮政行业技能人才培养。

四、管理人才队伍建设稳步推进

一是强化干部队伍管理。坚持"好干部"标准,严把选任用人政治关、品行关、廉洁关,营造风清气正的用人环境,选优配强各级领导班子和领导干部。坚持正面激励和从严管理相结合,注重树立典型,激励邮政管理系统干部新时代新担当新作为,组织开展优秀市(地)局长评选,落实能上能下要求,抓好领导干部个人有关事项报告制度贯彻落实。

二是优化干部成长路径。积极推动干部轮岗交流,聚焦脱贫攻坚,组织选派干部参加中组部组织的赴西部地区挂职锻炼,继续做好国家局对口扶贫干部和驻村第一书记到期接续选派工作。组织开展系统内优秀年轻干部推荐工作。注重在工作实践中培养锻炼公务员,提高解决实际问题、处理复杂问题能力。注重国际化人才培养,选派一名干部到国际组织培训机构任讲师。

三是注重提高能力素质。突出理论教育,坚持用习近平中国特色社会主义思想武装干部队伍。强化培训计划管理,聚焦干部队伍能力短板、知识弱项、经验盲区,落实点名调训和集中轮训制度。强化计划管理,围绕国家局中心工作,制定机关全年培训计划并抓好执行,共举办29个培训班,培训2453人次。完成系统处级干部在线学习试点。选派青年干部参加亚太邮联等培训。

五、现代邮政教育发展取得新成效

一是发挥示范引领作用。组织开展共建学院建设调研,指导举办现代邮政学院院长联席会,推进邮政专业设置,协调做好招生宣传,4所现代邮政学院在校生达1800余人。举办基地建设经验交流会,支持基地院校开展教育部职业教育快递运营管理专业教学资源库建设,共建院校、基地院校在人才培养方面的示范引领作用得到有效发挥。

二是强化行业职业教育指导。充分发挥邮政行指委在加强行业职业教育、推进校企合作产教融合方面的职能作用,制定全国邮政职业教育教学指导委员会章程,指导召开2018年工作会议、高职快递专业教学研讨会、邮政快递类示范专业点建设经验交流会,组织申报全国职业院校技能大赛行业特色赛项,推进专业建设、教材建设和师资队伍建设,不断扩大人才培养规模。

三是创新人才教育培养模式。完善以需求为导向的行业人才培养模式，指导举办"强邮论坛"，搭建行业人才培养供给侧和产业需求侧有机结合的平台。举办第三届全国"互联网+"快递大学生创新创业大赛，参赛对象不断拓展、规模不断扩大、质量不断提升、影响不断扩大，推动了大众创业万众创新在快递领域蓬勃发展，为快递业高质量发展储备了大量生力军。开展行业校企合作典型案例征集活动，总结典型经验，积极推动产教融合发展。

值得关注的是，随着行业的不断发展以及市场竞争的加剧，越来越多的企业也深刻认识到人才对企业发展的重要性，人才培养的意识也逐渐增强。2018年，快递企业在加快规范发展、转型升级过程中，不断加大投入力度，努力健全人才培训机制，通过多种方式积极加强人才队伍建设，进一步优化人才发展环境，在选才、育才、用才、留才等方面，也逐渐摸索出一些适合企业自身发展的新模式和工作思路，使得从业人员的能力素质得到了进一步提升，为行业快速发展奠定了人才基础，也为企业由大做强提供了必要的人才支撑。

在取得一定成绩的同时，我们也清醒地认识到，邮政行业人才工作仍存在一些问题和不足。主要表现为：在聚集、培养行业高层次、高技能人才方面办法还不多、主动作为还不够；专业技术人才评价基础薄弱，技能人才评价停滞不前，人才分类评价机制有待完善；人才能力本领建设与邮政业高质量发展和邮政强国建设还不适应。需要在2019年及以后的人才工作中重点关注，持续发力，久久为功。

第二章 2018年企业人才培养特色举措

2018年是全面贯彻落实党的十九大精神的开局之年，是改革开放40周年，是决胜全面建成小康社会、实施"十三五"规划承上启下的关键一年。全行业深入学习贯彻习近平新时代中国特色社会主义思想和党的十九大精神，认真落实中央决策部署和习近平总书记对邮政业重要指示批示精神，坚持稳中求进工作总基调，坚持深化供给侧结构性改革，坚持更好服从服务国家重大战略，坚持以人民为中心的发展思想，深入贯彻新发展理念，继续按照"打通上下游、拓展产业链、画大同心圆、构建生态圈"工作思路，开拓进取、务实苦干，行业实现持续健康快速发展，保持了总体平稳、稳中有进的良好态势。这一年，各主要快递企业也结合自身特点，通过特色举措，全面推进快递人才培养。

一、中国邮政速递物流：人力资源管控不断优化

中国邮政速递物流高度重视企业人才建设。2018年，人力资源管控不断优化。"双定"工作持续推进。营业部人均揽投效率同比提高5%；处理中心全员处理效率同比提高20%。工资正常增长机制得到落实，技能人才和在艰苦条件、环境下作业人员的津贴补贴大幅提升，一线员工收入水平切实提高，基本薪酬保障作用得到充分发挥。

2018年4月至11月，集团公司寄递事业部人力资源部举办了微课大赛，全国480余名青年业务骨干参赛。大赛共分七个阶段，历时8个多月，最终评选出44门优秀微课和10个优秀组织单位，10名员工获得最佳伯乐奖。微课大赛的举办为青年骨干搭建了展示平台，促进了青年业务骨干人才的成长，实现了萃取知识、分享经验、全网共享、共同提升的目标，为企业积累了宝贵的课程资源和师资资源。

二、顺丰速运：多措并举，完善人才体制机制

在员工培养方面，顺丰大学发挥了重要作用。2018年，以集团科技转型为战略牵引，全面推进传统学习模式向互联网大学转型，在服务模式、运营效率、激励策略上形成大范围、强感知的用户体验，引领战略人才培养、驱动员工自驱成长。2018年，顺丰共开展6475个培训项目、开发25410个课程、进行2022场直播、1100场学习通关，有效支持员工的能力提升与职业发展。为员工提供了丰富的学习知识资源以及职业能力提升平台，并通过互联网模式，实现端到端的赋能服务。

在员工福利方面，顺丰全方位、多渠道为员工谋取多元化的福利，涵盖健康、生活、关怀等，聚焦员工需求，确定以"医食住教"为重点的福利项目。各经营区域结合自身特性、发展策略等，制定符合本区域员工需求的福利政策，体现出不同区域、员工群体之间的差异化需求。同时，顺丰还聚焦困难员工和优秀老员工群体，通过整合住宿、餐饮、保险、教育等社会资源，为员工提供价格优惠、内容丰富、数量充足的优质社会福利资源，并逐步扩大实施规模。

此外，随着公司不断的发展，在逐步提高员工福利待遇，为员工缴纳社会保险的同时，也由公司出资为一线员工购买雇主责任险及团体意外险。在车辆安全管理方面，顺丰不断强化车辆安全管理责任、增强车辆安全驾驶意识、提升车辆安全驾驶技能，旨在建立健全车辆安全文化，形成一套完整的车辆安全驾驶闭环管理体系，紧随交通部门

倡导的"文明出行"理念,为社会交通安全承担企业应该承担的责任。2018年更是荣幸的荣获中华全国总工会、中华人民共和国应急管理部颁发的"'全国"安康杯'"竞赛优胜单位"。

顺丰集团工会于2007年在深圳成立,目前专职工会干部已有249人,工会代表(志愿者)1.5万名,工会会员12万名。工会下设劳动争议调解委员会、女职工委员会、经费审查委员会,同时78家分公司获当地上级工会批复成立了独立工会。顺丰建立了规范的工会管理架构:集团工会和分公司工会两级工会组织。2018年,工会组织坚守"成就幸福劳动者"的使命,坚持"提高员工满意度,助力企业经营发展"两项中心任务,不断思考新问题,探索新方向,尝试新方法,迎接新挑战。

三、圆通速递:提高职业技能,提升身心健康水平

多年来,圆通速递积极开展广泛的员工活动,包括各种文娱活动和技能竞赛活动,如"优秀员工"评选、"业务大练兵"等。同时,2018年,圆通速递培训发展部开展了各级人才领导力培训项目,客服、采购、质控等各业务职能培训、加盟公司技能培训、内训讲师培训等共计近百场,参与人数上千人,依法保障企业员工接受职业技能培训的权利,提高企业员工的职业技能,保障员工的职业发展空间,为创建和谐劳动关系奠定了强大的基础。

为更好地提升员工身心健康水平,丰富员工业余文化生活,圆通速递特别设立了文体中心,内设图书阅览室、乒乓球室、台球室、棋类活动室、健身房、综合体操室、缓压室和影视厅等活动室。此外,为鼓励先进,圆通速递在内部制定了《员工奖励与惩罚管理制度》《企业工会管理制度》,对各类"正能量"事迹以及对企业品牌有益的行动都将给予奖励。同时,每年年底公司还会颁发安全生产、最佳团队、百佳操作员、百佳收派员、优秀省区等多个奖项。

四、申通快递:把员工利益作为出发点和落脚点

2018年,申通快递大力实施人才引进工程,不断优化人才发展环境,切实做到"引进来、用得好、留得住",从而有效助力公司经营发展。2018年,申通与全国各地对口院校建立联系,与江西财经大学、吉林农业科技学院、华中师范大学进行了校企合作,并预定毕业生。同时,在部分学校组建了申通快递订单班,开展课程讲座。通过校企交流,全年公司总部共引进管理培训生80名,IT类技术人才20名,其他普通行政人员若干。

2018年,申通快递共开展各类培训3007场次,培训人次总计83657人次,平均教学满意度93.53分。培训分为管理系列、技能系列、一线岗位系列等。管理系列课程包括"网点业绩倍增技能""网点管理技能分享""客服经理角色认知""质量考核""时效考核""财务管控""人力资源建设"等;技能系列课程包括"有效沟通""消防安全""场地安全设备维护""客户价值""信息安全""三件处理""客户投诉处理技巧""门店客服职责""'3·15'邮政申诉处理""进出港件处理";一线岗位培训教程包括"新员工入职""企业文化""服务礼仪""双十一操作安全教育""标准操作""航空件流程""巴枪使用说明""团队建设活动""员工的岗位带教""运输带操作安全""危险品介绍和处理""健康与保健""司机安全培训""树立积极的工作心态"等。

申通快递始终坚持"以人为本"的理念,把员工利益作为工作的出发点和落脚点,采用多方沟通、问卷调查等方式,分析员工真正需要什么和对公司所开展活动的意见和建议;公司每年召开职工代表大会,听取员工心声并及时反馈、跟踪、解决;按时签署"三项合同"(集体劳动合同、工资专项集体合同、女职工权益保护专项集体合同);企

业员工享有带薪休假、带薪培训、健康体检、话费补贴、食宿补贴、高温补贴、活动补贴等众多福利待遇,公司节假日发放慰问品,员工生日发放蛋糕券等。

此外,申通快递还设立了爱心救助基金。对发生重大交通事故、自然灾害的申通网点,以及患重大疾病的申通员工进行困难补助,帮助他们度过经济难关。据了解,自2015年9月设立爱心救助基金以来,申通快递共救助困难网点公司及员工100多人/次,累计救助金额达300万元。

五、韵达速递:追求企业与员工的共同成长

从薪酬政策来看,韵达速递坚持公平、竞争、激励的原则,建立了一个以岗位为基础,以工作绩效考核为核心,多种分配形式并存的正向激励机制。以岗位价值决定价值区间,以能力差异决定薪酬级别,以贡献大小决定层级晋升,设立职业发展通道建设,建立公司内部人才梯队,保障公司可持续性发展。在遵守国家相关政策、法律法规和公司管理制度基础上,合理制定薪酬,使员工与企业能够利益共享。

在韵达速递的发展过程中,一直追求企业与员工的共同成长。在"求实进取,以人为本"核心价值观指引下,以"战略落地,能力提升,文化融合"为目标开展全网全员面向高层、中层、基层的各项培训项目,在公司目标达成的同时,也满足了员工个人职业生涯发展的需要。

一是管理者进阶。以战略研修为主题,为公司管理者开展定制化的培养项目,联合高校及海内外标杆企业进行游学,整合优质资源,利用线上线下平台开展mini-EMBA等项目,帮助管理者创变思维,提升领导力,推进公司战略转型,支持业务经营发展。

二是职业力培养。以赛马机制为指引,为公司中层员工提供定制化的培养项目,强化储备人才培养,保持核心团队管理高效。

三是技能深化训练。提升基层员工单兵作战能力,通过定期轮训开展一线人员操作、执行、基础管理等项目的培养。通过专项培养项目,针对校招大学生开展入职集训,文化融合,实操体验,助力管培生职业化蜕变,快速成长。

四是学习平台搭建。构建一体化学习平台,集培训管理,课程管理,知识共享,学习体验为一体,为全员提供学习,交流,共享,成长的平台。

六、中通快递:在全网推进"百优千人计划"

中通快递高度重视全网员工的职业规划与发展,建立健全人才培养机制,畅通职业发展通道,帮助员工实现职业成长。搭建"双通道"晋升体系,从管理、专业两个方向制定员工职业发展机制,系统开展晋升管理工作;搭建内部人才数据库,对满足入库条件的员工提供管理、业务等方面的专业培训;每年举办两次初、中级专员竞聘,一次高级资深专员竞聘每年组织和一次储备干部公开竞聘活动,面向基层各层级员工选拔培养人才。

2018年,中通快递开始在全网推进"百优千人计划",这是中通人才战略规划的重要举措,也是中通内部人才培养计划的组成部分。"百优千人计划"整体分10年推进,每年一期,以总部集中培训、院校理论学习、课题调查研究、岗位交流锻炼等方式强化培养人才。

七、百世:搭建人才梯队,提供高能人才的孵化器

百世坚持人才是企业第一资源的战略思想,贯彻人才强企,人才兴企方针,全面开展选才、育才、用才、留才的机制建设。

百世为在职员工提供全系列的培训课程体系,从面向所有员工的通用系列培训,到管理系列和专业系列的发展系列培训,还提供员工参加全脱产的外训机会。这样给员工的职业生涯发展通道上提供最强有力的

支撑。

为了激发员工内在驱动力，同时为百世发现更多高潜力人才，实现员工与企业协同发展。百世人才发展通过针对在职员工进行培养，为发现、培养和选拔出符合百世企业文化、认可百世发展理念的潜在优秀组长、主管、经理、分总及总监的人才梯队，为百世和员工发展持续提供高能人才的孵化器。

百世为快递员打造了一套"星级快递员"制度，给予派件单票奖励支持，并提供完善的快递员职业培训体系，致力于提升快递员的归属感、自豪感和幸福感，为他们提供多元化的成长空间。此外，百世集团旗下百世车辆研究院联合生态圈合作伙伴，为司机提供全方位培训，加强司机在车辆养护、维修保养等方面的培训。

八、优速快递：打造有温度、有情感、有热血的民族企业

长期以来，优速高度重视企业文化建设，"奋斗为本、诚信守则、尽责利他"是优速的核心价值观，优速致力于打造有温度、有情感、有热血的民族企业。2018年，在人才队伍建设方面，优速也有自己的一套独特方法。

一是组织提效减少横向架构设置（职能二级部门优化25%），提高管理效率，提高人均效能，从而提高人均收益，更好地激励与留住人才。同时，通过薪酬包激励，职能人数下降22%，平均薪酬上涨17%（高于市场增速）；通过计件工资推广，一线人员效率提升30%。

二是规范人才发展通道及晋升机制，建立管理、专业发展双通道，为员工设计好职业发展路径，发展路径不再单一。2018年晋升490人，相比17年增加101人，涨幅26%。

三是建立健全储备机制。2018年，营运体系储备管理岗位119人，顺利结业100人，其中已晋升并安排在合适岗位46人；质控客服体系储备管理岗位27人，顺利结业27人，其中已晋升并安排在合适岗位10人。

四是培训赋能。

此外，为丰富员工生活，优速还建立了员工活动室，购置了健身器材，搭建了内部图书馆等。每逢传统节，优速组织员工开展送福利等活动，比如员工端午节会聚在一起包粽子，中秋节在一起做手工月饼。

九、苏宁物流："自主培养+内部提拔"的人才培养体系

2018年，苏宁物流在坚持"自主培养、内部提拔"的原则下，持续优化内选梯队、社招梯队、1200梯队的人才培养体系，分层级全力培养优秀的企业接班人；立足岗位，提供各项培训，提升员工综合能力，覆盖员工发展的各个阶段。同时，公司进一步优化完善员工自助学习平台，方便员工自主安排学习。具体在培训方面，2018年苏宁物流全力打造学习型组织，帮助员工建立贯通产业链的思维，实现多领域、新思维上的全面成长；在管理方面，苏宁物流推动内部诸多小团队的协同合作，形成小团队管理体系，鼓励创新协同作战。

在福利待遇方面，苏宁物流严格落实各项社会福利保障制度，并结合快递行业特色为员工提供包括工资、福利、短期激励和长期激励在内的多重保障，职工平均薪资涨幅已连续十几年保持稳定增长。苏宁物流在各大区的物流基地都为员工提供营养均衡、品类多样的员工餐饮，大促期间，更为员工提供额外的"能量加油站"。为解决员工"出行难"问题，苏宁物流安排公司班车每日接送员工上下班，同时开发搭建内部员工共享出行平台。此外，苏宁也积极帮助公司外来务工员工协调解决子女入学难题。2018年1月，苏宁物流投入500万元正式成立了"优秀快递员奖励基金"，用以专项奖励业务精良和具备社会正能量的员工。

十、宅急送：打造"管理发展+专业发展"双通道

宅急送十分重视人才引进，与多所院校在岗位实习、优质毕业生输送、合作办学等方面进行深化合作,建立了合作基地。这在帮助院校解决毕业生就业问题的同时,也为企业储备了大量物流专业人才,促进了企业人才队伍的建设和完善。

通过培训帮助员工持续成长,为员工打通发展上升通道。分公司每季度的营业厅、营业所经理和分公司本部部门经理竞聘和选拔;每年的省级分公司总经理、总公司部门总监竞聘和选拔等。宅急送的任何一名普通基层员工,只要有思想、善学习、肯钻研,都会有职业发展的机会和平台。通过竞聘,从事收派件的一线快递员也可以成为营业所经理,部门经理也可以成为省级分公司老总。

宅急送还为员工提供了职业发展的双通道:一是管理发展通道。这主要是指通过带领和管理团队提升管理和专业能力,从而获得管理职务晋升,取得自身的发展。在宅急送,当出现管理岗位空缺时同等条件下公司将优先考虑内部员工。二是专业发展通道。这主要是指在某类专业领域内,持续深入发展,追求专业技能的提升,通过专业等级的晋级取得的一种发展。公司定期对专业人员的专业任职资格进行认证,通过一套较为科学、客观的评审办法,为每位员工确定专业等级。同时公司还设立了技术通道和操作通道。员工可以在直接上级的指导下,结合个人能力特点、选择合适自身的职业发展通道,通过学习在宅急送取得不断进步与发展。

此外,宅急送还建立了完善、系统的职业发展与晋升机制。在管理晋升方面,主要通过提前选拔储备管理人员并对其进行专项培养,在培养达标后晋升到新管理职位。在管理晋升具体操作中,公司就选拔的职位公开发布内部竞聘通知,可以自荐报名也可由组织推荐报名。依据不同层级岗位的能力模型,公司通过公正、公平的选拔流程选择出竞聘优胜者,并确定其储备管理人员资格,然后对其进行统一培养。在岗位出现空缺时,从储备管理人员中提名晋升人选,经评估合格后正式予以晋升。

在专业晋级方面,员工可以每隔一年申请一次专业等级晋级。申请专业等级晋级的主要依据是个人最近一个绩效考核周期的考核结果,及专业提升培训中的各项相关考试的结果。通过公平、公开的评审程序进行评审,最终确定是否予以晋级。同时,还将根据各专业等级人员的特点以及专业任职资格标准的要求,设计不同专业不同课程,明确培养方向。

十一、德邦快递:物畅其流,人尽其才

德邦始终坚持"物畅其流,人尽其才"的使命追求,秉持"以客户为中心,以进取者为本,以团队创高效,坚持自我反思"的核心价值观,不断完善人力资源管理体系,在组织建设、人才培养、企业文化等方面持续优化,为企业发展提供强有力的支撑。德邦通过完善的人才管理模式、员工晋升机制和弹性薪酬体系,给予员工足够的成长空间与发展前景,增强团队的凝聚力,实现人企双赢。同时,德邦还不断强化绩效文化和创新文化,建立良性互动的团队氛围,增强企业文化的软实力和发展驱动力。

多年来,德邦坚持进行校园招聘,并对招聘的大学生进行重点培养。在德邦所有员工均需定期参加内部培训,公司内部各个层级的管理人员基本来源于内部提升,保障了公司快递等各项业务规模扩张对各层级管理人员的需求。2018年全年,德邦大学现有兼职讲师2205人,开设培训课程6.44万小时,共有25.57万人次参加各项培训。

德邦拥有一支经验丰富、锐意进取、年富力强的管理团队。高层管理团队平均年龄35岁,在公司的平均工作时间已超过12年,经过多年的磨合,公司的高层管理团队具备丰富的行业管理知识、技能和营运经验,能制定有利的经营战略,合理评估并管控风险,严格执行各项管理

和生产制度,从而提升公司整体盈利能力,创造更高的股东价值。

为了吸引和留住优秀人才,德邦通过建立全面薪酬理念,为员工提供富有竞争力的薪酬待遇。通过长期激励、获取分享等方式,充分调动员工的积极性。此外,公司在员工福利上提供各种相匹配的方案,目前主要包括亲情1+1、中秋寄情、集体婚礼、家庭全程无忧福利方案等。2018年共有248对新人在海外举行了集体婚礼,约9万人享受到亲情1+1福利。2018年3月,德邦设立了"快递员金星勋章奖",表彰连续12个月获得五星级评价的快递员,共有82名获奖快递员获得了价值10万元的金砖。

第六篇 市场主体

第一章 2018年快递市场主体发展情况综述

2018年,全行业继续按照"打通上下游、拓展产业链、画大同心圆、构建生态圈"的20字发展思路,开拓进取、务实工作,行业保持了总体平稳、稳中有进的良好发展态势。快递业务量和业务收入分别完成507.1亿件和6038.4亿元,同比增长分别为26.6%和21.8%。市场集中度继续向头部企业集中,快递和包裹服务品牌集中度指数达到81.2。各市场主体加快从单一快递服务提供商向综合物流服务提供商转型,加大在基础建设、业务拓展、技术创新等领域的投入取得积极进展,积极履行社会责任,展现出良好的负责任公众公司品牌形象。

一、公司财报

2018年,各上市快递企业业绩表现突出,业务规模和营收的增幅均高于行业平均增速,稳居行业第一军团,头部企业的引领作用日益明显。

根据顺丰控股发布的2018年年度报告显示,2018年度顺丰控股实现营业收入909.43亿元,增幅达27.60%;归属于上市公司净利润45.56亿元,扣除非经常性损益后净利润达34.84亿元,实现每股收益1.03元,较上年同期略有下降,主要影响因素有:(1)加大新业务运力投入,运输成本(含外包成本中运输相关部分)增速较快;(2)拓展新业务增加了人员投入,总体人工成本(含外包成本人工相关部分)同比增幅略高于营业收入同比增幅;(3)拓展新业务增加了场地投入,场地租赁成本同比增幅略高于营业收入同比增幅。报告指出,上述投入一定程度影响了公司的短期经营业绩,但均为基于公司长远战略和员工长期发展考虑的战略性、前瞻性投入,有利于公司保持长期稳定、健康的利润水平。报告显示,2018年顺丰实现快递件量38.69亿票,同比增长26.77%;速运物流收入896.77亿元,同比增长27.01%,高于快递行业整体收入增长水平。快递业务票均收入23.18元,远高于行业12~14元的平均水平。与此同时,2018年公司新业务收入较上年同比增长75.93%,占整体营业收入的比重由上年的13.71%上升至18.90%,新业务收入的迅猛增长对公司整体营业收入增长贡献显著。

中通快递发布的2018年第四季度及全年业绩显示,2018年中通实现了稳健的发展目标,全年业务量完成85.2亿件,较2017年全年62.2亿件的业务量同比增长了37.1%,超出行业平均增速10.5个百分点。市场份额从15.5%提升到16.8%。中通调整后全年净利润为42.01亿元,增长30.1%。得益于公司体系化的降本增效能力,单票运输成本和分拣成本共计下降0.11元,核心快递业务毛利率为32.6%。管理费用占总营收的比重为6.9%,增长速度低于营收增幅。

韵达股份发布的2018年度业绩快报显示，报告期公司实现营业总收入1382818.73万元，比上年同期增长38.48%；实现营业利润356352.49万元，比上年同期增长63.85%；实现利润总额349408.89万元，比上年同期增长62.83%；实现归属于上市公司股东的净利润为265950.64万元，比上年同期增长67.34%。业绩增长的主要原因系报告期公司业务量稳步提升及持续的成本管控。

申通快递发布的2018年年度报告显示，公司全年完成业务量约51.12亿件，同比增长约31.13%，包裹完成量占全国总量的10.1%；公司实现营业收入1701300.34万元，较去年同期增长34.41%；实现利润总额274149.88万元，较去年同期增长37.81%；实现归属于上市公司股东的净利润204918.90万元，较去年同期增长37.73%，原因主要系快递业务量的增长和优化成本控制导致利润相应增加。

圆通速递发布的2018年年度报告显示，报告期内，公司业务规模及利润水平持续增长。业务量为66.64亿件，同比增速31.61%，占全国快递服务企业业务量13.14%，较2017年度提升0.5个百分点，市场占有率稳步提升，市场规模位居行业前列。全年实现营业收入274.65亿元，较2017年增长37.45%，实现归属于母公司股东净利润19.04亿元，较2017年增长31.97%。

百世通过一系列有效的增长举措实现了稳健的收入增长，市场份额有效扩大，利润水平显著提升。百世发布的2018年财报显示，全年百世集团总收入为279.6亿元，同比增长39.9%。其中，百世快递、百世快运收入分别达到177亿元及41亿元，较去年同期分别增长38.5%及29.1%。由百世优货、金融和国际事业部组成的其他业务成长更为迅猛，收入同比攀升524%，达到12.4亿元，已成为新的增长动力。同时，全年的毛利润达到14.4亿元，同比上升接近两倍。

2018年是德邦股份登陆资本市场的第一年。2018年7月2日，公司在水立方召开战略发布会，宣布更改品牌名称为"德邦快递"，全面发力大件快递业务。据德邦股份发布的2018年度报告显示，公司全年业务量为4.83亿票，同比增长54.21%；营业收入为230.25亿元，同比增长13.15%。其中快递业务收入为113.97亿元，同比增长64.50%，高于行业增速；受公司产品结构优化升级及整车业务战略调整的综合影响，快运业务收入同比下降13.76%，为112.06亿元。精准的大件快递定位和优质的服务带来了高于同行的品牌溢价。2018年，公司快递票均收入为25.49元，同比上涨0.39%，票均收入高于行业的平均水平。

二、基础设施

2018年，各主要快递企业在场地设施、运输网络、覆盖广度、服务深度、自动化设备等方面继续大手笔投入，对基础设施进行升级迭代，运行效率稳步提升。

中国邮政集团公司寄递事业部稳步推进寄递翼改革，全面落实中国邮政集团公司寄递翼改革方案，整合邮速双方管理团队及产品、网运、投递、营销、信息系统、品牌等资源，省、地市、区县三级寄递事业部组建到位，非省会地市内部处理和运输资源整合基本完成。加强专业营销中心建设和销售运营管控，强力推进首席客户经理制，全国首席客户经理开发维护客户数万余户。加强新注册客户营销关系维护，增加客户黏性。持续深化推进"众创众享工程"，全国众创众享经营单元达4000多个，覆盖率近90%，收入同比增长近20%。持续优化快递服务和电子政务两大功能，推进储值卡等新应用，电子下单总量达到数百万单/月，同比增长70%。

截至2018年年末，顺丰业务覆盖全国336个地级市、2775个县区级城市，近1.56万个自营网点，以及2600个顺心快运的加盟网点。国际业务方面,国际标快/国际特惠业务覆盖美国、俄罗斯、加拿大、日本、韩国、印度、巴西、墨西哥、智利等54个国家;国际小包业务覆盖全球225个国家和地区。航空运输方面,顺丰航空共有50架自有全货机,租赁16架全货机,共执行航线65条,共开通43个国内主要城市(含港澳台)站点及金奈、新加坡、纽约等11个国际站点。除全货机以外,顺丰还通过自营(与航空公司直接合作)、代理(货运代理)或三方合作(顺丰、航空公司、代理)等模式,向国内外近百家航空公司获取稳定的客机腹舱资源,航线2069条,通达国内外;中转运输方面,截至2018年年末,顺丰拥有9个枢纽级中转场,49个航空、铁路站点,143个片区中转场(含顺心快运),330个集散点(含顺心快运),其中44个中转场已投入使用全自动分拣系统,最大中转场全自动分拣设备分拣能力峰值可达15万件/小时;陆运网络方面,顺丰自营及外包干支线车辆合计约3.5万辆,开通干、支线合计超过9.7万条;与国家铁路局合作成立合资公司,依托高铁、铁路资源开展物流业务,高铁极速达产品已覆盖48个城市,开通205个流向,高铁顺手寄产品覆盖34个城市,开通69个高铁车站;在仓储网络方面,顺丰在全国拥有170个不同类型的仓库,面积近177万平方米,业务覆盖全国100多个重点城市,形成辐射全国的仓储服务网络。

2018年,中通全网服务网点30100个,转运中心86个,直接网络合作伙伴4500家,干线运输车辆约5500辆,其中约2800辆为高运力甩挂车,干线路由2100条;网络通达98.32%以上的区县,乡镇覆盖率超过89.36%;电子面单使用率达99.67%。全网已有小件自动化分拣设备105条,其中单层66条,双层39条;同时已有14个转运中心安装模组带实现大件自动化分拣,共计安装196条;全网动态秤安装493套。中通还在各个转运中心启用自动伸缩机,极大提高了快件的装卸和操作效率。

圆通对全网过半的转运中心进行了自动化设施设备的升级改造,与菜鸟网络合作的超级机器人分拨中心已在杭州转运中心启动,日分拣能力可达50万件;截至2018年底,圆通速递在国内网络已拥有转运中心118个,服务网点近7万个,地市级网络覆盖率近100%,县级城市网络覆盖率近98%;全网拥有近40万名员工,日均快件量超2000万件;圆通速递国际网络已覆盖4大洲,服务覆盖50多个国家和地区,海外网络代理点突破1000家,已基本形成了覆盖欧洲、北美、东南亚等国家和地区的全球物流骨干网络。

申通继续加强中转能力建设,在2017年投资35亿元基础上,2018年继续投入30亿元购买、新租、扩大中转场地,建设一体化作业中心,全面提升平台处理能力。截至2018年10月,申通快递天津武清、漯河、淮安出港、重庆、上海嘉定、成都出港、邯郸等超过14个新建及改扩建转运中心项目陆续完工并投入使用,新增操作面积超过23万平方米,日新增快件处理能力达1000万票。2018年,申通进一步加快中转直营步伐,斥资12.99亿元先后收购北京、武汉、深圳、广州、长沙、东莞、南昌、郑州、南宁、长春等十大核心转运中心。目前,申通68个大型转运中心中,直营转运中心已达57个,直营比例达到84%。网络的广度和深度得到进一步加强。公司在全国拥有2400家加盟商、21750个配送网点,转运中心、航空部超过90家,服务网络已覆盖全国31个省、自治区、直辖市。地级以上城市,除海南三沙市外已实现100%全覆盖。县级以上城市覆盖率达到97%。

韵达在全国设立了54个自营枢纽转运中心,枢纽转运中心的自营比例为100%;在全国拥有约3400家加盟商及20423家配送网点;服务网络已覆盖全国31个省、自治区、直辖市,地级以上城市除青海的玉树、果洛州和海南的三沙市外已实现100%全覆盖。快递"三向工程"取得进展:"向西"开通了四川雷波县、四川金阳县、青海兴海县,县级以上城市覆盖率已达到95.86%;"向下"乡镇开通数已达23290个,网络覆盖面特别是在乡镇农村地区的服务范围得到了极大拓展,进一步夯实了国内业务发展的根基;"向外"相继开拓了包括德国、法国、荷兰、加拿大、新西兰、新加坡、韩国、日本等24个国家和地区在内的快件物流网络。

2018年,百世大规模新建、扩建转运中心30余个,完成了对江苏无锡、上海嘉定、江苏常州、北京顺义、天津、广东汕头、福建泉州、陕西西安、云南昆明、湖北荆州等大型转运场地的搬迁工作,截至2018年年底,百世快递拥有分拨中心106个,操作场地面积超过140万平方米。全年扩建转运面积20万平方米,场地面积同比增加20%;改造流水线项目70余个,全国场地已投入使用71套百世自主研发的风暴自动分拣系统。同时,已经投入577台DWS,292条摆臂线等自动化设备。新增爬坡机、伸缩机1500余台,新增分拣流水线10万余米,同比增长30%以上。

苏宁物流着力构建了三大基础网络:仓储网络、骨干网络、末端网络,以卓越的一体化和规模化服务能力,引领行业转型升级,降低社会物流成本。2018年7月苏宁物流"百川计划"发布之后,苏宁仓储网络布局加速裂变。除了从一二线城市逐步向三四线城市加速布局的骨干仓储网络之外,还加快了社区仓储网络的建设。苏宁物流联合天天快递拥有相关配套仓储合计面积已达950万平方米。依托仓储属性,苏宁物流建有60个大件始发中心、19个小件始发中心、46个冷链物流仓、5个跨境保税仓和6座海外仓,465个城市配送中心链接全国27744个末端快递点,覆盖全国2858个区县;同时设置前行仓、前置仓、产地仓、小店中心仓等仓储模式,形成科学高效的仓储布局。

三、业务发展

2018年,各快递企业围绕快递这一核心业务,做深、做透产业链,加速向综合物流服务供应商转型,一个基于"快递"因子的生态圈已经显现雏形。

中国邮政集团公司寄递事业部开展省际标快"大决战"活动,核心城市航空省际标快业务量同比增长16%;京沪穗深互寄业务量同比增长11%。积极开展助力国家"扶贫攻坚战",累计帮扶18个省、57个国家级贫困县的67个特色农产品项目,助农销售近40万件,助农销售额逾千万元。打通散户类和商务类增值业务服务,18个省实现收件人付费全境开通,有效拉动收入,同比增长15%。在国际业务方面,国际EMS双边业务新增4个国家,13个路向正式开办或试办双边跟踪小包业务,新开办德国、哈萨克斯坦和印度尼西亚e邮宝业务,开通23个路向的铁路运邮产品,建立俄罗斯海外仓并开展海外仓业务。加强与电商平台合作,加快推进增开专线包机,中欧班列返程(德国—重庆)进口运邮测试取得成功。

顺丰在保持传统业务稳健增长的同时,主动应对市场需求,大力发展快运、冷运、国际及同城等新业务,公司综合物流服务能力持续提升。公司新业务收入较上年同比增长75.93%,占整体营业收入的比重由上年的13.71%上升至18.90%。**在快运业务方面**,顺丰快运依托自身网络及资源优势,为客户提供快递化的门到门零担快运服务,具有时效更快捷、服务更稳定等优势,质量及性价比更高。同时还能依据不同客户个性化需求,快速为客户量身打造端到端的供应链一体化方案及服务,满足客户多元化需求。**在冷运及医药业务方面**,顺丰有食品冷库51座、运营面积23.7万平方米,冷藏车672台、食品运输干线121条,贯通东北、华北、华东、华南、华中核心城市。定制化包装、高蓄能冷媒温控技术,仓储温度、湿度异常预警监测系统,GROUND 陆运资源交易平台衔接车辆 GPS 全球定位及车载温控实时监测系统,与顺丰冷链网络无缝对接,提供专业、高效的运输服务。**在同城即时配送业务方面**,顺丰同城服务已覆盖全国 275 个城市,快速抢占同城即时物流市场。在客户结构上,已基本形成多元健康的业务组合,为外卖餐品行业、商超行业、饮品行业、服装行业、消费电子行业、鲜花蛋糕行业等的主要品牌客户提供快速、优质、安全送达服务;在个人急件领域,搭建了流量入口渠道组合,并在全国主要城市提供最快 30 分钟、平均 1 小时送达、专人即拿即送的配送服务。在国际业务方面,国际标快/国际特惠业务涉及美国、俄罗斯、加拿大、日本、韩国、印度、巴西、墨西哥、智利等 54 个国家,国际小包业务覆盖全球 225 个国家及地区。

2018 年,中通快递积极链接农特产品产地,实现原产地始发,链接田头和餐桌,助力多项农产品年发件量超百万件。中通快递先后在我国港澳台地区以及美国、法国、德国、日本、韩国、俄罗斯、澳大利亚、泰国、马来西亚等国家设立 10 多个仓储;推出欧盟专线、美国专线、日韩专线、新澳专线、东盟专线、中东专线、非洲专线及全球其他国家专线的包裹寄递业务、国际物流配送及仓储业务邮政小包、代取件业务等。

2018 年,圆通速递蛟龙投资发展集团旗下另一快递品牌——"承诺达特快"正式对外发布,该产品是对标国际、服务中高端客户的高频配送服务网络,与现有的经济型快递协同共进,服务电商个性化需求,助力新零售、跨境电商等新兴行业的消费升级。此外还有即时配送、O2O 配送、仓储配送服务以及贵品保价、代收货款、夜间服务、逆向物流等增值服务。截至 2018 年底,"承诺达特快"已拥有 1.3 万名员工,近 900 台营运车辆,在全国 90 个城市中布局 677 个营业网点。

申通通过与淘宝、京东、拼多多等电商平台开展合作,与电商高频次、大数量快递需求深度结合,创新了派送模式,进一步拓宽了业务类型和覆盖面,快递揽收派送数量、品牌影响力得到了进一步提升。除此之外,申通继续加快国际化发展的步伐,国际业务已经覆盖了海外 25 个国家和地区,累计开拓了超过 84 个海外网点。进口方面,在原有上海、广州、广西进口清关口岸的基础上,拓展了杭州、北京、武汉、长沙、青岛、威海、成都、烟台、福州、深圳、石家庄等口岸,为海外网点打通国内清关渠道;出口方面,在国内设立以上海、广州、深圳为集发中心,开通华东华南到美国纽约、洛杉矶的美国出口专线,以及其他出口专线。冷链业务以上海为试点城市,不断复制到其他区域和城市;目前,华东核心配送城市已覆盖上海、苏州、宁波、南通、无锡等地,冷库仓储方面,平均库存 SKU 达 643 余个,库存利用率 84.25%,平均日入库量 3500 余件,平均日出库量 1000 余件,库存准确率为 100%。仓储业务方面,收购上海申通易物流有限公司并对其增资,依托申通快递的物流网络为客户提供仓配一体化解决方案,持续为客户提供标准化及个性化的服务。

2018 年,百世业务呈多元化发展趋势,业务总量再创新高,业务结构持续优化,末端服务成绩突出。百世快递营收同比增长 38.5%,远超行业平均增幅;百世店加加速和供应链与快递在末端网络上的整合,服务品牌商,增强社区服务能力,并与其他核心业务产生协同效应;依托百世"天网+地网"的多网融合发展,百世快运通过车线融合,加强资源利用,协同运力,降低转运次数,缩短运输距离,提升时效。从商品端到配送端,百世全方位智慧供应链解决方案同步发力,为更多的商家、消费者、服务商提供优质服务。百世云全面支持快递业务的基础运作、网络管理、运输管理等日常工作,为各环节、各业务、参与方高效协同提供了基础保障,为业务数据分析、规划和操作构建可扩展的数据架构。百世店加智能补货系统开发项目及供应链流程规范,店加商品组获优化项持续改善。百世金融和优货发展迅速,大力推动整车运输集约化、规范化、推动大数据在运力资源方面的应用。国际业务方面,2018年11月底,百世在泰国大曼谷地区正式起网运营,以泰国为基点,重点布局东南亚地区的电商物流服务。

苏宁物流通过打造数据生态、技术生态、服务生态、管理生态,从这四个维度构建智慧供应链综合服务能力,已经累积合作超过2000多个客户。苏宁仓配面向供应商、平台商户、社会客户提供工厂到仓、经销商、门店和消费者的全链路物流解决方案,依托全国19个小件始发中心、60个大件物流中心,为客户提供物流区域、活动、季节等多种分仓模式,通过高品质存储、高效率配送和高黏性的增值服务,助推客户的品牌价值提升,并提升消费者购物体验,全面支持客户的业务拓展。截至2018年年底,苏宁物流在全国已经运营46座冷链仓,近20万平方米,覆盖179座城市,同步在13座城市自建20万平方米的现代化多温区冷库,包含恒温、冷藏、冷冻、深冷多个温区,支持干支线运输、宅配、仓店、仓仓之间的调拨。

2018年3月,优速推出的"330限时达"产品。在短短半年时间,产品上线覆盖全国99个重要城市。在该产品有力的推动下,优速货量一路奏响凯歌,培养了大量的忠实用户。2018年在"双11"期间,优速大"330限时达"表现抢眼——2018年11月11日—20日,"330限时达"兑现率高达94.9%,单日货量最高增幅50%。为服务民生、造福群众,优速针对台州的青橘、赣南的脐橙、陕西的猕猴桃、甘肃的苹果等时令生鲜,成立专项项目小组,实地考察生鲜市场后,将网点设置在果园采摘区周边,并搭建运输桥梁,帮助果农实现农产品溢价。

四、技术创新

通过技术创新抢占市场竞争的制高点已经成为行业高质量发展的风向标。2018年,各主要快递企业在资本助力下,不遗余力加大技术创新,各种新技术、新设备加速在行业中投入运用,极大地提升了效率。

中国邮政集团公司寄递事业部在信息化建设方面试点电子地图下单、二维码收寄,推广应用三级分拣码、便携打印和云打印等新技术,电子面单应用率近90%。寄递生产系统更新迭代,全环节生产作业系统完成平稳切换和过渡衔接。在科技赋能方面,积极推动处理流程柔性化、智能化,在晋江试点无承载平台的第三代AGV分拣系统,并试验使用机械臂代替人工供包操作,减少人工成本;升级武汉AGV处理系统,实现人工封袋集中化处理;试点邮政自动驾驶支线运输网络,完成行业首个中型水陆两栖无人机技术性试飞,开通杭州湾跨海中型无人机运输航线,在浙江省内的开放道路实现货车的全程自动驾驶。

顺丰自主研发的智慧网平台包括顺丰物流各项核心营运系统、顺丰地图平台、大数据平台、信息安全平台、智能运维管理平台等。以此打造智慧化的坚实底盘,快速、灵活、安全、全面地支撑业务发展,实现数据交互分析,驱动业务决策,助力智慧物流升级。在终端收派智能化方面,顺丰在推动数字化之路前行,在客户端持续优化与客户的便捷互动交互;在收派端与仓管端将智能工具升级至HHT7。管理工具的升级迭代会对未来异常件的处理建立全流程线上化体系,提升异常件处理时效,降低成本,提升质量,并确保客户个性化需求得到更好的保障。2018年对港澳台业务与进出口业务实施数码运单孵化推广,年底已实现港澳台业务与进出口业务数码运单使用率稳定在98%,全网数据运单使用率达到99.74%。在全面数字化的基础上,探索全新的快递员管理模式,让一线人员通过系统工具全方位了解自己的综合服务能力水平,能力等级与福利挂钩,驱动其通过自身努力不断完善提升客户服务水平,引入增量非收派类业务帮助小哥提升收入,形成快递员自我管理的良性循环。

中通快递持续深化自主创新,自主研发快递业务管理系统——中天核心业务系统。该系统打破了原来各个单独系统的信息孤岛,将人力资源系统、财务系统、OA办公系统、快递业务系统、仓储系统等有效整合,形成具有全天候业务能力的系统集群,为中通快递持续高速发展保驾护航。为给客户提供优质、便捷的"一站式"下单服务,中通快递推出用户线上下单平台系统"乌拉诺斯",打造全开放、全渠道的服务平台,下单方式除在支付宝、微信、官网、客户端等平台自主开发外,还对接了第三方下单渠道,客户可通过50多种渠道进行线上下单。除此之外,中通快递还推出智能寄递系统"中通来了",客户通过扫描业务员专属二维码,进入"中通快递"服务号页面,输入收寄信息进行在线下单,快递员通过"掌中通"App接收下单信息并揽件,使用随身携带的打印机进行面单打印,实现快件寄递环节的高效便捷。"中通来了"具备单号回收功能,能将30天内未使用的单号回收再利用。系统配套使用的电子面单体积更小,每张可节约成本0.1~0.3元,减少纸张资源浪费。2018年,中通将无人车推广至北京、上海、广州、深圳等多个城市。中通无人车承重30公斤,速度可达12公里/小时,爬坡高度35度,单次续航8小时,可夜间工作,定位精准度1~3厘米,依靠后台通信,可实现电梯控制,最终室内室外无缝链接和上电梯。

圆通牵头承建的国家工程实验室"物流信息互通共享技术及应用国家工程实验室",至今已经完成装备研发7种,制定物流相关标准5项,承接3个省部级以上研究课题,申报专利11项,发表论文12篇,联合并服务物流行业企业用户74家,提交软课题研究报告2份,召开物流国际/国内开放交流会议1次,建成示范基地和物流产学研联合课题共4个,累计培训人员达665人次。2018年,圆通速递导入"GB/T 19580—2012《卓越绩效评价准则》",运用计划、执行、检查、处理质量管理方法,构建管理水平改善提升闭环。除此之外,圆通速递对全网过半的转运中心进行了自动化设施设备的升级改造,与菜鸟网络合作的超级机器人分拨中心已在杭州转运中心启动,日分拣能力可达50万件;在重庆武隆区土坎镇成功完成首次无人机乡镇快递配送创新应用,为山区快递"最后一公里"派送难题提供了有效的解决方案。

2018年,申通快递成功开发并上线了拥有自主知识产权的全新"锦囊计划"系列App。"锦囊计划"系列App包含5款App,分别为面对客户的快递助手、面对快递员的申行者-快递员、面对场内操作的申行者-巴枪版、面对干线运输司机的申行者-司机版、面对后端运营管理人员的"锦囊"等,囊括56个业务模块,195个功能点,形成从消费者下单—快递员上门取件—场内操作—干线运输—后端运营管理售后的业务技术闭环,可以实现管理在线化、业务移动化、操作电子化。"锦囊计划"系列App全面上线,不仅满足了企业移动互联网和智能终端的发展需求,也为消费者带来了安全、快速、便捷的快递服务体验,最大化地满足了消费者多种寄递服务需求,也为打造"科技申通"奠定了坚实基础。

百世坚持在生产实践过程中导入"科技"基因,从信息化、自动化到智能化,持续升级自动分拣线,加强智能机器人等设备应用,提高分拨中心自动化水平。在网络规划调度方面,百世自主研发了基于人工智能的网络路由规划算法并成功应用在快递网络路由规划中,实现动态的规划,快速适应网络上面各种各样流向的变化,缩短快件运输路程和减少操作次数,从而每年可为企业节省5%以上的运力费用。在末端科技创新方面,专为百世快递员打造的"如来神掌"智能App,优化用户体验、提升快递效率的同时,也实现了线上线下的完美对接。快递员通过"如来神掌"完成收、发、到、派、签等一系列日常业务操作，它还具备移动支付功能以及快递员社区交流功能，方便快递员的同时也大大缩减了时间成本。下一步，"如来神掌"可以根据大数据云计算，在客户下单后就能直接根据区域的划分通知到负责收件的快递员，节省客户的等待时间，优化客户的服务体验。

五、社会责任

2018年，各快递企业在发展壮大的同时，也不忘履行社会责任，在捐资助学、扶危济困、服务国家战略的方面展现出有责任担当的企业形象。

顺丰莲花助学是顺丰公益基金会重点公益项目，项目主要为国内优秀贫困学生提供高中助学金、大学生奖学金、暑期夏令营、梦想分享会、陪伴人关怀、反哺计划等经济资助及陪伴关怀，全面支持和陪伴学生成长。截至2018年12月，顺丰莲花助学项目在全国17个省52个项目县累计资助贫困学生达14252人，累计发放助学金59331200元，累计发放莲花助学大学生奖学金5952000元。2018年顺丰在贵州省榕江县和湖南省隆回县援建的两所顺丰莲花小学竣工投入使用，让乡村儿童享有公平有质量的受教育环境。2018年4月，顺丰公益基金会与德国德视佳眼科集团、深圳市跨境电子商务协会共同在甘肃省甘南藏自治州进行白内障义诊。经过一个月的定点普筛，累计确诊符合项目救助条件的患者210人左右。在患者自愿到甘南州人民医院参加项目救助的前提下，项目共为192名患者提供免费手术救治和医疗服务。

圆通速递积极响应军民融合国家战略，实施省区总经理和政委管理机制，先后加入中国物流与采购联合会应急物资专业委员会、战区国防交通协会、浙江省国防交通协会，并成立了两个民兵队伍（战略运输机队、车辆运输队），成为唯一拥有运输飞机的会员单位。2018年8月，联勤保障部队供应局与圆通速递等5家企业签订军需物资物流配送军民融合战略合作协议，运用地方物流力量为联勤保障部队提供军需物资分拣配送服务，并开展与之相关的仓储建设、信息融合、科研创新、人才培养、拥军服务等合作。

在促进企业稳健快速发展的同时，中通快递积极融入社区，组织和参与"敬老慰老""主题义卖""圆梦1+1""暖冬捐衣"等慈善公益活动，为社区群众提供力所能及的关怀与帮扶，在宣扬志愿服务精神的同时，倾情回馈社会，以实际行动践行"用爱心撑起未来，用责任播撒希望"的责任担当。中通快递鼓励员工主动承担社会责任，通过互联网、新媒体等渠道，多维度表彰员工好人好事。将"最美"精神融入本职工作，在全网开展"中通十佳"评选表彰活动，向行业及员工输送"最美"故事，树立"最美"人物；积极参与"最美快递员"评选活动，传递快递员对行业、对客户的真情，弘扬社会正能量。

免费运送爱心物资是韵达常年开展慈善活动的主要形式之一。2018年1月，韵达携手安利中国、魔法童书会、上海教育出版社和打浦路街道开展"爱的魔法融化'冰花'云南儿童冬衣定向捐"活动，将一批暖冬物资免费运往云南省禄劝县。同月，韵达携手上海特殊关爱基金会，开展暖冬慈善活动，将30余箱羽绒服免费运往云南省昆明市寻甸县六哨乡中心学校。2018年12月，韵达上海半淞园网点助力上海美丽心灵社区基金会"精灵书屋计划"，承运52箱爱心物资运往重庆、辽宁和宁夏3所乡村小学。该批物资主要为儿童图书、牛奶和书柜。

百世依托自身在网络覆盖，运输，仓储及末端配送能力的优势，开启爱心通道，为"公益项目"助力。2018年1月，百世联合浙江省慈善联合总会共同成立"百世暖流"项目，积极践行社会责任，协助浙江各公益组织解决爱心物资的物流问题，累计向新疆、四川等地输送爱心物资超20万吨。除此之外，百世公益依托百世集团在智慧供应链方面的优势,深入打造助农项目,帮助当地老农打开"走出去"的通路,实现"互联网+助农",搭建农村与外界的桥梁。2018年9月,百世成为甘肃天水农特产品物流服务商,依托全产业链式物流支持,让天水"花牛"苹果原产地直发往全国各地甚至走出国门,截至2018年12月电商平台销量达60多万。百世以多网协同的方式助力天水农产品提升市场竞争力,也延伸出了原产地农产品直发的服务项目,进一步拓展助农扶贫项目。

2018年春运前后,苏宁物流在北京地区发起了"温情春运,苏宁物流免费寄行李"公益活动,为农民工和快递员群体提供了免费寄送行李返乡的服务。2018年5月28日,苏宁物流"毕业季校园免费包裹活动"在南京、上海、厦门、成都、哈尔滨、广州6大城市陆续开展,累计为50所高校超过2000名学子寄送了毕业包裹。苏宁物流"校园免费包裹活动"已持续开展4年,走过全国30多个城市,超过200所高校,服务大学生人数超过10万人。

第二章 2018年各市场主体发展情况

中国邮政集团公司寄递事业部

2018年,中国邮政集团公司寄递事业部深入贯彻落实习近平新时代中国特色社会主义思想和党的十九大精神,认真贯彻落实党中央、国务院和集团公司各项决策部署,牢牢把握高质量发展主线,稳步推进寄递翼改革,不懈改进网运服务质量,坚持精准精细管理,业务发展、运行质量、服务品质、管理效能等各方面工作取得新进展。

一、基础建设

(一)网络生产能力进一步增强。推进一、二级中心局能力建设,加强干线运输能力投入,加强投递网能力建设,全网新增电动三轮车近万辆,中邮速递易智能包裹柜布放规模达近10万台,城市人工自提点增加到12万个,快递"最后一公里"问题持续改善。

(二)信息化建设步伐进一步加快。试点电子地图下单、二维码收寄,推广应用三级分拣码、便携打印和云打印等新技术,电子面单应用率近90%。寄递生产系统更新迭代,全环节生产作业系统完成平稳切换和过渡衔接。

(三)全面推进科技赋能。积极推动处理流程柔性化、智能化,在晋江试点无承载平台的第三代AGV分拣系统,并试验使用机械臂代替人工供包操作,减少人工成本;升级武汉AGV处理系统,实现人工封袋集中化处理;试点邮政自动驾驶支线运输网络,完成行业首个中型水陆两栖无人机技术性试飞,开通杭州湾跨海中型无人机运输航线,在浙江省内的开放道路实现货车的全程自动驾驶。

(四)管理水平整体提升。一是财务管控得到加强。推进盈利模式建设,实施两级损益管理,突出运营质量管控。加强营业资金归集管理,全国现金次日缴款率接近100%。完善用户欠费管理办法,深入开展损益核算和产品全成本效益分析,统一了损益核算方法,全面升级结算系统。二是人力资源管控得到优化。"双定"工作持续推进。营业部人均揽投效率同比提高5%;处理中心全员处理效率同比提高20%。工资正常增长机制得到落实,技能人才和在艰苦条件、环境下作业人员的津贴补贴大幅提升,一线员工收入水平切实提高,基本薪酬保障作用充分发挥。三是企业内控管理得到深化。完成各类审计项目近百项,对发现违规违纪问题持续监督整改。工程审计为企业节约投资成本近2亿元。四是管理和科技创新得到提升。获得物流行业科技进步一等奖1项。甩挂模式构建、视觉技术在自动化分拣能力提升中的应用效果显著。

(五)运行质量持续改善。一是网运时限水平显著提升。标准快递时限保持行业领先地位。重点城市核心范围互寄次日递率同比提升10个百分点,快递包裹全程时限大幅提升,全国县及县以上快递包裹平均时长比上年同期缩短近7小时。制定各类普通邮件全环节运营标准,建立全国县市间信函、印刷品、普通包裹全程时限标准库,推进各类普通邮件全面提速。二是服务质量保障水平稳步提升。优化质效考核办法,服务质量管控向事中前移,标快、快包异常发生率下降明显。建立分环节服务质量数据分析模型,强化突出问题、突出机构精准整改和专项视检,开展2018

年作业规范年活动,客户投诉率同比降低逾50%;全年未发生收寄安全案件。开通机器人客服,11183通过降低人工话务占比消化全年人工成本增长。问题邮件解决平均时长与理赔平均时长均大幅缩短,国际客服各项指标在邮联排名中继续领先。EMS服务满意度保持行业第2位,公众满意度继续提高。三是运行质量管控精细化水平不断提升。开展邮件处理效率达标活动,双层包裹分拣机平均日处理量近50万件。建设完成"车辆运行管控平台",顺利完成全国数十个中心局上线工作,实现了运输环节全过程管控。创新中心局效能评价与对标机制,节约运行成本。

二、业务发展

(一) 深化改革提升内生动力

寄递翼改革稳步推进。 全面落实中国邮政集团公司寄递翼改革方案,整合邮速双方管理团队及产品、网运、投递、营销、信息系统、品牌等资源,省、市(地)、县(区)三级寄递事业部组建到位,非省会地市内部处理和运输资源整合基本完成。

营销体系建设得到强化。 加强专业营销中心建设和销售运营管控,强力推进首席客户经理制,全国首席客户经理开发维护客户数万余户。加强新注册客户营销关系维护,增加客户黏性。

"众创众享工程"持续深化推进。 全国众创众享经营单元达4000多个,覆盖率近90%,收入同比增长近20%。

电子渠道拓展持续加快。 持续优化快递服务和电子政务两大功能,推进储值卡等新应用,电子下单总量达到数百万单/月,同比增长70%。

(二) 重点业务平稳增长

国内标快业务平稳发展。 开展了省际标快"大决战"活动,核心城市航空省际标快业务量同比增长16%;京沪穗深互寄业务量同比增长11%。积极开展助力国家"扶贫攻坚战",累计帮扶18个省、57个国家级贫困县的67个特色农产品项目,助农销售近40万件,助农销售额逾千万元。打通散户类和商务类增值业务服务,18个省实现收件人付费全境开通,有效拉动收入,同比增长15%。

国际业务持续发展。 国际EMS双边业务新增4个国家,13个路向正式开办或试办双边跟踪小包业务,新开办德国、哈萨克斯坦和印度尼西亚e邮宝业务,开通23个路向的铁路运邮产品,建立俄罗斯海外仓并开展海外仓业务。加强与电商平台合作,加快推进增开专线包机,中欧班列返程(德国—重庆)进口运邮测试取得成功。

快递包裹业务快速增长。 电商平台合作不断深化,阿里、拼多多等平台发件量同比增长幅度较大。全国快递包裹日均交寄千件以上的客户逾万。

物流业务效益型、精益型发展。 推行以项目为基本单元的独立损益核算体系,盈利水平不断提升。聚焦六大行业品牌制造企业和商贸流通企业,不断提升综合物流服务能力。依托陆运枢纽,初步建成了三级仓网体系,中邮云仓服务规模与影响力名列前茅。全国七大枢纽区域均建成具备百万单发货能力的规模仓,"双11"全国枢纽仓订单量同比增长近70%,单仓出库及时率99%以上。发挥邮银协同整体竞争优势,实现了汽车产业链板块联动。积极响应国家"军民融合"号召,与多军种部队开展物流合作,体现国企担当。

三、企业大事记

1月1日,速递物流全网全面实施智能跟单,实现实时发现运行异常,自动调度相关责任人,实时开展事中质量补救。

3月30日,中国邮政速递物流股份有限公司荣获第二届易仓"海外仓两会"颁发的"2018十大信赖海外仓企业"荣誉称号。

4月,国际客服继2016年获得万国邮政联盟EMS合作机构"最佳客服奖"后,连续第二年(2017年度)获得此奖项。

4月12日,万国邮联国际

局EMS合作机构大会特别典礼在瑞士伯尔尼举行，中国邮政再度荣获EMS客户关怀奖。

5月3日，第三届"中国梦·邮政情"寻找"最美快递员"活动揭晓发布会在北京人民大会堂举行，速递物流陈艳军获得"最美快递员"称号。

5月17日，中国邮政首架支线中型运输无人机在湖北荆门水陆两用机场技术性试飞成功，顺利完成陆起水降起降方式。

7月9日，中国邮政集团公司召开寄递事业部成立大会，对寄递翼进行全面改革。

8月17日，中国邮政开通南京—纽约单程运邮专线，首次采用波音747全货机定班执飞。

8月28日，中国物流与采购联合会发布第二十六批A级物流企业名单通告，中国邮政速递物流股份有限公司再次获得AAAAA级物流企业资质。

9月12日，在中国快递协会二届十一次理事会上，公司总经理方志鹏当选新成立的中国快递协会常务理事会成员，中国邮政速递物流股份有限公司当选新成立的中国快递协会第二届理事会科技创新专业委员会、绿色环保专业委员会和法律事务专业委员会首批成员单位。

9月，中邮云仓与3C数码、坚果零食知名品牌展开合作，云仓品牌优势在部分行业凸显。

10月9日，中国邮政航空完成中国政府向印尼提供紧急物资援助包机任务。

10月11日，中国邮政速递物流股份有限公司获得2018年度"中国电子商务物流优秀服务商"荣誉称号。

11月8日，中国邮政正式开办中欧班列（义乌）铁路运邮产品并增加中欧班列（重庆）铁路运邮路向。

11月8日，中国邮政上线美国路向"平常小包+"升级产品，产品解决了平常小包无境外段信息的问题，提升了卖家跨境寄递体验。

11月9日，交通运输部部长李小鹏夜访北京邮政速递邮件处理中心，对北京邮政速递处理中心的新设备、新工艺、新流程给予肯定，向奋战在一线的广大邮政员工表示慰问。

11月9日，中国邮政首条轻型自动驾驶货车运邮试点路线开通，标志着中国邮政进入货运自动驾驶新领域。

11月20日，在"2018（第十六届）中国物流企业家年会"上，中国邮政速递物流股份有限公司获得"改革开放四十年物流行业代表性企业"荣誉称号，公司党委书记、董事长李雄获得"改革开放四十年物流行业企业家代表性人物"荣誉称号。

11月26日，中欧班列（重庆）首次回程运邮测试成功，标志着中欧班列首次实现国际邮包双向运输，标志着中国邮政在积极服务国家"一带一路"建设又迈出了新步伐。

12月10日，在中国交通运输协会第三届理事会上，中国邮政速递物流股份有限公司当选副会长单位。

12月12日，中国邮政与Vova跨境电商平台开展全方面合作，产品涉及中国邮政多个服务品牌。

顺丰控股股份有限公司

顺丰是国内领先的快递物流综合服务商，经过多年发展，已初步具备为客户提供一体化综合物流解决方案的能力，不仅提供配送端的高质量物流服务，还延伸至价值链前端的产、供、销、配等环节，从消费者需求出发，以数据为牵引，利用大数据分析和云计算技术，为客户提供仓储管理、销售预测、大数据分析、金融管理等一揽子解决方案。

一、基础建设

顺丰已建成覆盖全国的快递服务网络，并向全球主要国家和地区拓展。截至2018年末，顺丰业务覆盖全国336个地级市、2775个县区级城市，拥有近1.56万个自营网点，以及2600个顺心快运的加盟网点。国际业务方面，国际标快/国际特惠业务覆盖美国、俄罗斯、加拿大、日本、韩国、印度、巴西、墨西哥、智利等54个国家；国际小包业务覆盖全球225个国家和地区。

（一）航空运输方面

截至2018年末，顺丰共在飞50架自有全货机，租赁16架全货机，共执行航线65条。顺丰航空共开通43个国内主要城市（含港澳台）站点及金奈、新加坡、纽约等11个国际站点。除全货机以外，顺丰还通过自营（与航空公司直接合作）、代理（货运代理）或三方合作（顺丰、航空公司、代理）等模式，向国内外近百家航空公司获取稳定的客机腹舱资源，航线2069条，通达国内外。

（二）中转分拨方面

截至2018年末，顺丰共拥有9个枢纽级中转场，49个航空、铁路站点，143个片区中转场（含顺心快运），330个集散点（含顺心快运），其中44个中转场已投入使用全自动分拣系统，最大中转场全自动分拣设备分拣能力峰值可达15万件/小时。

（三）陆运网络方面

截至2018年末，顺丰自营及外包干支线车辆合计约3.5万辆，开通干、支线合计超过9.7万条，末端收派车辆合计7.6万辆（不含摩托车和电动车）。开通高铁线路82条，普列线路127条，陆运网络遍布全国。此外，顺丰还积极与中国铁路总公司合作已成立合资公司，依托高铁、铁路资源开展物流业务，在铁路资源获取方面取得重大战略突破，目前双方联合开发的产品已初见规模。高铁极速达产品已覆盖48个城市，开通205个流向，高铁顺手寄产品覆盖34个城市，开通69个高铁车站。

（四）仓储网络方面

截至2018年末，顺丰在全国拥有170个不同类型的仓库，面积近177万平方米，业务覆盖全国100多个重点城市，形成辐射全国的仓储服务网络。

二、业务发展

顺丰在保持传统业务稳健增长的同时，主动应对市场需求，大力发展快运、冷运、国际及同城等新业务，公司综合物流服务能力持续提升。2018年公司新业务收入较上年同比增长75.93%，占整体营业收入的比重由上年的13.71%上升至18.90%，新业务收入的迅猛增长对公司整体营业收入增长贡献显著。

（一）快运业务

顺丰快运业务定位于高时效、高质量及高服务要求的中高端市场，凭借多年来的深耕和培育，顺丰快运积累了大量不同行业的龙头客户，一方面这些客户有多元化的服务需求，另一方面，这些优质客户自身经营稳定，抗风险能力强，为顺丰快运业务持续快速发展提供了良好的客户资源保障。区别于传统零担快运企业店到店的服务模式（前端发货和末端交付需要客户自行解决或单独收费），顺丰快运依托自身网络及资源优势，为客户提供快递化的门到门零担快运服务，具有时效更快捷、服务更稳定等优势，质量及性价比更高。同时还能依据不同客户个性化需求，为客户量身打造端到端的供应链一体化方案及服务，满足客户多元化需求。

（二）冷运及医药业务

国内冷运市场分散，市场参与者主要为众多区域性或地方性的冷链企业，顺丰是国内率先初步建立全国性冷链网络的物流公司，网络覆盖具备较大优势。截至2018年末，顺丰已拥有食品冷库51座、运营面积23.7万平方米，冷藏车672台、食品运输干线121条，贯通东北、华北、华东、华南、华中地区的核心城市。定制化包装、高蓄能冷媒温控技术、仓储温度、湿度异常预警监测系统，GROUND陆运资源交易平台衔接车辆GPS全球定位及车载温控实时监测系统，与顺丰冷链网络无缝对接，提供专业、高效的运输服务。顺丰食品冷库已通过国际化高标准DQMP资格认证，具有先进的自动化制冷设备、智能温湿度监控系统，是集冷冻、冷藏、恒温、常温等多温区管理和配送一体的综合性高标准冷库，致力于为各类客户提供食品仓储物流需求整体解决方案，为客户提供完善的高低温仓储物流体系以及长期稳定的全天候服务。

截至2018年末，顺丰医药网络覆盖137个地级市、1003个区县，拥有4个GSP认证医药仓，总面积2.9万平方米。拥有36条医药运输干线，贯通东北、华北、华东、华南、华中地区的核心城市。通过GSP验证医药自有冷藏车236台，并配备完善的物流信息系统以及自主研发的TCEMS全程可视化监控平台，专注于为医药行业客户提供专业、安全、全程可控的物流供应链服务，覆盖医药行业生产、电商、经销、零售等多个领域。

（三）同城即时物流业务

顺丰致力于成为全国领先的的第三方直营即时物流服务商。截至目前，顺丰同城服务已覆盖全国275个城市，快速抢占同城即时物流市场。在客户结构上，已基本形成多元健康的业务组合，为外卖餐品行业、商超行业、饮品行业、服装行业、消费电子行业、鲜花蛋糕行业等的主要品牌客户提供快速、优质、安全送达服务；在个人急件领域，搭建了流量入口渠道组合，并在全国主要城市提供最快30分钟、平均1小时送达、专人即拿即送的配送服务。在运营和资源保障上，全国范围内已有专职配送人员15000+人，兼职月活10000+人次，为客户提供专业安全、值得信赖的优质服务。截至2018年末，对标行业竞争对手，顺丰同城业务在短程急送时效、服务水平方面均领先于同行。

（四）国际业务

顺丰致力于为国内外制造企业、贸易企业、跨境电商以及消费者提供便捷可靠的国际快递与物流解决方案，包括国际标快、国际特惠、国际小包、海外仓储、转运、国际电商专递等不同类型及时效标准的进出口服务，并可根据客户需求量身定制包括市场准入、运输、清关、派送在内的一体化的进出口解决方案，旨在帮助中国优秀企业/商品"走出去"，亦将海外优质企业/商品"引进来"。

截至2018年末，国际业务方面，国际标快/国际特惠业务涉及美国、俄罗斯、加拿大、日本、韩国、印度、巴西、墨西哥、智利等54个国家；国际小包业务覆盖全球225个国家和地区。伴随跨境电商物流发展蓝海大趋势，顺丰不断丰富跨境服务的一站式行业解决方案。如在海外建立海外仓，为中国商家使用海外仓提供头程物流服务，对重点流向打造国际专机服务保障，整合海外资源与国内优质冷运服务能力，为客户打造'一站式'跨境生鲜冷链服务，同时在集报散派（Break-bulk Express）、保税新零售新型服务获得突破，等等。

三、科技应用

顺丰自主研发了一套完整的智慧网平台，包括顺丰物流各项核心营运系统、顺丰地图平台、大数据平台、信息安全平台、智能运维管理平台等，打造智慧化的坚实底盘，快速、灵活、安全、全面地支撑业务发展，实现数据交互分析，驱动业务决策，助力智慧物流升级。同时，顺丰将数据挖掘、机器学习、统计分析等科技方法应用到实际业务场景中，结合以用户为本的产品设计，推动公司业务变革，提升公司在人工智能方面的科技竞争力。

在智慧仓网方面，构建了完整的顺丰云仓信息系统体系，支持电商仓、冷运仓、医药仓、食品仓、海外集运仓、微仓等多种仓储业务形态，日常运营保障与高峰应对能力全面提升。基于品类头部客户需求定制化系统开发、多维度数据分析与智慧分仓,大数据、人工智能技术应用、细分行业系统解决方案研发及应用,助力仓储客户服务和体验升级。顺丰还投资了互联网仓储综合服务平台——物联云仓,并基于此打造国内领先的"仓储即服务"数字仓网平台,重点包括仓储大数据应用、数字仓管、共同仓配、云仓技术及物联传感云,通过互联网、物联网与信息技术赋能合作伙伴,构建开放式的数字化仓储生态网络,整合打通线上线下仓储资源,完成基础产品与能力建设,全面参与物资仓网硬件管理及配送系统改造,助力顺丰仓储构建行业领先的业务生态平台,共同为客户提供更加丰富的仓储解决方案支持。

在终端收派智能化方面,顺丰持续推动数字化之路前行,在客户端持续优化与客户的便捷互动交互;在收派端与仓管端将智能工具升级至HHT7。管理工具的升级迭代会对未来异常件的处理建立全流程线上化体系,提升异常件处理时效,降低成本,提升质量,并确保客户个性化需求得到更好的保障。2018年对港澳台业务与进出口业务实施数码运单孵化推广,年底已实现港澳台业务及进出口业务数码运单使用率稳定在98%,全网数据运单使用率达到99.74%。在全面数字化的基础上,探索全新的小哥管理模式,让一线人员通过系统工具全方位了解自己的综合服务能力水平,能力等级与福利挂钩,驱动其通过自身努力不断完善提升客户服务水平,引入增量非收派类业务帮助小哥提升收入,形成小哥自我管理的良性循环。同时将网点管理线上化,建设线上标准化管理流程,通过专项辅助工具联通小哥、仓管以及网点的信息交互,打造信息聚合、异常预警、管理引导的一站式服务平台,提升管理效率。

四、绿色快递

(一)绿色包装

顺丰致力于可持续包装产品的研发和应用,建立可持续包装的循环体系和智能化系统,打造具有行业影响力的可持续包装研发及检测中心。

顺丰正在打造国内首个智慧包装平台,以利于加速快递物流行业包装类别的统一和标准化进程,提升行业包材生产加工效率,减少过度包装产生的资源浪费。同时成立了包装实验室,针对快递物流环境、快递用包材物理和化学性能进行量化测定,为快递包装的量化设计提供科学依据,并配合参数化设计平台最终实现优化设计。此外,碳排评价系统的建设,为快递物流行业全产业链的碳足迹设计提供综合计算方案,并搜集快递物流行业相关信息数据进行分析统计,为公司的包材绿色评定建立科学的量化依据,为国家的绿色环保标准贡献力量。

截至2018年末,顺丰自主研发的循环包装箱"丰Box",已在深圳、广州、上海、东莞、北京、苏州、杭州、天津、南京、嘉兴、成都、长沙、常州等13个城市进行试点,同时为公司部分重点大客户提供绿色包装服务,其使用寿命为50次循环。

(二)节能减排

蓝色家园需要社会的共同保护,节能减排是企业践行社会责任的重要任务。2018年顺丰响应国家号召,打响"蓝天保卫战",在22个省市41个地区投放7734台新能源运输车辆,碳排量约累计减少11.3万吨,有力地减少了废气排放和能源使用,打造一个低碳节能清新的速递行业。公司荣获"新能源物流车应用推广贡献企业"、"2017-2018年度绿色物流创新奖"、2018第三届中国新能源汽车"金熊猫"绿色物流企业奖、物流车推广应用贡献企业奖。

公司2018年度参与地方政府、专业协会组织峰会,同主机厂、充电桩运营商签订战略合作协议,多维度参与行业技术标准拟定,推动充电网络配套建设;公司从制造、供应、技术等多维度参与行业技术标准拟定,推动新能源物流车行业发展,为整个行业车辆减排提前进行了试水,争当了一个行业减排践行的急先锋,为行业绿色减排发展尽绵薄之力。

五、社会责任

顺丰公益基金会致力于乡村教育发展、儿童医疗救助等公益活动,同时发挥顺丰物流优势,积极参与灾害救助,并在扶贫济困、生态环保等公益领域进行了积极的尝试与探索。

(一)莲花助学

顺丰莲花助学是顺丰公益基金会重点公益项目,项目主要为国内优秀贫困学生提供高中助学金、大学生奖学金、暑期夏令营、梦想分享会、陪伴人关怀、反哺计划等经济资助及陪伴关怀,全面支持和陪伴学生成长。

截至2018年12月,项目在全国17个省52个项目县累计资助贫困学生达14252人,累计发放助学金5933万余元,累计发放莲花助学大学生奖学金595万余元。

(二)顺丰莲花小学

为中国偏远乡村小学提供校园援建,让乡村儿童享有公平有质量的受教育环境。2018年顺丰在贵州省榕江县和湖南省隆回县援建的两所顺丰莲花小学竣工投入使用。

(三)顺丰暖心

顺丰公益基金会"顺丰儿童医疗救助项目"自2014年启动以来,先后和爱佑慈善基金会、搜狐焦点基金合作,以患儿在项目定点医院申请医疗救助的项目模式,在全国多家定点医院开展针对贫困先天性心脏病、白血病及出生婴儿缺陷患儿的救助。

截至2018年12月,顺丰公益基金会已累计投入资金1.95亿元人民币,已完成贫困患儿救助7058名。

(四)甘肃甘南藏族自治州白内障义诊

2018年4月,顺丰公益基金会与德国德视佳眼科集团、深圳市跨境电子商务协会共同在甘肃省甘南藏自治州进行白内障义诊。经过一个月的定点普筛,累计确诊符合项目救助条件的患者210人左右。在患者自愿到甘南州人民医院参加项目救助的前提下,项目共为192名患者提供免费手术救治和医疗服务。

(五)顺丰信息无障碍优化

2018年,顺丰信息无障碍优化针对顺丰官网和微信公众号主要功能进行了全面的信息无障碍测试,梳理160余个无障碍缺陷:覆盖了登录/注册,预约快递员上门寄件、运单查询/包裹跟踪等核心功能。视力障碍者可以在不依赖协助的情况下自主完成预约快递寄递。

(六)顺丰V-care空间

顺丰公益基金会与深圳市儿童医院合作设立顺丰V-care空间,第二年的空间运营核心转向"品质服务",项目方向重点转向个案、团体专业形式,以关注个别患儿治疗过程中的问题和解决具有同质性的问题为主,将空间服务与心外科的医疗程序的过程紧密联系,使得空间社工服务嵌入科室的医疗程序,并成为其重要组成部分。

(七)山西朔州应县随来圆孤儿院项目

顺丰公益基金会给予山西朔州应县随来圆孤儿院建设支持,关注孤儿成长与发展。孤儿院总工程费用243.1万元,其中由顺丰公益基金会捐赠200万元工程建设费用。

随来圆孤儿院建成后有住房50间,库房12间。可满足孤儿院未来日常使用,小学生4~5人/间,中学生2~4人/间。

六、企业大事记

2月23日,国务院、中央军委正式发布《国务院 中央军委关于同意新建湖北鄂州民用机场的批复》(国函〔2018〕26号),同意新建湖北鄂州民用机场。未来,顺丰将以该枢纽为中心,全面打造覆盖全国、辐射全球的航路航线网络。

3月,顺丰控股收购广东新邦物流有限公司核心资产及相关业务,并建立"顺心捷达"快运业务独立品牌,为公司快速扩展快运业务布局奠定了网络基础和能力优势。

2018年3月,顺丰控股领投美国知名科技货代公司Flexport C+轮融资。

3月27日，公司子公司江西丰羽顺途科技有限公司获中国民用航空华东地区管理局颁发国内首张无人机航空运营（试点）许可证。

5月29日，全球最大的传播集团WPP和凯度华通明略在英国伦敦发布"2018年BrandZ全球最具价值品牌百强榜"，顺丰首次入围该榜单。

8月，顺丰控股与美国夏晖集团宣布联合成立新夏晖，顺丰成为新夏晖的控股股东。

8月29日，中国铁路总公司和顺丰联合成立的"中铁顺丰国际快运有限公司"在深圳揭牌，公司主营高铁快运、快速货物班列等。

10月，顺丰控股与德国邮政敦豪集团（以下简称"DPDHL"）达成战略合作，顺丰控股将整合DPDHL在中国内地、香港和澳门地区的供应链业务，且通过与DPDHL之间的《供应链战略合作协议》安排，设立顺丰敦豪供应链公司。

11月15日，顺丰控股无人机快递接驳柜在赣州南康正式应用，意味着顺丰物流无人机可实现全程自动化运行。

中通快递股份有限公司

中通快递创建于2002年5月8日，是一家集快递、跨境、快运、商业、云仓、航空、金融、智能、传媒等生态版块于一体的综合物流服务品牌企业。2016年10月27日在美国纽约证券交易所上市，创当年美国证券市场最大IPO，向全世界打开了一扇了解中国快递发展的"窗口"。

中通快递秉持"执着、专注、坚持"的企业精神，坚守"用我们的产品造就更多人的幸福"的企业使命，坚持"同建共享、信任责任、创新与企业家精神"的核心价值观，运用新科技，投入新装备，拓展产业链，构建生态圈，以转型增效为主线，从"大"向"大而强"转变，开启从百亿美元市值迈向千亿美元市值的新征程，努力实现"成为受人尊重的百年中通"的企业愿景。

一、基础建设

2018年，中通快递全年业务量85.2亿件，同比增长37%，增速超行业整体增速10个百分点，市场占有率达16.8%，服务质量连续多年稳居行业前列。2018年"双11"当天，单日订单量突破1.5亿，揽收超过8700万件。

2018年，中通快递服务满意度、申诉处理满意率、菜鸟指数等指标稳居行业前列。截至2018年12月31日，中通全网服务网点30100个，转运中心86个，直接网络合作伙伴4500家，干线运输车辆约5500辆，其中约2800辆为高运力甩挂车，干线路由2100条；网络通达98.32%以上的区县，乡镇覆盖率超过89.36%；电子面单使用率达99.67%。

中通快递先后在中国香港、澳门、台湾地区以及美国、法国、德国、日本、韩国、俄罗斯、澳大利亚、泰国、马来西亚等国家设立10多个仓储；推出欧盟专线、美国专线、日韩专线、新澳专线、东盟专线、中东专线、非洲专线及全球其他国家专线的包裹寄递业务、国际物流配送及仓储业务邮政小包、代取件业务等。

二、业务发展

2018年，中通以快递为核心，构建了国际、快运、商业、云仓、航空、金融、智能、传媒一体八翼生态体系。

（一）中通国际

6月11日，中通国际与土耳其航空、太平洋航空签约，宣布将成立合资公司。10月17日，中通快递柬埔寨公司宣布正式进入柬埔寨本土快递市场。

（二）中通快运

5月30日，中通快运获A轮1亿美元融资。7月20日，中通快运总部项目落地桐庐，投资总额超20亿元。8月27日，中通快运日发货量突破1万吨。

（三）中通商业

2018年，中通商业积极链接农特产品产地，实现原产地始发，链接田头和餐桌，助力多项农产品年发件量超百万。

（四）中通云仓

2018年，中通云仓在全国积极布局，启动了广东、辽宁、河南等多地的重大项目建设。

（五）星联航空

2018年，星联航空完成了全国省会城市"航空骨干网"的全面布局，成功融合了一批最优质的航空运输资源，与山东航空、昆明航空等展开了全面的战略合作。

（六）中通金融

2018年，中通金融积极赋能网点，服务一级网点437家，累计扶持资金超人民币6亿元。

（七）中通智能

7月16日，中通正式签约安徽南陵智能工厂建设项目，多类先进设备从研发到投产，进入商业运营。

（八）中快传媒

2018年，中快传媒与阿里妈妈合作，与2万多家网点展开业务合作，为合作网点累计创收数千万元。

三、科技应用

（一）中通来了

"中通来了"是中通推出的智能寄递系统，客户通过扫描业务员的专属二维码，进入"中通快递"服务号页面，输入收寄信息进行在线下单，快递员通过"掌中通"App接收下单信息并揽件，使用随身携带的打印机进行面单打印，实现快件寄递环节的高效便捷。"中通来了"具备单号回收功能，能将30天内未使用的单号回收再利用。系统配套使用的电子面单体积更小，每张可节约成本0.1~0.3元，减少纸张资源浪费。

（二）中天系统

中通持续深化自主创新，自主研发中天核心业务系统。该系统打破了原来各个单独系统的信息孤岛，将人力资源系统、财务系统、OA办公系统、快递业务系统、仓储系统等有效整合，形成具有全天候业务能力的系统集群，为中通快递持续高速发展保驾护航。

（三）乌拉诺斯

中通快递推出用户线上下单平台系统"乌拉诺斯"，为给客户提供优质、便捷的"一站式"下单服务。该系统打造全开放、全渠道的服务平台，下单方式除在支付宝、微信、官网、客户端等平台自主开发外，还对接了第三方下单渠道，客户可通过50多种渠道进行线上下单。

（四）自动化分拣系统

截至2018年底，中通全网已有小件自动化分拣设备105条，其中单层66条，双层39条；同时已有14个转运中心安装模组带实现大件自动化分拣，共计安装196条；全网动态秤安装493套。中通还在各个转运中心启用自动伸缩机，极大提高了快件的装卸和操作效率。

（五）无人车

2018年，中通无人车推广至北京、上海、广州、深圳等多个城市。中通无人车承重30千克，速度可达12千米/小时，爬坡高度35度，单次续航8小时，可夜间工作，定位精准度1~3厘米，依靠后台通信，可实现电梯控制，最终室内室外无缝链接和上电梯。

（六）无人机

2018年，中通无人机在各类展会中多次亮相。2018年10月，中通无人机在陕西获得军方正式批文，实现常态化运行。中通无人机分为多旋翼无人机和复合翼无人机，最大飞行高度在4000~4500米。

（七）神州系统

神州系统是中通自主研发的网点智能管理平台，旨在输出网点管理最佳实践、提升网点经营管理水平，例如为网点提供与下属承包区、业务员、客户之间的结算工具，提升网点整体结算效率，降低财务运营成本。

(八)掌中通

掌中通是中通快递员专用的移动互联网App,赋能快递员、连接上下游。是快递员订单揽收、打印、录单、实名寄递、收款、派件通知、签收、问题登记等日常工作的必备工具,同时还有物料购买、消息交流、培训学习等增值功能。

(九)快递管家

快递管家是专为电商发货客户打造的订单管理平台,方便客户一站式管理各大主流电商平台的订单和物流服务,包括面单打印、发货、运单跟踪、客服等功能,并支持多家物流快递公司。

四、绿色快递

(一)电子面单

目前中通全网的电子面单使用率达99.67%。与传统面单相比,电子面单尺寸减小,如出现打印失误或热敏运单损坏等情况,仅损失热敏纸张,不会造成运单整体损坏,节约了印制面单的纸张。大多客户无需在客户处预留面单,避免了面单遗失、损坏等不必要的浪费。零散小客户用手持热敏打印机打印,杜绝手写带来的错写报废单据、字迹潦草发货出错等一系列问题。

(二)新能源汽车

中通部分网点(如台州天台、北京中关村等)使用新能源车收派件后,每天的汽运成本下降到30元/天,节约了三分之二。而且车辆本身价格更低,装载量与面包车不相上下,车身矮、更具灵活性,尤其适宜弄堂、小巷快件派送工作。中通全网新能源汽车的使用范围正逐年加大,与同规格燃油货车相比不仅减少了尾气排放,更实现了降本增效。

(三)绿色循环袋

配合全自动智能分拣设备的上线,中通在全国各大转运中心及网点推出绿色可循环使用帆布袋。每条最低可使用100天(一般4~6个月),平均1条的使用率是以往单条编织袋的100倍。

(四)高运力甩挂车

截至目前,中通有2800辆高运力甩挂车,每辆高运力甩挂车每100公里比传统货车能省柴油2升。

(五)可降解包装袋

中通计划在全网使用可降解包装袋,目前有些省份如山东已开始使用。此外在2016年,中通快递河北沧州任丘网点负责人张宗军自己用聚丙烯研发制作了新型绿色环保袋,并且获得了国家知识产权局实用新型专利和外观设计专利。

(六)快递包装物回收

为减少资源浪费,中通积极推动包装材料回收工作,在中通部分网点(海南三沙、河南孟州等),客户发件时可通过二次利用快递包装抵扣快递费用,根据包装盒大小,会给予客户2~5元不等的费用减免。

五、社会责任

中通快递积极落实打好"防范化解重大风险、精准脱贫、污染防治"三大攻坚战的决策不是,坚定走绿色发展的道路,努力实现高质量发展。

2018年,中通快递积极链接农特产品产地,实现原产地始发,链接田头和餐桌,助力多项农产品年发件量超百万甚至千万。同时,中通快递将社会公益视为企业义不容辞的责任,充分发挥企业优势和资源,为灾区捐资捐物,助力受灾群众重建家园;组织动员员工参与志愿服务,用实际行动助力社会和谐幸福。

在促进企业稳健快速发展的同时,中通快递积极融入社区,组织和参与"敬老慰老""主题义卖""圆梦1+1""暖冬捐衣"等慈善公益活动,为社区群众提供力所能及的关怀与帮扶,在宣扬志愿服务精神的同时,倾情回馈社会,彰显以实际行动践行"用爱心撑起未来,用责任播撒希望"的责任担当。

中通快递鼓励员工主动承担社会责任,通过互联网、新媒体等渠道,多维度表彰员工好人好事。将"最美"精神融入本职工作,在全网开展"中通十佳"评选表彰活动,向行业及员工输送"最美"故事,树立"最美"人物;积极参与"最美快递员"评选活动,传递快递员对行业、对客户的真情,弘扬社会正能量。

六、企业荣誉

2018年中通快递先后荣获"2017中国快递社会责任奖"、"2017中国快递年度品牌奖"、"2017中国快递金包裹提名奖"、"2017最令消费者满意十大快递物流品牌"、"2017年度青浦区纳税百强企业"、"2017年度青浦区创新创业优秀人才团队奖"、"五星级车队"、上海"贸易型总部"、"2016－2017年度上海市守合同重信用企业"、快递物流行业"安全先锋奖"、"2018年度全国先进物流企业"、青浦区企业技术中心技术力量新锐奖等荣誉和资质。

七、企业大事记

1月2日，在"致敬时代的奔跑者·2019快递之夜"颁奖礼上，中通斩获5项大奖："2018中国快递黑马奖""2018中国快递社会责任奖""2018中国快递科技创新奖"三项大奖，董事长赖梅松荣获"2018中国快递行业贡献奖"，董事长夫人赖玉凤荣获"2018年度快递行业'木兰奖'"。

1月，董事长赖梅松荣膺2018年度"风云浙商"殊荣。

5月3日，在第三届"中国梦·邮政情"寻找最美快递员揭晓发布会上，中通四川西昌公司市区六部负责人孙光梅获得"最美快递员"荣誉称号。

5月8日，中通快递成立16周年庆典暨2018年集体婚礼在上海举行，16对中通佳人在700余位中通家人的见证和祝福下，交付彼此，相约一生，为厚植"和谐的中通大家园"文化添砖加瓦。

5月8日、9月10日、12月3日，中通快递集团发展研究中心先后于发布《实体化区块链：内生于中通快递的共创生态系》《"新"零售：供应链变革下的新产物》《工业级无人技术在物流领域的应用报告》三份研究报告，引发业内广泛关注。

5月20日"社会责任日"，中通快递集团发布《2017年企业社会责任报告》，这是中通首份社会责任报告，标志着中通快递将社会责任融入企业发展纲领，在利己、利他到利社会的道路上不断前行。

5月29日，中通快递与阿里巴巴、菜鸟网络宣布达成战略合作，双方将共同探索新物流机遇，推动行业数字化升级。6月7日，中通快递增资菜鸟驿站。

7月23日，中通快递海南三沙网点在永兴岛开业，这一最南端网点的投入运营，标志着中通网络首次覆盖到祖国南海诸岛。

10月10日，中通快递在陕西西安临潼网点正式启动无人机常态化运行，并于当日成功完成首次载货飞行。12月7日，中通快递最新发布的普罗米修斯1600A油电合物流无人机，在国家级贫困县陕西旬阳宗成山区恶劣天气条件下首次载货飞行。

11月11日，中通快递当天订单量突破1.5亿件，揽收量突破8700万件，再创新纪录。

12月28日上午，2018年第500亿快件诞生，中通快递承运寄递2018年中国第500亿快件。这件装有猕猴桃的快件由中通快递负责寄递，从陕西武功县发往北京化工大学。

12月29日，中通快递亮相庆祝改革开放四十周年纪录片《我们的四十年》之"繁荣"篇。

圆通速递有限公司

圆通速递有限公司成立于2000年5月28日，是圆通速递蛟龙投资发展集团的全资子公司。公司从5万元资金、17名员工起步，经过19年的发展，已成长为一家集新快递物流、新科技、新零售等业务板块以及航空货运、国内国际协同发展的大型企业集团。

一、基础建设

圆通速递是目前国内快递领域唯一拥有两家上市公司的企业集团。截至2018年底,圆通速递在国内网络已拥有转运中心118个,服务网点近7万个,地市级网络覆盖率近100%,县级城市网络覆盖率近98%;全网拥有近40万名员工,日均快件量超2000万件;在国外圆通速递国际网络已覆盖4大洲,服务覆盖50多个国家和地区,开通国际航线2000多条,海外网络代理点突破1000家,已基本形成了覆盖欧洲、北美、东南亚等国家和地区的全球物流骨干网络。

二、业务发展

(一)全球视野

圆通速递积极响应国家"一带一路"建设,加快海外网络布局。2018年,圆通速递与菜鸟、中国航空在香港联合投建百亿级物流枢纽,为全球72小时必达的物流网络提供有力支撑;战略控股"义新欧"班列,并首发驶往俄罗斯的"圆通号"中欧班列,"义新欧"班列还被写入《中华人民共和国和西班牙王国关于加强新时期全面战略伙伴关系的联合声明》;正式启动欧洲捷克站货运场项目;在嘉兴建立全球航空物流枢纽;同时,浙江总部暨义乌智创园项目也已正式启动。

目前,圆通航空自有全货机数量已达12架,全货机机队规模保持稳步增长。同时圆通还在不断拓展国际航线业务,截至2018年底,圆通航空国际航线已增至7条。

(二)产品体系

2018年,圆通速递蛟龙投资发展集团旗下另一快递品牌——"承诺达特快"正式对外发布,该产品是对标国际、服务中高端客户的高频配送服务网络,与现有的经济型快递协同共进,服务电商个性化需求,助力新零售、跨境电商等新兴行业的消费升级。截至2018年底,"承诺达特快"已拥有1.3万名员工,近900台营运车辆,在全国90个城市中布局677个营业网点的快递企业。

此外还有即时配送、O2O配送、仓储配送服务以及贵品保价、代收货款、夜间服务、逆向物流等增值服务。

三、科技创新

圆通速递牵头承建的"物流信息互通共享技术及应用国家工程实验室"至今已经完成装备研发7种,制定物流相关标准5项,承接3个省部级以上研究课题,申报专利11项,发表论文12篇,联合并服务物流行业企业用户74家,提交软课题研究报告2份,召开物流国际/国内开放交流会议1次,建成示范基地和物流产学研联合课题共4个,累计培训人员达665人次。

同时,作为行业国家级标准化试点单位,2018年圆通速递导入"GB/T 19580—2012《卓越绩效评价准则》",运用计划、执行、检查、处理质量管理方法,构建管理水平改善提升闭环。

2018年,圆通速递对全网过半的转运中心进行了自动化设施设备的升级改造,与菜鸟网络合作的超级机器人分拨中心已在杭州转运中心启动,日分拣能力可达50万件;在重庆武隆区土坎镇成功完成首次无人机乡镇快递配送创新应用,标志着圆通速递为山区快递"最后一公里"派送难题提供了有效的解决方案。12月,圆通速递宣布拟依托嘉兴相关优势资源设立科创投资基金。

截至2018年末,圆通速递在信息化建设项目中累计投入超过20亿元,拥有自建机房和服务器,自主研发并投入使用的28个系统、3000+个独立应用,并发承压能力及数据处理规模业内领先。

四、社会责任

圆通速递积极响应军民融合国家战略,实施省区总经理和政委管理机制,先后加入中国物流与采购联合会应急物资专业委员会、战区国防交通协会、浙江省国防交通协会,并成立了两个民兵队伍(战略运输机队、车辆运输队),成为唯一拥有运输飞机的会员单位。

2018年8月,联勤保障部队供应局与圆通速递等5家企业签订军需物资物流配送军民融合战略合作协议,运用地方物流力量为联勤保障部队提供军需物资分拣配送服务,并开展与之相关的仓储建设、信息融合、科研创新、人才培养、拥军服务等合作。

2018年,圆通速递首家"车营驿站"在东部战区某部开张,解决了军营"快递进不来""官兵难联系""保密不托底"等问题。随后,在北京卫戍区通州离职干部休养所内,圆通速递等3家企业联合营运的首家"惠军服务站"正式营业,不仅为干休所老干部和家属提供便捷优质的生活服务,还帮助部队干部家属、退伍军人等解决创业就业等问题。

截至2018年年末,圆通速递积极开展精准扶贫,在助老、助学、助困、助教、助医等方面累计捐赠资金上亿元。并依托妈妈商贸等终端资源,通过"快递+电商"新零售模式,深入融合线上线下互动消费,在促进特色农产品销售的同时,搭建农民创业平台,形成可持续的造血机制。

2018年2月,圆通速递在其对接帮扶的陕西省周至县开展爱心助学捐赠活动,为50名家庭经济困难的教师每人捐助2000元,为家庭经济困难的70名小学学生、65名初中学生每人捐助1000元,总共捐资23.5万元。董事长喻渭蛟被授予"云南德宏州陇川县护国乡边河村名誉主任"。

截至2018年底,圆通速递的扶贫工作已覆盖全国17个省市,并取得了一定的成效。

五、企业党建

圆通速递重视发挥党委的核心作用,支部的战斗堡垒作用,党员的先锋模范作用。2018年,圆通速递党委决定在各中心设立"政委"岗位。截至2018年底,圆通速递党委下设1个党总支、31个直属党支部、6个党小组,以及5117名党员。同时,2018年圆通速递还成立了"圆通速递党员互助基金"和"圆通速递党建研究中心"。

圆通速递始终将党建引领、凝聚人心、探索创新、服务发展作为党建工作的主要任务来抓,根据行业和自身特点,以提升企业党建工作和引领企业发展为主线条,在实践中逐渐摸索出党建架构与企业管理架构双融合,党的干部与企业管理干部双融合,党建和群团建设双融合,以及强化创新、打造红色教育阵,强化联动、不断提升学习力,强化责任担当、回报社会的"四强化、四提升"的"圆通速递模式"党建工作法,实现了党建工作与企业发展齐头并进,让党建成为圆通速递发展的红色动力。

六、绿色快递

圆通速递始终树立绿色理念,不断探索绿色快递新模式,通过绿色包装、大力推广电动快递车、开展绿色联盟行动等方式,积极推动绿色物流发展,坚持打造可持续发展的"绿色"快递物流企业。

为实行绿色作业,寻找可替代编织袋的产品,圆通速递专门成立了由研发、IT、网管、财务、中心管理等部门组成的项目组,与合作伙伴联合研发RFID环保袋。该环保袋由新型材料研制而成,具有防水、防油、耐磨性高、可循环重复利用、可回收等特点。截至2018年底,配合各中心自动化分拣设备使用的新型环保袋累计已达40余万个。

同时,圆通速递进一步将电子面单热敏纸尺寸缩小,并在全网批量推广使用,避免更多纸张的浪费。

为保护和改善生产环境与生态环境、防治污染和其他公害,圆通速递积极响应国家号召进行节能减排,每年全国范围内淘汰一些排放不标、车辆老旧、车龄较长的机动车辆。同时,在车辆采购方面重点考虑排放标准,全面使用"国五""京六"排放标准车型尤其在京津冀已经全面淘汰国三车辆,确保车辆全部符合国家标准,并通过大力推广挂车运输车型、中置轴车型的使用减少车辆的投放,从而达到减少二氧化碳量的排放。

七、企业大事记

1月28日,圆通航空宣布开通首条自有货机的跨境货运航线(无锡—香港—徐州),这是圆通战略控股香港上市公司先达国际以来,国际化布局的又一动作。

3月21日,先达国际物流发布公告,在特别决议案获通过后,开曼群岛公司注册处已就将公司英文名称由"On Time Logistics Holdings Limited"更改为"YTO Express (International) Holdings Limited"及中文名称由"先达国际物流控股有限公司"更改为"圆通速递(国际)控股有限公司",已于2018年2月28日发出更改名称注册证书。

3月,交通运输部公布《关于授予唐宏超等207名同志全国交通技术能手称号的决定》。其中,来自圆通总部和分公司的3名员工,刘阳、陈刚、王孟获得2017年度全国交通技术能手殊荣,获奖人数位居民营快递物流企业首位。

4月,圆通速递(国际)控股有限公司(前先达国际物流控股有限公司)完成变更。4月10日起其股份已以新简称在联交所买卖,英文股份简称由"ON TIME LOG"改为"YTO EXP INTL",中文股份简称由"先达国际物流"改为"圆通速递国际"。

5月3日,由国家邮政局精神文明建设指导委员会指导举办的第三届"中国梦·邮政情 寻找最美快递员"活动揭晓发布会在人民大会堂举行。圆通快递员田追子和孙季冬当选"最美快递员",圆通速递四川眉山团队获"最美快递员团队。"

5月15日,圆通航空第10架自有全货机 B757-200(B-2812)于厦门完成交付,调机回杭州,并立即投入杭州—成都航线营运,进一步为杭州、成都两地快件的集散转运提供运力保障,促进成都与华东地区的商贸交流。

6月6日,圆通、菜鸟和中国航空联合宣布,将在全球最繁忙的货运空港——香港国际机场共同启动建设一个世界级的物流枢纽,为全球72小时必达的物流网络提供有力支撑。这也是圆通速递在国际化进程中迈出的重要步伐。

6月11日(捷克当地时间),圆通蛟龙参投的"一带一路"捷克站平台公司与捷克铁路货运公司举行合作备忘录签约仪式。双方就捷克洛沃西采站作为"一带一路"捷克站货运场合作站点及后续场站共建事宜达成一致意见。本次签约标志着"一带一路"捷克站货运场项目正式启动。

6月25日,圆通速递在总部召开庆祝建党97周年党员大会。在此次会议上,圆通党员互助基金和圆通党建研究中心揭牌成立,这在行业内尚属首次。

6月29日,圆通速递与上海浦东发展银行签署了战略合作协议。根据合作协议,双方将发挥各自优势,围绕圆通速递的各大业务板块,展开辐射圆通速递全网的深层次合作。

7月30日,在浙江省大湾区建设推进部署电视电话会议现场,圆通速递母公司——上海圆通蛟龙投资发展(集团)有限公司与嘉兴市人民政府签署战略投资协议。圆通集团将投资122亿元,在嘉兴机场建设全球航空物流枢纽,并依托该枢纽打造立足长三角、联通全国、辐射全世界的超级共享联运中心和商贸集散中心。

8月3日,由中铁国际多式联运有限公司上海分公司、上海圆通蛟龙投资发展(集团)有限公司和义乌市天盟实业投资有限公司共同组织的中欧班列(义乌—莫斯科)"圆通号"从义乌铁路西站首发启程。另外,在本次班列开行之前,圆通速递浙江总部暨义乌智创园开工。

8月,联勤保障部队供应局与圆通速递等5家企业签订军需物资物流配送军民融合战略合作协议,运用地方物流力量为联勤保障部队提供军需物资分栋配送服务,并开展与之相关的仓储建设、信息融合、科研创新、人才培养、拥军服务等合作。

9月5日,圆通航空迎来首条南亚航线——长沙—达卡(孟加拉国首都)定期往返航线的首航。

9月11日,杭州圆通货运航空有限公司郑州至东京货运航线正式开通。

9月14日,圆通与菜鸟网络合作的超级机器人分拨中心宣布正式启用。该分拨中心位于圆通杭州转运中心,场地2000平方米,有350台小件机器人作业,日分拣能力可达50万件。

9月21日,圆通航空一架B757-200F全货机从长沙黄花国际机场腾空而起,并在3个多小时之后飞抵菲律宾首都马尼拉。这是黄花机场首条通往菲律宾的国际货运航线,也是8月中旬以来圆通航空开通的第四条国际货航线路。

9月26日,圆通蛟龙集团、浙江省海港集团、宁波舟山港集团与迪拜环球港务集团在迪拜杰贝阿里自贸区举行"一带一路"迪拜站启动仪式,合力打造"一带一路"迪拜站,谋划中阿(联酋)、浙迪(拜)双方在物流、经贸等领域的务实合作,进一步对接融入"一带一路"建设。

10月17日,圆通速递举行新总部大楼启用典礼。新总部位于上海大虹桥板块的青浦区华新镇华隆路1728号,总占地面积262亩。在典礼现场,圆通蛟龙集团旗下全新的独立品牌"承诺达特快"正式对外发布。

10月30日,圆通航空成都—西安的全货运新航线正式开通。

11月15日,圆通航空第二条通往东南亚地区的国际航线(长沙—胡志明市)完成首航线。

11月25日,浙江省政府新闻办官微公布了最新印发的《浙江省综合交通产业发展实施意见》,明确提出"支持嘉兴市政府与圆通集团合作打造全球性航空物流枢纽"。

12月20日,圆通牵头承办的"物流信息互通共享技术及应用国家工程实验室"在2018北京国际物流论坛上对外发布了首份针对物流领域军民融合发展战略进行较为全面系统分析的报告——《军民融合——新时期物流行业的重大使命:中国物流领域军民融合发展报告(2018)》。

12月24日,嘉兴军民合用机场工程奠基暨配套工程开工仪式举行。这意味着圆通集团投资的全球航空物流枢纽项目启动建设。

申通快递有限公司

申通快递是中国快递协会的副会长单位,是国内主要的电子商务物流商,也是深受客户喜爱、市场欢迎、有广泛影响力的民营快递品牌。

2018年,申通快递以"用心成就你我"的服务理念,以"团结、务实、开拓、创新"的企业精神,以"质量年"作为工作重心,全方位强化总部对省区的质量管理、省区对网点的质量管理、网点对员工的质量管理和省区对转运中心的质量管理、转运中心对网点的质量管理。

经过全体员工的共同努力,2018年,申通快递完成业务量约51.12亿件,同比增长约31.13%,包裹完成量占全国总量的10.1%;公司实现营业收入1701300.34万元,较去年同期增长34.41%;实现利润总额274149.88万元,较去年同期增长37.81%;实现归属于上市公司股东的净利润204918.90万元,较去年同期增长37.73%。

一、基础建设

2018年，申通继续加强中转能力建设，投入30亿元购买、新租、扩大中转场地，建设一体化作业中心，全面提升平台处理能力。截至2018年10月，申通快递天津武清、漯河、淮安出港、重庆、上海嘉定、成都出港、邯郸等超过14个新建及改扩建转运中心项目陆续完工并投入使用，新增操作面积超过23万平方米，日新增快件处理能力达1000万票。

2018年，申通进一步加快中转直营步伐，斥资12.99亿元先后收购北京、武汉、深圳、广州、长沙、东莞、南昌、郑州、南宁、长春等十大核心转运中心。目前，申通68个大型转运中心中，直营转运中心已达57个，直营比例达到84%。

据统计，2018年申通在基础建设工程方面的投入，包括购置土地、新建转运中心、改造老设备、搬迁新场地、投资自动化集包中心，总共达到52个项目，总投资金额约50亿元，有效保证了服务质量和业务量的提升。

2018年，申通网络的广度和深度得到进一步加强。截至2018年底，公司在全国拥有2400家加盟商、21750个配送网点，转运中心、航空部超过90家，服务网络已覆盖全国31个省、自治区、直辖市。地级以上城市，除海南三沙市外已实现100%全覆盖。县级以上城市覆盖率达到97%。

2018年，公司继续响应国家邮政局号召，大力推进"向西向下向外"工程，并实现重大进展。"向西"开通了内蒙古科左中旗、甘肃广河、云南福贡等20多家网点；"向下"进一步拓宽加密公司基层服务站点，乡镇服务站点开通数已达22000个，为服务农村经济发展、助力农民增收奠定了坚实基础；"向外"进一步加快海外网点门店建设，新加坡新开1家门店，阿联酋新开1家，西班牙新开2家，印度新开2家，尼泊尔3家，日本4家，马来西亚4家，泰国8家，加拿大10家，荷兰11家，英国11家。其中，泰国可以实现全境揽收。

公司以陆路运输为主，陆路干线运输线路达3200余条。同时，为提升快件时效，满足高端客户的时效需求，公司与全国31余家航空货运代理公司开展合作，合作航线达400条以上。

二、业务发展

（一）国际业务

2018年，申通国际业务已经覆盖了海外25个国家和地区，累计开拓了超过84个海外网点。进口方面，在原有上海、广州、广西进口清关口岸的基础上，拓展了杭州、北京、武汉、长沙、青岛、威海、成都、烟台、福州、深圳、石家庄等口岸，为海外网点打通国内清关渠道；出口方面，在国内设立以上海、广州、深圳为集发中心，开通华东华南到美国纽约、洛杉矶的美国出口专线，以及其他出口专线。

根据海外公司业务需要，建立了广州、上海、凭祥合作口岸，并根据个性化需求，与杭州、北京、武汉、长沙、青岛、威海、成都、烟台、福州、深圳、石家庄等口岸建立合作关系，为海外公司打造全方位的口岸服务；与菜鸟网络、网易考拉等大型平台合作，建立成为菜鸟网络认可的跨境电商合作商，合作业务包括香港GFC仓、3pl业务。通过切入多家跨境电商公司提供保税、直邮快递服务，并为海外公司承接线上业务打通渠道，有效增加海外公司业务量，增加业务收入；2018年上线的ebay项目，涉及陕西、山东、北京、河南等15个省市。

公司开发的国际下单小程序"申通国际快递"上线，支持已开通海外网络国家网点区域客户在线下单，一单到底，全链路申通轨迹至国内派送。

（二）冷链产品

2017年4月，申通设立全资子公司上海申雪供应链管理有限公司，主要从事食品经营及冷链仓储配送业务。主要定位仓储、运输、配送（B2B、B2C）三类业务。冷链业务以上海作为试点城市，依次不断复制到其他区域和城市；目前，华东核心配送城市已覆盖上海、苏州、宁波、南通、无锡等地。冷库仓储方面，平均库存SKU达643余个，库存利用率84.25%，平均日入库量3500余件，平均日出库量1000余件，库存准确率为100%。配送方面，总发货车次6085余车次，配送区域分布为上海市配95%、华东区域4%、其他1%，配送准确率达98.9%，客户投诉0.1%。

（三）仓储产品

2017年12月，申通收购上海申通易物流有限公司（简称"易物流"）并对其增资，其主营业务为依托申通快递的物流网络为客户提供仓配一体化解决方案，持续为客户提供标准化及个性化的服务。易物流下设一个昆山分公司，在华东，华中，华南等地设有仓库，营业收入主要为仓储、快递、运输及其他增值服务收入。易物流主要以仓配服务为主线，IT技术为工具，供应链金融为加速器，汇聚实时商业大数据，并将业务领域拓展至快运板块，力争未来五年建成百亿规模的综合型供应链服务提供商。接下来，公司将加快整合加盟网点公司的资源，继续扩大仓储规模，全力打造"申通云仓"品牌。2018年易物流订单量约2300万单，同比增长79.89%。

公司按照枢纽自建、网点加盟、第三方合作的模式，快速进行复制，建成以中心仓为支点，中小仓相结合的仓配网。公司总部做到在人才上、资金上、领导精力上向以云仓为重点的新业务倾斜，以保证"1+3"战略的真正落地。此外公司继续完善与云仓相配套的相关政策，基于以满足客户需求、帮助客户降本增效的宗旨，公司针对多元化的客户制定个性化的政策及解决方案，以确保新业务推行取得新突破。

近年来，申通快递通过与淘宝、京东、拼多多等电商平台开展合作，通过与电商高频次、大数量快递需求行业深度结合，创新了派送模式，进一步拓宽了业务类型和覆盖面，快递揽收派送数量、品牌影响力得到了进一步提升。2018年，申通快递完成业务量约51.12亿件，同比增长约31.13%，包裹完成量占全国总量的10.1%；公司实现营业收入170.13亿元，较去年同期增长34.41%；实现利润总额27.41亿元，较去年同期增长37.81%；实现归属于上市公司股东的净利润20.49亿元，较去年同期增长37.73%。公司业务规模继续位居行业前列。

三、科技应用

（一）自动交叉带

申通快递根据上市之后的《三年行动计划，五年规划》安排和部署，大力实施新技术提效战略。在转运中心建设和改造方面，大力推广使用自动交叉带分拣系统，该系统在分拣、中转、运输过程，全程仅需扫码一次、过程不落地，分拣效率高达20000件/小时，分拣差错率1/10000，同等货量下，可有效提升快件在转运中心流转的效率，大幅降低分拣人力成本。目前，申通快递在郑州、金华、上海、福州、深圳、漯河、武汉等城市的中转场地共铺设33套全自动分拣机器人或者交叉带分拣设备。

（二）电子面单

电子面单的投入使用，是快递行业步入科技化、自动化和智能化的标志之一。电子面单相较于传统纸质面单不仅可以保护客户的隐私信息，避免消费者信息泄露，而且还可以通过其二维码、条形码等识别标志使得快递能够在自动化分拣系统中被识别、处理、配送，通过电子数据的实时流转，快递公司数据系统可自动连接电商平台、发货商家以及收货消费者，促进整个物流环节的可视化。经过2018年对电子面单的大力普及，目前申通快递全网电子面单使用率已经达到99%以上，大大提高了分拣的效率，降低了业务成本。

（三）"小黄人"

快递分拣机器人，形似扫地机器人，椭圆底座，长48厘米，下方装有万向轮，上面置有黄色托盘用来盛放包裹，被形象地称为"小黄人"。像其他工业机器人一样，"小黄人"是一种可以接收、执行指令的自动化装置。小黄人有四个功能：一是自动扫描条码并称重；二是自动计算最优路线；三是返回时自动选择最近等待区；四是自动寻找最近充电桩对接充电，并浮动需要充电的标准。以计算路线为例，机器人分拣送货、返回路线不是计算距离长短，而是选择最佳路线，因为有些线路距离短但可能拥堵。中央调度服务器会根据地面每隔50厘米贴放的二维码，确定每个机器人的运行位置，从而发出路线指令。"小黄人"每小时分拣1.8万件，可节省人工成本70%以上。目前，申通已在浙江义乌、天津、山东临沂、河南郑州等地转运中心全面推广使用"小黄人"。

（四）"锦囊计划"

2018年，申通快递成功开发并上线了拥有自主知识产权的全新"锦囊计划"系列App。"锦囊计划"系列App包含5款App，分别为面对客户的快递助手、面对快递员的申行者-快递员、面对场内操作的申行者-巴枪版、面对干线运输司机的申行者-司机版、面对后端运营管理人员的"锦囊"等，囊括56个业务模块，195个功能点，形成从消费者下单—快递员上门取件—场内操作—干线运输—后端运营管理售后的业务技术闭环，可以实现管理在线化、业务移动化、操作电子化。"锦囊计划"系列App全面上线，不仅满足

了企业移动互联网和智能终端的发展需求，也为消费者带来了安全、快速、便捷的快递服务体验，最大化地满足了消费者多种寄递服务需求，也为打造"科技申通"奠定了坚实基础。

四、绿色快递

为全面落实国家邮政局等十部委联合发布的《关于协同推进快递业绿色包装工作的指导意见》和中共中央、国务院《关于全面加强生态环境保护坚决打好污染防治攻坚战的实施意见》文件精神，申通投入人力、物力、财力，研发RFID环保袋、循环箱、可降解包装袋，推广使用新能源汽车，借此积极推进绿色快递建设，推动行业由高速增长转向高质量绿色发展。

（一）RFID环保袋。公司研发的RFID环保袋具有防水耐磨，降低破损；循环利用，节约成本；环保材质，统一规范；定位追踪，安全可靠；系统结算，对账便捷；植入芯片，适应自动化分拣等诸多优点。自2016年9月21日起，申通开始在全网范围内推广使用RFID环保袋。截至2019年1月，全网已循环使用的RFID环保袋超过1亿次，相当于节省了近1亿个一次性中转塑料编织袋。

（二）循环箱。采用可降解可回收材质，抗摔耐高低温，使用寿命20次左右，采用拔插式锁扣，安装GPS定位芯片，无需

胶带，替代纸箱进行物品包装。循环箱的使用和回收具有灵活、高效的特性，实现收件人现有箱子信息匹配就近电商发件需求，由小区物业回收并流转给快递企业进行就近调配，完成箱子的快速回收与循环使用。目前申通已与相关环保材料公司展开研究、合作。

（三）可降解包装袋。2018年申通已与清华大学化学工程系开展科研合作。公司相关部门还赴新疆蓝山屯河化工有限公司展开科研合作，研发可降解包装袋，目前已经生产出环保材料制成的包装袋样品。

（四）新能源汽车。为保护生态环境，减少空气污染，申通在全网积极引进、使用新能源车辆，包括定制干线物流新能源车、终端物流配送新能源车，建立新能源物流车服务示范平台等。同时，每年对全网一些排放不达标、车辆老旧、车龄较长的机动车车辆进行淘汰，强制使用"国五""京六"排放标准车型，减少车辆尾气排放对环境的影响。

五、企业荣誉

1月，申通快递入选2017年度"上海名牌"。获此殊荣，不仅证明申通快递具有极强的品牌优势和市场竞争力，同时也说明了"申通快递"品牌得到了消费者的广泛认可，口碑、美誉双丰收。

1月,申通快递被菜鸟网络授予"金鸿奖"。此次荣誉的获得,彰显了社会和行业对申通在快递管理、物流建设等方面的高度认可。

1月6日,申通快递荣获"2017年度十大创新引领奖"殊荣。

2月1日,申通快递再次位列上海市青浦区纳税百强企业榜首,被上海市青浦区人民政府授予"2017年度上海市青浦区纳税百强企业"称号,同时荣获青浦区纳税百强"持续贡献奖"。

4月28日,申通快递有限公司车队被中华全国总工会授予"全国工人先锋号"荣誉称号。

5月30日,在京交会服务示范案例颁奖大会上,申通快递"申鲜生活"项目荣获"模式创新服务示范案例"奖。

10月11日,申通快递被授予"2018年中国电子商务物流优秀服务商"称号。

12月17日,申通快递荣获"改革开放四十年智慧物流企业特别贡献奖"。

12月,申通快递被评为"2018中国十大物流竞争力企业"、"2018中国物流品牌价值百强企业"。

六、慈善公益

为让偏远贫困地区的孩子过一个更温暖的冬天,上海市青浦区爱心促进会发起了"暖冬行动",筹集了该批爱心物资——400多套棉被。作为上海市青浦区爱心促进会的重要伙伴,申通快递免费承担此次运输任务。1月11日,由申通快递免费承运的爱心物资从上海出发,分别前往云南红河、贵州习水的偏远贫困地区小学。

1月17日,申通快递党委、工会与重固镇总工会、镇综合经济党委联合开展了"迎新春尊老敬老爱老"主题活动。活动中,公司领导与敬老院老人进行了亲切的交谈,详细询问了老人们的身体和生活情况,祝福老人家们新春快乐、健康长寿。公司员工还将带来的慰问品分发到敬老院每一位老人的手中,为老人们送上节日的问候与祝福。

5月10日上午,浙江省桐庐县瑶琳镇举行绿色生态小香薯种植基地开工仪式。申通快递电商部负责人参加开工仪式,并现场签订小香薯购销合作协议。

6月26日,申通快递员工参加了重固镇组织的"2018年无偿献血"活动。9名义务献血者带到现场,7名员工献血总量达1400毫升。

7月19日,申通快递参加了"服务创全 职工先行"群团组织创全志愿服务大放送集中行动暨青浦工会职工志愿者总队成立仪式活动。仪式上,"全国工人先锋号"单位申通快递申瑞车队职工朱刚代表青浦快递物流行业作表态发言。

七、企业大事记

1月,申通快递与云媒股份达成战略合作,双方将依托各自在互联网、金融、技术、物流、网点等方面的优势,共同推动快递行业转型升级,破除快递公司、快递员、社区用户之间的痛点与障碍。

3月23日,申通快递与中国电信集团在浙江桐庐隆重举行战略合作协议签约仪式。双方作为各自领域的领军企业,将本着"优势互补、互利互惠、创新业态、共赢发展"的合作原则,利用云计算、大数据、物联网等最新技术,联手打造"智慧快递"。中国电信政企事业部副总经理梁宏志、申通快递执行总裁申屠俊等领导出席签约仪式。

5月11日,申通快递与大华股份签约战略合作协议,双方将在快递生命周期全程可视化解决方案、智慧园区建设、智能安全打造、大数据领域开展战略合作。

5月15日,由申通快递与中国物流与采购联合会应急物流专业委员会联合举办的"军民融合应急物流高层研讨会"成功召开,与会人员认真学习习近平军民融合发展战略思想,共谋加快军民融合应急物流发展大计,共商提升军队后勤保障能力良策,为军民融合深度发展贡献智慧和力量。

5月28日，第五届中国（北京）国际服务贸易交易会在北京国家会议中心隆重开幕。申通快递参加此次盛会。本届京交会，申通快递突出"乡村振兴、绿色科技"主题内涵，向观众展示了企业在助力三农、绿色快递、智慧物流方面的诸多举措和成果，精彩多多，亮点纷呈。

5月29日，国家邮政局局长马军胜一行莅临京交会申通快递展厅参观指导。展厅内，马军胜对申通快递重视科技投入、坚持绿色发展的做法给予充分肯定。

11月11日，申通快递进入"双11"夜间分拨作业高峰，上海市邮政管理局局长夏颐一行莅临申通快递总部，了解企业"双11"活动期间各项工作落实情况，视察指导"双11"旺季安全服务保障工作。

9月13日，全国政协常委、提案委员会副主任郭庚茂率全国政协调研组莅临申通快递环保塑料袋项目试验点，调研快递行业绿色发展情况。郭庚茂一行深入到生产车间，实地查看了环保塑料袋和电子面单的生产流程，了解环保塑料袋的工艺、成本、研发生产等情况，对公司坚持绿色发展取得的成绩和各项工作给予充分肯定。

12月11日下午，全国政协委员、团中央统战部部长王阳率领全国政协调研组一行莅临申通快递产业园调研指导。

韵达控股股份有限公司

韵达控股股份有限公司创建于1999年8月8日，总部位于上海。公司以"韵达+"发展理念为引领，以信息化管理和科技创新为驱动，通过深入推进"一体两翼"发展战略，努力构建"以快递核心业务为主体、以周边产品开发和新业态发展为两翼"的综合物流"生态圈"，追求"向客户提供无与伦比的快递服务体验"的伟大愿景。

韵达于2017年1月18日登陆资本市场，根据韵达2018年年度业绩快报显示，截至2018年末，总股本17.13亿股，总资产181.19亿元。完成营业总收入138.28亿元，营业利润35.64亿元（以上数据未经审计）。

一、基础建设

韵达2018年半年报显示，公司在全国设立54个自营枢纽转运中心，枢纽转运中心的自营比例为100%；公司拥有约3400家加盟商及20423家配送网点；服务网络覆盖全国31个省、自治区、直辖市，地级以上城市除青海玉树、果洛州和海南三沙市外已实现全覆盖。

公司积极推动"向西""向下""向外"工程，实现了突破性进展——"向西"开通了四川雷波县、四川金阳县、青海兴海县，县级以上城市覆盖率已达到95.86%；"向下"乡镇开通数已达23290个，网络覆盖面特别是在乡镇农村地区的服务范围得到了极大拓展，进一步夯实了国内业务发展的根基；"向外"相继开拓了包括德国、法国、荷兰、加拿大、新西兰、新加坡、韩国、日本等24个国家和地区在内的快件物流网络。

公司将末端服务作为实现"向客户提供无与伦比的快递服务体验"愿景的关键点，下大力气在"最后一公里"及"末端100米"方面持续用心、用力。其中，末端网点自建门店超过19432个，合作便利店、物业及第三方合作资源超过8000个，可使用的智能快递柜15万个。目前，韵达已和各大智能快递柜公司开展合作，日均投递量已达每天105万件。

公司以陆路运输为主，并采

取多种车辆运输模式相结合。公司常规陆路干线运输线路达4300余条,其中:承包车日均发车1600余趟次,合同车日均发车300余趟次,卡班车日均发车530余趟次,网点自跑车日均发车250余趟次。

为满足高端快递产品的时效需求,以及把业务延伸到陆运运输较难覆盖的部分偏远地区,公司以航空运输作为陆运运输的有效补充。公司已与全国30余家航空货运代理公司开展合作,合作航线470余条。

二、业务发展

公司为了向客户提供优质的服务体验,推出了各种服务产品以满足客户多样化和个性化的服务需求。

快递产品:标准快递、时效产品(橙诺达、准时达、裹裹派单)。

快运产品:电商大件、小票零担、惠至达。

同城即配:云递配(同城4小时内的即时配送)、同城代派。

增值服务:代收货款、新保价、OTO业务、门店调拨、签单返还、开放平台等仓配一体化供应链服务——仓储管理、运输、配送、数据服务等,通过云技术形成"万仓联盟",为上下游客户提供全方位的仓配一体化解决方案。

跨境国际:进出口业务、海外仓、保税仓、清关等相关业务。

三、科技应用

公司围绕"主动服务,以客户为中心"的服务理念,深入探索精细化、专业化、多元化快递服务,将网络信息平台、大数据平台、自动化智能化设备与业务深度融合,通过车货匹配、智能路由、运输可视化管理等智慧场景化应用,助力公司实现货品结构优化、实施加盟商自跑等,直接保障快件时效、损坏率和遗失率等多项服务指标方面达到行业领先水平。

公司深刻理解信息化、智能化对于现代物流产业发展的极端重要性,在科技创新、新设备研发方面始终保持着蓬勃的创造力。仅2018年上半年,基于快递、快运、供应链、跨境服务等业务场景需求,公司新开发、新投入信息化系统近30套。

(一)自动化分拣设备

公司加大对自动化设备的投入和改造,致力于持续掌握核心技术,提高设备自动化程度,逐步在全网改造投入全自动、智能化分拣设备,包括高速矩阵、自动交叉带、末端自动化设备等,其中:高速矩阵的分拣效率达到2700件/小时,升级后的效率达到3700件/小时;自动交叉带在分拣、中转、运输过程,全程仅需扫码一次,过程不落地,分拣效率高达20000件/小时,分拣差错率1/10000,同等货量下可大幅度降低分拣人力。各转运中心依托服务网络强大的信息系统支持,实现互联互通的操作、运输、分拣、信息识别管理工作,并通过超强的信息前置和智能分拣设备,产能大幅度得到提升,分拣速度、准确性、安全性和人均效能等指标提升到行业较高水平。

(二)智能终端设备

快手设备:是由韵达自主集成研发的智能化设备,为了满足不同的应用场景,已研发了多种型号,已广泛应用到分拨中心和网点,提升了快件操作效率。快手设备已与自动分拣设备对接,该设备已对接到核心业务系统。不同型号的设备因应用场景不同研发了不同的功能,更好地满足了快件的操作需求。

"平板指环王"扫描枪:是一款轻薄小巧、具有防护等级的工业级安卓平板,提高了工作效率。

(三)无人机

随着消费水平的持续提高,客户对时效的要求不断提高,无人机送货可以实现同城物流的加急业务,以及满足部分特殊场景(偏远山区、交通不便地区等)的快递服务需求,使物流网点、终端之间的流转获得更高效率。公司致力于研制适用于快递行业的无人机产品,已成立"无人机研发专项团队",覆盖无人机的研发、设计、测试与应用等相关领域。

（四）无人仓

无人仓技术可以实现从入库、存储、包装、分拣的全流程、全系统的智能化和无人化，对于物流业发展具有里程碑的意义。

目前，公司已经落地无人仓含有数十台AGV起货调度车及两条智能无人包装线，可以实现从电商订单分拣出货到打包上车全自动。

（五）智能客服

为了提升客服服务水平，提供24小时不间断的客户服务，公司上线了"智能客服机器人"。在线机器人可以快速、高效地解决客户反应的诉求，并可以通过对数据的采集和分析，不断完善客服水平、提升全链路业务能力。

四、绿色快递

韵达积极响应国家邮政局有关快递服务节能减排、降低快递服务过程中的能源消耗和温室气体排放，推行绿色低碳环保快递的号召，要求全网网点公司在揽收、派送环节注意快递包装及循环使用。

韵达大力推广二维码面单的使用。二维码电子面单通过热敏纸代替传统条形码面单纸，大大节约了纸张的运用，而且高科技纸张还具有防水性、防油性、防污性、高黏性。通过韵达IT系统对接，二维码面单可由合作商直接在仓库打印，并进行揽货、称重、发车、中转或签收等扫描，显示货物所处的状态，合作商可直接编制及输入各类管理报告等。同时，在循环包装袋、快递袋以及新能源车等方面不断加大投入，为绿色快递做出更大努力。

五、社会责任

2018年1月，韵达携手安利中国、魔法童书会、上海教育出版社和打浦路街道开展"爱的魔法融化'冰花'云南儿童冬衣定向捐"活动，将一批暖冬物资免费运往云南省禄劝县。

2018年1月，韵达携手上海特殊关爱基金会，开展暖冬慈善活动，将30余箱羽绒服免费运往云南省昆明市寻甸县六哨乡中心学校。

2018年2月，韵达广东连州网点携手广东电视台开展"苹果书屋"公益活动，将募集到的13箱爱心羽绒服运送至广东地区的6所贫困学校。

2018年4月，韵达海口分拨中心和海口部分网点参加由海口市文明办、海口市公安局、海口市邮政管理局、团市委、市志愿服务联合会举办的"安全配送、文明骑行"活动。

2018年5月，韵达联合"绿爱"公益组织为贫困地区的孩子免费寄递爱心物资，此次免费寄递的物资包括图书、衣物共计800余件。

2018年6月，韵达开展首届"为爱发声"公益朗诵会暨六一儿童节公益捐书活动，此次活动共募集童书近200本，均来自韵达总部员工及员工子女，书本全部捐赠给四川省凉山州布拖县木尔乡中心校，用同一书本连接两地的小朋友。

2018年8月25日，韵达山东省潍坊分拨中心、潍坊快运相关负责人与韵达山东省寿光网点参与抗洪救灾行动，先后9批次运输救灾物资至受灾最严重的地方。

2018年9月，韵达海口网点的志愿者们开展扶贫捐助中秋慰问活动，为贫困户们带去了中秋月饼、粮油等慰问品。

2018年12月，韵达上海半淞园网点助力上海美丽心灵社区基金会"精灵书屋计划"，承运52箱爱心物资运往重庆、辽宁和宁夏3所乡村小学。该批物资主要为儿童图书、牛奶和书柜。

六、企业大事记

1月3日至4日，韵达在浙江省桐庐县举行以"布局·赋能·精进"为主题的韵达第十八届网络大会。会议提出，始终立足于为全世界和全社会每一个人提供便利的这个根本宗旨，在提高服务能力和水平的同时，更加注重通过创新引领，以快递为核心，拓展产业链，构建生态圈，让每一位客户和更多的合作伙伴享受到韵达人提供的服务，实现"与社会协同，服务于社会"的目标。

1月29日,韵达召开专题会议,学习传达《国务院办公厅关于推进电子商务与快递物流协同发展的意见》(国办发〔2018〕1号)文件精神。会议提出,在学习的同时,对照韵达实际,强化落实,通过服务好电商平台和客户,为进一步推动韵达构建"协同资源,开放平台,服务社会"的生态体系做出努力,也为做强韵达品牌和促进中国快递电商协同发展做出应有的努力。

3月26日,韵达入选"BrandZ 2018最具价值中国品牌100强",名列第37位。

3月27日,韵达被认定为贸易型总部。

4月2日,韵达召开《快递暂行条例》专题学习会,认真学习《快递暂行条例》内容和《条例》精神。会议提出,韵达全网要认真贯彻落实,同时加强学习和培训,深刻领会《条例》内涵,结合工作实际,通过全网共同努力,为进一步推动韵达构建"协同资源,开放平台,服务社会"的生态体系做出努力,也为做大做强韵达品牌做出应有的努力。

4月27日,韵达在厦门举办思享荟2018——全渠道零售与智慧供应链论坛。论坛提出,通过践行"搭建平台,协同资源,服务社会"的发展理念,与所有合作伙伴携手共进,共同提升智慧物流水平,为商家、客户提供标准化、专业化服务,努力为客户提供极致的服务体验。

5月28日,韵达携新产品、新技术亮相第五届中国(北京)国际服务贸易交易会。

11月1日,韵达助力"绿色快递",首批300辆揽投专用电动自行车在沪交付。

百 世 快 递

2018年百世秉承"成就商业,精彩生活"的使命,践行以互联网、信息技术和创新力量为整个网络带来革命性变化的奋斗目标,不断挑战自己,全体百世人凝心聚力,开拓进取,取得了令人鼓舞、催人奋进的新成就。

截至2018年12月,百世快递在全国拥有分拨中心106个,31000多个站点,省市网络覆盖率达100%,区县覆盖率达99%;2018年全年快递包裹总量达到54.7亿件,远超行业平均增幅,快递营收同比增长38.5%。

一、基础建设

2018年,百世基础设施建设得到明显加强,对网络的支撑能力得到提高,公司服务水平迈上新台阶。

(一)转运中心和转运仓建设

截至2018年年底,百世快递拥有分拨中心106个,操作场地面积超过140万平方米。全年扩建转运面积20万平方米,场地面积同比增加20%;日处理能力达到约4000万件。全年大规模新建、扩建转运中心30余个,完成了对江苏无锡、上海嘉定、江苏常州、北京顺义、天津、广东汕头、福建泉州、陕西西安、云南昆明,湖北荆州等大型转运场地的搬迁工作。

全年改造流水线项目70余个,目前全国场地已投入使用71套百世自主研发的风暴自动分拣系统。同时已经投入577台DWS,292条摆臂线等自动化设备。全国新增爬坡机、伸缩机1500余台,新增分拣流水线10万余米,同比增长30%以上。

(二)网点建设

2018年,百世快递网络覆盖范围持续扩大,截至12月底,全网共有31000多个站点,地市覆盖率100%，区县覆盖率98.74%，乡镇覆盖率92.13%。

（三）客服系统建设

随着互联网智能化发展趋势，智能呼叫中心将成为主要发展方向，2018年4月13日智能客服"百小萌"应运而生。"百小萌"智能客服在各个平台都可以为客户及时解答疑问，7×24小时全方位的不间断的接待客户，在改善快递服务体验及节省人力成本上做出了巨大的提升。截至2018年12月底，"百小萌"智能客服拦截率达94.8%，百世计划推出多语言、本土化的百小萌，服务不同国家和地区消费者。

随着业务数量的翻倍增长和整体服务质量的大幅提升，2018年上半年百世快递投诉量同比下降40%。在服务质量和客户满意方面，百世将"客户为尊"的理念落实到具体的工作中，坚持精益求精，力争100%客满率。同时满足客户个性化需求，为客户提供安全优质的服务。

（四）信息化系统建设

百世坚持在生产实践过程中导入"科技"基因，从信息化、自动化到智能化，持续升级自动分拣线，加强智能机器人等设备应用，提高分拨中心自动化水平。

1. 网络规划调度

百世自主研发了基于人工智能的网络路由规划算法并成功应用在快递网络路由规划中，实现动态的规划，快速适应网络上面各种各样流向的变化，缩短快件运输路程和减少操作次数，从而每年可为企业节省5%以上的运力费用。

2. 末端科技创新

专为百世快递员打造的"如来神掌"智能App，优化用户体验、提升快递效率的同时，也实现了线上线下的完美对接。快递员通过"如来神掌"完成收、发、到、派、签等一系列日常业务操作，它还具备移动支付功能以及快递员社区交流功能，方便快递员的同时也大大缩减了时间成本，给消费者带来更优质的收寄体验。目前，"如来神掌"在快递员中已全面施行使用。

下一步，"如来神掌"可以根据大数据云计算，在客户下单后就能直接根据区域的划分通知到负责收件的快递员，节省客户的等待时间，优化客户的服务体验。此外，在派送上也会做一定的升级，今后客户可以实时掌握派件的快递员位置。

3. 风暴自动分拣系统

百世自主研发的风暴自动分拣系统融合了大数据分析、云计算、智能终端、图像处理技术等多种技术，当快件在分拣线上通过系统扫描，就会按照末端地址自动进入与之相关的分拣袋中。该系统可以将包裹分拣准确率从全人工分拣的80%提高到99.9%以上，峰值处理效率超过每小时4万件。

2017年6月，百世自主研发的风暴自动分拣系统获得发明专利，该专利解决了快递行业采用传统人工分拣方法和半自动容易出错、误操作且费时费力等问题，实现了计算机和机器自动分拣，极大地提高了快递行业分拣效率。

4. 甩挂运输调度系统

百世开始自主研发甩挂车辆信息调度系统，该系统实现了牵引头和挂车的灵活匹配。基于每辆牵引头和挂车均已安装GPS，该信息系统根据每条线路的批次、频次概念，结合货量以及每个区域内牵引车与挂车的数量，进行自动排班调度，实现牵引车和挂车的最大使用率。百世自开展甩挂运输以来，仅在运输环节成本便节约20%~25%左右，智能化应用也节约了大量时间、人力成本。

百世已加快甩挂运输车辆应用推广，保有量将近2264辆（以牵引车头数量为准），占比总体车辆数量的65%左右。其中干线约1800辆，牵引车和挂车比例约为1:2。

5. 中置轴车辆应用

百世投入使用中置轴车辆，基于百世快递与百世快运是通过同一车厢两地操作进行运力协作，在同流向的三个分拨之间进行甩挂运作。中置轴上线后，在快递与快运分拨进行甩箱操作，前面车厢既可以拉快递，也可以拉快运，具体是根据快递和快运每个分拨运营时间点的不同和业务数据进行配合与协同。

百世投入使用中置轴车辆，主要基于多方面的考虑：第一，提升运输效率，提高用户体验；第二，降低运输成本；第三，快递与快运两网运输融合；第四，车辆符合国家规定；第五，解决场地对车型限制。

6. 智能化仓储机器人

百世使用的智能化仓储机器人，颠覆了传统仓库"人找货、人找货架"的陈旧模式，实现"货找人、货架找人"。机器人在接收到订单后，通过百世智能系统选取的最优路线驶向存放货品的货架，并将其从巨大的仓储区搬运至员工配货区。配货员只要等货架被搬到面前，从电脑提示的货位上取下所需商品即可，全程不需要走动，在有效降低人工的劳力强度的同时也大幅缩短了配货时间。

为了完成百世云仓为不同客户定制最适合的仓储智能模式目标，机器人可以利用自身的大数据分析系统和超强的学习力对任何仓库模式进行极高的适配。

7. 百世车辆研究院

百世"车辆研究院"会定期向行业展现透明真实的车辆运营数据，进行大数据分析、分享，与此同时，还会展示先进的车辆应用技术测试结果，发布严谨公正的报告，引导整个行业合理的消费新技术、新产品。

对于车主、大车队来说，"车辆研究院"发布的数据不仅可以看到行业趋势，甚至还可以满足个性化数据诉求，做专属自己的数据报告、车辆运行分析报告、车辆运行效率报告，同时还能将自己的车辆和别的车辆进行比较，了解自己在行业内的运行水平，目前处在什么样的状况。

此外，百世所有相关车辆信息，都将导入"百世优货"平台。车辆研究院的个人及单位会员均可享受优货平台提供的货源、结算和后市场服务。

8. 智慧供应链

百世拥有覆盖全国并延伸至海外的云仓布局，仓配一体化的整合服务、深度的供应链解决方案。为客户的多场景销售需要，提供完善的支撑。

二、主要成绩

2018年，百世在以下几个方面成绩突出：

1. 提升服务质量，成立了质量安全管理部和持续改善委员会，把高质量当作发展的前提，以客户需求为标准，落实到具体的工作实践中，改善快递客服体验，提高工作效率，打造行业领先的"百小萌"智能客服系统。

2. 在提高时效方面，百世促进网络结构与分拨中心优化，减少运转环节，提升自动化应用运作效率。

3. 在智能化、科技化方面，百世继续加大自动化设备的投入，并凭借强大自主研发能力，进一步提升服务水平和运营效率。

4. 百世积极推动物流信息化升级，助力绿色物流发展，快递全面实现电子化寄件，节省时间成本、提升了收件环节效率，同时电子面单的应用使转运中心自动分拣设备得以大规模的运用。

5. 百世深入打造助农项目，搭建农产品与外界的桥梁。推出"鲜果件"特色服务产品，制定了智能化的物流运输配送方案。

三、业务发展

2018年百世业务呈多元化发展趋势，业务总量再创新高，业务结构持续优化，末端服务成绩突出。

1. 量变质胜。2018年百世快递营收同比增长38.5%，远超行业平均增幅。

2. 服务创新。店加加速和供应链和快递在末端网络上的整合，服务品牌商，增强社区服务能力，并与其他核心业务产生协同效应。

3. 结构创新。依托百世"天网+地网"的多网融合发展，百世快运通过车线融合，加强资源利用，协同运力，降低转运次数，缩短运输距离，提升时效。从商品端到配送端。百世全方位智慧供应链解决方案同步发力，为更多的商家、消费者、服务商提供优质服务。百世云全面支持快递业务的基础运作、网络管理、运输管理等日常工作，为各环节、各业务、参与方高效协同提供了基础保障，为业务数据分析、规划和操作构建可扩展的数据架构。百世店加智能补货系统开发项目及供应链流程规范，店加商品组获优化项持续改善。百世金融和优货发展迅速，大力推动整车运输集约化、规范化、推动大数据在运力资源方面的应用。

4. 国际化进程加速。2018年11月底，百世在泰国大曼谷地区正式起网运营，以泰国为基点，重点布局东南亚地区的电商物流服务。

四、绿色快递

截至2018年底，快递业务已实现全面电子化寄件，减少纸张用量，降低纸质运单费用和环境污染、节省时间成本、提升了收件环节效率，同时电子面单的应用使转运中心自动分拣设备得以大规模的运用。

百世对快件包装所用到的纸箱、编织袋、胶带等包装材料，在末端转运操作环节及派送环节，加大包装材料的二次利用，减少整个运营环节对包装材料的使用量，尤其是降低非环保包装材料的使用量。

百世推动可循环RFID编织袋，以增加编织袋RFID为技术实现循环使用，实现包裹中转、丢失、区域流向、稽核等信息收集。中转环保编织袋，已经开始试用，至9月达到30%。

在包装材料设计上，百世一直注重环保设计，通过减少包装袋的色彩、减少染料的使用。环保PE袋已开展推广工作，将逐步替换，提升全网覆盖率。

百世以"绿色物流，百世先行"为主题开展了多次大型公益活动，向消费者传递快递纸箱的循环再利用理念，通过自身行动来倡导和推进"绿色快递"的理念和发展。

五、社会责任

百世依托自身在网络覆盖、运输、仓储及末端配送能力的优势，开启爱心通道，为"公益项目"助力。1月，百世联合浙江省慈善联合总会共同成立"百世暖流"项目，积极践行社会责任，协助浙江各公益组织解决爱心物资的物流问题，累计向新疆、四川等地输送爱心物资超20万吨。

百世公益依托百世集团在智慧供应链方面的优势，深入打造助农项目，帮助当地老农打开"走出去"的通路，实现"互联网+助农"，搭建农村与外界的桥梁。4月，百世推出助农项目，通过微信公众号、掌上淘等自有渠道售卖，4小时苹果售卖已经突破10万斤，2天超14万斤，实现"互联网+助农"，让果农的苹果通过互联网售卖到全国各地。

5月，"百世暖流 情系广元——衣路相伴"启动，通过省内慈善组织，共为广元地区募集18000余件衣物鞋袜，价值人民币100万元左右。百世开通了浙江到四川广元的专线班车，并对运送的爱心物资进行更加牢固、防震的包装，防止货物在运输途中遭到损坏。

8月，推出浙江临安天目山小香薯助农项目、山西庙上脆甜冬枣助农项目。

9月，百世成为甘肃天水农特产品物流服务商，依托全产业链式物流支持，让天水"花牛"苹果原产地直发往全国各地甚至走出国门，截至2018年12月电商平台销量达60多万件。百世以多网协同的方式助力天水农产品提升市场竞争力，同时，也延伸出了原产地农产品直发的服务项目，进一步拓展助农扶贫项目。

百世"鲜果件"特色服务产品，根据乡村地区发展特色农产品需求，制定了智能化的物流运输配送方案，例如，给予客户鲜果件专用面单、优先操作、中转、整车直发等举措，保证水果品质在集散、在途、配送时不受影响。

"双11"期间，百世联合品牌商连续开展了"一瓶好水敬快递""加油吧，快递小哥"的快递员关爱活动，两年共捐赠270多万瓶水。由百世快递、快运站点和WOWO便利店、百世邻里便利店组成4000多个爱心取水点,覆盖了全国40多个城市。

六、企业荣誉

1月,中国邮政快递报"快递之夜"颁奖典礼上,百世荣获2017中国快递社会责任大奖、2017中国快递年度发展奖。

1月,百世荣获由中国时尚行业CIO联盟颁发的"2017中国时尚行业信息化值得信赖产品奖"以及由上海跨境电子商务行业协会颁发的"2014－2017年度首届'金E商奖'优秀跨境电商物流企业"。

3月,由交通部主办的"砥砺奋进 好运中国"第三届寻找中国运输风范人物领袖品牌事迹报告会上,百世获得"中国运输领袖品牌"称号。

4月,在2018中国卡通形象营销大会上,百世集团"递儿"荣获由中国动漫集团有限公司及中国广告协会颁发的"卡通形象营销类优秀作品"奖,"小艾酱"荣获"卡通形象设计类优秀作品"奖。

4月,百世正式通过中国物流与采购联合会评审,成功跻身国家5A级物流企业行列,成为全国第25批5A级物流企业。

5月,第三届"中国梦·邮政情"寻找最美快递员活动发布会,李朋璇入选十强,龚鹏程、邹春勇、朱有敏入选前50。

5月,中国连锁经营协召开"新消费论坛——2018中国便利店大会"上,百世店加旗下WOWO便利店进入榜单30强。

5月,杭州百世网络技术有限公司重庆分公司获得由共青团重庆市涪陵区委员会颁发的"爱心企业"称号。

7月,在"数字物流引领行业智慧升级"第十届中国物流信息大会上,百世荣获"2018中国物流信息化十佳应用企业""2018年度智慧供应链案例"两项大奖。

7月,由中国交通运输协会主办的2018中国智慧物流与供应链创新发展大会上,百世集团斩获"智慧物流最佳科技创新奖"。

8月,百世快递苏州转运中心获得由苏州工业园区公安分局颁发的"精诚团结写作榜样,警民携手其利断金"缉毒奖励的锦旗。

11月,百世快递南宁七星分部的王钊明荣获南宁市首届"最美快递员"称号。

七、企业大事记

1月,百世快递小哥李朋璇受邀走进中南海当面向李克强总理"进言","进言"内容被纳入国家《快递暂行条例》。

3月,百世快递全国网络大会在三亚召开。

5月,百世集团宣布成立公益性组织的"车辆研究院"。

7月,百世集团旗下百世快运联合菜鸟重磅推出电商大件"电子面单"。

11月,百世快递在泰国大曼谷地区正式起网运营。

12月,"杭州百世网络技术有限公司"当选邮政业科技创新战略联盟理事单位。

苏宁物流

苏宁物流集团是苏宁控股集团旗下八大产业集团之一,在智慧零售变革趋势下,专注于服务消费零售全渠道、全场景、全客群的发展模式,依托领先的软硬件支持,打造技术驱动的物流基础网络,面向合作伙伴输出高效协同的供应链解决方案。目前已形成涵盖仓配、冷链、即时配、快递、快运、跨境、售后、送装八大服务产品群。

伴随苏宁零售业务发展,苏

宁物流1990年即进行物流能力的建设，是国内首批从事仓储、运输、配送等供应链全流程服务的企业。经过29年积淀和成长，苏宁物流着力构建了三大基础网络：仓储网络、骨干网络、末端网络，以卓越的一体化和规模化服务能力，引领行业转型升级，降低社会物流成本。

一、基础建设

（一）仓储网络

2018年7月，苏宁物流"百川计划"发布之后，苏宁仓储网络布局加速裂变。除了从一二线城市逐步向三四线城市加速布局的骨干仓储网络之外，同时加快了社区仓储网络的建设。截至2018年年底，苏宁物流联合天天快递拥有相关配套仓储合计面积已达950万平方米。

依托仓储属性，苏宁物流建有60个大件始发中心、19个小件始发中心、46个冷链物流仓、5个跨境保税仓和6座海外仓，465个城市配送中心链接全国27744个末端快递点，覆盖全国2858个区县；同时设置前行仓、前置仓、产地仓、小店中心仓等仓储模式，形成科学高效的仓储布局。预计到2020年，苏宁物流铺设的前置仓、门店仓将覆盖至少全国100个以上的城市，以更好实现"最后100米"的物流配送。

在自建模式上，苏宁物流采取立体仓、自动化仓、常温仓、无人仓、生鲜仓等多种仓库结构并存的标准模式，并为大型仓储中心配建相应的物流技术研发中心。所有仓库均实行智能化运营，订单由大数据驱动，从订单处理到货品的快速拣选、快速包装和最终分拣出库，最快可以在30分钟之内完成整个流程。

在不断下沉的过程中，苏宁物流在仓储网络上形成"多点多极"的布局，预计到2020年将建设完成超过1000多个的专业物流中心布局。

（二）干线运输

2018年，苏宁物流在全国范围内，拥有超过10万辆运输车辆资源，干支线网络超过4000条。苏宁物流通过建立实时监控调度平台、招标管理平台、后市场管理开放平台三大平台实现平台化运营，科学利用数据优化车辆管理、路线规划和资源调配；同时将科学预测和场景分析相结合，实现城市枢纽分拨之间以及城市分拨之间的最短路由管理；以全境24小时达为使命，通过核心仓储节点、城市分拨节点的优化布局，实现城市节点进一步下沉和24小时达的网络布局。

（三）无车承运人

苏宁物流2017年8月获得"无车承运人"平台运营牌照。目前苏宁物流的无车承运人项目集合干线卡班、合同物流、城市配送、支线调拨等多维度地运作模式，门户应用功能层包含用户管理、信息交流、价格中心、新闻政策四个模块，核心业务功能层包含平台专业服务、交易平台、电子商务和智慧物流模块。到2018年底，已支持超过10万辆车辆、4000多条线路的调拨，日均运载量达到1万吨。

（四）末端网点

截至2018年底，苏宁物流在全国465个城市配送中心链接全国27744个末端快递点，覆盖全国2858个区县，90%的地区实现了当日达或次日达。

苏宁物流在电商大件时效和小件时效上，一直处于行业内领先地位。2018年上线精准逆向和极速逆向产品——准时取、急速取，满足用户指定时间段或即时退换货需求。同期，以包裹自提、代收代寄服务为主的"苏宁邮局"也在2018年底正式试运营，"苏宁邮局"以社区服务为核心，在苏宁易购线下业态中拥有独立空间，承载快递代收、代寄、自提、售后、回收等多样化功能。

苏宁物流通过"苏宁邮局+自提柜+快递点"三种基础站点组合的形式，建设多层次全场景的末端服务网络，提供给用户更近更快更准也更有温度的社区一站服务。

二、业务发展

（一）苏宁智慧供应链

2012年，苏宁物流注册成立公司转型为家电第三方物流企业,2015年,苏宁物流集团正式成立,物流云全面对外开放。截至2018年底,苏宁物流从数据生态、技术生态、服务生态、管理生态四个维度构建智慧供应链综合服务能力,已经累积合作超过2000多个客户。

(二)苏宁仓配

苏宁仓配面向供应商、平台商户、社会客户提供工厂到仓、经销商、门店、和消费者的全链路物流解决方案,依托全国19个小件始发中心、60个大件物流中心,为客户提供物流区域、活动、季节等多种分仓模式,通过高品质存储、高效率配送和高黏性的增值服务,助推客户的品牌价值提升,并提升消费者购物体验,全面支持客户的业务拓展。

目前业务场景包括:

1. 家装仓配。面向泛家居行业,借助自营的仓配网络(一仓发全国),为客户提供多元化产品存储、全国业务快速拓展、极致客户体验支撑,解决泛家居品牌定制化和本地化服务两大需求。

2. 快消品仓配。面向快消行业,依托自身强大的仓储和运输网络资源,依托全流程的质量管控,为客户提供专业、安全、准时的仓配物流服务。

3. 电商仓配。专为电商类商品设计,商家只需提供订单数据,运货到指定仓,为商家提供包括"卸货、质检、理货、拣货、包装、配送、跟单、信息推送"等一站式服务。

4. 家电仓配。针对家电类用户,提供仓储、配送、安装、维修的一体化服务。

5. 生鲜仓配。基于覆盖全国的冷链物流仓储网络,通过B2B店配和B2C客户包装两种发货模式,满足生鲜用户的仓配需求。

(三)苏宁冷链

截至2018年底,苏宁物流在全国已经运营46座冷链仓,近20万平方米,覆盖179座城市,同步在13座城市自建20万平方米的现代化多温区冷库,包含恒温、冷藏、冷冻、深冷多个温区,支持干支线运输、宅配、仓店、仓仓之间的调拨。2019年还将在多个特色农产品产地建设源头产地仓。

苏宁冷链解决方案:打造:ToB/ToC,线上/线下综合运营模式,接入苏宁秒达入局即时配送领域,通过全链路生鲜解决方案助力苏宁物流消除社区生活的痛点,打造离用户更近的社区服务网。使消费者不仅可以选择在家收到生鲜产品,也可以去苏宁遍及全国的各类门店自提、选购。

(四)苏宁秒达

作为苏宁物流进军即时配送领域的产品,"苏宁秒达"众包App于2018年10月22日凌晨上线测试,并在"双11"期间正式开启众包模式,进军本地生活即时配送服务。

苏宁秒达通过连接社区零售生态和社区仓网满足社区用户即时需求,为社区用户提供1公里30分钟送达,3公里1小时送达的即时配送服。截至2018年底,已布局70座城市的2万个社区覆盖,准时率超过99.7%,单日履约能力达到50万单。

(五)苏宁帮客

基于县镇市场的服务升级,苏宁帮客通过融合揽、仓、配、装、销、修、洗、收、换、数等建立的十位一体的县镇综合服务体。借助苏宁全品类、全渠道、全场景的零售基础设施,全面赋能合作伙伴,为乡村用户、县镇市场提供更有品质的智慧零售服务体验。

截至2018年苏宁帮客已在全国布局361家,2019年将在一线一点的战略规划下,完成1000家的网络布局。

(六)天天快递

苏宁物流2016年收购天天快递,2017年10月天天快递总部迁入南京苏宁徐庄总部,开始融合办公。截至2018年底,依旧延续"直营+加盟"的运行方式的天天快递拥有仓储网络转运中心100个,县镇覆盖率达到95%以上,快递员超过10万名。

天天快递目前的服务产品包括:

1. 电商服务。"卸货、质检、理货、拣货、包装、配送、跟单、信息推送"一条龙服务。

2. 承诺达。承诺时效内准时送达服务。

3. 普通快递。365全天候服务（包含代收货款、保价、签回单、委托收件的特色增值服务）。

4. 菜鸟裹裹。2小时上门取件，覆盖100个城市门店取件。

（七）家居物流

2018年7月，苏宁物流正式宣布进军家居物流市场，依托在大件物流领域的网络优势，苏宁物流通过链路信息化、货损包理赔、免费上楼上门、送装准时达、逆向上门取的服务承诺方案，破解行业内破损率高、标准化低、信息化低、时效性低的痛点。目前已合作品牌客户包括宜家、尚品宅配、星饰居国际、顾家和科勒等。

苏宁物流目前为家居客户提供以下三种主要的仓配服务方案：

1. 揽配业务。上门揽收，中转分拨。

2. 一仓发全国业务。提货入仓，存储分拣。

3. 多仓发全国业务。调拨入仓，存储分拣。

三、科技应用

（一）智慧平台应用架构

苏宁物流经过多年自主研发，已经形成了一套从前台到后台的智慧平台应用架构，包括乐高管理平台、天眼数据管理平台、天机数据平台和指南针硬件系统。

1. 乐高管理平台

乐高平台是苏宁基于对未来零售的复杂性和不确定性思考下，为更加敏捷地响应市场而自主研发的服务化、模块化的积木型供应链物流管理信息平台。为保障不同需求的组合响应，乐高构建完成4层6域117套系统的微服务架构。

2. 天眼数据平台

天眼平台是苏宁物流整体运营的数据管理平台，一方面整合所有苏宁物流数据，并参与社会数据置换；另一方面涵盖全流程监控、风险预警、产能调节、管理报表、经营及运营指标等职能，实现数字化管理、数据化运营，同时构建内部运营和外部服务的数据管理体系，提高服务透明度，提升服务水平。

3. 天机数据平台

天机平台通过对全局和各环节作业数据进行杂音消除和结构化的处理，建立模型。在策略层，关注竞争环境的分析与决策、物流供给与需求匹配、物流资源优化与配置等，出具具有指导意义的解决方案。在执行层，统合作业流程上下游的输入输出，以智能数据模型替代作业环节的人工经验判断，提升大环节作业效率和全流程作业效益。

4. 指南针系统

指南针的自主研发标志苏宁物流研发进入自主软硬件集成的迈进。其协同场地限制、运营需求、作业效率、运作成本四大因素，萃取最大产能，实现全自动化运作、人机结合等多方式的柔性生产，实现同一套设备的灵活调度以匹配不同作业需求。

（二）无人智能

2018年苏宁物流物流自身在无人智能化发展方面取得了瞩目的成绩，也推动了整个物流行业在智能化应用的探索和进步。

1. 超级云仓

苏宁物流超级云仓南京雨花基地于2016年投入使用，建筑面积达20万平方米，配备了ASRS、Minilaod、SCS货到人拣选等一系列先进物流设备，可以实现约2000万件商品的入库、补货、拣选、分拨到出库全流程的智能化作业。

2. 机器人仓

截至2018年，苏宁物流在上海、济南相继投入使用AGV机器人仓库，通过机器人和人"搭档"，实现了"货到人"拣选，全国机器人仓储网络逐步成形。

3. 无人重卡

2018年5月，苏宁物流L4级无人重卡"行龙一号"在上海、盐城高速场景测试成功，"仓到仓"无人解决方案在行业内成功亮相。

4. 无人车

2018年，苏宁物流无人车"卧龙一号"在北京、南京、成都实现落地试运营。用户在社区附近的苏宁小店下单,"卧龙一号"可进行无人配送。

四、绿色快递

1. 成立绿色包装实验室,启动绿色包装设计大赛

2018年4月22日世界地球日,苏宁物流在南京举行了绿色包装实验室成立发布会。包括ISTA中国理事会、中国包装联合会用户委员会、北京一撕得物流技术有限公司、灰度环保科技等在内的多家物流包装行业组织和企业出席,会上苏宁物流宣布,苏宁物流绿色包装实验室将重点发展绿色包装、安全包装,大力倡导适度包装,全力构建资源节约、环境友好、循环利用、持续发展的物流包装产业格局。同时,苏宁物流还会组织开展包装基础标准、包装专业标准以及产品包装标准的系统研究,积极参与修订和完善国家、行业、企业多元化包装标准,形成相关性、集合性、操作性强的标准体系。到2020年,绿色包装实验室将联合合作伙伴,最低投放20亿个绿色包装产品。

同时,苏宁物流宣布首届"绿色共享"包装设计大赛正式启动,100万元重奖优秀者。苏宁物流承诺,通过专业的评估和测试,满足目前轻量化、可循环、可降解的需求,苏宁物流将提供第一批订单采购,率先在苏宁物流进行全流程的场景应用,并联合进行数据收集、客户体验、效率评估等关键问题的分析。

2. 六大仓库获顶级"中国绿色仓库"称号

苏宁物流仓储建设一直重视环境保护,通过合理选址、科学规划、适度超前设计,有效节约资源、降低能源消耗、减少污染排放、提高物流效率。

2018年,在"第五届中国绿色仓储与配送大会"上,中国绿色仓库等级评定委员会授予上海苏宁奉贤物流中心、苏宁广州物流中心、苏宁成都物流中心、内江苏宁西南物流中心、苏宁长春朝阳物流中心、哈尔滨苏宁平房物流中心共6大库区为三星级"中国绿色仓库"称号(三星级为最高级别)。至此,苏宁的9大"绿仓"已遍布全国各地,成为国内目前质量与数量均领先的绿色仓库群。

3. 推出可循环可折叠的共享快递盒

苏宁物流在行业内率先推出可循环利用的共享快递盒,直接取代传统纸质快递盒,快递员送货上门时即可实现回收再利用。随后,苏宁在一代产品基础上进行迭代创新,升级版的共享快递盒2.0可折叠可循环,拆开方式也更加便捷,只需要将绿色的安全锁扣90度掀起,轻轻旋转2圈,即可打开。首批升级版共享快递盒在北京、南京等地投入使用后,深受用户好评。

"共享快递盒"是苏宁智慧物流的创新环保产品,更为电商快递行业实践绿色包装带来了创新性思维。同时,围绕绿色包装苏宁物流还深入供应链上下游,打造了一套行业标准化的共享快递盒解决方案,推出了冷链循环保温箱、无中纸面单、零胶纸箱、自动气泡包装等更多绿色包装产品。经过一年多的实践和推广,苏宁共享快递盒投放使用累计1亿次,节约的胶带绕地球3.74圈。2018年"双11",苏宁物流继续在全国13个城市投放累计10万个2.0版共享快递盒。

4. 启动"青城计划"

2018年,苏宁物流在海口落地执行"青城计划",展开了规模化应用共享快递盒、无中纸面单等一系列绿色环保循环包装的活动,还通过联合苏宁小店投放共享快递盒回收站,探索共享快递盒社区回收模式,助力社区快递包装的回收和环境治理。同时,根据海口市政府相关要求投放新能源车取代柴油车,协同海口市政府积极推进绿色物流快递相关工作落地。

"青城计划"是苏宁物流联合品牌商、制作商等上下游伙伴共同发起的绿色物流城市行动计划,旨在通过一系列成熟的绿色物流产品形成全链路的绿色物流解决方案,进而推动电商物流的健康可循环发展和城市的绿色进步。

目前,青城计划的解决方案

包括四个部分的内容：

（1）绿色仓储。打造以大数据、物联网、人工智能等科技武装的智慧型绿仓。

（2）绿色运输。启动线上线下智能物流系统+新能源物流车；通过提升门店就近发货占比以及智能算法重塑物流效能；通过投放新能源车逐步取代燃油车。

（3）绿色包装。加大绿色包装产品的持续投入，通过快递末端触点与用户形成更紧密的连接，打造绿色包装全场景解决方案。

（4）绿色末端。在全国范围的苏宁门店开通"服务专区""回收专区"，将绿色回收站纳入社区服务，打造闭环的回收体系。

五、社会责任

（一）社会公益类

1. 为失独老人、环卫工送上暖心团圆饭

从2017年11月开始，苏宁物流已经联手相关相继完成了小摊改造、暖冬行动等一系列公益活动。2018年小年夜，苏宁物流再次联动现代快报"钟晓敏爱心工作室"，为南京淮海路社区的失独老人、环卫工送上五星级饭店的暖心团圆饭。

2. 免费寄行李，助力农民工平安返乡

2018年春运前后，苏宁物流在北京地区发起了"温情春运，苏宁物流免费寄行李"公益活动，为农民工和快递员群体提供了免费寄送行李返乡的服务。

3. 毕业季大学校园包裹免费邮寄

2018年5月28日，苏宁物流"毕业季校园免费包裹活动"在南京、上海、厦门、成都、哈尔滨、广州6大城市陆续开展，累计为50所高校超过2000名学子寄送了毕业包裹。苏宁物流"校园免费包裹活动"已持续开展4年，走过全国30多个城市，超过200所高校，服务大学生人数超过10万人。

4. 助力"为爱西行·播撒书香"公益行动

2018年10月，苏宁物流助力由南京市委宣传部、商洛市委宣传部、共青团南京市委、南京日报社主办的"为爱西行·播撒书香"大型公益助学活动暨第三届"书香飘满长征路"活动，将近10000册爱心图书、近500件御寒衣物、7台温热饮水器的屋子陆续送到商洛秦岭六县7所山区小学的孩子们手中。

（二）员工保障

1. 生活服务

苏宁物流在各大区的物流基地都为员工提供营养均衡、品类多样的员工餐饮，大促期间，更为员工提供额外的"能量加油站"。为解决员工"出行难"问题，苏宁物流安排公司班车每日接送员工上下班，同时开发搭建内部员工共享出行平台。此外，苏宁也积极帮助公司外来务工员工协调解决子女入学难题。

2. 快递员节

苏宁在全国千余家门店中专门设置"快递员休息区"，还免费提供解暑、保暖等物品。在苏宁物流的坚持和推动下，每年的8月28日被定为"快递员节"。2018年1月，苏宁物流投入500万元正式成立了"优秀快递员奖励基金"，用以专项奖励业务精良和具备社会正能量的员工。

2018年8月7日，苏宁物流联合第一财经商业数据中心（CBNData）正式发布《2018快递员群体洞察报告》，全景洞察全国快递员大军真实的生存状态，进一步为快递员群体发声，切实维护和保障快递员的权益。同年8月28日，苏宁物流在第二届快递员节期间，除了以往的现金福利、节日活动等奖励，还联合各大物流公司发起"快乐领巾行动"，为快递哥送上象征对工作热爱与忠诚的快乐领巾，给他们应有的尊重与快乐。

六、企业大事记

1990年，苏宁电器物流部成立，专注大家电。

2005年，启动电子商务仓配运营。

2009年，承载易购平台全品类仓储、运输、配送服务。

2012年，苏宁物流注册成立公司，转型为家电第三方物流企业。

2015年1月，苏宁物流集团正式成立，物流云全面对外开放。

2016年11月，第五代智慧物流基地苏宁云仓正式运营。

2016年12月，收购天天快递，强化网络协同和"最后一公里"服务能力。

2018年1月，苏宁物流战略升级，苏宁控股八大产业集团之一，致力于成为中国最大的消费品仓储服务商、最大的供应链设施服务商。

2018年4月，继无人机、AGV机器人仓、苏宁物流"无人军团"再添无人配送小车"卧龙一号"、无人重卡"行龙一号"，苏宁打造的集全国领先的机器人仓储、无人物流的智慧物流样本正逐步成形。

2018年7月，苏宁物流与百度自动驾驶事业部联合宣布，将加速落地物流自动驾驶技术；同期发布百川计划，启动骨干仓网、社区仓网建设。

2018年10月，苏宁物流进军即时配送领域的产品"苏宁秒达"众包App上线运行。

2018年12月，苏宁冷链完成全国45个城市仓布局。

优速物流有限公司

优速物流有限公司聚焦"大包裹"战略，坚持走差异化发展道路。截至2018年年底，优速已经在全国建立分拨中心97个，拥有营业网点超过6000家，员工70000余人，运输车辆20000余台。

2018年，优速提出"全·新·优速+"发展战略，以科技助力发展，致力于成为性价比最优的大包裹快递公司。在正确的大包裹战略方向下，富士康、海尔、固特异、梦洁等一大批海内外知名企业成了优速的战略合作伙伴。如今，优速正以蓬勃的发展速度，向着中国快递第一集团军迈进。

一、基础建设

（一）分拨场地

好马需配好鞍，基础建设是保障寄递品质的根基。2018年，优速持续对分拨中心运营能力建设发力，在原有分拨基础上新增操作场地2个，搬迁分拨场地共计16个，工艺优化改造计划涉及场地21个。截至2018年年底，优速拥有分拨中心97个，场地总占地面积达50余万平方米，且全部实现直营化管理。

此外，优速还在一些距离中心较远的网点区域设置集散点或市内分拨点，缩短网点往返中心时间，提高网点收发货时效。

（二）硬件设备

2018年，优速大型设备总投入约1100万元。其中DWS（动态计泡一体机）、动态秤投放近60台台、摆臂机近百台。在2018年"双11"旺季高峰期到来之前，这些先进的硬件设备已全部投入实际操作营运。

（三）网络建设

2018年，优速网点数量超6000家，较2017年上浮20%。在乾坤裂变项目助推下，优速网点如雨后春笋般在全国各地扎根发芽，业务触角覆盖更多乡镇。2018年，优速还启用了网点异动异常报警机制，有效规避因网络异常异动等问题，导致的寄递服务异常情况发生，确保网络运作稳定。

（四）车辆路由

2018年，优速更换了30余条线路的车型（9.6米换挂车），上线30余台17.5米挂车。路由方面，根据实际运输需求在全国主要城市新增零担线路，有效解决主要城市因货量猛增而导致的运力不足问题。

不仅如此，优速还拉直多条干线路由，减少二次中转。截至2018年年底，主要枢纽车线均已拉直。下一步将逐步梳理华东—华北/华北—华南重要区域线路。

（五）云网点

2018年11月，优速首个云

网点正式投产使用。云网点位于上海市区长宁区凯旋路,场地办公面积接近200平方米,场地规划、功能布局、门店形象等全部严格按照公司Ⅵ标准打造。依托其二级分拨(小集散)、周边网点职能共享、场地共享等功能,将有效解决市区网点因客观因素导致的网点生存难,收派件效率低,支线成本高等问题。

二、业务发展

(一)"330限时达"产品

2018年3月份,优速重磅推出的"330限时达"产品。在短短半年时间,产品上线覆盖全国99个重要城市。在该产品有力的推动下,优速货量一路奏响凯歌,培养了大量的忠实用户。2018年在"双11",优速大胆宣布"330限时达"产品不下线。果不负众望,"330限时达"表现十分抢眼——2018年11月11日至20日,"330限时达"号均兑现率高达94.9%,单日货量最高增幅50%,且零投诉。

(二)电子面单

要发展就必须改革。2018年3月份,电子面单项目在广东试点成功,仅一个月,试点区域电子面单覆盖率高达97.1%,创行业新高。在此基础上,优速迅速在全网推广电子面单项目,至2018年年底,优速基本完成纸质面单向电子面单的升级。

(三)升级95349客服

2018年5月,优速全国统一客服热线正式启用95349短号。升级后的新号码简短、易记,没有区号且全国唯一。短号规避了400虚拟号码转接,信号更稳,通话质量更好,并能实现呼出及短信功能。

(四)姑苏(苏州)"猎城"0元首寄

2018年8月份,为时1个月的优速姑苏"猎城"项目正式启动。姑苏"猎城"项目是指在苏州区域内,客户首次下单,苏州始发至全国99个"330限时达"开通城市免运费。项目开展期间,优速各级管理层下沉市场,深入苏州各大市场,洽谈业务。仅项目开展首日苏州区域50余家企业客户现场下单,80余家表达合作意向,微信渠道发货订单量同比昨号增长300%,微信关注人数同比昨号增长700%,微信下单优惠券领取3000余张。

(五)开通水果专线

优速针对时令生鲜,如台州的青橘、赣南的脐橙、陕西的猕猴桃、甘肃的苹果等,成立专项项目小组,实地考察生鲜市场后,将网点设置在果园采摘区周边,并搭建运输桥梁,帮助果农实现果子溢价。

针对果子易腐烂、运输难等痛点,优速开通水果专线。即时令生鲜产品建立独立的客户编码,且粘贴醒目的时令标签,便于中转操作。为保证时令水果寄递品质,针对时令产品开通"绿色通道"——不上流水线,独立分拣,优先中转,优先派送。

三、科技应用

2018年,优速科技技术取得了飞跃式发展,产品战略上更加聚焦。随着优速自主研发的新巴枪系统、优享寄平台、统一订单、一键录单系统、NOS系统、优拼货的平台、智能客服系统、优速家选平台等发布,优速的管理水平和运营效率得以大幅提升。

2018年7月,优速快递与际链科技正式签订战略合作协议。依托际链科技已有的智慧物流园技术入驻,为优速提供可感知、可智控、数据驱动的标准化运营物流系统。

2018年8月,优速大胆成立优速科技有限公司,将科技板块单独剥离运营,专攻大包裹快递技术难题,有力推动优速快步发展。

优速两项科技产品——优拼货的和优速家选双双获得了政府颁发的"奖学金",即上海市和青浦区百万级以上的政府创新补贴;另外还有16项软件著作权和1项科技发明奖目前在申办之中。

四、绿色快递

绿色发展是构建现代化经济体系的必然要求,是解决污染问题的根本之策。近年来,随着快递业务量不断攀升,快递内部用材耗材、商家的产品包装过度、包装循环利用率低、废弃包装难分解等问题给环境带来沉重负担。

为降低污染，优速从内部办公及寄递服务层面着手，积极推进无纸化线上办公。在寄递服务方面，通过布局绿色包装、绿色配送、绿色末端、标准化操作等最大程度降低污染。通过自助研发的OA系统，将日常办公的审批、报告、申请、沟通等，全部通过线上完成，降低污染与办公成本。绿色包装方面，推出可重复使用且易分解的绿色包装盒。绿色配送方面，节能减排，在全网大力推行电动小货车，代替普通燃油货车。

在末端服务板块，优速完成了电子面单的全网推广，并实现了在线下单功能，摆脱了耗纸严重的传统五联纸质面单，实现面单减量化、绿色化、科技化。

在操作标准化方面，在分拨中心在智能化操作系统、操作设备上线后，优化了传统的大头笔、手写记录等工种。此外，优速还在中心推出了绿色可循环使用帆布袋，每个帆布袋可重复多次使用。

2018年，优速快运、与雀巢Nespresso达成合作，优速独家负责Nespresso咖啡胶囊B2B回收业务。回收后的铝制咖啡胶囊，二次利用，通过溶解制作成工艺品。咖啡胶囊回收业务推动着绿色环保事业可持续发展。

五、社会责任

传递包裹，传递爱。优速在自身不断壮大的同时，积极践行社会责任，回报社会。近年来在全体优速人的共同努力了下，优速大包裹助农惠农、关爱抗战老兵、免费午餐等公益扶贫事业卓有成果，爱心足迹遍布神州大地。

（一）大包裹精准扶贫助农、惠农

随着农业供给侧结构性改革和"快递下乡"工程地不断推进，未来农村快递的普及化、专业化需求将更加明显。政策号召下，优速大包裹助农、惠农的步伐逐步加快。

优速积极探索可持续扶贫，以"造血式扶贫"帮助贫困群众自主脱贫。依托大包裹快递服务，优速大力推进与农产品产区的快递合作，搭建好'农产品上行'与'快递下乡'之间桥梁。

优速利用已有优势在产业链上发力，如在农产品品牌包装、营销上提供更多服务，在助力农产品走出去同时，精准扶贫，让农民创收增收。此外，优速在科技驱动与品质驱动基础上，以服务农村和精准扶贫为契机，为偏远山区的土豆、橘子、苹果等农产品插上金翅膀，最大程度释放大包裹快递惠农助农的价值，帮助农民脱贫致富。

2018年，优速帮助甘肃省秦安县果农解决苹果运输难题。在各乡镇设立二级网点，把网点安置在果园周边。优速让利果农，毅然不计成本地推出特惠2元/公斤发全国的助农扶贫措施。仅2018年，优速帮助果农运输苹果超过400吨。

6月25日，优速与农特集团"恩施—杭州"首批农特产品原产地直供发运正式启动，优速作为农产品物流承运方，将农特产品恩施土豆"豆硒施"、富硒大米、油菌菇等系列农产品直接承运至杭州。

12月，优速组织全网力量，通过"广开销路+快递运输"的组合方式，3天帮助福建漳州平和县琯溪果农卖出8万斤蜜柚，帮助果农转忧为喜。

（二）公益助残路上，一直在前行

优速在高速发展的同时，谨记社会责任和义务，主动回报社会。优速积极致力于免费午餐、关爱抗号老兵、关爱孤寡老人等公益活动，常年捐助善款，善物，为弘扬社会正能量做出应有的义举。

优速长期免费承担"免费午餐"的快递运输费用，每年免费午餐快递费用高达20万元之多。

2月，由共青团兰溪市委主办，市教育局、市少工委等协办，优速快递参与的"暖冬行动·优速送暖进云南"主题公益活动在浙江兰溪举行。优速免费承运此次公益活动爱心物资，总重量达3吨，全程2500公里，通

过优速网络车送达目的地——云南垤玛乡河玛小学，为河玛小学的孩子们送去御寒冬衣。

6月22日，优速贵州公司举办"关爱留守儿童"公益活动，优速工作人员走进校园，为孩子们送去包括篮球、足球、书籍、被子等学习生活爱心物资。

8月，山东潍坊等地发生洪涝灾害，优速心系灾区人民，第一时间与寿光市慈善总会取得联系，并安排专人、专车组织灾区所急需的方便面、矿泉水等生活物资采购捐赠。送抵至寿光市慈善总会指定的爱心仓库，由寿光市慈善总统筹安排下发至灾民手中。

8月20日，为帮助解决凉山州昭觉县的土豆滞销问题，优速主动消化了当地10吨土豆，为昭觉县土豆销量添一把力。

12月9日，优速浙江省区一行人深入余杭区临平街道结网社区，开展了以"情系敬老院 冬号送温暖"为主题的爱心活动，看望敬老院老人。

六、企业荣誉

1月18日，优速快递董事长荣获"2017中国快递魅力人物奖"，优速快递荣膺"2017中国快递差异化发展奖""2017中国快递社会责任奖"。

11月，优速快递被评选为上海市快递行业文明单位。

七、企业大事件

1月1日，优速快递八周年年会在上海举行，发布"全·新·优速+"战略。

3月18日，优速推出"330限时达"产品，该产品优先中转，优先派送，承诺特定区域内限时未达，运费最高全退还。

5月，优速全国统一客服热线正式启用95349短号。

6月1日，优速快递向社会公布市场指导价。

8月1日，优速启动姑苏"猎城"项目。姑苏"猎城"项目是指在苏州区域内，客户首次下单，苏州始发至全国99个"330限时达"开通城市免运费。

8月8日，上海优速物流科技有限公司正式挂牌成立。

11月22日，优速首个云网点正式投产运营。

德邦快递

德邦股份成立于2009年，是一家覆盖快递、快运、整车、仓储与供应链、跨境等多元业务的综合性物流供应商。2018年1月16日，德邦快递在上海证券交易所挂牌上市，正式登陆A股资本市场，简称"德邦股份"，股票代码603056。同年7月2日，公司品牌名称正式由"德邦物流"更名为"德邦快递"。

德邦快递凭借坚实的网络基础、强大的人才储备、深刻的市场洞悉，为跨行业的客户创造多元、灵活、高效的物流选择，让物流赋予企业更大的商业价值，赋予消费者更卓越的体验。德邦快递始终紧随客户需求而持续创新，坚持自营门店与事业合伙人相结合的网络拓展模式，搭建优选线路，优化运力成本，为客户提供快速高效、便捷及时、安全可靠的服务。

目前，德邦快递正从国际快递、跨境电商、国际货代三大方向切入港澳台及国际市场，已开通港澳台地区以及美国、欧洲、日韩、东南亚、非洲等国家线路，全球员工人数超过14万名。

一、基础建设

（一）业务网络

德邦快递业务的服务网络已实现全国省级行政区、地级、区级城市的全覆盖，使其能够在较广范围内实现揽货和配送。

（二）中心建设

截至目前，德邦快递网点的

乡镇覆盖率95.2%，自有车辆超万台，其中四轮车派送占比达到45%以上。此外，德邦快递拥有160处分拨中心，分拨中心总面积共202万平方米，能较好地满足货物的中转。与此同时，德邦快递建立起路遍布全国的运输线，并拥有1794条干线，实现了全国网点的高效覆盖与连接。

（三）运输能力

公司拥有营运车辆共计10875辆，在自有营运车辆不断提高的同时，逐步加大外部运力整合，通过与大型车队、车货匹配平台等运力方进行合理的资源配置，对接8大运力平台、189家专线、1066家信息部、近21万名个体司机，初步形成了百万级社会化运输车辆的资源储备与调度。

二、业务发展

针对大件市场"不想送、不能送、不好送"的行业痛点，公司于2018年切入大件快递这一新的行业品类，聚焦3~60kg的市场，包接包送，免费上楼。凭借在大件物流领域多年积累的行业优势，该产品一经推出，就获得了市场的良好反响和客户的广泛认可。

得益于大件快递业务的强劲发展，公司快递收入在2018年首破100亿元，达到113.97亿元，同比增长64.5%。快递盈利能力持续提升，票均收入达到25.49元。德邦快递仅用5年时间，便实现了快递业务从0到100亿元的突破。

2018年是德邦股份成功登陆资本市场的第一年，也是公司发展史上具有重要里程碑意义的一年。2018年公司经营收入达到230.25亿元，扣非净利润达到4.56亿元，分别较上年增长13.15%和45.29%。

三、科技应用

信息化建设是现代物流发展的必由之路，也是德邦快递精细化管理的重点工作。

德邦快递数字孪生中心分为运营总览、拉灯预警和大屏诊断三大模块。基于23项核心数据指标、24项中转场数据指标、68项岗位关注指标的运营数据总览形成；通过数据模型的计算，可以准确诊断系统"健康程度"，即每小时进入的量和转出的量是否均衡，从而做出拉灯预警，一旦发现某个中转外场超过预警线，可以远程一键停止卸车；通过布局在所有车辆的传感器，可以查看车辆运行速度和载货量。目前德邦快递数字孪生中心可显示全中国126家外场、一万多个网点的全景视频，将过去用于展示或者事后追溯问题的监控升级为事前、事中的管理工具，实时帮助决策层调整转运中心的资源配置。

德邦快递重点研发的系统分别包括：快递收派可视化系统、业务门户系统、客户结算系统、贷款管理系统、德邦风眼系统、渠道及客户管理、财务系统、人力资源及办公自动化方面进行持续开发和升级，良好地实现了对业务运营流程、渠道及客户的开发与维护，预算及财务报表管理及内部人员信息和管理效率的提升，有效提高了公司整体的生产效率和服务水平。

为了推动快递行业的变革，德邦快递每年还将拿出约2%的营收投入科技研发。目前，德邦快递已形成近千人的科技研发团队，拥有117个IT专有系统。

2018年，公司在所有快递员的PDA上新增了AR测量技术，相比传统测量和录入方法可节省30%时间；装车端上线自动称重设备，可节省80%扫描人员的工作量。

采用蓝精灵进行分拣AGV自动分拣系统（蓝精灵）对0~3kg的小件快递进行分拣，载荷5kg，每个机器人每小时分拣40~50个包裹，探索自动分拣技术的多样性。

2018年6月28日，德邦快递与华为在上海举办战略合作新闻发布会，宣布将与华为在云计算、人工智能等领域进行深入合作，实现科技与快递业务场景的融合，全面升级快递服务的体验，让德邦快递成为"一家拥有卡车的科技公司"。

2018年10月17日，德邦

快递携手网易云在德邦快递总部德邦大学举行了签约仪式，双方将成立联合实验室，在目前合作的基础上进行技术层面合作，共同谋求技术升级，一起助推中国大件快递发展。

2018年11月14日，德邦快递无人驾驶货车试运行。标志着快递物流行业高效率、低成本、高智能的时代已经到来。

2018年11月23日，德邦快递又与智久正式开启上海浦东分拨中心项目合作，共同开拓无人叉车市场，开启零担分拨智能化时代。

四、绿色快递

2018年4月，德邦快递设立"包装实验室"，通过吸纳、开发新型技术进行快递包装的升级和包装绿色化。

从德邦快递顺德枢纽至上海的电视机货品，德邦快递针对大件的特性，曾引入可循环包装，实现绿色、减量、可循环。在上海区域，德邦快递也针对高尔夫球具，通过塑料中空板材料进行设计应用场景。

此外，德邦快递又针对快递员随身包装材料进行升级，提出绿色折叠循环箱的概念，快递员携带这样的循环箱上门取货，将客户的货品装进循环箱，等货品送达之后，再将循环箱收回，重复利用。

针对电商大客户，德邦快递还安排包装专家与客户一同对商品的包装进行评估和改造。比如，研究一台冰箱的内部结构，哪部分容易损坏，针对这些问题，选用合适的包装材质，这不仅可以降低客户发货成本，也便于客户收到货之后拆解。

五、社会责任

2018年7月6日，德邦快递已与中部战区空军某营合作，为官兵发放2018年度夏季被装物资。"后方仓库—物流公司—官兵个人"的发放模式，通过减少配发环节，有效管控被装在末端仓库出库入库的管理难题，受到广大官兵一致好评。

2018年8月，受第14号台风"摩羯"和18号台风"温比亚"叠加影响，潍坊市迎来持续性强降雨，寿光等部分地区出现洪涝灾害。德邦快递第一时间送去爱心物资，为群众解决燃眉之急。

2018年8月29日至30日，潮汕地区普降暴雨到大暴雨。连日持续降雨导致该地区不同程度出现内涝，德邦快递第一时间筹集了一批生活物资，目前已送抵汕头，解决当地市民生活之需。

2018年9月13日，潍坊市邮政管理局和潍坊市快递协会共同发起"书香满校园 爱心满人间"爱心图书捐赠活动，德邦快递山东事业部积极响应，为灾后寿光建设爱心接力。

六、企业大事记

1月16日，在上海证券交易所A股市场正式挂牌交易，简称"德邦股份"（代码603056）。

3月29日，德邦快递举行公司年会，奖励82名服务品质考核最优的快递员，每人价值10万元的黄金。

4月17日，德邦快递发布上市后的首份年报，年报对外披露德邦股份在2017年的营收、利润情况，以及下一步的发展战略。

6月8日，德邦快递2018年毕业季校园托运启动仪式在武汉大学举行。德邦快递将毕业季的主题定为"简单寄，轻松告白毕业季"。

7月2日，企业品牌名称更名为"德邦快递"，全面聚焦大件快递市场，以大件快递3～60kg全面发力大件快递业务。

8月11日至16日，德邦快递为快递员在巴厘岛举办第十三届集体婚礼。

9月1日，德邦快递成立22周年。

9月12日，国家邮政局局长马军胜赴德邦快递上海总部调研。

9月18日，德邦快递董事长崔维星参加达沃斯论坛，崔维星表示："竞争是好事，竞争多说明机会大。"

9月21日，德邦快递正式与中国单板滑雪运动员刘佳宇正式签约,助力中国冰雪运动。

10月15日,德邦快递与中国男子篮球职业联赛签署合作协议,正式成为CBA联赛的官方赞助商。

11月11日,大件快递产品单日收入破亿,订单量同比增长300%,实现由零担到快递的华丽转身。

第七篇 各地纵览

北京市快递市场发展及管理情况

一、快递市场总体发展情况

2018年，北京市邮政行业业务收入（不包括邮政储蓄银行直接营业收入）累计完成383.6亿元，同比增长9.3%；业务总量累计完成397.9亿元，同比增长5.1%。其中，快递企业业务量累计完成22.1亿件，同比下降2.9%；业务收入累计完成331.0亿元，同比增长8.9%。业务量收入均位列全国第五。同城业务量占比超过50%，投递量25.1亿件，同比增长14.3%（表7-1）。

表7-1 2018年北京市快递服务企业发展情况

指标	单位	2018年12月		比上年同期增长(%)		占全部比例(%)	
		累计	当月	累计	当月	累计	当月
快递业务量	万件	220875.62	21221.96	-2.89	-7.82	100.00	100.00
同城	万件	115561.47	10728.38	11.32	-8.97	52.32	50.55
异地	万件	102152.09	10262.67	-15.59	-5.47	46.25	48.36
国际及港澳台	万件	3162.06	230.91	20.79	-39.16	1.43	1.09
快递业务收入	亿元	331.03	31.05	8.95	-5.95	100.00	100.00
同城	亿元	128.87	10.82	22.46	-12.29	38.93	34.85
异地	亿元	129.97	12.21	-2.02	-7.10	39.26	39.32
国际及港澳台	亿元	29.48	3.52	-2.06	10.53	8.90	11.33
其他	亿元	42.72	4.50	19.13	3.44	12.90	14.50

二、行业管理工作及主要成效

全面从严治党成效显著。全面加强思想政治建设。落实"看北京首先从政治上看"的要求，把学习习近平新时代中国特色社会主义思想和党的十九大精神作为首要政治任务，制定党组中心组理论学习计划，党组中心组（扩大）学习7次，安排个人自学内容11项；19名副处级以上领导干部参加为期6天党的十九大精神专题学习集中轮训；与山西局、天津局联合举办党的十九大精神专题培训班，选派25名干部赴太行干部学院参加培训；全年共完成党员教育培训1669人次。

扎实推进基层组织建设。严肃党内政治生活，严格落实"三会一课"、组织生活会、民主评议党员、谈心谈话、领导干部参加双重组织生活等制度。以"三统一、一规范"推动党支部建设。统一建立党员台账，统一向各支部配发《支部工作手册》，统一向党员配发学习笔记本，进一步夯实党建工作基础。立足"B+T+X"（标准、特色、先进）内容体系和"一规一表一册一网"支撑载体，扎实开展规范化党支部建设。通过党章党规党纪测试，开展"不忘初心，牢记使命"主题党日活动，观看《为你而歌》《青年马克思》等影视作品,参观"庆祝改革开放40周年大型展览"等一系列活动。开展"两优一先"表彰,共评选出优秀党员15人,优秀党务工作者3人,先进党支部3个。组织全部63名在职党员到居住地社区党组织报到,共参加社区活动180人次。

持续强化党风政风建设。制定印发《2018年党风廉政建设工作要点》,组织各部门负责人签订党风廉政建设责任书。开展纪律教育年和警示教育月活动,召开警示教育大会,党组书记讲授专题廉政党课。深入贯彻落实中央八项规定及其实施细则精神,抓住关键节点,做好廉政教育提醒,扎实做好违规公款吃喝等九个专项治理工作。建立领导干部联系点制度,班子成员赴联系党支部了解干部思想动态,听取意见建议。班子成员全年开展各类调研63次。组织副处级以上干部开展大学习大调研活动,形成调研报告15篇。印发进一步强化作风建设严肃工作纪律有关问题的通知,重申会议管理和请销假制度,不断加强作风建设和纪律管理。

坚决抓好巡视整改落实。2018年,国家邮政局党组第二巡视组对北京市邮政管理局进行了巡视,针对巡视组的反馈意见,局党组高度重视,立行立改,共对照梳理出六个方面21个问题,制定出60项有针对性的整改措施。按照"一周见行动、周周有变化、两月出成效"的总体要求,先后组织召开4次整改落实推进会,制修订规章制度11个,组织召开警示教育会议1次,退回公务接待超标准支出费用,与企业召开座谈会6次,与地方政府沟通协调8次,全部整改措施已完成59项,完成率达到98.3%。

行业发展环境持续优化。政策融入突破瓶颈。2015年出台的《北京市新增产业的禁止和限制目录》,将邮政业列为禁限范围,成为疏解产业,发展受到根本制约。北京市邮政管理局多次向市政府主要领导和分管领导汇报情况,与市发改、商务部门反复沟通,对邮政快递服务民生的特质形成高度共识,增列北京市邮政管理局为2018版《目录》修订联席会议成员单位,在北京疏解、减量的大背景下,争取到邮政不受限制、快递有条件限制的有利政策,并由北京市邮政管理局负责对邮政快递相关条目进行解释,为下一步行业发展拓宽了政策空间。

规划衔接取得实效。深度参与《北京物流专项规划》《北京市物流业三年提升行动计划》编制、对接《北京城市副中心控制性详规》。市政府主要领导三次主持研究《北京物流专项规划》《北京市物流业三年提升行动计划》,听取北京市邮政管理局意见,快递服务设施首次以独立的分类纳入规划,并明确了快递设施规划用地等重要内容。物流业三年提升行动计划主要任务分工共25项,北京市邮政管理局参与13项,有利于规划的落地衔接。北京城市副中心控制性详规中明确了120处邮政局所设施布局,快件集中处理中心、快件综合服务网点、末端公共服务设施等快递服务项目也在详规中有所体现。完成《京津冀地区快递服务发展"十三五"规划》和《北京市"十三五"时期邮政业发展规划》中期评估。与市发改、规划部门协调沟通,向国家邮政局汇报情况,在全国率先启动《北京市邮政快递服务设施布局规划》编制工作,力争推动首都邮政快递服务设施与地方规划有机衔接。组织8家快递企业赴平谷马坊物流基地调研,为企业搭建平台。

地方政府支持保障措施落地实施。村邮站升级建设和快递便民服务点入村被纳入北京市委市政府"乡村振兴战略规划实施方案"和"美丽乡村建设三年行动计划"。与市农委、市财政局协作配合,为村邮站设施更新、长效管护等方面争取政策支持,落实村邮员财政补贴资金2600余万元。邮政企业持续享受建安成本价接收局所优惠政策,2018年接收统建配套局所14处,接收面积6210.85平方米,节约资金2亿元。邮政运输车辆路桥费减免500余万元。北区局推动怀柔区对14个乡镇50个村邮站的设备设施进行升级改造,打造农邮通示范点。东区局为邮政快递企业员工争取公租房200套,得到国家邮政局局长马军胜批示肯定。

行业高质量发展迈出步伐。推动行业绿色发展。印发《关于促进全市邮政业绿色发展的实施意见》,召开全市邮政业绿色发展动员部署会,相关部门和法人企业代表500人参加,邮政、顺丰、京邦达、中通、近邻宝、DHL现场展示绿色科技应用成果。与市发改等部门联合开展北京市首届绿色包装设计征集活动,顺丰、京邦达参加活动启动仪式。通过广泛深入宣传发动,采取系统措施,发挥政府引导作用,增强企业内生动力,取得一定成效。全市邮政营业网点已全部使用绿色环保包装箱,城六区20个邮政营业网点提供回收电子固体废弃物服务。主要快递企业电子面单使用率达到99%。全行业新增新能源车1234辆,累计达2000辆,新增智能快递柜、智能信包箱5100组,累计达1.29万组,115.9万个格口,通过智能快递柜、智能信包箱投递快件2.25亿件,箱投比达8.9%。通过推广电子面单、实施胶带瘦身和使用可循环材料等措施,一年节约纸张等物料近1万吨。

推动行业规范发展。以落实国家邮政局更贴近民生实事为抓手,聚焦行业规范发展。99所高校实现快递规范收投。进一步规范电动三轮车管理,建立车辆服务管理系统和快递员网上培训制度,由"三统一"升级为"五统一"。邮政企业新增邮乐购站点257个,形成京郊农产品"一区一品"项目14个。落实"不着地、不抛件、不摆地摊"专项治理,全市邮政快递分拨中心和营业网点离地设备设施铺设率达99%。加强申诉管理,建立邮政业服务质量提升联席会制度,督导企业提升服务质量,全年共受理消费者有效申诉9956件,同比下降64.1%,为消费者挽回经济损失642万元,消费者申诉处理满意率达98.3%。推动诚信体系建设,开展"诚信快递、你我同行""3·15"主题宣传活动,在全国率先完成快递市场主体名录库信息补全核对工作。接受国务院放管服工作大督查,快递行政许可工作得到督导组肯定。全年共核准快递许可申请31件,快递许可变更91件,增设分支机构68件,备案存量快递末端网点2410处。发布《安全生产等级评定技术规范》地方标准,印发《打好北京邮政业防范化解重大风险攻坚战的实施方案》,进一步规范企业生产经营行为。

推动行业创新发展。鼓励企业加大技术、设备投入,提升自动化水平,邮政企业、顺丰、韵达一级分拨中心已实现全自动化分拣。鼓励快递企业建立集约化末端配送模式,已在东城区、西城区和丰台区利用腾退空间建立3处"快递集中分拣点",共有10余家企业入驻,走出了在首都中心城区快递集中处理、规范管理的新路。全市80个邮政网点建立了警邮合作平台,为群众提供18项交管业务代办服务。

寄递渠道安全和服务保障万无一失。持续强化执法力度,保障寄递渠道安全。全力抓好重大活动安全保障。坚持抓早抓实,系统谋划,深入动员部署,强化措施落实,制定应急预案,做好值班值守,以最高标准、最严部署、最强措施、最佳状态投入工作。强化协作配合,召开寄递安全协调小组会议,研究工作部署,联合公安等有关部门开展50余次联合检查,配合开展重大活动管控25次。重大活动期间未发生一起寄递安全事件,未发生一起安全生产责任事故,未发生一起行业群体性事件,全行业齐心协力圆满完成全国两会、中非合作论坛等重大活动期间寄递安全和服务保障任务,受到国家邮政局和北京市委市政府充分肯定。

切实强化寄递渠道安全管理。全年累计出动检查人员9147人次,检查快递企业2807家次,下发责令整改252份。作出行政处罚202件,适用反恐法7件,其中西区局立案调查103件,居全国地市局前列。狠抓"三项制度"落实,约谈企业16次,全市快递实名率达99%以上,比2017年底提高近20个百分点。开展寄递渠道涉枪涉爆隐患整治、北京市安全隐患大排查大清理大整治"回头看"等专项检查,对列入安全隐患的128处快递网点全面实地核查,核查率达100%。开展为期三个月的"扫黄打非"专项检查,扎实督导邮政、快递企业落实"画像法"查堵口径,受到全国"扫黄打非"办督导组的充分肯定。

以高度的政治敏感性,做好邮政服务保障工作。提前布置,主动参与,协调邮政企业做好城市副中心搬迁邮政服务同步跟进工作。邮政企业已增开邮路,实现党报党刊早投服务,并在城市副中心安装智能包裹柜(信报箱)19套,副柜114组,格口数2965个,并与快递企业共享使用。督导邮政企业做好中央巡视信箱服务工作,邮政企业圆满完成十九届中央第一轮和第二轮巡视信箱邮件寄递服务保障工作,为27家被巡视单位提供寄递服务保障,中央各巡视组致信感谢。

基础管理水平稳步提升。完善规章制度,强化基础管理。按季度通报预算执行情况,持续加强机关工作财务支撑,提高服务能力。完成《北京志·邮政志》初稿撰写工作。编发政务信息327篇,策划世界邮政日、"双11"业务旺季服务保障及绿色发展3次专题宣传活动,《北京日报》等主流媒体刊发报道50余篇,北京电视台、中国国际电视台播放首都邮政业发展情况3次。开展派出机构基础工作检查,召开现场会,提升基础工作水平。宣贯《快递暂行条例》,开展行政处罚案卷评查,规范执法行为。加强队伍建设,全年选拔任用处级干部5人,选拔任用科级干部2人,招录公务员8名。注重干部多岗位历练,组织开展处级干部交流轮岗5人次,科级干部交流轮岗6人次。召开青年干部、退休老干部座谈会,进一步了解干部思想动态。推荐第十四届全国技术能手,北京印刷学院被评为第二批全国邮政行业人才培养基地。北京市邮政管理局在北京市直机关工会组织的第九套广播体操比赛中荣获二等奖。北京市邮政管理局首次纳入北京市目标绩效和首都社会综合治理工作两项考核。获得国家邮政局重大主场外交活动寄递安全服务保障工作集体嘉奖,一个派出机构获得集体三等功,一名同志获得个人三等功,3名同志获得个人嘉奖。北京市邮政管理局连续四年获得统计报表工作先进集体称号。

三、改革开放40周年

改革开放40年,行业发展发生了巨大变化。国务院、北京市委市政府高度重视邮政业发展,不断强化顶层设计,先后完成了邮政体制改革、政企分开和完善省级以下邮政监管体制等重大改革任务,构建了较为完善的行业管理体系。市委市政府、各区县政府相继出台了《进一步提升首都邮政普遍服务水平的意见》《北京市快递安全管理办法》《邮政普遍服务》地方标准等规章标准和政策支持文件50余个。邮政业业务收入从1998年的11亿元增加到2018年的383.5亿元,增长了近34倍。快递服务从无到有、从弱到强许可快递企业482家,分支机构784家,末端网点2594个,从业人员11万余人。邮政业寄递服务质效不断提升。"邮政+""快递+"等寄递服务内容日趋丰富,冷链、医药等高附加值业务进一步拓展。邮件快件全程时限水平和服务满意度稳步提升,人民群众用邮获得感不断提高。

四、各派出机构主要管理工作概况

东区邮政管理局与东城区商委积极沟通,争取在快递基础设施、快递末端服务平台建设及将快递业纳入地方相关规划等方面的政策支持,共同促进东城区快递业健康规范发展;与东城工商、朝阳工商等部门进行多次座谈,就加强寄递渠道安全监管、规范快递市场秩序等方面达成一致意见,积极推动邮政管理工作与地方经济发展和城市治理同频共振。推动建国门街道在环境整治促提升的过程中将快递分拣点纳入提升范围,将1000多平方米的拆迁滞留地改造为"快递集中分拣点",获得良好示范效果。通过对辖区智能包裹柜布放情况开展专项调研,建立丰巢等、格格、近邻宝主要智能包裹柜企业包裹柜布放情况台账,形成《2018年辖区智能包裹柜布放情况统计报告》。稳步推进快递员关爱工程,积极与朝阳区商务委员会、朝阳区房屋管理局沟通协调，多次商谈、大力推进，为中国邮政集团公司北京市朝阳区分公司等5家邮政快递企业分配了200套公租房，为辖区有关企业和行业员工解决了大难题。

西区邮政管理局坚持重大案件集体研究决策，总结借鉴行政执法经验，局内制定实施《北京市西区邮政管理局关于进一步加强案件审核提升办案质量的通知》，坚持对案件质量严格把关，建立、规范案件办理审核机制，进一步规范执法办案流程，提升依法行政工作水平。按照全覆盖、严执法、零容忍、重实效的要求，加强执法监督，保持执法力度不降低。西区全年共检查邮政、快递企业727家次，办理行政处罚案件96起，下达责令改正通知书16份，收缴罚款50万元。大力支持智能快递柜布放、鼓励第三方平台建设。目前，90%的快递营业处理场所完成离地设施铺设，能基本做到快件不着地，智能快件箱5659组，数量较2018年年初翻了一倍。

南区邮政管理局除按照要求先后开展易制爆危化品和烟花爆竹安全管理、消防安全隐患整改"回头看"、涉枪涉爆整治等多项专项工作，还结合辖区实际情况，因地制宜，自主开展动植物制品专项检查、邮政业防汛督导检查、重点景区周边邮政快递企业督导检查、节前食品寄递专项检查等多项执法检查。积极推进快递下乡工程。南区局建立规范性乡镇农村网点台账，督促快递企业下乡，服务农村地区。专题调研和推进辖区邮政企业服务农村电商业务发展情况和农村服务站建设运行情况，并对房山区邮政企业服务当地蜂蜜、柿子等农产品进城和快递企业服务大兴区瓜农在线销售、寄递等项目进行跟踪，保证邮政管理更好地服务于地方经济建设。

北区邮政管理局积极推进物流园区建设，主动与怀柔区商务委等政府部门对接研讨，召开专题会议，会议由副区长主持，就快递物流园区建设和相关支持政策推进出台进行交流，积极动员快递企业入驻园区并提供许可备案的指导工作，推进快递物流园区建设。助力美丽乡村建设。结合北京市美丽新农村建设契机，在北区局与怀柔区商务委、农委的共同推进下，对怀柔区14个乡镇50个村邮站的设备设施进行升级改造，打造农邮通示范点，并使村邮站承担当地快件代收转投服务的功能，有效拓展了村邮站服务领域，成为村邮站改造成邮政综合服务平台的先行者。推动顺丰全面升级平谷大桃项目服务，在主产区专门设立中转场，增设了52个揽投点，覆盖12个主产乡镇，大桃快件全部从产地直发中转场，减少3个中转环节，实现了从田间地头到全国的直发。深入实施"快递入区"工程。以北京市"回天三年行动计划"为契机，通过与商务委等部门沟通协调，争取政策支持，推动快递末端建设。辖区主要品牌智能快件箱累计新增304组，新增格口31759个，其中丰巢新增185组，新增格口20302个，中邮速递易新增119组，新增格口11457个。昌平区邮政公司全力布局速递易智能包裹柜，回龙观龙泽社区已安装完成14套智能包裹柜，完成700栋楼的信包箱更新改造，配套安装包裹柜585套。此次包裹柜的布放将极大提升回龙观、天通苑两大人口密集社区的末端投递水平，补齐社区综合服务网络体系"最后一公里"配送短板。

天竺邮政管理局推进实名收寄信息系统全覆盖，充分运用安易递实名信息系统，在全面掌握辖区各企业实名收寄率情况的基础上，组织辖区邮政快递企业召开实名收寄信息系统推广应用专题会，通报辖区实名收寄率以及在全市的排名情况，着重对分拨中心、电商仓配等制约辖区实名收寄率的场所进行分析，要求企业对照问题挂账整改，查堵实名操作漏洞。同时，安排专人编发企业实名收寄情况周报和月报，督导企业严格开展自查，对实名率较低的企业进行行政约谈和现场检查，全力提升辖区实名率，努力推进实名收寄信息系统全覆盖。截至目前，北京市邮政管理局辖区总体实名率达到99%以上，在北京市邮政管理局派出机构中排名第一。

天津市快递市场发展及管理情况

一、快递市场总体发展情况

2018年,天津市邮政行业业务收入(不包括邮政储蓄银行直接营业收入)累计完成104.7亿元,同比增长9.2%;业务总量累计完成115.3亿元,同比增长8.7%。其中,快递企业业务量累计完成5.8亿件,同比增长14.7%;业务收入累计完成87.5亿元,同比增长14.6%(表7-2)。

表7-2 2018年天津市快递服务企业发展情况

指　　标	单　　位	2018年12月		比上年同期增长(%)		占全部比例(%)	
		累计	当月	累计	当月	累计	当月
快递业务量	万件	57576.69	5967.68	14.70	37.01	100.00	100.00
同城	万件	18170.81	1729.27	15.38	27.38	31.56	28.98
异地	万件	39093.69	4221.36	14.59	42.42	67.90	70.74
国际及港澳台	万件	312.19	17.06	-6.48	-50.14	0.54	0.29
快递业务收入	亿元	87.46	8.76	14.57	27.38	100.00	100.00
同城	亿元	18.87	1.63	19.84	9.93	21.58	18.62
异地	亿元	49.08	5.11	15.63	38.74	56.12	58.25
国际及港澳台	亿元	4.07	0.31	-6.45	-28.63	4.65	3.58
其他	亿元	15.44	1.71	11.93	34.18	17.65	19.55
快递业务投递量	万件	68691.11	7437.46	18.43	39.95	100.00	100.00

二、行业管理工作及主要成效

着力落实全面从严治党。全面落实管党治党责任。把学习贯彻习近平新时代中国特色社会主义思想和党的十九大精神作为首要政治任务,引导党员干部牢固树立"四个意识",坚定"四个自信",坚决做到"两个维护"。组织处级以上领导干部参加党的十九大精神集中轮训,在学懂弄通做实上下功夫。通过"五个一"的方式,深化机关党的政治建设。印发进一步深化"维护核心、铸就忠诚、担当作为、抓实支部"主题教育实践活动工作方案,推进"两学一做"学习教育常态化制度化。深入贯彻落实中央八项规定及其实施细则精神,扎实开展违规公款吃喝等九个专项治理工作。完成派出机构首轮巡察工作,通报存在的问题,深化整改落实。

持续深化机关作风建设。制修定《中共天津市邮政管理局党组关于贯彻落实中央八项规定精神实施细则》、领导干部报告个人重要事项规定等制度,进一步强化干部职工的规矩意识和组织观念。出台《关于开展不作为不担当问题专项治理三年行动方案》,制定本系统"纪律教育年"实施方案。开展"以案为警为鉴、忠诚干净担当"廉政警示教育月活动,教育引导干部职工以正反两面典型为镜为鉴,严守党纪党规,做到心有所畏、言有所戒、行有所止。加大提醒诫勉力度,严格落实领导干部个人事项报告制度。

着力提升基层党支部组织力。严格执行《关于新形势下党内政治生活的若干准则》,进一步严肃党内政治生活,从严落实民主生活会、"三会一课"、民主评议党员等组织生活制度。深入开展"大兴学习之风、深入调研之风、亲民之风、尚能之风"专题活动。开展"弘扬优秀传统文化,打造书香机关"读书月、"习近平新时代中国特色社会主义思想在津沽大地扎实实践"征文、《习近平谈治国理政》学习知识竞赛等活动,党员干部的理论武装进一步强化,基层党支部组织力进一步提升。完成非公快递企业党员组织关系整建制转接工作。在局机关党委的指导下,快递协会党总支成功申报2018年市社会组织党建工作示范点。

提升空间释放活力。贯彻落实国家和天津市重大决策部署。贯彻《京津冀协同发展规划纲要》和《京津冀邮政业协同发展指导意见》,落实《京津冀地区快递服务发展"十三五"规划》《天津市快递专业类物流专项规划(2016—2020年)》,大力推进三大快递物流园区建设,更好承接首都非核心功能溢出。空港航空快递物流园已入驻中通、韵达等15家快递企业,武清电子商务快递物流园集聚京东、当当网等19家全国知名电商,菜鸟网络、网易考拉等多家跨境电商签约入驻东疆跨境电商快递物流园。贯彻"一带一路"建设,出台《天津市邮政管理局贯彻邮政业服务"一带一路"建设工作方案》,充分发挥邮政、快递互联互通作用,加快行业引进来和走出去。落实国务院《进一步深化中国(天津)自由贸易试验区改革开放方案》,积极推动天津国际邮件互换局功能提升工作,初步形成《天津国际邮件互换局功能整合提升工作方案》。落实《天津市乡村振兴战略规划(2018—2022年)》总体部署,开展"邮政在乡"和"快递下乡"工程,提升农村地区寄递服务水平。扎实做好邮政业交通战备工作,积极同市交通战备办公室沟通协调,明确天津市邮政业交通战备工作职责。

落实"放管服"改革要求。按照国务院印发的天津自贸区深改方案要求,深化落实国际快递业务(代理)经营许可下放承接工作,实现"自贸区的事自贸区办",百世供应链(天津)有限公司等5家企业获批国际快递(代理)许可。落实市政府"政务一网通"改革要求,深化"一制三化"改革,制定《天津市邮政管理局落实承诺制标准化智能化便利化审批制度改革的实施细则》。全面解决快递许可存量问题,审批快递企业许可350余家。全年快递业务经营许可审批平均办结时限压缩至9.6个工作日,快递业务经营许可变更平均办结时限压缩至4.3个工作日。完成快递末端网点备案1542处,实现当日提交、当日办结。深化"只进一扇门、最多跑一次"要求,21家企业通过邮政寄达服务领取快递经营许可证。加强与公安部门协调力度,完成近5000辆二轮电动自行车上牌,有力保障通信畅通。建立"1+4"企业罚没款缴纳机制,寄递企业可按就近原则缴纳罚没款。

推进天津市重点工作落地。印发《2018年天津市邮政业更贴近民生七件实事工作方案》,改善末端投递,推进快递"三进"工程,推广安装智能邮件快件箱纳入市中心城区旧楼区提升改造项目。打造安全用邮环境,采取"一个系统录实名""一个标准搞培训""一个季度一通报""一个尺度严执法""一个目标保安全"等"五个一"具体举措,实现全市品牌快递企业实名收寄信息系统全覆盖。督促寄递企业按照《天津市寄递企业过机安检作业流程操作指导规范(试行)》,严格落实邮件、快件"应检必检"要求,加强人防、物防建设,组织30名安检员赴国家邮政局安检培训基地参加实训,有效提升企业安检水平。扎实推进放心消费工程,5次参加广播电台《天津早晨》节目,就群众反映的邮政快递服务问题进行在线解答,督导企业落实《快递暂行条例》和《快递服务》国家标准等规定。落实《快递业信用体系建设工作方案》,成立天津市快递业信用评定委员会。汇总上传近800家快递企业、1.8万名从业人员等基础数据,为建立部门间联合信用惩戒机制打下基础。组织快递企业申报、评审,顺丰、百世、韵达、圆通、云商等5家企业获市服务业转型升级专项支持资金1000万元,153处企业网点建成统一形象、统一功能、统一设备的标准化网点,并配置统一笼车、托盘、安全保护设备。全市快递自营网点标准化建设已累计完成721个,标准化率达96.39%。

不断深化政策规划体系。积极落实国办1号文件，推动《天津市推进电子商务与快递物流协同发展实施方案》出台实施，在保障基础设施用地、推广新技术应用、引导行业信息化升级、规范车辆通行、发展绿色包装等方面出台13条政策措施。经市政府审定印发实施《天津市贯彻落实〈快递暂行条例〉工作方案》，明确了优化快递发展政策法规环境、加强规划衔接保障用地需求、引导快递与大交通体系融合发展等12项重点任务，细化了责任单位和部门。持续推动"一体两翼"规划落地实施，天津空港经济区物流园项目纳入交通运输部货运枢纽投资补助项目储备库。完成市邮政业"十三五"规划中期评估工作。推动落实市政协召开的快递业专题协商会有关要求，在完善快递业相关法规机制、加快行业安全体系建设、加强从业人员安全培训管理等方面不断用力。

坚持创新持续优化。 强化行业基础能力建设。继续推进"快递入区"工程，智能邮件快件箱累计投入运营4844组，格口达51.4万个，箱递率达10.6%。圆通在宁河区自购土地180亩，建成华北区域仓储转运和快件分拨中心。申通新建45亩分拨中心，功能辐射京津冀。占地290亩的顺丰丰泰电商产业园建设进度已完成50%。百世在宁河区新建90亩分拨中心，网络辐射东北三省及京津冀区域。顺丰在自贸试验区分拨中心引进立体多层快件自动化分拣设备，年处理快件能力将达1.15亿件，效率提升4倍。全年行业累计新增用地近300亩，自动化分拣设备9套。

支持寄递企业改革创新。支持邮政企业创新发展，大力发展寄递事业。邮政企业通过"邮政+政务"平台开展警邮、交邮、税邮等各类政务部门合作，共办理业务236万件，助力天津市"最多跑一次"的"放管服"改革。组织召开"邮快合作"现场会，推广静海梁头模式，进一步盘活邮政局所资源，提升农村邮政快递末端服务能力。快递"上机上铁"进程加快，圆通航空开通天津至阿斯塔纳国际货运包机，京东物流首架全货机实现广州至天津首航，天津航空货邮吞吐量进一步提升。顺丰与中铁联手，开通9条高铁快递路线，全年完成高铁快件22万件，实现北京当日达，东北、华北地区次日达。推动开展校企合作，支持建设天津职业大学顺丰综合服务平台，全市基本实现快递进校园规范化。

推动行业与关联产业联动发展。行业服务跨境电商取得新成效。顺丰、百世东疆跨境仓正式运营，仓储面积超45亩，为网易考拉、菜鸟国际提供仓储配送服务。全年跨境电商量达1800万单，同比增长3.8倍。快递服务制造业能力进一步增强，重点项目达到37个，直接服务制造业年产值达到53.4亿元。天时利、正通、顺丰等企业积极服务医药行业，共收寄医药类快件近300万件，收入超4000万元。中铁、顺丰等企业深化冷链服务，共收寄快件超40万件，收入近700万元。

着力打好三大攻坚战。 不断深化寄递渠道安全管理。督导寄递企业严格落实三项制度，总体实名收寄率稳步提升，散件实名率居全国前列。强化执行过机安检制度，在全国率先推进散件100%过机安检。实现1160处寄递企业网点监控联网。积极推进寄递从业人员身份认证信息化。持续开展寄递渠道涉枪涉爆专项治理、野生动物保护、非洲猪瘟疫情防控以及禁毒、反恐、扫黄打非等专项行动，严防禁寄物品流入寄递渠道。协助扫黄打非部门查缴寄递渠道外盗版光碟1万余张。以市寄递渠道安全管理领导小组名义举行年度全市寄递行业突发事件应急演练。妥善处置快捷快递网络阻断及员工讨薪涉稳事件。圆满完成上合组织青岛峰会、中非合作论坛、首届进博会、天津夏季达沃斯论坛等重大活动寄递安全服务保障和旺季服务保障工作，以天津之为做好天津之卫。

积极助力精准脱贫工作。深入推进"邮政在乡"工程，累计建成邮乐购站点4800余个，充分发挥"邮乐网"和"网点+便民店"等平台作用，选取100个直营店和300个邮乐购示范店项目，直接助农盈收近2000万元。力推"一市一品"农产品进城示范项目，邮政企业借助"线上线下"渠道优势，销售沙窝萝卜近3万箱，为农民增收73万余元。"快递下乡"工作取得新突破，利用快递直通车平台，顺丰、百世、韵达与蓟州区达成合作框架协议，收寄当地核桃、蓝莓、蛋奶制品等农特产品5万余单，且直销农产品5万余斤。

大力推进行业绿色发展工作。落实国家十部门《关于协同推进快递业绿色包装工作的指导意见》，提高寄递业绿色包装的使用率。邮政企业启动绿色邮政行动，在新能源汽车、电子面单、绿色包装材料等方面提出行动目标，新型环保包装材料陆续投入并将全面使用。顺丰、京东、宅急送等企业开展循环快递箱、可降解包装材料研发和试点应用。申通、中通等企业全面推广应用可循环中转袋，替代一次性编织袋。寄递企业电子运单使用率已超9成，可循环中转袋使用超7.75万条，同城快递可循环中转箱及免胶带纸箱使用超6万个。大力推广新能源和清洁能源车辆、甩挂运输和多式联运，全行业新能源汽车保有量突破2000辆，占全国总量的六分之一。

强化行业发展保障。加强邮政市场监管。开展五轮"双随机"执法检查，全年开展执法6100余人次，检查单位2038家次，查处违法违规行为137起，罚款90.1万元。持续开展"不着地、不抛件、不摆地摊"专项治理，分拨中心及基层网点离地设施铺设率稳步提升。开展快递市场清理整顿专项行动，依法取缔关停网点60处，快递市场进一步净化。加强快递市场主体退出管理，依法注销43家快递业务经营许可证。开展"诚信快递、你我同行""3·15"主题宣传和反恐怖主义法实施两周年宣传活动。全年共受理消费者申诉2.56万件，其中有效申诉1593件，累计为消费者挽回经济损失超过45.9万元。

提升执法综合管理能力。开展行政执法工作培训，组织36名领导干部和执法人员参加网上学法用法考试及全国邮政行政执法资格统一考试。完善规章制度建设，修订《群众举报寄递服务违法违规行为处理与奖励办法》，出台《天津市邮政管理局规范性文件管理规定》。持续推进天津市快递与电商协同发展信息公益性平台在信息化监管方面的深化应用，启动平台三期建设，实现与安易递实名寄递数据共享。打通平台一、二期数据孤岛，将过机安检、分拣分拨操作监控、配送车辆在途情况、末端投递服务监控等各个环节的视频和数据进行关联，实现天津快递行业各项信息化监管应用的闭环管理。

提高系统管理能力。市邮政业安全中心正式组建运营。落实预算管理改革要求，提高预算编制质量和科学化水平。开展公平竞争审查和法规清理工作，圆满完成"七五"普法中期评估。开展行业投入产出调查和经济普查工作，将智能快件箱等新业态纳入统计范围。扎实做好信息公开、档案、信访、建议提案办理等工作。

三、改革开放40周年

改革开放40年，天津市邮政业业务收入从1978年的858万元增加到2018年的104.71亿元，增长了1220倍。全市寄递网点从1978年的215个增加到2018年的1575个，寄递车辆由117辆增长到5500辆。天津市快递服务从无到有，催生快递从业岗位超3.5万个。全市形成了由"市级园区—区域处理中心—末端投递网点—综合服务平台"组成的优质高效、层次清晰、衔接有序的快递物流四级服务网络。快递"三向"工程成效显著，乡镇快递服务网点已实现100%全覆盖。行业科技装备水平突飞猛进，与综合交通运输体系衔接日益紧密。邮件快件全程时限水平和服务满意度稳步提升，人民群众用邮获得感不断提高。

四、各派出机构主要管理工作概况

第一分局创新执法方式，紧盯重点求实效。2018年，第一分局开展了"行政执法规范建设年"活动，持续完善行政执法法治化、规范化、常态化。编制了《天津市邮政管理局第一分局邮政行政执法事项清单》《天津市邮政管理局第一分局执法人员文明用语规范》,要求执法人员统一着装,全程执法记录仪录像。严格清单式事项进行检查,通过检查内容清单化,一线执法人员能够针对不同问题进行精准式执法,切实提高了执法效能。针对部分企业隐患排查能力不足,排查隐患不主动、走形式等问题,第一分局创新推进观摩式执法新模式。通过筛选辖区内具有代表性的企业作为执法观摩对象,邀请规模相近、模式相同的企业主要负责人、安全管理人员共同观摩执法全过程。执法人员边执法边讲解,企业边观看边学习,既强化了企业人员岗位职业技能,更提高了企业安全主体责任意识和隐患自查自纠能力,切实起到了"执法观摩、示范教育、推进整改、落实责任"的效果。

第二分局认真开展寄递渠道非洲猪瘟疫防控工作。2018年,天津市蓟州区和宁河区先后爆发非洲猪瘟疫情,按照国家邮政局、天津市邮政管理局和天津市重大动物疫病指挥部办公室的部署要求,第二分局反应迅速,成立寄递渠道非洲猪瘟防控安全领导小组,在蓟州区和宁河区分别召开会议,要求寄递企业严格把控生猪和猪肉类制品的寄递,督促企业提前做好防范应对工作。同时,加强与辖区畜牧、检验检疫、综治等部门的沟通联系,加强情报信息共享,联合开展督导检查,实行齐抓共管、综合治理。开启"双随机+联合检查"模式。会同武清公安分局召开辖区寄递业安全管理工作会议,联合辖区公安部门开展"双随机"检查工作。会同宁河区公安局内保支队、宁河区造甲城镇派出所开展寄递野生动物专项联合执法检查等。与辖区相关部门形成合力,共同保障寄递渠道安全畅通。强化企业安全主体责任落实,要求企业严格落实"三项制度",建立健全安全生成各项制度,将安全责任细化,将应履行的责任义务落实到岗位职责中、企业的操作规范中以及工作流程中,形成全方位闭环安全管理。

第三分局推动出台多项行业利好政策,大力优化行业发展环境。第三分局经过与辖区政府多次沟通,推动出台《津南区贯彻落实〈快递暂行条例〉工作方案》《津南区推进电子商务与快递物流协同发展实施方案》《津南区"津品网上行"行动计划》《津南区城乡高效配送(2018－2020年)重点工作实施方案》《静海区城乡高效配送(2018－2020年)重点工作实施方案》等政策文件。积极推动农村地区"邮快合作"模式。引导静海区邮政分公司与快递企业进行深度合作,开展"邮快合作"试点,发挥邮政综合服务平台作用,充分利用好梁头邮政营业场所资源,积极搭载叠加业务,邮政快递各项业务实现跨越式增长。配合天津市邮政管理局召开现场会,将邮快合作的"梁头模式"推广全市。

滨海新区邮政管理局联合相关部门推动滨海新区政府出台《滨海新区落实天津市降低快递企业经营成本政策措施实施细则》,制定《2018年度天津市滨海新区快递企业经营场地租金补贴申报指南》,手把手指导快递企业申报相关材料并及时会同相关部门进行实地查看和联合评审,全心全意为快递企业谋实惠,实实在在为快递企业降成本。天津弈煊物流有限公司(圆通)2017年度租金补贴36万元已落实到位。编制寄递企业主体责任清单、违法行为提示清单、行政约谈和企业自查自改制度。引导企业自觉履行法定义务,规范生产经营行为。妥善处理辖区快捷快递经济纠纷引起的集体上访事件,协调解决百世快递因经济纠纷引起的扣押快件问题。

河北省快递市场发展及管理情况

一、快递市场总体发展情况

2018年,河北省邮政行业业务收入(不包括邮政储蓄银行直接营业收入)累计完成247.0亿元,同比增长33.5%;业务总量累计完成380.0亿元,同比增长41.2%。其中,快递企业业务量累计完成17.4亿件,同比增长45.9%;业务收入累计完成180.8亿元,同比增长42.9%(表7-3)。新增社会就业1万人以上,支撑网上零售额2300亿元,占全社会消费品零售总额的14%。

表7-3 2018年河北省快递服务企业发展情况

指标	单位	2018年12月		比上年同期增长(%)		占全部比例(%)	
		累计	当月	累计	当月	累计	当月
快递业务量	万件	174136.22	19464.90	45.86	45.84	100	100
同城	万件	27216.82	2797.86	33.88	29.38	15.63	14.37
异地	万件	146623.45	16642.25	48.54	49.18	84.20	85.50
国际及港澳台	万件	295.95	24.78	-14.97	-13.26	0.17	0.13
快递业务收入	亿元	180.78	18.77	42.92	33.35	100.00	100.00
同城	亿元	24.56	2.26	33.33	12.62	13.58	12.05
异地	亿元	123.21	12.96	46.97	35.66	68.15	69.06
国际及港澳台	亿元	3.19	0.31	-2.21	4.24	1.77	1.63
其他	亿元	29.82	3.24	42.19	46.03	16.50	17.27

二、行业管理工作及主要成效

推进全面从严治党向纵深发展。 全面落实管党治党责任。始终把党的建设作为重中之重,坚持与重点工作同部署、同安排、同督导、同考核,真正做到"两促进、两提升"。河北省邮政管理局党组制定了《关于维护党中央集中统一领导的规定》《关于贯彻落实中央八项规定精神的实施细则》《贯彻落实〈中国共产党问责条例〉实施细则》等文件,成立党建工作领导小组并印发2018年工作要点。持续推进"两学一做"学习教育常态化制度化,深入开展"不忘初心、牢记使命"主题教育,局党组书记带头"七一"讲党课,纪检组长讲廉政警示教育党课,党组中心组理论学习15次,编发学习资料10册、主题发言27篇。举办处级干部党的十九大精神培训班,深入学习贯彻习近平新时代中国特色社会主义思想和党的十九大精神。充分发挥"河北邮政微党建"微信平台作用,交流学习信息达700余条。加快推进非公快递企业党组织建设,实现11个市建立非公快递企业党组织全覆盖。加强对市局党组领导班子思想政治建设,实现民主生活会督导全覆盖。

深入推动党风廉政建设。 召开了全省邮政管理系统党建和党风廉政建设工作会和推进会,签订党建和党风廉政建设目标责任书。党组书记和纪检组长分冀北、冀南片调研市局党建和党风廉政建设工作。深入开展九个专项治理,完成了自查整改。扎实推动纠正"四风"和作风纪律专项整治,进行"十查十改"。结合国家邮政局通报的十八起典型案例,解读新修订的《纪律处分条例》,开展政治性警示教育活动。印发河北省邮政管理局党组管理干部廉政谈话核实谈话诫勉谈话实施办法,切实做好干部任职谈话。坚持在春节、中秋等重要节点印发廉政通知,做好廉政短信提醒。及时通报发生在身边的违反"四风"问题处理情况,做到警钟长鸣。

切实抓好巡视巡察整改。坚持问题导向,强化政治担当,切实把国家邮政局党组巡视整改作为重中之重来抓。坚持对照国家邮政局第一批巡视发现共性问题的通报,举一反三,未巡先改。巡视意见反馈后,局党组研究制定了巡视反馈意见整改方案,召开了巡视专题民主生活会,对照巡视情况反馈意见4个方面16项问题,进一步细化为45个具体问题,并采取台账式、挂账销号管理,按要求全部完成整改。制定了巡察工作实施办法,成立了巡察工作领导小组,印发了2018年巡察方案,对6个市局党组进行了巡察,共发现6个方面360余个问题并进行了反馈,提出了整改意见,对共性问题在全系统进行通报,圆满完成了全年巡察任务。

加强行业精神文明建设。召开全省行业精神文明建设推进会议,表彰了2017年度"最美快递员(邮递员)"等先进模范。与省文明办联合印发了行业精神文明建设工作实施方案,着力推进行业信用体系建设、放心消费提升、快递员关爱等6项任务。与省委宣传部联合开展了2018年"最美快递员(邮递员)"推选展示活动,与省团委联合开展了青年文明号评选表彰活动。积极参加其美多吉先进事迹报告团石家庄首场巡回演讲,开展向黄群、宋月才、姜开斌等优秀典型学习活动,着力加强思想道德建设,着力培育行业文明新风,着力提升行业文明程度。石家庄、张家口、承德、邢台、邯郸、衡水等局召开行业精神文明建设会议,部署推进相关工作。

强化责任担当,服务国家战略。行业基础设施建设取得实效。积极抢抓京津冀协同发展机遇,推动省政府和国家邮政局签署《推进河北省快递业集聚发展战略合作协议》,支持各市加快快递枢纽和园区建设,目前已就协议达成一致意见,近期有望签署。切实做好《雄安新区邮政业发展规划》的编制工作,加强调研集智、对接融入、专家研讨,经省服务雄安新区邮政业规划建设领导小组和河北省邮政管理局党组会议审议后,已报送国家邮政局。《廊坊国家一级快递枢纽节点专项规划》顺利通过专家评审,邯郸冀南(永年)快递园区达到全国市级快递专业类园区建设先进水平。

防范化解风险能力持续提升。制定印发了《关于打好防范化解重大风险攻坚战的实施方案》,集中开展了扫黑除恶、涉枪涉暴、易制爆危险化学品等专项行动,严厉惩治企业违规行为,有效防范化解各类风险隐患。强化安检人员培训,实现了全省寄递企业"一机一人一证"。11个市的行业应急预案全部纳入市政府应急管理体系。提前半年完成实名收寄信息化全覆盖并保持日均实名率99%以上。

助力精准脱贫工作成效显著。印发了《河北省邮政业助力脱贫攻坚三年行动方案(2018—2020年)》,发挥行业优势助力精准脱贫。开展扶贫调研和专题推进会议,选派干部助力国家邮政局定点扶贫,推动平泉市提前三年脱贫出列。持续推进"邮政在乡"工程,培育"一市一品"农产品进城示范项目30个,实现农特产品进城近5000吨、交易额1.4亿元。持续推进"快递下乡"工程,培育承德食用菌、张家口牛羊肉等"快递+特色农产品"示范项目,帮助贫困县打造区域品牌。各市局认真做好本地帮扶村精准扶贫工作,保定局派驻长峪村工作队的扶贫成效被当地电视台专题报道。

行业绿色发展有序推进。印发了《关于坚决打好邮政业污染防治攻坚战的实施方案》,开展了全省邮政业绿色发展专题调研,召开了全省邮政行业绿色包装推进会,推动主要品牌快递企业全面使用环保集包袋、全面使用电子面单,坚持运输车辆更新全面推广环保车型、投递车辆全面使用环保车辆。强化政策引导,将应用绿色包装、建立回收体系、推广环保科技等内容纳入了省政府落实国办1号文件的具体措施之中。对沧州中通自主研发的环保集包袋进行宣传报道,加强业内推广应用。省快递协会为企业搭建沟通平台,组织召开了包装材料和新能源车辆的产品推介会。组织召开了"绿色邮政建设、安全在我心中"演讲比赛。全省主要快递企业电子面单使用率已达98%以上,全省邮政业新增新能源汽车300余台。

不断增强行业发展新动能。抓好政策规划宣贯落实。会同省商务厅等部门研究落实国办1号文件具体措施,贯彻省政府办公厅《关于推进快递物流与电子商务协同发展的实施意见》,全省11个市全部印发落实文件。完成全省行业"十三五"规划中期评估,制定了行业发展三年行动计划、助力全面建成小康社会行动计划、深化邮政业供给侧结构性改革工作要点等文件。举办了政策法规培训讲座,联合相关部门对行业发展政策进行了解读。邯郸局推动市政府出台使用细则,规范1000万元行业发展资金的管理,沧州、张家口局分别争取市财政专项资金135万元和80万元。张家口、承德、唐山、保定、沧州、衡水、邯郸等局全部出台了省级"7+2"系列政策配套文件。

支持邮政企业创新发展。引导邮政企业进行寄递业务改革,开展平台合作,拓展产业链条,深挖重点区域,促进县域特色产业发展。编印了邮政企业服务电商、精准扶贫以及交邮、快邮合作案例选编,推动"一市一品"项目开展,形成一类项目5个,二类项目30个。发挥网络优势,积极参与政务服务,与公安部门协作开办车管业务,方便了人民群众生产生活。唐山局积极推动"邮快合作项目落实年"活动,组织全市35家邮政、快递企业集中签订了《邮政快递企业合作总体框架协议》。

推动快递业协同发展。贯彻"1+3"发展思路,积极培育"快递+"项目,全省共培育快递服务现代农业项目44个,形成快递业务收入3.7亿元,带动农业总产值超10亿元,其中沧州枣制品项目入选全国快递+金牌项目。培育服务制造业项目71个,形成了白沟箱包、清河羊绒、南宫汽车饰品、宁晋服装等4个业务量超千万的"快递+"项目,服务制造业形成的快递量累计业务量达到1.18亿件,业务收入5.4亿元,直接服务制造业累计产值超100亿元。

进一步夯实行业安全基础。扎实推进安全监管体系建设。贯彻落实国家邮政局《关于推进邮政业安全生产领域改革发展实施意见》,强化邮政业安全生产责任落实,印发了《关于加强寄递企业安全生产管理机构和安全生产管理队伍的通知》《关于实行寄递企业安全管理机构和人员履职情况报告制度的通知》。开展了执法行为规范化、监管体系网格化、治理能力信息化建设,推动实施快递企业及其网点分级分类管理。

积极健全安全管理联动机制。召开了由市局长参加的全省寄递渠道安全管理领导小组会议,联合公安、国安部门印发通知加强寄递渠道综合治理工作,形成了"政府主导,行业主管,企业主责,部门共治,属地管理"的行业安全综治格局。推动寄递企业加强安全生产管理机构和安全生产管理队伍建设,共设置了164个安全生产管理机构,实现了省、市分公司全覆盖,配备了4449名专兼职安全管理人员,实现各级快递企业全覆盖。廊坊局、衡水局、张家口市局组织本地企业安全管理人员开展了交叉互查活动。邢台、邯郸、衡水市局探索建立了跨区联合监管工作机制。

深入开展安全专项整治。召开了全省邮政业扫黑除恶动员大会,联合公安、国安部门开展了"平安寄递"暨涉枪涉爆专项整治异地随机大检查,实现对全省11个地市检查全覆盖。开展了实名收寄、涉枪涉爆、快递市场清理整顿等专项行动,妥善处置河北省快捷快递公司暂停网络服务事件,维护了行业稳定。圆满完成了全国两会、中非合作论坛、上合峰会、北戴河暑期、"双11"旺季等系列重大活动安保服务任务。

不断提升行业服务水平。更贴近民生实事有效落实。在全省建制村直接通邮率保持100%的基础上,促进通邮质量持续提升。新建邮乐购站点2911个,累计达到3.48万个,总量居全国第2位。持续推进快递业"三化"建设,联合省快递协会开展验收工作,累计建设省级标准化网点达2608处,城区自营网点标准化率达94.9%,建设规范化分拨中心199个,达94.8%。深入开展"三不"治理,离地设备铺设率基本达到100%,野蛮分拣、摆地摊现象得到有效遏制。加强快递末端服务平台建设,推动智能信报箱纳入河北民生实事老旧小区改造项目,并制定了改造项目技术导则。全省已累计建设智能快件箱(信报箱)3716组,格口36.9万个,建成快递末端综合服务站6674个。建成了邢台"大大管家"、衡水"小鸡快跑"、承德"菜小鸭"、秦皇岛局"百米快收"等一批快递末端综合服务平台。

行业诚信建设不断推进。成立了省快递业信用体系建设领导小组和快递业信用评定委员会,制定了快递业信用体系建设工作方案,举办了快递业信用信息管理工作培训班,完成了2911家企业信息档案建立工作。开展了"诚信快递、你我同行""3·15"主题宣传周活动,集中销毁面单3422余万张,总重达38.6余吨。组织开展了"诚信快递、放心消费"知识竞赛。

消费者申诉工作得到加强。按季召开快递服务质量提升联席会议、安全服务分析通报会,定期开展申诉案件的汇总分析,落实申诉工作与市场监管、普服监督的衔接机制,发挥申诉工作的维护消费者权益和督促改进服务质量的作用。推进申诉管理向市局延伸,加强申诉中心人员管理,组织开展投申诉管理培训。消费者对邮政管理部门申诉处理工作的满意率为98.8%,省邮政业消费者申诉中心获"省直巾帼文明岗"称号。

旺季生产服务水平稳步提升。召开旺季生产保障动员会议,重点做好预案、组织、督导、应急和宣传工作,努力打造"质量双11"。督促寄递企业加强资源储备投入,提升旺季服务能力。在全省开展了以"日查营业网点、夜查分拨中心"的集中督导检查行动,实现了旺季生产的"两不三保"目标,分管副省长和各市领导均给予了批示肯定。

切实增强行业治理能力。做好《快递暂行条例》宣贯落实。举办了全省《条例》宣贯专题培训班并开展了知识测试,在河北省邮政管理局门户网站、京畿邮政微信公众号全文刊载《条例》及其解读文本,印制《条例》单行本6500本,发放给省、市邮政业领导小组成员单位以及全省主要品牌快递企业。接受《河北日报》、长城网等主流媒体采访,刊发了《条例》宣贯专题报道。各市采取了知识竞赛、送法入企、走进直播间等多种形式大力开展宣贯活动。

进一步推进法治邮政建设。制定了《法治邮政建设指标体系》《邮政行政执法评议考核标准》,规范行政复议案件办理,印发了《邮政行政复议案件办理程序规定》《邮政行政复议案件全过程记录办法》。完成《河北省农村地区快递服务规范》地方标准文稿的起草报审程序。组织了案卷评查和试点执法评议工作。开展了宪法宣贯和"法治邮政在河北"主题宣教活动,建立了"河北邮政微法治"微信群,搭建法规学习交流平台。河北省邮政管理局依法行政工作连续两年被省政府评为"优秀"等次。

提高邮政市场监管效能。加强"执法行为规范化、监管体系网络化、治理能力信息化"建设,构建了"33385+N"市场监管体系。组织开展快递市场清理整顿专项行动,严厉查处无证经营、超范围经营等违法行为。印发了《邮政市场"3334"行政执法检查操作指引》,为执法人员提供了操作指南。制定了《河北省快递企业及其网点分级分类管理办法(试行)》,完善了快递企业分类监管和品牌负责人制度。全省检查营业场所2824处,下达行政处罚决定书448份,罚款总额204.89万元。邢台、唐山、保定局执法案件数量居全省前三位。

深化许可领域简政放权。按照国家邮政局统一部署,不断优化快递许可审批流程,大量压缩精简申请材料,依法清理3项证明事项。邮政服务5项行政审批时间缩短至法定时限一半,快递许可平均办理时限压缩至10.3个工作日,比全国平均水平少1.7个工作日。推进"互联网+政务服务",实现全流程网上办理和"一门、一次、一网"要求。贯彻落实快递末端网点备案暂行规定,圆满完成了全省7800个快递末端网点备案工作,平均办理时间缩短至1.3个工作日,比全国平均水平少0.1个工作日。

三、改革开放40周年

改革开放40年,河北省先后完成了邮电分营、政企分开、完善省级以下邮政监管体制改革等重大改革任务,在全国率先成立了省邮政业安全中心,有序推进市级邮政业安全中心成立、县级机构挂牌工作,构建了较为完善的行业管理体系,行业生产力不断解放,发展潜力不断释放,市场活力竞相迸发,在服务全省经济社会发展中的作用日益凸显。

全省邮政业业务收入从1978年的0.23亿元增加到2018年的248亿元,增长了1067倍,占全省生产总值比重接近0.7%,占全国邮政业比重3.1%。快递服务从无到有,快递业务量近5年年均增幅超过50%,业务收入增幅持续位居全国前列,2018年业务收入增幅更是位居全国第一。全省邮政普遍服务营业网点达到2446处,实现了"乡乡设所、村村通邮"。全省快递服务营业网点达11595处,快递网络乡镇覆盖率100%。行业日均服务人次逾千万,全年支撑网络零售额超2300亿元,对消费增长的间接贡献率接近30%。行业科技装备水平突飞猛进,与综合交通运输体系衔接日益紧密。邮件快件全程时限水平和服务满意度稳步提升,人民群众用邮获得感不断增强。

四、各市(地)主要管理工作概况

秦皇岛市邮政管理局创新推进"八有五个一"网格化安全监管体系建设。以"八有"安全机构建设为落实企业主体责任的第一抓手,全面完成29个品牌专兼职机构建设,配备安全管理人员75人,实现全行业安全管理全覆盖。二是以"两台账一制度"为标准,健全企业安全基础台账和安全检查台账,建立一整套企业安全管理制度体系,实行安全管理制度化执行。三是以安全管理培训为保障,全面提升安全管理能力和水平,联合省局、市公安局等部门就安全法规、制度建设、安全检查、应急管理、台账建设等方面,对全市75人开展传业式培训,夯实了安全管理基础。四是以"一报告两报表"为载体,抓实企业安全管理痕迹监督,每月报表、每月报告,将市场监管触角通过安全员管理向企业纵向延伸,为构筑多维度、主体化、网格化管理奠定基础。

创新推动"快递末端综合平台"建设。联合成立平台建设主体,扶持本地品牌申通、圆通、中通、韵达、天天五大品牌企业联合发起成立"秦皇岛百米需供应链管理有限公司",支持独立许可,依法鼓励推进。指导树创本地品牌,依照三化建设机构,将以往小区内分散经营的快递末端网点统一纳入平台进行管理,切实提升末端服务水平与服务形象。实行每月推进协调,掌握平台推广进度,指导平台布局、网点规划、标准建设、运营管理等,保障"建设起、养得住、干得好"。制定扶持政策,优先准入、协调入区、合作搭台,与商务、房产、教育等部门接洽争取支持政策,印发文件,给予物业合作、电商合作、校园合作推进。目前,建成标准化网点108处,日收派量达3万余件,目前城市社区覆盖已达50%。积极引入信息技术监管手段,全面实施视频监控覆盖工程,共安装远程监控摄像头275个,已实现对全市所有分拨中心和分支机构的全覆盖,并定期开展远程抽查巡查,对安检无人值守等行为进行执法查处,立案5起,下发整改20份,初步完成了综合治理信息化布局。将分级管理工作与弘扬行业精神文明相结合,联合快递行业协会制定了《关于开展邮政快递企业分等分级管理评先评优活动的通知》。

唐山市邮政管理局积极推进远程监控平台建设,提高行业监管信息化水平,确保分拨中心和县级以上网点100%监控全覆盖。全市21个快递品牌、26家快递企业已安装远程监控摄像头350个,其中19个分拨中心安装摄像头41个，快递企业网点安装309个。购置电视机、监控主机等必要的监控配套设备，并专门为该系统开通一条50M带宽的IP专线，有力保证了监控信号的传输质量。企业可直接利用现有的宽带接入监控平台，无需额外支付网络费用，减轻了企业负担。终端设备由企业购置并归企业所有，既方便企业使用又提高企业建设积极性。

承德市邮政管理局服务"乡村振兴战略"，建立"工业品下乡、农产品进城"双向流通渠道。指导兴隆县将大山里的板栗、核桃、山楂销至全国各地，销售农产品105吨，围场县通过线上线下同作战销售土豆169吨，隆化县的大米、丰宁县的小米等农特产品，纷纷通过电商渠道邮寄至全国各地，承德市从2017年的"一市一品"到2018年的"一县多品"全覆盖，促进了城乡公共服务均等化、购物流程信息化和特色产业品牌化，农户企业实现双赢。地方立法取得突破性进展。《承德市邮政市场管理条例》立法项目，经市人大常委会第六次会议通过列入2018年立法计划。

不断完善"邮、快、交、电"四方合作机制，要求邮政企业发挥"邮政在乡"优势，构建县乡村三级物流配送体系，通过与商贸、供销、电商互联互通，构建综合服务网点，推动邮政业服务农村电商发展，并利用邮乐网线上平台发展精品项目，目前已在邮乐网建立特色县馆7个。引进淘宝、京东等电商龙头企业，扶持本地具有一定特色和实力的农村电商龙头企业加快发展，推动经济发展。市邮政公司建成2373个便民服务站，11处运营中心，实现每个县、区一个农村运营中心。同时，客运企业代办邮件运输交邮合作已实现成熟运作，年均节约费用340余万元，进一步减轻了邮政企业的经营压力。

打好脱贫攻坚战，实施精准扶贫有成果。通过加强"快递下乡、邮政设施、快邮合作、电商扶持、人才培训、劳务输出、扶贫宣传"六个方面的工作，推动平泉镇哈叭气村于2017年底实现了脱贫摘帽，成为全市精准扶贫工作样板，2018年10月份平泉市高标准脱贫出列，截至10月，承德市邮政公司和圆通速递利用电商平台帮助农户销售土豆135吨，平泉农户销售优质小米1350斤，解决农户燃眉之急，受到农户高度评价，《中国快递报》《承德日报》《承德晚报》等媒体对相关工作进行了报道。

承德市快递电商联合会为全市快递企业购置安检机提供资金补贴，按照每台安检机补贴3000元的标准，资助快递企业配置使用安检机。目前，联合会为部分快递企业配置8台安检机，补贴资金2.4万元，为全市寄递渠道实现100%过机安检奠定坚实基础。强化快递员安全管理机制。依照相关法律法规，联合会组织全市快递从业人员统一报考摩托车驾驶证。为参加考试的快递业务员按照200元/人的标准进行资金补贴，全市已经共200余名快递员参加考试，补贴资金4万余元，为规范管理快递投递车辆工作创造良好环境。

山西省快递市场发展及管理情况

一、快递市场总体发展情况

2018年，山西省邮政行业业务收入（不包括邮政储蓄银行直接营业收入）累计完成74.2亿元，同比增长13.0%；业务总量累计完成94.1亿元，同比增长29.9%。其中，快递企业业务量累计完成3.0亿件，同比增长24.5%；业务收入累计完成38.6亿元，同比增长28.5%，支撑网上零售额1800亿元（表7-4）。

表7-4 2018年山西省快递服务企业发展情况

指标	单位	2018年12月		比上年同期增长(%)		占全部比例(%)	
		累计	当月	累计	当月	累计	当月
快递业务量	万件	30332.87	3472.64	24.52	39.66	100.00	100.00
同城	万件	5681.47	563.46	30.15	13.61	18.73	16.23
异地	万件	24577.37	2904.17	23.07	46.08	81.03	83.63
国际及港澳台	万件	74.04	5.00	224.51	112.17	0.24	0.14
快递业务收入	亿元	38.55	3.94	28.53	21.91	100.00	100.00
同城	亿元	5.96	0.52	30.31	-0.75	15.46	13.13
异地	亿元	20.17	2.07	24.62	18.36	52.33	52.59
国际及港澳台	亿元	0.53	0.04	49.48	28.43	1.37	1.04
其他	亿元	11.89	1.31	33.90	41.09	30.84	33.24

二、行业管理工作及主要成效

全面从严治党向纵深推进。严格落实管党治党责任。强化党组领导核心作用，修订党组议事规则，印发党建和党风廉政建设工作要点，定期研究部署党建工作，及时调整意识形态工作领导小组，出台贯彻落实中央八项规定精神实施办法，把牢政治方向、提高政治站位，全面从严治党延伸到邮政管理方方面面。持续推进"两学一做"学习教育常态化制度化，联合北京、天津局在太行干部学院举办学习贯彻党的十九大精神专题培训班，邀请专家教授解读授课，坚定不移用新思想武装头脑、指导实践。印发党组中心组和干部理论学习安排意见，发挥四级联学机制，采取观看专题片、知识测试、座谈交流等方式，分阶段、分专题进行集中学习研讨。各市局党组分别以规范党组中心组学习，开展"党建活动月"、党风廉政和行政效能专项检查，成立"新时代党员讲习所"等方式强化全面从严治党。全省系统"四个意识"进一步增强，"两个维护"进一步坚定。

党建工作科学化水平稳步提升。发挥机关党委单设优势，按照"围绕管理抓党建、抓好党建促发展"思路，不断推进党建标准化、规范化进程。举办全省系统党务干部能力提升班。依托"智慧党建"平台实现党员信息实时动态管理。认真开展党务公开、软弱涣散党组织自查和党员教育管理等工作。坚定"一切工作到支部"鲜明导向，完善"处长一岗双责"机制和基层党组织设置，落实书记抓党建清单制度，全面规范"三会一课"、民主评议党员、主题党日、领导干部双重组织生活等制度，基层党组织战斗力明显提升。顺利完成机关党委、机关纪委换届选举。认真推动行业党建，5家非公快递企业成立了党组织。

政治生态进一步净化。发挥巡视巡察利剑作用，以"四个着力""六大纪律"为标尺，对全省系统党组织和党员干部开展全方位政治体检。巩固深化国家邮政局党组巡视整改成果，建章立制30余项。按照"全覆盖、零容忍"思路对市局党组开展首轮政治巡察，聚焦"关键少数"，紧盯薄弱环节，通过个别谈话、民主测评、党建测试、走访地方纪委和邮政快递企业，发现问题368条，各市局立行立改、举一反三，做好巡察"后半篇文章"。打造作风建设"升级版"，针对巡视巡察问题开展纪律作风整顿专项活动，查摆并整改问题101条。认真开展九个专项治理，围绕违规公款吃喝、违规公务接待、违规发放津补贴等清退资金1.6万元。召开全省系统警示教育会议，通报系统内典型案例，组织副处级以上干部观看警示教育片并赴太原市监狱接受廉政教育，用身边人、身边事警醒党员干部。加强重要节日警示提醒和监督检查。落实领导干部个人有关事项报告制度，对4名干部分别进行诫勉或批评教育。

内部管理质量再上台阶。抓落实格局基本形成。将狠抓落实作为提升内部管理质量的关键一招。深入开展大学习大调研大落实活动，明确2018年5—6月为"调查研究月"，省市局领导班子率先带着问题、带着课题深入一线，采取实地查看、听取汇报、座谈了解、调查问卷、电话访问等方式摸底数、察实情、找对策，先后形成调研报告45篇，涉及绿色发展、分级监管、实名收寄、安全生产、队伍建设等工作，经过认真评选，择优汇编后印发全省系统学习交流。总结历年干部考核评价工作经验，以质量为导向继续优化"管理杯"评分规则和干部考核方式，更加注重工作实绩，更加突出安全、法治，考核指挥棒作用进一步发挥。印发《督查督办工作办法》，强化督查力量，明确定期督办、专项督办、现场督办和问责诫勉等分类督查方式。全省系统基本形成党组主抓、部门分工、层级督导的抓落实格局。

干部队伍建设进一步强化。坚持事业为上、实绩优先原则，不断优化山西省邮政管理局机关和市局党组班子队伍结构。认真开展公务员招录和军转干部接收工作，全省系统公务员达到126人，到位率98%。加大干部交流力度，9名干部实现省市局双向交流，人员流动、干部竞争机制不断优化。围绕年度重点，科学设置培训计划，采取专家授课、在线学习、内部转训、经验分享、问题探析等形式强化培训专业性，提升培训精准度，实现干部教育与重点工作同步规划、同步落实。扎实开展干部档案信息化工作，形成电子化档案106本。

综合管理水平稳步提升。以"两转变两树立"为导向打造便捷、高效、服务型机关。进一步规范制度运行，落实《管理制度汇编》，细化各项工作流程，建立完善请销假、公文处理、公车使用等台账，制度管权管事管人格局进一步深化。全面加强网络安全和信息化管理，顺利完成电子政务内外网建设，建立政务信息管理员队伍，对省市局网站和系统实行动态管理，网站管理工作保持全国领先。印发财务制度汇编和指导目录，强化预算编制执行。加强统计数据管理，将智能快件箱等新业态纳入统计范围，开展快递业发展和跨境快件结构专项分析并报送省政府，统计工作被评为全国系统先进集体。以机关文化培育为着力点，扎实开展精神文明建设。出台机关干部职工文明行为规范，组织"不忘初心　牢记使命"主题文艺调演和"讴歌四十年　拼搏新时代"篮球比赛，党员干部精神更加振奋，行业士气更加昂扬。山西省邮政管理局机关被省委宣传部、省文明办命名为全省第一批社会主义核心价值观建设示范点，并继续保持"省级文明单位"和"省直文明单位标兵"称号。运城百世快递员李朋璇被评选为全国"最美快递员"。

行业政商环境明显优化。与全省战略融合更加紧密。省委省政府高度重视邮政业发展，山西省省长楼阳生和三位副省长先后深入行业调研座谈，并就多项工作作出指示，为行业发展指明了方向、提供了遵循。太原国际邮件互换局成为山西省打造内陆地区对外开放新高地的标志性工程。山西省邮政管理局作为牵头部门组织省发改委、太原海关及航产集团、邮政企业同步开展审批与建设工作。相继克服审批部门多、周期长、建设时间紧、任务重等困难，召开专题推进会议20余次，与海关总署、中国邮政集团公司对口沟通10余次，时任省委常委、常务副省长高建民亲自带队赴京协调，实现当年审批、当年建设、当年验收、当年运行，得到马军胜局长和楼阳生省长的批示肯定。省委副书记林武为互换局揭牌。2018年12月6日，楼阳生省长莅临互换局调研，对运行以来国际进出口邮件迅速增长、预计年处理量可达400万件表示高度肯定，要求最大限度激发平台功能，加快延伸产业链、构建生态圈，促进跨境电商发展壮大，不断集聚外贸竞争新势能，开创高水平对外开放新格局。此外，山西省副省长王一新在山西省邮政管理局机关调研座谈后，省政府办公厅印发了《邮政快递业调研座谈会纪要》，对行业发展五方面内容提出支持。各市局立足实际，积极争取地方党委政府支持，晋城、阳泉两市市委书记先后深入行业调研。晋城局牵头建设由市委书记主抓的快递专业类物流园区，市长主持召开招商推介会，多项重点工作得到顺利推进。晋中、长治、临汾等8个市局办公业务用房得到妥善解决。

政策体系进一步完善。紧抓行业发展与省委战略高度契合历史机遇，对接省商务厅拟定山西省推进电子商务与快递物流协同发展的实施方案。其间，王一新副省长、陈永奇副省长（时任）多次作出指示，山西省邮政管理局召开省级快递企业政策协调会，会同省农业厅、供销社等进一步研究起草协同发展措施。2018年9月3日，省政府办公厅印发了《关于推进电子商务与快递物流协同发展的实施意见》，山西省邮政管理局第一时间联合省商务厅、发改委等九部门召开宣贯会议，并多次组织行业内宣贯，各市局梳理落实清单117项，明确责任人和时间表，多项内容得到全省现代服务业发展资金的优先支持。大同、忻州先后出台了配套政策。继续落实《山西省支持快递业发展的若干措施》，朔州、吕梁、临汾、阳泉等市先后出台支持政策，基本实现省市全覆盖。

行业服务能力进一步提升。基础设施显著升级。以利好政策为牵引，按照"因地制宜、适度超前"思路，引导邮政快递企业不断加快硬件设施升级换代速度。稳步推进农村地区邮政基础设施建设项目，翻建网点59处。巩固深化分拨中心自动化规范化成果，省级快递分拨中心自动化水平稳步上升，22个品牌快递企业市级分拨中心、19个县域分拨中心全部实现规范化。8个市局推进快递企业入驻13个物流园区。先后建成快递末端综合服务站1483个，农村快递公共取送点749个。城市快递自营网点标准化率达到92%，智能快递柜格口达到6万个。末端服务质量进一步提升。在全省推广快递配送车辆"四统一"模式。山西省邮政管理局强化顶层设计，推动省政府及相关部门在多项政策文件中予以明确。各市局强化与公安交警部门对接，督导快递企业加强管理，全省11个市城区8192辆快递配送车辆均实现规范化管理，9个市局出台或联合公安部门出台了通行政策。继续推进"快递进校园"，在80所高校规范收投全覆盖的基础上，32所高校实现了快递服务集约化。

"放心消费工程"稳步实施。扎实开展快递业信用体系建设工作，落实"双公示"要求，及时向"信用山西"推送行政许可、行政处罚信息。联合省快递协会、消费者协会及相关省直部门成立信用评定委员会，印发工作方案，各市局推动成立了机构，为下一步工作开展奠定了坚实基础。采取诚信宣誓、签名承诺等形式，广泛开展"诚信快递 你我同行"主题宣传周活动。做好邮政业消费者申诉处理工作。加强快递员权益保护，联合省快递协会在快递业务旺季期间开展"走一线、送温暖"慰问活动，邮政企业在全省建成城市投递员之家126个。

邮政业三大攻坚战取得实效。积极助力脱贫攻坚。深入推进"邮政在乡""快递下乡"工程，全省邮乐购站点达到1.62万个，村邮站7282个，建制村直接通邮率保持在100%，快递网点乡镇覆盖率达到100%，县乡村三级寄递服务体系日益完善。加大产业扶贫力度，"寄递+电商+农特产品+农户"脱贫模式作用明显，邮政企业推出"一市一品"农特产品典型项目14个，交易额1.11亿元。快递企业打造服务农业"一地一品"项目30个，快递服务制造业项目5个，基本实现贫困地区全覆盖，其中运城市"快递+苹果"项目产值达到1.8亿元，被评为"全国快递服务现代农业金牌项目"，邮政业精准扶贫能力有效增强，接受省脱贫攻坚专项考核并得到肯定。扎实做好定点扶贫工作，全省系统选派扶贫干部10人，坚持驻村帮扶、产业扶贫，临汾市吉县屯里镇窑头村、长治市武乡县蟠龙镇安乐庄村先后实现整村脱贫，临汾局一名扶贫干部被评为"优秀驻村帮扶队员"。

绿色发展步伐不断加快。 认真落实10部门关于协同推进快递业绿色包装工作指导意见，开展快递绿色包装专题调研，引导企业落实《快递封装用品》系列国家标准和《快递业绿色包装指南（试行）》。全省品牌企业电子运单使用率达到95%，快递企业在全省投放可循环中转袋8万余条。推广应用新能源车辆和清洁能源车辆、甩挂运输和多式联运，全省行业新能源汽车达到215辆。积极应对行业风险。以服务网络运行稳定和从业人员队伍稳定为主抓手，妥善处理快捷快递暂停网络服务等突发事件。

行业治理能力进一步提升。 深化"放管服"改革。优化行政许可流程，邮政普遍服务5项行政审批时间压缩至法定时限一半，快递许可平均办理时限压缩到8.7个工作日。全省快递许可企业达到257家，分支机构3137个，完成末端网点备案2611个。以质量提升为导向加大快递市场监管力度。开展"不着地、不抛件、不摆地摊"专项整治和快递市场清理整顿，围绕重点品牌、重点地区、重点环节开展"双随机"检查，查处违法违规行为159次，行政处罚136起，全省快件处理场所和县以上末端离地设施铺设率保持全覆盖，快件处理场所视频联通实现全覆盖。推进行业自律，省快递协会顺利换届，市级快递协会达到4个。狠抓行业法规宣贯。采取新闻发布会、专题培训、知识测试等方式广泛学习宣传贯彻《快递暂行条例》及其释义。举办全省系统行政执法案卷评审培训班，交叉点评历年典型案卷，邀请省政府法制办专家现场指导，全省系统行政执法规范性进一步提高。

寄递渠道保持安全平稳畅通。 主体责任不断强化。召开全省寄递企业主体责任落实培训会，强化区域总部安全管理责任。狠抓"三项制度"落实，采取每日通报、约谈整改、专项培训、一线指导等方式督促企业应用实名收寄系统，实名率保持在99.6%以上。紧盯安检机配而不用、用而不实等问题，推进持证上岗和双人轮岗，全省安检机达到233台，持证人员358人，市级品牌快递企业分拨中心视频监控联网率达到82.14%。落实"八个有""五个一""五到位"要求，树立安全生产标杆网点315家。监管力度进一步加大。推进省委政法委印发寄递渠道安全管理工作要点。深入推进"安全生产月"活动，协同有关部门开展寄递渠道反恐、禁毒、扫黄打非、打击侵权假冒等工作，通过信息共享、管控联动，多维度、多方式开展隐患排查和执法检查。加强行业应急管理，完成《山西省邮政业突发事件应急预案》修订评估。圆满完成上合组织青岛峰会、中非合作论坛北京峰会、首届中国国际进口博览会等重大活动和快递业务旺季服务保障工作。坚持提前制定方案，多轮次现场督导，严格执行24小时值班和每日零报告制度，全省寄递渠道保持安全稳定畅通。

三、改革开放40周年

改革开放40年，山西省邮政业走过了极不平凡的历程。自2006年全省邮政体制改革以来，特别是党的十八大以来，全省系统高举习近平新时代中国特色社会主义思想伟大旗帜，深入贯彻国家邮政局党组和省委省政府决策部署，坚定不移深化改革开放，山西邮政业发生了翻天覆地的变化，取得了全方位、历史性成就。我们大力推进干部队伍建设，统筹力量政策成立11个市局，立足"四有"标准组建4个县级机构，树正气、聚人气、提士气优化干部队伍结构，先后开展"两优"表彰、干部遴选、干部交流，邮政管理干部队伍不断壮大。我们大力加强内部管理，连续五年开展系列主题年活动，连续四年开展"管理杯"评选，编印《管理制度汇编》，出台《督查督办工作办法》，基础管理水平显著提升。我们大力营造宽松的发展环境，推进出台《山西省邮政条例》、"十二五""十三五"邮政业发展规划，支持快递业发展的若干措施、推进电子商务与快递物流协同发展的实施意见以及邮政车辆高速通行费减免等政策，国有经济不断壮大，民营经济飞速成长。我们大力推进基础设施提档升级，先后在空白乡镇邮政局所补建、建制村直接通邮、快递下乡、分拨中心自动化规范化建设等方面取得突破，邮政业公共服务均等化水平稳步提高。我们大力提升行业发展质量，相继在县级城市党报当日见报、快递车辆规范管理、快递服务现代农业金牌项目等方面取得突破，行业基础性先导性作用充分释放。我们大力推进依法治邮，"交叉分时梯次推进"开展普遍服务执法检查、全面开展分级监管，"双随机一公开"推进快递市场监管，企业依法合规经营意识不断增强。

四、各市（地）主要管理工作概况

太原市邮政管理局全力推动《太原市支持快递业发展的若干措施》的出台，完成对21家相关单位征求意见工作并提交交通局。协调太原市文明交通综合治理领导小组办公室将快递末端配送三轮车辆规范管理纳入《太原市加强和引深文明交通综合治理实施方案》重点工作范畴，推动全市2043辆末端配送三轮车实现"四统一"，为争取解决配送车辆市区通行问题奠定良好基础。积极落实国家邮政局快递"三上"部署，推动中通快递山西公司与中铁快运太原公司达成战略合作，开通"太原—乌鲁木齐"专线实现快件固定仓位、固定线路稳定运输；助力顺丰快递山西公司开通北京、广州航运专线，实现北京、广州方向快件当日送达。指导圆通"承诺达"做好规范运营工作，鼓励企业面对行业高端市场拓展业务，带动行业整体提质增效。

晋中市邮政管理局推动晋中市政法委联合印发了《关于对县级寄递企业购置X光安检机给予专项资金补贴的通知》，各县（市）经营EMS、申通、中通、圆通、百事、韵达、顺丰、天天品牌的8家规模以上县级寄递公司购买X光安检机均可按照购置款的50%给予补贴，全市11个县（区、市）已有16家企业购置了安检机，未购置安检机的企业全部签订安检协议，确保把好寄递第一道关口。积极协调邮政、快递企业通过"邮乐购""中通优选"等企业电商平台为农产品出山进城搭建绿色通道，助力农户增收。2018年，祁县酥梨、左权核桃等地方特色农产品，搭乘快递顺风车，实现从田间到舌尖的"一站直达"，实现交易额1500多万元，《中国邮政快递报》《中国交通报》《山西青年报》等媒体竞相报道。为太谷饼、平遥牛肉、祁县玻璃工艺等企业量身定制专属寄递方案，产生快递订单400多万件，预计带动地方特色产业外销达5亿元。

临汾市邮政管理局推动全市共建成标准化营业网点559个，标准化率达到95%以上。在此基础上，大力推进品牌旗舰店和安全生产标杆店建设，已建成品牌旗舰店兼安全生产标杆网点135个。积极协调各邮政快递企业，紧盯过机案件、实名收寄、快件分拣等关键环节，协调第三方企业历时一月，为全市15个市级、区域邮（快）件分拨中心和20个重要快递营业网点安装高清摄像头，全部接入了临汾局安全监控中心，其中，分拨中心接入率达88%。积极推动《临汾市人民政府支持快递业发展若干措施》的出台，同市商务局协同配合，联合推进全市推进电商快递协同发展实施意见落地。组建临汾市快递业信用评定委员会，圆满完成全市快递企业市场主体名录库录入工作，并指导各企业对快递从业人员信息完成录入，行业信用体系建设取得实质性进展。

内蒙古自治区快递市场发展及管理情况

一、快递市场总体发展情况

2018年,内蒙古自治区邮政行业业务收入(不包括邮政储蓄银行直接营业收入)累计完成53.1亿元,同比增长17.5%;业务总量累计完成44.4亿元,同比增长29.2%。其中,快递企业业务量累计完成1.5亿件,同比增长37.6%;业务收入累计完成29.9亿元,同比增长24.8%(表7-5)。"双11"期间,业务量占全区45%的首府呼和浩特市首次实现了出港量大于投递量的业务顺差。

表7-5　2018年内蒙古自治区快递服务企业发展情况

指标	单位	2018年12月		比上年同期增长(%)		占全部比例(%)	
		累计	当月	累计	当月	累计	当月
快递业务量	万件	15182.32	1679.98	37.58	34.93	100.00	100.00
同城	万件	4186.66	561.15	55.58	70.87	27.58	33.40
异地	万件	10982.38	1117.70	31.84	22.07	72.34	66.53
国际及港澳台	万件	13.28	1.13	-4.92	9.27	0.09	0.07
快递业务收入	亿元	29.91	2.66	24.84	-0.08	100.00	100.00
同城	亿元	4.75	0.49	41.90	25.23	15.87	18.41
异地	亿元	16.18	1.28	15.26	-17.51	54.11	47.99
国际及港澳台	亿元	0.34	0.03	11.06	13.97	1.14	1.13
其他	亿元	8.64	0.86	37.87	23.89	28.89	32.48

全区提前一年实现11092个行政村全部直接通邮,盟市、旗县、乡镇、嘎查村四级快递网络体系建设加快推进,交邮合作、警邮合作、快邮合作为农牧区提供越来越便捷的物流服务,2018年全区旗县及乡镇快递业务量同比增长了68%,达2850万件。满洲里中俄国际邮路中断21年后,于2018年3月恢复运行,并已现一周五班次常态化运营,通达地也由俄罗斯莫斯科延伸到叶卡捷林堡、德国莱比锡,成为中俄蒙经济走廊的重要通道。

二、行业管理工作及主要成效

着力打造忠诚干净担当的干部队伍。全系统把学习贯彻习近平新时代中国特色社会主义思想作为首要政治任务,中心组系统学,党组书记带头学,各支部政治例会结合实际学,教育引导全系统党员干部切实增强"四个意识"、坚定"四个自信",坚决做到"两个维护"。树立政治意识、强化问题导向,切实加强和改进党组工作。开展政治巡察,针对首轮巡察5个盟市局发现的3方面46项突出问题,要求被巡察盟市局党组照单整改、即知即改;尚未接受巡察盟市局以问题为导向自查,未巡先改。召开提升盟市局党组工作水平专题座谈会,促进党组议事决策规范化。区局和盟市局分别成立党建工作领导小组,建立县域监管机构、非公快递企业党建基本情况台账,推动成立4个非公快递企业党组织。狠抓机关党支部建设,规范"三会一课"的基本内容、基本要求、基本程序和开展频次。按照自治区直属机关工委督查反馈意见,增强支部工作创新性,开展"一支部一品牌"创建活动,各支部结合岗位职责设计党建品牌标识,在机关开展"亮品牌、守初心、勇担当"微党课活动。围绕"如何增强兼任支部书记的机关处长党务工作者角色意识"召开专题民主生活会,促进支部党建工作与业务工作的深度融合。认真开展

"九个专项治理"扎实推进党风廉政建设。确保专项治理不漏项、显实效。目前3个盟市局违规发放津补贴问题已整改完毕;对干部选拔任用程序、材料规范性方面存在的问题,已明确整改措施。全区邮政管理系统以专项治理工作为契机,进一步加强监督检查,形成长效治理机制。

不断优化行业发展环境。2018年5月1日《快递暂行条例》实施,6月7日自治区政府办公厅印发了《关于推进电子商务与快递物流协同发展的实施意见》,各级邮政管理部门主动做好宣贯解读,推动法规政策落地实施。2018年内蒙古自治区邮政管理局与11个部门联合印发7个推动行业发展的文件,涉及交邮合作、快递绿色发展、城乡高效配送、国际快件监管、打击涉烟犯罪等多个领域。与原自治区边防总队协商制定"警民邮路"共建实施方案,推动内蒙古顺丰速运与驻军某部签订合作协议,探索军民融合发展新模式。在自治区交通运输厅的大力支持下,全区邮政普遍服务专用车辆继续享受按50%减免通行费的扶持政策。乌海市政府设立了快递业发展专项资金,市财政每年安排预算资金,对快递信息化标准化建设、园区建设、智能快件箱建设、绿色发展等8方面给予重点支持。兴安盟、呼伦贝尔市、赤峰市、呼和浩特市、鄂尔多斯市、乌兰察布市、巴彦淖尔市、锡林郭勒盟等局争取行业发展保障资金1226万元。兴安盟局与公安交巡支队联合印发文件,明确快递电动三轮车按照"五统一"要求实行牌照化管理上路行驶,在全区率先建立了电动三轮车长效管理机制。通辽局协调政法委和交管部门为快递企业发放120块电动三轮车非限行牌照。

深化"放管服"改革。清理现行排除限制竞争政策措施,全年办理快递许可变更申请854件,发放快递经营许可证47件,完成171家快递企业分支机构、2617个快递末端网点备案工作,按时完成率达100%。制定随机抽查工作细则,编制随机抽查事项清单,组织开展跨区域双随机检查。加强法规标准引领。推动将修订《内蒙古自治区邮政条例》列入自治区人大立法规划(2018-2022年)和2019年自治区地方性法规修订调研项目。完成邮政业十三五规划中期评估。在全国邮政标准工作培训会上介绍了我区用标准提升服务水平,促进行业发展的工作经验。

着力提升行业发展质效。到2018年底,全区已建成国际快件监管中心1处,盟市级快递类专业物流园区14处,旗县级14处,建成旗县快递集散中心42个,快递网点乡镇覆盖率达98%。城市快递营业网点标准化率达91.93%,全区高校规范收投率达100%。推动企业改革创新。邮政企业持续推进寄递业务改革,邮政包裹快递业务量同比增长56.5%。邮政综合服务平台建设有序推进,代办交管业务、代开税务发票业务不断扩大,服务"互联网+政务"成效明显。重点快递企业加快发展冷链、医药等高附加值业务,快递冷运网络覆盖全区12个盟市。大包裹、快运、云仓、即时递送等新兴业务进一步拓展,年支撑网络零售额400亿元。强化政企联动。举办提升蒙东快递末端能力跨区域座谈会,与5家企业总部签订战略合作协议,明确了绿色农畜产品输出、服务固边富民、发展俄蒙跨境电商等7个方面的合作内容。各企业积极落实座谈会成果,申通快递在先期投资1亿基础上追加投资3亿元,建设通辽申通华北快递物流园区。京东总投资13亿元的"亚洲一号"内蒙古智能物流园(一期)在呼和浩特市和林格尔新区奠基。总投资10亿元、占地353亩的唯品会内蒙古运营总部项目合作协议也已落地签订。推进产业融合。引导企业深入到农特品牌的优质产区,拓宽服务领域。与锡盟行署联合主办了"苏尼特羊全国物流招商洽谈会",协调顺丰速运与锡盟苏尼特左旗政府、赤峰市敖汉旗政府和赤峰雨润农产品交易平台达成合作协议,协调内蒙古苏宁与乌兰察布市三个国贫县签订战略合作框架协议,开设了3家电商扶贫实训店。

增强服务跨境电商能力。将呼市国际邮件集散分拨中心、呼市国际快递物流港建设项目纳入自治区政府印发的《中国（呼和浩特）跨境电子商务综合试验区建设实施方案》，在项目用地、规划选址、基础设施配套等方面获得政策支持。呼和浩特局启动了法国快递跨境集散中心筹建工作。促进科技创新与技术应用。由内蒙古自治区邮政管理局自主研发的邮政行业大数据信息系统已经上线运行。邮政企业上线新一代寄递业务信息平台和国内普通邮件全程时限监控系统，对服务实现全流程跟踪。京东物流在全区首次由无人机和智能机器人合作完成的末端配送服务在和林格尔新区试验成功。智能快件箱全区已达16万格口。加强行业人才队伍建设。成立内蒙古自治区邮政管理系统行业人才指导委员会，推荐快递企业参加大数据时代的电子商务与快递业协同发展高级研修班，组织各盟市局开展推荐选送"全国职业技术能手"工作，组织邮政行业"五一劳动奖状"获得者和岗位"技术能手"座谈调研，进一步弘扬精益求精的工匠精神。

全力打好邮政业三大攻坚战。成立全区邮政管理系统打好三大攻坚战领导小组，细化63项具体任务清单，整体推进三大攻坚战。积极助力精准扶贫。邮政企业发挥"邮政在乡"优势，实施"一市一品"农特产品进城项目，全年配送进城农特产品1860吨。推进"快递下乡"工程，全区771处乡镇中有754个设立快递服务网点，"寄递+电商+农特产品+农户"脱贫模式作用明显，2018年累计实现农村电商产品销售2600万件。扎实做好定点扶贫工作，2016年以来，全系统承担了214户455人的帮扶工作，目前已帮助349名建档立卡贫困人口实现脱贫。加快行业绿色发展步伐。制定绿色发展三年行动计划，通过组织调研、召开专题座谈会推动计划实施。目前全区2354个营业网点设置了"包装回收区"和电子运单专用打印机，电子面单使用率达到95%以上，循环中转袋使用率达到50%。推广环保车辆应用，全区年内新能源投递运输车达到196辆。持续加强寄递渠道安全监管。实行寄递安全综合治理，开展联合检查、联防联控和综治考评。压实企业安全生产主体责任、政府安全监管责任和用户安全用邮责任，寄递物品安全管控能力和应急管理能力得到有效提升，实名收寄信息化率稳定在99%以上，依法注销5家快递企业。呼和浩特、包头、乌海、通辽、鄂尔多斯、巴彦淖尔、兴安盟、锡林郭勒盟等8盟市局被地方授予安全生产、综治、反恐怖、禁毒、扫黄打非等先进单位称号。

有效提升行业治理能力。加强邮政市场监管。全面推行"双随机一公开"监管机制，全年累计开展执法检查3426次，查处违法违规行为369起。继续推进"不着地、不抛件、不摆地摊"专项治理，离地设施铺设率达到100%。组织成立全区快递业信用评定委员会，制定信用评定工作方案，与发展改革委、工商局对接，按时完成信用信息发布工作。完善邮政业消费者申诉工作制度，申诉处理满意率达98.1%。提升执法综合管理能力。制定《重大行政处罚备案监督办法》，建立法律顾问履职情况台账，办理行政复议1起，处理行政应诉2起。开展以案释法活动和行政执法案卷评查，组织2次邮政行政执法资格统一考试，提升行政执法水平。赤峰局连续四年被评为"全市依法行政工作实绩比较突出部门"。增强综合支撑保障。二连浩特市邮政业发展中心获批成立。强化资金保障能力，在2019年预算全面落实压减要求，坚持过"紧日子"的大环境下，多方面争取国家邮政局支持，确保盟市本级预算不减，区本级预算稳中有升。乌海、鄂尔多斯、巴彦淖尔、阿拉善、赤峰局积极落实中办国办文件精神，依靠当地政府支持解决了永久办公用房问题。政务公开水平不断提升，在国家邮政局组织的政府门户网站检查中，全系统13个门户网站四个季度全部合格，连续两个季度实现零扣分。弘扬行业发展主旋律，开展了"'3·15'诚信快递、你我同行"、世界邮政日、"双11"主流媒体"绿色快递行"等主题宣传和专题采访活动。加强行业精神文明建设。开展社会主义核心价值观主题教育月、邮政业青年文明号开放周等活动。积极创建青年文明号,年内呼和浩特市邮政管理局被评为自治区级青年文明号,兴安盟局机关工会被授予"盟五一劳动奖状",全区邮政行业新增9家盟市级青年文明号、1家盟市级工人先锋号。内蒙古自治区邮政管理局连续两年被自治区团委、自治区青少年发展基金会联合授予"爱心单位"称号。通辽局推荐的两名快递员分别入围第三届全国"最美快递员"前50强和前100强。

三、改革开放40周年

改革开放40年,内蒙古自治区邮政公司的网络规模、产品种类、技术水平和服务能力均有了质的飞跃,从经营传统邮政业务发展成为社会公共服务及物流寄递综合服务供应商。民营快递从无到有、从小到大,业务量已经占到全区快递总量的75%以上,业务收入超10亿的民营企业1家,超亿元的民营企业6家,民营快递已经成为人们日常生活及现代商业离不开的要素。40年前,全区邮政行业从业人员不足万人,如今行业从业人员近4.5万人,遍布城乡;30年前,全区特快专递年业务量仅1万余件,如今快递年业务量已达1.5亿件;20年前,全区人均年快递使用频次不足1次,如今人均年使用快递量达23次,开门取快递已成为消费者新"开门七件事"之一;10年前,全区邮政业务总量为11.88亿元,如今,全区业务收入已经达到52亿元,全行业已连续7年保持25%以上复合增长率。每一个10年,邮政行业实现一个飞跃,改革发展跨上一个台阶。

四、各市(地)主要管理工作概况

推进行业监管信息化。乌兰察布市邮政管理局争取市财政资金148万元实施全市寄递企业视频系统联网项目,并进行技术升级,对快递网点进行网关赋码管理。在全市14个市级邮政快递企业邮件快件处理中心配备了高清摄像头和呼叫系统,在主要快递企业126个营业场所免费安装视频监控。全市邮件快件实名率稳定在99%以上;9台安检机全部联网,组织辖区内邮政管理部门、快递企业共24人参加全国邮政业第三期安检专业培训班,安检员全部建档、100%培训上岗。

建立行业联合工会,提升行业凝聚力。乌兰察布市丰镇邮政管理局建立了丰镇市邮政快递业联合工会,制定了《丰镇市邮政、快递行业自律公约(试行)》。全市邮政、快递从业人员共86人加入工会。联合工会成立后,积极向市总工会争取支持,设置了"快递员之家",场地面积100平方米,投资近4万元。开展了首届迎新年技能体能友谊联赛,为15名困难快邮员工提供了每人1500元的困难补助。

推动实现电动三轮车统一牌照化管理。兴安盟邮政管理局根据国家邮政局发布的《快递专用电动三轮车技术要求》(YZ/T 0136—2014),制定了《兴安盟快递专用电动三轮车辆标准化、规范化建设要求》。联合盟公安交巡支队印发《关于印发〈兴安盟邮政行业车辆交通安全管理工作方案〉的通知》,对车辆设备、外观以及质量等提出明确要求,积极推进标准化、规范化建设工作,严格做到"五统一"。逐步建立快递车辆管理与快递业信用体系挂钩制度,将企业制定落实车辆管理和安全通行制度、严格落实管理主体责任等情况纳入快递业信用体系建设。

深入推进平安建设活动。阿拉善盟邮政管理局联合盟公安局、消防支队推行邮政行业安防、消防联动机制,将各快递营业网点快递员纳入治安、消防联防队伍,举办专题培训并向快递员颁发了保安员证书及快递消防公益使者聘书。

推动快递服务现代农牧业。巴彦淖尔市从"寄包裹"向"产包裹"转变,指导邮政公司开发以"二板嘴"葵花籽和"磴小蜜"蜜瓜为代表的电商产品,积极协调邮政企业与市医院达成中药熬制成品寄递协议,极大地方便了群众,快递服务民生得到了彰显。

强化依法治邮，推动快递电商协同发展。赤峰市邮政管理局全面梳理行政执法"八张清单"，制作行政执法服务指南及流程图，优化审批和网上办理流程，进一步提升政务服务和依法治邮工作水平。连续五年被赤峰市法制办评为"全市依法行政工作实绩比较突出部门"。实行行政处罚案件各阶段、全过程合法性审查，推动执法办案工作的规范化。赤峰市邮政管理局积极推动快递业服务现代农牧业和农村电子商务发展，引导快递企业积极对接电商企业、农牧业产业化龙头企业，为赤峰牛羊肉、奶酒、牛肉干、小米、荞麦壳等特产提供便捷的快递服务。

以高质量党建激发行业发展活力。呼和浩特市邮政管理局坚持"融合式党建+"工作理念，以高质量党建激发行业创新发展活力，催生行业供给侧结构性改革新动能，引领行业驶入高质量发展快车道。争取邮政业数字化科技创新奖励资金45.85万元，快递下乡补贴资金37.89万元，引导企业基础设施提档升级投入3917万元，荣获档案建设"自治区一级先进单位"和"扫黄打非先进单位"。立足于发挥首府地区对全区行业发展的带动引领作用，跳出本地区行业发展"单打独斗"的思路，提高行业发展区域定位，着力将呼和浩特打造成为服务内蒙古、支撑华北、晋北、陕北、辐射全国以及蒙古、俄罗斯等国外众多地区的区域性快递物流业服务中心。年内京东"亚洲一号"智能物流园落地建设，京东内蒙古智能配送站于2018年12月底启用，唯品内蒙古品骏运营总部签约落地，全年邮政业基础项目投资强度达到23亿元。积极推进顺丰、韵达、申通等多家品牌企业在呼市建设集电商、仓配、分拣、冷链、区域结算、大数据等功能于一体的科技创新产业园项目，争取总部型优势产业在首府落地。

推动末端服务能力再提升。呼和浩特市邮政管理局在复制推广已经成熟的"校园模式""社区模式""商超模式"的末端服务模式基础上，通过智能化、绿色化、高效化手段推动末端服务品质加速提升，依托京东便利店、菜鸟驿站、近邻宝等第三方平台建成多种模式、各类业态叠加的快递末端公共服务站262处。推动"医院驿站"和"小区驿站"试点模式先后在"三进"工程服务末端亮相。京东在首府地区增加智能配送服务新模式，实现无人车配送在内蒙古师范大学常态化运行，无人机试点投递偏远山区，解决农村地区"最后一公里"配送难题。呼伦贝尔局积极探索和创新快递服务模式，整合快递投递资源，目前在扎兰屯开展试点，整合了申通和宅急送、天天等快递企业，统筹优化投递资源，开展划片派送。

巩固中俄满洲里邮路重开成果。呼伦贝尔市邮政管理局全力推动满洲里国际邮件互换局运营工作，指导邮政企业不断优化运邮班列业务流程，促进铁路运邮通关更加便利、快捷，加快口岸和边境地区邮政基础设施互联互通，积极融入中俄蒙经济走廊建设大局，助力自治区向北开放战略实施。目前，产品类型拓展到国际小包、E邮宝、德国小包、水陆路包裹等。

加快快递服务现代农业"一市多品"建设工程。通辽市邮政管理局搭建地方政府、生产企业、农户与寄递企业沟通平台，支持顺丰速运为我市各类农产品量身定做销售宣传模式，通过顺丰自有平台，向全国各地推广莫力庙葡萄、开鲁香瓜、扎鲁特旗玫瑰花和开鲁牛肉等通辽地区特色农产品，快递业服务本地区特色产业如牛肉干、蒙医蒙药等制造业发展，通辽市邮政业服务牛肉干项目被区局报送国家局纳入"快递服务制造业金牌+"项目库。2018年全年业务量突破150万件，直接服务形成的累计收入突破1000万元，其中，牛肉干项目全年出口量突破120万件，出口总量超过1600吨，全年交易额达到3.6亿元。

开展交邮融合工作。锡林郭勒盟邮政管理局成立了盟行署领导担任组长的工作领导小组，采用"客运班线+交邮综合服务站"的模式，依托锡盟快递物流管理信息系统，建立快递物流分拨中心，形成了覆盖全盟90%以上苏木乡镇和嘎查村的农村快递物流网络,将"带货下乡、捎货进城"变为现实。

加快产业融合。锡盟邮政管理局与内蒙古自治区邮政管理局和盟行署主办了"苏尼特羊全国物流招商洽谈会"。锡盟局协调苏尼特左旗政府与顺丰华北大区签订了合作协议,顺丰全程参与苏尼特羊的保种、保真、保质通道建设。以苏尼特羊全国物流招商洽谈会为契机,推动盟内快递企业全程参与区域名优品牌的产地仓建设、线上销售、冷链运输等环节的运营,实现了从"寄包裹"到"产包裹"的转变。协调京东物流携手亿度电子商务有限公司在锡盟正式开启首个生鲜"京东云仓",形成了仓配一体化的运营系统。

辽宁省快递市场发展及管理情况

一、快递市场总体发展情况

2018年,辽宁省邮政行业业务收入(不包括邮政储蓄银行直接营业收入)累计完成138.5亿元,同比增长19.5%;业务总量累计完成160.6亿元,同比增长26.3%。其中,快递企业业务量累计完成6.5亿件,同比增长27.1%;业务收入累计完成88.0亿元,同比增长29.3%(表7-6)。

表7-6　2018年辽宁省快递服务企业发展情况

指标	单位	2018年12月		比上年同期增长(%)		占全部比例(%)	
		累计	当月	累计	当月	累计	当月
快递业务量	万件	65363.68	6625.51	27.08	13.07	100.00	100.00
同城	万件	20503.08	2068.01	31.17	20.06	31.37	31.21
异地	万件	44400.65	4527.87	25.23	10.62	67.93	68.34
国际及港澳台	万件	459.95	29.63	32.22	-32.64	0.70	0.45
快递业务收入	亿元	87.97	8.27	29.26	15.44	100.00	100.00
同城	亿元	18.62	1.81	35.61	26.28	21.17	21.86
异地	亿元	43.77	4.00	25.49	9.63	49.75	48.41
国际及港澳台	亿元	5.36	0.39	6.40	-23.14	6.09	4.71
其他	亿元	20.22	2.07	40.33	31.51	22.98	25.01

二、行业管理工作及主要成效

全面从严治党,为各项工作提供了有力的政治保证。 积极贯彻习近平总书记在辽宁考察时和在深入推进东北振兴座谈会上重要讲话精神。印发了《辽宁省邮政管理局助力新时代辽宁全面振兴的工作方案》,助力新时代辽宁全面振兴;围绕"七破七立",针对辽宁振兴过程中存在的"四个短板",组织全省系统开展了解放思想推动高质量发展大讨论。

以政治建设为统领切实落实了党建责任。印发了《关于学习贯彻习近平总书记推进党的政治建设重要指示精神进一步加强邮政管理系统党的建设的通知》,督促全省各级党组织不断提高政治站位,全面贯彻落实习近平总书记推进党的政治建设重要指示精神。召开了专题组织生活会,开展剖析,彻底肃清薄熙来、王珉恶劣影响。落实了一岗双责,支部(总支)书记均由市局局领导、省局机关处长担任。强化了省局机关支部规范化建设,省局办公室支部被确定为省直机关党支部规范化建设示范点。持续抓好"党建+营商环境建设"工作,开展了全省系统规范文明执法优化营商环境专项执法检查,"党建+快递末端网点备案"专项工作受到省直机关工委肯定。

党风廉政建设和反腐败工作取得了新的胜利。制定了年度《党风廉政建设工作要点》并组织实施,签订了《党风廉政建设责任书》。出台了《辽宁省邮政管理局贯彻落实中央八项规定实施细则》,组织开展了"25341"正风肃纪专项行动。重要时间节点紧盯"四风"问题,切实转变工作作风。举办了县处级以上领导干部学习贯彻党的十九大精神集中培训,并组织参观了大连市反腐倡廉警示教育基地。组织参加了系统警示教育电视电话会,观看警示教育片,提高领导干部廉洁从政意识。成立了巡察工作领导小组,制定《中共辽宁省邮政管理局党组巡察工作实施办法》《中共辽宁省邮政管理局党组2018年巡察工作方案》,举办巡察工作培训班,完成对6个市局党组的巡察工作。开展九个专项治理工作,全省系统共自查出11个问题,全部整改完成。

非公党建和精神文明建设工作实现了新的突破。14个市局均建立了非公快递企业党组织,实现了非公快递企业基层党建工作全覆盖。积极指导企业加强党支部建设,大连市顺丰、申通两个企业支部被大连市委组织部评为"非公党建工作示范点",沈阳市局指导辽宁优速快递公司新成立了党支部。加强了群团组织建设,积极参与省直机关工会举办的羽毛球赛等系列活动,铁岭、葫芦岛成立了快递工会联合会,庄河局成立了全省首个县级机构团委。精神文明建设再结硕果,全省邮政管理系统9个青年集体获得省级"青年文明号"称号,葫芦岛市局被授予全省文明单位称号,营口、阜新市局被授予市级文明单位称号。

政策法制环境进一步改善。国办1号文件得到落实。省政府出台了《辽宁省推进电子商务与快递物流协同发展实施方案》,在快递末端综合服务场所建设、快递车辆通行、行业绿色发展等方面给予重要支持。各市局围绕国办和省政府文件,积极与地方政府对接,取得了丰硕成果,沈阳市规划1.6平方公里建设"沈阳国际陆港快递物流区",《大连市人民政府关于促进现代快递服务业发展的实施意见》出台,发展快递服务业专项资金共517万元已拨付到位。

邮政业"十三五"规划中期评估工作如期完成。出台工作方案,举办评估工作培训班。省、市局合力全面评估了"十三五"规划目标任务推进情况,汇总75项规划任务措施,定性定量相结合、综合典型案例,逐项评价工作进展和成效,并以此为基础形成了《辽宁省邮政业"十三五"规划中期评估报告》。

宣贯实施《快递暂行条例》取得了积极成效。成立了宣贯领导小组,召开了相关厅局、主要企业参加的宣贯会议。组织各市局开展培训,督导市局开展宣贯活动。在主流媒体开展宣传,以宣贯《快递暂行条例》为抓手,将邮政行业改革理念向企业、校园、机关、社区、农村、家庭等各个领域传导渗透,积极为全省邮政业持续深化供给侧结构性改革营造浓厚氛围。

促进了行业转型升级提质增效。推动企业形成了融合发展新能力。全面落实了《辽宁省促进邮政业创新发展工作方案》。省局推动快递企业省级区域总部结合市场实际,升级了运营模式,开展了差异化经营。各市局积极引导企业创新发展。在沈阳局推动下,沈阳市成为全国开展商业快件试点业务新增19个城市之一,也是东北地区唯一的试点城市。大连局推动快递企业开展了跨境电商直邮业务。营口市局帮扶企业依托自贸区综合保税区建设国际快件处理中心项目,一期工程5200平方米已经正式落地。

民生实事兑现了对群众的承诺。改进快递末端投递服务水平,逐步形成了住宅投递、智能快件箱投递和公共服务站投递等模式互为补充的末端投递服务新格局。全省累计设立智能快件箱6150组,建成快递末端公共服务站点1745个,农村公共快递取送点702个。积极服务乡村振兴战略,建成带有信息化功能的"邮乐购"站点15488处。

确定"一市一品"农产品进城示范项目48个,配送总量达到4557.28吨,交易额超过6000万元。实施"快递服务放心消费工程","三不"专项治理取得新进展,高校规范收投率实现100%、网点标准化率达到98.4%、离地设施铺设率达到98.6%。

全力打好三大攻坚战。有效化解了行业安全风险。印发了《辽宁省邮政管理局关于打好防范化解重大风险攻坚战的实施意见》,落实了3大项20小项工作措施,持续强化了行业安全生产,保障了行业稳定。梳理出《邮政行业企业安全生产责任》(82条)和《邮政行业政府部门安全监管职责》(26条),明确了政府和企业的安全责任边界,保障了主体责任的落实。组织各市局开展了寄递渠道涉枪涉爆隐患集中整治专项行动,开展了全省寄递渠道"社会稳定风险评估攻坚年"活动,确保了快递服务网络安全稳定运营。督导各市局全力防控非洲猪瘟,防止了疫情蔓延。全面施行了实名收寄制度,联合相关部门开展专项检查,推广信息系统应用,全省实名率稳定在99%以上。全省配备安检机315台,实现了应检必检目标。强化应急管理,加强值守,重大活动期间严格执行24小时值班制度,确保了全国两会、上合组织青岛峰会、进口博览会等重点时段全省寄递渠道安全畅通。

实现行业扶贫输血、造血有机结合。"一市一品"农特产品进城示范项目带动贫困地区增收927人,增加农民收入789.14万元,指导邮政企业实施了"爱心医疗"工程。贯彻落实省委、省政府大规模选派干部到乡镇和村工作,推动乡村振兴的要求,选派优秀干部到凌源市王杖子村驻村扶贫,拨付专项扶贫款6万元,并发挥行业优势,组织快递企业进驻,推动当地葡萄产业发展。为喀左县扶贫点协调资金近20万元铺设道路,坚持每季度走访,为贫困户带去慰问品约1万元。全系统6个定点联系帮扶村中已有3个达到脱贫出列要求。营口局积极协调市政府及相关部门,辽宁巾帼扶贫馆——营口馆落地,成为该市巾帼电商扶贫基地、邮政行业电商示范基地和电商示范培训基地。结合行业特点实施贫困人才培养工程,引导专业院校、邮政快递企业优先对贫困地区人员开展培训,培养一批会经营网店、能带头致富的实用人才。鼓励有意愿的贫困地区人员参加快递员职业技能鉴定考试,鼓励快递企业优先录用符合条件的农村适龄人员入职,鼓励邮政行业人才培养基地招收贫困家庭学生,帮助有就业意愿的毕业生实现就业。

建立起行业污染防治体系。成立了省邮政业生态环保工作领导小组,统一领导全省生态邮政建设工作。制定落实方案,全面加强生态环境保护,坚决打好污染防治攻坚战。制定了《关于推进邮政行业绿色发展的实施方案》,确立了落实绿色包装法规标准、推动绿色运输与配送、提高快递企业电子运单使用率等8大项19小项重点工作任务。形成了《关于辽宁省邮政业绿色发展的报告》。积极推动运输配送方式绿色化和资源集约节约,组织了辽宁绿色邮政行动启动仪式,现场有50台纯电动车投入使用,大连市对快递企业购置新能源汽车每台补助2万元。沈阳引导企业错峰用电、大连推动网库电商快递产业园使用太阳能发电。铁岭调兵山市5家品牌快递企业共享末端服务设施、开展联收联投,朝阳凌源市"三通一达"和顺丰等民营快递公司循环使用寄递包装,营口局积极支持东盛集团成功研发可降解快递包装袋,2019年3月可批量生产,盘锦市鼓励快递园区使用托盘、货盘等进行中转,减少传统编织袋的使用量。落实《关于协同推进快递业绿色包装工作的指导意见》,开展了快递包装箱抽检工作,推动环保材料使用。指导企业按照《快递电子运单》行业标准,提高电子运单使用率,大幅降低了运单纸张耗材用量。

提升监管水平,规范了市场秩序。加强事中事后监管,进一步提升了管理效能。采取"双随机一公开"方式,全省共开展邮政市场监督检查2528次,出动检查人员6201人次,查处违法违规行为

317次,下达整改通知书279份,下达行政处罚决定书63份。制定《关于加强数据分析应用提升行业治理能力工作方案》,指导各市局推广应用数据公共服务平台,加强各类信息系统有效利用,推动了部门、行业和企业间的数据交换共享。制定了《辽宁省快递业信用体系建设工作方案》,清理了快递企业名录库,进一步完善了快递业诚信体系。开展了旺季快递服务督导检查,确保完成快递旺季服务保障工作任务。

充分利用申诉资源,提升了服务质量。开展了申诉数据分析,为圆通、申通等省内重点企业提供数据分析报告,帮扶企业破解服务痛点、难点。联合省工商局召开了快递服务质量提升联席会议,督促企业积极提高服务质量。加强申诉处理与市场监管的衔接联动,受理群众举报问题24件,全部得到处理。全年,共受理消费者申诉4.9万件,为消费者挽回经济损失290万元,消费者申诉处理满意率达到99.9%,省局申诉中心获评省直机关文明服务窗口单位。

优化营商环境,加强了许可管理。开展了分支机构清理工作,重点加强对经营国际业务的企业经营状况的核查,清理僵尸企业。进一步完善许可闭环管理,将符合注销条件的许可依法予以公示注销。依法开展许可审批工作,共受理许可申请804件、变更申请1714件,全部在规定时限内办结。实施快递业务经营许可优化方案,开展末端网点备案工作,全省已完成末端网点备案4164家。

着力培养高素质干部人才。体制建设得到充分保障。制定下发《县级邮政管理机构标准化建设工作实施方案》,组织召开现场会,推进标准化建设。在全省事业单位改革过程中,与省编委积极沟通协调。目前,抚顺、新宾、岫岩、北镇、康平、朝阳、阜蒙、绥中、东港9个邮政业发展(或服务)中心机构调整已完成,原有职能全部保留。

加强了干部人事管理。坚持正确的选人用人导向,进一步加强领导干部队伍建设。选拔任用市局局长、副局长3人;提拔使用正副处级干部7人。强化纪律执行,完成领导干部任免报审报备4人,因公因私出境备案管理15人。制定《辽宁省邮政管理局机关科级干部挂职锻炼工作实施方案》,选派4名省局机关干部到基层一线实地锻炼。出台《辽宁省邮政管理系统机关工作人员不履职不担当不作为责任追究办法(试行)》,推进全省邮政管理系统工作人员履职尽责,勇于担当。强化公务员队伍建设管理,按规定组织招录公务员6人,年度公务员考核141人。

提升行业人才队伍素质。调整全省邮政行业人才工作领导小组成员,加强人才工作组织领导。制定印发《辽宁省邮政管理局关于加快发展邮政行业职业教育的指导意见》,组织参加第三届全国"互联网+快递"大学生创新创业大赛、国家邮政局干部教育培训基地推荐。举办全省快递业务员职业技能竞赛,组织参加大数据时代电子商务与快递业协同发展高级研修班,提升快递从业人员素质。

自身建设水平进一步提高。形成闭环管理的法治管理模式。成立了辽宁省推进依法行政工作委员会(行政复议委员会),建立了依法行政管理台账,督导全省各市局开展了宪法宣传周活动。按省人大要求,对《辽宁省邮政条例》进行清理,以修改《条例》为契机,争取将《条例全面修订草案》列入2019年人大常委会立法计划。办理行政复议案件4起,应诉1起,均依法妥善处理。举办第五次邮政行政执法资格考试,50人参加了考试。对4个市局进行执法案卷评查,参评市局成绩均达标,鞍山市局取得了平均96分的优异成绩。

为行业发展提供了宣传舆论保障。制定了《辽宁省邮政管理系统新闻宣传工作管理办法》,实施了《辽宁省邮政管理局2018年新闻宣传工作方案》,加大了对习近平新时代中国特色社会主义思想、党的十九大精神、行业重大决策部署等的宣传力度。新闻宣传工作被评为全系统优秀单位,并作了经验交流。加强网站管理,组织了12次全省网站和信息公开专栏检查,及时发现和整改问题32件。在2018年全国系统4次网站普查中,省局连续获得满分,市局优秀率达到100%,辽宁局网站建设工作分别在全国局长会和国家邮政局网站培训会上介绍了经验。

实现财务管理与支撑保障作用相适应。稳步提升预决算管理水平,绩效目标编制更加科学合理。加大预算统筹力度,全系统10月底执行率84.3%,比上年同期高0.06%,省局及各市局均达到国家邮政局序时进度要求。完成2017年度市局财务管理考核和全省53个预算项目绩效自评。完成全省三级预算单位车改;开展了市局主要领导干部离任经济责任审计工作,制定2018年市局领导干部经济责任审计工作方案,对3个市局的主要领导进行了离任审计;开展全省财务人员政府会计准则新制度培训,完成省局资产清理核查、申请报废工作。

强化基础支撑。组织开展常规统计调查,做好经济运行分析工作,组织了2017年邮政行业投入产出调查。承办省人大代表建议和政协委员提案4件,办结率、见面率、满意率均达到100%。积极沟通,省局争取到省政府无偿提供晋源商务楼五层400平方米使用权,本溪、辽阳、葫芦岛市局改善了办公用房。

三、改革开放40周年

改革开放40年,辽宁省邮政业发生了翻天覆地的变化,取得了根本性突破变革。辽宁省邮政行业市场规模不断扩大,快递产业迅速兴起,改革取得了明显成效。2010年,辽宁省快递业务量仅4500万件,快递业务收入13.35亿元;到2018年,快递业务量增长到6.69亿件,快递业务收入跃升到68.06亿元。到"十二五"期末,辽宁省邮政业业务收入达到76.8亿元,比"十一五"末期同比增长115%;邮政业业务总量达到75亿元,按可比口径,比"十一五"末期增长111%。快件延误率降低到千分之八、损毁率降低到万分之一、丢失率降低到十万分之五以下;邮政普遍服务水平全面高于《邮政普遍服务》标准。邮件丢失、损毁赔偿率达到98%,邮政业服务和保障水平不断提高。行业科技装备水平突飞猛进,大数据、云计算、物联网、智能分拣等一批行业发展关键共性技术加快应用。全省邮政普遍服务营业网点达到1701处,实现了"乡乡设所、村村通邮",党报党刊县级城市实现当日见报。邮件全程时限水平和服务满意度稳步提升,投递频次得到改善,人民群众用邮的满足感和获得感不断提高。

按照建设"五个邮政"的总体要求,辽宁快递业发展取得了傲人的成绩。民企、国企、外资企业百花齐放,全自动化分拣线高速智能运转,全货机运输多数省份即日可达。遍布城乡的服务网络、标准化的营业网点、智能化的分拣中心、优质高效的寄递服务,为邮政行业的发展留下浓重的印记,让百姓们深刻体会到改革开放的丰硕成果。辽宁省邮政企业业务量和业务收入稳步增长,同时勇于承担社会责任,保持了邮政机要通信安全运行32年的纪录,在扶贫济困和抢险救灾等工作中做出了自己的贡献。2006年实施政企分离,成立辽宁省邮政管理局。2012年,市级邮政监管机构成立。全省14个地市中,已在13个地市设立17个县级邮政管理机构,均为财政全额拨款事业单位。省市县三级邮政监管体系初步形成,形成了政府监督、权责明确、上下通畅的邮政管理体制。2011年1月1日修订后的《辽宁省邮政条例》正式实施,省级立法走在全国前列。出台《辽宁省人民政府关于促进快递业健康发展的实施意见》,是辽宁省第一部全面指导快递业发展的纲领性文件,14个市政府发布促进快递业发展政策。省政府陆续出台了系列政策,为邮政业发展营造了良好的政策氛围。

四、各市(地)主要管理工作概况

沈阳市邮政管理局督导企业全面落实安全生产主体责任。积极开展"安全生产宣传月"和"安全生产辽沈行"活动。按照市安委会和省局要求每周报送安全生产工作总结,及时反馈行业突发情况。完成第一责任人台账备案工作,组织协调开展安检机培训。组织开展寄递企业法人代表安全生产知识和管理能力考试工作。全市301家企业法人代表参加了此次考试。沈阳局根据此次考试成绩,对不合格企业法定代表人进行了安全生产知识再培训和补考工作,稳步提升法人代表安全管理水平,确保行业安全平稳运行。快递业发展成果获2018年市政府工作报告关注和点赞。报告在2018年工作回顾中指出:"申通快递东北总部基地落户沈阳,京东亚洲一号智慧物流中心、空港口岸物流快件监管中心加快建设,快递业务量增长25.2%。"肯定了快递业为沈阳现代服务业加快发展和地方经济社会发展做出的贡献,并在2019年重点工作安排中明确提出"降低物流成本,扩大物流智能终端覆盖,解决配送'最后一百米'问题"。

大连市邮政管理局稳步推进总投资8亿元的"顺丰大连产业园项目",苏宁等企业顺利入驻"电商快递协同发展产业园",京东大连亚洲一号项目签约落户金普新区,支持特急送快递在大连发展总部经济,打造国际一流的大连快递物流品牌。引导百世、圆通、申通、韵达等企业投入近1500万元,对分拨中心快件分拣设备进行优化改造。前后两批发展快递服务业专项资金共517万元拨付到位。推动大连市人民政府办公厅印发《关于推进电子商务与快递物流协同发展的实施意见》,带动上下游产业联动发展。500组智能信包箱和205个新型村邮站民生工程全部完工、投入使用。顺丰、特急送与特困农户在村邮站签订大客户协议,邮寄费用上给予最低折扣。组织全市200家企业法人或主要负责人参加安全生产知识和管理能力考试;对实名率排名后五位企业负责人进行约谈,处罚企业1家,罚款5000元。全市快件实名率长期保持在99.88%以上,基本实现百分百实名制。出版《大连邮政管理》双月刊6期。在多方调查研究的基础上,出台《大连市邮政业发展战略研究报告》。连续五年获评全省邮政管理系统新闻宣传工作先进集体。2018年樱桃季,全市快递企业寄递樱桃快件352万件,总运费1.5亿元,总重量达1.1万吨。带动低收入群体增收超过700万元。大连海鲜寄递项目荣获国家邮政局"2018年快递服务现代农业金牌项目"表彰。全市各高校设立校园邮政快递服务站,设置快递包装回收区,通过纸箱重复利用,各高校新快递纸箱使用率减少30%。组织开展"绿色快递宣传周"活动,引导网库电商快递产业园使用太阳能等新能源发电,全行业使用LED节能灯具3000余个,新能源车辆110辆。

吉林省快递市场发展及管理情况

一、快递市场总体发展情况

2018年,吉林省邮政行业业务收入(不包括邮政储蓄银行直接营业收入)累计完成71.4亿元,同比增长15.0%;业务总量累计完成72.6亿元,同比增长26.0%。其中,快递企业业务量累计完成2.3亿件,同比增长28.9%;业务收入累计完成37.7亿元,同比增长23.9%(表7-7)。

表7-7 2018年吉林省快递服务企业发展情况

指标	单位	2018年12月		比上年同期增长(%)		占全部比例(%)	
		累计	当月	累计	当月	累计	当月
快递业务量	万件	22637.55	2548.59	28.85	41.38	100.00	100.00
同城	万件	4793.92	527.29	39.53	33.34	21.18	20.69

续上表

指标	单位	2018年12月 累计	2018年12月 当月	比上年同期增长(%) 累计	比上年同期增长(%) 当月	占全部比例(%) 累计	占全部比例(%) 当月
异地	万件	17647.47	2004.31	25.65	45.05	77.96	78.64
国际及港澳台	万件	196.16	16.99	122.07	-33.07	0.87	0.67
快递业务收入	亿元	37.71	4.03	23.86	29.73	100.00	100.00
同城	亿元	4.28	0.42	27.24	9.45	11.35	10.49
异地	亿元	20.75	2.24	20.29	31.28	55.03	55.48
国际及港澳台	亿元	1.59	0.15	28.25	-5.62	4.21	3.75
其他	亿元	11.09	1.22	29.06	42.41	29.41	30.28

二、行业管理工作及主要成效

党的建设明显加强。强化理论武装。坚持党对邮政行业一切工作的领导，深入贯彻新时代党的建设总要求，始终把政治建设摆在首位，树牢"四个意识"，坚定"四个自信"，坚决做到"两个维护"。举办学习贯彻党的十九大精神专题培训班2期，开展"传承英雄史，再铸英雄魂""四战四平"主题红色党性教育系列活动。印发全系统干部理论学习安排意见和党组理论学习中心组学习计划，深入推进"两学一做"学习教育常态化制度化。开展宪法专题学习，举行宪法宣誓仪式。充分发挥党组理论学习中心组示范引领作用，坚持集中学习日制度，不断强化党员干部、特别是领导干部的理论武装。全系统共开展党组理论学习中心组集体学习50次，党支部集体学习269次，学习测试60人次，主题党日活动104次，进一步坚定理想信念，强化宗旨意识，提升党性修养。创新学习载体，积极利用互联网、新时代e支部开展学习和网上答题，并广泛运用微信、RTX等新媒体工具，推送党建信息98篇，人均学习48课时，提高了学习教育的互动性、趣味性和实效性。

加强组织引领。学习贯彻《中国共产党支部工作条例(试行)》，设立党员活动室，完善各项规章制度，加强机关党建标准化规范化建设。印发党建工作要点，明确17项具体任务，把党建工作与业务工作同部署、同推进、同考核。严格执行双重组织生活会制度和民主评议制度，认真落实"三会一课"等制度。开展以践行十九大精神，学习党章、宪法、纪律处分条例和开展警示教育等主题教育6次。全系统共召开民主生活会10次，组织生活会19次；开展专题党课49次，定期议党16次，专题议党36次，民主评议党员9次。完成机关党委换届选举工作。加强非公党组织和老干部支部管理。开展"党建'上下'双向述职"，实施双向监督。通过下发文件、网络评选、主题实践、集中观影等形式，开展向其美多吉、郑德荣等先进人物事迹学习，扎实做好精神文明建设工作，吉林省邮政管理局机关荣获2016－2018年度"全省文明单位"称号，全省快递行业3人荣获"吉林好青年"称号。

压实两个责任。学习贯彻《中国共产党纪律处分条例》，制定纪检监察工作要点，举办全系统纪检监察干部培训班，召开党风廉政建设专题会议12次，坚定不移正风肃纪。落实"一岗双责"，签订《党风廉政建设责任书》9份。通过观看警示教育片、参观廉政基地、召开警示教育会等活动，强化纪律约束。严格落实中央八项规定及其实施细则精神，强化对行政审批、财务管理等重点环节廉政风险管控。紧盯重要节日和重要节点，重申纪律要求，印发廉政通知18份。注重运用"四种形态"，通报违纪违法案例12次，开展廉政谈话16人次，核实信访举报2件，函询1人次。开展九个专项治理自查自纠。制定完善作风建设、廉政建设等制度19个，做到用制度管人、靠制度管事。根据省委统一部署，深入开展"干部作风大整顿"

"解放思想，推动吉林高质量发展"等重大教育活动，引导党员干部坚决破除"五弊"问题，不断改进工作作风。

深化巡视巡察。积极配合国家邮政局党组第二巡视组开展政治巡视，先后6次召开党组会议专题研究巡视整改工作，并通过加强领导、制定方案、建立清单和挂账销号等一系列举措，有序完成15项整改问题、75项具体整改任务的落实，共清退违规资金49.7万元。深入贯彻落实国家邮政局党组关于政治巡察要求，印发《中共吉林省邮政管理局党组巡察工作实施办法》，规范巡察工作程序，成立巡察领导小组，设立巡察办公室，举办巡察培训班，分两批次完成对长春、四平、通化3个市局党组的政治巡察工作。

发展环境明显优化。深化"放管服"改革。梳理并公示省市两级许可审批事项指南、申报材料填报说明和办理流程等信息，让群众办事少跑冤枉路。推动邮政EMS助力"只跑一次"改革，入驻政务大厅14个。快递许可审批131件，核准73件，平均办结时间12.1个工作日，按时完成率100%。完成2098个快递末端网点备案工作，平均办结时限1.3个工作日。

强化政策保障。完成全省邮政业"十三五"规划中期评估，开展实地调研，调整规划目标，发挥引领作用。推动省政府出台《吉林省推进电子商务与快递物流协同发展实施方案》，进一步细化落实国办1号文件精神，着力解决电子商务与快递物流协同发展中存在的基础设施不配套、配送车辆通行难、快递末端服务能力不足等问题。联合省商务厅等四部门印发《关于开展城乡高效配送专项行动的实施意见》，明确将推广智能快件箱纳入便民服务、民生工程等项目，作为公共服务设施投资建设。制定《省政府关于规范快递电动车城市通行管理的实施意见》，现已提请省政府常务会议审议。吉林、延边、通化等地已率先破解快递末端配送车辆通行难题，实现"三统一"管理。邮政业发展重点内容分别纳入省委一号文件、政府工作报告以及省政府扩大升级信息消费、物流降本增效、发展冷链物流和地方标准指南等多项政策文件，为全省邮政业发展提供了全方位的政策保障。

发展质效明显提高。深化供给侧结构性改革。加强基础设施建设，全省建成快递园区6个，在建1个，占地面积105.22万平方米，投资32.1亿元，入驻企业25家，日处理量112.36万件。"上机上铁"顺利推进，开通顺丰"长春—塔林"和"长春—乌兰巴托"航线，发运快递500万件，政府补贴1700万元；顺丰"高铁极速达"项目正式上线运营。在韩国设立海外仓，开展跨境电商及仓配业务，每月发送货物10吨以上。引导企业整合资源，搭建合作平台，长春、四平、辽源、白城等局不断深入推进"快邮""交快""快快""税邮""警邮"合作模式，实现资源共享，为群众带去便利。"快递+制造业"服务领域覆盖汽车、医药、袜业、食品加工、旅游业等，全年累计业务量达到832.82万件，同比增长81%；业务收入1.05亿元，同比增长22.09%；累计产值6.43亿元，同比增长33.96%。

落实民生七件实事。开展全省邮政业更贴近民生七件实事实地调研。改善末端投递服务。"快递入区"和"快递进校园"工程有序推进。建设城市社区综合服务平台101个，同比增长94%；快递末端公共服务站2098个，同比增长23.85%。全省58所高校规范投递率达到100%，创建快递示范网点100个。城区快递网点标准化率达到100%，县级网点标准化率达到90%。布放智能快件箱1389组，同比增长44.08%。服务"乡村振兴战略"。深入推进"邮政在乡"工程。建成邮乐购站点12908个，同比增长17%，农特产品进城配送总量6831吨；交易额1.16亿元，同比增长15%。推动"快递下乡"工程换挡升级。快递服务农业累计业务量608.52万件，同比增长6.9%；业务收入6409.42万元，同比增长24%；直接服务产值5.07亿元。松原、白山等局积极引导快递企业融入农副产品生产、仓储、销售、运输各个环节，打造"产供销寄"一条龙服务模式,查干湖冬捕鱼、万良人参品牌效应不断凸显。实施"放心消费工程"。召开快递服务质量提升联席会议。全年受理消费者有效申诉811件,为消费者挽回经济损失84.2万元,消费者对企业处理满意度为97.8%,对管理部门满意度为99.5%。长春市位列2017年全国快递公众满意度城市第1位。全面推进快递信用体系建设,成立信用评定委员会,为1694个市场主体、1.4万名从业人员建立信用档案,评定三星企业141家,四星企业1553家。开展"诚信快递、你我同行""3·15"主题宣传活动。持续开展邮件快件"三不"专项治理,全省分拨中心离地设备铺设率达到100%。加强从业人员权益保护。联合省人社厅对全省快递从业人员基本情况进行调研摸底,引导企业建立职工小家、投递员之家,与员工签订劳动合同,缴纳保险,改善工作环境,维护职工权益。发挥各级行业协会自律、服务、桥梁和纽带作用,开展夏季"送清凉""情暖寒冬"等关爱活动8次。

扎实推进三大攻坚战。防范重大风险。邮政业安全中心建设已经省委书记专项批示同意,并列入省政府深化改革事项清单。印发落实企业安全生产主体责任实施方案。全省邮件快件总体实名率达到99%。举办寄递渠道安检设备使用管理培训,全省寄递企业配置安检设备122台。开展涉枪涉爆集中整治工作,整改安全隐患90余处。妥善处置网络阻断、交通事故和自然灾害引发的应急事件5起,开展应急演练9次。全力做好元旦、春节、全国两会、上合组织峰会、国际进博会等重要节日和重大活动期间寄递渠道安全保障工作。与公安、烟草、检验检疫等部门联合印发《吉林省打击整治枪支爆炸物品违法犯罪专项行动工作方案》《关于建立物流寄递环节涉烟违法犯罪协调机制的实施意见》《关于加强反恐防范工作的合作协议》,寄递渠道安全管理工作纳入全省社会治安综合考评体系。开展寄递渠道非洲猪瘟疫情防控。着力强化"扫黄打非"工作,累计检查收寄场所1563处,查堵非法出版物、宣传品6467件。吉林省邮政管理局和3个市(州)局荣获2017年度全省"扫黄打非"工作先进集体,吉林省邮政管理局1人获得全国"扫黄打非"先进个人。助力脱贫攻坚。开展边境地区建制村直接通邮情况调研,了解抵边行政村用邮质量、通邮方式、投递频次及扶贫攻坚情况。利用遍及城乡的邮政快递网络为贫困村农特产品走出去打通绿色通道,推动贫困地区农业升级、农村发展、农民增收,助力精准脱贫。"一市一品"项目涉及国家级贫困县5个,带动贫困人口1667人,增收456万元。全系统赴定点贫困村重点帮扶147人次,召开会议93次,挂职干部4人,直接或者间接引入资金883.07万元,1252个贫困户受益。推动绿色发展。印发《吉林省邮政业全面加强生态环境保护坚决打好污染防治攻坚战工作方案》。引导邮政企业在省内陆运网实施甩挂运输,有效节能减排。全省重点品牌快递企业电子运单使用率达到90%。推广绿色包装使用,开展绿色包装研发和使用情况调研,组织"绿色快递宣传周"现场宣传。

治理能力明显提升。加强法治邮政建设。印发邮政法规工作要点,制定行政执法责任追究、案卷评查制度。完成邮政行政执法资格统一考试。开展全省邮政行政处罚案卷评查。建立法律顾问制度,健全合法性审查和风险评估机制,提供法律咨询意见26个。完成人大建议、政协提案办理6件,办结率、面复率和满意率均达到100%。通过印发方案、组织培训、开展宣讲、现场宣传、举办竞赛以及送法进企业等多种形式,全面加强《快递暂行条例》宣传贯彻,深入开展邮政业"七五"普法活动。加强邮政市场监管。共开展执法检查2261次,下达整改通知书154份,立案处罚59起。开展快递市场清理整顿专项行动。配合开展"2018网剑行动"联合督查。组织开展校园周边违法违规经营行为排查整治及快递面单集中销毁工作,累计销毁快递面单19.7吨。扎实做好"双11""双12"等旺季服务保障工作,在业务量同比增长

40%,最高日处理量480万件的情况下,实现"两不三保"目标。

三、改革开放40周年

改革开放40年来,吉林邮政行业不断发展,行业规模持续扩大,基础网络逐步完善,服务能力稳步提升,发展环境持续优化,行业监管全面强化,邮政业在服务吉林经济社会发展和改善民生中发挥了重要的基础作用。

2006年,吉林省邮政管理局成立,克服机关人员少、工作任务重等困难,打破法制建设相对滞后、工作缺乏有力支撑的不利局面,行业发展环境持续优化,快递市场活力不断激发。"十一五"期间,政企分开、银行剥离、分业经营相继实现,邮政体制改革不断深化。邮政行业业务收入年均增长12.2%,其中,快递业务收入年均增长超过15%,基本形成了国有、民营、外资并存,兼容"加盟制""直营制""代理制"等多种经营模式,差异化竞争、各具特色、共同发展的多元化格局,快递服务范围涵盖了多个部门和行业,满足了不同层次的需求,快递业发展初具规模。"十二五"时期,全省邮政业整体规模持续扩大,业务总量和业务收入年均增长18%以上,业务收入和业务总量分别增长2.3倍和1.9倍,业务收入占全省生产总值比重从0.24%提高到0.47%。其中,快递业务发展更为迅猛,业务量年均增长36%,快递业务量和业务收入分别增长4.9倍和3.5倍。从业人员达到2.7万人,年服务用户超过5亿人次。2016—2018年,全省快递业进入向高质量发展转型的重要时期,行业发展增速稳定在25%以上,行业集约化、智能化、绿色化发展水平不断提升,松原查干湖鱼项目评为全国快递服务现代农业示范基地,快递在汽车、纺织、医药等制造业流通环节也发挥着越来越大的作用。邮政、快递企业加强与农产品电商及原产地合作,吉林大米上网销售、"蓝莓季""山菜季"等生鲜农产品流通新模式取得极大成功。长春市位列2017年全国快递公众满意度城市第1位。

四、各市(地)主要管理工作概况

长春市邮政管理局全方位构建应急管理体系。修订《长春市邮政业突发事件应急预案》,新制定《长春市邮政业反恐怖工作专项预案》《长春市邮政业危险化学品事故专项应急预案》,并组织召开专家评审会议,推动反恐和危化品事故预案实施。

吉林市邮政管理局着力解决通行难题。市政府办公厅印发《吉林市快递服务及城市共同配送车辆便捷通行管理办法》,联合市公安局印发《关于邮政快递专用电动三轮车规范管理实施意见》,两个文件的出台标志着电动三轮车通行难题彻底解决。建立了邮政管理、商务、公安、交通、城管等多部门联合管理机制,确立了"四统一"管理模式。与安监、公安、街道(乡镇)联合推进网格化管理,累计制发网格化公示牌1272个,快递企业网格化监管实现全覆盖,423名社区、公安等部门人员成为邮政业安全监管重要力量。参与"雪亮工程"示范城市建设,品牌快递企业分拨中心视频监控系统纳入该平台建设范围。该工程已完成规划和任务分解,明确了系统和平台对接方式、时间安排。

延边州邮政管理局积极推动延边星汇和敦化迎旭快递物流园区建设,入驻快递企业10家,每天进出港量为10万件和2万件。积极推广"邮乐网+原产地认证+地方邮政+农村合作社+农户"的运营模式,全州农特产品通过邮政企业销售额达2075.7万元。扎实推进快递服务现代农业,积极探索"快递+互联网+现代农业"的创新发展之路,引导快递企业与延边大米电商平台和乡镇大米经营合作社合作,每月平均出港3万多单,累计销售农产品产值8582万元。开启"旅游+电商+快递"发展新模式,在旅游网点设立快递服务站,共为游客提供寄递服务10万余次,带动消费2400万元。引导快递企业发展跨境寄递业务,累计发货220吨,出港快件100万件。持续规范末端服务网络,在全州范围积极推广逗妮开心快递末端综合服务平台,已开办40家。推进标准化网点建设,全州190个快递网点全部达到标准化要求,实现城区快递网点标准化率100%。完成延边大学、延大珲春校区、延边职业技术学院校园快递综合服务站建设。持续与交警部门协作,为150辆快递电动三轮车和200余辆机动车办理车辆保险及驾驶员意外险,实现上路合法化,切实解决通行难问题。

四平市邮政管理局结合和借助行业优势,扎实推进脱贫攻坚,先后为村里修路架桥、修堤护渠、改造危房、安装自来水、通邮、送科技、找项目……目前,四平局所包保的梨树镇郭家店镇小泉眼岭村已经脱贫摘帽,村里的贫户也已减少三分之二。

通化市邮政管理局在吉林省内率先联合市交通运输局对全市有统一标识和固定运输路线的邮政、快递中转车辆在全市范围内免收一级路通行费。联合市交通运输局实施的快递中转车辆免收一级路通行费,政策实施的当天即为本市快递企业节约运输成本1430元,预计全年将为企业节约运输成本80万余元。推动"快邮合作",在梅河口市选取快递企业与邮政公司合作,启动"邮政+快递"农村快递服务体系建设战略合作。通过将企业产品搭载快递网络平台销售,拓宽医药企业的销售渠道。通化顺丰服务康美新开河(吉林)股份有限公司医药健康产业项目产生的累计业务量5.79万件,业务收入426.97万元,直接服务的制造业累计产值7113.92万元。构建农特产品的垂直服务渠道和区域服务网络,助力精准扶贫。通化长白山人参示范项目业务量达102.23万件,业务收入1008.07万元,直接服务的制造业累计产值92808.94万元。由通化韵达快递、申通快递、圆通快递、百世快递和天天快递联合出资100万元,成立了"这里驿站便民服务有限公司",已建立7个"这里驿站",通过5个月的试运营,服务人口7万余人,每月派件量在4万件以上,揽件量在3000件以上。通化市建立末端综合服务平台10个,铺设智能快件箱90组,累计格口数9000个。

松原市邮政管理局促进和规范快递服务进校园工作。推动松原市职业教育学院与松原邮政速递公司合作,成立校园快递服务中心校园邮驿,推动解决校园快递"最后一公里"问题;松原市政府、发改委、商务局、农委、邮政管理局等21部门建立了松原市促进农民增收工作联席会议制度。

辽源市邮政管理局联合公安、快递行业协会制作并下发实名收寄宣传挂图、安全警示牌和电子面单打印机补贴,从技术手段上推进和进一步提升社会责任意识。通过QQ群、微信工作群时时发送当天实名收寄数据,形成实时动态监测,逐一解决难点问题。

白山市邮政管理局牵头组织市公安、国家安全、信访、网信等部门成立"白山市快递行业突发应急联合机制",建立沟通协调机制,联合制定并印发了《关于建立健全联防联控长效机制增强应对寄递渠道群体事件能力的意见》,强化协同管控,确保安全生产,确保白山地区邮政行业安全生产形势持续稳定。

白城市邮政管理局推动落实快递网点智能云监控系统的安装与使用,联络移动公司为全市快递企业分拨中心及营业网点安装监控设备,安装率已达到97.8%以上。积极探索"快递下乡"新模式,与大安市粮商局沟通,由大安市立达物流公司利用乡(镇)客运站开展乡村快递派送,派送网络覆盖18个乡571个村屯。

黑龙江省快递市场发展及管理情况

一、快递市场总体发展情况

2018年,黑龙江省邮政行业业务收入(不包括邮政储蓄银行直接营业收入)累计完成100.1亿元,同比增长15.56%;业务总量累计完成93.7亿元,同比增长18.0%。其中,快递企业业务量累计完成3.0亿件,同比增长30.2%;业务收入累计完成46.4亿元,同比增长29.6%(表7-8)。新增社会就业2000人以上,支撑网上实物商品零售额300亿元。

表7-8 2018年黑龙江省快递服务企业发展情况

指标	单位	2018年12月		比上年同期增长(%)		占全部比例(%)	
		累计	当月	累计	当月	累计	当月
快递业务量	万件	30177.15	3157.97	30.15	19.58	100.00	100.00
同城	万件	7817.15	818.89	39.24	19.70	25.90	25.93
异地	万件	22326.29	2336.60	27.68	19.65	73.98	73.99
国际及港澳台	万件	33.72	2.48	-60.79	-36.83	0.11	0.08
快递业务收入	亿元	46.43	4.62	29.55	16.48	100.00	100.00
同城	亿元	6.54	0.58	36.01	1.82	14.09	12.66
异地	亿元	26.58	2.67	27.07	14.10	57.24	57.69
国际及港澳台	亿元	0.54	0.05	-2.87	6.64	1.17	1.16
其他	亿元	12.77	1.32	33.62	30.86	27.50	28.50

二、行业管理工作及主要成效

推动全面从严治党向纵深发展。 全面落实管党治党责任。严格落实关于维护党中央集中统一领导的规定,坚决执行党中央决策部署特别是习近平总书记有关邮政业重要指示批示精神,以实际行动践行"两个维护"。深入学习宣贯习近平新时代中国特色社会主义思想和党的十九大精神,全年党组会9次专题研究党的建设工作,14次党组中心组集体学习研讨,组织党员领导干部到省委党校集中培训一周,深入推进"两学一做"常态化,切实增强理论武装。成立党组意识形态工作领导小组,牢牢把握党对意识形态的领导权。实施基层党组织标准化建设,贯彻执行《中国共产党支部工作条例(试行)》,加大调查研究,紧密联系群众,严格执行联系点制度。推进非公企业党建工作,佳木斯局取得突破。贯彻落实中央八项规定及其实施细则精神,查摆纠治形式主义、官僚主义"十种表现",狠抓日常教育提醒、监督检查,组织廉政谈话,扎实开展违规公款吃喝等九个专项治理工作。召开2次系统警示教育大会,以案释纪明纪。积极迎接国家邮政局党组巡视,完成巡视整改阶段性任务。实行巡察组长外派制,对6个市(地)局开展政治巡察。

突出抓好干部队伍建设。出台激励干部新时代新担当新作为的实施意见、加强和改进邮政管理系统领导班子建设意见。坚持事业为上、人岗相适、以事择人,进一步优化领导班子结构,黑龙江省邮政管理局党组新提拔使用干部9人,平级交流调整干部10人。与哈尔滨工程大学联合举办为期一周的领导干部能力提升培训班,组织全省优秀青年干部、退休干部座谈会。从严管理监督干部,强化问题线索处置和执纪问责,开展函询7人,批评教育5人,诫勉谈话3人,移交地方纪委监委2人。严格干部选拔任用监督,强化"一报告两评议"和年度民主生活会质效。继续做好领导干部四个档案考核工作。严格落实领导干部个人事项报告制度。

着力加强行业精神文明建设。以开展"寻找最美快递员"、创建青年文明号、弘扬行业核心价值理念、宣扬先进典型等为重点,不断加强行业精神文明建设。目前全省邮政行业共有全国"青年文明号"集体7个、省级118个、市级41个。黑龙江省邮政管理局荣获"省直机关文明单位",牡丹江局、鸡西两局荣获"省级文明单位",齐齐哈尔、佳木斯等7个局荣获"市级文明单位标兵"。充分发挥典型示范导向作用,大力宣传其美多吉、艾克帕尔·伊敏等先进典型事迹。切实加强党对行业宣传思想工作的全面领导,坚持党管宣传、党管意识形态,进一步强化舆情引导和处置,新闻媒体和社会舆论给予全省邮政业更多关注。适应新形势,不断加强工会、老干部、青年和妇女工作。

不断优化行业营商环境。深化"放管服"改革。制定快递末端网点备案工作方案,完成末端网点备案1876个。全面落实国家邮政局许可优化新流程,许可申请平均9.9个工作日办结,同比缩减1.9个工作日;许可变更平均3.4个工作日办结,同比缩减2.1个工作日。推进"互联网+政务服务",基本实现全流程网上办理和"一门、一次、一网"要求,依法清理3项证明事项。完善政策规划体系。认真宣贯落实《快递暂行条例》,推动省政府出台《关于推进电子商务与快递物流协同发展的实施意见》等5个文件,全省11个市(地)政府出台了促进快递业发展政策文件。大庆、齐齐哈尔、牡丹江、绥化解决了快递三轮车辆通行问题,鸡西、伊春、鹤岗、大兴安岭解决了快递运输车辆通行问题。积极探索新业态监管方式,研究对智能快件箱寄递服务和专业末端收投服务的省内许可工作,组织智能快件箱生产企业与重点品牌快递企业座谈,建立联络沟通机制,哈尔滨局与市建委联合印发《关于支持智能快件箱建设推进快递服务进社区工作的实施意见》。完成省邮政业发展"十三五"规划中期评估工作。争取各方支持。积极配合省人大、省政协开展行业调研工作,向省人大常委会作专题报告,牵头推进梳理落实工作,有效加快全省快递业发展难点问题的解决进度。黑龙江省副省长云凌专程调研行业发展,快递发展情况成为省委省政府重点关注指标之一。

坚持供给侧结构性改革。加强基础能力建设。邮政公司陆运邮件处理中心和临空经济区国际邮件处理中心投入与运营,投递网点全部实现电子化。中通、韵达2个智能仓储配送中心投入使用。深入实施"快递入区"工程,城市自营网点标准化率达到98.17%,78所高校全部实现规范收投;全省智能快件箱数1700组,格口数超过18万个,其中10万个为今年布设;全年智能箱投递快件超3000万件,箱递率提高2个百分点。城市公共快递服务站和农村公共取送点分别达到940个和1181个。漠河中通、加格达奇顺丰部分快件已经通过飞机运输。推动企业改革创新。邮政企业持续推进寄递业务供给侧改革,包裹类业务量同比增长25%。邮政综合服务平台建设有序推进,服务"互联网+政务服务"成效明显。邮政快递交通电商合作走向深入,建成投入使用交通邮政综合服务站306处,建成交邮合作运营中心33处。顺丰等重点企业创新寄递服务,加快发展冷链、医药等高附加值业务,大包裹、快运、云仓、即时递送等新兴服务进一步拓展。加快产业联动融合。行业与电子商务协同发展深入推进。服务先进制造业能力持续增强,重点项目达到326个,直接服务制造业年产值达到3.2亿元,顺丰合作开发了"抚远开江鱼""黑龙江大米进京"等项目,不断提升服务广度和深度。服务现代农业成效明显,五常大米、东宁木耳等"快递+"金牌项目年业务量超百万件,农村地区累计收寄快件1150万件。畅通跨境寄递渠道。加强陆运通道建设,开通哈尔滨—满洲里—莫斯科公铁联运跨境运邮通道,建立了哈尔滨至德国莱比锡的国际陆运函件总包直封关系。督导邮政企业主动对接跨境电子商务企业,开通黑河、绥芬河的国际小包集中收寄点,由哈尔滨互换局报关出境。

坚持补短板强弱项。召开全省邮政业贯彻新发展理念打好三大攻坚战部署电视电话会议,制定实施打好防范化解重大风险攻坚战的实施意见、助力脱贫攻坚三年行动方案(2018－2020年)、全面加强生态环境保护坚决打好污染防治攻坚战的实施意见,全省邮政业三大攻坚战扎实有效推进。积极助力精准脱贫。深入推进"邮政在乡"工程,新增邮乐购站点2431个,累计达到12152个,邮政企业县乡村三级服务体系日益完善。推动"快递下乡"工程,全省快递网点乡镇覆盖率100%,进村率22.35%。产业扶贫力度不断加大,"寄递＋电商＋农特产品＋农户"脱贫模式作用明显。邮政企业依托邮乐网建成线上扶贫地方馆13个,推出粮食、山货、食用油、农副产品等"一市一品"农特产品50类,带动38个贫困县的734户增收328万元。快递企业打造服务农村"一地一品"项目38个,产生农特产品快件914万件、快递业务收入6984万元、带动农特产品销售额达到3亿元,有效增强了精准脱贫能力。伊春局还扎实做好定点扶贫工作,选派1名扶贫干部帮助贫困户脱贫。

不断加快行业绿色发展步伐。落实《关于协同推进快递业绿色包装工作的指导意见》,宣贯实施《快递封装用品》系列新国标和《快递绿色包装操作指引》。主要品牌快递企业电子面单使用率达到92%。省邮政分公司全面贯彻落实包装减量计划、胶带瘦身计划、循环回收计划、品牌推广计划,顺丰成立了绿色包装实验室,苏宁、京东等企业加快循环快递箱、可降解包装材料研发和试点应用,申通、韵达等企业推广使用可循环中转袋。着力推进行业节能减排,推广新能源和清洁能源车辆、甩挂运输和多式联运,全省行业新能源汽车超过200辆。

持续加强寄递渠道安全监管。实行寄递安全综合治理,开展联合检查、联防联控和综治考评。狠抓"三项制度"落地实施,全省总体实名率达到99.42%,安检机配置累计超过108台。以"行业安全管理标准化"推动企业主体责任落实,加强对企业总部督导。开展涉枪涉爆隐患集中整治专项行动。加强寄递渠道非洲猪瘟疫情防管控,配合有关部门扎实做好反恐、禁毒、扫黄打非、打击侵权假冒、濒危野生动植物保护等工作。加强行业应急管理,妥善处置快捷、国通停网事件。圆满完成上合组织青岛峰会、中非合作论坛北京峰会、首届中国国际进口博览会等重大活动寄递渠道安保任务和快递业务旺季服务保障。

有效提升行业现代治理能力。加强邮政市场监管。制定市场监管"4＋1"重点工作方案,有序开展行业综合治理。全面推行"双随机一公开"执法检查,全年开展检查2314次,出检4775人次,查处违法违规行为81起,哈尔滨局针对末端网点未备案违法违规行为进行了全省首例处罚。加强了集邮市场和邮政用品用具监管。继续推进"不着地、不抛件、不摆地摊"专项治理。持续加快行业信用体系建设,成立了黑龙江快递业信用评定委员会,建立快递企业信用档案2445家。开展"诚信快递、你我同行""3·15"主题宣传活动,集中组织全省快递寄递详情单集中销毁专项行动,销毁快递寄递详情单1.07亿份、89.47吨。强化行政执法监督,黑龙江省邮政管理局开展行政应诉二审、再审各一起,指导市(地)局开展行政应诉一起,向国家邮政局做出行政复议答复一起。组织参加全国邮政行政执法资格统一考试。组织开展全省案卷评查2次。举办执法人员能力培训4期。落实邮政管理部门公平竞争审查工作制度。全省系统开展"法治建设年"活动。圆满完成"七五"普法中期评估和法律法规清理等工作。

增强行业管理能力。健全完善全省行业监管组织体系,全省首家县级邮政管理机构绥芬河邮政管理局组建,省邮政业安全中心正式运营。稳步推进协会组织脱钩改制工作。推进预算管理改革,加大统计数据治理,将智能快件箱和快运企业主体等新业态纳入统计范围,开展行业投入产出调查。全面加强经济运行分析工作,省、市局按月召开经济运行分析会,黑龙江省邮政管理局每月向主管副省长和省统计局报送行业数据分析。加强网站管理,加大政府信息公开力度。扎实做好信访、两会提案建议办理工作。

三、改革开放40周年

改革开放40年。黑龙江邮政业务收入从1978年的0.64亿元到2018年的100亿元,增长了157倍,占全省生产总值达到0.6%,快递服务从无到有,再到今年突破3亿件,发展态势良好。全省快递网点达到5041个,实现了乡镇全覆盖。行业科技装备水平突飞猛进,与综合交通运输体系衔接日趋紧密。邮件快件全程时限和服务满意度逐年提升,人民群众用邮的满足感和获得感不断提高。

四、各市(地)主要管理工作概况

哈尔滨市邮政管理局解决智能快件箱和快递服务进社区难的问题。与市住房和城乡建设委员会联合印发《关于支持智能快件箱建设推进快递服务进社区工作的实施意见》,明确住宅小区业主委员会和物业服务企业应协助智能快件箱企业选择建设位置,不应收取占地费用,并组织召开座谈会推动文件落实。全市快递电动三轮车辆通行方案获通过,快递配送车辆实施"四统一"管理,切实解决城市快递物流配送车辆"通行难、停靠难"等问题。哈尔滨市政府以哈政办规〔2018〕1号印发了《哈尔滨市"互联网+流通"行动计划实施方案》,全市邮政业发展获利好。

齐齐哈尔市邮政管理局为快递企业解决限高通行难题。齐齐哈尔市对高速公路超高载货车辆限制通行。对此,多次与交通局进行沟通,为申通、顺丰等6家企业解决了因高速公路限高导致的通行难问题,使齐齐哈尔至龙江县、碾子山区的干线快递车辆每天道路里程缩短92公里,减少通行时长2小时,降低了运营成本。助力快递企业亮相全市电商成果展。齐齐哈尔市第二届电商大会上,发布了齐齐哈尔市电子商务发展白皮书,专门章节介绍了齐齐哈尔市快递业发展相关情况,并对快递业与电商联动发展、创新发展做出展望。齐齐哈尔市市长李玉刚提出要把电商打造成引领全市经济发展新引擎,必将为快递行业发展带来更大机遇。为解决全市多年未决的快递车辆通行难题,积极协调市政府及相关部门,得到市长、主管副市长及相关部门的大力支持配合,制定出台了符合齐齐哈尔市实际的《齐齐哈尔市邮政业电动三轮车管理办法》,并于2018年10月1日起正式实施。推动邮政企业与农村电商合作获支持。积极推动邮政企业与农村电商合作,以泰来县为试点,与县政府主动沟通对接,促成邮政公司承接到县政府电子商务进农村建设项目。县政府为邮政公司免费提供电商服务中心大楼内152平方米商服,作为邮件包裹处理场地使用,进一步提高电商包裹的发投效率,做到了当日接单,当日处理,当日发货,有效保障了邮件的运行质量,为当地农村电商企业的发展提供了服务支撑。

牡丹江市邮政管理局落实规划衔接,推进快递与电商协同发展。2018年年初,与市商务局和市发展改革委等18个部门联合出台了《牡丹江市加快内贸流通创新推动供给侧结构性改革扩大消费实施方案》,进一步推动"互联网+流通"行动计划,重点完善物流基础设施建设、创新商业模式、加快线上线下融合发展等。9月,与市商务局、市交通局等5个部门联合出台了《牡丹江市城乡高效配送专项行动实施方案(2018-2020年)》,为快递物流与各相关产业融合发展提供了政策保障。多次与市商务局电商科和物流科沟通联系,成立了市快递与电商协同发展领导小组,实地调研了电商企业和快递企业进园区、进社区,推进电商快递一体化产业园建设。目前,多家快递企业已在分拨中心设立电子商务办公室,为电商提供"仓储+包装+配送"一条龙服务。市电子商务类快件占比达到50%左右,快递平均单价下降了5.2%,快递业的降本增效有效支撑了牡丹江市电子商务发展。

全域推进"交邮合作",助力精准扶贫。2018年,牡丹江市"交邮合作"竭力打造县乡村三级物流体系,被纳入全市"集疏运"体系建设中,已累计开通路线54条,站点147处,其中今年新增线路6条,新增站点23处,包括1个贫困村和4各个农产品特色村,便民缴费累达到近10万笔,交易额319.58万元,代收代投邮件7万余件,便民存取款91万元,农产品网上订单4000余笔。为了响应国家"乡村振兴"战略和助力"精准扶贫",8月1日,正式开通林口县新青村绿色"交邮合作"扶贫线路。此线路自运行以来形成线下朋友圈预订同城配送、线上邮乐网下单的多种销售模式,为农民创收。截至目前,线上、线下共计销售:庭院有机蔬菜及农特产品2000余箱、山野农笨产品1500余单、收寄快递包裹3500余件,邮乐网线上订单3500笔,销售分销商品3860元,累计实现邮政收入1.26万元,帮助贫困户销售产品多达10.5万元。各地政府高度重视"交邮合作",给予政策支持。

落实快递进社区、进校园,完善末端配送服务。牡丹江共有7所高校,目前重点品牌已经实现快递进校园,与牡丹江医学院作为试点达成合作意向:整合快递进入校园,由医学院出场地,京东负责装修;为解决快递"最后100米"投送难题,引进"熊猫快收"末端快递综合服务品牌入驻牡丹江,"熊猫快收"已建设1家旗舰店和14家社区门店,已建成67家快递末端综合服务站点,同时建立了用户会员制,让各社区的居民尽快熟悉并习惯使用相应App,可以随时查询自己的快件信息,同时在App中推荐本地特色电商产品。推动快递向下,更好服务农村经济发展。2018年,牡丹江市邮政管理局多次深入乡镇、村屯调研快递进村,目前"快递下乡"已100%完成,行政村共有887个,进村数达到560个(含镇中村),快递进村覆盖率为63.13%。随着快递业务不断深入乡村,有效支撑了农村经济发展。积极推进快递"一地一品"项目,深入推动快递服务特色农产品项目。

推动快递向外,服务跨境电商通道建设。2018年7月,由牡丹江市邮政管理局牵头,积极推动绥芬河市政府与EMS省分公司、绥芬河畅达电子商务有限公司,就合作构建通关一体化平台召开商务座谈会,创新开辟出一条对俄跨境电商快递运输的非邮通道。提倡绿色快递,打好污染防治攻坚战。牡丹江市邮政管理局2018年积极落实绿色快递发展要求,针对过度包装、成本偏高、体系不健全等问题,开展了电商和快递包装专题调研,并召开政企联席会,集中探讨如何发展绿色快递及各家的先进做法,引导快递企业推广绿色包装技术和材料。2018年的快递电子运单使用率已达到90%以上,快递纸箱回收率也在逐步提高,指导申通快递对快递包装减量化、绿色化和可循环使用等工作进行了先行先试。韵达快递投入使用了可循环包装袋。7月,EMS引进购置了13台新能源车用于快件派送。10月,市邮政公司正式全面启用绿色包装材料。集中企业焚毁快递面单,选取西安区供热公司对全市15家快递企业共280万份寄递详情单4.5吨进行了集中销毁,有效防止了各自焚烧产生的空气污染。

佳木斯市邮政管理局突出规划引领作用。一是佳木斯市委、市政府办公室印发《落实佳木斯市国民经济和社会发展第十三个五年规划纲要主要目标和任务的工作分工方案》中,明确了佳木斯市"十三五"时期全市国民经济和社会发展的主要任务,快递行业多项发展内容被纳入其中,获得政策支持。二是佳木斯市政府出台《佳木斯市促进快递业发展的实施意见》为快递业发展营造良好环境。三是优化发展快递物流被纳入2018年市委工作报告,明确指出"大力发展现代服务业,围绕区域商贸物流中心建设,积极引进现代物流龙头企业,合理规划布局现代物流园区和分拨中心,优化发展航空物流、港口物流、公铁物流、城乡配送和快递物流",为快递业发展带来利好。四是佳木斯市政府印发《关于做好下半年经济工作的意见》,将优化发展现代化物流纳入下半年全市经济工作任务,明确指出要大力发展现代服务业,加快区域商贸物流中心建设。佳木斯局被列为相关工作责任单位。五是佳木斯市委市政府出台《佳木斯市质量提升行动工作方案》,快递行业发展再获利好。积极推进服务民生七件实事,保持辖区939处行政村100%的直接通邮率。积极服务"乡村振兴"战略,鼓励辖区寄递企业深入挖掘地方特色农副产品,增强服务"三农"和精准扶贫能力。在服务三农方面:佳木斯富锦市重点加快了村屯"三农"服务站建设,行政村覆盖率达到70%以上,打造了一条向农村输送优质农资产品的"绿色通道",使广大农民享受到了农资配送到户的服务。在助力精准扶贫方面:辖区邮政企业带动农村贫困地区增收人数39人,增加收入6.65万元。截至目前累计脱贫人数达161人。

建立快递业"新兴学徒制"试点,快递员工进行职业教育获得政府补贴。积极探索末端投递服务。协调解决邮政快递专用车辆通行和末端投递困难等问题。一是佳木斯申通、圆通等5家快递企业与南京"熊猫快收"签订合作协议,设立"熊猫快收"末端网点,整合末端配送资源。二是协调解决高新开发区圆通、百世等3家重点快递企业通过合作代派形式开展快递末端投递服务,解决"最后一公里"难题,服务开发区高新企业发展。三是推动快递协会联合五菱宏光汽车销售公司开展"快递电动三轮车置换购车"项目,快递企业可用快递电动三轮车抵5000元购车款,第一批已置换完成4台,这既为快递企业提供了优惠支撑,也进而优化了末端投递运载交通工具。提高行业绿色发展水平。市邮政公司使用瓦楞纸箱7000个。邮政专用胶带采用节省塑料材料的新规格。佳木斯EMS租用5台新能源微型面包汽车主要用于投递,揽收,同城配送业务。圆通、中通1070个运输装载可循环使用袋投入使用。

大庆市邮政管理局深入推进"快递下乡"和"乡村振兴战略"工程。积极引导快递企业推进"快递下乡""快递进村"。2018年全市58个乡镇已设立281个快递网点,乡镇快递网点覆盖率实现100%。全市482个行政村已建立116个快递服务网点,行政村快递网点覆盖率达到24.1%。同时,实施"乡村振兴战略",深入推进"邮政在乡"工程,鼓励邮政企业将村邮站,邮乐购以及交邮合作站建设有机整合,打造适应现代电子商务模式的线上线下一体的农村综合服务电商平台,提升服务"三农"能力。目前已建设综合服务平台站点1554处,其中邮乐购727处、便民服务站817处、交邮合作站10处。引导企业加强科技创新和技术应用,提升设施设备智能化水平,推广电子运单、数据分单、数据派单等技术应用,稳步提升快递末端投递服务水平。推行第三方公共服务平台建设。成立了第三方末端投递驿站——大庆市东亿快递服务有限公司(逗妮开心),目前在全市已设置43个末端投递驿站。积极引导企业践行绿色快递发展理念。鼓励企业重复利用各类封装容器,逐步减少使用一次性编织袋,加强包装废弃物的回收处置管理,倡导用户适度包装倡导绿色包装,大力推行电子面单使用率,目前全市各品牌快递企业电子面单使用率已达96%。

鼓励企业优化运输组织和递送路线,在各环节推广使用新能源和清洁能源车辆。积极引导企业使用环保包装,推广胶带瘦身、免胶包装的使用,降低废品污染,助力打好污染防治攻坚战。市邮政企业包装统一采用瓦楞包装箱,累计使用量为9202个;邮政EMS品牌投入使用新能源电动车辆12台。推进落实"快递进校园"。全力引导企业进行联合或者采用第三方合作的方式推进快递企业进校园,目前大庆辖区5所高校共设立12个校园快递服务站点,大中专院校快递网点覆盖率已达100%。实施"乡村服务升级"行动计划,服务乡村振兴战略。为促进农村电商快速发展,实现精准脱贫,各乡镇农村网点直接与当地农村特色产品对接,肇源县鲶鱼沟碱性绿色大米、大庆市托古绿色有机小米、大庆老街基系列产品、大同区八井子鸡鸭等家禽类、蛋类、香瓜水果等,杜蒙县牛肉干等地方农特色产品与辖区内顺丰、圆通、中通等品牌签订大客户协议,及时将新鲜的农产品配送到全国各地。支持企业创新寄递服务,加快发展冷链、医药等高值业务等新型服务。目前大庆市沃尔沃汽车制造公司以及福瑞邦制药、华科、天翼、奥利达医药等企业都是搭载市品牌快递企业进行供应链的交换、收发和运输,2018年全市电子商务类快件量216.39万件。

上海市快递市场发展及管理情况

一、快递市场总体发展情况

2018年,上海市邮政行业业务收入(不包括邮政储蓄银行直接营业收入)累计完成1090.0亿元,同比增长16.5%;业务总量累计完成820.6亿元,同比增长15.3%。其中,快递企业业务量累计完成34.9亿件,同比增长11.9%;业务收入累计完成1020.3亿元,同比增长17.4%(表7-9)。

表7-9 2018年上海市快递服务企业发展情况

指标	单位	2018年12月		比上年同期增长(%)		占全部比例(%)	
		累计	当月	累计	当月	累计	当月
快递业务量	万件	348648.80	34574.58	11.92	8.97	100.00	100.00
同城	万件	111913.48	11627.60	11.15	12.85	32.10	33.63
异地	万件	223453.23	22050.42	11.23	8.52	64.09	63.78
国际及港澳台	万件	13282.10	896.55	33.89	-19.01	3.81	2.59
快递业务收入	亿元	1020.28	102.12	17.42	9.85	100.00	100.00
同城	亿元	91.25	8.57	13.45	0.14	8.94	8.39
异地	亿元	234.36	22.35	17.68	5.95	22.97	21.88
国际及港澳台	亿元	73.40	4.09	3.41	-48.24	7.19	4.00
其他	亿元	621.27	67.12	19.86	21.11	60.89	65.72

二、行业管理工作及主要成效

党建引领坚强有力。深入开展党的十九大精神学习和宣贯活动,牢固树立"四个意识",坚定"四个自信"。印发《关于学习贯彻习近平总书记推进党的政治建设重要指示精神,开展"五个一"系列活动的通知》和《"不忘初心、牢记使命,贯彻落实党的十九大精神"学习实践活动方案》。认真落实《"两学一做"学习教育常态化制度化实施方案》,加大党建工作培训力度,把"两学一做"学习教育纳入"三会一课"等基本制度。坚决落实巡视整改要求,进一步建立和完善长效机制。按照巡察全覆盖要求,对6个管理局开展了全面细致的巡察,有力推动基层党支部将全面从严治党要求落到实处。加强党建引领,夯实党建基础。加强党的组织建设和规范化建设,严格落实"三会一课"制度,开展党建基础工作专项检查。开展非公企业党建调查研究,推进非公快递企业党建工作取得新成绩,圆通速递党委荣获青浦区"两新"组织党建阵地示范窗口称号。行业文明创建迈上新台阶,组织开展新一轮市快递行业文明单位评选活动,启动上海市邮政管理局文明处(局)创建活动。

行业发展环境持续优化。规划统计有序实施。印发实施《上海市快递设施专项规划(2017—2035)》。组织开展上海市邮政业"十三五"规划和长江三角洲地区快递服务发展"十三五"规划中期评估,形成评估报告。完成2018年统计报表制度培训和统计范围调整工作。建立季度行业运行分析制度。首次开展年度发展报告编制工作,完成《2017年上海市邮政业发展报告》编制印发。配合做好国家邮政局投入产出调查和上海市第四次经济普查等工作。完成"上海邮政业新业态、新模式监管法律依据与手段研究"和"上海市快递从业人员信用档案建设研究"等课题立项和中期评审等工作。

法制邮政有序推进。完成《上海市邮政管理局2017年行政执法年度报告》。开展2017年行政处罚案卷评议,检查了96起案件的卷宗材料,通报年度行政处罚案卷评议情况。完成2017年下半年和2018年上半年行政执法行为统计报表编制并报上海市法制办。组织公务员参加市法制办组织的2018年行政执法人员基础法律知识抽查考试和第五次邮政行政执法资格全国统一考试。深入推进"七五"普法工作,组织旁听行政诉讼案件法庭庭审,组织副处级以上干部赴上海市五角场监狱接受法治及廉政警示教育,完成《上海市邮政管理局"七五"普法中期评估总结》,在局微信公众号开展法治邮政宣传。开展《快递暂行条例》宣贯,组织召开不同层面的宣传讲座4次,主动到基层单位、一线企业上门开展宣讲。《上海市实施〈中华人民共和国邮政法〉办法》(修改)先后经上海市政府常务会议、上海市委常委会和上海市人大常委会表决通过并被列入正式项目。会同上海市绿化市容管理局专题听取上海市快递企业关于快递包装物减量等方面的意见和建议,将快递包装源头减量、循环使用和建立回收体系等内容写入《上海市生活垃圾管理条例》。鼓励和引导上海市电子商务平台企业和个体寄件人选择使用绿色包装或减量包装。做好合同以及其他法律性文件审核工作,协调解决了行政处罚罚款无法缴纳问题,完成2017年行政复议、行政诉讼情况统计。完成网上办事、网上监管、网上服务事项的梳理和政府服务窗口基本情况以及国务院取消和下放的行政审批事项落实情况梳理工作。与上海市大数据中心签署合作协议,国家邮政局刘君副局长、上海市常务副市长周波出席签约仪式。全面推进"快递+政务"服务和建设,协调推动上海市邮政分公司寄递事业部为上海市"一网通办"提供专属、优质的标准化快递服务。

政策有效纳入。会同上海市商务委编制《上海市政府办公厅关于推进电子商务与快递物流协同发展的意见》。会同上海市发改委编制《关于本市推进物流降本增效促进实体经济发展的实施意见》,"邮政快递车辆临时停靠""改善快递服务最后一公里""提升快递绿色包装"等多项内容纳入文件。加快推进快递末端网络建设,将快递末端工作纳入上海市《2018年电子商务重点工作》;调研海事大学快递中心、金轮椅快递服务站等特色末端网点,摸底快递企业发展动态,推进快递业末端投递体系和网点标准化建设;草拟《关于推进快递服务进校园工作的指导意见》,积极走访上海市教委争取联合发文;参与《住宅设计标准》草案修订工作,组织企业座谈并收集意见,提出智能快件箱与新建小区同步建设等相关建议;完成《关于上海快递收派端"三网"工程建设的建议》等提案答复。完成《2017年上海市人大代表专题调研报告》并联合发文报送上海市委。开展《关于抓紧制定出口跨境电商支持政策的调研报告》办理工作。走访上海市房管局、市物业管理行业协会等部门,探索在小区内建立快递包装物回收点的可行性。参与上海市商务委城乡高效配送骨干企业认定标准的制定工作,并组织企业开展申报工作。在地方标准《快递末端综合服务站通用规范》中增加"快递包装盒回收功能和区域"相关内容,加大引导力度。收集、梳理、宣贯上海市出台的一系列优化行业发展环境的政策规章,着力将政策红利转化为发展动力。会同上海市经信委举办惠企政策培训,详细解读上海市人才政策、信息化项目扶植政策、科技创新政策和服务业资金支持政策等内容。深入推进科技创新工作,组织行业内科技专家参观考察圆通"物流信息互通共享技术及应用"国家重点实验室,开展科技调研和研讨座谈会,建立科技创新工作机制,组织开展快递企业上海市科学技术奖的申报推荐工作。

快递车辆有力推动。出台《关于进一步加强快递专用车管理的通知》,持续加强快递专用车日常管理,新配发快递专用车额度的快递专用车全部安装卫星定位系统,推动存量快递专用车卫星定位系统安装或更新,并将快递专用车统一纳入上海市邮(快)件运输安全监管平台监管。印发《上海市快递揽投专用电动自行车管理办法(暂行)》,召开快递揽投专用电动自行车推广使用会,推动圆通、申通、韵达、中通等四家品牌企业第一批采购1100辆。深入推进快递发展重点工作,持续推进乡镇网点建设,印发《关于推进本市快递网点标准化建设工作的通知》,大力推进网点标准化建设组织开展"诚信快递、你我同行""3·15"主题宣传活动周,组织开展现场宣传,召开专题座谈会,开展行业集中教育。通报上海市同城快递时限与服务测试情况,督促企业及时开展自查和落实整改。

行政审批效能不断提升。贯彻落实国家邮政局关于简政放权工作要求,提高工作效率,企业申请材料总体精减55%;许可申请审批时限要求由45个工作日压缩至25个工作日;进入绿色通道企业的所有许可变更审批时限压缩为15个工作日(其中增设分支机构审批时限由35个工作日压缩为15个工作日);未进入绿色通道企业的分支机构变更事项审批时限由35个工作日压缩至25个工作日,其他变更事项审批时限为15个工作日。上海市邮政管理局许可申请审批平均办结时间为13.3个工作日,许可变更审批平均办结时间为9.7个工作日,许可申请协查审批平均办结时间为5.7个工作日。截至2018年12月底,上海市快递市场依法经营快递业务的企业有1599家,经备案的快递企业分支机构有906家,末端网点备案1181家。对1175家企业提交的年度报告材料进行审核;依法注销147家快递企业和98家分支机构的快递业务经营许可。

寄递安全监管水平不断提升。全市邮政管理部门不断加大对邮政市场的行政执法检查工作力度,2018年1月至12月,共出动执法检查1690次,检查3847人次,检查单位1690家,其中双随机抽查单位563家,查处违法违规行为342次,下达责令整改通知书242件,行政处罚114起,罚款62.3万元。集邮市场共出检10人次,检查经营点3家。信报箱出检11次,检查企业19家。发挥寄递渠道安全联合监管机制作用,参与上海市多项综合治理机构,开展联合执法行动,履行寄递渠道安全相关职责。强力推进寄递安全"三项制度"落实,重点推进实名收寄制度落实,对使用安易递收寄版企业开展培训答疑,定期编发实名收寄监测报告,制作《上海市实名收寄信息系统推广应用工作简报》31期,全面完成实名收寄率达100%的目标。开展双随机专项执法检查,组织开展春节前邮政业服务保障和安全生产跨区域随机检查专项行动、全国两会、2018年中非合作论坛北京峰会、首届中国国际进口博览会期间上海市寄递渠道安全交叉随机检查专项行动。加强反恐、禁毒、打击侵权假冒等工作,组织快递面单集中销毁行动,继续开展涉枪涉爆专项整治行动。修订完善寄递渠道涉枪涉爆、危化品邮寄事故、快件大量积压、网点倒闭、群众上访等5个应急处置子预案,圆满完成重大活动期间的安全服务保障,切实做好邮政行业突发事件的处置,有效保障邮政业安全平稳运行。

为民惠民实事成效良好。上海1577个建制村完成直接通邮工作,建制村直接通邮率达到100%。函件、报刊及普通包裹均投递到建制村,建制村用户满意度达到80%以上,现已推进全部投递到户。"改善末端投递服务"方面,敦促企业开展上海市农村地区普遍服务投递人员配备情况自查和问题整改工作。积极推进智能柜项目，投递量、投递率居全国领先。稳步提高智能快件箱箱递率，在实现高校规范收投率80%的基础上，逐步将高校快递收投点纳入管理范畴。"服务'乡村振兴战略'"方面，专题部署"一市一品"农特产品进城示范项目开展工作，积极鼓励邮政企业加大"邮乐购"站点建设，完善主要品类台账，指导邮政企业深入开展"一市一品"农特产品进城示范项目，做大做优精品项目。实施"放心消费工程"方面，积极开展消费者宣传活动。配合国家邮政局做好邮件时限测试工作。根据国家邮政局的部署开展快递信用体系建设，按要求制定完善相关制度，启用快递行业信用管理信息系统，着手建立企业档案。推进申诉中心扩容，不断提升申诉受理和处理的能力和水平，电话线路由2条增至4条，语音线路由8条扩容至16条，受理人员增加至10人，并建立了投诉申诉处理工作QQ交流群，搭起政府与企业实时沟通的桥梁。加强申诉情况统计分析，提高预判预警能力。继续开展"不着地、不抛件、不摆地摊"专项治理。"打造安全用邮环境"方面，强力推进寄递安全"三项制度"落实，指导邮政企业开展普邮专项检查活动，圆满完成"进博会"寄递安全保障任务，扎实做好反恐、禁毒、重大活动和业务旺季期间寄递渠道安全保障工作。"提高行业绿色发展水平"方面，指导邮政分公司制订印发《中国邮政集团公司上海市分公司关于开展绿色邮政建设行动的实施意见》，将快递绿色发展相关内容纳入《上海市生活垃圾管理条例（草案）》相关条款，推进快递包装减量和回收利用，推广使用电子面单，使用绿色可循环的集包袋，UPS等企业运用价格手段提高包装成本，引导客户主动减少包装量或者使用循环包装，顺丰研发"丰·BOX终端循环包装箱"试点可多次重复使用。

推进车辆节能改造、干线优化设计，鼓励绿色环保试点企业加大绿色试点力度，持续跟踪了解优速、顺丰的绿色环保试点进程。"加强快递员（投递员）权益保护"方面，市快递行业协会与建设银行共建"户外劳动者之家"活动，快递小哥可以在送件过程中到分布在上海市各处的"户外劳动者之家"休息、喝水、手机充电、上厕所等。组织开展中央投资项目进展情况的督导检查。支持企业对基层投递员实施奖励、帮困等措施。采取"动态排班"、"错峰返乡奖励"、为外来务工投递人员提供年夜饭菜肴等措施，关心关爱"留守"投递员，研究探索多种渠道为投递环节来沪务工人员提供临时住宿。继续加大智能柜的投放力度，有效减少快递员劳动强度。不断推进新型交通运输工具的试用投放，保障快递员的交通安全。广泛挖掘"最美快递员"先进事迹，树立和宣扬"最美快递员"先进典型，提升快递从业人员荣誉感。协助其他部门推进综合保险落实事宜，保障快递员的权益。

三、改革开放40周年

改革开放40年以来，上海邮政业的发展迎来了前所未有的发展良机。上海市邮政业各类市场主体紧紧抓住难得的发展机遇，解放思想，锐意进取，凝神聚力，奋发有为，力促上海邮政业安全快速有序发展，产业总体规模不断扩大，业务量持续增长，邮政普遍服务基础网络建设得到加强，快递业务规模保持高速增长，跨行业跨领域的产业间协作融合能力不断增强，地方邮政法规政策体系逐步完善，行业发展环境持续优化，初步形成了具有中国特色、上海特点的现代邮政业。2006年，上海市邮政管理局成立，受国家邮政局与上海市政府管理，依照国家有关法律法规，对上海区域内邮政业行使政府监管职能。上海邮政业总体发展迈向新台阶。"十一五"末，上海市快递业务量达到2.4亿件，业务收入达到86.7亿元。"十二五"末，快递业务量达到17.1亿件，业务收入达到455.2亿元，日均快递业务量达到467.9万件，人均快递业务量达到70.7件。"十二五"期间，行业业务收入占第三产业增加值的比重从1.5%提高到3%，在服务社会经济发展和民生改善中发挥了重要的基础作用。

四、各派出机构主要管理工作概况

浦东邮政管理局与浦东交警联手开展快递行业交通安全宣传整治工作，为进一步确保浦东新区快递行业交通安全，提倡快递从业人员安全上路、文明服务，浦东局与浦东交警联合开展快递行业交通安全宣传整治工作。一是和浦东交警建立了联系机制，定期商讨研究整治工作中的重点难点；二是建立了由浦东局、浦东交警、辖区快递企业参与的警邮联动微信群，确保信息上下互通，及时解决整治中发现的各种问题；三是加大宣传力度，通过QQ群、微信群、日常执法检查等渠道宣传交通安全；四是建立定期通报制度，对开展交通安全宣传不力，交通违规和事故发生较多的快递企业进行通报；五是开展联合执法，浦东局会同浦东交警开展联合检查，全力确保快递行业交通安全。协调做好"双11"期间快递车辆临时停车问题，分赴辖区中通、韵达分拨中心（下属各4~6家快递网点），对"双11"车辆通行、"最后一公里"、末端共享等热点问题进行调研座谈，督促企业总结成功经验，结合自身实际，提前谋划，做好人员储备、车辆调配和分拣场地设备检修等工作，并就大家集中关心停车难问题，主动协调交警部门，原则保障非禁停区域"双11"期间临时停车卸货驳运问题，为辖区快递末端派送提供便利。指导做好大学校园快递服务工作，2018年，按照国家邮政局"2018年邮政业更贴近民生七件实事"要求，推进快递进校园工程，结合末端备案工作将高校快递收投点纳入管理范畴，逐步实现高校快递服务规范化。对上海海事大学、上海海洋大学校园快递服务中心建设运营工作进行实地指导。

黄浦邮政管理局通过与黄浦、虹口、杨浦、长宁四个区的综治办合作建立网格化社会监督体系，以街道为单位分成40个网格，采用个人报名与单位推荐相结合的方式确定社会监督员，并根据所属街道确定责任片区的"横到边、纵到底"网格化服务和安全生产社会监督体系。同时将"移动执法"概念用于网格化社会管理工作，基于市场监督员信息管理平台，开发了"市场监督员"专用App。社会监督员将发现的问题实时上传，黄浦局了解信息后进行信息核实并开展执法工作，再将问题处置情况通过平台反馈给社会监督员，形成良性循环，做到及时监督、及时整改。联合黄浦区禁毒办、黄浦区禁毒志愿者代表处等单位开展系列活动：召开邮政寄递行业禁毒志愿者招募会，招募和组建全市第一支邮政寄递从业人员青年禁毒志愿者队伍，邀请上海市公安局缉毒处专家开展了普及禁毒知识，提升识毒、防毒能力的培训。组织邮政寄递行业青年志愿者参观上海市禁毒科普教育馆，通过案例剖析、实物陈列、影视播映、图片展示等形式，介绍当前解禁毒形势，增强禁毒意识。"国际禁毒宣传日"当天，举行国际禁毒日主题活动暨"乐蜂"青年禁毒志愿者团队成立授旗仪式，黄浦区委政法委书记和有关领导向志愿者们统一授旗并提出殷切期望。举行物流寄递行业青年志愿者禁毒知识总决赛，进一步普及禁毒基本知识，增强邮政寄递从业人员安全意识。

宝山邮政管理局深入开展大调研，研究推动辐射长三角区域性快递基础设施建设。按照市局要求，开展《宝山辖区主要快递品牌分拨中心延伸建设可行性研究》，一是制定研究提纲方案，结合上海市快递业发展规划和宝山区发展规划，分析宝山辖区设立辐射长三角的快递主要品牌分拨中心的必要性和可行性，制定研究方案，明确研究目标和时间节点，并完成材料整理；二是重点对接区委办局，召开区委办局专题研讨会，听取宝山区发改委、宝山区规划局、宝山区建交委意见，共同探讨上海市北部地区建设快递分拨中心的功能定位及设施布局意义，并拟写会议纪要；三是实地摸底企业情况，调研宝山百世汇通分拨中心（辐射江苏太仓的准2级分拨中心）、罗泾韵达区域网点及浦东规模以上快递分拨中心，摸清企业快件处理能力、进出港件流向及量比、场地车辆人员规模、发展需求和存在问题,并拟写调研报告;四是收集行业专家意见,积极收集市快递协会、市发改委、市商务委、市交通委科技网、区委办局及行业专家意见,并听取部分企业意见,研究辖区快递业分拨中心需求种类、规模及分布,采纳并完善研究成果,为落实上海市邮政业"十三五"发展规划,进一步引导企业设立长三角区域性基础设施、提升干支线运输能力,优化快递网点合理布局,提高派送效率夯实基础。

青浦邮政管理局为首届"进博会"顺利召开保驾护航,首届中国国际进口博览会在青浦辖区召开。青浦局全力协助青浦区政府,第一次真正承担起了主场责任,全力以赴确保了"进博会"的顺利召开,主要采取了两大措施:一是分别与青浦、嘉定、普陀三区进行了联动,利用政府网格化资源,对整个辖区进行了地毯式排查工作,发现隐患严肃查处;二是深入快递企业走访调研检查,分别与企业的各个层级召开了座谈会,反复强调首届"进博会"的重要性,进一步明确企业主体责任,提高企业自身政治意识,促使企业配合我局及相关政府部门做好各项安全准备工作。从而确保了首届"进博会"的顺利召开。积极推动成立辖区寄递物流工作委员会,在青浦局和普陀区公安分局共同努力下,普陀区企事业单位治安保卫协会——寄递物流工作委员会正式成立。新组建的寄递物流工作委员会以首届中国国际进口博览会为契机,强化寄递渠道安全,建立快递业安全监管的长效机制,确保全区寄递渠道安全、平稳、有序运行。

松江邮政管理局扎实做好大学城区域快递服务情况调研工作,启动松江大学城区域快递服务情况调研项目。历时三个月,通过前期准备、材料收集、实地调研、后期整理、统计分析等工作,最终形成《松江大学城区域快递服务情况调查报告》。经过对大学城区域快递服务情况的排摸,松江局对整个区域快递企业的从业现状、结构分布、面临问题等都有了充分的了解。通过调研对该区域以及整个辖区的行业管理和发展有着积极意义,对快递末端网点备案、绿色环保包装等举措的顺利推行有促进作用。

奉贤邮政管理局立足业实际,加强综合治理。面对寄递渠道安全保障工作安全监管压力巨大的实际情况,坚持"安全为基"理念,确保寄递市场运行平稳安全有序。按照全国性寄递渠道涉枪涉爆隐患集中整治专项行动、全市性禁毒反恐危险化学品综合治理专项行动、区域性安全隐患梳理大排查大整治行动具体要求,加强与辖区地方公安、反恐、综治、禁毒等政府部门日常工作联动,不断健全和完善辖区寄递渠道安全监管长效机制,制订并下发《关于开展2018年奉贤区寄递行业"禁毒百日会战"专项行动的实施方案》《关于加强2018年度奉贤区寄递行业安全监管工作实施方案》《关于加强2018年度金山区邮政行业安全监管工作的实施方案》等一系列专项行动实施方案,在实现辖区安全监管工作实时信息互动情况互通的基础上,会同相关部门多次联合开展执法检查专项行动,采取夜查、突击检查、明察暗访等各类形式,针对易燃易爆禁寄品、危险化学品、收寄验视、实名收寄执行情况等开展重点检查,全面排查安全隐患风险,督促相关企业及时采取针对性整改处置措施,并积极跟进确保隐患消除。

江苏省快递市场发展及管理情况

一、快递市场总体发展情况

2018年,江苏省邮政行业业务收入(不包括邮政储蓄银行直接营业收入)累计完成647.0亿元,同比增长15.4%;业务总量累计完成1050.2亿元,同比增长19.2%。其中,快递企业业务量累计完成43.9亿件,同比增长22.1%;业务收入累计完成480.9亿元,同比增长17.8%(表7-10)。

表7-10 2018年江苏省快递服务企业发展情况

指 标	单 位	2018年12月 累计	2018年12月 当月	比上年同期增长(%) 累计	比上年同期增长(%) 当月	占全部比例(%) 累计	占全部比例(%) 当月
快递业务量	万件	438935.42	47589.08	22.05	26.58	100.00	100.00
同城	万件	97721.93	10374.63	25.34	28.69	22.26	21.80
异地	万件	335406.97	36677.31	21.57	26.55	76.41	77.07
国际及港澳台	万件	5806.53	537.13	0.61	-2.54	1.32	1.13
快递业务收入	亿元	480.89	46.85	17.82	11.20	100.00	100.00
同城	亿元	73.40	7.25	27.68	16.50	15.26	15.48
异地	亿元	289.16	28.70	18.94	15.53	60.13	61.26
国际及港澳台	亿元	49.24	3.94	-5.24	-23.54	10.24	8.42
其他	亿元	69.09	6.95	24.26	17.73	14.37	14.84

二、行业管理工作及主要成效

全面从严治党持续加强。切实加强党的领导。成立党建工作领导小组,制定出台《系统党建工作责任清单》和《2018年党建工作要点》,进一步健全党组统一领导、领导小组统筹协调、机关党委谋划推进、党支部书记"一岗双责"的党建责任体系。推动基层党建工作标准化,编印《党建工作文件汇编》《党支部规范化建设实用手册》《基层党建工作量化考核办法》,基层党建规范化水平不断提升。深入推进党务公开工作,编制《党组党务公开目录》,制作党务公开展板。开展党建创新创优项目和党建工作示范点评选表彰活动,形成以示范带整体、以创建促提升的效应。

落实巡视整改要求。认真落实国家邮政局巡视整改,结合巡视组反馈的3个方面20个问题,细化成80个整改事项,落实了问题清单、责任清单和整改清单,对问题线索进行专项处置,召开巡视整改专题民主生活会,推动整改事项全部按期落实。扎实推进九个专项治理,逐项研究制定治理工作方案,统筹推进省局机关和各市局治理工作,确保中央八项规定精神在全系统落地生根。

全面开展政治巡察。开展对各市局党组政治巡察工作,成立巡察工作领导小组,制定《巡察工作实施办法》《巡察工作方案》《巡察工作手册》,举办巡察工作培训班,抽调专门力量组建6个巡察组,实现对13个市局党组的政治巡察"全覆盖",发放调查问卷402份,个别谈话134人次,共发现问题271个、移交线索2个,目前反馈意见已全部到位,相关问题整改或处置全面启动,全系统"四个意识"得到进一步强化。

加强思想文化建设。深入贯彻党的十九大精神、习近平总书记系列重要讲话及其治国理政新理念、新思想、新战略,组织纪念建党97周年"七个一"系列活动和"解放思想再出发,健康发展谋新篇"专题研讨,开展"不忘初心,牢记使命""亮身份,树形象"等专题教育,观看改革开放40周年图片展,教育引导党员干部牢固树立"四个意识"、坚定"四个自信"、坚决做到"两个维护"。强化意识形态工作,举办专题培训班,召开专题组织生活会,开展意识形态领域风险自查,进一步提升思想政治工作的针对性和实效性。扎实推进文明单位创建工作,制定落实创建工作实施方案,组织开展"弘扬时代新风,文明单位在行动""青年文明号"开放周等活动,政风行风建设取得显著成效,南通、苏州局获评市级"文明单位",昆山局获评"昆山市文明单位";南京、南通、徐州3市邮政分公司新获评"全国文明单位";盐城、徐州市4家快递企业获评市级"青年文明号"。启动快递员权益保护行动，组织"情系快递员，齐心送温暖"主题系列活动，参与"最美快递员""最美交通人"评选，如皋1名投递员荣获全省"最美交通人"称号，海门1名快递员入围全国"最美快递员"30强。

推进基层党的建设。按期完成省局机关党委、下设支部换届选举工作。加快组建非公快递企业党组织，出台推进非公快递企业党组织建设的指导意见，全年成立盐城、淮安、徐州、连云港、常州等5个快递行业党委，新组建无锡市快递行业末端支部、高港区快递行业联合支部等10个基层支部，全省非公快递行业党委达到6个、非公快递行业党支部达到23个，为全省快递行业400多名党员安了"家"。规范党内政治生活，全面落实"三会一课"制度，组织召开专题组织生活会，积极开展党支部书记年度党建工作述职考评、民主评议党员工作。加强党员教育管理，省局机关党员信息全部录入"全国党员管理信息系统"。严格党员发展程序，年内发展1名劳务派遣人员入党。积极参与省级机关"两优一先"评选活动，1名同志被评为省级机关"优秀共产党员"。

强化党风廉政建设。印发《2018年党风廉政建设工作要点》《关于落实党风廉政建设主体责任和监督责任的实施细则》，进一步落实各级党组织"两个责任"。深入开展"纪律教育年"活动，通过组织学习党章党规党纪、召开警示教育和作风建设会议、邀请省纪委专家授课、调整机关处以上领导干部基层联系点等，进一步增强党员干部党性修养和自律意识。常态化落实中央八项规定精神，制定《贯彻落实中央八项规定精神实施细则》，健全公务接待、公务用车、公务出差、办公用房、办文办会等制度规范，重要节假日前及时下发廉洁纪律提醒通知，推动党员干部树牢"红线"意识，把好廉洁关口。深入开展廉政回访工作，发出廉政回访函80份。积极运用监督执纪"四种形态"，坚持"抓早抓小"，开展廉政谈话20多人次，批评教育1人，诫勉谈话1人，行政警告处分2人，行政记过处分1人，行政记大过1人。

行业发展环境持续优化。强化规划引领。扎实开展邮政业"十三五"规划、长三角快递业"十三五"规划中期评估工作，研究制定全省规划中期评估方案，明确34项重点任务措施和相关评估责任部门，全面评估规划主要指标完成情况、重大战略实施情况、重大任务推进情况，促进规划科学调整与落地实施。南京、扬州局完成了邮政工程总体规划（2018－2030）编制工作，徐州市快递配送体系建设规划通过立项审批，邮政设施和项目建设体系化推进。委托国家邮政局发展研究中心开展推动邮政业高质量发展课题研究，为推动行业高质量发展提供政策建议。

优化营商环境。推动国家邮政业改革发展政策在省内落地，省政府办公厅出台了《关于推进电子商务与快递物流协同发展的实施意见》，明确了完善基础设施、推进标准化智能化发展、鼓励快递物流企业创新服务、优化快递物流配送运营管理、推动绿色发展、强化政策支撑等6个方面20条符合江苏实际、可操作性强的具体举措；会同省商务、公安等部门下发了《关于发展城乡高效配送专项行动的通知》，进一步规范快递三轮车通行、优化城市配送网络、加快智能服务终端建设、创新农村物流模式、加快发展集约化配送，为快递行业发展营造良好的环境。各市局在支持邮政业发展方面持续发力，南通、镇江、盐城、常州制定了《快递市场管理办法》或《寄递安全管理办法》，无锡、常州、徐州、泰州、淮安出台了《推进邮政业服务乡村振兴战略的实施意见》或《快递服务"三农"工作的实施意见》，南京、苏州、无锡、连云港出台了促进快递物流降本增效的实施意见，镇江、宿迁出台了扶持电子商务与快递物流发展的相关政策，常州连续四年开展"电子商务与快递协同发展示范企业评比"等等。各县局在争取邮政业发展利好政策方面也亮点频现，沭阳县出台的促进快递物流发展"快四条"扶持政策，被国家邮政局局长马军胜、副局长刘君亲自批示并在全国推广，高邮市出台了《促进快递产业健康发展的实施意见》等，全省促进邮政业发展的政策红利持续释放。

完善服务标准。推动末端服务创新和标准化，联合省住建厅、质监局等部门调研、论证，在全国率先出台了《住宅智能信报箱建设标准》《智能信包箱运营管理服务规范》《智能快件柜运营管理服务规范》，进一步提升智能信包箱（快件箱）设置管理、运营服务的规范化、标准化水平。南京制定了《快递服务用房及智能快件箱管理办法》，淮安、宿迁出台了《关于规范设置邮政服务场所和智能信报箱的实施意见》，张家港局会同市规划、住建、交通等部门出台了《关于鼓励新建住宅区等场所设置快递服务用房的实施意见》，全省末端服务标准进一步完善。

行业监管水平持续提升。强化法治邮政建设。加大《快递暂行条例》宣贯力度，成立领导小组，制定宣贯方案，联合公安、国安、交通、住建、经信、发改、财政等部门召开专题会议，为贯彻落实《快递暂行条例》营造良好的氛围。开展依法行政培训，详细解读《行政处罚法》《行政诉讼法》《快递暂行条例》相关条款，组织各市局交叉互评行政处罚案卷，进一步提高一线执法人员依法行政能力。强化案件线索源头管理，研究制定《案件线索管理办法》，规范案件线索管理和办理流程。加强公平竞争审查，按照国家邮政局《邮政管理部门公平竞争审查办法》的要求，积极启动行业公平竞争审查工作。规范开展行政复议、行政诉讼相关工作，全年完成7件行政复议案件、12件行政诉讼案。继续加强合同意见审查和行政执法监督，审查各类答复意见26份、合同14件，首次开展行政执法监督3起。

强化邮政市场管理。优化行政许可流程，认真落实国家邮政局"放管服"改革要求，省内快递业务申请许可审批时限总体精简55%，全年受理快递业务经营许可申请、变更、延期换证等许可事项达229件次。在全国率先开展快递末端网点备案工作，末端网点备案数近1万家，率先制定《邮件处理（快件分拨）中心备案管理办法》和《快递企业江苏区域总部管理办法》。全面落实"双随机一公开"制度，完成市场主体名录库补全核对工作，切实推进执法信息公开，累计公布执法检查结果、约谈告诫、行政处罚等信息329条。组织开展行政执法"清风·2018"行动，累计检查单位4431家，纠正和查处违法违规行为1066次，实施行政处罚450起。持续加强申诉处理工作，全年共处理消费者申诉17.9万件，其中有效申诉1.2万件，同比下降55%，消费者满意率达99.6%，为消费者挽回直接经济损失717.8万元。江苏省邮政市场行政执法工作在全国邮政管理工作会议上作经验交流。

强化寄递安全监管。制定《关于打好防范化解重大风险攻坚战的实施方案》《贯彻落实国家邮政局〈关于推进邮政业安全生产领域改革发展的指导意见〉的工作方案》，进一步调强寄递安全管理举措。出台《强化落实企业安全生产主体责任的实施意见》，在全省开展为期三年的"落实企业安全生产主体责任专项行动"。组织参与社会治安综合治理和平安江苏建设，"平安寄递"参创率达90%、达标率达80%。持续推进寄递安全"三项制度"落实，全省整体实名率达99.47%、散件实名率达99.15%、配备安检设备超过600台。全力做好重大活动寄递安全服务保障，联合公安、国安等部门加强督导检查，圆满完成全国两会、上合组织青岛峰会、中非论坛北京峰会、上海进博会等重大活动期间安全服务保障。加强应急管理工作，规范行业安全信息报送流程，组织完成业务旺季服务保障和快捷倒闭事件处置。加强安全监管信息化建设，制定落实《江苏省快递业安全监管信息系统应用推广实施方案》，完成系统终验，接入智能快件箱和三轮车数据，开展X光机接入试点工作，安全监管信息化水平进一步提升。江苏省安全监管工作在全国邮政市场监管工作会议上作经验交流。

行业发展质态持续改善。行业供给结构逐步优化。"邮政+特色农产品"推进有力,全年建成邮乐购加盟店超过3.6万个,完成农产品销售额2.4亿元,同比增长67.9%,规模居全国首位;警邮、税邮合作不断深化,邮政网点实现4大类33项交管业务一站式办理,建成税邮共建便民服务点252处,全年办理税邮业务超过25万笔,代征税额达4.19亿元。制定落实《邮政业助力脱贫攻坚三年行动方案》,联合省农委召开全省快递服务现代农业工作部署会,深入推进"快递+"金牌工程,宿迁(沭阳)花木、苏州大闸蟹项目形成业务量超过千万件,获评"2018年快递服务现代农业金牌项目";培育无锡水蜜桃、泰州猪肉脯等5个超百万件"快递+现代农业"项目;全省25个重点项目形成业务量达1.16亿件、业务收入突破11亿元、带动农业总产值151亿元,同比分别增长50.6%、64.7%和97.3%。快递与先进制造业融合发展逐步加快,快递服务制造业项目库进一步完善,全年培育"快递+先进制造业"项目206个,形成业务量1.13亿件,实现业务收入10.56亿元,直接服务制造业产值912亿元。快递服务政务工作持续推进,省EMS政务服务经验得到马军胜局长批示肯定并在全国推广。快递产业园区集聚效应不断加强,苏南快递产业园功能不断提升,南京空港物流集聚区、苏中快递产业园规模逐步扩大,淮安苏北快递产业园规划建设进展顺利,沭阳县"快递物流小镇"建设全面启动,目前全省快递物流园区达28个,占地面积近2500万平方米,入园及计划入园快递企业达128家。

绿色发展水平逐步提升。强化"绿色邮政"宣传,联合生态环境厅召开"绿色邮政、绿色宣言"新闻发布会,邮政、菜鸟、苏宁等企业推出绿色行动方案,邀请《新华日报》、省电视台等省内主流媒体宣传报道,行业绿色发展理念传播度进一步提高。组织推进防治污染攻坚战,制定落实《全面加强生态环境保护坚决打好污染防治攻坚战实施方案》。推动快递包装"绿色化、减量化、可循环",与生态环境厅签署战略合作协议,协力推广应用节能环保新技术、新材料、新设备和新能源车辆,全省快递包裹电子运单使用率超过90%,快递新能源车辆达1441辆,行业绿色发展工作取得实实在在的进步。江苏省政协主席黄莉新专程调研全省快递业绿色发展工作,南航快递驿站在全国政协网络议政活动中作绿色发展经验介绍,得到了中央政治局常委、政协主席汪洋同志的肯定。

邮政基础设施逐步健全。住宅小区邮政服务用房建设列入《江苏省"十三五"时期基层基本公共服务功能配置标准》,徐州局积极参与新建住宅小区规划设计审核把关,全年累计验收邮政服务用房17批次、总建筑面积超过600万平方米。智能信报箱建设加快推进,全年在115个新建小区、86个老旧小区布放智能信报箱,累计格口近7万个,全国推进智能信报箱建设现场会在盐城召开,江苏省的做法成为全国样板。快递"三进工程"进展顺利,社区快递公共服务平台和智能快件箱建设速度加快,社区、高等院校、商务中心、地铁站周边等末端节点布局逐步优化,江南大学"快递超市"成功入选第七届江苏交通优质服务品牌,被中国教育后勤协会评为"大学校园优秀标杆快递服务站",南京局推动建成了海陆空"军营驿站"。全省已建成校园快递公共服务平台143个、社区快递公共服务平台2526个,配置智能快件箱2.9万组、格口281.9万个,箱投率达到12.6%。

末端服务能力逐步增强。"快递下乡"工程深入推进,制定出台全省城乡高效配送实施方案,各市局积极推动相关方案落地实施,苏州市启动全国绿色货运配送示范城市创建,徐州市、"徐州盟递宅配"被国家五部委列为全国城乡高效配送试点城市和试点项目,江苏顺丰、徐州飞马成为全省城乡高效配送试点企业,全省行政村快递服务直接通达率达到82.2%。末端车辆通行管理进一步规范,全省共有9个地市全面实现快递电动三轮车规范通行,1个地市规范性文件进入会签程序,2个地市在部分地区实现快递电动三轮车规范通行,全省寄递车辆末端"通行难"得到缓解。末端网点标准化率不断提高，全省主要快递品牌企业建成城区自营标准化网点4110个，网点标准化率达到99.08%，服务民生的能力和水平进一步提升。加大《快递业信用管理暂行办法》宣贯力度，深入开展"诚信快递、你我同行"主题系列活动，继续深化"放心消费"创建，营造诚信经营、诚信用邮的良好氛围。落实快递服务警示制度，对国通、德邦等6家快递服务质量排名靠后的企业给予警示，并约谈红色、橙色警示的企业总部负责人。

支撑保障能力持续增强。 支撑体系建设取得新进展。积极推进行业安全管理机构和县级邮政监管机构设立工作，研究制定了《关于进一步完善邮政管理体系和支撑体系的意见》，全年新增市级邮政业安全中心2个，累计达到8个，新增县级机构6个（盐城3个、无锡2个、扬州1个），累计达到22个，无锡市成为全省第二个县级机构全覆盖的地区。分批组织县级机构负责人参加国家邮政局举办的专题培训班。省邮政业安全中心人员按编制配备到位，提请省委适当增加全额拨款人员编制，并取得积极进展。

干部队伍建设得到加强。加强领导班子和干部队伍建设，调整补充了5个市局领导班子，按期完成了7名领导干部任职试用期满考核，组织实施了10名公务员招录工作。推进后备干部队伍建设，出台了《关于加强设区市邮政管理局后备干部队伍建设的意见》。开展年轻干部培养使用课题研究，制定了《关于加强全省邮政管理系统年轻干部培养选拔工作的实施意见》。继续加强干部教育培训，组织领导干部参加省委组织部"学习贯彻习近平新时代中国特色社会主义思想和党的十九大精神"专题培训班，开展省局机关处以上干部在线学习试点工作。加强干部选拔任用监督管理，制定完善了《江苏省邮政管理系统干部任免有关事项备案规定》，开展执行干部选拔任用工作程序问题专项治理。完善干部日常管理制度，制定印发了《关于对省局党组管理干部进行提醒、函询和诫勉的实施办法》《关于进一步加强干部因私出国（境）管理监督工作的通知》，重申个人有关事项报告规定，严守纪律规矩。

行业人才工作成效显著。出台了《关于进一步加强邮政行业人才工作的实施意见》。联合省人社厅推进快递工程专业职称认定评审试点工作，组建了邮政行业职称改革工作领导小组，制定了《江苏省快递工程专业技术资格条件（试行）》，成立了快递工程高级专业技术资格评审委员会，开展了首次快递工程专业职称认定评审工作，307人获得快递工程专业初级和中级职称资格。加强人才培养基地建设，制定了《江苏省邮政行业人才培养基地遴选和管理暂行办法》，南京邮电大学、江苏经贸职业技术学院被国家邮政局确定为第二批全国邮政行业人才培养基地，全省7名快递员荣获全省"交通技术能手"称号。

三、改革开放40周年

改革开放40年来，江苏邮政行业不断发展。20世纪90年代至本世纪初，全省邮政基础设施能力建设取得较大发展，邮政网路日臻完善，全省基本形成了以火车、汽车、轮船、飞机等多种交通工具紧密衔接的邮政运输系统。邮政特快专递业务积极参与市场竞争，努力拓展国内和国际市场。

2006年，江苏省邮政管理局成立，对全省邮政行业进行行政监管，省内邮政行业完成政企分开的改革，快递市场活力不断激发。"十一五"末，快递业务量达到2.38亿件，业务收入达到56亿元。"十二五"末，快递业务量达到22.9亿件，业务收入达到290.7亿元，日均快递业务量达到627.5万件，人均快递业务量达到28.6件。从2012年起，全省快递业务量连续四年年均增速保持50%以上，高于全省生产总值增幅30个百分点，支撑网络零售交易规模3400亿元，相当于全省社会零售总额的12.9%。"十二五"期间，行业业务收入占第三产业增加值的比重从0.6%提高到1.2%，累计实现税收62.6亿元，新增就业岗位10万个以上，在服务社会经济发展和民生改善中发挥了重要的基础作用。2016—2018年,全省快递业进入向高质量发展转型的重要时期,行业发展增速稳定在20%以上,行业集约化、智能化、绿色化发展水平不断提升,沭阳花木、苏州大闸蟹成为快递服务现代农业金牌项目,快递在医药、纺织、服装等制造业流通环节也发挥着越来越大的作用。全省快递"进村入户"水平不断提高,快递服务公众满意度位居全省十大重点测评行业前列。

四、各市(地)主要管理工作概况

南京市邮政管理局印发《南京市快件服务用房及智能快件箱管理办法》,明确了快件服务用房及智能快件箱的规划与建设、服务与保障、监督与管理等方面的内容。印发《南京市开展城乡高校配送试点实施方案》。编制《江宁快递服务业发展规划(2018—2025年)》。实现建制村通邮率100%。乡镇快递服务网点覆盖率达到100%。行政村快递服务网点直投覆盖率达到100%。高校快件规范收投率达到100%。全年验收住宅60幢,住宅信报箱8999户,安装率100%。全市设置智能快件箱7480组,同比增长31.5%,格口58万个,同比增长34.9%,每日快件投递量超38万件,服务人口超过700万,箱投率超过10%。开展2018年市级服务业发展专项资金(快递业)专项补助资金申报工作,扶持范围主要包括市场主体培育、公共平台建设、产业融合发展、设备改造升级等四个方面,获扶持资金421万元。江宁横溪西瓜列入邮政企业服务"三农"的"一市一品"农特产品进城示范项目,全年销量约2324吨,交易额为557.42万元,带动贫困人口增收人数200人,贫困人口增收15万元。南京顺丰"惠农云仓"固城湖螃蟹项目线上线下结合,提供"专业暂养、预冷、捆扎、装袋、销售、运输、售后"一体一站式电商解决方案,日处理订单最高接近4万件。

苏州市邮政管理局推动寄递行业安全、末端配送建设分别被写入《苏州市社会治理创新三年行动计划》和《苏州市交通现代化三年行动计划》;市政府出台物流降本增效实施意见的贯彻落实工作方案,邮政业在车辆通行、配送网络、规划用地等方面获多项利好。推动《苏州市关于邮政快递专用电动车规范管理的实施意见》全面落实,8017辆标准化电动三轮车上路行驶。快递寄递农产品累计业务量达1678.48万件,带动农业总产值30.1亿元。大闸蟹寄递服务方面,达成业务量1593万件,累计收入4.1亿元,其中10月份业务量达日均10万件,比上年增长15%,大闸蟹项目获评"2018年快递服务现代农业金牌项目"。快递服务制造业重点项目7个,业务量1050万件,业务收入1.4亿元,服务制造业总产值31亿元。推动"扫黄打非"向基层延伸,在寄递企业建立完善"一支队伍、一批站点、一套制度、一张网络",全年共建成邮政、中通2个"扫黄打非"基层工作站,选聘了一批企业一线员工组成志愿者队伍。邮政业"扫黄打非"工作站被列入全市推进"扫黄打非"进基层的重要创新成果,苏州局被评为2018年度江苏省"扫黄打非"先进集体。深入推进文明单位创建工作,被命名为"2015—2017年度苏州市文明单位"。

无锡市邮政管理局推动无锡水蜜桃、宜兴香米和宜兴百合等农特产品进城项目,累计产生业务量达335.4万件,累计业务收入超1.5亿元,直接服务支撑的农业产值达3.18亿元。引导"速递易""丰巢"等智能快件箱品牌企业在锡共投放智能快件箱3061组,格口数达27万。全市建成第三方公共服务平台291个(机关1个、高校16个、居民区271个、其他3个),覆盖绝大多数社区、写字楼、商区,合作共建包裹自提点770个。无锡邮政与无锡交警合作搭建代办交管业务服务平台,由邮政揽收资料—车管所后台办理—邮政寄递上门,方便群众办理交管业务,构建"警邮合作"新模式。目前,无锡邮政已在全市62个邮政网点开通了代办交管业务,业务范畴从"警邮"拓展到"警医邮",进一步深化邮政便民服务的社会影响力。推动快递产业园集聚发展,积极引导苏南快递产业园在快递服务智能化、集约化、自动化上实现新突破,苏南快递产业园获得2018年度无锡市服务业提质增效资金300万元。大力推广新技术应用,苏南快递产业园区内有5家分拨中心配置了全自动智能分拣设备,大大提高了分拣和转运能力。

常州市邮政管理局推动《常州市寄递安全管理办法》《关于促进快递业持续健康发展的实施意见》相继出台并实施。制定并下发《常州市寄递业电动三轮车道路交通安全自律管理办法》,寄递业电动三轮车开始实施"四统一"管理,超过3000辆快递三轮车实现规范上路、畅通行驶和有序停靠。联合市有关部门下发《关于开展城乡高效配送实施方案的通知》《关于实施乡村振兴战略加快推进农业现代化工作任务分解的实施方案》《关于加快推进"互联网+"高效物流行动的实施意见》等文件;与市商务局共同认定第三批市电子商务与快递协同发展示范企业,三家快递企业共获75万元奖励资金;组织两家快递企业申报并获得2018年江苏省商务发展170万元专项资金。邮政、快递助农服务实现快递33万件,实现销售额3200余万元;顺丰为常州电动车制造企业提供前置及一站式仓储+配送服务,全年累计发件量突破100万件,为企业直接创造产值超1亿元;"快递+政务"一年累计服务审批用户8万户。建立校园快递服务中心11个、企业快递服务中心3个、农村快递服务中心18个、政务快递服务中心6个,服务人数超过30万人,智能快件箱2568组,格口达21万个,智能快件箱使用率超过47%;建成两组智能信报箱、102个格口,智能信报箱实现零突破。推进绿色快递,首批快递包装回收区在三所高校的快递服务中心投入使用。常州社保中心为全市快递员社保参保出台三项优惠政策,持续推进关爱快递员工程。

徐州市邮政管理局推进县域共同配送创新。推动沛县县域共同配送项目列入徐州市政府2018年度为民办实事项目。在沛县初步搭建起了"县—镇—村"三级配送网络,全市县城配送资源整合率达到60%以上,镇级整合率达到50%以上,并已在较大的行政村设置了配送点。推进社区快递共配试点。引导品牌快递企业在城市探索社区快递共配试点,针对用户不同的需求,构建共配到门、约定自取、投放快递柜等多种配送方式为一体的多元化高效配送体系。由徐州申通、中通、韵达、圆通等多家品牌快递公司发起的第三方共配公司——徐州盟递宅配网络科技有限公司组织开展社区快递共配试点工作,利用各品牌快递现有网点资源,通过加盟、直营等不同方式建设社区快递共配站点,通过各品牌快递定向分拨、专线运输、集中派送方式提高配送效率,增强用户体验。徐州市市区已建成市区快递共配站点197个。徐州盟递宅配网络科技有限公司被列为徐州市城乡高效配送试点骨干企业。不断完善行业安全监管体系建设,初步形成"寄递安全领导小组统筹指导、行业内外合力监管、企业主体源头防控、社会监督精准发力"的"四位一体"行业安全监管体系。引导寄递绿色包装。全市邮政网点全部使用绿色包装用品,全市校园快递驿站推广快递包装回收。鼓励优化运输模式。加快"快递入区"共配网点布局,通过集中配送,降低城市配送车辆道路行驶率,节能减排,寄递企业共投入使用新能源汽车156辆,邮政企业城市新增投递用车全部采用新能源车辆。试点绿色园区建设。推动新沂快递物流园区进行绿色化提档升级,协调新沂市政府投资380万元用于快递园区新能源车辆充电桩项目和分布式光伏发电项目等绿色建设。

南通市邮政管理局高度重视人才培养工作,先后成功举办"南通寄递业高管复旦企业管理研修班"学习活动和南通市快递业第三届职工职业技能大赛。

淮安市邮政管理局将"推动快递业与电商联动发展"写进淮安市《政府工作报告》;市经济发展大会提出"谋划发展航空、高铁快递,做大物流快递业规模";紧紧围绕打造"淮河生态经济带航空货运枢纽"的工作部署,积极推动快递物流龙头企业落户淮安。推动召开首次全市快递业健康发展联席会议,会议就"规范快递电动三轮车管理、提升邮政快递末端服务能力、加大财政资金扶持力度、委托县(区)交通运输局负责本区域邮政快递行业监督管理工作"四个议题进行研究讨论并形成会议纪要。进一步推动快递与电子商务协同发展。大力实施电子商务"下乡进村"工程,拓展"盱眙龙虾""洪泽湖大闸蟹""圆绿捆蹄"等特色农产品网络销售渠道。2018年"盱眙龙虾"寄递业务实现业务量22.7万件,业务收入突破841万元,"洪泽湖大闸蟹"实现业务量14.7万件,业务收入突破541万元。与市环保局签订战略合作框架协议,建立战略合作伙伴关系,联合推进"绿色邮政"建设。深化行业精神文明建设,联合市总工会、市运输管理处、淮安报业传媒集团成功举办2018年首届物流文化节暨"淮安市首届十佳最美物流人"评选活动。

宿迁市邮政管理局促进快递与电子商务、现代农业协调发展成果显著,先后在宿城区耿车镇、沭阳县新河镇形成了"快递+板式家具"和"快递+花木"的特色发展模式,"快递+沭阳花木"项目成功获评第二批"全国快递服务现代农业示范基地"。打造"一市一品"农特产品进城项目,包括"扶贫共建茉莉香米种植基地""千亩稻虾共作生产基地""'血糯米'"种植项目""泗阳邮政百亩桃林示范基地"等,带动近800户贫困农民增收近100余万元。其中,"邮缘苏米"品牌可年产优质有机大米20万斤,销售额突破140万元。

浙江省快递市场发展及管理情况

一、快递市场总体发展情况

2018年,浙江省邮政行业业务收入(不包括邮政储蓄银行直接营业收入)累计完成940.3亿元,同比增长22.5%;业务总量累计完成2326.0亿元,同比增长34.6%。其中,快递企业业务量累计完成101.1亿件,同比增长27.5%;业务收入累计完成779.3亿元,同比增长16.6%(表7-11)。全省快递业务量更是首次突破100亿件大关。

表7-11 2018年浙江省快递服务企业发展情况

指标	单位	2018年12月		比上年同期增长(%)		占全部比例(%)	
		累计	当月	累计	当月	累计	当月
快递业务量	万件	1011050.65	118627.89	27.46	30.74	100.00	100.00
同城	万件	149926.37	17046.45	21.81	30.39	14.83	14.37
异地	万件	841883.08	99306.82	27.42	30.59	83.27	83.71
国际及港澳台	万件	19241.20	2274.61	104.07	40.51	1.90	1.92
快递业务收入	亿元	779.30	83.23	16.62	20.36	100.00	100.00
同城	亿元	79.69	8.31	15.82	19.69	10.23	9.99
异地	亿元	483.86	51.48	13.71	19.57	62.09	61.86
国际及港澳台	亿元	89.31	8.93	30.89	9.30	11.46	10.73
其他	亿元	126.44	14.51	19.68	32.11	16.22	17.43

二、行业管理工作及主要成效

进一步打牢邮政管理队伍建设支撑点。旗帜鲜明讲政治,牢牢把握新时代党的建设总要求,深入学习宣传贯彻落实习近平新时代中国特色社会主义思想、党的十九大精神和习近平总书记对浙江"八八战略"实施15年情况的重要批示精神学习。从党组带头抓起严起,全年党组会6次专题研究党的建设工作,示范引领全系统学懂弄通做实。以党组中心组学习带动机关党委、党支部、党小组等各层次学习教育,促进党员干部在学懂、弄通、做实习近平新时代中国特色社会主义思想和党的十九大精神上下足功夫,严明党的政治纪律和政治规矩,切实增强"四个意识"、坚定"四个自信",坚决做到"两个维护"。印发《关于深入贯彻从严治党要求推进新时代全省邮政管理系统机关党的建设的实施意见》,浙江省邮政管理局党组把研究党的思想建设、党风廉政建设工作的内容纳入重点工作部署,把党建工作和业务工作同步推动落实,并加强督察检查,使党建工作不断向纵深发展。从严从实抓好巡视整改和巡察工作。全力抓好巡视整改工作和九个专项治理工作,把落实国家邮政局党组巡视整改作为重大政治任务,完成巡视整改阶段性任务。建立健全党建制度,党组议事决策制度、党建工作责任制,出台"三重一大"事项决策清单。制定浙江省邮政管理局党组巡察工作实施办法和工作方案,对3个市(地)局开展首轮巡察工作。召开两次系统警示教育大会,以案释纪明纪。

持续推进正风肃纪。扎实推进作风建设,严格落实中央八项规定及实施细则精神,结合"大学习大讨论大抓落实"活动,浙江省邮政管理局班子成员深入到各市(县)63次,广泛听取基层意见,真正把功夫下到察实情、出实招、办实事、求实效上。针对事关行业安全发展重大问题和矛盾集中的突出问题,加强调研督办,明确责任单位和责任人,着手重点解决了一批,后续推动落实一批,做到事事有反馈、件件有回音,确保基层反映的问题得到有效解决。抓好机关廉政建设,浙江省邮政管理局党组印发《浙江省邮政管理系统"清廉邮管"建设实施办法》。重新修订《浙江省邮政管理局财务管理办法》和《浙江省邮政管理局国有资产管理办法》,明确岗位职责。机关党建、纪检、人事、财务、合同审批、固定资产管理和行政许可等业务工作进一步规范。加强对公务用车、租车的使用管理,严控公务用车运行费、加强车辆支出结构优化管理。

着力加强行业精神文明建设。以开展"寻找最美快递员"、弘扬行业核心价值理念、宣扬先进典型等为重点,不断加强行业精神文明建设。充分发挥典型示范导向作用,大力宣传其美多吉、艾克帕尔·伊敏等先进典型事迹。继嘉兴申通张叔珍荣获第三届全国"最美快递员"称号之后,全省行业先后涌现出勇救溺水老人、勇救坠楼男孩、见义勇为奋力救火等英勇事迹,在社会上树立了行业"正能量"。切实加强党对行业宣传思想工作的全面领导,坚持党管宣传、党管意识形态,进一步强化舆情引导,新闻媒体和社会舆论给予全省邮政业更多关注。适应新形势,不断加强工会、老干部、青年和妇女工作。

坚定不移优化行业政策环境。 全面融入"一带一路"建设。2018年9月26日,经过两次运邮测试,"义新欧"班列成功开展运邮测试后首次搭载正式邮件,开启常态化运邮业务,为浙江省快递物流业的海外发展创造了潜力巨大的市场空间。宁波舟山港"一带一路"海上航线已经达到86条,开通海铁联运班列12条,业务范围延伸至中亚、北亚及东欧国家,成为对接"丝绸之路经济带"的重要枢纽。"义乌—宁波舟山港"海铁联运班列动能强劲,业务量提升迅速,每年超过一半以上的小商品出口至"一带一路"沿线国家。深入推动浙江省与境外"一带一路"重要节点项目,圆通速递、浙江省海港集团、宁波舟山港集团以及迪拜环球港务集团在迪拜杰贝阿里自贸区开展浙迪(拜)物流、经贸等领域合作,共同建设商贸与物流集散世界级枢纽。

强化政策服务引领。提请省政府出台了《关于推进电子商务与快递物流协同发展的实施意见》。联合省教育厅下发《关于进一步规范高校校园快递服务工作的通知》,规范高校快递服务。与省交通运输厅、省商务厅、省农业厅、省供销社、省扶贫办联合印发《关于深入贯彻四好农村路建设精神加快推进农村物流发展的通知》。组织开展全省快递发展示范申报,评选出首批邮政业安全监管、快递车辆通行、快递标准化网点、快递服务现代农业、快递向下发展示范区和7个快递发展先进县。积极推动2017年中国快递大会上省政府与国家邮政局签订的局省合作协议的落实工作。深化"最多跑一次"改革,深入推进浙江政务服务"网上申请、在线服务、快递送达",浙江省13项邮政管理办事事项均已实现"最多跑一次",邮政和快递企业实现在全省105个行政服务中心驻点服务,省、市、县(区)三级行政服务中心的系统对接,全年共为1200万人次提供了政务邮件送达服务。

加快航空快递枢纽建设。根据《浙江民航强省建设行动计划》,浙江省积极发展航空快件业务,依托顺丰、圆通等货运航空公司,开辟并加密至东南亚、日本、韩国等国家的直达全货机航线,大力发展快递航空物流,支撑区域产业发展。同时,依托浙江省电子商务全国领先的优势,加快发展多式联运,实现航空物流降本增效。圆通集团与浙江省嘉兴市政府签订战略协作,在嘉兴机场投资122亿元建设全球航空物流枢纽。

推进重大项目建设落地。根据《2018年浙江省服务业重大项目计划》,2018年,杭州市顺丰创新中心项目、宁波市快件转运中心项目、圆通速递浙江总部项目等快递业重大项目加快推进建设。中通快递浙江总部项目被纳入2018度省重大项目产业名单。根据全省邮政业"十三五"规划中期评估,全省行业发展总体超出预期目标,且在长三角区域快递业发展中的主导地位开始显现,为顺利完成"十三五"规划确定的各项任务夯实了基础。

着力破解制约行业发展质效的聚焦点。深入实施"快递入区"工程,助力解决末端投递"最后一公里"难题,目前全省已累计布放智能快件箱超2万组,其中邮政智能包裹柜6700余个。逗妮开心"快递+便利店"的商业模式、点我达末端即时物流服务模式、"私家驿站"智能箱"下乡进村"模式等一大批新型末端服务模式涌现,提升了派送效率和服务标准。

产业联动融合进一步加快。寄递行业与电子商务协同发展深度融合,年支撑网络零售额达到1.4万亿元。服务先进制造业能力持续增强,快递服务先进制造业入库项目达到23个,支撑制造业产值284.51亿元。各寄递企业通过与冷运、供应链管理等专业化公司战略合作等方式,不断提升服务广度和深度。服务现代农业成效明显,2018年浙江省农村地区快递业务量超18亿件,带动浙江省农产品销售额1000亿元以上。浙江省进入全国快递服务现代农业项目库6个,其中金牌项目4个,带动农业总产值10.9亿元。"警医邮"等模式在浙江金华起步后,在全省范围内铺开,并辐射全国。截至2018年底,浙江省共有警邮点928个,其中带医院功能的"警医邮"383个,累计完成业务量60余万笔。

跨境寄递保障进一步强化。及时主动关注跨境商贸动向,实时跟踪跨境产品及国际跨境政策变化,在浙江省邮政管理局统计月报中开辟专栏进行美国流向跨境寄递业务分析,浙江省邮政管理局综合评估美国拟退出万国邮联涉及影响的报告得到浙江省省长袁家军、副省长高兴夫的批示肯定。2018年,全省跨境电商业务增长迅猛,完成国际、港澳台快件业务量近1.92亿件,同比增长104%,出境目的国覆盖全球127个国家和地区。2018年先后实现浙江省EMS杭州到新西伯利亚航线和顺丰企业从杭州到纽约及洛杉矶航线常态化运营,进一步提升了浙江跨境寄递服务时效。

行业科技应用进一步提高。重视企业科技创新,审核申报杭州海康威视数字技术股份有限公司等3家单位为邮政行业技术研发中心。各快递企业加快数字化、技术化升级,义乌立镖快递分拣机器人在申通、邮政分公司、EMS等企业应用推广,AGV自动化分拣设备、智能双排分拣带、扫码指环枪及"智慧物流天眼"视频云监控系统等一大批人工智能技术在众多快递企业推广应用。

积极抢占打好邮政业三大攻坚战制高点。深化攻坚部署落实。召开全省邮政业贯彻新发展理念打好三大攻坚战专题部署会，细化目标任务、明确责任分工、强化督促检查，致力于通过打赢"十场硬仗"，确保邮政业三大攻坚战的胜利。制定并实施《全省邮政业防范化解重大风险攻坚战实施方案》《全省邮政业助农增收三年行动方案（2018－2020年）》《全省邮政业全面加强生态环境保护坚决打好污染防治攻坚战行动方案》，各市局也相继部署，狠抓落实。积极助力扶贫增收。深入推进"邮政在乡"工程，全省多地通过"政府搭台、政企合作"等多种形式，实现"线上线下相融合"和"工业品下乡、农产品进城"的双向流通，邮政企业县乡村三级服务体系日益完善。全省新建邮乐购站点3533个，完成批销及代购交易额12.24亿元。推动"快递下乡"工程换挡升级，全省快递网点乡镇覆盖率巩固在100%。产业扶贫力度不断加大，"寄递＋电商＋农特产品＋农户"脱贫模式作用明显。各地立足于本土农特产品，推进"寄递＋"模式，在线上线下积极开展精准助农工作，将乡村振兴战略落到实处。

加快行业绿色发展步伐。积极推动行业绿色发展，浙江省邮政管理局会同省发改委、省科技厅、省环保厅等七部门联合制定了《浙江省快递业绿色包装治理行动计划》，压实快递业绿色发展工作。申通的快递绿色包装试点工作成效初显，可循环利用环保芯片编织袋使用率已经从原先的40%提升到80%，2018年使用量超过300万只，节省一次性中转袋1亿只，并试点生产快递环保塑料袋1.2亿只。全省主要快递企业电子面单的使用率已从原先的60%提升到95%以上，相关工作得到全国政协常委郭庚茂的充分肯定。邮政企业启动了包装减量、胶带瘦身、循环回收、品牌推广等计划，第一批13万个绿色标准箱、免胶带箱38000个已全面推向市场；首批窄胶带2.5万卷投入使用。积极推广新能源汽车，目前全省新能源汽车已达4084辆。

持续加强寄递渠道安全监管。全面推进实名收寄制度实施，将实名率作为平安考核反恐怖工作区块、过程性指标排名的重要依据，提高物品动态管控能力和行业安全监管水平。浙江省总实名率已达到99.42%，散件实名率达到98.94%。会同民航部门组织各寄递企业安检从业人员共400余人开展全省邮政业安检机操作技能专项轮训，全面提升行业过机安检水平。开展寄递渠道涉枪涉爆隐患集中整治专项行动，加强寄递渠道非洲猪瘟疫情防管控，配合有关部门扎实做好反恐、禁毒、扫黄打非、打击侵权假冒、濒危野生动植物保护等工作，圆满完成党的十九届三中全会、全国两会、首届中国国际进口博览会、第五届世界互联网大会、首届联合国世界地理信息大会及"枫桥经验"纪念大会等重大活动寄递安保工作。妥善处理快捷中断经营问题。加快推进信用体系建设，出台《浙江省快递业信用体系建设工作方案》，在全国各省市中率先成立省快递业信用评定委员会，与省综治办、省公安厅、省国家安全厅联合印发《关于试行快递业不良记录信息汇总制度的通知》。开展快递业安全应急演练，并重新修订《浙江省邮政业突发事件应急预案》。

有效找准提升行业现代治理能力的切入点。完善行业法规和统计体系。举办依法行政培训班，组织省、市两级及邮政、快递企业学习宣贯《快递暂行条例》。编制行政执法报告，组织编印《浙江省邮政行政执法规范化手册》，提高行政执法能力和水平。进一步强化安全生产责任制，出台《浙江省邮政管理系统党政领导干部安全生产责任制实施办法》。编制《浙江省快递末端网点备案实施指南（试行）》《进一步优化快递业务经营许可工作方案》，截至2018年年底，全省共完成末端备案网点2780家。加强邮政行业统计工作，制定《关于进一步加强全省邮政行业统计工作的实施方案（试行）》，增加智能快件箱运营企业和经营快递运输业务的快递企业两类统计主体，将相关经营快递运输业务的快递企业纳入统计系统,统计数据的质量和分析水平不断提高。加强与省人社部门沟通,联合出台《浙江省快递工程技术人员职称评审工作实施方案(试行)》和《浙江省快递工程专业高级工程师和工程师职务任职资格评价条件(试行)》,并组织全省快递行业工程师及以下任职资格的评审和认定工作。截至目前,全省获得工程师任职资格31名,助理工程师441名,技术员199名,全省邮政业向职称化、规范化迈进。

加强邮政市场监管。开展全省快递市场清理整顿专项行动,重点查处无证经营、超范围经营等违法违规问题。进一步推进快递专用车辆便利通行和规范快递电动三轮车使用管理,绍兴、金华、丽水、衢州和宁波宁海、杭州余杭、湖州安吉等地已实行三轮车规范化管理。建立全省邮政业寄递安全工作进展情况报送、通报制度,每半月对相关工作进行通报指导、督促推进。2018年,全省邮政管理部门共检查企业8155家,出动执法人员19599人次,发现隐患1945项,查堵涉枪、涉爆物品1422件,查堵其他禁寄物品6894件,行政处罚331起,处罚款427.18万元。全面推行"双随机一公开"工作,全省持证的执法人员数量达到133人,开展执法抽查次数达到969次。做好消费者申诉处理工作。2018年,浙江省邮政管理局申诉中心通过"12305"申诉电话和网站受理消费者申诉235562件,经调解消费者申诉已全部妥善处理,为消费者挽回经济损失595.54万元,消费者对申诉处理结果满意率为97.5%,对邮政管理部门工作满意率为98.5%。开展"三不"治理工作,确保快件与地面隔离,离地设施铺设率达到95%。认真开展许可审批工作,全年共受理快递业务经营许可、变更、换证申请3016家次,当前,全省共有法人企业1585家,分支机构7642家,末端网点2780家。

三、改革开放40周年

改革开放40年,浙江省邮政业先后完成邮电管理体制调整、邮电分营、邮政政企分开并完善省级以下邮政监管体制改革,形成省内三级行政管理体系,维护寄递渠道安全和服务国家重大战略作用愈加显现;全省邮政业务收入从1978年的1755.28万元,增长到2018年的突破940亿元,增长超过5300倍。全省快递业务量从无到有再到年破百亿大关,占全国快递业务量的五分之一,区域枢纽地位日益凸显;行业科技装备水平突飞猛进,邮政普遍服务实现"乡乡设所、村村通邮",快递服务网点实现乡镇全覆盖,邮件快件全程时限和服务满意度逐年提升,人民群众用邮的满足感和获得感不断提高;邮政企业基础设施建设稳步增强,寄递服务种类不断丰富;民营经济蓬勃发展,已成为全省邮政在行业快速发展的主要动力来源。

四、各市(地)主要管理工作概况

杭州市邮政管理局指导、鼓励杭州菜鸟供应链管理有限公司牵头建设"联收联投"服务网点,推动联收联投快递企业行政许可及其末端网点备案创新试点工作。鼓励并引导蜂站、摩西管家、友邦管家等联投联收第三方平台在杭州试点。2018年,共办理联收联投快递企业行政许可6家。积极开展快递业绿色包装试点,大力推进快递分拣投递自动化、标准化和信息化建设,提高快递电子面单使用率,2018年,杭州市主要品牌寄递企业电子运单使用率为97.45%。加强与相关部门执法协作和联合监督检查,将对企业绿色考核的结果纳入行业信用体系建设,建立黑名单制度,推动建立联合惩戒机制。下发《关于开展快递经营网点绿色达标考核工作的通知》,制定快递经营网点绿色达标考核办法。联合市人力社保部门开展全市寄递企业遵守劳动用工和社会保险法律法规专项检查,进一步推动本行业"杭州无欠薪"专项治理,帮助、指导用人单位规范劳动用工管理。要求企业规范配备安全生产设备,规范安排员工住宿,保障人员安全。

宁波市邮政管理局用好三年2100万元邮政业发展基金，对企业装备升级、服务制造业、入驻园区、快递下乡等9个方向提供奖补。2018年，累计申报各类高质量发展项目33个。打造农村综合快递配送体系，2018年累计服务外销粽子、象山橘橙、余慈杨梅、奉化水蜜桃、宁海白枇杷等各类农产品达110万件、990万斤；服务外销黄鱼、螃蟹、蛏子等各类海鲜145万件，超过了1000万斤。宁波快递业所承载的农产品外销，产生社会效益约5亿元。全面融入交通综合体系，完成快件上机3万吨，占宁波机场航空货运量的四分之一，快件上高铁累计发货近20吨。助推跨境电商全面崛起，全行业承接跨境进口商品7822.78万单，服务全国2445万人次；宁波国际邮件互换局处理进出境邮件1462.0万件，为服务国家"一带一路"建设做出积极贡献。研究建立了一套以"专业化队伍＋黑名单管理＋可视化整改"为特色的政企联动机制。

温州市邮政管理局制定快递业信用体系建设工作方案，做好市场主体名录库信息补全录入、校对审核工作，完成1566家企业和分支机构审核工作，完成率100%。全力推动GIS可视化管理系统的建设工作，完成全市1021多个经营网点收寄区、37处重点品牌和重点企业处理场地及安检口的设备安装和联网工作，完成24家企业管理分中心建设，完成625家快递网点的网络专网改造。开展寄递哥人证比对系统的开发和上线应用工作，寄递哥人证比对系统已经在全市快递企业进行推广应用，注册用户已达到8000以上，日均采集的实名收寄数据接近5万件，并协助公安机关破获多起案件。推动落实品牌企业区域负责人管理制，推进"管局督品牌，品牌管企业"的安全管理新模式的深入落实，创建企业内部管理钉钉群和企业安全员钉钉群，通过两个钉钉群的建设，监督企业安全工作的传达部署和安全自查自纠工作的落实。建立快递品牌区域负责人考核办法，进一步督促区域负责人落实品牌管理责任。

湖州市邮政管理局推动"最后一公里"加快布局，新增快递智能柜497组，总量达到1210，覆盖全部住宅小区。湖师院、湖职院2所高校规范服务覆盖率达到100%。安吉开通4条无人机邮路，覆盖3个乡镇、8个行政村，完成邮件派送飞行1912架次，运输邮件总量近3000公斤，累计飞行总公里数超过14200公里。推进"美丽快递"标准化网点建设，全市对标完成标准化网点改造升级364个，完成率达100%。全市新增自动化分拣流水线7条，邮件快件处理场所视频联网率100%。主要品牌快递企业环保编织袋使用率提升到80%，电子面单的使用率达到98%以上，新能源汽车保有量增加至185辆。与市生态办、市发改委印发《关于加快推进快递绿色包装和快递垃圾治理工作的通知》，通过运单电子化、包装减量化、用材绿色化、仓配一体化、回收体系化等"五化"举措推进行业绿色发展。

嘉兴市邮政管理局圆满完成第五届世界互联网大会安保，并总结固化了一套重大峰会安保经验，得到全省推广运用。主动适应消费需求的多样化，拓展邮政快递业"互联网＋"工程，创新服务供给模式。开展"警医邮合作"，践行"最多跑一次"，全年共计77个邮政网点叠加警医邮服务，办理22929笔交管服务业务。布放快递智能柜2665组，投送快递包裹4239多万件。充分利用嘉兴连杭临沪、长三角核心区枢纽型中心城市的区位优势，助推圆通集团在嘉兴机场投资122亿元建设全球航空物流枢纽和超级联运中心，打造立足长三角、联通全国、辐射全世界的超级共享联运中心和商贸集散中心。开展快递网点标准化建设，目前快递网点标准化率达到96%以上。与邮政公司团委、建行团委协作共建，打造"亲青驿站"快递小哥爱心歇脚点84家，为关心关爱行业一线工作者，营造良好工作环境、提升职业认可度作出有益的探索。

舟山市邮政管理局沟通地方政府，主动对接市商务、发展改革委等部门，提出加强快递与电商协同联动相关措施并建议把快递业作为服务电商落地产业给予优惠政策,引导发挥快递业服务电子商务的主渠道作用,以顺丰速运为依托,推动"海鲜寄递、顺丰领鲜"舟山特色鲜活产品网上销售,2018年舟山顺丰海鲜配送业务增长迅猛,业务量同比增长40%以上。与交通运输部门开展联合调研,引导各快递企业以合资形式组建第三方物流公司,承担舟山本岛至嵊泗客滚轮直达班线邮、快件运输任务。同时,积极争取舟山本岛至岱山、六横等较大住人岛屿间运输班线的绿色通道政策。

绍兴市邮政管理局继续以"快递业信用体系建设"为主导,深入开展"诚信邮政深化年"活动,以"完善一项机制、搭建两类平台、深化三个体系、开展四项活动"为主要内容开展行业诚信工作。推进"诚信递万家"系列活动,启用"诚信快递,你我同行"的诚信徽章,提议一线揽投人员亮徽服务,争当诚信文明的传播者。开展首届"诚信快递员"评选活动。

金华市邮政管理局指导、鼓励企业不断加大投资力度,加强分拨中心等处理场地建设。其中,中通、圆通市级分拨中心2期建设工程推进顺利,仓配一体化、自动化分拣等模式成为大型企业发展常态。金华EMS开设了境外仓配一体化服务项目,内容包括国内仓库接发操作、国际段运输、仓储目的国进口清关、仓储、配送,以及个性化增值服务等。与市交警部门联合出台《金华市加强快递电动三轮车通行管理工作实施方案(暂行)》,提出"一建立、三落实、五统一、强监管"的具体管理要求,从制度上保障了金华市快递电动三轮车的便利通行。市本级区域700余辆电动三轮车已完成五统一改造和上牌工作。继续推动行业"一地一品"项目的实施,指导、鼓励快递企业自主研发冷链包装,大力扩充销售平台,做优兰溪杨梅、浦江葡萄、磐安小番薯等一批好产品。今年以来,浦江各快递企业寄递葡萄等特色农产品累计120万斤,带动农业总产值1000多万元;兰溪杨梅累计收寄突破4万单,带动农业总产值约300万元。浦江葡萄项目中顺丰、EMS、中通还获得了政府的资金补贴合计9万元。联合市人社局、市总工会、团市委、市快递行业协会共同举办全市第一届快递业务员职业技能竞赛,对成绩优秀选手授予"金华市技术标兵""金华市技术能手""金华市青年岗位能手"荣誉称号和"快递收派高级专项职业能力"证书。

衢州市邮政管理局加快社区、高等院校等末端设施布局,提高箱投占比。全市新增智能快件箱80组,全市共设有智能快件箱已有705组,新建便民服务点322个。"江山猕猴桃"项目申请入库国家邮政局快递服务现代农业金牌示范项目。2018年以来,全市"快递+"特色农产品项目累计产生业务量达到500余万件,累计业务收入近5000万元,直接服务支撑的农业产值近3亿元。

台州市邮政管理局全面实施快递营业网点挂牌"亮证"行动,统一制作"寄递行业营业网点"铭牌,实行统一编号,统一建档,共制作发放快递营业网点铭牌600余张,有效规范了企业的经营行为。开展台州市快递企业视频监控联网建设工作,共接入361家快递企业营业网点视频监控,向104家法人企业发放监控视频监管账号,使用账号集中巡查下属网点1400余家次,发现整改问题450余处。

丽水市邮政管理局与市民宗局联合出台《关于进一步做好邮政业服务民族乡村的指导意见》。截至2018年年底,景宁县邮政分公司已建设10个少数民族电子商务示范点,可以获得民宗局20万元的资金补助。与市道路运输管理局联合出台《关于印发丽水市交邮合作共建农村物流服务点指导意见的通知》。2018-2020年,全市将建设2000个左右农村物流服务点,2018年,各邮政企业利用现有的村邮站、农村电商服务点、村邮乐购、小商超等站点,在全市范围内建设了185个村级农村物流服务点,可以获得185万元的资金补助。被省邮政管理局评定为全省唯一"快递向下示范区"。

义乌邮政管理局2018年邮政快递包裹业务量累计完成29亿件,同比增长52.03%,单列"上、广、深"之后的全国第四位。跨境电商业务量实现稳定增长,2018年跨境快递达到9051.24万件,业务收入达到16.17亿元,同比增长31.16%。国际邮件互换局业务量今年累计处理量达5666.76万件,同比增长28.24%。9月26日,一列装载了3240件国际邮件的邮政专用集装箱的中欧班列(义乌—波兰)顺利从义乌铁路口岸始发运往波兰马拉舍维奇站,标志着中欧班列(义乌—波兰)正式开启每周一次的常态化运邮。

安徽省快递市场发展及管理情况

一、快递市场总体发展情况

2018年,安徽省邮政行业业务收入(不包括邮政储蓄银行直接营业收入)累计完成188.5亿元,同比增长19.1%;业务总量累计完成316.8亿元,同比增长27.7%。其中,快递业务量首次突破十亿,累计完成11.2亿件,同比增长30.1%;快递业务收入首次突破百亿,累计完成111.0亿元,同比增长23.9%(表7-12)。快递企业总部在安徽省项目投资额累计达到150亿元,位居全国前列。

表7-12　2018年安徽省快递服务企业发展情况

指　　标	单　　位	2018年12月		比上年同期增长(%)		占全部比例(%)	
		累计	当月	累计	当月	累计	当月
快递业务量	万件	112322.38	12663.08	30.10	40.16	100.00	100.00
同城	万件	19156.19	2093.29	39.82	48.30	17.05	16.53
异地	万件	92571.47	10520.99	28.41	38.85	82.42	83.08
国际及港澳台	万件	594.73	48.80	10.16	5.43	0.53	0.39
快递业务收入	亿元	111.01	11.24	23.94	20.93	100.00	100.00
同城	亿元	13.05	1.30	36.13	29.74	11.76	11.57
异地	亿元	68.88	6.89	22.10	17.82	62.05	61.36
国际及港澳台	亿元	4.27	0.34	0.07	-10.05	3.85	3.06
其他	亿元	24.81	2.70	28.52	31.26	22.35	24.01

国字号城市创新发展成效显著,合肥市"中国快递示范城市"建设扩容升级、多点开花;蚌埠市在全国第二批电子商务与物流快递协同发展试点工作绩效评价中总分第一、获评优秀;南陵县"全国快递科技创新试验基地"签约落户快递物流装备企业15家、投资额30亿元。全国示范基地正式挂牌建设,黄山茶叶、砀山酥梨被国家邮政局授予第二批全国快递服务现代农业示范基地,挂牌建设后,年业务量已超千万件。全国金牌项目助力乡村振兴,砀山酥梨、黄山茶叶、亳州花草茶入选"2018年全国快递服务现代农业金牌项目"名单,安徽省入选项目数位列全国第一。全国灾备中心开工建设,邮政寄递渠道安全监管"绿盾"工程中唯一的土建项目——国家邮政局合肥灾备中心在安徽省顺利开工建设。监管支撑工作攻坚克难实现突破,第一个在全国获批组建快递工程专业技术资格评审委员会,第一个在全国立法明确了市邮政管理部门可以委托县区邮政监管机构依法行政。

二、行业管理工作及主要成效

推动全面从严治党向纵深发展。深入学习宣贯习近平新时代中国特色社会主义思想和党的十九大精神。充分发挥中心组学习示范带动作用,不断提高学习质量。全年共组织中心组集中学习8次、专题研讨4次、专题调研6次。举办全省系统县处级以上干部党的十九大精神培训班。省局班子成员均参加了中国干部网络学院党的十九大专题培训。严肃党内政治生活。组织党员干部集体学习新修订的《党章》以及《中国共产党纪律处分条例》《中国共产党支部工作条例(试行)》。印发省局党组工作规则,着力完善党建工作责任体系。丰富党建活动内容。结合中国共产党成立97周年和改革开放40周年,开展"六个一"特色纪念活动。健全省局机关"党员活动日"制度,与交通运输厅开展联学联建活动。组织青年党团员调研,调研成果获全省三等奖。积极参与"省直机关大讲堂""省直机关读书月"等地方工委活动。夯实支部建设。省局2个基层党组织和省邮政业安全中心党支部完成标准化达标验收。重新划分省局机关党支部,完善支部经费管理办法,指导安全中心党支部与合肥EMS签订结对共建协议。做好各支部"三会一课"、组织生活会的督导工作。

加强干部队伍管理。配齐优化市局领导班子结构,全年累计任免局管干部21人次。2名市局长获全国系统优秀市局长称号,1名市局长参加省政府"千人计划"。继续加强党风廉政建设。开展违规公款吃喝等九个专项治理工作,全系统没有发现专项治理内容的问题。印发"纪律教育年"活动方案,贯彻落实国家邮政局警示教育会议精神,开展多种形式的警示教育活动。继续做好重大节日期间教育提醒工作。实现全系统巡察全覆盖。省局成立巡察工作领导小组和办公室,组成4个巡察组对各市局党组开展巡察。全部完成对16个市局的巡察工作。巡察做法受到国家邮政局高度认可,并向全国系统推广。狠抓机关效能建设。完善效能建设检查制度,不定期对局机关各处室和安全中心进行明察暗访。省局获中央驻皖单位效能考核优秀等次。突出精神文明创建。省局成立精神文明建设指导委员会,加强文明创建的组织指导。联合省快递协会举办全省首届"最美快递员"评选表彰活动,指导市局做好各市"最美快递员"评选活动。联合省直部门推动邮政公司开展"春运邮情情暖江淮"公益活动。省局获省直机关文明单位称号,淮南局荣获全国交通运输行业先进单位和省级文明单位,6个市局获市级文明单位。合肥局和阜阳局各1人分获全国交通运输行业精神文明建设先进工作者、文明职工标兵;全省邮政、快递企业多名员工获全国职工道德先进个人、全国交通技术能手、省劳动模范、五一劳动奖章、"安徽好人"、十大"最美农民工"等国家和省市级荣誉称号。

行业发展环境不断优化。各级政府重视支持力度显著提升。国家邮政局领导先后来安徽省开展专题调研。省政府主要领导在调研潜山县邮政物流配送中心时,充分肯定了邮政业为全省农村电商全覆盖发挥的积极作用。省政府分管领导调研检查快递企业并对省邮政管理局快递旺季服务保障工作给予批示肯定。省政府分管领导对快递服务现代农业示范基地建设专门批示,希望省邮政管理局和地方政府共同打造特色园区,助力乡村振兴战略。省人大、省政协都专门围绕行业发展重难点问题进行专题调研。各市党委政府主要领导或分管领导都对行业发展、寄递渠道安保等工作进行调研检查或作出批示。

发展政策体系更加完善。省政府工作报告继续将快递业务量作为服务业发展重要指标纳入其中,2019年重点工作中提出要完善城乡快递服务网络,推进县域快递企业集聚和业务整合,提升行政村快递通达率、投递率。为深入贯彻国办发〔2018〕1号文件精神,省政府办公厅在全国较早出台《关于推进电子商务与快递物流协同发展的实施意见》。全省已有14个市印发了电子商务与快递协同发展实施意见。推动邮政业发展内容被纳入省委省政府推进乡村振兴战略、促进经济高质量发展、农村电商全覆盖巩固提升行动、支持跨境电子商务发展等全省性重大政策文件中。省局与省公安厅在全国率先印发落实快递末端服务车辆通行指导意见,全省有15个市出台快递车辆通行保障政策。

地方财政资金补贴相继到位。2018年全省邮政管理部门共为行业发展争取各类专项资金和财政补贴5388万元。主要用于支持快递示范城市项目、分拨中心、区域总部建设以及补贴企业购置安检机、快递三轮车,安装监控设备等。各地还制定了入驻快递物流园区的企业享受场地、水电和税收减免等优惠政策。

开启行业高质量发展。加强基础能力建设。全省建制村实现全部直接通邮,改造142个邮政普服网点,61个邮政县域物流网全部建成,实现了县乡村全覆盖。继续推动"快递下乡"工程,全省已实现快递服务网点乡镇全覆盖,共设立乡镇快递服务网点3787个。深入实施"快递入区"工程,省局联合住建、民政等部门开展3次快递进社区督查调研。全省共建成各类快递服务站2215个,投放智能快件箱1.1万组。

企业重大项目建设增资扩容。合肥邮件处理中心,顺丰合肥智能分拣基地,中通皖北、安庆分拨中心,圆通皖南区域总部等项目正式投入运营。顺丰马鞍山智慧创新产业园、韵达皖南中心基地、安能皖南区域总部、申通芜湖物流园、申通砀山冷链物流等项目开工建设。其中顺丰智慧创新产业园投资15亿元、占地面积400亩,是安徽省快递业投资规模最大的项目。顺丰创新产业基地、南陵县中通快递物流智能装备制造产业园等项目签约建设。

五大快递产业集聚区全面建成。合肥、皖南、皖北、皖西南快递产业园和蚌埠电商快递协同发展试验区全面建成,成为当地招商引资、集聚电商快递企业、解决就业的新平台。合肥环状快递产业园已建成30多个省级分拨中心。皖南、皖北快递产业园和蚌埠协同发展试验区获批为省级现代服务业集聚区。

推动企业改革创新。省局牵头开展全国"一市一品"农特产品进城示范项目调研。省邮政公司与税务、交警等部门合作建成代理税务网点431个、警邮便民服务平台1190个。其中,警邮便民服务平台数量占全国的三分之一,在全国率先实现市县全覆盖。重点快递企业创新寄递服务,加快发展冷链等高附加值业务,皖南顺丰在当季销售大闸蟹1.2亿元。大包裹、云仓等服务在安徽省全面拓展延伸。

加快产业联动协同。邮政业与电商协同发展深入推进,年支撑网上零售额和跨境电商交易额比重不断增加。合肥国际邮件互换局出口国际包裹量位居全国前十。快递服务现代制造业成效初显,全省快递服务制造业项目达到3232个,业务量实现5800多万件。快递企业积极助力电商进农村全覆盖工作,打造了砀山酥梨、黄山茶叶和亳州花草茶等业务量超千万件的全国金牌项目。

快递科技创新产业全面启动。南陵县着力推进全国快递科技创新试验基地建设,将快递物流智能装备制造确立为首位产业,规划建设占地3000亩的产业集聚区,大力发展快递物流智能装备、关联物料产业。大力推进人工智能化设备应用,省邮政公司、阜阳中通等配备移动机器人(小黄人)500个。主要分拨中心基本实现自动化分拣,快递物流园区内使用全自动分拣设备41套。

行业人才队伍培养取得突破。省局在全国率先组建中初级快递工程专业技术资格评审委员会,已认定评审第一批工程技术人员564人。举办全省邮政行业职业技能大赛,职业院校学生首次组队参加大赛。全省14个市局举办了快递职业技能比赛。淮南联合大学快递管理专业被确定为全国职业院校交通运输类示范专业点。组织参加全国"互联网+"快递大学生创新创业大赛,淮南联合大学、安徽商贸职业技术学院分获金银奖。

补短板强弱项取得进展。积极助力精准脱贫。深入推进"邮政在乡"工程,建成邮乐购站点2.3万个。全省19个贫困县全部建成邮乐农品馆，推出精准扶贫产品近百种，打造出岳西猕猴桃、枞阳蜂蜜、金寨香菇等特色扶贫项目，带动贫困户增收，为全省脱贫攻坚发挥有效支撑作用。其中"金寨香菇"项目入选农业部"互联网+现代农业"百佳实践案例。2018年，全省邮政农特产品交易额6505万元，带动贫困县3900多人增收近1500万元。鼓励韵达、申通、圆通、顺丰等快递企业为省局定点扶贫马宅村募集资金7万元，建设"一村一品"特色产业蔬菜项目，带动近400人脱贫。马宅村已通过省扶贫办脱贫出列第三方评估。

不断加快行业绿色发展步伐。推动顺丰开展国家邮政局绿色包装缓冲物减量化试点。省邮政公司制定绿色发展三年规划，采购绿色新型包装箱14万个在营业网点销售使用；率先在全国启动寄往北京、上海和成都路向的快递包裹可循环包装箱项目。全省寄递企业投入使用新能源车300多辆，合肥等市将快递企业购置新能源车辆纳入地方补贴范围。

持续加强寄递渠道安全监管。狠抓"三项制度"落实，推进实名收寄信息系统应用，安徽省总体实名率都在99%以上，安检机配置累计753台。联合公安、国安等部门开展寄递渠道涉枪涉爆隐患专项整治行动，实现地市督查全覆盖。开展寄递渠道危险化学品安全专项整治、安全生产攻坚行动等。各市联合检查285次，督促企业自查排查整改隐患131处。组织行业应急演练和安全生产标准化建设活动。省局制定的邮政业应急管理体系建设规定获得国家邮政局高度肯定，并转发全国系统。省局联合合肥局开展了全省邮政业应急演练，各市局组织邮政业演练活动50多场次。省局通过全省寄递渠道安全管理综治年度考评，再获优秀等次；9个市局获市综治考评优秀等次、5个市局获市安全生产工作先进单位。寄递渠道领导小组成员单位首次分组赴各市开展督查工作。做好寄递渠道非洲猪瘟防控工作，组成省政府第十督导组两次督导阜阳市非洲猪瘟防控工作。圆满完成上合青岛峰会、中非合作论坛、进博会等重大活动期间寄递渠道安保工作。配合做好反恐、禁毒、扫黄打非、打击侵权假冒等工作，深化寄递环节卷烟打假协作。全力配合国家邮政局"绿盾"工程建设，推进国家邮政局合肥灾备中心建设手续办理、分标段招标、工程管理等工作。有效开展安全监管预警培训工作。省邮政业安全中心建立全省邮政业运行和安全信息日报制度，编发安全信息综述4期、安全月报12期、安全信息日报49期，通过微信公众号发布信息1000余条。广泛开展邮政业安全宣教活动，共培训企业安全高管人员1000多人次。争取到"绿盾"工程中远程视频监控、安检机联网监控和省级安全监管平台3个项目试点。

行业监管能力稳步提升。继续组建行业监管机构。组建六安市霍邱、舒城邮政管理局。芜湖、马鞍山、滁州、淮南、淮北、蚌埠、宿州、六安市和阜阳临泉县邮政业安全中心获批成立。目前，全省已成立的县级邮政监管机构达12个，省市县级邮政业安全中心13个，共计增加事业编制人员123名。全省16个市局全部解决办公业务用房。加强法治邮政建设。修正后的《安徽省邮政条例》经省人大审议通过并公布，在第四条增加一款："设区的市邮政管理部门可以在其法定权限内委托依法成立的管理邮政事务的事业组织从事邮政普遍服务和邮政市场监督检查相关工作。"这在全国率先为县级邮政监管机构依法行政确立了法制条件。省局组织了县级机构人员参加全省行政执法人员资格考试。开展《快递暂行条例》专题宣贯，《芜湖市快递管理办法》于2019年3月正式实施，《池州市快递管理办法》已列入市政府规章立法项目。

严抓快递市场监管，做好快递业务经营许可审批、末端网点备案等工作。认真贯彻"放管服"改革，优化精简快递许可管理，全省许可审批时限为12.9个工作日，比承诺时限压缩50%。全省邮政管理部门共办理快递末端网点备案3923个，末端摸底备案完成率达110%。积极推进快递业信用体系建设,率先完成快递市场主体名录库审核补全和快递信用档案建设工作,成立了省第一届快递业信用评定委员会。按照"双随机"抽查细则,组织开展市场随机督查和跨区域互查。全省共开展邮政市场执法检查8464人次,查处违法违规行为496次,实施行政处罚147次。妥善处理全峰网点停运、快捷网点阻断和经营纠纷等事件,未发生快件大量积压、群体性事件。省邮政业消费者申诉中心全年共处理申诉5.98万件,为消费者挽回经济损失170多万元。申诉中心在国家邮政局申诉处理质量考核中每月均以满分成绩位居全国第一。

三、改革开放40周年

改革开放40年,安徽省邮政业业务收入从1978年的3367.2万元增加到2018年的188.5亿元,增长了559倍。业务总量从0.49亿元增长到316.8亿元,增长了651倍。快递业从零起步、从无到有,平均增速保持在40%以上,成为全省增速最快、发展态势最好的服务业之一。快递业务量连续两年写入省政府工作报告。截至2018年底,全省邮政普遍服务营业网点达到2112个,各类村邮站超过1万个,实现"乡乡设所,村村通邮"。全省共有快递企业538家,分支机构3723家,末端服务网点3975个,快递从业人员近10万人。"邮政在乡"工程实现邮乐购站点乡镇全覆盖,"快递下乡"工程实现乡镇网点全覆盖,"快递入区"工程实现智能末端服务一体化,"快递进校园"规范收投率达到100%。邮件快件全程时限水平和服务满意度稳步提升,人民群众用邮获得感不断提高。

四、各市(地)主要管理工作概况

合肥市邮政管理局有力有序推进合肥环状快递产业园建设。市政府连续三年每年对快递业发展补贴1000万元。合肥环状快递产业园建设日益完善,2018年新增用地2000亩,新增投资60亿元。多个项目立项开工,37个快递企业入驻环状快递产业园,总投资110亿元,已建成分拣操作场地总面积158万平方米。服务网络更加完善,全市城区快递自营网点标准化率达100%。提升末端服务智能化集约化水平,采用智能化集约化手段创新解决末端投递难题,解决了全市70%的投递任务。在全国率先出台《合肥市智能快件箱运营管理办法》,推动全市布放智能快件箱6852组,同比增长24.58%,箱递率达30%。全市建设运营菜鸟驿站、小兵驿站等快递末端公共服务站点906个,同比增长306.67%。三是优化快递网点布局。推动"快递下乡进村",深入乡镇开展快邮合作、交邮合作调研,对接市交通局、市商务局等部门,实现全市84个乡镇快递全覆盖。抓好快递末端网点备案工作,不增设、不提高备案门槛,加强事中事后监管,在全国率先完成存量末端网点备案工作。推动出台《合肥市人民政府办公厅关于推进电子商务与快递物流协同发展的实施意见》,将"大力发展跨境电子商务"纳入实施意见的主要内容,明确推动合肥空港国际快件监管中心投入运行,引导快递企业建设航空快递集散基地,强调提升合肥国际邮件互换局服务能力。合肥国际邮件互换局累计出口包裹数量超过2000万件,日均进出口包裹达3万多件,最高峰突破6万件。申诉服务满意度创历史最好水平,利用信息化智能化手段严控消费者申诉率,创新研制申诉数据收集分析系统,分析申诉主要原因及主要区域,精确到每个快递营业网点,实行一线网点动态监测。自2016年4月承办申诉工作以来,全市快递业务百万件有效申诉率由最高12.82降至0.37,不断创历史新低,消费者满意度不断提升。

芜湖市邮政管理局积极推动,《芜湖市快递管理办法》于2018年12月6日经市政府第26次常务会审议通过,正式以市政府令(第59号)颁发。南陵县快递科技创新试验基地集聚效应显现。在市邮政管理局与南陵县政府的共同努力下,2017年底,全国首家、唯一由国家邮政局颁发的"全国快递科技创新试验基地"落户南陵县。与中科院微电所和顺丰、中通、申通、韵达等国内龙头快递企业形成紧密型战略合作，建成全省县级首条智能分拣示范线。截至2018年年底，已累计签约落户快递物流装备制造企业15家，签约投资额达30亿元。重点在谈项目10余个，快递物流智能装备制造项目呈现加速集聚之势。深入快递企业调研并与交警支队多次协调研究，探索优化统一通行方案，共同制定了《芜湖市快递专用电动三轮车通行备案管理细则》，推动落实快递三轮车统一车型、统一标识、统一编号、统一保险和统一管理"五个统一"原则，规范快递三轮车管理。与地方部门多方沟通协调，争取成立市邮政业安全中心和建设市邮政业安全监管信息系统。在市委市政府积极支持下，2018年9月市邮政业安全中心正式获市编办批复同意，并于12月6日正式挂牌成立。市政府将市邮政业安全监管信息系统列入2019年全市信息化建设项目，总投资110万元。

蚌埠市获得全国第二批电子商务与物流快递协同发展试点工作绩效评价优秀等次和第一名的佳绩。市《政府工作报告》连续第五年提出：积极培育新产业、新业态，推动现代服务业优化升级，建成投运中通蚌埠分拨中心，开工建设圆通分拨中心。2018年12月，蚌埠市邮政业安全中心获批设立。在前期引进快递企业总部重大项目的基础上，中通皖北（蚌埠）分拨中心及电商仓储项目已于全部投入使用、圆通皖北（蚌埠）分拨中心及电商仓储项目已经开工建设、韵达皖北（蚌埠）分拨中心项目土地正在拆迁。推进快递行业信用体系建设，已完成企业主体名录库信息、企业从业人员录入。全市六区三县深入推进快递三轮车标准化建设，三县已实现规范化管理的快递电动三轮车共400余辆，全市共对21个快递品牌的1365辆电动三轮车实现规范化管理，其中817辆电动三轮车安装了GPS定位系统，实现"五统一"，并统一纳入公共信息服务平台。联合市总工会、市快递协会开展第三届"最美快递员"评选活动。中国邮政集团公司蚌埠市分公司员工高磊被授予"蚌埠市五一劳动奖章"，中国邮政集团公司蚌埠市分公司东区、固镇县分公司、五河县分公司申集邮政支局获得"市工人先锋号"荣誉称号。邮政速递物流蚌埠市分公司吴延坤同志，经蚌埠局推荐获得首届全省十佳"最美快递员"荣誉称号。

福建省快递市场发展及管理情况

一、快递市场总体发展情况

2018年，福建省邮政行业业务收入（不包括邮政储蓄银行直接营业收入）累计完成259.5亿元，同比增长21.6%；业务总量累计完成499.0亿元，同比增长27.0%。其中，快递企业业务量累计完成21.2亿件，同比增长27.4%；业务收入累计完成206.7亿元，同比增长27.6%（表7-13）。

表7-13 2018年福建省快递服务企业发展情况

指标	单位	2018年12月		比上年同期增长(%)		占全部比例(%)	
		累计	当月	累计	当月	累计	当月
快递业务量	万件	211613.44	21911.40	27.39	26.55	100.00	100.00
同城	万件	29739.69	3197.63	35.90	13.24	14.05	14.59
异地	万件	177762.54	18322.36	26.08	29.61	84.00	83.62
国际及港澳台	万件	4111.22	391.41	27.15	10.25	1.94	1.79

续上表

指标	单位	2018年12月		比上年同期增长(%)		占全部比例(%)	
		累计	当月	累计	当月	累计	当月
快递业务收入	亿元	206.68	20.81	27.61	23.16	100.00	100.00
同城	亿元	21.83	2.22	34.08	11.01	10.56	10.66
异地	亿元	125.11	12.76	29.85	33.14	60.53	61.31
国际及港澳台	亿元	26.91	2.25	14.92	-13.67	13.02	10.81
其他	亿元	32.83	3.58	26.67	32.23	15.89	17.22

二、行业管理工作及主要成效

着力筑牢从严治党根基。 提高政治站位，加强政治建设。坚持把政治建设摆在首位，旗帜鲜明讲政治，深入学习贯彻习近平总书记对推进中央和国家机关党的政治建设重要指示精神，组织开展"五个一"活动，引导全系统党员干部切实增强"四个意识"，坚定"四个自信"，坚决做到"两个维护"。深化"两学一做"学习教育常态化制度化，把习近平新时代中国特色社会主义思想、党的十九大精神、新党章、纪律处分条例等作为重要学习内容，组织参观谷文昌纪念馆，举办两期全系统处级干部党的十九大精神培训班。强化党组班子建设，充分发挥龙头作用，在系统内掀起习近平新时代中国特色社会主义思想大学习大调研大宣讲热潮，省局党组会6次学习中央重要会议精神及习近平总书记重要讲话精神，党组中心组开展12次集体理论学习。全省先后组织开展党的建设、队伍建设等20余次专题调研。全系统各级党组织共开展33次专题学习研讨，撰写150篇心得体会，深入基层一线宣讲60余次，受众面达2300余人次。

落实"两个责任"，全面从严治党。坚决落实全面从严治党责任，召开党风廉政建设工作会议，专题研究制定年度工作要点，层层签订责任书并组织开展"两个责任"履行情况专项检查，推动系统全面从严治党向纵深发展。健全党建工作制度，深化"1263"机关党建工作机制，落实党支部七步工作法，召开全省经验交流会，推动机关党建制度化规范化科学化。抓好党员教育管理，严肃党内政治生活，规范"三会一课"、谈心谈话、民主评议党员等组织生活秩序，推进党务公开工作。印发指导意见积极推进非公企业党建工作，全年共推动成立9个非公快递企业党组织，将43名非公企业党员纳入管理。福清成立全省第一个县域非公快递企业联合党支部，漳州局为非公企业党员争取到党建经费。纪检组加大监督执纪问责力度，严格执行廉政提醒谈话、任前廉政谈话、领导干部个人重大事项报告和纪检组长半年履责述职等制度，做到压力层层传导。加强重点领域和重要环节的监督，充分运用监督执纪"四种形态"，切实用好提醒、函询和诫勉等组织措施，今年以来共开展各类提醒谈话22人次，其中诫勉谈话1人次；纪律处分1人次。

聚焦巡视巡察，深化作风建设。以抓铁有痕力度做好驻部纪检组反馈问题和国家邮政局巡视问题整改，制定104项巡视整改任务，目前已完成100项，完成率为96.2%。扎实开展违规公款吃喝等9个专项治理，以刮骨疗毒决心自查自纠，重点对车辆管理费、违规发放津贴补贴和干部出国境管理等作专项整改，全年新出台措施办法和制度文件36个，制订完善制度4项，挽回经济损失3.7万元。坚持巡视巡察上下联动，实现全系统政治巡察全覆盖，共发现问题239个。省市局坚持即知即改、立查立改，深入推进巡视巡察整改"后半篇文章"。出台办法深入贯彻落实中央八项规定精神及实施细则，紧盯关键少数、关键部门、关键领域、关键时间"四个关键"，加强源头预防和管控，严防"四风"问题隐形变异和反弹回潮，始终保持正风反腐高压态势。扎实开展"纪律教育年"系列活动,各级党组织通过组织召开警示教育大会、观看警示教育片、参观廉政教育基地、开展廉政知识测试、组织庭审旁听、上廉政党课等方式丰富活动形式,使廉洁教育入脑入心,切实做到防微杜渐、防患未然。

着力推动行业换挡升级。行业发展环境持续优化,政策"礼包"密集发送,全年省市各级共出台50多份促进邮政业改革发展文件,涉及多方面,覆盖多层级,配套补助资金上千万元。在全国率先贯彻落实国办发1号文,协调省政府办公厅出台《福建省推进电子商务与快递物流协同发展实施方案》延续"闽七条"政策红利。推动省公安厅出台改进城市物流配送车辆道路通行管理通知,配套印发邮政快递城市配送车辆便捷通行管理指导意见和邮政快递专用电动三轮车管理办法,有效破解邮政快递车辆"通行难、停靠难"等问题。联合省商务厅等19个部门印发《福建省复制推广跨境电子商务综合试验区成熟经验做法实施方案》,着力打通跨境进出口快件双向通道。会同省商务厅等5部门联合印发《福建省城乡高效配送专项行动计划(2018—2020)》,联合转发商务部等4部门组织实施城乡高效配送重点工程通知,完善城乡配送网络,提高配送效率。推动宁德赤溪村精准扶贫题材入选2019年纪特邮票发行计划。各地纷纷出台意见贯彻落实中央及省里重大政策部署,福州、厦门、泉州、漳州、莆田、三明、龙岩等地出台促进快递电商协同发展配套实施方案,福州局、厦门局、莆田局、宁德局推动有关部门印发车辆通行及管理相关文件,莆田、泉州、宁德、南平、福清等地电动三轮车获批上路,三明局推动市政府办出台《关于提升快递末端投递服务的指导意见》,龙岩局引导企业申报地方加快现代服务业发展(支持快递发展)资金补助,厦门邮政快递车辆通行年费减征20多万元。

全行业服务网络更加健全,"人工为主、智能为辅"的城市末端综合服务多元格局初步形成。"邮政在乡""快递下乡"工程深入推进,快递网点乡镇覆盖率100%和建制村直接通邮率100%"双百"成效不断巩固。"快快合作""供快合作""快邮合作""交邮合作"等模式全面开花。邮政末端服务更加优质,全年邮政企业共购置48辆投递车辆、核定712万元投递专项成本补贴提升投递能力,全省14564个建制村中有4865个每周投递频次高于现行标准,4182个建制村实现投递到户。快递"上车上船上机"链接工程更加深入:加快推进快递"上车"工程,福州顺丰携手中铁快运开通福州—武汉"高铁极速达"业务;有效实施快递"上船"工程,重点培育两岸"海空""海海"联运国际快件通道,全省已形成福州至高雄、基隆、台中,厦门至基隆、台中,平潭至台北、台中等"多点、多线"发展格局;积极推进快递"上机"工程,"福州—台北"自主货运输航线运营稳定,顺丰自有全货机落地福州、厦门、泉州,省内8家企业在辖区机场开通定期航班,京东无人机在龙岩上杭和漳平常态化运营。快递绿色通道建设进一步加快,福州长乐、厦门高崎、泉州晋江等机场设立航空快件接驳专区。

加快实施创新驱动发展战略,引导企业延伸产业链,提高全要素生产率,积极构建供应链服务,培育壮大新动能,助推行业深度嵌入沿海先进制造业、自贸区跨境电商及山区现代特色农业等产业发展。全年全省邮政业服务制造业预计产生快递包裹超4700万件,支撑制造业产值超65亿元,培育年快递业务量超1000万件的"快递+制造业"项目1个,超300万件的项目3个,超百万件的项目9个,打造了莆田好鞋、福安按摩器、漳州青蛙王子、福州七海纸品等金牌项目。大力推动"一市一品""一地一品"项目,服务乡村振兴和精准脱贫,发布首期《福建省邮政业扶贫报告(2017—2018)》。全年全省邮政业服务农产品预计产生快递包裹超6000万件,支撑农业总产值超36亿元,带动就业超2万人,形成8个年快递业务量超百万件的"快递+农业"项目。安溪茶叶项目年业务量达2885万件,平和蜜柚项目年业务量首次突破千万件，南平茶叶、漳州花卉、宁德食用菌等3个项目年业务量突破300万件。安溪茶叶和平和蜜柚项目入选全国快递服务现代农业金牌项目。积极发挥福建连接台湾的地缘优势，加快泉州国际邮件互换局和平潭对台邮件处理中心等枢纽项目建设，完善闽台邮件快件黄金通道，推动韵达、顺丰通过平潭"台北快轮"开通对台国际快件转运新通道，全年国际及港澳台快递业务量预计突破4000万件。推动邮政企业加快改革创新步伐，联合省公安厅交警总队在全省推行邮政网点代办公安交管业务。贯彻落实《冷链快递服务》等行业标准，引导企业开拓快运、冷链等服务。

着力夯实安全监管基础。"绿盾"工程加快实施。聚焦"三项制度"，推进责任落实，强化实名收寄系统、远程监控平台信息化监管应用，提高预警分析能力。全省累计实名收寄17.2亿件，实现实名收寄基本信息化预定目标，12月综合实名率99.69%居全国前列。创新"互联网+寄递安全"监管模式，在全国首推安检机数据与视频监控联网平台建设，全年共联网248台安检机，实现省际及市际分拨中心可联网安检机100%联网。加快探索企业与政府间监控平台数据共享，对接地方综治网格化系统，提升行业安全防范信息化水平。持续完善邮政业安全监管体系建设，省邮政业安全中心获批设立，福州邮政业安全中心运转顺畅，福安邮政管理局获批成立。稳妥有序开展委托交通运输部门执法工作，协调省政府法制办增设"交通运输、邮政管理"执法类别，福州、泉州、三明、龙岩4地共计21个县市区完成行政执法委托协议签订并有效开展工作。县域寄递安全属地责任不断落实，三明局推动市政府办出台加强县域寄递安全管理工作意见，龙岩、泉州、福州、三明等地政府已均出台文件加以落实。

充分发挥寄递安全管理工作联合机制作用，召开年度寄递物流安全管理工作联络员会议，联合有关部门组织全省寄递物流安全管理专项督导，开展2018年邮政业安全生产月系列活动。会同省公安厅出台动员鼓励从业人员举报违法犯罪意见，制作发放安全宣传手册及视频。印发年度寄递安全管理工作综治考核评价标准，强化激励约束作用。组织开展邮政业突发事件应急预案演练。各地不断加大安全监管模式创新力度：莆田局探索推行"网格化+寄递安全"管理模式；泉州局着力构建风险分级管控与隐患排查治理双重预防机制建设；三明局联合有关部门建立邮检侦控新模式；福州局首创安全监管"双线对接制"并建设邮政业安全教育培训实训基地；厦门局制定安检机补贴办法，补助金额超150万元。

部署开展寄递渠道涉枪涉爆隐患集中整治等专项行动，全省全年共出动执法人员12715人次，监督检查企业4730家，检查发现一般隐患448项、重大隐患105项，查堵禁寄物品213件，其中福清顺丰查获涉毒包裹收缴麻黄碱16公斤。坚持"重典治乱、猛药去疴"，不断加大安全违法行为处罚力度，专项行动以来共行政处罚83起，处罚金额101.1万元，停业整顿4家，关停查处13家。全年安全监管类案件数占案件总数70%以上，单个案件最高处罚金额达17万元，持续释放高压严管强烈信号。实施重大活动寄递渠道安保措施"模块化"管理，通过"串珠"安保，实现打一仗进一步，全年圆满完成了全国两会、中非论坛、进博会、第五届世界佛教论坛等系列重大活动及敏感时点期间寄递渠道安保工作，妥善处置快捷快递网络停网事件，有效指导抗台防汛及非洲猪瘟防控等工作，全年未发生大的系统性风险。

着力提升行业发展质效。基础设施日臻完善，市县级邮件处理中心53处，邮件投递处理场所643处，全年共投资3568万元建设64个邮政基础设施项目。快递服务网络愈加健全，智慧终端布局便利千家万户，全省共有许可快递企业693家，分支机构3248个，快递末端网点4130个，快递公共服务站2199个，智能快件箱10667组，智能信包箱230组。快递物流园区建设步伐加快，泉州国际邮件互换局完成硬件建设和试运行工作，平潭对台邮件处理中心正式动工,莆田圆通物流园正式投产,龙岩公路港物流(快递物流)园项目开工,全省累计共有24个快递物流园区,其中20个已投入运营。区域大型分拨中心纷纷上线自动化分拣设备,福州旗山邮件处理中心、宁德申通、莆田圆通、申通等企业自动化分拣设备投入运行。农村三级寄递网络体系建设初见成效,全省共有17个县市邮政企业参与农村三级物流体系建设,漳浦、沙县两地已建成县乡村三级物流体系。各地陆续出台政策加快基础能力建设:三明局推动规划部门将快递服务场所列入新建住宅小区规划条件;福州局会同多部门落实快递物流基础设施规划;晋江局将智能信包箱纳入2018年为民办实事项目并由市财政投入近百万元资金。

深入开展"放心消费工程"创建活动,全面提升服务质量管控水平。做好2018年更贴近民生实事督导工作,深化邮件快件"不着地、不抛件、不摆地摊"治理工作。出台《快递服务申诉处理工作考核办法(暂行)》,加强各企业申诉处理工作考核约束。组织开展年度邮件快件时限监测及服务质量调查活动,召开季度快递服务质量提升与发展联席会议,约谈服务问题突出企业。完成全省12305话务系统升级改造,开展申诉处理满意度提升行动。发挥申诉与市场执法联动机制作用,加大对严重侵害用户合法权益案件查处力度。全年全省12305热线共受理申诉约7.44万件,同比减少10.56%,为消费者挽回经济损失189.4万元,消费者满意率为98.3%。各地不断完善考评体系,推动提升服务能力:泉州局指导省区总部企业建立服务质量考评体系;三明局连续三年开展企业综合服务能力考评;莆田局有力打击"异地上线"行为;南平局开展"最后一公里"违规收费专项整治;龙岩局以案释法,督促企业规范末端投递服务。

绿色发展初见成效。会同省发展改革委等8部门拟定《福建省协同推进邮政快递绿色包装工作实施方案》,绿色发展共建共治成为共识。快递绿色包装社会化参与程度不断提高,厦门市获批成为"绿色邮政"试点城市,快递绿色包装校园推进会在厦门大学召开。全省快递绿色化、减量化、可循环水平进一步提高,快递环保包装材料应用比例稳步提升,符合《快递封装用品》系列国家标准的包装材料正在推广使用,主要品牌快递企业电子面单使用率超过90%,窄胶带和简易封装方法加快推广使用,全行业胶带、不可降解塑料袋消耗量有明显减少趋势。顺丰、申通、中通等品牌企业省内分拨转运中心间实现环保集包袋回收循环使用。快递包装物末端回收体系初步建立,福州局联合烟草局定制20余个绿色寄递回收箱投放于高校末端网点,漳州局开展包装箱回收工程累计回收包装箱5.77万个,龙岩局推动企业在社区和乡镇末端网点设置快递包装回收桶。新能源和清洁能源汽车推广应用取得突破,省经信委安排新能源汽车专项资金补助,全行业购置及租赁新能源汽车超过200辆。低碳节能新技术新设备纷纷投产使用,绿色环保意识逐渐深入人心,邮政业污染防治初见成效。

着力提高行业治理水平。规划法治工作扎实推进。会同省发展改革委圆满完成行业发展"十三五"规划中期评估工作,规划主要目标指标进展符合预期。主动对接相关部门积极推动《福建省邮政条例》修订。协调省法制办保留《福建省邮政普遍服务保障办法》中关于"制止权""智能信包箱"等有关规定。组织各有关部门参加《快递暂行条例》宣贯全国电视电话会议,联合法制、公安等部门开展广场宣传,在《福建日报》作专题版面宣传。各地纷纷利用"3·15"、世界邮政日、"双11"等契机,通过接受媒体采访、召开宣贯座谈会、"送法入企"等方式集中宣传行业法律法规标准。组织开展2018年福建省行政执法资格考试邮政管理专业考试及第五次邮政行政执法资格全国统一考试,举办多期执法人员培训班,通过交叉互评开展2017年度案卷评查工作,修订《重大案件集体讨论规定(试行)》,进一步提升执法规范化水平。

放管服改革深入推进。进一步加强全省快递业务经营许可优化工作，简化分支机构备案手续，落实许可审批时限减半目标，全年共新颁发许可证21本，办理许可变更450项次。开展"邮政快递+政务"服务工作，实现全程"网上申请、在线办理、一网通办"和"一照多址"，各地市已完成存量末端网点备案工作，寄递市场活力得到有效释放。事中事后监管力度不断加大，"双随机一公开"制度全面推行，全年共开展随机检查343次。部署行业信用体系建设工作，印发《福建省快递业信用体系建设工作方案》，成立福建省快递业信用评定委员会，完成市场主体名录库数据信息补全及核对工作，成功举办"诚信快递"系列活动。

行业监管持续强化。全面开展快递市场清理整顿专项行动，规范清理重点品牌快递企业经营地域，强化邮政用品用具生产监制，全年共开展邮政市场监管3115人次，监督检查快递企业1548家，行政处罚248起，处罚金额290.28万元，有效维护市场经营秩序。各地纷纷创新监管方式，提升监管效能，三明局推动将县域评价结果纳入邮政企业日常管理及考核，泉州局推行"夜鹰行动"、远程监控抽查、企业管理分类分级等举措。

着力提升基础管理水平。按照分层推进、重点培养、全面统筹的原则，有序加快干部队伍建设。发扬民主、科学决策，践行"20字标准"认真做好干部选拔任用工作，向国家邮政局推荐省局副职后备干部和副巡视员职务人选，全年共开展处级职位选拔7人次，科级职位选拔9人次，试用期满考核4人次。注重年轻干部培养，组建一支18人的市局副职后备人才库。各市局按照干部管理权限，提拔任用一批优秀干部，进一步激发了系统干部干事创业激情。健全人事管理制度，修订领导干部异地交流任职相关规定，改进考核与奖励机制，首次开展现场集中述职测评年度考核工作。坚持"严管就是厚爱"，严格落实个人事项报告制度，全年共查核个人事项14人次，已核实认定处理13人次，其中函询4人次、诚勉谈话并暂缓提拔1人、提醒和批评教育3人、责令检查1人。贯彻落实职鉴转型部署，积极推进行业技能人才培养工作。适应新形势加强老干部工作。推动成立国家邮政局发展研究中心福建基地。

完善内部规章制度，健全内控体系，坚持按制度管人管事管权，出台会议制度、合同管理、国有资产管理、政府采购管理和食堂管理等办法，完善接待费、差旅费管理实施细则。加强全省财务管理制度化规范化建设，统一汇编下发财务制度，确保全省财务工作"一把尺子量到底"。全年预决算工作顺利完成，预算进度执行较为平稳，各地财务管理考核结果总体较好。机关硬件设施建设加强，完成省局办公业务用房及会议室修缮改造，全省视频会议系统建成并顺利启用。全省新闻宣传工作再创佳绩，全年国家邮政局网站共刊登福建省信息263篇、邮政快递报和快递杂志刊登192篇，省局记者站连续6年荣获全国系统优秀记者站称号。地方财政支持常态化，省局获省财政邮政管理工作经费补助110万元，市局有关经费相继受到地方财政支撑保障。市局公车改革方案正式获批，车改补贴按要求发放到位。

群团建设形式更加丰富。深入开展行业"学习十九大、提振精气神"主题实践活动，先后组织"平安快递，你我共创"寄递安全比赛、"诚信快递、你我同行"主题知识竞赛、"迎七一"文艺汇演等系列活动。系统文明建设工作再创佳绩，行业凝聚力和战斗力进一步增强，省市两级邮政管理部门均获评文明单位，厦门局、三明局推荐的快递企业获评省级青年文明号，宁德局选送的《快递员的一天》荣获第十四届全国党员教育电视片优秀作品三等奖。深化省市文明"六大共建"及社区共建，开展"学雷锋"、关心关爱留守儿童、图书捐赠、义务植树、交通引导、"我们的节日"及帮扶困难家庭等活动，福州局开展精准扶贫"双联双扶"工作，宁德局为挂钩帮扶村协调落实扶贫款5万元，龙岩局与11户贫困户结对帮扶。机关文体生活日益丰富，福州局创立"书香邮你"读书会，泉州局设立机关"读书角",宁德局举办"感党恩、跟党走"诗歌朗诵比赛,莆田局开展"听党话、跟党走"朗诵比赛,南平局开展"奋进新时代廉洁伴我行"演讲比赛,营造出团结奋进、和谐向上的文化氛围。

三、改革开放40周年

改革开放40年来,福建省快递业随着全省经济社会大发展的浪潮,从无到有,历经多次跨越式发展,实现量和质的双重大飞跃。从无到有,规模由小变大。1983年福建省邮电管理局复办EMS,但直到2007年,福建省快递业务量仅0.45亿件;2010年突破1亿件;2014年,突破5亿件;2016年,突破10亿件;2018年,突破20亿件,达到21.2亿件,位居全国第7位。2007—2018年间快递业务量年复合增长率达41.9%,是同期全省生产总值增幅的3倍以上。快递业务收入从2007年的14.9亿元飞速涨至2018年的206.7亿元,占全行业业务收入的比重从2009年的50.9%上升至2018年的79.6%。从"黑快递"发展为"香饽饽"。2009年修订的《中华人民共和国邮政法》确立了民营快递的合法地位,快递业开始突飞猛进发展,成为助推经济发展的重要引擎,逐渐成为"香饽饽"。福建省先后出台《福建省促进快递行业发展办法》《福建省人民政府关于支持快递业加快发展的七条措施》《福建省推进电子商务与快递物流协同发展实施方案》,为快递发展再助力。福州、泉州、厦门快递量收双列全国50强,泉州、厦门先后获批中国快递示范城市,福州成为全国首批电子商务与快递协同发展试点城市,相关经验被2018年国办发1号文吸纳推广。从"小快递"到"大民生"。改革开放以来,尤其是党的十八大以来,福建省快递业经历了从小、散、弱逐步向集约化、智能化、绿色化进阶的过程,快递服务网络遍布城乡,"人工为主、智能为辅"的末端综合服务多元格局形成,快递深度嵌入并服务福建先进制造业、现代特色农业及自贸区跨境电商等产业发展。2018年快递支撑全省网络零售额约2837亿元,快递业务收入占第三产业增加值的比重为1.28%,全省人均年快递业务量53件,平均每人每年收快递48件。安溪茶叶和平和蜜柚项目成为全国快递服务现代农业金牌项目。

四、各市(地)主要管理工作概况

福州市邮政管理局出台《福州市推进电子商务与快递物流协同发展实施方案任务分解表》和《当前瓶颈问题任务分工表》,对推进快递园区建设与升级给予相关政策支持。2018年福州市快递园区共计2个,福建高速物流园及翔福电商物流园,均为地市级园区。此外还引进京东亚洲一号福州长乐物流园项目。该项目已于2018年12月17日进行项目备案,备案投资金额超过6亿元,2018年年底前动工建设。在快递企业新建、改扩建分拨中心方面,2018年各类快递品牌在福州设有分拨中心21处,占地面积近20万平方米。其中,处理中心面积近12万平方米,日均处理量近195万件,设计最高处理量250万件。在全市末端网点建设方面,截至2018年年底,全市共建成第三方快递末端公共服务站554个,投入运营智能快件箱3501组(格口29.58万个),"人工+智能"日均派件约占市区日均派件量25%。同时出台《福州市邮政管理局关于开展快递末端网点备案管理工作的实施方案》,赋予末端网点合法身份,简化备案条件及手续,实行全流程网上备案,做到"一趟不用跑",已备案网点达到778个。

厦门市邮政管理局与市建设局联合发布《厦门市住宅小区智能信包箱设置指导意见》。厦门顺丰速运"快递服务"荣获厦门市2017年度"厦门优质品牌"称号。第20届中国国际投资贸易洽谈会上,厦门市政府分别同顺丰、苏宁、京东签订战略合作协议。厦门市政府办公厅印发《厦门城市绿色货运配送示范工程实施方案》。中国邮政集团公司厦门市寄递事业部组建成立。厦门市政府办公厅转发《厦门市支持快递业发展若干措施》。厦门市、区人民政府拨付241.45万元专项资金对符合条件的部分寄递企业购置安检机进行补贴。"改革开放四十周年暨两岸'三通'十周年"系列主题展览宣传活动在厦门市博物馆启动。厦门对台邮件交换中心正式揭牌。

泉州市邮政业四项指标领跑全省。2018年,泉州市邮政行业四项指标均居全省首位,快递业务量排名全国第10位,全省占比46%。行业发展质效更加显著。全国两会期间,泉州市市长康涛接受《中国邮政快递报》、《快递》杂志专访,指出"示范城市建设让快递成为泉州经济增长新亮点"。推动《泉州市政府办公室关于贯彻落实福建省推进电子商务与快递物流协同发展实施方案的通知》出台。产业联动持续深入,"快递+"成果显著,全市现有仓配一体化项目11个,全年累计产生快递业务量近3000万件,服务制造业产值超过36亿元。"快递+泉州(安溪)茶叶"项目入选国家邮政局快递服务现代农业金牌项目。11个快递品牌企业区域总部在晋江形成产业集群,泉州市快递区域枢纽地位更加凸显。快递跨境业务前景可观,泉州国际邮件互换局完成自动化流水线建设并投入试运行。"人工为主、智能为辅"的城市末端综合服务多元格局初步形成,智能快件箱或智能信包箱月均使用量564万件,箱体投递量占比10.24%。智能信包箱改造纳入晋江市2018年为民办实事项目,17个老旧小区全面完成改造。"邮快交电"融合趋势渐显,安溪县乡村三级物流配送体系和三级服务站点体系项目共获796万元资金补助,预计建成301个乡镇、村级、城区便民电商服务站。依法行政效能更加高效。打造"安全用邮"环境,积极推进安全监管"闭环体系""清单体系""风险防控体系"三大体系的建设。创新提出邮政业安全生产分级管控和隐患排查治理双重预防机制建设,依托"泉州市智慧安监"平台,实现企业安全生产隐患自查自改自报工作信息化。寄递业安全监管信息化水平不断提升,推动晋江市寄递业安全监控平台三期建设,全省率先实现寄递业安全视频监控平台与公安信息系统对接。寄递安全管理属地责任落实取得新进展,南安市在交通综合行政执法大队增设邮政寄递安全监管股,地方编办增加6个编制。

江西省快递市场发展及管理情况

一、快递市场总体发展情况

2018年,江西省邮政行业业务收入(不包括邮政储蓄银行直接营业收入)累计完成116.3亿元,同比增长24.1%;业务总量累计完成176.6亿元,同比增长36.3%。其中,快递企业业务量累计完成6.2亿件,同比增长41.5%;业务收入累计完成67.1亿元,同比增长36.4%(表7-14)。新增社会就业人数1万余人,支撑网上零售额超过1000亿元。国际邮件快件业务量完成1352.71万件,增长52.65%;邮政快递小包业务量完成1.16亿件,增长79%,支撑跨境电子商务贸易超过20亿元。

表7-14 2018年江西省快递服务企业发展情况

指标	单位	2018年12月		比上年同期增长(%)		占全部比例(%)	
		累计	当月	累计	当月	累计	当月
快递业务量	万件	61929.50	7325.80	41.54	46.13	100	100
同城	万件	9670.08	1091.24	49.58	46.46	15.61	14.90
异地	万件	51771.26	6183.64	40.27	46.41	83.60	84.41

续上表

指　标	单　位	2018年12月		比上年同期增长(%)		占全部比例(%)	
		累计	当月	累计	当月	累计	当月
国际及港澳台	万件	488.16	50.93	28.31	14.37	0.79	0.70
快递业务收入	亿元	67.09	7.51	36.36	29.43	100.00	100
同城	亿元	8.15	0.84	48.02	23.10	12.15	11.13
异地	亿元	42.13	4.90	36.56	32.10	62.80	65.16
国际及港澳台	亿元	2.64	0.22	23.70	-16.37	3.93	2.89
其他	亿元	14.17	1.56	32.33	34.91	21.12	20.82

二、行业管理工作及主要成效

全面从严治党深入推进。突出党的政治建设。全系统深入学习贯彻习近平新时代中国特色社会主义思想和党的十九大精神，在学懂弄通做实上下功夫，强化理论武装，筑牢"四个意识"，坚定"四个自信"，坚决做到"两个维护"。强化省、市局"一把手"主体责任，树立"抓党建是本职、不抓党建是失职、抓不好党建是渎职"理念。坚持党对邮政行业一切工作的领导，始终把政治建设摆在首位，深入开展贯彻习近平总书记关于推进党的政治建设重要指示精神"五个一"系列活动。全系统举办党的十九大精神专题学习培训班16期、领导干部理论学习暨党的政治建设专题培训班3期，选派干部参加各种理论学习培训班15人次。开展"大学习大调研"专题活动，党员干部撰写学习心得460余篇，形成专题调研报告25篇。建立每周一例会+学习制度，持续推进"两学一做"学习教育常态化制度化。开展党组中心组理论学习85次，编发"两学一做"专刊32期。严肃党内政治生活，贯彻民主集中制，坚持"三重一大"集体决策制度。规范"三会一课"、主题党日、民主评议等组织生活，增强党支部凝聚力和向心力。指导推进非公快递企业党建工作。

压实管党治党责任。全面贯彻中央纪委十九届二次全会、省纪委十四届三次全会和2018年全国邮政管理系统党风廉政建设会议精神，压实党风廉政建设主体责任和监督责任，开展"纪律教育年"专题活动，完成违规公款吃喝等九个专项治理工作。开展巡视整改"回头看"，狠抓整改，建立完善制度9个。严格落实中央和国家邮政局党组关于政治巡察要求，坚持"严"字当头、"实"字托底，完成对4个市局党组政治巡察。紧盯重要节假日，重申纪律要求，提醒党员干部守规矩、讲纪律。从严监督执纪，处理信访举报件3起，核查干部个人事项报告8人次，对党员干部严重漏报问题诫勉谈话1人次。聚焦"怕、慢、假、庸、散"等问题，出台作风集中整治方案，召开肃清苏荣案余毒专题民主生活会和加强作风建设专题组织生活会，在全系统开展"五型"政府建设，为全省邮政业高质量跨越式发展提供过硬作风保障。

强化人才队伍建设。坚持好干部标准，进一步把好选人用人关，全年省局党组累计任免局管干部11人次。加强干部队伍培养，开展领导干部和公务员交流挂职10人次。完善干部考核评价机制，细化干部容错纠错措施，为敢于担当干部撑腰，关心关爱干部，打造过硬干部队伍。一市局局长被国家邮政局评为"优秀市（地）邮政管理局局长"。深化校企合作，强化人才教育培训，提升行业从业人员素质。

加强行业精神文明建设。积极开展文明单位、青年文明号创建活动，省局创建省级文明单位，7家快递企业申报省级"青年文明号"。发挥典型示范作用，组织开展向其美多吉等行业先进典型学习活动。成功举办江西省第二届"最美快递员"评选表彰活动，涌现出以肖福明、周亮亮、段赟等为代表的先进典型和行业标兵。适应新形势，不断加强工会、老干部、青年和妇女工作，营造了安定团结的局面,起到了强信心、定人心的效果。

行业发展环境持续优化。"放管服"改革不断深入。贯彻落实国家邮政局优化快递业务经营许可工作实施方案,快递业务许可工作向重服务强管理转变。进一步优化审批流程,精减申请材料,压缩许可办理时限,全流程网上办理,实现"一次不跑"的目标,继续保持了行政审批零超时。快递末端网点备案工作稳步推进。全年共完成备案网点5304个,备案平均办理时限约1个工作日,比规定时限压缩近4个工作日。加强事中事后监管,稳步推进行业信用评价体系和诚信文化建设。2018年国务院督导组对全省邮政行业"放管服"改革工作成效给予肯定。

政策红利不断释放。国办1号文件承接落地,省政府出台实施意见,着力解决电子商务与快递物流协同发展中存在的基础设施不配套、配送车辆通行难、快递末端服务能力不足等问题。深化部门合作,联合出台《关于提升城市投递末端服务能力的实施方案》等一系列文件,进一步在车辆通行、网点建设、末端投递等方面给予政策支持,大部分市的快递三轮车通行、停靠问题得到有效解决。推进智能投递终端(智能快件箱、智能信包箱)建设纳入江西省基础设施领域补齐短板政策,解决邮政业"最后一公里"问题。行业发展政策明显增多,政策体系日益完善,政策叠加效益凸显,政策红利不断释放,市场活力竞相迸发。

行业扶持力度不断加大。在省委省政府和省直各部门的大力支持下,经过省市局的努力,全省扶持资金再创历史新高,对行业发展扶持力度不断加大,为行业高质量跨越式发展打下坚实的基础。全省邮政快递企业获得资金扶持超1亿元。邮政企业还得到交通部门给予提供邮政普遍服务的邮运车辆过桥过路通行费减免的政策扶持。其中,省级层面在安检机购置、快递"上机"、园区建设等领域补贴近6000万元,市级层面在基础设施建设、培育"快递+"项目、快递电商协调发展等领域奖补资金近4000万元。

行业转型升级明显加速。 基础建设持续发力。实施农村地区邮政基础设施建设项目,完成网点改造50处,新购邮运车辆12辆。全省11个地市基本建成快递园区,园区县级覆盖率达50%,入园快递企业处理场地总面积93万平方米,园区的聚集效应、带动效应、支撑效应不断显现。南昌国际邮(快)件监管中心、南昌快递(电商)物流园、中国邮政(鹰潭)邮件处理及仓储物流中心、九江邮政11185呼叫中心、九江新能源物流产业园等一批重点项目加速推进。落地南昌的顺丰和邮政全货机每日增加到3架次。2018年,全行业对分拨仓储设施设备年度投资总额达17亿元,运营能力大幅提升,最高日处理量突破1200万件,"双11"期间累计处理邮件快件超过1亿件。

产业融合不断深化。加快打通上下游步伐,大力发展"寄递+",积极拓展产业链,推动行业服务现代农业、制造业供给侧结构性改革取得成效,全省"寄递+"单品年业务量超过千万件的金牌项目达6个,是全国数量较多省份之一,产业融合发展态势喜人。服务现代农业成效突出。打造邮政快递服务现代农业"一地一品"大项目21个,带动业务总量4540万件,带动农业总产值45亿元。2018年赣南脐橙快件业务量超2000万件,支撑当地农民脐橙销售收入达15.4亿元。赣南脐橙项目获评全国快递服务现代农业金牌项目。服务制造业发展迅猛。打造邮政快递服务制造业项目31个,带动业务总量8371万件,带动产业总产值134亿元。其中,景德镇陶瓷快件业务量2684万件,支撑产业产值25亿元,南昌进贤文港毛笔快件业务量1020万件,支撑产业产值20亿元。南康家具快件业务量300万件,支撑产业产值56亿元。电商协同不断拓展。多产业融合发展蓬勃兴起,全省邮政快递企业服务近10万家电商企业,涌现出诸如宜春铜鼓捷一公司等一大批协同发展的骨干企业,通过电商、快递线上线下平台,把4.3亿件农特产品、工业品电商快递包裹卖到全国,实现了由"寄包裹"向"产包裹"转变，这一产业转型"江西模式"得到国家邮政局局长马军胜高度赞扬。

末端共享加速升级。鼓励快递末端服务集约化、平台化发展，推动完善上门投递、智能快件箱投递、平台投递等多元化末端服务体系。全省涌现出快邮合作、交邮合作、供邮合作、快快合作等多种方式，形成以九江瑞昌、宜春铜鼓、上饶洋口、吉安天河等多个典型案例，共享模式在全省推广。继续巩固快递"三进"成果，全省建成并投入使用的智能快件箱6391组，快递末端公共服务站点3308个，农村公共取送点2212个，快递网点乡镇覆盖率、高校快递规范化服务覆盖率均达到100%。

行业三大攻坚战全面打响。助力精准脱贫。主动融入乡村振兴战略，发挥"邮政在乡""快递下乡"优势，主动对接脱贫攻坚工程，推广"寄递+电商+农特产品+农户"的产业脱贫模式，带动了贫困地区人口返乡创业、脱贫增收，取得了显著成效。全省邮政企业深入实施电商扶贫工程，累计建设"邮乐购"站点近1.3万个，电商扶贫站点1400余个，覆盖近50%的贫困村，对接扶持产业合作社435个，带动11.37万贫困人口增收。重点推出了"老俵情"江西农特产品牌，为赣南脐橙、南丰蜜橘、井冈蜜柚、廖奶奶咸鸭蛋、广昌白莲等3800多种农特产品提供网上销售和寄递服务。顺丰等品牌快递企业利用电商平台线上线下销售农特产品，让军山湖大闸蟹等一批"地标性"农特产品成为颇有名气的"网红"。全系统积极选派第一书记和驻村工作组，开展定点扶贫工作，协调桥梁道路建设、养殖种植、光伏发电等项目10余个，落实各类帮扶资金超600万元。其中，上饶局落实帮扶村道路改造资金240万元。省局挂点扶贫村于年初退出贫困村，两个市局的帮扶干部分别获评"优秀第一书记"和"优秀驻村干部"。全行业在促进农民增收致富、服务乡村振兴方面做出了重要贡献，得到了国务院、省委省政府领导的高度肯定。

推动绿色发展。贯彻落实习近平总书记关于打好污染防治攻坚战、建设生态文明系列重要讲话精神，践行新发展理念，增强做好生态环境保护工作的责任感、使命感，把绿色发展理念贯穿到邮政管理工作的全环节、全过程。制定《江西省推进快递业绿色发展的实施方案》，大力宣传绿色快递，贯彻落实《快递封装用品》系列国家标准和《邮件快件包装填充物技术要求》等行业标准，推广使用新能源车辆、绿色包装物、环保周转袋、电子运单等产品。邮政企业开展绿色邮政行动，实施绿色包装项目。全省邮政业电子运单使用率达到95.7%，环保周转袋使用量17万条，新能源车辆365辆，建成绿色标准化网点418处，设置快递包装回收网点710处。

强化安全监管。认真落实《关于推进安全生产领域改革发展的实施意见》，压实企业安全主体责任，加强行业自律，推动标本兼治、综合治理、系统建设，全省邮政业安全生产水平不断提升，未发生安全责任事故。1家快递企业、1名快递员被省安委会授予"安全生产达标岗""优秀班组长"称号。持续完善安全监管体系，推动设立省级邮政业安全中心。狠抓寄递安全"三项制度"落实，积极推广实名收寄信息化应用，江西省邮件、快件实名率稳定在99.5%以上，位居全国前列。实施寄递安全综合治理，开展联合检查、联防联控和综治考评。联合省委政法委印发了寄递渠道安全管理工作要点，召开联席会议，联合开展检查，形成监管合力。开展涉枪涉爆隐患集中整治专项行动，完成邮政业公共安全视频平台建设。加强寄递渠道非洲猪瘟疫情防控，配合做好反恐、禁毒、扫黄打非、危化品防控、打击侵权假冒、濒危野生动植物保护等工作。全省寄递行业堵截禁寄物品1929件，向公安机关移送案件线索22起。邮政业禁毒工作得到省禁毒委高度肯定。圆满完成了全国两会、上海合作组织青岛峰会、中非合作论坛北京峰会、首届中国国际进出口博览会等重点时期寄递安保任务。扎实做好"双11""双12"旺季服务保障工作,实现了"两不""三保"工作目标。加强行业应急管理,妥善处置了网络阻断、劳资纠纷等突发事件,维护了行业的稳定。

行业治理能力稳步提升。全面开展《快递暂行条例》宣贯工作,按照"双随机、一公开"的机制,加强对快递、用品用具等市场的监督检查。组织开展涉枪涉爆隐患集中整治专项行动、安全生产月和安全生产万里行活动、寄递渠道安全生产大检查活动、寄递安全整治月行动、快递市场清理整顿专项行动、"三不"专项治理等多项行动,发现各类隐患626处,充分运用约谈、通报、责令整改、行政处罚等多种手段,督促企业整改落实。全年开展执法检查7999人次,下达责令整改454份,立案查处200起,快递行业秩序不断规范。

提升综合管理水平。落实《党政主要负责人履行推进法治建设第一责任人职责的规定》,加强行政执法能力培训,全年培训执法人员60余人次。强化行政执法监督,组织开展执法案卷评查,调阅评议执法案卷28本,办理行政复议1起,处理应诉2起。圆满完成"十三五"规划中期评估工作。加强统计数据治理,启动邮政业"三新单位"核实认定工作。完善财务制度,强化预算管理工作。全面加强网站管理、政务公开、档案等基础工作,顺利完成人事干部档案数字化工作,有序推进机关养老保险属地参保工作。牢牢把握党对意识形态工作的主导权,成立意识形态工作领导小组,着力强化邮政业网络舆情、新闻宣传等意识形态阵地管理,新闻宣传工作步入行业宣传"第一方阵"。

三、改革开放40周年

改革开放40年来特别是邮政体制改革和党的十八大以来,江西省邮政业在国家邮政局和省委省政府的坚强领导下,按照"打通上下游、拓展产业链、画大同心圆、构建生态圈"发展新思路,坚持人民邮政为人民的服务宗旨,扭住发展第一要务不放松,真抓实干、务实创新,行业改革发展取得重大成就,行业面貌发生翻天覆地变化,行业基础性先导性作用更加突出。布局日益完善,全省实现了"乡乡设所、村村通邮",快递服务乡镇覆盖率100%,远超全国平均水平。规模更加宏大,全省邮政业务量由1998年邮电分营时的3.95亿元,增长到2018年的176.64亿元,增长约44倍;快递业务量从2008年的0.18亿件,增长到2018年的6.2亿件,增长33.4倍;快递业务收入由2008年的3.74亿元,增长到2018年的67.01亿元,增长17倍。拉动作用凸显,全省邮政业积极与电子商务、先进制造业、现代农业协同融合发展,在稳增长、调结构、惠民生等方面发挥了重要作用,成为推动地方经济发展的崭新力量。深度服务脱贫,全省邮政企业深入实施"江西电商扶贫工程",成功打造了廖奶奶咸鸭蛋、井冈蜜柚等金牌项目,为农民增收致富、乡村振兴做出了突出贡献,受到了各级党委政府的肯定和称赞。践行绿色发展,全行业自动化分拣设备、自动化传输流水线等大量运用,推广使用新能源车辆、绿色包装、环保周转袋、电子运单等产品,"绿色邮政"蔚然成风,为永葆江西绿水青山贡献了邮政力量。

四、各市(地)主要管理工作概况

南昌市邮政管理局积极协调市商务、财政等部门,指导邮政、顺丰以及德邦3家快递企业申报全市首批物流标准化试点项目,均已通过验收公示。项目获批后,3家企业累计可获得国家物流标准化专项奖补资金1412万余元。在省、市邮政管理局共同推动下,江西顺丰航空在南昌陆续开通2条全货机运输航线,中邮集团公司第一架专用货机在南昌投入运营。按照《江西省航空物流发展奖励暂行办法》,3条货运专线可获得航空物流专项资金奖励,切实推进"快递上机"工程建设。

抓住进贤县获批全国首批"电子商务进农村综合示范县"的有利契机,将快递服务文港镇毛笔项目列入全市邮政业"十三五"规划中,引导快递企业完善乡镇网络布局,提升服务水平,促进快递与文港毛笔产业的协同发展。2018年,全镇以毛笔为代表的文房四宝产品累计实现快递业务量1100万件,同比增长70%,带动毛笔等文化用品产值超20亿元,成为南昌市首个千万级别的"快递+"金牌示范项目。在快递服务的带动下,产自文港镇的毛笔在全国市场占有率达75%,出口创汇3000万美元,已成为进贤县乃至南昌市"快递+"的代表性产业之一。

与市综管办、市公安交管局联合印发了《关于规范邮政快递电动三轮车管理的通知》,对全市邮政快递电动三轮车按照"统一外观标识、统一车辆编号、统一规范管理"要求实施备案管理。为督导驾驶人员遵守交规、安全文明行驶,南昌局联合交管部门组织全市2500余名揽投人员开展安全培训。同时委托第三方开发了"全市快递电动三轮车备案管理系统",实现企业申报无纸化,为企业减负,并为每一辆备案车辆生成二维码,便于监管部门检查执法,真正实现了"一车一证一号一码"管理。至年底,完成备案的邮政快递电动三轮车2138辆,淘汰不合规车辆310余辆,城区快递收投服务质量显著提升。

结合本地省级快递品牌转运中心较为集中、单个品牌分拨转运规模较大的特点,引导和协调各品牌省级企业加快场地新建、改建和搬迁,打造"一品牌一园区"新发展格局。至年底,全市主要品牌省级快递企业累计购地自建100万平方米,租赁场地面积10万平方米,总投资40亿元,分拨转运场地建筑面积65万平方米,日最高处理能力达930万件,为全市乃至全省寄递渠道安全平稳运行发挥重要作用。

积极引入"速递易""丰巢""上海富友"等智能快件箱企业,加快完善快递末端网络建设。2018年,全市600余处社区完成智能快件箱布设,共投放智能快件箱5645组,提供投递格口54余万个,占全省总数近90%。江西省电视台针对南昌市智能快件箱布设情况制作一期专题报道,充分肯定南昌市在改善末端服务质量方面的工作。积极推进"警邮合作",依托末端邮政网点为用户提供办理补换领机动车牌证等25项业务,共建设警邮合作便民服务点32个,得到国家邮政局和市委领导高度认可。

九江市邮政管理局大力推进园区建设。2018年,本市园区共计6个(1个在建),其中市级园区2个,县级园区4个。截至2018年12月,5个已运营园区快递业务量达到1959万件,同比增长51.34%。入驻企业年营业收入达到16000万元,同比增长43.2%。园区共解决就业近300人。共入驻快递企业24家。园区内使用皮带传输机20台,租用新能源车辆8辆。在建的九江新能源物流产业园被列为市级重点项目,于2018年1月份在本市城西港区开工奠基,该产业园集快递分拣、集疏中转、新能源服务等10多项功能为一体,预计2019年上半年建成和投入使用,将满足全市未来15年内的快递业务发展需求。

积极推进快递资源整合。市中心城区、瑞昌市、庐山市等主要品牌快递企业通过整合经营,抱团发展,依托第三方公司进行资源整合,采取统一分拨、社区共营的模式进行运作,极大地提高了分拨效率和末端服务质量,稳定了人员队伍,成为全省乃至周边外省市、县的学习标杆。截至2018年底,在社区、办公区、商区、高校等人口密集区域设立了近百个综合性快递配送平台。其中,市中心城区建立快递超市30余家;瑞昌市建立快递超市51家;庐山市建立快递超市7家;共青城市建立校园快递超市7家。这些快递超市的建立,极大地便捷了人们的生活。

鹰潭市邮政管理局力推多种模式服务电子商务,充分发挥快递服务电商的主渠道作用,推进快递电商协同发展。鼓励快递企业探索"仓配一体化"模式,吸引、承接江浙沪电商在鹰潭建仓、发货,主动为大型电商企业解决用地、用工问题。以贵溪百世为例,其大力探索"仓配一体化",从最初快递业务量5000件/月逐步增长至90000件/月。

深入服务农村电商客户,提供一对一的上门建包揽收服务,将快递揽收延伸至田间地头、植物大棚,打造产品原产地建包、出单的一体化服务模式,从大棚、果园、农场直接发往转运中心,减少中间中转、装卸车环节,大大缩短寄递时效。帮助欧绿多肉实现销售量位居淘宝网多肉单品第一。部分快递企业具有"快递+电商"双重身份。以余江申通为例,其快递业务量占全市总量的五分之一,其中95%的业务量来自其自身经营颐妍堂、足典等电商品牌产品,其中"颐妍堂"成长为淘宝平台销售量第一的足部护理品牌。

加强末端能力建设,科学设置自有网点。与快递网点标准化建设工作有机结合,指导企业科学设置服务半径,加快自有品牌末端网点建设,提高快递网络覆盖率和稳定性,城区已有邮政、快递营业场所112个,其中布局合理、功能齐全、设施达标的标准化网点为76个,达标率为90.4%,各末端服务点均可免费寄存其他品牌的邮件、快件,覆盖各繁华商区、大型社区、成熟小区、集中办公区。推广智能快件箱,智能收投终端用房已纳入全市公共基础设施规划。全市现有智能投递箱32组,快递格口1346个,形成了布局合理、使用频繁的自主收投终端体系,有效解决了"最后100米"问题。

新余市邮政管理局与市房管局联合下发了《关于规范全市住宅小区快递服务的通知》,全面推动快递进小区工作,由物业公司免费为快递服务提供场所,第三方经营。截至2018年年底,已在50个小区设点,全市品牌快递企业与第三方公司签订协议,进入小区后快件统一由第三方派件。这一模式既节约了快递企业投递成本,又方便了小区快递消费群众,第三方也增加了营业收入,实现了互利共赢的局面。

结合新余创建全国文明城市,联合市创建办、市交警部门制定印发了《新余市邮政业寄递车辆文明出行规范》,对全市寄递服务三轮车辆实行"三统一"管理,保障寄递服务三轮车辆在遵守交通法规前提下的便利通行。行业协会制定了《新余市邮政业寄递车辆文明出行规范》和《新余市邮政业寄递车辆文明出行考核办法》,强化寄递服务三轮车辆的日常考核与管理,有效促进了新余市寄递服务车辆的文明出行。

探索企业自律取得成效,由协会牵头,各会员单位签订了《新余市快递业实名收寄专项自律公约》,为提升提高实名收寄率,加强企业常态化安全收寄、安全运输、安全投送快件起到了积极的作用。通过企业相互之间测试、第三方测试、系统数据对接等方式共检查出100多人次未实名的现象,用行业自律方式处罚金额15440元,对做得好的单位和个人按照行业自律奖励金额达10800元。

赣州市邮政管理局推动形成了以"快递+赣南脐橙"为代表的一批快递服务现代农业"一地一品"项目。赣南脐橙快件量从2016年567万件,到2017年1500万件,再到2018年2156.84万件,实现了跳跃式增长。赣南脐橙项目支撑脐橙销售收入达15.4亿元,业务量跻身全国农产单品销售五强,获评全国快递服务现代农业金牌项目。助力地方精准扶贫,推动成立了"邮政+果蔬""廖奶奶咸鸭蛋"等多个电商扶贫项目。"华屋果蔬"项目累计上线30余款农产品,实现线上线下销售额2120万元,带动了500多户贫困户脱贫增收,得到了省长的"点赞"。引导企业与本地制造业加强合作,形成了以"快递+南康家具"为代表的一批服务制造业规模性项目。2018年南康家具快件业务量300万件,支撑产业产值56亿元。

赣州市政府在《关于加快电子商务产业发展的实施意见》中明确"积极引进国内外知名快递企业、快递园区开发企业进驻赣州,鼓励快递企业进驻工业园"。经过市局大量的前期工作,在开发区香港工业园内已建成市级快递产业园的基础上,在传化物流园内建成新的快递园区,赣州市已形成双快递园格局。共有15加快递分拨中心入驻香港工业园,园区占地109亩,日均处理量超50万件,年处理量达2亿件。顺丰、韵达、圆通、京东、宅急送等品牌分拨中心已入驻传化物流园区,顺丰、安能分别在园区购置土地200亩、60亩,韵达在园区内新建分拨中心一处,投资超1000万元。

山东省快递市场发展及管理情况

一、快递市场总体发展情况

2018年,山东省邮政行业业务收入(不包括邮政储蓄银行直接营业收入)累计完成346.0亿元,同比增长24.0%;业务总量累计完成522.5亿元,同比增长33.0%。其中,快递企业业务量累计完成21.9亿件,同比增长44.4%;业务收入累计完成228.4亿元,同比增长33.9%(表7-15)。支撑网络零售额超3200亿元。

表7-15 2018年山东省快递服务企业发展情况

指标	单位	2018年12月		比上年同期增长(%)		占全部比例(%)	
		累计	当月	累计	当月	累计	当月
快递业务量	万件	218701.10	24362.14	44.38	48.12	100	100
同城	万件	41050.89	4933.07	40.36	52.75	18.77	20.25
异地	万件	176287.09	19266.68	45.64	47.04	80.61	79.08
国际及港澳台	万件	1363.13	162.40	14.92	41.38	0.62	0.67
快递业务收入	亿元	228.40	23.29	33.94	30.71	100	100
同城	亿元	30.98	3.35	39.14	35.67	13.56	14.38
异地	亿元	147.00	14.99	35.96	33.06	64.36	64.36
国际及港澳台	亿元	15.45	1.40	5.85	-0.94	6.76	6.02
其他	亿元	34.97	3.55	36.98	32.96	15.31	15.24

二、行业管理工作及主要成效

全系统党的建设实现新跨越。政治建设引领作用凸显。紧扣深入学习贯彻习近平新时代中国特色社会主义思想和党的十九大精神主线,以思想政治建设推动党的领导进一步加强,发挥理论学习中心组"头雁"效应,精选学习材料,系统学习习近平总书记系列重要讲话和党的十九大报告等,邀请省委党校、省纪委、省直工委专家对干部专题培训,重点内容扩大到机关处级以上干部、市局主要负责同志,党组带头学、带头实践,坚定"四个自信"、增强"四个意识"、坚决做到"两个维护",在政治上思想上行动上与党中央保持高度一致,贯彻国家邮政局决策部署的能力不断增强,真正把党的领导落实到不折不扣执行中央和上级决策部署上,落实到引领邮政管理事业发展上。

全面从严治党不断深化。以落实国家邮政局巡视发现问题整改为重点,进一步完善党的建设制度9项、措施办法21个,切实做好巡视"后半篇文章"。实现政治巡察全覆盖,完成了对全省17个市局党组巡察,推动被巡察市局党组分解任务265项、细化整改措施626项,进一步解决管党治党宽松软问题。狠抓党风廉政建设"两个责任"落实,用足用好监督执纪问责"四种形态",举办落实全面从严治党暨廉政警示教育专题培训班,深入开展九个专项治理和专项治理"回头看",选派四个工作组分别赴6个市局现场抽查,全省清查整改问题160个。持续推进"两学一做"学习教育常态化制度化,不断规范党内政治生活,制定《支部规范化建设实施意见》,组织"听老党员讲革命故事"、"我的初心使命"、社区联合党建等主题党日活动,着力提高基层支部组织力、战斗力。深入贯彻中央八项规定精神,精简会议文件、厉行勤俭节约,全年省局本级会议费支出同比下降27.1%。

干部人才队伍展现新风貌。坚决贯彻民主集中制,重视党组班子自身建设,充分发挥班子领导核心作用,深入推动干部队伍作风建设。激励干部担当作为,加强对市局班子管理考核,制定了《山东省邮政管理局市局工作综合考核办法(试行)》,完善了《邮政普遍服务监管考核办法》《邮政市场监管考核办法》《行政执法案卷评查办法》等,组织完成了对17个市局考核评比,比学赶超的氛围日渐浓厚。加大了机关年轻干部下派和市局干部上挂交流力度,选拔交流干部13名,干部梯队不断优化。坚持聚人才、强素质,集中优势力量举办新进人员履职培训,为全系统82名军转及安全中心人员加油充电,取得良好培训效果。精神文明建设再添新功,省局机关被交通部授予"全国交通运输行业文明单位",4个市局被评为省级文明单位。

行业高质量发展取得新突破。快递服务乡村振兴全面提速。深入贯彻习近平总书记视察山东重要指示批示,邮政快递服务现代农业纳入《山东省乡村振兴战略(2018—2022)》,全省累计建设邮政农村便民服务站7万余个、乡镇快递网点5143个、农村快递公共取送点2259处;大力推进快递"下乡入村",全面启动"一市一品""一地一品"工程,鼓励争创快递超千万件"金牌"、百万件"银牌"项目取得很好突破,滨州冬枣、临沂蜜桃两个项目千万件包裹量,分别达到1050万件、1161万件,被国家邮政局授予全国快递服务现代农业金牌项目,烟台苹果、聊城香瓜、德州扒鸡等4个项目寄递量超500万,全省涌现出40多个寄递量过百万项目,快递支撑淘宝村达到367个。2018年,全省快递服务现代农业项目实现快件量超8600万件,快递业务收入超7.24亿元,支撑农产品网络零售额超110亿元,快递服务乡村振兴呈现喜人态势。

全省快递园区建设开局良好。加快推动快递园区"一市一园"建设部署,组织6个市局主要负责同志赴江西、贵州专题考察,两省的园区建设经验以及干事创业、艰苦奋斗、勇于进取的精神,让每位考察成员深受触动,更加明确了思路、收获了信心,坚定了推进园区建设的决心。各市局加快规划建设步伐,积极争取地方政府用地扶持,指导协调通过企业联合自建、第三方承建、集中租赁等多种方式,推动园区规划建设渐次落地。高标准园区布局建设已初见雏形,其中临沂规划2000亩快递物流园区,申通、百世、圆通等多家快递企业已经先期入驻;德州引入交通投资集团,着力打造金茂源337亩高标准快递园区,项目已经开工建设、部分骨干企业已经入驻,预计2019年6月份全部建成;淄博快递园区已试运行,计划投资12亿元、占地300亩的青岛临空经济区顺丰创新产业园已完成签约,等等。同时,济南、临沂、泰安等市的商河、肥城、莒南、平邑等县域快递园区已经成功运作,吸引大批快递企业进驻,集聚效应开始发挥。

供给侧结构性改革向纵深发展。引导寄递企业加快转型升级,不断拓展产业链,在EMS服务中国重汽、海尔制造项目带动下,引导培育服务玻璃制造、电器制造等"快递+制造业"项目53个,实现快递服务制造业产值483亿元。深度对接"一带一路""中韩自贸区",跨境快递服务供给大幅提升,全省跨境快件业务量突破1200万件、服务跨境电商出口产值超10亿元,其中青岛邮政跨境电商产业园注册企业100余家,累计发运跨境电商产品680余万件,实现进出口贸易额近12亿元。军民融合进行了有益探索,青岛局积极服务军民融合示范区建设,指导顺丰速运通过设立特种物流办事处提供军用物资运输服务。

邮政业三大攻坚战首战告捷。防范重大风险决胜上合安保。围绕上合青岛峰会寄递安保首要政治任务,贯彻"三个一切、六个坚决防止"要求,制定周密实施方案,集中力量、日夜奋战;坚持"一盘棋"思想,抽调全省各市执法力量分四批赴青岛支援,实施"平安护航峰会大检查专项行动"。其间全省出动执法人员7866人次、检查企业4250家次、依法实施行政处罚181起,确保了峰会期间寄递安保措施扎实有力,寄递渠道安全畅通,出色地完成了重大活动安保任务。国家邮政局局长马军胜、副局长刘君专门批示充分肯定,青岛市委、市政府专程发来感谢信,威海、日照等局被地方党委政府表彰为"防风险、化积案、保稳定"先进集体。

邮政助力脱贫攻坚取得新成效。全省邮政管理系统直接帮扶村居7个,其中济宁、威海、菏泽的4个村已完成脱贫任务,其余3个村帮扶工作进展良好。产业扶贫取得明显成效,省邮政公司创建邮政服务"一市一品"项目54个,帮扶贫困人口2313人,带动增收239万元。"爱心包裹""母亲邮包"项目社会效益显著,全省创建公益募捐活动队伍1994支,以点滴爱心为上千户贫困家庭送上温暖。

行业绿色发展水平稳步提升。支持在青岛设立全国首个"快递业绿色发展产学研协同创新示范基地"。鼓励企业统筹运用甩挂运输、多式联运和绿色递送,全省新投入运营快递新能源车辆1100余辆,济宁积极争取快递电动汽车推广财政补助资金220余万元。加快推进企业使用绿色包装、电子面单,青岛邮政寄递事业部在全市265处网点配齐绿色环保包装箱和45毫米胶带,较传统包装减重20%、封装胶带使用量降低20%。东营等局组织快递包装循环利用主题宣传活动,试点设置快递包装回收点70余个,引导示范作用逐步显现。

市场监管治理效能持续提升。落实企业安全主体责任制收到良好成效。依据《中华人民共和国安全生产法》,大力推行企业寄递安全主体责任制落实,在泰安局试点取得显著成效基础上,7月份起在17个市局全面推开。聚焦彻底收寄验视,从强力推进企业依法设置安全管理机构和人员抓起,督导企业建立培训教育、内部检查、落实奖惩、"留痕管理"等运行机制,推动寄递企业由被动到主动执行收寄验视制度、激发企业内生动力。推进半年以来,全省彻底收寄验视率大幅提高、达到76.2%,开箱验视率超过87%,其中泰安、威海、淄博抽测彻底验视率达到100%,成效十分突出。寄递安全主体责任制落实经验及成效,得到国家邮政局刘君副局长和市场监管司充分肯定。

末端投递服务持续优化。鼓励引导共享投递模式创新,青岛市快递服务设施被纳入城市公共服务设施配套体系,启动"城市智慧物流(快递)末端公共配送服务平台"项目建设,泰安局推进末端集约平台化发展,建成安驿站、泰驿站50余家。"快递入区"工程加快落地,淄博局引导快递企业与"摩西管家"合作推进快递进社区工程,已试点建设103处社区快递综合服务站。加快智能快件箱推广应用,全省累计布放智能包裹柜、快件箱4万余组。全省宅递、箱递、站递互为补充的末端投递服务新格局初步形成。

"放心消费"工程成效明显。落实国家邮政局更贴近民生7件实事部署,推动快递服务纳入全省放心消费建设体系,出台《山东省快递业信用体系建设工作方案》,组建由邮政管理、公安、国家安全等各方参与的省快递业信用评定委员会。深化"三不"专项治理,引导快递行业通过购置托盘货架、改造立体收纳设施、增配自动分拣设备等,提升分拣转运环节服务质量;发挥邮政业安全中心监管支撑作用,加强旺季服务数据监控,实时通报流量、调度监管力量,确保"双11"等旺季平稳运行;建立快递服务质量提升联席会议制度,快件有效申诉量4889件、同比下降58.5%,为消费者挽回经济损失348万元,消费者对申诉处理满意率为98.2%;推进快递员关爱工程,各市局依托工会爱心驿站为快递员提供饮水、点心等关爱服务。

安全用邮基础不断夯实。加强基层监管机构建设,青岛、临沂、德州等市局成立县级邮政管理机构已达13个,临沂、济宁等强化了县级机构执法工作。深化安全监管机制建设,省邮政业安全中心组建运行,16个市级邮政业安全中心获批成立,全省各级安全中心岗位设置超100个,有效弥补了安全监管专业力量薄弱的短板。强化寄递安全"三项制度"落实,全省安检机配备达到1400余台、实现应配尽配全覆盖、数量居全国前列;全年全省快件实名率达到99.6%、居全国前三;全省查处违规企业125家次、罚款额287.7万元,责令停业整顿53家,寄递安全平稳态势持续稳固。

行业发展政策环境不断优化。产业扶持政策开花结果,《山东省人民政府办公厅关于推进电子商务与快递物流协同发展的实施意见》印发实施;推动村邮站、快递末端网点2项服务标准纳入省级地方标准编制计划,争取省政府编制资金补助10万元;联合省商务厅、财政厅完成7个市智能快件箱建设规划验收,确保1700万元省财政奖补资金全部拨付到位;济宁局争取市政府出台《关于推进快递业新旧动能转换实施意见》,将支持快递业发展纳入了交通事业等专项资金扶持范围;烟台局推动邮政跨境电商产业园纳入山东跨境电商综试区资金扶持项目,争取专项扶持资金100万元;青岛局推动快递服务设施纳入《青岛市市区公共服务设施配套标准及规划导则》;日照局联合交通运输部门对航空快件增量给予500元/吨补贴。

车辆通行保障成果丰富。依托《快递暂行条例》相关规定,积极反映当前快递行业民生发展需求和快递电动三轮车使用实际,在《山东省人民政府办公厅关于加强低速电动车管理工作的实施意见》中为存量快递三轮车设置3年过渡期,省局成为全省加强低速电动车管理专班成员单位。在青岛召开车辆规范通行现场会,加快推动快递车辆通行政策落地,济南、青岛、枣庄、潍坊等市局联合公安交管部门为6000余台规范快递三轮车挂牌,全省已有7个市局实现快递车辆规范通行,有效化解投递车辆通行难。

末端网点备案走在前列。深化"放管服"改革,推行"一次办好"模式,清理快递许可证明事项,精减审批申请材料55%,压缩许可审批时限至13个工作日、分支机构办理时限至8个工作日。出台《山东省快递末端网点实施方案》,全省备案快递末端网点1.38万个、数量居全国第一,备案工作平均办理时限为1.3个工作日。末端网点备案工作,进一步激发市场主体活力,为强化事中事后监管奠定坚实基础。

三、改革开放40周年

改革开放以来,山东省邮政业步入发展快车道,在服务生产、推进转型、惠及民生、促进内需等方面发挥了重要作用,有效保障城乡居民基本通信权利,满足了人民群众用邮需求,为经济文化强省建设做出了积极贡献。发挥了重要作用。邮政服务基础性、普惠性作用更加明显。全省邮政普遍服务营业网点达2875处,城市包裹自提点3759处,建设邮政便民服务站、村邮站7万余个,总体实现"乡乡设所、村村通邮";开办20余项便民业务,日均服务用户55万人次。邮政服务"三农"走在全国前列。山东邮政服务"三农"经验被全国推广,"邮政万亩示范田+鸿雁合作社+一体化服务"的"三农"服务模式进一步拓展,累计发展合作社员160万户,销售快消品(使用寿命较短、消费速度较快的消费品)8亿元,建设邮政示范田1215万亩。快递服务保障能力明显增强。全省快递营业网点超过1万个,骨干快递企业县级网点实现全覆盖,乡(镇)快递网点覆盖率达97.0%,高于全国平均水平,日均服务用户243万人次,全省5322处服务点安装智能快件箱(格口数达26万个)。高铁快递、航空快递进一步提升了寄递服务品质。全省有13个市实现"快件上高铁",全年高铁发送快件量6.7万件,共468吨,业务收入186.5万元;邮政航空、顺丰航空相继落户山东,快递企业通过包仓、租赁、自营货机等多种形式加快快件航运布局,全年起降快件航班10.8万架次,航空快件量达1.1亿件。

四、各市(地)主要管理工作概况

滨州市邮政管理局创新推出"百家快递进枣乡"活动,引导快递行业主动对接、靠前服务,打通区域快递分拨沟通渠道,建立健全冬枣寄递绿色通道,组织辖区快递企业进村入户将网点设到"田间地头",着力推动枣乡重点村落快递服务支撑网络建设,2018年冬枣上市高峰期全市快递行业设立临时服务站点49个。同时,滨州局深入推动快递与电商融合,充分发挥快递协会作用,引导会员企业与冬枣电商相互协作,促进冬枣寄递产业健康持续发展。滨州局自推出"百家快递进枣乡"活动以来,全市冬枣项目快递业务量已连续2年超1000万件,2018年在冬枣减产的情况下,全市冬枣寄递快递业务量仍然达1050万件、业务收入突破6000万元,带动枣农人均增收2000余元,支撑冬枣产品零售额达10亿元。

临沂市邮政管理局将上市期间横跨早春到初冬的临沂蜜桃作为重点项目,以"快递+"擦亮"中国蜜桃之都"品牌,全力打通"国家农产品地理标志产品"的寄递销售渠道。推动顺丰速运与市商务局、蒙阴县政府签订战略合作协议,将企业渠道、流通等优质资源向蜜桃项目倾斜,在顺丰线上平台进行专题推广并将蜜桃发件班次由每日1班调整为2班。打造寄递绿色通道,指导协会加强与快递品牌企业总部沟通,引导支持企业开通"水蜜桃"寄递绿色通道,实现蜜桃快件不再单独建包,分拨中心直接发货,全渠道优先服务,全年仅蒙阴中通就发送水蜜桃566万件。根据临沂市电商快递数据统计,临沂蜜桃寄递量突破1000万件,成为全市首个业务量超千万件的"快递+农特产品"项目。

青岛市邮政管理局统筹推进快递车辆规范通行工作,推动市政府出台《关于加强快递服务车辆规范管理的通知》,为快递三轮车规范通行奠定政策依据。拟定出台快递三轮车"5+2"统一管理方案,明确寄递企业、快递协会和监管部门各方责任,实现智能交通系统对交通违法行为自动取证抓拍,建立了交通违法信息抄告和企业内部交通安全管理处罚机制。充分发挥行业自律功能,指导快递协会制定实施《快递专用电动三轮车规范管理实施细则》,对落实"五统一"管理标准、申请车辆编号、加强日常管理等做了详细规定,指导制定交通安全自律管理奖惩办法,落实奖惩措施,构建快递三轮车规范管理长效机制。

日照市邮政管理局聚力快递行业新旧动能转换,鼓励支持快递服务新产业、新业态、新模式。顺丰速运日照分公司联合"浣洗中国"平台,为干洗工厂提供上门收取、上门配送服务,以"逆向物流"模式实现服务升级,在实现业务收入增长的同时获得市场一致认可。加快跨境快递发展,指导市邮政速递物流携手Ebay、wish电商平台,为商品走出去提供绿色通道,有效助推跨境电商业务发展,全年国际及港澳台快件业务量实现翻一番。着力打造"快递+农产品"上行示范项目,充分发挥邮政业承载农产品进城、消费品下乡双向流通方面的优势,推动"一地一品"农特产品上行项目,打造了"五莲大樱桃""陈疃蓝莓""莒县小米""日照绿茶"等一批农产品寄递金牌项目,助力打赢精准脱贫攻坚战。2018年,快递行业依托日照机场航线开通蓝莓寄递绿色通道,帮助陈疃蓝莓销售超2.8万件,为农户实现收入百余万元。

泰安市邮政管理局转变思路方法,2018年5月起聚焦短板弱项,深入推进落实企业安全工作主体责任制,全市90多家许可企业和独立分支机构均依法设立或明确了安全生产管理机构,配备了59名专职安全生产管理人员和159名兼职安全生产管理人员,实现了企业安全机构与人员的应配尽配,充分激发企业加强寄递安全的内生动力,取得显著成效,使全市彻底收寄验视率长期保持在90%以上,实名率稳定在99%以上,一举扭转了行业安全的被动局面。在省、市综治办联合组织的暗访测试中表现优异,市安委会以专刊形式向全市印发了他们的经验做法并向省安委会推荐了相关材料,市委常委、政法委书记郭德文多次对泰安局寄递安全取得的成效提出表扬。国家局刘君副局长对泰安局的经验做法给予了充分肯定和高度评价。

河南省快递市场发展及管理情况

一、快递市场总体发展情况

2018年,河南省邮政行业业务收入(不包括邮政储蓄银行直接营业收入)累计完成275.0亿元,同比增长20.1%;业务总量累计完成430.0亿元,同比增长29.5%。其中,快递企业业务量累计完成15.3亿件,同比增长42.1%;业务收入累计完成152.9亿元,同比增长31.9%(表7-16)。新增社会就业1万人以上。

表7-16 2018年河南省快递服务企业发展情况

指标	单位	2018年12月		比上年同期增长(%)		占全部比例(%)	
		累计	当月	累计	当月	累计	当月
快递业务量	万件	152631.61	18108.81	42.14	61.51	100.00	100.00
同城	万件	24590.42	2777.81	35.30	52.24	16.11	15.34
异地	万件	125653.92	15202.68	45.03	65.11	82.32	83.95
国际及港澳台	万件	2387.27	128.33	-6.84	-28.69	1.56	0.71
快递业务收入	亿元	152.94	15.53	31.92	31.60	100.00	100.00
同城	亿元	19.30	1.95	41.91	33.18	12.62	12.59
异地	亿元	94.84	10.17	34.00	41.99	62.01	65.49
国际及港澳台	亿元	9.04	0.29	-2.71	-64.89	5.91	1.86
其他	亿元	29.76	3.12	33.68	32.64	19.46	20.06

二、行业管理工作及主要成效

全面推进党的建设。全面落实管党治党责任。全省邮政业不断树牢"四个意识",坚定"四个自信",坚决做到"两个维护",勇于担当作为,以求真务实作风坚决把党中央、国家邮政局和省委省政府的决策部署落到实处。坚决落实党建工作责任制,及时调整党建工作领导小组,坚持把党建工作与业务工作同谋划、同部署、同推进、同考核。着力完善党建工作责任制度,全面从严落实管党治党主体责任,形成党组统一领导、主要领导亲自抓、分管领导配合抓、党务部门具体抓的工作格局。严格执行民主集中制,坚持"三重一大"决策集体研究决定。深入开展党建工作述职评议考核,着力提高党建工作水平。

不断加强政治和思想建设。各级邮政管理部门进一步加强和改进党组中心组理论学习制度。把学习宣传贯彻习近平新时代中国特色社会主义思想和党的十九大精神作为首要政治任务,深入开展学习焦裕禄同志"三股劲"、红旗渠精神,学习黄群、宋月才、姜开斌、王继才先进事迹等主题教育活动。深入开展贯彻习近平总书记关于推进党的政治建设重要指示精神"五个 "系列活动,制定实施方案,开展机关作风集中整治活动,及时总结经验教训。深入贯彻落实习近平总书记关于"全党来一个大学习""在全党大兴调查研究之风"的重要指示精神,全省撰写调研报告24篇,努力将大学习、大调研成果转化为推动行业发展的强大动力。在陕西延安干部培训学院成功举办党的十九大精神专题培训班。组织发放各类学习书籍材料，拓宽学习载体。制作各类展板，宣传党的十九大精神。认真配合国家邮政局做好巡视工作，针对巡视反馈的3个方面17个突出问题，建立了整改问题清单、任务清单、措施清单和责任清单，形成了整改方案，明确了任务分工和进度安排，针对梳理出的79个问题制定的124项整改措施已完成94%。制定实施河南省邮政管理局党组巡察工作规划（2018—2022年），完成了对6个市局的巡察工作。

夯实基层组织建设。召开省局机关党员大会，选举产生了新一届机关党委、纪委委员。提升党支部组织力，加强党支部标准化规范化建设，表彰"两优一先"代表，深入推进"两学一做"学习教育常态化制度化。制定《河南省邮政管理局党的建设制度汇编》，进一步提高了党建工作科学化、规范化、制度化水平。开展全省邮政管理系统党建工作调研。积极推进非公快递企业党建工作，推动成立16个党组织，将210名党员纳入组织管理，其中2018年新成立8个党组织，充分发挥基层党组织战斗堡垒作用和党员先锋模范作用。安阳、焦作、漯河等市局党支部获得市直工委先进党组织荣誉称号。

加强党风廉政建设和监督执纪问责。落实推动新时代全面从严治党向纵深发展的意见，组织召开2018年全省邮政管理系统党风廉政建设工作会议。深入贯彻落实中央八项规定及其实施细则精神，开展出入隐蔽场所违规吃喝、收送红包礼金等问题专项治理。组织开展违规公款吃喝等九个专项治理自查自纠。在元旦、春节等重要时间节点，做好廉政提醒。组织开展"纪律教育年"主题教育活动。加强与纪检监察部门的沟通，深入核查有关问题线索，推进违规违纪案件的办理。开展任前廉政谈话8人次，诫勉谈话2人次。

推动行业高质量发展。着力优化行业发展环境，认真落实《快递暂行条例》和《国务院办公厅关于推进电子商务与快递物流协同发展的意见》，推进出台《河南省人民政府办公厅关于印发河南省促进物流业转型发展若干措施的通知》，全省17市均出台快递物流转型发展工作方案。争取促进物流业转型升级专项资金，通过项目资金补贴，引导企业破解安检能力不足、网点基础设施不完备、"最后一公里"投递难等瓶颈问题。制定印发《河南省邮政业"十三五"规划中期评估工作方案》，开展实地调研，及时报送中期评估材料。推进"河南省邮政业大数据平台构建与应用研究""多式联运在快递物流中的应用研究""电子商务与快递业协同发展研究"等科技项目，完成项目中期评估和资金的申请、划拨。举办2018年全省邮政管理系统规划政策培训班，开展规划政策衔接。

着力提升行业基础建设，圆通公司开通郑州至东京的货运航线，成为郑州首条直航日本东京的全货机航线。推动中通郑州二期60亩处理中心、圆通漯河300亩智慧物流产业园一期投入使用；支持京东郑州300亩"亚洲一号仓"、韵达郑州260亩华中分拨、邮政机场临空侧180亩航空邮件处理中心、顺丰郑州航空港区300亩电商产业园、中通郑州航空港区246亩快递物流园、申通漯河100亩电商物流产业园等园区建设。积极参与河南省自贸区、空中丝绸之路、跨境电商综试区等重大项目建设，河南省全国性快递集散交换中心项目已完成，郑州机场邮件快件"绿色通道"建设成效显著。借助自贸区建设有利契机，建立与海关、商检、口岸办等部门协作机制，协调快递企业提升跨境业务承接能力。充分利用郑州机场国际航线资源，拓展跨境快件的直运、直封、直发业务，全年共出口跨境邮件快件7548.98万件，货值165.22亿元。稳步推进国际航空快件集散中心项目，郑州邮政口岸已经开通33个国家（地区）41个城市的直封关系，其中19个国家（地区）27个城市实现郑州直航出境，直航比例达到85%。完成"一点通关、分拨全国"两次业务测试，全部正常通关。河南申通航空快件安检前移，提高了通关效率。河南顺丰通过高铁运输西安、武汉两个方向的快件。郑欧班列实现常态化运邮。

着力深化"放管服"改革，进一步优化许可流程，快递业务经营许可流程由原来的45个工作日优化为22个工作日，许可申请协查审批平均办结时间为8.5天，许可变更审批平均办结时间为9.8天，许可申请审批平均办结时间为12天，实现百分之百按时完成。全年受理许可申请560件，审批通过162件，受理变更申请1900件，核准变更申请1528件，注销快递业务经营许可证5个。制定《河南省快递末端网点备案实施方案》，2018年共备案末端网点4833个，进一步释放市场活力。

助力打好三大攻坚战。持续打造"安全用邮"环境，与综治、公安、国家安全、反恐等部门建立联动工作机制，狠抓"三项制度"落实，共同做好寄递渠道安全保障工作。指导快递企业层层建立邮路安全责任制，完善安保预案，加强安全防范工作。加强安全检查，确保了全国两会、博鳌亚洲论坛年会、上合组织青岛峰会、中非论坛北京峰会、首届中国国际进口博览会等一系列重大活动期间河南省寄递渠道安全通畅。加强寄递渠道非洲猪瘟疫情防控，持续开展电气火灾、打击枪爆隐患整治、易制爆危险化学品等安全整治活动，配合做好反恐、禁毒、扫黄打非、打击假烟、打击侵权假冒等工作。扎实推进社会治安综合治理，在全省综治和平安建设考评中，获得"综治和平安建设工作优秀单位"荣誉称号。加强行业应急管理，组织开展应急演练，妥善处置快捷快递暂停网络服务等突发事件。制定下发收寄验视流程，广泛宣传《快递暂行条例》、反恐怖主义法及寄递安全常识。加强对寄递企业安检操作人员培训，分3个批次对全省22个寄递企业的358名安检设备操作人员进行了业务技能培训。督促企业将安检工作前移到市县分拨中心和较大的营业网点，全省寄递企业共配置X光安检机897台，基本满足了邮件快件过机安检的需求。加快推进实名收寄信息系统应用，大力提升零散用户信息化实名率，2018年12月全省实名收寄信息化率平均值已达99.3%，超过国家邮政局98.8%的考核目标。印发指导意见，督促快递企业落实"五个一"工程建设，积极履行安全生产主体责任，逐步形成了政府督导、企业自律、社会监督的安全生产体系。组织开展机要通信保密安全专项检查活动，确保机要通信平稳安全运行。

不断提高行业绿色发展水平，认真落实国家10部门关于协同推进快递业绿色包装工作的指导意见，制定印发《河南省推进快递业绿色包装三年行动计划实施方案（2018－2020年）》，绿色化、减量化和可循环取得积极成果，科技创新和应用水平不断提升。作为全国五个"绿色邮政"示范城市之一，鹤壁率先召开"绿色邮政"示范城市建设启动大会。

积极助力精准脱贫攻坚，深入推进"邮政在乡"工程，着力打造农村邮政便民服务平台，全省已建设邮乐购站点38183个，农特产品进城配送量11124.21吨，农特产品交易额8687.95万元，邮政企业县乡村三级物流配送体系日益完善。持续推进"快递下乡"工程，鼓励企业在乡镇设立合法分支机构，一家网点代理多家快递品牌，目前已建成2156个乡镇快递综合服务站，9399个农村快递公共取送点，全省1802个乡镇快递网点保持100%全覆盖。大力服务"乡村振兴"战略，持续推进"一市一品"农特产品进城项目工作，"寄递＋电商＋农特产品＋农户"脱贫模式作用明显。引导市场潜力大、知名度较高的"一市一品"农特产品成为城市特色，发展城市品牌。继续打造"快递＋"金牌工程，全省涌现出焦作四大怀药、南阳猕猴桃、三门峡灵宝苹果、信阳茶叶等6个年业务量超百万件和10多个业务量超十万件的项目，带动农业总产值8亿多元。2018年"双11"期间，省内29个国家级贫困县共发运包裹224万件，收投包裹618万件。配合开展"四好农村路"建设工作，积极助力全省交通运输脱贫攻坚。

落实贴近民生七件实事。在改善末端投递服务方面，全省建成社区末端综合服务站5418个，城市快递网点标准化率达100%。智能快件箱累计投入使用16395组,较年初新增10874组,完成全年目标的362.5%。建成校园快递综合服务站299个,130多所高校规范收投率达100%。郑州、开封、洛阳、安阳、鹤壁、新乡、焦作、许昌、漯河、商丘、南阳、信阳等12个市局推动当地政府规范快递三轮车使用管理。郑州局协调相关部门将快递运输车辆纳入"确需入市车辆"管理,办理入市证1518张,破解限行难题。

在实施"放心消费"工程方面,继续推进"不着地、不抛件、不摆地摊"专项治理,基本实现离地设施铺设全覆盖。提升分拨中心视频监控与邮政管理部门联网率,加大未按规定分拣作业案件查处力度。定期组织召开快递服务质量联席会议,每月定期发布河南省邮政业消费者申诉情况通告。按规定做好消费者申诉的转办、回访和处理工作。组织建立企业信用档案,完善管理办法和评定指标,开展信用评定测试和信用体系建设培训,及时与工商部门企业信用信息归集共享系统等联网,推送信用信息。组织召开企业座谈会,推动全省行业诚信建设,开展"诚信快递·你我同行""3·15"主题宣传活动,组织260余人参加知识竞赛。

在建设高素质行业人才队伍方面,积极落实国家邮政局提升快递从业人员素质的指导意见。积极搭建校企合作平台,举办人才培养签约仪式。召开校企合作座谈会,与郑州大学、郑州航空工业管理学院、河南省理工学校签订人才培养合作协议。加强快递员权益保护,持续落实《促进快递企业加强末端网点管理改进从业人员职业保障工作方案》。邮政企业累计建成省级职工小家1774个,薪酬分配加大向一线员工倾斜力度。开封局引导各级寄递企业改革员工薪酬办法。商丘、驻马店等市局推进快递员关爱工程,积极改善快递员工作环境,加强培训教育。

提升行业现代治理能力。有序推进全省邮政管理系统"七五"普法工作。举办依法行政培训班,加强执法能力培训。组织对2017年全省邮政行政执法案件卷宗进行抽查。强化行政执法监督,开展行政复议工作3起,办理行政应诉案件18起,均依法胜诉。圆满完成政务公开工作,依法答复政府信息公开申请17件,开展年度报告,组织专项课题调研,提升公开能力和质量。焦作局被授予"河南省服务型行政执法示范点"荣誉称号,驻马店局被评为全市服务型行政执法示范点。全面推行"双随机、一公开"监管机制,组织开展跨区域随机督导互查,全年开展执法1.3万人次,检查单位4002家次,查处违法违规行为448起。开展快递市场清理整顿专项行动。开展邮政用品用具检查和产品质量抽检工作,全省共抽检12个企业的4种邮政用品用具产品,提升邮政、快递企业及邮政用品用具生产企业标准化和产品质量意识,推进快递包装依法生产和规范使用。

提高综合服务保障能力。加强干部队伍建设,认真贯彻落实国家邮政局党组加强领导干部队伍本领建设的意见,将"八项本领"建设纳入重点工作、提上议事日程、融入日常管理,全面推进高素质干部队伍和邮政强国建设的组织保障和人才支撑。建立健全人事规章制度,严格控制借调干部数量,严肃干部借调审批手续,规范干部任免审批,规范异地交流干部生活待遇,规范干部任免备案程序及要求。进一步优化干部队伍,全年累计任免干部12人次,受理市局报送干部选拔任用报审事项6件,报备事项1件。贯彻能上能下要求,从严监督管理干部,严格干部选拔任用监督,加强"一报告两评议"和年度民主生活会督导。加大提醒函询诫勉力度,严格落实领导干部个人事项报告制度。2名市局局长获得"全国优秀市(地)邮政管理局长"荣誉。

加强行业经济运行监控,每季度召开邮政行业经济运行分析会,提高统计数据分析水平,对快递企业进行投入产出调查和专项检查。定期发布邮政行业季度统计报表考核工作通报,定期报送行业统计数据,介绍行业发展态势和亮点特点,提升行业影响力。开展统计培训,进一步熟悉报表内容和指标口径,切实掌握上报审核方法,将报表制度各项要求落到实处。

开展社会主义核心价值观主题教育月等活动,积极参与青年文明号创建。充分发挥典型示范导向作用,开展向马朝立、其美多吉等行业先进典型学习活动。积极组织参加国家邮政局第三届"寻找最美快递员"活动。切实加强党对行业宣传思想工作的全面领导,坚持党管宣传、党管意识形态,进一步强化舆情引导和处置,做好新闻发言人工作,新闻媒体和社会舆论给予邮政业更多关注。连续第四年荣获全国邮政管理系统年度先进记者站、优秀站长、优秀特约记者、优秀通讯员称号。编发政务信息1685篇,国家邮政局网站采用192篇,在《中国邮政快递报》和《快递》杂志上刊发新闻稿件82篇。鹤壁、新乡、南阳、驻马店等市局获得精神文明单位荣誉称号。

三、改革开放40周年

2006年9月政企分开以来,河南省邮政业改革与发展实现了历史性突破,邮政、快递业务得到了较快发展,市场秩序进一步规范,信息化水平逐步提升,服务能力和水平稳步提高,邮政业整体发展势头迅猛,实力显著增强。从2010年到2018年8年间,河南省快递业务量由0.57亿件到15.26亿件,增长了26倍,年均增幅50.82%;业务收入由11亿元到152.95亿元,增长近13倍,年均增长38.96%。快递业持续保持强劲发展势头,在满足现代化的生活方式,推动经济增长,服务人民群众生活等方面发挥着越来越重要的作用。按照《河南省邮政业发展"十三五"规划》中期评估调整目标,到2020年全省快递业务量将达到20亿件,业务收入将达到230亿元。

出台多项支持全省邮政行业发展政策。推动省政府下发了《关于促进快递服务业发展的意见》,推动河南省快递航空物流港等项目列入《河南省交通基础设施重大工程建设三年行动计划实施方案》;联合省工信厅联合出台《关于推进快递服务制造业工作的指导意见》,加强行业与相关产业的融合。联合省教育厅下发《关于加快推进快递服务进校园工作的指导意见》,大力推动末端投递服务水平。

着力夯实全省邮政行业发展基础。圆通公司开通郑州至东京的货运航线,成为郑州首条直航日本东京的全货机航线。推动中通郑州二期60亩处理中心、圆通漯河300亩智慧物流产业园一期投入使用;支持京东郑州300亩"亚洲一号仓"、韵达郑州260亩华中分拨、邮政机场临空侧180亩航空邮件处理中心、顺丰郑州航空港区300亩电商产业园、中通郑州航空港区246亩快递物流园、申通漯河100亩电商物流产业园等园区建设。河南省全国性快递集散交换中心项目已完成,郑州机场邮件快件"绿色通道"建设成效显著。充分利用郑州机场国际航线资源,拓展跨境快件的直运、直封、直发业务,全年共出口跨境邮件快件7548.98万件,货值165.22亿元。稳步推进国际航空快件集散中心项目,郑州邮政口岸已经开通33个国家(地区)41个城市的直封关系,其中19个国家(地区)27个城市实现郑州直航出境,直航比例达到85%。河南顺丰通过高铁运输西安、武汉两个方向的快件。郑欧班列实现常态化运邮。持续改善末端投递服务。全省建成社区末端综合服务站5418个,城市快递网点标准化率达100%。智能快件箱累计投入使用16395组,较年初新增10874组,完成全年目标的362.5%。建成校园快递综合服务站299个,130多所高校规范收投率达100%。

积极助力精准脱贫攻坚。深入推进"邮政在乡"工程,着力打造农村邮政便民服务平台,全省已建设邮乐购站点38183个,农特产品进城配送量11124.21吨,农特产品交易额8687.95万元,邮政企业县乡村三级物流配送体系日益完善。持续推进"快递下乡"工程,鼓励企业在乡镇设立合法分支机构,一家网点代理多家快递品牌,目前已建成2156个乡镇快递综合服务站,9399个农村快递公共取送点，全省1802个乡镇快递网点保持100%全覆盖。大力服务"乡村振兴"战略，持续推进"一市一品"农特产品进城项目工作，"寄递+电商+农特产品+农户"脱贫模式作用明显。引导市场潜力大、知名度较高的"一市一品"农特产品成为城市特色，发展城市品牌。继续打造"快递+"金牌工程，全省涌现出焦作四大怀药、南阳猕猴桃、三门峡灵宝苹果、信阳茶叶等6个年业务量超百万件和10多个业务量超十万件的项目，带动农业总产值8亿多元。去年"双11"期间，省内29个国家级贫困县共发运包裹224万件，收投包裹618万件。

四、各市（地）主要管理工作概况

郑州市邮政管理局积极推动《郑州市邮政业发展"十三五"规划》《郑州市快递物流转型发展工作方案》《建设国家中心城市行动纲要》落地实施，配合做好中国（河南）自由贸易试验区郑州片区改革创新试点任务和国家中心城市基础性工作任务；强化电子面单使用，全市电子面单使用率已经达到90%以上，推动新能源汽车在行业中的推广应用，目前，郑州市快递企业已购置或租赁新能源汽车110余辆；与市公安局联合印发《关于规范郑州市邮政快递专用电动三轮车管理的通知》，为快递三轮车争取到3年市内通行权，协调市公安交警部门将快递车辆纳入不受单双号措施限制车辆范围，有效规避限号政策影响。

开封市邮政管理局紧抓行业精神文明创建，持续推动《开封市"十三五"邮政业发展规划》《开封市快递物流转型发展工作方案》落实，加快快递进社区、高校和"快递下乡"工程，提升重点品牌快递企业乡镇覆盖率；利用网站、微信公众号等发布经营消费预警提醒，公示邮政普遍服务网点和快递营业网点地址、联系方式、业务种类等信息，畅通便民渠道，倒逼企业提升服务质量；持续推进快递业务员关爱工程，办理快递员专用手机电话卡，在市区主要邮政快递营业场所建立爱心流动站；深入落实放管服改革要求，做到行政许可工作"最多跑一次"，印制发放《行政许可申请指导手册》《行政许可便民联系卡》，提供一站式许可备案服务。

许昌市邮政管理局着力优化行业发展环境，成为中国（河南）自由贸易实验区许昌联动发展区建设领导小组成员单位；推动全市邮政业发展纳入许昌市电子商务专项规划、电子信息产业转型发展行动计划、新能源汽车产业转型发展行动计划，在产业融合发展和新能源快递车辆发展等方面获得大力支持；与综治、公安、国家安全、反恐等部门建立联动工作机制，狠抓"三项制度"落实；出台物流标准化示范工作实施方案，发展"物流园区+"服务业态，促进许昌城乡三级物流配送、快递分拣、电商融合；积极争取完成重点建设项目申报，扶持资金已获审验合格，290余万元补贴资金目前已进入市财政审核拨付阶段。

周口市邮政管理局持续打造"安全用邮"环境，扎实推进社会治安综合治理，2018年获全市"综治和平安建设工作优秀单位""维护国家安全人民防线先进单位""安全生产月先进单位"，多名同志荣获安全生产工作先进个人；加快推进实名收寄信息系统应用，大力提升零散用户信息化实名率，2018年12月全市实名收寄信息化率平均值已达99.28%；引导各寄递企业加大绿色运输与配送的投入力度，全市2018年增加新能源投递车辆139辆；服务河南省精准扶贫"巧媳妇"示范工程企业和加工站点336个，分布在24个乡镇（场、办），从业人员达6万多人，年创产值25亿元，年带动快递出口量近100万件，业务收入约680万元；联合市扶贫办出台了《周口市贫困县"乡村快递+就业脱贫"活动实施方案》，通过企业承担社会扶贫责任帮助贫困户就业，助力精准脱贫。

湖北省快递市场发展及管理情况

一、快递市场总体发展情况

2018年,湖北省邮政行业业务收入(不包括邮政储蓄银行直接营业收入)累计完成230.7亿元,同比增长17.5%;业务总量累计完成345.1亿元,同比增长30.0%。其中,快递企业业务量累计完成13.5亿件,同比增长33.6%;业务收入累计完成143.8亿元,同比增长20.8%(表7-17)。

表7-17 2018年湖北省快递服务企业发展情况

指标	单位	2018年12月 累计	2018年12月 当月	比上年同期增长(%) 累计	比上年同期增长(%) 当月	占全部比例(%) 累计	占全部比例(%) 当月
快递业务量	万件	135308	14520	33.6	54.2	100	100
同城	万件	31644	3400	33.92	35.95	23.39	23.42
异地	万件	102248	10982	33.05	60.99	75.57	75.64
国际及港澳台	万件	1416.4	137.21	77	47.16	1.05	0.95
快递业务收入	亿元	143.8	14.48	20.77	24.58	100	100
同城	亿元	24.19	2.34	32.06	20.34	16.82	16.18
异地	亿元	79.2	7.90	21.46	33.51	55.09	54.53
国际及港澳台	亿元	6.43	0.51	53.89	20.26	4.47	3.5
其他	亿元	33.95	3.73	8.34	11.77	23.61	25.79

二、行业管理工作及主要成效

为行业发展营造良好政治生态。全面加强党的建设各项工作。坚持把政治建设放在统领位置,严肃党内政治生活,确保坚决做到"两个维护"。把学习习近平新时代中国特色社会主义思想和党的十九大、习近平总书记视察湖北重要讲话精神作为首要政治任务。发挥党组中心组示范引领作用,组织领导干部赴尧治河教育培训基地开展学习贯彻党的十九大精神专题培训,实现党的十九大精神处级干部轮训100%全覆盖。省局成立了党建办公室,全面加强党建工作力量。印发《省局党组贯彻执行〈湖北省党务公开实施细则(试行)〉的实施办法》。加强基层党建工作,认真落实《中国共产党支部工作条例(试行)》,践行基层党建责任清单管理制度,大力开展"红旗党支部"创建和党建工作先进单位创建。认真指导、积极推进非公党建工作,印发了《关于加强和改进全省邮政业非公企业党组织建设工作的实施意见》,目前全省已建立党组织的快递企业有19家,党员人数519人。

落实"两个责任",深入推进党风廉政建设。深入贯彻落实中央八项规定及其实施细则精神,持续整治"四风",深入推进全面从严治党向基层延伸。认真组织学习《中国共产党纪律处分条例》《中华人民共和国监察法》,认真开展第十九个党风廉政建设宣教月、家庭助廉等活动,开展节日期间廉政警示教育,持续正风肃纪。加强领导干部廉政监督,对新任职的党员干部开展集体廉政谈话。深入做好巡视整改和巡察工作,对照国家邮政局2017年巡视发现的4个方面41个共性问题以及2018年国家邮政局党组第二巡视组反馈的问题开展对照整改。认真开展"九个专项治理"自查整改,分批对市(州)局党组开展巡察工作,目前已完成对6个市(州)局的巡察工作,查找各类问题338条,并要求各局立行整改和未巡先改。

抓好行业精神文明建设。把精神文明建设作为党建的有力抓手，各市（州）局积极为当地"文明城市"创建贡献力量，并参与创建"文明单位"。认真开展以"建功交通强国，奋斗无悔青春"为主题的2018年青年文明号开放周系列活动，深入开展志愿服务、岗位实践、学习教育活动。组织全省系统参加"其美多吉先进事迹报告会"，认真开展向黄群、宋月才、姜开斌、王继才同志等先进模范学习活动。认真组织参与第三届"寻找最美快递员"评选。

坚持转变职能优化服务。深化"放管服"改革。认真贯彻快递末端网点备案暂行规定，全省完成末端网点备案4028个。进一步优化许可流程，其中快递许可申请平均办理时限比2017年底缩短近1天，比全国平均水平快2天。推进"互联网+政务服务"，基本实现全流程网上办理和"一门、一次、一网"要求。全省快递法人企业数量位列中部地区第一，居全国前列。

做好政策规划工作、支持行业发展。全省邮政管理系统积极开展《快递暂行条例》宣贯实施工作，省局领导带队走进湖北之声政务服务类节目解读《条例》，各市（州）局也通过各种方式积极宣传《条例》，省人民政府办公厅印发了《关于推进电子商务与快递物流协同发展的实施意见》，随州市出台了相应落实意见。认真开展全省邮政业发展"十三五"中期评估。联合省商务厅等4部门印发《关于开展城乡高效配送专项行动的通知》。积极落实邮政普遍服务保障政策，邮运车辆免费通行政策和财政补助政策继续执行。积极推动全省10个市（州）出台了快递车辆通行政策。

践行新发展理念。大力推动基础网络设施建设。全省共建成9个综合性快递物流园区，16个主要品牌快递企业分拨中心，总面积达60万平方米。深入实施"快递入区"工程，城市自营网点标准化率达90%，较2017年提升11个百分点。全省共有智能快件箱近1.3万组，年递送邮件近亿件，主要品牌快递企业箱递率达12%。城市公共快递服务站和农村公共取送点分别达到2381个和10054个，省内高校快递规范收投率达100%。湖北国际物流核心枢纽项目已全面动工开建。

推动企业改革创新。推动邮政企业做强寄递市场，全年全省快递包裹业务量同比增长55%。邮政综合服务平台建设扎实推进，深入开展警邮合作，全面推行邮政网点代办公安交管业务，拓展税务代理业务，"网上办理+网下寄递"工作加快推进。推动快递企业转型升级，全省主要快递品牌企业上线了自动化智能化分拣设备，加快发展冷链、医药等高附加值业务，大包裹、云仓、快运、即时递送等新服务进一步拓展，新业态、新模式不断涌现。

推动与关联产业融合发展。全省邮政业与电子商务协同发展深入推进，服务先进制造业能力持续增强，重点项目达到21个，直接服务制造业年产值达到31亿元。服务现代农业成效明显，全省共有"快递+"百万级项目22个、千万级项目2个，其中黄冈蕲艾项目、宜昌脐橙项目快递业务量分别达1300万件、1200万件，分别形成快递业务收入6000万元、5500万元。邮快合作取得试点效应，恩施、咸宁邮政推行"村邮站"和"快递超市"建设有机结合，在提供平信收投等邮政普遍服务的基础上，叠加代收代缴、网上购物、电子商务、快递等便民惠民服务。推动交邮合作，快递上机上高铁，武汉航空快件"绿色通道"建设取得积极进展，中铁快运在全省开办高铁快运业务的车站上升至54个，"双11"期间有近50列高铁列车参与快件运输业务。湖北顺丰与中铁快运合作推出"高铁极速达"项目，已开通武汉至北上广深杭等10条线路。推动落实《省人民政府办公厅关于推进全省多式联运发展的实施意见》，交通运输部在武汉举办全国多式联运现场推进会，实地调研了武汉京东仓储分拣中心，得到领导和与会代表的表扬和肯定。

推动行业人才队伍建设。认真落实《国家邮政局关于提升快递从业人员素质的指导意见》，积极开展邮政行业人才培养基地建设工作。搭建校企合作平台,推进"产、教、研"深度融合,武汉交通职业学院2018年快递专业大三学生全部进入EMS企业顶岗实习。湖北交通职业技术学院与顺丰速运、苏宁快递开展现代学徒制工序交替项目,参加学生共200余人。湖北省快递从业人员积极参加"大数据时代电子商务与快递业高级研修班""邮政业'一带一路'与跨境电商快递发展高级研修班",提升业务能力和水平。省局与团省委开展"物流配送从业青年发展权益"联合调研,推动"快递小哥"权益保障工作。

认真落实重大工作部署。助力精准扶贫。召开全省邮政业贯彻新发展理念打好三大攻坚战部署会议,制定《湖北省邮政业助力脱贫攻坚三年行动方案》。深入推进"邮政在乡",全省累计建设村邮乐购站点2.5万个。推进"一市一品"农特产品进城示范项目,全省邮政企业全年服务农特产品进城配送量1.48亿吨,农产品交易额2.1亿元,带动3.2万户贫困人口增收近4000万元。推动"快递下乡进村",全省已实现快递网点乡镇全覆盖,快递服务村级覆盖率约40%。全省快递服务现代农业项目采取集中收集、供应链、融合发展等模式,带动快递业务量3200余万件,形成快递业务收入1.32亿元,带动农业产值近38亿元,直接、间接带动就业人数近9万。扎实做好定点扶贫工作,全省共有9个市(州)局选派扶贫挂职干部9人,投入和引进资金超过768万元,引进项目16个,帮助3581名建档立卡贫困人口脱贫。

推动行业绿色发展。制定了《关于全面加强生态环境保护坚决打好污染防治攻坚战的实施方案》。认真落实10部门关于协同推进快递业绿色包装工作的指导意见,做好《快递封装用品》《邮件快件包装填充物技术要求》《快递业绿色包装指南(试行)》等标准、文件的宣贯工作,制定《湖北省快递业绿色包装应用试点工作方案》。恩施州被国家邮政局选为2018年绿色快递建设综合试点城市,制定了《"绿色快递"建设综合试点工作方案》,并与国网电动汽车服务湖北有限公司达成《促进恩施州邮政业绿色发展战略合作框架协议》,积极推广新能源电动汽车使用。全省主要品牌快递企业电子面单使用率均在95%以上。全省快递企业2018年实际投入使用的新能源汽车达496台,约为2017年的3倍。

狠抓寄递安全防范化解重大风险。制定了《关于打好防范化解重大风险攻坚战的实施方案》,实行寄递安全综合治理,开展联合检查、联防联控和综治考评。推动落实寄递安全"三项制度",省局与省快递协会联合开展"三项制度"知识培训竞赛,累计培训从业人员7.6万人次,实现全省一线从业人员全覆盖。全省邮政行业实名收寄率达99.7%,位居全国前列。安检机累计配置462台,严格执行应检必检。切实做好寄递渠道非洲猪瘟疫情防控,配合做好涉枪涉爆专项治理、反恐、禁毒、扫黄打非、打击侵权假冒等专项工作,圆满完成重大活动期间寄递渠道安保和突发事件处置工作。

持续提高行业治理水平。加强邮政市场监管工作。依法开展快递业务经营许可管理常态化工作,进一步强化快递市场主体退出管理。全省已取得快递经营许可企业累计达1307家,全省累计快递企业及网点11287个。全面推行"双随机、一公开"监管机制,组织开展省内跨区域随机督导互查,立案并行政处罚308件。加强快递服务质量监管,强化申诉投诉处理。继续推进"不着地、不抛件、不摆地摊"专项治理,离地设施铺设率达92%。开展快递市场清理整顿专项行动。有效加强集邮市场和邮政用品用具监管。加快行业信用体系建设,开展"诚信快递、你我同行""3·15"主题宣传活动。

深入推进法治邮政建设。加强行政执法能力培训,组织参加全国邮政行政执法资格统一考试,举办依法行政、市场监管等专题培训班,共培训执法人员1042人次。强化行政执法监督,开展行政执法案卷评查并通报有关情况。依法办理行政复议案件7起、行政应诉案件1起。按国家邮政局要求做好2起行政复议答复工作,具体行政行为均被国家邮政局维持。开展执行公平竞争审查制度自查,完成"七五"普法中期自查总结等工作。

提高综合服务保障能力。 持续加强干部队伍建设。强化对市(州)局领导班子管理,加强对市(州)局干部任免工作指导,推动领导班子建设和年轻干部培养工作,完成3名处级干部和5名市(州)局领导干部选配,对30%的市(州)局主要领导进行交流。拓宽选人用人渠道,全省系统开展地方公务员转任5人、接收军转干部3人。强化干部教育培训工作,组织参加国家邮政局在线学习试点、"学习贯彻习近平总书记视察湖北重要讲话精神"网络专题培训班等。从严监督管理干部,认真执行党政领导干部选拔任用条例,强化党组织领导和把关作用,改进领导班子和领导干部考核工作,进一步优化测评指标,树立正确用人导向。

提升支撑保障能力。 调整省局机关内设机构,增设人事处,加挂党建办公室、安全监督管理处、财务处。健全行业监管支撑体系,省邮政业安全中心揭牌成立运行,全省县级邮政管理机构累计达到6个。稳步推进协会组织脱钩改制工作。加强统计工作,统计分析得到国家邮政局的肯定。有序推进养老保险和公车改革后续工作,完成全省封存停驶公车拍卖工作,拍卖所得款项按规定上缴国库。财务管理、新闻宣传等基础管理工作不断加强,省局新闻宣传工作获得全国优秀记者站的称号。

三、改革开放40周年

改革开放40年,湖北省邮政业生产力不断解放,发展潜力不断释放,市场活力竞相迸发,在服务湖北经济社会发展发挥了应有的作用。全省邮政业业务收入超过230亿元,占全省生产总值比重接近0.9%,行业量收规模处于全国第一方阵。2018年湖北省快递业务量达到13.5亿件,快递业经历了从无到有、从小到大的发展历程,成为现代服务业的重要组成部分,成为推动流通方式转型、促进消费升级的现代化先导性产业。全省邮政普遍服务营业网点达到1678处,实现了"乡乡设所、村村通邮"。快递"三向"工程成效显著,全省快递服务营业网点达11287处。行业科技装备水平突飞猛进,与综合交通运输体系衔接日益紧密。邮件快件全程时限水平和服务满意度稳步提升,人民群众用邮获得感不断提高。

四、各市(地)主要管理工作概况

恩施州邮政管理局推动州政府出台《州人民政府办公室关于加快推进电子商务发展的实施意见》等政策性文件,提出"村邮站加载电商功能,实现主要行政村电商服务网点全覆盖;推动邮政参与农村现代物流配套建设工程"的支持意见,积极为邮政业发展创造了良好政策环境。截至2018年年底,全州共协调争取州、县财政资金1000多万元。站点经济社会效益明显。2018年,作为第一批试点的麻阳寨村邮站综合服务功能逐步显现,该站点每月通过电商平台销售土鸡蛋、羊肚菌、榨广椒、本地大米等农特产品,有力推动了农产品进城工作。该站点全年共投递包裹9900余件,引导村民通过邮乐网、淘宝网实现网络购物5900次。带动发展微商9人,全年共寄出土特产包裹近1000件,销售金额16万元。帮助村民缴电费、通信费11000笔,金额达100多万元。办理小额存取款业务11900笔,存款余额500万元。站点年收入超过4万元,解决1个农村劳动力就业。当年站点业务量和业务收入分别是2016年的5.6倍和4.3倍。基本实现了该村群众"购物、销售、金融、生活、创业"的"五不出村"目标。州局引导邮政快递企业在对口帮扶的贫困村建立升级版的公共服务平台,将贫困户的农特产品卖出大山,当地种植的雪莲果滞销,宣恩邮政分公司主动组织帮助老百姓开展"爱心售卖"营销活动,帮助农户销售雪莲果3.5万斤,解决了当地百姓燃眉之急,受到了当地政府的充分肯定。

宜昌市邮政管理局先后与市发展改革委、交通运输、商务、住建、规划、城管、教育、公安、工商等部门联合印发《关于加快推进邮政及快递服务进园区、进商区、进社区、进小区、进校区的通知》《关于保障快递车辆便捷通行的通知》《关于综合治理全市快递行业无证无照经营的通知》等文件,推进落实快递"五进"工程、车辆便捷通行、简化末端快递网点设立手续等重点工作任务。2018年8月,市政府办印发《关于进一步推进现代物流业转型升级促进实体经济发展的实施意见》,各县市区结合实际,制定出台支持快递业发展的政策文件10余个等,5年来,市县累计支持邮政业发展资金超过1000万元。

培育壮大了一批电商与快递协同发展示范企业:秭归华维结合"村村通客车",以乡镇综合运输服务站为载体,实行定时、定点、定线、定车货运班线模式,实现12个乡镇、186个建制村货运全覆盖,构建了"货运班线+客货联盟"的农村快递物流服务体系;长阳百誉智慧物流有限公司采用"基地+信息平台+电商+物流快递+无车承运人"运作模式,实现线上商品买卖和线下物流场站、运输车辆相结合,客户在手机下单后(购买物品或叫车发货),需求数据导入百誉物流网,物流网智能调度最近的物流服务网站点或实体店进行仓配无缝对接发货,让货物以最低的成本、最快的速度抵达客户手中,打通了少数民族农村地区农产品进城、工业品下乡双向通道,助力少数民族地区精准扶贫和农民脱贫致富。打造了一批"快递+"示范项目,其中以安琪电商产品寄递为代表的快递服务制造业示范工程年快递业务量达到400万件,以秭归脐橙为代表的推进快递服务现代农业示范工程年快递业务量超过500万件。预计2018年全市邮政快递助力全市网络零售电商总交易额90亿元,5年来,累计达300亿元。

快递分拨中心和快递电商产业园建设提速,顺丰速运鄂西区分拣中心、京东宜昌仓配中心先后投入运营,全市快递大型分拨处理场地面积超过5万平方米,邮政快递企业分拨处理能力和服务水平大幅提升。同时,全市建成8个电商快递物流产业园区,其中5个县级电商快递物流产业园区已经运营,推动快递电商物流协同发展。

深入推进快递服务进小区、进社区、进校区、进园区、进商区等"五进"工程,宜昌EMS、宜昌圆通等快递企业在城区3所高校建成8处标准化网点,三峡职院佰米智能快递服务中心建成投用。圆通"妈妈驿站"、百世"百世邻里"等在城区近百个社区亮相,目前城区邮政快递网点累计近400家。夷陵邮政管理局组织成功探索出"快递+物业进小区""快递+保安进机关"等合作模式。引导收件宝、速递易、顺丰丰巢等第三方公司设置智能快件箱逾1000组,格口超过9万个。"邮件快件下乡进村"工程不断深入,已建成村邮站1200个,乡镇快递网点265家,快递超市87家,实现乡镇快递服务网络全覆盖,全市快递进村完成803个,占比达到60%。

湖南省快递市场发展及管理情况

一、快递市场总体发展情况

2018年,湖南省邮政行业业务收入(不包括邮政储蓄银行直接营业收入)累计完成163.5亿元,同比增长20.2%;业务总量累计完成248.2亿元,同比增长28.9%。其中,快递企业业务量累计完成7.9亿件,同比增长33.4%;业务收入累计完成80.5亿元,同比增长25.4%(表7-18)。

表 7-18 2018 年湖南省快递服务企业发展情况

指标	单位	2018 年 12 月 累计	2018 年 12 月 当月	比上年同期增长(%) 累计	比上年同期增长(%) 当月	占全部比例(%) 累计	占全部比例(%) 当月
快递业务量	万件	78932.57	8602.78	33.37	34.19	100.00	100.00
同城	万件	16625.70	1987.69	45.28	49.87	21.06	23.11
异地	万件	60786.76	6497.61	30.59	30.29	77.01	75.53
国际及港澳台	万件	1520.11	117.48	27.65	20.12	1.93	1.37
快递业务收入	亿元	80.47	8.11	25.36	17.88	100.00	100.00
同城	亿元	12.60	1.18	36.01	6.31	15.65	14.50
异地	亿元	46.52	4.54	25.94	17.85	57.81	56.04
国际及港澳台	亿元	4.40	0.43	10.84	17.56	5.47	5.36
其他	亿元	16.95	1.95	20.93	26.30	21.07	24.10

二、行业管理工作及主要成效

推动全面从严治党向纵深发展。 认真做好巡视整改工作。针对国家邮政局巡视整改反馈意见，制定整改措施59条，明确责任领导、责任部门和完成时限。巡视整改工作取得阶段性成果，完成整改措施53条，完成率92%。同时对长沙、郴州、株洲、岳阳、张家界局党组开展政治巡察工作。通过巡察与整改，全省邮管系统贯彻全面从严治党战略部署的思想自觉进一步提高，党的建设进一步加强，"两个责任"层层传导落地生根，干部队伍作风明显好转。全面落实管党治党责任。把学习习近平新时代中国特色社会主义思想和党的十九大精神作为首要政治任务，通过党组中心组学习、集中培训、"三会一课"等方式认真组织学习，推动党员干部深刻领会精神实质、准确把握核心要义。下发《党的十九大精神应知应会300题》，组织党员干部开展学习党的十九大精神集中测试以及理论学习"每月一关"答题闯关活动，进一步提高党员干部理论素养。切实加强基层组织建设。建立省局、市局两级党组成员党建工作联系制度，严格落实党员领导干部双重组织生活制度，实行痕迹化管理。摸底了解全省快递企业非公党建情况，对顺丰、韵达等非公快递企业党建工作进行指导。深入贯彻落实中央八项规定及其实施细则精神，扎实开展违规公款吃喝等九个专项治理工作。成立省局机关纪委，狠抓日常教育提醒、监督检查。

突出抓好干部队伍建设。坚持事业为上、人岗相适、以事择人，进一步优化领导班子结构，全年累计任免局管干部17人次，接受军转干部6人。开展干部人事档案专审工作，推动干部人事档案管理信息化。贯彻能上能下要求，从严管理监督干部，严格干部选拔任用监督，加强"一报告两评议"和年度民主生活会督导。加强领导干部因私出国(境)管理工作，严格执行领导干部因私出国(境)有关人员登记备案制度。加大提醒函询诫勉力度，严格落实领导干部个人事项报告制度。着力加强行业精神文明建设。积极组织参加社会主义核心价值观主题教育月、邮政业青年文明号开放周等活动，积极创建青年文明号。充分发挥典型示范导向作用，大力宣传其美多吉等行业先进典型。切实加强党对行业宣传思想工作的全面领导，坚持党管宣传、党管意识形态，进一步强化舆情引导和处置，新闻媒体和社会舆论给予邮政业更多关注。适应新形势，不断加强工会、老干部、青年和妇女工作。成功举办全省第三届"绿盾杯"羽毛球赛。

不断优化行业政策环境。 贯彻落实国家重大决策部署。深入贯彻国办2018年1号文件，发挥促进快递业发展部门联席会议作用，将"快递下乡工程"纳入湖南省2018年国民经济和社会发展计划,将快件大型集散、分拣等基础设施纳入城乡规划,将智能快件箱、快递末端综合服务场所作为城乡公共服务设施,列入为民办实事项目,加快快递服务向社区、高等院校、商务中心、农村乡镇的全面覆盖。开展《快递暂行条例》学习宣贯,全省各市州共举办各类培训90余场,发放条例读本1万余份。

着力强化政策引领。协调省发展改革委,召开由交通、商务、公安、工信、自然资源、住建、农业农村、市场监管、海关、民航、铁路等部门参加的促进快递业发展部门联席会议第一次会议,审定各成员单位职责分工,制定《关于促进湖南省快递业发展三年行动计划》。推进电子商务与快递物流协同发展,会同省商务厅总结株洲全国试点经验,共同制定湖南省实施意见。开展规划中期评估,加强规划对接,将快递园区纳入交通运输物流园区布局规划(2018－2035),将县乡村三级配送体系建设列为发改、交通、农业等部门政策覆盖内容。

有效破解发展难题。长沙出台《邮政快递专用电动三轮车规范管理工作实施方案》,实现对车辆管理的电子化、信息化、智能化。长沙、郴州、娄底、湘西、衡阳、永州、湘潭、益阳、常德、岳阳10个市州快递车辆通行难问题已得到有效解决。

着力提升行业发展质效。深入实施"快递入区"工程,建成快递末端公共服务站点1022个,智能快件箱10320组,网点标准化率83.67%,离地设施铺设比例84.05%。圆通总部将华南基地落户长沙,增开长沙始发的三条国际航线。京东南方科创总部落户长沙。铁邮合作深入推进,京湘高铁复兴号设置快件运输专用车厢,高铁快运从"顺带"向"专营"升级。

推动企业改革创新。省邮政公司持续推进寄递业务改革,包裹类业务量同比增长23.7%。深入开展警邮合作,全面推行邮政网点代办公安交管业务,拓展税务代理业务,"网上办理＋网下寄递"工作加快推进。加快产业联动融合。服务现代农业成效明显,打造永兴冰糖橙、靖州杨梅、常德柑橘、花石湘莲、大三湘油茶、炎陵黄桃等优质"快递＋"农业项目,全年农村地区累计收投快件3.6亿件,支撑工业品下乡和农产品进城近500亿元。建设高素质行业人才队伍。开展"迎接新时代、技能显风采、岗位建新功"慰问宣传主题活动。组织省内企业参加邮政行业校企合作典型案例征集活动,湖南顺丰速运校企合作案例被评为优秀奖。引导企业调整薪酬分配体系,加大向一线员工倾斜力度,鼓励企业改善投递员生产作业条件,快递员权益保护不断加强。

全力打好湖南邮政业三大攻坚战。积极助力精准脱贫。深入推进"邮政在乡"工程,累计建成邮政综合服务平台3.2万余个,县级电商公共服务中心、仓配中心181个,邮政企业县乡村三级服务体系日益完善。全省乡镇快递网点覆盖率达到100%,带动农产品进城1.4万吨,带动2.2万户贫困户增收2800万元。不断加快行业绿色发展步伐。认真落实国家关于协同推进快递业绿色包装工作的指导意见,引导企业使用新能源和清洁能源车辆,支持甩挂运输、多式联运和绿色递送,全省共新增新能源车辆500余台,重点品牌协议客户电子运单使用率提升至80%。引导企业使用绿色包装材料,促进包装减量化、绿色化和可循环。湖南顺丰研发的SPS循环包装箱投放至长沙同城配送。

持续加强寄递渠道安全监管。落实寄递企业安全生产主体责任。制发《"落实企业(网络)安全生产主体责任年"实施方案》《落实企业(网络)全员安全生产责任制实施意见》。加强部门联动,促进齐抓共管。组织召开全省寄递渠道安全管理工作部门联席会议,明确通过综治考评地方政府推动安全中心建设。省级、长沙市级邮政业安全中心,长沙市县级邮政监管机构的组建取得阶段性成果。联合综治、公安、交通、国安、工商、民航等单位,由分管厅(局)领导带队,对全省14个市州39个县市区进行集中督查,随机抽查113个寄递网点、41个分拣中心。与省公安厅多次召开联席会议专题讨论联动机制运行情况，联合下发《关于进一步完善寄递渠道安全管理联动机制的通知》，使联动机制运行更加平衡、充分和规范。与民航湖南监管局建立寄递渠道涉航安全违法行为通报机制，推动责任倒查，促进问题整改。组织开展寄递渠道涉枪涉爆隐患集中整治专项行动，发现各类隐患682起，关停查处2家企业，停业整顿2家企业。把"扫黄打非"纳入安保工作整体布局，构建起"抓点引线带面"的三维检查工作体系。

有效提升行业现代治理能力。 加强邮政市场监管。全面推行"双随机、一公开"监管机制，组织开展快递市场清理整顿专项行动，全省共出动执法检查8790人次，检查经营单位3410家次，约谈企业108次，下发责令整改通知572份，行政处罚决定408份，罚款累计148.22万元，有效净化快递市场经营环境。加强快递服务质量监管，强化申诉投诉处理，全年共处理申诉16818件，为人民群众挽回经济损失151.71万元。继续推进"不着地、不抛件、不摆地摊"专项治理。加快行业信用体系建设，开展"诚信快递、你我同行""3·15"主题宣传活动。加强社会监督。全省80名特邀社会监督员，认真走访查看寄递网点服务质量及寄递安全制度落实情况，并向邮政管理部门反馈问题、提出整改建议。全年采写监督稿件被国家邮政局《社会监督信息》刊发24篇，省局和邵阳局被评为先进集体，6名监督员获国家邮政局表彰。增强系统管理能力。落实预算管理改革，强化预算编制与执行考核。出台《湖南省邮政管理系统主要领导干部经济责任审计工作办法》，成立经济责任审计工作领导小组。修订政府采购管理办法，规范采购行为。强化自身建设项目管理。全面加强网络安全和信息化建设，加强全省邮管系统网站管理，加大政府信息公开力度。扎实做好信访、两会建议提案办理等工作。

三、改革开放40周年

40年来，我们始终坚持党的领导，始终坚持人民邮政为人民，始终坚持改革开放，湖南邮政业发生了翻天覆地的变化，取得了根本性突破性变革。改革开放40年，是湖南邮政业政商环境持续优化、基础先导作用充分释放的40年。先后完成了邮电分营、政企分开、深化行政管理体制改革和完善省级以下邮政监管体制改革等重大改革任务，构建了较为完善的行业管理体系，行业生产力不断解放，发展潜力不断释放，市场活力竞相迸发，在服务湖南经济社会发展中体现了价值、发挥了作用。改革开放40年，是湖南邮政业发展规模不断壮大、对外开放深入推进的40年。邮政业业务收入从1978年的1000万元增加到2018年的176亿元，增长了1776倍，占全省生产总值比重接近0.5%。快递服务从无到有，业务量年均保持30%以上增速。湖南快递市场蓬勃发展，国内外领军企业不断加大在湘投资。改革开放40年，是湖南邮政业发展质量效益实现飞跃、公共服务能力水平大幅提升的40年。全省邮政普遍服务营业网点达到2670处，实现了"乡乡设所、村村通邮"。快递"三向"工程成效显著，深入推进"邮政在乡"工程，累计建成邮政综合服务平台3.2万余个，县级电商公共服务中心、仓配中心181个，邮政企业县乡村三级服务体系日益完善。行业科技装备水平突飞猛进，与综合交通运输体系衔接日益紧密。邮件快件全程时限水平和服务满意度稳步提升，人民群众用邮获得感不断提高。

四、各市（地）主要管理工作概况

岳阳市邮政管理局联合工商等31个部门印发《岳阳市失信企业协同监管和联合惩戒合作备忘录》，完善主体名录库信息录入。永州市政府出台《促进邮政和快递业健康发展实施意见》，明确支持邮政快递企业参与绿色包装试点示范，对成功创建绿色包装试点示范企业，由受益财政给予10万元的一次性奖励。郴州快递物流产业园建设聚焦提档提质加快推进，产业链引商、以商引商，在促进融合发展中担纲承梁，该项目相继被纳入

"十三五"湖南省邮政快递行业重点项目、郴州市重大重点项目、郴州市"产业项目建设年"着力推进的重点项目和市"三重"办明确市级领导联系的重点项目。湘潭试点县乡村高效配送,培育骨干企业高标杆。由市商务部门牵头,联合供销社、物流协会,就优化城市配送网络、加快建设末端配送网点,完善农村配送网络、健全以县域配送节点、村级公共服务网络,加强城乡配送网络衔接、整合利用商贸、交通、邮政、快递、供销等系统资源及各类仓储、物流设施,实现配送中心、末端综合服务网点和自助提货设施共享共用等明确试点方案。

株洲市邮政管理局引导县级企业资源整合,摸索互利共赢模式,末端服务向集约化发展,综合服务站点已经形成规模效应。怀化市邮政管理局积极助力乡村振兴,"快递下乡"全覆盖,"一县一品"工程再升级。顺丰、邮政、EMS、中通、申通等企业踊跃参与到县域农特生鲜电商服务产业链中,初步形成以靖州杨梅、麻阳冰糖橙、溆浦黄桃等为代表的金牌产业。邵阳市邮政管理局助力邵东快递服务箱包优势产业、特色农产品助力地方经济,省政协主席领队考察。娄底市邮政管理局指导双峰企业引入"众包物流"信息管理平台,发挥往来于城市、乡村之间政府、单位、社会物流车辆货箱闲置的资源优势,为货主寻找更快捷、更实惠的运输方式,为车主提供增加收益机会,打造低成本、快捷、安全的县域仓储物流配送体系。湘西州邮政管理局发挥快递+特色农产品优势,助力精准扶贫,协调争取政府电商发展政策,精准定制快递企业予以财政补贴,40万元安检机专项补贴已落地。

广东省快递市场发展及管理情况

一、快递市场总体发展情况

2018年,广东省邮政行业业务收入(不包括邮政储蓄银行直接营业收入)累计完成1593.5亿元,同比增长21.1%;业务总量累计完成3215.7亿元,同比增长27.3%。其中,快递企业业务量累计完成129.6亿件,同比增长27.9%;业务收入累计完成1411.7亿元,同比增长23.1%(表7-19)。新增就业超过5万人,承载超过2万亿元货值的商品流通,支撑跨境电子商务贸易超过1400亿元。广东邮政行业业务总量、业务收入位居全国首位,快递业务量占全国比重超过1/4、业务收入占比超过1/5,邮政、快递第一大省地位进一步巩固。

表7-19 2018年广东省快递服务企业发展情况

指标	单位	2018年12月		比上年同期增长(%)		占全部比例(%)	
		累计	当月	累计	当月	累计	当月
快递业务量	万件	1296195.66	128771.02	27.90	28.44	100.00	100.00
同城	万件	290724.27	27878.80	18.53	13.73	22.43	21.65
异地	万件	951639.17	95818.87	31.13	34.22	73.42	74.41
国际及港澳台	万件	53832.22	5073.35	26.69	16.39	4.15	3.94
快递业务收入	亿元	1411.73	142.11	23.11	20.08	100.00	100.00
同城	亿元	215.88	19.40	15.26	-1.14	15.29	13.65
异地	亿元	792.04	82.21	31.32	40.79	56.10	57.85
国际及港澳台	亿元	245.90	24.11	12.38	3.60	17.42	16.96
其他	亿元	157.91	16.40	14.89	-3.88	11.19	11.54

二、行业管理工作及主要成效

推动全面从严治党向纵深发展。 落实管党治党责任。把抓好党建作为最大政绩,制定全省系统党建工作和党风廉政建设要点,省局领导班子带队开展专题调研。持续推进"两学一做"学习教育常态化制度化,开展大学习大培训大调研,深入学习贯彻习近平总书记对推进中央和国家机关党的政治建设重要指示精神,以党组会、党组中心组学习带动多层次学习教育,促进党员干部在学懂、弄通、做实习近平新时代中国特色社会主义思想和党的十九大精神上下足功夫,严明党的政治纪律和政治规矩,切实增强"四个意识"、坚定"四个自信",坚决做到"两个维护"。开展模范机关创建活动,以政治建设统领作风、廉政、文化、道德、制度和班子建设。严肃党内政治生活。省局党组认真开好年度民主生活会、巡视整改和全面彻底肃清李嘉、万庆良恶劣影响专题民主生活会,开展地市局督导。相关市局召开巡察整改、反思违纪违法案件教训专题民主生活会。各级党组织认真开好年度和专题组织生活会,开展民主评议党员。通过严肃认真开展批评和自我批评,营造风清气正的良好政治生态。从严抓实巡视整改和巡察工作。把落实国家邮政局党组巡视整改作为重大政治任务,召开党组会、专题会集中研究推进,将巡视反馈意见细化分解为17类66个具体问题,建立问题、任务和责任"三张清单",制定整改措施96项,实行台账推进、挂账销号,目前完成整改任务的97%,将长期坚持整改完善。制定省局党组巡察工作实施办法和工作方案,建立巡察人才库,对11个市局党组开展巡察。夯实基层组织建设。坚持党的一切工作到支部,省局机关党委印发落实广东省加强党的基层组织建设三年行动计划工作方案和开展党支部规范化建设实施意见,查找和整改短板21项。推进非公快递企业党建工作,新成立行业党组织2个,累计48个,增加党员60名,累计3932名纳入组织管理。省快递行业协会党支部获评全省性社会组织"先进党组织"称号。

持续推进作风建设。严格落实中央八项规定及其实施细则精神,查摆纠治形式主义、官僚主义新表现的突出问题。领导干部带头廉洁自律,与企业交往自觉贯彻"亲清"政商关系要求,守住底线、不碰红线。扎实开展"九个专项治理",作为市局党组巡察和领导干部经济责任审计重点,发现和整改问题41个,促进各项工作进一步规范。强化纪律教育,开展任前廉政谈话,坚持抓早抓小。强化监督执纪问责。支持纪检组履行监督责任,受理处置信访线索。及时纠正苗头性、倾向性问题,对党员干部开展函询,对存在廉政风险和工作漏洞的部门发出《监察建议书》。召开全省系统警示教育大会,通报违规违纪案件和存在问题。加强制度建设和执行。省局党组制定《贯彻执行〈中国共产党党务公开条例(试行)〉实施细则》,修订党组工作规则。实行市局党风廉政建设"七个必报、一个述职",抓实"两个责任"。完善费用支出、公务接待管理等制度16个。严格执行民主集中制,贯彻"三重一大"事项集体决策。八是加强干部队伍建设。加大教育培训力度,开展领导干部在线学习,实行干部轮岗交流锻炼。树立正确用人导向,严格履行工作程序,确保干部选拔任用公平公正公开。从严落实领导干部个人有关事项报告制度,开展随机抽查核实和重点抽查,对存在漏报问题的领导干部要求作出书面检查。省局成立公务员申诉公正委员会。规范工资津补贴发放和派遣人员管理。开展人事人才重点工作课题研究。深圳、东莞市局局长被国家邮政局授予"全国优秀市(地)邮政管理局长"称号。加强行业精神文明建设。广东省系统1名领导干部获评全国交通运输行业精神文明建设先进工作者。广东顺丰赵立杰荣获第三届全国"最美快递员"。

科学谋划行业发展环境。 健全法规政策体系,系统谋划邮政强省建设,制定建设现代化邮政强省三年行动计划,编制《推进邮政强省建设中长期发展纲要》。通过召开会议、集中培训、送法上门、新闻报道等多种方式掀起《快递暂行条例》宣传热潮，联合省法制办发出通知，促进《条例》在广东省贯彻实施。推动《广东省快递市场管理办法》纳入2019年省内规章修订计划。推动《广东省推进电子商务与快递物流协同发展实施方案》出台，茂名、深圳、韶关制定落实措施。联合省教育厅下发促进和规范高等学校快递服务进校园工作意见，全省142所高等学校实现邮件快件校内派送。按照"全省联动、因地施策"原则，茂名、河源、汕尾、清远、韶关出台快递车辆管理政策，广州白云、海珠区开展试点，深圳、佛山、东莞取得突破。联合省粮食和物资储备局签署粮邮合作备忘录，在发挥行业优势、进一步提高粮食应急供应能力上先行先试。完成广东省邮政业发展"十三五"规划中期评估。配合国家邮政局提出支持粤港澳大湾区发展政策建议。

深化"放管服"改革。全力争取国家邮政局支持，广东自由贸易试验区获批国际快递业务（代理）经营许可审批下放试点，及时发布通告，召开启动会议，与海关、工商、公安、国安、商务、自贸办建立工作对接，组织企业申报，审批通过3家企业。联合省工商局下发规范快递末端网点备案管理通知，建立邮政管理与市场监管部门联动机制，明确落实《快递暂行条例》关于快递末端网点无需办理营业执照的规定，全省完成备案11942个，平均办理时限1.3个工作日。进一步优化许可流程，邮政普遍服务"两项行政审批"时间缩短至法定时限一半，快递业务经营许可申请平均办理时限较上年度缩短5天，许可变更平均办理时限缩短2.3天。

着力提升行业发展质效。加强基础能力建设。争取省促进经济发展专项资金，其中快递末端能力提升工程获1000万元，推动主要品牌快递企业城区自营网点标准化率达到100%，投入运营智能快件箱53041组，箱投率达到8%。快递物流园区建设持续加快。云浮、韶关、汕尾联合住建部门制定加强住宅小区邮件快件末端投递服务措施。推动企业创新发展，联合省公安厅、省邮政公司下发通知，加强警邮合作，进一步推行邮政网点代办公安交管业务。邮政综合服务平台建设有序推进，服务"互联网+政务服务"成效明显。快递企业创新寄递服务，加快发展冷链、医药等高附加值业务，新兴服务进一步拓展。促进科技创新与技术应用，自动化、半自动化分拣设备集中上线，全省日处理能力超过100万件的快件分拨中心28个，超过50万件的41个，广东3家企业进入首批邮政行业技术研发中心认定公示。

加快产业联动融合。快递与电子商务协同发展深入推进，2018年"双11"期间（11月11日至16日），全省累计处理邮件快件6.1亿件，占全国总量近1/3，连续4天日处理量突破1亿件。邮政、快递服务现代农业成效明显，组织开展"一市一品""一地一品"农特产品进城项目，形成年快递业务量超过百万件的示范项目4个，梅州金柚项目率先超过千万件，被授予2018年全国金牌项目。建设高素质行业人才队伍。成立广东省邮政行业人才工作领导小组。按照国家邮政局统一部署，经省人社厅复函同意，开展快递工程技术人员职称评审试点，截至2018年底，全省1095人通过评委会第一批认定审核，位列全国7个试点省（市）第一。联合团省委开展调研，推进制定关爱青年快递员政策。快递技能人才、智能化发展成果亮相广东卫视《技行天下》节目。

全力打好邮政业三大攻坚战。认真做好行业助力精准脱贫工作。深入推进"邮政在乡"工程，全省新建邮政农村电商网点2.2万个，建成邮乐购站点1.5万个，邮政企业县乡村三级服务体系不断完善。推动"快递下乡"工程换挡升级，乡镇快递服务网点超过7200个，全省覆盖率达到100%。产业扶贫力度不断加大，"寄递+电商+农特产品+农户"脱贫模式作用明显。做好定点扶贫工作，全省系统共选派扶贫挂职干部8人。不断加快行业绿色发展步伐。制定实施《贯彻落实〈关于全面加强生态环境保护坚决打好污染防治攻坚战的实施意见〉分工方案》和推进广东省邮政业绿色发展专项工作方案,举办绿色包装座谈会、系列国家标准培训和绿色邮政环保倡议,邮政业绿色发展研讨暨阶段成果展示会得到省有关部门肯定和媒体关注。联合省发改、经信、科技、环保、住建、商务、质监等七部门建立邮政业绿色发展协调机制,印发广东省邮政业绿色发展三年行动计划分工方案。全国网络主要品牌企业电子运单使用率接近99%,省内网络品牌企业使用率进一步提高,行业新能源汽车使用量达到5081台。

寄递渠道安全基础不断夯实。制定实施《关于打好防范化解重大风险攻坚战的实施意见》。出台《关于强化落实企业安全生产主体责任的实施意见》,推进企业安全生产标准化建设。狠抓收寄验视、实名收寄、过机安检三项安全管理制度落实,全省实名收寄信息化率达到99.4%,实现主要寄递企业省际处理中心安检设备全覆盖,企业安检人员培训力度进一步加大。开展涉枪涉爆隐患集中整治专项行动。强化寄递渠道非洲猪瘟疫情防控,配合有关部门扎实做好反恐、禁毒、"扫黄打非"、打击侵权假冒等工作。健全跨区域协作执法机制,依法处理外省移交寄递企业违法收寄枪支、管制刀具、假烟案件。加强行业应急管理,迅速响应,靠前指挥,组织东莞等市局妥善处置快捷快递暂停全国网络服务等突发事件。圆满完成首届中国国际进口博览会等重大活动寄递安保和"双11""双12"等快递业务旺季服务保障任务。有效应对台风"山竹"等极端恶劣天气和自然灾害。按照全省一盘棋,启动广东省邮政行业安全监控平台建设,有序推进项目工程可行性研究、设计、监理、施工招投标和专家评审等工作。

全面提升行业现代化治理能力。加大执法检查力度,组织执法联动专项行动。全省邮政管理部门共出动行政执法人员22267人次,检查企业6877个,约谈127宗,责令改正424件,立案处罚175宗,罚款308.85万元,其中吊销《快递业务经营许可证》1宗,停业整顿12宗,适用《快递暂行条例》实施行政处罚8宗、适用反恐怖主义法处罚16宗,对涉案寄递企业和直接责任人共计罚款218.65万元。推进"双随机一公开"监管。开展邮件快件"不着地、不抛件、不摆地摊"专项治理,全省离地设备铺设率达到100%,依法查处抛扔快件等违法行为。开展快递市场清理整顿专项行动。加强行业服务质量监管,强化申诉投诉处理,为消费者挽回经济损失约962.8万元。加强集邮市场和邮政用品用具监管。制定广东省快递业信用体系建设工作方案,联合省市场监督管理局等单位成立广东省快递业信用评定委员会。开展"诚信快递、你我同行""3·15"主题宣传。提升执法综合管理能力。强化行政执法监督,开展行政执法评议考核和案卷评查。依法办理行政复议16起,处理行政诉讼3起。加强公职律师队伍建设。实现全省系统法律顾问全覆盖。完成"七五"普法中期评估。推进安全监管支撑体系建设。持续攻坚,在国家邮政局和省政府高度重视和大力支持下,获批设立广东省邮政业安全中心。国家邮政局局长马军胜作出批示,给予充分肯定。省长马兴瑞对省邮政业安全中心工作提出明确要求。

三、改革开放40周年

改革开放40年来,广东省邮政基础设施不断完善,快递服务网络不断健全,邮政行业营商环境不断优化,国际国内市场不断扩大,全省邮政业整体发展水平不断提升,广东省特别是珠三角成为全国重要的网络集聚中心和转运枢纽。

2006年,广东省邮政管理局成立,实现邮政政企分开,邮政企业活力进一步激发。2009年,新修订的《邮政法》颁布,民营快递企业发展驶入"快车道"。2012年,全省各市邮政管理机构陆续成立。2014-2016年期间,佛山顺德、揭阳普宁、汕尾海丰3个县级邮政管理机构先后获批设立。2018年,省邮政业安全中心设立。省内邮政行业监管能力和水平得到不断提高,行业服务能力和质量持续提升,人民群众用邮需求得到不断满足,消费者满意度不断提升。"十一五"期末,快递业务量达到5.91亿件,快递业务收入136亿元。"十二五"期末,快递业务量达到50.13亿件,快递业务收入615.91亿元。自2012年以来,广东省快递业务量、快递业务收入连续七年位居全国第一。2018年,全省快递业务量比"十一五"期末翻了近22倍,业务收入翻了10倍,快递业务收入占全省生产值比重从"十一五"期末的0.3%提高到日均快递业务量达3551万件,人均快递业务量达114.69件。10个城市入围全国快递业务量前50名,其中广州排列全国第一。至2018年底,广东省邮政普遍服务营业场所2999处,平均服务人口3.7万人,其中设在农村地区1833处。邮政邮路877条,邮筒(箱)4397个,村邮站12027个,智能包裹柜6449组,智能快件箱53041组。全省持有快递业务经营许可的法人企业2413家,取得快递分支机构名录的分公司6512家,备案的快递末端网点11942个,快递服务乡镇覆盖率达100%,邮政、快递从业人员约45万人。快递进村入户、进厂出海,成为广东流通方式转型的重要推动器,为扩内需、惠民生做出积极贡献。跨境寄递业务迅猛发展,业务量占全国比重接近1/2,业务收入占全国比重超2/5,有力促进外贸稳增长。

四、各市(地)主要管理工作概况

广州市邮政管理局不断优化行业政策环境。结合广州市《关于印发推进现代物流业快速发展行动计划的通知》《关于修订加快广州跨境电子商务发展若干措施(试行)的通知》《关于推动电子商务跨越式发展的若干措施》等政策措施的出台,推动行业高质量发展。2018年共新增广东顺心快运有限公司、广东圆硕快递有限公司、广东中通快递分拨中心等3家企业华南总部落户广州,全市累计落户快递企业华南总部24家。加强行业基础能力建设。2018年,全市累计投入运营的智能快件箱超过1万组,格口超过88万个,快件箱日均投递量超过50万件,箱投率达12.7%。建成蜂创·校园服务中心14所,覆盖近20万师生,累计处理邮件超800万件。新增大型快件转运中心4个,总面积22.74万平方米。深入推进"邮政在乡"和"快递下乡"工程,服务"乡村振兴战略"。出台《实施乡村振兴战略三年行动方案(2018—2020年)》,提出到2020年基本形成具体广州特色的邮政业服务乡村振兴战略模式和长效机制。与市公安局联合出台《广州市邮政快递行业末端配送车辆试点管理工作实施方案》,规范邮政快递电动三轮车通行,进一步解决快递电动三轮车通行难问题。按照"统一标志标识、统一着装、统一车辆、统一监管"的"四统一"标准,在白云区、海珠区开展试点管理工作,参与试点管理的企业数超过30家,覆盖网点超过250个,快递人员超过4000人,纳入试点的车辆4000多辆。深入贯彻国务院《社会信用体系建设规划纲要(2014—2020年)》和国家邮政局《关于加强快递业信用体系建设的若干意见》,加快快递业社会信用体系建设,与市委政法委、公安等部门联合制定快递网点安全管理星级评定制度,成立广州市快递行业安全管理星级评定工作小组,开展全市快递网点安全管理星级评定工作。

深圳市邮政管理局推进行业绿色发展。积极落实国家邮政局等十部门《关于协同推进快递业绿色包装工作的指导意见》,召开绿色快递发展研讨会,签订倡议书,40家主要快递企业共同发起成立了"深圳市绿色快递联盟"。推动快递电动三轮车通行工作取得突破性进展。在深圳电动三轮车被全面叫停的情况下。加强与市交警部门的沟通,获得2年过渡缓冲期。争取《深圳市电动自行车管理若干规定》政策支持,允许特定行业电动三轮车经备案后可在划定的准行区行驶,同时探索以新能源四轮车替代三轮车的长效方案。大力推广智能快件箱，推进丰巢、速递易加快设置智能快件箱，目前全市有智能快件箱15124组，总计116.1万个快件格口，日均派件69万件，箱投率已达13.8%。加强与市交委、财委沟通，将快递业纳入现代物流业发展专项资金统筹范围，明确对末端服务能力的资金支持，对新建设的智能快件箱按3000元/组的标准给予一次性资助。推进电子商务与快递物流协同发展。与经贸信息化委联合出台《深圳市关于推进电子商务与快递物流协同发展实施方案》。推进跨境寄递业务发展。推动海关与邮政打造全新邮件处理模式，优化跨境邮件处理流程，深圳邮政国际运营中心于2018年5月30日正式运行，成为华南区最大的国际邮件处理中心，日处理能力达200万件。

佛山市邮政管理局深入落实邮政业放心消费工程，创建行业放心消费示范点，市快递行业协会被评为"佛山市放心消费示范单位"并获得市财政10万元专项经费支持，EMS、顺丰等10家快递企业获"佛山市放心消费示范点"称号。

韶关市邮政管理局会同商务部门推动市政府正式出台《韶关市促进电子商务发展扶持措施》，自2018年起市财政将连续三年安排资金在快递基础设施建设、业务发展、服务精准扶贫方面予以支持。

惠州市邮政管理局印发《促进惠州市邮政业创新改革实施方案》，支持企业改革创新。联合市发改局等12部门印发《惠州市电子商务领域严重失信问题专项治理工作方案》，加快推进行业信用体系建设。

汕尾市邮政管理局联合市商务局出台《海丰县省级电子商务进农村综合示范工作实施方案》《汕尾市农村物流建设发展规划（2018－2022）》，加强邮政快递服务农村建设发展工作。强化寄递渠道禁毒工作，获评公务员集体三等功，两名同志分获嘉奖和通报表扬。

东莞市邮政管理局推动《东莞市物流快递领域车辆纯电动化发展实施方案》出台，明确电动三轮车与新能源汽车作为多样配送工具并行，2018－2020年按6∶1、4.5∶1、3.375∶1的比例配置电动三轮车与新能源汽车作为邮政快递末端配送车辆。

中山市邮政管理局制定《中山市寄递行业垃圾分类处理指导意见》，引导寄递企业承担社会责任，稳步推进快递业包装分类处理，服务美丽中山建设。

清远市邮政管理局联合市交通局联合印发《清远市"交邮合作"战略实施方案》，深入推进交邮合作。根据《关于加强全市寄递物流安全管理的实施意见》，清远市各县（区、市）均确定由县级综治部门牵头与公安、交通、工商等部门成立县级寄递物流安全管理工作领导小组，并建立联席会议制度，对县级寄递企业安全管理和行业规范建设情况进行监督管理。

广西壮族自治区快递市场发展及管理情况

一、快递市场总体发展情况

2018年，广西壮族自治区邮政行业业务收入（不包括邮政储蓄银行直接营业收入）累计完成109.3亿元，同比增长28.6%；业务总量累计完成126.8亿元，同比增长44.0%。其中，快递企业业务量累计完成4.8亿件，同比增长51.5%；业务收入累计完成61.5亿元，同比增长37.1%（表7-20）。快递业务收入占全行业的比重从"十二五"末的43%上升到56.28%，快件收投比从"十二五"末的1∶2.72优化到1∶2.43，优于大部分西部地区。

表 7-20　2018 年广西壮族自治区快递服务企业发展情况

指标	单位	2018 年 12 月 累计	2018 年 12 月 当月	比上年同期增长(%) 累计	比上年同期增长(%) 当月	占全部比例(%) 累计	占全部比例(%) 当月
快递业务量	万件	48101.07	5222.64	51.50	47.63	100.00	100.00
同城	万件	9062.22	1052.12	78.79	72.05	18.84	20.15
异地	万件	38809.24	4121.01	46.20	41.09	80.68	78.91
国际及港澳台	万件	229.61	49.52	69.34	859.99	0.48	0.95
快递业务收入	亿元	61.50	6.65	37.07	33.41	100.00	100.00
同城	亿元	9.34	1.12	68.29	34.83	15.18	16.81
异地	亿元	31.90	3.20	30.64	29.49	51.87	48.11
国际及港澳台	亿元	1.37	0.22	33.56	160.85	2.23	3.28
其他	亿元	18.89	2.11	36.16	32.07	30.72	31.79

二、行业管理工作及主要成效

行业发展日新月异。全区快递物流园区共有 9 个,入驻快递企业 43 家,快递物流业初步形成产业集聚。中铁快运在南宁、柳州等多地已开展高铁快运业务。"12305"邮政业消费者申诉中心共处理申诉 30359 件,为消费者挽回经济损失 86 万元,消费者申诉处理满意率为 99.2%。企业自动化、智能化、信息化水平不断提高。城市网点标准化率达 81%,累计投入智能快件箱 5179 组,建成快递末端公共服务站点 1300 个。高校规范收投率 95%。京东集团"无人机"智慧物流在全州举行首飞仪式。南宁、柳州、梧州、钦州、河池、北海、百色等 7 个地市规范了快递投递车辆管理工作。

行业新动能快速成长,行业服务质量和水平显著提升,支撑电子商务、服务生产生活、扩大就业渠道的作用日益凸显。年服务用户 18.72 亿人次,支撑全区网络零售交易额超过 600 亿元。全行业直接从业人员 5.25 万人。"快递下乡"工程换挡升级,服务"乡村振兴"战略取得实效。自治区有关领导受邀参加 2018 中国快递行业(国际)发展大会并做主旨演讲。全区 14 个市建成"一市一品"农特产品进城示范项目 26 个。全区百香果快件总量达到 3129 万件,果农创收 8.45 亿元;柳州螺蛳粉寄递量达 2320 万件,带动总产值 23 亿元;百色芒果寄递量 1688 万件,产值 8.5 亿元;北部湾海鸭蛋寄递量 1212 万件。其中柳州螺蛳粉、玉林百香果被国家邮政局评为快递服务现代农业金牌项目(全国 20 个)。积极推进容县沙田柚、天峨珍珠李、灵山荔枝等产业,在农村电商、邮政寄递的带动支撑下成为地方特色产业或支柱产业。

行业发展环境日趋优化,区政府办公厅印发《推进电子商务与快递物流协同发展实施方案》,为推动全区经济社会持续健康发展培育新动能提供了政策指导。全行业共争取地方财政资金 3575 万元,其中广西邮政农村电商一体化运营建设项目获得乡村振兴补助资金预算拨款 2000 万元;桂林申通快递物流园获得自治区服务业发展专项资金 300 万元。

旗帜鲜明抓党建。持续深入学习宣传贯彻习近平新时代中国特色社会主义思想和党的十九大精神,不断提升党建工作质量。2018 年,区局党组中心组共组织了 10 次集中学习,首次安排市局领导参加研讨交流,并与区交通运输厅联合举办了专题培训班;成立意识形态工作领导小组,加强宣传阵地建设;组织党员干部学习修订后的新《宪法》,举行新任职副处级以上干部宪法宣誓仪式;深入学习贯彻维护党章,严肃党内政治生活,严防"四风"问题新表现;制定落实中央八项规定精神实施细则;规范"三会一课",推进基层党组织建设,支持和指导各市局与地方党委相关部门对接,多渠道推动各市非公寄递企业党组织建设。全区共有7个市先后成立了10个非公寄递企业党支部，共有中共党员120人。

提高政治站位，全力做好巡视巡察工作。协助配合国家邮政局党组专项巡视，根据巡视组反馈意见，成立整改工作领导机构，全面部署整改工作。当前，已围绕五个方面23项整改任务制定50项整改措施，除了3项需要长期推进外，其余已全部完成整改。对4个市局开展了巡察工作。以作风建设和纪律教育促全面从严治党向纵深推进。认真开展九个方面专项治理活动，开展纪律教育年、作风建设提升年和警示教育月等活动，对照机关作风建设目标任务，有针对性地查找问题，提升作风建设针对性和实效性，组织党员围绕典型案例开展研讨和谈心谈话。组织学习新修订的《中国共产党纪律处分条例》，扎实推进反腐倡廉建设。

凝心聚力优化行业发展环境。 贯彻落实国家邮政局和自治区重大决策部署，建章立制，抓好督查督办，督查督办征文活动获优秀组织奖。多渠道贯彻落实《快递暂行条例》，并纳入自治区"七五"普法读本及学法用法考试内容。完成全区邮政业"十三五"规划中期评估。继续深化"放管服"改革，制定《广西区进一步优化快递业务经营许可工作方案》，推进政务服务"一网通办"，申请许可"只进一扇门""最多跑一次"。简化审批流程，降低审批门槛，做好企业许可年度报告网上申报工作，快递许可审批时限压缩至13个工作日，申请材料总体精简55%。全年共完成末端备案2821个，平均办理时限1.9日。

加快衔接"一带一路"基础设施建设，中国邮政东盟跨境电商监管中心、中国—东盟（广西）国际快件监管中心、南宁国际邮件互换局"三体合一"的集约化监管方式和业务模式运营情况良好，凭祥国际邮件互换局已进入场地验收初审阶段。提升行业发展软实力，积极参加社会主义核心价值观主题教育月、邮政业青年文明号开放周等活动。推进行业精神文明建设，组织企业积极参与寻找最美快递员评选活动，北海合浦百世朱有敏入围"最美快递员"全国50强。梧州藤县中通快递员唐基木三入火海勇救5人，被中央文明办列入"中国好人榜"，并获国家应急管理部颁发第四届全国119消防奖先进个人。

以点带面提升行业发展质效。 鼓励寄递企业通过供给创新引导需求。南宁邮政打造的邮政服务农村电商的"横县模式"，通过村邮乐购平台、微信公众号、网点广告等形式推广销售本地特色农产品。顺丰速运开通了南宁至广州间的货运航班，开通生鲜专机和冷链车辆，保证产品的新鲜度。中通持续加大与水果电商合作，在钦州启动创业孵化器试点，搭建了包括自媒体、物流、电商销售等配套服务的农产品电商公共技术服务平台，通过中通优选和淘宝平台销售当地的百香果等土特产品，带动了当地产业发展。推动邮政综合服务大平台转型。推进快邮合作，共享分拣平台和投递平台。邮政与顺丰、圆通等快递企业合作，开展代收代投服务。"邮乐购"站点叠加产品批销、代购、邮件代收代投、便民缴费、普惠金融等产品。邮政企业采取县城搭建电商运营中心，建设电子商务产业园，利用邮政局所、村邮站、便民服务站、"邮乐购"站点，发展电子商务，推动农产品走出农村，推进"邮乐购""邮掌柜"电商品牌建设。

攻坚克难打好邮政业三大攻坚战。 推动行业绿色发展取得突破，推广使用新能源和清洁能源车辆，全区邮政行业新能源汽车从2017年的无增加到目前的151辆。广泛宣传《快递电子运单》《邮政业封装用胶带》等新国标、行标，号召企业加快电子运单应用，普及率达到88%以上。邮政企业全部营业网点已实现销售新标准箱和免胶带箱，整体可减少4万公斤用纸。京东推广使用自主专利防撕袋。南宁韵达全面投入使用环保袋4.1万个，减量将近60%。坚决打好助力脱贫攻坚战，加强领导，落实责任，全力支撑行业扶贫工作。充分发挥行业优势，打造"寄递+电商+农特产品

+农户"的链条式脱贫模式。区局领导到定点扶贫村慰问调研指导3次,定点扶贫村整村脱贫工作得到自治区领导肯定。在全行业开展自愿捐赠活动,鼓励企业参加地方扶贫活动。邮政企业直接承担定点扶贫任务成效显著。寄递渠道安全基础不断夯实,狠抓"三项制度"落地实施,全区配置到位安检机446台,实名收寄信息化率超99%。制定《广西邮政业强化落实企业安全生产主体责任工作方案》,明确各方安全生产责任。组织开展过机安检培训。配合做好寄递渠道禁毒、反恐、扫黄打非、打击侵权假冒等工作。开展涉枪涉爆隐患集中整治、落实企业安全生产主体责任专项巡查等行动。加强寄递渠道非洲猪瘟疫情防控。严格执行值班值守和信息报告制度。妥善处置快捷断网事件。无造成重大人员伤亡和财产损失的突发事件发生。

依法行政提升行业现代治理能力。 推进法制邮政建设。建立政府法律顾问制度,全区聘请法律顾问15名。邀请法学专家开展提升邮政执法能力的培训。妥善处理行政复议案件7起。圆满完成"七五"普法学习考试相关工作和规范性文件清理,组织参加邮政行政执法资格统一考试。加强邮政业市场监管。全面推行"双随机一公开"监管机制。继续推进"三不"专项治理,全区快件分拨中心离地设施铺设率达到92%。开展快递市场清理整顿专项行动。加强集邮市场和邮政用品用具监管。举办快递业信用管理信息系统培训,开展"3·15"主题宣传周活动。全年共查处违法违规行为423例,办理行政处罚250件,罚款221万元。健全完善行业监管组织体系,南宁邮政业安全中心正式成立。

严格干部队伍管理。 加强选人用人的统筹性,严格规范干部选拔任用工作,选拔任用4名干部,为1个市局配齐党组成员。开展干部档案数字化工作,组织补充干部档案材料和进行集中整理。加强干部监督,做好"一报告两评议"、领导干部报告个人有关事项工作。加强干部教育培训,争取到自治区调训名额17个,新提拔县处级干部全部参加了地方组织的任职培训。制定《后备干部队伍建设实施办法》,召开青年干部座谈会,及时了解干部职工思想动态,关心干部职工工作生活。有序开展综合管理工作,完成公车改革,做好经济运行分析工作,深入推进预算管理改革。加强行业审计监督工作,开展区本级及各市局内部控制自我评价。全面加强全系统网站管理,进一步完善常态化信息发布机制,加大政府信息公开力度,政府网站整体质量不断提升,"广西邮政管理局"微信公众号正式开通运行,在邮政快递报社的表彰中获优秀记者站称号,地方各类媒体和社会舆论对邮政业的关注逐步提升。

三、改革开放40周年

改革开放40年,广西邮政业完成了政企分开及省以下邮政监管体制改革等重大任务,邮政行业发展活力不断释放,切实维护了寄递渠道安全形势,在服务国家重大战略实施中体现了自身价值,发挥了积极作用。全区邮政业规模不断发展壮大。1958年全区邮电业务总量尚不足0.1亿元。1978年,邮政提供的服务种类仅有函件、包件、汇兑、报刊发行和机要通信业务,邮电业务总量(含邮政、电信)仅为9298.8万元,邮政专用汽车仅170辆,邮件投递基本以人力和自行车为主。2000年到2018年,全区邮政业务总量从4.31亿元增加到126亿元,增长了29倍。快递业务量从2008年的0.2亿件猛增至2018年的4.8亿件。邮政业在促进经济贸易往来推动地方经济发展、改善民生中发挥了重要的基础作用。全区邮政普遍服务营业网点达到1503处,总体实现了"乡乡设所、村村通邮",城乡通邮、用邮水平进一步提高。全区快递服务营业网点达到7787处,快递业成为现代服务业新的增长点。邮件快件全程时限水平和服务满意度稳步提升,投递频次得到改善,有效申诉率逐年下降,人民群众用邮的满足感和获得感不断提高。

四、各市(地)主要管理工作概况

南宁市邮政管理局加强媒体宣传，行业社会关注度持续提升。制定《新闻宣传工作管理办法》和《新闻发言人制度》，充分利用地方媒体和系统的"一报一刊三网站"，主动引导媒体正面报道。与市公安交警部门沟通协调，以快递行业协会为主导，率先为完成统一"车型、标识、牌号、备案、培训"的广西顺丰、京东、圆通等11家快递企业2600余辆快递电动三轮车发放了市区通行牌、照，标志着南宁市快递电动三轮车正式进入规范化管理的新阶段。为企业争取到市财政安排连续三年每年100万元的补助资金，用于支持新建智能快件箱和快递公共服务站。快递网点乡镇覆盖率达到100%。以马山县为试点，引导邮政、快递企业共享运输车辆、邮路、处理场地和贫困地区基础设施网络，共同提供寄递服务，形成数个品牌"集聚配"模式。通过"快递+电子商务+当地特色农产品"模式，将横县甜玉米作为农特产品进城示范项目，依托快递报和微信公众号打造邮政服务农村电商的"横县模式"，引领产生更多快递服务农产品项目，助力地方经济发展和国家精准扶贫。坚持先行先试，开展快递面单集中销毁、电子面单推广使用、邮政快递包装的可循环推广等行动。2018年，全市快递电子面单的使用率提升到90%以上，可循环利用环保编织袋使用率提升到65%以上。另外，积极争取地方政策支持，提高企业新能源车辆使用比例，2018年，顺丰、京东、宅急送等企业相继投入共78台新能源车辆，均用于支线运输和末端配送环节。

桂林市邮政管理局创新开展建立寄递企业三级安全员管理制度。层层压实责任，要求各直营机构、加盟企业、营业网点分别配备安全员，由安全员代表所属单位进行日常安全巡查。制定检查标准，印制《营业场所安全隐患检查表》及《处理场所安全隐患检查表》。各快递品牌驻广西直营机构每月对桂林市品牌所属网点、分拨中心的检查不少于2次，每次不少于3个单位。反馈检查结果，要求各品牌及时汇总本月安全信息并上报邮政管理部门，并根据反馈的问题逐个督促整改落实。

柳州市邮政管理局推进行业供给侧结构性改革效果显著。柳州局协同市商务委积极组织协调顺丰企业、县区政府以及相关部门进行沟通接洽，全力促进顺丰集团融安金橘标准化预分拣预包装"云仓"建设项目引进落地。该项目已建成运营，有效降低了融安金橘电商销售分拣、包装及物流快递成本，每票可减少费用3.17元。加强与市商务委沟通联系，搭建协会服务平台，推进市快递协会与螺蛳粉协会、市电子商务协会交流合作。指导邮政、快递企业要创新发展模式，紧紧扭住仓配一体化服务、品牌效应等关键环节，不断提高服务能力，保障螺蛳粉更快"从柳州到全国各地"，带动销售方式转变，扩大就业岗位、帮助企业增收，成为有效拉动柳州市经济发展的新引擎。鼓励有条件的企业建立自有螺蛳粉品牌，打造品牌效应，使快递业融入螺蛳粉的产业链、供应链和服务链中。2018年全市袋装螺蛳粉寄递量达2300万件。"快递+螺蛳粉"项目也被国家邮政局评为"金牌项目"。积极推动快递电动三轮车通行及规范管理，制定并下发《柳州市邮政快递专用电动三轮车规范管理实施方案(暂行)》，明确从统一外观标识、加强教育培训、建立车辆备案、完善监督机制等四个方面对城区快递三轮车辆进行规范管理，对符合规范的邮政、快递三轮车在统一备案登记后给予上路通行。2018年共有1806辆邮政快递电动三轮车完成登记备案工作，并上路通行。

贵港局持续引导邮政企业向农村拓展产业链，积极配合贵港市抓好精准扶贫工作。鼓励支持邮政企业完善县、乡、村三级物流配送体系，提升县中心、镇分仓、村站点的节点功能，重点推动信息化功能的"邮乐购"站点建设，并充分利用好"邮乐购"品牌优势，通过造品、造商、造势，实现造包。贵港市已累计建成邮乐购站点1105个。持续推进农村邮政综合服务平台建设,分别建立了集"采摘+销售+寄递+售后"服务的贵港邮政电商运营中心和集"网络代购+平台批销+农产品进城+公共服务+物流配送"于一体的富硒百香果电商物流园,通过这两个平台每天销往全国各地的百香果、白玉蔗等贵港农特产品不少于2万件,为贵港市农民增收、乡村发展振兴、促进地方经济发展做出了积极贡献。继续组织开展"一市一品"农特产品进城示范项目,全市"一市一品"百香果项目,在农村电商、邮政寄递的带动支撑下,已经成为地方特色产业。

玉林市邮政管理局向市委、市政府争取各种政策支持,着力为行业营造良好发展环境。2018年12月底由市政府制定出台了《玉林市推进电子商务与快递物流协同发展实施方案》,明确将快递专业类物流园区、快件集散中心等设施用地纳入土地利用总体规划和城乡规划。打通"快递下乡"的快行道,引导各寄递企业自觉整合品牌网络资源,主动走"快递超市"或"快递+电商"的发展路子,盘活利用网络资源,完善县、乡、村三级物流体系,实现"农产品进城"和"工业品下乡"有序集散和高效流通。2018年全市共有合法乡镇分支机构492家,覆盖全市102个乡镇,快递网点乡镇覆盖率达100%。加强部门沟通对接,形成协同推进合力。引导兼营电商的快递企业主动加入电商协会,加强信息交流与项目对接,达到电商与快递互惠互利;组织快递企业参加辖区政府举办的"百香果之乡"三月三电商节、"百香果电商旅游文化节"和玉林市广西特产销全国项目活动等平台,把玉林特色项目做大做强。

在玉林(百香果项目)被评选为"全国快递服务现代农业示范基地"的基础上,大力引导快递企业根据市场需要将网点延伸覆盖到百香果集中种植区农村,方便百香果寄递;积极引导快递企业提升服务水平,缩短投递时限,优化快件专用包装,保障农产品品质;加强与相关职能部门对接,大力推动百香果进入鲜活农产品运输绿色通道品种目录,积极申报百香果农产品地理标志登记,进一步把项目做大做强。2018年9月底,自治区交通运输厅印发《广西壮族自治区交通运输厅关于做好广西鲜活农产品运输绿色通道产品认定工作的通知》,明确把百香果列为新鲜水果目录,享受鲜活农产品"绿色通道"政策,有效降低了玉林百香果的运输物流成本,进一步推动了全市"快递+百香果"快递服务现代农业项目发展。此外,玉林局积极引导快递企业乘势而为,扎实做好百香果网络销售寄递服务工作,培育挖掘扩充沙田柚、番石榴、中药材和服装等具有一定市场竞争力的玉林特色产品的寄递服务项目,努力拓展"快递+"农产品快递服务现代农业项目种类,进一步提升快递服务"三农"的能力和水平。

专业快递物流园区建设雏形初具,由第三方企业投资建设的玉州区坡塘物流园区已建成库房2幢、建筑面积14000平方米。此外,容县和陆川在当地政府引导和支持下,第三方企业已开始建设具有一定规模的物流集中区,容县和陆川县已有7家"通达"系品牌的快递企业进驻。快递服务现代农业金牌项目再创新绩,2018年,玉林"快递+百香果"快递服务现代农业项目业务量收再创新高,全年玉林市通过快递寄递销售出去的百香果达到49272.37吨,快件量达1970.89万件,比上年同期增长72.89%,商品销售额达到5.91亿元。12月底,玉林"快递+百香果"获得了"2018年全国快递服务现代农业金牌项目"。

防城港市邮政管理局大力实施"向外工程",推进东兴国际快件监管中心设立,上海圆通总部已与东兴市政府签订投资框架协议,第一期计划用地100亩,用于建设国际快件监管中心、跨境电子商务产业园。引导企业拓展面向东盟的国际服务网络,打通向外发展渠道,圆通、中通、顺丰相继在越南、柬埔寨等地设立独立经营网点,利用东兴进出境水果口岸优势,设立水果代发仓,通过"快递+电商",将东南亚水果销往全国各地。以东兴市政府推进东兴市全国城乡交通运输一体化示范县创建工程为契机，积极向东兴市政府上报方案、协调场地、争取政策资金支持，东兴市政府同意拨付100万元专项资金用于33个村邮站标准化建设，提升服务功能和水平，为切实解决"最后一公里"问题提供资金保障。

海南省快递市场发展及管理情况

一、快递市场总体发展情况

2018年，海南省邮政行业业务收入（不包括邮政储蓄银行直接营业收入）累计完成28.2亿元，同比增长19.3%；业务总量累计完成21.8亿元，同比增长15.0%。其中，快递企业业务量累计完成0.7亿件，同比增长20.1%；业务收入累计完成16.3亿元，同比增长28.5%（表7-21）。

表7-21　2018年海南省快递服务企业发展情况

指标	单位	2018年12月		比上年同期增长(%)		占全部比例(%)	
		累计	当月	累计	当月	累计	当月
快递业务量	万件	7107.05	720.93	20.14	23.31	100	100
同城	万件	2222.95	244.7	24.06	27.41	31.28	33.94
异地	万件	4877.57	475.61	18.44	21.36	68.63	65.97
国际及港澳台	万件	6.54	0.62	12.37	-10.10	0.09	0.09
快递业务收入	亿元	16.31	1.68	28.48	24.01	100	100
同城	亿元	2.12	0.21	18.74	7.56	12.98	12.42
异地	亿元	9.17	0.93	27.68	31.50	56.22	55.32
国际及港澳台	亿元	0.13	0.01	11.55	32.03	0.80	0.76
其他	亿元	4.89	0.53	35.43	19.10	30	31.50

二、行业管理工作及主要成效

推动全面从严治党向纵深发展。 加强政治建设，省局党组把学习习近平新时代中国特色社会主义思想和党的十九大精神作为首要政治任务，以上率下增强系统理论武装。党组书记和党组成员深入基层党组织宣讲党的十九大精神和党章、宪法精神，组织2期处级干部、党务干部和党员干部集中轮训，开展多期党的知识测试。加强思想建设，推进"两学一做"学习教育常态化制度化，组织理论中心组（扩大）学习15次，认真开展纪念改革开放40周年党日活动和"大学习大提升""在建设海南自由贸易区（港）实践中勇当先锋、做好表率"等主题活动，荣获省直机关"勇当先锋 做好表率"党员讲体会、支部书记讲党课演讲比赛优秀组织奖。加强组织建设，召开年度党建工作推进会，印发全年党建工作要点，组织党组织书记述职评议，按时开展党支部换届工作，制定《海南省非公快递企业党组织建设指导意见（试行）》，对2017－2018年度3个先进基层党组织和10位优秀共产党员进行了表彰。加强作风建设，贯彻落实习近平总书记关于进一步纠正"四风"，加强作风建设重要批示精神和国家邮政局党组《关于深入贯彻落实中央八项规定精神的实施细则》。党组书记和党组成员坚持以普通党员身份参加党支部组织生活会等组织生活。加强纪律建设，召开年度党风廉政建设工作会议，逐级签订责任书。学习贯彻新修订的《中国共产党纪律处分条例》，开展"纪律教育年"、警示教育"五个一"等活动。

2018年，全省邮政管理系统全面从严治党工作不断压实，开展了党的十九大后全省邮政管理系统首轮巡察工作，着力发现和解决党的领导弱化、党的建设缺失、全面从严治党不力等问题，巡察已覆盖全系统60%的单位。加强干部监督，在干部提拔中把好廉洁关，省局纪检组组长同全体处级以上干部和纪检监察干部共16人进行集体廉政谈话，对个别同志不准确报告领导干部个人有关事项的行为，进行批评教育或诫勉谈话，并组织专题培训对相关规定进行再次强调。深化运用监督执纪"四种形态"，探索健全省局机关党建、纪检监察工作机构。贯彻国家邮政局要求，认真开展9个专项治理活动，把全面从严治党要求体现到监督执纪问责全过程。

推动邮政业高质量发展。坚决贯彻落实习近平总书记"4·13"重要讲话和中央12号文件精神，推动海南省邮政业全面深化改革开放。抓好学习领会，省局召开党组会、全体干部大会和邮政、快递企业负责人座谈会，坚持原原本本、逐字逐句地学习"4·13"重要讲话、中央12号文件和国家邮政局马军胜局长四点贯彻落实要求。省局主要负责人参加了省委组织的2期专题学习班和1期学习交流团，学习国内自由贸易试验区先进经验。省局组织到广东省和省内国际快件监管中心、综合保税区等地开展专题调研，完成快递绿色生产消费等课题报告。认真贯彻落实《中国（海南）自由贸易试验区总体方案》，认真谋划海南省邮政业全面深化改革开放工作。在省政府召开的中央驻琼单位座谈会上，海南省省长沈晓明听取并肯定了省局主要负责人的工作汇报。2018年12月26日，沈晓明省长主持召开海南省促进快递物流业发展座谈会，围绕如何打造海南国际快递物流枢纽中心，服务海南自由贸易试验区和中国特色自由贸易港建设，征求阿里巴巴集团、菜鸟网络和"三通一达"等国内龙头企业主要负责人的意见和建议。扎实推进《中国（海南）自由贸易试验区总体方案》各项工作任务落地实施。在打造重要跨境电商寄递中心方面，启动对国际邮件互换局和国际快件监管中心统筹建设可行性的研究工作；在优化营商环境方面，向国家邮政局呈报了《关于将国际快递业务经营许可审批权下放到海南省邮政管理局的请示》；在完善提升国际快件处理能力服务带动跨境电商相关产业集聚方面，推动顺丰海南国际生鲜港和圆通海南区域管理总部及航空枢纽基地项目签约海口临空产业园，总投资共计14亿元。

着力提升海南邮政业发展质效。政策方面，印发了《海南省推进电子商务与快递物流协同发展实施方案》，联合省交通运输厅等6部门印发《关于加快推进全省农村物流网络节点体系建设的实施意见》。基础设施建设方面，主动适应海南自由贸易区（港）建设，推动海口、三亚国际快件监管中心投入运营；引导京东、苏宁入驻金马物流园区，顺丰、圆通等入驻综合保税区。扎实推进邮政业更贴近民生实事落地，海南已实现邮政普遍服务网点乡镇覆盖率、村邮站行政村覆盖率、建制村直接通邮率、快递网点乡镇覆盖率、乡镇党报当日见报率、市县邮政机要机构设置率（除三沙市外）、高校规范收投率7个100%。2018年，通过"一市（县）一品"项目带动，全省新增邮乐购站点197个（共2387个），完成农特产品进城配送量2741吨、交易额2957万元。"快递入区"工程建成城市及农村末端公共服务网点197个，投入运营智能快件箱1683组。"三不"专项治理实现快件分拨中心视频监控联网率100%，铺设离地设施的快件场所比例达100%。推进快递网点标准化建设，城区标准化快递网点达100%。联合工商等26部门印发《关于开展"放心消费在海南"创建活动的工作意见》。建成中国最南端快递公共服务平台——三沙市永兴岛快递超市。深化产业融合，服务"乡村振兴"战略，打造快递年收寄量超400万件、业务收入1亿元的"海南芒果"快递服务现代农业示范项目。引导顺丰全货机常态化起降美兰机场，在荔枝季发运荔枝2000余吨。推动快递服务制造业，积极培育制药业，春光和南国食品等快递服务制造业示范项目。

坚决打好邮政业三大攻坚战。以国家安全、产业安全和生产安全为重点,着力防范化解重大风险。完成了习近平总书记出席的2018年我国首场主场外交——博鳌亚洲论坛和南海阅兵、庆祝海南建省办经济特区30周年大会、上合组织峰会、进博会等重大活动期间的寄递服务和安全保障任务。推动寄递安全属地化监管,在寄递渠道有效开展涉枪涉爆隐患集中整治和反恐、禁毒、寄递假烟、非洲猪瘟疫情防控等工作。推动落实"三项制度",全省邮件快件实名收寄信息化率达99.1%。印发海南省寄递企业落实安全生产主体责任的指导意见,推动企业安全生产标准化建设试点工作。寄递渠道"扫黄打非"工作有效开展,被评为2017年度全国"扫黄打非"先进集体。邮政业消防安全工作扎实推进,被评为全省消防工作目标责任考核先进单位。

坚持做好邮政业服务精准扶贫和单位驻村扶贫"大小"两篇文章,打好精准扶贫攻坚战。充分发挥驻村第一书记作用,做实党建扶贫,推动产业扶贫,打好政策组合拳,实现扶贫、扶智、扶志、扶技、扶业"五到位",驻村已经脱贫58户213人。指导邮政、快递企业做好"海南爱心扶贫网"农产品寄递服务保障工作。督导省邮政公司拓展村邮站功能,共收寄消费扶贫包裹5.2万件,助力爱心消费扶贫平台农产品销售额805万元,得到了省委副书记李军的多次表扬。

以加快推进快递业绿色包装应用为重点,打好行业污染防治攻坚战。加强政策供给,联合发展改革、生态环境等8部门印发了《关于协同推进海南省快递业绿色包装应用工作的实施意见》,确立了"绿色化、减量化、可循环"的方向,明确了到2023年快递业包装治理体系基本建成的工作目标。推动绿色产品应用,鼓励企业投入试用可循环包装箱、共享包装箱、生物降解包装袋、可循环中转袋、减量包装箱等环保产品,主要品牌企业电子运单使用率超过90%,企业投入新能源运输车辆200余辆。在省内高校、三沙永兴岛开展"快递+回收"试点。加强宣传引导,先后在海口、三亚、儋州、琼海和五指山5市举办了快递业绿色包装应用启动仪式,苏宁在海口发布了绿色物流共享行动"青城计划",有效营造"绿色用邮、人人有为"的社会宣传氛围。在"4·13"重要讲话发表半年之际,全省召开快递业绿色包装应用工作推进会,做好阶段性工作总结和部署,加快推动邮政业绿色包装应用。

认真有效履行邮政市场监管职责。深入宣贯《快递暂行条例》,培训并组织全省邮政行政执法人员参加第五次邮政行政执法资格全国统一考试,通过骨干培训和送法上门,实现企业学法全覆盖。落实《快递业务经营许可管理办法》,优化快递业务经营许可工作,推进快递末端网点实施备案管理,精简申请材料,清理证明事项,推行电子印章模式,实现互联网"不见面审批",快递末端网点备案平均办理时限压缩至1.1个工作日。全省核发快递业务经营许可10家,核准快递业务经营许可证变更213家次,备案快递末端网点1206家。三是加强事中事后监管。印发邮政市场随机抽查事项清单,组织开展全省邮政市场"双随机"执法检查,部署快递市场清理整顿专项行动、邮政用品用具质量抽检等工作。全省邮政管理部门共检查企业1225家次,出检人数2813人次,作出行政处罚决定29件,罚款金额26.2万元。

推进快递业信用体系建设。开展了"3·15"主题宣传活动,印发了快递业信用体系建设工作实施方案,制定了快递业信用评定委员会工作规定,完成了快递市场主体名录库信息补全和核对工作,逐步构建以信用为核心的新型市场监管模式。加强消费者申诉处理能力建设。衔接省政府综合服务热线平台,完善消费者申诉信息通告和公开制度,加强市场监管与消费者申诉工作联动,为消费者挽回经济损失35.8万元。做好旺季服务保障工作。印发工作方案,建立保障机制,依托信息系统,强化实时监测,实现动态管控。动员企业最大限度调配资源为旺季服务保驾护航,实现"两不、三保"工作目标。

三、改革开放40周年

改革开放40年,海南省先后完成了邮电分营、政企分开、完善省级以下邮政监管体制改革等重大改革任务,构建了较为完善的行业管理体系,行业生产力不断解放,发展潜力不断释放,市场活力竞相迸发,在服务全省经济社会发展中的作用日益凸显。2016年11月15日,原省委书记罗保铭专门听取局党组书记、局长唐健文工作汇报,并对《关于海南省邮政业发展和监督管理工作情况的报告》作出批示:海南邮政、快递业务健康快速发展,邮政系统的服务精神、社会责任突出,长远发展对地方经济的带动作用很强,请日报、电视做深入采访,突出报道。《海南日报》等海南主流媒体集中推出省局党风促政风带行风服务经济社会发展等系列报道。目前,海南已实现邮政普遍服务网点乡镇覆盖率、村村站行政村覆盖率、建制村直接通邮率、快递网点乡镇覆盖率、乡镇党报当日见报率、市县邮政机要机构设置率(除三沙市外)、高校规范收投率7个100%。同时,认真贯彻落实《中国(海南)自由贸易试验区总体方案》,认真谋划海南省邮政业全面深化改革开放工作。2018年12月26日,围绕就如何打造海南国际快递物流枢纽中心,服务海南自由贸易试验区和中国特色自由贸易港建设,海南省召开了促进快递物流业发展座谈会,征求阿里巴巴集团、菜鸟网络和"三通一达"等国内龙头企业主要负责人的意见和建议,为推动邮政快递业全面深化改革开放,优化营商环境奠定坚实基础。行业与综合交通运输体系衔接日益紧密。邮件快件全程时限水平和服务满意度稳步提升,人民群众用邮获得感不断增强。

四、各派出机构主要管理工作概况

海南省东部邮政管理局积极推动邮政服务农村电商发展。协调指导陵水县邮政分公司争取地方政策,作为政府扶持的配送物流企业通过补贴每单2元支持邮政企业解决陵水电商企业农特产品上行物流费用高的问题,2018年已获政府补助超过20万元。同时,加快推进邮政快递业绿色包装应用工作。向琼海市政府报送加快推进快递业绿色包装应用的任务清单和责任分工意见,举办推进快递绿色包装应用启动仪式,积极引导企业使用绿色环保包装材料、新能源电动车等,进一步提升行业绿色发展水平,为建设海南生态省做出应有贡献。按照海南局提出的"全省保琼海、琼海保博鳌"的总体思路,以最高标准、最严要求、最强措施圆满完成博鳌亚洲论坛等重大活动期间寄递安全服务保障工作任务。

海南省中部邮政管理局积极向地方政府争取政策,优化行业发展环境。协调五指山市委、市政府印发《关于印发〈五指山市2018年重点改革工作方案〉的通知》文件,明确"开展农村物流体系建设,提升农村物流服务能力和水平"作为五指山市2018年重点改革工作之一。同时,五指山市委四届九次全会审议通过了《五指山市打赢脱贫攻坚三年行动实施方案》,明确要求"制定实施'快递补贴'政策"等。屯昌县人民政府办公室出台《关于印发屯昌县农村物流网络节点体系建设实施方案的通知》,不断提升农村物流服务水平。同时,五指山市、屯昌县先后建立联合打击寄递渠道涉烟违法犯罪行为协作机制,严厉打击利用寄递渠道违法寄递烟草制品和假冒走私卷烟的违法行为。屯昌县、保亭县工商局就快递企业末端网点"一照多址"、快递业信用体系建设等问题建立协作机制初步调研。推进快递网点标准化建设,辖区城区自营快递网点标准化率实现100%。联合五指山市团委举行加快推进快递业绿色包装应用启动仪式,开邮政业绿色发展宣贯会,引导企业承担社会责任,服务美丽中国建设,为全面建成小康社会做出积极贡献。

海南省西部邮政管理局积极推动邮政业创新发展。强化村邮站邮政综合服务平台作用,辖区918个村邮站中建成叠加代投快件、代收代缴等业务的拓展服务站718个。指导邮政企业建设"邮乐购"网点服务三农,邮政企业建成各类型邮乐购服务网点685个,村邮站与"邮乐购"电商平台统筹建设网点96个。着力提升农村地区主要党报当日见报率,辖区建制村当日见报率达95%。努力打造"一市(县)一品"项目。澄迈邮政与县青年创业基地开展合作,开通桥沙地瓜专线邮路销售地瓜达6万余件;东方邮政贴近服务果园、微商和电商销售芒果14.1万件;昌江邮政建设昌江县农村电商服务站运营中心,利用海南邮政服务公众号、园生递和邮乐网等平台销售昌江芒果2万件;白沙邮政服务紫玉淮山、红心橙等农特产品线上销售6.1万件。海南京东通过提供平台销售、上门服务等方式服务昌江芒果等农特产品项目;海南顺丰推出时限测试、上门服务、实时监控、冷链运输等一揽子服务,为澄迈陆侨无核荔枝寄递提供解决方案,寄递无核荔枝2.14万件。持续开展辖区"三不"治理工作,县级以上城区快递网点及处理场所离地设施铺设率达100%。举办辖区加快推进快递业绿色包装应用启动仪式,组织举办推进快递业绿色包装应用专题培训,开展"绿色快递"主题宣传周活动,引导企业加大投入使用环保袋、中转箱、笼车等设备,加快协议客户电子运单应用。

重庆市快递市场发展及管理情况

一、快递市场总体发展情况

2018年,重庆市邮政行业业务收入(不包括邮政储蓄银行直接营业收入)累计完成111.5亿元,同比增长20.6%;业务总量累计完成134.8亿元,同比增长34.8%。其中,快递企业业务量累计完成4.6亿件,同比增长39.3%;业务收入累计完成58.0亿元,同比增长29.7%(表7-22)。

表7-22 2018年重庆市快递服务企业发展情况

指标	单位	2018年12月		比上年同期增长(%)		占全部比例(%)	
		累计	当月	累计	当月	累计	当月
快递业务量	万件	45795.41	4720.07	39.30	37.64	100.00	100.00
同城	万件	17639.01	1725.13	49.03	43.54	38.52	36.55
异地	万件	27708.30	2948.20	33.22	35.17	60.50	62.46
国际及港澳台	万件	448.10	46.75	87.09	0.79	0.98	0.99
快递业务收入	亿元	58.04	5.84	29.74	20.27	100.00	100.00
同城	亿元	14.09	1.10	41.50	8.75	24.28	18.91
异地	亿元	26.86	3.03	29.43	35.85	46.29	51.84
国际及港澳台	亿元	2.73	0.26	-2.15	-38.13	4.70	4.48
其他	亿元	14.35	1.45	27.81	21.66	24.73	24.77

二、行业管理工作及主要成效

全面从严治党取得新成效。 持续加强政治建设,始终保持风清气正的政治生态。始终保持政治敏锐性和鉴别力,坚决做到"两个维护",自觉在思想上、政治上、行动上同以习近平同志为核心的党中央保持高度一致,认真贯彻党的理论和路线方针政策。印发《中共重庆市邮政管理局党组贯彻落实中央八项规定精神的办法》《关于学习贯彻习近平总书记关于推进党的政治建设重要指示精神进一步加强全市邮政管理系统党的建设的实施方案》等文件,深入开展"五个一"活动,强化主责主业主角意识,狠抓"关键少数",发挥"头雁效应"。结合重庆实际和市委"十破十立"要求,严格落实党建工作责任制,彻底肃清孙政才恶劣影响和薄熙来、王立军流毒,始终保持风清气正的政治生态和干事创业的良好环境。开展党组专题学习22次,专题研究20次,党组中心组学习12次。

开展系统督察工作,确保上级重大决策部署落实到位。结合实际,将政治巡察和政务督查相结合,以执行党章党规党纪、贯彻落实上级重大决策部署为重点,紧抓"国家邮政局23项重点任务""更贴近民生7件实事",完成了对所有分局的督察工作。制定贯彻邮政业打好三大攻坚战、服务"一带一路"、长江经济带发展等重点工作部署,将目标和责任细化,清单化管理。针对2017年国家邮政局党组巡视发现的问题,开展整改落实"回头看",严格执行"七个必报"制度。认真落实全国邮政管理系统警示教育大会精神,结合"九个专项"治理自查自纠,召开专题组织生活会,开展批评与自我批评,达到了红脸出汗、排毒治病的效果。

严肃党内政治生活,党性锻炼持续加强。严格执行《关于新形势下党内政治生活的若干准则》,增强党内政治生活的政治性、时代性、原则性、战斗性。围绕"不忘初心、牢记使命"主题,开展"新时代红岩讲习所"151场次,鼓励党员干部走上讲台,促进党性提升效果明显。利用中心组学习平台,每期确定主要发言人,结合工作实际讲体会,谈收获,避免学习形式化。顺利完成机关党委换届选举,并选举成立第一届机关纪委。深入开展"主题党日进基层"活动,鼓励党员干部走进贫困山区,与群众深入互动,锤炼党性修养。创新制定《党员先锋作用发挥纪实办法》,指导党员对标检查、定期报告,支部审核、书记点评,通过纪实管理与落实党建基础制度的有机结合,推动队伍素质能力再上新台阶。准确把握运用监督执纪"四种形态",加强日常管理监督,严格廉洁过节纪律。开展党课教育37次、编发党建工作简报12期,支部主题党日115次。

强化党建担当引领,助力脱贫攻坚取得实效。成立由党组书记任组长的扶贫工作领导小组,研究制定《关于邮政业助力精准扶贫的实施方案》,选派2名处级干部驻村扶贫,发挥行业优势创新方式方法助力扶贫攻坚。顺丰公司与巫山县政府签订李子销售战略协议,协调"专机"发往全国各地,首次实现脆李寄递业务收入超千万,促农增收4000余万元。鼓励企业加强与农村电商合作,通过寄递渠道销售"奉节脐橙"600余万件,带动农业产值超过5亿元。开展帮扶对接和调研座谈,组织企业捐赠物资及款项10余万元,开通绿色通道减免寄递费用。实现全市18个深度贫困乡镇村级电商服务站全覆盖。顺丰莲花助学金项目落地城口,资助高中贫困学生每人每年3200元直至高中毕业,考取本科以上的还将连续两年获得每年3000元助学金。仅2018年顺丰就投入资金15.52万元,资助贫困学生97名。

党建带群团建设,行业精神文明建设成果显著。充分发挥党建统领,制定《推进重庆市非公快递企业党组织建设的指导意见(试行)》,市快递协会成立了党支部,指导市快递协会换届并在章程中新增党建章节。积极参与成立中共重庆市交通行业社会组织综合委员会,并担任委员。垫江县快递物流集散中心获评重庆市委党校现场教学点。涪陵区、垫江县成立快递行业妇女联合会。南川区合益家装卸搬运有限公司成立了党支部。涪陵区快递行业党支部再次被评为"五好党组织"。全市已成立非公快递企业党支部7个。七分局被推荐为"市文明单位"。杨夏同志被评为全国优秀市(地)邮政管理局局长。郭银杏家庭被推荐为"重庆市文明家庭"。张皓皓、王颖、张超、市快递协会谢红霞等多名同志被市级部门表彰。在全国党建工作会上,重庆市邮政管理局以"突出政治标准,强化政治功能,以规范化建设推动新时代全面从严治党向纵深发展"为主题作先进典型经验交流。

邮政基础设施建设持续加强。 强化宣传贯彻,抓好《快递暂行条例》落地实施。印发《快递暂行条例》宣贯方案,细化明确16项具体任务。印制《条例》单行本3500本,面向企业和用户进行普法宣传。主动联系《重庆晨报》等主流媒体开展专访互动,解读群众关注的焦点热点问题。全面开展《条例》执法检查。结合重庆邮政业实际,于10月9日在《重庆日报》上发表"第49届世界邮政日"署名文章。中央媒体采访团先后两次来渝就"双11"旺季服务保障、快递下乡、电商快递协同发展和国际邮件进口测试成功进行专题报道。

积极推动政策落地,促进行业发展环境不断优化。推动国办发〔2018〕1号文在重庆落地,市政府办公厅印发《重庆市推进电子商务和快递物流协同发展实施方案》。与市发展改革委、经信委、财政、交通等部门研究制定《重庆市农村物流试点示范区认定管理办法》。万州区将"快递下乡"纳入乡村振兴战略。南川区连续两年兑现快递业扶持政策资金。丰都县提供含县级物流配送中心建设、设施设备采购补贴等共计220万元。江津区为入驻园区的快递企业提供房租补贴、安全设备补贴等共计300万元。璧山区对入驻快递服务中心的企业连续三年补贴50%的房租。

加强行业发展规划,邮政业基础设施条件不断改善。完成重庆市邮政业"十三五"中期评估相关工作,保障规划目标按期完成。全市180个快递末端网点纳入"城市末端公共取送点项目",由商务部门给予资金补助。协调江北国际机场T3航站楼设置邮政普遍服务营业场所。建成快递末端公共服务站点2762个,标准化快递网点1948个,布放智能快件箱(信包箱)26160组,离地铺设率100%,快递进校园规范收投率100%。

坚持"互联网+"创新驱动推动行业高质量发展。 出台服务民营经济发展"渝27条"意见,激发行业创新发展活力。结合重庆实际制定《关于服务民营经济发展的指导意见》,并在习近平总书记召开民营企业座谈会后,进一步深化贯彻落实,营造了稳定、公平、透明的营商环境。按季度召开政企联席会,通报行业经济运行情况,听取企业汇报,帮助企业解决改革发展中遇到的困难和问题。联合市市场监管局印发《关于进一步明确快递业务经营主体证照管理有关事项的通知》,全面推行"一照多址",备案快递末端网点3103个,完成全市38个区县全覆盖。

继续服务"长江经济带"、中欧班列等重大项目,加快打造邮政开放发展新高地。研究制定《关于贯彻落实习近平总书记深入推动长江经济带发展重要讲话精神的工作方案》,积极落实国家邮政局相关工作部署,推动重庆邮政业由规模发展向高质量发展转变。中国邮政集团公司在重庆正式推出了中欧班列(重庆)专线寄递产品,实现常态化运邮和首次较大规模邮件进口测试。2018年收寄铁路小包36.2万件,发运28个邮包集装箱,总重量114.5吨,货值620万美元。中邮重庆市分公司投资近2000万元,在西部物流园建设的全国第一个铁路口岸国际邮件处理中心于今年7月正式启用,基本实现邮件自动化处理和智能化、信息化通关。

加大简政放权力度,快递行业整体活力进一步激发。制定《快递业务经营许可工作细则(试行)》和《重庆市快递末端网点备案工作细则(试行)》,依法下放快递企业分支机构和末端网点备案权限。进一步优化快递业务经营许可审批,确保企业申请材料总体精减55%,审批时限压缩71%,增设分支机构审批时限减半,坚持审批全程网上办理和"一次办好"。全年核准快递业务经营许可申请70家。目前,全市共取得快递业务经营许可企业410家,备案分支机构1630家。

深入推进"快递下乡"和"邮政在乡",服务现代农业发展成效明显。深入推进"快递下乡"和"邮政在乡",提升服务现代农业和农村电商能力,服务支撑"乡村振兴"战略。引导企业通过"邮快合作"、快递企业抱团发展、"电商+快递"、快递与供销深化合作等方式,加强末端网点建设。截至目前,邮政快递企业入驻物流园区24个。建设邮乐购站点10533个，邮政企业参与配送农特产品进城14769.64吨，农特产品交易额15204.6万元；建设乡镇快递服务站1328个，村级快递服务点4932个，全市快递服务乡镇覆盖率达100%。培育"快递+"金牌工程4个，其中服务现代农业项目3个。全市快递服务农业形成快件量近2100万件，快递业务收入1.8亿元，直接服务农业产值7.5亿元。秀山（武陵）现代物流园连续五年被评为"全国优秀物流园区"。

坚持走绿色发展道路，邮政业降本增效发展基础不断夯实。鼓励企业结合实际，整合资源，科学调度，优化运输路线和配送组织方式。协助公安交管部门为企业办理新能源车辆通行证1832张。推动主要品牌快递企业电子面单使用率达100%。出台《关于推进快递业绿色包装回收循环使用的实施意见（试行）》，加大对典型示范模式的推广应用，引导所有快递网点设置回收箱。主要快递企业引入智能化、自动化分拣设备，主要分拣中心均使用了循环中转袋。在主城区投放共享快递盒约3000个，校园菜鸟驿站设置快递包装回收区。江津区印发了《推广快递绿色包装及绿色包装回收循环使用工作方案》。

牢牢守住安全发展底线筑牢行业发展"基石"。 加强事中事后监管，市场管理能力明显加强。深入推进放管服改革，通过"双随机一公开"、分局交叉检查等方式，全面加强事中事后监管。推出《快递业务经营许可事中事后监督管理通知单》，加大快递业务经营许可申请、变更等事中事后监管力度，做到"放""管"有机结合。结合实际建立市场监管督导指导和评价机制，制定《事中事后监督管理督导清单》，推进市场监管能力显著提升。全面加强安全风险研判预警与监督指导，每月结合业务量、申诉量等进行综合分析，提前发出预警，有效提升了应对突发事件能力和安全监管水平。

加强行政执法检查，强化寄递渠道安全源头管控。以"三项制度"为核心，加强与多部门联合执法，抓实抓细寄递渠道综合治理。印发《邮政行业安全生产大排查大整治大执法工作方案》《快递市场清理整顿专项行动工作方案》等，成立相关工作领导小组，健全工作机制，加强沟通协调，落实安全管理工作，有效保障寄递渠道安全稳定。推广应用实名收寄信息系统，目前全市实名收寄信息化率达99.72%。联合14部门印发《重庆市2018网络市场监管专项行动（网剑行动）方案》，进一步营造诚实守信、公平竞争的网络市场环境。通过涉枪涉爆、禁毒、反恐防恐、打假打非、危化品治理、扫黑除恶、扫黄打非、"三不"治理、快递市场专项清理等一系列行动，严厉打击违法犯罪行为，有力维护了寄递渠道平安稳定。中邮重庆市分公司投入安全专项资金300万元，完成全市邮政营业场所监控和收寄台席监控保存90天。涪陵区加强寄递安全技防，开展寄递网点人脸识别系统试点。綦江区将寄递网点安全监管纳入社会治安综合治理"网格化"管理。永川区从"整体形象、基础设施、安全设备、制度公示、配齐骨干"五个方面打造"综治网格化快递示范网点"。全年共出动执法人员3138人次，检查企业943家，查处隐患467处，下达责令改正通知书309起，行政处罚115起，处罚金额59.4万元。

构建"政府监管+专家会诊"安全监管模式，压实企业安全生产主体责任。坚持问题导向、底线思维，积极推进重庆市邮政业安全生产体系建设，引入专业第三方安全生产咨询公司和市政府安全专家，协助开展安全生产问题诊断、业务培训等，构建"政府监管+专家会诊"安全监管模式，专业问题、技术问题由专家提意见，政府依法进行监管处理。编制《重庆市邮政业安全生产监督检查工作手册》，全方位多层级的规范化、专业化、经常化的进行安全生产教育培训，提升政府安全监管和企业安全生产管理水平。深入推进《重庆市邮政业安全监管台账（试行）》，督促企业"照单履责、全程留痕"，确保安全工作落得实、抓得细。开展消防安全教育培训，督促企业安全生产主体责任有效落实。重庆市嘉言物流有限公司(百世快递)被评为全国"扫黄打非"先进集体。重庆市邮政管理局连续两年被评为"全市安全生产先进单位"。

持续强化底线思维,牢牢把握邮政业防范重大风险工作"主动权"。坚持将防范化解重大风险列为全局的重点工作,深入开展调研,形成《关于寄递业防范化解重大风险隐患排查的调研报告》。建立品牌企业安全生产自查评估机制,及时排查整改安全隐患。印发《2018年度化解安全生产领域重大风险攻坚战实施方案》《关于贯彻落实全市安全稳定工作电视电话会议精神的通知》等文件,修订完善了重庆市邮政业突发事件风险管理制度、流程、评估标准及控制方案,归纳出邮政业存在的17个风险点。组织邮政快递企业填报风险信息1002条,完成评估程序和管控措施332条,涵盖重庆市38个区县、21家主要企业、68家加盟或代理快递企业,促进了邮政业突发事件风险防控管理进一步规范化、系统化和科学化。对两家企业不执行安全查验制度,违法收寄禁寄物品的违法行为,依据反恐怖主义法分别进行行政处罚。妥善处置了快捷、国通、全峰网络停运等事件,有效协调化解某快递企业经营纠纷,确保了全国两会、中非合作论坛北京峰会、智能博览会、首届进博会期等重大活动期间寄递渠道安全畅通。联合市级相关部门研究制定并报经市政府常务会议审议通过后,印发《原公社邮递员乡办邮政人员养老和医疗补助实施方案》,落实补助资金妥善解决了多年未解决的用工历史遗留问题,化解了涉及4000余人重大社会矛盾风险和安全隐患。

多举措加强消费者申诉处理工作,促进行业服务质量不断提高。印发《重庆市快递业信用体系建设工作实施方案》,成立了重庆市快递信用评定委员会。完成1659家快递企业信息补录审核,入库率100%,完成近2万名从业人员信息审核,全部纳入快递业信用管理信息系统。重庆市邮政管理局被纳入重庆市社会信用体系建设联席会。印发《邮政业申诉处理质量考核办法(试行)》,开展申诉处理工作培训,加强对企业申诉处理工作考核。进一步完善申诉中心内部管理制度,规范申诉处理流程,建立申诉处理与执法联动机制,提升了申诉处理工作水平。2018年共受理申诉24879件,为消费者挽回经济损失106.4万元。消费者对邮政管理部门申诉处理满意率99.5%,同比增加0.4个百分点;对邮政企业申诉处理满意率连续两年达100%;对快递企业申诉处理满意率99%,同比增加0.8个百分点。

全面加强服务型政府建设。进一步完善保障机制,政务服务水平不断提升。制定印发了《关于全面推进服务型政府建设的实施意见》和2018年工作方案,开展"转变作风、去冗求精"活动,召开座谈会听取基层同志们意见建议,梳理18条整改事项,细化整改措施,逐项逐条销号管理,进一步转变作风,优化政务服务,提升机关效能。修改完善了《重庆市邮政管理系统信访工作应急预案》《督查工作办法》,进一步加强机关内部管理。加强财务监督检查和动态监控,建立差错记录,及时发现问题督促整改,提升了内部管理规范化水平。

普遍开展学习调研活动,促进干部队伍能力提高。深入贯彻落实《国家邮政局办公室关于开展大学习大调研工作的意见》,细化制定学习调研方案,确定调研课题5个,紧紧围绕2018年邮政改革发展的重点问题和基层群众关心的热点难点问题,坚持问题导向,逐步引导学习调研走向深入,在全局兴起"大学习"的热潮,通过"大学习",带来大变化,迎来新气象。

加强政务公开力度,确保权力公开阳光运行。认真落实《2018年政务公开工作要点》,进一步拓展信息公开内容,实现行政执法信息、企业减负政策、惠民利民政策等与办事群众密切相关的政策信息集中公开。妥善办理市人大、政协交办的建议、提案,并按照规定进行公开。认真落实《邮政行政执法信息公开规定》,及时通报公开执法检查结果及违法违规问题查处情况,接受社会监督。

加强市场准入负面清单管理,健全行政监督、执法与信息披露机制,推进诚信体系建设。

加强干部培训力度,促进干部队伍结构不断优化。创新培训模式,开展网络学习平台干部在线学习,实现了党组成员、处级领导干部"全覆盖"。召开青年干部座谈会,关注青年干部成长,听取意见建议,回应青年干部关切。先后举办党的十九大精神集中轮训、纪检干部专题培训、办公室综合培训、市场及普服专题培训等,参训人员200余人次。参与国家邮政局、市委市政府及有关部门培训50余人次。组织参加市直机关工委组织的专题培训,实现支部书记培训全覆盖。制定干部交流计划,大胆培养、使用年轻干部,为干部成长提供空间,为干部队伍做好了力量储备。在全国邮政管理工作会上,重庆市邮政管理局以"坚持一引领三聚焦六支撑"为主题作先进经验交流。

加强行业人才队伍建设,快递工程技术人员职称评审工作驶入"快车道"。认真落实《国家邮政局2018年人才工作要点》和《关于提升快递从业人员素质的指导意见》,重庆作为7个试点省(市)之一,重庆市邮政管理局成立了职称评审专项工作领导小组,多次赴市职改办、重庆邮电大学等单位调研、协调推动工作。工程技术快递行业高级职称评审被列入了全市高级职称申报评审工作日程安排。根据《重庆市职称改革办公室关于同意组建重庆市工程技术快递行业副高级职称评审委员会的批复》,评审委员会接纳了相关高等院校、行业主管部门、行业协会、科研机构、行业企业等11家单位推荐的具有较高学术技术水平的29名专业技术人才,组成了专家库。11月8日,组织召开了高级职称评定专家委员第一次工作会。职称评审工作获国家邮政局通报表扬,在年度领导班子年度考核中予以加分。

三、改革开放40周年

改革开放40年,重庆市邮政行业市场规模不断扩大,快递产业迅速兴起,改革取得了明显成效。2007年实施了政企分离,重组了重庆市邮政管理局。特别是党的十八大以来,邮政业改革发展取得显著成效,发展环境显著优化,转型升级显著加快,企业实力显著增强,服务水平显著提高。2012年,7个邮政监管派出机构成立。2013年3月,《重庆市邮政条例》正式实施。2015年12月,垫江邮政管理局成立。2016年5月,《重庆市人民政府关于促进快递业健康发展的实施意见》出台,这是重庆市第一部全面指导快递业发展的纲领性文件。随后,重庆市又陆续出台了一系列政策,为邮政业发展营造了良好的政策氛围。

行业科技装备水平突飞猛进,大数据、云计算、物联网、智能分拣等一批行业发展关键共性技术加快应用。全市邮政普遍服务营业网点达到1770处,实现了乡镇网点全覆盖,党报党刊县级城市实现当日见报。邮件全程时限水平和服务满意度稳步提升,投递频次得到改善,人民群众用邮的满足感和获得感不断提高。全市各类快递服务网点达到5143处,遍布城乡的服务网络、标准化的营业网点、智能化的分拣中心、优质高效的寄递服务,为邮政行业的发展留下浓重的印记,让百姓们深刻体会到改革开放的丰硕成果。改革开放以来的40年,重庆市邮政企业业务量和业务收入稳步增长,成为助力重庆市经济发展的重要力量。

四、各派出机构主要管理工作概况

一分局通过"快邮合作""抱团发展""交邮合作"等模式推动快递下乡工程取得实效。着力打造"金牌"工程项目,柑橘寄递量达500万件,快递业务收入超五千万元;为脆李销售提供定制化服务解决方案,首次实现巫山脆李寄递业务收入超千万元。积极做好精准扶贫工作,选派1名处级干部担任驻村第一书记,连续两年被地方政府授予先进表彰。

二分局积极引导快递企业入驻园区发展,为电商企业提供仓配一体化服务,秀山快递电商园入驻企业11家按照"企业众筹、成本共摊、网点共建、利益共享"模式积极推进快递末端综合服务平台建设,有效地降低了企业经营成本,提升了乡镇末端环节的共享效益。

三分局坚持"党建两手抓"的理念,即一手抓机关党建,一手抓快递行业党建团建工作,创建了具有一定特色的党建品牌,扩大了党和群团建设工作覆盖面。积极落实重点工作任务和民生实事。推进电商快递协同发展成效显著,构建农村物流配送体系,改善末端投递服务,助力精准扶贫,服务"乡村振兴"战略。

四分局协助公安破获多起通过寄递渠道交寄禁止寄递物品的违法行为。组织开展突发事件应急演练,联合政法、公安、消防等部门组织开展辖区邮政业消防应急演练,进行现场教学,并模拟快递处理场所起火,快递企业进行现场处置、报警救援、现场疏散全过程,进一步提升企业安全防范意识。

五分局强化安全管理基础工作。联合公安、国安等部门开展培训,加大宣传力度,开展涉枪涉爆隐患集中专项整治、寄递行业扫黑除恶专项行动等。建立了辖区寄递渠道安全管理工作联席制度和联合监管常态化执法协作机制。

六分局推动成立江津区"德感快递物流集散中心工会联合会"。率先在江津区城区试点快递绿色包装循环回收利用,推进绿色快递工程。三是积极推动快递服务中心建设。江津区给予入驻企业房租补贴200万元,安全设备补贴100万元,其中50万元用于补贴安检机购置;璧山区给予入驻企业50%的房租补贴,连续补贴期三年。

七分局积极建设"快递+"金牌工程,服务制造业成效显著,"理文纸业"成为重庆首个快递服务制造业金牌项目。与辖区综治部门共同打造"综治网格化快递示范网点",对联合授牌的示范网点给予每网点1万元的财政补贴,形成了邮政管理部门抓业务监管,辖区综治部门、派出所等抓联动协管,齐抓共管夯实寄递渠道平安建设属地化管理的工作机制。

四川省快递市场发展及管理情况

一、快递市场总体发展情况

2018年,四川省邮政行业业务收入(不包括邮政储蓄银行直接营业收入)累计完成252.5亿元,同比增长23.3%;业务总量累计完成348.5亿元,同比增长31.2%。其中,快递企业业务量累计完成14.6亿件,同比增长31.8%;业务收入累计完成167.2亿元,同比增长31.1%(表7-23)。

表7-23 2018年四川省快递服务企业发展情况

指 标	单 位	2018年12月		比上年同期增长(%)		占全部比例(%)	
		累计	当月	累计	当月	累计	当月
快递业务量	万件	145991.66	15001.42	31.77	28.99	100.00	100.00
同城	万件	40103.51	3713.61	21.96	14.66	27.47	24.76
异地	万件	105125.46	11168.21	35.73	33.86	72.01	74.45
国际及港澳台	万件	762.68	119.60	64.89	150.10	0.52	0.80
快递业务收入	亿元	167.16	16.84	31.13	19.19	100.00	100.00
同城	亿元	34.14	2.94	31.51	-0.72	20.42	17.48
异地	亿元	95.62	9.92	29.37	22.90	57.20	58.91
国际及港澳台	亿元	5.37	0.68	27.06	38.00	3.21	4.02
其他	亿元	32.03	3.30	37.00	26.80	19.16	19.59

二、行业管理工作及主要成效

纵深推进全面从严治党取得积极成效。 领导班子建设进一步加强,加强理论学习。省局党组在丰富内容、提高质量的要求下,全年开展13次中心组集中学习和4次专题学习,深入学习习近平新时代中国特色社会主义思想,系统学习马克思主义基本理论知识。结合推进"两学一做"学习教育常态化制度化,采取党组专题学、中心组和党支部学习会集中学、利用"两微一端"线上学、举办县处级领导干部读书班深化学等多种方式,保证了学习时间和质量。结合邮政管理工作实际,深入开展"大学习、大讨论、大调研"活动,组织全系统领导干部开展邮政业高质量发展讨论,切实提高推动邮政管理事业创新发展中发现问题、分析问题和解决问题的能力,努力提高领导干部执行党的路线、方针、政策的思想认识和行动自觉。通过学习的不断加强,在学思结合、学用相长的过程中,全省邮政管理干部队伍的理论素养得以明显提升,思想建设得以进一步强化,"四个意识"更加牢固,"四个自信"更加坚实,"两个维护"更加坚定有力。

针对薄弱环节,建立完善《党组工作规则》《党组会议制度》《局管领导班子和领导干部综合分析研判制度(试行)》《干部选拔任用工作程序》《意识形态工作责任制实施细则》《干部任免有关事项备案暂行办法》《会议管理暂行办法》《全面加强依法行政的指导意见》《机关党建规范化建设》等制度,各市州局也结合自身实际,有针对性地建立完善了各项制度。制度建设的加强,有力地支撑了党组和机关工作的规范开展,保障了党的路线、方针、政策的扎实贯彻执行。三是严守纪律规矩。省局党组认真履行主体责任,严格遵守"三重一大"等各项制度的贯彻落实,坚定贯彻党的民主集中制,把党的纪律规矩、中央的部署贯彻落实到党组决策、党组成员的具体言行中。在持续加强自身建设的同时,加强压力传导,推动市州局党组自身建设的不断加强。启动并完成9个市州局党组的巡察工作,对"两个责任"落实、党组议事决策、干部提拔使用、八项规定执行、遵守财经纪律等方面的问题深挖细查,对每个市州局开出整改清单。在省局部署下,各市州局党组积极作为,针对巡察发现的共性问题主动查纠、未巡先改。伴随着问题整改和持续补短板、强弱项,全系统管党治党工作逐步走向严、实、硬。

党风廉政建设深入推进。 认真落实"两个责任"。切实做到把纪律挺在前面,坚持党风廉政建设与业务工作"四同步",将"一岗双责"落实到位。举办全省纪检干部培训班,对《纪律处分条例》等进行集中培训。狠抓作风建设,深入开展调研,主动发现工作中存在的问题,不断加强和改进服务基层工作。结合巡视整改回头看的要求,坚持问题导向,立足抓早抓小,注重对党员干部一般性、苗头性和轻微违纪问题的谈话提醒、教育诫勉,把问题消除在破纪之初、违法之前。严肃开展执纪审查,依法依规妥善处理群众反映的问题线索和纪检信访件。扎实开展警示教育。结合国家邮政局党组通报的18起邮政管理系统违规违纪违法典型案例,开展"以案释纪明纪,严守纪律规矩"主题警示教育月活动。省局党组召开了反思违纪违法案件教训专题民主生活会,各党支部也认真召开组织生活会,深刻吸取教训,深入加强警示教育;德阳等局组织领导干部及家属赴监狱开展警示教育。通过深刻反思,举一反三对照检查,全体党员知敬畏、存戒惧、守底线的意识得到强化,廉洁自律的素养进一步提升。从严开展"九项专项治理"。经过周密部署、认真自查、切实整改,治理工作取得了明显的成效,一些多年积存的存量问题得到清理,为遏制增量发生,激励广大干部轻装上阵谋发展创造了条件。

大力加强基层党建规范化。 开展党建工作问题自查自纠。省局对21个市州局党建工作进行全覆盖检查督导,各市州局党组认真进行了自查。查找出党的领导弱化、管党治党"宽松软"、全面从严治党主体责任不落实、党内政治生活不规范、党建工作和中心工作"两张皮"等7个方面问题,并组织开展全面整改。经过全系统的共同努力,基层党组织工作的规范性有了明显提升,制度更加完善,组织生活更加严肃,"三会一课"等制度得到更好落实,党员教育管理更加有效开展,基层党组织的凝聚力、战斗力进一步增强。

非公企业党组织建设取得突破性进展。按照国家邮政局党组的要求,积极贯彻落实省委部署,组成工作组统筹指导,开展了集中攻坚行动。市州局党组以高度的责任感、使命感,全力投入此项工作,紧密加强与地方组织部门联系,与企业紧密配合,奋力作为,在较短的时间内,新建36个基层组织,实现了全省21个市州全覆盖,为在全行业全面加强党的领导和党的建设奠定了基础。

干部队伍建设持续推进。营造良好团队氛围。省局通过开展党课教育、广泛交心谈心、举办中青年干部座谈会等多种方式,增进组织上下、同志之间的沟通交流和相互了解,组织凝聚力进一步增强,队伍的团结进一步增强,干事创业的精气神进一步提振,成就事业的信心进一步增强。强化思想教育。举办系统处级干部"党的十九大精神脱产培训"、科级以上干部"党的十九大精神学习"网上培训,开展局管干部"党的十九大精神学习"和习近平新时代中国特色社会主义理论学习,将邮政管理队伍的思想统一在习近平新时代中国特色社会主义思想的指引下,凝聚在为实现中国梦而拼搏进取的意识中。加强干部培养使用。严格执行干部选拔任用工作条例,试行领导班子和领导干部综合分析研判制度,进一步夯实选拔任用工作的基础,对市州局班子进行了充实配备。领导干部素质持续提升,2名同志被评为优秀市(地)局局长。

重大决策部署得到较好落地落实。发展环境进一步优化。各市州相继出台系列利好政策,地方财政投入1044万元,支持邮政业发展。省政府办公厅印发《四川省推进电子商务与快递物流协同发展实施方案》,将快递物流基础设施用地、租金减免或补贴、车辆便利通行、快递物流公共属性等纳入实施方案。泸州市对跨境电商件,眉山市对快递业务增量、分拨中心建设、末端网点设置、安检设备购置、智能快件箱建设,内江市对建设川南快递物流园,宜宾市对邮政快递企业X光安检机配置和场地租赁,达州市对邮政业城市共同配送体系建设,攀枝花市对寄递企业稳消费促增长等,分别给予政府财政补贴。宣传落实《快递暂行条例》,新增巴中、乐山、广元、阿坝4个市(州)、累计解决16个市(州)快递车辆"通行难"问题。成都、巴中、乐山等地办公用房得到解决。

发展基础进一步夯实。新增村邮乐购站点5000个累计达到2.68万个。快递专业物流园区达到24个。成都、自贡、遂宁、资阳等地小区快递服务站、乡镇快递超市、智能邮政信包箱建设有力推进,全省共有城市公共服务站2749个,同比增长31.8%,农村公共取送点达到4078个。全省共有快递网点1.3万余个,乡镇快递网点覆盖率比去年提升2.5个百分点,达到95.5%,15个市(州)达到100%。西部邮件快件集散中心日趋成型,航空快递发展加快提速,成都落地快递全货机9架。四川邮政速递物流跨境电商园正式开园。省邮政速递物流国际邮(快)件处理中心正式挂牌。南充成功招引苏宁、中通、圆通签约落户,申通将在南充建成电商孵化园、农产品冷链物流仓储中心、呼叫中心。川南电商快递物流园区建设被纳入自贡市委、市政府重点建设项目。乐山沿森快递物流园区动工建设。雅安市政府规划建设无水港现代快递物流配送园区。

发展质量进一步提高。坚持绿色发展,实"共抓大保护、不搞大开发""生态优先、绿色发展"要求,全省推广环保材料、简约包装超过6000万件,成都等地新能源车辆总量逾2000台,电子运单使用率上升至80%以上。促进产业融合,服务现代农业,运作"一市一品"项目58个。攀枝花芒果入选全国快递服务现代农业金牌项目。成都推出年业务量超千万的"快递+蒲江水果"金牌项目及"龙泉水蜜桃"一地一品项目,带动本土特色果蔬外销近10亿元。快递与制造业深度融合,宜宾、绵阳、泸州等地服务制造业重点项目102个,年业务量2655万件,民族地区的凉山州德昌韵达快递与亚峰水族器材制造业两产融合,完成快件60万件,年产值近5000万元。深耕农村电子商务市场,绵阳等地邮政企业、宜宾等地快递企业对接国家电子商务进农村综合示范县建设;广元市加强与商务、供销的合作,探索共建共享模式推进"快递下乡";广安市开设乡镇便民服务综合网点,探索"邮政+互联网+农产品+商业零售+代理服务等"的综合运营模式,攀枝花市开展"快递+电商"示范点建设,推动了川货出川,促进了乡村振兴。科技兴邮取得进展,持续完善城市智能投递末端布局,全年新建智能快件柜2700余组,总量达到2.2万组。成都主要快递品牌电子面单使用率已达92.25%。京东推广应用电子签名技术,四川及成都周边总体达成率为95.1%。苏宁通过RF无线智能终端,实现了流水式作业,并支持全程追溯。苏宁、京东试点开展机器人投递。"菜鸟驿站小姐姐"模拟人工通话即将在成都率先启用,解决投递告知难题。地处大凉山的昭觉县、喜德县试点无人机运邮,目前已开通六条航线,覆盖6个农村乡镇及建制村,飞行2000余公里。积极参与脱贫攻坚,通过邮政+电商+扶贫模式,带动1.3万贫困人口增加收入1662万元。全省邮管系统协调争取890万元加强联系贫困村基础设施建设,组织发动为贫困地区捐款92万元,帮助2306名贫困人口解决就业。甘孜等局派出干部到贫困乡镇挂职,全系统共派出12人脱产参与23个贫困村扶贫。

法治建设进一步推进。完善邮政法规体系,推动省人大常委会修改通过《四川省邮政条例》,赋予县级邮政管理机构法定职权,鼓励建设单位配套设置智能信报箱、智能快件箱等智能末端服务设施。眉山市人大常委会对邮政法贯彻落实情况开展执法检查。印发《四川省邮政管理系统全面加强依法行政工作指导意见》,落实"放管服"改革部署,推进"双随机一公开"监管机制。加大行政审批改革力度,简化快递企业分支机构办理手续,推行快递末端网点在线备案。严格落实审批时限承诺,全面推进许可网上办理,优化工作流程,快递经营许可审批工作平均时限由25个工作日压缩至13个工作日。泸州、自贡等地邮政EMS进驻政务服务大厅,推进"最多跑一次"改革。认真履行邮政市场监管职责,稳步推进"双随机一公开"监管机制,组织开展快递市场主体名录库信息补核,建设执法检查人员名录库,已纳入执法检查人员148名。共开展市场随机检查411次,其中,214家法人企业,197家分支机构。继续开展"不着地、不抛件、不摆地摊"专项治理,分拨中心离地设施铺设率达到93.8%,省级视频监控联网率达到90%。充分发挥申诉渠道作用,处理有效申诉百万分之0.66。深入推进快递业信用体系建设。开展快递码号统一管理工作。加强集邮市场和邮政用品用具市场监管,开展假邮票专项整治。强化行政执法监督,加强邮政执法的监督制约,提高行政复议和行政应诉工作能力和水平,全年处理行政复议案3件,行政应诉案3件。

安全邮政建设积极推进。健全安全监管体制机制。强化企业主体责任落实,督导企业总部加强全网安全管理,梳理企业安全生产检查清单,进一步落实企业安全生产主体责任,推动企业提升安全生产管理系统化、规范化、专业化水平。建立安全通报制度,健全社会工作监督机制,完善安全生产约谈、挂牌督办、失职问责等制度措施。督促企业加强全员安全生产责任制工作,照单履责。督促企业四川总部强化网络管理,对企业安全责任事故依法严厉倒查责任。

加强寄递渠道安全管理。加快推进实名收寄信息化工作,实施数据"总对总"共享,实名收寄率达到99.38%。加强安检机日常应用指导,严格执行应检必检,落实同城寄件过机安检,推动安检机运行视频监控。开展涉枪涉爆隐患集中整治,监督检查企业4572家,查堵涉枪物品7件,依法予以停业整顿、罚款等行政处罚。寄递渠道信息安全、反恐、禁毒、扫黄打非、打击侵权假冒、防范处理邪教和濒危野生动植物种保护等专项工作有序推进。

强化应急管理。眉山、自贡、遂宁、广安等地开展实战应急演练。完成全国两会、上合组织青岛峰会、进博会等寄递安保任务。通过约谈企业、加强值班值守、联合公安部门共同处置等手段,妥善处理国通、全峰、快捷等快递品牌经营异常、运力中断事件。积极应对西昌、宜宾兴文地震、阿坝泥石流等突发自然灾害,加强寄递渠道非洲猪瘟防控工作。甘孜等地完善应急处置预案,在汛期、周末、节假日、敏感节点时期实行24小时值班,及时关注行业动态,确保行业安全稳定。

综合管理进一步规范。扎实履行机关工作职责,加强预算管理,认真开展离任审计和财务检查。政府信息公开工作进一步加强。开展全系统网站日常监测和普查,网站整体质量不断提升。信访、档案、保密等工作有序开展。继续强化行业新闻宣传,有效引导促进各类新闻媒体和社会舆论给予邮政业更多关注,10余家中央主流媒体赴凉山州采访报道邮政业发展成果。

三、改革开放40周年

改革开放40年以来,四川省先后完成了邮电分营、政企分开、完善省级以下邮政监管体制改革等重大改革任务,2012年成立了21个地(市)邮政管理局,2016年成立了省邮政业安全中心,有序推进县级邮政监管机构成立工作,目前已经成立了6个县级邮政管理机构,构建了较为完善的行业管理体系,行业生产力不断解放,发展潜力不断释放,市场活力竞相迸发,在服务全省经济社会发展中的作用日益凸显。

改革开放以来,邮政各项事业突飞猛进发展,快递服务从无到有,实现了跨越式发展。2018年底,四川快递专业物流园区达到24个。城市公共服务站和农村公共取送点分别达到2749个和4890个。共有快递网点9000余个,乡镇快递网点覆盖率达95.5%,15个市(州)实现乡镇网点覆盖率达100%,城市自营网点标准化率达到97%。共有普遍服务网点6132个。新增村邮乐购站点0.5万个累计达到2.68万个。快递服务制造业重点项目102个,业务量2655万件,直接服务产值突破95亿元。

四、各市(地)主要管理工作概况

成都市邮政管理局引导推动行业发展,西部邮件快件集散中心日趋成型。航空快递发展加快提速,成都落地快递全货机9架,其中顺丰4架、圆通2架、中邮速递1架,外资快递企业2架;圆通启动实施成都双流航空基地建设。对接成都天府国际机场建设指挥部,督促指导省邮政公司完成天府机场成都航空邮件处理中心的初步规划设计;顺丰天府机场项目即将签约。四川省邮政速递物流国际邮(快)件处理中心在青白江国际铁路港园区(0号仓)正式挂牌,以蓉欧铁路搭载"9610"方式出口国际快件,截至2018年10月中旬,成都—蒂尔堡已发运4批次,7条柜。四川邮政速递物流跨境电商园正式开园,成都天府新区三处邮政基础设施规划通过管委会初步审查。

行业绿色发展竞相引领潮流。主要快递品牌电子面单使用率已达92.25%,新能源车辆投入总量逾2000台。京东在成都7个区推广使用"青流箱",站点返回数量93368个,返回率100%;试点启动对自身及客户废旧纸箱回收循环利用项目,日均回收量约800个,累计回收7.19万个,菜鸟驿站已试点推行包装回收点。中通、韵达、申通等主要品牌快递成都市内网点快件中转均普及使用绿色循环集包袋,顺丰全面推广使用中转循环箱。菜鸟、苏宁易购等企业相继在蓉投放使用近1.5万个循环快递盒。

标杆引领推广应用"黑科技"新技术。京东推广应用电子签名技术,四川及成都周边总体达成率为95.1%。苏宁通过 RF 无线智能终端,实现了流水式作业,商品上货、理货、拣货全部由信息系统发送指令,商品存储由系统自动分配仓位,工人查找货物由系统自动引导,并支持全程追溯。顺丰试点智能接驳柜新技术,方便快递员揽件;投入使用7代把枪实现扫描件信息一体化;运用智能仓储、智能终端、智能语音、智能地图等科技手段实施全流程智能化管理和实时监控。苏宁、京东试点开展机器人投递。"菜鸟驿站小姐姐"模拟人工通话即将在成都率先启用,解决投递告知难题。

行业转运能力和效能大幅提升。主要快递公司全部实现自动化分拣,并提档升级和扩容改造。中通快递龙泉转运中心今年再投资5000多万元,新装配2套双层交叉带自动分拣线,综合处理能力最高每小时可达20万票左右;申通投入近1亿元,建设新的现代化分拣场地,并在"双11"前夕正式投入使用;韵达、百世等在川总部先后投入9000余万元新增现代化分拣设备。仓配一体化企业能力进一步提升,总占地1500亩的京东亚洲一号建设已完成40%,预计2019年6月投入使用;苏宁青白江物流基地正建设集成高密度立体储存、语音拣选、电子标签拣选等现代信息计划的智能化仓库。

泸州市邮政管理局借自贸区成立,推动快递"向外"发展。泸州成立自贸区,泸州局多次会同泸州长开区、海关、检验检疫、商务局等部门研讨开展跨境电商业务,积极向市政府争取到前期扶持补贴政策,每件跨境电商件补贴5元,每月12万件以内,全年补贴不超过720万元。支持泸州邮政 EMS 公司率先在自贸区内建成了泸州跨境电商监管中心,引入了三家电商企业进行合作,开展跨境电商货物清关、配送等业务,截至2018年10月30日,累计清关配送跨境包裹56616件,实现报关价值1920.11万元,实现快递配送收入151.23万元。

以"放管服"改革,邮政业务进入政务大厅。抓住泸州市深入推进"最多跑一次"办事原则落地实施的契机,泸州局引导邮政 EMS 公司与各级政务服务中心联系对接洽谈,由政府提供资金支持、EMS 提供服务的形式,为到政务大厅办事的企业和群众提供方便快捷的免费寄件服务。邮政 EMS 已成功进驻自贸区综合服务大厅和四县三区的政务服务大厅,推进了"最多跑一次"改革。

服务"乡村振兴发展战略",探索邮政+助农模式。引导各邮政快递企业与供销社签订战略合作协议,同时与农村专合社、农户合作,组织桂圆、荔枝、柚子等农特产品货源,打造"一市一品"项目,初步形成了邮政+助农、邮政+扶贫模式。通过"邮政+扶贫"模式,指导帮助古蔺县呐喊村发展猕猴桃产业,新建硬化村级公路5公里,助力达到2018年全面脱贫。2018年5月市委书记蒋辅义、市长刘强一行,赶赴呐喊村视察,对泸州局扶贫工作表示充分肯定。

抓住服务民生实事,完善基础建设工程。继续实施"快递入区""快递下乡"工程,乡镇快递网点覆盖率达98%,主要品牌企业城区自营网点标准化达到55%,智能快件箱投放338组;制定了三轮车过渡管理办法,推进全市邮政快递三轮车的规范管理工作。推进快递园区项目建设,在泸州长江经济开发区建设川滇黔电商及快递分拨中心项目,占地100亩,投资1.5亿元,正在征地拆迁过程中,计划供地后一年半时间建成投入运行。继续实施邮政服务制造业工程。2018年泸州各主要快递企业共收寄酒类产品约409万件,运送酒类产品价值约103.30亿元,业务收入约3451万元。

贵州省快递市场发展及管理情况

一、快递市场总体发展情况

2018年,贵州省邮政行业业务收入(不包括邮政储蓄银行直接营业收入)累计完成70.5亿元,同比增长18.6%;业务总量累计完成63.1亿元,同比增长18.5%。其中,快递企业业务量累计完成2.1亿件,同比增长34.3%;业务收入累计完成40.5亿元,同比增长29.9%(表7-24)。

表7-24　2018年贵州省快递服务企业发展情况

指标	单位	2018年12月份 累计	2018年12月份 当月	比上年同期增长(%) 累计	比上年同期增长(%) 当月	占全部比例(%) 累计	占全部比例(%) 当月
快递业务量	万件	21193.68	2322.98	34.29	34.71	100.00	100.00
同城	万件	6848.08	644.97	45.57	9.51	32.31	27.76
异地	万件	14331.46	1677.03	29.49	47.85	67.62	72.19
国际及港澳台	万件	14.14	0.98	43.60	-16.11	0.07	0.04
快递业务收入	亿元	40.45	4.06	29.85	16.33	100.00	100.00
同城	亿元	6.24	0.49	38.15	2.83	15.44	12.06
异地	亿元	16.67	1.82	18.93	32.71	41.20	44.95
国际及港澳台	亿元	0.28	0.03	29.38	44.62	0.69	0.67
其他	亿元	17.26	1.72	39.17	6.07	42.67	42.32

二、行业管理工作及主要成效

大学习理论武装头脑,强化本领。全省邮政管理系统深入贯彻落实习近平总书记关于"全党来一个大学习"的重要指示精神,持续推进"两学一做"学习教育活动常态化制度化,印发了《贵州省邮政管理系统开展大学习大调研工作实施方案》。采取集中学习、组织参观、专题辅导、深入调研等方式,抓住学习重点,切实加强政治理论、业务知识和党风廉政等方面教育,增强学习针对性,提升学习效果。通过每季度党组理论中心组、全省领导干部年度40小时脱产学习,系统学习了党的十九大精神、习近平新时代中国特色社会主义思想。通过组织参观红色革命教育基地及观看《榜样3》《关键时刻》《文朝荣》等党性教育片、到快递园区和驻村扶贫点等基层宣讲等方式,带着信念学,带着思考学,带着责任学,带着问题学,学以致用。重点学习《党章》、新修订的《纪律处分条例》、习近平视察广东、上海时重要讲话、习近平在全国两会贵州代表团的重要讲话精神、习近平对毕节试验区建设、贵阳国际数博会批示指示精神等,习总书记十六字贵州精神深入人心。省局完成了机关党委改选,成立了机关纪委,指导快递园区圆通公司建立了新时代讲习所,并多次上门辅导。贵阳局组织党员参加市直机关党建业务技能竞赛,增强党员干部"四个意识";铜仁局以"模范遵守党员标准,提升邮政业监管质效"为主题开展支部书记讲党课,集中收看《党建直播间》;黔东南局邀请州委党校教授对全州邮政快递从业人员开展十九大精神宣讲授课,发放500余册党的十九大宣传资料。通过强化学习,聚焦主题,"四个意识""四个自信""两个维护"更加坚定。

大调研密切联系群众,推动创新。省委书记孙志刚带头调研基层邮政,并作出重要指示增强了行业服务地方经济社会的发展信心;省局党组成员两次随省委宣传部长和副省长下基层进行产业转型调研,实地考察邮政行业对农业产业和"双千工程"的贡献;省局党组成员带队近百次到快递企业网点、边远贫困行政村和定点扶贫点等进行助推脱贫攻坚、行业绿色发展、寄递安全落实和建制村通邮等调研,找差距,出点子,寻求支持,帮助企业解决具体问题;鼓励企业创新服务方式和项目,快递园区白酒仓配相沿成习、邮政企业在省内多地尝试无人机投递试投成功、正安县快递吉他品牌强县、黔西南寄递嵌入铁艺制造服务取得实效;引导邮政EMS进驻各级政务服务中心,承担各部门政务文书和证照寄递,推动"一网通办""最多跑一次"工作落实,得到国务委员肖捷秘书长和国务院督察组肯定。多次深入定点扶贫点天柱县上花村,传达中央精神,宣讲扶贫政策,筹措资金解决了消防设备和文化广场建设问题;为贫困家庭送去慰问物品和爱心捐款,与村党总支部共同过组织生活,强调"吃饱靠帮扶,吃好靠自己"的内生动力问题,结合当地实际为种养殖提质增效支招献策。全省各局围绕行业发展和群众关心的热点难点问题调研蔚然成风。

意识形态工作进一步加强,凝聚力量。 首次组织召开了全省邮政管理系统中青年干部代表思想交流座谈会,引导和激励中青年干部增强对行业发展信心和责任担当,阐述了原则与关心、严格与包容、纪律与民主等关系,化解思想矛盾,增强团队凝聚力,强调扣好党风廉政"风纪扣",强化意识形态引领。组织退休老干部召开座谈会,回顾40年改革开放成就,听取老同志对邮政业改革发展的意见建议,关心了解他们的生活困难、身体状况和思想动态。开展宗教信仰调查,组织邮管系统全体党员签订《党员承诺书》,确保不信教、不传教。开展出国出境人员离境前谈话,提出政治要求、保密要求、安全要求。通过组织参观警示教育基地、观看廉政警示教育片、开展廉政警示教育大讨论活动等形式开展党员干部警示教育;传达剖析甘肃破坏祁连山生态环境案、秦岭违规建别墅案等阳奉阴违、错上加错等问题;深刻剖析了贵州原副省长王晓光、蒲波严重违纪违法案,进一步提升党员干部拒腐防变意识,筑牢思想防线。通过组织"明礼知耻·崇德向善"道德模范推评活动、"文明单位""文明处室"和"文明标兵"创建评选活动、社会监督员表彰活动等,引导队伍创先争优。为快递企业政治理论讲习所捐赠书籍2100余册,指导行业企业讲政治、促发展,提升员工素质。

整肃纪律,党风政风进一步净化。 2018年省局制定《中共贵州省邮政管理局党组关于贯彻落实中央八项规定和实施细则精神的办法》,组织"四风"问题专项整治。党组成员以律人之心律己,在参加国家邮政局党组外派巡视回来后,不断用巡视知识反省和指导本省工作,省局党组工作事事对标渐成习惯。启动全省邮政管理系统巡察工作,先后派出巡察组对全省3个市(州)局党组开展政治巡察,对发现的问题督促限期整改,传导从严治党的压力,以政治引领统筹业务发展和行业管理。组织开展了九个专项治理工作,深入进行问题梳理和查找,对查找到27个方面问题及时进行了自纠和整改。在邮政特邀社会监督员专项治理工作中,针对自查中发现的不符合聘用条件以及履职不到位的14名监督员,及时进行了替换和整改。

邮政业服务民生实事落地见效。 不断改善末端投递,主动参与全省城市道路交通文明畅通提升工程,将完善城市快递配送车辆管理等政策措施纳入其中,明确了实施路线图和时间表。与省公安交管局协商快递车辆通行管理意见,各市(州)结合实际也相继出台政策文件,支持快递城市配送。安顺市、黔西南州、铜仁市、黔东南州、黔南州、遵义市、毕节市先后出台本地快递车辆通行实施细则。二是推动"快递下乡"工程和末端网点建设换档升级。全省已有96.8%的乡镇有民营快递企业入驻,贵阳、安顺、黔东南和六盘水已实现乡镇全覆盖。贵阳市在修文县试点打造"村村通"快递,累计投入专项扶持资金200余万元,建成了一个1000平方米的县级快递公共分拣中心,并在全县108个行政村设立93个农村电商快递服务站,新开通7条快递运输线路,日均处理快件量翻倍增长。在社区、学校等末端配送环节积极推广智能快递箱、快递综合服务平台,全省64所高校已100%实现规范收投,全省已建成1416处快递末端公共服务站,布放智能快件箱3142组,各市(州)大型居民社区已经基本覆盖,全省智能快件箱投递率为7.81%。四是印发《贵州省快递末端网点备案实施方案》,积极推进末端网点备案工作,全省已备案网点2587处。

服务乡村振兴战略,打好脱贫攻坚战。引导邮政企业聚焦农村电商市场,投资1004万元设置农村邮政电商精准扶贫站点502个,借助贵州邮政"黔邮乡情"电商平台和"一市一品"农特产品进城示范项目,进一步推动构建县、乡、村三级物流体系,进而助推"黔货出山""寄递扶贫"。全省新增邮乐购站点1874个,累计建设13752个,农特产品进城配送量达1367.51吨,交易额约1661.31万元;带动电商快包92.2万余件,带动电商快包业务收入632.6万余元,带动1426户贫困人口增加收入395.02万元。积极协调地方政府,鼓励企业提高服务能力、助力乡村振兴、助推脱贫攻坚,省政府办公厅印发《贵州省推进电子商务与快递物流协同发展实施方案》;黔西南州划拨专项资金100万元奖补邮政、快递企业发展;安顺市出台邮政行业"助力精准扶贫、助推安货出山"工作补贴方案,奖励带动农特产品出口以及农民增收的寄递企业;《毕节市电子商务助推精准扶贫工作方案》将"建制村直接通邮""快递下乡""黔邮乡情""邮政电子商务扶贫站"等各项工作融入脱贫攻坚,纳入助推精准扶贫工作措施,给予相应政策支持和工作肯定;遵义市完成快递产业发展规划编制,出台《遵义市快递物流(电子商务)产业集聚区招商优惠政策若干规定》;黔南局推动出台《黔南州大力发展农村电子商务促进黔货出山的若干措施》,推动平塘县邮政争取到600万元"电子商务示范县"资金。2018年全省农村快递业务量累计完成3084.27万件,为贵州省"黔货出山"提供强大的助力。引导快递企业抱团发展,推进末端集约服务。黔西南安龙、安顺紫云、遵义正安等县纷纷成立了快企联合入股公司,整合多家快递公司的经营场所和设备,实行下行件统一配送,上行件统一安检,降低运营成本,扩大农村快递覆盖面,统一收费标准,提高服务质量,规范了乡镇快递经营秩序,得到国家邮政局的充分肯定,黔西南安龙百韵中申抱团模式还在全国快递"最后一公里"峰会上作典型介绍。黔南州罗甸成立了快递物流协会,整合资源推进协同发展。

实施放心消费工程,持续开展邮件快件"不着地、不抛件、不摆地摊"治理工作。成立工作领导小组,印发工作方案,推进贵州省快递业信用体系建设,按照"一企一档"原则,完成了全省寄递企业基础档案的建立工作。加强申诉处理工作,切实维护消费者权益,全省邮政业12305消费者申诉中心共计处理申诉20121件,其中有效申诉2133件,用户满意率99.4%。提高行业绿色发展水平,打好行业污染防治攻坚战。协办"绿色物流助推电商新发展"电商物流分论坛,组织全省邮政业新能源汽车使用座谈会,印发寄递环保倡议书传单,呼吁社会共同治理。引导全省快递行业投入设备现代化改造资金达6亿元,提升分拨能力及效率,分拨转运能力超过800万件/天。其中省快递物流园中通二期操作场地投资近2亿元,新增了大件自动分拣设备和双层自动分拣设备,于"双11"前夕正式投入使用,实现了效率提升、粉尘下降。鼓励快递企业使用中转箱、环保袋、笼车、电子面单等设施设备,提高绿色环保水平。顺丰、中通、韵达、百世、申通等几家重点企业电子面单使用率已经超过95%。顺丰投入160台新能源车用于快件运输,中通投入185万元采购5万个可循环环保帆布中转袋用于快件运输、中转,淘汰一次性编织袋。京东、品骏在仓配中心已全面使用中转箱、环保袋、笼车等集装容器,其他品牌企业陆续推进中。

行业治理水平不断提高。进一步优化快递经营许可审批，严格按照国家邮政局要求，将审批时限压缩至13日。全省共计受理许可申请454起，核查通过许可企业87家；核查许可变更1101起，核查通过728家，平均办结时间8.2日，许可审批时限大幅缩短。进一步加强行业监管，全省系统累计出检8872人次，下达整改通知书510份，下发检查通报26份，开展行政处罚92起，责令停业整顿5起。印发《贵州省快递市场清理整顿专项行动工作方案》，开展市场清理整顿工作，全省快递市场秩序更加稳定。着眼城市农村两个阵地，坚持全省联动，成立快递业务旺季服务保障工作领导小组，印发《贵州省2018年快递业务旺季服务保障工作方案》，继续以实现"两不""三保"为目标，发挥"错峰发货、均衡推进"的核心机制作用，严格执行《邮政行业安全信息报告和处理规定》，旺季服务安全畅通。

着力解决一批急难险重问题。针对部分快捷快递加盟商群聚上访讨要加盟费险情，协同公安、维稳、信访等部门妥善处置，通过政策解释和情绪疏导，正确引导其通过司法途径维护权益，并组织疏运了全部受阻快件。积极开展行业涉枪涉爆隐患集中整治专项行动，全年未发生出省涉枪涉爆案。认真抓好全省邮政行业非洲猪瘟防控工作，突出加强对来自重点地区的邮件快件的监督检查力度。圆满完成春节、全国两会、数博会、上海合作组织峰会、中非合作论坛北京峰会、中秋国庆等重要活动及节假日期间的寄递渠道检查和安保工作。与省工商等12个部门联合印发了《2018年网络市场监管专项行动（网剑行动）》方案，强化网络市场监管，提升监管效能。

进一步落实安全监管责任，成立了贵州省邮政业安全监管工作领导小组，不断完善安全制度，建立了贵州省邮政行业安全监管责任清单，层层落实收寄、分拣、运输、投递等各环节安全检查责任和措施。着力抓好三项制度落实，印发《快递安全生产操作规范》《中华人民共和国反恐怖主义法》《国家邮政局公安部国家安全部关于发布〈禁止寄递物品管理规定〉的通告》等，做好邮政业反恐防范和安全生产宣传、培训和检查工作。加强对实名收寄信息系统推广应用工作的督促引导，全省实名收寄信息化率已达99%，基本实现实名收寄全覆盖的目标。制定《邮件快件检查级别分类和禁寄物品的处理指引》《邮政行业邮件快件过机安检台账》《邮政行业邮件快件过机安检异常情况登记表》，完善过机安检台账标准，强化了寄递企业发现禁寄物品的处理能力。黔西南局制定《黔西南州邮政行业安全生产主体责任考核细则》，对先进企业进行表彰，对靠后企业亮出"黄牌"，不断提高企业安全生产主动性和自觉性。

内部管理基础进一步夯实。强化行政执法监督和执法队伍建设。印发《2018年度邮政行政执法评议考核工作方案》，通过案卷评查、现场检查等方式，指导和督促各市（州）局提高行政执法水平。认真落实普法责任制，制定《贵州省邮政管理局普法责任清单》，落实年度普法要求。结合"世界邮政日"开展形式多样的邮政法律法规宣传活动。调整完善权力清单和责任清单，对接省政府政务服务中心，逐步推进行政权力通过贵州政务服务网办事指南集中公布。抓好各项基础管理培训和人事工作，切实提高新闻宣传、政务公开、公文写作、保密、人事及财务管理等方面的能力。成立省局政策法规处；完成邮管干部个人事项报告和干部人事档案信息化处理工作。做好公文办理。严格控制发文数量、提高质量，强化文件档案整理，加强文件公开属性、保密等方面的审查。认真办理提案建议，针对省政府交办提案建议，深入开展调研，积极协调相关部门，按时提交办理意见。清理建局以来档案，加强对行业发展重大事件的史实核实，完成《贵州志·邮政》编撰工作。扎实做好行业新闻宣传工作，全省邮政管理系统新闻稿件质量和采用率稳步提升，国家邮政局"一报一刊一网"采用贵州省新闻稿件50多篇。省局通过邀请省内主流媒体集体采访、召开"双11"媒体通气会、刊登署名文章、参加在线访谈等形式宣传行业发展成果。五是强化财务管理工作,进一步规范预算管理。强化法规及统计工作。开展全行业统计工作专项检查,确保数据真实准确,应统尽统。配合做好邮政行业投入产出调查工作,相关数据已按照要求报国家邮政局;推进贵州省邮政业发展"十三五"规划规划中期落实评估工作,依法处理政府信息公开申请等。

三、改革开放40周年

改革开放40年,贵州省邮政业根据自身网络优势,在巩固、发展传统业务的同时,不断开拓新业务,为经济建设和人民群众生活提供了多层次、多样化的服务,呈现出传统业务总体下降,快递业务迅猛发展的新特点。2018年全省邮政行业业务收入较1978年的2065.1万元(邮电总收入)增长了340倍。1978年全省寄递包裹68.8万件,2018年已超过2亿件;1978年全省有邮政营业网点1194个,邮政企业+民营快递各类网点总数已达20211个。40年来,贵州省邮政行业经营主体由邮政企业一家,增加至20余家品牌企业,顺丰、"三通一达"等品牌脍炙人口,苏宁、京东等企业纷纷跨界进入。特别是近几年来,民营快递企业蓬勃兴起,行业规模由不足200家企业增加到5000多家,民营快递网点乡镇覆盖率由不足10%发展到超过95%。大数据互联全国相通,无人机、人工智能试点纷纷登场,邮政业助推扶贫、助推电商融入实体经济顺势而上,行业在服务全省经济社会发展、保障和改善民生方面发挥了越来越积极的作用。

四、各市(州)主要管理工作概况

贵阳市邮政管理局推动"快递下乡"工程和末端网点建设换挡升级,引导企业拓展快递服务的半径,通过不断简化分支机构、末端网点的申办流程,缩短审批时限,不断为企业拓疆扩土提供支撑和保驾护航,中通、圆通、韵达等企业利用加盟优势,积极响应,不断将快递服务延伸至乡镇。目前已在全市77个乡镇设立营业网点200余家,率先在全省实现"快递下乡"乡镇网点100%全覆盖。下大力解决农村快递"最后一公里"难题,联合修文县商务局,在修文县试点打造"村村通"快递,累计投入专项扶持资金200余万元,建成了一个1000平方米的县级快递公共分拣中心和在全县108个行政村设立93个农村电商快递服务站,新开通7条快递运输线路,日均处理快件量翻倍增长。

六盘水市邮政管理局组织全市邮政行业开展安全风险辨识评估工作。依据相关法律法规,结合行业实际,研究制定了《六盘水市邮政快递企业分拨中心安全风险辨识评估和隐患排查治理工作表》,明确了全市邮政、快递企业分拨中心安全风险的类别、辨识、评估分级的方法和依据。在此基础上,组织全市14家邮政、快递企业安全员进行专门培训,成立全市邮政行业安全风险辨识评估工作组,采用交叉互评的方式,对全市10家邮政、快递企业的分拨中心场地和硬件设施、过机安检制度落实、从业人员安全教育三大方面进行安全风险辨识评估,共辨识评估安全风险23条,并按照相关标准对10个分拨中心进行了评估分级(其中蓝色等级7家,黄色等级1家,橙色等级2家,红色等级0家)。

遵义市邮政管理局着力推动行业相关规划政策出台,成功推动了《遵义市人民政府关于促进快递业加快发展的实施意见》《遵义市快递物流(电子商务)产业集聚区招商优惠政策若干规定》的出台。全力推进"一园区两中转四层级"快递物流体系建设,积极推动县级快递物流分园规划建设。与相关部门共同推进集聚区招商工作,完成了赴上海开展遵义快递产业招商推荐座谈会,举办了遵义市快递物流产业集聚区招商对接会。积极争取政府专项经费支持,深入各县(市、区)开展快递产业发展规划调研,组织开展《遵义市快递产业发展规划》编制工作,并完成规划编制文本。

安顺市邮政管理局与市公安交通管理局向全市快递企业联合下发了《安顺市快递专用电动三轮车辆规范管理实施细则(试行)》,统一快递专用电动三轮车外观和标识,使用统一车辆编码管理,一车一码,同时核发《通行证》,交警部门在城区相关路段设置"快递专用车辆停靠位",规范全市快递电动三轮车辆通行,在全市"禁摩"规定下为快件投递辟出一条新路。与第三方联合研发了"快递安全管理平台",督促邮政快递企业及其网点落实安全生产主体责任,利用平台上传自查图片,进行自查自纠,对未开展自查及自查不到位的企业及其网点,及时进行实地执法检查。

黔西南州邮政管理局争取到州政府划拨100万元专项资金补贴黔西南州邮政快递企业,其中50万元补贴建制村通邮,50万元补贴快递企业安全基础设施建设。黔南州邮政管理局为切实推动行业与农村电商协同发展,邀请州人大、州政协、州商粮局、州发改委、州工信委、州交通运输局、县政府相关领导参加2018年黔南州邮政行业农村电商示范项目观摩会,实地观摩了快递+电商示范项目、快递标准化网点建设项目、快递农村电商示范项目和邮政农村电商示范项目,并进行了2018年黔南州邮政行业农村电商经验交流座谈会。

毕节市邮政管理局大力推动乡镇快递网点建设,助推地方精准扶贫。扎实开展快递末端网点备案工作。针对因业务量少,难以独立开设快递网点的乡镇,引导企业以"快递超市"的模式设点。

积极与地方政府和相关职能部门沟通交流,全力争取行业发展政策,从企业用地、产业融合、人才培养、资金补助、车辆通行等各方面给予快递企业支持。鼓励企业融入地方脱贫攻坚,成立农特种植专业合作社,通过种植、加工、寄销实现脱贫致富。2018年末毕节市共有快递许可企业47个、分支机构386个、备案快递末端网点335个,快递乡镇覆盖率由年初的79.3%提升到94.2%,为毕节试验区"工业品下乡、农货进城",缩小城乡差距,实现均衡发展,助力脱贫攻坚发挥积极作用。

黔东南州邮政管理局加快推进邮政快递业与综合交通运输体系的融合,积极探索县、乡、村三级物流配送体系,为黔货出山、寄递脱贫提供硬件支撑。雷山申通、雷山百世、雷山天天等快递公司及安能物流、德邦物流与雷山县智通企业管理有限责任公司(雷山客运站)签订了共同构建雷山农村物流网络节点体系的协议书,充分发挥现有快递物流企业在农村物流快递配送方面的优势和经验,整合各方面资源抱团发展,全面铺开农村地区快递物流网络,打通农村网络购销运输配送渠道,解决农村电商发展"最后一公里"配送问题。2018年,雷山县大力建设县级农村物流中心、乡镇农村物流服务站、村级农村物流服务点三个层级的物流节点,共建成了县级农村物流中心1个,乡镇农村物流服务站8个,村级农村物流服务点154个,开通乡镇农村线路5条,实现农村电商物流配送覆盖率100%。为实现"网货下乡"和"农产品进城"的双向流通提供物流支持,满足电子商务进农村综合示范物流配送需要。

云南省快递市场发展及管理情况

一、快递市场总体发展情况

2018年,云南省邮政行业业务收入(不包括邮政储蓄银行直接营业收入)累计完成74.6亿元,同比增长22.0%;业务总量累计完成87.4亿元,同比增长32.0%。其中,快递企业业务量累计完成3.4亿件,同比增长49.3%;业务收入累计完成47.1亿元,同比增长30.9%(表7-25)。

表7-25　2018年云南省快递服务企业发展情况

指标	单位	2018年12月		比上年同期增长(%)		占全部比例(%)	
		累计	当月	累计	当月	累计	当月
快递业务量	万件	33999.10	3823.11	49.28	69.93	100.00	100.00
同城	万件	7525.22	729.77	63.26	76.44	22.13	19.09
异地	万件	26448.28	3090.81	45.82	61.31	77.79	80.85
国际及港澳台	万件	25.60	2.53	-11.53	3.30	0.08	0.07
快递业务收入	亿元	47.14	4.78	30.91	32.75	100.00	100.00
同城	亿元	6.87	0.60	46.27	46.78	14.57	12.46
异地	亿元	26.85	2.82	30.79	39.50	56.95	59.02
国际及港澳台	亿元	0.38	0.04	-11.71	16.50	0.81	0.88
其他	亿元	13.05	1.32	25.97	16.25	27.67	27.63

二、行业管理工作及主要成效

坚持党的领导,加强党的建设。 做好巡视整改落实工作。4月8日至22日,接受了国家邮政局党组对省局党组的政治巡视。针对巡视反馈的五个方面问题,省局党组迅速成立了整改工作领导小组,制定了整改工作方案、整改任务清单,分解细化97个具体问题。严格按照时间节点开展工作,实行销号管理,主要领导为第一责任人,各单位各部门按照责任分工具体落实,定期进行整改工作梳理,按时保质的上报了巡视整改情况报告,召开了巡视整改专题民主生活会。截至目前,97项具体问题已全面进行整改,整改率100%。结合实际,启动全省系统巡察工作,成立巡察工作机构,印发工作方案,组织开展全省系统巡察专项培训。

统筹做好全省系统党的建设工作。坚持把学习和宣传贯彻习近平新时代中国特色社会主义思想和党的十九大精神作为首要政治任务,紧密结合"两学一做"学习教育常态化制度化工作,以严格"三会一课"、推行主题党日、落实双重组织生活为重点,强化思想政治建设。充分利用双重管理优势,加强党员干部的专题培训,实现全省系统处级干部轮训全覆盖,积极开展万名党员进党校活动。成立了全省系统党的建设领导小组,制定了党建领导小组工作规则,召开了第一次全体会议,统筹做好全省邮政管理系统的党建工作。推进"互联网+"党建工作,利用好党建在线考核系统、党员信息管理系统和"云岭先锋"App。开展群众评议机关作风活动,接受社会和公众监督。

做好党风廉政建设工作。制定出台《云南省邮政管理局党组关于贯彻落实中央八项规定精神实施细则》,进一步加强对中央八项规定的贯彻执行。制定实施《云南省邮政管理局调查研究工作制度》,将调研工作与业务检查督导进行统筹安排。修订完善会议管理办法和公文管理办法,有效规范和精简发文。逐级签订党风廉政建设责任书,印发实施了《2018年全省邮政管理系统党风廉政建设工作要点》。通过参观廉政教育基地、通报典型案例、专家辅导等方式开展警示教育。紧盯节假日等关键节点,坚持纠正"四风"不止步。深入实践运用执纪监督"四种形态",尤其是运用好"第一种形态",共开展提醒谈话8人次。扎实开展违规公款吃喝等九个专项的治理工作,细化落实方案,列出整改清单,严格按照规定进行整改。全省系统共清退违规发放津补贴47.55万元,注销领导干部持有的非上市公司股权10.08万元。结合"双随机"抽查工作,组织开展基层执法人员"吃拿卡要"专项治理。

坚持科学谋划,做好行业发展支撑。 省交通运输部门出台了《关于运邮结合加快全省农村三级物流服务网络建设的指导意见》,批准邮运车辆公路通行费用由原来的八五折调整为八折优惠。与商务厅等部门密切协作，推动出台了《云南省人民政府办公厅关于推进电子商务与快递物流协同发展的实施意见》，昭通、怒江等地也相继出台了相关实施意见。楚雄、大理、普洱等地出台了促进快递业发展的政策文件，曲靖局争取到2018年市级财政预算安排邮政基础设施补助资金100万元。扎实宣贯《快递暂行条例》，召开了全省系统宣贯工作会议，邀请专家进行了专题辅导，各州市局结合当地实际进行贯彻落实。以现场培训的方式，推广红河州邮政寄递行业电动三轮车交通安全管理工作经验，玉溪、昭通等地出台了便捷邮政快递车辆通行的实施办法。普洱局在地方审批完成9个县邮政业发展中心的基础上，经国家邮政局批准成立了景东和澜沧邮政管理局。

推动实施"快递三进"工程，推进快递营业场所标准化建设，加快城乡末端服务网络建设。探索菜鸟驿站在昆明高等院校、社区末端节点的设立，将其纳入许可管理，全省布放的智能快件箱累计超过3400组。在农村地区鼓励末端服务集约化、平台化发展，督促企业加强末端网点备案工作。保山推动腾冲、昌宁建设乡镇快递物流电商综合服务中心试点经营。推广大理局快递网点标准化建设经验，全省标准化网点达到1559个，网点标准化率为73.4%。已设立快递网点的乡镇数量1017个，乡镇服务覆盖率75.95%，昆明、保山等7州市实现了乡镇快递网点全覆盖。推进快递示范园区创建工作，普洱市中心城区快递物流园项目已完成前期工作，正在稳步推进一期建设，大理局继续推动物流园区后续建设工作，制定和完善园区管理办法，已有13家电子商务公司和17家快递企业进驻园区。积极服务"乡村振兴战略"，2018年全省新增邮政农村电商服务点2794个，共计建成7690个。结合实际，统筹组织好全省邮政业资源，扎实做好精准扶贫工作，取得了较好成效。曲靖局选派优秀干部担任驻村第一书记、工作队长，帮助协调引进各类资金1782.5万元，在脱贫攻坚考核中被评为优秀等次。

坚持依法行政，提升行业治理能力。 加快"放管服"改革，继续深入推进简政放权，优化市场环境。组织开展末端网点备案管理，全省已共有持证快递企业1039家，备案分支机构4169个，备案末端网点2168个。做好市场监管工作，全面加强事中事后监管，定期开展执法考核通报，组织州市交叉检查，省市统筹联动，有效提升了监管效能。2018年，全省系统共开展邮政市场检查12958人次，行政处罚165件，罚款金额177.98万元。开展服务质量提升行动，通过"三不"治理等活动，着力整治快件丢失损毁赔偿难、违规收费、抛扔快件的问题。全省离地设备铺设率达91%。组织召开"快递企业违规收费问题协调会"，从源头解决乱收费问题。各州市局联合工商、物价等部门，重点查处用户反映强烈的快递"异地上线"欺骗消费者、空包刷信用、野蛮分拣、乱收费等问题。加强信用体系建设，印发了《云南省快递业信用体系建设方案》。加强消费者申诉处理工作，全年共受理、处理消费者申诉20712件，为消费者挽回经济损失134.3万元，消费者满意率为98.1%。

坚持安全为基，落实监管职责。 印发《关于强化落实寄递企业安全生产主体责任的实施意见》，全面强化邮政、快递企业安全生产主体责任落实。加快信息系统支撑实名制推广工作，通过采取每周通报、利用监管端进行跟踪督促等有力举措，全省实名收寄信息化率为97.32%。组织8个检查工作组开展了两轮全省邮政市场跨区域交叉执法检查，随机抽查227个网点和110个处理场所，发现各类问题和隐患316个。作为全年重点工作和一把手工程，分三阶段组织开展涉枪涉爆整治，加强省市局联动和部门协作，推动建立企业主责、政府监管、社会共治、属地落实的长效治理机制，发现和督促整改问题及隐患268项。全力做好重大安保任务及应急管理工作，顺利完成了全国两会、上海合作组织青岛峰会、首届中国国际进口博览会、纪念改革开放40周年大会等重大活动期间的寄递渠道安全保障工作,未发生重大安全生产事故和违法收寄禁寄物品案件。强化应急管理,全省系统有效处置快捷快递网络阻断、版纳天天、云南国通扣压快递等突发事件。组织开展了邮政业2018清流、清源、秋风等"扫黄打非"专项行动,州市局通过强化日常监督检查,严把寄递渠道关,有效防范、遏制利用寄递渠道传播政治性有害出版物违法行为的发生。配合公安禁毒部门开展寄递渠道毒品查缉工作,尤其是加强德宏、临沧、版纳等重点地区管控,严防毒品从寄递渠道流通。

强化综合管理,做好服务保障。 统筹做好系统财务工作,结合国家邮政局巡视整改工作、九项专项治理工作,进行全省系统财务自查、抽查、整改,完成全省系统公车改革工作,推进预算管理考核。按季度组织开展政府网站交叉互查工作,确保政府网站工作100%合格率。完善保密管理、信息公开保密审查等制度,动态管理涉密计算机,组织四次保密安全自查自评和互联网门户网站保密检查。进一步畅通群众诉求渠道,受理信访件79件,信访处理率为100%。做好新闻宣传工作,积极引导省市级媒体宣传和采访工作,宣传行业正能量。加强公文管理,修订管理办法,推进文书档案专业化管理工作。细化工作责任,强化防范措施,抓好综治维稳工作。

三、改革开放40周年

云南邮政业,在改革开放大潮中,基本完成了由小变大、由弱变强的历史性转变,一直在提升邮政服务水平、支撑经济社会发展上不断前行,完成了政企分开、州市局组建成立等体制机制改革,完成了邮政局所补建、邮政基础设施升级改造,实现了邮政企业的发展壮大、民营快递的迅猛发展,实现了邮政法规体系基本完善、行业发展政策有力支撑。

四、各市(地)主要管理工作概况

玉溪市邮政管理局制定印发了《玉溪市邮政管理局 玉溪市公安局关于加强全市邮政业电动三轮车交通安全管理工作的实施意见》,切实解决全市邮政业电动三轮车城区通行难、停靠难的问题。

普洱市邮政管理局在完成9个县邮政业发展中心的基础上,挂牌成立了景东邮政管理局和澜沧邮政管理局,进一步规范和完善了普洱市县级邮政管理机构的设置;中心城区快递物流园有力推进,普洱市中心城区快递物流园项目分两期进行建设,建成后日均处理量达35万件,该项目采取统一规划建设,资金由入园快递物流企业自筹的方式,计划投资2.62亿元,实际投资3.4亿元。

西双版纳州邮政管理局争取邮政快递工作连续5年写入政府工作报告,快递产业园区项目用地指标获州政府特批,并给予前期工作经费200万元;协调禁毒重点地区打洛口岸快递企业集中安检,起草《快递车辆城区便捷通行意见》;助力精准扶贫及农产品外销,积极协调多方资源,深入推进了电商、制造业和快递行业的融合发展,推动快递企业转型升级;如期完成全国首家国际陆路快件监管中心建设项目,占地32亩,投资6400万元,为全州加快对外开放做出了贡献,受到州两会关注;引导邮政公司与商务部门合作完成了勐海、勐腊"县乡村"三级农村电商服务运营网络建设。

保山市邮政管理局初步建成腾冲市固东、猴桥、滇滩和昌宁县漭水、卡斯"快递物流电商综合服务中心",标志着推动腾冲、昌宁建设乡镇快递物流电商综合服务中心走出了重要一步。

德宏州邮政管理局在芒市召开第一届"最美快递员"表彰大会,杨维辰等10名"最美快递员"和杨成清等10名"最美快递员"提名奖受到表彰;启动实施"互联网+农村扶贫电子商务"项目,全面推进"快递下乡"工作,引导并促进快递向广大农村服务,逐步实现"乡乡有网点、村村通快递"的目标;通过创新销售模式,有效拓展了农产品的进城渠道,为脱贫攻坚工作积极发挥了行业的基础保障作用,销售特色农产品金额已突破700万元;

印发了《德宏州人民政府关于印发德宏州加快推进"四好农村路"建设实施方案的通知》，加快推进县乡村三级农村物流网络建设，统筹交通运输、商务、供销、邮政等物流资源，充分衔接交通运输与邮政快递、商贸流通、供销等方面的电子商务信息，大力发展"交通+快递""交通+电商""交通+邮政"，不断扩大"快递下乡"覆盖面，推动"邮政在乡、快递到村"工程，促进农资农产品"线上线下"产运销联动发展。

楚雄州邮政管理局推动出台了《楚雄州关于促进快递业发展的实施方案》，对快递类园区建设、投递车辆管理、"快递下乡"等方面作出了明确要求；积极推动《楚雄州人民政府关于加快推进"四好农村公路"建设的实施意见》出台，大力发展实惠便捷的货物运输，促进物流与电子商务信息产业融合发展；推动《楚雄州城镇居住区公共服务设施规划管理办法》出台，把快递自助点纳入城镇居住区公共服务设施规划；推动《楚雄州加快新能源汽车推广应用工作方案》出台，把邮政行业作为重点领域，加快对新能源汽车的推广应用；推动《楚雄州人民政府办公室关于推进电子商务与快递物流协同发展的实施方案》出台。

迪庆州邮政管理局加强与州综治办、州公安、国家安全、烟草等部门工作联系，建立联合监管机制，形成定期沟通、联合检查以及协同办案等机制，加强与公安部门的信息互通联系，发挥与公安签订合作框架协议的作用，在联合检查、联合约谈、联合信息通报等方面展开重点合作；加快推进快递物流标准化、信息化、规模化、集约化发展，迪庆局多方协调，积极与地方政府、商务局沟通联系，地方政府已计划将快递园区纳入藏东物流园区规划；2018年全州松茸寄递再次取得令人瞩目的成绩，2018年松茸寄递约开始于6月26日，截至9月17日，共计约83天。全州共三家快递品牌（顺丰速运、EMS、中通快递）开展了松茸冷链运输寄递业务。累计完成松茸寄递业务量17.2万件，松茸寄递业务收入达938万元；累计寄递松茸达43万公斤，价值约8965万元。

红河州邮政管理局建立完善信用管理的规章制度和标准体系，建立健全经营快递业务的企业、从业人员信用档案，完善信用考核评价体系，充分发挥信用对市场的正面导向作用；红河州正式出台《红河州道路交通安全委员会关于进一步加强邮政寄递行业电动三轮车交通安全管理工作的实施意见》对全州邮政寄递业电动三轮车进行规范管理具有重要指导作用，并成立红河州邮政寄递行业电动三轮车"三统一"工作领导小组，监督、指导、协调邮政寄递车辆"三统一"工作的组织实施。以蒙自市为试点开展电动三轮车"三统一"工作，目前已完成对所有县市所有品牌机构寄递车辆"三统一"的实施验收，并严格对邮政寄递业电动三轮车进行监督管理。

丽江市邮政管理局推进乡镇网点建设、网点标准化建设、"三进"工程、快递服务制造业、绿色通道建设等快递发展重点任务，顺应快递向西、向下工程的推进，积极协调丽江市各寄递企业，开展邮政快递行业助农行动，帮助永胜县农户处理滞销大蒜约2253吨，共计让利275万元。

临沧市邮政管理局积极推动《临沧市人民政府办公室关于印发临沧市2017年电子商务进农村综合示范项目实施方案的通知》，明确了农产品出村快递市、县区按首重每件给予0.5元补贴（其中，市级财政承担0.2元/件，县区财政承担0.3元/件），以促进快递企业末端网点快递发展；全市实现建制村直接通邮率100%，有效打通了边疆民族地区农村投递"最后一公里"；加强快递员（投递员）权益保护，引导企业推进快递业关爱工程，加强从业人员权益保护，督促企业为从业人员购买保险，要求企业按照《邮政行业安全生产设备配置规范》要求，加大固定资产投入，改善员工工作环境，推动寄递企业规范内部管理。

西藏自治区快递市场发展及管理情况

一、快递市场总体发展情况

2018年,西藏自治区邮政行业业务收入(不包括邮政储蓄银行直接营业收入)累计完成5.5亿元,同比增长10.4%;业务总量累计完成4.2亿元,同比增长21.2%。其中,快递企业业务量累计完成0.07亿件,同比增长27.9%;业务收入累计完成2.4亿元,同比增长18.6%(表7-26)。

表7-26 2018年西藏自治区快递服务企业发展情况

指标	单位	2018年12月 累计	2018年12月 当月	比上年同期增长(%) 累计	比上年同期增长(%) 当月	占全部比例(%) 累计	占全部比例(%) 当月
快递业务量	万件	725.80	73.47	27.89	19.17	100.00	100.00
同城	万件	58.93	8.59	98.22	181.66	8.12	11.69
异地	万件	666.38	64.84	24.03	10.73	91.81	88.25
国际及港澳台	万件	0.49	0.05	-6.18	-1.01	0.07	0.07
快递业务收入	亿元	2.43	0.24	18.59	11.71	100.00	100.00
同城	亿元	0.06	0.01	105.31	122.01	2.65	3.26
异地	亿元	1.88	0.18	14.43	4.89	77.31	75.00
国际及港澳台	亿元	0.03	0.00	-0.84	5.78	1.29	1.56
其他	亿元	0.46	0.05	32.36	33.91	18.75	20.18

二、行业管理工作及主要成效

深入推进全面从严治党。把党的政治建设摆在首位,不断强化"四个意识",牢固树立"四个自信",自觉践行"两个维护",坚定坚决拥戴信赖忠诚捍卫核心。坚定执行党的政治路线,严格遵守政治纪律和政治规矩,在政治立场、政治方向、政治原则、政治道路上同党中央保持高度一致。尊崇党章,严格执行新形势下党内政治生活若干准则,认真落实民主集中制的各项制度。调整充实全面从严治党领导小组,严格落实全面从严治党主体责任和监督责任,2018年年初局党组与各处(室)负责人、市(地)局党组书记签订了党建工作和党风廉政建设工作目标责任书,明确了工作职责和目标任务。形成《西藏自治区邮政管理系统巡察工作实施办法》,成立了巡察工作领导小组,对2018年巡察工作进行了安排部署,开展了巡察工作培训并完成了对2个市(地)局党组的政治巡察。开展了党员干部政治教育培训工作,制定了培训方案,并积极选派党员领导干部参加区党委组织部、区党委党校举办的政治教育示范培训班学习。

坚持用习近平新时代中国特色社会主义思想武装头脑。深入开展"两学一做"学习教育常态化制度化工作,以"三会一课"、理论中心组学习为载体,对党组理论学习中心组和机关党支部学习进行安排部署,完善了党组理论学习中心组学习和支部"三会一课"制度,以《中国共产党章程》、习近平新时代中国特色社会主义思想、习近平新时代中国特色社会主义经济思想、习近平总书记关于坚持党对一切工作的领导的重要思想、《习近平谈治国理政》(第一卷、第二卷)以及习近平总书记在全国组织工作、宣传工作会议上的重要讲话等为主要学习内容,深入开展政治理论学习,坚持用中国特色社会主义理论体系武装头脑、指导实践、解决问题、推动工作。全年共组织党组中心组理论学习19次,形成研讨材料37份;开展全体党员干部学习23次,形成心得体会材料102份。积极与区党委组织部沟通协调,通过网络学习的方式,完成全系统县处级干部专题学习党的十九大精神5~7天的学习任务。

不断加强党的组织建设。严格执行民主集中制原则。坚持"四个服从",研究重要事项、干部任免、大额资金使用等问题,都由集体讨论决定。局党组班子团结合作,班子成员平等地参与集体决策,根据集体的决定和工作分工,齐心协力推动全局工作开展,并主动接受干部职工监督。认真抓好基层党组织建设。党员领导干部切实履行"一岗双责",积极开展支部标准化规范化建设、党员承诺践诺、党员到社区报到服务、党员活动日等活动。组织开展重温入党誓词、党建知识竞赛、表彰优秀共产党员、党建主题座谈会、结对帮扶献爱心等系列活动,隆重纪念建党97周年。重新制定实施机关党支部13项制度,充分发挥基层党组织先锋模范和战斗堡垒作用。不断加强干部队伍建设。严格执行《党政领导干部选拔任用工作条例》,坚持正确的用人导向和好干部标准,对那曲、昌都市局领导班子进行了配备加强,全年考察任免干部7人。严格落实《干部请休假制度》《干部职工考勤办法》等规定,加强干部职工日常管理。认真落实各项人才政策措施,选派干部参加国家邮政局、自治区相关部门组织的培训。全年选派干部外出参加培训68人次,区局各部门组织培训11次,培训干部238人次,企业人员277次。参加国家邮政局在线网络平台培训22人,参训率86%,完成率72.7%。基本完成了人事档案数字化管理工作,做好聘用干部队伍管理,做好退休人员服务工作。扎实抓好党员队伍建设。严格党员管理教育,坚持民主评议党员制度。做好党员的发展工作,严格发展工作程序,严把发展党员"入口关",确定党员发展对象1名。按程序及时足额收缴党费,按规定征订党报党刊学习材料。支持工青妇按照章程履职尽责。

持之以恒正风肃纪。全面落实党风廉政建设责任制,认真落实主体责任和监督责任,坚持以上率下,巩固拓展落实中央八项规定精神成果,继续整治"四风"问题。组织召开了全区邮政管理系统纪检监察工作会议和党风廉政建设培训。积极配合国家邮政局党组第三巡视组对区局党组的巡视工作,并根据反馈情况制定巡视整改工作方案,形成68条整改措施,2个月内集中整改完成58条,完成率达85.29%。坚持开展批评和自我批评,认真组织召开2017年度党组领导班子民主生活会、2018年"以案明纪"专题民主生活会、2018年巡视整改专题民主生活会。强化纪律执行。坚持惩前毖后、治病救人,运用监督执纪"四种形态",抓早抓小、防微杜渐,强化监督执纪问责,给予党纪处分1人,组织处理1人。加强纪律教育。制定实施《2018年"纪律教育年"活动方案》,面向全区邮政管理系统党员干部,特别是党员领导干部、重要领域、关键部门和岗位的党员干部开展纪律教育。召开党风廉政建设警示教育大会,党组主要负责同志现身说法,就任职期间存在的违反中央八项规定和违纪违规问题进行了自我批评、深刻检讨,并对各级领导干部提出具体要求。深入贯彻落实全国邮政管理系统警示教育电视电话会议精神,让党员、干部知敬畏、存戒惧、守底线。深入开展九个专项治理工作,既抓"老问题",又盯"新表现",持续深入纠正"四风",进一步推动中央八项规定精神落地生根,营造风清气正的政治生态和行业良好的发展环境。

着力加强精神文明建设。以社会主义核心价值观为统领,大力弘扬"老西藏精神"和"两路精神"。认真学习习近平总书记"加强民族团结、建设美丽西藏"的重要指示,深入开展民族团结进步教育,开展"三个离不开""五个认同""团结稳定是福、分裂动乱是祸"教育,促进"共同团结奋斗、共同繁荣发展",共同谱写"中华民族一家亲,同心共筑中国梦"的新篇章。认真学习习近平总书记给卓嘎、央宗姐妹的回信精神,认真做好"神圣国土的守护者、幸福家园的建设者",坚持"守土有责、守土负责、守土尽责",为建设祖国边疆奉献青春和热血。切实增强干部职工的责任感、事业心、使命感,为全区邮政管理事业提供坚强的思想保障和精神支撑。推动行业信用体系建设,强化守信激励和失信惩戒,在全区快递行业组织开展"诚信快递、你我同行"活动,营造诚实守信良好氛围。

稳步开展行业法治建设。积极开展邮政业规划工作。按照国家邮政局及自治区政府的工作要求,认真开展《邮政业发展"十三五"规划》和《自治区"十三五"现代综合交通运输体系发展规划》中期评估工作。提前启动"十四五"规划工作。

深入开展普法工作。推进宪法专题学习。在全区系统广泛组织开展"学习宪法、尊崇宪法、遵守宪法、维护宪法、运用宪法"主题宣传教育活动。将习近平总书记关于宪法和法治建设的系列重要讲话精神和《宪法》文本作为学习重点,在局门户网站开展了宪法知识在线答题活动,组织全区邮政管理系统参加全区宪法线上统一考试,组织机关党员干部集中学习5次,对邮政、快递企业人员集中培训2次,前往6市(地)邮政管理局实地督导学习各1次,前往驻村点开展《宪法》送法活动1次。实现了区局机关党员干部学习和驻村干部学习全覆盖,全区主要快递企业管理人员学习全覆盖。积极配合自治区普法办"七五"普法中期评估工作,认真准备"七五"普法台账,报送自治区普法办参加"七五"普法成果展;组织干部职工参加全区"五法"学习宣传线上答题活动。深入开展专项普法活动,充分利用"安全生产月"和"世界邮政日"等重要时间节点,主动上街设立宣传点,在全区范围内开展行业法律法规宣传活动,面向消费者发放宣传材料两千多册。开展专题以案释法学习活动8次,发布典型案例6批。

全面贯彻落实《快递暂行条例》和行业标准。成立了以局主要负责人为组长的宣贯领导小组,制定印发《快递暂行条例》宣传贯彻工作方案,大力推进全区行业的宣传贯彻活动。通过举办专题培训、开展媒体宣传、组织藏文版翻译工作、前往基层宣传、赴企业宣讲等形式,集中抓好《条例》的学习宣贯,深刻领会《条例》的立法精神、制度安排和重要意义。同时,积极推进行业标准宣贯工作,召开2次标准宣贯培训班,实现了区内主要快递企业标准培训全覆盖,为推动标准落地实施夯实了基础。

不断规范快递市场发展。快递市场主体规模不断扩大。截至2018年12月底,全区快递业务品牌26个,经营网点446家(包括许可企业、分支机构和末端网点),其中,许可企业44家,分支机构272家,末端网点130家。

加大"放管服"改革力度。下放审批权限,压缩审批时限。按照"下放权限、属地管理"的工作思路,不断下放审批权限,加强属地管理。进一步压缩审批时限,许可审批时限由25个工作日压缩至11个工作日。简化审批流程,精简申请材料。办理分支机构备案手续由"取得分支机构名录—工商登记—备案"三个步骤,简化为"取得分支机构名录即完成备案"一个步骤。贯彻落实国家邮政局《快递业务经营许可工作优化方案》,对全区许可工作进行再安排再部署。严格执行《快递末端网点备案暂行规定》,不断规范快递末端网点管理,全区快递末端网点摸底调查底数130家,已完成备案130家,完成率100%。深入开展行业许可准入培训,提升执法人员为民服务能力。

努力提升行业监管能力。完善事中事后监管机制。认真执行《快递业信息管理暂行办法》,完善和工商部门的信息共享和公开机制。按照《邮政管理部门随机抽查工作细则(试行)》,完善市场主体名录库,公示随机抽查事项清单,组织市(地)局积极开展随机抽查工作。结合申诉受理月通报,完善邮政业消费者申诉与市场监管工作衔接机制,针对用户申诉的突出问题开展日常检查和专项整治行动,倒逼企业改善服务质量。

有效改善末端投递环境。推进"快递入区"工程。快递末端服务多元格局初步形成,全区已建成农村快递公共取送点数量22个,建成快递末端公共服务站点数量232个,投入运营智能快件箱累计355组,高校规范收投率100%。进一步规范快递电动三轮车使用管理。林芝、山南、阿里3市(地)已规范快递投递车辆管理,拉萨局已规范快递机动车辆管理。摸清快递揽投车辆底数,积极联络交通运输、交警部门,协商揽投车辆规范管理等相关事宜。

着力构建服务民生格局。深入推进快递向下发展。全区县乡级地区快递网点不断覆盖,基层网络体系逐渐完善。截至年底,全区县级快递业务覆盖66个县,县级网点覆盖率为90.41%。覆盖125个乡镇,乡镇网点覆盖率为18.20%。

鼓励电子商务和快递协同发展。认真贯彻落实国办发〔2018〕1号文件精神,协商商务部门印发了工作推进方案,统筹安排电子商务和快递协同发展相关事宜,不断推动产业融合和创新发展。林芝工布江达县建成村级服务站24个,阿云电子商务有限公司已与韵达、顺丰等辖区内所有的快递物流公司签订合作协议,各快递品牌快递包裹件可第一时间送达24个村级服务网点,同时将农特产品第一时间发往全国各地。

推动邮政服务农村电商发展。鼓励邮政企业进一步加强农村邮政物流体系建设,加快实施农村电商战略性布局。督促全区邮政企业大幅度提升邮政服务水平,有效助推了"工业品下乡、农产品进城"工作,为当地物资流通搭建了良好的寄递平台,拓宽了群众致富途径。截至年底,全区共有邮政农村电商网点715处。其中,邮政自营网点417处,商超类加盟网点298处。全区共计上线200多种地方特色农产品。2018年全区邮政企业共解决农牧民群众就业377人。

不断优化快递服务。全面实施"三不"治理。持续开展"不着地、不抛件、不摆地摊"专项治理,全区网点标准化率达91.83%,离地设施铺设比例达93.27%以上。加大市场主体服务指标和信息披露力度。组织开展主要快递企业服务满意度调研和时限测试,并在门户网站公开结果。

畅通快递申诉渠道。2018年1—11月,区局申诉中心通过微信、电话、网上、局长信箱、公众留言等申诉渠道共受理消费者申诉2133件。受理申诉和咨询的电话1015人次。消费者申诉均依法依规做了调解处理,为消费者挽回经济损失417588元。消费者对企业申诉处理结果满意率为96.1%,对管理部门申诉处理工作满意率为96.1%。

推动行业绿色发展。强化绿色发展的宣传引导和教育培训,不断增强企业的绿色低碳循环发展理念。引导邮政、快递企业推广应用新能源车辆。电子运单使用率进一步提升。加强快递绿色包装标准宣贯执行。分阶段分批次在全区范围内组织开展可循环中转袋(箱)全面替代一次性塑料编织袋工作。

深入开展驻村扶贫工作。继续派遣干部在海拔近5000米的高原牧区开展驻村工作,完成第六、第七批驻村工作队轮换工作。驻村工作队与农牧民群众交朋友、认亲戚,同学习、同劳动,努力践行驻村"七项任务"工作任务,关心群众生产生活,加强基层组织建设,选好配强村"两委"班子,带领群众脱贫致富,保稳定促发展,争取项目和资金,开展扶贫工作,为群众办好事实事,积极改善当地农牧民群众的生活生产水平,推动当地经济社会发展,密切了党群干群关系,取得了较好成效。将2018年驻村办实事经费中的18万元用于村级集体经济中,扩大村级集体经济盘子,增加集体经济收入。针对村级集体经济投入不足等问题,驻村工作队协调单位解决15万元并吸收建档立卡贫困户扶贫贷款40万元投入砂石厂,8户特困户上半年分红达到6万元。持续开展"党员干部进村入户,结对认亲交朋友"活动,通过向结对帮扶对象送物资、送现金、送思想、送政策等方式参与扶贫,鼓励他们从自身发展能力入手,转变思想,更新观念,有效推进贫困户脱贫致富奔小康进程。2018年,干部职工共走访慰问结对帮扶"亲戚"22户,为他们送去价值1.03万元的大米、茶砖、清油等慰问品；捐款1.3万元，为结对贫困户解了燃眉之急。工作队协调县民政等部门为建档立卡的9户10人办理了残疾证，帮助特困户次吉一家解决了住房问题，协调解决村民次仁石却重大疾病医疗费用20万元左右，先后6次到牧场接送病重、受伤、去世群众，及时送治野生动物肇事伤患1人，病重、病危病人7人。为帕羊镇贫困户协调争取北京申通捐赠爱心包裹20余包价值4万元衣物。

持续巩固整体安全态势。完善行业安全责任体系。夯实企业主体责任。从安全责任、投入、培训、管理以及应急救援五个方面，强化企业职责法定意识，强化责任约束。强化政府监管责任，建立健全"党政同责、一岗双责、齐抓共管、失职追责"的安全生产责任体系，全面落实领导干部安全生产责任制。落实属地管理责任，加强对企业建立和落实安全生产责任制工作的指导督促和监督检查，统一督导检查的主要内容。以隐患问题排查和教育培训常态化为主要内容，督促寄递企业主体责任的落实。

全面推进"三项制度"落实。在落实收寄验视方面，严格按照《邮件快件收寄验视规定（试行）》《禁止寄递物品管理规定》要求，重点加强爆炸装置、危化品、枪支弹药、易燃易爆物品的查验把关。按照"谁收寄、谁负责"原则，建立责任倒查机制。在推进实名收寄方面，严格按照相关要求，对除信件和已有安全保障机制的协议用户交寄的邮（快）件外，一律通过查验寄件人身份并提取其身份信息后方可收寄。在强化过机安检方面，督导企业严格落实"应检必检"要求，对重点地区和重点部位的邮（快）件进行重点检查，建立健全安全检查日志。全区寄递行业大型转运中心已全部配备了安检设备，配置X射线安检机数量已达到70台，总投资超3000万元，为落实100%过机安检打下重要基础。

坚决抓好重点领域整治。采取超常规措施，集中力量对重点问题、重点区域、重点环节进行集中整治，开展寄递渠道市场清理整顿、打击侵权假冒、涉枪涉爆、扫黄打非、禁毒、危险化学品治理、反恐、干线货运监管等系列专项行动。分片包干、对口督导，组织开展七市（地）全覆盖专项督导检查。其中，寄递渠道涉枪涉爆隐患集中整治专项行动中，共监督检查寄递企业1165家，出动执法人员3127人次，发现一般隐患32项，重大隐患1项，均已整改完毕，关停查处企业1家，累计罚款2.1万元。

齐抓共管筑牢监管合力。健全机制。完善邮件、快件寄递安全管理工作协调机制，成立寄递行业禁毒工作领导小组，完善行业监管和禁毒工作长效机制。联合行动。联合交管部门加大对企业道路交通安全的教育培训，加强快递车辆道路安全知识培训和管理，严厉打击"三超一疲劳"等严重违法行为。创新消防培训方式，开展"快递公益使者"行动，让一线小哥儿为消防代言，进一步营造全区良好的消防安全氛围。联合监管。部门协作进一步加强，全区邮政管理部门会同综治、公安、国安等成员单位密切配合，协同作战，有力保障了寄递渠道安全稳定，形成了"握指成拳打硬仗，部门联动增合力"的联合管控格局。

加强市场执法检查。加大快递市场执法检查力度。完善市局之间互查互纠互学工作机制，加强日常检查和专项督导检查，重点对行业涉枪涉爆违法行为、寄递安全"三项制度"落实情况开展了专项督导检查。完善执法检查方式方法。细化党政同责实施意见，严格领导干部安全生产监督管理责任。重点开展"双随机"检查和事中事后督导检查。做到全年执法检查有计划、分步骤、抓重点、出成效。开展集邮市场和邮政用品用具监督检查工作，严厉打击制售虚假集邮票品违法行为。

全力抓好重大活动安全保障和应急处置。以高标准、超常措施，提早安排部署2018年春节、藏历新年以及全国两会、2018年中非合作论坛北京峰会、首届中国国际进口博览会等特殊时段寄递渠道安保工作，制定详细的安保方案和应急预案，加大督导检查力度，圆满完成了全年重大节日和特殊时期寄递安保工作。扎实开展汛期安全生产工作，妥善应对非洲猪瘟、区内地震灾害、山体滑坡、金沙江堰塞湖等自然灾害事件。提前安排部署2018年业务旺季和年底前工作。

三、改革开放40周年

改革开放40年，40年来，西藏邮政业始终坚持党的领导、坚持服从服务全区稳定发展大局、坚持服务人民、坚持改革创新，邮政业发生了翻天覆地的变化，取得了前所未有的成绩。邮政业不断发展壮大。1978年，全区邮电业务收入237.3万元，业务总量205.9万件。2018年，预计全区邮政业业务收入（不包括邮政储蓄银行直接营业收入）5.53亿元，业务总量4.17亿元。服务网络日益完善。40年来，我们大力推动邮政普遍服务基础设施和终端服务体系建设。"乡乡通邮"工程不断扩大邮政服务范围，空白乡镇邮政局所补建工程实现全区邮政服务乡镇一级全覆盖，建制村直接通邮工程进一步提升了全区邮政普遍服务均等化服务水平。非邮快递企业服务网络也不断健全，由2000年仅有1家非邮快递企业1个经营网点的局面，发展到2018年快递业务品牌26个，经营网点446家，覆盖66个县，125个乡镇。大大改善了全区各族群众的用邮环境，为邮政业服务三农，普惠全区广大农牧民群众打下了坚实基础。发展环境持续优化。根据党和国家统一部署，先后完成了邮电管理体制调整、邮电分营、邮政政企分开，2012年组建了7市（地）邮政管理局，完善了省级以下邮政监管体制，为推动行业健康发展提供坚强的组织保障。《西藏自治区邮政条例》《西藏自治区人民政府关于贯彻国务院关于促进快递业发展若干意见的实施意见》《西藏自治区邮政普遍服务保障监督管理办法》的出台，为邮政业发展提供了机制保障，为行业发展注入了活力。40年来西藏邮政业为祖国边疆稳定、西藏经济社会发展做出了积极贡献。

四、各市（地）主要管理工作概况

拉萨市邮政管理局与交通部门协商，拉萨市的快递运输机动车辆可以办理"快递配送证"，解决了快递干线运输车辆通行难的问题。快递专用电动三轮车规范草案已经进入拉萨市人大立法程序。绿色快递发展迅速，99%以上的快递面单实现了电子化，85%以上的出港快递包裹均已采用易降解和可循环使用的中转袋（箱），部分企业已经购置了电动汽车用于配送快递包裹。

林芝市邮政管理局融合推进电子商务与快递协同发展，引导快递企业在9个乡镇24个行政村建成农村电子商务供销服务站，其中19个村级服务站运营情况较好。通过村级服务站在网上帮农牧民卖出的农特产品达到50万元左右，农牧民通过村级服务站"传帮带"在网上购物量达到36万元左右，较去年同期增长25%。

那曲市邮政管理局全年开展安全教育培训共12次，培训人员100余人次，开展平安、综治、禁毒等各类宣传6次，积极推进民生实事各类活动，共发放各类宣传传单2000余份。主要快递企业实名收寄信息化率达100%，快递品牌、地域范围覆盖率达到100%；全市具有较大规模的处理场所均配置并使用了安检设备。

山南市邮政管理局大力推动末端建设，全市共有末端投递服务智能快件箱104组，格口数5856个，较同期提高7%，乃东城区已建成快递末端公共服务站点16个，网点标准化率达到63%；服务"乡村振兴战略"，农村电商站点累计完成24个，主要销售农特产品20余种，累计销售额35.80余万元，邮乐购站点累计建设52个。当前离地设施铺设比例已达到78%；打造安全用邮环境，收寄验视、过机安检已达到100%，信息化实名率达到92%。加强快递员（投递员）权益保护，推进快递员关爱工程，要求企业必须为快递从业人员购买保险，连续三年推荐"最美快递员"10人次。

日喀则市邮政管理局推动"一市一品"农特产

品进城项目工作，邮政在乡，扎根到县乡腹地，服务脱贫攻坚战，助力乡村振兴战略。全市共建设邮乐购站点128个，2018年前三个季度，累计农特产品交易额9万元，为7户贫困户增加收入0.82万元。部分快递企业为驻村点农牧民群众捐赠衣物1000余件，践行企业社会责任。

陕西省快递市场发展及管理情况

一、快递市场总体发展情况

2018年，陕西省邮政行业业务收入（不包括邮政储蓄银行直接营业收入）累计完成112.7亿元，同比增长13.6%；业务总量累计完成138.8亿元，同比增长19.3%。其中，快递企业业务量累计完成5.7亿件，同比增长24.3%，最高日处理量达到1368万件；业务收入累计完成67.3亿元，同比增长19.4%（表7-27）。

表7-27 2018年陕西省快递服务企业发展情况

指标	单位	2018年12月		比上年同期增长(%)		占全部比例(%)	
		累计	当月	累计	当月	累计	当月
快递业务量	万件	56876.54	5768.63	24.32	22.97	100.00	100.00
同城	万件	23606.57	2383.48	33.35	33.03	41.50	41.32
异地	万件	32918.95	3376.06	18.39	17.16	57.88	58.52
国际及港澳台	万件	351.02	9.09	45.04	-49.44	0.62	0.16
快递业务收入	亿元	67.31	6.24	19.43	10.23	100.00	100.00
同城	亿元	19.88	1.81	27.49	12.10	29.53	28.94
异地	亿元	30.26	2.84	11.99	6.47	44.96	45.50
国际及港澳台	亿元	2.68	0.08	4.79	-63.75	3.98	1.23
其他	亿元	14.49	1.52	29.53	29.56	21.52	24.33

二、行业管理工作及主要成效

落实全面从严治党责任。坚持抓思想政治建设。开展党的政治建设"五个一"系列活动，推动全系统各级党组织和党员领导干部，牢固树立"四个意识"，坚定"四个自信"，坚决做到"两个维护"。按照学懂弄通做实要求，深入学习宣传贯彻习近平新时代中国特色社会主义思想和党的十九大精神，坚持党组示范学、集中讲、现场教，通过与西安铁路监督管理局分党组开展主题联学、组织市局党组成员参加省局党组中心组学习会、举办处级干部党的十九大精神研讨培训班、开展网络教育学习等，深刻理解把握国家邮政局和省委、省政府的各项决策部署，持续推进"两学一做"学习教育常态化制度化。

坚持抓纪律作风建设。以学习落实新修订的《中国共产党纪律处分条例》为抓手，利用签订责任书、集体廉政谈话、督办检查、考核问责等方式逐级传导压力，召开党风廉政建设工作会、警示教育会，通过提早预防、严格监督、严肃惩处等举措认真开展监督执纪问责，推动"两个责任"落实。认真落实国家邮政局党组贯彻落实中央八项规定精神实施细则，制定实施办法，盯紧看牢"四风"新老问题，深入开展违规公款吃喝等十个专项治理工作，加强和改进作风建设。开展国家邮政局党组巡视整改情况"回头看"，巩固和拓展巡视整改成果。完成对6个市局党组的巡察，及时通报典型案例，严肃查处违规违纪人员，党风政风持续改善。

坚持抓基层党组织建设。认真学习贯彻《中国共产党支部工作条例(试行)》,着力推动全系统基层党组织标准化规范化建设。各基层党组织严格落实"三会一课"、组织生活会、民主评议党员等制度,实现党内政治生活规范化和程序化。按照属地管理、行业指导原则,推动全省非公快递企业成立党支部9个,党的组织覆盖面不断扩大。

坚持抓精神文明建设。系列活动精彩纷呈,举办全省邮政业庆祝改革开放40周年主题演讲比赛活动,组织开展邮政业青年文明号开放周活动。文明创建成果丰硕,宝鸡、铜川、渭南、榆林、商洛管局获评市级文明单位,西安、延安、汉中、安康管局成功创建区级文明单位,咸阳局获评创建全国文明城市先进集体,多家邮政、快递企业成功创建省市级文明单位、青年文明号。行业楷模不断涌现,安康市石泉县乡邮员赵明翠当选第十三届全国人大代表,西安圆通快递员田追子获评第三届全国"最美快递员"。最美邮政人、最美快递人助人为乐、见义勇为、扶危济困等善行义举处处可见、时时相闻,行业真善美得到大力弘扬。

服务民生取得新成效。全省建制行政村100%直接通邮,全省乡镇快递网点覆盖率达到100%,在西部12省中率先实现乡乡通快递、村村通邮;全省实现高校快递100%规范收投;全省党报当日见报县级城市增至106个,当日见报率由85%提升到99%;城市快递自营网点标准化率由70%提升至93%。推动寄递企业入驻地方政务大厅,有序开展"警邮合作",助力地方政务服务更加便民利民。

重点改革迈出新步伐。在全国率先推出优化提升邮政业营商环境实施方案,创新体制机制,优化政务服务环境,推行"最多跑一次"和"一次不用跑"服务事项,实现快递企业开办和退出"一网通办",邮政普遍服务、快递各项许可审批时限压缩一半以上。

开放合作再上新台阶。充分发挥产业关联度高、产品覆盖面广的优势,推动行业与其他产业实现多层次、宽领域合作。引导企业全方位对接跨境电商,深度服务"一带一路"建设,全省跨境快件量预计完成351万件,同比增长45%。

发展活力持续增强。健全政策支持体系。推动省政府办公厅推进电子商务与快递物流协同发展实施意见等政策出台实施,宝鸡、榆林、安康、咸阳等市印发本地落实文件。全省各市因地制宜,在推动跨境寄递、加快快递物流园区建设、促进寄递企业发展壮大、推进快递车辆便利停靠通行、健全市县镇村寄递网络建设等方面提供有力政策和资金支持,持续为邮政业发展鼓劲加油。扎实推进"放管服"改革。实施"两承诺一试点"(场地使用承诺,安全主体责任承诺,事后现场查验试点),将快递业务经营许可、许可变更、分支机构变更审批时限,由规定的20、15、15个工作日分别压缩至9、8、6个工作日,实际办结时限分别压缩至5、3.6、2.9个工作日。持续深化交邮融合。西安邮件处理中心被纳入交通运输部货运枢纽投资补助项目储备库;汉中、延安、榆林等地把县级快递物流场站纳入交通项目库、推动开放交通场站班线等资源,有序开展邮件快件、党报党刊代运;宝鸡、铜川等地将多项邮政业工作纳入交通运输工作统一部署。顺丰开通西安至成都高铁快递邮路,圆通开通西安至成都快递航线。

发展动力持续释放。要素市场化配置更加优化,大力破除无效供给,开展快递市场清理整顿,强化末端网点备案管理,全省清理"僵尸快递企业"49家,备案快递末端网点5947个。在商洛市山阳县"十里模式"带动下,"邮快合作""快快合作"进程加快,实现资源共享共赢。持续推进"快递三进",推动省教育厅成立高校快递专业委员会,高校快递服务更加规范。全省新增智能快件箱1300组,累计达到4905组。全省主要快递企业城区自营标准化网点累计建成2064个。

关联产业深度融合。以培育重点项目为核心,推动快递企业延长产业链,打造年业务量超千万件的"快递+"重点项目3个,宝鸡猕猴桃被国家邮政局评为2018年快递服务现代农业金牌项目。"寄递+农业"成效显著,关中樱桃和猕猴桃、陕北红枣和苹果、陕南茶叶和香菇等农特产品借助寄递网络走向全国、飞进百姓家。加快与电子信息技术业、装备制造业、现代医药等产业联动,实现"寄递+制造业"多点突破,快递服务制造业协议客户达8679家,直接服务制造业累计产值41亿元。加强与阿里、京东、拼多多等平台型电商企业协同发展,"寄递+电商"全面推进,年支撑网络零售额近千亿元。

提高科技创新应用水平。快递企业加强使用全自动分拣系统、软件调度系统等新设备、新技术,快递收、运、转、派等环节的智能化水平逐步提高。京东西安无人机产业中心自主研发的"京鸿"大型货运无人机首飞成功。京东、中通等企业积极使用无人机、配送机器人,在西安、商洛、安康等地实现试点运营。

行业软实力显著增强。注重行业人才建设,先行先试快递工程专业技术人员职称评审,评审认定初、中级537人。积极推进落实省共建院校各项工作措施,西安邮电大学现代邮政学院邮政管理、邮政工程两个新设本科专业顺利招生,为顺丰定制式培养人才模式成为邮政行业优秀校企合作范例。推进快递员关爱工程,引导企业做好健全员工社会保险、开展内部评先评优、建设职工之家等保障措施,行业基层人员工作环境不断改善。

三大攻坚战开局良好。安全风险防范能力明显增强。制定快递企业安全主体责任清单,督导企业建立安全管理"三有"制度。着力加强协议客户管理和交递物品审查。深入排查治理事故隐患,与省综治办、公安厅联合发文,突出抓好"三项制度"落实,年底全省快递实名收寄率超过99%。强化应急处置能力,妥善处置快捷快递停产清盘等突发事件。圆满完成上合组织青岛峰会、中非合作论坛北京峰会、首届中国国际进口博览会等重大活动,以及快递业务旺季、灾害性天气、汛期等重要时段的寄递安全和服务保障。开展"十个没有"平安寄递创建活动。落实寄递渠道非洲猪瘟防控工作。稳妥推进"绿盾"工程建设。顺丰、京东被省应急委授予省级应急物资保障单位。

精准脱贫深入落实。在全国率先开展第三方调查评估,不断深化巩固行政村通邮成果。深入推进"邮政在乡"工程,全年新增邮乐购站1290个。"寄递+农村电商+农特产品+农户"产业扶贫模式作用明显,打造邮政"一市一品"项目18个,实现交易额8.7亿元,帮助2.58万贫困户增收2116万元。全力打造快递"一地一品"项目,带动实现农业总产值40亿元。全面落实定点扶贫工作,选派干部驻村帮扶,引进项目18个,争取帮扶资金295.9万元。榆林、咸阳、汉中管局实现帮扶村整村脱贫,西安、铜川、渭南管局定点扶贫工作扎实推进。

行业绿色发展步伐加快。与省发展改革委、生态环境厅等8部门联合印发协同推进快递业绿色包装工作实施意见,指导企业加大绿色包装使用,邮政、顺丰、韵达等企业积极使用可回收循环使用的包装箱、生物降解包装袋。全省主要寄递企业电子运单使用率达到95%。全省邮政业新能源车辆达到412辆。高铁等绿色高效运输方式得到进一步应用。持续开展邮政业绿色发展系统化、企业化、社会化宣传,推动形成节约资源、防治污染、保护生态的社会共识。

治理效能持续提升。市场秩序持续规范向好。拟定快递企业分层管理制度。出台基本规范,全面开展"不着地、不抛件、不摆地摊"专项治理工作,企业分拣、投递等操作规范化程度明显提升,全省离地设施铺设率基本达到100%。规范末端网点服务,开展末端网点乱收费治理。持续规范快递三轮车管理,实行快递三轮车"三统一"(统一备案登记、统一车辆标识、统一编号)管理。实施产品抽检,强化对邮政用品用具生产企业的监督检查。全省快递市场各类执法检查3653人次,行政处罚102起。推进快递业信用体系建设,制定实施方案和黑名单管理办法,建立健全信用档案,积极融入地方信用体系,实现失信联合惩戒。

专项整治成效突显。联合省反恐办修订寄递渠道反恐防范工作标准。开展寄递渠道涉枪涉爆隐患集中整治、危险化学品清理整顿、涉毒犯罪专项治理、涉烟违法百日专项行动、扫黄打非等工作。联合多部门开展网络市场监管专项行动。省市两级深化部门联动,专项治理长效机制更加稳固。

管理能力不断增强。加强执法监督管理,全面推行"双随机一公开"监管,制定随机抽查实施办法和抽查事项清单,建立检查对象名录库和执法检查人员名录库,进一步健全完善事中事后监管机制。加强政策法规工作指导,受理办结行政复议4起。开展执法案卷和邮政机要通信管理档案评审。完成全省系统执法人员国家邮政局、陕西省行政执法证领证、换证工作。

强化干部队伍建设,贯彻落实国家邮政局党组进一步激励邮政管理系统干部新时代新担当新作为的实施意见,坚持事业为上、人岗相适、以事择人,进一步优化领导班子结构,调整、提拔干部15人。严格执行"凡提四必",强化选人用人监督。全年招录公务员6人,接收军转干部4人。2人获评全国优秀地市局长。汉中局积极探索管局系统与地方干部双向挂职交流新模式。持续提高干部业务素质和工作能力,举办各类业务培训班25次,参培600多人次。

夯实综合管理基础,稳步推进省市邮政业安全中心和县级监管机构组建工作。完成西咸新区邮政、快递企业管辖权调整工作。及时清理调整相关议事协调机构,修订完善请销假、印章管理等制度,编印陕西省邮政管理系统《规章制度汇编》。加强财务监督管理,完成6个市局的财务专项检查。充分发挥新闻宣传引导作用,在《陕西日报》等主流媒体开辟宣传专栏。全省在国家邮政局"一报一刊一网"刊载信息报道217篇,在其他各级各类媒体发表宣传稿件190篇。连续3年获评中国邮政快递报社优秀记者站,连续5年获评优秀特约记者、优秀通讯员。加强保密管理,组织开展保密宣传月活动,完成保密自评自查。开展行业统计专题培训和专项检查,启动第四次全国经济普查邮政业清查和邮政业"三新"(新产业、新业态、新模式)单位核实认定工作。加强政策解读和政务公开,开展法律法规宣传进企业,广泛宣传《快递暂行条例》等法律法规。积极办好重大会议活动,圆满承办全国邮政系统快递末端网点备案培训会、交通战备培训班、邮政行业规划政策培训班等全国性会议,获得各方面高度评价。

三、改革开放40周年

改革开放40年来,陕西省邮政业市场不断规范,市场主体发展活力竞相迸发。邮政业经营规模快速扩张。自1998年全省邮电分营以来,陕西省邮政业从小步慢跑到一路狂奔,发展迅速、增长迅猛。全省邮政业业务收入从1988年的4.82亿元增加到2018年的112.67亿元,增长了22倍。民营快递企业从无到有、从有到强。当前,全省快递品牌已达48家,法人企业485家,分支机构2088个。邮政基础设施不断完善。2015年,全省475个空白乡镇邮政局所全部补建完成并投入运营,首次实现"乡乡设所"。2017年,全省17653个建制村全部实现直接通邮,村村通邮在陕西省变为现实。2018年,全省所有乡镇都设立快递网点,乡镇快递网点覆盖率达到100%。到2018年末,全省邮路总长度16.93万公里、邮政营业网点1805处,农村快递网点3766个,寄递能力大幅提升。快递业异军突起。陕西省快递业从1988年邮政开办国内特快专递业务以来,从涓涓细流到大河奔腾,现已浸润到全省人民生产生活的方方面面。全省快递业务总量由1988年的1.6万件激增至2018年的5.675亿件,年均增速高达41.79%。2018年快递业务收入完成67.31亿元,占邮政业业务收入的59.74%。寄递服务质效不断提升。1978年,邮政寄递主要以函件、信件、包裹等业务为主。当前,"寄递+"项目持续拓展,寄递服务内容日趋丰富,特别是部分快递企业推出大包裹、快运、云仓、供应链解决方案等新产品,冷链生鲜、即时递送、代收代投等个性化服务,进一步满足社会日益增长的多层次和多元化需求。一批行业发展关键性技术加快应用,自动分拣取代人工分拣,电子面单取代传统纸质面单,快递取代"慢递",快递服务时效性和稳定性不断提高。

四、各市(地)主要管理工作概况

西安市邮政管理局在推动行业发展过程中不遗余力,2018年1月2日,西安市人民政府办公厅印发《关于推进农村一二三产业融合发展的实施意见》,明确提出要加强农村物流体系建设,建立健全以县、乡、村三级物流节点为支撑的配送网络体系,支持供销合作社、邮政物流、粮食流通、大型商贸企业等参与农产品批发市场、仓储物流体系建设,加快打造3~5个具有影响力的特色农产品集散中心、价格形成中心、物流加工配送中心。2月,西安顺丰速运联合中铁快运,在西安首次推出到北京、郑州、成都三地"高铁极速达"服务,创新运用"高铁网+快递网"的全新服务模式,大幅提升了陆运快递时效,开启了物流陆运异地次日到达时代。8月15日,西安市政府印发《大西安现代物流业发展规划(2018—2021年)》,指出要以助力"三个经济"发展为指引,立足建设国际物流枢纽城市的战略目标,打造由两大国际物流枢纽港(西安陆港、西安空港)、五大区域枢纽物流园(临潼、泾河新城、沣东新城、鄠邑秦渡、长安引镇)和11个物流中心(新丰、阎良、高陵、经开、秦汉、三桥、周至、高新、航天、灞桥、蓝田)为核心架构的"两港五园十一中心"骨干物流节点体系,强化物流产业集聚发展,促进物流业与现代农业、先进制造业、商贸流通业等相关产业融合联动发展,提升产业物流和消费物流服务效能。12月20日,市政府办公厅印发《关于印发促进中国(西安)跨境电子商务综合试验区发展若干政策的通知》,为邮政业发展提供政策支持,对通过中欧班列、邮政小包等进出口的跨境电子商务货物,按照实际国际物流运费的15%给予补贴,每家企业每年补贴资金总额最高达100万元。

宝鸡市邮政管理局引导寄递企业与电商企业进一步融合,充分挖掘本地特色,做大陕西省特色农产品、手工艺品和特色小吃的网销力度,为服务地方经济发展、助力农民增收和精准脱贫。猕猴桃旺季期间,寄递渠道直接从业人员5000余人。2018年产量60多万吨,预计电商销售额突破14亿元,快递业务量预计完成1500万件,业务收入达到9000万元,带动农业总产值9.9亿元,果农户均增收5000余元。快递和电商融合发展,线上和线下紧密配合,带动网络销售成为猕猴桃销售主渠道,大大增加了果农收入,为该县开辟了"快递+电商+农业"的精准扶贫新模式。

甘肃省快递市场发展及管理情况

一、快递市场总体发展情况

2018年,甘肃省邮政行业业务收入(不包括邮政储蓄银行直接营业收入)累计完成37.3亿元,同比增长17.6%;业务总量累计完成31.1亿元,同比增长16.1%。其中,快递企业业务量累计完成0.9亿件,同比增长23.7%;业务收入累计完成18.9亿元,同比增长27.3%(表7-28)。

表7-28　2018年甘肃省快递服务企业发展情况

指标	单位	2018年12月		比上年同期增长(%)		占全部比例(%)	
		累计	当月	累计	当月	累计	当月
快递业务量	万件	8911.59	863.90	23.74	19.59	100	100
同城	万件	2544.19	245.57	36.96	27.52	28.55	28.43
异地	万件	6362.24	617.89	19.16	16.72	71.39	71.52
国际及港澳台	万件	5.15	0.44	5.36	-3.30	0.06	0.05
快递业务收入	亿元	18.85	1.91	27.29	22.44	100	100
同城	亿元	2.9	0.26	34.69	11.46	15.4	13.72
异地	亿元	9.3	0.95	15.28	20.06	49.32	50.02
国际及港澳台	亿元	0.15	0.01	4.99	12.04	0.80	0.72
其他	亿元	6.5	0.68	46.23	31.34	34.48	35.53

二、行业管理工作及主要成效

党的建设纵深推进。政治思想引领得到强化。坚决维护以习近平同志为核心的党中央权威和集中统一领导，把握"邮政体系是国家战略性基础设施和社会组织系统之一"定位，从政治角度认识其重要性，进一步强化党对邮政行业工作的领导。持续推进"两学一做"学习教育，举办处级领导干部轮训班、辅导会等6期，多次组织党的理论知识测试。召开中国共产党成立97周年表彰大会，组织参观红色教育基地，开展"精读一部书，深究一个理，'三讲三比'大讨论"等主题活动10余次，对系统内23名优秀党员和2个先进支部进行表彰。

基层组织建设得到强化。组织专题调研，协同主管部门落实非公快递企业党建工作，指导组建和理顺基层非公党组织13个，67名党员回归组织，初步构建起"两个全覆盖"组织体系。着力推进支部标准化建设，甘肃省邮政管理局机关"四同步工作法""微学习"等创新举措得到省直机关工委充分肯定；兰州局党员巾帼岗和五四红旗团支部建设、嘉峪关局"快递1+N"志愿服务、金昌局"党建+"模式、白银局"四化手段、四型机关"、张掖局"八个围绕"、武威局党建"四结合"、定西局"三优"创建、平凉局快递员岗位体验主题党日、临夏局青年文明号和青年岗位能手评选、甘南局"两室一柜"标准化管理等工作特色突出。

纪律作风建设得到强化。着力做好巡视"后半篇文章"，完成第一阶段巡视整改任务。在充分准备、认真试点的基础上，完成了对3个市局党组的政治巡察。组织专题警示教育活动，紧盯重要节点及时提醒，防范违纪违规问题反弹回潮。认真贯彻落实中央八项规定精神，开展违规公款吃喝等九个专项治理活动，甘肃省邮政管理局机关培训费、公车运行费和公务接待费分别下降36%、35%和67%。运用监督执纪"四种形态"，函询约谈党组织2个、领导干部4人，给予组织处理3人、纪律处分1人。深入开展"转变作风改善发展环境建设年"活动，畅通局长信箱、公众留言等诉求渠道，走进省广电总台《阳光在线》直播间，回应群众诉求，解决热点问题。

规章制度建设得到强化。坚持问题导向和"严实"标准，以"未巡先改"和巡视整改为契机，将制度建设贯穿于全面从严治党全过程。制定《关于贯彻落实中央八项规定精神的实施细则》，出台《落实党风廉政建设主体责任和监督责任的实施意见》，建立党风廉政建设主体责任提示、廉政风险警示、提醒诫勉谈话、履责情况通报等6项制度，对"三重一大"事项、财务管理、公务接待、公车管理、干部请销假等11项制度进行了补充完善。年内，甘肃省邮政管理局机关制定和完善《党组工作规则》《党组议事规则》等规章制度24项，通过进一步细化量化规矩规则,增强了制度的权威性和可操作性。

行业赋能力度加大。发展环境持续优化。加大《快递暂行条例》宣贯力度,着力推动邮政业发展政策法规落地,14个市州保障快递车辆便捷通行文件全部出齐,省政府和9个市州分别出台推进电子商务与快递物流协同发展意见,省市两级共出台有关邮政业发展文件51部。嘉峪关局为3家快递企业争取政府扶持奖励资金65万元;天水局争取商务部门电商专项补贴资金,一次性流转秦州区电商孵化园场地1.2万平方米,确定2家城乡高效配送试点企业;白银、定西局分获地方政府物流仓储设备、包装箱补贴和邮政培训等政策资金支持。"十三五"规划中的邮政行业主要指标和重点项目达到预期进度,统筹引领作用得到进一步强化。

发展能力持续提升。全省邮政基础设施投资5228万元,翻建整修网点16处、改造县局危旧房3处、更新车辆275辆。兰州、嘉峪关、张掖、定西、酒泉等市州建成快递产业园区26个,入园企业达154家;配置龙门扫码机100多台,扫描巴枪600多台,新增快递分拣线33套,全省分拣流水线超过150条,全国网络型品牌寄递企业省级分拨中心和重点市州处理场所实现自动、半自动分拣设备全覆盖。兰州百世投资270万元引进交叉带式智能分拣系统,日处理能力达到36万件。

发展合力持续集聚。鼓励邮政快递和电子商务企业创新合作模式,大力发掘"一市(地)一品"优势产品,累计培育农特产品项目139个,全年发运以"牛羊菜果薯药"为主导的农特产品1600多万件,带动农产品销售额突破22.9亿元。省商务厅与兰州顺丰签订了战略合作框架协议,成功外寄牛羊肉8.6万件,帮助农民创收2680万元;甘肃中通联合地方政府、网络销售平台共同推动民勤蜜瓜在线销售,发运蜜瓜43万件,销售额3200万元。深入推动快递服务制造业发展,培育天水华天电子、金川公司、兰石重装、白银康视达眼镜等重点服务项目49个,实现业务量650万件,直接服务制造业产值23亿元。

发展理念持续更新。力推绿色快递建设,督促和指导寄递企业推广使用中转箱、环保袋、笼车等物品设备;大力推广应用电子运单,主要品牌快递企业电子运单使用率达到98%以上。重点品牌企业开始分阶段更换和使用环保包装材料,高污染、不可降解塑料包装材料逐步淘汰。兰州新能源厢式配送车辆达到46台;白银、定西等局筹建绿色发展联盟,开展绿色发展课题研究;酒泉局开展"爱心回箱行动",成批引进可降解包装袋;陇南局成规模推广环保型苹果包装袋;甘肃省快递协会发出绿色包装倡议,积极推介节能环保车辆。

惠民服务取得突破。"三不"治理成效突出。持续推进落实"三不"专项治理,全省快递分拨中心和营业网点离地设施铺设率达100%,重点品牌快递企业省级和市州分拨中心装卸伸缩机、转运皮带机、半自动化分拣设备使用比例大幅提升,处理环节"三个无缝对接"作业模式大面积推广,露天分拣、野蛮抛扔、快件着地现象得到有效遏制。全国邮件快件"不着地、不抛件、不摆地摊"治理工作现场会在甘肃召开,"三不"治理甘肃模式面向全国推广。兰州、嘉峪关局积极开展分拨中心规划改造,探索电动三轮车改装升级;白银局率先采用信息化监管手段督促推进,在全省"三不"治理工作中发挥了示范带动作用。

末端服务明显改善。建成快递公共服务站1078个,乡镇快递服务覆盖率达到91%。智能快件箱累计投放量1856组,箱递率提升2.6个百分点。临夏、平凉、甘南快递智能投递工作取得突破性进展;金昌局成功打造快递服务进机关范例。49所高校规范收投成果得以巩固,城区快递网点标准化率达到94%。稳步推进快递末端网点备案管理,在线备案快递末端网点1430个,完成了国家邮政局下达的阶段性任务。

短板弱项逐步补齐。全省新增直接通邮建制村164个,直接通邮率达到98.6%,比上年提高1.1

个百分点;全省首条无人机邮路在陇南文县开通。13个市州实现建制村直接通邮,服务质量持续巩固。深入推进"邮政在乡"工程,深度介入电子商务进农村综合示范工程,积极参与"邮政+特色农产品"项目,累计建成邮乐购站点5085个。持续开展放心消费创建活动,全年共受理有效申诉1086件,为消费者挽回经济损失56.9万元。实施快递员关爱工程,以提升网点标准化水平为抓手,优化快递员作业环境;通过购买意外险、改善住宿条件等措施,增加一线快递员安全感、归属感。

驻村帮扶集中发力。建立驻村帮扶和稳定扶贫长效机制,甘肃省邮政管理局和9个市州局扛起11个深度贫困村帮扶任务,选派8名优秀年轻干部担任驻村扶贫帮扶工作队长,**募集款物96万元投入帮扶项目**,组织7家快递企业开发就业岗位1451个,支持建档立卡贫困劳动力就业脱贫,较好地完成了年度帮扶任务。速尔快递在帮扶村举办"开学季·速尔情"公益捐助活动;省邮政公司、邮政速递、顺丰、京东、圆通、中通、申通、韵达、德邦、百世、联合、天天、国通、优速等企业积极筹措资金,支持马坞镇贫困村植树造林、卫生环境治理。

安全形势稳定向好。安全责任进一步明晰。明确寄递企业9个方面115项主体责任、邮政管理部门5个方面40项监管责任,实行"清单式"管理。印发《甘肃省寄递渠道安全管理领导小组工作要点》,加快推进邮政安全生产领域改革步伐。引导企业依法设置安全生产组织领导机构和管理机构,健全企业安全责任体系,完善培训、检查、执法、考核制度,落实企业法人代表对本企业安全生产工作的全面责任。狠抓"三项制度"落实,实现了收寄验视责任可溯,实名收寄率保持在99%左右,通过安检环节查堵禁寄物品176件。

协作机制进一步健全。充分发挥同公安、国安、综治等部门联动机制,开展联合检查60余次,检查寄递企业网点4875个,查堵管制刀具、枪支配件等禁寄物品277件;协助公安部门查获毒品案件34起,查缴各类毒品47.1公斤,麻古5万粒。公安、国安等部门专家多次为邮政管理干部和行业从业人员作禁毒、反恐、涉枪涉爆知识辅导。配合省烟草、公安、交通等部门建立物流寄递环节打击涉烟违法犯罪协作机制,查获假私烟草73.5万支,涉案金额900余万元;配合省工商、发改委、工信等11个部门共同维护网络市场秩序,营造公平有序消费环境。天水局应用协同监管平台开展跨部门"双随机"检查取得实效。甘肃省邮政管理局获得综治平安建设、反恐、禁毒、防范处理邪教工作先进单位。

保障能力进一步增强。圆满完成全国两会、中非合作论坛北京峰会、进博会等重点时段寄递渠道安保任务,有力保障主场举办的第三届敦煌(国际)文化博览会寄递渠道安全服务工作。"双11"期间,全省共处理进出口快件2516万件,最高单日处理量突破300万件;在业务量同比增长59.9%的情况下,有效保障了全行业安全、平稳、顺畅运行,赢得了社会赞誉。积极稳妥处置某全国网络型快递企业停网事件,有效化解了不稳定因素。强化汛期寄递服务与安全保障,在百年一遇的大汛面前,维护了群众生命财产安全和行业生产服务秩序。

治理水平大幅提升。依法行政效能有新提高。加快"最多跑一次"改革步伐,提升行政审批信息化应用水平。全年通过邮政普遍服务行政审批系统完成行政审批5件、行政备案65件;办理法人快递企业许可审批事项61家,分支机构备案审批事项84件,核准变更申请事项549起,完成年报审核147家,注销许可企业3家,快递许可平均办结时限控制在10个工作日内。

快递市场监管有新成效。继续落实"三张清单"、随机抽查细则等制度规定,累计开展执法检查8860人次,查处各类违法违规行为552起,责令整改452份,行政约谈148起,关停营业网点8处,行政处罚93起,罚款金额33万余元。针对执法人员不足的问题,积极探索市州间跨区域联合执法和交叉检查,嘉峪关、酒泉和张掖,武威和金昌,甘南和临夏等邻近市州联合开展了"双随机"检查并取得明显成效。举办执法专题培训班2期,执法人员的执法能力和业务水平得到全面提升。扎实开展快递业信用体系建设工作,推进信用管理信息系统应用。各市州均成立快递业信用评定委员会,快递信用等级评定工作有序展开。

监管能力日臻充实。队伍建设坚强有力。全面加强领导班子建设,甘肃省邮政管理局党组班子正式配齐,市州局党组成员配备工作全面启动;1名优秀市(地)局长受到国家邮政局表彰,2名市局主要负责人交流任职,评选出4个"好班子"。开展邮政管理队伍建设专题调研,制定加强队伍建设"六项措施",组织开展"迎接新时代、技能显风采、岗位建新功"主题活动,注重以真挚关怀感召人,以贴心实事温暖人,以更宽平台锻炼人,激发干部内在动力。接收军转干部4人,交流2名干部到甘肃省邮政管理局挂职锻炼。定西局从地方争取优秀年轻挂职干部6名,金昌局从地方争取优秀年轻挂职干部1名。

监管体系更趋完善。敦煌邮政管理局挂牌运行。与公安、交通等部门协作机制日趋完善,陇南、甘南、定西、白银探索建立县乡延伸监管工作机制,构建责任共担、利益共享的监管服务体系。规范和组建市级协会10个,实现"朋友圈"向外拓展、"服务面"向下延伸。充分发挥社会监督效力,组织全省邮政特邀监督员培训,全年监督邮政、快递网点2528个,开展社会监督活动2302次;加强社会监督工作调研,庆阳、嘉峪关、张掖等地监督员在《邮政社会监督信息》等媒体发表监督信息38篇。

综合管理有新成效。全面完成市州局公务用车改革,及时兑现车改补贴。加强财务内控制度建设,清查盘点固定资产,严控支出标准和支出范围,确保预算开支依法合规。推进政务内外网建设,视频会商系统投入运行,网站管理水平稳步提升。完成邮政史志编纂阶段性任务,甘肃省邮政管理局机关实现档案规范化整理和数字化管理。组织精神文明创建暨新闻宣传培训和"快递杯"篮球赛,甘肃省邮政管理局和10个市州局机关获评文明单位,甘南局晋级甘肃省文明单位,嘉峪关韵达宋玉凤晋级第三届全国"最美快递员"10强,甘肃优速快递王小敏获评十大"陇人骄子"。新闻宣传工作得到重视,省内主流媒体对邮政行业正面报道力度持续加大,国家邮政局"一报一刊一网"采用甘肃省稿件160余篇。

三、改革开放40周年

2018年是改革开放40周年。40年来,从"邮电通信是社会生产力"的理论判断到"经济振兴邮电先行"的重大实践,从邮电分营邮政扭亏的励精图治到政企分开改革主业的不倦探索,从传统业务的持续低迷到快递服务的异军突起,从完善省级以下邮政监管体制到深化"放管服"改革,邮政业服务国家重大战略、基础先导作用充分释放,发展质量效益实现飞跃、公共服务能力水平大幅提升,营商环境持续优化、市场主体迅速成长,我们共同见证了邮政业翻天覆地的变化。成绩来之不易,我们必须倍加珍惜;经验弥足珍贵,我们必须牢牢把握。在邮政行业发展和邮政管理实践中,我们必须始终坚持党的领导,牢牢把握正确政治方向;必须坚持人民邮政为人民,更好满足人民用邮需要;必须坚持以发展为第一要务,在服务大局中加快发展;必须坚持改革创新、扩大开放,不断增强邮政业发展新动能;必须坚持社会主义市场经济改革方向,发挥好政府与市场的优势。

四、各市(地)主要管理工作概况

白银市邮政管理局在精准管理上发力,创新"管局监管+协会自治+企业自律"的新型工作机制,县区一级行业自治成效明显。推动成立非公党支部,发挥政治引领作用。2018年7月31日,经中共白银市社会组织委员会批复,中共白银市快递协会党支部正式成立。立足市情，强化组织领导，认真谋划部署，以科技引领监管，加大执法力度，充分调动企业的工作积极性，在全行业营造了落实"三不"治理工作要求的良好氛围，在全国邮件快件"三不"治理工作现场会上做了经验交流发言。全市邮(快)件分拣处理场所均已100%铺设离地设施，全市邮(快)件处理场所、营业网点共配备笼车338个、隔离托盘541个、隔离垫125个、中转箱63个、分拣框173个、货架403个，营业网点配备快件离地设施配置率达95%以上，有效解决了快件着地的问题。全市已购置分拣自动扫描仪企业3家，分拣速度提升30%；已购置传送带企业10家，购置爬坡机企业10家，传送带长度共计300米，实现了运输、装卸和分拣等环节的无缝衔接，邮(快)件抛扔现象明显减少。推动部分规模以上品牌企业入驻市、县各级物流园区，建立城市社区末端投递网点52个，在全市唯一一所大中专院校建立快递综合代投点1处，"摆地摊"现象几乎杜绝。

武威市邮政管理局组织开展快递营业网点星级评定工作，研究制定了《武威市星级快递营业网点考评办法》和《武威市星级快递营业网点动态管理办法》，并与各快递公司签订了标准化建设责任书，明确了各企业标准化建设的目标任务。在企业进园区工作取得显著成效。市邮政公司、"四通一达"、顺丰、天天等8家企业集体入驻金沙物流园区，占地22000平方米，建成了集仓储、办公、生活配套、快递分拨于一体的高标准、现代化综合快递园区。实施邮快合作项目，推进快递下乡工程。组织邮政、快递企业积极探索，结合实际，制定邮快合作实施方案，着力提升邮政、快递末端服务水平，补齐发展短板，降低流通成本，服务农村经济发展，振兴乡村经济，助力精准扶贫。

张掖市邮政管理局积极服务"乡村振兴战略"。采取政府引导、企业主导、品牌整合、邮快合作、交邮合作等方式，推动"快递下乡"工程换挡升级，55个乡镇开通快递服务，覆盖率达到91.7%；积极培育临泽小枣、民乐大蒜、肃南牦牛肉、山丹羊肉、高台辣子、甘州金花寨小米、金祁连乳液等快递服务现代农业项目，累计业务量33.6万件，业务收入436.8万元。不断提升快递园区安全管理水平。投入2万余元，统一在快递园区悬挂安全生产标语，制作安全宣传栏，公示安全生产版面8块；督促优速、品骏、安能3家企业分拨中心入驻园区，入驻企业已达8家；初步建成视频监控平台，将园区各品牌企业分拨中心视频统一接入邮政管理局实时监控。持续推进"三项制度"落实。督促寄递企业新购置X光机6台，总量达到12台，督促未配备的企业委托第三方安检；全面推进实名收寄信息系统录入，开展专题培训7场次，督导检查3轮，专题约谈3次，全市实名率不断提升。快递行业信用体系初步建立。成立首届递业信用评定委员会，讨论通过了工作方案和考核办法，快递信用体系建设取得实质性进展。

定西市邮政管理局力促行业发展能力不断提升。全市乡镇末端网点336个，建成乡镇快递驿站示范点93个，快递网点乡镇覆盖率达到91.5%。全市建制村已实现全面通邮，制定实施了《定西市建制村通邮质量提升方案》，切实巩固提升建制村直接通邮水平。围绕打造行业扶贫样板的发展定位，借助定西市"快递服务现代农业示范基地"品牌，充分挖掘"一地一品"寄递示范项目，不断探索实践"邮政快递+线上线下+道地产品、集散产品、精深加工产品"等具体发展模式，积极推进邮政快递助力牛、羊、菜、果、药、薯、种、金银花、鲜切花、食用菌、小杂粮等系列农特产品外销，助推精准脱贫，通过产寄快递、拼装运输、零担货运出港经济商品价值10亿元。行业精神文明建设成果丰硕。市邮政管理局以争创省级文明单位为契机，以争创"优秀工作团队、优美工作环境、优良工作格局"为目标，继续实施全市邮政行业精神文明建设"125"行动，积极开展"文明行业""青年文明号""工人先锋号""最美创业能手""最美创新集体""最美快递员""最美家庭""最美定西人"等系列行业精神文明建设活动,全行业总计涌现出411个先进集体和先进个人。

庆阳市邮政管理局进一步推进行业精神文明建设,创建区级"文明单位"通过验收,成功举办了"最美快递员"评选、"申通杯"篮球赛、旺季保障送温暖活动。各快递企业积极投身社会公益事业,庆阳圆通开展了送"腊八粥"爱心活动,庆阳申通参与了秋沟小学爱心捐赠活动,张小春物流长期赞助"爱心协会",产生了良好的社会影响。在快递园区建设方面取得新进展。2018年,全市快递园区共计3个,均为县级园区。园区累计快递业务量达到169.5万件,同比增长15%。入驻企业年营业收入达到432万元,同比增长11%。入驻企业营业利润达到108万元,同比增长8%。全年投资额达到155万元,同比增长9%。入驻企业固定资产投资达到138万元,同比增长8%。园区入驻快递企业44家,解决就业123人,全年共上缴税收63.5万元。助农先导作用发挥明显,引导企业持续加大农特产品推介、包装、销售力度。全年通过农村电商、"互联网+"等多种合作模式,寄递农特产品70.61万件,其中寄递苹果49.9万件、寄递羊肉4.85万件、白瓜子4.8万、寄递杂粮4.31万件、黄花菜、杏子、土鸡蛋、核桃等其他农特产品6.75万件,累计带动农民增收5000万元以上。顺丰环县羊肉寄递销售经验在全省进行推广。政府加大快递企业补贴力度。庆阳市环县人民政府与环县圆通、中通、韵达三家快递企业签订长期合作协议,每年给予每家协议企业4.5万元政府补贴,快递公司对电商企业及从业者提供3+1(3元首重3公斤+续重每公斤1元)的最低价格,降低电商物流成本。

金昌市邮政管理局引导快递企业加强与电子商务、制造业联动发展,鼓励培育"快递+农业、快递+制造业"项目,寄递工业产品2.07万件,完成业务收入100.16万元,服务的制造业累计产值1028.65万元;带动当地羊肉、藜麦、馍馍、蜜瓜、洋葱等农特产品出口31.9万件,直接实现快递业务收入797.5万元,产值1952.2万元。改善投递员(快递员)工作环境的落实举措,组织快递企业与保险公司洽谈,引导主要品牌快递企业为一线揽投员工办理了人身意外险、第三者责任险340余份,不断改善了快递员工作环境;适时发布防暑急救、冰冻天气行车指南和旺季温馨提示等实用信息,有效保障了快递人员运输快件的安全;建立应急处理机制,发现情况及时处理。建立24小时值班制度,保障信息联络畅通,完善应急处理预案,建立应急处理机制,一旦发生安全生产事故,要求企业立即准确上报,及时启动应急处理,确保人员安全。提高快递包装绿色化、减量化水平的落实举措。在金昌广播电视台、《金昌日报》和市局官方网站上发布《使用绿色包材倡议书》,倡导消费者包装减量化,引导企业在营业网点设置包装回收站,提高包装回收使用率;督促寄递企业加快车辆改造,积极换新配备电动三轮车;提高电子面单使用率。持续推进企业使用电子面单,金昌市电子面单使用率达98%,已基本替代原有纸质面单。推进重点工程落地实施。金昌市12个乡镇都设立了快递网点,乡镇网点覆盖率达到100%。督导市县邮政、快递企业搭载小区超市、小卖部等建立综合服务平台,已建成453个,其中市区272个,永昌县114个,河西堡37个,有效解决了邮件"最后一公里"难题。落实"上车"工程,为缩短邮件、快件运输时限,提高投递效率,全市22家寄递企业全部实现"上车"。

甘南藏族自治州邮政管理局积极向州委、州政府及相关部门汇报沟通,投资总额达2.1亿元的甘南州邮政业"十三五"规划分别被纳入甘南州交通运输"十三五"规划及甘南州国民经济和社会发展"十三五"规划之中,并正式发布实施。统筹电子商务进农村示范项目,完成了合作、临潭、夏河3县市邮快件处理中心,共入驻快递企业18家。园区内使用半自动分拣设备8套,园区共解决就业80余人,日均处理量4万件。推进快递下乡项目,全州95个乡镇中已建立乡镇快递网点75

个，覆盖乡镇 72 个，覆盖率 75.8%，邮政 EMS 乡镇网点覆盖率达到 100%。推动智能信包箱建设力度，积极搭建邮政企业与信包箱运营商合作沟通平台，鼓励推广使用智能信包箱。2018 年全州新增智能快件箱 11 组，建成校园快递超市 2 个，城区设立快递公共服务站点 4 个。大力推进邮政业贯彻落实"绿色发展理念"，提高电子面单的使用率，申通、元通、顺丰、百世等品牌电子面单使用率为 100%，总体电子面单使用率达 90% 以上。引导邮政快递企业积极服务地方经济发展，鼓励寄递企业与电子商务企业、农牧业、制造业的深度合作，支持企业开发和培育特色寄递项目，累计完成牛羊肉、虫草、毛绒制品等特色农畜产品寄递业务量 1.92 万件，实现寄递业务收入 60.38 万元，实现产值 1723.68 万元。全州实名收寄信息系统应用工作已覆盖所有邮政快递企业营业网点，手机 App 应用率 100%，实名率达 100%；配置 X 光机 40 台，比上年新增 20 台，7 县 1 市邮政分公司均配备安装了安检机，全州寄递企业安装监控设备 175 处，全州邮政营业网点监控实现全覆盖。

嘉峪关市邮政管理局推动园区建设，立足企业实际，推动入园工作。项目已经市发展改革委备案，园区建成面积 3 万平方米，其中快递企业使用 2 万平方米，9 家企业入驻。推动金翼纳入市国际港务区规划，全年为金翼争取做大做强、孵化、就业培训资金共 45 万元。2018 年 9 月，嘉峪关市金翼城乡电商快递物流集散中心荣获第四届西部物流百强企业。与公安、交警协调，2018 年 2 月联合市交警支队出台《关于加强我市快递电动三轮车安全管理的通知》，率先明确"车型、标识、挂牌、办证"四统一和通行、停靠权利，由协会实施挂牌登记。全年淘汰不合格车辆 75 台，新增车辆 116 台，对 276 台车辆进行编号管理，挂牌率达 98%。为 276 台挂牌车辆办理人车综合险，缴纳保费 8.4 万元。与房管部门沟通协调达成统一意见，为规范化快递车辆进机关、进小区投递快件提供通行、临时停车等便利服务，切实解决末端投递难题。

平凉市邮政管理局深入推进"寄递+特色农产品"项目建设，农特产品邮快件突破 110 万件，带动当地农特产品销售 6000 余吨，销售额突破 8800 多万元。进一步规范快递三轮车管理，按照市邮政管理局、公安局、交通局《加强和改进全市邮政、快递电动三轮车规范管理工作的实施方案》开展规范管理相关工作，通过有力的推动和组织协调，全市快递三轮车规范化管理取得新进展，崆峒区 200 余名快递员取得三轮车驾驶员 D 照资格，212 辆快递三轮车实现了统一挂牌。

酒泉市邮政管理局经过与市上多个部门密切沟通、主动汇报、积极争取，市委、市政府在出台的《关于进一步支持非公有制经济发展的意见》（酒发〔2018〕82 号）中，在快递物流服务体系构建、快递服务车辆通行便利以及快递农村网点运营补贴等方面用一个独立章节对快递行业给予保障，提供了充足的政策支持。联合市交通局、市公安局交警支队印发了《关于规范快递专用电动三轮车管理工作的意见》，明确了快递车辆通行、停靠等问题，并在登记管理、安全教育、执法监督及权益保障等方面为快递专用电动三轮车提出了一系列政策保障。鼓励引导酒泉"三通一达"等主要快递企业购置土地自建园区，园区建设计划总占地面积 48 亩，计划投资 2000 万元。围绕"一地一品、一市一品"工作思路，着眼于"敦煌李广杏""玉门人参果""瓜州蜜瓜""阿克塞肃北牛羊肉"等优质农特产品，提前谋划，对"邮政快递+敦煌李广杏"寄递项目进行重点培育实施，制定下发了宣传推介实施方案，同时邀请酒泉市电视台连续两年拍摄制作并播出专题片《快递：让李广杏走进千家万户》《邮政快递缔造新鲜美味》，并采取新闻报道、媒体推广等措施加大宣传推介力度，有效提高了邮政快递寄递农特产品的影响力。同时引导支持邮政快递企业主动作为，创新增收方式，改良产品包装，缩短寄递时限，构建农产品快递网络，经过市局协调助推使农产品寄递时限进一步缩短，损毁率进一步降低。据统计，2018 年邮政快递企业寄递各类农产品547吨,实现农民收入992万元,业务收入631万元,实现了农户和企业共赢。坚持绿色发展理念,积极开展"爱心回箱行动"。通过在快递网点张贴倡议书、酒泉电视台微信公众号转发推送等方式大力宣传造势,利用全国低碳日、节能环保周、"美丽中国"公益广告,组织开展形式多样的绿色包装主题宣传活动,组织干部职工走上街头广泛宣传,大力倡导用户在收到快递包裹后,将包装物赠送给快递员,并呼吁用户将家中七成以上新的纸箱或者泡沫板,赠送给快递网点或者快递员,让资源二次利用。多次召开会议推广应用轻装箱、窄胶带、电子面单和可循环使用的包装箱,逐步推进包装材料减量化和再利用。全市快递企业已共回收纸箱近万个,回收泡沫板超过2000张,全市主要快递品牌已经在企业内部推广使用电子运单,基本取代了纸质面单。2018年由菜鸟网络联合阿里巴巴基金会与"四通一达"、天天六家快递企业,在酒泉市敦煌市隆重召开了"续梦敦煌 绿色之路"敦煌绿林发布会。会上"四通一达"和天天快递总部向敦煌本地快递企业赠送20万个可降解的绿色包裹,绿色包装袋已经全部拨付并投入使用,行业绿色发展氛围更加浓厚。

青海省快递市场发展及管理情况

一、快递市场总体发展情况

2018年,青海省邮政行业业务收入(不包括邮政储蓄银行直接营业收入)累计完成9.2亿元,同比增长15.1%;业务总量累计完成7.2亿元,同比增长18.9%。其中,快递企业业务量累计完成1.9亿件,同比增长30.9%;业务收入累计完成4.8亿元,同比增长23.3%(表7-29)。

表7-29 2018年青海省快递服务企业发展情况

指标	单位	2018年12月		比上年同期增长(%)		占全部比例(%)	
		累计	当月	累计	当月	累计	当月
快递业务量	万件	1897.17	212.70	30.87	46.46	100.00	100.00
同城	万件	528.26	75.00	47.33	109.00	27.84	35.26
异地	万件	1368.26	137.65	25.47	25.95	72.12	64.71
国际及港澳台	万件	0.65	0.06	2.61	-2.38	0.03	0.03
快递业务收入	亿元	4.79	0.47	23.28	19.70	100.00	100.00
同城	亿元	0.61	0.06	23.93	22.79	12.79	12.01
异地	亿元	2.75	0.28	26.25	26.54	57.49	59.91
国际及港澳台	亿元	0.03	0.00	16.44	19.07	0.61	0.62
其他	亿元	1.39	0.13	17.67	6.03	29.10	27.46

二、行业管理工作及主要成效

自身建设不断加强。夯实思想建设根基。坚持以党的政治建设为统领,深入学习贯彻习近平新时代中国特色社会主义思想和党的十九大精神,全面落实"两个责任",持续推进"两学一做"学习教育制度化常态化,通过开展讲党课、专题辅导、交流研讨、演讲比赛、知识测试、召开民主生活会和组织生活会等形式,切实加强思想理论武装,提升政治理论水平。加强基层组织建设。认真贯彻落实《中国共产党支部工作条例(试行)》,严格执行"三重一大"集体决策制度,修订完善青海省邮政管理局党组工作规则,充分发挥集体领导作用。进一步加强党的基层组织建设和党员教育管理,加强组织生活规范化、制度化建设。成立非公企业党支部一个,西宁局和海东局成立快递企业工会,玉树、海北、海东组织最美投递员评选活动,加强行业精神文明建设,积极推广"4S"价值理念。推进党风廉政建设。深入贯彻落实中央八项规定及其实施细则精神,查摆纠治形式主义、官僚主义"十种表现",狠抓日常教育提醒、监督检查,组织集体廉政谈话,扎实开展违规公款吃喝等九个专项治理工作。启动全系统巡察工作,组织召开警示教育大会,参观警示教育基地、观看警示教育电影等方式加强党风廉政宣传教育,做到警钟长鸣,不断推动全面从严治党向纵深发展。突出抓好干部队伍建设。大力弘扬"新青海精神",加大干部队伍培养储备,组织推荐优秀年轻干部,开展领导干部、公务员交流挂职。举办各类培训班,全面提升全系统干部队伍的能力素质,为邮政管理工作提供人才保障。扎实做好定点扶贫工作。选派经验丰富、作风务实的优秀干部进驻扶贫点开展精准扶贫,通过精准施策、攻坚克难,定点帮扶的循化县积石镇西沟村已脱贫出列,推动泽库县多禾茂乡曲玛日村按期完成脱贫目标,组织党员干部开展"一对一"结对帮扶,圆满完成地方政府交付的政治任务。

行业发展稳中有进。不断壮大市场规模,全省邮政普遍服务网点数达 457 个,村邮站 513 个,邮乐购站点 1157 个;省级注册及备案快递企业 39 家,分支机构 488 个,末端网点 198 个,快递末端综合服务站 234 个,设置智能快件箱 363 组、格口 3068 个,区域分布主要集中在西宁市。全省从业人员已达 7735 人,运输投递车辆达 4200 辆,邮件处理中心、快件分拨中心达 22 处,业务收入超千万元的快递企业已达 8 家,业务量超百万件的快递企业达到 6 家,本地自主快递服务品牌 3 家,寄递服务网络逐步健全完善,基础服务能力进一步增强。着力推动转型升级,大力推进集约化发展,鼓励引导中通等 6 家快递企业入驻青海省贵强快递物流园区,切实发挥园区"集聚效应"。主要品牌企业基本实现自动化分拣,邮政、京东无人机投递试飞成功,新能源汽车投入使用,App 应用大规模推广,邮件、快件全程时限监控系统实现全流程信息化跟踪,标志着新技术、新装备在行业的探索和应用,开启了"智慧邮政"建设新时代,营业网点功能改造趋于合理,服务区域布局更加完善,全行业发展质效显著提升。快递服务水平稳中有升。稳步推进城市快递网点标准化建设,标准化快递网点 421 个,标准化率 86.27%,较去年提高 16.27 个百分点,快递网点的"城市形象"不断提升。海北、果洛、玉树州已推动实现 100% 建设目标。深入推进快递进社区、进校园、进机关、进景区、进园区、进商场、进企业,投递服务"最后一百米"取得新成效,快递普惠化水平明显提升。

民生实事卓有成效。全省 4139 个建制村全部实现直接通邮,提前一年完成"十三五"期间建制村直接通邮全覆盖目标。快递下乡稳步推进。鼓励引导快递企业通过自建网点、快邮合作、交快合作、快快协作等方式,延伸服务网络,快递网点已覆盖全省 210 个乡镇,覆盖率达 57.53%,较去年底提高近 12 个百分点。建成农村快递公共取送点 120 个,进一步畅通了工业品下乡、农产品进城渠道。积极服务乡村振兴战略。大力开发和培育服务现代农业项目 23 个,深入推进"一市一品"农特产品进城示范项目,发展精品项目 9 个。协调建成 42 个县级邮乐地方馆,带动农特产品进城配送量 584.81 吨,带动包裹业务量 28.25 万件,带动贫困县近万名农民增收 75.4 万元,邮政业服务"三农"能力增强。海南局推动的"共和模式"发挥了以点带面的积极作用。大力推进放心消费工程。持续开展不着地、不抛扔、不摆地摊"三不"专项治理,着力保障用邮群众利益,不断提升行业服务形象,全省快递网点离地设备铺设率达 92.42%。委托第三方开展邮快件时限、用户满意度调查,加强对邮政普遍服务和特殊服务、快递服务、邮票发行、机要通信服务等监督检查。认真受理消费者维权申诉3170件，妥善处理有效申诉158件，消费者对我省邮政业申诉中心调解工作满意度为100%。着力夯实安全生产基础。全面落实关于推进邮政业安全生产领域改革发展的指导意见，建立健全安全生产主体责任清单，全面落实"三项制度"，充分发挥寄递渠道安全管理领导机制作用，积极配合有关部门开展反恐禁毒、涉枪涉爆、"扫黄打非"、危化品整治、非洲猪瘟疫情防控等专项行动。大力推广实名收寄系统信息化应用水平，实名信息化率稳定在99%以上，积极筹措1600余万元资金配备安检机201台，初步形成收寄过程可追溯、违法寄递可追究、出县邮快件应检必检的良好局面。圆满完成重要时间节点寄递安全服务保障及国通、快捷停网应急处置工作。逐步提高绿色发展水平。大力推进快递包装绿色化、减量化、可循环，积极推广使用纤维中转袋、可降解胶带、笼车、封包机等，推动三江源地区"环保主题邮局""青藏绿色驿站""环保专用邮箱"建设，打造"绿色环保邮路"等，海北局、海东局联合环保部门共同"发声"，倡导绿色快递理念和包装材料二次利用，全省主要快递品牌电子运单使用率达82%，"绿色邮政"建设步伐加快。投递员权益保障有效落实。深入实施关爱工程，积极引导企业加强内部管理，加强从业人员权益保障，遏制"以罚代管"行为，督促企业为从业人员缴纳社会保险或购买商业保险，参保率达56.21%，从业人员合法权益得到有效保障。深入开展评选表彰"最美投递员"、职业技能竞赛、"送法上门"等活动，引导从业人员提升自身职业技能水平和法律素养，不断激发干事创业活力和创造力。

发展环境不断优化。政策引导成效初步显现，推动出台《青海省人民政府办公厅关于推进电子商务与快递物流协同发展的实施意见》等政策文件，积极争取落实各级政府资金1483.1万元，其中服务业发展引导资金112万元，免收高速公路通行费632万元，建制村直接通邮和村邮站建设补助资金700万元，安全监管信息化补助资金9.9万元，电商协同发展资金29.2万元，行业发展扶持力度持续加大，发展活力不断释放。产业协同融合发展，按照"打通上下游、拓展产业链、画大同心圆、构建生态圈"工作思路，积极稳妥推动与电子商务、现代农牧业、先进制造业、旅游业的协同发展，融入综合交通运输体系，与关联产业逐步实现对接。探索"商贸+互联网+快递物流"融合发展新模式，建立县、乡、村三级快递配送体系，实现省内电商包裹48小时配送到户。积极开发冬虫夏草、牛羊肉、黑枸杞、藜麦等地方特色产品寄递业务，通过冷链运输带动农畜产品走向全国，实现"出村进城上餐桌"。推广"订单末端"配送模式和"仓储+配送"一体化模式，服务支撑制造业年产值达4782.47万元，带动增加快递业务量12.76万件。创新"旅游+邮政"服务模式，服务好"景点、旅客、政府、商户"4类重点客群，建成8个主题邮局，设置景区快递服务代办点，满足旅游、特色文化的寄递服务需求。海西局推动"公铁航"多式联运取得突破。

"放管服"改革不断深化。优化行政审批事项，不断下放审批权限、精简审批流程、压缩审批时限，优化行政许可与备案管理，实现审批时限压缩一半，末端服务网点备案办结时间缩短至1.4天。推进"互联网+政务服务"，基本实现全流程网上办理和"一门、一次、一网"要求，扎实开展证明事项清理，真正实现让数据多跑路、让企业少跑腿。积极推进信用体系建设，加强事中事后监管，加快构建以信用为核心的新型市场监管体制，健全完善守信激励和失信惩戒制度，大力营造公平诚信的市场环境，扎实开展"诚信快递、你我同行""3·15""世界邮政日"等主题宣传活动，完成快递市场主体名录库清理工作，组建全省快递业信用评定委员会，实现与"信用青海"平台的互联互通，加大"双公示"数据公开力度。提升行业治理能力水平。坚持依法治邮，大力实施"双随机、一公开"监管机制，着力构建"政府监管、行业自律、社会监督"三位一体的监管格局。根据《国家邮政局关于开展中央巡视移交邮政普遍服务问题专项整改的通知》要求，召开专题会议，安排部署专项整治工作，并取得初步成效。全年共出动执法人员3244人次，检查单位1612个，开展市场随机抽查120次，查纠各类违法违规行为276起，作出行政处罚24起。发挥邮政社会特邀监督员的积极作用，全年共开展社会监督1591人次，反馈监督报告930份，走访用户1856人，监督邮政网点1257个，不断健全完善季度通报制度，督促企业抓好整改落实。

三、改革开放40周年

青海快递伴随着经济社会的蓬勃发展而迅速发展、异军突起，成为邮政业不可忽视的一种新业态。20世纪80年代后期，邮政业放开了快递业市场，民营和外资的快递企业也逐渐发展、壮大起来。目前，国有、外资和民营快递企业多元共存、相互竞争的市场格局已经形成。青海快递服务由于起步晚，受地方经济及人口所限，发展速度和市场规模远低于全国平均水平，但由于作为一项适应市场经济高速度、快节奏的新业务，快递业务一经推出就得到较快发展，市场规模不断扩大。在青海省邮政管理局积极引导下，优质成熟快递企业纷纷进驻青海，快递企业逐步向市(州)、县、乡镇拓展服务网络，提高网络覆盖率和稳定性。创新运行机制，推动功能整合和服务延伸，融入产业链、供应链和服务链，加快向综合型快递物流运营商转型。快递企业逐步使用跟踪查询、自动分拣、手持终端设备、邮件安全检测等先进技术设备，提升服务能力。充分利用铁路、民航、公路综合交通运输平台，提高运营效率，降低运营成本。引导企业转变竞争方式，由偏重价格竞争向服务品质竞争转变，提升服务品质，打造服务品牌。从2008年起，快递市场规模呈迅猛发展态势，业务量由2008年的165.8万件，增长到2018年的1897.17万件，增长11.4倍，年均增长27.6%。经营主体不断增加，自2009年首家快递公司注册成立，截至2018年12月，全省注册及备案快递企业39家（备案直营分支机构7家，省内许可企业32家；国有企业5家，民营企业34家；直营企业13家，加盟企业21家，省内自营企业5家），服务网点由14个增加到488个，服务网络持续拓展，深入推动快递"向西、向下"服务拓展工程，鼓励快递企业加强农牧区自营网点建设，提高网点的覆盖率和稳定性，快递服务网络由集中于西宁拓展到市州覆盖率100%，乡镇覆盖率57.53%，推动快递普惠民生和转型升级，促进农村流通现代化。运输、投递能力明显提高，快递服务车辆达2700余辆。从业人由80人员增加到4600余人，充分发挥了快递业在吸纳就业的积极作用，以创业促进就业。快递服务已广泛和深入地渗透到生产、流通、消费各个领域，在增强国民经济发展活力，提高资源配置效率，带动创新就业等方面，发挥了不可替代的重要作用，展现出广阔的发展前景。

四、各市（地）主要管理工作概况

西宁市邮政管理局严格按照国家邮政局、省邮政管理局安排部署，积极推广实名收寄系统应用工作，全市实现邮件、快件实名收寄信息化推广应用全覆盖，每日平均信息化率稳定在99.7%以上。与西宁市总工会沟通联动，成立了西宁市非公快递企业工会，快递员权益保障工作开启新阶段。促进智能包裹柜建设及共享运行，在邮政管理部门的积极协调下，西宁市邮政分公司和西宁苏宁物流有限公司分别与顺丰、申通、圆通、韵达等9家快递企业举行签约仪式，签订"智能包裹柜共享运行"合作协议，进一步深化了"快邮合作"，推动西宁市末端投递资源共享运行。

海东市邮政管理局联合当地环境保护局发出《绿色快递倡议书》，引导寄递企业和广大消费者践行绿色快递理念，进一步促进快递包装减量化、绿色化建设。联合海东市总工会联合印发《关于在全市快递行业建立工会组织暨组织全市快递从业者加入工会的通知》，积极推进全市快递企业组建联合工会工作，切实维护快递业从业者的合法权益。与团市委联合开展"驿梦行"项目。作为主要政府参与代表共同成立项目组，为海东大学生提供就业实践以及宣传指引，为项目运行信誉保证。

海西州邮政管理局推动辖区顺丰速运快件搭上开往西宁的列车，实现公路、航空、铁路运输无缝衔接，标志着海西州快递"公铁航"多式联运模式初步形成、开花结果。联合州公安局交通警察支队举行快递车辆通行专用标识发放仪式，为通过备案登记的快递车辆核发"海西快递"专用标识；联合公安局交警支队举办快递车辆规范管理培训班，引导快递企业逐步规范用车。

海北州邮政管理局切实结合海北州实际，多方位深层次推进了行业精神文明建设，取得了显著成效。其中，将能力建设作为从业前提，联合州总工会共同举办的第二届邮政快递行业职业技能竞赛。通过选手间的激烈竞争，使从业人员能够更准确熟练地开展各项业务，培养更多品德高尚、技术精湛的人才，提高整体服务水平。发掘宣传"最美快递员"正能量，在两届海北州"最美快递员"评选表彰的基础上，进一步在行业内发出了向"最美快递员"学习的号召，引导广大寄递行业从业人员看齐标杆，充分展现了新时期快递员立足岗位、诚实守信、服务民生、奉献社会的精神面貌。将行业争先创优融入日常，相继开展了法律法规知识竞赛、职业技能大赛、"诚信快递"评选及快递企业标准化建设示范网点评选等活动，鼓励各企业从各个方面凝聚更多力量开展行业间的争先创优，为行业综合能力提升注入了一支"强心剂"。以"绿色快递"倡导勤俭节约，联合州环境保护局向全州邮政、快递企业及广大用邮群众发出了《绿色快递倡议书》。号召齐心协力减少快递耗材资源浪费，并通过门户网站、地方新媒、报纸夹投等方式发放《绿色快递倡议书》，社会响应强烈。同时，正在努力与海北州电视台筹备"绿色快递"公益广告。

海南州邮政管理局引导企业寻机发力，快递企业助力农特产品进城。指导鼓励贵南中通大胆尝试，融合中通、圆通、联合三个品牌创新经营，全力打造乡村"快递超市"模式，在贵南县推出全州首个快递超市——聚丰快递超市。此举不仅提高了企业收益率，更为增强快递行业的竞争力，实现快递"打包下乡"，争取地方项目资金创造条件。将"电子商务+村邮站"发展与扶贫工作相结合，帮助贫困农牧民实现脱贫，助力地方精准扶贫工作，带动贫困县近万名农民增收146.35万元。形成了以村村通邮为牵引，"电子商务+村邮站+精准扶贫"融合发展，带动乡村经济振兴。截至2018年底，通过平台上线地方土特产50余种，电商交易额约2001.3万元，其中上行1896.9万元，下行104.4万元。

积极寻机发力，释放发展活力。贵德顺丰通过自有平台与当地螃蟹养殖户签订协议，由贵德顺丰公司统一配送网购螃蟹订单，打通了养殖户销售新方式、增加了收入。贵德韵达与政府电商平台（淘宝、京东设有贵德土特产馆）达成协议，自2018年6月起收寄黄河清饮料，收寄量3000多票，收寄收入8万余元；收寄菜籽油年均1200票左右，每件15元，收寄年收入约1.8万元。与建行电商平台合作，收寄沙棘饮料，年量为2500票左右，收寄收入约为5万元。同德中通自2018年5月份与政府电商平台（京东设有同德土特产馆）达成协议，主要销售粉条、挂面、牛肉干、新鲜牛羊肉，2018年异地收寄量为910票左右，收寄收入为1.37万元；同城收寄量245票，收入为0.12万元。贵南中通、圆通与采蘑菇牧户合作，2018年发黄蘑菇约50公斤，年收寄量100票，收寄收入0.15万元。与塔秀雪域藏香厂合作，每月发货4~5次，每次约20箱，每箱12公斤，每公斤6元，年收寄量约1200票，收寄收入约8.64万元，全年发藏香约732公斤。与高原牧业生产厂家合作，年收寄量2640票，收寄收入约12万元，年发出量1.2万公

斤。与高原牧业生产厂家合作，年收寄量2640票，收寄收入约12万元，年发出量1.2万公斤今年开始与当地酥油炒面商家合作，经打包后为辽宁某慈善机构发炒面，收寄量6000多票，收寄收入3.6万元。

果洛州邮政管理局推动辖区邮政快递企业全部纳入州气象局突发事件预警发布平台。

宁夏回族自治区快递市场发展及管理情况

一、快递市场总体发展情况

2018年，宁夏回族自治区邮政行业业务收入（不包括邮政储蓄银行直接营业收入）累计完成16.8亿元，同比增长3.1%；业务总量累计完成17.8亿元，同比增长16.2%。其中，快递企业业务量累计完成0.7亿件，同比增长82.0%；业务收入累计完成8.1亿元，同比增长19.9%（表7-30）。快递进港量完成1.6亿件，同比增长35.9%，进出港快件完成2.2亿件。全行业从业人数持续增加，突破1万人。邮政业服务全区经济社会发展的作用不断增强，为全区实施"三大战略"做出了积极贡献。

表7-30 2018年宁夏回族自治区快递服务企业发展情况

指标	单位	2018年12月		比上年同期增长（%）		占全部比例（%）	
		累计	当月	累计	当月	累计	当月
快递业务量	万件	6771.33	786.33	81.95	112.78	100.00	100.00
同城	万件	1200.57	112.72	33.59	20.17	34.18	14.34
异地	万件	5569.09	673.48	97.43	144.37	82.25	86.65
国际及港澳台	万件	1.67	0.12	-17.09	-14.65	0.02	14.65
快递业务收入	亿元	8.13	0.82	19.94	18.09	100.00	100.00
同城	亿元	1.28	0.11	34.18	10.01	15.65	13.72
异地	亿元	4.4	0.45	10.98	11.92	55.03	54.8
国际及港澳台	亿元	0.045	0.0037	-8.9	1.7	0.55	0.46
其他	亿元	2.34	0.25	33.69	36.09	28.77	31.02

二、行业管理工作及主要成效

坚定不移推进全面从严治党。 坚持把学习宣传贯彻习近平新时代中国特色社会主义思想和党的十九大精神作为首要政治任务。紧密结合行业实际抓好集中学习培训，充分利用多种方式积极宣传党的十九大提出的新思想、新观点、新论断、新举措。联合自治区交通运输厅举办了学习贯彻党的十九大精神专题培训班，区局机关处级干部、各市局主要负责人分两期参加了封闭式培训学习，以上率下强化理论武装。在推进"两学一做"学习教育、党组中心组学习、"三会一课"、专题组织生活会、主题党日等活动中，也将习近平新时代中国特色社会主义思想和党的十九大精神等作为必学必论内容，不断创新学习方式，加强学习研讨。全年共开展党组中心组理论学习12次，集体政治学习35次，支部主题党日活动12次，应知应会知识测试3次。

强化管党治党责任，突出党建引领作用。 制定印发了《进一步加强和改进全区系统机关党的建设实施方案》及全区系统机关党建工作要点，对全区系统党的建设工作进行细致全面的安排。深入落实自治区党委"三强九严"工程要求，持续推进党支部标准化、规范化建设，召开机关党员大会,完成机关党支部换届选举。加强党员日常教育,严格落实民主评议党员、谈心谈话、党支部星级创建评定等制度,认真开展机关党建"灯下黑"问题专项整治,明确党员领导干部参加双重组织生活及所在党支部活动的具体要求,机关党建突出问题得到有效解决。选派干部参加党务干部培训,认真开展"1+4+X"主题党日活动,举办迎"七一"庆祝建党97周年主题演讲比赛,努力使党内政治生活更加贴近实际、贴近工作、贴近党员,不断增强党组织感召力和凝聚力。

进一步提升行业治理水平。 加强基础管理和队伍建设,按照全国、全区邮政管理工作会议部署,梳理制定全年工作要点,并将全年工作分解为80项重点工作任务,明确目标任务、时间节点、责任部门、责任领导,各项工作有方向、有重心、有措施。在继续实施干部职工轮流讲课制度基础上,进一步创新干部教育培训方式,全区处级以上干部全部参加网络学习平台理论学习,3名局领导参加三期中组部网络培训专题学习班,在线网络学习与线下学习活动互促互补,领导干部政治素养和业务能力不断提高。规范开展公务员招录工作,顺利完成全区4名公务员面试、考察、录用备案等工作。按照国家邮政局、自治区关于做好意识形态、网站普查及网络安全等工作部署,开展网站和邮件系统涉密、敏感信息自查自纠,强化政务公开、新闻宣传等工作。举办全系统财务、人事、文秘综合培训班。制定2018年预算支出计划,强化预算全过程管理,财务内控管理长效机制不断健全。完善固定资产使用登记和定期盘点制度,做好固定资产盘点、车辆报废工作。组织开展保密法制宣传月系列活动,干部队伍保密意识得到进一步提升。

强化邮政市场监管。 加强事中事后监管,认真开展快递市场清理整顿专项行动,依法查处未经许可经营快递业务、设立分支机构未备案、超业务地域范围经营等十类违法违规行为,有效维护快递市场秩序。全面推行"双随机、一公开"监管模式,全年出检4048人次,下发整改通知131份,行政处罚21万元。组织寄递企业开展"不着地、不抛件、不摆地摊"治理工作,督导企业规范业务操作流程,加大托盘、笼箱等实用技术的运用,快件离地设施铺设率达到92.8%。进一步落实"放管服"要求,规范许可备案办事流程,行政许可事项时限压缩在10日以内。稳步推进"互联网+政务服务"不见面审批改革,基本实现全流程网上办理和"一门、一次、一网"要求,实现门户网站与自治区政务服务网两级网上办事项目通联通办。严格落实《快递末端网点备案暂行规定》,完成末端网点备案210个。指导全区开展快递业信用评定工作,完成系统基础数据的录入工作。认真做好统计检查、数据审核、统计分析、定期通报等支撑工作,继续强化邮政业消费者申诉处理,全区共受理消费者申诉3891件,同比增长9.7%,其中,有效申诉344件,占总申诉量的8.8%,为消费者挽回经济损失14余万元。

强化安全监管,保障寄递渠道平稳畅通。 制定落实企业安全生产主体责任实施意见,指导寄递企业健全内部安全管理机制,加强安检员、安全员及一线从业人员管理和培训。充分发挥邮政行业安全监管领导小组机制作用,会同自治区相关部门开展实名收寄、维稳反恐、扫黄打非、禁毒、烟草打假等联合检查,及时受理相关部门转办案件,督促落实举报奖励机制,基本形成上下配合、左右联通、协调有力的安全保障体系。全面推广"四色安全预警管理"机制,扎实推进寄递安全"三项制度"落实,加大通报、检查、处罚力度,快件实名收寄率达95%以上,稳居全国前列。认真组织涉枪涉爆专项整治、危化品运输、电气火灾治理、防范非洲猪瘟疫情等专项活动,圆满完成全国两会、上合组织青岛峰会、自治区成立60周年庆祝活动、首届进博会等重要活动期间寄递安全保障工作。扎实开展"安全生产月""安全生产万里行""平安宁夏"建设等活动,进一步增强安全防范能力,全年行业安全生产零事故。全面落实行业防范化解重大风险要求,妥善处置快捷快递网络中断事件。

继续推进法治邮政建设,通过宣传动员、学习培训、送法上门、新闻宣传等形式,着力推进《快递暂行条例》贯彻实施。认真开展"七五"普法宣传及中期评估工作,组织市局开展"3·15"诚信快递你我同行、"宪法日"及"邮政日"等普法宣传活动8次,开展依法行政、市场监管、普遍服务监管等业务培训15场次。加强行业禁毒宣传工作,联合自治区禁毒办在邮政快递车辆醒目位置张贴禁毒宣传图册。加强执法队伍建设,配合国家邮政局组织邮政执法资格考试,完成执法证件年度审验工作。强化行政执法监督,规范执法行为,认真开展行政执法案卷评议和法治邮政建设自查工作,进一步提升依法行政能力和水平。

激发行业创新活力。注重政策引导,优化行业发展环境。深入贯彻落实《宁夏邮政业发展"十三五"规划》和《自治区人民政府关于促进全区邮政和快递服务业健康快速发展的实施意见》,全区五市全部出台相应配套实施方案。加强同区、市政府及相关部门的协调,积极争取各级财政为行业发展提供资金补贴和政策支持。争取自治区人民政府将建制村通邮列为全区民生实事,给予615万元财政资金支持。协调发改委、商务厅、财政厅给予寄递企业安检机购置补贴500万元,新配置安检机124台,获得邮政领域奖励资金100万元。争取自治区财政拨付政府购买服务资金150万元,建成自治区邮政业安全中心。全年区、市两级邮政管理部门累计争取财政补贴资金2600余万元,有力促进了行业健康发展。自治区党委、政府相关领导多次调研邮政业发展情况,并对工作成效给予充分肯定。

推广"平罗模式",服务乡村振兴战略。有重点、分步骤推广"平罗模式",调动邮政企业积极参与"电子商务进农村综合示范"建设,着重抓好全区10个邮政服务电子商务进农村示范项目的落地实施,各县区邮政企业承建的电子商务进农村仓储物流配送项目均已正式运营,建成"邮乐购"站点825处,依托邮乐网建成线上扶贫地方馆5个,35%行政村建成邮政农村电商服务点。督促邮政企业做好"邮乐购"站点管理和维护,增强"邮乐购"站点辐射能力,开办代收代缴、代购、包裹收投等便民业务,形成了政府、快递、电商、用户多方共赢的良好局面。积极推进区、市、县三级快递物流园区建设,新建3个县级快递物流园区。

巩固提升快递服务规范化标准化建设成果。坚持规范化标准化引领,持续动态考核规范化标准化建设成效,进一步健全完善快递服务标准化建设长效机制,全区快递网点标准化率达100%。积极推动将《宁夏快递服务管理规范》和《宁夏快递服务质量规范》纳入自治区地方行业标准目录,协调组织开展专家评审,努力构建全区快递行业规范发展体系。

继续推动行业科技创新和绿色发展。推广应用数据分单、数据派单、自动装卸传输分拣、快件托盘等实用技术,韵达、邮政建成自动化分拨中心,每小时最高处理快件达2.5万件,顺丰在中卫沙坡头机场建成区域性无人机枢纽中心,行业服务保障能力大幅提升。圆通、顺丰开通定期货运航线,宁夏国际快件中心通关模式进一步革新完善,入境快件配送量成倍增长。认真落实国家10部门关于协同推进快递业绿色包装工作的指导意见,实施《宁夏邮政业绿色环保行动纲要》《快递业绿色包装指南(试行)》,引导企业主动承担社会责任,逐步提高快递包装绿色化、减量化水平,电子面单、中转箱、环保袋等设备得到广泛推广应用。加强相关部门协调对接,加大对快递企业购置新能源配送车辆等基础设施设备的补贴力度,促进全区绿色寄递运送体系优化升级。

着力建设普惠共享邮政。深入推进更贴近民生七件实事。按照国家邮政局2018年邮政业更贴近民生七件实事要求,督促各市局对标工作要点,细化明确任务书、时间表和路线图,落实责任分工,不折不扣抓好落实。统筹兼顾自治区民生实事,加大督导协调力度,推动实现邮政普遍服务均等化和便捷化。深入实施"快递入区"工程和"快递下乡"工程，稳步提升快递末端投递服务质量。开展放心消费创建活动，强化巩固"三项制度"落实，打造安全用邮环境。推进快递员关爱工程，加强快递员权益保护。通过七件实事的实施，解决了社会和消费者关注的热点难点问题，提供更好的用邮体验。

深化行业供给侧结构性改革，全面提高寄递服务质量。按照国家邮政局深化邮政业供给侧结构性改革年度工作要点，多措并举，全面提升行业服务能力、优化供给结构。部署开展了十三五规划中期评估工作，根据规划实施情况，调整发展培育目标，改进措施方法，加强行业发展的前瞻性引导作用。注重政策引导，深入落实自治区人民政府《推进电子商务与快递物流协同发展实施方案》，深入开展警邮合作，全面推行邮政网点代办公安交管业务，拓展税务代理业务，"网上办理＋网下寄递"工作加快推进。引导快递企业从价格竞争向服务品质竞争转变，大力发展冷链、医药等高附加值业务，拓展大包裹、快运、即时递送、超市配送等新服务，快递供给品质和供给效率进一步提升，社会物流成本进一步降低。加快产业联动融合，邮政业与电子商务协同发展深入推进，服务先进制造业能力持续增强，服务广度深度不断提升，服务现代农业成效明显。不断强化政策制度供给，配合有关部门制定《关于进一步推进物流降本增效促进实体经济发展的实施意见》《关于持续推进农村电商筑梦计划的实施意见》，对培育行业发展新动能、城乡高效配送、基础设施建设给予支持。不断补齐服务短板，紧跟国家邮政局重大决策部署，全面统筹安排行业打好三大攻坚战相关工作。自治区服务业发展协调小组专题调研全区邮政业发展，召开专题座谈会，将银川邮区中心局等多个行业基础设施建设项目纳入服务业引导资金补贴项目。

实施寄递扶贫战略，建立邮政业服务"三农"长效机制。深入实施《宁夏寄递行业精准扶贫实施方案》，结合国家邮政局、自治区民生实事的推进，提出行业服务乡村振兴战略的总体目标、主要措施和政策需求，积极开展定点结对帮扶，加快发展贫困地区邮政业。组织开展"一市一品"农特产品进城示范项目，全区共确定"一市一品"农特产品进城示范项目5个、季节性项目1个。加快推广"农产品＋大同城寄递"的区域服务模式，支持邮政、快递企业拓展服务产地直销等农业生产新模式，参与实施自治区电商扶贫工程，积极探索村邮站与农村电商的统筹建设、协调发展、持续运营。鼓励寄递企业通过线上平台、微信公众号、网点展示等形式销售本地特色农产品，打造"网络代购＋农产品进城＋物流配送"为一体的农村电商服务体系项目，推广"寄递＋电商＋农特产品＋农户"脱贫模式，促进枸杞、羊肉、小杂粮等宁夏农特产品走出去，带动相关产值3.9亿元。

推进快递"三进"工程，促进邮政业与实体经济融合发展。深入推进快递入区工程，在全区城市推动开展社区快递配送末端公共服务平台建设，加强公共性快递配送节点建设，综合利用社区连锁超市、药店、电信网点等资源建设"快递驿站"，鼓励开展共同配送，提高配送效率。推进快递向下延伸工程，积极争取专项资金，对农村电商上下行邮件、快件给予补贴。目前，全区开办乡镇快递网点241个，快递服务乡镇覆盖率达到98%。建成快递末端公共服务站点248处，投入运营智能快件箱1464组。

加快建制村直接通邮。按照国家邮政局及自治区政府推进城乡公共服务均等化要求，坚持"实事求是、因地制宜、普惠均等、互融共进"的工作原则，强化责任担当，细化政企责任，相互协调配合，发挥自治区财政补贴资金引导作用，全力做好建制村直接通邮工作，新增直接通邮建制村600余个，全区2061个建制村全部直接通邮。乡镇、农村党报党刊传递速度和投递质量大幅提升，偏远地区人民群众的信息来源渠道得到拓宽。引导企业进一步充分利用邮路资源，促进普遍服务与农村电商协调发展,推动枸杞、长枣、硒砂瓜等农特产品从原产地直接通过邮政寄递渠道走出去,进城配送量达1393吨,实现销售额3400万元,帮助贫困人口增收137万元。

筑牢反腐倡廉防线。严格落实"两个责任"和"一岗双责",制定《宁夏邮政管理系统2018年党风廉政建设工作要点》,党组书记和各处室负责人签订党风廉政建设责任书,明确细化党组、班子成员和各处负责人党风廉政建设工作责任。推动全面从严治党主体责任不断向基层延伸,各市局层层落实责任,落实到支部,分解到党员。组织召开反思违纪违法案件教训专题民主生活会,开展检讨反省和警示教育,进一步强化党内监督。认真部署群众评议机关作风活动,重点对机关"四风"、"三不为"、干部作风等问题进行整治,机关效能明显优化,服务意识明显增强,队伍形象明显改观。

深入落实中央八项规定精神,制定了《中共宁夏邮政管理局党组关于深入贯彻落实中央八项规定精神的实施办法》,组织开展违反中央八项规定精神突出问题专项治理自查工作,全面落实"五个严禁",立行立改,切实推动中央八项规定精神落地生根。认真召开领导班子执行中央八项规定精神专题民主生活会,深入查找领导班子及党员领导干部执行中央八项规定精神方面存在的突出问题,深刻剖析问题根源,明确努力方向和整改措施。部署开展"大学习、大调研"活动,局领导班子开展行业发展、党建、人事人才等专题调研4次,形成调研报告4份。紧盯春节、端午节、开斋节等重要节点,早打招呼、早提醒,坚决防止"四风"问题反弹回潮。

强化纪律监督,深化党风廉政建设和反腐败工作。结合巡视整改工作,继续完善廉政风险防控制度及党风廉政建设制度,落实领导干部请假报备、出差交纳餐费、异地交流任职等规定。按照国家邮政局要求,开展违规公款吃喝等九个专项治理工作,重点对违规公务接待、违规发放津贴、执法人员"吃拿卡要"等问题进行自查整改。试点完成石嘴山、固原2个市局巡察任务。充分运用监督执纪四种形态,加大对干部的教育惩戒力度,把观看廉政警示教育片、参观廉政教育基地纳入党员经常性教育,及时通报违纪违规案例,以严明的纪律推进全面从严治党。

三、改革开放40周年

40年前,邮递员骑着骆驼送信;40年后,邮政快递服务网络遍布城乡,人均全年使用快件高达23件。改革开放40年,尤其是邮政体制改革以来,宁夏邮政管理机构不断健全、政策红利不断释放、发展环境不断完善、动力不断增强、成效不断凸显。尤其党的十八大以来,宁夏邮政业更是发生了巨大变化——2014年11月,宁夏50处空白乡镇邮政局所补建工作全部完成,实现全区乡镇邮政普遍服务网点全覆盖;2018年,宁夏回族自治区邮政行业业务收入累计完成16.8亿元,同比增长3.05%;业务总量累计完成17.8亿元,同比增长16.2%。其中,快递企业业务量累计完成0.7亿件,同比增长82.0%;业务收入累计完成8.1亿元,同比增长19.9%。快递进港量完成1.6亿件,同比增长35.9%,进出港快件完成2.2亿件。全区2064个建制村直接通邮率达到100%,全行业从业人数达到1.1万人。

宁夏邮政管理系统认真落实国家邮政局和自治区党委、政府各项决策部署,结合地方实际勠力同心、主动作为,收获了累累硕果。宁夏率先全面实施"收寄验视、实名收寄、过机安检"三项制度,近3年累计为邮政快递企业争取安检设备各级财政补助925万元;率先在快递企业实施标准化规范化建设;较早实现全区所有县区党报、党刊当日见报;连续11年全行业安全生产"零事故",营造了"依法用邮、安全用邮"的良好社会氛围。宁夏邮政业开展了"快递下乡"、寄递扶贫、社区便民服务站建设、快递助力农村电商等一系列工程。硒砂瓜、枸杞、羊肉、大米、长枣等生鲜特产以及传统手工艺品,甚至凉皮儿、油香等特色小吃,都借力快递走出宁夏,走进全国,走向世界,带动相关产业300亿元。宁夏邮政业消费者申诉中心实现"12305"申诉热线与国家邮政局申诉中心、工商"12315"、政府"12345"等平台全面无缝对接;受理并协调解决了邮政业消费者申诉1万余件,帮助消费者挽回损失近50万元,消费者对申诉处理的满意率达到98%。

2013年,《宁夏快递车辆运行管理办法》进一步落地,各地市局与当地交管部门联合落实快递车辆通行优惠政策,快递车辆进城难、通行难、停靠难等问题基本得到解决。2014年,自治区人民政府同意宁夏局《关于促进宁夏快递业与电子商务协同发展的调研报告》,同意加快建设宁夏快递物流园区。截至目前,全区大部分县(市、区)建成快递物流园区,地方政府给予"三免一补"优惠政策。2015年,自治区人民政府将"城市社区建设网络购物快递投送场所,新建住宅小区、商业区将快递投送场所纳入规划,落实快递车辆城市通行、禁限制停靠路段停靠"等纳入《关于促进电子商务发展加快培育经济新动力的实施意见》,为宁夏快递末端服务创造良好环境。2016年,宁夏局主动加强与自治区相关部门沟通,促进行业主动融入地方经济社会发展大局。当年,区、市两级政府均将扶持邮政、快递新业态写入政府工作报告;自治区人民政府出台《关于实施电子商务逐梦计划的意见》,明确对全区农产品进城和农资下乡的邮政快递企业给予1~3元的运费补贴,并对乡镇快递网点给予宽带资费和房租全额补贴。同时,全区5个地市局均争取到了稳定的办公场所,为邮政管理事业长远发展提供了支撑保障。2017年,自治区人民政府出台《关于促进全区邮政和快递服务业健康快速发展的实施意见》,聚焦全区邮政业发展瓶颈,提出了49项政策点,力度大、含金量高、导向性强,为全区邮政业健康快速发展提供了坚实保障。银川综合保税区成立国际快件监管中心,开辟国际寄递物品快递通道,圆通航空在宁夏开通首个全货运航班。2018年年初,自治区将村邮站建设列入全区民生实事项目,下拨财政补助资金615万元;8月,宁夏服务业发展协调小组通过资金安排计划,下达邮政领域奖励资金100万元;9月,自治区人民政府通过了《关于推进电子商务与快递物流协同发展的实施意见》,从优化政策环境、完善基础设施、优化同行管理等方面对快递业发展给予大力支持。

四、各市(地)主要管理工作概况

银川市邮政管理局推动灵武市电子商务进农村示范项目的实施。今年以来,灵武市政府累计投入129万元对灵武快递园区装修改造,并3年内对灵武农村电商上下行邮件进行资金补贴290万元,今年已补贴87万元;另外对11辆农村投递车辆资金补贴17万元(按总购置额的30%补贴)。灵武市政府对灵武邮乐购电商平台补贴。今年灵武市政府兑现对邮乐购电子商务项目系统软件(平台)补贴15万元,对外销包裹单量补贴1.36万元。灵武市政府对快递企业外销包裹进行补贴。对顺丰、圆通、韵达等快递公司外销包裹单量补贴3.5万元。

石嘴山市邮政管理局继续鼓励快递企业抱团共享资源,加大力度共建城市社区快递末端配送公共服务平台试点,全年新建社区电商快递便民服务站25个,全市已共建成城市社区电商快递便民服务站45个。引导宁夏中圆达电子商务有限公司(石嘴山市中通、圆通、韵达三家快递企业共同投资组建)联合宁夏优品网、大武口区凉皮协会等共同投资组建石嘴山市鲜美佳凉皮产业有限公司,推动大武口凉皮产业化发展,目前已投资700多万元,建设生产园区厂房3000多平方米。支持宁夏中圆达电子商务有限公司争取社区电商快递便民服务站建设项目财政补贴80万元。宁夏中圆达电子商务有限公司被石嘴山市农村工作领导小组授予"2017年度石嘴山市十佳农村电商""2017年度农产品电商企业先进集体"称号。

吴忠市邮政管理局推荐吴忠市中通快递服务有限公司,成功被授予"青年文明号""吴忠市五一巾帼标兵岗""吴忠市先进职工小家"等荣誉称号;争取到吴忠市财政局支持资金20万元;引导盐池县、青铜峡市的主要快递企业以合资入股的形式,整合业务、人员渠道,实现统一分拣、统一派送、统一设置末端网点27个;与吴忠市商务局积极对接为邮政公司争取10万元电商发展帮扶资金。

固原市邮政管理局推进快递园区建设,全面实现市县快递园区全覆盖,泾源、隆德县先后建成了县级电商快递园区。快递末端服务体系进一步健全。新增90处社区综合投递服务站。产业协同发展取得新突破。原州区供销社成立了固原润农电子商务有限公司并取得快递经营许可,实现了原州区快递下乡全覆盖,计划免费为市区快递企业提供7000平方米快件处理分拣场所,购置全自动分拣设备2套,价值500万元,供快递企业免费使用。彭阳县三泰等企业建成了一批电商、快递综合服务平台,争取政府给予半自动智能快件箱专项补贴,每个补贴3000元,计划建成半自动智能快件箱100台,争取补贴资金30万元。邮政企业积极参与农村电商物流配送工作。泾源县、隆德县同意由邮政分公司负责全县的农村电商物流配送工作,提供配送车辆,分别给予50万元配送补贴。彭阳县出台《彭阳县关于进一步推动电子商务进农村综合示范工作的实施方案》。明确提出到村快递邮路补贴每公里1.5元。给予农产品上行物流补贴,首重收费不超过4元的,每单2元补贴。对达到国家标准并承担物流快递业务的电商服务站,每月补贴200元,对年终考核优秀的电商服务站给予1200元补贴。原州区出台《原州区电子商务进农村综合示范项目补助资金使用方案》。明确提出给予下乡快递专项物流补贴200万元。对于整合到原州区电子商务公共服务中心的各快递企业给予农村进港及出港件40公里以内每单1元补贴,40公里以上每单2元补贴。

中卫市邮政管理局推进邮政业精准扶贫,借助"快递+电商"模式,引导邮政、快递企业参与地方扶贫项目。推进"快递下乡",发挥邮政业农村网络优势,打通农产品进城和工业品下乡双向通道。发挥行业优势助力帮扶村脱贫致富,服务地方经济,推动邮政业助力精准扶贫。中卫局荣获2017年度支持地方经济发展先进单位。在中卫市邮政管理局的协调配合和中宁县商务局的支持倡导下,占地4000平方米的中宁县电商快递园建成投入运营。推动电信服务网点搭载邮(快)件投递业务,助力寄递服务进社区、下农村。支持鼓励邮政、快递企业探索多种合作模式,切实解决邮(快)件投递"最后一百米"难题。目前与电信营业厅合作建设网点20个。鼓励邮政、快递企业与荣盛超市合作,大力发展社区连锁便利店,拓展代收快递等便民服务功能,促进连锁经营向多领域延伸。目前与荣盛超市合作建设网点30个。

新疆维吾尔自治区快递市场发展及管理情况

一、快递市场总体发展情况

2018年,新疆维吾尔自治区邮政行业业务收入(不包括邮政储蓄银行直接营业收入)累计完成47.4亿元,同比增长10.3%;业务总量累计完成38.0亿元,同比增长16.9%。其中,快递企业业务量累计完成1.1亿件,同比增长23.0%;业务收入累计完成23.9亿元,同比增长26.1%(表7-31)。

表7-31 2018年新疆维吾尔自治区快递服务企业发展情况

指 标	单 位	2018年12月		比上年同期增长(%)		占全部比例(%)	
		累计	当月	累计	当月	累计	当月
快递业务量	万件	11121.41	1110.35	22.99	26.72	100.00	100.00
同城	万件	3295.00	352.77	75.03	73.49	29.63	31.77
异地	万件	7652.95	736.55	7.39	10.04	68.81	66.33
国际及港澳台	万件	173.46	21.03	416.50	499.67	1.56	1.89
快递业务收入	亿元	23.90	2.73	26.12	33.69	100.00	100.00
同城	亿元	4.44	0.40	75.79	51.05	18.56	14.63
异地	亿元	13.33	1.66	18.60	29.24	55.78	60.77
国际及港澳台	亿元	0.45	0.03	84.36	22.00	1.87	0.98
其他	亿元	5.69	0.64	15.00	36.59	23.80	23.63

二、行业管理工作及主要成效

全面从严治党向纵深发展。 深入学习贯彻习近平新时代中国特色社会主义思想和党的十九大精神。局党组领导班子带头,把学习贯彻习近平新时代中国特色社会主义思想和党的十九大精神作为首要任务,着力在学懂弄通做实上下功夫。召开党组会议,组织中心组学习,举办专题培训班,实现党员领导干部培训全覆盖。利用门户网站、微信平台宣传报道,撰写心得体会,开展知识测试,提升学习效果,强化理论武装,推动工作落实。各地结合实际深入宣贯,巴州局举办演讲比赛,组织开展"读总书记的书,读总书记读的书"阅读活动。全系统累计开展党组中心组学习232次,党支部集中学习527次,党员撰写心得体会337篇,开展党的基本理论和贯彻落实总目标知识测试91次。

加强党的基层组织建设。 印发党建工作要点,召开全系统党建工作研讨会议。完善党建述职考核和综合评价机制,规范党费及工会经费收缴,严格执行民主生活会和专题组织生活会制度,扎实开展党建"灯下黑"问题专项整治、"一联双促"和主题党日等活动,按程序如期完成全系统6个党支部换届选举和支部委员补选工作,提升机关党建工作水平。印发《关于加强和改进我区非公快递企业党建工作的指导意见》,推进非公快递企业党建工作。全区现有非公快递企业党组织8个,党员93人。加强党员干部队伍教育管理,深入推进"两学一做"学习教育常态化,树牢"四个意识",坚定"四个自信",坚决做到"两个维护",打造一支忠诚干净担当、素质过硬的党员干部队伍。

深化党风廉政建设和反腐败工作。 制定《中共新疆维吾尔自治区邮政管理局党组贯彻落实中央八项规定精神实施细则》,喀什、博州、和田等局结合实际制定具体落实方案,深入贯彻落实中央八项规定精神。加大信访举报查办力度,运用监督执纪"四种形态",累计约谈、批评教育、责令检查、诫勉谈话34人次,处理违反领导干部报告个人有关事项规定问题5起,给予党纪处分2人。深入开展九个专项治理活动,自查自纠问题32个。贯彻落实驻交通运输部纪检监察组监督执纪问责情况通报要求,印发任务分工方案,抓好整改落实。扎实开展"纪律教育年"活动,针对系统内3起违规违纪案件,召开全系统警示教育大会,抓住重要时间节点开展督查和廉政提醒。克州局在节假日等重要时段给党员干部发送廉政信息。

全面开展政治巡察。 组织国家邮政局党组第三巡视组巡视反馈意见整改工作"回头看"。对照中央巡视移交邮政普遍服务问题组织开展自查自纠。成立新疆邮政管理局巡察工作领导小组,制定三年巡察工作规划、巡察工作方案和巡察工作实施办法。累计完成3轮次5个地州市局的政治巡察工作，共发现问题111个，下发巡察情况反馈意见通知5份，实现巡察工作的良好开局。

贯彻落实总目标坚定坚决。坚定不移聚焦总目标。坚决贯彻落实自治区党委决策部署，始终把总目标作为统领各项工作的总纲，统一思想、提高认识、明确责任、理清思路，紧紧围绕新疆社会稳定和长治久安这个总目标，来谋划和推进新疆邮政管理工作，以严格的责任、严明的纪律、严实的作风，狠抓总目标落实。突出抓好"访惠聚"驻村工作。积极发挥派出单位后盾作用，先后投入资金12万余元用于修缮村委会周转房、办公场所，走访慰问和购买防爆物资等。重点围绕"一个目标、两项任务、五件好事"，高标准推进"访惠聚"驻村工作。落实各项稳控措施，增强村两委班子凝聚力、战斗力，加强群众工作，改善村容村貌，夯实驻村点安全稳定的基石。2018年，全系统共抽调29名干部参加"访惠聚"驻村工作，占在编干部总数的近四分之一。

常态化落实维稳组合拳。始终把维护稳定作为压倒一切的政治任务、重于泰山的政治责任，层层传导压力，打好维稳组合拳。驻村工作队常态化落实"三班两运转"值班、流动人口排查登记等稳控工作。坚持早晨会、晚研判，加大违禁品查缴力度，定期开展应急演练，组织发声亮剑，传播正能量。2018年全系统不断强化值班备勤工作，和田、阿克苏、昌吉、喀什、克州、博州、阿勒泰等局实行全年无休常态化值班，为自治区安全稳定做出了积极贡献。深度融合促进民族团结。深入开展"民族团结一家亲"和民族团结联谊活动，全系统129名在编干部与202户各族群众结对认亲，与结亲户同吃同住同劳动同学习。在重要和敏感时期，全体干部分批次每半月轮换下沉。定期组织开展形式多样、生动活泼的联谊活动，在共同生产生活和工作学习中加深了解、增进感情。

行业发展环境显著优化。深化"放管服"改革。进一步优化快递业务经营许可审批流程，全面压缩审批时限，取消不必要的证明材料，推动全流程网上办理，实现企业在最后取证环节"只跑一次"。制定《新疆维吾尔自治区实施快递末端网点备案暂行规定细则》，全面推进备案工作。落实"双随机"检查机制，制定实施新疆邮政管理局随机抽查实施细则和事项清单，随机抽调执法人员，对全区寄递渠道安全、补白局所运营等情况进行督查。印发《新疆快递业信用体系建设工作实施方案》，组建信用评定委员会，加快构建以信用为核心的新型市场监管模式。进一步完善行业管理体系，成立新疆邮政业安全中心和哈密市邮政业安全中心。伊犁局协调州政府财政每年拨付50万元邮政行业安全维稳专项资金。

营造良好法治环境。地方立法工作成效显著。经过实地调研、征求多部门意见、专家咨询论证等立法程序，《新疆维吾尔自治区邮政条例》修订经自治区第十三届人民代表大会常委会第七次会议审议通过并发布。法治宣传教育稳步开展。全面落实"谁执法谁普法"普法责任制，积极开展法律法规宣贯工作。深入学习宣贯《宪法》，大力弘扬宪法精神。借助《新疆日报》《新广行风热线》等平台广泛宣传《快递暂行条例》，多方位组织条例培训，累计培训55次近3500人次。组织机关人员开展网上学法，参加无纸化学法考试，增强全系统法治能力。

优化营商政策环境。突出规划引领作用，完成新疆邮政业"十三五"规划中期评估工作。落实国办2018年1号文件精神，推动出台《自治区推进电子商务与快递物流协同发展的实施意见》，乌鲁木齐、克州、克拉玛依、吐鲁番等4个地州市印发本地落实文件。围绕城市快递车辆通行难、快递末端服务等问题，向自治区人大和政协提出提案建议。哈密、巴州等地出台快递电动三轮车管理政策，推动电动三轮车管理标准化、规范化。牵头组织开展邮政服务跨境电商包裹发展策略与监管政策研究，提出解决发展瓶颈政策建议。为126辆干线邮运车辆申请免缴道路通行费。协调落实新疆邮政机要通信专项补贴、马兰军邮局经费补助、农牧区投递员补贴378万元,发放安检机补贴1322万余元,助推行业发展。

供给侧结构性改革持续深化。持续加强基础设施建设,推动落实西部和农村邮政基础设施建设项目。2018年邮政企业完成网点整修60个、网点翻建3个、车辆更新279辆。深入推进快递网点标准化建设,全区主要快递城区自营网点标准化率达到80%。持续开展安全视频监控平台接入工作,累计接入寄递企业分拨中心及网点1350个,接入摄像头6239个。大力推进快递"入区、进高校",协调推动布局智能快件箱,促进社区、高校快递规范收投。全区累计配备智能快件箱935组,93%的高校实现规范收投。

加快推进产业协同发展,落实《自治区推进电子商务与快递物流协同发展的实施意见》,制定任务分工方案。优化交邮合作,加快邮政、快递与交通运输融合发展,推动邮政企业、汽运公司合作发展,鼓励寄递企业探索利用客运班车运送邮件、快件。因地制宜加快推进邮政与快递合作,提高邮政基础设施利用效率。塔城局借助电子商务综合示范项目,推动城市社区快递综合服务平台建设。哈密局积极推动圆通、申通等11家快递企业入驻天顺哈密物流园,支持地方电子商务发展。昌吉局协调吉木萨尔县及时拨付邮政业服务农村电商发展邮路补贴75万余元,连续三年为石河子市10余家寄递企业争取快递与电商协同发展战略合作补助资金435万元。

鼓励支持企业创新发展,支持邮政企业做大做强寄递主业。2018年,全区邮政寄递服务业务量累计完成5.51亿件,同比增长7.24%。积极引导快递企业发挥资源整合优势,延伸产业链条,不断提升快递服务水平。德邦快递在库尔勒设立首个南疆快递分拨中心,打造多条直达内地精品干线。顺丰乌鲁木齐国际航空枢纽投入运营,助推乌鲁木齐临空经济区建设。昌吉局协调出台优惠政策,支持快递企业在准东经济技术开发区建设快递超市。

建设行业高素质人才队伍。开展职业技能鉴定考试。加快新疆邮政行业人才培养基地建设,为行业培养高技术专业人才。石河子百世快递与石河子职业技术学院联合建立快递实训基地,为辖区快递企业培养专业技术人才。开展校企合作典型案例和优秀培训资源征集活动。积极参与邮政业"一带一路"与快递支撑跨境电商高级研修班。举办慰问行业技术能手座谈会。发挥企业主体作用,推动邮政、快递企业进一步健全人才培训机制,不断提升从业人员能力素质。

"三大攻坚战"取得积极进展。坚决打好防范化解重大风险攻坚战。深化寄递安全联合监管工作机制,加强与自治区政法、公安、工信等部门的协作配合,实现寄递安全联合督导检查全覆盖。深入贯彻落实寄递安全"三项制度",大力推进实名收寄信息化,2018年12月全区总实名率达到99.93%,全国排名第一。哈密、昌吉总实名率达到100%。严格落实过机安检制度,累计配备安检机2155台。印发《新疆邮政管理局关于强化落实企业安全生产主体责任的指导意见》,制定《新疆邮政业安全生产追责问责办法》,落实企业安全生产主体责任。深入开展违法寄递危险化学品和涉枪涉爆隐患集中整治专项行动,配合公安机关破获一起涉及全国性寄递仿真枪支配件案件。加强寄递渠道非洲猪瘟疫情防控。配合做好寄递渠道反恐、禁毒、扫黄打非、打击侵权假冒等工作。做好行业突发事件应急管理,妥善处置快捷快递停网事件,圆满完成全国两会、亚欧博览会、进博会等重大活动期间寄递渠道安保任务。伊犁、博州、阿克苏等局联合地方烟草局打击寄递渠道涉烟违法行为。

坚决打好精准脱贫攻坚战。聚焦深度贫困,坚持把定点扶贫村作为主战场,紧扣"两不愁三保障",强化精准施策,在推进"七个一批""三个加大力度"上持续精准发力。争取地方产业扶贫项目,推动富余劳动力转移就业,促进行业吸纳就业,协调争取社会扶助资金,帮助生活困难群众享受基本社会保障,确保全系统5个定点扶贫村按期脱贫。着力抓好行业扶贫。狠抓建制村直接通邮工作,通过进一步摸底调查完善台账,制定印发《2018—2020年全区建制村直接通邮工作方案》,初步完成交通不便边远地区核定,定期沟通、销号管理,全区建制村直接通邮率达到80.75%。积极推进抵边建制村直接通邮工作,着力提升边境地区邮政普遍服务水平。深入推进"邮政在乡"工程,全区邮乐购站点累计达到1966个。稳步推进快递下乡工程,乡镇快递网点覆盖率达到40.56%。指导寄递企业深入挖掘当地特色农产品,共打造"一市一品"项目14个、"一地一品"项目29个,助力新疆红枣、苹果、哈密瓜等地方农特产品外销。昌吉局联合州商务局促成新疆誉龙航空中通生鲜项目,该项目方案在第七届自治区青年创新创业大赛和第五届"创青春"中国青年创新创业大赛上获优胜奖。吐鲁番、哈密、阿勒泰、塔城等局引导辖区寄递企业加强与农村电子商务的合作,探索破解农村"最后一公里"难题。

坚决打好污染防治攻坚战。开展邮政业绿色发展培训,倡导树立行业绿色发展理念,提升全行业绿色发展意识。组成专项调研组对乌鲁木齐、昌吉快递绿色包装情况进行调研,了解企业快递包装回收循环利用等情况。印发《关于设置邮件快件包装物回收点的通知》,推动十部委《关于协同推进快递业绿色包装工作的指导意见》落地实施。目前,主要企业电子面单使用率超过80%,可循环使用的中转包装袋应用逐步普及。阿勒泰局印发《关于进一步加强阿勒泰地区邮政行业环境保护意识推进绿色邮政建设的通知》,加快绿色邮政建设步伐。

依法行政能力稳步提升。依法履行邮政市场监管职责。深入推进"不着地、不抛件、不摆地摊"专项治理,全区邮政业离地设施铺设率达到94.21%。扎实做好快递业务旺季服务保障工作,全面完成"全网不瘫痪、重要节点不爆仓"和"保畅通、保安全、保平稳"工作目标。会同商务、公安、工信等部门专题调研快递末端投递服务存在的问题,向自治区上报专题报告。充分发挥申诉受理在化解消费纠纷与矛盾方面的积极作用,全年共处理有效申诉3762件,为消费者挽回经济损失109万余元。加强集邮市场监管,做好邮政用品用具生产监制工作。

扎实推进邮政行政执法综合管理。举办全区行政执法培训班,进一步提升一线执法人员执法能力。组织51人参加全国邮政行政执法资格考试,完成自治区执法证申领工作,加强邮政行政执法资格管理。开展年度行政执法案卷评查工作,切实提升全系统办案质量。加强事中事后监管,全系统累计检查寄递企业4487家次,出动执法人员8234人次,查出违法违规行为434次,下达整改通知书586件,作出行政处罚130起,罚款157.88万元、停业整顿9家。

基础支撑工作扎实有力。不断强化干部队伍建设。印发《新疆邮政管理系统领导干部异地交流任职相关问题暂行规定》《关于进一步规范领导干部外出报批报备工作的通知》,加强干部队伍管理。注重干部队伍建设,累计调整完善5个地州市局领导班子,交流、提任干部24名,其中中级干部3名。组织参加全国优秀市地局长评选,2人获奖。认真落实领导干部个人重大事项报告制度。举办干部人事档案培训班,组织专人对全区128卷干部人事档案进行查核。顺利完成公务员和新疆邮政业安全中心人员面试招录工作。统筹做好公务员年度统计、工资津补贴调整发放、社保等支撑保障工作。

不断提升基础保障能力。组织开展地州市局年度绩效考核工作。加强预算管理,逐步落实预算执行刚性要求。完成2017年度部门决算会审及项目支出绩效自评,组织开展2018年度项目绩效自评。举办全区财务培训班,组织开展财务检查,实现全区财务监督管理全覆盖。有序开展行业统计工作,完成统计范围调整,按期进行统计运行分析,对10个地州市局统计工作进行实地检查。新疆邮政管理局分别荣获2017年度国家邮政局系统财务管理工作先进单位和统计报表工作先进集体。各信息系统有效使用，政务信息化和信息公开进一步加强。办文办会、保密、工会等各项工作更加规范有序。

不断加强精神文明建设。积极参与第三届"寻找最美快递员"评选活动。大力开展行业新闻宣传工作，全年共编发各类政务信息345期。进一步强化舆情引导和处置，制作舆情周报49期。深入开展精神文明创建活动，举办文艺汇演、羽毛球比赛等文体活动，大力弘扬"诚信、服务、规范、共享"邮政行业核心价值理念。加强行业从业人员权益保护，改善从业人员工作环境，维护从业人员合法权益。

三、改革开放40周年

改革开放40年。新疆邮政业也发生了巨大历史性变革，谱写了一篇篇砥砺奋进、改革发展的新篇章。邮政体制改革实现根本性突破。在国家邮政局党组和自治区党委、政府的正确领导下，我们完成政企分开，建立两级邮政管理部门，推动邮政企业完成更名挂牌，建立起了政府依法监管、权责关系明确、上下运转顺畅的邮政管理体制。有序推进地方立法，推动《新疆维吾尔自治区邮政条例》《伊犁哈萨克自治州邮政管理条例》颁布实施。不断完善规划体系。《关于支持新疆邮政业发展的若干意见》《关于促进快递业发展的实施意见》《自治区推进电子商务与快递物流协同发展的实施意见》等利好政策陆续出台，为促进新疆邮政业改革发展提供了体制机制保障。行业发展规模实现历史性跨越。40年间，全区邮政业业务收入从1978年的1072万元增加到2018年的47.41亿元，增长了442倍，约占全区生产总值比重0.4%。快递服务从无到有，2018年快递业务收入累计完成23.9亿元，业务量突破1亿件，快递支撑网络零售交易额接近600亿元。全区邮政行业从业人员达到2.8万人。行业发展水平实现持续性提升。行业科技装备水平突飞猛进，推动大数据、智能分拣等一批行业发展关键性技术在邮政业的应用，逐步实现从粗放型发展方式向科学化、规范化的发展转型。全区邮政普遍服务网点达到1535处，基本实现"乡乡设所、村村通邮"。邮件时限、投递频次等服务水平指标明显改善，服务满意度稳步提升。全区快递服务网点达到2189处，由"家庭作坊"式小规模快递企业逐步向现代化、规模化快递企业转型升级。

四、各市（地）主要管理工作概况

乌鲁木齐市邮政管理局推进快递物流园区建设，2018年11月15日，乌鲁木齐市主要领导主持召开寄递物流推进工作座谈会，会议决定启动乌鲁木齐寄递物流园区产业园区建设。新建快递企业分拨中心2家，扩建1家，新建、扩建面积12900平方米。推进百世快递建设跨境电子商务海关监管中心建设，2018年完成出口单量57万余单，出口贸易额448万美元。协同相关部门推进乌鲁木齐国际陆港区建设，规划以国际快件中心为抓手，利用国际班列，开展跨境寄递业务，已吸引邮政、百世入驻。推进城市配送车辆城区通行，协同商务、公安等部门印发《乌鲁木齐城市共同配送车辆通行证办理内部文件审核流转规范意见》，明确由邮政管理部门进行初步审核，商务部门报送，市交警支队核发厢式货运车辆城区通行证，已为寄递企业核发通行证50余张。

昌吉州邮政管理局联合州商务局促成新疆誉龙航空中通生鲜项目，全年共销售出疆1500吨鲜果，该项目方案"为新疆生鲜出疆插上腾飞的双翼"在第七届自治区青年创新创业大赛和第五届"创青春"中国青年创新创业大赛上获得优胜奖。与石河子市商务局签订了《快递服务电子商务发展战略合作框架协议》，用"真金白银"扶持快递企业发展。协议明确了石河子市统筹安排电子商务产业园、物流中心、快件分拣中心建设，从2018年起，连续3年每年安排435万元专项资金，对承担乡镇、团场以下邮路的企业进行补贴。依托乌昌石经济圈区位优势，促进快递电商协同发展，推进物流通道、物流服务网络和快递园区建设。引导疆内知名快递、电商落户新疆快递电商产业园，推动快递、电商、仓配一体化无缝对接、融合发展。重点推进中通速递新疆总部分拨中心、圆通快递分拨中心、申通快递分拨中心入驻辖区快递电商产业园。打造快递为农服务综合平台，与昌吉州供销社签订了全面合作框架协议，指导邮政行业、供销系统共同做好县、乡、村三级物流节点的规划选点，推动商贸流通与货运物流业务的对接，建设具有农资及农产品仓储、日用品配送、快递配送等功能的农村综合服务社，把为农服务功能延伸到最基层。推动将《昌吉州快递业管理办法（草案）》列入自治州人民政府2018年度规章立法项目，完成《昌吉州快递业管理办法（草案）》初稿及立法说明。

巴音郭楞蒙古自治州邮政管理局促进电子商务企业与快递企业合作，引导快递企业与电子商务进农村项目运营方签订快递下乡合作协议，开展电商、快递线上线下合作。指导韵达快递在网上开设韵特商城，在网上展示当地的特色农副产品，并通过自身的寄递渠道为用户提供方便快捷的服务，2018年发运农副产品快件5.1万件，交易额424.8万元。引导推动巴州库尔勒经济技术开发区的南疆快递物流园，入驻企业已达10家，充分利用库尔勒至内地主要城市的直飞航线，对进出南疆的快件由乌鲁木齐中转改为南疆快递物流园中转和集散，节省运输、中转时间，为提升喀什、和田、克州、阿克苏等南疆地区快件寄递效率发挥了重要作用。

和田地区邮政管理局推动和田快递产业园建设，13家快递企业入驻，实现和田地区所有进出港快件全部在园区内集中二次安检，确保进出和田快件安全。

吐鲁番市邮政管理局争取吐鲁番市人民政府函复同意市内快递电动三轮车便捷通行。

哈密市邮政管理局联合公安、交通等部门印发保障快递电动三轮车通行管理办法。协调市委编办以政府购买服务方式，设立了市邮政业安全中心。

克孜勒苏柯尔克孜自治州邮政管理局要求所有企业在网点悬挂"三不"治理标语，营造邮件快件三不治理工作氛围，对企业演示规范分拣邮件快件的动作，曝光"三不"治理落实不力的企业及相关照片，强力督促整改落实。

伊犁州邮政管理局协调州政府安排50万元资金用于邮政业安保维稳项目。

第八篇 2018年中国快递协会工作综述

统一思想 凝聚力量 推动行业高质量健康发展

2018年是贯彻党的十九大精神的开局之年，是改革开放40周年，是决胜全面建成小康社会、实施"十三五"规划承上启下的关键一年。党中央、国务院高度重视快递业改革发展，2018年《国务院办公厅关于推进电子商务与快递物流协同发展的意见》以及《快递暂行条例》等一系列政策法规先后出台，《电子商务法》对快递物流服务提出了新的要求，行业发展环境得到前所未有的改善和优化。我国快递业一直保持迅猛发展的良好态势，发展质效不断提升，市场主体综合实力明显增强，对外开放深入推进，装备水平突飞猛进

中国快递协会贯彻党的十九大精神，认真落实国家邮政局总体部署，按照"打通上下游、拓展产业链、画大同心圆、构建生态圈"的工作思路，协同广大会员企业，以推动行业高质量发展为导向，以供给侧结构性改革为主线，强弱项补短板，坚持新发展理念，坚持服务、协调、自律的宗旨，统一思想、凝聚力量，充分发挥桥梁纽带作用，反映行业诉求，强化行业自律，努力服务会员企业，推动行业健康有序发展。主要做了以下工作：

（一）推动政策环境优化，释放行业发展活力。

一是积极推进行业重大政策法规的贯彻落实。中国快递协会与各省级快递协会均开展了形式多样的《快递暂行条例》宣贯活动。协会制定了宣贯工作方案，组织快递企业高层管理人员参加国家邮政局举办的行业法治工作培训班，召开座谈会，解读条款并总结交流企业贯彻落实的做法。应邀为中铁快运、山西快递协会等单位进行专题培训授课。在全国多地进行调研，完成《快递暂行条例》宣贯情况调研报告，向国家邮政局汇报了条例实施情况。年底召开《条例》落实进展问题研讨会，分析整理出《快递企业经营活动负面清单117项》和《〈快递暂行条例〉落实工作规则131项》，受到企业肯定，两个清单对快递企业的法务实践具有较强的实用性。各省级快递协会通过专题讲座、知识竞赛、印发宣传册、电台宣讲等，加深了快递企业对《条例》的认识与了解，有力地推进了《条例》的贯彻落实。山西、辽宁、广东等多省快递协会邀请行业专家为快递企业做《条例》解读与培训。黑龙江、四川等省印发《条例》宣贯手册，并组织开展了知识问答活动。江西协会与省管局联合组织大型知识竞赛，共2万多人参赛。广州等地通过电台、电视台等媒体对《条例》进行宣讲。各省协会还利用自身的刊物和网站等渠道进行多种方式的宣传贯彻，取得了明显成效。积极落实《国务院办公厅关于推进电子商务与快递物流协同发展的意见》，协会在快递服务

现代农业、推进配送车辆规范运营、推广应用智能投递箱、推动快递包装减量化可循环、发展绿色生态链等方面，按照《意见》要求努力贯彻落实，进一步推动了电子商务与快递物流的协同融合发展。协会还出版了《2017年快递行业新增法规文件汇编》，收集整理各地关于快递电动三轮车通行的相关政策法规，编纂了《全国多地规范快递电动三轮车资料汇编》（增补本）。

二是贯彻落实新发展理念打好三大攻坚战。 中国快递协会认真贯彻落实国家邮政局关于贯彻新发展理念打好三大攻坚战部署会议精神，围绕化解重大风险、精准脱贫、污染防治三大攻坚战的决策部署，努力推动快递业转型升级和高质量发展。在防控化解重大风险方面，快递企业在强化总部安全生产责任、改善基层网点运营状况、加强寄递渠道安全风险管控、落实三项制度、信息数据安全保护以及提升突发事件应急处置能力等方面开展了大量扎实的工作，重大风险防控能力不断提升。在精准脱贫攻坚战方面，近几年来，在"快递下乡"工程的引领下，快递企业认真落实中央脱贫攻坚战略部署，在产业扶贫、服务现代农业和公益救助等方面开展了卓有成效的工作，快递企业将服务网络建设与农村电商服务体系相结合，打造出了一大批服务现代农业发展的示范项目，成为近年来快递业务新的增长点，也成为行业服务社会助力扶贫的一道亮丽风景线。协会组织广西、安徽、甘肃定西等快递协会就快递服务当地现代农业的经验进行了交流分享。在定点扶贫方面，2018年在征得捐资企业项目审核同意后，协会向哈叭气村共计拨付扶贫资金27.914万元。协调UPS继续对南五十家子蒙古族小学教学用计算机提供资助。在打好污染防治攻坚战方面，全行业绿色发展意识不断提升，快递企业聚焦绿色包装应用、包装废弃物回收、绿色网点建设等方面，顺丰、京东、苏宁等企业建立了绿色包装实验室，加强新技术新材料开发应用，推广循环快递箱，每年减少一次性纸箱、泡沫箱数亿个，电子运单普及率的不断提升，使单个快递平均包装耗材下降5%。校园快递试点纸箱回收再利用，快递企业在新能源车应用、运用科技手段降低油耗等方面也做出了各自的努力。

三是参与行业发展相关的法规政策制定。 在行业相关法规政策制定过程中，协会充分征求企业意见，及时汇集整理，先后对《快递业信用体系建设工作方案》《邮政业包装填充物技术要求》《邮件快件实名收寄管理办法》《国家邮政局关于提升快递从业人员素质的指导意见》《快递业务经营许可管理办法》等近30部法规政策，提出了意见和建议，充分发挥了行业协会在政策制定过程中的话语权作用。

（二）积极反映企业诉求，为行业发展保驾护航。

一是帮助企业解决发展瓶颈问题。 为进一步推动福建快递业发展，中国快递协会与福建省政府联合组织了一系列活动，以帮助企业解决在闽发展中的问题与困难，推动政府与企业优质项目资源对接，取得了良好的效果。快递企业在福建的土地购置问题相当棘手，多年来成为阻碍快递在闽进一步发展的瓶颈问题，协会发挥平台作用，将企业需求与政府相关资源进行了多次对接，并于11月底，在高宏峰会长率领下，多位快递企业家参加了福建省省长唐登杰主持召开的专题座谈会，出席了福建交通运输现代服务业项目对接会。会后，张志南常务副省长率各地市相关负责人与快递企业代表一起召开现场协调会，专门针对企业土地项目落地组织对接。顺丰、中通、韵达和德邦分别完成了创新产业园项目、闽赣区域总部项目、东南总部项目和东南总部智慧物流园项目的签约。中国快递协会还与福建省交通运输厅、发改委签署了合作协议，双方正在积极推进车辆通行、便利通关、服务海峡两岸等问题的解决，争取为快递业在闽发展提供新环境,创造新空间。

二是搭建企业与政府对话的桥梁。 组织快递企业人力资源部门参加人社部关于快递业劳动标准座谈会,双方就快递企业劳动用工情况及企业诉求进行了充分交流。协助人社部等部门组成的调研组,前往韵达、顺丰进行调研,深入了解快递业的劳动岗位、用工情况。参与发改委价格司组织的运输市场价格形势分析会,参加国家市场监督管理总局召开的快递行业价格政策提醒告诫会,并联合发布《关于规范快递行业价格行为的提醒告诫书》,协会在官网发布了《2018年快递业务旺季服务保障工作提示》中进行了转发。中美贸易摩擦致使关税提高,导致跨境平台产品价格上升,最终导致国际快件业务量减少,协会针对上述情况将企业意见与应对措施及时向国家邮政局进行了反映。

三是维护和谐消费者权益。 就百姓关心的智能投递柜收发快件相关问题接受中央电视台采访,引导消费者妥善解决在使用智能快递柜存取快递时遇到的问题,保护自身权益。就快递包装绿色化发展话题接受北京电视台采访,倡导包装生产企业、电商和快递企业、消费者、回收企业联手合作,大力推进快递包装物的绿色化、减量化和可循环,推进快递业的绿色发展。就消费者对快递服务的相关投诉,及时与相关企业联系沟通,协调处置,努力维护消费者与经营者的和谐关系。

(三)聚焦行业热点,推动行业高质量发展。

一是汇聚智慧力量。 组织召开2018中国快递行业发展大会,大会以"高科技助力新发展 高质量服务新经济"为主题,通过主旨演讲、发布仪式、现场对话、商务签约等形式,深度探讨了快递科技创新、绿色发展、人才培养、产业协同发展等方面的热门话题,为产业链上下游协同发展提供平台,进一步促进了产业间合作。共同主办了2018中国快递论坛,以"新时代、新梦想、新征程、新作为——快递让生活更美好"为主题,与会专家学者和企业家们聚焦进一步推动快递业转型升级、提质增效、创新发展,共同探讨了快递业由规模化发展向高质量发展的变革之路,为快递业今后更好发展贡献了智慧力量。

二是开展邮政业科技奖评选工作。 为做好此项工作,协会与科技部国家科学技术奖励工作办公室等相关部门多次沟通,广泛听取各方面专家的意见建议,印发了《邮政行业科学技术奖奖励暂行办法》,组建了邮政行业科学技术奖评审委员会和专家库,开发了邮政行业科学技术奖申报及评审管理系统,召开了评审工作启动会,完成了省级快递协会项目申报审核的培训工作。11月经过严密组织,协会开展了项目评审工作,在126个送审项目中,评选出2018年度邮政行业科学技术奖获奖项目56项,占比44.4%。其中,一等奖6项,二等奖15项,三等奖35项,特等奖空缺。

三是推动行业绿色发展。 参与全国政协"推进快递行业绿色发展"远程协商网络议政会议,委员们围绕如何推进快递行业绿色发展积极建言献策,高宏峰会长出席会议,并就政协委员们热议的相关问题做出回应。协会还为政协提供了快递业及绿色快递发展情况。以中国快递绿色包装产业联盟为平台,组织召开产业联盟高峰论坛、快递绿色包装校园推进会等活动,参加了EMS、顺丰、京东等企业组织的多项快递绿色发展活动,参与中再生协会组织的回收纸可持续发展行动倡议发布会,大力推进包装物减量化再利用,积极引导消费者实施科学有效的垃圾分类。省级快递协会在推进快递绿色发展方面也发挥了重要作用,广东协会组织绿色包装推介会,江西、山东协会组织公益环保宣传等。云南、天津、辽宁、甘肃等协会为快递企业与新能源车企、租赁公司牵线搭桥，实现以租代购，降低企业成本的同时有力推动了新能源车的普及应用。

四是关注末端服务提升。 协会始终高度关注快递末端服务能力的提升，协同省级快递协会对辽宁、江苏、广东、甘肃等地的快递末端网点经营情况、车辆通行、快递进校园、进社区等情况进行实地调研。召开"快递业发展专题分享会"，交流北京、苏州等地城市末端车辆通行管理经验。通过省级协会与相关部门的共同努力，2018年以来快递三轮车"通行难"问题在更多的城市得以解决。广东等省相继实现对三轮车通行的规范化管理。甘肃协会还为会员企业办理电子通行证，简化了办证手续。重庆协会会同交管局共同制定了快递车辆"定点、定线"行驶的区别化道路通行政策。各省协会还通过多种渠道向快递员宣传交通安全法规知识，积极引导快递企业对驾驶员开展交通法规的培训和考核工作，取得了良好效果。各省快递协会积极搭建平台，通过快邮合作、交快合作、快快合作、电商快递一体化等多种模式，推动了校园、社区及农村快递服务水平的提升。内蒙古、安徽、江西等快递协会推进快递服务进社区，共同完善末端服务设施，重庆通过股份制设立全市统一的"快递服务综合体"。近邻宝、菜鸟驿站等企业以"站+柜"相互补充的形式，在校园提供快递综合服务。"双11"业务旺季期间，协会赴甘肃、辽宁、湖南、贵州、天津、内蒙古等地看望慰问奋战在一线的快递员工，调研企业旺季服务保障工作，确保安全运行，深入了解末端投递模式等情况。参与中国教育后勤协会新业态及快递工作委员会年会，倡导多方联合推进校园快递服务发展，携手做好建设校园快递新模式，推崇绿色环保新理念、探索共建共享新政策，推进校园快递安全、智能、绿色和高质量发展。

（四）推动行业文化建设，提升企业品牌影响力。

一是提升品牌影响力。 在国家邮政局的指导协调下，组织承办第五届京交会快递服务板块展会活动，并被组委会授予"优秀行业会议活动奖"和"优秀组织奖"。十余家快递及上下游企业在京交会上集中展览展示，其高科技新产品、绿色环保理念的应用和丰富便捷的服务功能，吸引了国内外产业链、供应商和消费群体的关注，展现了行业新形象和社会影响力。签约仪式共涉及电子商务、生物医药、制造业、农业、跨境合作等众多领域的12个项目的签约，标的总额601亿元。

二是推动企业文化建设。 为活跃和推动快递企业文化建设工作创新发展，协会组织快递企业党群工作与文化建设交流会，分享企业文化建设典型经验成果。快递企业将企业文化建设与经营相互融合，有效提升了软实力，为高质量发展提供了保障和支撑。邀请《中国交通报》等三家媒体参与宣传报道企业在文化建设方面所取得的成绩。代表们还赴习近平总书记"两山"理论发源地——安吉余村，深入学习习总书记生态文明建设和绿色经济发展理念，推动快递业加快绿色发展。联合各省级快递协会组织"大美·中国新快递"2018全国摄影大赛，赛期一年。大赛第一阶段得到了企业的大力支持与积极参与，并在京交会行业发展大会上对省级快递协会和职工组第一阶段优秀作品予以表彰和颁奖。2019年2月将对参赛作品进行年度评选和颁奖。

三是加强行业宣传工作。 对社会关注度较高的行业热点问题，协会注重与媒体的充分沟通，通过媒体的传播渠道积极回应社会关切，取得了较好效果。协会对快递业绿色化发展、快递柜签收等问题先后接受中央电视台、《工人日报》、新华社《瞭望东方周刊》《南方日报》等多家媒体的采访，积极宣传行业在推进快递绿色化发展等方面所做的努力与取得的成果,增进了行业与社会的相互了解与理解,推动了消费者快递环保理念的提升。京交会期间,共有包括新华社、《人民日报》等中央媒体在内的30多家媒体到场采访报道。协会与央视二套携手开展了"厉害了我的国"之快递温暖中国大型公益活动启动仪式,组织2018年当选的"最美快递员"拍摄了行业爱国宣传短片、快递版《厉害了我的国》主题MV等,持续传递行业正能量,扩大行业影响力。

(五)扎实推进党建工作,加强协会自身建设。

一是完善制度做好党建工作。 中国快递协会党支部把学习贯彻习近平新时代中国特色社会主义思想和党的十九大以及十九届一中、二中、三中全会精神作为首要政治任务,不断加强思想建设、组织建设和作风建设。持续推进"两学一做"学习教育常态化制度化。切实加强协会党组织自身建设,制定完善了相关党建制度。坚持"三会一课"制度,坚持组织生活会制度、坚持谈心谈话制度、坚持对党员进行民主评议,组织召开了2017年度专题组织生活会和党员党建述职评议会。落实全面从严治党责任,全面加强纪律建设,加强廉政风险建设。对中央纪委公开曝光的违规违纪案例,协会党支部分别召开了专题警示教育会,开展了九个专项治理的工作。开展组织生活,增强党员党性修养。组织参观纪念马克思诞辰200周年主题展览,支部书记讲党课,带领党员认真学习《习近平新时代中国特色社会主义思想三十讲》;开展"重温入党志愿书"主题党日活动;组织参观庆祝改革开放40周年展览,集中收看庆祝改革开放40周年大会实况转播。

二是稳步推进协会自身建设。 召开了二届九次、十次、十一次理事会,审议通过了新会员入会和级别调整,增选了焦铮为协会副秘书长,增设了常务理事会,选举产生了32名常务理事,主要包括快递企业和上下游关联企业。成立了法律事务专业委员会、绿色环保专业委员会和科技创新专业委员会。三个专业委员会分别召开了第一次会议,明确了工作规则与明年工作计划。完成了民政部社会组织管理局对行业组织年检相关材料的报送工作。积极吸收新会员,不断扩大会员队伍,发展新会员达16家。为换届选举做好筹备工作,对原《章程》进行了修订,并通过了民政部预审。

三是推动省级协会改革发展。 协会分片区召开省级协会座谈会,研讨行业协会在脱钩新形势下改革发展之路,交流分享各地经验,广东、上海、天津等脱钩后的省级协会走出了自我发展的新路子,江西建立起省市县三级协会协同发展机制,湖北省协会与武汉市协会合署办公,较好地解决了会员高度重合、工作多头安排、多头缴纳会费的问题,行业协会的凝聚力与活力不断增强。协会还形成了《关于快递行业协会组织体系建设情况的报告》,向国家邮政局反映情况,并就如何构建快递行业协会与业务管理部门的新型关系,如何发挥快递协会在行业发展中的作用等方面提出了建议,受到局领导的重视,下一步人事司将对邮政管理部门如何指导监管各级快递行业协会出台指导性意见。各省级快递协会围绕行业发展中心任务,积极服务会员企业,开展了丰富多彩并富有特色的工作。组织了练功比武劳动竞赛,开展技能培训,组织体育赛事,开展慰问,各省级快递协会还在应对紧急事件,化解企业间矛盾等方面发挥了重要作用。

第九篇 人 物 志

劳动最光荣、劳动最崇高、劳动最伟大、劳动最美丽。

——习近平

在最美的时代,如花绽放

"你眼中的最美快递员是……?"

"爱岗敬业!"

"随叫随到!"

"面带微笑!"

"服务要好!"

……

2018年4月下旬,在第三届"中国梦·邮政情寻找最美快递员"活动揭晓发布会召开前夕,活动主办方——中国邮政快递报社的记者们进行了一次"定向"街采,采访对象包括经常和快递员打交道的社区保安、普通消费者、电商从业者,以及一线快递员。

几乎每一位受访者心中都有一把"最美"的标尺,这些标尺集结在一起,勾勒出一个"最美快递员"的群体形象。这段视频也被剪辑在一起,成为5月3日在北京人民大会堂召开的第三届"中国梦·邮政情寻找最美快递员"活动揭晓发布会开场视频,把大家带入"最美快递员"的故事中……

在平凡中成就"最美"

中国人信奉"仁者最美",大仁大义却往往源自平凡。当收快递已经像"柴米油盐酱醋茶"一样,成为中国老百姓现代生活的"新开门七件事",当这群最熟悉的陌生人成为经济生活中不可或缺的存在,去找寻他们平凡中的伟大,用行动让他们赢得社会的尊重,我们责无旁贷。

作为国家邮政局精神文明建设的重要品牌,本届寻找"最美快递员"活动自2016年11月启动以来,就得到了国家邮政局精神文明建设指导委员会的悉心指导和社会各界的广泛关注。各渠道推荐的"最美快递员"候选人达到639位,是第一届时的4倍多;各投票平台累计收到的网友投票接近600万张,创下历史新高,在行业内外掀起了寻找"最美"、发现"最美"、学习"最美"的热潮。

他们的美,是细水长流,润物无声。来自北京市邮政速递物流万丰路分公司房山营业部的揽投员陈艳军,他熟悉房山营业部的每一条段道,三十五年如一日,把专业服务送进千家万户。自参加工作以来,他从未出过一次因他的失误导致的差错,从未收到一起投诉,每年揽件量、行驶里程在营业部都是第一。在揭晓发布会现场接受主持人采访时,他说:"我深知送出去的每一个包裹所饱含的意义。"

他们的美,是负重前行,为爱坚守。来自韵达快递嘉峪关公司的快递员宋玉凤,是一位坚强、伟大的女性。面对生活的磨难,她咬紧牙关,照顾好家人,服务好客户,赢得属于她的荣誉。在揭晓发布会现场,她那张饱经风霜的脸始终充满着对生活乐观的微笑。唯一看到她眼中闪烁着泪花,是颁奖视频中她谈到对儿子的亏欠。主持人问她:"这些年,这么难,想到过放弃吗?"她说:"我从未想过放弃,我也没有放弃的理由,我希望给丈夫、给孩子一个完整的家。"

他们的美,是为家乡代言,让乡亲致富。来自中通快递四川西昌公司的孙光梅是大凉山的女儿,以前当过老师。如今她为快递转身,通过"快递+电商"把大凉山的优质农产品送出山,为乡亲们搭建一条新的致富路。在当天的揭晓发布会上,手捧着"最美快递员"的奖杯和证书,她依然不忘为家乡滞销的洋葱做推广。

他们的美,是不甘平庸,用逆袭演绎励志传奇。来自顺丰速运的赵立杰,曾经是一位骑着三轮车送件的快递小哥,如今是顺丰航空飞行部B757机队飞行员。他从未想过,第一次登上飞机,竟是学习如何驾驶飞机。从快递员到飞行员的跨度之大,让人觉得不可思议,但赵立杰做到了。在现场,当他说出"骑三轮车和开飞机真的不一样"时,大家都笑了。他用自己的励志故事向社会展示了快递业不为人熟知的另一面。

他们的美,是爱岗敬业,是开拓创新,是无私奉献,是见义勇为……每一个"最美快递员"的故事,都不是轰轰烈烈,既没有惊天动地,也没有豪言壮语,他们就是那样地简单、平凡、纯粹,用心去做好自己的工作,让大美无声,大爱无言!

在点滴中践行"最美"

什么才是"最美"?

"最美"是一种荣誉,更是一种精神。

国家邮政局局长、精神文明建设指导委员会主任马军胜在致辞中指出,近年来,快递业之所以能够不断书写新的奇迹,依靠的正是300万从业者在风霜雪雨中最平凡的坚守、最平凡的奉献。可以说,他们都是"肩上扛道义、脚下破万难"的"最美"代表。

这些"最美"代表是寻找"最美快递员"活动评审委员会优中选优的结果。今年3月,被推荐的639位"最美快递员"上网接受公众票选,从中遴选出100位进入第二阶段投票,并最终确定50强"最美快递员"个人和团队进行公示。在公示期间,有2人因存在异议未能通过,最终有48强获邀走进北京人民大会堂,见证属于300万行业从业者的光荣与梦想。

寻找"最美快递员"活动坚持公平公正和注重事迹原则。4月上旬,由业内专家、媒体代表、消费者代表和上一届"最美快递员"代表组成的寻找"最美快递员"活动评审委员会,从48强中投票产生前15强,报国家邮政局精神文明建设指导委员会最终审定10位"最美快递员"个人和2个"最美快递员"团队名单。

马军胜表示,改革开放40年来,邮政业依靠敢闯敢干、自我革新的勇气和担当,实现从改革的"受益者"到"领跑者"的历史跨越,服务能力和服务水平大幅提升。要实现国家邮政局党组提出的"两步走"建成社会主义现代化邮政强国的目标任务,需要全行业从业者主动承担起责任和使命,把寻找"最美快递员"活动所倡导的"最美"精神融入本职工作中,弘扬行业真善美,传播行业正能量,见证、开创和建设我们的新时代,实现高质量发展,共同擦亮中国寄递名片,为建设社会主义现代化国家发挥应有作用。

他强调,实现高质量发展,需要我们对标"最美",坚持高标准,加快高质效的现代化供给体系建设;实现高质量发展,需要我们传承"最美",坚持高水平,强化以人民为中心的服务体系建设;实现高质量发展,需要我们弘扬"最美",坚持高效率,推动行业创新驱动发展;实现高质量发展,需要我们培养"最美",坚持高要求,提升行业人才资源保障能力。

"最美"不仅是一种精神动力,更应该转化成全行业高质量发展的核心竞争力。马军胜还寄语"最美快递员"们,"珍惜荣誉,努力学习和工作,在各自岗位上继续拼搏、再创佳绩,用干劲、闯劲、钻劲鼓舞更多的人,激励广大劳动群众争做新时代的奋斗者"。

5月,鲜花怒放,正是最美的时节。

5月,礼赞劳动者,我们致敬"最美快递员"。

唯愿,如马军胜在致辞中所言:让我们行动起来,发现"最美",争当"最美",让每一条快递之路都留下"最美"的奋斗脚印,开出"最美"的幸福之花。

获奖名单

● **"最美快递员"个人**(10名)

陈艳军(邮政EMS)
宋玉凤(韵达速递)
张叔珍(申通快递)
郑冬冬(苏宁物流)
田追子(圆通速递)
宋学文(京东物流)
孙光梅(中通快递)
赵立杰(顺丰速运)
孙季冬(圆通速递)
李朋璇(百世快递)

● **"最美快递员"团队**(2个)

速尔上海中心操作团队
圆通速递四川眉山团队

● **"最美快递员"48强名单**(以姓氏拼音为序)

阿尔达克、巴晓东、陈蓉、陈艳军、池菊香、崔峰、丁强、董伟、段赟、樊汉高、高志国、龚鹏程、胡科纪、李朋璇、刘飞、罗书坚、彭波、宋学文、宋玉凤、孙季冬、孙井堂、孙光梅、谭裕品、田追子、汪成良、王东泽、王海兵、王帅、王天来、王洋、卫秀峰、徐英、翟秋云、张夫森、张连波、张叔珍、张义标、张振振、赵立杰、郑冬冬、郑宏兰、周玉富、朱有敏、邹春勇、速尔上海中心操作团队、申通浙江湖州团队、顺丰湖北武汉团队、圆通四川眉山团队。

陈艳军:"我愿意一直坚守在一线"

评审委员会授予陈艳军的颁奖词:

你是行业老员工,35年坚守,把专业服务送进千家万户。你是"万能大替王",50余载人生,让工作技能代代相传。人员短缺,你主动请缨勇挑重担,助力新公司站稳脚跟;困难重重,你深入一线摸爬滚打,带领年轻人拓土开疆。俯下去，你是责任担当；挺起来，你是企业脊梁。

"获得'最美快递员'称号很意外，我一直觉得自己是个平凡的人，干的也是最平凡的事儿，没想到能得到这么高的荣誉，真的特别激动。"今年53岁的陈艳军是北京市邮政速递物流万丰路区域分公司房山营业部的一名揽投员，是一位土生土长的房山人。他从1982年进入北京市房山区邮政局成为一名邮政人以来，一直勤勤恳恳、兢兢业业、任劳任怨，在一线岗位上一干就是35年。

三十五年如一日的坚守，源自父辈的耳濡目染。"父亲是一名老邮政，在这行干了一辈子。"陈艳军说，从小看见父亲那身"邮政绿"，就觉得特别帅。父亲喜欢集邮，每逢周末闲暇时会整理心爱的邮票，他就在旁边静静地看着。"我从小就想当一名邮递员。参加工作后，父亲当年的很多工作作风和思想也一直深深地影响着我。"陈艳军说。

房山营业部地处北京西南，投递面积1800平方公里，日均进港件4100件。每天7时，陈艳军准时到岗开始班前准备、分拣下段；8时，他载着满车的邮件出班，每天超过12个小时奔波在邮路上，平均行程超过120千米，最多时超过300千米。他所服务的道段内既有住宅小区，也有工业区，还有建制村，有的路段地势险峻，狭窄到仅可通行一辆汽车。一侧是悬崖，另一侧是峭壁，多雨时节峭壁上经常会有石块滚落。有时为了送一件邮件，他要先开几个小时的车来到山脚下，再背着邮件徒步到村里投递。

35年的积累，房山营业部的每条道段，都深深地印在了陈艳军的脑海里。更难得的是，参加工作以来，陈艳军从未出过一次因他的失误而导致的差错，也未收到一起投诉，每年揽件量、行驶里程在营业部都是第一。"手里有再投邮件我心里不舒服。只要能及时把件送到客户手里，让客户满意了，我晚一会儿下班也没什么的。"他说，每一件邮件都是客户的一份支持，也是一份信任，一定不能辜负。

每逢节假日、"双11"等业务高峰期，为保证邮件当天送达，陈艳军比平时来得更早、走得更晚，有时甚至奋战到深夜。虽已年过半百，但他干活的劲头丝毫不输小伙子们。由于长年累月搬着重物上下楼，加之山路难行，2015年，陈艳军被查出膝盖半月板受损，当时医生劝他做手术，领导和同事也让他休养，可不服老的陈艳军硬是一天都没休息。他说："这点小毛病不算什么，这山路我走了几十年了，每步走得都踏实，保证摔不了肩上的邮件。"

说起这些年的工作感受，陈艳军说是"累并快乐着"。"干这一行很辛苦，每天早出晚归，工作时间也长。但一辈子都在这儿工作，跟大伙儿都处出感情了，很多客户都成了朋友。有时候也会觉得累，但很充实很快乐。"除了每天正常的收派件外，陈艳军也力所能及地帮助乡亲们。河东桥村的张大爷腿脚不便，子女均不在身边，陈艳军就经常帮他采购一些生活用品。"我是房山人，这是生我养我的家乡，能给父老乡亲帮个小忙，我心里高兴。"

这些年，陈艳军觉得最愧疚的，是自己对家里的照顾太少了。"去年母亲腿受伤了，由于工作原因也没能一直守在身边照顾母亲，但她老人家非常理解我，家里人也都很支持我的工作。"陈艳军说，这么多年一直坚持在一线工作，如今获得"最美快递员"的称号他很开心，工作也更有干劲儿了，"只要身体允许，我愿意一直坚守在一线"。

宋玉凤:"北京,下次见"

评审委员会授予宋玉凤的颁奖词:

> 守护病床,为亲人吃遍所有的苦;早出晚归,为用户换来最多的甜。生活磨难,你报以坚强与成长;工作挑战,你报以奋斗与感激。负重前行的你,心中那不灭的火,照亮了自己的心,照亮了脚下的路,也让我们每一个人,重新审视生命的厚度。

"采蘑菇的小姑娘,背着一个大竹筐,清早光着小脚丫,走遍森林和山岗。她采的蘑菇最多,多得像那星星数不清……"在甘肃嘉峪关韵达速递快递员宋玉凤的记忆中,童年是清晨祁连山北麓山丹军马场的蘑菇圈,一圈圈,一弯弯。天刚蒙蒙亮,她就背着姐姐从四川带回来的小背篓上山采蘑菇,直到把小背篓装得满满的再也装不下时,才会回家。年少时的她,有着主动缓解一家7口人生活压力的懂事;成家后的她,肩上的担子似乎更重了,但却从未想过放弃。

她很爱笑,笑起来眼睛弯弯的,很好看,眼睛里有一种坚韧的光亮,生活的重压深深地刻进她眼角的鱼尾纹里。2009年,宋玉凤的丈夫在进行浇筑钢铁的工作时,不幸被烧碱喷到眼睛,造成视力严重下降,并发脑神经萎缩,导致生活不能自理。2015年,公公又患上了阿尔茨海默病,加上无儿无女、年老多病的姑姑和还在上初中的儿子,照顾全家人的重任都落在她一个人的肩上。她的收入也是一家人唯一的经济来源。纵使有着铁肩硬膀,但那也是"千斤重担",更何况彼时的她不过30多岁。

她说:"面对生活重压,有过烦闷,有过生气,也有过抱怨,但回过头来,该做的还得做。"

命运的挑衅,对她来说唯有以坚持还击。

2014年,宋玉凤加入韵达速递,当起了快递员。风里来,雨里去,与人接触,她的性格也变得开朗起来。快递工作除了给予她一份收入,更间接帮她排解了部分精神压力。她工作兢兢业业,不管刮风下雨,每天早出晚归,力争投递无差错,连续被评为优秀员工。她的笑容感染着周围的每一个人,乐观向上的精神不光照亮了自己的心,也照亮了脚下的路,更让我们每一个人重新审视生命的厚度。

对于那躺在病床上、怜惜她、又帮不上忙、偶尔还想逞强的丈夫,她说:"只要有一线希望,我就不能放弃他。"每周定期给丈夫洗漱,在外面送快递时看到好吃的记得带给他,还鼓励他要坚强。2009年至今,花去的医药费早已超出了这个家庭的承载能力,但她不抛弃、不放弃。他们一路走了过来,她给予这个家庭的除了经济上的延续,更有精神上的支持。

女子本弱,为母则刚。在揭晓发布会现场,主持人问她:"你想过放弃吗?"她笑着回答:"我从来没有想过放弃,我也没有放弃的理由。只要一家人在一起,再苦再累,我也不怕,我想给我的孩子一个完整的家,一个有爸爸、有妈妈的家。"

在发布会后,活动组委会组织"最美快递员"游览天坛公园。看着园内的古柏,宋玉凤颇有感触,她说:"我们西北的松柏是笔直的、高高的,使劲仰起头来也不一定能看到树尖。"这个生于西北、长于西北的女人如同松柏一样坚强不屈,正直、朴实,富有韧劲,正是因为这样,生活才会苦尽甘来。

在采访过程中,她一再跟记者重复,她做的大多数都是为家庭而付出,没有多伟大。但殊不知就是这种坚持,就让我们每个人肃然起敬。

回程的那天，她在微信朋友圈里写道："我的祖国！我的首都！我的北京！我走了，我一定还会来看你的……"为什么还要去北京？她说："如果有一天能够真正为快递事业做出一些实实在在的贡献，那样再一次到北京（领奖）会更高兴、更幸福。"

张叔珍："做好本职工作，担起岗位职责"

评审委员会授予张叔珍的颁奖词：

安全面前，你耳听六路眼观八方，把安全理念融入血液里。日常工作，一丝一毫隐患都不放过；G20安保，夜以继日奋战绝不松懈。以安全为基，以责任为桩，编织出一张牢固的安全网。你和300万快递从业者一起，守护安全，守护责任。没有人知道你，但你就在亿万用户的身边。

"做好本职工作，担起岗位职责。"

这是张叔珍的价值观。看似简单的12个字，并不是所有人都能100%做到，但浙江嘉兴申通操作安检主管张叔珍却做到了极致。

2016年11月11日是张叔珍最难忘记的日子。这一天，她在岗位职责和家庭责任的抉择中，选择了前者。9时20分，儿子开始手术。此时，张叔珍已经工作了两个多小时。此前，公司领导已经同意并劝说她回家照顾孩子，但作为操作安检主管的她深知肩上责任重大。经过激烈的思想斗争，张叔珍决定坚守岗位。"那一天，我一边流泪一边工作。"此后两天，她每天都连续工作近20个小时。她把同事们分成两班倒，自己却始终在岗。

这只是张叔珍近6年快递职业生涯的一个缩影。申通快递为她作出这样的个人评价：做事，不争抢不张扬，默默无闻，坚守平凡岗位；做人，不记仇不计较，助人为乐，集体高于个人。

同样是2016年，G20峰会召开期间恰逢中秋佳节，嘉兴是杭州周边的全国月饼主要产地之一，张叔珍所在的嘉兴申通每天从各电商客户处接到的发货任务有近10万件。面对如此巨大的工作量，她一丝不苟，带领操作部全体同事，每天工作14~15个小时，克服了重重困难，保证出港的每一件快件符合要求。

那段时间，张叔珍像一棵遮风挡雨的大树，把根扎在了操作安检现场，每天只休息四五个小时。由于连轴转，人累病了，高烧39度多。公司安排她休息，但因不放心工作，张叔珍放弃了，去医院挂完吊瓶后又出现在工作岗位上。

张叔珍的快递职业生涯并不算太长，但她对这个职业的理解却非常深刻。她说："快递的重复性操作比较多，考验人的耐力。我的成就感来自于让每一件快件安全快捷地到达客户手中。"

谈到获奖感受和未来的职业规划时，张叔珍告诉记者，她感到很骄傲，这份殊荣属于所有的申通同事，今后的工作还要做得更好。她说："不是每个人都有光鲜亮丽的舞台。做好自己的事，担起应该承担的责任，就是我的价值所在。"

工作为张叔珍带来荣誉，但也让她奉献很多。她嗓音沙哑，却并非天生。快递企业分拣中心作业面积大，"通信基本靠吼"是张叔珍工作的常态。"嗓子是工作时喊哑的，医生说已经不可逆了。领导为了照顾我，特意配了一个扩音器。"她说。

张叔珍的工作需要高度责任心和严谨的工作态度，但生活中的她却并不像工作时一样不苟言笑，反而乐观开朗、和蔼可亲。在揭晓发布会现场，她很快就和孙光梅、宋玉凤、陈玉等来自其他快递企业的女性快递员打成一片,彼此有说有笑,互相善意地"嘲笑"对方在领奖发言时的紧张和羞涩。

未语先笑是张叔珍的一个习惯性动作。记者对她进行采访更像是两个熟悉的朋友在拉家常。她以诚待人,话里没有豪言壮语和华丽辞藻,所说之事却让人陡生敬意。采访结束时,她非常真诚地对记者说:"小兄弟,谢谢你。"

郑冬冬:那双温暖的大手

评审委员会授予郑冬冬的颁奖词:

你是真正的勇者,在危难面前挺身而出;你是真正的善者,素昧平生却施以援手。车辆失控,4人落水,"救人!救人!"水有多深,冰有多冷,无暇思索。你不靠蛮干,善用智慧,用勇敢和善良温暖了被救者的回家路。凡人善举,为新时代点亮又一盏心灯。

25岁的河南信阳小伙郑冬冬,腼腆、淳朴。当很多人为他"出手相救坠塘车辆"的行为点赞时,他都"不合时宜"地补上一句:"是帮助,不是救。"

时间回到2018年1月3日,河南信阳下起了大雪。16时左右,苏宁物流快递员郑冬冬在派件路上看到前方车辆失控冲出路面掉入水塘,赶忙停车救人,把4人从1米多深的冰冷水塘中拉上岸。脱险后,郑冬冬又驱车把他们送到30多千米外的亲戚家安顿好,才放心踏上回家的路。那时,已经是23时。

在揭晓发布会现场,当主持人问他:"危急关头,是什么让您义无反顾地冲上去?"郑冬冬说:"当时那个情况来不及多想,我想是下意识的反应吧。那个小姑娘和我儿子差不多大,我感觉当时情况挺危险的。希望更多的人碰见这种事情都能挺身而出。"

冬日里,那双援手应该是充满力量和温暖的。记者在寻找"最美快递员"活动揭晓发布会现场也握到了这双手——厚实而充满力量。这双满是老茧的手与他25岁的年龄看起来很不相称。

郑冬冬加入苏宁物流1年多的时间里,主要负责信阳市30余个乡镇地区的物流配送,平均每天要驾驶卡车行驶一二百公里,将苏宁易购平台上的大小电器等商品送到乡亲们的手中。"每天都要送100多件包裹,大的有冰箱、洗衣机,小的有手机、台灯。最远的乡镇要走70多千米,有不少都是山路,不好走。"郑冬冬对记者说,"去年'双11',到了24时还在乡下送件,有的收件人开门说我是'神经病'。没办法,我都走到那儿了,总不能再拉回去吧,而且第二天还有那么多的货。"

在做快递员之前,郑冬冬就从事物流行业,搬的货物更重。就是在这样的环境中,他的双手变厚变糙,也变得更有力量。郑冬冬告诉记者,5年前,他还是一个体重55千克的"追风少年"。

"其实这不是我第一次来北京。我从小就有一个梦,长大后一定要去趟北京,去亲眼看看天安门。5年前,当时的我还酷爱运动,爱骑着自行车旅游。于是8月的一天,我和好朋友决定骑着自行车去北京。"说起当年的往事,郑冬冬的话多了起来,"我们带着帐篷,就在酷暑中向着北京出发了。"风餐露宿,经历了8天、1000多千米的艰难骑行,郑冬冬和朋友终于来到了儿时就向往的首都北京,来到了天安门广场。当时的他,激动之情难以言表。

"第二次来北京,我是坐着高铁来的,而且竟然走进了人民大会堂,我连做梦都没有想到。

公司通知我的时候我都愣了。"郑冬冬腼腆地笑着说。

接过"最美快递员"的奖杯和证书回到台下,郑冬冬的双手一直紧握着奖杯,时而端详,时而摩挲,就这样低下头很久。虽说"出手相救坠塘车辆"是他获得"最美快递员"称号的原因,但他更希望这些年来在快递物流行业的打拼得到肯定。

郑冬冬说,从事快递物流工作后,他就再没有时间碰自行车了,当年无忧无虑、骑自行车到北京的"追风少年"已不再。而且,他已经成家,孩子也有1岁多了,他要尽可能为这个家创造更好的条件。当记者问他这一年来休息过几次时,郑冬冬低头想了半天说"只有几次"。

"我儿子1岁多了,我很少在家陪他或带他出去玩,都是他妈妈在家操劳。我想很多快递员都和我一样吧。"

田追子:"搞发明可以激发干事创业的热情"

评审委员会授予田追子的颁奖词:

木牛流马,巧夺天工,小小快件也能孵化行业重器。发明6种智能设备,节省七成人工,缩短1个小时,你废寝忘食,为的是用才智解放双手、破解难题;你焚膏继晷,让科技创新的种子在行业里落地生根。你是一股清流,吹来善学习肯钻研的学习之风;你又是一把钥匙,必将解锁更多快递新技能。

瘦削、沉默、稳重,这是"快递发明哥"田追子给记者的第一印象。

他是坐早班飞机从西安飞到北京的,接受记者采访时眼中露出难以掩饰的疲惫。谈及获奖感受,田追子表示,这是一份特殊的荣誉,但自己将始终保持一颗平常心。而说起自己的快递故事时,他一贯平淡的语气中有了起伏。

田追子早年投笔从戎,退伍后到北京学习计算机专业技术。他说:"2008年-2009年,我在北京学习时觉得快递这行未来有发展,就想着要做这一行。"田追子投身快递业的另一个原因是,他和妻子共同商议,要做一个"不做坏事又能挣钱的行当""要有一定的公共服务性质"。完成两年的学习后,2010年5月,田追子回到西安,加入圆通,成为一名快递员。

说起这些年最难忘的工作经历,田追子有些犹豫地问记者:"可以说不好的事吗?"在得到肯定的答复后,他吐露了心扉——2012年,网点一件发往浙江余姚的快件在上海浦东机场丢失,寄件人声称货值10万余元。但是寄件人并没保价,可获得的最高赔偿只有2000元。本着对寄件人负责的态度,朴实的田追子夫妇坐飞机沿着快件的运输路径一路找下去,但最终没有找到。双方商议后,田追子赔偿给寄件人近3万元。"当时,我一个月只挣几千块。"事隔多年,田追子说起此事仍难以释怀。

在这一行,田追子收获的更多的是成功和喜悦。他没有想到,两年的计算机专业学习给他的快递人生带来难以想象的惊喜。

2017年4月,为帮助网点削减开支、提升处理效率,圆通西北管区管委会决定自行研发自动化设备。田追子和他的团队经过苦心钻研,开发出上下车自动扫描机、传送带自动称重机等6种智能设备,可以节省七成人工和1小时操作时间,在生鲜寄递等新业务中发挥的作用尤为明显。

从军人到快递员,田追子转了一个自己也没想到的大弯;从快递员到发明家,则是田追子让所有人都没想到的华丽转身。

"谁能想到快递员要用到计算机知识,我本来以为自己会去卖电脑。"田追子打趣说。他告诉记者,自己的计算机专业知识在发明过程中发挥了非常重要的作用。

丰富的快递员工作经验让田追子更加熟悉一线工作环境,他所研发的自动化设备因此非常适合在基层网点推广应用。这也给了他继续在发明创造之路上走下去的坚定信心。"我会继续在快递这一行干下去,也会继续研发新的设备,希望能在更多网点推广。"田追子说。

知识和经验固然重要,但在田追子看来,更重要的是思维模式。"自动化设备再先进,也只是工具而已。重要的是,发明可以激发干事创业的热情,并且能培养发现问题、研究问题和解决问题的思维模式。"他说,"只有培养这种思维模式,才能不断提升日常工作效率。"

宋学文:让包裹更有温度

评审委员会授予宋学文的颁奖词:

行走32万千米,你用脚步诠释执着的意义;送达22万个祝福,你用微笑表达初心的内涵。连续7年无差评,快递在你手中有了"温度";勤劳、奋进、担当,你成为劳动者的代言人。对你来说,快递很"小",每一项操作都熟稔于心;快递又很大,你在这个行业里不断耕耘、探索、收获。

继2017年获得全国"五一劳动奖章"之后,"最美快递员"的荣誉称号再次对宋学文多年的辛勤付出作出了肯定。如今的宋学文虽然离开了一线配送岗位,成长为一名配送站长,但"让包裹更有温度"仍然是他从业的宗旨。

在人民大会堂四层的露台上,近1年来接受过无数媒体采访的他仍然难掩兴奋。

"这还是我第一次走进人民大会堂。"宋学文一边高兴地举起手机拍天安门广场,一边与记者"闲聊","去年'五一劳动奖章'本来是要在这里颁发的,但好像临时有活动,改在了别的地方。"寻找"最美快递员"活动弥补了宋学文心中的遗憾。

在京东物流北京鼎好配送站做配送员的6年时光里,宋学文在平凡的岗位上做出了不凡的成绩,配送时长超过1900天,累计送出超过22万件包裹,配送总里程超过32万千米,始终保持着服务零差评。在中关村的几座办公楼里,他是京东物流的"代言人"。

如今,不做配送员当站长,宋学文肩上的担子更重了。"以前做配送员不用考虑那么多,把快件送完就基本完成任务了。现在虽然不用整天出去跑,却要整天盯着电脑屏幕,看数据,看指标,严格把控服务质量。"宋学文说,"因为要对每天的数据进行整理和总结,走得比快递员更晚,经常要到21时以后才能回家。"

配送员和站长,职位不同,初心没变。"都是为了让包裹更有温度,让客户更放心。"宋学文对记者说。

站在寻找"最美快递员"活动揭晓发布会舞台上,宋学文谈了自己对"温度"二字的理解,他说,在平时的工作中,除了保障包裹安全、在有效的时间内送达外,还会做一些其他的亲情服务,比如节假日给客户发一条短信提示,天气不好提示出门带雨伞、带雨具,客户的习惯总会牢记于心等,让客户除了感受到快递的速度,更感受到包裹背后的温度。

然而,殊荣背后,是除了自己别人无法体会的付出。

从业7年,宋学文很少有休息的时间,不用说跟家人来一场说走就走的旅行,就连一天的休息时间也是难能可贵。如今作为站长,他更是以身作则,最早一个来,最晚一个走。宋学文家住北京房山,每天往返中关村站点需要4个小时,于是他每天的作息时间就成了"朝五晚九",过着与家人"不见面"的生活。"我儿子今年8岁。从他1岁多开始,我就很少陪他了,主要是他妈妈辞掉工作一直照看着他。"说起自己的孩子,这位来自内蒙古赤峰的汉子无奈地一笑,"五一的时候我买了几张儿童剧场的票,儿子还以为我要陪他一起看演出呢,一开始特别高兴,最后却只有妈妈陪着他,看得出来他很失落。"遇到电商快递旺季,宋学文基本住在站点,和同事们一起打地铺。"去年'6·18''双11''双12'期间,我基本没回家,每天就住在站点里,一忙起来根本没有时间。"他说。他也曾向总部申请调到离家近一点的房山区工作,但没有成功,理由是这里离不开他这个中关村的"代言人"。

每天仅休息五六个小时、还会经常失眠的宋学文在日复一日地忙碌着、奔跑着,即使是到人民大会堂领奖,他的手机也在频繁地震动,电话那头,是客户的事、站点的事……

但无论多忙,宋学文仍保持着微笑,淡定而从容。

孙光梅:"我为凉山一线农民代言"

评审委员会授予孙光梅的颁奖词:

大凉山深处,你为快递转身,从零开始,愈挫愈勇。增人手、扩网络,撸起袖子加油干;找农户、挖特产,拓展产业不放松。你盘活了网点,凝聚了人心,行业为你赋能,你为行业添彩。你是深山快递拓荒者,也是乡亲致富带路人,你用奋斗诠释了什么叫作幸福与青春。

20年前的她,青涩胆怯,大学第一次在全班同学面前作自我介绍时,连话都不敢说;如今的她,果敢坚毅,有爱心,有想法,有魄力,带领团队以及大凉山的乡亲们闯出了一条致富路。

她叫孙光梅,中通快递四川西昌公司负责人。1988年,师范学校毕业后,她顺理成章地站上三尺讲台,成为一名教师。因为编制问题无法解决,她先后卖过烧烤,批发过啤酒,当过水厂工人……2008年汶川大地震,从宁静安详到一片虚无,震后人们心理创伤的恢复比基础设施的重建要更难。当时,孙光梅就在汶川,她的第一个孩子已经5岁。满目废墟让孩子的童年变成了灰色,心里的创伤久久不能愈合。换个环境是不是会好点?于是,一家人又回到了大凉山。

再次择业已是2010年。这一次,她选择的是快递业。进入中通,她接手了中通四川西昌公司,从基础做起。2016年年初,经过对各个电商平台3个多月的摸索学习后,孙光梅决定成立电商小组,在网上销售农特产品,帮助当地农户解决销路问题。"开疆拓土"不易,最开始的时候,乡亲们不了解电商,不信任她,孙光梅就一次次地解释,一家家地拜访。经过几年深耕,她和家乡父老的合作越来越融洽,电商订单和快递业务量也节节攀升。因为带领乡亲们走出一条"快递+电商"的新型致富路,她被乡亲们亲切地称为深山里的快递"拓荒姐"。

之后的转变令人意想不到,从成立分部,到设立操作部,再到升级门店、开拓新店,她的革新创变华丽惊艳。就在参加完寻找"最美快递员"揭晓发布会后的当天,她连夜从北京赶回了西昌。第二天,她依托中通平台,"快递+电商"新的线下实体店又开张了。

在北京期间，孙光梅还一直挂念着家乡滞销的土特产。大凉山地形复杂，山高路远，本身交通就不方便。近期，受地质灾害影响，G5京昆高速雅西段瓦厂大桥因不具备安全通行条件被无限期进行交通管制，只剩下一条国道可以走，但国道也是限时单向通行，快递时间成本从1天变成了2天。这对本就因交通不便经常滞销的农产品来说更是雪上加霜。外面的运输车不愿意进来，里面的农产品出不去，大凉山的农产品严重滞销。"我们快递不能停，停了大凉山的农民可怎么办？"孙光梅急切地呼吁。

在寻找"最美快递员"的领奖台上，她告诉大家，虽然大凉山和之前相比路况改善了很多，但是需要帮助的人还有很多。大凉山农产品滞销，她比谁都上心。两个月前番茄滞销，她为帮助一家有3个重病患者的乡亲早日拿到钱治病，尽心尽力销售2万多斤。现在大凉山的洋葱滞销，她在颁奖现场就呼吁在场所有人为大凉山的农产品能够早日走出大山尽一分力。

她说："我是农民，我来自农村，我为凉山一线农民代言，我叫孙光梅！"她的质朴、她被人铭记不无原因。

在采访的最后，她告诉记者，所有的改变都是因为母亲的突然离开。当心里的一棵大树倒下，自己便学着做一棵大树。而现在的她，是家人和乡亲们的大树。

赵立杰：未来云端有无限可能

评审委员会授予赵立杰的颁奖词：

从快递小哥到飞行员，你用"逆袭"书写成长的奇迹。2800小时夜航时数，12载筑梦孜孜以求，你耐住枯燥寂寞，扛起如山责任。从"北京时间"到"欧洲时间"，从"地面"到"天空"，你用笃行的脚步诠释着梦想的力量，用冲上云霄的斗志，续写着新时代快递从业者的砥砺奋进。

一袭白色飞行员制服，两肩格外显眼的"三道杠"，笔直的身姿和阳光的笑容，笑起来露出一口洁白牙齿，站在领奖台上的赵立杰展现着飞行员的飒爽英姿，亦流露出快递小哥的憨厚朴实。

今年35岁的赵立杰，已是一名有着近10年飞行经验的飞行员。而曾几何时，他对飞行员的概念还仅仅停留在小时候看过的战争片中，那时的他甚至连飞机都还没坐过。站在人民大会堂，捧着手中的奖杯，赵立杰分享自己第一次飞上天空时的感受，他脑海中浮现的依然是"经过两年的艰苦学习和训练，真正面对飞机内上百个按键仪表，脑中一片空白，操控的飞机像醉汉一样摇摇晃晃"的囧状。

"人们看到的都是飞行员精神抖擞、帅气光鲜的外表，殊不知背后是数年如一日的磨炼与积累。"赵立杰说，寻找"最美快递员"的揭晓发布会结束后，他将立即启程参加"模拟机训练"，这不仅是他晋升机长的"必修课"，更重要的是这样的训练能让他具备在今后飞行中处理各种突发情况的能力，从而保证飞行的安全。而长期以来，赵立杰都以安全飞行为己任，并注重飞行技术的不断提高。

"不想当机长的快递小哥不是一名好的飞行员。"作为通过公司内部招飞选拔出来的顺丰航空第一批飞行员，赵立杰除了感慨自身的幸运之外，对飞行的渴望和对改变的执着为他的梦想成真输送着源源不竭的力量。"也许有人觉得长期闷在驾驶舱里是很枯燥的，但每次都有不同的目的地，挑战过后，这份工作也在不断开拓我的眼界。"赵立杰说。

"开飞机真的和开电动三轮车不一样……"在揭晓发布会现场,赵立杰"接地气"的耿直回答,引得在场观众一阵欢笑。赵立杰说,飞机可以将他带到电动车无法到达的地方,而与12年前送快递时的自己相比,除了肩上的责任更重、压力更大以外,也没有太多不一样的地方,最终都是为了将快件安全准确地送达目的地。"每次飞行都是一次挑战,安全最重要。只有保证安全,才能保证快件安全送达",赵立杰说,货机飞行夜航较多,为了保持良好的工作状态,他白天睡眠,夜间清醒,以至于休息时间陪伴妻子和孩子的时候,也经常会弄得"黑白颠倒"。

从大学生到快递员,从快递员到飞行员,在他自己看来,每一次改变都是一个新的开始——"快递员"带他迈出了职业生涯的第一步,并坚定了他的选择;"飞行员"带他打开了梦想之门,并牵引着他一路向前。未来,他对自己的要求是要飞在空中,更要脚踏实地。

由于民航局规定货运飞机飞行时间为20时到次日8时,赵立杰说他也因此收获了许多意想不到的美好:繁星闪烁的夜空,壮美绚烂的晨曦,蓝天白云间,巍峨山川上,他时而呼啸而过,时而平稳地浮游在万米高空……而他也不再是当初那个坐在驾驶舱内懵懂慌乱的少年,当梦想成为现实,值得期待的是,他未来云端的无限可能和他的故事所能激励的那些播种了希望的少年心。

孙季冬:"把日常的工作做到极致"

评审委员会授予孙季冬的颁奖词:

在平凡中非凡,在超越中卓越。每一个包裹都是你的作品,每一次重复都是一次精进。你把每一天工作都当成比赛,把每一次比赛都当成工作。工作的责任田里,你播撒下汗水;竞赛的加速度里,你收获一片森林。你用精心服务诠释着工匠精神,"全国技术能手"是对你最好的描刻。

"我有点强迫症,做什么事都是一板一眼的,比较注重细节,而这个性格刚好与快递精细服务的要求相契合。今天之所以能获奖并能得到这么多人的认可,我只是比别人幸运了一点点。同时,也要感谢一直努力的自己。"刚一见面,孙季冬就打开了话匣子。

来自圆通速递山东潍坊经开区分部的孙季冬,2011年进入快递业。之后,因为看好行业发展,他承包了一个网点,用1万元、1辆小货车开启了自己的快递创业路。如今,他所管理的分部已经有10名员工,每天进出港快件达2000件,是潍坊的模范分部。而关于他的更多故事还要从一场大赛说起。

在2017年中国技能大赛——全国邮政行业职业技能竞赛决赛上,孙季冬从来自26个省(区、市)的70名参赛选手中脱颖而出,获得一等奖,被授予"全国技术能手"荣誉称号。这次大赛是邮政体制改革以来,国家邮政局首次主办的国家级竞赛,也是全行业规格最高、参与范围最广的技能比赛。孙季冬获得的一等奖的含金量不言而喻。

"参加比赛就是想证明一下自己,看看自己到底有几斤几两,最好能让自己在大赛中受点打击,可没有想到最后竟然得奖了。大赛中有很多种子选手,我应该算是'最黑'的那个。"提起参加大赛的初衷,孙季冬自嘲地说,"我觉得比赛和平时没什么两样,比赛的项目在平时的工作中也都有体现,无非就是速度更快一些。"

在这些年的一线摸爬滚打中,孙季冬总结摸索出了一套经验。每次派件前都提前准备好收据和零钱,派件后收回的快递面单经他手整理后,不亚于新面单的整齐。拿切割胶带来说,他心里也有一把尺。"要用7厘米的胶带,这个长度正好是在手掌的某个位置,然后记住这个位置,等慢慢熟练后基本上就不会出问题了。"他一边说一边用手比画着。

"其实没有那么复杂,我们每天都接触这些,时间长了也就熟练了,就像吃饭喝水一样简单。"孙季冬说。这股认真劲儿让他收获了很多,也让他成长了很多。现在的他,在思考问题的时候会考虑得更加全面,做事情会预先规划,评估一下风险等级和可能性,然后再去分析并找到解决问题的办法。

"干快递这一行确实很辛苦,从早到晚地忙,有时候同学聚会我都没时间去。刚开始大家都不看好,可现在都对我刮目相看了。尤其是大赛获奖,获得公司总部的奖励,再到这次获得'最美'称号,这些都是我以前想都不敢想的事儿。来之前我还跟朋友开玩笑说,这次北京行就是我人生的巅峰,朋友们却说以后会更好。其实我知道,他们是看好快递业的发展,我们有幸赶上了行业发展的好时机。"孙季冬说。

在揭晓发布会现场,他在发表获奖感言时这样说道:"我是从一线成长起来的快递小哥,所有一线快递小哥都有自己的拿手绝活,我只是其中之一而已。我们只是把日常工作精细化、精致化,往极致去做,用一种工匠精神去做而已。"

李朋璇:为家乡努力,我从不放弃

评审委员会授予李朋璇的颁奖词:

从卓里镇到中南海,相距880千米,你的建议一键直达。195字留言,字字朴实;8分钟的发言,句句真切。多少农产品从你手里寄向全国,多少果农因为渠道畅通而满脸笑意,"画大同心圆、拓宽致富路",也因你的努力少了后顾之忧。邮政行业法治进程的重要一步,你的努力,不可或缺!

5月3日,李朋璇又一次来到了北京。此时,距离他上次来北京,获邀走进中南海当面向总理提建议,不到100天。但就在这近100天里,他的工作和生活发生了很大的变化。

这一次,李朋璇是来领奖的。在第三届寻找"最美快递员"活动中,他在公众票选和专家评审中脱颖而出,被评为"最美快递员"。评审委员会把这"最美"的荣誉授予他,因为他当面向总理提建议解决行业短板,更因为他为让家乡的水果走出去而做出的不懈努力。

李朋璇的家乡在山西临猗,这里是全国有名的林果大县,苹果、梨、枣、石榴等年产量达15亿千克,林果业成为当地群众致富奔小康的主导产业。近年来,随着农村电商的发展,越来越多的农户通过快递把水果销往全国。但慢慢地,问题也随之显现。水果本身易损,加上包装不统一,远距离运输和多次中转,经常出现破损理赔的情况。李朋璇告诉记者,有的时候一个月挣六七千元,最多的一个月光理赔就赔了三四千元。这让他非常郁闷,也非常着急。

改善水果快件的包装,可以有效降低水果在运输过程中的损耗,但这意味着包装成本的上涨,在网上销售水果本来就利薄,农户对此接受程度并不高。李朋璇一方面做果农的工作,一方面和公司沟通,希望在临近的侯马市设立转运中心,减少运输距离和中转环节。他不放过任何一个机会,想尽一切办法帮助果农把水果卖出去。

一次偶然的机会,他在中国政府网上看到"我向总理提建议"的活动,就在网上留言,"希望国家有关部门能够重视生鲜快递的生存现状,改变现在'不发生鲜农产品走不出去,发了生鲜出现高额赔偿伤不起'的局面"。原本以为留言会石沉大海,没想到总理却把他请进中南海,当面听取他的建议,并当场要求有关部门积极研究解决问题。

在揭晓发布会现场,回忆起当时中国政府网工作人员联系他,请他到北京参加座谈会时,他说当时根本不敢相信,还和他媳妇说"我们可能被传销盯上了,一连几天都打电话让我去北京……"

那一次北京之行,他收获颇丰。回到家乡后不久,在当地有关部门的协调下,他所在的临猗百世和当地中国人寿签订合作协议,由中国人寿提供生鲜寄递保险服务。当地其他保险公司也纷纷跟进,与各品牌快递企业进行合作。李朋璇告诉记者,现在通过他们寄递水果,每件只需要花0.2元,就可以获得最高36元的赔付。

更让李朋璇没有想到的是,他向总理提出的建议,在3月27日正式发布、并在5月1日开始实施的《快递暂行条例》中,也得到了正面、积极的回应。条例第二十七条明确:国家鼓励保险公司开发快件损失赔偿责任险种,鼓励经营快递业务的企业投保。"原本只是想解决自己水果寄递的保险问题,没想到却被写入了国务院法规,成为全行业都受益的事情。"李朋璇说。

就在《快递暂行条例》正式实施的那一天,5月1日,经过一年多的筹备,距离临猗县120多千米的百世快递侯马转运中心正式投入使用,这比以往到太原中转节省了近300千米的路程,大幅缩短了水果快件到达派件站点的时间,对水果保鲜将起到很大的作用。

回到家乡,李朋璇依旧开着他的小车穿行在田间地头,为果农收件。他告诉记者,有了生鲜保险,消除了果农的后顾之忧,大家发起货来劲头特别足。在"最美快递员"揭晓发布会现场,颁奖视频里果农们的笑容让人动容。

李朋璇说:"为家乡努力,我从不放弃!"

速尔上海中心操作团队:放权是为更好积蓄能量

评审委员会授予速尔上海中心操作团队的颁奖词:

聚起来是一团火,散下去是满天星。你们向管理要效益,向规范要成绩。平时工作,扁平化管理,人人都是主人翁;遇到难题,吹响集结号,集思广益向前冲。你们攥成一个拳、拧成一股绳,每一次出场都精彩亮相,每一次前行都步履铿锵。

一份快递从寄出到送达,不是一个人在战斗。速尔上海操作中心团队对此作出了恰当的注解。当雷松林、闻永贵(女)作为速尔上海中心操作团队代表站到"最美快递员"颁奖台上时,速尔快递近几年来稳步发展的人才"秘籍"随之"曝光"。

"速尔快递近年来以20%~30%的速度稳步发展,在华南、华东地区站稳了脚跟,下一步将进军华北以及华中地区。企业稳步快速的发展离不开对高质量服务的打造,更离不开一支稳定、高效的操作人才队伍。"发布会现场,速尔快递总经办主任张永生告诉记者。速尔上海中心是公司操作管理人才的摇篮,通过分散管理权的模式,上海中心培育出来的人才被引入山东、江苏、安徽、浙江等地,成为优秀的管理者。

怎样分散管理权?速尔快递上海中心占地面积近6万平方米,操作场地近3万平方米。每天晚上有100多个网点到此交接快件,出港货量就达500吨,加之外围的其他中心,每天货物吞吐量可以达到1000吨。尽管公司对于交接快件有一套相应的流程和制度,但在实际工作中仍难免出现各种突发事件。如此大的工作量,如果事事都要经过中心经理,必定会影响效率。

分散管理权是个好办法。在这种模式中,各部门主管对自己部门内的问题有充分的自主权,员工被授权自主处理各自岗位的事宜。这样一来,员工对自身的工作更有责任心,整体的工作氛围和风气也得到了很大的改善。经理、主管、组长就像一个金字塔,每个人将自己积聚的能量一层一层往下传,最终吸收最多的肯定是基层员工。这样一来,会有越来越多的员工拥有自己做主的意识和能力,处理事情也会更加得心应手。

在这支几百人的操作团队中,闻永贵是在放权模式中快速成长起来的一位。之前作为基层扫描员的闻永贵,工作有激情,个人快件扫描率一直名列前茅,而且能高效地处理中心与网点快件交接的协调工作。因此,中心决定放权,让她来处理扫描组的大小事情。放权之后,中心扫描组将漏扫率从10‰降到了2‰以下,闻永贵也成为独当一面的扫描主管。

"放权不是随便放,他们的高度责任心是分散管理权的前提。"张永生说,"我们通过观察发现,闻永贵在基层做扫描员时非常有责任心,而且人很可靠,所以我们才放权让她试着带团队,让她的各方面管理能力提升起来。要成为一名全能型的管理人员,除了本职工作,她还要熟悉其他岗位的工作,比如小件的分拣、各部门的沟通等。"

上海操作中心经理雷松林告诉记者,这些年,速尔上海中心操作团队的人才队伍非常稳定,流失率很小。"充分放权给有责任心的员工,让他们每个人都能成为中心的一分子,充分发挥他们的主观能动性,这样才能够高效保障快件在中心更快、更好、更安全地流通。表面上,速尔是在向下传递管理权;实际上,速尔还在传递文化,传递标准。"

"速尔上海中心操作团队获得'最美快递员'团队荣誉称号,不仅是单个团体的荣誉,也是速尔人共同的荣誉。速尔上海操作中心的放权管理让员工充分实现自我价值,值得速尔全国各中心及网点学习,我们会把类似的经验在全网进一步铺开。"张永生说。

圆通四川眉山团队:她们扛起如山责任

评审委员会授予圆通四川眉山团队的颁奖词:

你们是赫赫有名的快递"娘子军",16个女子扛起了一座城。9个"双11"、千万件快递,你们用团结书写刚强。3000个日夜、繁重的工作,你们用敬业诠释美丽。从默默打拼,到惊艳行业,自强坚韧,在你们的故事里,如花绽放。

在北京,陈玉和文玉花代表圆通四川眉山团队走进人民大会堂,捧回属于16个川妹子的荣誉;在眉山,14个姐妹打起十二分精神,保障着眉山青神县圆通网点的有序运营。

"每次出门,都不会有任何的后顾之忧,即便是像双'11'那样忙碌的时候,在'家'的她们也都会把一切打理得井井有条。你看,就像现在明明可以休息一下,她们却闲不住地收拾这、整理那。"陈玉指了指手机上的视频,用方言和"家"中姐妹们分享着她们在现场的点点滴滴,灿烂的笑容绽放在每一个人的脸上。

"去过上海,到过广州,北京第一次来,我爱北京天安门。"川妹子的率真与活泼在陈玉和文玉花俩人身上体现得淋漓尽致,即便是站在领奖台上,娇小的她们也没有怯场,而是掷地有声地说出了代表团队中每一个人的心声:"虽然我们是女性,但我们不比男性差,甚至比男性更强,因为我们细心,服务态度好,会照顾人。而且,我们更像一家人。"由此收获了台下阵阵掌声。

在大多数人眼中,清一色女性的特征是圆通四川眉山团队在快递这个行业里的最特别之处,这也成了她们最大的优势。陈玉说,她们中的每一个员工都是女性,而且大部分人都已经是妈妈,相互之间的共同语言太多,默契太多,让整个快递网点看上去更像一个大家庭,因此,无论做什么事情,都更容易拼尽全力。

当谈及未来是否会在现在网点的基础上扩大规模时,陈玉给出的答案是"先做强做精"。这是她和团队经过深思熟虑后的结果。长期以来,在陈玉团队的帮助下,青神县许多电商企业在短短几年间快速发展,土鸡蛋、枇杷等地方农特产品通过网络卖到全国各地,需要她们的客户越来越多。带动许多当地贫困群众靠养殖、种植脱贫致富的过程,也是陈玉团队不断打磨自身、共同成长的过程。"我们能够精准地知道客户的需求,并据此来调整我们的服务。比如,再过3天,我们就有新包装了,各种易碎怕磕碰的蛋类、水果会更加容易寄递了。"陈玉坚定自己心中所想——小而精也很好。

作为女性,家永远是她们心中最柔软的地方。陈玉说,自己还是想抽出更多的时间陪伴女儿,这不禁让人想起揭晓发布会上的那段事迹短片——画面定格在穿着工服的她难得接送女儿放学的瞬间,幸福而温暖。想必16个川妹子之所以赫赫有名,除了她们在这个男人的行当里用柔弱的肩膀扛起了3000个日夜、千万件快件、繁重的工作和如山的责任外,她们还用坚韧和刚强扛起了生活的重任。

"我们要一起去天安门、故宫、南锣鼓巷……借我们的脚步带着姐妹们走走看看,精彩的生活值得每一个人去努力付出。"心中有阳光,脚下有力量,也许这就是她们笑起来很美的原因吧。

第十篇 行业展望

2019 年中国快递发展趋势

被快递逐渐渗透的世界是什么样子？快递本身会朝向什么方向发展？快递企业的竞合纷争会呈现何种态势？头部企业能否一直硬挺？腰部力量会否中部崛起？人们对未来，总是充满想象，但想象的前提，是基于昨天和现在一步一步走过的路。数据分析是潮流也是基础，对于数据的预判，距离背后的真相相距甚远，我们只知道，对未来最大的慷慨，是你今天更努力地走过，看2018走过的路，想象2019。

一脉相承
快递收入比值"越来越重"，就业继续攀升

信息交流、物品递送、资金流通多种功能日益强化，推动经济发展力量逐渐加大，快递业收入占国民生产总值比重越来越大，就业继续攀升（图10-1、图10-2）。

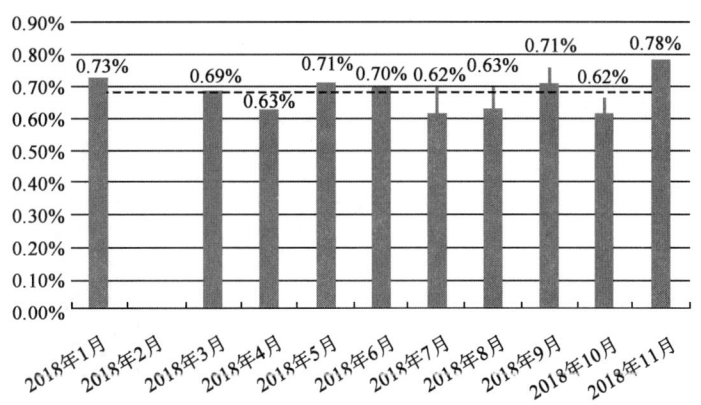

图10-1　2018年1—11月快递收入占国民生产总值比重

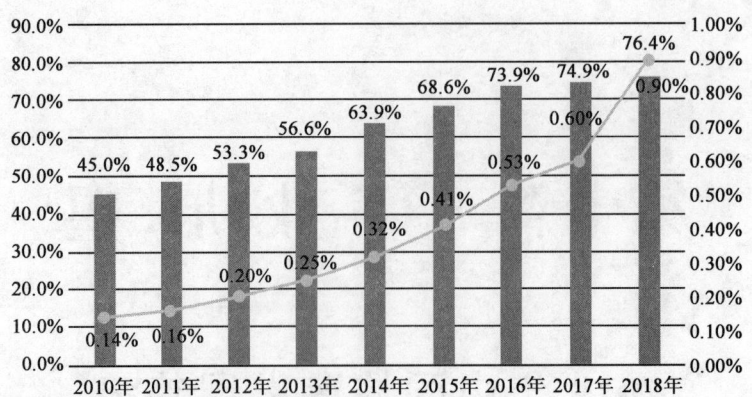

图 10-2　2010—2018 年快递业务收入占邮政业收入比重与快递业收入占国内生产总值比重

一如既往
"双峰"模式继续保持，600 亿件正在张望

2 月"马鞍效应"明显，5—6 月成为年中高峰，11—12 月例行汹涌，"双峰"模式继续保持，600 亿件在望（图 10-3、图 10-4）。

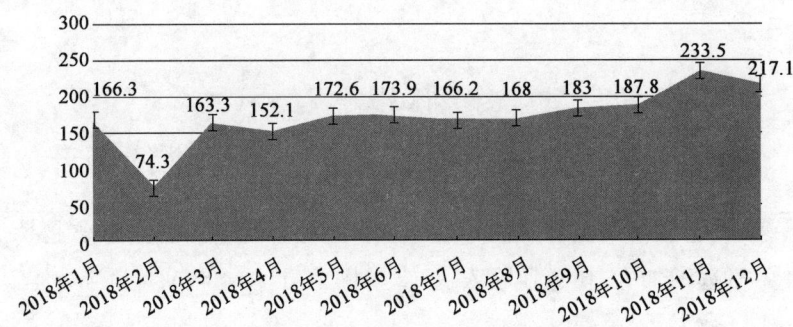

图 10-3　2018 年 1—12 月中国快递发展规模指数

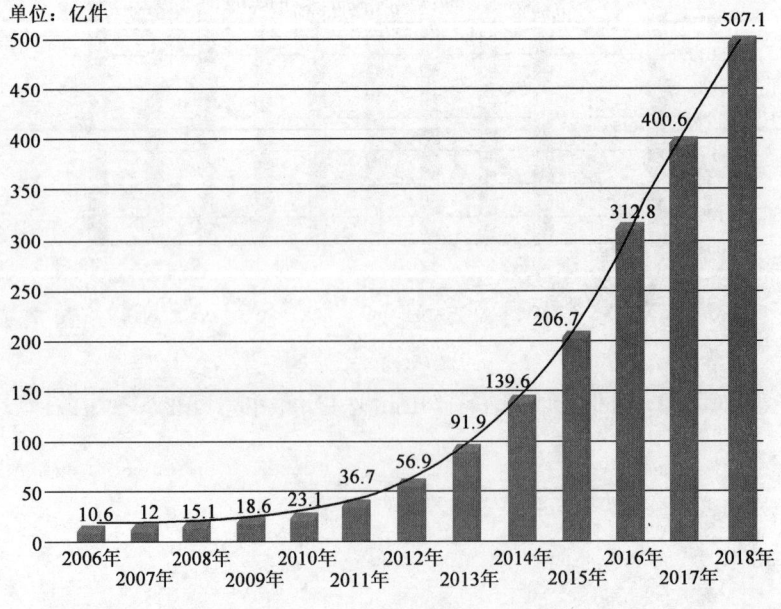

图 10-4　2006—2018 年中国快递业务量增长图

一往无前
发展能力稳步提升，向高质量发展路径初现

发展能力将继续提升，淡旺季服务能力差距缩小，快递服务满意度继续提升，高质量发展路径初现，但业绩和资本市场预期继续受电商影响。现金流、成本、业务拓展、资产布局或将成为企业核心优势（图10-5、图10-6）。

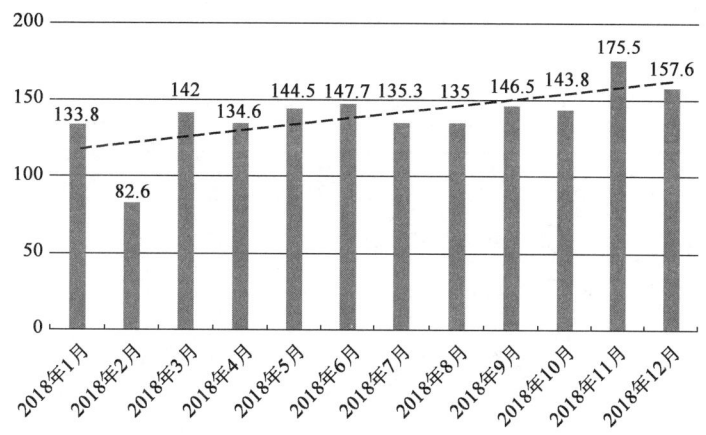

图10-5　2018年1—12月中国快递发展能力指数

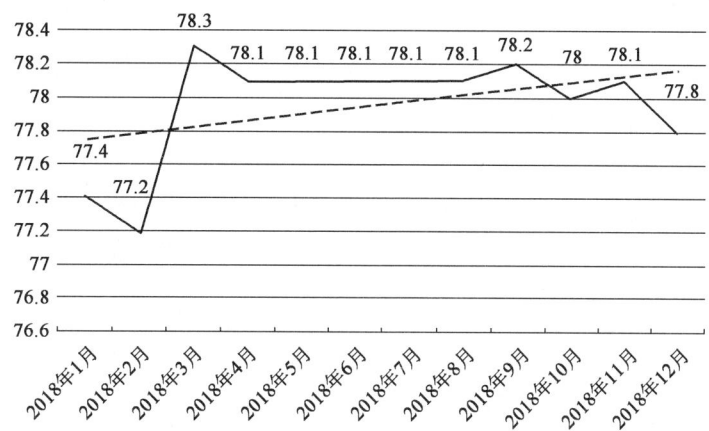

图10-6　2018年1—12月快递服务公众满意度

一以贯之
快递市场水平提升，产业互联时代逐步开启

发展规模较快增长，服务质量稳中向好，发展能力持续提升，发展趋势趋于稳定，产业互联态势显现，上下沟通愈加紧密（图10-7、图10-8）。

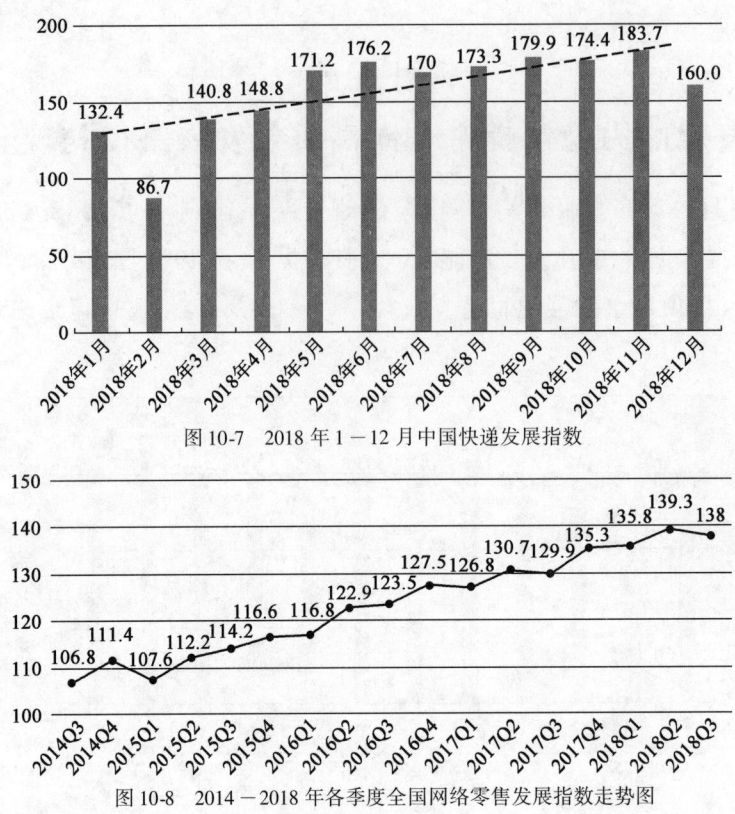

图 10-7　2018 年 1－12 月中国快递发展指数

图 10-8　2014－2018 年各季度全国网络零售发展指数走势图

一览无余
市场集中度继续提升，中小快递加速出局

市场集中度快速提升，市场竞争格局加速演变，市场份额及要素加速向头部企业集中，2019 年仍处于提升周期，中小企业竞争难度加大（图 10-9、图 10-10）。

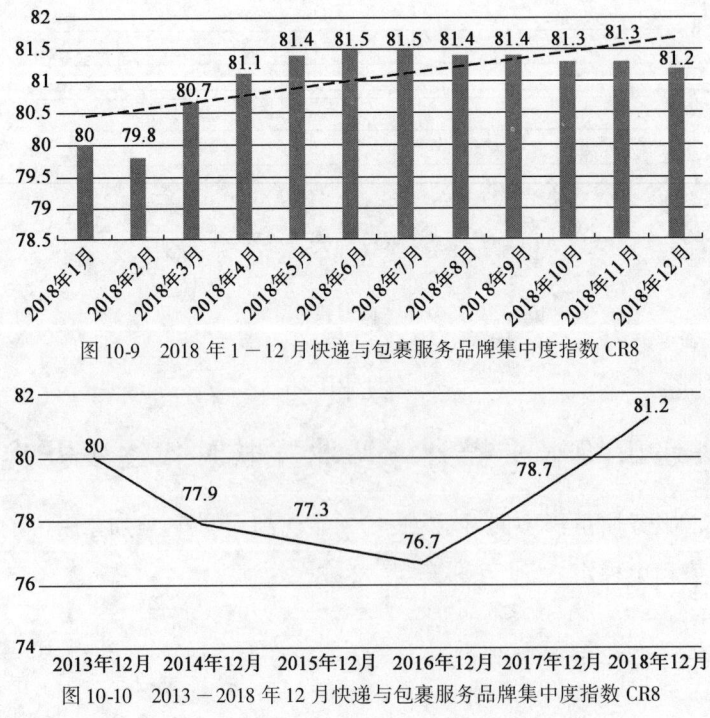

图 10-9　2018 年 1－12 月快递与包裹服务品牌集中度指数 CR8

图 10-10　2013－2018 年 12 月快递与包裹服务品牌集中度指数 CR8

一视同仁
国有与民营快递企业市场份额之争将白热化

市场竞争加剧,各自领域发挥优势。邮政势能加强,打破企业领地,共同投递和职能终端服务体系成为大势所趋(图10-11)。

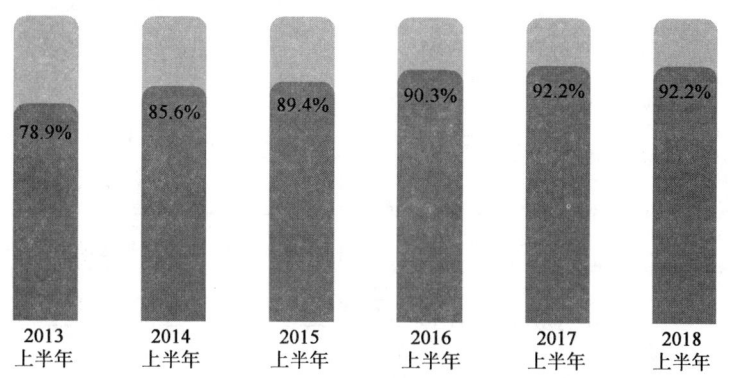

图10-11 2013—2018年上半年民营快递企业业务量市场份额

一叶知秋
科技化成为常态,部分岗位将被机器替代

1~3月受人工影响波动较大,4月大规模复工后企稳,受"双11"海量业务冲击影响明显,232个大型自动化分拣中心已建,人力资源仍是掣肘,科技应用突破进展成为关键,30%以上岗位将逐步被替代(图10-12、图10-13)。

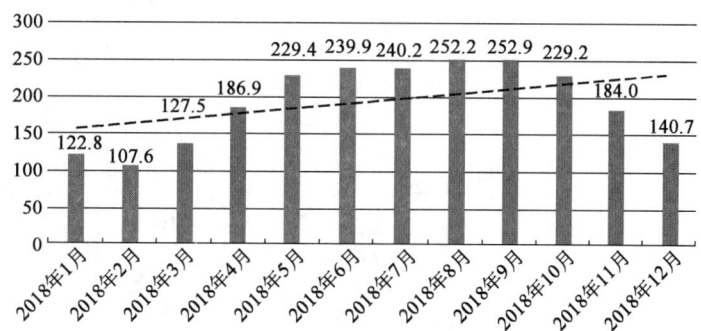

图10-12 2018年1—12月中国快递服务质量指数

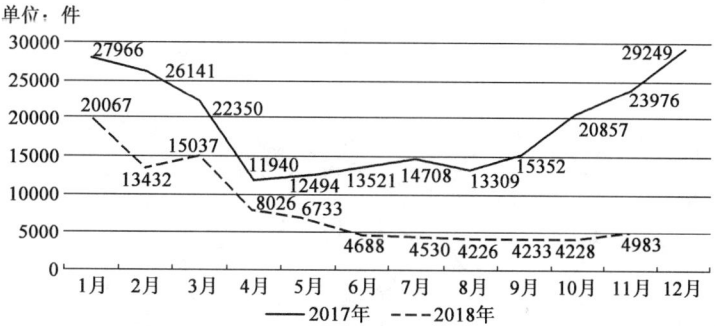

图10-13 2018年与2017年各月快递有效申诉数量

一鼓作气
全力展现社会责任,安全和绿色为标配

行业供给侧结构改革继续深化,服务重大战略继续推进,安全和绿色贯穿行业发展,各部门协同推进成为长效管理模式(图10-14)。

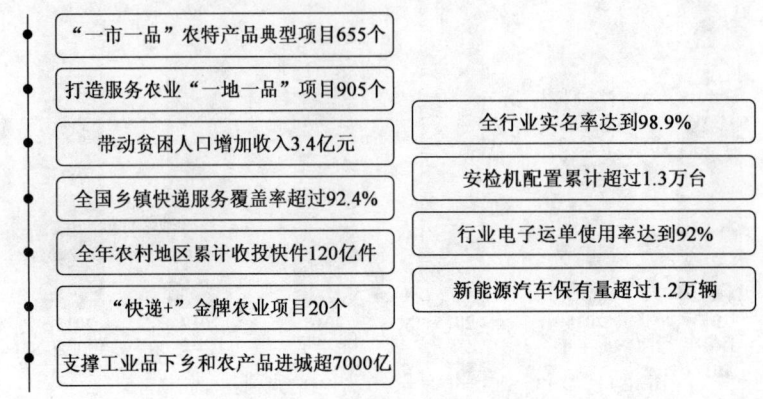

图10-14 安全和绿色贯穿行业发展

一诺千金
行业创富群体增多,层级管理科学有效

迎来真正的"真金白银",一部分人真正富裕,加大公司、员工投资,科学管理,实现财富倍增,经济效益和社会效益双赢(图10-15、图10-16)。

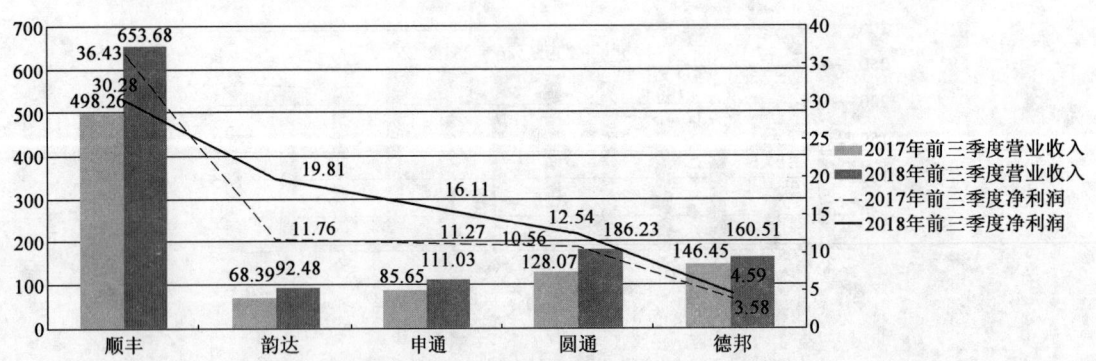

图10-15 2018年与2017年上市企业前三季度营业收入及净利润

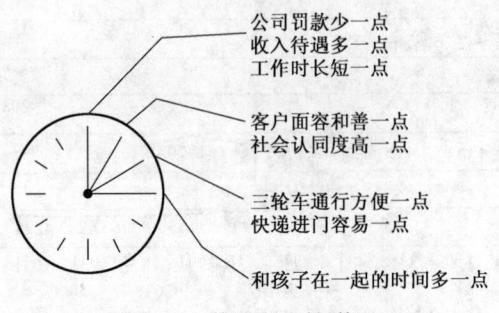

图10-16 快递员工时间管理

一箭双雕
新业态发展正露峥嵘

产品线日益丰富,企业面孔越加多重,新业态需求强劲,快递快运将全线打通,供应链服务制造业成为着力目标(图10-17、图10-18)。

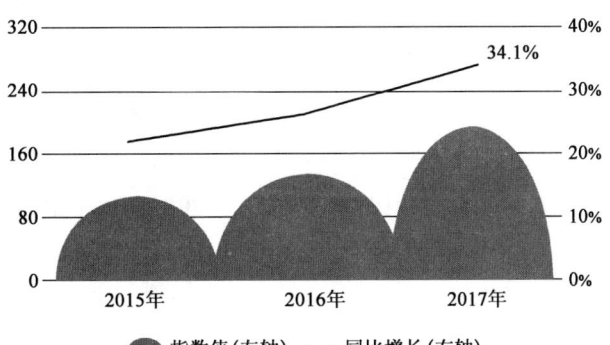

图10-17 2015—2017年中国经济发展新动能指数

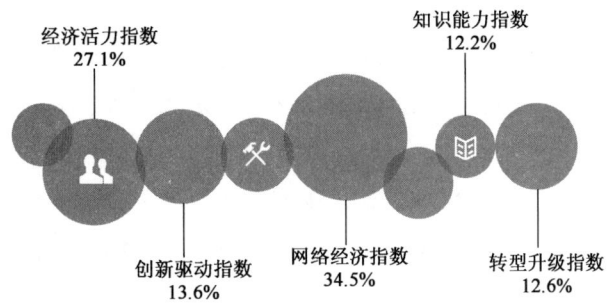

图10-18 经济发展新动能指数各指标值和贡献率

附　　录

一、相关文件(索引)

- 中共中央　国务院关于完善促进消费体制机制　进一步激发居民消费潜力的若干意见
http://www.gov.cn/zhengce/2018-09/20/content_5324109.htm

- 国务院办公厅关于深化产教融合的若干意见
http://www.gov.cn/zhengce/content/2017-12/19/content_5248564.htm

- 国务院印发《关于积极有效利用外资推动经济高质量发展若干措施的通知》
http://www.gov.cn/zhengce/content/2018-06/15/content_5298972.htm

- 国务院关于印发打赢蓝天保卫战三年行动计划的通知
http://www.gov.cn/zhengce/content/2018-07/03/content_5303158.htm

- 国务院关于印发中国(海南)自由贸易试验区总体方案的通知
http://www.gov.cn/zhengce/content/2018-10/16/content_5331180.htm

- 国务院关于印发优化口岸营商环境促进跨境贸易便利化工作方案的通知
http://www.gov.cn/zhengce/content/2018-10/19/content_5332590.htm

- 国务院关于支持自由贸易试验区深化改革创新若干措施的通知
http://www.gov.cn/zhengce/content/2018-11/23/content_5342665.htm

- 商务部办公厅　国家标准委办公室关于印发《网络零售标准化建设工作指引》的通知
http://www.mofcom.gov.cn/article/h/redht/201712/20171202681980.shtml

- 商务部关于推进农商互联助力乡村振兴的通知
http://www.mofcom.gov.cn/article/b/fwzl/201805/20180502747618.shtml

- 商务部关于做好农产品产销对接工作的通知

  http://www.mofcom.gov.cn/article/h/redht/201808/20180802779516.shtml

- 工业和信息化部　科技部　环境保护部　交通运输部　商务部　质检总局　能源局关于印发《新能源汽车动力蓄电池回收利用管理暂行办法》的通知

  http://www.miit.gov.cn/n1146295/n1652858/n1652930/n3757016/c6068823/content.html

- 工业和信息化部　发展改革委　财政部　国资委关于印发《促进大中小企业融通发展三年行动计划》的通知

  http://www.gov.cn/xinwen/2018-11/28/content_5344069.htm

- 交通运输部办公厅　公安部办公厅　商务部办公厅关于公布城市绿色货运配送示范工程创建城市的通知

  http://zizhan.mot.gov.cn/zfxxgk/bnssj/dlyss/201806/t20180615_3033550.html

- 农业农村部关于大力实施乡村就业创业促进行动的通知

  http://www.moa.gov.cn/govpublic/XZQYJ/201804/t20180426_6141049.htm

- 教育部等六部门关于印发《职业学校校企合作促进办法》的通知

  https://baijiahao.baidu.com/s?id=1593071279945573988&wfr=spider&for=pc

- 人力资源社会保障部办公厅关于实施失业保险支持技能提升"展翅行动"的通知

  http://www.mohrss.gov.cn/gkml/zcfg/gfxwj/201804/t20180427_293103.html

- 工商总局等27部门关于开展放心消费创建活动营造安全放心消费环境的指导意见

  http://www.gov.cn/xinwen/2018-01/15/content_5256682.htm

- 关于推进高铁站周边区域合理开发建设的指导意见

  http://baijiahao.baidu.com/s?id=1599786828828303184&wfr=spider&for=pc

- 关于开展2018年国家现代农业产业园创建工作的通知

  http://baijiahao.baidu.com/s?id=1600129401718664608&wfr=spider&for=pc

- 关于加强对电子商务领域失信问题专项治理工作的通知

  http://baijiahao.baidu.com/s?id=1601062123630829093&wfr=spider&for=pc

- 关于大力发展实体经济积极稳定和促进就业的指导意见

  http://www.ndrc.gov.cn/zcfb/zcfbtz/201807/t20180716_892481.html

二、获得《快递业务经营许可证》企业信息

（截至 2018 年 4 月 11 日）

（一）跨省（区、市）经营国内快递业务并经营国际快递业务的企业

企 业 名 称	许 可 证 号	有 效 期 限
民航快递有限责任公司	国邮 20100001 A/C	2015.09.29－2020.09.28
中国邮政速递物流股份有限公司	国邮 20100028 A/C	2015.04.01－2020.03.31
北京顺丰速运有限公司	国邮 20100031-2 A/C	2015.09.29－2020.09.28
广州顺丰速运有限公司	国邮 20100031-56 A/C	2015.09.29－2020.09.28
深圳市原飞航物流有限公司	国邮 20100067 A/C	2015.09.29－2020.09.28
中外运-敦豪国际航空快件有限公司	国邮 20100146 A/C	2015.09.29－2020.09.28
圆通速递有限公司	国邮 20100209 A/C	2015.09.29－2020.09.28
深圳市亚风快运股份有限公司	国邮 20100215 A/C	2015.09.29－2020.09.28
捷特亨达货运代理（上海）有限公司	国邮 20100278 A/C	2015.12.24－2020.12.23
上海林道国际货运代理有限公司	国邮 20110337 A/C	2016.01.25－2021.01.24

（二）跨省（区、市）经营国内快递业务的企业

企 业 名 称	许 可 证 号	有 效 期 限
上海红楼快递集团有限公司	国邮 20100207 A	2015.09.29－2020.09.28
北京宅急送快运股份有限公司	国邮 20100208 A	2015.09.29－2020.09.28
上海韵达货运有限公司	国邮 20100210 A	2015.09.29－2020.09.28
申通快递有限公司	国邮 20100213 A	2015.09.29－2020.09.28
上海全毅快递有限公司	国邮 20100214 A	2015.09.29－2020.09.28
北京世纪卓越快递服务有限公司	国邮 20100220 A	2015.09.29－2020.09.28
中运蓝宇联合（北京）快递有限责任公司	国邮 20100237 A	2015.09.29－2020.09.28
重庆华宇物流有限公司	国邮 20100248 A	2015.09.29－2020.09.28
广州宅急送快运有限公司	国邮 20100264 A	2015.09.29－2020.09.28
上海宅急送物流有限公司	国邮 20100265 A	2015.09.29－2020.09.28
沈阳宅急送快运有限公司	国邮 20100266 A	2015.09.29－2020.09.28
武汉宅急送快运有限公司	国邮 20100267 A	2015.09.29－2020.09.28
西安宅急送快运有限公司	国邮 20100268 A	2015.09.29－2020.09.28
成都宅急送快运有限公司	国邮 20100269 A	2015.09.29－2020.09.28
天天快递有限公司	国邮 20100270 A	2015.09.29－2020.09.28
优速物流有限公司	国邮 20100272 A	2015.11.25－2020.11.24
深圳速尔物流有限公司	国邮 20100279 A	2015.12.24－2020.12.23
哈尔滨市尼尔物流发展有限公司	国邮 20110316 A	2016.01.25－2021.01.24

续上表

企 业 名 称	许 可 证 号	有 效 期 限
冠达快递有限公司	国邮 20110349A	2016.01.25－2021.01.24
杭州百世网络技术有限公司	国邮 20110354A	2016.08.30－2021.08.29
德邦物流股份有限公司	国邮 20120378A	2017.12.01－2022.11.30
联邦快递(中国)有限公司	国邮 20120147A	2017.09.06－2022.09.05
优比速包裹运送(广东)有限公司	国邮 20120010A	2017.09.06－2022.09.05
山东广通速递有限公司	国邮 20130445A	2013.05.14－2018.05.13
北京全峰快递有限责任公司	国邮 20130456A	2013.05.14－2018.05.13
速尔快递有限公司	国邮 20130475A	2013.12.05－2018.12.04
北京京邦达贸易有限公司	国邮 20130476A	2013.12.05－2018.12.04
中通快递股份有限公司	国邮 20130478A	2013.12.05－2018.12.04
上海龙邦速运有限公司	国邮 20140480A	2014.01.22－2019.01.21
微特派快递有限公司	国邮 20140481A	2014.01.22－2019.01.21
海航货运有限公司	国邮 20140482A	2014.01.22－2019.01.21
顺丰速运有限公司	国邮 20140471A	2014.08.13－2019.08.12
上海快捷快递有限公司	国邮 20140505A	2014.08.13－2019.08.12
全一快递有限公司	国邮 20140047A	2014.08.13－2019.08.12
增益物流有限公司	国邮 20140506A	2014.08.13－2019.08.12
嘉里大通物流有限公司	国邮 20140029-0A	2014.12.30－2019.12.29
雅玛多(中国)运输有限公司	国邮 20140216A	2014.12.30－2019.12.29
欧西爱司物流(上海)有限公司	国邮 20140217A	2014.12.30－2019.12.29
北京畅速快递股份有限公司	国邮 20150565A	2015.01.12－2020.01.11
北京瑞丰速递服务有限公司	国邮 20150609A	2015.07.01－2020.06.30
广通速递有限公司	国邮 20150610A	2015.07.01－2020.06.30
一站通速运有限公司	国邮 20150622A	2015.07.08－2020.07.07
江苏苏宁物流有限公司	国邮 20150658A	2015.12.30－2020.12.29
希杰荣庆物流供应链有限公司	国邮 20160662A	2016.02.03－2021.02.02
深圳全信通快递有限公司	国邮 20160663A	2016.02.03－2021.02.02
百事亨通速递有限公司	国邮 20160665A	2016.03.08－2021.03.07
上海安能聚创供应链管理有限公司	国邮 20160700A	2016.11.28－2021.11.27
圆通速递股份有限公司	国邮 20160705A	2016.12.09－2021.12.08
申通快递股份有限公司	国邮 20160706A	2016.12.23－2021.12.22
品骏控股有限公司	国邮 20170724A	2017.07.11－2022.07.10
远成快运(上海)有限公司	国邮 20170725A	2017.07.11－2022.07.10
南京晟邦物流有限公司	国邮 20170726A	2017.07.11－2022.07.10

(三)经营国际快递业务的企业

企 业 名 称	许 可 证 号	有 效 期 限
大连民航快递有限公司	国邮 20100001-1C	2015.06.21－2020.06.20
中外运空运发展股份有限公司	国邮 20090002-0C	2015.01.01－2020.12.31

续上表

企 业 名 称	许 可 证 号	有 效 期 限
宁德市彼岸国际货运代理有限公司	国邮 20100005C	2015.01.15－2020.01.14
珠海市隆运国际货运代理有限公司	国邮 20100006C	2015.01.15－2020.01.14
深圳均辉华惠国际货运有限公司	国邮 20100007C	2015.01.15－2020.01.14
汉高货运代理(深圳)有限公司	国邮 20100008C	2015.01.15－2020.01.14
东莞市天峰快递有限公司	国邮 20100009C	2015.01.15－2020.01.14
优比速包裹运送(广东)有限公司	国邮 20100010C	2015.05.17－2020.05.16
友航(中国)国际货代有限公司	国邮 20100013C	2015.05.17－2020.05.16
广东常安国际物流股份有限公司	国邮 20100014C	2015.05.17－2020.05.16
北京明邦物流股份有限公司	国邮 20100015C	2015.05.17－2020.05.16
安徽东方国际物流有限公司	国邮 20100016C	2015.05.17－2020.05.16
东莞市正东国际货物运输代理有限公司	国邮 20100017C	2015.05.17－2020.05.16
深圳市递四方速递有限公司	国邮 20100018C	2015.05.17－2020.05.16
芜湖恒诚国际货运代理有限公司	国邮 20100019C	2015.05.17－2020.05.16
广东永邦经贸国际货运代理有限公司	国邮 20100020C	2015.05.17－2020.05.16
杭州泛远国际物流股份有限公司	国邮 20100021C	2015.05.17－2020.05.16
广东易连国际货物运输代理有限公司	国邮 20100022C	2015.05.17－2020.05.16
联合包裹物流(上海)有限公司	国邮 20100023C	2015.05.17－2020.05.16
保利佐川物流有限公司	国邮 20100024C	2015.05.17－2020.05.16
呼和浩特市君立国际货运代理有限责任公司	国邮 20100025C	2015.05.17－2020.05.16
厦门东港国际运输有限公司	国邮 20100026C	2015.05.17－2020.05.16
福建联运国际货运代理有限公司	国邮 20100027C	2015.05.17－2020.05.16
嘉里大通物流有限公司	国邮 20100029-0C	2015.06.21－2020.06.20
惠州市联捷国际货运代理有限公司	国邮 20100032C	2015.06.21－2020.06.20
福建泰航国际物流有限公司	国邮 20100033C	2015.06.21－2020.06.20
东莞市晖翔国际货运代理有限公司	国邮 20100034C	2015.06.21－2020.06.20
日通国际物流(中国)有限公司	国邮 20100035C	2015.06.21－2020.06.20
深圳港中旅供应链贸易有限公司	国邮 20100036C	2015.06.21－2020.06.20
重庆安捷国际运输代理有限公司	国邮 20100037C	2015.06.21－2020.06.20
宁波雅戈尔国际贸易运输有限公司	国邮 20100039C	2015.06.21－2020.06.20
深圳市迅达国际货运代理有限公司	国邮 20100040C	2015.06.21－2020.06.20
江西中迅国际货运代理有限公司	国邮 20100041C	2015.06.21－2020.06.20
迪比翼环球快递(上海)有限公司	国邮 20100042C	2015.06.21－2020.06.20
威海通达货运代理有限责任公司	国邮 20100043C	2015.06.21－2020.06.20
上海雅仕国际物流有限公司	国邮 20100044C	2015.06.21－2020.06.20
珠海庞志国际货运代理有限公司	国邮 20100045C	2015.06.21－2020.06.20
江苏弘业国际物流有限公司	国邮 20100046C	2015.06.21－2020.06.20
全一快递有限公司	国邮 20100047C	2015.06.21－2020.06.20
上海亚东国际货运有限公司	国邮 20100050C	2015.06.21－2020.06.20
运必送物流(深圳)有限公司	国邮 20100051C	2015.06.21－2020.06.20
中国外运股份有限公司	国邮 20100053C	2015.06.21－2020.06.20

续上表

企 业 名 称	许 可 证 号	有 效 期 限
青岛经汉物流服务有限公司	国邮20100054C	2015.06.21－2020.06.20
深圳市华信国际货运有限公司	国邮20100057C	2015.06.21－2020.06.20
北京燕文物流有限公司	国邮20100058C	2015.06.21－2020.06.20
上海天霖星洲国际货运有限公司	国邮20100059C	2015.06.21－2020.06.20
武汉中贸发国际货运代理有限公司	国邮20100060C	2015.06.21－2020.06.20
杭州日晟国际货运代理有限公司	国邮20100061C	2015.06.21－2020.06.20
深圳市和安国际货运代理有限公司	国邮20100063C	2015.06.21－2020.06.20
广东秀驿物流有限公司	国邮20100064C	2015.06.21－2020.06.20
威时沛运货运(广州)有限公司	国邮20100068C	2015.06.21－2020.06.20
厦门雅顺达国际物流有限公司	国邮20100069C	2015.06.21－2020.06.20
上海华兴国际货运公司	国邮20100071C	2015.06.21－2020.06.20
浙江中外运有限公司	国邮20100074C	2015.06.21－2020.06.20
青岛中远海运航空货运代理有限公司	国邮20100075C	2015.06.21－2020.06.20
深圳棋洋国际物流有限公司	国邮20100081C	2015.07.16－2020.07.15
福建金诚国际物流有限公司	国邮20100082C	2015.07.16 2020.07.15
中航技国际储运厦门有限责任公司	国邮20100083C	2015.07.16－2020.07.15
深圳天霖华世达国际货运代理有限公司	国邮20100084C	2015.07.16－2020.07.15
伟光达国际货运代理(深圳)有限公司	国邮20100085C	2015.07.16－2020.07.15
佛山中新创业国际货运代理有限公司	国邮20100086C	2015.07.16－2020.07.15
深圳市安达顺国际物流有限公司	国邮20100087C	2015.07.16－2020.07.15
中外运速递有限公司	国邮20100090C	2015.07.16－2020.07.15
广州中远海运航空货运代理有限公司	国邮20100091C	2015.07.16－2020.07.15
东莞市南翔国际货运代理有限公司	国邮20100092C	2015.07.16－2020.07.15
海程邦达国际物流有限公司	国邮20100093C	2015.07.16－2020.07.15
厦门东方环球货运代理有限公司	国邮20100094C	2015.07.16－2020.07.15
东莞市东港国际货运代理有限公司	国邮20100095C	2015.07.16－2020.07.15
江苏苏迈克斯国际物流有限公司	国邮20100096C	2015.07.16－2020.07.15
东莞市中亚联发运输有限公司	国邮20100102C	2015.07.16－2020.07.15
东莞市骅达国际货运代理有限公司	国邮20100103C	2015.07.16－2020.07.15
佛山市冠鸿国际货运代理有限公司	国邮20100104C	2015.07.16－2020.07.15
广州番禺中新国际货物运输代理有限公司	国邮20100106C	2015.07.16－2020.07.15
中外运 日新国际货运代理有限公司	国邮20100112C	2015.07.16－2020.07.15
广东全顺国际货运代理有限公司	国邮20100113C	2015.07.16－2020.07.15
青岛大亚空运有限公司	国邮20100114C	2015.07.16－2020.07.15
深圳市亿翔快递集团有限公司	国邮20100116C	2015.07.16－2020.07.15
东莞市迅达国际货运有限公司	国邮20100117C	2015.07.16－2020.07.15
青岛金王国际运输有限公司	国邮20100120C	2015.07.16－2020.07.15
东莞市日安国际货运代理有限公司	国邮20100121C	2015.07.16－2020.07.15
嘉里大通物流(深圳)有限公司	国邮20100122C	2015.07.16－2020.07.15
南阳春龙国际货运代理有限公司	国邮20100124C	2015.07.16－2020.07.15

续上表

企 业 名 称	许 可 证 号	有 效 期 限
梅县荣嘉国际远洋货运有限公司	国邮20100125C	2015.07.16—2020.07.15
深圳市恒立达国际货运代理有限公司	国邮20100126C	2015.07.16—2020.07.15
中国外运华中有限公司	国邮20100131C	2015.07.16—2020.07.15
瀚洋国际货运代理(深圳)有限公司	国邮20100132C	2015.07.16—2020.07.15
山东盛欣国际货运代理有限公司	国邮20100134C	2015.07.16—2020.07.15
南通新干线国际货运代理有限公司	国邮20100135C	2015.07.16—2020.07.15
江门市邮政速递服务有限公司	国邮20100136C	2015.07.16—2020.07.15
深圳市华惠国际货运有限公司	国邮20100137C	2015.07.16—2020.07.15
中远海运航空货运代理有限公司	国邮20100138C	2015.07.16—2020.07.15
汕头经济特区平野对外运输有限公司	国邮20100141C	2015.07.16—2020.07.15
深圳市平宇物流有限公司	国邮20100142C	2015.07.16—2020.07.15
北京华惠国际货运有限公司	国邮20100143C	2015.07.16—2020.07.15
深圳市凯鑫国际货运代理有限公司	国邮20100144C	2015.07.16—2020.07.15
天地国际运输代理(中国)有限公司	国邮20100145C	2015.08.03—2020.08.02
联邦快递(中国)有限公司	国邮20100147C	2015.08.25—2020.08.24
青岛宏洋国际货运代理有限公司	国邮20100149C	2015.09.27—2020.09.26
广州派亚物流有限公司	国邮20100154C	2015.09.27—2020.09.26
青岛翔通国际运输代理有限公司	国邮20100155C	2015.09.27—2020.09.26
上海翼速国际物流有限公司	国邮20100156C	2015.09.27—2020.09.26
福建航鹏国际快递有限公司	国邮20100157C	2015.09.27—2020.09.26
上海恒荣国际货运有限公司	国邮20100162C	2015.09.27—2020.09.26
东莞市金泰辉国际货运代理有限公司	国邮20100165C	2015.09.27—2020.09.26
上海空海货运代理有限公司	国邮20100166C	2015.09.27—2020.09.26
杭州佳成国际物流股份有限公司	国邮20100167C	2015.09.27—2020.09.26
东莞一辉货运服务有限公司	国邮20100168C	2015.09.27—2020.09.26
珠海崇宏货运代理有限公司	国邮20100169C	2015.09.27—2020.09.26
中国外运河南公司	国邮20100170C	2015.09.27—2020.09.26
佛山市快图仕国际货运代理有限公司	国邮20100171C	2015.09.27—2020.09.26
中国外运长江有限公司	国邮20100172C	2015.09.27—2020.09.26
南京出口加工区中外运物流有限公司	国邮20100172-3C	2015.09.27—2020.09.26
安徽宇环储运有限公司	国邮20100174C	2015.09.27—2020.09.26
宁波泛洋国际货运代理有限公司	国邮20100175C	2015.09.27—2020.09.26
福建华夏货运有限公司	国邮20100178C	2015.09.27—2020.09.26
上海华惠国际货运有限公司	国邮20100179C	2015.09.27—2020.09.26
浙江外运台州有限公司	国邮20100181C	2015.09.27—2020.09.26
湖州新元国际货运有限公司	国邮20100182C	2015.09.27—2020.09.26
上海百福东方国际物流有限责任公司	国邮20100183C	2015.09.27—2020.09.26
上海长发国际货运有限公司	国邮20100184C	2015.09.27—2020.09.26
汕头中外运有限公司	国邮20100185C	2015.09.27—2020.09.26
中国外运华南有限公司	国邮20100186C	2015.09.27—2020.09.26

续上表

企业名称	许可证号	有效期限
深圳市安梭国际货运代理有限公司	国邮20100188C	2015.09.27－2020.09.26
大连乾瀚国际物流有限公司	国邮20100189C	2015.09.27－2020.09.26
中国外运山西有限公司	国邮20100190C	2015.09.27－2020.09.26
大连双雄国际货运代理有限公司	国邮20100191C	2015.09.27－2020.09.26
大连迪比翼爱克斯快递有限公司	国邮20100192C	2015.09.27－2020.09.26
昆明荣建国际货运有限公司	国邮20100193C	2015.09.27－2020.09.26
上海泓丰国际物流股份有限公司	国邮20100196C	2015.09.27－2020.09.26
上海翔运国际货运有限公司	国邮20100197C	2015.09.27－2020.09.26
包头开源鸿瑞国际货运代理有限责任公司	国邮20100198C	2015.09.27－2020.09.26
大庆国际货物运输代理有限公司	国邮20100199C	2015.09.27－2020.09.26
黄石中外运国际货运代理有限公司	国邮20100200C	2015.09.27－2020.09.26
珠海市中景国际货物运输代理有限公司	国邮20100201C	2015.09.27－2020.09.26
杭州百福东方国际货运代理有限公司	国邮20100202C	2015.09.27－2020.09.26
中外运(廊坊)物流有限公司	国邮20100204C	2015.09.27－2020.09.26
黑龙江省乾瀚国际货物运输代理有限公司	国邮20100205C	2015.09.27－2020.09.26
雅玛多(中国)运输有限公司	国邮20100216C	2015.09.29－2020.09.28
欧西爱司物流(上海)有限公司	国邮20100217C	2015.09.29－2020.09.28
郑州市程驰速递有限公司	国邮20100221C	2015.09.29－2020.09.28
南通三佳快运代理有限公司	国邮20100224C	2015.09.29－2020.09.28
河北佳通物流有限公司	国邮20100225C	2015.09.29－2020.09.28
厦门洪赞成物流有限公司	国邮20100226C	2015.09.29－2020.09.28
菏泽市通世运送服务有限公司	国邮20100227C	2015.09.29－2020.09.28
深圳市盈安达国际货运代理有限公司	国邮20100228C	2015.09.29－2020.09.28
南通恒丰国际货运代理有限公司	国邮20100229C	2015.09.29－2020.09.28
合肥圣捷快运有限公司	国邮20100230C	2015.09.29－2020.09.28
惠州市辉宇天地货物运输有限公司	国邮20100231C	2015.09.29－2020.09.28
湖南迪比翼快递服务有限公司	国邮20100232C	2015.09.29－2020.09.28
珠海市宇立物流有限公司	国邮20100233C	2015.09.29－2020.09.28
东莞市亚世国际货运代理有限公司	国邮20100234C	2015.09.29－2020.09.28
东莞市东急捷运有限公司	国邮20100235C	2015.09.29－2020.09.28
嘉兴市乍浦百通速递服务有限公司	国邮20100236C	2015.09.29－2020.09.28
嘉兴环洋电商物流服务有限公司	国邮20100238C	2015.09.29－2020.09.28
偌亚奥国际货运代理(深圳)有限公司	国邮20100240C	2015.09.29－2020.09.28
天津泰利宝国际货运代理有限公司	国邮20100241C	2015.09.29－2020.09.28
北京网易速达国际货运代理有限公司	国邮20100242C	2015.09.29－2020.09.28
广州市快时递快递有限公司	国邮20100247C	2015.09.29－2020.09.28
中山祥运通国际货运代理有限公司	国邮20100249C	2015.09.29－2020.09.28
浙江旭日国际货运代理有限公司	国邮20100252C	2015.09.29－2020.09.28
中山龙盛达国际货运代理有限公司	国邮20100253C	2015.09.29－2020.09.28
威海田园凯鸽快递有限公司	国邮20100256C	2015.09.29－2020.09.28

续上表

企业名称	许可证号	有效期限
潍坊联捷国际物流有限公司	国邮20100259C	2015.09.29－2020.09.28
吉林市飞虎快递有限公司	国邮20100260C	2015.09.29－2020.09.28
中国外运广西桂林公司	国邮20100261C	2015.09.29－2020.09.28
青岛金驿路国际物流有限公司	国邮20100273C	2015.11.25－2020.11.24
浩通国际货运代理有限公司	国邮20100274C	2015.11.25－2020.11.24
一三九快递(北京)有限公司	国邮20100275C	2015.11.25－2020.11.24
东莞市天地通速递有限公司	国邮20100276C	2015.11.25－2020.11.24
天津美亚集运国际货运代理有限公司	国邮20100280C	2015.11.25－2020.11.24
温州天翔货运服务有限公司	国邮20100281C	2015.11.25－2020.11.24
福州中贸英联航空国际货运代理有限公司	国邮20100282C	2015.11.25－2020.11.24
包头市中天国际货运代理有限公司	国邮20100283C	2015.11.25－2020.11.24
深圳市秀驿国际物流有限公司	国邮20100284C	2015.12.24－2020.12.23
昆山外服迪比翼国际货运代理有限公司	国邮20100285C	2015.12.24－2020.12.23
常州市奥翔物流有限公司	国邮20100287C	2015.12.24－2020.12.23
中国外运广西梧州有限公司	国邮20100289C	2015.12.24－2020.12.23
川妮(厦门)国际货运代理有限公司	国邮20100291C	2015.12.24－2020.12.23
无锡城晓国际货运代理有限公司	国邮20100292C	2015.11.25－2020.11.24
青岛昊坤达国际物流有限公司	国邮20100293C	2015.12.24－2020.12.23
辽宁天地国际物流有限公司	国邮20100294C	2015.12.24－2020.12.23
宁波睿达国际物流有限公司	国邮20100295C	2015.12.24－2020.12.23
泉州顺鑫快递有限公司	国邮20100296C	2015.12.24－2020.12.23
厦门安世通国际快递物流有限公司	国邮20100297C	2015.12.24－2020.12.23
上海伟邦快递服务有限公司	国邮20100298C	2015.12.24－2020.12.23
宁波富成国际货运代理有限公司	国邮20100299C	2015.12.24－2020.12.23
天津易运物流有限公司	国邮20100300C	2015.11.25－2020.11.24
厦门宸迅物流有限公司	国邮20100301C	2015.11.25－2020.11.24
浙江金邦盛德国际货运代理有限公司	国邮20100302C	2015.12.24－2020.12.23
张家港顺捷国际货运代理有限公司	国邮20100304C	2015.12.24－2020.12.23
上海义达国际物流有限公司	国邮20100305C	2015.12.24－2020.12.23
包头鼎力通国际货物运输代理有限公司	国邮20110308C	2016.01.14－2021.01.15
上海中外运钱塘有限公司	国邮20110309C	2016.01.14－2021.01.15
苏州百福东方国际物流有限责任公司	国邮20110311C	2016.01.14－2021.01.15
福建鼎佳国际货运代理有限公司	国邮20110312C	2016.01.14－2021.01.15
山东中外运弘志物流有限公司	国邮20110313C	2016.01.14－2021.01.15
中国外运江苏集团公司扬州公司	国邮20110315C	2015.11.25－2020.11.24
青岛翔通报关行有限公司	国邮20110317C	2016.01.14－2021.01.15
浙江希凯易国际货运代理有限公司	国邮20110318C	2016.01.25－2021.01.24
深圳福霖冠宇国际货运代理有限公司	国邮20110319C	2016.01.25－2021.01.24
浙江亲和货运代理有限公司	国邮20110320C	2016.01.25－2021.01.24
大连通商急便国际物流有限公司	国邮20110325C	2016.01.25－2021.01.24

续上表

企 业 名 称	许 可 证 号	有 效 期 限
深圳市快迅捷运输服务有限公司	国邮20110326C	2016.01.25－2021.01.24
大连通达货运有限公司	国邮20110328C	2016.01.25－2021.01.24
绍兴天越货运有限公司	国邮20110329C	2016.01.25－2021.01.24
湖南省华通国际货运代理有限公司	国邮20110330C	2016.01.25－2021.01.24
深圳市迪比翼贸易发展有限公司	国邮20110333C	2016.01.25－2021.01.24
襄阳亚樊敦豪航空快件有限公司	国邮20110334C	2016.01.25－2021.01.24
上海经贸和光旅运有限公司	国邮20110338C	2016.01.25－2021.01.24
宜昌市联合国际货运代理有限公司	国邮20110339C	2016.01.25－2021.01.24
嘉兴市锦剑物流有限公司	国邮20110340C	2016.01.25－2021.01.24
宁波华迅甬通航空货运代理有限公司	国邮20110342C	2016.01.25－2021.01.24
杭州荣城国际货运代理有限公司	国邮20110343C	2016.01.25－2021.01.24
黑龙江省齐齐哈尔直属外运有限公司	国邮20110344C	2016.01.25－2021.01.24
安徽亚太航空代理有限公司	国邮20110345C	2016.01.25－2021.01.24
深圳市汇通天下物流有限公司	国邮20110346C	2016.01.25－2021.01.24
长春顺捷速递有限公司	国邮20110347C	2016.01.25－2021.01.24
黄石天海航运有限公司	国邮20110348C	2016.01.25－2021.01.24
杭州七逸国际货运代理有限公司	国邮20110350C	2016.01.25－2021.01.24
广州霆宇国际货运代理有限公司	国邮20110351C	2016.01.25－2021.01.24
中国货运航空有限公司	国邮20110352C	2016.01.25－2021.01.24
宁波万邦速运有限公司	国邮20110353C	2016.01.25－2021.01.24
北京冠捷国际物流有限公司	国邮20110355C	2016.08.30－2021.08.29
深圳市久荣物流有限公司	国邮20110356C	2016.08.30－2021.08.29
溧阳溧金速达物流有限公司	国邮20110357C	2016.08.30－2021.08.29
中外运(嘉兴)国际货运代理有限公司	国邮20110358C	2016.08.30－2021.08.29
中国外运陆桥运输有限公司	国邮20110359C	2016.08.30－2021.08.29
浙江云豹国际货运代理有限公司	国邮20110360C	2016.08.30－2021.08.29
杭州宏强国际货运代理有限公司	国邮20110362C	2016.08.30－2021.08.29
山东天泽航国际货运代理有限公司	国邮20110363C	2016.08.30－2021.08.29
东莞市创运国际货运代理有限公司	国邮20110364C	2016.10.18－2021.10.17
厦门通宇报关有限公司	国邮20110365C	2016.10.18－2021.10.17
安阳市敦豪货运代理有限公司	国邮20110367C	2016.10.18－2021.10.17
濮阳市敦豪货运代理有限公司	国邮20110368C	2016.10.18－2021.10.17
DHL空运服务(上海)有限公司	国邮20110369C	2016.10.18－2021.10.17
上海合久成越国际货运代理有限公司	国邮20110370C	2016.10.18－2021.10.17
中外运安迈世(上海)国际航空快递有限公司	国邮20110372C	2016.10.18－2021.10.17
义乌市联信国际货运代理有限公司	国邮20110373C	2016.12.01－2021.11.30
佛山市兆航国际货运代理有限公司	国邮20110374C	2016.12.01－2021.11.30
龙口亚航船务代理有限公司	国邮20110375C	2016.12.01－2021.11.30
常州市美亚国际货运代理有限公司	国邮20110377C	2016.12.01－2021.11.30
嘉兴市天地迅捷国际货运代理有限公司	国邮20110379C	2016.12.01－2021.11.30

续上表

企 业 名 称	许 可 证 号	有 效 期 限
杭州天豹国际货运代理有限公司	国邮 20120380C	2017.01.18－2022.01.17
浏阳市东豪仓储咨询服务有限公司	国邮 20120383C	2017.01.18－2022.01.17
青岛世进国际物流有限公司	国邮 20120384C	2017.01.18－2022.01.17
北京快达国际物流服务有限公司	国邮 20120385C	2017.01.18－2022.01.17
深圳市中技物流有限公司	国邮 20120386C	2017.01.18－2022.01.17
北京群航国际货运代理有限公司	国邮 20120390C	2017.01.18－2022.01.17
上海马风达快递服务有限公司	国邮 20120396C	2017.03.22－2022.03.21
厦门琳龙物流有限公司	国邮 20120397C	2017.03.22－2022.03.21
中山市中泰国际货运代理有限公司	国邮 20120399C	2017.03.22－2022.03.21
徐州丸全外运有限公司	国邮 20120402C	2017.03.22－2022.03.21
上海捷利货运有限公司	国邮 20120404C	2017.07.13－2022.07.12
泉州市华国货运代理有限公司	国邮 20120405C	2017.07.13－2022.07.12
湖南安迅物流运输有限公司	国邮 20120406C	2017.07.13－2022.07.12
南通全球通速递有限公司	国邮 20120408C	2017.07.13－2022.07.12
苏州霞丰国际货运代理有限公司	国邮 20120409C	2017.07.13－2022.07.12
北京福鑫快递服务有限公司	国邮 20120410C	2017.07.13－2022.07.12
上海骏佳国际物流有限公司	国邮 20120411C	2017.07.13－2022.07.12
北京宅急送快运股份有限公司	国邮 20100208C	2017.07.13－2022.07.12
上海宅急送物流有限公司	国邮 20100265C	2017.07.13－2022.07.12
杭州百世网络技术有限公司	国邮 20110354C	2017.07.13－2022.07.12
南京朗沁国际物流有限公司	国邮 20120413C	2017.10.10－2022.10.09
上海创兴国际货运代理有限公司	国邮 20120414C	2017.10.10－2022.10.09
上海恒信泓艺国际货物运输代理有限公司	国邮 20120415C	2017.10.10－2022.10.09
上海圆通国际货物运输代理有限公司	国邮 20120417C	2017.10.10－2022.10.09
唐山世骐国际货运代理有限公司	国邮 20120418C	2017.10.10－2022.10.09
青岛永广泰国际货运代理有限公司	国邮 20120420C	2017.10.10－2022.10.09
飘达通运输（深圳）有限公司	国邮 20120421C	2017.10.10－2022.10.09
郑州宇迅快递有限公司	国邮 20120422C	2017.10.10－2022.10.09
上海韵达货运有限公司	国邮 20120210C	2017.10.10－2022.10.09
上海馨翔航空地面服务有限公司	国邮 20120425C	2017.12.28－2022.12.27
上海晋越国际货运代理有限公司	国邮 20120426C	2017.12.28－2022.12.27
上海爱文琪货运代理有限公司	国邮 20120428C	2017.12.28－2022.12.27
温州亚泰物流有限公司	国邮 20120429C	2017.12.28－2022.12.27
太仓和信国际货运代理有限公司	国邮 20120430C	2017.12.28－2022.12.27
惠州市鑫田物流有限公司	国邮 20120431C	2017.12.28－2022.12.27
东方国际货运有限公司	国邮 20130437C	2018.02.06－2023.02.05
大连大田国际货运有限公司	国邮 20130438C	2018.02.06－2023.02.05
湛江邮政速递服务有限公司	国邮 20130439C	2018.02.06－2023.02.05
青岛优派斯速递有限公司	国邮 20130441C	2018.02.06－2023.02.05
义乌市恒翔国际货运代理有限公司	国邮 20130444C	2013.05.14－2018.05.13

续上表

企 业 名 称	许 可 证 号	有 效 期 限
大连乾宏国际物流有限公司	国邮20130446C	2013.05.14－2018.05.13
上海威盛报关有限公司	国邮20130447C	2013.05.14－2018.05.13
重庆中环国际货运代理有限公司	国邮20130448C	2013.05.14－2018.05.13
扬州华捷货运代理有限公司	国邮20130449C	2013.05.14－2018.05.13
运发(厦门)物流有限公司	国邮20130450C	2013.05.14－2018.05.13
上海畅灵国际货运代理有限公司	国邮20130451C	2013.05.14－2018.05.13
辽宁中旅国际货运有限公司	国邮20130452C	2013.05.14－2018.05.13
威海汉信国际货运代理有限公司	国邮20130453C	2013.05.14－2018.05.13
江阴市神鹿航空物流服务有限公司	国邮20130455C	2013.05.14－2018.05.13
广东晟荣国际运输有限公司	国邮20130457C	2013.07.16－2018.07.15
珠海里洋国际货运代理有限公司	国邮20130458C	2013.07.16－2018.07.15
青岛丰翔国际物流有限公司	国邮20130459C	2013.07.16－2018.07.15
深圳市中环运实业发展有限公司	国邮20130460C	2013.07.16－2018.07.15
广州飞特物流有限公司	国邮20130461C	2013.07.16－2018.07.15
温州市亚航国际货运代理有限公司	国邮20130462C	2013.07.16 2018.07.15
上海金迪货运代理有限公司	国邮20130463C	2013.07.16－2018.07.15
深圳市百千诚国际物流有限公司	国邮20130464C	2013.07.16－2018.07.15
台州市嘉晖航空国际货运代理有限公司	国邮20130465C	2013.07.16－2018.07.15
上海东航快递有限公司	国邮20130466C	2013.08.23－2018.08.22
盐城湖海速递服务有限公司	国邮20130467C	2013.08.23－2018.08.22
上海博瀚国际货运代理有限公司	国邮20130468C	2013.08.23－2018.08.22
余姚市凯达货运代理有限公司	国邮20130469C	2013.08.23－2018.08.22
宁波陆风国际货运代理有限公司	国邮20130470C	2013.08.23－2018.08.22
顺丰速运有限公司	国邮20130471C	2013.09.30－2018.09.29
山东迅吉安国际物流有限公司	国邮20130472C	2013.09.30－2018.09.29
北京宇迅国际运输有限公司	国邮20130473C	2013.09.30－2018.09.29
扬州启航货运代理有限公司	国邮20130474C	2013.09.30－2018.09.29
浙江易航国际货运代理有限公司	国邮20130477C	2013.12.05－2018.12.04
中通快递股份有限公司	国邮20130478C	2013.12.05－2018.12.04
东莞市启诚国际货运代理有限公司	国邮20130479C	2013.12.05－2018.12.04
苏宁云商集团股份有限公司	国邮20140424C	2014.01.22－2019.01.21
山东三合源云科技信息有限公司	国邮20140484C	2014.01.22－2019.01.21
新干线(厦门)物流有限公司	国邮20140485C	2014.01.22－2019.01.21
山东华飞国际物流有限公司	国邮20140486C	2014.01.22－2019.01.21
厦门闽亚货运代理有限公司	国邮20140487C	2014.01.22－2019.01.21
荣通国际货运有限公司	国邮20140489C	2014.01.22－2019.01.21
盐城市新东方国际货运代理有限公司	国邮20140490C	2014.01.22－2019.01.21
河南西联速递有限公司	国邮20140491C	2014.03.05－2019.03.04
郴州瑞通物流有限公司	国邮20140492C	2014.03.05－2019.03.04
郴州捷顺物流有限公司	国邮20140493C	2014.03.05－2019.03.04

续上表

企 业 名 称	许 可 证 号	有 效 期 限
重庆金利国际货物运输代理有限公司	国邮20140494C	2014.03.05－2019.03.04
昆明普斯特速递货运有限责任公司	国邮20140495C	2014.04.21－2019.04.20
广州空港国际物流有限公司	国邮20140496C	2014.04.21－2019.04.20
上海德科国际货物运输代理有限公司	国邮20140497C	2014.04.21－2019.04.20
鑫睿国际货物运输代理（上海）有限公司	国邮20140498C	2014.04.21－2019.04.20
珠海市顺联国际货物运输代理有限公司	国邮20140499C	2014.04.21－2019.04.20
深圳永利八达通物流有限公司	国邮20140500C	2014.04.21－2019.04.20
北京环宇天马国际货运代理有限公司	国邮20140501C	2014.04.21－2019.04.20
优速物流有限公司	国邮20140272C	2014.04.21－2019.04.20
北京宇恒国际快递有限公司	国邮20140502C	2014.04.21－2019.04.20
天津越洋国际货运代理有限公司	国邮20140503C	2014.06.09－2019.06.08
上海高飞集装箱储运有限公司	国邮20140504C	2014.06.09－2019.06.08
天津顺丰速递有限公司	国邮20130471-1C（2014）	2014.06.09－2019.06.08
湖北顺丰速运有限公司	国邮20130471-2C（2014）	2014.06.09－2019.06.08
福建新干线物流有限公司	国邮20140507C	2014.08.13－2019.08.12
山东冠通国际货运代理有限公司	国邮20140508C	2014.08.13－2019.08.12
新疆威达世国际贸易有限公司	国邮20140509C	2014.08.13－2019.08.12
内蒙古海悦通国际货运有限责任公司	国邮20140510C	2014.08.13－2019.08.12
浙江金瑞国际货运代理有限公司	国邮20140511C	2014.08.13－2019.08.12
天津百洲达国际货运代理有限公司	国邮20140513C	2014.10.11－2019.10.10
西咸新区立达国际快递有限公司	国邮20140514C	2014.10.11－2019.10.10
重庆保时达保税物流有限公司	国邮20140515C	2014.10.11－2019.10.10
济南海谷国际货运代理有限公司	国邮20140516C	2014.10.11－2019.10.10
北京润顺达国际快递有限公司	国邮20140517C	2014.10.11－2019.10.10
四川合众兴国际物流有限公司	国邮20140518C	2014.10.11－2019.10.10
海淘客国际物流（上海）有限公司	国邮20140519C	2014.10.11－2019.10.10
中外运泓丰（上海）国际物流有限公司	国邮20140520C	2014.10.11－2019.10.10
宁波路易通电子商务有限公司	国邮20140521C	2014.10.11－2019.10.10
广州速递有限公司	国邮20140522C	2014.10.11－2019.10.10
青岛诚业国际物流有限公司	国邮20140523C	2014.10.11－2019.10.10
宁波纵横伟业国际货运代理有限公司	国邮20140524C	2014.10.11－2019.10.10
湖北省东立国际货运代理有限公司	国邮20140525C	2014.10.11－2019.10.10
上海鸿硕国际货运代理有限公司	国邮20140526C	2014.10.11－2019.10.10
南通迪比翼快递有限公司	国邮20140527C	2014.10.11－2019.10.10
烟台中外运国际物流有限公司	国邮20140528C	2014.10.11－2019.10.10
威海新海丰物流有限公司	国邮20140529C	2014.10.11－2019.10.10
汕头市邮政速递服务有限公司	国邮20140530C	2014.10.11－2019.10.10
河南盛通国际货运代理有限公司	国邮20140531C	2014.10.11－2019.10.10
四川欧西爱司物流有限公司	国邮20140532C	2014.10.11－2019.10.10
北京澜海淳远国际运输代理有限公司	国邮20140533C	2014.12.03－2019.12.02

续上表

企业名称	许可证号	有效期限
港中旅华贸国际物流股份有限公司	国邮20140534C	2014.12.03－2019.12.02
河南德骊国际货运代理有限公司	国邮20140535C	2014.12.03－2019.12.02
上海增联物流有限公司	国邮20140536C	2014.12.03－2019.12.02
深圳市万运国际物流有限公司	国邮20140537C	2014.12.03－2019.12.02
上海浦东创业国际物流有限公司	国邮20140538C	2014.12.03－2019.12.02
嘉兴骏天国际货运代理有限公司	国邮20140539C	2014.12.03－2019.12.02
大连京大国际货运代理有限公司	国邮20140540C	2014.12.03－2019.12.02
深圳市拓威百顺达国际货运代理有限公司	国邮20140541C	2014.12.03－2019.12.02
中国外运江苏集团公司淮阴公司	国邮20140542C	2014.12.03－2019.12.02
广东高捷航运物流有限公司	国邮20140543C	2014.12.03－2019.12.02
汕尾市丰腾速递有限公司	国邮20140544C	2014.12.03－2019.12.02
江门市蓬江区利航物流有限公司	国邮20140545C	2014.12.03－2019.12.02
上海天行健国际物流有限公司	国邮20140546C	2014.12.03－2019.12.02
江苏好德国际货运代理有限公司	国邮20140547C	2014.12.03－2019.12.02
山东鸿程物流有限公司	国邮20140548C	2014.12.03　2019.12.02
湖北广瑞源国际物流有限公司	国邮20140549C	2014.12.03－2019.12.02
昆山天地人国际货运有限公司	国邮20140550C	2014.12.03－2019.12.02
航都(厦门)国际货运代理有限公司	国邮20140551C	2014.12.03－2019.12.02
天津时代瑞丰国际货运代理有限公司	国邮20140552C	2014.12.30－2019.12.29
福建统一快递有限公司	国邮20140553C	2014.12.30－2019.12.29
威海鹏宇国际货运代理有限公司	国邮20140555C	2014.12.30－2019.12.29
吉林省天地嘉通物流有限公司	国邮20140556C	2014.12.30－2019.12.29
辽宁韩一国际货运有限公司	国邮20140557C	2014.12.30－2019.12.29
广州市乾泰亨通国际货运代理有限公司	国邮20140558C	2014.12.30－2019.12.29
上海贸盛国际货运有限公司	国邮20140559C	2014.12.30－2019.12.29
汎韩物流(上海)有限公司	国邮20140560C	2014.12.30－2019.12.29
赛诚国际物流有限公司	国邮20140561C	2014.12.30－2019.12.29
汎韩物流(深圳)有限公司	国邮20140562C	2014.12.30－2019.12.29
重庆奔城国际物流有限公司	国邮20150563C	2015.01.12－2020.01.11
福建浩翔快递有限公司	国邮20150564C	2015.01.12－2020.01.11
广州上通国际货运代理有限公司	国邮20150566C	2015.02.27－2020.02.26
深圳市创业兴运国际货运代理有限公司	国邮20150567C	2015.02.27－2020.02.26
丹阳浩宇物流有限公司	国邮20150568C	2015.02.27－2020.02.26
深圳市北泰国际货运代理有限公司	国邮20150569C	2015.02.27－2020.02.26
北京中铁快运有限公司	国邮20150570C	2015.02.27－2020.02.26
青岛三星国际货运有限公司	国邮20150571C	2015.02.27－2020.02.26
山东朗越国际运输服务有限公司	国邮20150572C	2015.02.27－2020.02.26
哈尔滨市尼尔物流发展有限公司	国邮20150316C	2015.02.27－2020.02.26
重庆渝速航空货运有限公司	国邮20150573C	2015.02.27－2020.02.26
黑龙江省万木国际货运代理有限公司	国邮20150574C	2015.02.27－2020.02.26

续上表

企 业 名 称	许 可 证 号	有 效 期 限
上海宏杉国际物流有限公司	国邮 20150575C	2015.02.27－2020.02.26
黑龙江省太平洋国际货运代理有限公司	国邮 20150576C	2015.02.27－2020.02.26
中海环球货运有限公司	国邮 20150577C	2015.02.27－2020.02.26
青岛易通快达国际货运代理有限公司	国邮 20150578C	2015.03.11－2020.03.10
深圳市深快国际货运代理有限公司	国邮 20150579C	2015.03.11－2020.03.10
重庆市盈安哒国际货运代理有限公司	国邮 20150580C	2015.03.11－2020.03.10
河南仁之通贸易有限公司	国邮 20150582C	2015.03.11－2020.03.10
肇庆市新锦洋速递有限公司	国邮 20150583C	2015.03.11－2020.03.10
江苏时进国际物流有限公司	国邮 20150584C	2015.04.16－2020.04.15
上海大誉国际物流有限公司	国邮 20150585C	2015.04.16－2020.04.15
天津市万德隆物流有限公司	国邮 20150586C	2015.04.16－2020.04.15
句容市海通国际货运代理有限公司	国邮 20150587C	2015.04.16－2020.04.15
长兴振华货运有限公司	国邮 20150588C	2015.04.16－2020.04.15
福建跨境易电子商务有限公司	国邮 20150590C	2015.04.16－2020.04.15
海航货运有限公司	国邮 20150482C	2015.04.16－2020.04.15
智达直邮(上海)物联网有限公司	国邮 20150591C	2015.04.16－2020.04.15
重庆康荣国际货物运输代理有限公司	国邮 20150593C	2015.06.02－2020.06.01
福州四海捷运物流有限公司	国邮 20150594C	2015.06.02－2020.06.01
天津易客满国际物流有限公司	国邮 20150595C	2015.06.02－2020.06.01
沈阳鸿天航国际货运代理有限公司	国邮 20150596C	2015.06.02－2020.06.01
郑州聚通国际货运代理有限公司	国邮 20150597C	2015.06.02－2020.06.01
沈阳天添成货运有限公司	国邮 20150598C	2015.06.02－2020.06.01
青岛安特思国际货运代理有限公司	国邮 20150599C	2015.06.02－2020.06.01
汉宏物流(中国)有限公司	国邮 20150600C	2015.06.02－2020.06.01
天津群航国际货运代理有限公司	国邮 20150601C	2015.06.02－2020.06.01
北京中外运嘉航物流有限公司	国邮 20150602C	2015.06.02－2020.06.01
天津川港国际货运代理有限公司	国邮 20150603C	2015.06.02－2020.06.01
深圳市鑫隆华国际货运代理有限公司	国邮 20150604C	2015.06.15－2020.06.14
天津朝旭国际贸易有限公司	国邮 20150605C	2015.06.15－2020.06.14
四会市天马物流有限公司	国邮 20150606C	2015.06.15－2020.06.14
威海瑞盛快递有限公司	国邮 20150607C	2015.06.15－2020.06.14
北京林德国际运输代理有限公司	国邮 20150608C	2015.06.15－2020.06.14
上海甲申速递有限公司	国邮 20150611C	2015.07.08－2020.07.07
北京陆捷达报关有限公司	国邮 20150613C	2015.07.08－2020.07.07
山东恒古国际货运代理有限公司	国邮 20150614C	2015.07.08－2020.07.07
天津市天地申通物流有限公司	国邮 20150615C	2015.07.08－2020.07.07
万达杰诚国际物流(北京)有限公司	国邮 20150616C	2015.07.08－2020.07.07
北京昊运联合国际货运代理有限公司	国邮 20150617C	2015.07.08－2020.07.07
北京增益物流有限公司	国邮 20150618C	2015.07.08－2020.07.07
山东泛亚国际货运有限公司	国邮 20150619C	2015.07.08－2020.07.07

续上表

企 业 名 称	许 可 证 号	有 效 期 限
中国铁路沈阳局集团有限公司	国邮20150620C	2015.07.08－2020.07.07
江门市蓬江区达尔德物流有限公司	国邮20150621C	2015.07.08－2020.07.07
天津市玉金物流有限公司	国邮20150623C	2015.08.12－2020.08.12
青岛海蓝钧德国际货运代理有限公司	国邮20150624C	2015.08.12－2020.08.12
北京聚融国际货运代理有限公司	国邮20150625C	2015.08.12－2020.08.12
哈尔滨北方邮联物流有限公司	国邮20150626C	2015.08.12－2020.08.12
中大门国际物流服务有限公司	国邮20150627C	2015.08.12－2020.08.12
厦门外代航空货运代理有限公司	国邮20150628C	2015.08.12－2020.08.12
现代之路（内蒙古）跨境电商物流有限公司	国邮20150629C	2015.09.14－2020.04.13
河北中邮物流有限责任公司	国邮20150630C	2015.09.14－2020.04.13
吉林飞虎物流集团有限公司	国邮20150631C	2015.09.14－2020.04.13
山东郡成国际货运代理有限公司	国邮20150633C	2015.09.14－2020.04.13
天津渤海报关有限公司	国邮20150634C	2015.09.14－2020.04.13
重庆中邮物流有限责任公司	国邮20150635C	2015.10.26－2020.10.25
山东泓诺国际货运代理有限公司	国邮20150636C	2015.10.26－2020.10.25
福建鹭优速物流有限公司	国邮20150637C	2015.10.26－2020.10.25
天津中远海运航空货运代理有限公司	国邮20150638C	2015.10.26－2020.10.25
上海和航国际物流有限公司	国邮20150639C	2015.10.26－2020.10.25
上海明驹国际货物运输代理有限公司	国邮20150640C	2015.10.26－2020.10.25
河南韵达快递服务有限公司	国邮20150641C	2015.10.26－2020.10.25
山东联顺国际速运有限公司	国邮20150642C	2015.10.26－2020.10.25
陕西中邮物流有限责任公司	国邮20150643C	2015.11.16－2020.11.15
深圳市五洲国际货运有限公司	国邮20150644C	2015.11.16－2020.11.15
深圳市柏威国际货运代理有限公司	国邮20150645C	2015.11.16－2020.11.15
天津茂友国际货运代理有限公司	国邮20150646C	2015.11.16－2020.11.15
深圳市高保远东国际货物代理有限公司	国邮20150647C	2015.11.16－2020.11.15
江门市中岸国际船舶货物运输代理有限公司	国邮20150648C	2015.11.16－2020.11.15
四川澳速通国际物流有限公司	国邮20150649C	2015.11.16－2020.11.15
深圳市域禾国际货运代理有限公司	国邮20150650C	2015.11.16－2020.11.15
辽宁中信国际速递有限公司	国邮20150651C	2015.11.25－2020.11.24
鹤山市万年松国际货运代理有限公司	国邮20150652C	2015.11.25－2020.11.24
辽宁中邮物流有限责任公司	国邮20150654C	2015.12.30－2020.12.29
青岛韩商海空国际物流有限公司	国邮20150655C	2015.12.30－2020.12.29
天津市飞迅达物流有限公司	国邮20150656C	2015.12.30－2020.12.29
天津日月国际物流有限公司	国邮20150657C	2015.12.30－2020.12.29
天津中邮物流有限责任公司	国邮20150659C	2015.12.30－2020.12.29
申通快递有限公司	国邮20160213C	2016.01.26－2021.01.25
上海天戈国际货运代理有限公司	国邮20160660C	2016.01.26－2021.01.25
上海递优国际物流有限公司	国邮20160661C	2016.01.26－2021.01.25
北京环亚兴达物流有限公司	国邮20160664C	2016.02.03－2021.02.02

续上表

企业名称	许可证号	有效期限
天天快递有限公司	国邮20160270C	2016.03.24－2021.03.23
河南省圆通速递有限公司	国邮20160666C	2016.03.24－2021.03.23
辽宁宜正国际物流科技有限公司	国邮20160667C	2016.03.24－2021.03.23
上海东擎速递有限公司	国邮20160668C	2016.03.24－2021.03.23
北京翼速国际物流有限公司	国邮20160669C	2016.04.19－2021.04.18
深圳市炬东国际货运代理有限公司	国邮20160670C	2016.04.19－2021.04.18
宜昌利方货物运输代理有限公司	国邮20160671C	2016.04.19－2021.04.18
深圳市海盛国际货运代理有限公司	国邮20160672C	2016.04.19－2021.04.18
河北宇航国际货运代理有限公司	国邮20160673C	2016.04.19－2021.04.18
鹤山市南方国际速递有限公司	国邮20160674C	2016.04.19－2021.04.18
延边法拉盛安能国际货运代理有限公司	国邮20160675C	2016.05.31－2021.05.30
河南骏腾国际货运代理有限公司	国邮20160676C	2016.05.31－2021.05.30
延边申通快递有限公司	国邮20160677C	2016.06.08－2021.06.07
广州航源物流供应链有限公司	国邮20160678C	2016.06.08－2021.06.07
北京世纪卓越快递服务有限公司	国邮20160220C	2016.06.14－2021.06.13
昆明汇富通物流有限公司	国邮20160679C	2016.06.14－2021.06.13
延边集翔国际货运代理有限公司	国邮20160680C	2016.06.14－2021.06.13
深圳市邮政速递有限公司	国邮20160681C	2016.06.14－2021.06.13
宁波保税区航虹发展有限公司	国邮20160682C	2016.06.20－2021.06.19
中外运华杰国际物流(北京)有限公司	国邮20160683C	2016.07.11－2021.07.10
大连市安达吉翔国际物流有限公司	国邮20160684C	2016.07.11－2021.07.10
一关通(广州)国际供应链有限公司	国邮20160685C	2016.07.11－2021.07.10
德邦物流股份有限公司	国邮20160378C	2016.07.17－2021.07.16
上海万历国际货物运输代理有限公司	国邮20160686C	2016.07.17－2021.07.16
通诚物流(烟台)有限公司	国邮20160687C	2016.08.05－2021.08.04
新疆中邮物流有限责任公司	国邮20160688C	2016.08.25－2021.08.24
天津市优诺盈达国际货运代理有限公司	国邮20160689C	2016.08.25－2021.08.24
上海园洲供应链管理有限公司	国邮20160690C	2016.09.06－2021.09.05
郴州湘港物流有限公司	国邮20160691C	2016.09.28－2021.09.27
北京中邮物流有限责任公司	国邮20160692C	2016.10.13－2021.10.12
上海倍海供应链管理有限公司	国邮20160693C	2016.10.17－2021.10.16
上海永龙宝国际货物运输代理有限公司	国邮20160694C	2016.10.17－2021.10.16
惠州市威球国际货运代理有限公司	国邮20160695C	2016.10.17－2021.10.16
上海联葳恒国际货物运输代理有限公司	国邮20160696C	2016.10.17－2021.10.16
青岛海谷国际物流有限公司	国邮20160697C	2016.10.17－2021.10.16
上海瀚阳国际货运代理有限公司	国邮20160698C	2016.11.10－2021.11.09
广州优宜趣供应链管理有限公司	国邮20160699C	2016.11.10－2021.11.09
内蒙古鸿诚邮政国际货物运输代理有限公司	国邮20160701C	2016.11.28－2021.11.27
青岛恒利泰国际物流有限公司	国邮20160702C	2016.11.28－2021.11.27
上海中远海运航空货运代理有限公司	国邮20160703C	2016.11.28－2021.11.27

续上表

企业名称	许可证号	有效期限
青岛恒捷通国际货运代理有限公司	国邮20160704C	2016.11.28－2021.11.27
浙江中邮物联科技有限公司	国邮20160707C	2016.12.26－2021.12.25
宁波金腾永安国际货运代理有限公司	国邮20160708C	2016.12.26－2021.12.25
福建易北速递有限公司	国邮20170709C	2017.01.11－2022.01.10
湖北中邮物流有限责任公司	国邮20170710C	2017.01.11－2022.01.10
湖北省快捷通国际货运代理有限公司	国邮20170711C	2017.01.11－2022.01.10
山东大田国际货运代理有限公司	国邮20170712C	2017.01.24－2022.01.23
山东中邮物流有限责任公司	国邮20170713C	2017.01.24－2022.01.23
上海路递申国际货运代理有限公司	国邮20170714C	2017.01.24－2022.01.23
青岛万嘉通商外贸综合服务有限公司	国邮20170715C	2017.01.24－2022.01.23
晋江多联物流有限公司	国邮20170716C	2017.06.01－2022.05.31
大连龙圆贸易有限公司	国邮20170717C	2017.06.01－2022.05.31
珠海速递有限公司	国邮20170718C	2017.06.01－2022.05.31
深圳市深华国际物流有限责任公司	国邮20170719C	2017.06.01－2022.05.31
长沙一邮速递服务有限公司	国邮20170720C	2017.07.11－2022.07.10
鹤山市长枫货运代理有限公司	国邮20170721C	2017.07.11－2022.07.10
天津天海空运代理有限公司	国邮20170722C	2017.07.11－2022.07.10
上海艾涕西国际物流有限公司	国邮20170723C	2017.07.11－2022.07.10
宁夏中邮供应链管理有限公司	国邮20170727C	2017.08.01－2022.07.31
广州市启邦国际物流有限公司	国邮20170728C	2017.08.01－2022.07.31
北京德龙派科技有限公司	国邮20170729C	2017.08.01－2022.07.31
晋江吉迅供应链管理有限公司	国邮20170730C	2017.08.15－2022.08.14
宇航国际物流(大连)有限公司	国邮20170731C	2017.08.15－2022.08.14
龙岩市佳泰物流有限公司	国邮20170732C	2017.08.15－2022.08.14
河南中邮物流有限责任公司	国邮20170733C	2017.08.25－2022.08.24
黑龙江申御国际货运代理有限公司	国邮20170734C	2017.08.25－2022.08.24
北京西嘉国际货运有限公司	国邮20170735C	2017.08.25－2022.08.24
天天快捷(延边)跨境电子商务有限公司	国邮20170736C	2017.08.25－2022.08.24
福建融港国际物流有限公司	国邮20170737C	2017.10.17－2022.10.16
天津金豪泰国际货运代理有限公司	国邮20170738C	2017.10.17－2022.10.16
广州泛非快递有限公司	国邮20170739C	2017.12.01－2022.11.30
广西协成物流有限公司	国邮20170740C	2017.12.01－2022.11.30
威海启运国际物流有限公司	国邮20170741C	2017.12.13－2022.12.12
福建骏通物流有限公司	国邮20170742C	2017.12.13－2022.12.12
西安盈和归鸿国际快件有限公司	国邮20180743C	2018.01.04－2023.01.03
内蒙古中外运保税物流有限公司	国邮20180744C	2018.01.04－2023.01.03
陕西易运科技有限公司	国邮20180745C	2018.01.04－2023.01.03
上海益全国际物流有限公司	国邮20180746C	2018.01.23－2023.01.22
广州卓志速运有限公司	国邮20180747C	2018.01.23－2023.01.22
湖北爱地国际物流服务有限公司	国邮20180748C	2018.01.23－2023.01.22

续上表

企 业 名 称	许 可 证 号	有 效 期 限
福建大常生物流有限公司	国邮 20180749C	2018.02.24－2023.02.23
福建东顺物流有限公司	国邮 20180750C	2018.02.24－2023.02.23
河南全速通供应链管理有限公司	国邮 20180751C	2018.02.24－2023.02.23
上海中速国际物流有限公司	国邮 20180752C	2018.03.21－2023.03.20
泰安敦豪货运代理有限公司	国邮 20180753C	2018.03.21－2023.03.20
西安世源通物流有限公司	国邮 20180754C	2018.03.21－2023.03.20
杭州瑞升国际货运代理有限公司	国邮 20180755C	2018.03.21－2023.03.20
安徽顺丰速运有限公司	国邮 20100031-1C	2015.09.29－2020.09.28
顺丰运输(常州)有限公司	国邮 20100031-3C	2015.09.29－2020.09.28
大连顺丰速运有限公司	国邮 20100031-4C	2015.09.29－2020.09.28
顺丰速运(东莞)有限公司	国邮 20100031-5C	2015.09.29－2020.09.28
福州顺丰速运有限公司	国邮 20100031-6C	2015.09.29－2020.09.28
贵州顺丰速运有限公司	国邮 20100031-7C	2015.09.29－2020.09.28
海南顺丰速运有限公司	国邮 20100031-8C	2015.09.29－2020.09.28
浙江顺丰速运有限公司	国邮 20100031-9C	2015.09.29－2020.09.28
河北顺丰速运有限公司	国邮 20100031-10C	2015.09.29－2020.09.28
河南省顺丰速运有限公司	国邮 20100031-11C	2015.09.29－2020.09.28
黑龙江省顺丰速运有限公司	国邮 20100031-12C	2015.09.29－2020.09.28
武汉顺丰速运有限公司	国邮 20100031-13C	2015.09.29－2020.09.28
湖南顺丰速运有限公司	国邮 20100031-14C	2015.09.29－2020.09.28
顺丰速运(湖州)有限公司	国邮 20100031-15C	2015.09.29－2020.09.28
淮安顺丰速运有限公司	国邮 20100031-16C	2015.09.29－2020.09.28
顺丰速运(惠州)有限公司	国邮 20100031-17C	2015.09.29－2020.09.28
吉林省顺丰速递有限公司	国邮 20100031-18C	2015.09.29－2020.09.28
山东顺丰速运有限公司	国邮 20100031-19C	2015.09.29－2020.09.28
嘉兴顺丰运输有限公司	国邮 20100031-20C	2015.09.29－2020.09.28
江西顺丰速运有限公司	国邮 20100031-21C	2015.09.29－2020.09.28
金华市顺丰速运有限公司	国邮 20100031-22C	2015.09.29－2020.09.28
云南顺丰速运有限公司	国邮 20100031-23C	2015.09.29－2020.09.28
丽水市顺丰速运有限公司	国邮 20100031-24C	2015.09.29－2020.09.28
连云港顺丰速运有限公司	国邮 20100031-25C	2015.09.29－2020.09.28
顺丰运输(南京)有限公司	国邮 20100031-27C	2015.09.29－2020.09.28
南平市顺丰速运有限公司	国邮 20100031-28C	2015.09.29－2020.09.28
南通顺丰速递有限公司	国邮 20100031-29C	2015.09.29－2020.09.28
宁波顺丰速运有限公司	国邮 20100031-30C	2015.09.29－2020.09.28
宁德市顺丰速运有限公司	国邮 20100031-31C	2015.09.29－2020.09.28
顺丰速运(宁夏)有限公司	国邮 20100031-32C	2015.09.29－2020.09.28
莆田市顺丰速运有限公司	国邮 20100031-33C	2015.09.29－2020.09.28
青岛顺丰速运有限公司	国邮 20100031-34C	2015.09.29－2020.09.28
顺丰集团衢州运输有限公司	国邮 20100031-35C	2015.09.29－2020.09.28

续上表

企 业 名 称	许 可 证 号	有 效 期 限
泉州顺丰运输有限公司	国邮 20100031-36C	2015.09.29－2020.09.28
三明市顺丰速运有限公司	国邮 20100031-37C	2015.09.29－2020.09.28
绍兴顺丰速运有限公司	国邮 20100031-38C	2015.09.29－2020.09.28
四川顺丰速运有限公司	国邮 20100031-39C	2015.09.29－2020.09.28
苏州工业园区顺丰速运有限公司	国邮 20100031-40C	2015.09.29－2020.09.28
台州顺丰速运有限公司	国邮 20100031-41C	2015.09.29－2020.09.28
泰州顺丰运输有限公司	国邮 20100031-42C	2015.09.29－2020.09.28
顺丰速运（天津）有限公司	国邮 20100031-43C	2015.09.29－2020.09.28
温州顺衡速运有限公司	国邮 20100031-44C	2015.09.29－2020.09.28
无锡市顺丰速运有限公司	国邮 20100031-45C	2015.09.29－2020.09.28
西安顺丰速运有限公司	国邮 20100031-46C	2015.09.29－2020.09.28
厦门市顺丰速运有限公司	国邮 20100031-47C	2015.09.29－2020.09.28
徐州顺衡速运有限公司	国邮 20100031-48C	2015.09.29－2020.09.28
盐城顺丰速运有限公司	国邮 20100031-49C	2015.09.29－2020.09.28
扬州顺丰速运有限公司	国邮 20100031-50C	2015.09.29－2020.09.28
湛江顺丰速运有限公司	国邮 20100031-51C	2015.09.29－2020.09.28
漳州顺丰速运有限公司	国邮 20100031-52C	2015.09.29－2020.09.28
肇庆市顺丰速运有限公司	国邮 20100031-53C	2015.09.29－2020.09.28
镇江市顺丰速运有限公司	国邮 20100031-54C	2015.09.29－2020.09.28
中山顺丰速运有限公司	国邮 20100031-55C	2015.09.29－2020.09.28
佛山顺丰速运有限公司	国邮 20100031-57C	2015.09.29－2020.09.28
江门顺丰速运有限公司	国邮 20100031-58C	2015.09.29－2020.09.28
珠海顺丰速运有限公司	国邮 20100031-59C	2015.09.29－2020.09.28
舟山顺丰速运有限公司	国邮 20100031-60C	2015.09.29－2020.09.28
顺丰速运重庆有限公司	国邮 20100031-61C	2015.09.29－2020.09.28
潍坊顺丰速运有限公司	国邮 20100031-62C	2015.09.29－2020.09.28
上海顺意丰速运有限公司	国邮 20100031-63C	2015.09.29－2020.09.28
上海顺啸丰运输有限公司	国邮 20100031-64C	2015.09.29－2020.09.28
上海顺衡物流有限公司	国邮 20100031-65C	2015.09.29－2020.09.28
顺丰速运集团（上海）速运有限公司	国邮 20100031-66C	2015.09.29－2020.09.28
汕头市顺丰速运有限公司	国邮 20100031-67C	2015.09.29－2020.09.28
汕头市澄海区顺丰快递服务有限公司	国邮 20100031-68C	2015.09.29－2020.09.28
山西顺丰速运有限公司	国邮 20100031-69C	2015.09.29－2020.09.28
内蒙古顺丰速运有限公司	国邮 20100031-70C	2015.09.29－2020.09.28
龙岩顺丰速运有限公司	国邮 20100031-71C	2015.09.29－2020.09.28
顺丰速运（沈阳）有限公司	国邮 20100031-72C	2015.09.29－2020.09.28
揭阳市顺丰速运有限公司	国邮 20100031-73C	2015.09.29－2020.09.28
广西顺丰速运有限公司	国邮 20100031-74C	2015.09.29－2020.09.28
潮州市顺丰速运有限公司	国邮 20100031-75C	2015.09.29－2020.09.28
梅州市顺丰速运有限公司	国邮 20100031-76C	2015.09.29－2020.09.28

续上表

企 业 名 称	许 可 证 号	有 效 期 限
江苏顺丰速运有限公司	国邮 20100031-77C	2015.09.29－2020.09.28
新疆顺丰速运有限公司	国邮 20100031-78C	2015.09.29－2020.09.28
兰州顺丰速运有限公司	国邮 20100031-79C	2015.09.29－2020.09.28
烟台顺丰速运有限公司	国邮 20100031-80C(2014)	2014.03.05－2019.03.04